# 执行实务难点问答

曹凤国 主编

人民法院出版社

**图书在版编目（ＣＩＰ）数据**

执行实务难点问答 / 曹凤国主编. -- 北京 ： 人民
法院出版社，2024.1
ISBN 978-7-5109-3429-2

Ⅰ．①执… Ⅱ．①曹… Ⅲ．①法院－执行(法律)－中
国－问题解答 Ⅳ．①D926.204

中国国家版本馆CIP数据核字(2023)第228844号

**执行实务难点问答**

曹凤国　主编

| | | |
|---|---|---|
| 策划编辑 | 张　奎 | |
| 责任编辑 | 马　倩 | |
| 封面设计 | 尹苗苗 | |
| 出版发行 | 人民法院出版社 | |
| 地　　址 | 北京市东城区东交民巷 27 号（100745） | |
| 电　　话 | (010) 67550526（责任编辑）　67550558（发行部查询） | |
| | 　　　65223677（读者服务部） | |
| 客 服 QQ | 2092078039 | |
| 网　　址 | http://www.courtbook.com.cn | |
| E - mail | courtpress@sohu.com | |
| 印　　刷 | 三河市国英印务有限公司 | |
| 经　　销 | 新华书店 | |
| 开　　本 | 787 毫米 ×1092 毫米　1/16 | |
| 字　　数 | 1015 千字 | |
| 印　　张 | 62 | |
| 版　　次 | 2024 年 1 月第 1 版　2024 年 1 月第 1 次印刷 | |
| 书　　号 | ISBN 978-7-5109-3429-2 | |
| 定　　价 | 198.00 元 | |

# 作者一览

（按姓氏拼音排序）

## 主 编

**曹凤国** 法学博士，中国法学会银行法学研究会副秘书长、中国行为法学会执行行为专业委员会常务理事、上海大学法学院强制执行法律研究中心主任

## 撰稿人

**陈 荃** 法学硕士，江苏省高级人民法院执行局四级高级法官

**杜佳鑫** 法学硕士，广东省深圳市中级人民法院执行局四级高级法官

**杜 涛** 法学硕士，江苏省高级人民法院执行裁判庭一级法官

**党振兴** 法学学士，甘肃省岷县人民法院审判管理办公室（研究室）主任、一级法官

**范广越** 法学学士，中国行为法学会执行行为专业委员会实务研究基地秘书

**高 韩** 法学硕士，北京市东城区人民法院民事审判庭原法官

**何文翟** 法学硕士，四川省高级人民法院执行局一级法官助理

**金 洋** 法学硕士，湖北省武汉市中级人民法院执行局法官助理

李　超　　法学学士，山东省高级人民法院执行一庭副庭长

李　飞　　法学硕士，江苏省徐州市中级人民法院审管办主任、审委会委员，

　　　　　江苏省"333高层次人才培养工程"培养对象

卢日久　　法学学士，江西省高级人民法院执行局一级法官助理

李思锦　　法学硕士，北京市大兴区人民法院法官助理

兰　真　　法律硕士，中国行为法学会执行行为专业委员会实务研究基地秘书

兰子君　　法律硕士，福建省宁德市中级人民法院执行局副局长

李子耀　　法律硕士，北京市西城区人民法院执行局法官助理

莫文静　　法律硕士，新疆维吾尔自治区高级人民法院审判员

皮德智　　法律硕士，北京市门头沟区人民法院执行局副组长

孙佳思　　法律硕士，上海大学法学院强制执行法律研究中心

孙　元　　法律硕士，北京市朝阳区人民法院执行局执行实施第六团队团队长

史作雷　　法学硕士，湖南省长沙市芙蓉区人民法院执行局局长

汤志勇　　法学硕士，江西省高级人民法院执行局三级高级法官

王　鑫　　法学硕士，浙江省高级人民法院执行局四级调研员

汪秀兰　　法律硕士，江西省婺源县人民法院民庭员额法官

王文然　　法律硕士，江苏省南通市中级人民法院执行局法官助理

徐　阳　　法学学士，天津市河北区人民法院执行局副局长

熊祖贲　　法学硕士，江西省南昌市中级人民法院执行局副局长

夏祖国　　法学学士，中共宣城市委办公室政策法规科科长、公职律师

颜　斌　　法学学士，湖南省长沙市天心区人民法院三级高级法官

姚　军　　法律硕士，安徽省肥西县人民法院刑庭副庭长

郑　莉　　法学硕士，北京市丰台区人民法院法官助理

赵瑞东　　法律硕士，天津市滨海新区人民法院执行局副局长

张誉潇　　法律硕士，上海大学法学院强制执行法律研究中心办公室主任

# 序

　　《执行实务难点问答》即将付梓，曹凤国博士请我为书作序，为激发青年人研究学术的热情，我欣然允诺。

　　我从事立法工作多年，纵观我国执行立法，《民事诉讼法》涉及执行的法条共有35条，与执行有关的司法解释多达几十个，关于执行立案、查扣冻措施、限制消费、失信名单、财产调查、财产处置价确定、拍卖变卖、执行异议和复议、执行担保、执行和解、变更追加执行当事人等重要领域已制定原则性规范，但执行实践遇到的问题远比法律、司法解释规定的情形复杂，现行法律规定还是不能全然涵盖。因执行立法供给不足，执行实务中纷繁复杂的热点难点问题，尚未找到明确的依据，亟须能够满足实际需求、解决实际难题的指引，从而提供学理支撑、理顺实务冲突，在一定程度上破解执行实务中不断涌现的"疑难杂症"，为一线法官提供参考、为当事人提供预判。

　　执行实务工作不仅要依靠程序法，还要精通民法、商法等诸多实体法，是一个程序与实体、执行与审判深度交叉的领域。但目前关于执行疑难问题解决之道的探索仍停留在简单的实务操作层面，未剖析实务操作蕴含的深层次法理。如果不掌握其中规律，那么在面对棘手情形时，不免引发前后矛盾和逻辑失洽的问题。

　　比如，以变更申请执行人为例，判决后债权转让，在执行中申请变更申请执行人，司法解释规定原申请人要出具确认债权转让的书面认可，实践中对如何理解"原申请执行人的书面认可"经常产生分歧：一种观点认为，如果原申请执行人出具了书面认可，即使反悔，法院也应当对变更申请予以准许；另一种观点则认为，虽然原申请执行人出具了书面认可，但又向法院表示不同意变更的，此时应通过另诉或另行申请仲裁解决，人民法院对变更申请不予支持。一旦在法条的理解上发生分歧，就会引发变更申请执行人的法律适用障碍。

又如，拍卖成交后法院将拍卖款发还给申请执行人，此时拍卖裁定被撤销，需重新对被执行人的财产进行处置，如果不能执行回转，案件的申请执行人是原申请执行人还是买受人，目前还没有定论。执行程序中各方主体的利益应如何平衡、损失应如何分配，仍处于无法可依的状态。可见，执行实践中解决某一个或某一类执行问题，其实涉及整个执行理论体系的自洽。

再如，是否重复提出执行异议的认定问题。在对不动产采取强制执行的过程中承租人提出行为异议，后申请执行人与被执行人达成和解，停止对不动产的处置，承租人因和解撤回了异议申请。后被执行人未履行执行和解协议，案件恢复执行后承租人能否再次提出异议？不少法院以承租人已提过异议为由，对承租人再次提出的异议不予受理，致使承租人无从救济。

此外，对被执行人权利的保护也同样值得关注，例如，拍卖财产起拍价格的确定，对被执行人的利益影响巨大。竞买人为低价获取资产，往往一开始并不实际参与拍卖而是在流拍后的变卖环节通过更低的价格获取涉案财产。如此就形成"死结"——不打折就难以成交变现，打折就会有职业竞买人"钻空子"。此类执行问题层出不穷、不胜枚举，对于争议情形的妥善处理功在当下、利在千秋。法院工作和司法解释制定不能脱离实践，经过实践反复检验的经验和规范也有可能上升为法律。

《执行实务难点问答》虽然针对的是具体问题的解答，但不局限于个案情形的处理，也不仅仅是给出答案、提供建议，而且为立法和统一司法尺度提供参考，是非常有价值的基础性工作。事实上，执行领域最基础、最重要的就是从问题中寻找"规范"，只要把问题厘清、规范理顺，"执行乱"也能迎刃而解。

曹凤国博士长期以来对执行领域情有独钟，此前他已经在法律出版社主持编写"执行典范丛书"，并已经有多部高质量成果问世，但他深感从现行立法和司法解释的视角诠释条文背后的价值考量和如何准确适用法律规定的研究方法是一种从宏观到微观、从立法到实践的研究，对执行的贡献仍不足够，而从实践到立法、从微观到宏观的研究对解决实际问题可能更有助益。他精心选取了具体案件办理过程中遇到的有代表性的疑难问题，在多数没有明确法律依据的情况下，尽量从制度法理、公平正义和实践接受程度等方面进行考量，给出一个具有说服力的解决方案，不仅方便法官和当事人对症下药，对推动立法进步也是功不可没。

总之，执行实务和理论的研究，是一个极具价值的富矿。强制执行法的研究在我国还不是显学，但它非常重要，需要有人不断探索、钻研和深耕，它不应当是一个被人忽视的领域。对执行的研究需要复合性人才，单一的知识储备和单一视角以及纯粹的坐而论道，难以完成历史赋予我们的使命。知难而进、攻坚克难需要勇气，从这个意义上讲，本书的作者都是勇士，也希望更多的专家学者和实务界人士能够多关注执行领域，重视执行问题的实际解决，为我国执行制度建设和法治进步作出更多贡献。

是为序。

扈纪华[*]

2023年12月

---

　*　全国人大常务委员会法制工作委员会民法室原副主任、巡视员。

# 从研究实际问题开始

## （代前言）

《民事强制执行法》提交立法机关审议后，学术界和实务界开始更加重视对执行问题的研究，但正如人民法院出版社理论编辑部张奎所言，执行领域高水平的出版物依然匮乏，社会各界对高质量执行实务作品的问世一直充满期待。其实，尽管相对于民事诉讼法学研究的枝繁叶茂而言，愿意投入民事执行的研究力量确实稍显薄弱，更多的可能不是忽视，而是无从找到一个合适的进路。从法官的视角，如果有幸参与制定司法解释，基于这样一个得天独厚的优势，更愿意撰写一些与法条释义有关的作品，这样不仅省去很多麻烦，而且也确实是下级法院在具体办案过程中如何理解法条含义时所主要依赖的，但它终究是一种自上而下的研究方法。因起草司法解释所应遵循的固有定式，或因前瞻性不足，或因解释者的个体局限以及司法政策导向，司法解释条文释义类作品曲高和寡、问题导向意识不强之处在所难免。法律和司法解释出台后，实践中很多问题并没有自动迎刃而解。既然如此，不妨转换一下思维模式，将目光深入到具体的司法前沿和办案一线，收集广大法官、当事人、律师所困扰的、认为迫切需要解决的、目前无法可依的、具有共性的难点问题，以及对权利保障和公平正义影响甚巨、业内广泛关注的热点问题，分析和反思问题产生的底层土壤，继而从立法和制度上给出正解，这才是以问题为导向、运用系统思维方法论的应有之义。

传统学术研究的话语体系，偏好宏大叙事、忽略琐碎事务，学术成果的多数载体往往迷醉于指点江山、激扬文字的"大手笔"和瞬间的怦然心动，至于是否能一语中的、切中要害，则在所不问，更鲜有像费孝通先生一样躬身于市井、植根于民间、牺牲小我的执着坚持。长此以往，辞藻华丽的"魏晋清谈"之风必然大行其道。制定法律、司法解释不仅要急实践之所急、想基层之所想，学术研究成果的产出，也能言之有物，好用实用。回到执行，如果能够解决实际问题，似乎更能牵动人心，什么是能够满足人民群众日益增长的司法需求的真问题，我们不仅要善于追问，还要去寻找、发掘，只有找到这些牵动人心的问题，提供合理的方案或对策，这才是我们所经常言说的接地气。在关于执行难过往的提法中，多将其归集于社会诚信体系缺失和执行的体制性、机制性障碍，对执行权是否外分或内分以及执行权应否限制或扩张等顶层设计，众说纷纭，争论不休，以至于不经意间耽搁了《民事强制执行法》的出台。对实务层面长久积存的病灶和新法律法规、司法解释诞生后衍生的新问题，反而无人关注了。因此，一边是理论"界别"对实践操作背离理论框架的严重不适感，将实务操作的逻辑定性为未按照理论原理办案所引发的"执行乱"，另一边是实务"界别"对目前浸染"魏晋清谈"色彩的理论主张的自发性抵触、轻视和不满，这种理论和实务维度长久隔膜所造成的后遗症，表现为具体解决问题的路径和裁判结论的得出，如果没有明确的实证法依据，缺乏清晰的制度性支撑，哪怕其确实具有存在上的合理性、论理上的正当性，也难以经得起从理论层面对合法性的追问，这也是执行裁定可能被撤改的深层原因。

弥合理论与实务的裂痕，需要改变我们固守的从宏观到微观的传统言说腔调，不再迷恋于高屋建瓴的姿态优雅，不拥挤于顶层设计的深谋远虑，而是从分析一个一个具体问题入手，寻找问题存在的社会背景、制度根源、个体差异、程序错配等纷繁复杂的多因一果或者一因多果，进而在针对问题给出可接受性方案的同时，溯源问题产生的政策性和体制性的不适性，逐渐筛出影响执行尺度的不确定性因子，从而能够真正进一步提升司法一线办案人员业务水平，改变执行现状，切实提升执行公信力。

从当前提交立法机关审议的《民事强制执行法（草案）》看，有些条款存在较大争议，没有达成通过立法切实解决条文应当解决的问题的目的。或者提供的解决问题方案偏离了当事人的共性需求，对如何保障当事人权利的思考缺位或者说未能引起足够的重视，有些是制度选择问题，有些是司法政策被立法机关采纳入法的问题，有些是执行主体权利义务分配和利益如何平衡问题，当然也有些是知识结构局限问题。比如，有权机关法定协助义务不写到法条中，"协助义务人难求"的困局将难以改变；人民法院本来就应当对错误仲裁裁决进行监督，但法条却将不予执行仲裁裁决的情形严重限缩于违背公序良俗的狭小范围。又如，执行中变更追加当事人的条文设计，从不同版本的征求意见稿看，始终在执行异议之诉和许可执行之诉中摇摆不定，对追加变更的具体情形也不断删改，立法态度的不坚定更容易引发实践混乱。执行实施案件在终本后五年不能恢复执行的，要彻底退出执行程序，但对终本的规范性和退出后的制度安排缺乏考量；规定自然人和非法人组织财产不足清偿情况下，按查封措施顺位清偿，实际上是废除了实行几十年的参与分配制度，并非因为终本制度和参与分配制度不好用，而是执行案件快速退出执行程序思维路径的产物，尽管司法政策可以被采纳入法，但立法不应舍弃保护债权人合法权益的终极关怀，否则，即使这部重量级法律出台，问题也会越来越多。笔者无意于臧否法条之优劣，相信立法机关也会对不符合新时代执行立法规律和要求的条文予以斧正。想说明的是，只有我们找到了真问题、洞察其本来面目，并给出真答案，才能避免程序空转，才能实现纠纷解决的一步到位，才是法律人应有的态度。

回到本书所精心挑选的500个问题，虽然不敢说每个问题都是前述意义上的真问题，但多数源于真实案例，烧脑、疑难、复杂，法律依据不明确，争议较大，实践中解决起来不容易。撰写过程中，每位作者的写作态度也相当端正。为了统一写作风格，提高作品质量，不同省份的作者不远千里，还专门在清末修订法律大臣沈家本先生的故居召开了统稿会，大家聚集一堂，对一些需要集思广益的问题进行了深入的、热烈的研讨。人民法院出版社理论编辑部的赵刚主任对本书寄予厚望，全国人大常委会法工委民法室的扈纪华主任专门拨冗莅临现场指导，最高人民法院民四庭的邓江源博士也提出了很多极具价值的意见和建议。本书虽以问答形式呈现，但并非简单给出答案了事，而是专门就理由和依据作了深度诠解，希望能对一线办案人员真正发挥排忧解难的作用。

本书即将付梓之际，我不禁再次想起费孝通先生的所言所行，他在清华大学社会学系求学时就身体力行，去社会的底层研究、考察，去大瑶山实地调研。现如今，时代进步了，生活条件改善了，我们可以不用风雨兼程地赶路，无须穿梭于荆棘丛中，然而，似乎也磨灭了应有的情怀，褪去了开拓的气质。仰念前辈风骨的目的，是激励有志于学术研究的法律人，通过自身努力，多关注司法实践的具象场景，多产出优秀成果，多为社会作力所能及的贡献。如此，才能不辜负时代赋予我们这代人的使命吧！

曹凤国

2023 年 12 月 25 日于北京西郊

# 凡 例

一、法律、法规、规章和规范性文件名称一律省略中华人民共和国，其余一般不省略，如《中华人民共和国民法典》，简称《民法典》。

二、叙述法律、法规、规章和规范性文件，如果因需要区分，有必要在名称前标注制定机关和制定、修改年份，如1991年《民事诉讼法》，对于现行《民事诉讼法》，不再注明修改年份，简称《民事诉讼法》；更改文号但未变更规定名称的，只在前面注明相应年份。

三、为行文方便，对于本书以下出现场合较多的法律、法规、司法解释和规范性文件，使用简称，具体如下：

1.《最高人民法院、司法部关于公证机关赋予强制执行效力的债权文书执行有关问题的联合通知》（司发通〔2000〕107号），简称《联合通知》；

2.《最高人民法院关于在审理企业破产和改制案件中切实防止债务人逃废债务的紧急通知》（法〔2001〕105号），简称《防止逃债通知》；

3.《最高人民法院、国土资源部、建设部关于依法规范人民法院执行和国土资源房地产管理部门协助执行若干问题的通知》（法发〔2004〕5号），简称《国土房管部门协助执行通知》；

4.《最高人民法院关于金融资产管理公司收购、处置银行不良资产有关问题的补充通知》（法〔2005〕62号），简称《十二条规定补充通知》；

5.《中国公证协会关于办理具有强制执行效力债权文书公证及出具执行证书的指导意见》（2008年公布），简称《公证协会指导意见》；

6.《最高人民法院关于适用〈中华人民共和国仲裁法〉若干问题的解释》（2008年修正），简称《仲裁法解释》；

7.《最高人民法院关于适用〈中华人民共和国海事诉讼特别程序法〉若干问题的解释》（2008年修正），简称《海事程序法解释》；

8.《最高人民法院关于审理涉及金融不良债权转让案件工作座谈会纪要》（法发〔2009〕19号），简称《海南会议纪要》；

9.《最高人民法院印发〈关于依法制裁规避执行行为的若干意见〉的通知》（法〔2011〕195号），简称《制裁规避执行行为意见》；

10.《最高人民法院关于执行程序中计算迟延履行期间的债务利息适用法律若干问题的解释》（法释〔2014〕8号），简称《迟延履行利息解释》；

11.《最高人民法院关于刑事裁判涉财产部分执行的若干规定》（法释〔2014〕13号），简称《刑事涉财执行规定》；

12.《最高人民法院关于执行案件立案、结案若干问题的意见》（法发〔2014〕26号），简称《执行立结案意见》；

13.《最高人民法院关于限制被执行人高消费及有关消费的若干规定》（2015年修正），简称《限制高消费规定》；

14.《最高人民法院关于首先查封法院与优先债权执行法院处分查封财产有关问题的批复》（法释〔2016〕6号），简称《优先债权执行批复》；

15.《最高人民法院关于人民法院网络司法拍卖若干问题的规定》（法释〔2016〕18号），简称《网络司法拍卖规定》；

16.《最高人民法院、最高人民检察院关于民事执行活动法律监督若干问题的规定》（法发〔2016〕30号），简称《监督规定》；

17.《最高人民法院关于严格规范终结本次执行程序的规定（试行）》（法〔2016〕373号），简称《终本规定》；

18.《最高人民法院关于公布失信被执行人名单信息的若干规定》（2017年修正），简称《失信规定》；

19.《最高人民法院关于执行案件移送破产审查若干问题的指导意见》（法发〔2017〕2号），简称《执转破意见》；

20.《最高人民法院关于认真做好网络司法拍卖与网络司法变卖衔接工作的通知》（法明传〔2017〕455号），简称《网络司法拍卖变卖衔接通知》；

21.《最高人民法院关于适用〈中华人民共和国行政诉讼法〉的解释》（法释〔2018〕1号），简称《行政诉讼法解释》；

22.《最高人民法院关于人民法院办理仲裁裁决执行案件若干问题的规定》（法释〔2018〕5号），简称《仲裁执行规定》；

23.《最高人民法院关于人民法院立案、审判与执行工作协调运行的意见》（法发〔2018〕9号），简称《立审执协调意见》；

24.《最高人民法院关于仲裁机构"先予仲裁"裁决或者调解书立案、执行等法律适用问题的批复》（法释〔2018〕10号），简称《"先予仲裁"批复》；

25.《最高人民法院关于人民法院确定财产处置参考价若干问题的规定》（法释〔2018〕15号），简称《财产处置价规定》；

26.《最高人民法院关于公证债权文书执行若干问题的规定》（法释〔2018〕18号），简称《公证债权文书执行规定》；

27.《最高人民法院关于在执行工作中进一步强化善意文明执行理念的意见》（法发〔2019〕35号），简称《善意文明执行意见》；

28.《全国法院民商事审判工作会议纪要》（法〔2019〕254号），简称《九民纪要》；

29.《最高人民法院关于适用〈中华人民共和国民法典〉物权编的解释（一）》（法释〔2020〕24号），简称《民法典物权编解释（一）》；

30.《最高人民法院关于人民法院办理财产保全案件若干问题的规定》（2020年修正），简称《财产保全规定》；

31.《最高人民法院关于民事执行中变更、追加当事人若干问题的规定》（2020年修正），简称《变更追加规定》；

32.《最高人民法院关于人民法院办理执行异议和复议案件若干问题的规定》（2020年修正），简称《异议复议规定》；

33.《最高人民法院关于人民法院民事执行中查封、扣押、冻结财产的规定》（2020年修正），简称《查扣冻规定》；

34.《最高人民法院关于人民法院执行工作若干问题的规定（试行）》（2020年修正），简称《执行工作规定》；

35.《最高人民法院关于执行和解若干问题的规定》（2020年修正），简称《执行和解规定》；

36.《最高人民法院关于执行担保若干问题的规定》（2020年修正），简称《执行担保规定》；

37.《最高人民法院关于适用〈中华人民共和国民事诉讼法〉执行程序若干问题的解释》（2020年修正），简称《执行程序解释》；

38.《最高人民法院关于审理拒不执行判决、裁定刑事案件适用法律若干问题的解释》（2020年修正），简称《拒执罪司法解释》；

39.《最高人民法院关于适用〈中华人民共和国公司法〉若干问题的规定（二）》（2020年修正），简称《公司法解释（二）》；

40.《最高人民法院关于适用〈中华人民共和国公司法〉若干问题的规定（三）》（2020年修正），简称《公司法解释（三）》；

41.《最高人民法院关于适用〈中华人民共和国公司法〉若干问题的规定（四）》（2020年修正），简称《公司法解释（四）》；

42.《最高人民法院关于审理建设工程施工合同纠纷案件适用法律问题的解释（一）》（法释〔2020〕25号），简称《建设工程合同解释（一）》；

43.《最高人民法院关于适用〈中华人民共和国民法典〉有关担保制度的解释》（法释〔2020〕28号），简称《民法典担保制度解释》；

44.《最高人民法院关于适用〈中华人民共和国企业破产法〉若干问题的规定（二）》（2020年修正），简称《破产法解释（二）》；

45.《最高人民法院关于审理民事案件适用诉讼时效制度若干问题的规定》（2020年修正），简称《诉讼时效规定》；

46.《最高人民法院关于审理民间借贷案件适用法律若干问题的规定》（2020年第二次修正），简称《民间借贷规定》；

47.《最高人民法院关于审理商品房买卖合同纠纷案件适用法律若干问题的解释》（2020年修正），简称《商品房买卖合同解释》；

48.《最高人民法院关于适用〈中华人民共和国民事诉讼法〉审判监督程序若干问题的解释》（2020年修正），简称《审判监督程序解释》；

49.《最高人民法院关于审理与企业改制相关的民事纠纷案件若干问题的规定》（2020年修正），简称《企业改制司法解释》；

50.《最高人民法院关于人民法院民事执行中拍卖、变卖财产的规定》（2020年修正），简称《拍卖变卖规定》；

51.《最高人民法院关于民事执行中财产调查若干问题的规定》（2020年修正），简称《财产调查规定》；

52.《最高人民法院关于仲裁司法审查案件报核问题的有关规定》（2021年修正），简称《仲裁审查规定》；

53.《最高人民法院关于适用〈中华人民共和国刑事诉讼法〉的解释》（法释〔2021〕1号），简称《刑事诉讼法解释》；

54.《人民检察院民事诉讼监督规则》（高检发释字〔2021〕1号），简称《监督规则》；

55.《最高人民法院关于人民法院司法拍卖房产竞买人资格若干问题的规定》（法释〔2021〕18号），简称《房产竞买人资格规定》；

56.《最高人民法院关于人民法院强制执行股权若干问题的规定》（法释〔2021〕20号），简称《股权执行规定》；

57.《最高人民法院关于审理涉执行司法赔偿案件适用法律若干问题的解释》（法释〔2022〕3号），简称《执行司法赔偿解释》；

58.《最高人民法院关于适用〈中华人民共和国民事诉讼法〉的解释》（2022年修正），简称《民事诉讼法解释》；

58.《最高人民法院关于适用〈中华人民共和国民法典〉合同编通则若干问题的解释》（法释〔2023〕13号），简称《合同编通则解释》；

60.《最高人民法院关于适用〈中华人民共和国民事诉讼法〉若干问题的意见》（已废止），简称《民诉意见》；

61.《最高人民法院关于适用〈中华人民共和国担保法〉若干问题的解释》（已废止），简称《担保法解释》；

62.《最高人民法院关于适用〈中华人民共和国物权法〉若干问题的解释（一）》（已废止），简称《物权法解释（一）》。

# 目录

CONTENTS

## 第二编　实现金钱债权的终局执行

## 第三编 实现非金钱债权的终局执行

## 第四编 保全执行

## 第五编 行政案件的执行及刑事裁判涉财产部分的执行

# 第一编

# 总　则

# 第一章　执行机构和人员

001 法院向次债务人送达到期债务履行通知书前，被执行人已经转让债权给第三人，次债务人向受让人进行清偿，申请执行人提起撤销权诉讼，法院撤销了债权转让行为，执行法院能否将受让人作为次债务人要求其向申请执行人清偿？

答：撤销权成立，债权转让行为自始无效，该债权仍属于被执行人，被执行人则负有向第三人返还债权转让价款（如有）的义务，但因次债务人已向受让人进行了清偿，该债权已消灭，无法回复至被执行人处。受让人因丧失债的保持力，应当将受领的给付利益交付给有保持力的被执行人。由此，被执行人对受让人产生了一项请求交付受领清偿的债权。申请执行人可以向执行法院申请执行该债权，将受让人作为次债务人要求其向申请执行人清偿，受让人提出异议的，应按照到期债权执行的相关规定处理。

## 理由与依据

从债的效力视角来看，债权转让被撤销，债权转让自始无效，受让人不是债权人，不具有债的保持力，因此获得的利益（受领的次债务人的清偿）不具备法律依据，构成不当得利，应当将受领的清偿交付给有保持力的被执行人。被执行人对受让人享有一项请求返还受领给付的债权。从撤销权的效力角度，债权转让行为被撤销的结果就是债权转让行为自始无效，债权自动回复至被执行人处，但债权因次债务人履行而消灭，无法返还。依据《民法典》第157条的规定，民事法律行为无效、被撤销或者确定不发生效力后，行为人因该行为取得的财产，应当予以返还；不能返还或者没有必要返还的，应当折价补偿，故此时被执行人对受让人享有折价补偿的债权。依据《民事诉讼法解释》第499条,执行法院可以执行债务人对相对人的到期债权,作出冻结债权的裁定,并通知相对人向申请执行人(债权人)履行。因此,执行法院可以执行被执行人对受让人的债权,将受让人作为次债务人要求其向申请执行人履行。至于受让人提出的异议如何处理,需要根据撤销权判决的具体内容而定。

关于撤销权和撤销之诉的性质,理论上主要有形成权说、请求权说、折中说、责任说四种学说。形成权说认为,债权人撤销权系依债务人单方面的意思表示直接使债务人实施的法律行为归于无效的形成权,因此,撤销之诉在形式上属于形成之诉。请求权说则将撤销权解释为直接请求返还因诈害行为而脱逸的财产的权利。因此,撤销之诉属给付之诉。但在撤销债权转让行为的场合,仅需撤销债权转让行为即可达到目的,无需主张返还债权。折中说认为债权人撤销权兼具撤销和财产返还请求的性质,它一方面使债务人与第三人的法律行为归于无效,另一方面又使债务人的责任财产回复至行为前的状态。从《民法典》第452条的规定来看,债权人撤销权主要强调使债务人的行为归于无效的效果,在解释上采形成权说为宜。若申请执行人仅主张撤销,人民法院不能直接在判决书中对受让人的返还责任作出裁判。受让人对债权执行提出异议的,人民法院应停止执行,申请执行人只能通过代位诉讼救济。在申请执行人同时主张撤销和返还时,由于被执行人对受让人的债权已经取得生效法律文书,即使受让人向执行法院提出异议,受让人也仍应当向申请执行人(债权人)履行债务。故为避免程序的延宕,法院应当采取法院释明增加返还的诉请并予以合并审理的方式,引导申请执行人额外针对给付内容进行明确表达,并组织辩论,对前述争议问题进行实质审理。《合同编通则解释》第46条第1款明确了前述做法,规定债权人在撤销权诉讼中同时请求债务人的相对人向债务人承担返还财产、折价补偿、履行到期债务等法律后果的,人民法院依法予以支持。[①]

除上述分析外,其他一些理论观点也为可为申请执行人提供救济。如晚近在德国和日本民法学界出现的"责任说"认为,撤销权行使的效果是使诈害债权的法律行为处于"责任上的无效"状态。即撤销后,被转移的财产仍然

---

① 参见朱虎:《债权人撤销权的法律效果》,载《法学评论》2023年第6期。

属于债务人的责任财产，受益人或转得人负有强制执行容忍义务。① 换言之，撤销的效果是使撤销的相对人处于以其取得的财产对债务人的债务负责任的状态。② 根据该说，受让人所取得的债权仍应作为被执行人的责任财产，次债务人对受让人进行清偿，受让人取得的清偿款也应作为被执行人的责任财产，故此时执行法院有权直接执行受让人所取得的清偿款，如同执行被执行人的责任财产一样，而并非作为债权执行中的次债务人。③ 此外，在德国法，撤销权还可以抗辩的方式行使，用于反制规避执行的行为。1994年《德国撤销法》第9条规定，在诉讼或执行过程中，法院扣押了债务人已转让给相对人（案外人）的财产，相对人（案外人）以债权人为被告提出执行异议之诉，此时债权人（被告）可以撤销权抗辩。

## 立法沿革与争议

有观点认为，撤销权的法律效果是债权转让行为自始无效，则次债务人向受让人清偿的行为也不发生清偿效力，但其仍负有向被执行人清偿债务的责任。受让人负有向次债务人返还不当得利的义务，被执行人负有向受让人返还债权转让款（如有）的责任。此种情况下，被执行人对受让人不享有债权，虽然次债务人对受让人享有债权，但对于执行次债务人的债权，目前司法实践持否定态度，执行法院无法将受让人作为次债务人要求其向申请执行人清偿。我们认为，次债务人作为善意履行义务的主体，其利益应当得到保障。若将所有法律关系都归于无效，牵涉范围过广，引发交易混乱，此观点不足取。

## 案例索引

最高人民法院（2017）最高法执复27号东北电气发展股份有限公司与国家开发银行股份有限公司、沈阳高压开关有限责任公司等执行复议案

---

① 参见杨代雄主编：《袖珍民法典评注》，中国民主法制出版社2022年版，第473～474页。

② 参见韩世远：《债权人撤销权研究》，载《比较法研究》2004年第3期。

③ 责任说虽然在理论上更为妥当，但过于突破既有体系考量，与责任说最相匹配的容忍强制执行之诉在我国《民事诉讼法》中并未规定，故该说难以作为规范解释方案。参见朱虎：《债权人撤销权的法律效果》，载《法学评论》2023年第6期。

# 第二章 执行依据

## 一、执行依据

**002** 当事人能否向人民法院申请执行以物抵债调解书？

答：以物抵债调解书生效后，债务人不履行交付或登记过户义务的，债权人可以申请执行。但执行法院不得出具以物抵债裁定或者要求登记机构协助办理过户手续，人民法院可以向债务人发出执行通知书，要求债务人限期履行。到期不履行的，可以对其采取罚款、拘留等强制措施。仍不履行的，或者客观上无法履行的，可以终结执行。

### 理由与依据

以物抵债，属于代物清偿，可以降低交易风险、节约交易成本。以物抵债涉及实体法律关系和第三人利益，实践中争议较大。《第八次全国法院民事商事审判工作会议（民事部分）纪要》第16条明确规定，当事人达成以房抵债协议，并要求制作调解书的，人民法院应当严格审查协议是否在平等自愿基础上达成；对存在重大误解或显失公平的，应当予以释明；对利用协议损害其他债权人利益或者规避公共管理政策的，不能制作调解书；对当事人行为构成虚假诉讼的，严格按照《民事诉讼法》和相关规定处理；涉嫌犯罪的，移送刑事侦查机关处理。

法院针对当事人在诉讼中作出的以物抵债协议制作调解书的，该调解书不发生物权变动的效力，仍须当事人办理物权转移手续。负有履行义务的一方当事人未履行交付或者过户登记的，另一方当事人可以申请法院强制执行。①

关于当事人能否申请执行以房抵债调解书的问题需要从其是否符合执行依据的要件上判断。判断生效法律文书能否作为执行依据的标准要审查该文书权利义务主体和给付内容是否明确，如果确定继续履行合同的，还应当明确继续履行的具体内容。以房抵债调解书只要符合上述标准，即可作为执行依据。需要说明的是，以物抵债调解书是对调解协议的确认，调解协议本质上属于债的范畴。债权人依据以房抵债调解书申请执行，其对涉案房产的请求权基础为债权请求权的物之交付请求权，并非物权请求权。债权人取得要求移转抵债物所有权的请求权，债务人负有移转抵债物所有权的义务，即将抵债物进行交付，将不动产办理过户登记。因此，以物抵债协议不能直接导致物权变动，公权力的介入仅体现在确认协议的合法性上，不存在与登记或交付相同公示作用的问题。创设物权仍要当事人持调解书办理交付和过户登记，抵债物权属方发生物权变动。未办理相应登记过户手续的，所有权并未发生转移。

## 立法沿革与争议

1998年《执行工作规定》第2条，生效的人民法院调解书纳入合法的执行依据范畴。以物抵债调解书较为特殊，系对调解协议的确认，本质是当事人合意的内容，如被赋予了强制执行力，很容易被恶意利用以损害他人合法权益。实践中，法院对以物抵债调解书的作出也持审慎态度。《江苏省高级人民法院关于以物抵债若干法律适用问题的审理纪要》第4条规定，在债权债务案件诉讼过程中，当事人自愿达成以物抵债协议，并要求法院制作调解书的，人民法院应建议当事人申请撤诉。当事人不申请撤诉而要求法院制作调解书的，人民法院应不予支持，对当事人之间债权债务法律关系继续审理。2016年《第八次全国法院民事商事审判工作会议（民事部分）纪要》第16条规定："当事人达成以房抵债协议，并要求制作调解书的，人民法院应当严格审查协议是否在平等自愿基础上达成；对存在重大误解或显失公平的，应当予以释

① 《最高人民法院研究室关于以物抵债调解书是否具有发生物权变动效力的研究意见》，载张军主编、最高人民法院研究室编：《司法研究与指导》（总第2辑），人民法院出版社2012年版，第138～142页。

明。"2019年《九民纪要》第44条提出："当事人在债务履行期限届满后达成以物抵债协议，抵债物尚未交付债权人，债权人请求债务人交付的，人民法院要着重审查以物抵债协议是否存在恶意损害第三人合法权益等情形，避免虚假诉讼的发生。经审查，不存在以上情况，且无其他无效事由的，人民法院依法予以支持。当事人在一审程序中因达成以物抵债协议申请撤回起诉的，人民法院可予准许。当事人在二审程序中申请撤回上诉的，人民法院应当告知其申请撤回起诉。当事人申请撤回起诉，经审查不损害国家利益、社会公共利益、他人合法权益的，人民法院可予准许。当事人不申请撤回起诉，请求人民法院出具调解书对以物抵债协议予以确认的，因债务人完全可以立即履行该协议，没有必要由人民法院出具调解书，故人民法院不应准许，同时应当继续对原债权债务关系进行审理。"

以房抵债调解书进入执行程序后，执行法院能否向不动产登记部门发出协助执行通知书，要求协助办理过户手续是实践中的主要争议点。有观点认为，以房抵债调解书是合法的执行依据，一方不履行协助义务的，可以通过代履行方式执行，即通过执行法院向不动产登记部门发出协助执行通知书要求协助办理过户手续。另有观点认为，当事人协商以物抵债是一种私法行为，人民法院应当审查抵债行为是否侵害第三人利益。以物抵债可以由当事人自行履行，不能出具协助执行手续要求不动产登记部门协助办理过户，以防止当事人恶意串通损害第三人利益或者通过执行程序来规避行政审查等情形发生。审理程序中，当事人协商以物抵债后要求法院出具调解书再申请执行是虚假诉讼的常见情形。在执行程序中，当事人达成以房抵债的和解协议要求法院作出以物抵债裁定，同样存在上述问题。2018年《执行和解规定》第6条规定："当事人达成以物抵债执行和解协议的，人民法院不得依据该协议作出以物抵债裁定。"

## 案例索引

最高人民法院（2015）民一终字第308号建设工程施工合同纠纷二审案

### 003  确认之诉生效法律文书能否强制执行?

答: 根据民事执行原理, 一般情况, 确权判决不具备给付内容, 不能作为执行依据。但实践中以财产所有权等支配权为确认对象的确权判决, 有的法院以其具有给付内容或现实生活确有必要等原因允许权利人申请执行。确权判决仅意味着一方当事人在实体法上享有物上请求权, 不涉及该法律关系是否存在变更、消灭或者权利受到妨害的情形, 不宜直接作为执行依据。[①]

## 理由与依据

根据诉讼请求的性质和内容的不同, 民事诉讼理论将"诉"分为给付之诉、形成之诉(又称变更之诉)和确认之诉。所谓确认之诉, 是指原告向法院提出的确认其与被告之间是否存在某种民事法律关系的请求。确认之诉如果只是对事实的确认(如请求确认合同无效、婚姻无效、宣告票据无效等), 不涉及对当事人财产权归属的认定, 则属于纯粹的确认之诉。这种纯粹的确认之诉因缺乏给付内容和对应的义务主体, 显然不能也没有必要申请执行。但明确财产权利归属的确认之诉所形成的确权类法律文书[②]能否作为执行依据则长期存在争议。例如, 物权确认纠纷中的裁判文书确认登记在被告名下的房产归原告所有。实践中有几类做法, 如以原告的真实意图作为判断标准, 将确权判决解释为给付判决, 以减少当事人诉累, 如最高人民法院(2015)执申

---

① 参见黄忠顺:《确权判决与确权裁决的可执行性问题研究》, 载《广西社会科学》2022年第1期。

② 这里需要特别注意的是: 如果此类文书在确权的同时, 将对方当事人协助办理变更登记的义务也写入法律文书主文, 因这种协助义务判项本身就属于行为给付内容, 故此时属于确权内容和给付内容并存的执行依据, 此时权利人当然可以申请执行, 法院应当立案。这里讨论的是只有确权判项, 而无对方当事人协助义务判项的生效法律文书能否立案执行的问题。

字第52号。①有的是将确权判决分为具有给付内容的确权判决和无给付内容的确权判决。如广东省高级人民法院（2011）粤高法执复字第82号，认为生效判决确认公司股东之间的出资比例发生增减变化，这一确认必须以一方给付并登记为前提和基础。还有以现实需求出发，虽然根据相关行政法律法规的规定，②权利人可以持生效法律文书直接请求行政部门变更登记。但司法实践中，由于登记制度不完善等原因，一些行政部门可能会对权利人直接请求变更登记的申请不予受理，而是要求法院出具协助执行通知书，权利人只有选择向法院申请执行。如果法院仍然坐视不理，则确认判决中的权利将难以保障。因此，在目前情况下，从个案效果和维护权利人权益的角度，"允许此类案件进入执行程序，让生效法律文书确定的权利人通过执行程序完成权属变更登记，有一定的合理性"。③但是上述观点要么是违背了审执分离和执行的形式性原则，要么是凭空创设了具有给付内容的确权判决的概念，要么是以现实必要性代替制度可行性。④

从确认之诉的功能定位和程序价值出发。确认之诉通常以确认特定的法律关系存在与否为目的，以便消除当事人之间法律状态的不确定性，服务于当事人特定的诉讼目的，无法为当事人受侵害的权利提供终局救济。确认之诉应具备确认利益，即在法律关系方面因被告的行为或者其他事由对原告造成事实上甚至纯粹经济上的不确定性或者不安定性，使得原告认为危及自己

---

① 判决书原文："……本案中，生效调解书第五项内容为'选矿厂及采挖出的矿石归属于原告王某'，并无直接的给付内容。然而，金某与王某在协议中约定'选矿厂及采挖出的矿石归属于原告王某'，选矿厂与矿石的所有权并不因该约定而直接移转，王某此时享有的只是债权而不是物权。因此，当事人的真实意思可以明确为是将采挖出的矿石交付王某，将选矿厂交付王某实际占有控制并办理相应的权属变更登记。这种情况下如果要求王某必须另行提起交付选矿厂及矿石的给付之诉，取得生效法律文书后才能申请强制执行则徒增当事人诉累。"

② 相关具体的法律依据详见本书对"生效的法律文书或者人民政府生效的决定等设立、变更、转让、消灭不动产权利的，由权利人单方申请变更登记还是申请法院执行"这一问题的解答。

③ 参见最高人民法院执行局编著：《最高人民法院执行最新司法解释统一理解与适用》，中国法制出版社2016年版，第10页。

④ 参见黄忠顺：《确权判决与确权裁决的可执行性问题研究》，载《广西社会科学》2022年第1期。

的法律地位并需要即刻澄清。[①] 在适用确认利益理论的民事诉讼领域，法院理应增加或变更诉讼请求，原告不同意变更或增加诉讼请求的，法院应当以原告提出的确权请求缺乏诉的利益为由裁定不予受理或驳回起诉。[②] 但我国《民事诉讼法》没有关于确认利益的相关要求，导致实践中很多缺乏确认利益的确认之诉经过审判程序获得判决。因此，如果当事人不满足于实体法上物上请求权的确认，需要对方完成交付或者过户等行为的，应另行提起给付之诉请求法院判决被告办理过户手续。针对实践中行政部门的不作为，从法治建设的长远角度来看，债权人应通过提起行政诉讼督促行政机关依法受理权利人的变更申请，从而使问题回到法律规定的正确轨道上来。

## 立法沿革与争议

关于确认判决能否执行的问题，内蒙古自治区高级人民法院曾向最高人民法院进行请示，最高人民法院执行工作办公室于2004年11月22日作出《关于向人民法院申请执行没有给付内容的确认判决应裁定不予受理问题的答复》（〔2004〕执他字第5号），认为最高人民法院（2002）民一终字第23号民事判决书是确认判决，没有给付内容，不符合人民法院受理执行案件的条件，应裁定不予受理。

针对实践中部分法院将确认股权归属的确权判决解释为带有给付内容的确权判决的情况，最高人民法院于2021年《股权执行规定》第17条第2款作出明确规定："生效法律文书仅确认股权属于当事人所有，当事人可以持该生效法律文书自行向股权所在公司、公司登记机关申请办理股权变更手续；向人民法院申请强制执行的，不予受理。"

## 案例索引

最高人民法院（2019）最高法执监507号执行监督审查案

---

[①] 参见赵秀举：《论确认之诉的程序价值》，载《法学家》2017年第6期。
[②] 黄忠顺：《确权判决与确权裁决的可执行性问题研究》，载《广西社会科学》2022年第1期。

## 004 二审（或再审）期间，当事人达成和解协议而撤回上诉（或申诉）后，如何确定执行依据？

答：二审（或再审）期间，当事人达成和解协议后执行依据的确定区分人民法院是否依据和解协议制作调解书而不同：和解协议经法院确认并制作调解书的，该调解书为执行依据；和解协议未经法院确认出具调解书的，上诉人撤回上诉并获二审法院准许的，一审判决为执行依据。

### 理由与依据

二审或再审期间，双方当事人达成诉讼外和解协议时，如何确定执行依据，要结合民事诉讼原理，根据人民法院是否制作调解书分两种情况具体分析。诉讼外和解协议不能成为执行依据。双方当事人达成的诉讼外和解协议未经法院依法制作调解书，未经法院确认且未加盖法院公章，其性质本质上仍属民事合同，不属于具有强制执行效力的公文书，不能作为执行依据。至于执行依据是原一审判决还是二审法院制作的民事调解书，要根据双方当事人是否申请二审法院将和解协议制作了调解书予以具体分析。

第一，如果二审法院根据双方当事人的申请将和解协议制作了民事调解书。原一审判决因一方当事人的上诉而未生效，缺乏既判力，一审判决不能作为执行依据。此时，双方当事人之间的实体权利义务关系由二审法院调解书确定，二审法院也将以"调解"的方式予以结案，故此时的执行依据就是二审法院制作的民事调解书。

第二，如果双方当事人未申请制作民事调解书，上诉人撤回上诉并获二审法院准许。一审判决自二审法院准许撤回上诉的裁定送达当事人之日起生效，双方当事人之间的实体权利义务关系由一审判决确定。一方当事人不履行和解协议的，另一方当事人以一审判决作为执行依据申请执行的，法院应当立案受理。

### 立法沿革与争议

关于当事人在二审（或再审）期间达成和解协议而撤回上诉（或申诉）后如何确定执行依据的问题，主要有三种观点：一是一审判决说，二是二审法院民事调解书说，三是诉讼外和解协议说。对此问题，最高人民法院在不同时期观点也有反复：2011年发布的2号指导性案例"吴某诉四川省眉山西城纸业有限公司买卖合同纠纷案"的裁判观点是："民事案件二审期间，双方当事人达成和解协议，人民法院准许撤回上诉的，该和解协议未经人民法院依法制作调解书，属于诉讼外达成的协议。一方当事人不履行和解协议，另一方当事人申请执行一审判决的，人民法院应予支持。"2013年第2辑（总第54辑）《民事审判指导与参考》认为，不能执行一审判决，因为二审期间双方当事人达成的和解协议为双方当事人对于自己实体权利义务的处分，其已替代了一审判决中确定的当事人的权利义务。2014年第1辑（总第57辑）《民事审判指导与参考》又回到了2号指导性案例的观点，认为应当执行一审判决，因为通常情况下双方当事人达成的和解协议，往往是权利人对义务人作出让步，如果和解协议未履行，执行一审判决能更好地维护权利人的权利，减轻其诉累。2021年最高人民法院民事审判第一庭编著的《民事审判实务问答》再次回到了否认一审判决作为执行依据的观点，认为："和解协议是双方当事人为了实现自己利益的最大化所达成的协议，是当事人双方通过诉讼外的途径创设的新的权利义务关系的协议。从实体法角度而言，和解协议的达成实质变动了一审判决所确定的实体内容，这是和解协议所带来的不争之客观结果，其性质与调解协议有所不同。二审期间双方当事人达成和解协议后，和解协议为双方当事人对于自己实体权利义务的处分，其已替代了一审判决中确定的当事人的权利义务。上诉人撤回上诉，一审判决确定的权利义务因被和解协议实质变动而不再生效，在此种情况下，并不能执行一审判决。如果一方当事人不履行和解协议，另一方可以以和解协议为依据，提起新的诉讼。"[1]

---

[1] 最高人民法院民事审判第一庭编：《民事审判实务问答》，法律出版社2021年版，第412页。

### 案例索引

四川省眉山市中级人民法院（2010）眉执督字第4号买卖合同纠纷案（最高人民法院指导性案例2号）

### 005 哪些生效法律文书不能作为执行依据？

答：作为执行依据的生效法律文书应当同时满足有执行内容（给付内容）、执行内容具体而明确、有执行力三个实质要件。强制执行须以执行依据所载明的范围为限，因此，执行依据所载的执行内容必须明确具体或者是通过解释能够确定的，执行内容难以确定的生效法律文书不能作为执行依据。

### 理由与依据

执行依据可以分为显性执行依据与隐形执行依据，显性执行依据指的是根据《民事诉讼法》《执行工作规定》等法律、司法解释确定，包括生效判决、调解书、仲裁裁决等；隐性执行依据指的是在对执行依据过程中衍生的替代或补充的生效法律文书的执行依据。因现代社会纠纷多元解决机制的发展，执行依据出现扩大趋势。

在我国，执行依据原则上限于公法文书。对特定领域的法律文书能否作为执行依据，理论和实践中均存在争议，如担保合同能否成为执行依据的问题。《物权法》第195条第2款[①]曾规定："抵押权人与抵押人未就抵押权实现方式达成协议的，抵押权人可以请求人民法院拍卖、变卖抵押财产。"从文义解释，若债务人逾期未偿债，债权人无须起诉，可直接向法院申请拍卖、变卖抵押财产。赋予抵押合同强制执行力，在一定程度上降低抵押权实现成本，有利于抵押权人及时受偿，以充分发挥担保制度的应有功能。

---

① 《民法典》第410条对该条文予以吸收和完善。

但债权人持抵押合同直接申请强制执行并不能被立案受理。目前，抵押权的实现仍应当取得执行依据：或是通过诉讼获得实体性文书，或通过非诉程序获得实现担保物权裁定（一裁终局）。比较法上，日本法专设抵押物拍卖程序，担保合同作为执行依据已被立法确认。杨荣馨教授主持的《强制执行法（专家建议稿）》第51条第9项，曾将抵押合同直接作为执行依据，但2022年《民事强制执行法（草案）》未采纳。

另外，在参与分配程序中，优先债权人无须取得执行依据。根据《民事诉讼法解释》第506条第2款规定，对拟处置财产享有优先权的债权人可以搭载其他执行债权人的便车，直接申请参与分配。这是中国执行实务中坚持执行依据限于司法公文书的例外。①

最后，"先予仲裁"裁决书、调解书不能作为执行依据。"先予仲裁"也叫"无争议同时仲裁"，最高人民法院专门出台司法解释对其说"不"，其法理背景是：该种新型仲裁方式严重缺乏两造对抗，纠纷未经开庭审理，回避、答辩、举证、质证、辩论等仲裁环节全无，网贷当事人就此约定弃权条款无效。

另，执行依据经申请执行后，经过执行和解、不予执行公证债权文书及仲裁裁决或者再审、撤销之诉、变更追加当事人、到期债权执行裁定等程序，原执行依据经过特定程序后将形成新的执行依据，执行依据范围不断扩大。

## 立法沿革与争议

1998年《执行工作规定》第2条就执行依据的范围作了较为全面的规定，包括："（1）人民法院民事、行政判决、裁定、调解书，民事制裁决定、支付令，以及刑事附带民事判决、裁定、调解书；（2）依法应由人民法院执行的行政处罚决定、行政处理决定；（3）我国仲裁机构作出的仲裁裁决和调解书；人民法院依据《中华人民共和国仲裁法》有关规定作出的财产保全和证据保全裁定；（4）公证机关依法赋予强制执行效力的关于追偿债款、物品的债权文书；（5）经人民法院裁定承认其效力的外国法院作出的判决、裁定，以

---

① 执行法院可能会基于一定的原因，为未取得执行依据的债权人预留一定的份额（典型的如首先查封但未取得执行依据的财产保全债权人），但这里的"预留"并不属于严格意义上的参与分配，故这种情况不属于参与分配需取得执行依据的例外。

及国外仲裁机构作出的仲裁裁决;(6)法律规定由人民法院执行的其他法律文书。"2012年《民事诉讼法》第195条将经司法确认的调解协议纳入了执行依据:"人民法院受理申请后,经审查,符合法律规定的,裁定调解协议有效,一方当事人拒绝履行或者未全部履行的,对方当事人可以向人民法院申请执行。"第196条、第197条规定,在实现担保物权案件的特别程序中,人民法院受理实现担保物权请求的裁定可以作为执行依据,进一步丰富了执行依据的种类,扩大了执行依据的范围。

最高人民法院于2004年发布的《关于执行程序中多个债权人参与分配问题的若干规定(征求意见稿)》第3条第1款曾规定:"除在先保全财产且已经起诉的债权人外,其他债权人参与分配须取得执行依据。"这是参与分配须取得执行依据的一个例外,但该款规定至今未生效实施。

《"先予仲裁"批复》明确"网络借贷合同当事人申请执行仲裁机构在纠纷发生前作出的仲裁裁决或者调解书的,人民法院裁定不予受理;已经受理的,裁定驳回执行申请"。

## 案例索引

最高人民法院(2016)最高法民申1281号执行分配方案异议之诉案

## 006 判决书"本院认为"部分能否作为执行依据?

答:判决主文是人民法院就当事人的诉讼请求作出的结论,而判决书中的"本院认为"部分,是法院就认定的案件事实和理由所作的叙述,其本身并不构成判项的内容。法院强制执行只能依据生效判决主文,无论判决主文中是否有相应的判项,"本院认为"部分所作的论述均不能作为执行依据。

## 理由与依据

我国判决书一般由开头（当事人、案件基本事实）、法院认定事实和适用法律及判决主文等部分组成。通常，法官在判决主文中只就当事人的诉讼请求作出结论，且该结论是在对相关事实的审查和判决理由叙述的基础上作出的。可以说是叙述在前，结论在后。然而，各国法律没有规定与结论密切相关的判决理由中的判断说理具有既判力，原因有三：

一是理由判断所涉及的当事人提出的诉讼请求本身，并未经当事人作为争点在诉讼中认真加以辩论，因而为了避免对未经当事人认真对待的请求作出判断而造成突然袭击，不能认可关于此的理由判断具有既判力；二是如果允许法院对当事人没有认真争执的争点作出的判断产生既判力，当事人就丧失了在今后别的诉讼中就未经争执的争点展开争执的可能，而且也不能提出与被作出了判断的争点相矛盾的主张；三是从法院的立场上说，如果法院在前诉关于结论的理由判断不具有既判力，则法院在后诉可以迅速且有效地进行诉讼指挥。

作为判决理由中判断对象的当事人主张，相对于诉讼上的请求而言，处于一种手段性、次要性地位，正是基于这种判断的手段性和次要性，故不承认判决理由中的判断产生既判力。判决书的"本院认为"部分是为了说明作出判决的理由，不构成判项内容，不能作为法院强制执行的依据。[①] 这也是实践中当事人不得针对裁判文书的裁判理由申请再审的原因。[②]

## 立法沿革与争议

2014年，最高人民法院执行工作办公室在给辽宁省高级人民法院的《关于营口市鲅鱼圈区海星建筑工程公司与营口东方外国语专修学校建筑工程欠款纠纷执行一案疑请报告的复函》（〔2004〕执他字第19号）中明确：判决主文是人民法院就当事人的诉讼请求作出的结论，而判决书中"本院认为"部分，是人民法院就认定的案件事实和判决理由所作的叙述，其本身并不构成判项

---

[①] 参见于泓：《以判决主文或判决理由作为执行依据请示案》，载最高人民法院执行工作办公室编：《强制执行指导与参考》（2004年第4集），法律出版社2005年版，第86～88页。

[②] 参见最高人民法院（2020）最高法民申4231号民事裁定书。

的内容。人民法院强制执行只能依据生效判决的主文，如果判决主文中没有相应的判项，则"本院认为"部分所作的论述不能作为执行依据。

裁判理由无既判力是理论界的主流观点，也被德国、日本及我国台湾地区司法实践所采纳。但依然有观点认为，裁判理由在一定情况下有既判力。萨维尼（Savigny）提出，判决理由中就先决的法律关系所作的判断结论应赋予其既判力，虽然该观点未被当时的立法者采纳，但立法者认为此理论可避免发生就同一当事人之同一法律问题作出前后矛盾之判断，由此创设了在诉讼程序中应直接以先决事项为诉讼标的之中间确认之诉。① 日本民诉法学家新堂幸司提出争点效理论。所谓争点效理论，是指就诉讼标的以外之各争议事项，在经当事人认真的争执对抗、法院充分实质的审理后，法院所为之判断所生之效力。该效力既不允许后诉当事人提出与该判断结论相冲突的主张或实施相应的举证行为，也不允许后诉法院作出与之相冲突的判断。新堂幸司认为，该种拘束力不是既判力之扩张，而是诚实信用成为判决之效果所发生的作用。因为争点效限于对判决理由中就诉讼标的之外的争议事项所作的判断，而既判力适用于相同的诉讼标的，故争点效与既判力的适用情形不同。此外，既判力是就诉讼标的之判断无条件发生拘束力，而争点效须具备相应的程序要件，如限于判决理由中所作出的判断、当事人已经就该争点穷尽了诉讼攻击防御手段、判决理由中对该争点的判断结论是实质性而非程序性的，以及须以后诉程序中当事人提出援引争点效的主张或抗辩为前提。② 而在新堂幸司提倡争点效理论之后，日本法院出现了否定该理论的判例。③ 有研究指出，虽然新堂幸司本人声称对争点效持肯定与否定的判例各占一半，但他也不得不承认，日本最高裁判所的判例基本否定了争点效理论。④

争点效理论被视为是对传统既判力原则的发展和完善，以适应现代社会的复杂争议，但其并未在司法实践中得到普遍认可，具体应用仍取决于法院在具体案件中的判断。

---

① 参见骆永家：《既判力之研究》，我国台湾地区三民书局股份有限公司2021年版，第66～67页。

② 参见［日］新堂幸司：《新民事诉讼法》，林剑锋译，法律出版社2008年版，第499页。

③ 参见骆永家：《既判力之研究》，我国台湾地区三民书局股份有限公司2021年版，第78页。

④ 参见丁宝同：《论争点效之比较法源流与本土归化》，载《比较法研究》2016年第3期。

## 案例索引

最高人民法院（2019）最高法民再384号房地产合同纠纷案

**007** 民事调解书确认了金钱债务的履行金额，但未确定履行方式与期限，双方当事人就民事调解书的履行期限另行达成协议的，权利人能否申请执行？

答：双方当事人就债务履行期限另行达成的补充协议并非执行依据，不具有强制执行效力，权利人持该协议无法申请执行立案。但如果权利人持民事调解书和债务履行期限的补充协议申请执行，应予以立案执行。

## 理由与依据

民事调解书确认了金钱债务的具体金额，但未确定清偿债务的方式与期限，属执行依据不明确的情形。如果双方当事人就债务履行期限另行达成具体补充协议，该协议虽与前述生效民事调解书相互关联，不具有独立作为执行依据的法律效力，一方当事人将该债务履行期限的协议，请求法院立案受理的，法院应不予准许。

虽然债务履行期限的补充协议不能单独作为执行依据，但如果权利人持民事调解书和债务履行期限的补充协议申请执行，人民法院应当予以立案。双方当事人就民事调解书中的债务履行期限达成的补充协议，本质上是对调解书内容的细化，该细化内容相当于双方当事人通过合意的方式对执行依据中不明确的执行内容进行了解释和明确，是双方当事人真实意思表示，不违反法律和行政法规强制性规定，不损害第三人合法权益，人民法院应予以认可。

## 立法沿革与争议

实践中，就未载明履行期限的民事调解书的执行，存在分歧。有观点认为，既然民事调解书没有约定金钱债务的清偿方式和期限，即使双方当事人在民事调解书生效后另行达成了明确债务清偿方式和期限的协议，但该协议不属于执行依据的内容，故执行法院可以原调解书不明确为由不予立案或驳回执行申请。另有观点认为，双方当事人就民事调解书中的债务履行期限和方式另行达成的补充协议属于对调解书内容的细化，执行法院应当本着减少当事人诉累原则予以立案。

## 案例索引

广东省高级人民法院（2020）粤执复1059号执行复议案

## 008 执行法院作出以物抵债裁定后未实际交付房产，后案涉房产被另案确权给第三人，申请执行人能否依据该以物抵债裁定提起第三人撤销之诉，抑或申请法院继续执行交付房屋？程序上应如何处理？

答：以物抵债裁定作出在前，确权判决在后，申请执行人应当向执行部门申请继续执行，办理过户登记，责令第三人腾退该房屋。如执行法院以该房屋涉及第三人利益为由不予继续执行的，申请执行人有权提起第三人撤销之诉。

## 理由与依据

人民法院作出的以物抵债裁定产生物权变动效力，根据《民事诉讼法解释》第491条[①]及《拍卖变卖规定》第26条[②]规定，无论实际交付与否，申请执

---

① 《民事诉讼法解释》第491条规定："拍卖成交或者依法定程序裁定以物抵债的，标的物所有权自拍卖成交裁定或者抵债裁定送达买受人或者接受抵债物的债权人时转移。"

② 《拍卖变卖规定》第26条规定："不动产、动产或者其他财产权拍卖成交或者抵债后，该不动产、动产的所有权、其他财产权自拍卖成交或者抵债裁定送达买受人或者承受人时起转移。"

行人自以物抵债裁定送达之日，即取得涉案房产的所有权。以物抵债执行裁定作出后，当事人应当负有交付的义务，对于不动产和需要办理登记的特殊动产，人民法院还向相关登记部门出具协助执行通知书，要求登记机关协助办理变更登记手续。因为以物抵债时，涉案房屋暂不具备交付条件，故执行法院虽然出具以物抵债裁定，但尚未完成标的物的交付，执行行为尚未完成。第三人与被执行人在另案判决中对涉案房屋进行确权，其所取得所有权的依据也是人民法院生效的裁判文书，但显然其所取得的文书晚于申请执行人以物抵债裁定的时间，尽管第三人实际占有房屋，但非有权占有，不能以其占有为由对抗申请执行人的以物抵债行为。

但因该房屋被另案确权给第三人，可能导致执行法院协助办理过户和交付受阻。实践中执行法官以其不具备对实体纠纷的审查权限为由拒绝继续执行，此时申请执行人是否有其他救济路径？《立审执协调意见》第8条其实已经明确"审判部门在审理确权诉讼时，应当查询所要确权的财产权属状况。需要确权的财产已经被人民法院查封、扣押、冻结的，应当裁定驳回起诉，并告知当事人可以依照民事诉讼法第二百二十七条的规定主张权利。"即为避免出现将已经以物抵债的财产再另案确权给第三人的情况发生，原则上，第三人应该通过案外人异议和异议之诉的方式对该房屋主张权利。但如第三人违反上述规定，向其他法院起诉，从而取得生效裁判文书将已被执行法院查封、扣押、冻结的财产确权或者分割给案外人，给以物抵债后的权属转移带来困扰，《制裁规避执行行为意见》第11条提出了反制措施，执行法院认为该生效裁判文书系恶意串通规避执行损害执行债权人利益的，可以向作出该裁判文书的人民法院或者其上级人民法院提出书面建议，有关法院应当依照《民事诉讼法》和有关司法解释的规定决定再审。但实践中判断第三人是否系恶意串通规避执行较为困难，启动再审的难度也非常大，申请执行人以另案确权判决侵害其合法权利为由提起第三人撤销之诉，撤销另案确权判决不失为一条有效的救济路径。

## 立法沿革与争议

如另案确权判决在前，以物抵债裁定在后，申请执行人的债权作为普通债权，无法对抗另案判决确定的物权，不具有提起第三人撤销之资格。但如金钱债权的保全裁定是在另案确认判决之前作出的，申请执行人能否提起第三人撤销之诉，实践中存在争议。一种观点认为，保全行为对标的物的限制效力基于司法强制措施产生，不直接产生私法上的权利变动效果。另案确权之诉处理结果如何，均不会对金钱债权实体权利义务的认定产生影响。法律上的利害关系应当是指实体权利义务上的利害关系，并非程序上的利害关系。确权判决的结果仅可能影响到被执行人的偿债能力，但该种影响仅是事实上、经济上的影响，并未导致申请执行人自身债权的消灭。故申请执行人与确认之诉的处理结果不具有法律上的利害关系，无权提起第三人撤销之诉。另一种观点认为，首先，查封在物权法上享有排除他人对被查封的房产进行抵押、转让等处分的权利以及其他将会产生物权变动的行为，申请执行人与房产具有物权法上的利害关系；其次，申请执行人虽然为一般债权人，但基于查封与已经特定化的案涉房产具有物权法上的利害关系，其债权属于法律特殊保护的债权，从而基于查封可能产生排除其他相关物权后续设立的效果，或者说在后生效裁判认定他人对案涉房产享有物权或者受偿顺位在先的权利会影响申请执行人基于查封形成的特殊债权的实现。因此，申请执行人作为在先查封债权人，另案确权判决同其有法律上的利害关系，其有权作为无独立请求权的第三人针对另案确权判决提起第三人撤销之诉。[①]

以物抵债裁定作出后，作为案涉房产真实权利人的第三人应通过何种途径进行救济，实践中同样存在争议。第一种观点认为，以物抵债裁定一经送达，抵债财产就归接受抵债的权利人享有，不再是被执行人的财产，债权人取得了被执行房屋的所有权、执行程序已告终结，案外人不能再提起执行异议之诉。但案外人可以人民法院出具的以物抵债裁定违法向执行法院提出异议，异议被驳回的，再向上一级法院申请复议。第二种观点认为，应通过提起第三人撤销之诉进行救济。[②]第三种观点采折中的做法，以物抵债裁定有别于一般的执行措施，错误的以物抵债裁定，原则上应当通过执行监督程序

---

① 参见最高人民法院（2021）最高法民终1174号民事裁定书。

② 最高人民法院（2019）最高法民申3512号民事裁定书认为，根据法律规定及司法解释的内容，第三人撤销之诉的对象为诉讼程序中作出的"发生法律效力的判决、裁定、调解书"，执行程序中作出的裁定不属于第三人撤销之诉的对象。因此，案外人不能对以物抵债裁定提起第三人撤销之诉。

救济，但在一定情况下也可以通过提起执行异议之诉进行救济。在通过执行异议之诉救济的情况下，应当对案外人的权利进行确认，并在判项中作出撤销以物抵债裁定中直接导致物权变动的内容。此外，通过法院内部的沟通协调，使执行法院自行撤销以物抵债裁定。[①]

## 案例索引

最高人民法院（2019）最高法民申1087号一般取回权纠纷案

### 009 人民法院将属于被执行人拆迁补偿款的替代房产交付给申请人抵债，是否必须经过评估拍卖程序？

答：执行法院冻结拆迁补偿款后，对于作为拆迁补偿款替代物的房屋的执行仍不能直接抵债，因为房产和拆迁补偿款性质不同，对于该替代房产的执行仍须经评估拍卖等法定变价程序，流拍后可以以物抵债。

## 理由与依据

原执行房产被依法征收，新的执行标的物变更为代替房产的情况下，执行法院通过以物抵债程序执行的应当经过法定变价处置程序，不能直接将被执行人所有的拆迁补偿房产变更为申请执行人所有。国家依法收回国有土地使用权须以对被征收人给予公平补偿为前提。在对被征收人履行补偿安置职责之前，行政机关不能收回土地使用权。根据《国有土地上房屋征收与补偿条例》的相关规定，行政机关可以通过货币补偿或房屋产权调换的方式对被拆迁人进行补偿。被执行人的房屋被依法征收后，相关部门提供同等价值的房地产以替代拆迁补偿款的，执行法院应当依法对该替代房产查封，通过法

---

① 参见贺小荣主编：《最高人民法院第二巡回法庭法官会议纪要（第3辑）》，人民法院出版社2021年版，第35～51页。

定程序变价或经双方执行当事人同意后以物抵债。执行法院不得直接向相关部门出具协助执行通知要求将该替代房产过户至申请执行人名下。根据《拍卖变卖规定》以及《民事诉讼法解释》的相关规定，不动产被征收后替代拆迁补偿款的替代房产所有权归属于被执行人，此类特殊替代物的执行应当依法查封，申请执行人对经法定变价程序的价款受偿。当事人达成以物抵债合意的前提下可以不经拍卖变卖程序直接以物抵债。

另外需要注意的是，执行法院亦不能要求住建局等房屋征收部门在依法征收后，因无法履行交付拆迁补偿款的协助义务转而要求其交付同等价值的房产以履行替代义务。执行法院不能混淆执行当事人与协助机关之间的权利义务关系，住建局不是案件被执行人，也未经过合法诉讼或者执行程序被追加为本案的被执行人。因此住建局在执行过程中承担的应为"办理有关财产权证照转移手续"，而无权代表申请执行人与被执行人达成以物抵债之合意。

## 立法沿革与争议

《国有土地上房屋征收与补偿条例》第21条第1款规定："被征收人可以选择货币补偿，也可以选择房屋产权调换。"该条规定了在所查封房屋遭遇拆迁时被执行人就补偿方式享有货币补偿权或房屋产权调换权的选择权。"货币补偿"是指在房屋征收补偿中，以市场评估价为标准，对被征收房屋的所有权人进行货币形式的补偿。而"产权调换"是指房屋征收部门提供用于产权调换的房屋与被征收房屋进行调换，计算价格后，结清差价。被征收人选择房屋产权调换的，分别计算被征收房屋价值和用于产权调换的房屋价值，再结清被征收房屋和用于产权调换房屋的差价。[①]

《民事诉讼法解释》第489条规定："经申请执行人和被执行人同意，且不损害其他债权人合法权益和社会公共利益的，人民法院可以不经拍卖、变卖，直接将被执行人的财产作价交申请执行人抵偿债务。对剩余债务，被执行人应当继续清偿。"《执行和解规定》第6条规定："当事人达成以物抵债执行和解协议的，人民法院不得依据该协议作出以物抵债裁定。"根据上述规定，"经

---

① 参见中国法制出版社编：《国有土地上房屋征收与补偿条例新解读》（第四版），中国法制出版社2017年版，第48页。

申请执行人和被执行人同意"是法院不经拍卖、变卖程序直接裁定以物抵债的法定要件。双方当事人合意抵债时，人民法院可以出具以物抵债裁定，但一般情况下保守起见，法院往往更倾向于不出具以物抵债裁定。执行法院在对被执行人的财产进行变价处置时，应当坚持拍卖优先的原则，最大程度地实现财产价值，平衡各方当事人利益。不经拍卖变卖程序处置执行财产，应当慎之又慎，不能损害其他执行债权人的利益。执行法院不经评估拍卖程序，直接采用以物抵债方式处置执行财产不仅要求申请执行人和被执行人双方同意，还要求该处置不损害其他执行债权人的利益。

## 案例索引

最高人民法院（2022）最高法执监102号执行监督案

# 二、权利义务主体和给付内容

**010** 执行中发现抵押合同约定担保范围与登记簿上或者他项权证上记载的不一致，抵押债权数额如何确定？

答：抵押合同约定担保范围与登记簿上或者他项权证上记载的不一致，应当根据登记簿记载的担保范围进行确定。

## 理由与依据

《民法典》第216条规定，不动产登记簿是物权归属和内容的根据，具有公示公信力。在不动产登记簿就抵押财产、被担保的债权范围等所作的记载与抵押合同约定不一致的情况下，为了保护交易安全，应以登记簿记载的范围确定抵押权人优先受偿的范围，而非担保合同约定的范围。① 《民法典担保

---

① 参见最高人民法院民事审判第二庭：《最高人民法院民法典担保制度解释理解与适用》，人民法院出版社2021年版，第416页。

制度解释》第47条亦规定，不动产登记簿就抵押财产、被担保的债权范围等所作的记载与抵押合同约定不一致的，人民法院应当根据登记簿的记载确定抵押财产、被担保的债权范围等事项。

## 立法沿革与争议

《担保法解释》（已废止）第61条规定："抵押物登记记载的内容与抵押合同约定的内容不一致的，以登记记载的内容为准。"

《九民纪要》第58条则对不同地区予以区别对待："以登记作为公示方式的不动产担保物权的担保范围，一般应当以登记的范围为准。但是，我国目前不动产担保物权登记，不同地区的系统设置及登记规则并不一致，人民法院在审理案件时应当充分注意制度设计上的差别，作出符合实际的判断：一是多数省区市的登记系统未设置'担保范围'栏目，仅有'被担保主债权数额（最高债权数额）'的表述，且只能填写固定数字。而当事人在合同中又往往约定担保物权的担保范围包括主债权及其利息、违约金等附属债权，致使合同约定的担保范围与登记不一致。这种不一致是由于该地区登记系统设置及登记规则造成的该地区的普遍现象。人民法院以合同约定认定担保物权的担保范围，是符合实际的妥当选择。二是一些省区市不动产登记系统设置与登记规则比较规范，担保物权登记范围与合同约定一致在该地区是常态或者普遍现象，人民法院在审理案件时，应当以登记的担保范围为准。"《九民纪要》的规定考虑了各地的实际情况，属于一种过渡性安排。

《民法典担保制度解释》第47条规定："不动产登记簿就抵押财产、被担保的债权范围等所作的记载与抵押合同约定不一致的，人民法院应当根据登记簿的记载确定抵押财产、被担保的债权范围等事项。"明确不动产登记簿记载与抵押合同约定不一致的以不动产登记簿记载为准。国家有关部门采取了一系列措施，优化完善不动产登记制度。自然资源部印发的《关于做好不动产抵押权登记工作的通知》（自然资发〔2021〕54号）第2条规定："当事人对一般抵押或者最高额抵押的主债权及其利息、违约金、损害赔偿金和实现抵押权费用等抵押担保范围有明确约定的，不动产登记机构应当根据申请在不动产登记簿'担保范围'栏记载；没有提出申请的，填写'/'。"第4条规定："对《国土资源部关于启用不动产登记簿证样式（试行）的通知》（国土资发

〔2015〕25号）规定的不动产登记簿样式进行修改：1.在'抵押权登记信息'页、'预告登记信息'页均增加'担保范围''是否存在禁止或限制转让抵押不动产的约定'栏目。2.将'抵押权登记信息'页的'最高债权数额'修改为'最高债权额'并独立为一个栏目，填写最高额抵押担保范围所对应的最高债权数额。"自然资源部印发该通知后，全国各省、自治区、直辖市不动产登记系统设置将逐渐规范，登记簿记载的担保债权数额与抵押合同约定的担保范围不一致的现象将逐渐消除。

《民法典》第389条规定："担保物权的担保范围包括主债权及其利息、违约金、损害赔偿金、保管担保财产和实现担保物权的费用。当事人另有约定的，按照其约定。"据此，第一种观点认为，如果担保合同中约定的担保范围包括利息、违约金、损害赔偿金、保管担保财产和实现担保物权的费用等，尽管在登记簿上没有登记，也应以合同约定为准。[①] 而第二种观点认为，《民法典》第389条旨在尊重当事人意思自治，担保合同约定的担保范围可以与《民法典》第389条规定的担保范围不一致。该法条仅着眼于抵押人与抵押权人的内部关系，并不能推衍出合同约定与登记簿记载不一致时以合同约定为准的意思。登记作为公示方法具有公信力，法律应当保护此种信赖。抵押合同约定担保范围与登记簿上或者他项权证上记载不一致的，应当根据登记簿记载进行清偿。第二种观点为最高人民法院裁判通说，也被司法解释采认。

**案例索引**

最高人民法院（2019）最高法民终1408号借款合同纠纷案

**011** 申请执行人能否在执行和解协议履行完毕后继续就和解协议未约定的部分申请执行？

答：执行和解协议仅对本金的履行时间和方式作出安排的，不能以

---

① 参见江苏省高级人民法院（2017）苏执复187号执行裁定书。

此推定申请执行人放弃利息及违约金，该仅约定部分执行请求的执行和解协议履行完毕后，申请执行人就和解协议未约定的部分申请执行的，人民法院应予准许。

## 理由与依据

执行程序中，当事人可以自愿协商达成和解协议，依法变更生效法律文书确定的权利义务主体、履行标的、期限、地点和方式等内容。法律及司法解释并未禁止当事人就部分执行请求达成执行和解，从保障债权实现的角度出发，亦应允许当事人仅就部分执行请求达成执行和解。

沉默只有在有法律规定、当事人约定或者符合当事人之间的交易习惯时，才可以视为意思表示。权利人对其权利的放弃须作出明确的意思表示，原则上不能以沉默推定权利人放弃对义务人的权利。如当事人仅就部分执行请求达成执行和解的，因申请执行人并未明示放弃其他权利，人民法院不能以此推定权利人对其余执行请求的放弃。

《执行和解规定》第8条规定："执行和解协议履行完毕的，人民法院作执行结案处理。"该条文中的执行和解协议应理解为"对全部执行请求达成和解的执行和解协议"，仅对本金的履行时间和方式作出安排的执行和解协议履行完毕的，人民法院不应作结案处理，申请执行人就和解协议未约定的部分申请执行的，应予准许。

## 立法沿革与争议

《民法典》第140条规定："行为人可以明示或者默示作出意思表示。沉默只有在有法律规定、当事人约定或者符合当事人之间的交易习惯时，才可以视为意思表示。"该条文明确仅在特定情形下沉默才可以视为意思表示，对权利的放弃影响权利人利益，应作出明确的意思表示。

有观点认为，执行和解协议履行完毕后，人民法院应当依据《执行和解规定》第8条之规定作执行结案处理，无论该执行和解协议是否包含全部执行请求，因执行和解协议系双方合意达成，申请执行人在执行和解协议履行后继续就和解协议未约定的部分申请执行的，有违诚信原则。

**案例索引**

最高人民法院（2022）最高法执监33号执行监督案

**012** 执行中债权人主张建设工程价款优先受偿权，但生效判决未明确该债权人享有该项优先权，执行法院是否有权审查？

答：建设工程价款优先受偿权的实现并不以生效法律文书的确认为前提，即便生效判决未明确建设工程价款优先受偿权，优先权人在执行程序中直接申请对建设工程拍卖价款优先受偿的，执行法院应当予以审查。对于建设工程款的数额和性质无争议的，予以确认，但实体争议仍须通过诉讼予以认定。①

**理由与依据**

对于没有经过生效判决主文确认的建设工程价款优先受偿权，债权人在执行程序中直接主张建设工程价款优先受偿权，可分为参与分配和非参与分配两种情况。在参与分配情形下，根据《民事诉讼法解释》第506条、《执行程序解释》第17条的规定，建设工程价款优先权的实现不以生效法律文书的确认为前提，即便生效判决未明确权利人享有该项权利，亦并不影响优先权人在执行程序中直接主张建设工程价款优先受偿。优先权人在执行程序中直接提出优先受偿申请的，执行法院应当依据《民法典》第807条、《建设工程合同解释（一）》等法律、司法解释的规定进行审查，符合建设工程价款优先受偿权主体资格、行使期限等法定要件的，执行程序应予认可，并根据《执行程序解释》第17条的规定制作财产分配方案，各债权人或者被执行人对分配方案有异议的，通过分配方案异议及异议之诉解决。在非参与分配情形下，被执行人对其申请的工程款金额无异议，且经法院审查承包人提供的建设工程合同及相关材料合法有效，亦未发现承包人和被执行人恶意串通损害国家、

---

① 参见最高人民法院（2020）最高法执监547号执行裁定书。

集体和第三人利益的，应准许其优先受偿。[1] 如被执行人对优先受偿金额有异议的，根据审执分离原则，执行法院不宜对实体问题进行审查，应告知承包人另行通过诉讼或仲裁解决，执行法院在处置该建设工程前，应对承包人的建设工程价款予以预留。[2]

## 立法沿革与争议

1998年《执行工作规定》第93条规定："对人民法院查封、扣押或冻结的财产有优先权、担保物权的债权人，可以申请参加参与分配程序，主张优先受偿权。"[3] 因该条文废止，2022年《民事诉讼法解释》第506条被作为是建设工程价款优先受偿权可直接参与分配执行法院有权审查的依据。但在非参与分配情形下，未取得执行依据的建设工程价款优先受偿权人能否直接向法院申请拍卖建设工程，法律及司法解释尚无明确规定，各地法院的做法也不尽相同。

有观点认为，执行法院不宜对建设工程价款优先受偿权的执行申请进行审查。建设工程体量大、证据庞杂，建设工程价款优先受偿金额的确定只有通过诉讼或仲裁程序方能查明，在执行程序中直接审查看似方便债权人，但实际上给执行机构和法官增加了负担，违背执行效率原则。而且，建设工程优先受偿权的审查还涉及到主体资格、行使期限等实体问题。即使被执行人对优先受偿金额不持异议，执行法院仍须审查是否存在当事人恶意串通损害其他债权人的可能。

## 案例索引

最高人民法院（2020）最高法执监547号执行监督案

最高人民法院（2016）最高法民申1281号申请再审审查案

---

① 参见最高人民法院民一庭编：《民事审判指导与参考》（总第63辑），人民法院出版社2017年版，第237～238页。

② 参见最高人民法院（2019）最高法执监359号执行裁定书。

③ 该条因被《民事诉讼法解释》吸收，已废止。

## 013 生效法律文书确定用人单位向劳动者支付劳动报酬的执行案件中，用人单位已代扣代缴的税款能否在执行款中直接予以扣除？

答：用人单位代扣代缴税款会导致实际支付的金额低于生效文书确定的金额，人民法院可能不认可其履行完毕；而不代扣代缴，又可能面临税务处罚的风险。实践中的关键点在于生效法律文书是否写明代扣代缴内容：在执行依据中没有就代扣代缴事项予以特别说明的情况下，被执行人根据生效法律文书确定的金额代扣代缴个人所得税，符合税法相关规定，不应视为拒绝全面履行生效法律文书所确定的给付义务，代扣代缴的税款应当视为履行生效法律文书所确定的给付款项的组成部分，从应付款项中予以扣除；对于生效法律文书主文没有写明用人单位应支付的劳动报酬等款项为税前或税后金额的情况，执行机构可以结合法律文书的事实部分确定是否含税，如仍无法确定，可书面征询审判部门的意见予以明确。关于扣减金额计算的问题，可以通过向税务部门协助核算有关税款并据此计算执行款金额。

### 理由与依据

"代扣代缴"实际上是法律要求扣缴义务人代替纳税人将纳税人本来应当交税的金额直接支付给税务机关。被执行人代扣代缴后主张扣减相应款项，实际上是在执行依据生效后，该依据确定的金钱债务，在其代扣代缴范围内已经消灭，其主张债务消灭的事由为清偿，而非抵销。被执行人以债权消灭、丧失强制执行效力等执行依据生效之后的实体事由提出排除执行异议的，本属债务人异议范畴，但因我国并无债务人异议制度，根据《异议复议规定》第7条应通过执行异议复议程序审查。

个人所得税，是国家对本国公民、居住在本国境内的个人的所得和境外个人来源于本国的所得征收的一种所得税。缴纳个人所得税是纳税人应尽的法定义务，该义务并不因人民法院强制执行而予以免除。一方面，用人单位对劳动者负有按照生效法律文书给付相应金额的义务；另一方面，用人单位对国家负有从其应给付劳动者的款项中代扣代缴其个人所得税的义务。由于用人单位代扣代缴的税款本质是劳动者应当向国家缴纳的税款，因此用人单位为劳动者代扣代缴的个人所得税实质也应当来源于劳动者。应当视为是其履行生效法律文书所确定的给付款项的组成部分。[①]

## 立法沿革与争议

关于用人单位支付劳动者报酬案件的执行，涉及个人所得税的扣除问题，各地法院把握尺度不一，主要争议观点总结如下：

第一种观点，认为应当审查，支持用人单位代扣代缴税款。用人单位是个人所得税的扣缴义务人，代扣代缴的个人所得税款，应视为其履行生效判决所确定的给付义务的一部分，在履行扣除后的金额后应视为履行完毕。代扣代缴的税款在执行金额中予以扣除与法院按照生效法律文书确定的内容强制执行，二者本质上既不冲突，也不矛盾。

第二种观点，认为应当审查，但不支持用人单位代扣代缴。被执行人要求扣减税款金额的主张，实质是被执行人以自己对申请执行人的债权主张抵销。根据《异议复议规定》第19条之规定，执行程序中，只有在申请执行人对被执行人的债务"已经生效法律文书确定或者经申请执行人认可"的情况下才能与执行债务抵销。被执行人代扣代缴后，既未取得对申请执行人的执行依据，申请执行人又不认可，故对被执行人的主张不应支持。

第三种观点，认为不应当审查，并且不支持用人单位代扣代缴税款。执行程序不能代替诉讼程序对代扣代缴事项进行认定，对金额的争议属于对生效法律文书内容的争议，应当另行主张。有关代扣代缴事项，用人单位应向税务机关报告相关情况，由税务机关作出相应的处理，征税范围的问题超出了执行异议案件的审查范围，不应予以审查。

第四种观点，认为生效法律文书中确认的工资标准与劳动者在职期间实发工资标准相同，因此应视为税后工资，不得在执行阶段另行代扣代缴个税。[②]

---

[①] 参见广东省广州市黄埔区人民法院（2021）粤0112执1822号执行裁定书。
[②] 参见广东省广州市南沙区人民法院（2020）粤0115执异62号执行裁定书。

**案例索引**

广东省高级人民法院（2019）粤执监114号执行异议纠纷案

广东省深圳市中级人民法院（2015）深中法执复字第89号执行异议纠纷案

北京市第三中级人民法院（2019）京03执复5号执行异议纠纷案

**014** 执行法院对主债务人作出终结本次执行裁定后，能否认为执行补充清偿责任人的条件已经成就？

答：法律及司法解释对适用终结本次执行程序设定的要求较高，其中一项是"已穷尽财产调查措施，未发现被执行人有可供执行的财产或者发现的财产不能处置"，因此，符合终本条件即满足"经强制执行后仍然不能清偿债务"的要件。如果法院已经对主债务人终结本次执行，主债务人处于"不能清偿"状态，此时执行补充清偿责任人的条件已经成就。

**理由与依据**

所谓补充责任，是指数个债务人对债权人负担的，由负担基础债务的债务人先行履行，在其无力履行时由负担补充债务的债务人就其履行余额递补履行，并以满足债权为限的数个清偿责任。[1]补充责任的核心在于承担责任的补充性，这也使履行的顺序性成了补充责任的本质属性。[2]在生效法律文书中，补充责任一般表述为，对主债务人财产不能清偿部分，承担补充赔偿责任或在一定范围内承担补充赔偿责任。如同一般保证中的债权人在诉讼中可以一并起诉债务人和保证人一样，申请执行人在向法院申请执行立案时，

---

① 参见肖建国、宋春龙：《民法上补充责任的诉讼形态研究》，载《国家检察官学院学报》2016年第2期。

② 参见张海燕：《民事补充责任的程序实现》，载《中国法学》2020年第6期。

也可以一并申请将执行依据记载的主债务人和补充责任人都列为被执行人。执行机构应当先对主债务人采取强制执行措施，对能够执行的财产依法执行完毕，如债务仍未全部得到清偿，此时则属于"不能清偿"，补充责任人的具体执行数额得以确定，执行法院可以对补充赔偿责任人强制执行。

判断主债务人"经强制执行后仍然不能清偿债务"的条件是否成就，关系能否对补充责任人执行的问题；对"不能清偿"如何理解，关系到对主债务人与补充赔偿责任人的执行顺位问题。从保障债权人的角度出发，"不能清偿"的标准应从宽掌握为宜。具体可从以下两个方面具体把握：一是执行法院已经穷尽了财产调查措施；二是确未发现被执行人有可供执行财产，或者被执行人虽有财产，但明显不方便、不适合执行。从执行程序基本原理出发，对直接责任人财产不足以清偿债务的判断与法院对作为被执行人的直接责任人裁定终结执行或终本执行的条件具有同质性，[①]《民法典担保制度解释》即将终本作为认定被执行人是否经强制执行不能清偿债务的标准之一。

"不能清偿"是"本"，终结本次程序只是由"本"衍生出来的一种结案方式，是为解决大量出现的无财产可供执行案件的结案而在技术上作出的处理。实际上，只要主债务人确实不能清偿，确实无财产可供执行，即使对主债务人没有终结本次执行程序，也可以执行补充责任人。也就是说，对主债务人终结本次执行程序是执行补充责任人的充分条件，但不是必要条件，执行补充责任人不以对主债务人终结本次执行程序为前提。

## 立法沿革与争议

如何判断主债务人属于"不能清偿"，是执行实务中的难点。对其标准的把握，存在客观说与主观说之别。客观说认为，应视个案执行的客观情况而定，法律不宜统一规定。主观说认为，客观说不好把握，为充分保障债权人利益，法律应制定一个简单易行的标准，便于当事人了解。

《担保法解释》（已废止）第131条将"不能清偿"界定为"对债务人的存款、现金、有价证券、成品、半成品、原材料、交通工具等可以执行的动产和其他方便执行的财产执行完毕后，债务仍未能得到清偿的状态"，但实践中

---

① 参见张海燕：《民事补充责任的程序实现》，载《中国法学》2020年第6期。

不同法官对于该条的内涵理解并不一致。最高人民法院（2017）最高法执复38号执行裁定认为："并非只有在债务人没有任何财产可供执行的情形下，才可以要求一般保证人承担责任，即使债务人有财产，但只要其财产不方便执行，即可执行一般保证人的财产。"最高人民法院（2019）最高法执监343号裁定对"无力履行"的认定采取了更为严格的标准。同样是被执行人仅有土地使用权及在建工程，其财产价值远高于执行标的，并且涉及非法集资，"不方便执行"的程度较前述案例更为严重。但最高人民法院认为，尚未经刑事判决确认为赃物，其未经变价程序，不宜认定被执行人无力履行。[①]

针对实践争议，《民法典担保制度解释》明确了主债务人不能清偿的统一判断标准。根据《民法典担保制度解释》第28条第1款，保证债务诉讼时效起算时间的确定有三条规则：一是终结本次执行程序，二是依照《民事诉讼法》第268条第3项、第5项的规定终结执行，三是执行法院自收到申请执行书之日起一年内未作出终本执行或终结执行裁定（保证人有证据证明债务人仍有财产可供执行的除外）。这三种情形系判断主债务人是否属于"不能清偿"的重要参考。

## 案例索引

最高人民法院（2020）最高法执监41号买卖合同纠纷执行监督案

## 015 执行依据主文已经确定担保人对债务人享有追偿权，担保人在承担担保责任后需要另诉还是直接申请法院执行？

答：执行依据主文已经确定担保人承担担保责任后，可向债务人行使追偿权的案件，担保人无须另行诉讼，可以直接向法院申请执行，但行使追偿权的范围应当限定在承担担保责任范围内。

---

① 参见曹凤国、张阳主编：《最高人民法院执行批复理解与适用》，法律出版社2022年版，第523～524页。

## 理由与依据

对生效法律文书已经载明担保人承担担保责任后可向主债务人行使追偿权的案件，担保人在承担担保责任后无须另行提起追偿权诉讼，可以持原执行依据和履行凭证等证明材料直接向有管辖权的法院申请执行主债务人，但追偿权的范围应限定在担保责任范围内。执行法院立案后，应当作出主债务人偿还的追偿裁定，该裁定作为执行依据，不允许上诉，但可复议一次。

从法理上说，追偿权的本质是一种代位请求权，是一种附条件行使的期待权，这个所附的条件就是代偿。担保人在向原债权人履行担保责任后，原债权人退出法律关系，担保人即取得债权人的地位，对债务人行使追偿权的条件已经成就，执行依据主文载明的追偿权已经转化为现实的权利，具有可执行性。故担保人可依原判决直接申请执行主债务人，无须另诉，这样既节约了司法资源，也不违反审执分离原则。如果双方对是否代偿以及代偿金额有异议，经协调不成的，执行机构可引导当事人通过另诉或其他途径解决，而不宜以执代审，径行对该实体争议作出裁决。

需要注意的是，追偿权的范围广泛且复杂，以直接执行的方式行使追偿权可以适用于多种类型的法律文书。只要生效法律文书明确追偿权的义务主体和追偿范围或份额，不管追偿义务主体是主债务人，还是连带债务人、反担保人或共同担保人，担保人均可在承担担保责任后直接申请执行。

## 立法沿革与争议

《担保法解释》（已废止）第42条规定，人民法院判决保证人承担保证责任的，应当在判决书主文中明确追偿权；未明确的，保证人须另行提起诉讼。据此，判决书主文中如果已经明确追偿权的，担保人无须另行提起诉讼。该条司法解释虽已被废止，但其符合《民法典》精神和民事诉讼原理，其确立的规则仍可沿袭适用。

此外，最高人民法院针对追偿问题曾向四川省高级人民法院发出过《关于判决书主文已经判明担保人承担担保责任后有权向被担保人追偿，该追偿权是否须另行诉讼问题请示的答复》（〔2009〕执他字第4号），明确规定无须另诉。

有观点提出，《担保法解释》第42条变相肯定追偿权判决的可执行性缺乏法理根据。理由有三：首先，在以债权人单独起诉保证人之胜诉判决为保证人承担责任的根据时，承认追偿权免诉无异于剥夺了债务人的诉讼权利，因为主债务关系经债务人抗辩有可能是不成立的。由此，保证人实施诉讼不力的后果转嫁给了债务人，有失公平。其次，将债务人和保证人一并起诉虽然可以避免上述问题，但共同诉讼制度理论上并不解决相对人的内部关系。最后，直接依据胜诉判决进行追偿可能引发可追偿范围争议及不当得利关系的建构等复杂问题。[①]

## 案例索引

最高人民法院（2018）最高法执监240号承揽合同纠纷执行审查案

## 016 生效法律文书仅确定连带责任人之间享有追偿权，但未明确各连带责任人应承担的责任份额，某一连带责任人对债权人清偿后能否直接申请执行其他连带责任人？

答：生效法律文书仅确定了连带责任人享有追偿权，但没有确定各连带责任人应承担的责任份额，某一连带责任人对债权人清偿债务后，不可直接申请执行其他连带责任人，而应另行诉讼取得执行依据。

## 理由与依据

连带责任追偿权的本质是债务人内部责任分担的再平衡，实际承担债务超过自己份额的连带债务人，有权就超出部分在其他连带债务人未履行的份额范围内进行追偿。但产生连带责任的法律关系不同，各连带责任人承担的偿还份额也不同。准确确定各连带责任人之间应承担的份额是连带责任人向

---

[①] 参见安海涛：《保证合同诉讼的程序原理——基于〈民诉法解释〉第66条的分析》，载《华东政法大学学报》2017年第2期。

其他连带责任人追偿的基础。

根据生效判决对连带责任确认的精确程度，连带责任人追偿权的行使可以分为三种情形：一是生效判决已判定实际承担责任人向其他连带责任人追偿的具体数额（这种情况通常表现为实际承担责任人早在判决作出前即已履行完连带责任），判决内容明确、具体且可执行，则已经承担超额责任的连带责任人可以直接申请执行，不必再由原审法院裁定其他连带责任人偿还。二是生效判决中载明了各个连带责任人承担责任的先后或份额，已经承担超额责任的连带责任人可以向原审法院申请执行，由原审法院裁定其他连带责任人偿还。此裁定不允许上诉，但可复议一次。三是生效判决没有对各连带责任人之间的责任先后和份额进行确定，执行机构不经审判程序无权确定其他连带责任人应承担的份额，故此时连带责任人承担责任后不能直接申请执行，而需要另行诉讼。

## 立法沿革与争议

最高人民法院曾发布《最高人民法院经济审判庭关于生效判决的连带责任人代偿债务后应以何种诉讼程序向债务人追偿问题的复函》（法经〔1992〕121号）和《最高人民法院关于判决中已确定承担连带责任的一方向其他连带责任人追偿数额的可直接执行问题的复函》（经他〔1996〕4号）两个复函，对连带责任追偿权问题加以规范。

根据法经〔1992〕121号复函，在前述第二种情形下，原审法院可直接裁定其他连带责任人向已经承担超额责任的连带责任人偿还。但从实践来看，由于复函未明确追偿权裁定的作出机构是立案、审判还是执行部门，导致这一规定的操作性不强，各地法院在实务中适用该复函作出追偿权裁定的并不多见，多数情况下权利人还须通过另诉解决。

## 案例索引

最高人民法院（2018）最高法执监240号承揽合同执行监督纠纷案

**017** 执行依据有多个连带保证人，债权人在执行程序中申请免除部分连带共同保证人债务的，人民法院应否准许？

答：经执行法院审查后，可以准许。人民法院可以从是否符合诚信原则、是否遵循执行顺序、是否加重其他连带保证人的义务等方面进行全面审查。

## 理由与依据

根据《民法典》第699条，当债务存在数个连带共同保证人时，债权人有权要求任何一个保证人在其保证范围内承担保证责任。债权人免除个别连带共同保证人的保证责任，并未超出其余保证人签订保证合同之初的责任预期，由此似乎可以得出债权人可任意免除个别保证人保证责任的结论。但是，任何权利的行使都不得损害他人的合法权益，都不得加重他人的负担。债权人的任意选择求偿权来源于实体法的规定，如果允许债权人在强制执行程序中以行使该项权利为由任意选择保证人求偿，也可能会损害其他保证人的权益。在债权人免除个别保证人保证责任后，"此时若仍认为其余保证人仍应在保证范围内承担全部的保证责任，将陷入尊重债权人意愿却损害连带共同保证人利益的窘境"。[①] 因此，在主债务人与多个连带共同保证人一并作为被执行人时，债权人可以申请放弃对其中部分连带保证人的保证责任而要求其余连带保证人承担责任，但应当具备一定的条件。

执行法院可以从以下三个方面进行审查：一是符合诚信原则。如债权人与债务人恶意串通损害连带责任保证人利益等情形，法院应不予准许。二是遵循执行顺序。为减少各保证人之间后续内部追偿之讼累，法院可以首先执行主债务人的财产，在穷尽财产调查措施后仍未发现主债务人可供执行的财产或发现的财产难以处置后，再执行同一顺位的各连带共同保证人的财产。三是不得加重其他连带保证人的义务。《民法典》第520条第2款规定："部分连带债务人的债务被债权人免除的，在该连带债务人应当承担的份额范围内，

---

① 参见张美权、陈舒铭：《申请执行人免除部分连带共同保证人的债务应受限制》，载《人民法院报》2022年2月9日第7版。

其他债务人对债权人的债务消灭。"即债权人免除个别保证人保证责任的，其他保证人在该保证人应当承担的内部份额范围内的保证责任消灭（如同时扣除连带责任中的相应责任份额或使同等履行效果及于所有保证人），而非仍使其他保证人继续承担全部保证责任。

## 立法沿革与争议

任意选择连带责任保证人求偿是债权人的实体权利，但能否在执行程序中行使，存有争议。否定观点认为，法律文书一经生效，即可成为具有既判力的执行依据，其非经法定程序不能变更。允许债权人在执行程序任意选择连带债务人执行或者免除连带债务，有径行突破执行依据确定的权利义务关系的嫌疑。[①]

## 案例索引

四川省高级人民法院（2017）川执复236号票据追索权纠纷案

**018** 执行依据载明因将来违约行为产生的给付义务，就违约部分的执行，申请执行人是否需要另行诉讼？

答：因将来违约产生的给付义务属于新生实体争议，超出了执行依据的执行力范围，在双方不能达成执行和解的前提下，当事人需要通过另行诉讼等方式解决。

## 理由与依据

执行依据所确定的因一方或双方违约而产生的给付义务，取决于未来发生的事实，即双方当事人在履行生效法律文书过程中是否违约以及违约程度

---

① 参见张美权、陈舒铭：《申请执行人免除部分连带共同保证人的债务应受限制》，载《人民法院报》2022年2月9日第7版。

等，属于与案件审结后新发生事实相结合而形成的新的实体权利义务争议，并非简单的事实判断。如果在执行程序中直接予以认定，缺乏程序正当性和必要的程序保障，当事人应通过另行提起诉讼的方式解决。

## 立法沿革与争议

关于执行依据确定的因将来违约产生的给付义务是否需要另行诉讼再申请执行的问题，否定说认为，由于因违约产生的该给付义务已经写入执行依据，义务人违反执行依据约定的主义务后，只需按照约定履行该给付义务即可，故无须另诉再次取得判决。肯定说认为，履行过程中债务人是否构成违约需要执行机构作出判断，属于实体权利义务认定范畴，超出了执行权行使范围。

## 案例索引

最高人民法院（2014）最高法执监字第80号执行申诉案

最高人民法院（2018）最高法执复67号建设用地使用权纠纷执行复议案

## 019 人民法院判决继续履行合同，但合同约定的权利义务内容不明确，执行程序应如何处理？

答：继续履行合同类判决原则上应作为执行依据，如果生效判决判项不明确、不具体，而双方当事人又不能就继续履行合同的内容达成一致的，可以要求裁判释明；确实不具备继续履行条件的，应严格遵循审执分离原则，由当事人另行起诉，确定双方因不能继续履行合同应承担的民事责任。

## 理由与依据

实体法上，继续履行是承担违约责任的一种方式，是指合同一方当事人不履行合同义务或者履行合同义务不符合约定时，经另一方当事人请求，由人民法院强制其按照合同约定继续履行合同债务。继续履行合同判项不明，是执行中常见的情形之一，执行时充分研判双方权利义务，不可仅站在一方当事人立场上单方推进。

对于因出现判决主文存在歧义、执行内容模糊等情况导致无法执行的，可以尝试以下两种途径解决：一是组织双方当事人充分协商，在统筹全案的基础上，结合案件审理期间双方的真实意思表示、查明的事实等因素，确定双方当事人均能认可的执行方案；二是要求裁判机构释明违约方需要履行义务的每一项内容、顺序、期限、方式等，据此确定执行的具体内容，但不得偏离裁判本意。通过上述途径仍无法确定具体执行内容的，可说服申请执行人撤回执行申请，裁定终结执行。申请执行人未撤回申请或坚持要求执行的，执行法院可以裁定驳回执行申请，引导当事人通过另行诉讼等途径解决。

## 立法沿革与争议

《民事诉讼法解释》第461条规定："当事人申请人民法院执行的生效法律文书应当具备下列条件：（一）权利义务主体明确；（二）给付内容明确。法律文书确定继续履行合同的，应当明确继续履行的具体内容。"实务中仅判决"合同有效，继续履行"，或者判决了继续履行的内容，但内容过于笼统、不够明确的情况并不鲜见。2018年《立审执协调意见》第11条明确，继续履行合同的，法律文书主文应当明确当事人继续履行合同的内容和方式。

对继续履行合同判决能否执行，主要有以下三种观点[1]：一是此类判决属于确认之诉，没有执行内容，不具有强制执行力，应当由当事人自行履行，履行过程中产生争议的，重新起诉解除合同或承担违约责任；二是此类判决原则上不宜作为执行依据，但在特殊情况下，如果符合一定条件，也应予执行；三是此类判决原则上应作为执行依据，例外情况下不能强制执行。

## 案例索引

天津市第二中级人民法院（2015）二中执复字第20号执行复议案

---

[1] 关于三种观点的详细论述，参见葛洪涛等：《继续履行合同类判决的执行问题》，载《法律适用》2011年第12期。

最高人民法院（2019）最高法执监61号房屋拆迁安置补偿合同纠纷执行申诉案

### 020 对判项不明的执行依据，执行程序应如何处理？

答：执行程序中发现执行依据不明应如何处理，法律和司法解释尚无统一明确的规定。实践中，主要通过由执行法官解释、由作出生效法律文书的裁判机关解释、由当事人协商或经由执行和解程序明确执行内容后执行、裁定驳回执行申请、另行起诉等几种途径解决。

## 理由与依据

关于执行依据不明的结案方式，根据具体情况有以下三种：一是在执行立案阶段发现的，裁定不予受理。考虑到对权利人的影响，实务中直接在立案阶段裁定不予受理的比较少见。二是立案后执行法院可依职权裁定驳回申请。根据《执行立结案意见》第20条，执行实施案件立案后，经审查发现不符合受理条件的，以裁定"驳回申请"方式结案。同时，2018年《公证债权文书执行规定》第5条、2018年《仲裁执行规定》第3条，也分别对公证债权文书和仲裁裁决书、调解书不明确的情形作出了类似的规定。三是对于自愿撤回执行申请的，根据《执行立结案意见》第17条第1款的规定，执行法院可以"终结执行"的方式结案。

关于执行依据不明的结案程序。裁定驳回执行申请前，承办人员应向当事人释明，可通过另行诉讼或其他途径明确执行内容后申请执行。释明内容应记录入卷。经释明后，拒不撤回执行申请的，执行法院经组成合议庭审查（必要时公开听证审查）并报执行局长批准后，裁定驳回执行申请。

## 立法沿革与争议

纵观判项不明的处理机制，2015年《民事诉讼法解释》起草过程中，曾拟定:"对权利义务主体、给付内容不明确的法律文书,裁定不予受理;已受理的裁定驳回申请。"但该条规定仅提供了解决问题的条件,缺乏相应的配套规定,未能从根本上解决问题。[①]该条款最终在通过之前被删除,仍然保留了给当事人要求法律文书作出机构进行补正和说明的空间。2018年《立审执协调意见》从裁判的可执行性入手,分别对立案部门、审判部门和执行机构提出更明确的要求。但因该意见的效力和层级问题,审执征询答复和补正裁定机制在实践中落实起来并不尽如人意。[②]2019年《执行工作纲要》提出要建立生效法律文书执行内容不明确的处理机制。2019年《民事强制执行法草案》(征求意见稿)第15条规定,人民法院发现执行依据确定的内容不明确的,可以要求作出机关或者机构予以补正或者作出说明。2022年《民事强制执行法(草案)》第14条规定吸收并完善了征求意见稿的做法,明确了补正的形式:"执行依据未明确权利义务主体或者给付内容的,执行法院可以要求作出机关或者机构通过说明、补正裁定、补充判决等方式明确,无法通过上述方式明确的,当事人可以通过诉讼、仲裁等方式取得新的执行依据后申请执行。"不难看出,立法机关采严格限制执行机构对执行依据进行解释的立场。

**案例索引**

最高人民法院(2020)最高法执监187号转让合同纠纷案

### 021 申请执行人是境外主体的,人民法院如何发还执行案款?

答:有些执行法院要求申请执行人提供境内人民币收款账户,直接向境内账户支付执行案款,申请执行人在境内没有人民币银行账户的,实务中则会通过其他中国境内人民币账户代收的方式进行变通,如通

---

[①] 参见邱星美:《执行权与审判权之界域研究——以执行救济为中心》,中国政法大学2016年博士学位论文。
[②] 参见曹凤国、张阳主编:《最高人民法院执行批复理解与适用》,法律出版社2022年版,第503～504页。

过境外申请执行人在中国子公司或中国关联公司的境内账户等。还有的法院通过银行办理购汇手续将执行案款兑换为外币后发还境外申请人。

## 理由与依据

《最高人民法院关于转发〈关于人民法院开立外汇账户有关问题的通知〉的通知》（法〔1996〕101号）规定，凡具有涉外案件管辖权的法院，经当地外汇管理局批准，可以开立外汇账户。将"依据裁判文书予以执行的外汇"纳入外汇账户支出范围。《最高人民法院关于转发国家外汇管理局〈关于人民法院在涉外司法活动中开立外汇账户及办理外汇收支有关问题的函〉的通知》规定，全国中级以上人民法院均可根据本院审判工作的实际需要，报经所在地国家外汇管理局分支局核准后，在银行开立经常项目外汇账户。外汇账户收支范围包括依法执行涉外案件中外币标的物收取或支付的外汇。前述规定允许中级以上法院开立外汇账户，但未明确基层法院能否开设外汇账户，实践中并非所有的中级人民法院均设立外汇账户。未开设外汇账户的执行法院，不能直接将被执行人外汇存款直接发还申请执行人的外汇账户。

另外，境内当事人为执行人民法院已生效的涉外裁定书、判决书或调解书等法律文书须向境外当事人支付外汇的，如该案件项下相关交易支付无需外汇局核准，境内当事人可以凭申请书、人民法院已生效的法律文书、人民法院出具的协助执行通知书等材料直接从其外汇账户中支付；如需用人民币购汇支付或者该案件项下相关交易支付需经外汇局核准，境内当事人应当持上述材料向所在地外汇局申请，凭外汇局的核准件从其外汇账户中支付或者到外汇指定银行购汇支付。有的执行法院通过银行办理购汇手续将执行案款兑换为外币后发还境外申请人。[1]

如被执行人名下无外币存款，而判决书判决支付的是外币，根据《最高人民法院执行办公室关于中奥（珠海）塑料包装有限公司执行申诉一案的复函》，债务人可以按照实际给付之日的国家外汇牌价汇率予以折算成人民币给

---

[1] 参见《上海二中院执行局在一起执行标的为美元的涉外仲裁裁决案中成功将执行款汇至境外》，载上海市法院切实解决执行难信息网，https://jszx.court.gov.cn/1100/ExecuteNewsletter/181613.jhtml，最后访问时间：2023年2月11日。

付。人民法院可按实际扣划之日的国家外汇牌价汇率予以折算成人民币再进行划拨。

## 立法沿革与争议

为了规范人民法院涉外审判工作中的外汇收支问题，1996年《最高人民法院关于转发〈关于人民法院开立外汇账户有关问题的通知〉的通知》（法〔1996〕101号）明确了涉外案件管辖权的法院可以开立外汇账户以及人民法院的外汇账户收支范围。

2003年，为了解决人民法院在涉外司法活动中办理外汇收支的问题，最高人民法院向国家外汇管理局提出了允许中级以上人民法院开立外汇账户，在涉外司法活动中办理外汇收支的申请，国家外汇管理局《关于人民法院在涉外司法活动中开立外汇账户及办理外汇收支有关问题的函》（汇函〔2003〕24号）同意了该申请。全国各中级以上人民法院均可根据审判工作的实际需要，在报外汇管理局核准后开立经常项目外汇账户，其外汇账户专项用于人民法院在涉外司法活动中的外汇收支，严格按照汇函〔2003〕24号限定的收支范围① 办理外汇收支业务。

关于币种给付问题，《最高人民法院执行办公室关于中奥（珠海）塑料包装有限公司执行申诉一案的复函》（〔2001〕执监字第80号）中规定，债务人应按生效判决之判定的货币种类给付债权，给付不能的，债务人应按照实际给付之日的国家外汇牌价汇率予以折算成人民币给付。

关乎汇率换算的标准，以人民币兑外币汇率中间价确定人民币兑外币汇率较为合理，《最高人民法院关于在涉外民商事案件审理中如何确定人民币兑主要外币汇率的请示的复函》（〔2006〕民四他字第30号）中规定："2006年1月4日之后人民币兑主要外币的中间价按中国人民外汇交易中心公布的确定，

---

① 《国家外汇管理局关于人民法院在涉外司法活动中开立外汇账户及办理外汇收支有关问题的函》（汇函〔2003〕24号）第3条规定："中级以上人民法院开立的经常项目外汇账户，专项用于人民法院在涉外司法活动中的外汇收支，其收支范围规定为：（一）办理国际间司法协助事宜收取或支付的外汇；（二）收取和退还境外当事人缴纳的外汇诉讼费用；（三）收取境内当事人申请在境外采取执行、保全、查封、扣押等所需外汇费用；（四）向境外相关单位和个人支付境外执行、保全、查封、扣押等所需外汇费用；（五）依法执行涉外案件中外币标的物收取或支付的外汇。"

其他外汇则以其与美元的汇率进行套算。"复函解决了汇率以哪个单位公布为准的问题，未解决汇率换算日的问题。执行中，如双方有约定则按照双方约定处理，如双方无约定，则可采用债权到期日汇率、起诉日汇率、判决日汇率、付款当日汇率、纠纷发生期间平均汇率等作为参照，以实际给付之日或实际扣划之日确定。

## 案例索引

最高人民法院（2001）执监字第80号中奥（珠海）执行申诉案

# 三、执行时效

**022** 执行依据明确判令数个债务人承担连带清偿责任，债权人在申请执行时效内对部分债务人申请强制执行，执行时效中断的效力是否及于未被申请执行的债务人？

答：生效裁判确定由数个债务人承担连带清偿责任，申请执行人对部分债务人申请执行，执行时效中断，该时效中断的效力及于未被申请执行的其他连带债务人。恢复执行后，经申请，人民法院可以增列此前未被申请执行的债务人为被执行人，该债务人提出执行时效抗辩的，人民法院不予支持。

## 理由与依据

《民事诉讼法》第250条规定："申请执行时效的中止、中断，适用法律有关诉讼时效中止、中断的规定。"《诉讼时效规定》第11条第5项规定，申请强制执行应当认定与提起诉讼具有同等诉讼时效中断的效力。第15条第2款规定："对于连带债务人中的一人发生诉讼时效中断效力的事由，应当认定对其他连带债务人也发生诉讼时效中断的效力。"申请强制执行的执行时效和提起诉讼的诉讼时效在法律属性上具有相同性质。申请执行人对于负有连带清偿责任的其中一人主张权利，即发生诉讼时效或执行时效的中断，这种中断效力也应当认定为对其他债务人产生同样的作用。连带债务执行程序中，申请执行人可以在立案时即将生效法律文书确定的义务主体全部列为被执行人，也可以只列其中的部分义务主体，而在执行过程中再申请增加将其他的部分义务主体列为被执行人，这是申请执行人的权利。基于连带之债的涉他性，只要债权人在申请执行时效内向连带债务其中一人主张权利，执行时效就会中断，且适用于承担连带债务中的其他任何债务人。执行程序中申请执行人与部分连带债务人达成的执行和解产生的中断申请执行期间的效力也将及于其他未被列为被执行人的债务人。

因此，申请执行人主张的债权没有实现，申请执行人在执行时效内仍然有权申请恢复执行程序，并有权申请增列此前未被申请强制执行的债务人为被执行人，该增列债务人提出执行时效经过的，人民法院对该抗辩主张则不予支持。

## 立法沿革与争议

1991年《民事诉讼法》第219条规定："申请执行的期限，双方或者一方当事人是公民的为一年，双方是法人或者其他组织的为六个月。"没有关于执行时效中断的规定。2017年《民事诉讼法》第239条规定："申请执行的期间为二年。申请执行时效的中止、中断，适用法律有关诉讼时效中止、中断的规定。"2020年《诉讼时效规定》第11条规定："下列事项之一，人民法院应当认定与提起诉讼具有同等诉讼时效中断的效力：……（五）申请强制执行。"第15条第2款规定："对于连带债务人中的一人发生诉讼时效中断效力的事由，应当认定对其他连带债务人也发生诉讼时效中断的效力。"

诉讼时效的涉他效力是否适用于执行时效，实践中有两种不同观点。第一种观点认为，执行时效和诉讼时效并非相同概念，《诉讼时效规定》第17条关于诉讼时效中断效力的内容，仅仅是民事诉讼中适用诉讼时效制度的特别规定，不能类比适用于申请执行时效。在申请执行时，对一个被执行人主张权利，仅仅对该债务人产生执行时效中断的效力，不能及于其他未申请的债务人。<sup>①</sup>第二种观点认为，法律规定了执行时效和诉讼时效在中止、中断效力上具有相同性质。无论是诉讼期间还是执行期间，对一个债务人在期间内主张权利，就意味债权人没有怠于行使权力，即产生向全部债务人主张权利，诉讼时效或执行时效中断的法律后果。

本书认为第二种观点更为恰当，具体理由如下：首先，执行期间制度从程序法意义上的不变期间发展为实体与程序结合，已基本实现了诉讼时效制度的体系整合，与诉讼时效制度形成二元并立、规则趋同的模式，《民事诉讼法》第250条明确规定，执行时效的中断适用有关诉讼时效中断的规定，无论从文义还是体系解释上都不能将对诉讼时效的相关规定认定为特别规定。其次，从对债权人利益进行倾斜性保护的目的出发，保障债权人对多数债务人之间连带关系的合理信赖，诉讼时效的涉他效力也应适用于执行时效。<sup>②</sup>

## 案例索引

广东省高级人民法院（2020）粤执监79号执行审查案

上海市第一中级人民法院（2016）沪01民终12794号金融借款合同纠纷案

**023** 申请执行时效期间届满后，被执行人作出的同意履行的意思表示是否产生申请执行时效期间重新起算的法律效果？

答：申请执行时效期间届满后，被执行人作出的同意履行的意思表示，发生申请执行时效重新起算的法律效果。

## 理由与依据

《民法典》第192条第2款规定："诉讼时效期间届满后，义务人同意履行

---

① 参见浙江省高级人民法院（2019）浙执复32号执行裁定书。

② 参见孙超：《执行时效的制度变革、规则适用与立法展望》，载《法律适用》2022年第7期。

的，不得以诉讼时效期间届满为由抗辩；义务人已经自愿履行的，不得请求返还。"因申请执行时效的中止、中断，适用法律有关诉讼时效中止、中断的规定，申请执行时效期间届满后，被执行人作出的同意履行的意思表示，视为被执行人对生效法律文书强制执行力恢复的认可，申请执行时效因申请执行、当事人双方达成和解协议、当事人一方提出履行要求或者同意履行义务而中断。从中断时起，申请执行时效期间重新计算。无论执行时效的期间是否届满，只要被执行人作出同意履行的意思表示，双方达成新的和解协议，都会产生申请执行时效期间重新起算的法律效果。

## 立法沿革与争议

2002年1月30日《最高人民法院关于当事人对人民法院生效法律文书所确定的给付事项超过申请执行期限后又重新就其中的部分给付内容达成新的协议的应否立案的批复》（〔2001〕民立他字第34号）认为当事人就人民法院生效裁判文书所确定的给付事项超过执行期限后又重新达成协议的，应当视为当事人之间形成了新的民事法律关系，当事人就该新协议向人民法院提起诉讼的，只要符合立案受理的有关规定，人民法院应当受理。《民事诉讼法解释》第483条规定："申请执行人超过申请执行时效期间向人民法院申请强制执行的，人民法院应予受理。被执行人对申请执行时效期间提出异议，人民法院经审查异议成立的，裁定不予执行。被执行人履行全部或者部分义务后，又以不知道申请执行时效期间届满为由请求执行回转的，人民法院不予支持。"《执行程序解释》第20条规定："申请执行时效因申请执行、当事人双方达成和解协议、当事人一方提出履行要求或者同意履行义务而中断。从中断时起，申请执行时效期间重新计算。"

司法实践中普遍观点认为，被执行人在执行时效届满后的履行承诺会引发执行时效中断，申请执行时效期间重新起算。少数观点认为债务人作出的同意履行的意思表示不发生申请执行时效重新起算的效果。《民法典》第192条关于"诉讼时效期间届满后，义务人同意履行的，不得以诉讼时效期间届满为由抗辩"的规定是对当事人放弃诉讼时效抗辩权的规定，虽然从法律效果上与诉讼时效中断一样，均导致诉讼时效重新计算的结果，但在原因上与诉讼时效中断有根本不同。①申请执行时效从原来对当事人申请法院强制执行的公法上的请求权（程序法上的申请执行权）的期限限制，转变为对执行依据所载私法上请求权（实体法上的给付请求权）的时效限制，②被执行人的时效抗辩一旦成立，执行依据即丧失国家强制力保障。被执行人作出同意履行的意思表示，仅能约束被执行人，不能产生恢复国家强制力保障的效果。因此，在申请执行时效期间上不能适用《民法典》第192条的规定，即申请执行时效期间届满后，被执行人所作的同意履行的意思表示不会产生申请执行时效期间重新起算的法律效果。

## 案例索引

新疆维吾尔自治区高级人民法院伊犁哈萨克自治州分院（2021）新40执复7号借款合同纠纷执行审查类执行案

江苏省宿迁市中级人民法院（2021）苏13执复75号执行复议案

### 024 生效法律文书确定一方负有附条件义务，申请执行时效应从何时起算？

答：在民事附条件执行依据中，强制执行的启动要以条件成就为前提。申请执行期限的起算应当以条件成就时，原告能够要求被告履行义务为前提，开始起算申请执行时效。

## 理由与依据

生效法律文书确定一方负有附条件义务，是指生效法律文书中确定的执行依据中所载明的请求权，债权人负有对待给付义务。只有申请执行人已经完全履行了所附义务，才可以申请法院强制执行。执行时效的起算以债权人

---

① 山西省高级人民法院（2021）晋执复41号执行裁定书。

② 孙超：《执行时效的制度变革、规则适用与立法展望》，载《法律适用》2022年第7期。

能够满足向债务人主张权利为条件，可要求债务人履行义务为前提。对于附条件的执行依据，条件未成就前，申请执行人虽享有生效法律文书确定的权利，但不具备申请执行条件，不能主张权利。现行法律规范并没有确定附义务债权人履行所负义务的期间，因此，不应当限定申请执行人履行所附义务的时间点，无论期间经过多长时间，只要所附条件未成就，原则上申请执行时效就不应当起算。2年的申请执行期间的起算日应当以条件成就后，债权人能够向债务人要求履行债务为前提，由债权人提出证据证明所附义务已经履行完毕，开始启动强制执行程序，申请执行时效开始起算。对于债务人提出超过执行时效抗辩的，由债务人提出证据证明所附条件已经成就，债权人怠于行使执行申请权已经超过2年的执行申请时效期间。

## 立法沿革与争议

2004年《最高人民法院关于人民法院民事调解工作若干问题的规定》第19条规定："调解书确定的担保条款条件或者承担民事责任的条件成就时，当事人申请执行的，人民法院应当依法执行。"《民法典》第158条规定："民事法律行为可以附条件，但是根据其性质不得附条件的除外。附生效条件的民事法律行为，自条件成就时生效。附解除条件的民事法律行为，自条件成就时失效。"第159条规定："附条件的民事法律行为，当事人为自己的利益不正当地阻止条件成就的，视为条件已成就；不正当地促成条件成就的，视为条件不成就。"

生效法律文书确定一方负有附条件义务时，如何确定申请执行期间实践中争议较大。

第一种意见认为，《民法典》第526条规定："当事人互负债务，有先后履行顺序，应当先履行债务一方未履行的，后履行一方有权拒绝其履行请求。先履行一方履行债务不符合约定的，后履行一方有权拒绝其相应的履行请求。"这是《民法典》关于合同履行义务的规定，在没有明确法律规定的情况下，执行程序可以参照适用。附条件义务需要申请人先履行义务，即宣告条件成就，这是被执行人履行义务的前提条件。生效法律文书对双方当事人均有约束力，为了维护生效法律文书的稳定性，督促双方当事人及时履行权利和义务，申请人未在2年内满足所附条件，即超过申请执行期间。第二种意见认为，生效法律文书所确定的债务人需要履行的义务是生效判决的主项内容，执行依据中所附条件仅仅属于从项，是开始强制执行的条件，申请执行人可以待履行完毕所附条件，使条件成就后，要求被执行人承担义务，申请执行时效开始起算。第三种意见认为，只要生效法律文书确定了具体的债权债务关系，无论是否属于附条件履行的债务，只要债务人未履行义务，债权人就有权依照生效法律文书确定的债务内容申请执行，而不论所附条件是否成就。

## 案例索引

最高人民法院（2020）最高法执监211号商品房预售合同纠纷执行审查案

江西省高级人民法院（2019）赣执复149号建设工程施工合同纠纷执行审查案

## 025 因再审而中止执行的，恢复执行是否受申请执行时效的限制？

答：因再审而中止执行的，根据再审程序和审查结果分为以下几种情况：（1）再审审查程序终结的，自动恢复执行，不存在申请执行时效的限制的问题；（2）再审判决维持原判决、裁定的，自再审判决发生法律效力之日起，中止执行情形消失，恢复执行应当受申请执行时效的限制；（3）通过再审程序形成新的执行依据的，不存在恢复原执行依据的问题，而是应当开始起算该执行依据的执行时效。

## 理由与依据

再审审查程序或审查结果有多种可能性，根据法律及司法解释的规定，分为以下几类情况：

再审程序终结后，人民法院裁定中止执行的原生效判决自动恢复执行。

再审判决维持原判决、裁定的，自再审判决发生法律效力之日起，中止执行情形消失，申请恢复执行原生效法律文书，适用申请执行时效的规定。

按照审判监督程序决定再审的案件，裁定中止原判决、裁定、调解书的执行，但追索赡养费、扶养费、抚养费、抚恤金、医疗费用、劳动报酬等案件，可以不中止执行。《民事诉讼法》第267条规定："有下列情形之一的，人民法院应当裁定中止执行：（一）申请人表示可以延期执行的；（二）案外人对执行标的提出确有理由的异议的；（三）作为一方当事人的公民死亡，需要等待继承人继承权利或者承担义务的；（四）作为一方当事人的法人或者其他组织终止，尚未确定权利义务承受人的；（五）人民法院认为应当中止执行的其他情形。中止的情形消失后，恢复执行。"第267条并未明确将裁定再审作为中止执行原判决裁定的情形，但根据第5项兜底条件和第213条的规定，因裁定再审中止执行的，也应适用"中止情形消失后，恢复执行"的规定。根据《民事诉讼法解释》第466条，申请恢复执行原生效法律文书，适用申请执行期间的规定。

再审判决撤销或者变更原判决、裁定的，需要根据原判决、裁定的债务履行情况分别处理：（1）若再审判决撤销原判决、裁定的，根据《民事诉讼法》第268条的规定，应当终结执行。（2）若再审判决确定的债务金额超出原判决、裁定执行案中已履行的金额，则原判决、裁定应继续执行。此时应将原执行案件终结并根据新的执行依据重新立案执行，还是在原执行案件程序中恢复执行，并无明确的规定。如果是重新立案执行，应适用申请执行时效的规定；如果是恢复执行，从防止执行工作无限期拖延、促使当事人积极行使权利等目的出发，则应受到申请执行时效的限制。（3）若再审判决确定的债务金额少于或等于执行到的金额，则原执行案件应作结案处理，对多执行的金额以执行回转程序重新立案。执行回转是独立于原执行程序之外的全新的执行程序，应适用申请执行时效的规定。

## 立法沿革与争议

法律及司法解释明确规定中止或终结执行后恢复执行受申请执行时效限制的有两种情形：一是申请执行人撤销执行申请，执行法院以终结执行方式结案后再次申请执行的，根据《民事诉讼法解释》第518条的规定，应在申请执行时效期间内申请。二是执行当事人达成和解协议，申请执行人申请撤回执行申请或中止执行的，法院裁定终结或中止执行后，又申请恢复执行的。根据《民事诉讼法解释》第466条，应适用申请执行期间的规定，期间自和解协议约定履行期限的最后一日起重新起算。

## 案例索引

山东省高级人民法院（2021）鲁执监180号执行监督案

江西省高级人民法院（2010）赣执字第4号采矿权执行案

## 026 罹于申请执行时效的判决经检察机关抗诉再审后，债权人能否依新判决申请强制执行？

答：债权人申请再审不产生执行时效中断的效果。依法裁定再审意味着将通过再审程序形成新的执行依据，并开始起算该执行依据的执行时效，也就无须再讨论原执行依据的执行时效问题。[1]债权人有权依据新的执行依据申请强制执行。再审申请被裁定驳回的，虽然判决已过申请执行时效，但债权人仍可以申请强制执行，被执行人提出时效抗辩的，人民法院将裁定驳回执行申请。

## 理由与依据

超过申请执行期间的原判决，不具有强制执行力，但执行效力已经从法院受理要件转向债务人抗辩事由，即从依职权审查转变为执行异议审查。[2]已经超过申请执行时效的判决，债权人仍可申请执行，执行法院不得主动审查，被执行人提出时效抗辩的按照执行异议程序审查。再审判决实质是对原

---

[1] 参见孙超：《执行时效的制度变革、规则适用与立法展望》，载《法律适用》2022年第7期。

[2] 参见孙超：《执行时效的制度变革、规则适用与立法展望》，载《法律适用》2022年第7期。

法律关系进行再认识的结果。再审无论维持还是改判、撤销或者变更，都会形成新的生效判决，权利人可以在新判决的申请执行时效期间内申请强制执行。[①]

　　另外，申请再审不产生申请执行时效中断的效力。首先，申请执行时效的本质是对执行依据所载私法上请求权的时效限制，[②]《执行程序解释》已经明确列举了引起申请执行时效中断的四种情形，即债权人申请执行、当事人达成和解协议、债权人提出履行要求或者债务人同意履行义务。本质是执行当事人主张或认可执行依据所确认的债权债务关系，而申请再审是对执行依据所确认的债权债务关系的不认可。

　　其次，对生效法律文书不服申请再审，与申请执行并不冲突。即申请再审不构成申请执行的障碍，申请执行也并不表明债权人放弃申请再审的权利。[③]执行程序中申请再审尚且不停止执行，进入执行程序前申请再审中断执行时效不具备合理性，也不利于督促债权人及时行使权利。

## 立法沿革与争议

　　《民事诉讼法》第250条第1款规定："申请执行的期间为二年。申请执行时效的中止、中断，适用法律有关诉讼时效中止、中断的规定。"该法条首次规定申请执行的期间及执行时效中断应当参照诉讼时效。2008年《执行程序解释》第28条规定了引发申请执行时效中断的四种情形："申请执行时效因申请执行、当事人双方达成和解协议、当事人一方提出履行要求或者同意履行义务而中断。从中断时起，申请执行时效期间重新计算。"虽然并未设置兜底条款，但实践中普遍认为，执行时效中断事由不限于上述四种，还应包括参与分配、申请破产、主张抵销等。

　　申请再审是否属于中断执行时效的事由，并无明确规定。支持应当中断

---

[①]　参见张艳：《论当事人再审启动行为对执行时效计算的影响》，载《法学杂志》2019年第3期。

[②]　参见孙超：《执行时效的制度变革、规则适用与立法展望》，载《法律适用》2022年第7期。

[③]　参见张艳：《论当事人再审启动行为对执行时效计算的影响》，载《法学杂志》2019年第3期。

的观点认为，鉴于对债权人与债务人双方利益保护及对诉讼时效制度规定的立法目的考量，债权人申请再审构成执行时效的中断。

第一，依法对生效法律文书申请再审，是一种正当的法律救济途径，是在积极主张权利，这与消极怠于行使权利有本质的区别。法律规定时效的目的在于督促权利人积极主张权利，并未否定权利人通过合法方式主张权利，权利人申请再审是主张权利的一种方式。

第二，根据《诉讼时效规定》第12条和第13条，权利人向人民调解委员会以及其他依法有权解决相关民事纠纷的国家机关、事业单位、社会团体等社会组织提出保护相应民事权利的请求或者向公安机关、人民检察院、人民法院报案或者控告，请求保护其民事权利等构成诉讼时效中断。举轻以明重，当事人向法院申请再审主张权利亦构成时效中断。

第三，《民事诉讼法解释》第383条规定："人民法院应当自收到符合条件的再审申请书等材料之日起五日内向再审申请人发送受理通知书，并向被申请人及原审其他当事人发送应诉通知书、再审申请书副本等材料。"根据上述规定，再审法院向当事人发送有关材料的情况下，债务人已经知道债权人对其主张且不限于生效法律文书所确定的权利，故应当构成时效中断。

第四，对当事人的再审申请，有管辖权的法院均应正式立案审查，并对原执行依据确定的权利义务关系进行复核，这种情况下债权人待再审申请被驳回后再申请执行，并不具有明显的可苛责性，也有利于降低执行成本，避免执行回转。[①]

实践中有法院将申请再审作为申请执行时效中断的事由。[②]

### 案例索引

湖北省高级人民法院（2017）鄂执复34号买卖合同纠纷执行复议案

---

[①] 参见孙超：《执行时效的制度变革、规则适用与立法展望》，载《法律适用》2022年第7期。

[②] 参见湖南省郴州市中级人民法院（2022）湘10执复61号执行裁定书、陕西省西安市雁塔区人民法院（2022）陕0113执异168号执行裁定书、广西壮族自治区南宁市中级人民法院（2021）桂01执复193号执行裁定书、辽宁省沈阳市中级人民法院（2021）辽01执复450号执行裁定书。

**027** 生效法律文书未确定履行期限，当事人合意达成的《还款协议》对履行期间另有约定的，申请执行期限能否延长？

答：生效法律文书未确定履行期限的，当事人对履行期限另行达成协议，债务人未按照约定期限履行的，债权人在约定的履行期限届满之日起2年内申请强制执行的，法院应当受理。

## 理由与依据

根据《民事诉讼法》第250条的规定，申请执行时效从法律文书规定履行期间的最后一日起计算，生效法律文书未确定履行期间的，从法律文书生效之日起计算。如申请执行前，当事人对未确定履行期间的执行依据的履行期限问题达成协议应视为执行前和解协议。在和解协议约定的履行期间内申请强制执行的，法院应当受理。

执行前和解与执行和解性质相同，属于当事人对判决确定的债权债务关系的自行处分。执行前的和解是否得到履行，与执行和解应当具有相同的法律效果。因此，执行前的和解应当比照执行中的和解来处理。

当事人对履行期限达成协议，在双方约定的履行期限届满前，不能申请执行。生效法律文书履行期限不明确，当事人双方对履行期限达成协议，实质是通过协商一致明确执行内容，通过补充协议确定履行期限，使生效法律文书具有可执行性。当事人在履行期限届满前申请执行，不符合强制执行立案的条件，亦有违诚信原则。

## 立法沿革与争议

《民诉意见》（已废止）第267条规定了执行中和解协议具有中止申请执行期间的效力，申请执行期限因达成执行中的和解协议而中止，其期限自和解协议所定履行期限的最后一日起连续计算。

2004年山西省高级人民法院就山西省第六建筑有限公司申请执行六建公司诉通信公司等拖欠工程款纠纷案向最高人民法院请示。2005年6月29日最高人民法院作出《关于生效法律文书未确定履行期限能否依当事人约定的履行期限受理执行的请示的复函》（〔2004〕执他字第23号）答复如下："一、关于法律文书生效后，当事人在自动履行期间内达成和解协议，申请执行期限是否可以延长的问题，现行法律及司法解释没有明确规定。二、从本案的实际情况看，当事人是在一审法院审判法官的主持下多次达成和解协议，这是造成债权人未能在法律文书生效后及时向人民法院申请强制执行的主要原因。为充分保护债权人的合法权益，本案可参照《关于适用〈中华人民共和国民事诉讼法〉若干问题的意见》第267条规定的精神，作为个案的特殊情况妥善处理。"申请执行期限自和解协议所定履行期间的最后一日起连续计算。

2008年《执行程序解释》（已废止）第28条 [1] 规定申请执行时效因双方当事人达成和解协议而中断，改变《民诉意见》（已废止）申请执行期限自达成执行中和解协议时中止的做法，不再强调和解协议的达成时间。

《执行和解规定》第1条删除了《执行工作规定》第86条"执行中"的表述，不再限于执行中和解协议，当事人在"执行外"也可以达成和解协议，扩大和解协议的范围。

持相反意见的观点认为，执行时效亦为强制性规定，不能由当事人约定。债权人未在法定期限内申请执行，便丧失了请求法院强制执行保护其合法权益的权利。双方当事人于判决生效后达成的和解协议，并不能引起法定申请执行期限的更改。当事人之间达成的和解协议，债权人可基于和解协议再次起诉债务人，不违反"一事不再理"原则。[2]

## 案例索引

最高人民法院（2020）最高法民再213号合同纠纷再审案

---

[1] 现《执行程序解释》第20条。
[2] 参见最高人民法院（2020）最高法民再213号民事判决书。

## 028 当事人向我国法院申请执行涉外仲裁裁决，申请执行期间从何时开始计算？

答：当事人向我国法院申请执行发生法律效力的涉外仲裁裁决，发现被执行人或者其财产在我国领域内的，我国法院即对该案具有执行管辖权。当事人申请法院强制执行的时效自在我国领域内发现被执行人或者其财产之日起算。

### 理由与依据

生效法律文书作出时，被执行人及其财产不在我国领域内的，申请执行期间应以我国法院取得管辖权之日开始计算。民事执行权依托于管辖权而存在，向我国法院申请执行涉外仲裁裁决，法院行使管辖权的前提是被执行人或被执行财产在中国境内。时效的起算必须依托于管辖权的取得，被执行人和其财产不在我国领域内的情况下，我国法院对涉外仲裁裁决没有执行管辖权，无从受理强制执行申请，继而无法对时效进行审查。我国法院取得管辖权后才适用《民事诉讼法》关于申请执行时效的规定，因此，时效的起算日应为取得管辖之日，也即发现被申请执行人或者其财产在我国领域内之日。

### 立法沿革与争议

该规则由最高人民法院发布的指导性案例37号创设，明确了执行管辖确定与申请执行期间计算之间的逻辑关系。如果不以发现财产之日作为时效起算点，对于不在国内又无从掌握我国领域内是否有可供执行财产的被执行人，只要其隐匿至执行期间届满，即可逃避执行。申请执行人只能通过不断向外国法院申请执行等方式延长执行时效，徒增"诉累"。而在此规则下，只要申请执行人在我国领域内发现被执行人或其财产，就可以确定执行法院并起算执行时效，减轻申请执行人的负担。

一种观点认为，涉外仲裁裁决应由当事人直接向有管辖权的外国法院申请承认和执行，并依生效仲裁裁决起算申请执行时效。另一种观点认为，国内法院在仲裁裁决生效之时并无管辖权，直到国内法院取得执行管辖，申请执行时效才开始起算。最高人民法院通过发布指导性案例最终确立并发展出涉外仲裁裁决执行管辖权规则和申请执行期间起算时点的例外规则。

## 案例索引

上海市高级人民法院（2009）沪高执复议字第2号仲裁裁决执行复议案

### 029 经生效法律文书确认但已过执行时效的债权能否在执行程序中主张抵销？

答：经生效法律文书确认但已过执行时效的债权可以在执行程序中主张抵销。

## 理由与依据

债权人未在法定期限内申请执行的，丧失的仅是当债务人提出抗辩时请求人民法院对债务人财产采取强制执行措施的权利，并不导致实体权利的消灭。因此，债权人虽然在债务人提出抗辩时不能要求法院强制执行该债权，但在双方互负债务时，已过执行时效的债权人请求在执行程序中抵销对方当事人所欠其种类、品质相同的债务，并不违反法律规定，可以允许对超过执行时效的已决债权行使抵销权。原因在于，债权之所以过了执行时效，有债务人未能在法律文书指定的履行期间内主动向债权人履行原因。已过诉讼时效的债权一定条件下也可以抵销，允许已过执行时效的债权行使抵销权，符合实质正义的理念。

## 立法沿革与争议

《民法典》第568条规定："当事人互负债务，该债务的标的物种类、品质相同的，任何一方可以将自己的债务与对方的到期债务抵销；但是，根据债务性质、按照当事人约定或者依照法律规定不得抵销的除外。当事人主张抵销的，应当通知对方。通知自到达对方时生效。抵销不得附条件或者附期限。"《执行异议复议规定》第19条规定："当事人互负到期债务，被执行人请求抵销，请求抵销的债务符合下列情形的，除依照法律规定或者按照债务性质不得抵销的以外，人民法院应予支持：（一）已经生效法律文书确定或者经申请执行人认可；（二）与被执行人所负债务的标的物种类、品质相同。"

民法上的抵销权在执行程序中如何理解和适用，由于法律未明确规定执行时效期间届满的债权是否属于不得抵销的情形，故实践中存在不同的观点。否定观点认为，超过执行时效的债权不得作为主动债权抵销，因为该债权不再受法律保护，若允许抵销，则相当于强迫对方履行自然债务，势必会损害在执行时效期间内申请执行的一方当事人的时效利益。肯定观点认为，执行时效期间届满，债权人只丧失强制执行权，其实体债权仍然存在，只要双方互享到期债权，且种类、品质相同，即可行使法定抵销权。

## 案例索引

最高人民法院（2016）最高法执监83号合伙协议纠纷案

## 030 债权人在申请执行时效期间经过后申请执行，人民法院能否主动适用执行时效的规定裁定驳回？

答：人民法院不能径行驳回执行申请。对于超过执行时效期间的案件，被执行人并不当然免除清偿义务，执行法院在立案时对时效问题不得主动审查，不得主动援引执行时效的规定直接驳回执行申请，而应先行立案受理。由被执行人在执行程序中提出异议，进行抗辩，法院经审查抗辩成立的裁定不予执行。

## 理由与依据

如同超出诉讼时效的法律后果是债权人并不丧失实体权利一样，超出执行时效的法律后果也只是债务人获得不履行的抗辩权。不管是超出诉讼时效，还是超出执行时效，债权人的实体权利均不消灭，只是法律对其权利效力和保护力度有所减损。

超出执行时效并不当然免除偿还债务，如被执行人未就执行时效提出异议，可视为其默认同意履行生效法律文书确定的义务。如同人民法院在诉讼立案时不主动审查诉讼时效一样，申请执行时效不属于人民法院在执行立案时依职权主动审查的事项，对超过执行时效期间的执行申请，执行法院应当先予受理。如被执行人就执行时效提出异议，法院应审查是否存在执行时效中止、中断等事由，[①] 再决定是否裁定不予执行。经审查异议成立的，裁定不予执行。

## 立法沿革与争议

执行时效在法律效力上经历了从"受理要件"到"抗辩事由"的转变。2008年《执行工作规定》第18条规定："人民法院受理执行案件应当符合下列条件：（1）申请或移送执行的法律文书已经生效；（2）申请执行人是生效法律文书确定的权利人或其继承人、权利承受人；（3）申请执行人在法定期限内提出申请；（4）申请执行的法律文书有给付内容，且执行标的和被执行人明确；（5）义务人在生效法律文书确定的期限内未履行义务；（6）属于受申请执行的人民法院管辖。人民法院对符合上述条件的申请，应当在七日内予以立案；不符合上述条件之一的，应当在七日内裁定不予受理。"此时，申请执行人是否是在执行时效内提出申请是法院依职权审查的事项，系法院受理案件的法定条件之一。2007年《民事诉讼法》将"申请执行期限"改为"申请执行时效"，执行时效的法律性质转变为实体法人的给付请求权的时效限制，《民事诉讼法解释》第481条第1款[②] 明确将执行时效届满作为被执行人提出异议排除执行

---

① 从实质正义和保障债权人权益角度出发，执行法院在审查执行时效是否存在中止、中断事由时，应尽量从宽把握，原则上能不认定执行时效期间届满就不认定。

② 《民事诉讼法解释》第481条第1款规定："申请执行人超过申请执行时效期间向人民法院申请强制执行的，人民法院应予受理。被执行人对申请执行时效期间提出异议，人民法院经审查异议成立的，裁定不予执行。"

的理由。①《民事诉讼法解释》第481条第2款明确被执行人在履行全部或部分债务后，不得以申请执行时效届满为由主张返还。

## 案例索引

四川省高级人民法院（2018）川执复329号执行异议复议案

**031** 抵押权人的债权已过执行时效，被执行人对此未提出时效抗辩的，抵押权人能否在另案首封法院处置该抵押物时主张优先受偿？

答：抵押权人应当在主债权诉讼时效期间内行使抵押权，未行使的，人民法院不予保护。抵押权作为担保物权具有从属性，如果执行时效经过，主债权强制执行请求权消灭，具有从属性的抵押权的强制执行请求权同样消灭。但享有执行时效抗辩权的主体是被执行人，被执行人没有提出执行时效抗辩的，抵押权人向抵押物的首封法院申请参与分配并主张优先受偿的，人民法院应予准许。被执行人的其他债权人援引执行时效抗辩提出异议的，不予支持。

## 理由与依据

抵押权人向抵押物首封法院主张优先受偿，势必影响首封案件债权人及其他参与分配债权人的利益。抵押权人未在法定的申请执行时效期间内申请执行，按照《民事诉讼法解释》第481条的规定，被执行人若对时效提出异议，人民法院经审查异议成立的，应裁定不予执行。但如果被执行人未对申请执行时效期间提出异议，此时被执行人的其他债权人能否援引执行时效抗辩，将对清偿款分配格局产生重大影响，然而《民事诉讼法》及司法解释并未

---

① 参见孙超：《执行时效的制度变革、规格适用与立法展望》，载《法律适用》2022年第7期。

明确申请执行时效抗辩援引主体是否不限于被执行人。《民事诉讼法》2007年、2021年修正时，申请执行时效的调整明显向诉讼时效回归，[①]理论界与实务界对执行时效与诉讼时效本质相同也已形成共识。[②]因此，关于上述执行时效援引主体的疑问，我们认为可以从诉讼时效援引主体的理论与实践操作中寻找答案。

比较法上，诉讼时效抗辩权援引主体有三种立法模式：以法国为代表的广义模式，债权人或者因时效完成而享有利益的其他任何人均可主张时效抗辩；日本则将援引主体限定为因时效而直接受益者，此为狭义模式；限制最严格的是德国，《德国民法典》第214条规定，"时效完成后，债务人得拒绝给付"，即享有时效抗辩权的主体是债务人。[③]我国现行法与德国模式类似，对时效援用主体的规定采取的是以具体法条作个别规定的形式。《民法典》第192条规定，诉讼时效期间届满的，义务人可以提出不履行义务的抗辩。该条所指的义务人既包括债务人（包括连带债务人），也包括保证人、抵押人。[④]

关于债务人的其他债权人能否援引时效抗辩的问题。依照《法国民法典》的规定，若债务已过诉讼时效，债务人可用于清偿的责任财产得到维持，其他债权人享有利益，故其他债权人可主张时效抗辩，即使债务人放弃时效抗辩。在日本，时效可援用者限于依时效直接取得权利或者免除义务者，如保证人、连带债务人、以不动产为该债务人提供担保的人、受让了担保不动产的人、对担保的不动产持有后顺位担保权的人等。[⑤]因时效完成而受益的债务人的其他债权人并不属于直接取得权利者，不能成为援用主体。我国现行法

---

① 参见孙超：《执行时效的制度变革、规则适用与立法展望》，载《法律适用》2022年第7期。

② 参见江必新主编：《新民事诉讼法条文理解与适用》，人民法院出版社2022年版，第1187页。

③ 参见杨巍：《论援引诉讼时效抗辩权的主体》，载《法学》2018年第10期。

④ 《民法典》第701条规定："保证人可以主张债务人对债权人的抗辩。债务人放弃抗辩的，保证人仍有权向债权人主张抗辩。"《民法典担保制度解释》第44条第1款规定："主债权诉讼时效期间届满后，抵押权人主张行使抵押权的，人民法院不予支持；抵押人以主债权诉讼时效期间届满为由，主张不承担担保责任的，人民法院应予支持。主债权诉讼时效期间届满前，债权人仅对债务人提起诉讼，经人民法院判决或者调解后未在民事诉讼法规定的申请执行时效期间内对债务人申请强制执行，其向抵押人主张行使抵押权的，人民法院不予支持。"

⑤ 参见［日］我妻荣：《新订民法总则》，丁敏译，中国法制出版社2008年版，第412页。

律及司法解释并无关于债务人的其他债权人能否援引时效抗辩的规定。本书认为，基于债务人任意清偿原则，债务人因时效届满享有的抗辩，并不意味着其他债权人受偿的可能性增加。而且，即使其他债权人援引时效抗辩，债务人也可以放弃时效利益向债权人清偿，其他债权人难以因此受益。概言之，债务人其他债权人因时效完成所受利益是间接的、充满不确定性的。因此，赋予债务人的其他债权人援引时效抗辩的权利，与时效制度维护社会交易秩序、保护社会公共利益（包括诉讼成本）的根本立法目的并不相符。基于诉讼时效与申请执行时效本质相同的原则，被执行人的其他债权人也无权援引执行时效抗辩。

## 立法沿革与争议

《最高人民法院关于对超过执行期限的抵押权在另案中是否准予优先受偿问题请示的复函》（〔2007〕执民他字第10号）认为，抵押权从属于主债权，与其担保的主债权同时存在，抵押权的成立、转移和消灭从属于主债权的发生、移转和消灭。现行法律并未赋予抵押权独立的强制执行申请权，其强制执行力从属于担保的主债权的强制执行力，受主债权强制执行申请期限的限制。主债权因超过强制执行申请期限而丧失强制执行力的保护及于抵押权，不能以参与另案执行的方式而重新赋予其强制执行力，因此，丧失强制执行力保护的抵押权在另案中主张优先受偿的请求不予支持。

值得注意的是，执行程序中多个债权人对被执行人某一财产变价所得申请参与分配的，此时债务人无法再任意清偿，若某一债权人的债权已过申请执行时效，债务人的其他债权人若能援引申请执行时效抗辩，参与分配主体减少可受偿金额必然增加，尤其当该已过执行时效的债权为优先受偿债权时，其他债权人受益程度更高，再坚持债务人的其他债权人无权援引执行时效抗辩的观点是否妥当，值得探讨。目前司法实践中仍以现行法律及司法解释的规定为标准，认为有权提出申请执行时效抗辩的主体限于被执行人。

## 案例索引

江苏省高级人民法院（2020）苏执复142号追偿权纠纷执行复议案

广东省江门市中级人民法院（2020）粤07执复196号金融借款合同纠纷执行案

# 四、仲裁裁决的执行

032 股东能否作为案外人对公司与他人之间的虚假仲裁裁决申请不予执行？

答：法律和司法解释未禁止股东作为案外人申请不予执行仲裁裁决，但股东应举证证明其与仲裁裁决执行标的具有法律上的、直接的利害关系。

**理由与依据**

案外人申请不予执行仲裁裁决或者仲裁调解书的，应符合三个条件：一是有证据证明恶意仲裁或虚假仲裁损害其合法权益，二是案外人主张的合法权益所涉及的执行标的尚未执行终结，三是自案外人知道或者应当知道人民法院对该标的采取执行措施之日起30日内提出。案外人合法权益涉及的执行标的，是指作为执行标的（对象）的法律关系，而非仅指一个标的物。比如，当事人通过虚假仲裁裁决确认了一个虚构债权，在这个仲裁的执行中，损害案外人合法权益的执行标的是这个虚构债权，可能涉及各种执行财产，而非仅指一个执行标的物。根据《仲裁执行规定》第18条规定，案外人申请不予执行仲裁裁决，人民法院予以支持的，应当符合4个条件：（1）案外人系权利或者利益的主体；（2）案外人主张的权利或者利益合法、真实；（3）仲裁案件当事人之间存在虚构法律关系，捏造案件事实的情形；（4）仲裁裁决主文或者仲裁调解书处理当事人民事权利义务的结果部分或者全部错误，损害案外人合法权益。结合上述规定，若股东所在公司与他人虚构法律关系，恶意申请仲裁，导致仲裁裁决的结果会损害股东的合法权益，对于股东作为案外人申请不予执行该仲裁裁决的主张，应予以支持。需要注意的是，若仅以法院对公司的执行会影响到作为股东的案外人权益，并不符合"案外人系合法权益的主体"的条件。

## 立法沿革与争议

1991年《民事诉讼法》第217条第2款、第3款分别规定了在被执行人申请以及法院依职权情形下裁定不予执行仲裁裁决的条件，该规定在之后《民事诉讼法》的历次修正中略有调整。除"认定执行该裁决违背社会公共利益的"情形下法院可以依职权主动审查外，均须由被执行人提出不予执行的请求。换言之，因案外人不具有被执行人的地位，不能依据第2款的规定申请不予执行，只能向法院申诉或反映，由法院从是否违背社会公共利益之角度依职权进行审查，但其申诉或反映并不当然启动法院审查，案外人的权利救济渠道不畅通。2018年《仲裁执行规定》增设了案外人申请不予执行仲裁裁决制度，第9条与第18条分别规定了案外人申请不予执行仲裁裁决的受理条件及构成要件。在仲裁案件当事人之间存在虚构法律关系，捏造案件事实的情形，导致仲裁裁决主文处理当事人民事权利义务的结果部分或者全部错误，损害案外人合法权益时，对案外人申请不予执行仲裁裁决的主张，法院应予以支持。

有观点指出，股东和公司之间系天然的利益共同体。公司股东对公司财产享有资产收益权，公司的对外交易活动、民事诉讼的结果一般都会影响到公司的资产情况，从而间接影响到股东的收益权利。从这个角度看，股东与公司之间的民事诉讼结果具有法律上的间接利害关系。[1]但申请不予执行仲裁裁决的案外人应系仲裁裁决所涉权利或利益的主体，这种对权利或利益的影响应该是直接的而非间接的。因此，股东并不是《仲裁执行规定》第9条和第18条所指的案外人的适格主体。

## 案例索引

北京市高级人民法院（2019）京执复235号不予执行仲裁裁决执行复议案

---

[1] 参见最高人民法院指导性案例148号：高光诉三亚天通国际酒店有限公司、海南博超房地产开发有限公司等第三人撤销之诉案。

宁夏回族自治区高级人民法院（2021）宁执复1号合同纠纷执行审查案

上海市第一中级人民法院（2021）沪01执异20号执行异议案

**033** 仲裁机构未依照《仲裁法》规定的程序审理纠纷或者主持调解，径行根据网络借贷合同当事人在纠纷发生前签订的和解或者调解协议作出仲裁裁决、调解书的，人民法院能否裁定不予执行？

答：仲裁机构未按照《仲裁法》规定的程序审理纠纷或者主持调解，径行根据网络借贷合同当事人在纠纷发生前签订的和解或者调解协议作出仲裁裁决、仲裁调解书的，构成《民事诉讼法》第248条第2款第3项规定的"仲裁的程序违反法定程序"。当事人申请执行的，人民法院应当裁定不予受理；已经受理的，裁定驳回执行申请。

## 理由与依据

随着互联网金融的快速发展，以及金融监管政策变化，P2P网贷平台被禁止提供增信措施，网贷平台出现为借贷交易提供信用背书的现实需求，部分仲裁机构为拓展仲裁业务而"创新"出"先予仲裁"，出借人为大型网贷平台，借款人为分散在全国各地的网民。基本模式可概括为：为确保今后双方履行确定的权利义务，保障将来权益得以实现，避免之后再去仲裁或者诉讼带来的麻烦，当事人在签订、履行网络借贷合同且未发生纠纷时，即请求仲裁机构依其现有协议先行作出具有约束力和执行力的法律文书，包括仲裁调解书和根据调解协议制作的仲裁裁决。

仲裁机构径行依据纠纷发生前当事人之间签订的和解或调解协议作出仲裁裁决或仲裁调解书被称为"先予仲裁"，与一般的仲裁程序相比，"先予仲裁"主要有以下特点：（1）一般仲裁发生在纠纷产生以后，仲裁的目的是解决纠纷、定分止争，而"先予仲裁"的仲裁阶段发生在纠纷产生以前，仲裁的目的是保证后续产生纠纷时申请人可以直接向人民法院申请强制执行；（2）一般仲裁认定事实的依据是双方提交的证据，根据相关证据认定的事实作出裁决或进行调解，而"先予仲裁"认定事实一般仅依据双方预先订立的和解协议或调解协议，不再对案件的相关事实进行调查；（3）一般仲裁广泛应用于各种商事领域，而"先予仲裁"普遍集中于网络借贷领域。

仲裁的启动必须以实际发生争议为前提，而"先予仲裁"为了"防患于未然"，在纠纷产生前取得用以强制执行的依据，脱离了仲裁的基本原理和制度目的。在"先予仲裁"案件中，由于纠纷并未产生，案件无法围绕案件争议焦点进行调查和辩论，认定事实仅依据预先达成的和解协议或调解协议，未能按照法定仲裁程序进行仲裁，"先予仲裁"的性质更类似于对于合同的见证，对此类所谓的仲裁裁决或者调解书强制执行，缺乏法律依据。仲裁委员会径行以和解协议或调解协议为依据出具仲裁裁决或仲裁调解书极易损害网贷借款人的利益。

## 立法沿革与争议

实践中关于"先予仲裁"的合法性问题主要存在三种观点：（1）认为"先予仲裁"不是《民事诉讼法》《仲裁法》规定的仲裁裁决，不应作为执行依据；（2）认为"先予仲裁"侧重实现化解纠纷，预防交易风险，符合仲裁纠纷解决方式多元化的发展趋势；（3）认为"先予仲裁"的裁决性质与赋予强制执行力的公证债权文书具有同等法律效力。

针对"先予裁决"的执行问题，2018年4月广东省高级人民法院向最高人民法院提出《关于"先予仲裁"裁决应否立案执行的请示》。2018年6月5日，最高人民法院作出《"先予仲裁"批复》，对该问题进行了明确：应当认定"先予仲裁"构成《民事诉讼法》第248条第2款第3项规定的"仲裁庭的组成或者仲裁的程序违反法定程序"的情形，依法应裁定不予执行。关于此类仲裁案件能否由人民法院依职权以违背社会公共利益为由不予执行的问题，一般认为公共利益是指不特定多数人的利益，仲裁裁决的执行均指向明确、具体的被执行人，且每一件裁决案件相互独立，任一仲裁裁决均不涉及不特定多数人的利益，不符合公共利益的定义，因此人民法院不宜以"违背社会公共利益"为由依职权不予执行"先予裁决"仲裁裁决。

## 案例索引

广东省深圳市中级人民法院（2018）粤03执94号民间借贷纠纷案

四川省德阳市中级人民法院（2020）川06执异8号借款合同纠纷执行审查案

福建省龙岩市中级人民法院（2018）闽08执201、202、300、301、302、303、304、305、306、307、309、311、312、313、314、315、316、317号执行系列案

**034** 仲裁裁决或者仲裁调解书主文不明确，能否由仲裁庭补正或说明？因执行标的不明确被裁定驳回执行申请的，当事人能否重新申请仲裁？

答:《仲裁执行规定》第4条规定了仲裁裁决执行内容不明确不具体的处理程序，相比于仲裁裁决或者仲裁调解书主文不明确，该条规定的仲裁庭已经认定但在裁决主文中遗漏事项显然是更为严重的瑕疵，根据"举重以明轻"的规则，在仲裁裁决、仲裁调解书主文不明确的情况下，可以由仲裁庭补正或说明，这充分体现了人民法院对仲裁裁决应执尽执、充分支持仲裁的立场。因执行标的不明确被裁定驳回执行申请，当事人可以通过异议复议程序救济，也可以重新仲裁或起诉进行救济。

## 理由与依据

执行依据应当符合权利义务主体明确、给付内容明确的要求，申请执行的仲裁裁决或调解书也不例外。《仲裁执行规定》第3条规定了四种可以驳回执行申请的情形，分别是:（1）权利义务主体不明确;（2）金钱给付具体数额不明确或者计算方法不明确导致无法计算出具体数额;（3）交付的特定物不明确或者无法确定;（4）行为履行的标准、对象、范围不明确。但《仲裁执行规定》第4条规定:"对仲裁裁决主文或者仲裁调解书中的文字、计算错误以及仲裁庭已经认定但在裁决主文中遗漏的事项，可以补正或说明的，人民法院应

当书面告知仲裁庭补正或说明，或者向仲裁机构调阅仲裁案卷查明。仲裁庭不补正也不说明，且人民法院调阅仲裁案卷后执行内容仍然不明确具体无法执行的，可以裁定驳回执行申请。"从前述规定来看，如果申请执行的仲裁裁决存在《仲裁执行规定》第3条列举的情形，法院可直接裁定驳回执行申请，并未规定执行法院应履行告知仲裁庭补正、说明或调阅仲裁案件的前置程序。如果因为文书中的文字、计算错误或仲裁主文遗漏了仲裁庭已经认定的事项导致无法执行的，则法院只有在要求仲裁庭补正、说明仲裁庭拒不补正说明，且通过调阅仲裁案卷后仍不能明确执行内容的，方可裁定驳回执行申请。

仲裁裁决或仲裁调解书主文不明确的情形并不严格属于该条规定的情形。但如果仅以此为由不允许仲裁庭补正或说明，直接驳回当事人的仲裁申请，当事人还需就同一事项重新仲裁或另行起诉，增加当事人的诉累。若当事人在仲裁前或仲裁中申请了财产保全，仲裁执行申请被驳回后，相应的保全措施也会解除，使得申请执行人的权利实现处于无法保护的状态。此外，驳回执行申请的裁定生效后即具有终局效力，若仲裁庭在驳回执行申请的裁定生效后作出仲裁说明，对不明确之处进行解释说明使其内容明确，申请人也无法就同一执行依据再行申请执行，相当于实质上剥夺了当事人实现权利的机会，且仲裁裁决本身的法律效力并未被否定，由于仲裁裁决既判力的限制，当事人无法就同一事项另行起诉，致使当事人的权利处于无法行使、无法救济、无法实现的境地，动辄驳回仲裁裁决的执行申请或裁定不予执行，则会在事实上否定仲裁裁决的终局效力。[1]

根据《立审执协调意见》第15条的精神，对于执行内容不明确的执行依据应当尽量征询作出部门的意见，不能简单地直接驳回当事人的执行申请，对于仲裁裁决也应当参照该意见要求，通过书面征询仲裁庭意见或者查阅仲裁案件卷宗的方式明确仲裁裁决或调解书主文内容，维护当事人胜诉利益的实现。《民事强制执行法（草案）》第14条亦规定执行法院可以要求作出机关或者机构通过说明、补正裁定、补充判决等方式对执行依据进行明确，仲裁机构作出的仲裁裁决、调解书属于该调整范围。

执行法院因仲裁裁决、调解书执行标的不明确裁定驳回执行申请时，应

---

[1] 王静：《内容具体明确的补正仲裁裁决应予执行》，载《人民司法》2020年第32期。

以书面形式作出并送达申请执行人和被执行人。申请执行人如果对驳回申请裁定本身不服的，可以自裁定送达之日起10日内向上一级人民法院申请复议，上一级法院经复议审查后认为可以执行的，应当裁定撤销原裁定，执行法院应当继续执行；如果上级法院经复议维持的，权利人也可以就其与对方当事人之间的实体权利义务关系选择另行起诉。

《民事诉讼法》第127条第5项①规定了"一事不再理"原则，其基本含义是指一项争议经人民法院审理并作出裁决后，当事人不得对此争议再行起诉，人民法院对同一诉因提起的诉讼应拒绝受理。"一事不再理"的适用前提，是前诉已通过生效判决的方式将双方当事人之间的实体权利义务关系予以明确，前诉的生效判决已经产生既判力，避免就同一争议二次诉讼形成的新判决影响前诉的既判力。因执行依据不明确而被驳回执行申请时，双方当事人对执行依据主文所记载的内容产生了不同的理解，产生了新的争议事项，双方当事人之间的实体权利义务关系仍处于悬而未决的不确定状态。此时，允许当事人另行诉讼不属于重复诉讼，不违反"一事不再理"原则。

## 立法沿革与争议

《仲裁法》第56条规定裁决书中的文字、计算错误或已经裁决但在裁决书中遗漏的事项，仲裁庭应当依职权或依当事人的请求补正。《仲裁执行规定》中确立补正程序时既参照了《仲裁法》的规定，也参考了判决书、调解书主文不明确时人民法院内部的处理方式，即一般请求作出生效法律文书的审判部门对执行内容进行补正或说明。《仲裁执行规定》第3条到第6条规定对于仲裁裁决执行内容不明确不具体的认定及处理作出了较为完整的制度设计，以此促使仲裁的裁决能够确保执行内容具体、明确，减少执行内容的不确定性，经过补正或说明机制仍无法确定执行内容的才可以驳回执行申请，体现了司法支持仲裁的立场。

《民事诉讼法解释》第208条第3款规定"立案后发现不符合起诉条件的，裁定驳回起诉"，这是解决驳回执行申请可参照援引的最接近法律条文。裁定

---

① 《民事诉讼法》第127条第5项规定："对判决、裁定、调解书已经发生法律效力的案件，当事人又起诉的，告知原告申请再审，但人民法院准许撤诉的裁定除外。"

驳回执行申请后，是否应当赋予申请执行人救济权，存在三种意见：一是认为赋予当事人复议权于法无据，当事人纠纷通过另诉或仲裁解决；二是认为当事人有权提起执行行为异议，对异议裁定不服，还可以向上一级法院申请复议；三是认为应当赋予申请执行人复议权。

《民事诉讼法》第157条规定对"裁定驳回起诉"可以上诉，这是解决救济驳回执行申请可参照援引的最接近法律条文。以复议作为裁定驳回执行申请的救济程序，也有相关的制度规范支撑和比较法上的实践。《仲裁执行规定》第5条和《公证执行规定》第7条均明确规定申请执行人对驳回执行申请裁定不服的，可以自裁定送达之日起10日内向上一级人民法院申请复议。

因执行依据不明确而被驳回执行申请时，当事人另行提起诉讼或仲裁是否违反"一事不再理"，存在不同认识。第一种观点认为，权利人不得再行起诉，因为双方当事人的争议事项已被法院受理并作出裁判，如再受理则违反了"一事不再理"原则，增加了当事人诉累。第二种观点则认为，判项不明确、不具体导致案件无法执行的，只能通过另行诉讼或仲裁确认执行的具体内容。本书认为第二种观点更具合理性。如果不允许权利人另诉，其将无法取得新的执行依据，相当于彻底堵死了其通过司法诉讼的维权之路，显然不妥。执行依据不明确系由仲裁机构、法院原因所致，权利人本身并无过错，由权利人为仲裁机构和法院的过错埋单显然并不合适。

## 案例索引

广东省高级人民法院（2018）粤执复202号房屋买卖合同纠纷案

河南省高级人民法院（2019）豫执复140号申请执行复议案

最高人民法院（2016）最高法执监382号买卖合同纠纷案

最高人民法院（2018）最高法执复35、66号建设工程合同纠纷案[1]

---

[1] 该裁定认为："目前法律和司法解释只对仲裁裁决执行案件中驳回执行申请的救济途径进行了明确，其他情形下并无明确规定，鉴于驳回执行申请的裁定也可以视为一种执行行为，山东高院通过执行异议程序对景世乾公司的异议进行处理，有利于充分保障各方当事人的程序权利，并无不当。"可见最高人民法院对山东省高级人民法院按照执行异议程序进行处理的做法也予以认可。

### 035 当事人同时申请不予执行仲裁裁决和撤销仲裁裁决，人民法院应如何审查？

答：不予执行仲裁裁决和撤销仲裁裁决均是通过司法机关对仲裁裁决的程序或实体问题事后申请监督，二者在立法宗旨与目的上具有一致性。当事人同时申请不予执行仲裁裁决和撤销仲裁裁决，人民法院应当裁定中止对不予执行申请的审查；仲裁裁决被撤销或者决定重新仲裁的，人民法院应当裁定终结执行，并终结对不予执行申请的审查；撤销仲裁裁决申请被驳回或者申请执行人撤回撤销仲裁裁决申请的，人民法院应当恢复对不予执行申请的审查；被执行人撤回撤销仲裁裁决申请的，人民法院应当裁定终结对不予执行申请的审查，但案外人申请不予执行仲裁裁决的除外。

## 理由与依据

申请不予执行仲裁裁决是指被执行人、案外人依照法定事由向人民法院申请对生效的仲裁裁决不采取执行措施，申请撤销仲裁裁决是指当事人一方或者双方依法向仲裁机构所在地中级人民法院申请撤销仲裁裁决。《仲裁法》第63条、第70条、第71条以及《民事诉讼法》第248条、第291条规定了撤销仲裁裁决和不予执行仲裁裁决两种制度，二者均是通过事后司法监督方式来纠正仲裁裁决程序或实体存在的错误的制度，在立法宗旨与适用情形上存在一致性，但也有一些区别。

在提起主体上，申请撤销仲裁裁决的主体为仲裁当事人，而申请不予执行的主体则为被申请人或案外人；在申请期限上，申请撤销仲裁裁决应自收到仲裁裁决书之日起6个月内提起，执行程序终结前当事人均可申请不予执行；在管辖法院上，申请撤销仲裁裁决的案件由仲裁委员会所在地的中级人民法院管辖，申请不予执行仲裁裁决应向仲裁裁决的执行法院提出；在缴纳费用上，申请撤销仲裁裁决需按照财产案件交纳申请费，而实践中各地法院通常不对申请不予执行的案件收取费用；在救济路径上，当事人无权对不予执行裁定提出异议或申请复议，只能重新达成仲裁协议进行仲裁或另行起诉，但基于案外人申请裁定不予执行的，案外人有权向上级法院申请复议，而对于撤销仲裁裁决的裁定，一经送达即发生法律效力，当事人无权申请复议、提出上诉或申请再审。

除因违背社会公共利益人民法院依职权撤销外，当事人申请撤销仲裁裁决的情形包括《仲裁法》第58条规定的6种情形，实践中具体可归纳为以下情况，如表1-1所示。

表 1-1   当事人申请撤销仲裁裁决的情形

| 典型情况 | 具体情形 |
|---|---|
| 1. 仲裁庭组成不合法 | 仲裁庭未主动告知仲裁规则并送达名册，未书面通知仲裁庭组成情况〔（2017）冀08民特84号〕<br>更换仲裁员后未告知当事人〔（2020）豫10民特11号〕<br>当事人选定了仲裁庭组成方式和仲裁员后，仲裁委员会主任又重新指定仲裁员〔（2017）苏05民特93号〕<br>当事人约定3名仲裁员仲裁，仲裁委员会自行决定独任仲裁〔（2019）皖16民特5号〕<br>仲裁员不在送达给当事人的仲裁员名册中〔（2018）鲁14民特2号〕<br>仲裁员未签署声明书〔（2018）豫09民特24号〕<br>仲裁员应回避而未回避〔（2018）皖16民特29号〕 |
| 2. 仲裁庭审理程序不合法 | 仲裁庭组庭前已进行调查取证<br>仲裁员未实际参加庭审〔（2017）苏05民特25号〕<br>仲裁员或记录人员未在庭审记录上签章〔（2016）鲁16执异12号〕<br>仲裁庭庭审过程中未征询当事人最后意见〔（2019）川11民特1号〕<br>仲裁结果采信仲裁庭少数人意见〔（2017）冀08民特86号〕<br>仲裁裁决书未写明争议事实及裁决理由〔（2018）皖16民特1号〕<br>仲裁庭合并审理案件未经过当事人同意〔（2021）豫15民特7号〕<br>仲裁协议约定适用普通程序进行审理，仲裁庭依照仲裁规则适用简易程序审理〔（2020）浙01民特20号〕<br>仲裁庭未对当事人提出的管辖权异议进行审查〔（2020）粤01民特18号〕<br>对案情复杂根据仲裁规则应适用普通程序审理的仲裁案件适用简易程序审理〔（2020）吉02民特16号〕 |

续表

| 典型情况 | 具体情形 |
|---|---|
| 3. 送达程序不合法 | 在邮寄送达被退回后未采用其他送达方式及进行公告送达〔（2019）鲁 08 民特 18 号〕<br>合同约定了送达地址，仲裁庭未向约定地址送达即缺席审理〔（2019）浙 02 民特 138 号〕<br>邮寄送达显示他人签收，仲裁庭无证据显示当事人实际知悉〔（2019）鲁 10 民特 4 号〕<br>未经当事人同意向当事人进行电子送达〔（2019）鄂执复 286 号〕 |
| 4. 授权委托不合法 | 仲裁庭未审查委托代理手续是否完整〔（2017）吉 05 民初 129 号〕<br>授权委托书非当事人本人签字〔（2019 青 01 民特 14 号）〕<br>授权委托书上加盖公章系伪造〔（2018）黑 08 民特 4 号〕<br>更换代理人未提交书面申请，且仲裁庭未进行审查〔（2019）鲁 08 民特 36 号〕<br>代理权限不明确仲裁庭未审查〔（2018）黔 01 民特 16 号〕 |
| 5. 举证质证程序不合法 | 仲裁庭调取的证据未经双方当事人质证〔（2019）苏 10 民特 34 号〕<br>当事人未发表质证意见仲裁庭径行认定当事人无异议〔（2018）浙 10 民特 19 号〕<br>对超过举证期限提交但足以影响案件事实的证据未予审查〔（2018）湘 02 民特 61 号〕 |
| 6. 鉴定程序违法 | 对需要鉴定的事实未启动鉴定程序〔（2016）内 01 民特 14 号〕<br>鉴定程序违反法律规定〔（2018）陕 01 民特 124 号〕<br>选定的鉴定机构不具有相应鉴定资质〔（2015）东仲撤字第 29 号〕<br>鉴定报告的出具人员不具有相应鉴定资格〔（2017）鲁 14 民特 31 号〕<br>当事人申请鉴定人员出庭接受询问仲裁庭未回应〔（2019）川 11 民特 1 号〕 |
| 7. 其他程序违法 | 在当事人发生纠纷以前即进行"先予仲裁"〔（2020）吉 01 民特 58 号〕<br>未允许与案件有利害关系的第三人参加仲裁〔（2019）甘 02 民特 17 号〕<br>仲裁庭人员被纪检监察机关认定未能依法独立公正裁决〔（2018）赣 05 民特 69 号〕<br>仲裁案件涉及刑事诉讼未中止审理移送公安机关〔（2020）陕 01 民特 164 号〕<br>被申请人已经进入破产程序，申请人未向破产管理人申报债权直接提起仲裁〔（2020）赣 0602 民特 74 号〕<br>案件未追加必须参加诉讼的第三人〔（2020）湘 04 民特 18 号〕 |

通过对比相关规定能够发现申请撤销仲裁裁决与不予执行仲裁裁决的情形基本一致，《仲裁执行规定》第20条进一步明确了两种制度的衔接，即两种救济路径只能择一行使，当事人同时启动两种救济路径的，撤销仲裁裁决审查优先，此时人民法院应当裁定中止对不予执行申请的审查。

## 立法沿革与争议

1991年《民事诉讼法》第217条确立了不予执行仲裁裁决制度，1994年《仲裁法》用撤销仲裁裁决制度改变了单独以不予执行程序对仲裁裁决进行司法监督的模式。对于国内仲裁裁决两种监督方式并行的模式，其一，对于被执行人而言，可以通过申请撤销仲裁裁决和不予执行仲裁裁决两种途径寻求救济；其二，两种制度事由上有所区别，《民事诉讼法》经多次修改后，不论是国内仲裁裁决，还是涉外仲裁裁决，不予执行的范围与撤销范围已完全重合；其三，2006年《仲裁法解释》第26条与2018年《仲裁执行规定》第20条明确了"禁止以相同理由进行双重救济"与"撤销优先"规则。2021年7月30日，司法部发布《仲裁法（修订）（征求意见稿）》，拟对双轨制模式进行调整，但该草案尚未提交立法机关审议。

《仲裁执行规定》第20条规定："当事人向人民法院申请撤销仲裁裁决被驳回后，又在执行程序中以相同事由提出不予执行申请的，人民法院不予支持；当事人向人民法院申请不予执行被驳回后，又以相同事由申请撤销仲裁裁决的，人民法院不予支持。在不予执行仲裁裁决案件审查期间，当事人向有管辖权的人民法院提出撤销仲裁裁决申请并被受理的，人民法院应当裁定中止对不予执行申请的审查；仲裁裁决被撤销或者决定重新仲裁的，人民法院应当裁定终结执行，并终结对不予执行申请的审查；撤销仲裁裁决申请被驳回或者申请执行人撤回撤销仲裁裁决申请的，人民法院应当恢复对不予执行申请的审查；被执行人撤回撤销仲裁裁决申请的，人民法院应当裁定终结对不予执行申请的审查，但案外人申请不予执行仲裁裁决的除外。"

有观点认为不予执行制度拖延仲裁裁决效力的实现，导致仲裁裁决陷入事实上的效力不明，主张取消不予执行仲裁裁决制度或将其并入撤销制度之中。《仲裁法（修订）征求意见稿》第82条增设了人民法院审查仲裁裁决可执行性的确认制度，除违反社会公序良俗情形外，拟将撤销与不予执行的双轨制修改为单轨制。

案例索引

湖北省高级人民法院（2019）鄂执复286号执行审查案

江苏省苏州市中级人民法院（2017）苏05民特93号撤销仲裁裁决案

036 **执行中发现仲裁裁决明显错误，但被执行人下落不明或者未主张不予执行的，执行法院能否依职权裁定不予执行？**

答：仲裁裁决内容明显存在错误，符合违背社会公共利益情形的，执行法院可以依职权裁定不予执行。

**理由与依据**

社会公共利益指向不特定多数人的利益，违背我国法律的基本制度与准则、社会与经济生活的基本价值以及善良风俗，涉及国家与社会公共安全、金融安全与市场秩序等可以认定构成违背社会公共利益的情形。若仲裁裁决内容明显错误仅导致双方当事人之间权利义务关系不对等，执行法院不能依职权裁定不予执行。P2P网络借贷在不具备相应业务资质情况下，通过受让债权、提供担保等方式取得对不特定主体的债权，实质性介入金融业务，这有违金融监管要求，会扰乱金融秩序，危及金融安全，构成违背社会公共利益的情形。

以违背社会公共利益为由不予执行我国内地仲裁机构的仲裁裁决，应符合《仲裁审查规定》第2条第2款、第3条程序性要求，需经本辖区所属高级人民法院审核确认后，报最高人民法院核准。

**立法沿革与争议**

自1991年《民事诉讼法》出台以来，不予执行仲裁裁决的审查均以当事人申请为原则，仅在"违背社会公共利益"的情形下法院才可依职权主动审查。2012年修正的《民事诉讼法》对第237条关于被申请人提出不予执行仲裁裁决的第四种与第五种情形作了调整，将"认定事实的主要证据不足的"与"适用法律确有错误的"修改为"裁决所根据的证据是伪造的"与"对方当事人向仲裁机构隐瞒了足以影响公正裁决的证据的"，人民法院对仲裁裁决的法律适用不再进行审查，对仲裁裁决的事实认定不再进行全面审查，仅限于伪造证据及故意隐瞒证据影响公正裁决的情形，《民事诉讼法》第248条，除"执行该裁决违背社会公共利益"的情形外，仲裁裁决不予执行以当事人申请为原则，法院不依职权主动审查，也不介入对仲裁裁决过程中事实认定与法律适用的实体审查。

网络借贷纠纷的涌现，部分仲裁委员会创设了先予仲裁机制，其表现为当事人订立借款合同当天即签订调解协议，并在两份协议中对仲裁事项作出约定。在合同尚未履行或者未完全履行的情况下申请仲裁，仲裁机构即根据之前的调解协议作出仲裁裁决或者调解书，同时出具生效证明。相关文书签署、送达等均在网络上完成。借款合同的出借人不明，部分合同上仅有借款人和居间人（即网贷平台），没有列明出借人。调解协议上的申请人为网贷平台，而网贷平台的经营范围不包括金融借贷业务；网贷平台则称通过债权转让方式取得债权，并申请仲裁、强制执行。调解协议对借款人的权利进行诸多限制。对于先予仲裁裁决，《"先予仲裁"批复》，明确网络借贷合同当事人申请执行仲裁机构在纠纷发生前作出的仲裁裁决或者调解书的，人民法院应当裁定不予受理；已经受理的，裁定驳回执行申请。仲裁机构可以仲裁的是当事人间已经发生的合同纠纷和其他财产权益纠纷，先予仲裁纳入仲裁庭的组成或者仲裁的程序违反法定程序的情形。

广东省高级人民法院与河南省高级人民法院分别发布《关于规范网络借贷仲裁裁决执行的通知》与《关于规范网络借贷仲裁裁决执行及司法审查工作的通知》，细化申请网络借贷仲裁裁决执行案件的启动标准，即"同一申请执行人在2年内，在同一中级法院辖区，以不特定多人（包括单位和个人）为被执行人，申请执行网络借贷仲裁裁决案件超过10件的，须提交申请执行人、出借人具备从事相关贷款发放、提供担保、受让债权等相关业务资质的证明材料。申请执行人不能提交，而仲裁程序中对此未进行审查的，裁定不予受理；

已经受理的，裁定驳回执行申请"。

不予执行仲裁裁决是执行过程中对仲裁裁决的特殊救济程序之一，针对仲裁裁决内容明显存在错误，执行法院能否依职权裁定不予执行这一问题，存在以下两方面的争议：一是不予执行申请的主体，在当事人没有主张的情形下，执行法院是否可以依职权主动审查并裁定不予执行仲裁裁决？二是对仲裁裁决的司法审查边界，执行法院能否对仲裁裁决过程中事实认定与法律适用进行实体审查？《民事诉讼法》第248条第2款、第3款规定了不予执行生效仲裁裁决的法定情形，第2款明确了仲裁裁决不予执行以当事人申请为原则，法院不得依职权主动审查，也不介入对仲裁裁决过程中事实认定与法律适用的实体审查，除非出现第三款所称"违背社会公共利益"的情形。

## 案例索引

广东省高级人民法院（2019）粤执复912号合同纠纷执行案
广东省高级人民法院（2019）粤执复771号执行审查案

## 037 执行法院能否以仲裁协议无效为由裁定不予执行仲裁裁决？

答：当事人未在仲裁程序中依法主张仲裁协议无效的，不得再以协议无效为由申请不予执行；当事人在仲裁程序中对仲裁协议的效力提出异议，仲裁裁决作出后又以仲裁协议无效为由主张不予执行仲裁裁决的，因仲裁庭可能存在程序违法或依法不具有管辖权的情形，故不论仲裁庭是否审查或支持与否，经审查符合《民事诉讼法》第248条规定的，应予支持。对于以仲裁协议无效为由不予执行仲裁裁定的事由，应当以当事人提出抗辩申请为限，执行法院在执行仲裁裁决过程中发现仲裁协议无效的，不得依职权主动审查。

## 理由与依据

仲裁协议无效主要存在以下几种情形：（1）约定的仲裁事项超出法律规定的仲裁范围的；（2）无民事行为能力人或者限制民事行为能力人订立的仲裁协议；（3）一方采取胁迫手段，迫使对方订立仲裁协议的。另外，仲裁协议对仲裁事项或者仲裁委员会没有约定或者约定不明确的，当事人可以补充协议；达不成补充协议的，仲裁协议无效。

当事人在合同中没有订立仲裁条款或者事后没有达成书面仲裁协议的，构成不予执行仲裁裁决的法定事由。但是仲裁协议无效不等于没有仲裁协议。仲裁协议无效的法律后果是不排除人民法院的管辖权，当事人可以选择由法院管辖而排除仲裁管辖。因法律规定"当事人对仲裁协议的效力有异议，应当在仲裁庭首次开庭前提出"，当事人参与仲裁程序但未在法定期限内对仲裁协议效力问题或者仲裁案件的管辖权提出异议，应视为当事人对仲裁管辖权的认可，仲裁机构和仲裁庭亦可取得案件管辖权。因此，当事人未依法主张仲裁协议无效不得再以协议无效为由申请不予执行。

仲裁协议无效的法理在于违反仲裁自愿原则，并不涉及社会利益，因此，该等事由应当由当事人提出申请，而不宜由执行法院主动审查。

## 立法沿革与争议

仲裁协议无效，人民法院可否裁定不予执行的问题，2002年《最高人民法院关于仲裁协议无效是否可以裁定不予执行的处理意见》（〔1999〕执监字第174-1号）中阐释：本案的仲裁协议只约定仲裁地点而没有约定具体的仲裁机构，应当认定无效，但仲裁协议无效并不等于没有仲裁协议。仲裁协议无效的法律后果是不排除人民法院的管辖权，当事人可以选择由法院管辖而排除仲裁管辖，当事人未向法院起诉而选择仲裁应诉的，应视为当事人对仲裁庭管辖权的认可。招商银行在仲裁裁决前未向人民法院起诉，而参加仲裁应诉，应视为其对仲裁庭关于管辖权争议的裁决的认可。本案仲裁庭在裁决驳回管辖权异议后作出的仲裁裁决，在程序上符合《仲裁法》和《民事诉讼法》的规定，没有不予执行的法定理由。执行法院不应再对该仲裁协议的效力进行审查，进而裁定不予执行。《仲裁法解释》对上述批复精神予以吸收，

《仲裁法解释》第27条规定："当事人在仲裁程序中未对仲裁协议的效力提出异议，在仲裁裁决作出后以仲裁协议无效为由主张撤销仲裁裁决或者提出不予执行抗辩的，人民法院不予支持。当事人在仲裁程序中对仲裁协议的效力提出异议，在仲裁裁决作出后又以此为由主张撤销仲裁裁决或者提出不予执行抗辩，经审查符合仲裁法第五十八条或者民事诉讼法第二百一十三条、第二百五十八条规定的，人民法院应予支持。"

## 案例索引

湖南省湘潭市中级人民法院（2021）湘03执异13号执行异议案

## 038 人民法院已经查封的财产又被仲裁裁决确权给案外人的，人民法院能否在执行程序中依职权对该仲裁裁决效力进行审查？

答：人民法院已查封的财产又被仲裁裁决确权给案外人的，不影响人民法院对该财产继续执行，案外人持确权裁决提出案外人异议的，执行法院有权对仲裁裁决进行审查，金钱债权执行中，案外人依据执行标的被查封、扣押、冻结后作出的另案生效法律文书提出排除执行异议的，人民法院不予支持。非金钱债权执行中，案外人依据另案生效法律文书提出排除执行异议的，不能作为适格的案外人，该种情形应当通过再审或其他程序解决。

## 理由与依据

因债权人无法参与到被执行人与第三人的仲裁程序中，其无法通过申请撤销仲裁裁决来保护自身利益，也无法通过再审程序或者第三人撤销之诉撤销确权仲裁裁决。根据案外人异议之诉的管辖规定，在执行阶段，对人民法院已经查封、扣押、冻结的财产，案外人只能向执行法院提起异议之诉，不可向执行法院以外的其他法院提起确权诉讼，该规定能够遏制被执行人通过虚假诉讼规避执行。基于该立法精神，人民法院已经查封的财产又被仲裁裁决确权给案外人的，执行法院可以在执行程序中依职权对该仲裁裁决效力进行审查，以规制被执行人利用制度漏洞与案外人恶意串通，通过虚假仲裁取得对查封标的物的确权判决恶意规避执行损害债权人利益的行为。案外人提出异议的，人民法院应不予支持，未提出异议的，人民法院依法对标的进行处置，不受确权裁决影响。

新疆建设集团工程有限责任公司（以下简称建工集团）诉新疆宝亨房地产开发有限公司（以下简称宝亨房地产公司）合同纠纷一案，最高人民法院于2005年作出（2005）民一终字第18号民事判决，判令宝亨房地产公司给付建工集团工程欠款1915万元及利息。建工集团申请执行后，执行法院查封宝亨房地产公司所建的宝亨大厦。2006年宝亨集团向乌鲁木齐仲裁委员会申请仲裁，同年6月16日，乌鲁木齐仲裁委员会以（2006）乌仲裁字第150号仲裁裁决，裁决宝亨大厦三层（含三层）至二十九层产权归宝亨集团所有。宝亨集团持该仲裁裁决向执行法院提出执行异议，被驳回后宝亨集团又提起案外人异议之诉，请求排除执行。新疆维吾尔自治区高级人民法院请示最高人民法院，法院已经查封的财产又被仲裁裁决确权给案外人的情况下，人民法院能否在执行程序中依之前对该仲裁裁决效力进行审查？最高人民法院作出〔2007〕执他字第9号复函，认为在人民法院已经查封的财产又被仲裁裁决确权给案外人的情况下，人民法院可以依职权对仲裁裁决进行审查，不以仲裁裁决被裁定撤销或裁定不予执行作为审查的前提条件。

## 立法沿革与争议

《制裁规避执行行为意见》第9条提出，案外人对人民法院已经查封的标的物主张权利的，应严格按照《民事诉讼法》的规定向执行法院提起案外人异议、异议之诉，违反该管辖规定，向执行法院之外的其他法院起诉的，其他法院已经受理尚未作出裁判的，应中止审理或撤销案件。若已经作出裁判的，按照第11条的规定，执行法院认为该生效裁判文书系恶意串通规避执行损害执行债权人利益的，可以向作出该裁判文书的人民法院或者其上级人民法院提出书面建议，进行再审。实践中债权人还可以通过第三人撤销之诉维护自身权益。《民事诉讼法解释》第477条规定："在执行中，被执行人通过仲裁程序将人民法院查封、扣押、冻结的财产确权或分割给案外人的，不影响人民法院执行程序的进行。案外人不服的，可以根据民事诉讼法第二百三十四条规定提出异议。"《异议复议规定》第26条明确规定："金钱债权执行中，案外人依据执行标的被查封、扣押、冻结后作出的另案生效法律文书提出排除执行异议的，人民法院不予支持。"

## 案例索引

最高人民法院（2017）最高法民申2276号建设工程施工合同纠纷案

---

**039** 破产裁定否认仲裁调解书作为债权依据，执行法院能否以构成虚假仲裁为由支持案外人的不予执行申请？

答：仲裁调解书作为债权依据的效力被破产裁定完全否定并不当然构成虚假仲裁，执行法院不能仅以此为由支持案外人的不予执行申请。人民法院应当从有无利害关系、仲裁申请人主张权益是否有完整证据支撑、双方是否有实际性的对抗以及案件事实是否符合常理等方面入手，遵循高度盖然性的证明标准进行综合判断。

## 理由与依据

案外人申请不予执行仲裁裁决或调解书制度，是法律赋予案外人对于恶意仲裁或虚假仲裁损害自身合法权益时的救济途径。仲裁调解书在破产申请受理后达成的，人民法院一般会因该仲裁调解书违反《企业破产法》第20条之规定而在破产裁定中认定仲裁调解书不能作为债权依据。此时案外人申请不予执行该仲裁调解书的，人民法院仍应围绕《仲裁执行规定》第18条所列的四项要件进行审查，尤其审查是否存在虚假仲裁之可能。

如何准确理解适用《仲裁执行规定》第18条是审理案外人申请不予执行

仲裁裁决或调解书案件的核心。法院对此类案件的司法审查趋于从严，案外人亦应承担较重的举证责任。基于案外人的申请，裁定不予执行需要同时满足以下四个条件：（1）案外人系权利或利益主体。即案外人的权利或利益应有法律上的直接的利害关系。（2）案外人主张的权利或者利益合法、真实。通常情况下，案外人的债权经过司法裁判、仲裁裁决或公证债权文书确认的，则认定其权利或利益合法真实。（3）仲裁案件当事人之间存在虚构法律关系，捏造案件事实的情形。（4）仲裁裁决主文或者仲裁调解书处理当事人民事权利义务的结果部分或者全部错误，损害案外人合法权益。是否构成虚假仲裁是此类案件的审查重点与难点，人民法院在实质审查时，应当结合案外人提交的证据以及执行当事人所作的陈述或抗辩予以判断，查明仲裁裁决所依据的证据材料有无虚构、倒签之嫌，是否前后脱节或相互矛盾，有无违反一般常理或习惯做法的情形。

## 立法沿革与争议

2018年，最高人民法院针对仲裁执行中的重大问题出台了《仲裁执行规定》。该规定填补了规则空白，进一步明确和保障当事人与案外人的合法权益，提高仲裁公信力和执行力。《仲裁执行规定》首次明确虚假仲裁案件中的案外人可以作为申请不予执行仲裁裁决和调解书的主体，对案外人权利予以救济。其中，第18条明确规定："案外人根据本规定第九条申请不予执行仲裁裁决或者仲裁调解书，符合下列条件的，人民法院应当支持：（一）案外人系权利或者利益的主体；（二）案外人主张的权利或者利益合法、真实；（三）仲裁案件当事人之间存在虚构法律关系，捏造案件事实的情形；（四）仲裁裁决主文或者仲裁调解书处理当事人民事权利义务的结果部分或者全部错误，损害案外人合法权益。"申请不予执行的主体除仲裁当事人外，也包括有利害关系的案外人，尽管《仲裁执行规定》对于案外人申请不予执行设定了较高的门槛和标准，但在现行《民事诉讼法》和《仲裁法》并未赋予案外人申请不予执行权利的情况下，案外人基于《仲裁执行规定》进行权利救济仍是最切实可行的途径，也是人民法院审查此类案件的重点所在。

司法实践中，对于案外人的不予执行仲裁裁决申请案件的审查重点法院并未达成共识。主要体现在部分法院在审理此类案件时可能会仅因破产裁定否定仲裁调解书债权依据而直接裁定不予执行。实际上人民法院应当围绕《仲裁执行规定》第18条的条件进行实质审查，尤其是判断仲裁案件当事人之间是否存在虚构的法律关系，捏造案件事实的情形。

## 案例索引

最高人民法院（2022）最高法执监113号建设工程合同纠纷执行监督案

## 040 第三人能否对作为执行依据的仲裁裁决所指向的标的物提出案外人异议主张实体权利？

答：对于第三人对仲裁裁决所指向的特定物主张权利，是按案外人异议进行审查，还是引导其申请不予执行仲裁裁决，实践中存在争议，各地法院做法也不相同。法律并未禁止第三人通过案外人异议主张权利，但是由于审判监督程序不适用于仲裁裁决，第三人通过执行异议方式无法保障其权利的实现。实践中，部分法院主动向案外人释明，引导其变更请求为不予执行仲裁裁决，从而将欲寻求权利救济的案外人引入正轨，避免了不必要的程序空转和因贻误时机所导致的申请失权。

## 理由与依据

案外人对标的物主张的权利有可能动摇仲裁裁决认定事实及适用法律之基础，允许案外人绕开仲裁裁决径直提起执行异议之诉与仲裁一裁终局的原则相悖。另外，审判监督程序不适用于仲裁裁决。尽管《民事诉讼法》第238条在执行异议之后另开辟了审判监督程序，用以解决案外人权利与执行依据之间正面冲突的问题，可是审判监督程序所适用的法律文书仅为法院作出的判决、调解书、部分裁定，仲裁庭作出的仲裁裁决不在其内。案外人可以依据《仲裁执行规定》第9条向人民法院申请不予执行仲裁裁决或者仲裁调解书。

## 立法沿革与争议

《仲裁执行规定》第9条规定:"案外人向人民法院申请不予执行仲裁裁决或者仲裁调解书的,应当提交申请书以及证明其请求成立的证据材料,并符合下列条件:(一)有证据证明仲裁案件当事人恶意申请仲裁或者虚假仲裁,损害其合法权益;(二)案外人主张的合法权益所涉及的执行标的尚未执行终结;(三)自知道或者应当知道人民法院对该标的采取执行措施之日起三十日内提出。"该条款赋予案外人向人民法院申请不予执行仲裁裁决或者仲裁调解书的权利。

《仲裁执行规定》出台之前,若案外人对仲裁裁决关于交付标的物之主文有争议,只能向法院申诉或反映,并由法院从是否违背社会公共利益之角度依职权进行审查。案外人不具有被执行人之地位,不能依据《民事诉讼法》第248条第2款申请不予执行,而第3款社会公共利益事由乃是法院的职权审查事由,案外人的申诉或反映不当然启动法院审查,因此案外人通过向法院申诉以期实现不予执行仲裁裁决的目的希望渺茫。

## 案例索引

重庆市第五中级人民法院(2019)渝05执异263号执行异议案

# 五、公证债权文书的执行

## 041 经赋强公证的授信合同能否直接作为执行依据?

答:实践中,授信合同多为框架性协议,不包括实际借款金额、利率、还款方式等明确给付内容的约定,难以直接作为执行依据。授信合同项下的单独业务合同无特别约定的仍应经过公证赋予其强制执行效力,否则无法就各单独业务合同直接申请强制执行。

## 理由与依据

公证债权文书作为执行依据，须明确权利义务主体、给付标的等。结合《公证法》第37条、《公证程序规则》第35条、《公证执行规定》第5条等条款来看，债权文书具备执行力至少应当符合以下条件：一是债权文书经过公证且属于赋强公证的范围，二是权利义务主体明确，三是给付内容、期限、方式等明确，四是债权文书载明了债务人接受强制执行的承诺。

最高人民法院、司法部等出台的《联合通知》将各类授信合同纳入可由公证机构公证赋予强制执行力的债权文书范围，但授信合同纳入赋强公证范围并不等于具备执行力。实践中，大多数授信合同只是一种框架性的协议，约定包括授信额度、期限、强制执行公证等基本内容，不包括实际借款金额、利率、还款方式等明确债权债务关系的内容。就授信合同而言，缔约人的主要义务不在于给付而在于根据授信合同的约定签署贷款合同。[1] 签订授信合同仅意味着借款人已经与银行等达成合意，在综合授信合同约定范围内借款，请求对方在实际借款时履行订立本约义务（即签订具体业务合同）。

很多授信合同中虽然有债务人接受强制执行的承诺，但未明确授信合同和业务合同均愿接受强制执行。所以，一般情况下难以通过对授信合同进行公证，实现对具体业务合同赋强的效果。故如果当事人仅对授信合同进行了公证，未对具体业务进行公证，无法就单独业务合同直接申请强制执行。

## 立法沿革与争议

2017年7月13日，最高人民法院、司法部、中国银监会发布《关于充分发挥公证书的强制执行效力服务银行金融债权风险防控的通知》，将金融机构对外融资实务中的授信合同纳入可赋予强制执行效力公证的债权文书范围。《公证程序规则》第35条规定了公证债权文书具备强制执行力的条件："具有强制执行效力的债权文书的公证，应当符合下列条件：（一）债权文书以给付为内容；（二）债权债务关系明确，债权人和债务人对债权文书有关给付内容无

---

① 江梅、姚晓波：《强制执行公证视角下的授信合同审核要点》，载《中国公证》2020年第4期。

疑义；（三）债务履行方式、内容、时限明确；（四）债权文书中载明当债务人不履行或者不适当履行义务时，债务人愿意接受强制执行的承诺；（五）债权人和债务人愿意接受公证机构对债务履行情况进行核实；（六）《公证法》规定的其他条件。"

《公证执行规定》第5条规定了公证债权文书执行申请的审查，具有"公证债权文书为载明债务人接受强制执行的承诺""公证证词载明的权利义务主体或者给付内容不明确"情形的，"人民法院应当裁定不予受理；已经受理的，裁定驳回执行申请"。

实践中，不同授信合同条款差异较大，是否所有授信合同均能被公证赋强以及公证赋强范围存在不同理解。有观点认为，一定条件下，对授信额度借款合同赋予强制执行效力既不会对公证的公信力产生风险，又可免除借贷双方就后续的业务合同多次办理公证的"低效"行为。[①] 授信合同具备执行力至少应具备以下条件：一是具体业务合同是授信合同的补充合同，属于授信合同的重要内容，比如通过签订具体业务合同时加入"指向条款"，即"本合同为某某授信合同项下的补充合同"等方式使业务合同成为授信合同一部分；二是授信合同中权利义务的条款要明确，此处的"明确"既应当包含授信的合同权利义务明确，也应当包含具体业务合同的权利义务明确；三是授信合同中要载明债务人接受强制执行的承诺，而且该承诺及于具体的业务合同。

**案例索引**

四川省高级人民法院（2021）川执复105号执行复议案

---

① 俞秀珑：《试论能否赋予综合授信合同等类似"金额不确定"的合同强制执行效力》，载律政公证处微信公众号。

### 042 债权文书赋强公证后，当事人又达成补充协议的，公证机关针对补充协议出具执行证书，债务人申请不予执行，人民法院应否支持？

答：根据现行司法解释规定，公证债权文书是执行依据，执行证书仅作为证据及申请执行的要件，虽然当事人达成补充协议，但该补充协议未被赋予强制执行效力，除非公证债权文书存在其他不予执行事由，执行法院应当予以执行。

### 理由与依据

《公证执行规定》中明确了公证债权文书是执行依据，法院应当根据公证债权文书并结合申请执行人的申请依法确定给付内容。

执行证书作为"履行情况的证明"。执行证书是对公证债权文书是否客观存在、履行情况以及是否发生执行力的证明，是公证债权文书的附属文件。执行证书是执行立案时应当提交的必要文件，但是只能与公证债权文书配套使用。在出具执行证书时，因公证机构不具备审判权，无法通过适用举证质证规则、查明和判断规则等对争议进行认定，只能对实际履行情况进行形式审查，对当事人不能产生最终的拘束力。

公证债权文书是对债权债务的"静态确认"，而执行证书是"动态核实"，虽然可以核实公证债权文书作出后的债务履行情况，但仍然无法全部解决公证债权文书在执行中给付内容是否明确的争议，因为出具了执行证书后履行情况仍有可能发生变化。

### 立法沿革与争议

经赋强的公证债权文书与执行证书何者为执行依据，《公证执行规定》出台前争议较大。其中第3条明确了何为执行依据："债权人申请执行公证债权文书，除应当提交作为执行依据的公证债权文书等申请执行所需的材料外，还应当提交证明履行情况等内容的执行证书。"第10条明确了公证债权文书给付内容如何确定："人民法院在执行实施中，根据公证债权文书并结合申请执行人的申请依法确定给付内容。"

当事人对法院结合公证债权文书和债权人的申请确定的执行标的不服的，可以提出执行异议或者不予执行之诉。执行依据的明确性系执行合法要件，执行部门在经解释、调查等程序后作出的裁定亦属于执行行为，当事人可以提出执行异议。如果债务人对执行法院确定的具体给付内容不服的，可依据《公证执行规定》第22条第3款"公证债权文书载明的债权因清偿、提存、抵销、免除等原因全部或者部分消灭"之规定向执行法院提起诉讼，请求不予执行公证债权文书。[①]

## 案例索引

北京市高级人民法院（2021）京执复247号非诉执行审查案

## 043 公证债权文书的债务人能否以没有收到公证债权文书为由申请法院不予执行？

答：未收到公证债权文书的，不属于"严重违反法定公证程序"的情况，故债务人不能以未收到公证债权文书为由申请法院不予执行。

## 理由与依据

公证债权文书的送达相对较少。留置送达、公告送达等方式公证机关一般不能使用，即使邮寄送达，也存在当事人拒接电话、地址错误等情况，客观上造成公证债权文书与执行证书送达存在一定的局限性。

实践中，债务人以未收到公证债权文书为由提出不予执行申请，即使债务人有证据证明其没有收到公证债权文书，也不足以引起法院裁定不予执行的法律后果。理由如下：

---

① 曹凤国主编：《公证债权文书执行司法解释理解与适用》，法律出版社2021年版，第162页。

一是司法公证债权文书的审查应以合法性为限度。司法权在对公证机关的监督和支持中寻找平衡，如果审查过严，势必削弱公证债权文书执行的制度优势。《公证程序规则》《公证协会指导意见》明确赋强公证的程序，公证机构在出具公证债权文书的过程中遵守了程序要求，应获法院的认可与执行。[①]

二是未送达公证债权文书不构成"严重违反法定公证程序"。公证债权文书除"确有错误"的情形、违反公证程序的情形外，未收到公证债权文书不属于"严重违反公证程序"的情形。

三是以未收到公证债权文书为由申请不予执行可能导致不予执行公证债权文书的滥用。如果以未收到公证债权文书为由申请不予执行的，可能造成执行债务人以拒绝、故意逃避等方式不领取公证债权文书，继而规避、拖延执行。

## 立法沿革与争议

《民事诉讼法》第249条第2款规定："公证债权文书确有错误的，人民法院裁定不予执行，并将裁定书送达双方当事人和公证机关。"《民事诉讼法解释》第478条第1款明确了公证债权文书确有错误的具体情形，包括"（一）公证债权文书属于不得赋予强制执行效力的债权文书的;（二）被执行人一方未亲自或者未委托代理人到场公证等严重违反法律规定的公证程序的;（三）公证债权文书的内容与事实不符或者违反法律强制性规定的;（四）公证债权文书未载明被执行人不履行义务或者不完全履行义务时同意接受强制执行的"。但未对公证债权文书系程序违法还是实体违法进行区分。

《公证执行规定》对《民事诉讼法解释》第478条规定的"确有错误"处理程序进行拆解：公证债权文书本身效力存在问题的，法院裁定不予受理，已受理的驳回申请;公证债权文书内容与事实不符或者违反法律强制性规定的，告知债务人另行起诉;严重违反法定公证程序的情形，裁定不予执行。第12条对此予以明确，具体情形包括："（一）被执行人未到场且未委托代理人到

---

① 段明：《论公证债权文书的司法审查——基于公证权与司法权的关系视角》，载《湘潭大学学报（哲学社会科学版）》2021年第2期。

场办理公证的;(二)无民事行为能力人或者限制民事行为能力人没有监护人代为办理公证的;(三)公证员为本人、近亲属办理公证,或者办理与本人、近亲属有利害关系的公证的;(四)公证员办理该项公证有贪污受贿、徇私舞弊行为,已经由生效刑事法律文书等确认的;(五)其他严重违反法定公证程序的情形。"

《民事强制执行法(第六稿草案)》第40条曾以列举方式规定了关于执行法院裁定不予执行公证债权文书的具体情形,赋予了执行债务人享有的救济权利。其中,该条第5款将执行债务人有证据证明未收到公证债权文书的情形作为执行法院裁定不予执行公证债权文书的依据之一。但是2022年提交审议的《民事强制执行法(草案)》将该条删除,保留了与《公证执行规定》第12条一致的规定。

持肯定观点的人认为,如果公证机构未能将公证书依法送达给债务人,剥夺了公证当事人向公证机构提出复查的救济权利,应当认定为严重违反法律规定的公证程序。《公证法》《公证程序规则》均规定了公证机构在受理公证申请之日起15个工作日内向当事人出具公证书,公证书是当事人行使公证权利、履行公证义务最核心的基础文件之一。被执行人认为公证书有错误的,可以向公证机构提出复查;认为公证书内容存在争议的,可以就该争议提起诉讼。如果公证机构未依法将公证书有效送达至被执行一方当事人,赋予公证债权文书以强制执行效力,将损害被执行人本应当享有的救济权利。[1]

## 案例索引

湖北省武汉市中级人民法院(2019)鄂01执复165号执行复议案

山东省济南市中级人民法院(2020)鲁01执复52号金融借款合同纠纷执行审查案

---

[1] 参见四川省高级人民法院(2016)川18执异7号执行裁定书。

### 044 展期协议没有办理赋强公证，公证机关依据原合同出具包括展期协议在内的执行证书，债务人能否申请不予执行？

答：债务人与债权人签订展期协议后，如果展期协议未经赋强公证，公证机关一般会作出不予出具执行证书的决定，当事人可以就公证债权文书涉及的民事权利义务争议直接向人民法院提起诉讼。如果公证机关依据原合同出具包括展期协议在内的执行证书，相当于公证债权文书与事实不符，一般而言，法院不能直接裁定不予执行，可告知债务人以"公证债权文书载明的权利义务关系与事实不符"为由提起诉讼。

## 理由与依据

展期协议是对原合同的实质性变更。多数展期协议涉及还款期限、利率、罚息、还款方式、担保人等要素的变更。当事人在展期协议中形成了新的权利义务关系，如果公证机构将展期协议内容纳入执行证书，展期协议因缺少自愿接受强制执行的承诺而不具有强制执行力。

未办理赋强公证的展期协议不具有执行效力。原公证债权文书的赋强效力也无法涵盖未赋强公证的展期协议。如果展期协议没有办理公证，应当视为双方未达成对展期协议赋予强制执行力的合意，即便出具了执行证书，展期协议也不具备强制执行效力。

公证机关出具执行证书不应包含展期协议，如果依据原合同出具包括展期协议在内的执行证书，实际上就是公证债权文书与事实不符，当事人可向法院提起诉讼。

## 立法沿革与争议

《公证执行规定》第12条规定："有下列情形之一的，被执行人可以依照民事诉讼法第二百三十八条第二款规定申请不予执行公证债权文书：（一）被执行人未到场且未委托代理人到场办理公证的；（二）无民事行为能力人或者限制民事行为能力人没有监护人代为办理公证的；（三）公证员为本人、近亲属办理公证，或者办理与本人、近亲属有利害关系的公证的；（四）公证员办理该项公证有贪污受贿、徇私舞弊行为，已经由生效刑事法律文书等确认的；（五）其他严重违反法定公证程序的情形。被执行人以公证债权文书的内容与事实不符或者违反法律强制性规定等实体事由申请不予执行的，人民法院应当告知其依照本规定第二十二条第一款规定提起诉讼。"将程序错误和实体错误区分开来，当公证债权文书出现程序错误时，由被执行人申请不予执行，当公证债权文书出现实体错误时，由被执行人向法院提起诉讼。

## 案例索引

吉林省高级人民法院（2021）吉民终125号金融借款合同纠纷案

## 045 当事人能否以执行证书与事实不符为由申请人民法院裁定不予执行公证债权文书？

答：执行证书虽并非执行依据，但作为对公证债权文书履行情况等内容的证明材料，应当将《公证执行规定》第22条中的"公证债权文书载明的民事权利义务与事实不符"扩大解释为包含"执行证书"在内，债务人以执行证书与事实不符为由主张不予执行的，应当在执行程序终结前，以债权人为被告，向执行法院提起诉讼，通过诉讼程序请求不予执行公证债权文书。

## 理由与依据

公证债权文书是公证机关对符合赋予强制执行效力的债权文书予以公证的一种公证书，执行证书是公证机关依据公证债权文书和对履约情况进行调查后对债务人已经履行部分予以扣除，对债务人不履行或者不适当履行而发生的违约金、滞纳金、利息等债权作出的一种履行确认。公证债权文书为执行依据，执行证书性质为对公证债权文书履行情况等内容的证明材料。由于公证机关在制作执行证书时需要对当事人是否履行义务、是否存在违约等进行审查。而立法未对公证机关的核实审查方式及程序作出规定，实践中一般采用约定核实审查的方式进行审查。即债权人申请出具执行证书时，公证机关根据此前约定的方式进行核实后即可签发执行证书。司法实践中，涉及公证债权文书执行的，债权人与债务人之间的法律关系在双方进行公证后，仍有可能发生变化。最为常见的是在借贷法律关系之中因债权转让而导致的债权人主体变更，此时原债权人与债务人之间的借贷法律关系不复存在，如果公证机关在出具执行证书时未对此类情况进行核实，就会造成执行证书与事实不符。从权益保障的角度出发，应当赋予法院对公证机关的核实结果进行实质审查的权利，因此《公证执行规定》第22条债务人申请不予执行的情形中，该条第1款"公证债权文书载明的民事权利义务与事实不符"，对将公证债权文书的审查应当扩大解释为包含"执行证书"在内，执行证书亦应纳入审查范围。如果当事人就执行证书载明的执行标的或内容产生争议，人民法院应当结合执行依据即公证债权文书及案件事实确定执行标的或内容。被执行人认为公证债权文书载明的债权因清偿等原因全部或部分消灭，其实质为被执行人就债务履行提出的异议，被执行人可以依据《公证执行规定》第22条的规定，在执行程序终结前，以债权人为被告向执行法院提起诉讼，请求不予执行公证债权文书。

关于执行证书中的债权数额与事实不符的问题，根据最高人民法院在（2011）执监180号案中的观点来看，执行证书是否多计算债权数额并不能构成人民法院不予执行的理由，如果确实存在多计算债权数额的问题，应由人民法院审查后在执行程序中予以核减。

## 立法沿革与争议

《民事诉讼法》第249条第2款规定："公证债权文书确有错误的，人民法院裁定不予执行，并将裁定书送达双方当事人和公证机关。"《民事诉讼法解释》第478条对可以"认定为民事诉讼法第二百四十五条第二款规定的公证债权文书确有错误"的情形进行了明确，并规定人民法院认定执行公证债权文书违背社会公共利益的，裁定不予执行。结合这上述两条规定可以看出《民事诉讼法解释》将"公证债权文书确有错误的""违背社会公共利益的"情形统一处理为不予执行。但是《公证执行规定》对"公证债权文书确有错误的"的处理程序进行了拆解，分为以下三种处理方式：（1）公证债权文书属于不得赋予强制执行效力的债权文书的和公证债权文书未载明被执行人不履行义务或者不完全履行义务时同意接受强制执行的，不予受理执行申请，已受理的驳回申请；（2）公证债权文书的内容与事实不符或者违反法律强制性规定的，告知债务人另行起诉；（3）被执行人一方未亲自或者未委托代理人到场公证等严重违反法律规定的公证程序的，裁定不予执行。实践中对"公证债权文书确有错误的"的情形一般按照《公证执行规定》处理。但根据最高人民法院（2016）最高法执复21号案例，即便公证机关履行了核实义务，人民法院仍应结合案件事实审查执行证书的内容是否与事实不符。人民法院发现执行证书载明内容与事实不符的，应裁定不予执行。

另有观点认为，只有公证债权文书是执行依据，执行证书是公证机关出具的债务人履约情况的核实证明，其本身不具有执行力，自然也不是公证债权文书是否应予执行的审理范围。因此，当事人以执行证书记载内容与事实不符请求不予执行公证债权文书的，人民法院应当不予支持。

## 案例索引

最高人民法院（2016）最高法执复21号执行复议案

## 046 债权人未就公证债权文书申请执行，而是另行起诉要求债务人承担违约责任，人民法院应如何处理？

答：法律、司法解释规定，在公证债权文书载明的民事权利义务关系与事实不符，或者债权文书具有法律规定的无效、可撤销等情形时，债权人可以直接就公证债权文书涉及的民事权利义务关系向有管辖权的人民法院提起诉讼。除非公证机关作出不予出具公证债权文书决定，债权人仅以债务人违约为由提起诉讼的，人民法院应当不予受理。

## 理由与依据

经赋强公证的债权是否可诉，从充分保障当事人的程序权利、诉讼经济两方面考量，可适当放宽对当事人诉权的限制。赋强公证的程序保障越高，当事人诉权保障可以有所抑制；赋强公证的程序保障越低，诉权保障就需要更加充分。公证机构不同于司法机关，对相关事实很难作实质审查，如果完全阻断诉权，发生争议时当事人不得不另寻其他救济途径，法院也需处理后续的争议，这样也会造成司法资源的另一种"浪费"。[①]《公证执行规定》对于当事人可直接提起诉讼的情形适当放宽，公证债权文书与事实不符、公证债权文书存在无效及可撤销情形时，债权人能直接就公证债权文书涉及的权利义务关系提起诉讼，不以取得"不予执行"裁定为前提。同时也明确了债权人在不予受理、驳回执行申请、不予出具执行证书、裁定不予执行时可以提起诉讼。

具有强制执行效力的公证债权文书与人民法院生效裁判、仲裁裁决具有同等的法律效力，在当事人已取得具有强制执行效力的公证债权文书（除符合《公证执行规定》第24条规定的情形外）又向人民法院起诉的，如法院予以受理，即允许当事人在同一实体法律关系上设立两个程序法上的效力，将使公证债权文书强制执行制度失去存在的价值。

## 立法沿革与争议

1991年《民事诉讼法》第218条规定："对公证机关依法赋予强制执行效力的债权文书，一方当事人不履行的，对方当事人可以向具有管辖权的人民法院申请执行，受申请的人民法院应当执行。公证债权文书确有错误的，人民法院裁定不予执行，并将裁定书送达双方当事人和公证机关。"后来的《民事诉讼法》也沿袭了该规定。

2008年《最高人民法院关于当事人对具有强制执行效力的公证债权文书的内容有争议提起诉讼人民法院是否受理问题的批复》（已失效）明确禁止当事人直接起诉，当事人对公证债权文书有争议的，非经不予执行审查不能起

---

[①] 肖建国、李佳意：《对赋强公证的债权争议之可诉性研究》，载《华南理工大学学报（社会科学版）》2019年第5期。

诉，"债权人或者债务人对债权文书的内容有争议直接向人民法院提起民事诉讼的，人民法院不予受理；但公证债权文书确有错误，人民法院裁定不予执行的，当事人、公证事项的利害关系人可以就争议内容向人民法院提起民事诉讼"。

2014年《最高人民法院关于审理涉及公证活动相关民事案件的若干规定》第3条第2款规定："当事人、公证事项的利害关系人对具有强制执行效力的公证债权文书的民事权利义务有争议直接向人民法院提起民事诉讼的，人民法院依法不予受理；但是，公证债权文书被人民法院裁定不予执行的除外"。《民事诉讼法解释》第480条第3款规定："公证债权文书被裁定不予执行后，当事人、公证事项的利害关系人可以就债权争议提起诉讼。""裁定不予执行"依然作为前置条件。

《公证执行规定》作出了与之前的规定不同的选择，第24条第1款规定："有下列情形之一的，债权人、利害关系人可以就公证债权文书涉及的民事权利义务争议直接向有管辖权的人民法院提起诉讼：（一）公证债权文书载明的民事权利义务关系与事实不符：（二）经公证的债权文书具有法律规定的无效、可撤销等情形。"债务人和利害关系人可以以上述两类实体事由直接向有管辖权的法院提起诉讼，而不必以不予执行裁定作为前置条件。

实践中，对公证债权文书是否具有可诉性仍有争议。

反对给赋强公证债权人诉权的观点认为：一是赋予强制执行效力公证作为对债权的法律确认，与仲裁裁决、判决书一样，也是执行依据，同一实体法律关系不应经两次裁判。公证债权文书当事人任何一方均不得再提起诉讼。二是如果再赋予债权人诉权，会实质性挖空赋强公证执行制度。三是如果允许可诉，可能导致债务人通过提起诉讼来达到拖延履行债务的目的。最高人民法院在早期案例中也认为"对于有强制执行效力的公证债权文书，发生争议后债权人应当申请强制执行，直接提起诉讼的，人民法院不予受理"。[1]

持不应当限制当事人的诉权的观点认为对于当事人而言，依公证书申请强制执行还是另行诉讼，是债权人的权利，法律不应禁止当事人行使诉讼权利。[2]人民法院享有终局裁判权，一切法律行为包括公证行为都应当纳入其

① 最高人民法院（2014）民二终字第199号民事判决书。
② 最高人民法院（2001）民二终字第172号民事判决书。

审查和评判之中，这样才能使得社会评价具有统一标准，有利于维护法律的严肃性和效力。[1]实践中，法院承认诉权的理由也不尽相同，有的案例认为在一方起诉，另一方应诉时，如果当事人在答辩期间内未对法院受理相关案件提出异议并且应诉答辩的，法院当然获得案件管辖权。[2]有的案例认为债权债务存在争议时，债权人提起诉讼是依法行使诉讼权利的体现，符合《公证法》第40条的规定。[3]

## 案例索引

山西省高级人民法院（2019）晋民终743号金融借款合同纠纷案

## 047 债权人逾期未向公证机关申请出具执行证书时是否有权另行提起诉讼？

答：债权人向公证机关申请执行证书，如公证机关作出不予出具执行证书决定的，债权人可直接向法院提起诉讼；如债权人以逾期未向公证机关申请执行证书为由直接向法院提起诉讼的，法院应不予受理或者驳回起诉。

## 理由与依据

《公证协会指导意见》第14条明确了不予出具执行证书的事由，包括："（一）债权人未能对其已经履行义务的主张提出充分的证明材料；（二）债务人（包括担保人）对其已经履行义务的主张提出了充分的证明材料；（三）公证机构无法在法律规定的执行期限内完成核实；（四）人民法院已经受理了当事

---

[1] 参见胡云腾、孙佑海主编，最高人民法院研究室、司法部律师公证工作指导司、中国公证协会编著：《最高人民法院审理涉公证民事案件司法解释理解与适用》，人民法院出版社2014年版，第8页。

[2] 最高人民法院（2018）最高法民申3723号民事裁定书。

[3] 最高人民法院（2018）最高法民申5662号民事裁定书。

人就具有强制执行效力的债权文书提起的诉讼。"实践中不予出具执行证书的事由还有：未在法律规定的期限内提出执行申请，变更了合同履行期间等但是未就变更过的合同进行赋强公证，未能联系到债务人无法核实债务履行情况等。

公证机关决定不予出具执行证书的，当事人可依照《公证执行规定》第8条向法院提起诉讼，因申请执行时应当提交执行证书，未提交的应不予受理或者裁定驳回执行申请，此时公证债权文书失去强制执行效力，当事人可以通过提起诉讼解决纠纷。

在债权人逾期未向公证机关申请执行证书时，直接向法院起诉，法院应否受理？虽然债权人在申请出具执行证书时仍会发生公证机构不予出具执行证书，或者申请强制执行后被不予受理、驳回执行申请的情况，债权人据此可以提起诉讼，但这并不意味着债务人在诉讼和赋强公证之间可以自由选择，申请出具执行证书仍应是必经程序。因为债权人可以选择是否对债权进行赋予强制执行效力的公证，享有不经诉讼而直接执行的便利，同时也应当承担逾期申请执行的风险。如果任由债权人在执行和诉讼之间选择，可能导致公证债权文书执行制度失去了存在的意义。[①]

## 立法沿革与争议

《公证执行规定》已经明确规定了债权人可对公证债权文书提起诉讼的情形，包括公证机构不予出具执行证书的；债权人、利害关系人因公证债权文书载明的民事权利义务关系与事实不符、经公证的债权文书具有法律规定的无效、可撤销等情形，可就公证债权文书涉及的民事权利义务争议直接提起诉讼。其中在第8条明确规定："公证机构决定不予出具执行证书的，当事人可以就公证债权文书涉及的民事权利义务争议直接向人民法院提起诉讼。"因此，逾期未申请公证债权文书，不是债权人可以直接向人民法院提起诉讼的事由，债权人应先向公证机构申请执行证书，由公证机构作出不予出具执行证书的决定，再以此向人民法院提起诉讼。

---

[①] 陆俊芳：《债权人逾期未向公证机关申请执行证书时是否有权起诉》，载《人民法院报》2020年9月17日第7版。

## 案例索引

最高人民法院（2022）最高法民申79号再审审查案

北京市西城区人民法院（2019）京0102民初21248号民间借贷纠纷案

**048** 金融机构设立的有限合伙作为资金出借方，该有限合伙能否申请赋强公证？

答：该有限合伙申请公证的债权若是融资性质的，则不得赋强公证，若是清偿履约性质的，则可以赋强公证。

## 理由与依据

从金融监管的视角，只有业务范围包含融资（放贷）的金融机构才能从事融资类的业务，但实践中很多非金融机构通过变相融资避开金融监管，并对融资合同办理赋强公证，危及金融监管秩序，扩大金融风险。为此，《司法部关于公证执业"五不准"的通知》（司发通〔2017〕83号）明确规定不准办理非金融机构融资合同公证。如金融机构设立有限合伙或其他SPV形式的实体作为债权人，申请办理赋强公证的，公证机构需要首先识别该债权是融资性质的还是清偿履约性质的。若是融资性质的，则不得办理赋强公证；若是清偿履行性质的，则对债权人是否为可从事融资业务的金融机构并无要求。

变相融资与清偿履约难言有清晰的界分，公证实践中一般以债权文书涉及的债权是否已放款、是否已届清偿期作为具象的判断标准。以股权投资及回购合同为例，如申请赋强公证的合同就是股权投资合同及回购合同，但此时债务人尚无须承担回购义务的，对此类带有对赌性质的投资合同，一般会被认定为变相融资，不得为其办理赋强公证。若投资人已经支付投资款，且投资协议约定的回购义务已经被触发，债务人的回购义务已届履行期限，此时债权人与债务人签订的回购协议或补偿协议，可以被认定为是一种债务清偿行为，不属于"五不准"通知的范围，可以办理赋强公证。

2017年司法部发布了《关于公证执业"五不准"的通知》（司发通〔2017〕83号），其中规定，不准办理非金融机构融资合同公证。在有关管理办法出台之前，公证机构不得办理自然人、法人、其他组织之间及其相互之间（经人民银行、银保监会、证监会，商务主管部门、地方人民政府金融管理部门批准设立的从事资金融通业务的机构及其分支机构除外）的融资合同公证及赋予强制执行效力公证。

## 049 公证债权文书的补充协议未办赋强公证是否影响执行证书的出具？

答：公证债权文书的补充协议未办理赋强公证能否出具执行证书要分情况讨论：补充协议未变更公证债权文书中当事人名称、标的、价款等基本条款，如补充协议仅变更了联系人、送达地址等辅助性条款的，即补充协议变更内容不影响双方主要权利义务关系的，不影响执行证书的出具；补充协议减轻债务人债务负担的，如补充协议延长借款期限的，不影响执行证书的出具；补充协议加重债务人债务负担的，因债务人并未就增加的负担部分作出过接受强制执行的承诺，此时公证处不应按照补充协议的内容出具执行证书。

### 理由与依据

根据《公证执行规定》第3条，执行证书并非执行依据，但注明被执行人、执行标的和申请执行的期限等内容的执行证书是债权人申请执行公证债权文书的必要材料。《人民法院办理执行案件规范》第713条规定："债务人不履行或不完全履行公证机关赋予强制执行效力的债权文书的，债权人可以向原公证机关申请执行证书。公证机关签发执行证书应当注明被执行人、执行标的和申请执行的期限。债务人已经履行的部分，在执行证书中予以扣除。因债务人不履行或不完全履行而发生的违约金、利息、滞纳金等，可以列入执行标的。"基于以上规定，债务人不履行或不完全履行赋强公证债权文书的，债权人可以向原公证机关申请执行证书，执行证书应当载明履行情况。

公证债权文书制度系通过公证机构赋予债权文书以强制执行效力，债权人可不经诉讼程序径以赋强公证债权文书申请执行，有利于债权人迅速实现债权。公证债权文书须载明债务人接受强制执行的承诺，即债务人于公证债权文书中明示放弃诉权。基于此，公证债权文书的补充协议未办理赋强公证能否出具执行证书最根本的判断标准为补充协议变更内容是否加重债务人债务负担，因变更协议中加重债务人负担的部分债务人并未作出接受强制执行的承诺，公证机构不得出具执行证书。

## 立法沿革与争议

《联合通知》第4条规定："债务人不履行或不完全履行公证机关赋予强制执行效力的债权文书的，债权人可以向原公证机关申请执行证书。"第7条规定："债权人凭原公证书及执行证书可以向有管辖权的人民法院申请执行。"上述条款首次明确债务人不履行公证债权文书的可以向原公证机关申请执行证书，以原公证债权文书及执行证书向人民法院申请执行。《人民法院办理执行案件规范》第713条及《公证执行规定》第3条沿用了上述规定，同时明确公证债权文书为执行依据，执行证书并非执行依据。

## 案例索引

北京市高级人民法院（2016）京执复14号执行复议案

## 050 执行和解协议能否办理赋强公证并申请执行？

答：当事人在执行过程中达成的执行和解协议，可以在公证机关办理赋强公证，债务人不履行或者履行不适当的，债权人可以依法向人民法院申请执行。

## 理由与依据

执行和解协议能否办理赋强公证并申请执行目前尚无法律规定，但是从执行效率优先等角度出发，这一做法值得肯定。

从执行和解协议最终的价值走向分析，被执行人一方不履行执行和解协议的，申请执行人可以申请恢复执行原生效法律文书，也可以就履行执行和解协议向执行法院提起诉讼。虽然给了申请执行人选择权，但是在申请执行人选择履行执行和解协议时需要再一次向法院提起诉讼，又要经过一遍一审甚至二审的诉讼程序才能再次进入执行程序，有悖于执行效率原则。特别是执行和解协议中若存在以物抵债协议，根据《执行和解规定》第6条，法院不得根据执行和解协议中以物抵债约定出具以物抵债裁定。若当事人未按协议履行执行和解义务完成过户登记，则该协议也仅有合同效力并不具有强制执行力，债权人将再次陷入执行困境。若能将执行和解协议办理赋强公证，赋予和解协议强制执行权，则可以免去诉讼程序的烦琐，直接进入执行程序，减少当事人诉累。

从人民法院多元解纷、诉源治理的宗旨来看，根据实现国家治理体系和治理能力现代化的要求，我们要加强与相关部门的联席机制，最高人民法院发布《关于人民法院进一步深化多元化纠纷解决机制改革的意见》（法发〔2016〕14号）要求，要加强与公证机构的对接，支持公证机构对法律行为、事实和文书依法进行核实和证明，支持公证机构对当事人达成的债权债务合同以及具有给付内容的和解协议、调解协议办理债权文书公证，支持公证机构在送达、取证、保全、执行等环节提供公证法律服务，在家事、商事等领域开展公证活动或者调解服务，依法执行公证债权文书。据此，执行过程中，当事人之间达成的执行和解协议，可引入公证机构对接，由公证机构对法律事实等进行核实和证明并出具赋强公证，实现借助赋强公证解决矛盾纠纷新模式，从根源上实现诉讼案件增量减少。

从私权利中法不禁止即可为的理念出发，执行和解协议归根结底仍属于执行案件双方当事人达成的协议，该协议是否需要进行赋强公证也是当事人的自由选择，当法律未对该项内容禁止时，当事人具有当然的选择权。赋强公证具有强制执行力又是法律明确规定可以进行执行的，故而执行和解协议能办理赋强公证并申请执行。

## 立法沿革与争议

2005年《公证法》第37条第1款规定："对经公证的以给付为内容并载明债务人愿意接受强制执行承诺的债权文书，债务人不履行或者履行不适当的，债权人可以依法向有管辖权的人民法院申请执行。"这是公证法中关于赋强公证的相关规定，也是赋强公证具有强制执行力的法律规定。

2017年《执行和解规定》第1条规定："当事人可以自愿协商达成和解协议，依法变更生效法律文书确定的权利义务主体、履行标的、期限、地点和方式等内容。"故而根据该规定，执行和解协议是当事人双方达成的协议内容，且该内容已对生效法律文书确定的内容进行了变更，私法权利中当事人可对执行和解协议选择赋强公证，且该赋强公证也不会与生效法律文书相冲突。

有观点认为当事人在执行过程中达成的执行和解协议属于私权利范围，当事人可以选择在公证机关办理赋强公证，债务人不履行或者履行不适当的，债权人可以依据赋强公证向人民法院申请执行，从而减少诉讼程序烦琐和诉累，提高执行的效率。

另有观点认为，首先，当事人在执行过程中达成的执行和解协议系在法院主导下达成的，其不完全属于私权范围。其次，已经由法院主导达成的调解协议已对执行程序形成中止执行的效力，若再将执行和解引入公证程序，势必造成行政资源浪费。最后，若债务人对赋强公证有异议，仍可提起诉讼，故而若债务人提起了诉讼，并未达到减少诉讼案件的司法效果。因此认为执行和解协议不能进行赋强公证，也没有进行赋强公证的必要性。

## 051 公证机构违反管辖规定出具的公证书是否能够导致不予执行？

**答：**人民法院对应否不予执行的判断，应当以公证机构违反管辖规定是否属于其他严重违反法定公证程序的情形为判断标准，虽然申请赋强公证不符合管辖要求，但不属于严重违反法定公证程序情形的，人民法院不应当裁定不予执行。

## 理由与依据

因赋予强制执行效力的公证书本身载明了债务人接受强制执行的承诺，体现了债务人真实的意思表示和意思自治，仅违反管辖规定本身并不损害公证的专业性、客观性和公正性。公证机构和公证员违反管辖规定，涉嫌以不正当手段争揽公证业务的，应当由司法行政部门依法依规处理。管辖规定属于法定公证程序之范畴，自然人、法人或者其他组织申请办理公证，可以向住所地、经常居住地、行为地或者事实发生地的公证机构提出。申请办理涉及不动产的公证，应当向不动产所在地的公证机构提出；申请办理涉及不动产的委托、声明、赠与、遗嘱的公证，可以适用前款规定。虽然《公证法》对公证管辖作出了指引，但不属于《公证执行规定》第12条规定的"其他严重违反法定公证程序的情形"，被执行人以此为由申请不予执行的，人民法院不予准许。

## 立法沿革与争议

《公证执行规定》第12条规定："有下列情形之一的，被执行人可以依照民事诉讼法第二百三十八条第二款规定申请不予执行公证债权文书：（一）被执行人未到场且未委托代理人到场办理公证的；（二）无民事行为能力人或者限制民事行为能力人没有监护人代为办理公证的；（三）公证员为本人、近亲属办理公证，或者办理与本人、近亲属有利害关系的公证的；（四）公证员办理该项公证有贪污受贿、徇私舞弊行为，已经由生效刑事法律文书等确认的；（五）其他严重违反法定公证程序的情形。被执行人以公证债权文书的内容与事实不符或者违反法律强制性规定等实体事由申请不予执行的，人民法院应当告知其依照本规定第二十二条第一款规定提起诉讼。"有观点认为公证机构违反管辖规定出具的公证书属于法定的其他严重违反法定公证程序的情形，裁定不予执行。

最高人民法院（2019）最高法执监240号执行监督案

# 六、利息

**052** 非金融机构受让金融机构转让的不良债权后，能否参照《海南会议纪要》第9条的规定，在执行程序中向债务人主张不良债权受让日之后的利息？

答：非金融机构受让金融机构转让的不良债权后，向债务人主张不良债权受让日之后的利息的，无论该债务人是否为国有企业，人民法院不予支持。

**理由与依据**

《最高人民法院关于非金融机构受让金融不良债权后能否向非国有企业债务人主张全额债权的请示的答复》认为，非金融机构受让经生效法律文书确定的金融不良债权能否在执行程序中向非国有企业债务人主张受让日后利息的问题，应当参照《最高人民法院关于审理涉及金融不良债权转让案件工作座谈会纪要》（法发〔2009〕19号）的精神处理。《海南会议纪要》发布前，非金融资产管理公司的机构或个人受让经生效法律文书确定的金融不良债权，或者受让的金融不良债权经生效法律文书确定的，发布日之前的利息按照相关法律规定计算；发布日之后不再计付利息。《海南会议纪要》发布后，非金融资产管理公司的机构或个人受让经生效法律文书确定的金融不良债权的，受让日之前的利息按照相关法律规定计算；受让日之后不再计付利息。

《海南会议纪要》作为例外特别性规定，其适用要优先于《民法典》合同编关于一般债权计付利息的相关规定。执行程序中，金融债权的受让人向债务人主张不良债权受让日之后的利息，人民法院不予支持。

## 立法沿革与争议

金融机构可以向国有企业债务人主张不良债权受让日后的利息，非金融机构不享有利息权利，已经成为实践中的普遍做法。但在债权多次转让的情况下，应如何界定"不良债权受让日"实践中存在不同认定：（1）以银行首次转让债权时的受让日为准；[①]（2）以最后受让人受让债权时的受让日为准；[②]（3）以首次转让给非金融机构时的受让日为准。[③] 另外，非金融资产管理公司受让人如果不能享有作为金融资产管理公司特殊身份而享有的权利，否定受让人可主张金融资产管理从收购银行不良债权至转让不良债权期间的利息，会对收购处置不良资产的潜在市场参与者的积极性造成影响。将受让日理解为不良债权首次转让给非金融资产管理公司时的受让日更为合理。[④]

《海南会议纪要》第9条规定："受让人向国有企业债务人主张不良债权受让日之后发生的利息的，人民法院不予支持。"对于非金融机构受让金融机构转让的不良债权后，能否参照《海南会议纪要》第9条的规定，在执行程序中向债务人主张不良债权受让日之后的利息？ 有两种不同意见：第一种意见认为，《海南会议纪要》第9条不适用于执行程序中是否计付利息的情形。非金融机构受让不良债权，视为普通债权，应当参照普通债权转让的法律规定及计付债务利息规则计收转让日之后的利息。第二种意见认为，金融不良债权是一种特殊的债权，金融不良债权的转让必须与普通债权转让加以区分，应当按照《海南会议纪要》第9条的规定，受让人不能主张转让日之后的利息。

## 案例索引

最高人民法院（2016）最高法执监433号执行审查案
广东省高级人民法院（2016）粤执复46号执行案

---

① 参见最高人民法院（2021）最高法民申6426号民事裁定书。
② 参见福建省高级人民法院（2019）闽民终332号民事判决书。
③ 参见甘肃省高级人民法院（2020）甘民终275号民事判决书。
④ 曹凤国、张阳主编：《最高人民法院执行批复理解与适用》，法律出版社2022年版，第793～795页。

山东省青岛市中级人民法院（2018）鲁02民终3053号金融不良债权转让合同纠纷案

### 053 生效判决确定一般债务利息计至实际清偿之日是否应连续计算申请执行后迟延履行期间的一般债务利息？

答：当生效判决确定一般债务利息计至债权实际清偿之日，申请执行后债务人仍未履行义务的，迟延履行期间仅计算加倍债务利息，一般债务利息不再计算。

## 理由与依据

根据《迟延履行利息解释》相关规定，迟延履行期间的债务利息，包括迟延履行期间的一般债务利息和加倍部分债务利息。迟延履行期间的一般债务利息，根据生效法律文书确定的方法计算；生效法律文书未确定给付该利息的，不予计算。一般债务利息基于合同法律关系产生，侧重于弥补因一方违约而给对方造成的损失，具有收益、补偿损失的性质，根据生效法律文书确定的方法计算，未确定的不予计算。迟延履行期间的加倍债务利息具有惩罚性，是法院对有履行能力，而不主动履行给付义务的被执行人的一种强制措施。二者法律属性不同，计算方式和时间也不完全相同。

"应付清之日"和"判决确定的给付之日"与"实际清偿日"的概念并不相同。前者为确定日期，后者则是需要通过实际履行才能确定的时间。因不同生效法律文书主文表述不一致，误解时有发生：如在最高人民法院（2019）最高法民终117号中，最高人民法院认为"判决确定的履行期限届满之日止"的表述在形式上可能引起当事人误解为无法向债务人主张迟延履行期间的一般利息，且与人民法院判决的通常表述有所差别，因而将原审判项中"至本判决确定的履行期限届满之日止"的表述修改为"至实际清偿之日止"。而在最高人民法院（2017）最高法民申263号中，最高人民法院认定"判决确定的给付之日止"之表述无误，"至实际给付之日止"的表述则会出现部分时段债务人须重复履行义务的情形，因而未支持再审申请人要求变更表述的主张。也正是因为这种不统一导致生效法律文书在执行实践中无所适从，对此，广东省高级人民法院认为判决标准的规范和统一应在审判程序中确定，执行部门只能在执行中依据判决表述执行。[①]

## 立法沿革与争议

1991年《民事诉讼法》第232条对迟延履行利息制度作出了规定。1992年《民诉意见》第293条规定："被执行人迟延履行的，迟延履行期间的利息或迟延履行金自判决、裁定和其他法律文书指定的履行期间届满的次日起计算。"这一阶段的法律对迟延履行利息制度作出了规定，但未区分一般债务利息和加倍部分债务利息。2014年8月1日，《迟延履行利息解释》对迟延履行利息进行了进一步细化，其第1条第1款、第2款规定："根据民事诉讼法第二百五十三条规定加倍计算之后的迟延履行期间的债务利息，包括迟延履行期间的一般债务利息和加倍部分债务利息。迟延履行期间的一般债务利息，根据生效法律文书确定的方法计算；生效法律文书未确定给付该利息的，不予计算。"2021年修正后的《民事诉讼法》又对此进行了明确，第260条规定："被执行人未按判决、裁定和其他法律文书指定的期间履行给付金钱义务的，应当加倍支付迟延履行期间的债务利息。被执行人未按判决、裁定和其他法律文书指定的期间履行其他义务的，应当支付迟延履行金。"2023年《民事诉讼法》第264条延续了该规定。

对于履行迟延后，一般债务利息和加倍债务利息的计算，实践中有两种不同意见：一种意见认为一般债务利息在生效法律文书中已经确定，无论如何表述计算期间，被执行人未按期履行，违反了诚信义务，就应该同时负担一般债务利息和加倍债务利息，两种利息应并行计算，计算期间起止时间相同。另一种意见认为，根据公平交易原则，应对《民事诉讼法》第264条规定作准确解释，不应该随意扩大和加重被执行人的责任，该处迟延履行利息仅指加倍部分的债务利息，不包括一般债务利息。

"迟延履行期间的债务利息"特指迟延履行后加倍部分的债务利息。一

---

① 广东省高级人民法院（2020）粤执监82号执行裁定书。

般债务利息必须根据生效判决明确的内容进行计算，裁判文书中未确定给付利息的，不予计算。而迟延履行利息是按照法律规定的某一时间段内固定利率进行计算，计算标准是统一的，二者采用的是不同单项计算方法。故当生效判决确定一般债务利息计至该判决确定的应付清之日止或判决确定给付之日的，此后被执行人迟延履行的期间，只能计算加倍部分债务利息，不应再计算一般债务利息。否则，就会加重被执行人的履行责任，不符合公平责任原则。

### 案例索引

广东省高级人民法院（2017）粤执监148号民间借贷纠纷执行案

### 054 被执行人承担了民事调解书中约定的迟延履行责任后，是否还须依据《民事诉讼法》第264条规定支付迟延履行利息或迟延履行金？

答：如果民事调解书规定迟延履行责任承担方式，且被执行人在执行程序中按照约定履行了迟延履行责任，人民法院不应支持申请执行人要求支付迟延履行利息的请求。

### 理由与依据

调解书约定的违约责任作为特殊条款，是义务履行的保障条款，具有和《民事诉讼法》第264条规定的迟延履行期间的债务利息一致的惩罚、督促和弥补损失作用。调解协议约定的迟延履行责任与《民事诉讼法》第264条规定的迟延履行期间的加倍利息是竞合关系，两项责任均系针对债务人未履行民事调解书的同一行为而设定。在以调解方式结案的案件中，申请执行人应当选择其中一种权利行使，不得同时主张两种权利。当事人约定的民事违约责任优先于法定的民事责任，对于被执行人已按照约定承担了民事责任的，不应再承担法定的迟延履行责任，避免被执行人重复承担责任。

## 立法沿革与争议

1991年《民事诉讼法》第232条、2012年《民事诉讼法》第253条、2021年《民事诉讼法》第260条、2023年《民事诉讼法》第264条对迟延履行责任规定基本一致，均规定："被执行人未按判决、裁定和其他法律文书指定的期间履行给付金钱义务的，应当加倍支付迟履行期间的债务利息。被执行人未按判决、裁定和其他法律文书指定的期间履行其他义务的，应当支付迟履行金。"这期间，1992年5月4日，最高人民法院给广东省高级人民法院《关于被执行人未按民事调解书指定期间履行给付金钱的义务是否应当支付延期履行的债务利息问题的复函》（法函〔1992〕58号）答复称："《民事诉讼法》第二百三十二条规定的被执行人未判决、裁定和其他法律文书指定的期间履行给付金钱义务的，应当加倍支付迟延履行期间的债务利息。在此所指的'其他法律文书'，包括人民法院的民事调解书在内。被执行人虽应当支付迟延履行期间的债务利息，但可以不予加倍支付。"2014年8月1日，《迟延履行利息解释》第1条第1款、第2款规定："根据民事诉讼法第二百五十三条规定加倍计算之后的迟延履行期间的债务利息，包括迟延履行期间的一般债务利息和加倍部分债务利息。迟延履行期间的一般债务利息，根据生效法律文书确定的方法计算；生效法律文书未确定给付该利息的，不予计算。"2022年修正后的《最高人民法院关于人民法院民事调解工作若干问题的规定》又进行了明确，其第15条第2款规定："不履行调解协议的当事人按照前款规定承担了调解书确定的民事责任后，对方当事人又要求其承担民事诉讼法第二百五十三条规定的迟延履行责任的，人民法院不予支持。"

## 案例索引

最高人民法院（2016）最高法执监212号执行案

江苏省高级人民法院（2014）苏执复字第00097号买卖合同纠纷执行案

广东省高级人民法院（2015）粤高法民申字第2488号再审复查与审判监督案

甘肃省高级人民法院（2019）甘执复65号执行审查案

## 055 申请执行人未在申请书中明确要求债务人支付迟延履行利息的，是否视为对该利息部分的放弃？

答：申请执行人对自己的权利享有处分权，未在申请书中主张迟延履行利息，经释明后仍未主张的，视为对迟延履行利息的放弃。未经释明，人民法院不得认定申请执行人对迟延履行利息自动放弃。

### 理由与依据

迟延履行利息作为《民事诉讼法》明确规定的惩罚性条款，是一种私权的保障措施，其依附于生效法律文书确定的主项内容，具有法定性、依附性和非独立性。故迟延履行利息的给付申请应当与生效法律文书所确定的债权一并提出。申请执行人在申请书中未载明迟延履行利息，并不意味着对该项权利的放弃。从迟延履行利息的制度原理出发，迟延履行利息的规定具有惩罚性质，只要被执行人未按照生效法律文书指定期间履行义务，无论申请人是否申请，都应当承担给付迟延履行利息的责任。申请执行人在申请执行时，可能会遗忘或者忽略要求被执行人承担迟延履行利息的权利。如果默视推定债务人放弃权利，既不利于保障债权实现，也不利于惩罚被执行人消极履行行为。

### 立法沿革与争议

迟延履行利息最早规定在1991年《民事诉讼法》第232条："被执行人未按判决、裁定和其他法律文书指定的期间履行给付金钱义务的，应当加倍支付迟延履行期间的债务利息。被执行人未按判决、裁定和其他法律文书指定的期间履行其他义务的，应当支付迟延履行金。"但该条并未明确迟延履行利息由执行法院依职权计取还是必须经债权人主张。1998年《执行工作规定》第24条规定："人民法院决定受理执行案件后，应当在三日内向被执行人发出执行通知书，责令其在指定的期间内履行生效法律文书确定的义务，并承担民事诉讼法第二百三十二条规定的迟延履行期间的债务利息或迟延履行金。"明确了执行法院应依职权要求被执行人承担迟延履行利息或迟延履行金。

2014年《迟延履行利息解释》发布后，执行局负责人答记者问中也肯定了上述观点。《北京市高级人民法院关于计付迟延履行利息、迟延履行金若干问题的解答》第13条规定："申请执行人在执行立案时或执行过程中未明确表示放弃迟延履行利息或迟延履行金的，执行标的额包括迟延履行利息、迟延履行金。"最高人民法院编写的《人民法院办理执行案件规范》采同样的观点。

申请执行人未在申请执行书中载明迟延履行利息的，是否视为对迟延履行利息的放弃，实践中有不同意见：有观点认为私权利具有处分性，迟延履行利息具有对生效判决书所确定给付义务的依赖性，主张迟延履行利息作为申请执行人的权利，申请执行人有选择权，如果债权人未在申请书中主张，应当视为自愿放弃，人民法院不得依职权主动释明。否则，违反"不告不理"和"处分"原则。

### 案例索引

湖南省张家界市中级人民法院（2016）湘08委赔4号国家赔偿决定书行审案

山东省青岛市中级人民法院（2016）鲁02执复60号建设工程施工合同纠纷执行案

**056** 执行和解协议中未约定迟延履行金，债务人已按和解协议履行完毕后，如果申请执行人主张迟延履行金，人民法院应否支持？

答：迟延履行金从属于生效法律文书判项主文，不能单独申请执行。和解协议履行完毕后，申请执行人无权再次主张迟延履行金。

### 理由与依据

《民事诉讼法》第264条规定了迟延履行利息和迟延履行金，以"被执行人未主动履行生效法律文书确定的义务，申请执行人申请法院强制执行"为前提。从立法原意看，给付迟延履行金的法理基础在于被执行人未主动履行生效法律文书确定义务的一种惩罚措施，具有法定性、依附性和非独立性，故迟延履行金的给付申请应当与生效法律文书所确认的债权一并提出。迟延履行金作为一种私权上的惩罚、救济和保障的手段，该利益最终由申请执行人获得。权利人享有处分权，他们有申请或放弃申请强制执行迟延履行金的权利，但这种权利应有一定的限制，即在执行过程中，而非执行完毕之后。所以一旦生效法律文书确定的给付义务全部履行完毕，就不应当再次单独就此一项内容提出申请。单独提出申请的，法院不予受理。

如果达成执行和解的，和解协议中未约定，视为申请执行人放弃该项权利。1998年《执行工作规定》第87条规定："当事人之间达成的和解协议合法有效并已履行完毕的，人民法院作执行结案处理。"执行和解协议是当事人自愿达成的协议，对双方当事人均具有约束力，如果不存在损害国家、集体及第三人合法利益的情形，当事人按照协议内容履行完毕，法院就应当按执行完毕结案。一旦被执行人按照协议内容如期履行完毕义务，就视为裁判文书确定的内容执行完毕，不能再次就迟延履行金申请执行，以维护生效裁判文书的既判力和稳定性。否则，若允许单独就迟延履行金提出执行申请，则会导致已执行完毕的案件被重新提起，使同一生效法律文书的执行标的再次处于不稳定状态，影响执行效率。

## 立法沿革与争议

各时期的法律对和解后迟延履行金的执行都倾向于按照和解协议执行，一旦和解协议执行完毕即作结案处理。1998年《执行工作规定》第86条规定："在执行中，双方当事人可以自愿达成和解协议，变更生效法律文书确定的履行义务主体、标的物及其数额、履行期限和履行方式。"第87条规定："当事人之间达成的和解协议合法有效并已履行完毕的，人民法院作执行结案处理。"2005年6月24日，最高人民法院在给四川省高级人民法院《关于当事人对迟延履行和解协议的争议应当另诉解决的复函》（〔2005〕执监字第24-1号）中认为："执行和解协议已履行完毕的，人民法院不予恢复执行。至于当事人对延迟履行和解协议的争议，不属执行程序处理，应由当事人另诉解决。"2015年《民事诉讼法解释》又进一步区分和明确，其第467条规定："一方当事人不履行或者不完全履行在执行中双方自愿达成的和解协议，对方当事人申请执行原生效法律文书的，人民法院应当恢复执行，但和解协议已履行的部分应当扣除。和解协议已经履行完毕的，人民法院不予恢复执行。"2018年《执行和解规定》也予以确认，其第19条规定："和解协议履行完毕的，裁定终结原生效法律文书的执行。"

## 案例索引

江苏省高级人民法院（2017）苏执复127号执行案

## 057 再审期间和终结本次执行期间是否继续计算迟延履行债务利息？

**答：**再审可分为被执行人申请再审和案外人申请再审两种情形，被执行人申请再审期间应继续计算迟延履行债务利息；案外人申请再审期间不应计算迟延履行债务利息。终结本次执行程序期间应当继续计算迟延履行债务利息。

## 理由与依据

被执行人申请再审不影响其履行执行义务。案外人申请再审导致的迟延履行非被执行人主观意愿决定，因此再审期间不应当继续计算迟延履行利息。《迟延履行利息解释》第3条第3款规定："非因被执行人的申请，对生效法律文书审查而中止或者暂缓执行的期间及再审中止执行的期间，不计算加倍部分债务利息。"这是对不计算迟延履行责任的特别规定。该司法解释中不计算加倍部分迟延履行利息的"期间"指的是"对生效法律文书审查而中止或暂缓执行的期间"以及"再审中止执行的期间"。只有符合上述两种情形，且满足"非因被执行人的申请"的法律要件，产生"不计算加倍部分迟延履行债务利息"的法律后果。被执行人申请再审期间应继续计算迟延履行期间债务利息。

被执行人加倍支付迟延履行期间债务利息的前提是未按期履行金钱给付义务。迟延履行债务利息具有弥补申请执行人损失和制裁被执行人的双重性质，非因法定事由不能免除债务人迟延履行责任。裁定终结本次执行程序是指生效法律文书确定的义务虽尚未执行到位，但被执行人确无财产可供执行，法院穷尽执行措施后暂时终结本次执行程序的一种实践做法。法院裁定终结本次执行程序，并非债权债务关系的消灭，不是给付义务的已经履行，不代表执行依据的法律效力被否定，更不等于被执行人履行义务的豁免，仅仅是暂时停止执行行为的一种状态。终结本次执行程序完全是被执行人的缘故导致法院生效法律文书未执行到位，一旦有履行能力需要继续履行。因此，终结本次执行程序期间，应继续计算迟延履行债务利息。

## 立法沿革与争议

关于再审、终结本次执行期间是否继续计算迟延履行债务利息，2012年之前法律及司法解释没有规定。2012年《广东省高级人民法院关于规范执行迟延履行期间的债务利息和迟延履行金的会议纪要》（粤高发〔2012〕235号）第3条第1款规定："暂缓执行、中止执行或者终结本次执行期间应当计算迟延履行期间利息。"2014年《迟延履行利息解释》第3条第3款规定："非因被执行人的申请，对生效法律文书审查而中止或者暂缓执行的期间及再审中止执行的期间，不计算加倍部分债务利息。"2015年《民事诉讼法解释》第507条根据是否给申请执行人造成损失，予以区别对待："被执行人未按判决、裁定和其他法律文书指定的期间履行非金钱给付义务的，无论是否已给申请执行人造成损失，都应当支付迟延履行金。已经造成损失的，双倍补偿申请执行人已经受到的损失；没有造成损失的，迟延履行金可以由人民法院根据具体案件情况决定。"

关于因裁定再审中止执行的，无论是因被执行人申请还是案外人申请再审所引起的，对于再审裁定中止期间的迟延履行金均不应当计算。理由有三：第一，法院裁定中止导致的被执行人未按时履行，是法院的职权行为所导致被执行人不能按时履行，非被执行人自身原因造成，被执行人的这种不能按时履行不应当受到惩罚。第二，法院裁定中止应当视为执行的中断，中断的执行自然不应当产生继续计算迟延履行金的后果。第三，法院的裁定中止使判决的效力也处于待定状态，不确定的判决必然导致执行义务履行的不确定性，在此情况下迟延履行金没有确定的计算依据。

## 案例索引

最高人民法院（2020）最高法执监423号借款合同纠纷执行案

最高人民法院（2014）执复字第19号其他执行申请复议案

### 058 迟延履行利息应否属于优先受偿权的范围？

答：迟延履行利息分为一般债务利息和加倍部分债务利息两部分，两种利息的性质属性不同。一般债务利息是基于双方当事人约定的合同法律关系而形成的，按生效法律文书确定的方法计算，具有约定和收益性质，属于优先受偿范围；加倍部分债务利息是一种法定的强制措施，具有惩罚性质，如果担保合同中未明确约定迟延履行期间债务加倍部分的债务利息属于担保范围，且生效法律文书未确认就迟延履行期间债务加倍部分的债务利息享有优先受偿权的，迟延履行期间债务加倍部分的债务利息不属于优先受偿范围。

## 理由与依据

2014年《迟延履行利息解释》第1条规定："根据民事诉讼法第二百五十三条规定加倍计算之后的迟延履行期间的债务利息，包括迟延履行期间的一般债务利息和加倍部分债务利息。"迟延履行期间的一般债务利息，由双方当事人事先约定而产生。而迟延履行期间加倍部分的债务利息系法定产生，区别于一般债务利息，两者属性不同。

《民法典》第389条规定："担保物权的担保范围包括主债权及其利息、违约金、损害赔偿金、保管担保财产和实现担保物权的费用。当事人另有约定的，按照其约定。"这里条款中的"利息"应理解为迟延履行产生的一般债务利息，并不含加倍利息部分。一般债务利息是当事人基于合同法律关系而产生的，是根据实体法的相关规定，在生效法律文书中确定给付的内容，侧重于弥补因对方违约而产生的损失，具有收益、补偿损失的性质，应当计入优先受偿范围。而加倍迟延履行利息系法定责任，具有公法性质，强调惩罚性和惩戒作用，是法院对未主动履行给付义务被执行人的一种惩罚性强制执行措施，其目的在于督促被执行人及时履行义务，而不是弥补债权人的损失，作为惩罚性质的加倍迟延履行期间的债务利息不能优先于其他债权人的本金，因此该部分利息应作为普通债权进行对待，不应当纳入优先受偿范围。

## 立法沿革与争议

1995年《担保法》第46条规定："抵押担保的范围包括主债权及利息、违约金、损害赔偿金和实现抵押权的费用。抵押合同另有约定的，按照约定。"这一规定明确了优先受让权的范围，但尚未对迟延履行期间的一般债务利息和加倍部分债务利息予以区分。之后，法律规范和司法解释对迟延履行期间的利息履行有了具体规定。2014年《迟延履行利息解释》第4条规定："被执行人的财产不足以清偿全部债务的，应当先清偿生效法律文书确定的金钱债务，再清偿加倍部分债务利息，但当事人对清偿顺序另有约定的除外。"2021年《民法典》第389条规定："担保物权的担保范围包括主债权及其利息、违约金、损害赔偿金、保管担保财产和实现担保物权的费用。当事人另有约定的，按照其约定。"

就债务人迟延履行期间的债务利息是否属于优先受偿范围，有三种不同的观点：第一种观点认为迟延履行期间的利息属于优先受偿的范围；第二种观点认为迟延履行期间的利息不属于优先受偿的范围；第三种观点认为应当对迟延履行期间的利息加以区分，其中一般债务利息应列入优先受偿范围，加倍部分债务利息应作为普通债权处理。

## 案例索引

最高人民法院（2019）最高法执监378号金融借款合同纠纷案

最高人民法院（2017）最高法执监4号追偿权纠纷案

上海市高级人民法院（2013）沪高民二（商）终字第13号执行分配方案异议之诉案

### 059 担保人行使追偿权是否包含代付款项的利息？

答：担保人在承担担保责任后向债务人追偿的金额目前法律暂未作具体规定，本书认为可以分两种情形处理：

第一种情形是担保人与主债务人之间是委托关系情形下，即担保人对债务人提起的是"委托契约相对之诉"时，担保人有权请求债务人偿还以下金额：（1）担保人为清偿主债务或其他免责行为所支出的费用。若担保人的给付大于主债务人的免责额，则担保人只能就主债务人的免责额予以追偿，若担保人的给付额小于主债务人的免责额，则保证人只能就自己的给付额予以追偿。（2）自免责之日起的法定利息。作为担保人有权请求主债务人偿还免责给付额的利息。（3）其他必要费用。凡是担保人为承担担保责任而支出的必要、合理的费用，均属于追偿范围。（4）担保人在承担担保责任过程中因不可归责于自己的事由而蒙受的损失。

第二种情形是担保人与主债务人之间是无因管理关系，即担保人对债务人提起的是"无因管理相对之诉"。根据《民法典》第979条规定，没有法定或者约定的义务，为避免他人利益遭受损失而进行管理或者服务的，有权要求收益人偿付由此支出的必要费用。若担保人承担担保责任后，有利于主债务人，且不违反主债务人明示或可推知的意思表示，则担保人有权向主债务人追偿给付款项、利息及必要费用。若保证人承担保证责任违反了主债务人的意思，则担保责任承担的利益仍然归于主债务人，主债务人仅在其享受利益的限度内满足担保人的追偿权。

## 理由与依据

依据我国《民法典》第392条之规定："……提供担保的第三人承担担保责任后，有权向债务人追偿。"保证担保制度涉及三类法律关系：其一，债务人与债权人之间的主合同关系，也称为主债务关系；其二，保证人与债权人之间的保证合同关系；其三，保证人与债务人之间的法律关系，即保证合同的原因关系，通常包括委托合同关系、无因管理关系以及赠与关系（既然可以追偿，其实质上是没有考虑赠与关系作为保证合同的原因关系这种情形）。

就《民法典》第700条规定的追偿权，其性质为何，理论界存有不同的看法，存在保证人追偿权说、保证人代位权说和保证人代位追偿权说等。本书采用追偿权说，理由如下：（1）从产生的基础法律关系来看，如果保证人是因受债务人的委托而与债权人订立保证合同，那么保证人在代债务人履行债务后，其作为受托人有权依据委托合同关系要求委托人偿还其因此支出的各种费用；如果保证人是基于无因管理为债务人提供保证，只要其无因管理行为有利于债务人且没有违反债务人的明示或可推知的意思，那么其有权请求债务人偿还因此支出的各种费用；如果保证人出于赠与的意思而为债务人提供保证，则保证人对主债务人不享有追偿权。（2）从法律性质来看，保证人的追偿权是指保证人在履行保证债务之后，享有的向债务人请求偿还的权利，是依据法律规定产生的一种新的权利。（3）从功能角度看，保证人的追偿权是一种依法产生的新的权利，保证人仅凭追偿权不得过问原债权的担保，无论该担保是人的担保还是物的担保，保证人都无从主张。（4）从诉讼时效的起算点看，保证人追偿权属于新产生的权利，所以其诉讼时效从求偿权能够行使之日起算。（5）从权利行使的程序来看，对于保证人的追偿权，《最高人民法院关于适用〈中华人民共和国担保法〉若干问题的解释》第42条第1款（已失效）区分不同情况作出了通过执行程序实现追偿权和另行起诉这两种不同的程序规定。（6）从抗辩事由角度看，保证人的追偿权因属于依法律规定而产生的新权利，因此债务人不得以其对债权人的抗辩事由对抗保证人。（7）从利息角度看，若保证人基于与债务人之间的委托合同关系或者无因管理关系履行保证债务的，其在承担保证责任后，有权依据委托合同的规定向债务人追偿其处理委托事务时垫付的费用，以及由此产生的利息。《民法典》第921

条规定："…… 受托人为处理委托事务垫付的必要费用，委托人应当偿还该费用及其利息。"

## 立法沿革与争议

法律条文对追偿权的规定较早，但一直未对追偿范围予以明确。1995年《担保法》第31条规定："保证人承担保证责任后有权向债务人追偿。"2009年《民法通则》第89条规定："保证人向债权人保证债务人履行债务，债务人不履行债务的，按照约定由保证人履行或者承担连带责任；保证人履行债务后，有权向债务人追偿。"《民法典》第700条规定："保证人承担保证责任后，除当事人另有约定外，有权在其承担保证责任的范围内向债务人追偿，享有债权人对债务人的权利，但是不得损害债权人的利益。"

有观点认为，担保人履行担保义务后，追偿范围仅限于代付款项，不包括代偿款项的利息，理由是债权人与债务人之间债权债务关系因担保人履行担保责任而消灭后，在保证人与债务人之间形成新的债权债务关系，承担担保责任本身就是担保人必须承担的担保风险责任，此种债权债务关系应当参照民间借贷纠纷来处理，未约定相应利息的，应视为不支付利息。因此，不应支持担保人代付款项利息。

## 案例索引

最高人民法院（2022）最高法民申78号债权人撤销权纠纷案

060 **因瑕疵出资而被追加为被执行人的股东，应否对追加其为被执行人之前，公司因迟延履行所负担的加倍部分债务利息承担责任？**

答：瑕疵出资股东对公司债务承担责任限于其未履行出资义务范围内，股东何时被追加为被执行人不会影响出资义务大小，应认定股东在未履行出资义务范围内要承担公司给付迟延履行期间加倍利息的责任。

## 理由与依据

股东负有按期足额缴纳出资的法定义务。股东出资属于公司资产，但在公司财产不足以清偿债务时，股东的瑕疵出资行为亦损害了公司债权人的债权，债权人有权代位要求瑕疵出资股东在未出资本息范围内对公司债务不能清偿的部分承担补充赔偿责任。即债权人请求未履行或者未全面履行出资义务的股东在未出资本息范围内对公司债务不能清偿的部分承担补充赔偿责任的，人民法院应予支持。股东承担补充责任系因其违反出资义务，与其被追加为被执行人的时间没有关联，排除其对被追加为被执行人之前的迟延履行加倍利息承担责任并无理由。另，无论瑕疵出资股东是否被追加为被执行人，其均负有全面履行出资的义务，即股东承担责任限于未履行出资本息范围内，因此对其被追加之前的迟延履行加倍利息承担责任并未施加给瑕疵出资股东更重的责任。

## 立法沿革与争议

《公司法解释（三）》第13条第2款规定："公司债权人请求未履行或者未全面履行出资义务的股东在未出资本息范围内对公司债务不能清偿的部分承担补充赔偿责任的，人民法院应予支持；未履行或者未全面履行出资义务的股东已经承担上述责任，其他债权人提出相同请求的，人民法院不予支持。"《变更追加规定》第17条规定："作为被执行人的营利法人，财产不足以清偿生效法律文书确定的债务，申请执行人申请变更、追加未缴纳或未足额缴纳出资的股东、出资人或依公司法规定对该出资承担连带责任的发起人为被执行人，在尚未缴纳出资的范围内依法承担责任的，人民法院应予支持。"实体法及程序法均明确未履行或者未全面履行出资义务的股东应在其未缴纳出资的范围承担责任。

有观点认为，瑕疵出资股东在被追加为被执行人之前并非生效法律文书确定金钱义务的履行主体，法律对其履行该金钱义务不具备期待可能性，同时该股东对迟延履行也没有认识可能性和作为可能性，故不应承担被追加为被执行人之前，公司所负担的迟延履行期间的加倍利息。

## 案例索引

东莞市第二人民法院（2021）粤1972民初1580号执行异议之诉案

## 061 执行程序中生效法律文书被裁定再审后迟延履行利息应当如何计算？

答：执行程序中生效法律文书被裁定再审的，原生效法律文书可能被维持或改判、撤销或变更，原债务人是否仍需支付迟延履行期间的债务利息与再审结果、原债务人的履行情况以及是否存在需要扣除的迟延履行利息计付期间有密切关系，需要结合再审改判内容合理确定迟延履行债务利息的计算规则。

## 理由与依据

计付迟延履行利息的主要目的是惩罚迟延履行生效法律文书的债务人，因此，计算迟延履行债务利息应根据债务人在法律文书具有法律效力期间是否负有给付义务作出判断。具体有如下五种情况：

（1）如果再审判决维持原生效判决的，迟延履行期间债务利息自原生效判决确定的履行期间届满之日起计算。

（2）如果再审判决撤销判项或撤销原判决，改判减少原生效判决金钱给付内容的，再审判决维持的金钱给付部分，其效力因被再审判决认可而延续到再审判决作出之后，该部分内容的迟延履行期间债务利息自原生效判决确定的履行期间届满之日起计算；债务人已经履行完毕的，多执行的本金、利息及迟延履行期间债务利息应执行回转。

（3）如果再审判决撤销判项或撤销原判决，改判增加原生效判决金钱给付内容的，再审判决新增的金钱给付部分，其效力始于再审判决生效，该部分内容的迟延履行期间债务利息自再审判决确定的履行期间届满之日起计算。

需要注意的是，在前述几种情形中，因申请执行人申请再审而暂缓执行或中止执行的，暂缓执行或中止执行期间不计算迟延履行利息；因被执行人申请再审而暂缓执行或中止执行的，其再审请求未被支持部分暂缓执行或中止执行期间计算迟延履行利息。

（4）如果再审判决撤销原判，驳回诉讼请求的，因原生效判决的效力自始消灭，原生效判决确定的给付义务的迟延履行期间债务利息不再计算。债务人已经履行完毕的，多执行的本金、利息及迟延履行期间债务利息应执行回转。

（5）如果再审判决撤销原判发回重审的，无论重审判决的结果与原生效判决相比是维持还是增加或减少，因原生效判决的效力自始消灭，原生效判决确定的给付义务的迟延履行期间债务利息不再计算，迟延履行期间债务利息自生效的重审判决确定的履行期间届满之日起计算。因此，在债务人履行完毕的情况下，应根据重审判决重新计算本金、利息，如果已执行金额超过或等于重审判决的金钱给付内容的，不应计算迟延履行期间债务利息，并应将多执行的部分（如有）执行回转；如果已执行金额少于重审判决的金钱给付内容，除应当执行差额部分外，还应当以差额部分为基数自生效的重审判决确定的履行期间届满之日起计算迟延履行期间债务利息。

## 立法沿革与争议

《迟延履行利息解释》第2条规定："加倍部分债务利息自生效法律文书确定的履行期间届满之日起计算；生效法律文书确定分期履行的，自每次履行期间届满之日起计算；生效法律文书未确定履行期间的，自法律文书生效之日起计算。"执行期间法院裁定再审的，须结合再审判决与原执行依据的内容，合理确定迟延履行利息的计算方法。如再审撤销原判决驳回诉讼请求的，将导致原生效判决的效力自始消灭，该再审判决生效后，原判决项下债务人的义务被免除，原生效判决确定的给付义务的迟延履行期间债务利息不再计算，债务人无须给付迟延履行利息，但原判决被撤销并不影响债务人应承担其在原判决具有法律效力期间（即原判决生效后至再审判决生效前）迟延履行的法律后果。再审判决被撤销而原判决被维持的，再审判决生效期间（即该再审判决生效后至该再审判决被撤销前）不因再审判决被撤销而被纳入迟延履行期间，债务人无须承担该期间的迟延履行利息。

## 案例索引

最高人民法院（2021）最高法执监11号执行监督案

## 062 实现担保物权裁定作为执行依据时，应否计算迟延履行期间的加倍部分债务利息？

答：实现担保物权裁定作为执行依据时，不计算迟延履行期间的加倍部分债务利息。

## 理由与依据

《迟延履行利息解释》将迟延履行利息分为一般债务利息和加倍部分债务利息。一般债务利息是指在生效法律文书中，根据实体法规定所确定的利息。加倍部分债务利息是根据《民事诉讼法》第264条的规定应多支付的利息。

实现担保物权民事裁定无须计算迟延履行期间的加倍债务利息，具体分析如下：首先，实现担保物权民事裁定不属于《民事诉讼法》第264条规定的履行金钱给付义务的判决、裁定和其他法律文书。担保物权民事裁定的裁定内容主要有三项：一是准许拍卖、变卖担保物，二是申请人在担保债权范围内对抵押物变价款优先受偿，三是案件受理费的负担。除案件受理费有给付内容和支付期间外，并无明确的关于被申请人向申请人履行金钱给付义务的内容。申请人依据该裁定可以向人民法院申请执行，由人民法院对抵押物进行评估拍卖。其次，担保物权民事裁定不适用督促执行。加倍部分债务利息具有惩戒和赔偿的性质，其目的在于通过对被执行人施加经济上的惩罚，督促债务人尽快履行债务。[①] 在担保物权实现程序中，被申请人的义务是配合法院处置担保财产，承担的给付义务限于担保财产的变价款。而控制担保财产变价及款项收取、分配的主体都是执行法院。对在担保物权实现过程中处于被动配合地位的被申请人苛以加倍债务利息以督促其履行，缺乏正当性及合理性。最后，对被申请人在担保物权民事裁定项下应尽的配合义务，可通过适用于非金钱给付义务迟延履行金制度予以约束。

## 立法沿革与争议

实践中有观点认为，迟延履行期间的加倍债务利息属于抵押担保的优先受偿范围。依据《民法典》第389条关于"担保物权的担保范围包括主债权及其利息、违约金、损害赔偿金、保管担保财产和实现担保物权的费用。当事人另有约定的，按照其约定"的规定，属于抵押担保范围的主债权利息，并未限定为一般债务利息，即并未将迟延履行期间的加倍部分债务利息排除在抵押担保的范围之外，加倍部分债务利息也应属于抵押担保的范围。《迟延履行利息解释》确定的清偿顺序，仅是加倍部分债务利息与其他金钱债务的清偿顺序，未改变实体法律或司法解释对抵充或清偿顺序的规定，并不是指被执行人的抵押财产能够清偿抵押担保债权，但其财产不足以清偿多份生效法律文书确定的债务时，被执行人设定抵押担保的财产应当先清偿生效法律文书确定的金钱债务，然后再清偿在先的抵押权人加倍部分债务利息。

## 案例索引

最高人民法院（2019）最高法执监378号金融借款合同纠纷审查案

广东省高级人民法院（2018）粤民终1217号执行分配方案异议之诉案

上海市第一中级人民法院（2018）沪01民终344号执行分配方案异议之诉案

---

① 江必新、刘贵祥主编：《最高人民法院关于执行程序中计算迟延履行期间的债务利息司法解释理解与适用》，人民法院出版社2014年版，第112页。

# 第三章　执行当事人

**063** 被执行人能否作为追加变更执行当事人程序的启动主体？

　　答：申请执行人或者其继承人、权利承受人可以向执行法院申请启动变更、追加当事人程序，要求变更、追加当事人。被执行人不能作为变更追加当事人程序的启动主体。

## 理由与依据

　　执行程序中变更追加当事人，是案件当事人或继承人、权利承受人等有利害关系的第三人享有的权利。法院原则上不得依职权启动变更追加当事人程序，否则超出当事人权利请求范围，就会导致"以执代审"等混淆执行权和审判权的现象，也会造成当事人的实体处分权，程序启动权、监督权流于形式，损害人民法院生效法律文书的权威。执行法院在执行过程中发现变更追加事由的，应该做好释明工作，对该情况及时告知当事人，由当事人决定是否启动变更追加程序。若当事人明知存在变更追加事由却未申请变更追加的，视为对权利的放弃，执行法院不得依职权主动变更追加。2014年北京市高级人民法院发布的《执行工作规范》第511条对追加变更当事人的启动主体持上述相同观点。

　　被执行人不能启动变更追加当事人程序。首先，《变更追加规定》第1条列明的启动变更追加程序的主体为申请执行人或其继承人、权利承受人，并不包括被执行人，基于变更追加法定原则，被执行人启动变更追加程序于法无据；其次，变更追加制度理论基础在于执行依据的执行力向第三人扩张，不经审判程序径行执行第三人财产可能侵害第三人利益，启动变更追加程序应慎之又慎，被执行人作为负有履行生效判决义务的当事人，不享有启动变更追加程序的权利。

## 立法沿革与争议

1992年《民诉意见》第270～274条、第300条，对应变更追加当事人的情形进行了规定。1998年《执行工作规定》第76～83条，对执行主体的变更和追加进行了规定。2008年4月18日，《上海市高级人民法院关于执行程序中变更、追加被执行主体的实施意见》第1条规定了依申请执行人申请变更追加被执行人的范围，第2条规定了法院依职权裁定追加被执行人的情形。

上述法律条文均规定了可以变更追加当事人的情形，虽对启动主体未进行规定，但倾向于依申请和法院依职权变更追加双重适用，后续的法律规定逐渐转变为当事人主义。

2014年《北京市法院执行工作规范》第511条规定："审查变更或追加执行当事人的程序，依当事人或者权利人的申请启动，执行法院原则上不得依职权启动。"《变更追加规定》第1条规定："执行过程中，申请执行人或其继承人、权利承受人可以向人民法院申请变更、追加当事人。"

实践中，对于变更追加当事人程序的启动主体，有三种不同意见。

第一种意见认为，启动变更追加当事人主体应仅限于当事人和有利害关系的第三人。出现变更追加当事人法定事由后，上述主体可以向执行法院提出变更追加申请，并提供相应证据，法院依职权审查后启动变更追加程序。第二种意见认为，为了及时、有效保护债权人合法权益，当满足变更追加当事人条件，法院就应主动变更追加，而无须当事人或利害关系人申请。第三种意见认为，应该同时采用申请人申请和法院依职权变更追加相结合的启动模式。执行法院既可以依职权主动追加变更当事人，也可以依当事人或利害关系人申请而变更追加当事人。启动主体的双重赋权，一方面可以保障当事人诉权，另一方面也有利于发挥执行法院主观能动性，及时执结案件。

本书倾向第一种意见。根据生效判决既判力扩张性原理，以及为了有效节省司法资源，法律规定可在执行过程中变更追加当事人，通过当事人的变更追加，引起新的当事人权利义务承担的法律后果。但为避免执行权无序扩张，避免执行权代替审判权，变更追加当事人应当严格按照法律规定执行，不得超出法律规定追加变更执行主体。根据权利处分和权责一致原则，执行中变更追加当事人程序的启动主体应限于申请执行人或者其继承人、权利承受人。

## 案例索引

最高人民法院（2021）最高法执监338号借款合同纠纷案

**064** 一人公司股权转让后，申请人能否申请追加原股东和受让股东为被执行人？

答：一人公司股权转让后，申请人可以申请追加不能证明公司财产独立于其个人财产的原股东和受让股东为被执行人。

## 理由与依据

法人人格独立是公司法的基本原则，法人人格否认制度则是公司制度的例外。一人公司的股东的意志在相当程度上决定了一人公司的意志，因此更容易发生财产混同与业务混同的情形。由于一人公司不可避免地存在人员混同的情况，出于对债权人利益的保护，《公司法》作出了特别规定：如果一人公司的股东不能证明公司财产独立于股东自己的财产，应当对公司债务承担连带责任。同时，根据变更、追加事由法定原则，当一人有限责任公司的财产不足以清偿生效法律文书确定的债务时，股东不能证明公司财产独立于其个人财产的，申请执行人申请变更、追加该股东为被执行人，对公司债务承担连带责任的，人民法院应予支持。

如果一人有限责任公司出现财产混同的情形，该一人公司的股东转让股权后，其连带责任不因股权转让而消灭。执行中，一人公司股权转让，可能涉及两种情形：

一是一人公司股东变更，即一人公司原股东将股权转让给新股东，企业类型不发生实质变化。现有司法实践[1]认为，财产独立的举证责任在一人公司的股东，如果原一人股东没有提供足够的证据证明其财产和公司财产，新一人股东也没能举证证明其财产和公司财产独立，均应对公司债务承担连带责任，法院支持追加其为被执行人。

二是一人公司变更为多人公司，即通过股权转让的形式将公司类型变更为非一人有限责任公司。有观点认为，如果被执行人的公司类型在执行阶段已变更为非一人公司的，则不适用《变更追加规定》第20条的规定，但现有司法实践[2]认为，《变更追加规定》第20条和《公司法》第63条是专门对一人有限责任公司股东是否需要承担责任和承担何种责任进行的规定，旨在防止公司股东滥用公司独立法人地位和股东有限责任逃避债务，进而严重损害公司债权人的利益，这里重点约束的是该股东个人，并给予了申请执行人在执行过程中发现存在上述情形时申请追加股东为被执行人的权利。所以，即使原一人公司在执行阶段已变更为非一人有限责任公司，但原股东作为债务发生时被执行人的一人自然人股东，若不能证明当时公司财产独立于其个人财产，依法仍应对其当时公司与个人财产混同的行为承担法律责任。

## 立法沿革与争议

一人公司，即一人有限责任公司，2005年修订的《公司法》将其定义为只有一个自然人或法人股东的有限责任公司，首次在法律上承认了一人公司这一企业组织形式，顺应了现代公司法的理论发展。

《公司法》第63条规定："一人有限责任公司的股东不能证明公司财产独立于股东自己的财产，应当对公司债务承担连带责任。"在举证责任的分配上，系推定股东的财产与一人公司的财产混同，在一人股东不能证明其财产独立于股东自己财产的情况下，则法律上的此种推定即成立，一人股东需要对一人公司的债务承担连带责任。在一人公司中，除财产混同情形的举证责任由公司股东承担外，存在公司债权人主张存在其他公司人格否认情形的，应当

---

[1]　最高人民法院（2020）最高法民申3767号民事裁定书。
[2]　广东省广州市中级人民法院（2018）粤01民终16696号民事判决书。

由公司债权人承担举证责任。

《变更追加规定》第20条规定："作为被执行人的一人有限责任公司，财产不足以清偿生效法律文书确定的债务，股东不能证明公司财产独立于自己的财产，申请执行人申请变更、追加该股东为被执行人，对公司债务承担连带责任的，人民法院应予支持。"该规定在举证责任的分配上，与《公司法》第63条保持一致，即由股东举证证明其个人财产与公司财产相互独立。

## 案例索引

最高人民法院（2020）最高法民申3767号再审审查与审判监督案

北京市第三中级人民法院（2019）京03民初138号执行异议之诉案

## 065 因债权转让申请变更受让人为申请执行人的，是否以通知债务人为前提条件？

答：因债权转让申请变更受让人为申请执行人的，不以通知债务人为前提。

## 理由与依据

首先，从现行法律规定来看，是否通知债务人并非法院裁定变更债权受让人为申请执行人的要件。《民法典》第546条规定："债权人转让债权，未通知债务人的，该转让对债务人不发生效力。"通知仅是转让行为对债务人发生效力的要件，并非债权转让生效要件，债权转让后通知债务人与否均不影响让与人与受让人之间债权关系的转让。向债务人通知是为了让债务人知晓债权转让的结果，告知其应向债权受让人履行义务，避免重复履行，保障债务人权利。《十二条规定补充通知》第3条规定："金融资产管理公司转让、处置已经涉及诉讼、执行或者破产等程序的不良债权时，人民法院应当根据债权转让协议和转让人或者受让人的申请，裁定变更诉讼或者执行主体。"《变更追加规定》第9条规定："申请执行人将生效法律文书确定的债权依法转让给第三人，且书面认可第三人取得该债权，该第三人申请变更、追加其为申请执行人的，人民法院应予支持。"以上司法解释从不同侧面肯定了债权让与，以及债权债务人之间的关系，通知仅仅是债务人向谁履行债务的抗辩理由，并非债权转让成立及申请变更申请执行人的前提条件。

其次，从债权转让通知的效力出发，未经通知债务人即变更受让人为申请执行人的，不影响债务人提出抗辩。申请执行人书面确认受让人取得债权，受让人申请变更自己为申请执行人，实质系在申请执行人认可的前提下行使债权。实践中，债权转让通知形式多样，既可以由债权人通知，也可以由受让人通知，而受让人发函、起诉等主张债权的形式亦被认为同时有通知效力。实际上，在执行程序中，变更债权受让人为申请执行人时，执行法院要向被执行人送达申请书，申请书中包括有关债权让与的事实陈述，被执行人可以提出抗辩。因此，法院基于变更申请，向被执行人送达变更申请书，已满足通知被执行人的要求。

## 立法沿革与争议

债权转让是否以通知债务人为前提，不同时期有不同的规定。1998年《执行工作规定》第20条规定："申请执行，应向人民法院提交下列文件和证件：……（4）继承人或权利承受人申请执行的，应当提交继承或承受权利的证明文件。"1999年《合同法》第80条规定："债权人转让权利的，应当通知债务人。未经通知，该转让对债务人不发生效力。"《民法典》第546条规定："债权人转让债权，未通知债务人的，该转让对债务人不发生效力。"删除了"应当通知债务人"的规定，这是转让通知仅对债务人产生效力的立法转变。《变更追加规定》第9条未将债权转让通知作为裁定变更申请执行人的要件。

实践中，因债权转让申请变更受让人为申请执行人的，是否以通知债务人为前提条件有不同观点。

第一种观点认为，只要债权能够让与，在不改变债权且债权转让后不会损害债务人利益的前提下，无须通知债务人，也无须征得债务人同意。债权转让后，受让人成为债务人的新债权人，对债务人的通知仅为让债务人知晓履行义务的对象，并非债权转让的生效要件。第二种观点认为，变更申请执行人实际解决的是债权受让人是否有权向被执行人求偿的问题。债务人对受让人可以主张债权转让合同无效等抗辩，比如债权本身不具有可转让性。如果不通知债务人，被执行人失去抗辩的机会，可能使得非真实债权人成为申请执行人。为避免上述情况发生，也有必要通知债务人，给债务人提出抗辩的机会。

本书倾向第一种观点。理由如下：首先，变更受让人为申请执行人不影响债务人提出抗辩，以此否定变更受让人为申请执行人，理由不成立；其次，权利人对自己的权利享有处分权，债权人作为权利所有人，在转让债权时，该项权利不受债务人的约束，是否通知债务人，不是决定债权转让行为是否生效的前提条件，未通知债务人不能否定债权已在权利人和受让人之间发生转移。债务人的抗辩权，仅是债权转让行为对其是否产生法律拘束力的问题，以及债务人对其已向原债权人履行义务后不再重复履行的抗辩权利。因债权转让未通知债务人的，债务人已经履行的债务部分，受让人不得再次向债务人重复主张。执行法院审查债权转让是否有效，执行申请人能否变更，不能以债权转让是否通知债务人为判断标准，更不能以债权转让未通知债务人为由拒绝变更。从《合同法》第80条到《民法典》第546条，删除了"应当通知债务人"内容。最高人民法院在判决中也持此观点，即基于债权让与后变更申请执行人的，不以通知债务人为生效要件。

## 案例索引

最高人民法院（2019）最高法执复91号借款合同纠纷执行审查案

最高人民法院（2019）最高法执监340号企业借贷纠纷执行审查案

最高人民法院（2020）最高法执复85号执行审查案

## 066 申请执行人向债权受让人出具确认取得债权的书面认可后反悔的，人民法院能否依受让人的申请裁定变更申请执行人？

答：申请执行人出具确认受让人取得债权的书面认可后又反悔的，违背诚信原则，如原申请人无证据表明该转让行为存在欺诈、胁迫、恶意转让等特殊例外情形，不影响人民法院依受让人的申请裁定变更申请执行人。但申请执行人和受让人对书面确认存在实体性争议的，当事人可以通过另行提起诉讼或仲裁解决。

### 理由与依据

《变更追加规定》第9条明确变更申请执行人需要具备三个条件：一是债权人享有合法债权，即已经合法享有生效法律文书确定的债权；二是债权人与第三人经过协商，已经达成了债权转让的合意，债权在权利人之间依法予以转让；三是债权人出具书面材料，认可第三人取得该债权。只要三个条件同时具备，债权受让人就可以申请变更其为申请执行人。根据债权转让的基本原理，具备前两个条件即实现了债权让与。之所以要求债权人出具认可第三人取得该债权的材料，原因在于债权转让是当事人之间的民事法律行为，未经过生效法律文书确认，通过申请执行人向执行法院作出该书面认可，表明其对债权转让的行为及结果已经没有实体争议，避免执行程序变更申请执行人陷入不必要的实体争议之中。

虽然实务中一直对"申请执行人在执行程序中书面认可受让人取得该债权"的必要性进行质疑，在债权已经合法转让的情况下，仅因债权人不予配合或事后反悔即导致无法变更申请执行人，而债权人未因不诚信行为遭受处罚，受让人必须通过另诉方式向债权人主张违约责任，对受让人的利益无疑造成严重影响，也增加了执行债权的市场交易成本。债权人已经出具了确认第三人取得债权的书面认可又反悔。如果原债权人无法提供证据证明转让过程中存在被欺诈、胁迫等非法情形，就不得违背诚信原则，任意撤销和反悔已经书面认可的债权让与，执行法院可根据已经成就的条件，依新债权受让人的申请裁定变更申请执行人。

需要注意的是，如果书面认可本身不符合司法解释规定，则不能在执行程序中直接变更申请执行人，当事人只能另诉解决。在最高人民法院（2019）最高法执监418号执行裁定中，受让人以股权为对价受让人案涉债权，在债权人指定主体办理工商变更登记成为股东后，债权人指定主体出具书面承诺确认受让人已经取得案涉债权。在受让人申请变更其为申请执行人过程中，债权人主张对该债权转让不予认可，双方已经解除了债权转让协议及股权转让协议。最高人民法院以债权人不认可受让人取得债权，受让人也未向执行法院提供债权人书面认可受让人取得该债权的证据，申请变更不符合司法解释的规定为由，裁定驳回受让人的申诉请求。

## 立法沿革与争议

立法对因债权转让变更申请执行人一直持肯定态度。早在2004年最高人民法院发布的《变更追加规定（征求意见稿）》就已对申请执行人的变更作了详细规定："执行依据指明的债权人以外的人申请作为本案申请执行人或者继续执行程序的，应当向执行法院提出申请，并提交有关证据。执行法院经审查，认为申请理由成立的，应当裁定准许；认为申请理由不成立的，应当裁定驳回其申请。"《变更追加规定》第9条与征求意见稿相比，增加了"需要取得债权人书面认可"的要求。

申请执行人出具书面认可后反悔，执行程序应否将受让人变更为申请执行人，实践中有积极说与消极说，消极说认为债权人享有自由处分和反悔权。在债权人和第三人达成债权转让合意，并出具确认取得债权的书面认可后，因为某一事由的出现和情势变更，只要债务人未履行完毕债务，债权债务关系尚未消灭，债权人仍然可以撤回书面认可。债权人事后反悔的，说明双方之间存在实质性争议，执行法院不应再准许债权受让人所提出的变更申请执行人的请求。

积极说认为债权转让具有无因性，在债权债务关系转移中债权人和第三人应在遵守诚信原则下按照约定履行各自权利义务，无特殊事由，不得违反约定。从保护法律关系的稳定性和诉讼信赖原则出发，如果原债权人在作出转让债权行为后又反悔，无证据证明债权转让过程中存在欺诈、胁迫等情形，就不能任意撤回转让行为和已作出的书面认可。否则，就会损害债权受让人权利，同时使债务人陷入履行两难，也会再次造成法律关系的不确定性，影响交易安全。

## 案例索引

最高人民法院（2019）最高法执监418号执行监督案

**067** 终结执行后未在申请执行时效内恢复执行，能否申请变更追加执行当事人？

答：终结执行的案件，如果符合法律规定情形，可以立案恢复执行，依申请变更追加执行当事人。对于已经终结执行的案件能否恢复执行，要分析终结执行的原因。如果因撤销申请而终结执行，未在申请执行时效内恢复执行，仍然可以申请恢复执行并变更追加执行当事人。如果当事人提出执行时效异议，人民法院经审查异议成立的，裁定不予执行。

## 理由与依据

申请执行时效不属于法院依职权主动审查的事项，即便超过申请执行时效，当事人也可以申请恢复执行，并申请变更追加当事人。只有在被执行人提出时效抗辩异议的情况下，执行法院依法审查，时效抗辩成立的，裁定驳回执行申请。终本状态的案件未退出执行程序，仍在执行过程中。在终本状态下，申请执行人发现被执行人有可供执行财产的，可以申请恢复执行，不受申请执行时效的限制。《终本规定》第16条第2款规定："终结本次执行程序后，当事人、利害关系人申请变更、追加执行当事人，符合法定情形的，人民法院应予支持。变更追加被执行人后，申请执行人申请恢复执行的，人民法院应予支持。"对于执行债权未能全部实现的终结执行，当事人能够申请变更追加执行当事人，《执行立结案意见》明确将终结本次执行程序作为无财产可供执行这类执行不能案件的结案方式之前，人民法院可能因被执行人无财产可供执行裁定终结执行，该种情况实际属于终结本次执行程序的范畴。

## 立法沿革与争议

2014年《执行立结案意见》第6条第5项规定："依照民事诉讼法第二百五十七条的规定而终结执行的案件，申请执行的条件具备时，申请执行人申请恢复执行的。"《终本规定》第16条第2款规定："终结本次执行程序后，当事人、利害关系人申请变更、追加执行当事人，符合法定情形的，人民法院应予支持……"《变更追加规定》第1条规定："执行过程中，申请执行人或其继承人、权利承受人可以向人民法院申请变更、追加当事人。申请符合法定条件的，人民法院应予支持。"上述法律规定都规定了变更、追加执行当事人的情形，但均未考量是否在执行时效内。《民事诉讼法解释》第483条规定："申请执行人超过申请执行时效期间向人民法院申请强制执行的，人民法院应予受理。被执行人对申请执行时效期间提出异议，人民法院经审查异议成立的，裁定不予执行。"

不同意见认为，终结执行后未在申请执行时效内申请恢复执行，就丧失了申请执行权，恢复申请法院不再受理，执行程序不再启动，更不能申请变更追加执行当事人。但申请执行时效已不属于法院依职权审查的立案要件，申请人虽然未在执行时效内申请恢复执行，法院仍应受理，被执行人提出抗辩后，法院才能进行审查。终结本次执行程序期间出现债权转让情形的，受让人等权利主体有权在执行程序重新启动后申请变更追加执行当事人。

## 案例索引

广东省高级人民法院（2019）粤执复916号公证债权文书执行案

## 068 执行债权转让未给付对价的，人民法院能否变更受让人为申请执行人？

答：执行债权转让后未按约定给付对价的，如果债权转让符合法律规定形式和实质要件，人民法院可以变更受让人为申请执行人。但如果存在债权人与受让人双方恶意串通，损害第三人合法权益的情形，或者债权让与人与受让人有关于对价给付履行特殊约定的，人民法院不能变更受让人为申请执行人。

### 理由与依据

人民法院依权利人申请，根据债权转让协议，以及原债权人的书面认可声明，可以裁定变更申请执行人。无论债权转让协议是否有合理对价，或者受让人是否已经支付对价，原债权人出具的确认受让人已经取得债权的书面认可，足以表明原债权人自愿承担交易风险，人民法院应尊重当事人的意思自治，不能将对价是否合理或者是否已支付对价作为审查事项。《上海市高级人民法院关于审理涉及债权转让纠纷案件若干问题的解答》（沪高法民二〔2006〕13号）也规定："权利人享有人民法院生效裁判文书确定的债权，并将该债权予以转让，只要该债权不属于合同法第七十九条规定的情形，应当认可该债权转让的效力。经相关人民法院审查后，债权受让人可依生效裁判文书向债务人主张债权。"

虽然债权转让的法律效力不以是否给付转让对价为前提，但执行债权转让未给付对价，执行法院在对变更申请进行审查时，需要审查债权转让的真实性和合法性。如果申请执行人转让债权是为了逃避债务、规避执行，或者损害第三人合法权利，而未对价给付，执行法院则不能支持变更申请执行人。

### 立法沿革与争议

《变更追加规定》第9条规定："申请执行人将生效法律文书确定的债权依法转让给第三人，且书面认可第三人取得该债权，该第三人申请变更、追加其为申请执行人的，人民法院应予支持。"该条文并未将执行债权转让对价是否支付作为人民法院应否变更受让人为申请执行人的审查条件。

有观点认为，执行债权转让未给付对价的，人民法院不宜变更受让人为申请执行人，一是很可能存在与申请执行人恶意串通损害第三人利益的问题，二是债权人与受让人之间的权利义务尚未履行完毕，未来可能就对价支付问题形成争议，造成法律关系的不稳定。该观点忽视了执行的效率价值。债权人与第三人恶意串通损害第三人的合法权益，可以通过"依法"要件控制，而非通过"对价"进行审查。而债权转让引发的争议问题，是不可能通过执行法院不准许变更申请执行人所能避免和解决的。

## 案例索引

最高人民法院（2016）最高法执复26号买卖合同纠纷执行案

## 069 执行程序中，金融资产管理公司转让的金融不良债权的债务人或担保人为国家机关，债权受让人能否向法院申请变更其为申请执行人？

答：金融不良债权转让中，债务人或者担保人为国家机关的，该转让合同违反法律禁止性规定，应认定为无效，债权受让人不能申请变更其为申请执行人。

## 理由与依据

计划经济时期形成的金融不良债权遗留问题，牵涉面广、影响大，需要在诸多权益之间进行价值权衡和价值选择。[1]关于金融债权执行相关的规定是金融资产管理公司转让已进入执行程序的不良债权的，人民法院依申请裁定变更执行主体，并未明确执行法院应适用《海南会议纪要》的规定审查债权转

---

[1] 参见高民尚：《〈关于审理涉及金融不良债权转让案件工作座谈会纪要〉的理解与适用》，载《人民司法》2009年第9期。

让的合法性。但从2013年《关于非金融机构受让金融不良债权后能否向非国有企业债务人主张全额债权的请示的答复》（〔2013〕执他字第4号）关于"非金融机构受让经生效法律文书确定的金融不良债权能否在执行程序中向非国有企业债务人主张受让日后利息的问题，应当参照《海南会议纪要》的精神处理"的规定来看，《海南会议纪要》的适用范围应辐射至执行程序。在变更追加执行当事人程序中，《变更追加规定》属于一般性规定，《海南会议纪要》属于特别规定，金融不良债权作为特殊债权，其处置牵涉到宏观经济秩序的稳定及国有资产安全，执行法院在对金融不良债权受让人申请变更申请执行人进行审查时，不仅要审查变更程序是否符合相关司法解释的规定，金融债权的转让是否签订有债权转让协议、是否有原债权人书面确认等一般债权转让的形式要件，还应查明金融债权作为特殊债权转让的合法性，其变更申请是否含有违反金融监管规定的禁止性内容。执行法院只有在双重审查符合法律规定后，才可以依债权受让人的申请变更申请执行人。

《海南会议纪要》第6条明确规定："金融资产管理公司转让不良债权存在债务人或者担保人为国家机关的，应当认定转让合同损害国家利益或社会公共利益或者违反法律、行政法规强制性规定而无效。"因此，在金融不良债权中，若存在债务人或担保人为国家机关的，金融不良债权不得转让，已经转让的认定为转让合同无效。此种情形下，债权受让人不能申请变更其为申请执行人。2020年，山东省高级人民法院发布的《执行疑难法律问题解答（三）》也对上述观点予以重申："法院在审查申请执行人变更时，发现金融不良债权转让存在债务人或担保人为国家机关的，裁定驳回变更申请。"

## 立法沿革与争议

对普通债权，在执行中变更申请执行人时，一般仅对债权转让作形式审查。债权转让协议和原债权人书面认可即视为债权真实转让，人民法院可直接依新债权人申请变更其为申请执行人。如果要求执行法院识别判断案涉债权是否为特殊债权、能否转让、受让人的主体资格等问题，甚至对包括受让资金来源、与被执行人、法律规定的不得购买不良资产的人员是否存在关联等事项进行审查，将掏空变更申请人制度。另外，金融债权发展至今，与初期政策性不良金融债权性质发生转变，是否仍应享有特殊司法政策，存在巨大争议。

## 案例索引

山东省济南市中级人民法院（2021）鲁01执复77号金融借款合同纠纷执行审查案

## 070 因金融债权转让变更申请执行人的程序中，是否应依据金融监管规定进行审查？

答：金融债权作为特殊债权，其转让也与普通债权有别，金融债权转让变更申请执行人程序中，除审查变更申请是否符合司法解释规定的形式要件外，还应一并审查该变更是否符合金融监管规定的要求，以防范金融不良债权转让过程中可能造成的国有资产流失问题，维护社会公共利益和相关当事人的合法权益，防止出现利用金融不良债权转让逃废债务的情况。

## 理由与依据

相较于普通债权转让，金融债权转让关涉国家金融安全和社会公共利益，为防范金融债权转让过程中可能造成的国有资产流失问题，《海南会议纪要》等司法文件对金融债权转让作了更严密的规定。在我国的法律体系下，金融监管规定指金融管理相关的部门规章以及规范性文件，并非法院判断合同效力的直接依据。随着《九民纪要》颁布，金融监管规定能够与公序良俗嫁接，人民法院可以从对象、监管强度、交易安全及社会影响力等方面综合考量金融监管规定是否涉及公序良俗，违反公序良俗的金融监管规定的合同将被认定为无效。因金融债权转让变更申请执行人的审查程序中，人民法院既要依据《变更追加规定》按照一般债权转让进行形式审核，也要根据金融债权的具体性质和类型，审查其转让是否存在违反法律法规、金融监管政策规定的情形，确保受让人的适格性以及转让程序的公正性和合法性，以维护社会公共利益和相关当事人的合法权益为原则，防止出现利用金融债权转让逃废债务的情况。

## 立法沿革与争议

关于金融债权的转让，各个时期的法律规定有所不同，但整体遵循的原则是在尊重债权处分自由的同时，必须要审查符合金融监管机构的相关规定。2005年《十二条规定补充通知》第3条规定："金融资产管理公司转让、处置已经涉及诉讼、执行或者破产等程序的不良债权时，人民法院应当根据债权转让协议和转让人或者受让人的申请，裁定变更诉讼或者执行主体。"2009年《海南会议纪要》也对上述规定予以重申。同时明确提出，人民法院在审查不良债权转让合同效力时，要加强对不良债权转让合同、转让标的、转让程序以及相关证据的审查，尤其是对受让人权利范围、受让人身份合法性以及证据真实性的审查。审查的这些内容包括债权的受让主体是否符合相关规定，如债权的受让主体不能为国家公务员、金融监管机构工作人员、国有企业债务管理人员、参与资产处置工作的律师、会计师等法律条文明令禁止的受让主体等。2021年最高人民法院在对《关于禁止人民法院强制执行阶段变相买卖判决书行为的建议》的答复（最高人民法院对十三届全国人大三次会议第5510号建议）中称："人民法院对金融不良债权受让人的合法权利予以充分保护，包括支持其在执行阶段申请变更权利主体，使国家维护金融安全、化解金融风险的金融体制改革政策得到落实。在审理不良债权转让合同的诉讼中，重点审查不良债权的可转让性、受让人的适格性以及转让程序的公正性和合法性，防止通过债权转让牟取不当利益。同时，如存在与受让人恶意串通转让不良债权或其他损害国家利益或社会公共利益等情形的，人民法院对该债权转让不予支持。"

对于上述问题，有其他观点认为，金融债权转让只是债权转让的一种形式，金融监管规定的效力层级也并非法院裁判的直接依据，在执行程序因金融债权转让变更申请执行人时，应当与一般债权转让持同样审查标准，无须进行实体（包括金融监管要求）方面的审查。若相对人对转让行为有异议或存在其他违法行为，应另案处理。

**案例索引**

071 作为法人的申请执行人有多个权利继受主体，但终止决议未对生效法律文书确定债权的继受主体明确约定，部分继受主体是否有权申请变更其为申请执行人？

答：作为法人的申请执行人有多个权利继受主体，但法人终止的相关决议中未对生效法律文书确定债权的继受主体进行明确约定的，继受主体应理解为全部继受主体，单个或部分权利继受向执行法院申请变更其为申请执行人，应驳回申请。

**理由与依据**

执行中有权申请变更其为申请执行人的主体包括申请执行人或其继承人、权利承受人，继承人可称为广义上的权利承受人。在申请执行人死亡（包括被宣告死亡）、终止、破产或清算、撤销等情形下，权利继受主体有权向人民法院申请变更其为新的申请执行人。这里的权利继受人应理解为全部的继受主体，而非个别或部分。当申请执行人有多个权利继受主体时，生效法律文书确定的权利由多个权利主体共同享有。因此，申请执行人的变更应由全部权利继受主体一并申请。单个或部分权利继受主体要想成为申请执行人，必须在多个权利继受人内部，取得其他权利继受主体的授权和认可，方能对外向债务人主张权利，申请变更申请执行人。概言之，一个或部分权利继受主体并不能代表所有权利继受人，故不能根据单个或部分权利继受主体的申请变更其为申请执行人。否则，就极有可能造成单个或部分权利继受主体主张权利后损害其他权利继受人的合法权利的情况发生。

## 立法沿革与争议

关于申请执行人权利继受主体，2004年《变更追加规定（征求意见稿）》第1条规定了八类权利继受主体有权申请执行或者申请继续已经开始的执行程序。[①]2016年《变更追加规定》第2条至第9条，分别对上述八类继受主体申请变更为申请执行人作出规定，明确了权利继受主体的范围及权利和义务。但关于申请执行人变更，是否需要全部权利继受主体一并提起，目前法律和司法解释尚未有明确规定，涉及法律调整时具体可参照《民法典》共同共有理解。

有观点认为，多个权利继受主体内部权利如何享有、如何分配执行后所得利益，这是内部法律关系。如果产生纠纷，可以通过诉讼等途径解决。在权利继受主体内部始终无法达成一致或有部分权利继受主体不予配合的情况下，如果不允许部分权利继受主体申请变更，将导致执行程序陷入停滞。

## 案例索引

上海市高级人民法院（2019）沪执复58号执行案

---

[①] 2004年《变更追加规定（征求意见稿）》第1条规定："除执行依据中指明的债权人以外，下列人可以申请执行或者申请继续已经开始的执行程序：（一）债权人死亡或者被宣告失踪的，其继承人、受遗赠人、遗嘱执行人、遗产管理人或者财产代管人；（二）债权人离婚的，按照离婚协议或者生效法律文书，取得该债权的原配偶；（三）作为债权人的法人分立的，分立协议中确定继受该债权的法人；与其他人合并的，合并后存续的法人；（四）债权人姓名或名称变更的，变更后的人；（五）作为债权人的其他组织被撤销的，开办该组织的公民或者法人；（六）作为债权人的企业法人依法被撤销、注销、吊销营业执照或者歇业的，其清算人或者负有清算义务的人；（七）作为债权人的机关法人被撤销的，继续行使其权利的机关；其职权无国家机关继续行使的，撤销它的机关；（八）执行依据中确定的债权转让的，其受让人；（九）其他与上述情形类似的人。"

**072** 采矿权转让合同未经审批，法院判令转让方按照合同约定办理采矿权转让手续的，受让人将采矿权转让给第三人，并申请变更第三人为申请执行人，应否予以支持？

答：民事行为不得违反法律禁止性规定，法院判令转让方按照合同约定办理采矿权转让手续，并未对采矿权权属进行确认，法院的执行只具有启动主管机关审批采矿权转让手续的作用，采矿权能否转让应由相关主管机关依法决定。该判决的执行属行为执行，不具有可转让性，申请变更申请执行人的，不予支持。

## 理由与依据

生效法律文书确认采矿权转让协议已成立，但因未经相关主管部门审批因此未发生法律效力，而采矿权能否转移给受让人须由行政机关审批决定，故法院并未确认采矿权的归属，而是根据双方之间的协议，判令转让人向相关主管部门为受让人办理转让手续。故该判决系给付判决，内容是转让人完成一定的行为，即向相关主管部门申请办理采矿权转让手续。因转让人未履行生效判决，受让人向法院申请执行。行为执行中，依赖于第三人行为的，属可替代行为。因被执行人未自动履行申请办理手续的义务，执行法院向相关主管部门发出协助执行通知。需要注意的是，按照生效判决的内容，法院发出的协助执行通知，只具有启动主管机关审批采矿权转让手续的作用，即以协助执行通知书替代被执行人（受让人）应向主管部门提交的转让申请，要求相关主管部门履行转让合同审批的职能，并非要求主管部门批准同意采矿权转让申请。采矿权能否转让仍由相关主管机关依法决定。在执行过程中，受让人成立自然人独资企业，并申请变更该企业为申请执行人。[①]

受让人的变更申请不应得到支持，该判决无法解决相关主管部门能否同意批准采矿权转让合同的问题。根据生效判决的内容，转让人的义务是向主管部门提交矿产权转让合同的审批申请，在法院向相关主管部门发出协助履行通知后，实际上该判决内容已经执行完毕。至于相关主管部门如何审批，

---

① 因为根据相关法律法规的规定，采矿权受让主体必须是法人。

是否同意转让，已经超出判决和执行的范畴。

## 立法沿革与争议

《民法典》第502条第2款规定，依照法律、行政法规的规定，合同应当办理批准手续的，依照其规定。未办理批准等手续影响合同生效的，不影响合同中履行报批等义务条款以及相关条款的效力。2000年《矿业权出让转让管理暂行规定》（国土资发〔2000〕309号）第19条规定："采矿权申请人应为企业法人，个体采矿的应依法设立个人独资企业。"2020年《最高人民法院关于审理矿业权纠纷案件适用法律若干问题的解释》第6条规定："矿业权转让合同自依法成立之日起具有法律约束力。矿业权转让申请未经国土资源主管部门批准，受让人请求转让人办理矿业权变更登记手续的，人民法院不予支持。"

## 案例索引

## 073 公民能否作为代理人接受当事人委托办理执行案件？

答：公民作为委托代理人包括以下三种情形：（1）当事人的近亲属：与当事人有夫妻、直系血亲、三代以内旁系血亲、近姻亲关系以及其他有抚养、赡养关系的亲属；（2）当事人的工作人员，即与当事人有合法劳动人事关系的职工；（3）当事人所在社区、单位以及有关社会团体推荐的公民。

### 理由与依据

公民作为委托代理人的第一种情形：当事人的近亲属。关于近亲属的范围：《民法典》第1045条规定："亲属包括配偶、血亲和姻亲。配偶、父母、子女、兄弟姐妹、祖父母、外祖父母、孙子女、外孙子女为近亲属。配偶、父母、子女和其他共同生活的近亲属为家庭成员。"《刑事诉讼法》第108条第1款第6项规定："'近亲属'是指夫、妻、父、母、子、女、同胞兄弟姊妹。"《行政诉讼法解释》第14条第1款规定："行政诉讼法第二十五条第二款规定的'近亲属'，包括配偶、父母、子女、兄弟姐妹、祖父母、外祖父母、孙子女、外孙子女和其他具有扶养、赡养关系的亲属。"虽然《民法典》《刑事诉讼法》《行政诉讼法解释》对近亲属定义的范围不同，但《民事诉讼法解释》第85条明确了可以以近亲属身份作为委托代理人的范围：与当事人有夫妻、直系血亲、三代以内旁系血亲、近姻亲关系以及其他有抚养、赡养关系的亲属，可以以当事人近亲属的名义作为诉讼代理人。《民事诉讼法》及《民事诉讼法解释》中对公民作为委托代理人的范围宽于《刑事诉讼法》《行政诉讼法》及司法解释中关于近亲属的范围。执行程序中近亲属作为代理人的范围，目前相关执行的法律法规、司法解释未明文规定。执行程序与诉讼程序不同，执行系依靠国家强制力执行生效法律文书，大多为程序性事项，较少存在当事人之间实体权利义务纠纷，即便存在纠纷，法律赋予当事人通过诉讼程序解决，故执行程序委托代理人范围可较为宽泛，可参照《民事诉讼法》《民事诉讼法解释》规定范围。公民作为委托代理人第二种情形：当事人的工作人员，即与当事人有合法劳动人事关系的职工。公民作为委托代理人第三种情形：当事人所在社区、单位以及有关社会团体推荐的公民。

### 立法沿革与争议

1988年《最高人民法院关于贯彻执行〈中华人民共和国民法通则〉若干问题的意见（试行）》第12条规定："民法通则中规定的近亲属，包括配偶、父母、子女、兄弟姐妹、祖父母、外祖父母、孙子女、外孙子女。"该条规定近亲属范围较小。

1991年《民事诉讼法》第58条第2款规定："律师、当事人的近亲属、有关的社会团体或者所在单位推荐的人、经人民法院许可的其他公民，都可以被委托为诉讼代理人。"2007年《民事诉讼法》继续沿用。

2012年《民事诉讼法》第58条第2款规定："下列人员可以被委托为诉讼代理人：（一）律师、基层法律服务工作者；（二）当事人的近亲属或者工作人员；（三）当事人所在社区、单位以及有关社会团体推荐的公民。"诉讼代理人范围有所增加，包括"当事人的工作人员""当事人所在社区推荐公民"。目前施行的《民事诉讼法》第61条对此沿用。

2022年《民事诉讼法解释》第85条规定："根据民事诉讼法第六十一条第二款第二项规定，与当事人有夫妻、直系血亲、三代以内旁系血亲、近姻亲关系以及其他有抚养、赡养关系的亲属，可以当事人近亲属的名义作为诉讼代理人。"第86条规定："根据民事诉讼法第六十一条第二款第二项规定，与当事人有合法劳动人事关系的职工，可以当事人工作人员的名义作为诉讼代理人。"第87条规定："根据民事诉讼法第六十一条第二款第三项规定，有关社会团体推荐公民担任诉讼代理人的，应当符合下列条件：（一）社会团体属于依法登记设立或者依法免予登记设立的非营利性法人组织；（二）被代理人属于该社会团体的成员，或者当事人一方住所地位于该社会团体的活动地域；（三）代理事务属于该社会团体章程载明的业务范围；（四）被推荐的公民是该社会团体的负责人或者与该社会团体有合法劳动人事关系的工作人员。专利代理人经中华全国专利代理人协会推荐，可以在专利纠纷案件中担任诉讼代理人。"《民事诉讼法解释》扩大了近亲属的范围。

## 案例索引

最高人民法院（2019）最高法执监447号执行监督案

四川省高级人民法院（2019）川执监24号执行监督案

**074** 执行程序中能否适用人格否定制度追加股东为被执行人？

答：在执行程序追加第三人为被执行人应遵循法定原则，除根据《变更追加规定》第20条，追加符合条件的一人有限责任公司股东为被执行人外，执行程序中原则上不能以公司和其股东之间出现财产混同或人格混同为由追加其股东为被执行人。

## 理由与依据

公司法人人格独立和股东有限责任是现代公司法制度的两大基石。但公司股东滥用法人独立地位和股东有限责任严重损害公司债权人利益时，股东应当对公司债务承担连带责任，即"法人人格否认"，在英美法系也称作"刺破公司面纱"。对公司法人作出生效判决的既判力不当然及于公司法人的股东。通过适用法人人格否认制度要求公司股东承担连带责任，应当提起法人人格否定之诉，经过举证质证、法庭辩论等在审判程序中解决。而在执行程序中，即便债权人举证证明了法人股东符合法人人格否认的条件，但由于其违背了诉讼程序明确、稳定的要求，执行依据对法人股东也不产生执行力。[1]

公司法人与股东之间出现财产混同、人格混同，公司独立人格被股东滥用，严重损害债权人的利益。在此情况下，债权人有权适用法人人格否认制度对该公司法人人格进行否定，并要求人格混同的公司股东对公司债务承担连带清偿责任。由于一人有限公司缺乏股东间相互制约，容易利用控制公司的便利，混淆公司财产和股东个人财产，将公司财产充作私用，同时利用公司独立人格和有限责任规避债务，损害债权人利益。我国一人公司滥用股东权利、公司与股东财产混同的现象更为普遍。基于上述原因，《公司法》第63条对一人公司适用人格否定制度进行了特殊规定："一人有限责任公司的股东不能证明公司财产独立于股东自己的财产的，应当对公司债务承担连带责任。"通过加重一人公司股东的举证责任来遏制一人公司财产混同的普遍现象，即举证责任倒置，由一人公司股东承担自己的财产与公司财产相分离的证明责任。而针对一人公司财产混同的这一情形，《变更追加规定》第20条对

---

[1] 刘贵祥：《法人人格否认理论与审判实务》，载《人民司法》2001年第9期。

本属于实体纠纷的这一特殊情形，作出了允许追加不能证明个人财产独立于公司财产的法人股东为被执行人，直接适用法人人格否定的特殊规定。

申请执行人追加或者变更的被执行人并非生效法律文书确定的义务人，在执行程序中直接追加股东为被执行人，意味着直接通过执行程序确定由执行依据列明的被执行人以外的人承担实体责任，对其实体权益影响很大。所以，追加被执行人必须遵循法定主义原则，即应当限于法律和司法解释明确规定的追加范围，更不能超出法定情形进行追加。因此，除根据《变更追加规定》中规定的对可以申请追加符合条件的一人有限责任公司股东为被执行人外，执行程序中原则上不能以公司和其股东之间出现财产混同或人格混同为由追加其股东为被执行人。

## 立法沿革与争议

法人人格否定（亦被称为刺破公司面纱）制度最早发源于美国。1905年，美国法官桑伯恩（Sanborn）在美国诉密尔沃基冷藏运输公司（U.S.v.MilwaukeeRefrigeratorTransitCo）一案中首开"公司法人人格否定"之先河。这一规则在英美判例法上大量运用和发展。我国对该规则以成文法的方式引入。2005年《公司法》第20条第3款规定："公司股东滥用公司法人独立地位和股东有限责任，逃避债务，严重损害公司债权人利益的，应当对公司债务承担连带责任。"第64条规定："一人有限责任公司的股东不能证明公司财产独立于股东自己的财产的，应当对公司债务承担连带责任。"至此，公司法人人格否认制度从立法角度正式在我国确立。根据该制度原则，2016年《变更追加规定》第20条对具体执行案件作出了更具可操作性的规定，即"作为被执行人的一人有限责任公司，财产不足以清偿生效法律文书确定的债务，股东不能证明公司财产独立于自己的财产，申请执行人申请变更、追加该股东为被执行人，对公司债务承担连带责任的，人民法院应予支持"。

理论界有两种观点：肯定说认为，法人人格否认制度作为一种补充性制度，目的是矫正公司法人独立制度的偏差，在执行程序中以裁定的形式追加股东为被执行人，能够节约司法资源、降低诉讼成本、实现保护债权人权益的目标，具有现实必要性。执行程序中可以参照实体法律规定对相关主体是否构成被追加事由进行审查。《公司法》第20条规定："公司股东应当遵守法律、行政法规和公司章程，依法行使股东权利，不得滥用股东权利损害公司或者其他股东的利益；不得滥用公司法人独立地位和股东有限责任损害公司债权人的利益。""公司股东滥用股东权利给公司或者其他股东造成损失的，应当依法承担赔偿责任。""公司股东滥用公司法人独立地位和股东有限责任，逃避债务严重损害债权人利益的，应当对公司债务承担连带责任。"为防止公司股东滥用公司法人独立地位和股东有限责任，侵害债权人权益，应当允许执行程序中直接"刺破公司面纱"，追加相关股东为被执行人。[①] 否定说认为，涉及实体权益的处分必须经过审判程序，在执行程序中直接适用法人人格否认制度追加股东为被执行人，存在"以执代审"的嫌疑，而且极易造成执行人员为追求执行效率从而引发对该制度的滥用风险，动摇现代公司制度的基础。

实践中，追加案外人为被执行人应严格依照法律、司法解释的规定进行。就题述问题，司法解释明确规定可以追加为被执行人的法定情形，仅限于追加财产混同的一人公司股东，不包括其他法人人格混同的情形。对于不符合法定适用情形的，执行法院一般不予追加为被执行人。债权人如认为被执行人与公司股东存在法人人格混同的情形，可以另案提起诉讼，请求否定相关被执行人的法人人格并要求存在利用公司有限责任滥用股东权利损害债权人利益的股东承担被执行人的债务。

## 案例索引

最高人民法院（2015）执申字第90号执行监督案

河北省正定县人民法院（2019）冀0123民初3896号执行异议之诉案

---

[①]　该观点在《变更追加规定》出台之前曾极有影响，实务中也有不少法院采此种做法，《人民司法·案例》（2016年第5期）曾刊载山东省阳谷县人民法院（2015）阳恢执字第393号执行案例，该案即直接依照《公司法》第20条的规定追加股东为被执行人。

075 第三人在执行程序中的承诺构成债务加入的，能否对其财产采取执行措施？

答：第三人在执行程序中自愿作出的承诺构成债务加入的，应分情况而定：第三人向执行法院书面承诺债务加入的，申请执行人可依据《变更追加规定》第24条将第三人追加为被执行人，人民法院即可对第三人的财产采取执行措施。第三人作出的债务加入承诺未经法院认可，构成执行外和解协议，第三人不履行其承诺的，申请执行人应通过诉讼程序解决。如果被执行人或他人向人民法院提供担保书，载明被执行人于暂缓执行期限届满后仍不履行时，担保人自愿接受强制执行承诺，则构成执行担保，可以直接执行担保财产或担保人财产。

**理由与依据**

第一种情况，执行过程中，第三人向执行法院书面承诺自愿代被执行人履行生效法律文书确定的债务，申请执行人申请变更、追加该第三人为被执行人，在承诺范围内承担责任的，人民法院应予支持。执行中第三人承诺自愿代被执行人偿还债务的，在被执行人不退出执行程序的状态下，加入的第三人与被执行人共同承担债务，增加了债务履行主体，有利于申请执行人债权的实现，不需要经过债权人同意，符合债务加入的构成要件，第三人在执行程序中所作的承诺构成债务加入的，申请执行人可以依据《变更追加规定》第24条追加第三人为被执行人，法院裁定追加后即可对其财产采取执行措施。第三人因书面承诺自愿代被执行人偿还债务而被追加为被执行人后，无正当理由反悔并提出异议的，人民法院不予支持。

第二种情况，第三人向债权人而未向法院作出债务加入的承诺，视为当事人之间达成执行外和解协议，第三人不履行承诺的，申请执行人只能申请执行原生效法律文书或向法院起诉要求执行执行外和解协议。

**立法沿革与争议**

第三人自愿代被执行人履行债务，有观点认为属于债务承担中的债务加入。所谓债务承担，按照承担后原债务人是否免责为标准，可以分为免责的债务承担和并存的债务承担。其中，免责的债务承担，是指经债权人同意，由第三人取代原债务人地位而承担全部债务，使原债务人脱离债权债务关系；并存的债务承担，又称债务加入，是指原债务人并不脱离债的关系，而由第三人加入债权人与原债务人之间既存的债权债务关系当中，与原债务人一起向债权人承担债务。《合同法》第64条对债务承担作出规定。《民法典》第552条首次规定了债务加入："第三人与债务人约定加入债务并通知债权人，或者第三人向债权人表示愿意加入债务，债权人未在合理期限内明确拒绝的，债权人可以请求第三人在其愿意承担的债务范围内和债务人承担连带债务。"

## 案例索引

北京市高级人民法院（2018）京执复13号执行复议案

甘肃省高级人民法院（2018）甘执复111号执行复议案

## 076　执行中法人或其他组织出现被吊销营业执照、被撤销、被责令关闭、歇业等解散事由，能否追加相关义务人为被执行人？

答：法人或其他组织被注销或出现被吊销营业执照、被撤销、被责令关闭、歇业等解散事由后，其股东、出资人或主管部门无偿接受其财产，致使该被执行人财产不足以清偿生效法律文书确定的债务的，可以变更、追加该股东、出资人、主管部门为被执行人，在接受的财产范围内承担责任。

## 理由与依据

《变更追加规定》第22条规定："作为被执行人的法人或非法人组织，被注销或出现被吊销营业执照、被撤销、被责令关闭、歇业等解散事由后，其股东、出资人或主管部门无偿接受其财产，致使该被执行人无遗留财产或遗留财产不足以清偿债务，申请执行人申请变更、追加该股东、出资人或主管部门为被执行人，在接受的财产范围内承担责任的，人民法院应予支持。"依据该规定，能够被追加为被执行人的相关人为公司股东、出资人或主管部门，且必须同时满足三个条件：（1）法人或非法人组织出现被注销或出现被吊销营业执照、被撤销、被责令关闭、歇业等解散事由；（2）在出现上述事由后，法人或非法人组织的股东、出资人或主管部门无偿接受其财产；（3）因法人或非法人组织无偿转让财产导致其财产或遗留财产不足以清偿债务。

变更、追加对债务人的义务依法承担清偿责任或者连带责任的人为被执行人，是执行力客观范围扩张的表现，申请执行人申请变更、追加股东、出资人或主管部门为被执行人的法理基础在于，被执行人的所有财产是其债务的担保，被执行人出现被吊销营业执照、被撤销、被责令关闭、歇业等解散事由的，应当依法进行清算，将剩余资产用于清偿债务。但被执行人的股东、出资人或主管部门基于各种原因部分或者全部无偿接受被执行人的财产的，导致被执行人应当用于清偿自身债务的责任财产较少，直接损害了债权人的利益。如果股东、出资人或主管部门是以合理的对价接受的被执行人财产，未不当减少被执行人的责任财产，则无须对被执行人的债务承担责任。

## 立法沿革与争议

1998年《执行工作规定》第81条规定："被执行人被撤销、注销或歇业后，上级主管部门或开办单位无偿接受被执行人的财产，致使被执行人无遗留财产清偿债务或遗留财产不足清偿的，可以裁定由上级主管部门或开办单位在所接受的财产范围内承担责任。"2008年《执行工作规定》沿袭了该条款，2020年《执行工作规定》删除了该条款。

2016年《变更追加规定》第22条扩展了1998年《执行工作规定》第81条的内容，适用情形增加了"吊销营业执照""被责令关闭"。因市场化经济改革，追加的主体也从"主管部门或开办单位"改为"股东、出资人或主管部门"。2020年《变更追加规定》第22条除依据《民法典》的相关规定，将"法人或其他组织"调整为"法人或非法人组织"外，其余内容没有变化。

**案例索引**

最高人民法院（2016）最高法执监184号借款合同纠纷执行监督案

**077** **执行中能否以夫妻共同债务为由申请追加配偶为被执行人？**

答：变更、追加被执行人应当遵循法定原则，法律或司法解释没有规定可予变更追加的，不能进行变更、追加，否则实质上会剥夺当事人的诉讼权利，属于程序违法。夫妻债务的认定应通过诉讼程序，在执行程序中不得直接认定被执行人所负债务为夫妻共同债务，并以此追加其配偶为被执行人。

**理由与依据**

按照《民法典》第1064条的规定，认定债务是否属于夫妻共同债务，要严守法定程序，保障当事人诉讼权利。生效法律文书在未确认相关债务为夫妻共同债务的情况下，执行环节不应直接改变执行依据，直接将生效法律文书确认的个人债务推定为夫妻共同债务。

现行法律和司法解释并无关于在执行程序中可以追加被执行人的配偶或原配偶为共同被执行人的规定。债权人认为生效法律文书所确定的债务应为夫妻共同债务或可能存在夫妻双方恶意串通损害债权人利益的情形，可以通过审判程序认定夫妻共同债务。在法院作出确认执行债务为夫妻共同债务或夫妻通过假离婚等形式逃避执行债务的生效判决后，再以此为依据申请追加被执行人的配偶为被执行人。

需要注意的是，最高人民法院在（2020）最高法民申2755号民事裁定书中认为，确认执行债务为夫妻共同债务系确认之诉，不适用诉讼时效的规定。被执行人配偶以债权人的请求权已过诉讼时效进行抗辩的，法院未予支持。因此，在通过诉讼程序认定执行债务为夫妻共同债务时，需要注意诉讼时效是否已届满的问题，如果已过诉讼时效期间的，可以通过提起确认之诉而非给付之诉进行救济。

### 立法沿革与争议

2016年《变更追加规定》确立了变更追加的法定原则，即应当限于法律和司法解释明确规定的追加范围，既不能超出法定情形进行追加，也不能直接引用有关实体裁判规则进行追加。原本《变更追加规定》草案第16条是有追加配偶为被执行人的规定的，但在正式发布的《变更追加规定》中被删除。2017年2月28日，最高人民法院发布《关于依法妥善审理涉及夫妻债务案件有关问题的通知》（法（2017）48号），明确未经审判程序，不得要求未举债的夫妻一方承担民事责任。

《民法典》进一步明确了夫妻共同债务"共债共签"的原则，即夫妻双方共同签字或者夫妻一方事后追认等共同意思表示所负的债务，以及夫妻一方在婚姻关系存续期间以个人名义为家庭日常生活需要所负的债务，属于夫妻共同债务。因涉及当事人实体权利义务，应经由审判程序对债务是否为夫妻共同债务进行认定，执行程序中不能直接依据实体法律条文对债务的性质进行认定。

有观点认为，为保护债权人利益，减轻当事人诉累，在债权人举证证明生效法律文书确定的债务符合夫妻共同债务的情况下，在执行中经过必要的程序可以追加被执行人的配偶为被执行人。

一般认为，追加配偶为被执行人，意味着直接通过执行程序将由生效法律文书确定的个人债务认定为夫妻共同债务，这对配偶或者原配偶的实体和程序权利将产生极大影响。应经由审判程序对是否属于夫妻共同债务进行处理，执行权的不当扩张会损害配偶相应的救济权利，对债务性质的认定属于审判权范畴，不应通过执行程序解决。

### 案例索引

最高人民检察院第二十八批指导性案例（检例第110号）黑龙江何某申请执行监督案

最高人民法院（2015）执申字第111号申请承认与执行法院判决、仲裁裁决案

### 078 人民法院能否不经追加变更执行当事人程序，直接执行案外人财产？

答：强制执行的对象不限于执行依据主文记载的债务人，执行法院可以在法定情形下不追加案外第三人为被执行人而直接执行其名下的财产。

### 理由与依据

人民法院强制执行的对象范围，既包括执行依据主文载明的债务人以及经过追加的被执行人，也包括法律规定的可以直接执行其财产的第三人。

根据现行法律法规及司法解释的规定，在8种情形下可以直接执行案外人财产：一是到期债权执行中，次债务人未提出异议的，人民法院可以对其强制执行。二是保证人在审理案件期间为债务人提供保证，案件审结后如果被执行人财产不足清偿债务，即使生效法律文书中未确定保证人承担责任，法院也可直接裁定执行保证人在保证责任范围内的财产。三是执行担保人可以直接执行其财产。四是个人独资企业出资人为被执行人时，法院可直接执行该个人独资企业财产。五是个体工商户字号为被执行人时，法院可直接执行该字号经营者的财产；个体工商户经营者作为被执行人的，法院是否可以直接执行字号的财产法律及司法解释并无明确规定，但广东省市场监督管理局关于广东省十三届人大四次会议第1624号代表建议协办意见的函粤市监注函〔2021〕421号支持广东省高级人民法院关于个体工商户（个人经营）的经营者作为被执行人的，可以直接执行字号的财产的观点。六是法人分支机构为被执行人，追加法人后仍未清偿的，法院可直接执行该法人其他分支机构的财产。七是公司法人为被执行人时，法院可直接执行该法人分支机构的财产。八是第三人在调解笔录中以债务承担方式加入债权债务关系的，法院可

以在其债务承担范围内直接对其强制执行。

非经变更、追加程序，不得再添加案外人为被执行人。在前述八种情形下，如果不将案外人追加为被执行人而直接执行，将不能使用执行查控网。例如，个体工商户字号为被执行人时，执行法院无法通过网络系统查询、控制个体户字号经营者名下的财产。

最高人民法院在裁定中指出，"福鑫大酒店在收到履行通知后十五日内没有提出异议，在法院出具强制执行裁定后，福鑫大酒店的地位相当于本案的被执行人。"[①]《立审执协调意见》第6条规定："……有字号的个体工商户为被执行人的，立案部门应当将生效法律文书注明的该字号个体工商户经营者一并列为被执行人。"即为了使用执行查控网查找财产线索，便于执行。

## 立法沿革与争议

对被执行人到期债权的执行最早规定在《民诉意见》第300条："被执行人不能清偿债务，但对第三人享有到期债权的，人民法院可依申请执行人的申请，通知该第三人向申请执行人履行债务。该第三人对债务没有异议但又在通知指定的期限内不履行的，人民法院可以强制执行。"1998年《执行工作规定》进行了完善，第65条规定："第三人在履行通知指定的期限内没有提出异议，而又不履行的，执行法院有权裁定对其强制执行。此裁定同时送达第三人和被执行人。"

2020年《执行工作规定》第54条规定："人民法院在审理案件期间，保证人为被执行人提供保证，人民法院据此未对被执行人的财产采取保全措施或解除保全措施的，案件审结后如果被执行人无财产可供执行或其财产不足清偿债务时，即使生效法律文书中未确定保证人承担责任，人民法院有权裁定执行保证人在保证责任范围内的财产。"

《执行担保规定》第11条第1款规定："暂缓执行期限届满后被执行人仍不履行义务，或者暂缓执行期间担保人有转移、隐藏、变卖、毁损担保财产等行为的，人民法院可以依申请执行人的申请恢复执行，并直接裁定执行担保财产或者保证人的财产，不得将担保人变更、追加为被执行人。"

---

① 参见最高人民法院（2020）最高法执监507号执行裁定书。

因个人独资企业、个体工商户字号的财产属投资人个人所有，被执行人分支机构的财产属被执行人所有。因此分别在《变更追加规定》第13条和第15条规定了对个人出资的个人独资企业、经营者出资的个体工商户字号以及被执行人的分支机构，不经变更追加程序即可直接执行。

## 案例索引

最高人民法院（2020）最高法执监507号民间借贷纠纷执行监督案

## 079 第三人在调解书或者调解笔录中以债务承担方式加入债权债务关系的，执行程序中能否对该第三人强制执行？

答：调解书或者调解笔录中第三人以债务承担方式加入债权债务关系的，执行程序中可以不经变更追加程序，在该第三人债务承担范围内直接对其强制执行。

## 理由与依据

审判程序中，第三人愿意为被告承担责任的情形，主要包括两种情况：

一是第三人在诉讼中提供保证。保证人在审理期间为被告提供保证，法院据此未对被告的财产采取保全措施的，如果被告财产不足以清偿债务的，即使执行依据主文未判决保证人承担责任，人民法院也可在执行程序中直接执行其在保证责任范围内的财产。

二是第三人在诉讼过程中的债务加入，如果第三人自愿对债权人承担责任明确写入了调解书主文中，那该第三人就是执行依据主文记载的被执行人，申请执行人将其列为被执行人，执行程序中可以对其强制执行；如果原告在审判阶段未将案外第三人列为共同被告，该第三人基于某种原因自愿为被告承担相关责任的内容被写入了调解笔录或者调解协议中，那么即使该第三人在执行立案时不能列为被执行人，法院在执行程序中也可以对该第三人采取强制执行措施。这一观点已经为最高人民法院117号指导性案例所确认。

根据民事调解书或调解笔录，第三人以债务承担方式加入债权债务关系的，执行法院可以在该第三人债务承担范围内直接对其强制执行。虽然该指导性案例中把民事调解书和调解笔录相提并论，但两者实际上有本质区别，前者是执行依据，后者作为非司法公文书并非执行依据。如果第三人的履行责任不是被记载于调解书主文，而是被记载于调解笔录或者调解协议中，由于调解笔录或者调解协议均非执行依据，故按照执行法理论和实务做法，执行法院不能对该案外第三人采取强制执行措施，[①] 权利人应另行诉讼。

最高人民法院117号指导性案例确立了"只要案外第三人债务加入的履行责任在审判程序中写入了调解笔录，法院就可以在执行程序中执行其财产"的裁判规则。

## 立法沿革与争议

实践中不同观点认为将第三人债务加入记录于调解书主文，人民法院对其进行执行属执行依据的应有之义，但仅记载于调解笔录或调解协议，其债务加入的承诺便不具有既判力和执行力，人民法院在执行程序中直接对其强制执行缺乏执行理论支持。

## 案例索引

最高人民法院指导性案例117号（2017）最高法执复68号执行复议案

---

① 因为执行法院无权不经变更追加程序而直接执行非由执行依据记载的案外人第三人的财产，除非有法律明文规定的八种情形之一。关于这个问题的详细论述，可参见本书执行依据章节中对"执行法院能否不追加案外第三人为被执行人而直接执行该案外第三人的财产"这一问题的解答。

## 080 股东代表诉讼的原告能否作为申请执行人代公司申请执行？

答：股东代表诉讼原告具备申请执行人资格。股东代表诉讼判决的执行启动主体有两个，分别为作为股东代表诉讼实际权益归属人的公司和提起股东代表诉讼的原告。股东代表诉讼的原告能够作为申请执行人代公司申请执行。

### 理由与依据

股东代表诉讼，又称股东派生诉讼、股东衍生诉讼，它是指公司的利益受到损害，公司怠于通过诉讼追究侵权人责任时，股东为了维护公司利益，履行法定程序后可以自己的名义提起诉讼。在股东代表诉讼中，股东个人的利益并没有直接受到损害，只是由于公司的利益受到损害而间接受损。因此，股东代表诉讼是股东为了公司的利益而以股东的名义直接提起的诉讼，胜诉后的利益归属于公司。

按照股东代表诉讼制度原理，作为原告之股东虽不是判决权益直接归属人，但其仍然享有确保权益实现、维护公司利益的权利。原告是生效法律文书确定的权利人，也是启动执行程序的适格主体。公司既然怠于提起诉讼，也可能会在判决后怠于申请执行，如果禁止股东代表诉讼中的原告申请执行，股东代表诉讼价值难以最终兑现。

### 立法沿革与争议

《公司法》第151条规定了股东代表诉讼制度："董事、高级管理人员有本法第一百四十九条规定的情形的，有限责任公司的股东、股份有限公司连续一百八十日以上单独或者合计持有公司百分之一以上股份的股东，可以书面请求监事会或者不设监事会的有限责任公司的监事向人民法院提起诉讼；监事有本法第一百四十九条规定的情形的，前述股东可以书面请求董事会或者不设董事会的有限责任公司的执行董事向人民法院提起诉讼。监事会、不设监事会的有限责任公司的监事，或者董事会、执行董事收到前款规定的股东书面请求后拒绝提起诉讼，或者自收到请求之日起三十日内未提起诉讼，或者情况紧急、不立即提起诉讼将会使公司利益受到难以弥补的损害的，前款规定的股东有权为了公司的利益以自己的名义直接向人民法院提起诉讼。他人侵犯公司合法权益，给公司造成损失的，本条第一款规定的股东可以依照前两款的规定向人民法院提起诉讼。"

2017年《公司法解释（四）》第25条明确了股东代表诉讼胜诉利益的归属是公司："股东依据公司法第一百五十一条第二款、第三款规定直接提起诉讼的案件，胜诉利益归属于公司。股东请求被告直接向其承担民事责任的，人民法院不予支持。"

关于股东代表诉讼判决的申请执行主体能否是股东，目前法律及司法解释并无明确规定，实践中存在不同做法。提起股东代表诉讼的股东能否申请执行的问题，有几种不同的观点。有观点认为，股东代表诉讼判决中记载的权利主体是公司，根据执行案件的受理条件，申请执行人应是生效法律文书确定的权利人或其继承人、权利承受人，公司才是适格的申请执行主体，股东代表诉讼中的原告无权申请执行。《公司法解释（四）》已明确股东代表诉讼的胜诉利益归属于公司，能够申请执行的主体应该是公司。股东代表诉讼只是在公司治理机制失灵时的救济措施，股东代表诉讼胜诉后就意味着司法介入公司内部治理的目的已经达成，要实现司法介入成果的申请主体理应是该成果的受益主体。股东通过股东代表诉讼实现维护全体股东利益的间接目的在取得胜诉判决时已然实现，再以股东自身名义申请执行缺乏正当性与合理性。另有观点认为，股东代表诉讼贯穿审判和执行阶段，不管是提起诉讼还是申请执行，股东代表都是出于继续维护公司利益的目的。允许提起诉讼的股东申请执行，是股东代表诉讼在执行阶段的自然延伸，符合股东代表诉讼这一制度设计的内在逻辑。

## 案例索引

最高人民法院（2016）最高法执复28号侵权责任纠纷执行复议案

**081** 变更受让人为申请执行人的审查程序中，涉案债权作为到期债权被另案的法院冻结，是否应允许变更债权受让人为申请执行人？

答：根据债权转让的时间与债权冻结时间的先后分情况而定：债权转让在先的，此时应当允许变更债权受让人为申请执行人；债权冻结在先的，对变更债权受让人为申请执行人的请求不予准许。

## 理由与依据

如果冻结债权裁定在债权转让之前作出，因债权已被冻结，债权转让行为不得对抗人民法院保全或执行行为，如果允许将案外人变更为申请执行人，债权冻结所要达到的债务人应停止向债权人清偿的目的将因申请执行人的变更而落空，因为此时债务人再向变更后的申请执行人即案外人清偿并不违反冻结裁定。故不应允许案外人申请变更为申请执行人。如果冻结时间在债权人将到期债权转让给案外人之后，此时到期债权已完成转让，该债权已非原债权人的责任财产，而属于案外人的责任财产，裁定冻结无法律依据，另案法院实际并未冻结成功，故应当允许案外人变更为申请执行人。

## 立法沿革与争议

有观点认为，变更申请执行人只要符合追加、变更的构成要件即可。《变更追加规定》第9条规定："申请执行人将生效法律文书确定的债权依法转让给第三人，且书面认可第三人取得该债权，该第三人申请变更、追加其为申请执行人的，人民法院应予支持。"根据该规定，只要符合以下条件，法院即应当允许变更债权受让人为申请执行人：一是生效法律文书确定的债权已依法转让，二是申请执行人书面认可第三人取得债权，三是第三人申请变更为申请执行人。与之相对照，问题中情形符合上述三个要件，故此时应当允许变更债权受让人为申请执行人。申请变更前涉案债权作为申请执行人的到期债权已被另案的执行法院冻结，不影响法院作出变更申请执行人的执行行为。问题中所列情形下，变更后的执行案件确有可能无法执行到位，但并不影响法院依法作出变更申请执行人的行为，这是两个不同的问题。如变更申请执行人后，利害关系人提出异议，可以根据转让债权的时间分类进行审查。

## 案例索引

最高人民法院（2019）最高法执监424号借款合同纠纷执行审查案

## 082 被执行人破产后，申请执行人能否继续申请变更追加当事人？

答：人民法院裁定受理被执行人的破产申请后，债权人申请变更追加被执行人的，人民法院不予准许。

## 理由与依据

法院受理被执行人破产申请导致中止执行的，债权人不能申请变更追加被执行人，《变更追加规定》出台前，最高人民法院在（2014）执申字第250号执行裁定中确立了同样的裁判规则，即追加被执行人属于执行法院于执行程序中所采取的措施，对债权人提出的追加申请，执行法院不予审查。

在最高人民法院（2020）最高法执监245号执行裁定中，最高人民法院认为，人民法院受理破产申请后执行程序应当中止的规定旨在协调执行程序和破产程序的关系，即一旦被执行人进入破产程序，则以相应债权债务关系均在破产程序中解决为原则，再追加相关被执行人与《企业破产法》规定精神不符。但不予审查追加被执行人的申请并不意味着债权人没有其他救济途径。债权人可在破产程序中对股东出资不实的责任进行主张，要求管理人依据《企业破产法》第35条的规定进行追索。[①] 破产程序启动，债务人的其他债务清

---

① 《企业破产法》第35条规定："人民法院受理破产申请后，债务人的出资人尚未完全履行出资义务的，管理人应当要求该出资人缴纳所认缴的出资，而不受出资期限的限制。"

偿行为均应停止，保证所有债权依法公平受偿，即便债权人发现应对被执行人的债务承担责任的第三人，如出资不实的股东，该股东尚未缴纳的出资也应当作为被执行人财产供全体债权人受偿。

## 立法沿革与争议

《执行立结案意见》第17条将"被执行人被人民法院裁定宣告破产的"列为"终结执行"的情形。2015年《民事诉讼法解释》第515条规定："被执行人住所地人民法院裁定受理破产案件的，执行法院应当解除对被执行人财产的保全措施。被执行人住所地人民法院裁定宣告被执行人破产的，执行法院应当裁定终结对该被执行人的执行。"经2020年及2022年两次修正，《民事诉讼法解释》均保留了该规定。

## 案例索引

最高人民法院（2020）最高法执监245号执行监督审查案

## 083 作为被执行人的公司法人无财产可供执行时，未届出资期限股东的出资义务应否加速到期？

答：公司作为被执行人的案件，无财产可供执行，已具备破产原因，但不申请破产的，或者在公司债务产生后，公司股东会决议或以其他方式延长股东出资期限的，公司债权人主张股东出资加速到期的，人民法院应当支持。

## 理由与依据

依据《变更追加规定》第17条规定，追加股东或者已转让股权的原股东为被执行人的，应当满足"未缴纳或未足额缴纳出资""未依法履行出资义务"的要件。在注册资本认缴制下，申请执行人能否在执行程序中申请对未届出资期限的股东加速到期，实务中争议较大。

一般情况下，股东认缴出资的，应当享有期限利益，只有破产和解散清算程序中才能将股东的出资义务提前加速到期，但考虑到司法实践中，许多执行不能的案件未能进入破产程序，或者存在股东通过多种方式延长出资期限等恶意行为来规避执行，导致执行陷入困境，债权人的债权无法得到实现，《九民纪要》第6条规定了在两种情形下可以提前加速未到期出资股东的出资义务。一是公司作为被执行人的案件，人民法院穷尽执行措施无财产可供执行，已具备破产原因，但不申请破产的。二是在公司债务产生后，公司股东（大）会决议或以其他方式延长股东出资期限的。

第一种情形，被执行人符合执行不能的情形，即被执行人确无财产可供执行时，实质上已经资不抵债，符合了进入破产程序的条件。经申请执行人或被执行人同意，可以移交破产审查。然而，如果当事人不同意的，则无法启动破产程序。已具备破产原因但不申请破产的，与《企业破产法》第2条规定的公司资产不足以清偿全部债务或明显缺乏清偿能力完全相同，应当比照《企业破产法》第35条的规定，股东未届期限的认缴出资，加速到期。[1]

因无财产可供执行而终本的案件，说明被执行人经人民法院强制执行，无法清偿债务，已经符合《最高人民法院关于适用〈中华人民共和国企业破产法〉若干问题的规定（一）》规定的被执行人明显缺乏清偿能力的情形，应当认定作为被执行人的公司已具备破产原因。

第二种情形，其理论基础是债权人的撤销权，公司股东会延长股东出资行为，实质是公司放弃即将到期的对股东的债权，损害公司债权人的利益，公司债权人有权请求撤销，请求股东按原来约定的出资期限履行出资义务。

## 立法沿革与争议

《变更追加规定》第17条规定："作为被执行人的营利法人，财产不足以清偿生效法律文书确定的债务，申请执行人申请变更、追加未缴纳或未足额

---

[1] 最高人民法院民事审判第二庭编著：《〈全国法院民商事审判工作会议纪要〉理解与适用》，人民法院出版社2019年版，第124页。需要注意的是，这种情形下的加速到期的财产毕竟不同于破产的加速到期，所以加速到期的认缴出资归公司的债权人，而不像破产那样归公司。

缴纳出资的股东、出资人或依公司法规定对该出资承担连带责任的发起人为被执行人，在尚未缴纳出资的范围内依法承担责任的，人民法院应予支持。"该规定并未对未满认缴期限的股东是否能够被追加为被执行人进行明确。司法实务中普遍将该条规定的认缴出资理解为已届出资期限的认缴出资。

2018年《公司法》第26条规定："有限责任公司的注册资本为在公司登记机关登记的全体股东认缴的出资额。"第28条第1款规定："股东应当按期足额缴纳公司章程中规定的各自所认缴的出资额。股东以货币出资的，应当将货币出资足额存入有限责任公司在银行开设的账户；以非货币出资的，应当依法办理其财产权的转移手续。"在注册资本实缴制下，不存在股东出资加速到期的问题，因为公司注册资本需要限期实际缴纳，而在注册资本认缴制施行之后，股东依法享有期限利益，才会衍生出股东出资加速到期的问题。

注册资本认缴制下，规定股东出资义务加速到期的，一是《企业破产法》第35条："人民法院受理破产申请后，债务人的出资人尚未完全履行出资义务的，管理人应当要求该出资人缴纳所认缴的出资，而不受出资期限的限制。"二是《公司法解释（二）》第22条："公司解散时，股东尚未缴纳的出资均应作为清算财产。股东尚未缴纳的出资，包括到期应缴未缴的出资，以及依照公司法第二十六条和第八十条的规定分期缴纳尚未届满缴纳期限的出资。公司财产不足以清偿债务时，债权人主张未缴出资股东，以及公司设立时的其他股东或者发起人在未缴出资范围内对公司债务承担连带清偿责任的，人民法院应依法予以支持。"公司破产或者强制清算后将终止存在（在破产重整、和解的场合，公司不终止，但清理债权债务同破产清算一样），不可能再根据原定期限请求股东履行。因此，如果公司不能要求股东提前缴付出资，则股东将逃避履行对公司的出资义务，并进而损害公司债权人和其他股东的正当利益。对于公司股东而言，虽然章程规定了明确的出资期限，但是由于出资义务的对象是公司，故章程规定的出资期限不能超过公司的存续期限，所以，一旦公司破产或者强制清算，则视为章程规定的出资期限届至，即加速到期。因此，只有公司破产和解散情形下才能使股东出资期限加速到期。

2019年《九民纪要》对公司在非破产与解散情形下股东出资应否加速到期作出规定："在注册资本认缴制下，股东依法享有期限利益。债权人以公司不能清偿到期债务为由，请求未届出资期限的股东在未出资范围内对公司不能清偿的债务承担补充赔偿责任的，人民法院不予支持。但是，下列情形除外：（1）公司作为被执行人的案件，人民法院穷尽执行措施无财产可供执行，已具备破产原因，但不申请破产的；（2）在公司债务产生后，公司股东（大）会决议或以其他方式延长股东出资期限的。"最高人民法院以会议纪要的形式明确了认缴股东在认缴期限尚未届满前提前加速履行出资义务的两种具体情形。

有不同观点认为，在非破产与解散情形下，股东出资原则上不应加速到期，主要理由为：一是认缴股东享有期限利益，该期限利益系法定权利；二是股东出资信息按照《企业信息公示暂行条例》第8条、第9条规定已经进行了社会公示，债权人在与公司交易时可以在审查公司股东出资时间等信用信息的基础上综合考察是否与公司进行交易。债权人一旦决定进行交易，即应受制于股东出资时间的约束。在公司不能清偿单个债权人的债权时，更应当从破产角度着眼来兼顾全体债权人的利益。人民法院应当遵循辩证思维，坚持有所为有所不为的司法理念，在个案中原则上以法律法规没有规定为由不支持债权人提出的加速到期请求，激励当事人依法运用破产规则来解决问题，而非在执行程序中解决。

关于能否以终本裁定认定被执行人已具备破产原因，实践中也有相反观点，认为被执行人暂无财产可供执行裁定终结本次执行程序，尚不足以证明被执行人已具备破产原因。依据法院出具的终结本次裁定，即可推定债务人公司具备破产原因的案件占比较大，认为除终本裁定外，仍须结合其他因素和证据，如资产负债表、审计报告、资产评估报告等综合判断。如果仅以终本作为认定被执行人已具备破产原因的标志，无疑会导致加速到期制度被滥用，注册资本认缴制下股东享有的期限利益被无视。

### 案例索引

北京市高级人民法院（2020）京民终10号执行异议之诉案
北京市高级人民法院（2021）京民终890号执行异议之诉案

### 084 股东出资期限尚未届满即转让股权，能否追加该股东为本案被执行人？

答：作为被执行人的公司，财产不足以清偿生效法律文书确定的债务，其股东在认缴期限尚未届满前对外转让股权，一般情况下，该行为系对公司偿债能力的故意削弱，损害了公司债权人的利益，可以追加该股东为被执行人。

## 理由与依据

《变更追加规定》第19条规定在未依法出资的范围内承担责任的股东，一般认为是已届出资期限的股东。但股东转让已认缴但未届出资期限的股权，股东出资义务并不随股权转让而转移或免除，仍可以追加该股东为被执行人，理论依据如下：（1）股东未届出资期限即转让股权，其出资义务并不因股权转让而转移或免除，可以追加原股东为被执行人。股东对公司的责任与其认缴出资的时间无关。出资承诺的认缴期限为存续的时间段，在此期间其均有出资义务。公司股东因股权转让发生变动不能当然推定认缴股东的出资义务随之发生转移，为确保股东兑现认缴承诺，维护资本充实原则，避免认缴制背景下的股权转让成为股东逃避出资的工具，在受让人未按期缴纳出资的情况下，出让股东仍应对其原认缴的出资承担财产担保责任。（2）股东出资义务是股东对于公司的附期限承诺，认缴期限未届满转让股权的，视为公司与原股东之间约定出资义务由受让股东履行。当受让股东在出资期限届满未能履行出资义务的情况下，公司有权向原股东主张违约责任，即要求在未出资范围内对公司债务承担连带清偿责任。（3）股东在出资期限届满前将股权转让，在满足股东出资加速到期要件时，可以追加原股东为被执行人。（4）未届出资期限转让股权的股东应对转让之前的公司债务承担相应的股东出资责任。

## 立法沿革与争议

对于股东转让已认缴但未届出资期限的股权，能否追加该股东为被执行人的问题，实践观点并不统一。否定说认为，执行中追加被执行人，意味着直接通过执行程序确定由生效法律文书列明的被执行人以外的人承担实体责任，对各方当事人的实体和程序权利将产生极大的影响。在执行中直接变更、追加被执行人的，应严格限定于法律、司法解释明确规定的情形，应当遵循法定主义原则。《变更追加规定》第19条的出资义务应指的是已届出资期限的义务，在认缴期限届满前转让股权的股东无须在未出资本息范围内对公司不能清偿的债务承担连带责任，除非该股东具有转让股权以逃避出资义务的恶意，或存在在注册资本不高的情况下零实缴出资并设定超长认缴期等例外情形。[①]

## 案例索引

山东省青岛市中级人民法院（2020）鲁02民终12403号加工合同纠纷案

四川省高级人民法院（2019）川民终277号执行异议之诉案

## 085 因侵权行为人未成年，执行依据只判令其监护人承担赔偿责任的，可否在侵权人成年后追加为被执行人？

答：侵权行为人侵害时尚未成年，执行依据未判令其承担赔偿责任，其成年后，申请执行人申请追加其为被执行人的，执行机构应当书面征询审判部门的意见。审判部门认为侵权行为人为实际侵权人，在其成年后应承担相应赔偿责任的，执行机构应追加侵权行为人为被执行人；审判部门未书面答复的，被侵权人可另行提起诉讼，要求实际侵权人承担赔偿责任。

---

① 持此观点的案例包括最高人民法院（2021）最高法民申6423号民事裁定书、北京市第三中级人民法院（2020）京03民终4730号民事判决、浙江省杭州市中级人民法院（2020）浙01民终1310号民事判决、江苏省南京市中级人民法院（2019）苏01民终9394号民事判决。

## 理由与依据

一是从追加、变更法定原则角度看。依据《变更追加规定》的规定，民事执行中变更、追加当事人遵循法定原则，法律、司法解释没有明确规定可以追加、变更当事人的情形下，不得追加、变更，也不能直接引用有关实体裁判规则进行追加。本问题所属情形并无法律、司法解释明确规定可以追加侵权行为人为被执行人，因此直接追加的依据不足。

二是从执行内容的明确性角度看。人民法院依当事人的申请予以强制执行，应按照执行依据确定的内容进行，执行内容不明的，执行部门应书面征询审判部门的意见。《民法典》第1188条规定："无民事行为能力人、限制民事行为能力人造成他人损害的，由监护人承担侵权责任。监护人尽到监护职责的，可以减轻其侵权责任。有财产的无民事行为能力人、限制民事行为能力人造成他人损害的，从本人财产中支付赔偿费用；不足部分，由监护人赔偿。"对于未成年人的责任能力，我国采大陆法系模式，主要以年龄加以区分，对于不满18周岁的未成年人（16周岁至18周岁之间的未成年人，若靠自己的固定劳动收入生活的，可视为成年人）实施侵权行为，其不具有完全责任能力，不承担侵权责任，而由其监护人代替其承担责任。在未成年人自己有财产的情况下，则优先用该财产偿还侵权债务，不足部分由监护人赔偿。因此，执行依据应当明确由未成年人财产支付赔偿费用（即使该未成年人无财产或仅有少量财产，也要在判项中将其加入），不足部分由监护人赔偿。如此，就解决了该未成年人是否为被执行人的问题。而对于执行依据未明确的，执行部门则应书面征询审判部门的意见。

如果未成年侵权人成年后具备了履行能力，不追究其责任，而被侵权人却因监护人无财产可供执行无法得到充分的赔偿，有违公平正义原则。从公平保护被侵权人和未成年人的角度，可由被侵权人以实际侵权人为被告另行提起诉讼（因诉讼主体不完全相同，所以不是同一个诉，不违反一事不再理原则），由法院根据实际侵权人的经济能力、劳动能力等情形，结合之前已经生效的判决以及其监护人履行情况，酌情确定实际侵权人的责任，待判决生效后，根据新的执行依据予以执行。

## 立法沿革与争议

因侵权行为人未成年，人民法院未判令其承担赔偿责任，可否在其成年后追加为被执行人，实践中分歧较大。

肯定说认为，未成年人在成年后承担侵权责任，执行中将其追加为被执行人符合责任自负的原则。作为实际侵权人，追加为被执行人能更加有效地解决执行难题。如《广东省高级人民法院关于办理执行程序中追加、变更被执行人案件的暂行规定》第2条规定，因未成年人侵权引起的民事责任，而执行依据将该未成年人的监护人确定为被执行人，在该未成年人成年后，申请执行人可以申请追加其为被执行人，是否追加由执行机构审查裁定。

否定说认为，执行依据未明确由未成年人承担侵权责任，如果追加其为被执行人，实质上是否定生效裁判的既判力。

## 案例索引

最高人民法院（2019）最高法执监637号执行监督案

## 086 另案生效判决确定案外人对本案执行债务承担共同清偿责任，执行法院能否依申请追加该案外人为被执行人？

答：另案生效判决确定案外人应对本案执行债务承担共同清偿责任，执行法院无须追加案外人为被执行人，根据申请执行人的申请，直接依据另案判决将案外人作为本案被执行人合并执行。

## 理由与依据

从执行内容分析，另案生效判决确定案外人应对本案执行债务承担共同清偿责任，案外人是另案生效判决确定的本案案涉债权的共同债务人，不构成应被追加为被执行人的法定事由，直接将案外人作为本案被执行人并无不当。

变更、追加当事人应遵循法定原则，在法律、司法解释没有明确规定可以追加变更当事人的情形下，不能直接引用有关实体法规则或生效判决追加。

从节约司法资源、提高执行效率的角度，案外人作为本案的共同债务人，必须与本案的其他被执行人共同向申请执行人履行生效法律文书确定的债务，而在本案执行中一并执行另案判决，并未加重案外人的债务负担，能够有效避免重复执行，如另案生效判决与本案生效判决分别执行，亦会造成司法资源的浪费。将另案判决作为本案执行依据合并执行，符合执行管辖的立法本意，有利于实现强制执行制度公正与效率的价值目标。

## 立法沿革与争议

《变更追加规定》第10条至第25条规定了16类变更、追加被执行人的情形，以及明确规定了各类情形的法定条件。司法实践中，变更、追加被执行人应当遵循追加法定原则与申请启动原则。《变更追加规定》第1条明确："执行过程中，申请执行人或其继承人、权利承受人可以向人民法院申请变更、追加当事人。申请符合法定条件的，人民法院应予支持。"该条进一步确定了追加法定原则。一般来说，只有经法院生效判决的债务人才能成为执行案件中的被执行人，追加第三人为被执行人属于生效法律文书执行力之扩张，因此需要严格遵循法定原则。2016年《最高人民法院关于在执行工作中规范执行行为切实保护各方当事人财产权益的通知》第2条进一步明确细化规定，强调在执行程序中直接变更、追加被执行人的，应严格限定于法律、司法解释明确规定的情形。各级人民法院应严格依照《变更追加规定》，避免随意扩大变更、追加范围。从《变更追加规定》的内容来看，法律并未赋予人民法院依职权启动变更追加当事人的权利，司法实践中，如果申请执行人认为符合追加条件的，应依据法律规定向执行法院提交追加申请，再由执行法院进行审查处理，法院原则上不得依职权启动变更追加程序。题涉情形下，通常做法是执行法院依据申请执行人的申请，将另案与本案合并执行，以提高执行效率、避免重复执行。

## 案例索引

广东省高级人民法院（2020）粤执复764号执行复议案

## 087 执行程序中人民法院能否直接引用实体法规范追加被执行人？

答：在执行程序中不符合法律及司法解释明确规定的可追加情形时，人民法院不得直接引用有关实体裁判规则追加被执行人。

## 理由与依据

执行程序中追加当事人，意味着直接通过执行程序确定由生效法律文书列明的被执行人以外的主体承担实体责任，对各方当事人的实体和程序权利将产生极大影响。人民法院在执行程序中主要是通过听证程序对变更追加事项进行审查，且必须在60日内作出是否变更追加当事人的裁定，相对于审判程序，听证程序对第三人利益的保护不如审判程序周到。因此，追加被执行人遵循法定主义原则，即应当限于法律和司法解释明确规定的追加范围，既不能超出法定情形，也不能直接引用有关实体裁判规则进行追加。

如果扩大执行程序中变更追加当事人的范围，甚至主张只要第三人依实体法规定应当对被执行人的债务承担责任的，就可以变更追加其为执行当事人。这种做法不仅混淆了审判与执行的基本界限，也不利于保障当事人的程序权利，将带来司法秩序的混乱。执行当事人的变更追加不仅关乎多方主体的切身利益，而且涉及审执关系、执行效率、程序保障等诸多问题，为平衡各方利益，尊重既有体制机制，变更追加当事人必须坚持法定原则。《变更追加规定》第1条明确规定，变更追加执行当事人应当符合法定条件，将变更追加事由严格限定于法律、司法解释明确规定的情形，以期解决乱变更、乱追加问题。

## 立法沿革与争议

能否依据实体法规定追加变更当事人经历了一个不断变化的过程。从司法政策来看，《最高人民法院关于在执行工作中规范执行行为切实保护各方当事人财产权益的通知》（法〔2016〕401号）第2条第3款规定："在执行程序中直接变更、追加被执行人的，应严格限定于法律、司法解释明确规定的情形。各级人民法院应严格依照即将施行的《最高人民法院关于民事执行中变更、追加当事人若干问题的规定》，避免随意扩大变更、追加范围。"《最高人民法院关于依法妥善审理涉及夫妻债务案件有关问题的通知》（法〔2017〕48号）第2条规定："未经审判程序，不得要求未举债的夫妻一方承担民事责任。"这也从另一个侧面反映出司法政策对于直接适用有关实体裁判规则在执行程序中追加被执行人的明确反对态度。《制裁规避执行行为意见》第20条规定："……有充分证据证明被执行人通过离婚析产、不依法清算、改制重组、关联交易、财产混同等方式恶意转移财产规避执行的，执行法院可以通过依法变更追加被执行人或者告知申请执行人通过诉讼程序追回被转移的财产。"申请追加财产受让人为被执行人或直接裁定受让人为被执行人。多数法院将《制裁规避执行行为意见》作为执行阶段追加被执行人的直接依据。[1]《变更追加规定》出台后，乱追加现象得到遏制，但仍有少数法院援引实体法追加第三人为被执行人。

**案例索引**

最高人民法院（2015）执申字第111号申请承认与执行法院判决、仲裁裁决执行申诉案

**088** **执行中，变更追加当事人程序是否适用诉讼时效？**

答：执行中，变更追加当事人程序不适用诉讼时效。

---

[1] 参见最高人民法院（2012）执复字第30号执行裁定书。

## 理由与依据

民法通说理论认为，诉讼时效制度旨在督促权利人及时行权，其内在并非否定或消灭当事人的实体权利。诉讼时效是能够引起民事法律关系发生变化的法律事实，权利人在一定期间内不行使权利即在某种程度上丧失请求利益的时效制度。诉讼时效制度有利于促进法律关系的稳定和法律秩序的维护，同时也有助于降低交易成本和及时结束权利义务关系的不确定状态。诉讼时效是在民事审判程序中审查的事由，执行程序中仅在申请执行和申请恢复执行时适用执行时效的规定。追加被执行人属于执行程序范畴，并无法律规定应适用诉讼时效。

根据《公司法解释（三）》第19条规定，债权人对公司股东的缴付出资请求权不受诉讼时效限制，因此在执行程序中据此申请追加出资瑕疵股东为被执行人，亦应不受诉讼时效限制。执行程序系为实现生效法律文书确认债权，变更追加程序是法定执行措施的保障措施，为保障申请执行人债权迅速实现所设，附属于执行程序，因此变更追加当事人程序不适用诉讼时效，只要申请执行人债权未过诉讼时效即可。

## 立法沿革与争议

1986年《民法通则》第135条规定："向人民法院请求保护民事权利的诉讼时效期间为二年，法律另有规定的除外。"而后在2021年正式施行的《民法典》第188条对诉讼时效的规定进行修改，规定："向人民法院请求保护民事权利的诉讼时效期间为三年。法律另有规定的，依照其规定。"

自2021年《变更追加规定》实施以来，强制执行申请人不经审判程序直接在执行阶段追加案外人为被执行人的案件大幅增加，在执行程序中变更追加当事人程序是否适用诉讼时效，实践中一直存在争议。有观点认为，执行程序中追加被执行人涉及第三人实体权利，应当给予必要的程序保障。对于案外人是否应当承担执行之债，应当审查申请人对案外人的请求权是否具有法律依据，应当适用《民法典》关于请求诉讼时效的规定。

**案例索引**

最高人民法院（2020）最高法执监117号执行监督案

广东省高级人民法院（2019）粤执复650号执行复议案

**089** 已参加诉讼但未承担判决实体义务的当事人能否追加为被执行人？

答：对已参加过诉讼但生效裁判未判决其承担实体义务的当事人，人民法院在执行程序中如须追加或变更该当事人为被执行人，除非追加或变更该当事人为被执行人的事实和理由，已在诉讼过程中经审判部门审查并予以否定，否则，并不受生效裁判未判决该当事人承担实体义务的限制。根据现行法律和司法解释，人民法院有权依据相关法律规定，直接在执行程序中作出追加或变更该当事人为被执行人的裁定。

**理由与依据**

在执行程序中追加已参加诉讼但未被判决承担实体义务的股东为被执行人未突破生效法律文书的既判力，股东对追加裁定不服提出变更追加执行当事人之诉讼，不违背"一事不再理"的诉讼原则。

诉讼程序中未判决股东承担义务并不意味着股东不存在出资不实或者抽逃出资的情形，或是因举证困难或是限于诉讼请求，诉讼程序中可能对此问题未进行审查。只要在生效判决中未被法院审查并作出否定性结论，就意味着股东是否出资不实或者抽逃出资存在不确定性。因此，执行程序中追加股东为被执行人的事实和理由，如抽逃出资、出资不实等，只要未在生效判决中被法院审查并予以否定，申请执行人可在符合法定条件下的情况下申请追加股东为被执行人，执行法院也不受生效判决的约束，应依法作出裁定。

## 立法沿革与争议

2007年《最高人民法院关于人民法院在执行程序中能否将已参加过诉讼、但生效裁判未判决其承担实体义务的当事人追加或变更为被执行人的问题的答复》(〔2007〕执他字第5号)明确对已参加过诉讼但生效裁判未判决其承担实体义务的当事人，人民法院在执行程序中如需追加或变更该当事人为被执行人，除非追加或变更该当事人为被执行人的事实和理由，已在诉讼过程中经审判部门审查并予以否定，否则，并不受生效裁判未判决该当事人承担实体义务的限制。根据现行法律和司法解释，人民法院有权依据相关法律规定，直接在执行程序中作出追加或变更该当事人为被执行人的裁定。

## 案例索引

四川省高级人民法院(2017)川执监105号执行监督案

### 090 能否反向申请追加被执行人投资的一人公司为被执行人?

答：执行程序中不能反向追加被执行人投资的一人公司为被执行人。

## 理由与依据

现行法律和司法解释规定人民法院可以执行被执行人在其独资开办的法人企业或者在有限责任公司、其他法人企业中的股权或投资权益，不能追加被执行人投资的一人公司为被执行人。人民法院执行被执行人在有限责任公司、企业法人持有的股权和投资权益，不能径行追加公司为被执行人。

股权是股东的个人财产，但股权所在公司财产的所有权人不是股东，执行被执行人投资的一个公司，实质上是无视公司的独立人格，将股东和公司视为一体，从而强制公司对股东的个人债务承担责任，学理上称为"外部人反向刺破"。"外部人反向刺破"侵犯了公司的独立法人财产权，违反了法律逻辑并侵犯了公司债权人和其他股东的正当利益。[①]

## 立法沿革与争议

否定说认为，《变更追加规定》第20条规定一人有限责任公司作为被执行人时，财产不足以清偿债务时，申请人才能申请追加设立的股东作为被执行人。而至于股东（投资人）作为被执行人的案件，与一人有限责任公司作为被执行人能追加股东的前提条件相反，申请人不能依据该条款申请追加一人有限责任公司作为被执行人，不能反向适用。

肯定说认为，一人有限责任公司具有有别于其他类型公司的特殊性，只要公司财产与股东个人财产未相互独立和分离，通过追加使二者承担连带责任，并未扩大责任承担范围，因为无论是股东个人财产还是一人有限责任公司财产，最终在财产权益归属上还是设立股东（投资人）的财产。《变更追加规定》第20条既然规定了一人有限责任公司作为被执行人时可以追加股东，同样可以反推，当股东（投资人）作为被执行人时也应当赋予申请人可以追加一人有限责任公司作为被执行人的权利。

## 案例索引

最高人民法院（2017）最高法执复60号执行复议案

## 091 申请执行人能否申请追加转移公司财产的法定代表人为被执行人？

答：不能直接以法定代表人转移公司财产为由追加其为被执行人。但是，如果作为被执行人的有限公司财产不足以清偿生效法律文书确定的债务，同时，有充分证据证明作为股东的法定代表人转移公司财

---

[①] 江必新、何东宁等：《最高人民法院指导性案例裁判规则理解与适用·公司卷二》，中国法制出版社2016年版，第128页。

产构成抽逃出资,或者一人有限责任公司的法定代表人作为股东,不能证明公司财产独立于个人的财产,申请执行人可以申请追加、变更该法定代表人为被执行人。

## 理由与依据

作为被执行人的有限公司和其法定代表人是独立的民事主体,有限公司以其财产范围为限,独立对外承担民事责任,有限公司的债务不能由其法定代表人个人承担。法定代表人转移财产不是《变更追加规定》等法律和司法解释规定的法定事由。但是,如果有充分证据能够证明法定代表人作为股东转移公司资产符合《变更追加规定》第18条、第20条的规定,构成抽逃出资、一人有限责任公司股东作为法定代表人与公司财产混同,人民法院可以依申请,变更、追加其法定代表人为被执行人。关于企业法定代表人是否恶意转移财产降低公司偿债能力,应依法通过诉讼程序处理,不能在执行程序处理。

## 立法沿革与争议

《制裁规避执行行为意见》第20条规定:"有充分证据证明被执行人通过离婚析产、不依法清算、改制重组、关联交易、财产混同等方式恶意转移财产规避执行的,执行法院可以通过依法变更追加被执行人或者告知申请执行人通过诉讼程序追回被转移的财产",少数法院以该条为依据直接变更、追加法定代表人为被执行人,但《制裁规避执行行为意见》非属司法解释,《变更追加规定》出台后,人民法院不得作为变更、追加被执行人的裁判依据。

## 案例索引

海南省高级人民法院(2018)琼民终48号执行异议之诉案

## 092 申请执行人能否申请追加无偿或低价受让财产的第三人为被执行人?

答:变更、追加当事人必须符合法定条件,其事由应严格限定于法律和司法解释明确规定的情形,不能直接以受让人无偿或低价受让被执行人财产为由直接申请追加其为被执行人。在符合《变更追加规定》等法律和司法解释规定的法定情形下,申请执行人可以申请变更、追加受让财产的第三人为被执行人。

### 理由与依据

变更、追加当事人必须符合法定条件,其事由应严格限定于法律和司法解释明确规定的情形。受让财产要区分情况,如果是正常的市场交易行为,受让人受让被执行人的财产并不会影响被执行人的偿债能力。如果是以明显不合理的低价转让财产或无偿处分财产的,也不属于《变更追加规定》等法律和司法解释规定的可变更、追加受让人为被执行人的法定情形,依法不得追加。债权人认为被执行人的行为影响其债权实现的,应根据《民法典》第538条、第539条的规定行使撤销权。但是,如果有充分证据能够证明受让财产符合《变更追加规定》第22条和第25条的规定,即符合公司出现被注销或出现被吊销营业执照、被撤销、被责令关闭、歇业等解散事由,公司股东、出资人或主管部门无偿接受公司财产,或存在依行政命令而被无偿调拨、划转之事实,导致公司财产不足以清偿生效法律文书确定的债务,申请执行人可以向人民法院申请变更、追加该公司股东、出资人或主管部门为被执行人。

### 立法沿革与争议

有观点认为,依据《制裁规避执行行为意见》第20条"有充分证据证明被执行人通过离婚析产、不依法清算、改制重组、关联交易、财产混同等方式恶意转移财产规避执行的,执行法院可以通过依法变更追加被执行人或者告知申请执行人通过诉讼程序追回被转移的财产",即可申请追加财产受让人为被执行人或直接裁定受让人为被执行人。但司法实务未予认同,最高人民法院在（2012）执复字第30号执行裁定中认定，法律及司法解释中并未增设在执行阶段以《制裁规避执行行为意见》第20条情形为由追加被执行人的具体规则，故该条文不能作为执行阶段追加被执行人的直接依据。而在最高人民法院（2014）执监字第00030号-1号执行裁定中，最高人民法院确立了被执行人放弃债权、无偿转让财产或者以明显不合理的低价转让财产对申请执行人造成损害的救济方式，即执行法院可以告知申请执行人依照《合同法》第74条的规定向有管辖权的人民法院提起撤销权诉讼。通过诉讼明确被执行人转移财产的协议以及申诉人占有案涉财产的行为是否合法有效，进而明确能否继续执行案涉财产。

## 案例索引

最高人民法院（2019）最高法执监162号借款合同纠纷执行案

最高人民法院（2014）执监字第00030—1号申请承认与执行法院判决、仲裁裁决案件执行监督案

## 093 人民法院能否直接执行作为被执行人的法人分支机构的财产？

答：作为被执行人的法人，直接管理的责任财产不能清偿生效法律文书确定债务的，人民法院可以直接执行该法人分支机构的财产。

## 理由与依据

《民法典》第74条规定，法人可以依法设立分支机构，分支机构以自己的名义从事民事活动，产生的民事责任由法人承担；也可以先以该分支机构管理的财产承担，不足以承担的，由法人承担。从法理上来讲，分支机构具有一定的独立性，通常有自己的名称、场所、管理机构和负责人以及从事业务活动所需要的资金和人员，但分支机构仍属于法人的组成部分。分支机构

虽有自己的财产，但所有资产隶属于法人并列入法人的资产负债表。因此，当法人作为被执行人时，分支机构管理财产是法人财产的组成部分，人民法院可以直接执行分支机构的财产。反之，分支机构作为被执行人时，不能清偿生效法律文书确定的债务的，申请执行人申请变更、追加该法人为被执行人的，人民法院予以支持。

如果分支机构仅是其他个体工商户、个人合伙以及个人独资企业挂靠到公司名下，[①] 但以分公司名义依法注册登记的，即应受到该规则调整。至于分公司与公司之间内部协议中有关权利义务及责任划分的内部约定，因不足以对抗其依法注册登记的公示效力，不能对抗申请执行人，排除法院对分公司财产的执行。

## 立法沿革与争议

关于人民法院依法可直接执行分支机构的财产规定在《变更追加规定》第15条："作为被执行人的法人分支机构，不能清偿生效法律文书确定的债务，申请执行人申请变更、追加该法人为被执行人的，人民法院应予支持。法人直接管理的责任财产仍不能清偿债务的，人民法院可以直接执行该法人其他分支机构的财产。作为被执行人的法人，直接管理的责任财产不能清偿生效法律文书确定债务的，人民法院可以直接执行该法人分支机构的财产。"

## 案例索引

最高人民法院（2016）最高法民再149号案外人执行异议之诉案

## 094 人民法院能否追加执行担保人为被执行人？

答：第三人为担保被执行人履行债务向人民法院提供担保，执行担

---

① 参见最高人民法院民法典贯彻实施工作领导小组编：《中华人民共和国民法典总则编理解与适用》，人民法院出版社2020年版，第375页。

保财产或担保人财产的条件成就时，申请执行人可直接申请法院执行，无须追加执行担保人为被执行人。

## 理由与依据

执行担保制度与暂缓执行相关，以提供担保的方式使债务人获得更长时间的履行义务期限，[①] 执行担保经申请执行人同意，而申请执行人之所以同意暂缓对被执行人的执行，在于被执行人在期限届满后仍不履行的，人民法院可以强制执行担保财产或担保人的财产，而无须再经过变更追加程序，以使申请执行人迅速受偿。

## 立法沿革与争议

执行担保规定于《民事诉讼法》第242条："在执行中，被执行人向人民法院提供担保，并经申请执行人同意的，人民法院可以决定暂缓执行及暂缓执行的期限。被执行人逾期仍不履行的，人民法院有权执行被执行人的担保财产或者担保人的财产。"《民事诉讼法解释》第467条规定："人民法院依照民事诉讼法第二百三十八条规定决定暂缓执行的，如果担保是有期限的，暂缓执行的期限应当与担保期限一致，但最长不得超过一年。被执行人或者担保人对担保的财产在暂缓执行期间有转移、隐藏、变卖、毁损等行为的，人民法院可以恢复强制执行。"《执行担保规定》第1条规定："本规定所称执行担保，是指担保人依照民事诉讼法第二百三十一条规定，为担保被执行人履行生效法律文书确定的全部或者部分义务，向人民法院提供的担保。"第11条第1款规定："暂缓执行期限届满后被执行人仍不履行义务，或者暂缓执行期间担保人有转移、隐藏、变卖、毁损担保财产等行为的，人民法院可以依申请执行人的申请恢复执行，并直接裁定执行担保财产或者保证人的财产，不得将担保人变更、追加为被执行人。"

有观点认为，依据《变更追加规定》第24条作出债务加入承诺的第三人，需要经过变更追加程序才能对其采取执行措施，承担责任更重的担保却无须

---

[①] 参见刘璐：《执行担保的性质及其法律适用问题研究》，载《法律科学（西北政法大学学报）》2009年第5期。

经过变更追加程序即可对担保人执行，并不合理。但《变更追加规定》第24条与执行担保是两种不同的执行制度，第三人作出的债务加入承诺，并无暂缓执行的法律效果，也无担保被执行人暂缓执行后会及时履行的意思表示。

## 案例索引

最高人民法院（2015）执复字第48号申请承认与执行法院判决、仲裁裁决执行复议案

## 095 被执行人在执行中转移债务的，能否追加受让债务的第三人为被执行人？

答：受让人已根据协议承受了执行依据所确定的债务，债权人对接受其履行也无异议，此时受让人已经取得了原债务人的地位，执行法院有权追加未履行义务的受让人为被执行人。

## 理由与依据

根据《民法典》第551条，经债权人同意，债务人可以将合同的义务全部或部分转移给第三人。在债权人对债务转移无异议，且该等债务转移不损害第三人或公共利益的情况下，应当允许当事人对自身权利进行处分。执行中债务转让变更受让债务一方为被执行人，严格来说并不属于《变更追加规定》规定的情形，但根据《最高人民法院执行工作办公室关于福建省上杭鸿阳矿山工程有限公司执行异议监督案的复函》（〔2003〕执监字第146－1号），受让人已经取得了原债务人的地位，应继续履行合同义务。因其没有完全履行原债务人已依法转移的合同义务而被人民法院追加为被执行人，是基于当事人意思自治原则及权利义务相对等原则的结果，应当予以准许。

## 立法沿革与争议

现行法律对变更、追加债务人受让人为被执行人并无明确规定。该变更、追加规则基于2004年3月8日《最高人民法院执行工作办公室关于福建省上杭鸿阳矿山工程有限公司执行异议监督案的复函》设立。《民事强制执行法（草案）》第19条规定："执行依据确定的义务的承受人等主体可以被变更、追加为被执行人。"在民事强制执行法草案语义下，受让债务的第三人作为执行依据确定义务的承受人，能够追加其为被执行人。

## 案例索引

最高人民法院（2003）执监字第146-1号执行异议监督案

## 096 执行中是否可以追加改制后的企业为被执行人？

答：未经债权人同意的企业改制，执行程序中应区分不同情形进行处理：企业改制为企业分立的，申请执行人可以申请变更、追加分立后新设的法人或非法人组织为被执行人，对生效法律文书确定的债务承担连带责任；除企业分立外的企业改制，如被改制企业仍存续的，申请执行人可以直接申请变更被改制后存续的企业为被执行人，如被改制企业消灭的，申请执行人可以直接申请变更被改制企业的权利义务承受人为被执行人。如企业改制时，被改制企业债务随着企业资产变动而发生变化的，申请执行人可依据《企业改制司法解释》规定的实体法规则和《民事诉讼法》第243条、《民事诉讼法解释》第470条、《变更追加规定》第11条等程序法规则，按照债务随企业财产变动原则，申请追加债务承担者为被执行人。

## 理由与依据

企业改制，是指企业为应对市场需要，依法改变企业的原有资本结构、组织形式、经营管理模式或体制。根据《企业改制司法解释》，企业改制可以分为企业分立、企业兼并、企业公司制改造、企业股份合作制改造、企业债权转股权、国有小型企业出售六类情形。执行程序中认定债务主体，尤其是如何变更追加被执行人是执行实务中的难点。

企业改制后的债务承担遵循以下原则：第一，企业法人财产原则，即企业法人应当以其所有的财产独立对外承担民事责任。企业债权、债务承继原则和企业债务随企业财产变动原则，凡改制后被改制企业继续存续的，被改制企业的债务，原则由其自行承担；凡改制后被改制企业消灭的，被改制企业的债务，则由被改制企业的承继者承担。若企业改制时，被改制企业债务随着企业资产变动而发生变化的，因企业资产负有对企业债务的一般担保性质，可按照债务随企业财产变动原则，视不同情况确定债务承担者。第二，当事人意思自治原则。对被改制企业的债务承担，当事人有约定，并经债权人认可，且其内容不违反法律、行政法规强制性规定的，按照当事人的约定处理。但是，当事人关于企业改制后债务承担的约定，只有经过债权人认可后，才能对债权人产生约束力，作为人民法院处理纠纷的依据。当事人对企业改制后的债务没有约定，或者约定不明的，或者债权人不认可当事人有关债务承担的约定的，则按照企业法人财产原则处理。因此，依据该司法解释，被执行人企业改制时没有征得债权人同意的，企业债务承担遵循企业法人财产原则，即凡改制后被改制企业没有消灭的，被改制企业的债务，原则由其自行承担；凡改制后被改制企业消灭的，被改制企业的债务，则由被改制企业的承继者承担。

如因实体法的规定由新企业承担债务，执行法院可否在执行程序中径行追加变更新企业为被执行人？追加、变更被执行人遵循法定原则，变更、追加被执行人必须是法律和司法解释明确规定的情形和类型才能追加。《民事诉讼法》第243条规定："作为被执行人的法人或者其他组织终止的，由其权利义务承受人履行义务。"《民事诉讼法解释》第470条规定："依照民事诉讼法第二百三十九条规定，执行中作为被执行人的法人或者其他组织分立、合并的，人民法院可以裁定变更后的法人或者其他组织为被执行人；被注销的，如果依照有关实体法的规定有权利义务承受人的，可以裁定该权利义务承受人为被执行人。"《变更追加规定》第11条规定："作为被执行人的法人或非法人组织因合并而终止，申请执行人申请变更合并后存续或新设的法人、非法人组织为被执行人的，人民法院应予支持。"第12条规定："作为被执行人的法人或非法人组织分立，申请执行人申请变更、追加分立后新设的法人或非法人组织为被执行人，对生效法律文书确定的债务承担连带责任的，人民法院应予支持。但被执行人在分立前与申请执行人就债务清偿达成的书面协议另有约定的除外。"因此，未经债权人同意的企业改制，应区分不同情形进行处理：企业改制为企业分立的，申请执行人可以申请变更、追加分立后新设的法人或非法人组织为被执行人，对生效法律文书确定的债务承担连带责任；除企业分立外的企业改制，如被改制企业仍存续的，申请执行人可以直接申请变更被改制后的企业为被执行人，如被改制企业消灭的，申请执行人可以直接申请变更被改制的企业的权利义务承受人为被执行人，后两种情况均不得追加被执行人。

## 立法沿革与争议

对于未经债权人同意的企业改制的债务承担问题争议颇大。2001年《防止逃债通知》确立的是特殊情况下的连带责任原则，对于虽未经债权人同意，但新的债务承担人有足够能力清偿债务的，可按照实际情况确认由新的债务承担人承担债务。2003年《企业改制司法解释》确定的是企业法人财产原则，企业改制债务承担约定未经债权人同意的，凡改制后被改制企业没有消灭的，被改制企业的债务，原则由其自行承担；凡改制后被改制企业消灭的，被改制企业的债务，则由被改制企业的承继者承担。

《防止逃债通知》与《企业改制司法解释》关于未经债权人同意的企业改制的债务承担确立了不同的规则，对于企业改制债务承担，应当适用《企业改制司法解释》，而不能适用《防止逃债通知》。《防止逃债通知》属于司法文件，《企业改制司法解释》是司法解释，《防止逃债通知》于2001年施行，《企业改制司法解释》于2003年施行，按照新法优于旧法原则，也应当适用《企业改制司法解释》。二者存在冲突，正是体现了当时审判工作中两种观点或是两种价值的碰撞，只不过最终在更深刻的利益衡量基础上，采纳了公平保护债权人和改制企业的价值取向。

## 案例索引

山东省高级人民法院（2021）鲁执复199号执行复议案

甘肃省高级人民法院（2020）甘执复118号执行复议案

**097** 以出售形式将全民所有制企业改制为有限责任公司，能否追加主管部门或开办单位为被执行人？

答：以出售形式将全民所有制企业改制为有限责任公司的，不得以主管单位或开办部门无偿接受了被出售企业的财产为由追加其为被执行人。

## 理由与依据

从实体上看，出售企业的行为不必然导致该被出售企业的法人资格终止。企业出售是我国国企改革的方式方法之一，一般只涉及企业产权的变动，对企业法人资格并不产生必然影响。企业出售改变的只是企业的投资人或其股东，企业自身的资产状况及经营形式并不因出售而发生必然的变化，法人资格依然存在。判断企业法人是否终止，应根据《民法典》第68条之规定来认定。如果企业法人终止，则应依据《民事诉讼法》第243条的规定："作为被执行人的法人或者其他组织终止的，由其权利义务承受人履行义务。"如果被执行主体的法人资格在工商登记上并未终止，只是企业的性质、出资人及注册资金等情况发生了变化，则不应认为该企业法人已经终止，不应适用前述第243条关于法人终止的规定。

企业出售不是一个完整准确的法律概念，是国有企业改革中的一种特有现象，只限于国有中小企业的出售，且作为出卖的一方只能是代表国家的政府或其主管部门。企业出售之后，国家丧失了对该企业享有的作为所有者的权益，而取得了该企业相应的对价；而买受人因支付相应的对价，取得了该企业的所有权，从而享有作为所有权人相应的权益。《变更追加规定》第22条规定:"作为被执行人的法人或非法人组织,被注销或出现被吊销营业执照、被撤销、被责令关闭、歇业等解散事由后,其股东、出资人或主管部门无偿接受其财产,致使该被执行人无遗留财产或遗留财产不足以清偿债务,申请执行人申请变更、追加该股东、出资人或主管部门为被执行人,在接受的财产范围内承担责任的,人民法院应予支持。"如何判断主管部门或开办单位是否无偿接受了被出售企业的财产呢?根据《最高人民法院执行工作办公室关于被执行企业产权转让其上级主管部门应否承担责任问题的复函》(〔2002〕执他字第26号),上级主管部门或开办单位取得出售被执行企业产权的转让价款不能认为是无偿接受了被执行企业的财产。全民所有制性质的企业的主管部门或开办单位,应视为代表国家管理该企业财产的人,其有权将该企业整体转让,转让行为既符合民事活动等价有偿的原则,也是企业改制方法所允许的,其获得的转让价款是国家将其对企业的全部控制权转让给新的出资人后应得的对价,与无偿接受具有本质上的不同。故不得以主管部门或开办单位无偿接受了被执行企业的财产为由裁定其承担责任,也即在执行程序中不得以此为由追加主管部门或开办单位为被执行人。

三是关于原企业的债务承担问题。依据《企业改制司法解释》的规定,在处理该问题时,始终要坚持两个基本原则:一是尊重当事人约定原则。对于被改制企业遗留债务,债权人与被改制企业有约定的,只要不违反法律强制性、禁止性规定,不损害国家利益和善意第三人利益的,应当依当事人的约定。二是法人财产承担法人债务原则。其核心是企业法人以自己所有的财产对外独立承担民事责任。企业债权债务承继原则和企业债务随企业财产变动原则,是法人财产原则的具体体现。债务随企业资产变动原则,是指在当事人对企业遗留债务的承担没有约定或者虽有约定但违反法律强制性、禁止性规定,或者未经债权人同意、损害国家利益和善意第三人利益的情况下,因企业资产负有对企业债务的一般担保性质,受让方依照债务随资产变动原则,根据不同情况承担相应的责任。所谓根据不同的情况承担相应的责任,《企业改制司法解释》第24条至第28条中,规定了在企业出售的情况下,所购企业出售前的债务应根据不同情况分别由买受人、被出售企业或出卖人承担。申请执行人可依据《企业改制司法解释》第24条至第28条的规定和《民事诉讼法》第243条、《民事诉讼法解释》第470条、《变更追加规定》第11条等规定,申请追加债务承担者为被执行人。

## 立法沿革与争议

最高人民法院2003年6月2日作出《最高人民法院执行工作办公室关于被执行企业产权转让其上级主管部门应否承担责任问题的复函》(〔2002〕执他字第26号)解释该问题："你院《关于请求迅速排除深圳市地方保护主义对开发区法院执行案件违法阻挠的紧急报告》及开发区法院《关于申请执行人中国农业银行武汉市江城支行与被执行人深圳经济协作发展公司信用证担保纠纷一案被执行人开办人未依法履行出资义务的补充报告》均已收悉。经审查，提出如下处理意见：一、深圳市国有资产管理办公室作为国有资产管理部门，批准、授权将原企业性质为全民所有制的经协公司有偿转让，并不违反法律规定。经协公司已经深圳市工商行政管理部门办理了变更登记，其法人更名为深圳市国泰联合广场投资有限公司，即其法人的主体资格并未终止。你院及开发区法院认定经协公司被撤销，没有事实依据。开发区法院(2002)武开法执字第95-3号民事裁定书以国资办授权转让经协公司为由，适用《民事诉讼法》第213条的规定，裁定国资办承担责任没有法律依据，属适用法律错误，应予纠正……"明确了以出售形式改制的企业的法人资格并未终止，而是开办单位(投资人)发生了变化，按照法人独立承担民事责任的原则，改制企业的债务应由其自行承担，不得追加原主管部门或开办单位为被执行人。

## 案例索引

辽宁省沈阳市中级人民法院(2020)辽01执复388号执行审查案

**098** 公司未经清算即注销的，追加清算义务人为被执行人的构成要件是什么？

答：公司未经清算即注销的，追加清算义务人为被执行人的构成要件为：一是公司作为被执行人，未经清算即办理注销登记；二是公司未经清算即办理注销登记，导致公司无法进行清算；三是被申请追加为被执行人的是法定清算义务人，即有限责任公司的股东、股份有限公司的董事和控股股东；四是前述清算义务人被追加为被执行人后承担的是连带责任。

## 理由与依据

《变更追加规定》第21条规定："作为被执行人的公司，未经清算即办理注销登记，导致公司无法进行清算，申请执行人申请变更、追加有限责任公司的股东、股份有限公司的董事和控股股东为被执行人，对公司债务承担连带清偿责任的，人民法院应予支持。"

执行阶段追加法定清算义务人的实体法依据是《公司法解释（二）》第20条第1款，该款规定："公司解散应当在依法清算完毕后，申请办理注销登记。公司未经清算即办理注销登记，导致公司无法进行清算，债权人主张有限责任公司的股东、股份有限公司的董事和控股股东，以及公司的实际控制人对公司债务承担清偿责任的，人民法院应依法予以支持。"考虑到执行机构不宜对公司的实际控制人作出认定，《变更追加规定》第21条未对变更、追加实际控制人予以规定，债权人可以依据《公司法解释（二）》第20条第1款的规定，对公司的实际控制人提起诉讼，取得执行依据后再申请执行。

## 立法沿革与争议

《公司法解释（二）》第19条规定了有限责任公司的股东、股份有限公司的董事和控股股东，以及公司的实际控制人在公司解散后恶意处置资产或未经依法清算，以虚假的清算报告骗取公司登记机关办理法人注销登记，应对公司债务承担相应赔偿责任。第20条第1款规定了公司未经清算即办理注销登记，导致公司无法进行清算的，有限责任公司的股东、股份有限公司的董事和控股股东，以及公司的实际控制人应对公司债务承担清偿责任。第2款则规定了股东或者第三人在公司登记机关办理注销登记时承诺对公司债务承担责任的，应承担相应的责任。

最终《变更追加规定》吸纳了《公司法解释（二）》第20条的规定，并将两种情形分别规定在了《变更追加规定》的第21条和第23条。从上述三个条文的内容来看，第18条和第19条设定的前提条件都更为复杂，债权人难以举证。而第20条第1款只需要申请执行人证明公司未经清算即办理注销登记，第2款通过调取公司的工商档案即可获取股东或第三人作出的承诺，债权人举证难度低，法院审查更便利，符合执行程序效率原则。

## 案例索引

江苏省高级人民法院（2020）苏民申1742号执行异议之诉申诉案

## 099 申请执行人能否追加违反法定程序减少实缴出资的股东为被执行人？

答：如果违反法定程序减资构成抽逃出资的，申请执行人可以依据《变更追加规定》第18条的规定，申请追加抽逃出资的股东为被执行人，反之，则不得申请追加。

## 理由与依据

抽逃出资与减资在主体、目的、条件、程序及后果方面都有所区别。抽逃出资是指公司成立后，股东非经法定程序，从公司抽回已缴纳的出资财产但继续持有原出资额的公司股份的行为。而减少注册资本是指公司根据《公司法》规定，按照法定程序减少公司资本的行为。公司减少注册资本（包括认缴出资）应按照法律规定的程序进行。[①] 根据公司资本是否实际减少，减资可分为实质性减资和形式上减资。实质性减资意味着净资产的流出，势必影响

---

① 《公司法》第177条规定："公司需要减少注册资本时，必须编制资产负债表及财产清单。公司应当自作出减少注册资本决议之日起十日内通知债权人，并于三十日内在报纸上公告。债权人自接到通知书之日起三十日内，未接到通知书的自公告之日起四十五日内，有权要求公司清偿债务或者提供相应的担保。"

公司的偿债能力，从而对债权人造成影响。而形式上减资（例如公司亏损情况下用减资弥补亏损，或是减少未届出资期限的认缴注册资本，并没有实际的资金流出），公司的责任财产没有实质减少。实质性减资只有在完全按照法律规定程序下才能保障债权人的利益，因此，违法的实质性减资，意味着在未对债权人提供保障（进行清偿或提供担保）的情况下将出资抽回，与抽逃出资情形竞合。债权人可以依据《变更追加规定》第18条申请追加减资股东为被执行人。而形式上减资，即便存在程序瑕疵，因公司责任财产未发生变化，不能认定为抽逃出资，也就无法依据《变更追加规定》第18条对股东进行追加。①

## 立法沿革与争议

实务中存在三种观点：一是严格坚持法定主义原则，仅对法律或司法解释规定的情形方可追加被执行人，公司及股东违法减资非法定可以追加被执行人的情形，申请执行人不能直接以此为由将股东追加为被执行人；二是认为法院应当进行实体审查，根据审查的结果作出是否支持的裁定，不应以不属于执行程序中追加被执行人的法定情形为由，从程序上驳回申请人的追加申请；三是认为无论是实质性减资还是形式上减资，违反法定程序的减资就意味着公司责任财产的减少，偿债能力降低，对公司债权人的债权实现造成不利影响，应认定为抽逃出资，股东应在违法减资、抽逃出资的范围内承担补充赔偿责任。

## 案例索引

最高人民法院（2019）最高法民再144号案外人执行异议之诉再审案

浙江省高级人民法院（2021）浙民终1757号追加、变更被执行人异议之诉案

浙江省湖州市中级人民法院（2021）浙05民初34号追加、变更被执行人异议之诉案

上海市第一中级人民法院（2019）沪01执异289号申请追加被执行人执行异议案

---

① 参见贺小荣主编：《最高人民法院第二巡回法庭法官会议纪要（第二辑）》，人民法院出版社2021年版，第30～31页。

### 100 增资瑕疵股东是否对增资之前的公司债务承担责任？

答：股东因增资瑕疵行为对其增资之前发生的债务也应承担补充清偿责任。

## 理由与依据

股东存在增资扩股不实或抽逃资金情形时，应当在未出资或抽逃资金范围内就公司债务向债权人承担补充清偿责任，该责任承担与公司债务产生的时间没有关系。根据《公司法解释（三）》第13条之规定，未履行或者未全面履行出资义务的股东在未出资本息范围内对公司债务不能清偿的部分承担补充赔偿责任，该实体法规定并未区分债务发生的时间。《变更追加规定》第17条规定，人民法院应予支持变更、追加未缴纳或未足额缴纳出资的股东、出资人为被执行人的申请，该程序法规定亦未区分债务发生的时间。"股东仅因增资瑕疵行为对其增资之后发生债务的债权人承担责任，对于增资前公司交易行为所产生的债务不承担相应的责任"适用于注册资本实缴制，该区分债务形成时间的观点与《公司法解释（三）》第13条和《变更追加规定》第17条理念相悖，这种区分导致问题复杂化且不利于遏制瑕疵出资，过分强调增资的商事外观主义反而损害交易相对方的合法权益，并且认缴制下注册资金的偿债担保效力已经大为减弱，认缴制下股东是否对公司债务承担责任不以增资前后的时间来划分，而在于认缴的出资范围。

## 立法沿革与争议

《最高人民法院关于西钢集团执行申诉一案的复函》（〔2005〕执他字第32号）和《最高人民法院执行工作办公室关于股东因公司设立后的增资瑕疵应否对公司债权人承担责任问题的复函》（〔2003〕执他字第33号）均认为股东增资瑕疵行为仅对增资注册之后的交易人承担相应的责任，公司设立后增资与公司设立时出资因股东履行交付资产的时间不同，这种时间上的差异，导致交易人对于公司责任能力的预期不同，债权人对公司责任能力的判断应以公司债权形成时公司的注册资金以及当时的股东出资情况为依据，增资瑕疵股东对于增资前公司交易行为所产生的债务不承担责任。2016年《变更追加规定》第17条规定：“作为被执行人的企业法人，财产不足以清偿生效法律文书确定的债务，申请执行人申请变更、追加未缴纳或未足额缴纳出资的股东、出资人或依公司法规定对该出资承担连带责任的发起人为被执行人，在尚未缴纳出资的范围内依法承担责任的，人民法院应予支持。”2020年《公司法解释（三）》第13条第2款规定：“公司债权人请求未履行或者未全面履行出资义务的股东在未出资本息范围内对公司债务不能清偿的部分承担补充赔偿责任的，人民法院应予支持……”《公司法解释（三）》第13条和《变更追加规定》第17条均未将债务发生时间与增资瑕疵股东应承担责任相关联。

多数观点认为，无论实缴制还是认缴制都不应依据最高人民法院相关复函内容以债务发生时间确定增资瑕疵股东对公司债务承担责任。股东出资存在不实或抽逃出资的，对增资前和增资后的债权人均应承担责任。

### 案例索引

最高人民法院（2021）最高法民申6260号执行异议之诉再审审查与审判监督案

最高人民法院（2021）最高法民申3538号再审审查与审判监督案

### 101 追加一人公司股东为被执行人的异议审查程序，举证责任如何分配？

答：追加一人有限公司股东为被执行人的案件中，实行举证责任倒置，由一人公司股东证明个人财产独立于公司财产，不能证明的，人民法院裁定追加该股东为被执行人。

### 理由与依据

作为被执行人的一人有限责任公司，财产不足以清偿生效法律文书确定的债务，股东不能证明公司财产独立于个人财产，申请执行人申请变更、追加该股东为被执行人，对公司债务承担连带责任的，人民法院应予支持。证明公司财产独立于个人财产的举证责任由股东承担。

依据实体法的规定，一人有限责任公司的股东不能证明公司财产独立于股东个人财产的，公司债权人有权提起诉讼，要求该股东对公司债务承担连带责任。债权人诉权的法理在于，一人有限责任公司股东为一个自然人或单个法人，容易滥用股东权利，使公司和股东人格混同，利用公司独立人格和有限责任规避债务，损害债权人利益。为了保护公司债权人利益，公司法通过股东举证不能时否认一人有限公司人格，加强对债权人的保护。

因一人公司股权和治理结构的特殊性，有必要在执行程序中直接适用人格否认制度，限制一人公司股东利用公司财产混同等手段逃避债务，损害债权人利益。执行中追加一人公司股东为被执行人的，仍然适用实体法上的举证责任倒置，由股东举证证明公司财产独立于个人财产。不论一人公司是否举证，债权人均可直接提供证据证明一人公司与其股东财产存在混同情形。

## 立法沿革与争议

追加一人公司股东为被执行人的异议审查程序中，须使被申请人申请人民法院对公司财产和个人财产是否混同进行审计，若经过审计虽未发现存在财产混同情形，但被申请人不能提供公司年度会计报告与审计报告，仍应认定为举证不能，则其对公司债务承担连带清偿责任。实践中关于夫妻共同作为公司股东，能不能进行实质判断将夫妻作为股东的公司认定为一人公司，进而追加夫妻为被执行人，存在较大争议。最高人民法院（2019）最高法民再372号判决认为夫妻二人开办公司，在主体构成和规范适用上具有高度相似性，可以认定为实质意义上的一人公司。但最高人民法院（2020）最高法民申6688号判决则认为夫妻共同财产出资设立的公司定性为一人公司仍缺乏法律依据。

## 案例索引

最高人民法院（2021）最高法民申3711号申请执行人执行异议之诉案

### 102 因出资不实或抽逃出资追加股东为被执行人，是否应由申请执行人承担举证责任？

答：因出资不实或抽逃出资追加股东为被执行人，申请执行人应当对股东出资不实或抽逃出资承担初步举证责任，申请执行人提供对股东履行出资义务产生合理怀疑证据的，股东应当就其已实际履行出资义务不存在出资不实和抽逃出资情形承担举证责任。

### 理由与依据

《变更追加规定》关于因出资不实或抽逃出资追加股东为被执行人的异议审查案件，未明确举证责任承担问题。

根据"谁主张、谁举证"的民事诉讼证据规则，申请执行人对股东出资不实或抽逃出资应承担初步举证责任，即对于股东出资不实、完成出资义务后将注册资本抽回进行举证。但因申请执行人一般难以掌握和取得被执行人公司内部的资金流向，因此，《公司法解释（三）》第20条规定："当事人之间对是否已履行出资义务发生争议，原告提供对股东履行出资义务产生合理怀疑证据的，被告股东应当就其已履行出资义务承担举证责任。"申请执行人已提交初步证据，但认为充分证据已被股东所控制，股东无正当理由未提交审计报告、公司会计账簿等资料的，法院可以根据《民事诉讼证据规定》第95条关于"一方当事人控制证据无正当理由拒不提交，对待证事实负有举证责任的当事人主张该证据的内容不利于控制人的，人民法院可以认定该主张成立"之规定，追加股东为被执行人。申请执行人申请追加股东为被执行人，需要提供对该股东具有抽逃出资行为产生合理怀疑的证据，否则视为未完成举证责任，应承担举证不利的后果，申请追加股东为被执行人的请求也无法得到支持。申请执行人提供产生初步合理怀疑的证据后，举证责任转移到被申请人追加的股东一方，股东应就其已履行出资义务承担举证责任，若其无法证明，则将被追加为被执行人。实践中，对申请执行人的举证责任不宜要求过严，只要提供出能使人对股东履行出资义务产生合理怀疑的表面证据或者证据线索，就可认为完成了举证责任。

## 立法沿革与争议

鉴于申请执行人对于被执行人财务状况调查取证的现实困难，人民法院是否应依职权或依申请调取被执行人股东出资不实或抽逃出资的证据，存在不同看法。有观点认为，应该更强调法院行使职权的主动性，减轻申请执行人的举证负担，如《江苏省高级人民法院关于加大公司为被执行人的案件财产调查力度的通知》（苏高法电〔2018〕179号）规定，法院应通过问询、搜查和引入专业财务审计等方式，加大对被执行人股东是否存在出资不实、抽逃出资情况的掌握。但即使法院了解到被执行人股东出资不实或抽逃出资，法院也不得主动依职权追加，而应当告知申请执行人申请追加该出资不实或抽逃出资股东为被执行人。另有观点认为，即使申请人有权要求法院调查取证，也应该提供被执行人股东存在出资不实或抽逃出资的初步线索，否则不足以认定其申请调取的证据系认定本案基本事实所必需的主要证据，人民法院对其调查证据的主张不予支持。

## 案例索引

最高人民法院（2021）最高法民申2247号执行异议之诉再审审查案
最高人民法院（2021）最高法民申3191号执行异议之诉再审审查案

### 103 被执行人股东的股东能否追加为被执行人？如被执行人为A公司，B公司为A公司股东，未缴纳出资，B公司因其股东C公司未缴纳出资而无履行能力，能否继续追加股东C为被执行人？

答：执行程序中，一般不得连续追加被执行人股东的股东为被执行人，当事人可以依法另行提起诉讼主张权利。

## 理由与依据

有限责任公司以其出资额为限对公司债务承担有限责任，股东未按照《公司法》及公司章程规定足额缴纳出资或抽逃出资，构成出资义务不履行或不完全履行违约之债，公司债权人可以代位向股东主张债权，公司股东应在其未缴纳出资、抽逃出资范围内承担连带清偿责任。在执行程序中，当被执行人 A 公司的股东 B 公司未缴纳或未足额缴纳出资、抽逃出资时，依法可以追加 B 公司为被执行人。在裁定 A 公司的股东 B 公司为被执行人并责令其在未缴纳出资、抽逃出资范围内承担连带清偿责任后，B 公司即构成本案被执行人。当 B 公司的财产不足以清偿连带债务的，且 B 公司的股东 C 公司存在未缴纳或未足额缴纳出资、抽逃出资情形，不能继续追加 C 公司为被执行人，执行程序中追加被执行人以一次为限。

执行中追加变更被执行人是不经审判确定被追加当事人的实体义务的程序，实质是执行力的扩张。为平衡各方利益，变更追加当事人应坚持法定原则。连续追加被执行人混淆了审判与执行的界限，也不利于保障当事人的程序权利。执行程序中追加被执行人应依据简单、清晰而易于判断的标准，不能过多进行实体审查。被追加的被执行人并非执行依据所确定的责任主体，而是基于执行力扩张被纳入执行主体范围。如以被追加的主体为出发点，再次追加关联方，实质上是将前一追加裁定作为执行依据，有"以执代审"之嫌疑。基于保护交易安全的角度，已追加的被执行主体，本身也有债权人和股东，如果允许连环追加，对被追加的被执行人的债权人和股东显失公平。如果允许无限变更和追加被执行主体，在扩张执行裁决权的同时，也会加大社会对执行机构的依赖。

## 立法沿革与争议

《变更追加规定》出台前，新疆维吾尔自治区高级人民法院曾就能否追加被执行人开办单位的开办单位为被执行人向最高人民法院请示，最高人民法院作出《最高人民法院执行工作办公室关于能否追加被执行人开办单位的开办单位为被执行人问题的复函》（〔2006〕执他字第7号）认为，人民法院只能追加被执行人的开办单位在其开办时投入的注册资金不实或抽逃注册资金时对申请执行人承担相应的责任，并无其他弹性规定。因此，追加被执行人开办单位的开办单位为被执行人无法律依据，对1998年《执行工作规定》第80条不能扩大适用。

实践中，有观点认为，无论是1998年《执行工作规定》第80条还是《变更追加规定》第17条和第18条都没有明确禁止连续追加被追加人的股东为被执行人，"被执行人"应该包括被追加进执行程序的被执行人。也就是说，如果有限公司的股东被追加为被执行人后，也无法清偿连带债务的，同样可以出资不实或抽逃出资为由申请追加其股东为被执行人。这并不违反变更追加法定原则，也能切实解决个案的执行难问题。

## 案例索引

最高人民法院（2021）最高法民申6402号执行异议之诉民事申请再审审查案

北京市第二中级人民法院（2022）京02执复170号执行复议案

天津市第三中级人民法院（2020）津03民终4456号执行异议案

广东省广州市中级人民法院（2022）粤01民终8731号执行异议案

**104** 在到期债权执行中，债权人能否申请追加次债务人的股东为被执行人？

答：不得追加次债务人的股东为被执行人。

## 理由与依据

次债务人的法律地位不同于作为债务人的公司股东。股东对被执行人所负的按期足额缴纳认缴出资是法定之债，而次债务人与被执行人之间的债权债务关系是否存在、是否已经消灭、是否存在履行抗辩，未经审理前具有不确定性。虽然《民事诉讼法解释》《执行工作规定》规定人民法院可以执行被执行人的到期债权，但如次债务人提出异议，人民法院不得对异议进行实质审查，不得对第三人强制执行。只有在次债务人既未在规定期限内履行又不提出异议的情况下，法院才能对次债务人强制执行，并且次债务人没有在履行通知指定的期限内提出异议并不发生承认债务存在的实体法效力。次债务人超过期限提出不存在到期债权等异议，人民法院应当适用《民事诉讼法》第236条执行异议的规定立案审查，并依法作出裁定。因此除被执行人对次债务人的债权已经生效法律文书确定外，次债务人的异议可以阻断人民法院的执行，即使次债务人未提异议，人民法院也只能对次债务人财产采取执行措施，不得再追加次债务人股东为被执行人。

## 立法沿革与争议

从理论上看，次债务人对人民法院的裁定书和履行债务通知书未提异议又不履行的情况下，人民法院裁定对债务人强制执行时，次债务人相当于被执行人的角色，如次债务人也无财产可供执行，其股东到期未足额出资的，追加该股东为被执行人似乎未尝不可，但最高人民法院依据湖北省高级人民法院的请示于2005年1月14日作出《最高人民法院关于在执行程序中能否将被执行人享有到期债权的第三人的开办单位裁定追加为被执行主体的请示的答复》（〔2004〕执他字第28号）认为，人民法院在执行程序中不得裁定追加被执行人享有到期债权的第三人的开办单位，因该第三人的法律地位不同于被执行人，其本身不是案件的当事人，裁定追加第三人的开办单位于法无据。

## 案例索引

最高人民法院（2019）最高法执监490号执行监督案

## 105　公司股东因出资不实被追加为被执行人后，其他执行案件的债权人能否再次申请追加该股东为被执行人？

答：股东在某一执行案件中因出资不实被追加为被执行人后，在以该公司为被执行人的其他案件中，可以因出资不实再次被追加为被执行人，但该股东在所有案件中承担责任的范围仅限于尚未缴纳的出资。如股东已经承担补足出资的责任，不应再次承担责任。

## 理由与依据

根据《变更追加规定》，只要股东存在未缴纳或未足额缴纳出资的情形，申请执行人就可以申请追加其为被执行人，这就导致出资不实股东可能因同一被执行人有不同案件多次被追加为被执行人。根据《公司法解释（三）》未履行或者未全面履行出资义务的股东在未出资本息范围内对公司债务不能清偿的部分已经承担补充赔偿责任的，其他债权人提出相同请求的，人民法院不予支持；出资不实的股东所承担的责任与债权人申请追加的次数无关，而是总体上应将责任限定在尚未缴纳出资的范围内。

## 立法沿革与争议

实践中，股东因出资不实先后被不同法院追加为被执行人，股东向在后申请追加的执行债权人承担责任已经补足出资不实的金额，在先追加的法院能否对其继续执行？一种观点认为，无论是向在先追加还是在后追加的法院履行，股东履行完毕出资义务的，即可以对抗其他债权人的履行要求。当股东向在后追加的法院履行完毕出资不实金额后，在先执行的法院不得再对其继续执行。另一种观点认为，股东先后被两个法院追加被执行人，如避免重复承担责任，可以向在后追加法院主张其已被其他法院在先追加为被执行人的事实，在后追加的法院在前一个法院对股东承担的责任执行完毕前，不能要求股东重复承担出资不实的责任。股东已被其他法院追加在先，股东向在后追加其为被执行人的法院清偿的，不能对抗在先追加法院的执行，如果在后追加的法院已知其他法院在先追加，可以向在先追加的法院申请参与分配。

## 案例索引

江苏省高级人民法院（2016）苏0117执1018号异议之诉再审案

**106** 公司法解释规定股权受让人对未履行出资义务的股东承担连带责任的情况下，申请执行人能否申请追加受让股东为被执行人？

答：申请执行人能否追加受让股东为被执行人，应视情况而定：（1）出资不实股东转让股权，一般不宜在执行程序中申请追加受让股东为被执行人，但受让股东承担责任的事实具有外观上的明显性的（如受让股东应承担补充赔偿责任的有关事实有工商档案材料佐证且已经有生效裁判确认），申请执行人可以依据《变更追加规定》第17条的规定申请追加受让股东为被执行人。（2）出资期限尚未届至的股东转让股权的，能否追加受让股东为被执行人需要审查受让股东是否已届出资期限。未届出资期限的，不能追加。

## 理由与依据

未缴纳或未足额缴纳出资，抽逃出资情形下申请追加受让股东为被执行人的不予准许。《公司法解释（三）》第18条赋予了债权人有权要求知道或应当知道股东未履行或未全面履行出资义务即转让股权的受让人对该股东的出资义务承担连带责任，但《执行工作规定》《变更追加规定》均未将受让股东列入可追加为被执行人的情形。在实体法上，发起人和受让人都可能对股东的出资义务承担连带责任，但《变更追加规定》却仅对追加发起人为被执行人作出规定，未涉及受让股东。如果要追加受让股东为被执行人，还须进一步证明受让股东知道或者应当知道转让股东未缴纳或未足额缴纳出资的事实。由于受让人是否知道或者应当知道转让股东未履行或者未全面履行出资义务这一事实，通常不具有外观上的明显性，需要在审判程序中进行实体判断。

但是，实践中并非完全不能在执行程序中追加受让股东被执行人。如果根据案件事实，股东承担补充赔偿责任具有外观上的明显性，如受让股东知道或者应当知道转让股东存在出资不实已被生效法律文书确认，或者受让股东应在未缴纳出资范围内对公司债务承担补充责任已为生效法律文书确认，则此时申请追加受让股东为被执行人具备充足的法律和事实依据，执行法院可以据此追加受让股东为被执行人。[①]

关于认缴期限届满前转让股权追加受让股东为被执行人的问题，对出资期限未届满转让股权应当由谁承担继续出资的义务有不同认识。《公司法（修订草案）》体现的立法倾向是，股东转让已认缴出资但未届缴资期限的股权的，由受让人承担缴纳该出资的义务。因此对认缴期限届满前转让股权的股东，不宜追加受让人为被执行人。

假设在应由受让股东履行出资义务的情况下，需要审查受让股东是否已届出资期限，未届出资期限时又不满足出资加速到期的条件，则不能追加为被执行人。在最高人民法院（2020）最高法民申4443号民事裁定中，债权人申请追加受让股东为被执行人，最高人民法院认为，受让股东于2017年4月27日受让案涉股权时，其出资认缴时间为2044年1月1日，依法享有缴纳出资的期限利益，不属于未按期足额缴纳出资的情形，驳回债权人的诉请。

### 立法沿革与争议

对于能否追加瑕疵出资股权转让的继受股东为被执行人，实践争议较大，支持应当追加的观点认为，股权转让过程中，作为受让方的股东一般会对转让方是否已经足额缴纳出资进行调查，这关涉到受让股东是否需要继续缴纳出资，也是股权转让对价的考量因素之一。因此，如果申请执行人有证据证明原股东出资不实，应推定受让股东知道或者应当知道转让股东未缴纳或未足额缴纳出资的事实，根据《公司法解释（三）》第18条的规定，允许申请执行人申请追加受让股东为被执行人。

### 案例索引

最高人民法院（2021）最高法民再218号案外人执行异议之诉民事再审案

---

① 参见最高人民法院（2021）最高法民再218号民事判决书。

**107** 公司股东利用优势地位转移公司资产，能否认定为抽逃出资并追加该股东为被执行人？

答：应厘清股东所转移的公司资金是否属于公司的注册资金，如是，则可以抽逃出资为由追加该股东为被执行人，反之则不能追加。

## 理由与依据

根据《公司法》及其司法解释，公司股东构成抽逃出资需要具备两方面要件：一是公司股东存在制作虚假财务会计报表虚增利润进行分配、通过虚构债权债务关系将其出资转出、利用关联交易将出资转出、其他未经法定程序将出资抽回等行为，系股东抽逃出资的形式要件；二是公司股东的上述行为实质上损害了公司权益，系抽逃出资的实质要件。从抽逃出资的形式要件分析，股东抽逃的对象应是该股东所缴纳的注册资金，对于抽逃出资所抽逃的资金范围不宜作扩大解释。确定股东转移公司资产的行为是否构成抽逃出资，应厘清所转移的资金是否是属于公司的注册资金，不能混淆公司注册资金与公司资产的区别。如果所转移的资金属于公司的注册资金，则可以抽逃出资为由追加该股东为被执行人，反之，则不能追加。

股东转移公司资产的行为虽然不构成抽逃出资，但转移公司资产的行为损害了公司的财产权，直接导致了公司偿债能力减弱，债权人可通过诉讼途径撤销股东转移资产的行为。

## 立法沿革与争议

《变更追加规定》第18条规定："作为被执行人的营利法人，财产不足以清偿生效法律文书确定的债务，申请执行人申请变更、追加抽逃出资的股东、出资人为被执行人，在抽逃出资的范围内承担责任的，人民法院应予支持。"《公司法解释（三）》第12条规定："公司成立后，公司、股东或者公司债权人以相关股东的行为符合下列情形之一且损害公司权益为由，请求认定该股东抽逃出资的，人民法院应予支持：（一）制作虚假财务会计报表虚增利润进行分配；（二）通过虚构债权债务关系将其出资转出；（三）利用关联交易将出资转出；（四）其他未经法定程序将出资抽回的行为。"根据该规定，认定股东抽逃出资所抽逃的资金范围限于公司注册资金。

**案例索引**

海南省高级人民法院（2018）琼民终48号执行异议之诉案

## 108 一人公司股东通过转让股权退出公司后，能否追加该股东为被执行人？

答：如果原一人公司股东不能证明公司财产独立于自己的财产，人民法院对追加原一人公司股东为被执行人的申请应予支持。

### 理由与依据

一人公司股东将全部股权转让的，股权转让后仍为一人公司，原股东和受让股东如不能证明公司财产独立于股东个人财产，原股东和新股东都应为公司债务承担连带责任。一人公司股东将全部或部分股权转让给多人的，一人公司变为有限责任公司，原股东不能因为公司形式改变而免责，新股东如能证明原股东存在滥用公司法人地位和股东有限责任的人格混同情形时，应向人民法院提起诉讼。结合其立法目的，即使一人有限公司的股东发生了变更，或者一人有限公司因股东变更而变更为普通的有限责任公司，原一人公司股东不能证明公司财产独立于自己的财产，仍然可以追加债务发生时的前一人股东为被执行人。

### 立法沿革与争议

《变更追加规定》第20条规定："作为被执行人的一人有限责任公司，财产不足以清偿生效法律文书确定的债务，股东不能证明公司财产独立于自己的财产，申请执行人申请变更、追加该股东为被执行人，对公司债务承担连带责任的，人民法院应予支持。"虽然《变更追加规定》第20条对追加不能证明一人有限公司财产独立于个人财产的股东有明确规定，但该条中的"股东"是否包括已转让股权的"原股东"存在分歧。有观点认为，不宜对《变更追加规定》第20条中的"股东"作扩大解释，该条的"股东"仅包括现股东，不包括原一人公司股东。

### 案例索引

北京市第三中级人民法院（2019）京03民初138号申请执行人执行异议之诉案

### 109 被执行人被政策性托管的，能否追加托管人为被执行人？

答：在现行法律规定范围内，并未将托管人纳入可以被追加的情形。不能在执行程序中直接追加托管人为被执行人，应通过诉讼程序解决。

### 理由与依据

政策性托管，一般是银行、证券公司、保险公司等金融机构或其开办的企业发生严重危机，由金融监管机构进行行政接管，[①]并将其委托给其他金融机构如资产管理公司进行管理的一种监管措施。托管处置是救助高风险金融机构风险的常见方式，按照相关要求，金融资产管理公司可以充分行使对被托管机构的经营管理权、审核权、业务监督权、相关业务决定权等，以达到保持风险金融机构稳定经营，防范和化解潜在金融风险的目的。

实践中，托管人被申请追加为被执行人的主要原因，是托管人基于管理的需要接手被托管企业的资产，对于托管的企业，其本质特征还是通过托管人对该企业的监管来完成对该企业债务的逐渐清偿。而此类托管形式往往基

---

① 参见李玫、刘涛：《我国银行行政接管的法律诠释与制度完善》，载《法学杂志》2012年第7期。

于政策原因，其本身并不是该企业债务的最终承担者，只不过是通过托管进一步厘清该企业的债务情况，制定有针性的措施使企业摆脱困境。在托管完成后，监管部门会针对被托管企业的实际状况进行重组或改制。因此，政策性托管本质上是托管人代监管机构暂行对被执行人进行监督管理，接收资产是为了管理所需，资产所有权属仍属于被执行人。《变更追加规定》中并无关于可以追加托管人为被执行人的相关规定。如果债权人认为托管人在托管过程中存在侵占被执行人资产损害债权人利益的行为，可依法提起诉讼。

## 立法沿革与争议

关于政策性托管人能否追加为被执行人，最高人民法院依据海南省高级人民法院请示，于2008年6月7日作出《关于信达公司政策性托管银泰公司是否为其债务承担责任问题请示一案的复函》（〔2007〕执他字第6号），认为本案中中国信达资产管理公司是否接受了海南银泰置业有限责任公司的财产，是基于托管、清理接受（代为管理、处置）的财产，还是非法侵占海南银泰置业有限责任公司法人财产等事实，仅凭执行听证程序，不利于保护当事人的合法权益，故海南中级人民法院在执行程序中直接追加中国信达资产管理公司为被执行人不当。可以告知海南明海投资公司、海南日森置业公司，如果认为中国信达资产管理公司在托管期间损害了其合法权益，可以通过诉讼程序解决。

## 案例索引

辽宁省高级人民法院（2021）辽执复371号买卖合同纠纷执行复议案

## 110 执行前债权转让的，受让人申请执行后，转让人能否以债权转让无效为由申请变更申请执行人？

答：执行前债权转让的，受让人申请执行后，转让人主张债权转让无效的，属于转让人与受让人之间债权转让法律关系中产生的实体争议，应另行通过诉讼途径解决。转让人申请变更其为申请执行人的，不予支持。

## 理由与依据

生效法律文书确定的债权在申请执行前转让的，根据《执行工作规定》第16条①，可以由受让人直接申请执行。人民法院在立案阶段，判断受让人是否为生效法律文书的权利承受人，应进行形式审查而非实体审查，只要申请执行人向人民法院提交承受权利的证明文件符合权利受让的形式要件，足以证明自己是生效法律文书的权利承受人，即符合立案受理的条件。转让人以债权转让无效为由申请变更其为申请执行人，实质是对受让人权利承受人地位的根本否认，属于债权转让关系实体争议，不宜在执行程序中解决，应另行通过诉讼救济。

如申请执行人是在执行过程中转让债权，人民法院依据《变更追加规定》第9条②裁定变更受让人为申请执行人，原申请执行人又提出异议的，执行法院应告知其另行起诉还是有权对债权转让的相关事实和法律问题进行实体审查，存在争议。司法解释之所以在债权已转让的情况下，再要求申请执行人向执行法院作出第三人取得债权的书面认可，原因在于债权转让是当事人之间的民事法律行为，未经过生效法律文书确认，通过申请执行人向执行法院作出该书面认可，表明其对债权转让的行为及结果已经没有实体争议，避免执行程序变更申请执行人陷入不必要的实体争议之中。③

---

① 《执行工作规定》第16条规定："人民法院受理执行案件应当符合下列条件：(1)申请或移送执行的法律文书已经生效；(2)申请执行人是生效法律文书确定的权利人或其继承人、权利承受人；(3)申请执行的法律文书有给付内容，且执行标的和被执行人明确；(4)义务人在生效法律文书确定的期限内未履行义务；(5)属于受申请执行的人民法院管辖。人民法院对符合上述条件的申请，应当在七日内予以立案；不符合上述条件之一的，应当在七日内裁定不予受理。"

② 《变更追加规定》第9条规定："申请执行人将生效法律文书确定的债权依法转让给第三人，且书面认可第三人取得该债权，该第三人申请变更、追加其为申请执行人的，人民法院应予支持。"

③ 参见最高人民法院（2019）最高法执监418号执行裁定书。

**立法沿革与争议**

有观点认为，无论是直接申请执行还是裁定变更债权受让人为申请执行人，都是在执行程序中对债权转让进行形式审查作出的结论，但却会对当事人的实体权益造成影响，应当在执行程序中给予债权转让方救济的权利，而非将问题再转移给诉讼程序，增加当事人维权成本。"在执行法院依据债权受让人的申请作出变更申请执行主体裁定后，转让人提出异议的，除已有生效法律文书对相关争议作出裁判的以外，执行法院有权对债权转让协议及相关事实和法律问题进行实体审查，认定债权转让不成立或无效的，有权作出裁定撤销原变更主体裁定。受让人如对协议内容仍有争议，可另行提起诉讼。"[①]

**案例索引**

最高人民法院（2022）最高法执复12号执行复议案

**111** 执行程序中，改制后公司承继原企业债权债务的，能否参照《变更追加规定》裁定变更为被执行人？

答：企业股份合作制改革中，根据企业财产承继原则，由改制后的新企业对改制前企业承担债务清偿责任。但在执行程序中，因涉及新旧企业的债务承担等实体问题的认定，不能直接变更改制后的企业为被执行人，而应通过诉讼程序审理后根据审理结果进行处理。

**理由与依据**

企业改制指依法改变企业原有的资本结构、组织形式、经营管理模式或体制等，使其在客观上适应企业发展新的需要的过程。根据《企业改制规定》

---

[①] 参见最高人民法院（2018）最高法执监506号执行裁定书。

第8条，企业职工整体买断公司全部经营性资产，改制组建股份企业，实行股份制经营的，改制后的企业应当对原企业的债务整体继承。即新企业承继原企业的债务是无条件的，不论债务性质、数额，均应由改制后的新企业承担。而在执行程序中，变更改制后的新企业为被执行人的，要经审判程序对新旧企业的债务承担情况认定，不属于法定的变更追加当事人情形的，不得径直变更新企业为被执行人。

## 立法沿革与争议

《防止逃债通知》第9条规定，在债权人与被改制企业无约定的情况下，改制企业债务应当由改制变更后的企业在所接受的财产的等值范围内承担原企业遗留债务。企业职工买断企业产权，将原企业改造为股份合作制的，原企业的债务，由改造后的股份合作制企业承担。但变更追加应遵循法定原则，即便第三人承继被执行人债务或对债务履行负有责任有实体法上依据可循，但未被纳入《变更追加规定》情形的，也不得径行在执行程序中变更追加该第三人为被执行人，而应当通过诉讼程序取得新的执行依据后行权。另外在处理国有企业改制中的遗留问题时，应遵循两个基本原则：一是尊重当事人的约定原则，即对于被改制企业的遗留债务，债权人与被改制企业的约定不违反法律强制性、禁止性规定，不损害国家利益和善意第三人利益，应当依当事人约定。二是法人财产承担法人债务原则，即企业法人以其自己所有的财产对外独立承担民事责任。

## 案例索引

最高人民法院（2020）最高法执监266号执行监督审查案

### 112 金融资产管理公司收购被多次转让的债权的，人民法院能否以未提供前手之间的转让协议原件为由驳回其变更申请执行人的请求？

答：资产管理公司收购多次转让债权的，人民法院不能仅以未提供前手之间的转让协议原件为由驳回其变更申请人的请求。生效判决确认的债权多次转让，最终债权受让人申请变更其为申请执行人的，应当提交债权转让的相关证明资料。最后一手债权人虽不能提供债权转让合同原件，但有债权转让中各前手债权人对转让债权事实予以认定出具相关证明的，足以证明最后一手债权人合法受让债权的，应当裁定准许变更其为申请执行人。

## 理由与依据

多次债权转让的，应当保证最后一手债权受让人可以通过变更追加其为申请执行人加入执行程序从而受偿。

债权若经过多次转让，则人民法院须对每个债权转让环节的转让事实，以及每次转让过程中转让人书面认可本次受让人取得债权的事实和证据进行全面审查，最后一手债权受让人承担对每次债权转让的转让事实以及每个转让环节中转让人书面认可本次受让人取得债权的事实的举证责任，但该举证责任不能简单理解为债权受让人必须提供各债权转让协议的原件，只要足以证明债权转让真实合法就应当予以认定。

## 立法沿革与争议

《民法典》将债权转让的范围由"合同权利"变更为"债权"，因侵权行为、不当得利、无因管理产生的债权也可依法进行转让。《民法典》将部分转让的债权二分为金钱债权和非金钱债权两种，对不同情形的债权转让作出了不得对抗善意第三人和一般第三人的规定，明确了金钱债权不得转让的约定仅在当事人之间发生法律效力，不得对抗一般第三人的规定。执行中因债权转让变更申请执行人，不以债权转让事实通知债务人为必要条件，只要有合法转让债权之事实，且有申请执行人出具书面认可，人民法院应准许变更申请执行人的申请。根据2005年《十二条规定补充通知》规定，金融资产管理公司转让、处置已经涉及诉讼、执行或者破产等程序的不良债权时，只要转让人或受让人持债权转让协议申请，人民法院即应裁定变更执行主体。

## 案例索引

广东省佛山市中级人民法院（2020）粤06执复319号执行复议案

## 113 被执行的公司被吊销营业执照后，申请执行人能否申请追加股东为被执行人？

答：公司被吊销营业执照但未经清算的，不属于《变更追加规定》第21条规定追加股东为被执行人的情形。

## 理由与依据

《变更追加规定》第21条的规定系公司未经清算即办理注销登记之情形，此时有限责任公司的股东、股份有限公司的董事和控股股东对公司不能清算存在过错，应对公司债务承担连带清偿责任。公司被吊销营业执照不属于该种情形，无法通过未经清算自行注销情形追加股东为被执行人，最高人民法院在（2020）最高法执复4号判决中亦认可该观点。公司被吊销营业执照的，如果有股东、出资人或主管部门无偿接受其财产致使该被执行人无遗留财产或遗留财产不足以清偿债务情形时，人民法院应予支持申请执行人申请追加该股东、出资人或主管部门为被执行人的请求。

## 立法沿革与争议

《变更追加规定》第21条规定："作为被执行人的公司，未经清算即办理注销登记，导致公司无法进行清算，申请执行人申请变更、追加有限责任公司的股东、股份有限公司的董事和控股股东为被执行人，对公司债务承担连带清偿责任的，人民法院应予支持。"该规定指公司未经清算即办理注销登记之情形，公司被吊销营业执照不属于该情形。《变更追加规定》第22条规定："作为被执行人的法人或非法人组织，被注销或出现被吊销营业执照、被撤销、被责令关闭、歇业等解散事由后，其股东、出资人或主管部门无偿接受其财产，致使该被执行人无遗留财产或遗留财产不足以清偿债务，申请执行人申请变更、追加该股东、出资人或主管部门为被执行人，在接受的财产范围内承担责任的，人民法院应予支持。"

## 案例索引

最高人民法院（2020）最高法执复4号执行审查案

## 114 作为被执行人的公司的股东在出资认缴期限届满前减资的，人民法院能否依申请追加其为被执行人？

答：认缴期限届满前，股东减资的，不视为抽逃出资，不得追加该股东为被执行人。如果认缴期限届满前股东提前缴纳了出资，后又将其转出的，有构成抽逃出资之可能，申请执行人可以依法申请追加抽逃出资的股东为被执行人。

## 理由与依据

股东在缴资期限届满前减资的，不应直接在执行程序中追加为被执行人，具体理由如下：

一是从减资的定义出发。减资系企业为弥补亏损，调整资本而减少企业资本的行为，在未被确认为违反法定程序之前该减资行为合法有效，而且减资行为是否合法不属于追加被执行人程序审查的范围。即使申请执行人认为股东存在非法减资，也应当通过诉讼程序确认事实并要求非法减资股东在减资范围内承担相应责任。故而股东在缴资期限届满前减资的，不能直接在执行程序中追加为被执行人。

二是从减资不符合规定中可追加为被执行人的情形。《变更追加规定》中，公司股东未缴纳出资、抽逃出资和原股东未履行出资义务即转让股权，可追加为被执行人。而减资与未缴纳出资、抽逃出资不同，减资是公司为减少亏损对企业资本进行减少。未缴纳出资主要包括股东的不完全履行、迟延出资、瑕疵给付、出资不实的情况，其对公司会造成公司资产不实，公司经营资金不足等后果。而抽逃出资则是指在公司验资注册后，股东将所缴出资暗中撤回，却仍保留股东身份和原有出资数额的一种违法行为。执行中追加被执行人是特定情形下对义务履行主体的扩张，应严格遵照法律及司法解释规定执行。减资与未缴纳出资、抽逃出资无论是行为主体、构成要件、程序、法律后果均不相同，不能简单地将减资等同于未缴纳出资、抽逃出资而直接在执行程序中予以追加。

三是从平等保护原则出发。减资行为是公司行为，股东通过召开股东会议从公司经营角度出发作出了减资决议。若允许直接追加公司股东为被执行人，会导致股东在权利尚未得到充分保障的情况下，被强制加入执行程序替公司偿债，有失公允。

### 立法沿革与争议

对于减资股东能否直接追加为被执行人一直未有法律或司法解释的规定，但是关于公司哪类股东能直接追加为被执行人，不同时期的司法解释也发生了变化。

1998 年《执行工作规定》第80条规定，被执行人无财产清偿债务，如果其开办单位对其开办时投入的注册资金不实或抽逃注册资金，可以裁定变更或追加其开办单位为被执行人，在注册资金不实或抽逃注册资金的范围内，对申请执行人承担责任。在此后很长一段时间里，该规定一直作为法院追加未缴纳出资、抽逃出资股东为被执行人的直接法律依据。

2015 年《民事诉讼法解释》在第472条至第474条对法人分立、合并、注销、更名后等情形被执行人的变更或追加作出规定，对能否追加公司股东为被执行人问题未作专门规定。

　　2016年《变更追加规定》，拓宽了变更追加当事人的范围，确定了追加股东的三种情形，作为被执行人的企业法人，财产不足以清偿生效法律文书确定的债务，申请执行人申请追加未缴纳或未足额缴纳出资的股东、出资人或依公司法规定对该出资承担连带责任的发起人为被执行人，追加抽逃出资的股东、出资人为被执行人，股东未依法履行出资义务即转让股权，申请追加该原股东或依公司法规定对该出资承担连带责任的发起人为被执行人的，人民法院应予支持。认缴制下，股东依法享有期限利益。但该规定仍未对"未缴纳或未足额缴纳出资"的范围明确，也导致司法实践的意见分歧。

　　有观点认为从公司法人格否认制度出发，减资瑕疵和抽逃出资、未履行出资义务本质上是相同的。从对债权人影响的角度来看，公司股东通过减资这一看似合法的形式，实质上是为了掩饰其侵害债权人利益的非法目的。即使《变更追加规定》未将减资瑕疵作为变更追加股东的一种法定情形，但债权人仍可将该司法解释作为追究减资瑕疵股东责任的法律依据。且从利益衡量的角度来看，在公司法律关系中债权人的利益较股东的利益来说更值得保护。当对"未缴纳出资"和"抽逃出资"范围的界定存在争议时，应作出有利于债权人的解释，向保护债权人的方向倾斜。如北京市高级人民法院（2021）京民再125号执行异议之诉一案判决认为股东未在公司章程规定的时间内完成认缴出资，其行为已构成未全面履行出资义务，且实友公司的减资行为违反了公司减少注册资本的法定程序，该行为亦无法排除二位股东所应承担的责任，故而其二人应被追加为被执行人。

## 案例索引

　　最高人民法院（2019）最高法民再144号案外人执行异议之诉案
　　广东省深圳市中级人民法院（2020）粤03民终29674号股东出资纠纷案

### 115　金融资产公司受让已经申请执行的不良债权，原债权人未出具书面认可的，人民法院应否裁定变更为申请执行人？

答：金融资产公司受让已经申请执行的金融不良债权，申请变更为申请执行人的，人民法院应当根据债权转让合同以及受让人或者转让人的申请，裁定变更诉讼主体或者执行主体。对于原债权人的书面认可，不应僵化理解为受让人必须出具各环节债权转让原件以及认可债权转让的书面说明，只要债权流转过程能够通过转让协议等相互印证，前后衔接连续，即可认定变更申请符合司法解释规定的要件。[①]

## 理由与依据

依据《变更追加规定》第9条，债权受让人申请变更其为申请执行人应当同时满足两个条件：（1）原债权人将生效法律文书确定的债权依法转让给第三人；（2）原债权人书面认可。一般情况下，债权转让后，原申请执行人须向法院出具债权转让确认函，以表示其认可受让人取得债权。

金融不良债权不同于一般普通债权，关于金融不良债权变更申请执行人的问题，最高人民法院在《关于判决确定的金融不良债权多次转让人民法院能否裁定变更申请执行主体请示的答复》《十二条规定补充通知》《海南会议纪要》对金融不良债权转让作了特殊规定，根据前述规定的精神，金融不良债权变更申请执行人时，人民法院应当根据债权转让合同以及受让人或者转让人的申请，并未要求提交债权转让确认书。金融不良债权与普通债权系特殊债权与一般债权的关系，上述规定与《变更追加规定》第9条并不矛盾，事实上，最高人民法院对十三届全国人大三次会议第5510号建议的答复中亦指出，严格执行《变更追加规定》第9条的规定，债权受让人申请变更其为申请执行人的，要求必须经转让人书面认可第三人取得该债权。人民法院也通过被执行人异议、其他债权人异议审查程序，加强对债权转让真实性的审查。

实践中，金融债权往往经过多手转让，人民法院须对每个债权转让环节

---

① 参见梁宇菲：《因债权转让变更申请执行人异议审查程序的完善》，载《人民法院报》2023年5月31日第7版。

的转让事实，以及每个转让环节中转让人书面认可本环节受让人取得债权的事实和证据进行全面审查。债权受让人应当提供证据证明所有前手的债权转让事实，以及所有前手书面认可相应环节受让人取得债权的事实。对于经过多次转让的金融不良债权，人民法院在审查转让事实时，不应僵化理解为必须出具各环节债权转让原件以及认可债权转让的书面说明，转让连续完整的债权转让合同亦可认为符合"书面认可"的要求。

## 立法沿革与争议

《变更追加规定》第9条规定："申请执行人将生效法律文书确定的债权依法转让给第三人，且书面认可第三人取得该债权，该第三人申请变更、追加其为申请执行人的，人民法院应予支持。"该条系执行程序中债权受让人向人民法院申请变更其为申请执行人的主要法律依据，适用于普通债权转让的一般规定情形。在《变更追加规定》施行前，最高人民法院已经以通知、答复的形式对金融债权转让后变更执行主体问题进行了明确。

《十二条规定补充通知》第3条规定："金融资产管理公司转让、处置已经涉及诉讼、执行或者破产等程序的不良债权时，人民法院应当根据债权转让协议和转让人或者受让人的申请，裁定变更诉讼或者执行主体。"

《海南会议纪要》第10条规定，金融资产管理公司转让已经涉及诉讼、执行或者破产等程序的不良债权的，人民法院应当根据债权转让合同以及受让人或者转让人的申请，裁定变更诉讼主体或者执行主体。

2009年，最高人民法院对湖北省高级人民法院鄂高法（2009）21号请示作出的《关于判决确定的金融不良债权多次转让人民法院能否裁定变更申请执行主体请示的答复》（〔2009〕执他字第1号）中规定，《最高人民法院关于人民法院执行若干问题的规定（试行）》已经对申请执行人的资格以明确。其中第18条第1款规定的"权利承受人"，包含通过债权转让的方式承受债权的人。依法从金融资产管理公司受让债权的受让人将债权再行转让给其他普通受让人的，执行法院可以依据上述规定，依债权转让协议以及受让人或者转让人的申请，裁定变更申请执行主体。《最高人民法院关于金融资产管理公司收购、处置银行不良资产有关问题的补充通知》第3条虽只就金融资产管理公司转让金融不良债权环节可以变更申请执行主体作了专门规定，但并未排除普通受让人再行转让给其他普通受让人时变更申请执行主体。此种情况下裁定变更申请执行主体，也符合该通知及其他相关文件中关于支持金融不良债权处置工作的司法政策，但对普通受让人不能适用诉讼费用减半收取和公告通知债务人等专门适用金融资产管理公司处置不良债权的特殊政策规定。

## 案例索引

广东省佛山市中级人民法院（2020）粤06执复319号债权转让合同纠纷执行复议案

### 116 A法院裁定追加甲为被执行人后，申请执行人撤销执行申请，法院裁定终结执行。之后申请执行人又再向A法院申请执行，能否直接列甲为被执行人？

答：原执行案件中，人民法院已裁定追加甲为被执行人，申请执行人撤销执行申请又再次申请执行的，被执行人地位不变，可以直接列甲为被执行人。

## 理由与依据

执行程序中，通过追加被执行人这一略式程序，当事人无须提起新的诉讼或仲裁取得新执行依据，即可灵活、机动地将执行力所及的第三人纳入执行程序。

追加被执行人本质上是既判力主观范围与执行力主观范围双重扩张的结果。那么，变更、追加当事人裁定，是否有既判力？

执行程序中变更、追加当事人的正当性源于效率优先与程序保障。变更追加裁定是否应当具有既判力，关键在于当事人是否获得了充分的程序保障。我国目前追加被执行人制度的法定事由主要包括执行力主观范围扩张、实体法上责任主体的同一性、基于另一实体法律关系第三人须对申请执行人承担责任、因执行中第三人相关行为而须承担责任的情形。针对上述不同的追加事由，《变更追加规定》规定了两种不同的救济途径——异议复议程序和执行异议之诉程序。具体而言，对于与被执行人具有同一法律地位的第三人（包括前述被执行人财产继受主体、地位继受主体和实体法上同一责任主体），其实体权利相互依存、实体责任具有同一性，通过执行异议复议程序救济。而对于被执行人与被追加的第三人之间的其他实体法律关系产生的不具有同一性的第三人（即与被执行人具有特定实体权利的主体），应当经由实体审理程序另案判决作出新的执行依据，有必要赋予其独立防御的程序保障，但为一次性解决纠纷，提高执行效率，可以在本案追加程序中赋予其通过执行异议之诉救济的权利。基于此，原执行程序中的变更追加裁定通过异议复议程序或执行异议之诉程序将第三人列为被执行人，在给予充分程序保障的前提下，应当认定已经作出的追加裁定具有既判力，执行案件重新立案，不影响原执行案件中被执行人的法律地位，无须再次经过变更追加程序，而得以直接将被追加人列为被执行人。

## 立法沿革与争议

根据《民事诉讼法》第268条第1项，申请人撤销申请的，人民法院应裁定终结执行。《民事诉讼法解释》第518条规定："因撤销申请而终结执行后，当事人在民事诉讼法第二百四十六条规定的申请执行时效期间内再次申请执行的，人民法院应当受理。"

《民事诉讼法解释》第464条规定："申请执行人与被执行人达成和解协议后请求中止执行或者撤回执行申请的，人民法院可以裁定中止执行或者终结执行。"

"撤销"执行申请与"撤回"执行申请都会产生终结执行程序的法律后果。但是，撤回执行申请的，再执行需要以申请恢复执行为启动程序；撤销执行申请的，再执行需要以再次申请执行为启动程序。需要注意的是，申请人撤销执行申请后再次申请执行，应在执行时效内申请执行。同时，根据《执行立结案意见》第6条第5项之规定，按照恢复执行案件予以立案。

浙江省高级人民法院（2020）浙执复87号执行复议案

**117** 执行债权的受让人以受让债权作为合伙企业的出资，该合伙企业能否申请法院变更自己为申请执行人？

答：执行债权的受让人以受让债权作为合伙企业的出资后，合伙企业作为权利承受人有权依法申请法院变更自己为申请执行人，人民法院应当予以支持。

**理由与依据**

执行债权的受让人将执行债权作为合伙企业的出资，该执行债权即成为合伙企业财产。《合伙企业法》第16条第1款规定，合伙人可以用货币、实物、知识产权、土地使用权或者其他财产权利出资，也可以用劳务出资。合伙人取得的执行债权依法可以作为合伙企业的出资。《合伙企业法》第20条进一步规定了合伙人的出资、以合伙企业名义取得的收益和依法取得的其他财产，均为合伙企业的财产。债权出资后成为合伙企业的财产，不再是合伙人个人的财产，合伙人仅依法享有合伙企业的财产份额，且非因退伙、合伙企业清算等法定事由不得分割。

执行债权作为合伙企业的出资在《合伙协议》中载明，经全体合伙人签名、盖章后生效。参照《合伙企业法》第17条第2款的规定，以非货币财产出资的，依照法律、行政法规的规定，需要办理财产权转移手续的，应当依法办理。合伙企业应当以权利承受人的名义申请变更自己为执行债权案件的申请执行人。

受让执行债权的合伙人以合伙协议约定出资的书面形式确认合伙企业取得执行债权，并在登记管理机关进行登记备案公示。依据《变更追加规定》第9条规定，申请执行人将生效法律文书确定的债权依法转让给第三人，且书面认可第三人取得该债权，该第三人申请变更、追加其为申请执行人的，人民法院应予支持。

## 立法沿革与争议

1997年《合伙企业法》第11条第1款规定了合伙人可以其他财产权利出资，并在第12条第2款规定了各合伙人按照《合伙协议》实际缴付的出资为对合伙企业的出资。2006年《合伙企业法》对该条进行了修订，以非货币财产出资的，依照法律、行政法规的规定，需要办理财产权转移手续的，应当依法办理。修订后对于非货币财产出资依法办理变更财产权转移登记手续的要求更加明确。

2016年《变更追加规定》明确了申请执行人书面认可第三人取得执行债权后，该第三人申请变更、追加其为申请执行人的人民法院应予支持。2020年修正后沿用该规定。

实务中有观点认为，变更申请执行人的申请应当由债权转让人提出，不能由债权受让人直接提出。即在以执行债权作为合伙企业出资的情况下，应当由持有或者受让执行债权的合伙人提出，合伙企业无权提出。理由是对于债权转让合同或者合伙协议的效力可能出现争议，因此必须由债权转让人明确向执行法院提出变更申请执行人的申请。但是司法解释已经赋予债权受让人申请变更申请执行人的权利。最高人民法院34号指导性案例明确了执行程序不是审查判断和解决债权转让合同效力的适当程序，债权受让人即权利承受人可以作为申请执行人直接申请执行，在进入执行程序前合法转让债权的，甚至无须执行法院作出变更申请执行人的裁定。

## 案例索引

最高人民法院（2012）执复26号执行复议案

# 第四章　执行程序

## 第一节　一般规定

### 一、执行和解

**118** 当事人合意以物抵债或通过执行和解以物抵债，人民法院能否出具以物抵债裁定？

答：被执行人的财产无法拍卖或者变卖的，当事人合意以物抵债且不损害其他债权人合法权益和社会公共利益的，人民法院可以出具以物抵债裁定。执行和解协议约定以物抵债的，执行法院不得对以物抵债协议出具裁定，由当事人自动履行，一旦不履行，可以恢复对原生效法律文书的执行或者就和解协议履行提起诉讼。

**理由与依据**

执行程序中，已控制财产的变价一般采取拍卖方式。无论是传统的委托司法拍卖还是网络司法拍卖，核心价值在于通过公开竞价，最大限度实现拍卖标的物的客观、真实价值。《民事诉讼法解释》增加不经拍卖变卖直接以物抵债的规定，以弥补网络司法拍卖在效率方面的缺陷。为了防止当事人合意抵债价格背离财产真实价值，以及当事人恶意串通损害第三人利益或者通过执行裁定来规避行政审查，《民事诉讼法解释》对不经拍卖变卖直接以物抵债，设定了不损害其他债权人合法权益和社会公共利益的前提。

执行和解协议约定以物抵债的，由当事人自行履行。执行和解协议不属于人民法院可以执行的法律文书，不具有强制执行效力。一方当事人不配合的，可以申请恢复原生效法律文书的执行或就和解协议履行另诉，而不能申请执行法院强制执行和解协议。执行法院不得依据执行和解协议中的以物抵债内容作出以物抵债裁定，因为执行和解协议仅是被执行人与某个或某部分债权人达成的合意，存在当事人恶意串通损害第三人利益或者通过执行裁定来规避审查的可能。即使人民法院对当事人在执行和解中协商达成的以物抵债是否触犯第三人权益进行审查，也不应出具以物抵债裁定。[1]

《民事诉讼法解释》第489条的合意以物抵债，是当事人之间达成"不经拍卖，直接抵债"的合意，所抵偿之债仍是生效法律文书项下的债务。从现实角度考虑，该种情形下如果人民法院不予作出执行裁定，在抵债财产被查封的情况下，双方当事人的以物抵债协议难以实际履行。《执行和解规定》的以物抵债是当事人自行协商变更生效法律文书，达成新的债权债务关系的协议，以物抵债是在双方另外达成的和解协议项下的履约行为。从结果上看，在合意以物抵债情形下，通过以物抵债后仍未能全部清偿的债务，债务人仍须继续清偿，当事人达成的以物抵债和解协议履行完毕后，执行程序终结。

## 立法沿革与争议

《民事诉讼法解释》第490条规定："被执行人的财产无法拍卖或者变卖的，经申请执行人同意，且不损害其他债权人合法权益和社会公共利益的，人民法院可以将该项财产作价后交付申请执行人抵偿债务，或者交付申请执行人管理；申请执行人拒绝接收或者管理的，退回被执行人。"该条文并未禁止人民法院就合意抵债出具抵债裁定。《执行和解规定》第6条规定："当事人达成以物抵债执行和解协议的，人民法院不得依据该协议作出以物抵债裁定。"该条文明确人民法院不得依据执行和解协议作出以物抵债裁定。

实务中对根据当事人合意抵债申请能否作出以物抵债裁定存在不同认识。有观点认为，双方当事人协商以物抵债是私法行为，属于执行和解的一种形式，为了与执行和解制度保持一致，同时防止当事人恶意串通危害第三人的

---

[1] 最高人民法院（2016）最高法执监85号执行裁定书。

权利或者通过执行裁定来规避审查，执行法院不应出具裁定书。

## 案例索引

最高人民法院（2018）最高法执监1151号民间借贷纠纷执行监督案

最高人民法院（2019）最高法执复133号金融借款合同纠纷执行复议案

最高人民法院（2020）最高法执复160号执行复议案

**119** 公证债权文书执行过程中双方达成执行和解，申请执行人以被执行人未完全履行和解协议为由申请恢复执行原公证债权文书，被执行人以已履行和解协议为由提起债务人异议之诉，人民法院应如何处理？

答：人民法院应当受理债务人异议之诉，经审查执行和解协议的履行不属于《公证执行规定》第22条规定的"公证债权文书载明的债权因清偿、提存、抵销、免除等原因全部或者部分消灭"情形，法院将驳回其诉讼请求。被执行人对是否履行执行和解协议、恢复执行有争议的，法院应向其释明依据《民事诉讼法》第236条提出执行异议进行救济。

## 理由与依据

公证债权文书载明的民事权利义务关系与事实不符，经公证的债权文书具有法律规定的无效和可撤销等情形，公证债权文书载明的债权因清偿、提存、抵销、免除等原因全部或者部分消灭三种情形，债务人可以提起债务人异议之诉，人民法院应当受理。被执行人履行执行和解协议并不属于公证债权文书载明的债权因清偿、提存、抵销、免除等原因全部或者部分消灭的情形。但人民法院仍应当受理被执行人的诉请，因为上述事由是否存在、能否成立，人民法院只有审查以后才能确定。[①]

但如果被执行人不是对执行和解协议履行有争议，而是主张债权已经清偿完毕的，则应当根据《公证执行规定》第22条提起不予执行公证债权文书之诉。

关于申请执行人要求恢复执行的申请，因被执行人是否已经按照和解协议履行尚处于不确定状态，法院应当恢复执行，在恢复执行程序中继续查明履行情况。如果债务人提供充分有效担保的，可以停止处分措施；债权人提供充分有效担保的，应当继续执行。

### 立法沿革与争议

《异议复议规定》第7条第2款和第3款根据债务人实体异议事由发生的时间区分为发生于执行依据生效之前和之后两种情况。对于执行依据生效之后发生的异议事由，由于债务人实体异议针对的是申请执行的债权，且是新发生的事由，受既判力基准时的限制，应当在执行程序中审查，故参照执行行为异议程序进行审查。对于执行依据生效之前发生的实体事由，由于涉及执行依据错误与否，不属于执行程序审查范围，除法律规定的情形以外（如《异议复议规定》第19条），应当通过再审、仲裁撤销等程序予以解决。[②]但公证债权文书不具备既判力，债务人在执行程序终结前可以债权不成立或消灭为由通过债务人异议之诉排除公证债权文书的执行力。

债务人异议之诉制度的必要体现在以下几个方面：一是公证债权文书的执行力来自双方当事人的意愿及债务人接受强制执行的承诺，而非其载明的权利义务完全正确，且赋强公证程序仅作形式审查，要求其完全正确也不可能；二是公证债权文书与法院作出的民事判决书、调解书和仲裁机构作出的仲裁裁决书不同，后者具备终局效力，当事人不得就其确定的内容直接提起诉讼，只能通过审判监督、第三人撤销之诉等撤销原执行依据，而公证债权文书没有类似的"撤销程序"，而执行部门不能直接审查执行依据，应当允许债

---

[①] 参见曹凤国主编：《公证债权文书执行司法解释理解与适用》，法律出版社2021年版，第304页。

[②] 江必新、刘贵祥主编：《最高人民法院关于人民法院办理执行异议和复议案件若干问题规定理解与适用》，人民法院出版社2015年版，第102页。

务人就公证债权文书涉及的权利义务提起诉讼。[①]

## 案例索引

**120** 甲欠乙500万元，乙胜诉后申请执行甲，因甲无财产已经终本执行。甲作为原告起诉某村委会建设合同纠纷200万元，并保全冻结了该村委会在镇三资中心的资金200万元。冻结资金的第二天，丙又对甲提起了债务纠纷300万元的诉讼，同时对甲与村委会的债权进行了保全。甲起诉村委会的案件判决生效后，乙也申请对该债权进行了轮候查封。后来甲，丙作为申请执行人均向法院申请了执行，但都未得到执行均已终本。两个月后，丙与甲达成执行和解，同意甲分期偿还丙款项。同时甲也与村委会达成执行和解，村委会分期偿还甲款项。执行法官在确定两个和解协议后，解除了甲对镇上三资中心资金的查封。问：（1）两个和解协议是否有效？（2）甲是否有权利解除其对三资账户的查封？

答：丙与甲达成的执行和解协议有效，甲与村委会达成的执行和解协议因涉及对已冻结债权的处分，对申请执行人乙、丙无效。对到期债权的冻结尚不涉及对次债务人财产的执行，法院不能对次债务人的财产采取冻结等查控措施，甲有权申请法院解除对某村委会三资账户的查封。

---

① 曹凤国主编：《公证债权文书执行司法解释理解与适用》，法律出版社2021年版，第298～300页。

## 理由与依据

债务人处分被法院冻结的债权不能对抗申请执行人。甲与村委会之间的债权已被丙、乙先后查封，甲与村委会之间达成的执行和解协议，系对已冻结债权的处分，不能对抗乙和丙。

《查扣冻规定》第24条第1款规定："被执行人就已经查封、扣押、冻结的财产所作的移转、设定权利负担或者其他有碍执行的行为，不得对抗申请执行人。"债权冻结具有固定债务人与次债务人之间债权债务关系的法律效力。在冻结债权的法律文书生效后，债务人与次债务人之间有关债权债务关系发生的变化对申请执行人不发生法律效力。即使第三人向被执行人清偿是为了履行冻结债权后生效的另案法律文书，也不能产生对抗申请执行人的效果。否则无异于认可在冻结债权的法律文书生效后仍可以对债权进行处分，这将导致实质性否定冻结的法律效力。[1] 因此，对于已被冻结的债权，无论该债权是否已被生效法律文书确认，被执行人对债权的处分行为均不能产生对抗申请执行人的效力，被执行人与第三人达成分期履行的执行和解协议亦然。

冻结债权的效果并不及于次债务人的财产。对被执行人在第三人处的到期债权采取保全措施，其实质是冻结抽象的债权债务关系，而不是直接冻结第三人所拥有或支配的财产。人民法院对第三人到期债权采取保全措施只能要求第三人对债务人在第三人处的到期债权不得清偿。冻结甲对村委会的债权产生的效果是村委会不能未经查封法院的同意向甲履行，并非冻结村委会的财产。甲作为申请执行人，有权处分自己的程序权利，解除对村委会账户的查封。

## 立法沿革与争议

对到期债权的执行程序中，冻结债权的效果是否及于次债务人的财产，并无明确的法律规定。但根据2020年《执行工作规定》第47条"第三人在履行通知指定的期间内提出异议的，人民法院不得对第三人强制执行，对提出的异议不进行审查"及第49条"第三人在履行通知指定的期限内没有提出异议，而又不履行的，执行法院有权裁定对其强制执行。此裁定同时送达第三

---

[1] 参见曹凤国、张阳主编：《最高人民法院执行批复理解与适用》，法律出版社2022年版，第1140页。

人和被执行人"的规定，在执行法院有权裁定对次债务人进行强制执行前，次债务人仅负有不得向被执行人清偿的义务，其地位类似协助执行人。因此，仅冻结到期债权的，执行法院不得对次债务人的其他财产采取执行措施，但次债务人不按照到期债务履行通知履行义务又不提出异议的除外。

### 案例索引

最高人民法院（2019）最高法执监328号执行监督案

### 121 当事人达成执行和解后是否对再审审查程序产生影响?

答：当事人达成执行和解协议，且和解协议履行完毕的，当事人申请再审，人民法院裁定终结审查，即不允许当事人申请再审。如果当事人在执行和解协议中声明不放弃申请再审的权利，人民法院应当对再审申请进行审查。再审法院裁定再审或因检察院抗诉再审的，审理期间发现当事人达成执行和解协议履行完毕且未声明保留申请再审的权利的，应终结再审程序。如果达成执行和解协议后，当事人未履行或仅部分履行的，对当事人的再审申请不能终结再审，而应继续审查。

### 理由与依据

再审审查阶段发现当事人达成执行和解协议履行完毕且未声明保留申请再审的权利，人民法院应裁定终结再审审查程序。

当事人在执行程序或者再审审查程序中达成和解协议并履行完毕，意味着当事人通过协商达成新的协议处分自己的权利，并通过实际履行的方式了结了原有纠纷。在此情形下，人民法院没有对生效裁判继续进行再审审查的必要，应终结审查。但考虑到实践中当事人达成和解协议的情形复杂，如果当事人在和解协议中明确表示不放弃申请再审的权利的，即便和解协议已经履行完毕，其申请再审的权利仍应得到保护。《民事诉讼法解释》起草过程中对于是否保留上述例外情形存在一定争议，但考虑到如果一律不允许当事人在执行和解中保留申请再审权利，不利于执行和解工作的开展，故予以保留。[1]

再审审理阶段发现当事人达成执行和解协议履行完毕且未声明保留申请再审的权利，法院应裁定终结再审程序。原判决因当事人执行和解得到清偿，以纠错为程序目的的再审审理丧失了必要性。理论上，执行和解且履行完毕和再审程序相互排斥，发现当事人之间达成执行和解且履行完毕的处理，在再审审理阶段与再审审查阶段应并无不同，故应当直接裁定终结再审程序，避免再审审理使得已经化解的纠纷再起争端。[2] 如果和解协议尚未履行完毕，人民法院应当对当事人的再审申请进行审查。

基于意思自治，当事人自愿达成和解协议，且自觉履行完毕，视为其放弃了申请再审的权利，因而可以终结再审。对于尚未履行完毕的，当事人申请再审并不违反法律规定。[3]

## 立法沿革与争议

2008年《审判监督程序解释》第25条规定，当事人达成执行和解协议且已履行完毕的，人民法院可以裁定终结审查，但当事人在执行和解协议中声明不放弃申请再审权利的除外。2020年该司法解释修正时该条被删除，因其已被规定于《民事诉讼法解释》第400条。关于再审审理期间发现当事人达成执行和解协议且履行完毕的应如何处理，《审判监督程序解释》未作出明确规定，实践中一直存在争议和不同做法，直到《民事诉讼法解释》第404条明确规定此种情形法院可以裁定终结再审程序。

对于再审审查期间发现当事人之间达成执行和解协议且履行完毕或基本履行完毕的，裁定终结审查并无争议。但对于已经裁定再审，在再审审理期间发现当事人之间达成执行和解协议且履行完毕的，是否应继续审理，在2015年《民事诉讼法解释》出台之前，实践中有不同看法。

---

[1] 最高人民法院修改后民事诉讼法贯彻实施工作领导小组编著：《最高人民法院民事诉讼法司法解释理解与适用》，人民法院出版社2015年版，第1063页。

[2] 张彦强：《对再审中发现执行和解且履行完毕情形的处理原则》，载《人民司法》2013年第16期。

[3] 最高人民法院（2019）最高法民申2924号民事裁定书。

第一种观点认为，根据《民事诉讼法解释》的规定，当事人达成执行和解协议且已履行完毕的，可以裁定终结审查。如果已经进入再审，即不再适用本条规定，提审改判没有法律障碍。经审理认定原审判决确有错误，应按照有关规定改判；若原审判决没有问题，应当维持原判。

第二种观点认为，当事人的程序性权利是以实体权利为基础的，当事人达成执行和解协议，且该协议已经履行完毕，当事人已经对其享有的权利作了实体上的处分，故其无权申请再审，故应根据《民事诉讼法解释》的规定，裁定终结。

第三种观点认为，该问题属于执行阶段解决的问题，不应在审判阶段解决。法院已经无权对原判决进行监督，只能对执行和解协议进行监督。故不符合申请再审的条件，在审查阶段由于未发现当事人已达成执行和解协议，没有裁定终结，在再审审理阶段发现该事实的，应当驳回当事人的再审申请。

## 案例索引

最高人民法院（2020）最高法民申4561号再审审查与审判监督案
最高人民法院（2019）最高法民申2924号再审审查与审判监督案
上海市高级人民法院（2016）沪民再17号股权转让纠纷审判监督案

## 122 人民法院是否有权对执行和解协议进行审查？

答：执行程序中，人民法院有权对执行和解协议的真实性和合法性进行审查，但不能通过裁定的方式赋予执行和解协议强制执行的效力。

## 理由与依据

执行程序中的和解协议分为执行和解协议和未向法院提交的执行外和解协议。执行和解协议本质上属于民事合同，系双方当事人基于意思自治对生效法律文书确定的债务进行处分的行为，执行法院对当事人之间实体权利义务的处分行为作出效力确认裁定，超出执行机构职能范围，有以执代审的嫌疑。

事实上，人民法院以裁定确定执行和解协议效力也没有必要。执行和解协议如果存在无效或者可撤销情形的，当事人和利害关系人可以向执行法院提起诉讼。执行和解协议被判决无效或者撤销后，申请执行人可以申请恢复执行原生效法律文书。被执行人以执行和解协议无效或者应予撤销为由提起诉讼的，不影响申请执行人申请恢复执行。

《民事强制执行法（草案）》第24条规定，无论是将和解协议提交人民法院，还是执行人员将协议内容记入笔录，法院能够裁定确认和解协议效力，在通过执行部门确认效力的情况下，当事人达成的执行和解协议具有终结执行的效果。此外，对被执行人不履行执行和解协议的救济则实行双轨制，债权人可以再次申请执行原执行依据，也可以另案起诉，由此看出，立法的草案采纳了执行和解协议属于一般民事合同的观点，所以规定可以再次起诉。[①]

履行完毕的和解协议是债消灭的原因，并能够产生终结执行程序的公法效力。执行机构在判断和解协议是否能够产生终结执行程序的效力时，要审查其是否具备法律规定的要件：一是否由执行当事人达成，二是否合法有效，三是否已经履行完毕。如果不管是不是当事人之间签订、是不是合法有效等实体问题，只考虑是否履行完毕这一要件，将会得出非当事人之间达成的和解协议、违法的和解协议也能产生终结执行效力的错误结论。

对执行和解协议进行审查也是"当事人意思自治须以法秩序为前提"的原理决定的，法院审查当事人的意思自治是否符合法秩序的要求，避免执行和解脱离法治轨道，从而维护法治的精神和社会公共利益。[②]如果经审查发现和解协议违法无效或者损害第三人或公共利益的，执行法院有权要求被执行人继续履行生效法律文书确定的义务。

## 立法沿革与争议

现行法律和司法解释并无关于执行法院是否有权或有义务对执行和解协

---

[①] 谭秋桂：《从三个不同方面解读〈民事强制执行法〉草案——"周泰·民商法论坛"第一期实录》，载周泰研究院微信公众号，最后访问时间：2023年2月8日。

[②] 北京市高级人民法院（2017）京执监32号民事裁定书。

议的效力进行审查的明确规定，但可以从相关规定中推知执行法院有权对执行和解协议的真实性和合法性进行审查。1982年《民事诉讼法（试行）》规定："在执行中，双方当事人自行和解达成协议的，执行员应当将协议内容记入笔录，由双方当事人签名或者盖章。"根据该规定，执行法院对执行和解内容有记录的责任和义务。1991年《民事诉讼法》在此基础上增加了一款："一方当事人不履行和解协议的，人民法院可以根据对方当事人的申请，恢复对原生效法律文书的执行。"依据该规定可知，若执行法院不对执行和解协议内容的真实性进行审查，将无法作出是否应恢复执行原生效法律文书的判断。1992年《民诉意见》第266条对恢复执行的条件和程序作了进一步规定。[①]《民事诉讼法解释》第464条规定，执行和解协议对执行程序产生的中止或终结的效力，"申请执行人与被执行人达成和解协议后请求中止执行或者撤回执行申请的，人民法院可以裁定中止执行或者终结执行"。基于执行和解可以产生的中止执行或终结执行的效力，执行法院有权利对执行和解的真实性及合法性进行审查。

但由于法律及司法解释缺少对该问题的正面回应，实践中关于执行法院是否有权对执行和解协议进行效力审查一直存在争议。

一种观点认为，人民法院无权对当事人达成的执行和解协议进行效力审查并作出效力性判断。《民事诉讼法》第241条规定："在执行中，双方当事人自行和解达成协议的，执行员应当将协议内容记入笔录，由双方当事人签名或者盖章。申请执行人因受欺诈、胁迫与被执行人达成和解协议，或者当事人不履行和解协议的，人民法院可以根据当事人的申请，恢复对原生效法律文书的执行。"该条明确赋予了执行程序中申请执行人和被执行人有自行协商变更生效法律文书确定内容的权利。而法院在达成和解协议的过程中只是以第三人的身份将此过程予以记录。该记录行为并非法院对和解协议的审查和确认，仅仅是一种形式上的要求，更多的目的是警示和便于查证，而不是

---

[①] 1992年《民诉意见》第266条规定："一方当事人不履行或者不完全履行在执行中双方自愿达成的和解协议，对方当事人申请执行原生效法律文书的，人民法院应当恢复执行，但和解协议已履行的部分应当扣除。和解协议已经履行完毕的，人民法院不予恢复执行。"第267条规定："申请恢复执行原法律文书，适用民事诉讼法第二百一十九条申请执行期限的规定。申请执行期限因达成执行中的和解协议而中止，其期限自和解协议所定履行期限的最后一日起连续计算。"

通过这种行为起到赋予和解协议既判力和执行力的法律后果。[①] 执行程序中，人民法院的职责是行使执行权，以实现生效法律文书确定的内容；而不是行使审判权作出裁判，以确认或变更当事人的权利义务关系。《执行和解规定》第16条第1款关于"当事人、利害关系人认为执行和解协议无效或者应予撤销的，可以向执行法院提起诉讼。执行和解协议被确认无效或者撤销后，申请执行人可以据此申请恢复执行"的规定，也反映出执行审查权只审查执行和解协议是否已经履行，而对和解协议其他争议问题，包括是否违反法律和当事人意愿、是否无效或可撤销等不进行审查，这些问题属于实体法律关系，超出执行机构职权范围，应由当事人应另诉解决。

另一种观点则认为，人民法院应当对执行和解的有效性进行司法审查。首先，执行和解协议所欲达成的中止或终结执行的法律效力的存在，使得在执行和解协议订立过程中，不能仅以民事合同规范作为执行和解协议达成的标准，当事人的意思自治不可进入公法的效力范畴。即司法审查是执行和解协议落实的必经之路。其次，司法审查是监督当事人意思表示真实、和解协议合法性的有效手段，可以有效保障执行效益、维护司法资源。[②] 法院通过一定的程序确认执行和解协议效力，从理论上更能够解释现行制度的合理性。执行依据是对实体权利存在具有高度盖然性证明的公文书，执行和解协议是在执行依据确认的权利范围内处分自己的权利，只要执行法院能够确认执行和解的内容没有超出原执行依据确认的实体权利范围，没有违反公序良俗，就可以将经法院确认的执行和解协议替代原生效法律文书成为新的执行依据。这样才能够合理解释执行和解协议的达成具有中止执行的效力，以及当事人不履行和解协议时可以恢复执行。而对执行和解协议有争议的，也因没有诉的利益，不能提起诉讼或仲裁再行争议。债务人未履行执行和解协议，所谓恢复执行即启动执行和解协议的强制执行程序。[③]

---

[①] 范小华：《执行和解协议的效力分析及完善立法建议》，载《河北法学》2008年第6期。

[②] 参见翟业虎、李川：《论民事执行和解司法审查的必要性及限度》，载《扬州大学学报》2019年第3期。

[③] 参见张卫平：《执行和解制度的再认识》，载《法学论坛》2016年第4期。

最高人民法院（2013）执监字第49号执行监督案

安徽省高级人民法院（2022）皖民终242号确认合同有效纠纷案

## 123 执行和解协议达成后，被执行人依照协议约定履行的，人民法院能否依申请执行人申请恢复执行原生效法律文书？

答：不能依申请执行人的反悔而恢复执行。执行和解协议从实质内容上是当事人通过私权处分变更执行依据，双方应依据诚信原则按照新达成的协议内容按期履行，对协议的双方均具有约束力。非因法定事由和程序，不能恢复原生效法律文书执行。

### 理由与依据

执行程序中，当事人可以自愿协商达成和解协议，依法变更生效法律文书确定的权利义务主体、履行标的、期限、地点和方式等内容。执行和解协议达成后，人民法院可以裁定中止执行或终结执行。当事人达成和解协议对生效法律文书确定内容作出变更，是当事人意思自治的结果。只有申请执行人因受欺诈、胁迫与被执行人达成和解协议，或者当事人不履行和解协议的，人民法院可以根据当事人的申请，恢复对原生效法律文书的执行。虽然双方当事人都有反悔的权利，但恢复执行生效法律文书要有"对方当事人"的申请。[①] 达成执行和解协议后，被执行人并未不履行和解协议，而是申请执行人单方反悔的，如果被执行人坚持履行和解协议并不申请执行原生效法律文书的情况下，人民法院不能仅凭申请执行人的反悔恢复执行。双方应当按照达成的和解协议继续履行。

---

① 参见《最高人民法院执行工作办公室关于在执行中当事人双方达成执行和解协议后申请执行人反悔能否恢复原判决执行的请示的答复》（〔2001〕执他字第24号）。

## 立法沿革与争议

《执行和解规定》第11条规定:"申请执行人以被执行人一方不履行执行和解协议为由申请恢复执行,人民法院经审查,理由成立的,裁定恢复执行;有下列情形之一的,裁定不予恢复执行:(一)执行和解协议履行完毕后申请恢复执行的;(二)执行和解协议约定的履行期限尚未届至或者履行条件尚未成就的,但符合民法典第五百七十八条规定情形的除外;(三)被执行人一方正在按照执行和解协议约定履行义务的;(四)其他不符合恢复执行条件的情形。"在被执行人一方正在按照执行和解协议约定履行义务的情况下,申请执行人的恢复执行的请求权受执行和解协议约束,只有在被执行人不履行和解协议时,申请执行人才能向法院申请恢复执行。

有观点认为,申请执行人同意执行和解系对被执行人的"恩赐",其随时可以推翻执行和解协议,恢复原生效法律文书的执行。执行和解协议从性质上看,属于民事法律行为,对双方均具有约束力。法律及司法解释并未赋予申请执行人对执行和解协议的"任意反悔权"。

## 案例索引

最高人民法院(2020)最高法执监445号借款合同纠纷执行监督案

### 124 申请执行人能否以被执行人在另案中被纳入失信被执行人名单为由认定被执行人对执行和解协议的履行构成预期违约,申请法院恢复执行原生效法律文书?

答:一般情况下,仅凭被执行人在另案中被纳入失信名单不足以认定其构成预期违约,在当事人能够证明其能够履行执行和解协议的情况下,申请执行人不能以此为由申请法院恢复执行,但被执行人明确表示或者以自己的行为表明不履行和解协议的除外。

## 理由与依据

预期违约又称先期违约，是指在合同履行期限到来之前，一方虽无正当理由但明确表示其在履行期到来后将不履行合同，或者其行为表明在履行期到来后将不可能履行合同。预期违约行为人要承担违约责任。

当事人基于意思自治，自愿达成的执行和解协议，在法律性质上属于民事合同，受我国民法的调整和保护。依法成立的执行和解协议对各方当事人均具有约束力。我国《民法典》第578条规定，当事人一方明确表示或者以自己的行为表明不履行合同义务的，对方可以在履行期限届满前请求其承担违约责任。申请执行人依据《执行和解规定》第11条第2项请求法院恢复执行的前提是被执行人出现预期违约的情形。失信被执行人名单是人民法院对被执行人的信用惩戒，被执行人在另案中被纳入失信名单，并不等同不履行本案的执行和解协议，不当然构成预期违约。因此，在当事人能够证明其能够履行执行和解协议的情况下，申请执行人不能以此为由申请法院恢复执行，但被执行人明确表示或者以自己的行为表明不履行和解协议的除外。

## 立法沿革与争议

《执行和解规定》第11条规定，对已履行完毕、正在履行、履行期限尚未届至或者履行条件尚未成就的和解协议，对申请执行人的恢复执行申请不予支持。被执行人另案被纳入失信被执行人名单是否构成预期违约，司法实践中认识不一。肯定说认为，达成执行和解协议后，对于在另案中已经被纳入失信被执行人名单的当事人，其行为已经被司法机关作出否定评价，为保护申请执行人的胜诉权益，应赋予申请执行人提前申请恢复执行的权利。否定说认为，预期违约是指当事人一方明确表示或者以自己的行为表明不履行合同义务，因纳入失信情形多种多样，另案被纳入失信被执行人名单并不当然导致被执行人不履行执行和解协议，申请执行人不能提前申请恢复执行。

实践中，被执行人妨碍、抗拒执行、规避执行、违反财产报告制度、违反限制消费令均有可能被纳入失信名单，仅因被执行人在另案中被司法机关作出否定性评价就认定其构成预期违约，会导致被纳入失信被执行人名单的当事人将来几乎无法正常参与经济社会活动。对申请执行人提前恢复执行的主张应慎重把握，仅凭另案被纳入失信就轻易认定其构成预期违约有失偏颇。

## 案例索引

上海市高级人民法院（2021）沪执复67号执行复议案

## 125 被执行人以执行和解协议无效或者应予撤销为由提起诉讼的，申请执行人能否申请法院恢复执行？

答：可以申请法院恢复执行。被执行人以执行和解协议无效或者应予撤销为由提起诉讼，实质上就是以自己的行为表明不履行和解协议，申请执行人有权申请恢复执行。

## 理由与依据

当事人、利害关系人认为执行和解协议无效或者应予撤销的，可以向执行法院提起诉讼。原则上，只有当执行和解协议被确认无效或者撤销后，申请执行人才能申请恢复执行。

但是，当被执行人以执行和解协议无效或者应予撤销为由提起诉讼时，就是在明确表示或者以自己的行为表明不履行和解协议。这种情况下，原执行依据因执行和解协议存在而中止执行，被执行人又不再继续履行和解协议，申请执行人权利处在悬空的状态，为保护其正当的胜诉权益，申请执行人可直接申请恢复执行而不必等待诉讼结果。

## 立法沿革与争议

《执行和解规定》第16条规定："当事人、利害关系人认为执行和解协议无效或者应予撤销的，可以向执行法院提起诉讼。执行和解协议被确认无效或者撤销后，申请执行人可以据此申请恢复执行。被执行人以执行和解协议无效或者应予撤销为由提起诉讼的，不影响申请执行人申请恢复执行。"

依据上述规定，当被执行人以执行和解协议无效或者应予撤销为由提起诉讼时，实际上是其以自己的行为表明不再履行执行和解协议，现行相关规定赋予了申请执行人及时申请恢复执行的权利，而不用等待执行和解协议效力的最终确认。

值得注意的是，被执行人以执行和解协议无效或者应予撤销为由提起诉讼后，其主张未被支持的情况下，原执行和解协议应如何处理？

一般认为，如果申请执行人在诉讼中已经选择向法院申请恢复执行，原执行和解协议因恢复执行而终止，恢复执行后，执行和解协议已经履行部分应当依法扣除，未履行部分不再执行，继续执行原生效法律文书。

若申请执行人没有在诉讼中向法院申请恢复执行，其可以选择恢复执行或者就执行和解协议另行起诉。《执行和解规定》第9条规定："被执行人一方不履行执行和解协议的，申请执行人可以申请恢复执行原生效法律文书，也可以就履行执行和解协议向执行法院提起诉讼。"

## 案例索引

最高人民法院（2020）最高法执监441号执行监督案

## 126 执行和解协议履行完毕，申请执行人认为因被执行人迟延履行、瑕疵履行行为遭受损害的，能否申请恢复执行？

答：不能申请恢复执行。执行和解协议履行完毕，申请执行人认为被执行人迟延履行、瑕疵履行遭受损害的，可以向执行法院另行提起诉讼。

## 理由与依据

人民法院处理和解协议履行与恢复原裁判执行的关系，应坚持公平与诚信原则，既鼓励当事人积极按照和解协议履行，也要制裁以和解协议拖延或规避执行的行为。

契约严守和诚信原则适用于执行和解程序中的当事人，任何一方都不应无故违反和解协议，只有一方当事人自始至终不履行执行和解协议或者是履行了部分后不再履行，致使达成执行和解协议的目的不能实现，对方当事人申请恢复执行原生效法律文书的，人民法院才应当恢复执行。如果债务人已经履行完毕和解协议确定的义务，即便存在迟延履行或者瑕疵履行的情况，申请执行人也不能要求恢复执行。迟延履行或瑕疵履行给申请执行人造成损害的，申请执行人可以另行提起诉讼，主张赔偿损失。

## 立法沿革与争议

《民事诉讼法解释》第465条规定："一方当事人不履行或者不完全履行在执行中双方自愿达成的和解协议，对方当事人申请执行原生效法律文书的，人民法院应当恢复执行，但和解协议已履行的部分应当扣除。和解协议已经履行完毕的，人民法院不予恢复执行。"《执行和解规定》第15条规定："执行和解协议履行完毕，申请执行人因被执行人迟延履行、瑕疵履行遭受损害的，可以向执行法院另行提起诉讼。"

实践中，应如何界定被执行人不履行和解协议与迟延履行、瑕疵履行，争议较大。可以从以下几个方面进行审查：

一是审查被执行人对和解协议的履行意愿。如果被执行人明确表示不再履行或以自己的行为表明不再履行执行和解协议，申请执行人可以申请恢复执行。

二是被执行人是否有积极履行和解协议的行为。在和解协议的履行过程中，如果被执行人一直在积极创造条件履行义务，主要是由于客观情况造成了轻微迟延或者瑕疵履行，在执行和解协议履行完毕的情况下，申请执行人不能恢复执行。

三是被执行人迟延履行及瑕疵履行的行为是否导致执行和解协议目的无法实现的严重后果。执行和解协议履行完毕的情况下，对于其在履行过程中出现的迟延履行及瑕疵履行行为，如果其不存在恶意不履行且未造成执行和解协议目的不能实现的后果，人民法院在处理类似情况时应依据公平与诚信原则，结合被执行人的迟延时间、履行方式等具体案情综合考虑，不能轻易将迟延履行、瑕疵履行行为认定为被执行人不履行和解协议而恢复执行。

## 案例索引

最高人民法院（2020）最高法执监115号执行审查案

最高人民法院（2019）最高法执监295号执行审查案

## 127 当事人达成执行和解协议并中止执行或终结执行后，是否应解除对被执行人的查封、扣押、冻结措施？

答：当事人达成执行和解协议并中止执行或终结执行后，原则上应继续保留对被执行人采取的查封、扣押、冻结措施。但申请执行人申请或者书面同意解除的，人民法院可以准许。

## 理由与依据

当事人达成执行和解协议并中止或终结执行后，由于和解协议并未实际履行完毕，为保障申请执行人的合法权益，对被执行人采取的控制性措施应继续保留，防止被执行人利用执行和解逃避执行、转移财产，但不应采取处分性措施。确保一旦被执行人不履行或者不完全履行执行和解协议，案件恢复执行后法院可以继续执行。但保障申请执行人债权实现的措施和手段也应尊重当事人的意思自治，申请执行人申请或者同意解除的，表明申请执行人愿意自担被执行人转移财产可能导致的债权落空的风险，人民法院不应干涉债权人对自身权利的处分，但应当做好释明工作。

## 立法沿革与争议

《执行和解规定》第3条规定："中止执行后，申请执行人申请解除查封、扣押、冻结的，人民法院可以准许。"进入执行程序后，人民法院对被执行人采取的查封、扣押、冻结措施是兑现当事人胜诉权益，保证执行依据顺利实现的重要保障。轻易解除对被执行人采取的强制措施，会造成生效法律文书无法执行的严重后果，虽然已经当事人达成执行和解协议并中止执行，但原则上对被执行人采取的控制性措施应继续保留，执行和解协议履行完毕的，解除对被执行人采取的强制措施。

如被执行人是企业或生产经营者，往往需要人民法院解除对财产的查封、扣押、冻结措施用以生产经营，《善意文明执行意见》也强调，在依法采取执行措施的同时，妥善把握执行时机、讲究执行策略、注意执行方法。对资金链暂时断裂，但仍有发展潜力、存在救治可能的企业，可以通过和解分期履行、兼并重组、引入第三方资金等方式盘活企业资产。依照此规定及相关文件精神，人民法院在综合考虑案件具体情况，释明相关法律风险并征求申请执行人意见后，可以解除对被执行人的查封、扣押、冻结措施。

### 案例索引

最高人民法院（2022）最高法执复46号执行复议案

上海市第二中级人民法院（2021）沪02执复223号执行复议案

### 128 执行和解协议约定担保条款，恢复执行原生效法律文书后，人民法院能否直接裁定执行担保财产或者保证人的财产？

答：执行和解协议中的担保条款，只有在担保人向人民法院作出明确的意思表示，承诺在被执行人不履行执行和解协议时自愿接受强制执行，即构成执行担保的情况下，才可以直接裁定执行担保财产或者保证人的财产。

### 理由与依据

被执行人或他人可以向人民法院提供执行担保，也可以由他人提供保证，他人提供保证的，应当向执行法院出具保证书。

执行和解协议中约定的担保条款，如果不是向人民法院作出的，并且没有接受人民法院直接强制执行的意思表示，人民法院不能依申请执行人申请及担保条款的约定，直接裁定执行担保财产或者保证人的财产。执行和解中的担保构成民商法上的担保，申请执行人可以另行起诉要求担保人履行担保责任。

## 立法沿革与争议

《执行和解规定》第18条规定："执行和解协议中约定担保条款，且担保人向人民法院承诺在被执行人不履行执行和解协议时自愿接受直接强制执行的，恢复执行原生效法律文书后，人民法院可以依申请执行人申请及担保条款的约定，直接裁定执行担保财产或者保证人的财产。"执行和解协议中的担保以"自愿接受直接强制执行"和"担保人向人民法院承诺"作为条件，而规定"担保人向人民法院承诺"的目的，是防止申请执行人和被执行人恶意串通损害担保人合法权益，确保担保人向人民法院承诺是其真实意思表示。向人民法院承诺在被执行人不履行和解协议时自愿接受直接强制执行的立法本意是要求第三人明确放弃程序上的抗辩权。

有观点认为，执行和解协议中约定了担保条款，人民法院恢复执行时即可直接裁定执行担保财产或者保证人的财产。混淆了执行和解中的民事担保与执行担保的区别。

执行担保是指他人向执行法院提供执行担保或保证，在生效法律文书确定的权利义务之外，自愿加入强制执行程序中。在第三人并非生效法律文书确定的当事人的情况下，自愿接受强制执行，但必须向人民法院作出明确的意思表示。因此，执行担保强调的是向人民法院承诺自愿接受直接强制执行，而不仅仅是向申请执行人提供担保。执行和解中的民事担保是指，在执行程序中他人自愿加入进来，向申请执行人作出承诺，对生效法律文书确定的义务提供担保或保证。若和解协议中他人所作的承诺，只是向申请执行人而未向人民法院作出的，不属于执行担保，不具有强制执行效力。当然，不构成执行程序中的担保，并不当然意味着不承担担保责任。对是否承担担保责任的认定可以通过审判程序解决，而不宜在执行程序中直接认定处理，不能直接裁定执行担保财产或者保证人的财产。

**案例索引**

最高人民法院（2019）最高法执监77号执行审查案

最高人民法院（2019）最高法执监420号执行审查案

**129** 被执行人根据其与申请执行人达成的执行外和解协议，提出已经按照和解协议履行完毕的抗辩，人民法院应当如何处理？

答：人民法院应当按照《民事诉讼法》第236条规定的执行异议程序对执行外和解协议的效力、履行情况进行审查，和解协议已经履行完毕的，应裁定终结原生效法律文书的执行。

**理由与依据**

当事人在诉讼程序和执行程序之外达成的和解协议，系执行外和解，虽未提交人民法院，但仍具有民事合同的法律性质，对双方均具有约束力，应当共同遵守。执行外和解与执行和解协议相比，不能自动对人民法院的强制执行产生影响，当事人仍然有权向人民法院申请强制执行。但被执行人以当事人自行达成的执行外和解已履行完毕为由提出执行异议的，人民法院应对和解协议的效力及履行情况进行审查，进而确定是否终结执行。

执行过程中，被执行人根据当事人自行达成但未提交人民法院的和解协议，或者一方当事人提交人民法院但其他当事人不予认可的和解协议，和解协议履行完毕的，裁定终结原生效法律文书的执行；和解协议约定的履行期限尚未届至或者履行条件尚未成就的，裁定中止执行，但符合《民法典》第578条规定情形的除外；被执行人一方正在按照和解协议约定履行义务的，裁定中止执行；被执行人不履行和解协议的，裁定驳回异议；和解协议不成立、未生效或者无效的，裁定驳回异议。

## 立法沿革与争议

实践中，对执行和解与执行外和解性质认识有待进一步厘清，当事人私下达成的和解协议，只要共同向人民法院提交或者一方提交另一方认可，构成执行和解，人民法院可以中止执行原执行依据。如果双方没有将达成的和解协议提交给人民法院，那么和解协议仅产生实体法效果，被执行人依据该协议要求中止执行的，需要另行提出执行异议。

## 案例索引

最高人民法院（2020）最高法执监445号执行监督案
最高人民法院（2019）最高法执监238号执行审查案
最高人民法院（2018）最高法执复88号执行复议案

### 130 执行和解协议创设了与原执行依据无关的权利义务关系，当事人之间就该协议产生争议能否按照司法解释的规定起诉或者恢复执行原生效法律文书？

答：执行和解协议新创设的权利义务关系在不构成债的更改的情况下，实质上只是以成立新债务作为履行旧债务的手段，新债务未得到履行的，旧债务并不消灭，原执行依据仍应继续执行，就该协议的效力及履行情况的审查依然适用对执行和解协议的审查规则。反之，如果执行和解协议新创设的权利义务关系构成债的更改，即完全设定新债务以代替原生效法律文书确定的债务，就该协议产生的争议当事人应通过另诉解决，不能按照执行和解的相关规定起诉或者恢复执行。

## 理由与依据

执行和解协议属于当事人就其权利义务达成的新协议，应视为当事人之间形成了新的民事法律关系。一方当事人不履行执行和解协议，另一方在无法恢复原判执行的情况下，可以以执行和解协议为据起诉主张权利。同时，如果执行和解协议对原裁判文书进行了变更或者补充约定，权利人据此就原判未涉及的部分另诉主张权利的，由于诉的标的不同，不违反禁止重复起诉的原则，人民法院可以立案审理。如果执行和解协议中的履行内容与生效法律文书确定权利义务无关，[①] 对于执行和解协议新创设的权利义务关系履行过程中产生的争议，区分以下两种情况处理：

第一种是该权利义务关系与执行依据确定的债务（以下简称旧债）之间存在紧密关联，以新债作为履行旧债的手段，旧债只有在新债完全履行的情况下才消灭。因此，就该执行和解协议的效力及履行情况的审查依然适用对执行和解协议的审查规则。当事人之间就该协议产生争议可以按照司法解释的规定起诉或者恢复执行。

第二种是执行和解协议的内容构成债的更改，即设定新债以代替旧债，并使旧债务归于消灭的民事法律行为。构成债的更改，应当以当事人之间有明确的以新债的成立完全取代并消灭旧债的意思表示。由于新债替代了旧债，就新的债务履行产生的争议，当事人应通过另诉解决，不能按照执行和解的相关规定起诉或者恢复执行。

## 立法沿革与争议

实践中，当执行和解协议完全创设了与原执行依据无关的权利义务关系时，就该协议的性质容易引发争议。

一种观点认为，虽然执行和解协议的内容表面上看起来与原执行依据无关，但当事人并没有以新债替代旧债，不再执行原执行依据的本意，和解协议的履行情况直接关系到是否恢复原执行依据的执行，因此，当事人之间就该协议产生争议适用执行和解的审查标准，按照司法解释的规定起诉或者恢复执行。

在不构成债的更改的情况下，因其履行情况与原执行依据存在紧密关联，虽创设了与原执行依据无关的权利义务，仍应依照执行和解协议的相关规定

---

① 如合作办学纠纷中，生效法律文书裁决债务人停止施工并撤离债权人的场地。案件进入执行程序后，双方对撤离前的资产价值、资产交割等达成执行和解协议。

进行审查。所谓创设新的权利义务关系应理解为执行依据内容的完全变更，被执行人不履行执行和解协议，申请执行人可以申请恢复执行原生效法律文书，也可以就履行执行和解协议向执行法院提起诉讼。执行和解协议履行完毕，其因被执行人迟延履行、瑕疵履行遭受损害的，可以向执行法院另行提起诉讼。

另一种观点认为，执行和解协议创设了与原执行依据无关的权利义务关系，其本质上系当事人之间的新的实体法律关系，因履行发生争议应另寻法律途径自行解决。因此，就该协议的效力及履行情况的审查应适用对执行和解协议的审查规则，当事人之间就该协议产生争议应按照司法解释的规定起诉或者恢复执行。

## 案例索引

最高人民法院（2017）最高法执监344号执行审查案
最高人民法院（2017）最高法执复16号执行复议案
最高人民法院（2015）民申字第3298号买卖合同纠纷再审案

## 131 申请执行人超过执行和解协议确定的最后一期履行期限后两年内申请恢复执行，人民法院应否受理？

答：当事人不履行执行和解协议的，申请恢复执行期间自执行和解协议约定履行期间的最后一日起计算2年，但存在申请执行时效中止、中断的情形除外。申请人超过执行和解协议确定的最后一期履行时间后2年内申请恢复执行的，人民法院应予受理，被执行人提出时效抗辩的，人民法院应审查是否具备执行时效中止、中断的情形。

## 理由与依据

被执行人不履行执行和解协议的，申请执行人申请恢复执行原生效法律文书应当适用《民事诉讼法》2年申请执行期间的规定，自执行和解协议约定履行期间的最后一日起计算。但申请执行期间适用诉讼时效中止、中断的规定，因此如果在从执行和解协议约定履行期间的最后一日起的2年内，出现了诸如申请执行人提出履行要求或者被执行人履行或同意履行义务等引起申请执行时效中断的事由，申请执行时效要重新起算。但上述关于恢复执行时效的规定并不作为法院审查是否准予恢复执行的要件，而是作为被执行人可以主张的抗辩事由。即人民法院恢复执行后，被执行人提出有关申请执行时效抗辩的，由人民法院按照恢复执行时效的规定通过异议程序审查处理。

## 立法沿革与争议

1982年《民事诉讼法（试行）》第169条规定："申请执行的期限，双方或者一方当事人是个人的为一年；双方是企业事业单位、机关、团体的为六个月。前款规定的期限，从法律文书规定履行期限的最后一日起计算；法律文书规定分期履行的，从规定的每次履行期限的最后一日起计算。"2007年《民事诉讼法》将"申请执行期限"改为"申请执行时效"，并适用诉讼时效中止、中断的规定；不再区分当事人性质，时限统一为2年。2008年《执行程序解释》第27条和第28条分别对申请执行时效中止和中断的事由作出了规定。2021年《民事诉讼法》再次对申请执行时效的起算点进行微调，将"法律文书规定分期履行的，从规定的每次履行期间的最后一日起计算"调整为"法律文书规定分期履行的，从最后一期履行期限届满之日起计算"，与《民法典》第189条"当事人约定同一债务分期履行的，诉讼时效期间自最后一期履行期限届满之日起计算"的实体规则相衔接。[1]

## 案例索引

最高人民法院（2019）最高法执监305号金融借款合同纠纷执行案

---

[1] 参见孙超：《执行时效的制度变革、规则适用与立法展望》，载《法律适用》2022年第7期。

**132** 执行和解协议无法确定给付内容及违约责任承担方式的，是否应当恢复原执行依据的执行？

答：执行和解协议内容缺乏确定性，申请执行人与被执行人对执行和解协议的内容产生争议，客观上已无法继续履行的，可以恢复执行原生效法律文书。

## 理由与依据

被执行人方不履行执行和解协议的，申请执行人可以申请恢复执行原生效法律文书，也可以就履行执行和解协议向执行法院提起诉讼。执行和解协议具有中止执行程序的效力，履行完毕具有终结执行的效力。执行和解的效力在停止或者结束执行程序。[1] 从民法理论上来说，执行和解协议属于合同法上"非典型契约"，[2] 是执行当事人享有权利承担义务的依据，要求给付内容必须确定。如果执行和解协议的内容缺乏确定性导致执行当事人无法根据该协议履行的，则该协议并不具备履行完毕后终结执行的效力，此时应当认为执行当事人之间未成立有效的执行和解协议，或者说成立的协议不属于《民事诉讼法》及其司法解释规定的执行和解协议，也就不具备中止执行程序的效力，应当恢复原生效法律文书。

另外，即使不因执行和解协议内容的明确性否定其执行和解协议的效力，但因付内容的不确定将引发申请执行人对被执行人履行行为的否定，双方将因履行发生争议，在客观上已无法履行，虽然不属于因被执行人原因不履行或不完全履行和解协议，但效果归于一致。按照和解债权与执行债权是新债与旧债并存的观点，和解协议约定的权利义务得不到履行，则原生效法律文书确定的债权仍然不能消灭。申请执行人仍然得以申请继续执行原生效法律文书。

---

[1] 参见张卫平：《执行和解制度的再认识》，载《法学论坛》2016年第4期。
[2] 肖建国、黄忠顺：《执行和解协议的类型化分析》，载《法律适用》2014年第5期。

## 立法沿革与争议

执行和解协议在实际履行中陷于僵局，应如何处理，实务中存在不同的认识。一种观点认为，因存在执行和解协议，根据意思自治的原则，人民法院不能恢复原执行依据的执行，只能由双方自行协商解决。另一种观点认为，以存在和解协议约定为由无限期僵持下去，将严重损害债权人的合法权益，人民法院无理由无限期等待双方自行落实和解协议，而不采取强制执行措施。若和解协议约定的权利义务得不到履行，则原生效法律文书确定的债权仍然不能消灭。申请执行人仍然得以申请继续执行原生效法律文书。

## 案例索引

最高人民法院（2017）最高法执监344号执行监督案（最高人民法院指导性案例124号）

## 133　多方当事人达成执行和解协议后，只有部分被执行人履行了和解协议，应如何处理？

答：在被执行人不履行执行和解协议时，申请执行人有权选择就和解协议另行起诉或者申请恢复执行。申请执行人选择恢复执行的，各个被执行人在执行和解协议中的义务如果独立可分，不应再对已经履行了执行和解协议义务的被执行人采取执行措施。

## 理由与依据

申请执行人申请恢复执行的，要根据执行义务是否可分来决定是否应对全体被执行人继续采取执行措施。如果各个被执行人的义务是独立、可分的，原生效法律文书恢复执行的，和解协议已履行的部分应当扣除。因此，部分被执行人按照执行和解协议履行义务后，因其他被执行人未履行或未完全履行义务而恢复对原生效法律文书执行时，已经履行执行和解协议的被执行人不承担履行原生效法律文书的义务，不应再恢复对其采取执行措施。

## 立法沿革与争议

　　对于能否继续对已履行执行和解协议的被执行人继续采取执行措施，实践中有争议。有观点认为，恢复执行原生效法律文书，包括对已履行和解协议的被执行人恢复执行。执行和解协议往往是对执行债权的减免，尽管被执行人在生效法律文书项下的义务是独立、可分的，恢复原生效法律文书的执行，意味着因执行和解协议减免的义务需要被恢复执行，此时即便是履行了执行和解协议的被执行人，也要面临被减免部分重新恢复执行的情况，只是对于已经实际履行的部分，可以在执行实施时予以扣除。[①]

## 案例索引

　　最高人民法院（2018）最高法执监89号执行审查案

# 二、执行担保

**134** 保证人在诉讼期间为债权人提供保证，承诺在债务人无财产可供执行或者财产不足清偿时承担保证责任，执行中人民法院能否执行该保证人的财产？

　　答：诉讼期间保证人为被执行人提供保证担保，承诺在被执行人无财产可供执行或者财产不足清偿时承担保证责任的，对保证人提供的担保应当认定为一般保证。在被执行人虽有财产但严重不方便执行时，可以在保证责任范围内对保证人采取执行措施。

---

　　① 陕西省西安市未央区人民法院（2020）陕0112执异205号。

## 理由与依据

保证人在诉讼期间为被执行人提供保证，人民法院据此未对被执行人的财产采取保全措施或解除保全措施的，案件审结后如果被执行人无财产可供执行或其财产不足清偿债务时，即使生效法律文书中未确定保证人承担责任，人民法院有权裁定执行保证人在保证责任范围内的财产。

人民法院能否执行保证人在保证责任范围内的财产，取决于被执行人"无财产可供执行或财产不足清偿"如何认定。《民法典担保制度解释》以终结本次执行作为认定被执行人已符合"经强制执行仍不能清偿债务"的标准，而不问执行案件终结本次执行程序的原因。

## 立法沿革与争议

《担保法解释》（已废止）第131条规定，不能清偿指对债务人的存款、现金、有价证券、成品、半成品、原材料、交通工具等可以执行的动产和其他方便执行的财产执行完毕后，债务仍未能得到清偿的状态。法院往往依据该条款，在被执行人无可供执行的财产，或有财产但严重不方便执行时，对主债务人裁定终本，启动对一般保证人等补充责任人的执行程序。但有观点认为，《担保法解释》是从正面描述对可以执行的财产执行完毕后债务仍未得到清偿的，与《终本规定》"已穷尽财产调查措施，未发现被执行人有可供执行的财产或者发现的财产不能处置"并未完全对应。

2020年《民法典担保制度解释》将被执行人终结本次执行程序作为认定经强制执行仍不能清偿债务的标准之一，规定："一般保证中，债权人依据生效法律文书对债务人的财产依法申请强制执行，保证债务诉讼时效的起算时间按照下列规则确定：（一）人民法院作出终结本次执行程序裁定，或者依照民事诉讼法第二百五十七条第三项、第五项的规定作出终结执行裁定的，自裁定送达债权人之日起开始计算；（二）人民法院自收到申请执行书之日起一年内未作出前项裁定的，自人民法院收到申请执行书满一年之日起开始计算，但是保证人有证据证明债务人仍有财产可供执行的除外。一般保证的债权人在保证期间届满前对债务人提起诉讼或者申请仲裁，债权人举证证明存在民法典第六百八十七条第二款但书规定情形的，保证债务的诉讼时效自债权人知道或者应当知道该情形之日起开始计算。"

关于终结本次执行程序能否作为认定被执行人经强制执行仍不能清偿债务的标准立法上发生了较大改变。

依据《终本规定》，终结本次执行程序的条件之一是"未发现被执行人有可供执行的财产或者发现的财产不能处置"。因此，只要法院作出了终结本次执行程序裁定，足以说明已经满足经强制执行仍不能清偿的条件。持反对意见者认为，应当根据实际情况具体判断被执行人是否不能履行，不宜采取一个统一的标准，否则对补充责任人利益造成影响。《民法典担保制度解释》最终采纳了第一种观点。① 即人民法院作出终结本次执行裁定，或者依据《民事诉讼法》第268条第3项、第5项②规定作出终本裁定的，应当认为已符合对主债务人依法强制执行仍不能履行的标准，此时，可以认定对补充责任人执行的条件已经具备。

### 案例索引

最高人民法院（2017）最高法执复38号执行复议案（最高人民法院指导性案例120号）

### 135 被保全人能否以责任保险作为担保解除财产保全？

答：责任保险虽然可以作为债权人申请保全的担保，但因不能直接要求保险公司赔偿，一旦债务人不履行，债权人需要另行起诉保险公司，所花费的时间成本和诉讼成本巨大，不能作为解除保全的担保。

---

① 参见最高人民法院民事审判庭第二庭：《最高人民法院民法典担保制度司法解释理解与适用》，人民法院出版社2021年版，第283～284页。

② 《民事诉讼法》第268条规定："有下列情形之一的，人民法院裁定终结执行：（一）申请人撤销申请的；（二）据以执行的法律文书被撤销的；（三）作为被执行人的公民死亡，无遗产可供执行，又无义务承担人的；（四）追索赡养费、扶养费、抚养费案件的权利人死亡的；（五）作为被执行人的公民因生活困难无力偿还借款，无收入来源，又丧失劳动能力的；（六）人民法院认为应当终结执行的其他情形。"

被保全人以解除保全保证保险作为申请解除保全的反担保的，人民法院应予以准许。

## 理由与依据

保全程序中，被保全人向人民法院提供充分有效担保，请求解除保全的，人民法院应予以准许，债务人在申请执行后不履行的，人民法院可以直接执行担保财产或担保人的财产。但责任保险是以被保险人对第三者依法应负的赔偿责任为保险标的的保险，主要保障侵权责任。[①] 即保险公司承担保险责任的前提是法院判定被保险人需要承担损害赔偿责任，债权人需要另行起诉，而不能直接执行保险公司，与法院同意解除保全的目的相背离。解除保全制度的目的和性质决定了责任保险不能作为解除财产保全的担保。申请保全有错误的，申请人应当赔偿被申请人因保全所遭受的损失。即申请人因申请保全错误而造成被申请人的损失的，应当承担损害赔偿责任。符合侵权行为的一般构成要件。[②] 因此，责任保险更适合作为诉讼保全的担保方式。

为解除保全所提供的担保，不仅应充分有效，而且便于执行，保证保险作为担保方式也得到实践的承认。该保险由保险公司依照与财产保全的被申请人缔结的保险合同，并由保险公司向法院出具见索即付不可撤销的保函，保证当被申请人的财产因解除保全导致生效判决不能执行时，由保险人替代被申请人承担对申请人的赔偿责任。[③] 因此，被申请人以解除保全责任险为担保申请解除保全的，人民法院应不予准许。

## 立法沿革与争议

诉讼保全责任保险作为申请保全的担保方式已经被最高人民法院以司法解释的形式确立下来。《财产保全规定》第7条规定："保险人以其与申请保全

---

[①] 参见樊启荣、高小雯：《存款保险之法本质辩证 —— 责任保险抑或保证保险》，载《东岳论丛》2021年第12期。

[②] 参见姚军、潘诗韵：《诉讼保全担保引入责任保险的法律问题探讨》，载《私法》2017年第2期。

[③] 陈禹彦、孙国栋：《解除财产保全保证保险是保险人的机遇还是风险》，载《上海保险》2021年第1期。

人签订财产保全责任险合同的方式为财产保全提供担保的，应当向人民法院出具担保书。担保书应当载明，因申请财产保全错误，由保险人赔偿被保全人因保全所遭受的损失等内容，并附相关证据材料。"实践中，"诉责险"作为申请保全的担保也被各级人民法院承认。

相比之下，解除保全的保证保险在实践中较少应用，虽然已有法院接受的先例，[①]但目前仍缺少立法和司法解释层面的依据。鉴于解除保全保证保险的风险较高，如被告败诉后生效判决无法得到执行，保险公司须与被告连带承担相当于解除保全金额的赔偿责任，保险公司对提供此类担保持谨慎态度。

《民事强制执行法（草案）》第203条拟将责任保险引入解除保全的担保方式之中，规定："第三人向人民法院提供财产担保、保证或者以责任保险合同等方式提供担保，人民法院据此变更保全内容或者解除保全的，进入终局执行后，人民法院可以裁定直接执行担保财产、第三人在保证范围内的财产或者由保险人赔偿被保全人遭受的损失。"但该做法与目前的保险产品不相匹配，亦不能实现解除保全的目的。《民事诉讼法》第107条规定："财产纠纷案件，被申请人提供担保的，人民法院应当裁定解除保全。"《民事诉讼法解释》第167条规定："财产保全的被保全人提供其他等值担保财产且有利于执行的，人民法院可以裁定变更保全标的物为被保全人提供的担保财产。"《财产保全规定》第22条规定："财产纠纷案件，被保全人或第三人提供充分有效担保请求解除保全，人民法院应当裁定准许。被保全人请求对作为争议标的的财产解除保全的，须经申请保全人同意。"责任保险难以满足"等值担保财产且有利于执行"或"充分有效"的条件。

## 案例索引

天津市第一中级人民法院（2021）津01民终10282号财产保险合同纠纷案

---

① 《南京江宁开发区法院：解除财产保全保证保险可以作为反担保》，载《人民法院报》2020年12月1日第3版。

## 136 第三人能否以其名下被采取查封措施的财产为其他案件提供执行担保？

答：已被查封的财产不宜再为其他案件提供担保，人民法院应向申请执行人释明接受该财产担保的风险。第三人可以保证的形式提供执行担保。

### 理由与依据

执行担保，是指担保人依照《民事诉讼法》规定，为担保被执行人履行生效法律文书确定的全部或者部分义务，向人民法院提供的担保。在暂缓执行期限届满后被执行人不履行义务，法院可直接裁定执行担保财产或担保人的财产。执行担保可以由被执行人提供财产担保，也可以由他人提供财产担保或者保证。被执行人或者他人提供财产担保，可以依照《民法典》规定办理登记等担保物权公示手续；已经办理公示手续的，申请执行人可以依法主张优先受偿权。申请执行人申请人民法院查封、扣押、冻结担保财产的，人民法院应当准许，但担保书另有约定的除外。实践中，为了确保暂缓执行期限届满后，被执行人不履行生效法律文书确定义务，法院能够方便直接执行担保财产，法院一般对担保人提供的担保财产进行查封或者要求办理抵押登记。但若担保人提供的担保财产已被其他法院查封的，即使本案执行法院允许作为执行担保的财产，但因不得对抗原查封措施的申请执行人的规定，将导致无法直接执行该担保财产。即便可对已查封的财产采取轮候查封措施，申请执行人也不能参与担保人此前被查封的财产的分配。只有在该财产执行后有剩余，或者因故被解除查封，接受执行担保的法院才可以对剩余部分或已经解封的财产予以执行。[①] 因此，已被查封的财产不宜再为其他案件提供担保，如果担保人提供的担保财产是已经被查封的财产，人民法院应向申请执行人释明接受该财产作为担保的风险。

---

① 参见《浙江省高级人民法院执行局关于执行担保若干疑难问题解答》（浙高法执〔2013〕4号）。

## 立法沿革与争议

关于已经被查封的财产是否可以作为执行担保，目前无明确法律规定。《民法典》第399条规定，依法被查封、扣押、监管的财产不得抵押。依照此规定，第三人的财产因负债被查封后，对于已经被法院查封的财产，不得设定抵押。但《民法典担保制度解释》第37条第2款规定："当事人以依法被查封或者扣押的财产抵押，抵押权人请求行使抵押权，经审查查封或者扣押措施已经解除的，人民法院应予支持。抵押人以抵押权设立时财产被查封或者扣押为由主张抵押合同无效的，人民法院不予支持。"即标的物被查封或者扣押，对标的物的处分虽然受到限制，但处分行为并非无效，只是不得对抗申请执行人。

## 案例索引

广东省佛山市禅城区人民法院（2019）粤0604执异169号执行异议案

### 137 第三人在诉讼中向法院提供保证，人民法院据此未对被告的财产采取保全措施，如生效法律文书未确定第三人承担保证责任，能否执行保证人财产？

答：人民法院审理案件期间，第三人为被告提供担保，法院据此未对被告的财产采取保全措施或解除保全措施。在债务人无财产可供执行或债务人财产不方便执行的情况下，法院可以裁定执行担保财产或第三人在担保责任范围内的财产。

## 理由与依据

人民法院在审理案件期间，保证人为被执行人提供保证，人民法院据此未对被执行人的财产采取保全措施或解除保全措施的，案件审结后如果被执行人无财产可供执行或其财产不足清偿债务时，即使生效法律文书中未确定保证人承担责任，人民法院有权裁定执行保证人在保证责任范围内的财产。被执行人无财产可供执行或其财产不足清偿债务的情况人民法院应当从宽认定。

在被执行人有财产可供执行的情况下，例如有便于执行的现金、银行存款的，法院应当优先执行该现金、银行存款。如果在此情况下法院仍直接执行担保财产或第三人在担保责任范围内的财产，担保人承担担保责任后，还需要另行提起诉讼向被执行人追偿，容易增加第三人的行权成本，也不利于化解当事人的矛盾与纠纷。

但并非只有在债务人没有任何财产可供执行的情形下，才可以要求一般保证人承担责任，即债务人虽有财产，但其财产严重不方便执行时，可以执行一般保证人的财产。故如果被执行人尚有财产无法执行或者不适宜、不方便执行时，人民法院可以裁定执行担保财产或者第三人担保责任范围内的财产。

## 立法沿革与争议

1998年《执行工作规定》第85条与2020年《执行工作规定》第54条内容一致，均规定："人民法院在审理案件期间，保证人为被执行人提供保证，人民法院据此未对被执行人的财产采取保全措施或解除保全措施的，案件审结后如果被执行人无财产可供执行或其财产不足清偿债务时，即使生效法律文书中未确定保证人承担责任，人民法院有权裁定执行保证人在保证责任范围内的财产。"

在实践中，对于无财产可供执行的标准存在争议。

被执行人名下虽有一定财产或者财产性权利，但客观上不具备执行条件或者名下的财产难以变现，或如果变现会造成巨大损失的，同样属于无财产可供执行情形。《终本规定》第4条规定："本规定第一条第三项中的'发现的财产不能处置'，包括下列情形：（一）被执行人的财产经法定程序拍卖、变卖未成交，申请执行人不接受抵债或者依法不能交付其抵债，又不能对该财产采取强制管理等其他执行措施的；（二）人民法院在登记机关查封的被执行人车辆、船舶等财产，未能实际扣押的。"上述情形出现后，法院可以裁定执行担保财产或第三人在担保责任范围内的财产。

最高人民法院（2017）最高法执复38号执行复议案

**138** 第三人为被告提供担保，人民法院在诉讼期间据此未对被告的财产采取保全措施或解除了保全措施，终审判决确定被告无须向原告承担责任。后经再审，改判被告向原告承担责任，但被告已无财产可供执行。在此情况下，执行法院能否裁定执行担保财产或第三人担保责任范围的财产？

答：财产保全的效力一般维持到生效法律文书执行完毕时止，但如果终审判决确定被告不承担责任，判决生效之时，对被告财产的保全即应解除。如果此前因第三人提供担保，人民法院据此未对被告的财产采取保全措施或解除了保全措施，在前述判决生效之时，第三人的担保责任也同时解除。即使再审改判被告应承担责任的，第三人也不再承担担保责任。[①]

**理由与依据**

从目的看，财产保全是通过对债务人财产现状的维持而使将来的判决能够得到顺利执行，第三人在诉讼中为被告提供担保，法院因此未保全被告财产或解除对被告财产的查封，实际上仍然是以第三人提供的担保作为保障未来判决的顺利执行。然而，终审判决确定被告无须向原告承担责任，并不存在据以执行的债权。根据《民事诉讼法解释》第166条及《财产保全规定》第23条，起诉或者诉讼请求被人民法院生效裁判驳回的，法院应当依申请或依职权及时解除保全措施。同理，第三人的担保责任也应同时解除。

虽然再审审理期间，原生效法律文书中止执行，当事人申请财产保全的，

---

① 《浙江省高级人民法院执行局关于执行担保若干疑难问题解答》（浙高法执〔2013〕4号）。

人民法院应当受理。但此时原告再申请保全被告的财产，在第三人不提供担保解除保全的情况下，该财产保全关系中并无第三人的介入。即便再审改判被告向原告承担责任，人民法院也不得因原审程序中第三人为被告提供过担保而执行第三人的财产。

## 立法沿革与争议

《民诉意见》（已废止）第109条规定："诉讼中的财产保全裁定的效力一般应维持到生效的法律文书执行时止。"《民事诉讼法解释》第166条规定了生效判决驳回申请人的起诉或诉讼请求的，人民法院应当作出解除保全裁定。《财产保全规定》第23条明确了何种情况下解除保全应通过当事人申请："人民法院采取财产保全措施后，有下列情形之一的，申请保全人应当及时申请解除保全：（一）采取诉前财产保全措施后三十日内不依法提起诉讼或者申请仲裁的；（二）仲裁机构不予受理仲裁申请、准许撤回仲裁申请或者按撤回仲裁申请处理的；（三）仲裁申请或者请求被仲裁裁决驳回的；（四）其他人民法院对起诉不予受理、准许撤诉或者按撤诉处理的；（五）起诉或者诉讼请求被其他人民法院生效裁判驳回的；（六）申请保全人应当申请解除保全的其他情形。人民法院收到解除保全申请后，应当在5日内裁定解除保全；对情况紧急的，必须在48小时内裁定解除保全。申请保全人未及时申请人民法院解除保全，应当赔偿被保全人因财产保全所遭受的损失。被保全人申请解除保全，人民法院经审查认为符合法律规定的，应当在本条第二款规定的期间内裁定解除保全。"

## 案例索引

最高人民法院（2016）最高法执监379号民间借贷纠纷执行监督案

**139** 申请执行人对第三人提供担保的财产是否享有优先受偿权?

答:申请执行人对第三人提供的担保财产不享有优先受偿权,已经办理抵押、质押登记手续的除外。

## 理由与依据

被执行人可以通过向人民法院提供担保的方式申请暂缓执行,被执行人逾期仍不履行的,人民法院有权执行担保财产。执行担保可以由被执行人提供担保,也可以由他人提供财产担保或者保证。关于担保财产的处理,可以依据《民法典》办理担保物权公示手续,即被执行人或第三人对该财产办理申请执行人为抵押权人的抵押登记。已经办理公示手续的,申请执行人可以依法主张优先受偿权。人民法院可以对担保财产进行查封、扣押、冻结,担保书约定不得查封、扣押、冻结的除外。人民法院对第三人提供担保的财产依法采取控制性措施后,取得的是对担保财产的首封处置权而非优先受偿权等实体权益。

虽然未办理抵押、质押登记的担保财产不享有优先受偿权,但因法院在执行担保成立后予以查封、扣押、冻结,该担保财产即使为他人再次提供担保,也不得对抗申请执行人,且被执行人在暂缓执行期限届满后履行执行义务的,人民法院可以直接对该财产采取变价措施。

## 立法沿革与争议

1998年《执行工作规定》第84条规定,被执行人或其担保人以财产向人民法院提供执行担保的,应当按照担保物的种类、性质,将担保物移交执行法院,或依法到有关机关办理登记手续。2015年《民事诉讼法解释》第470条第2款规定:"根据民事诉讼法第二百三十一条规定向人民法院提供执行担保的,可以由被执行人或者他人提供财产担保,也可以由他人提供保证。担保人应当具有代为履行或者代为承担赔偿责任的能力。他人提供执行保证的,应当向执行法院出具保证书,并将保证书副本送交申请执行人。被执行人或者他人提供财产担保的，应当参照民法典的有关规定办理相应手续。"

2018年《执行担保规定》与《民事诉讼法解释》第470条第2款、《执行工作规定》第84条对比，将"应当"办理登记等担保物权公示手续变为"可以"。具体内容是："被执行人或者他人提供财产担保，可以依照民法典规定办理登记等担保物权公示手续；已经办理公示手续的，申请执行人可以依法主张优先受偿权。"条文的变化主要是不再强制申请执行人办理登记等担保物权公示手续，首封处置权可以发挥类似优先受偿权的作用。

实践中对于申请执行人对第三人提供的担保财产是否享有优先受偿权存在不同的观点。倡导享有优先受偿权的一方，无疑是将执行中担保权利扩大化，同时将法院对担保财产采取的控制性措施作为一种登记公示。但该观点不符合物权法定和公示原则，因此认为申请执行人对第三人提供担保的财产享有优先受偿权。

## 案例索引

湖北省高级人民法院（2020）鄂执复758号借贷纠纷执行复议案

## 140 执行中，公司为被执行人提供担保，但该担保事项未经担保人董事会、股东会决议，执行担保是否有效？

答：公司为被执行人提供担保，虽向人民法院提供了签字盖章的担保书，但该担保事项如果未经董事会、股东会等决议机关决议，执行担保无效。

## 理由与依据

公司向其他企业投资或者为他人提供担保，依照公司章程的规定，由董事会或者股东会、股东大会决议；公司章程对投资或者担保的总额及单项投资或者担保的数额有限额规定的，不得超过规定的限额。在对外提供担保的内部程序上，公司为被执行人提供执行担保，与一般商事交易中为其他企业或者为他人提供民事担保并无本质区别，仍应遵守《公司法》及公司章程中关于对外担保的规定。申请执行人在未审查公司股东会或董事会作出的同意担保的决议的情况下，不能认定其为善意第三人，即担保无效的后果须由申请执行人自行承担。因此，公司为被执行人提供执行担保的，应当提交符合《公司法》第16条规定的公司章程、董事会或者股东会、股东大会决议。

参照《九民纪要》关于担保合同效力的规定，公司为被执行人提供担保，提供了签字盖章的担保书，但该担保事项未经董事会、股东会决议的，担保无效。人民法院在裁定暂缓执行前发现执行担保无效的，应驳回暂缓执行申请。人民法院在裁定暂缓执行后申请执行人提出异议主张执行担保无效的，人民法院审查属实的，无论暂缓执行期限是否届满，应撤销暂缓执行裁定，强制执行被执行人财产。

## 立法沿革与争议

关于《公司法》第16条是否为效力性强制性规定，理论界与实务界一直存在争议。《公司法》第16条规定："公司对外提供担保依照公司章程的规定由董事会或者股东会、股东大会决议；为公司股东或者实际控制人提供担保的，必须经股东会或者股东大会决议。"

《九民纪要》中关于公司纠纷案件的审理中明确了为了防止公司法定代表人随意代表公司为他人提供担保给公司造成损失，损害中小股东利益，担保行为不是法定代表人所能单独决定的事项。

《执行担保规定》第5条规定："公司为被执行人提供执行担保的，应当提交符合公司法第十六条规定的公司章程、董事会或者股东会、股东大会决议。"

公司为被执行人提供担保，提供了签字盖章的担保书但该担保事项未经董事会、股东会决议，执行担保的效力应如何认定，实践中做法并不相同。

有观点认为，民商事担保与执行担保不同，对于公司为被执行人提供担保，人民法院应只作形式审查。执行担保的目的在于执行债权的顺利实现，案外人公司提供签字盖章的担保书有利于推动执行工作的顺利开展，故执行法院无须严格审查公司提供担保是否经过董事会、股东会决议。另，如果公司章程并未约定担保事项或者公司董事会、股东会、股东大会等决议机关确实存在客观原因无法决议，法院仅根据该担保事项未经董事会、股东会决议就否认公司提供执行担保的效力也不利于执行担保制度的施行。

### 案例索引

最高人民法院（2021）最高法民申4185号再审审查与审判监督案

最高人民法院（2019）最高法执复134号建设工程施工合同纠纷执行复议案

### 141 为申请执行人提供执行担保的保证人能否以保证期间届满为由要求免除保证责任？

答：执行担保中，如果保证人对保证期间有约定，约定的保证期间届满，保证人可以保证期间届满为由要求免除保证责任；如果保证人对保证期间没有约定或者约定不明，法律规定的期间届满，保证人仍可以保证期间届满为由要求免除保证责任。

### 理由与依据

在执行程序中如果当事人及利害关系人对保证期间有约定，法院应当尊重当事人之间的意思自治。但是任何权利的行使都有对应的约束，如果否定执行担保中保证人享有的保证期间利益，只会不适当地加重担保人的责任，导致债务人向担保人逃避债务，甚至产生债务人利用执行担保使担保人财产被长期查封，进而规避担保人的债权人求偿的可能。既然明确执行担保的保证人享有期间利益，在约定的保证期间届满时，保证人可以以保证期间届满为由免除保证责任。在当事人无约定或约定不明时，保证人享有的保证期间届满的认定应当依照法律规范处理。保证期间自暂缓执行期限届满之日起计算，担保书中没有记载担保期间或者记载不明的，担保期间为1年。故法律规定的期间届满，保证人仍可以保证期间届满为由要求免除保证责任。

## 立法沿革与争议

《执行担保规定》第4条第1款规定："担保书中应当载明担保人的基本信息、暂缓执行期限、担保期间、被担保的债权种类及数额、担保范围、担保方式、被执行人于暂缓执行期限届满后仍不履行时担保人自愿接受直接强制执行的承诺等内容。"执行担保受担保期间影响。

担保期间自暂缓执行期限届满之日起计算。担保书中没有记载担保期间或者记载不明的，担保期间为1年。担保期间届满后，申请执行人申请执行担保财产或者保证人财产的，人民法院不予支持。他人提供财产担保的，人民法院可以依其申请解除对担保财产的查封、扣押、冻结。

执行担保的保证人能否以保证期间届满为由要求免除保证责任主要争议焦点在于，执行担保是否适用《担保法》的规定。《民事诉讼法》及相关司法解释没有明确规定，实践中有不同的理解。

有学说认为，执行担保是向执行法院提供的担保，是《民事诉讼法》规定的为确保权利人在司法程序中实现权利的措施，与诉讼保全担保同属于司法担保。执行担保的主体是执行法院与担保人（包括被执行人本人），是一种公权力性质的担保，由民事诉讼法调整。此种担保不同于平等主体间私权利性质民商事担保，故不应受到担保期间的限制。

## 案例索引

最高人民法院（2021）最高法民申4180号保证合同纠纷民事申请再审审查案

## 142 被执行人已提供财产担保的，人民法院能否对被执行人和担保人的其他财产采取执行措施？

答：被执行人提供财产担保以实现暂缓执行为目的，暂缓执行期间内，人民法院不对被执行人的其他财产采取执行措施，暂缓执行期限届满后被执行人仍不履行的，人民法院可以对被执行人的其他财产采取执行措施。

## 理由与依据

暂缓执行期限届满后被执行人仍不履行义务的，人民法院可以依申请执行人的申请恢复执行，并直接裁定执行担保财产或者保证人的财产，被执行人有便于执行的现金、银行存款的，应当优先执行该现金、银行存款。被执行人提供的财产担保不能实现豁免被执行人其他财产及担保人财产执行的目的，亦不能够产生约束执行法院财产执行顺位的法律效果。

保障债权实现是担保制度的首要功能，执行担保的设立是为了保障债权的实现，并非在执行中增加了前置程序。暂缓执行期限届满后被执行人仍不履行义务的，人民法院有权执行债务人的全部财产。

## 立法沿革与争议

《民事诉讼法》第242条规定："在执行中，被执行人向人民法院提供担保，并经申请执行人同意的，人民法院可以决定暂缓执行及暂缓执行的期限。被执行人逾期仍不履行的，人民法院有权执行被执行人的担保财产或者担保人的财产。"《民事诉讼法解释》第469条规定："被执行人在人民法院决定暂缓执行的期限届满后仍不履行义务的，人民法院可以直接执行担保财产，或者裁定执行担保人的财产，但执行担保人的财产以担保人应当履行义务部分的财产为限。"《执行担保规定》第11条规定："暂缓执行期限届满后被执行人仍不履行义务，或者暂缓执行期间担保人有转移、隐藏、变卖、毁损担保财产等行为的，人民法院可以依申请执行人的申请恢复执行，并直接裁定执行担保财产或者保证人的财产，不得将担保人变更、追加为被执行人。执行担保财产或者保证人的财产，以担保人应当履行义务部分的财产为限。被执行人有便于执行的现金、银行存款的，应当优先执行该现金、银行存款。"基于执行效率和执行经济原则，即便被执行人已提供财产担保，人民法院仍能对被执行人便于执行的现金、银行存款等采取执行措施。

实践中有观点认为，《民事诉讼法解释》第469条的规定是对人民法院执行被执行人和担保人财产作出的限制，暂缓执行期限届满后被执行人仍不履行义务的，除非有人民法院执行担保财产后债权人债权仍不能完全实现的情形，否则人民法院不能对被执行人的其他财产采取执行措施。该观点系对执行担保制度的误读误用，背离担保制度保障债权实现的设计初衷，应予纠正。

### 案例索引

北京市第二中级人民法院（2022）京02执复100号公证债权文书非诉执行审查案

# 三、其他

### 143 公民、法人和其他组织未在执行程序中就相关执行措施、强制措施提出异议、申请复议或者申请执行监督，能否直接申请国家赔偿？

答：公民、法人和其他组织在执行程序中虽未就相关执行措施、强制措施提出异议、申请复议或者申请执行监督，可以依法申请国家赔偿。

### 理由与依据

《国家赔偿法》确立了"确赔合一"原则。执行异议、复议或监督程序不作为司法赔偿程序的前置程序，执行、复议或监督程序并非法律规定的必经救济程序。如将这些程序规定为赔偿程序的前置程序，缺乏法律依据，赔偿委员会作为居中审理者，以外部监督形式来确认违法并决定赔偿，相对于由赔偿义务机关、复议机关内部监督形式的确认违法，更符合"任何人都不能成为自己案件的法官"的公正原则。执行监督与审判监督同属特别程序，但仍有较大区别。审判监督程序由诉讼法确定，是相对独立的法定救济程序，而执行监督程序属于1998年《执行工作规定》确立的执行内部监督范畴。

除特殊情形外，公民、法人和其他组织申请错误执行赔偿，应当在执行程序终结后提出，终结前提出的不予受理。但与当事人是否提出异议、复议及执行监督无关。即使未行使执行救济权利，仍有权申请赔偿，但如果提出异议、复议及执行监督，在审查期间，人民法院不受理国家赔偿申请。

## 立法沿革与争议

1994年《国家赔偿法》第9条规定："赔偿义务机关对依法确认有本法第三条、第四条规定的情形之一的，应当给予赔偿。赔偿请求人要求赔偿应当先向赔偿义务机关提出，也可以在申请行政复议和提起行政诉讼时一并提出。"当事人申请国家赔偿前要经过"违法确认"环节。

2000年《最高人民法院关于审理民事行政诉讼中司法赔偿案件适用法律若干问题的解释》第9条规定："未经依法确认直接向人民法院赔偿委员会申请作出赔偿决定的，人民法院赔偿委员会不予受理。"该法延续1994年《国家赔偿法》的精神，申请国家赔偿仍以依法确认违法行为为前提。

2010年《国家赔偿法》第9条规定："赔偿请求人要求赔偿应当先向赔偿义务机关提出，也可以在申请行政复议和提起行政诉讼时一并提出。"在1994年《国家赔偿法》的基础上删除"依法确认"，取消了确认违法前置程序，转而采取"确赔合一"原则。

2022年《执行司法赔偿解释》第6条第2款规定："公民、法人和其他组织在执行程序中未就相关执行措施、强制措施提出异议、申请复议或者申请执行监督，不影响其依法申请赔偿的权利。"依据"确赔合一"的原则，执行异议、执行复议、执行监督不作为申请国家赔偿的前置程序，申请人申请国家赔偿时无须穷尽上述救济途径。

国家赔偿程序是最后的救济程序，关于民事、行政诉讼和执行程序中的非刑事司法赔偿，一般以穷尽其他救济途径作为国家赔偿责任发生的前提。执行中，当事人对法院执行行为有异议的，应当先依照法律规定在执行程序中寻求救济。申请人如认为该院的执行行为损害其合法权益，应当依法先行通过执行异议程序主张权利，其直接提起国家赔偿不符合法律规定。赔偿请求人在收到对其执行异议的执行裁定书后，未在法定期限内提出执行异议，也未向人民检察院申请检察监督或者上级法院申请执行监督，而直接申请国家赔偿，会导致当事人权利滥用。

## 案例索引

最高人民法院（2018）最高法委赔监113号错误执行申请国家赔偿案

湖南省高级人民法院（2018）湘委赔监33号申请国家赔偿案

## 144 甲法院以法院司法专递向次债务人送达履行到期债务通知书，乙法院现场送达协助执行通知书和冻结裁定书，次债务人应当向哪个法院履行？

答：对到期债权的执行程序中，人民法院向次债务人送达的履行到期债务通知书应当采取直接送达方式。因此，次债务人应当向乙法院履行。

## 理由与依据

到期债权执行具有特殊性，司法解释规定履行到期债务通知书必须直接送达。根据《最高人民法院关于以法院专递方式邮寄送达民事诉讼文书的若干规定》第1条，法院专递方式邮寄送达并不属于直接送达。甲法院以法院专递方式送达履行到期债务通知书于法无据，乙法院现场送达履行到期债务通知书符合法律规定。

人民法院在执行第三人到期债权的过程中，对于未经实体审判并经生效法律文书确认的债权，执行机构不应当对被执行人与第三人之间是否存在债权债务关系进行实体判断，如果第三人提出异议，即不得对第三人强制执行。对履行到期债务通知书的送达规定与其他法律文书不同的送达方式，旨在严格保障第三人的救济权。乙法院虽然只送达冻结裁定和协助执行通知书，并未送达履行到期债权通知书，但乙法院仍属于首先采取执行措施的法院。

## 立法沿革与争议

对于履行到期债务通知书的送达局限于现场送达将大大降低执行效率，可以适当予以突破，例如在充分保障第三人救济权的前提下，有条件认可其他送达方式。但在目前的法律框架下，通过其他方式送达履行到期债务法律文书不认为是有效送达。

## 案例索引

北京市高级人民法院（2019）京执复282号执行复议案

## 145 申请执行人与部分被执行人达成执行和解，能否减轻或免除其他被执行人的清偿义务？

答：连带债务中，申请执行人与部分被执行人达成执行和解减轻或免除部分被执行人债务，且明确该减轻或免除仅对指定的部分被执行人发生效力的，其他被执行人的债务保持不变，其他被执行人在清偿债务后，仍可向被免除债务的被执行人追偿。若申请执行人未明确仅免除达成执行和解的被执行人的债务的，根据《民法典》第520条第2款之规定，应当推定在被免除债务的被执行人应承担的责任范围内，减轻或免除其他被执行人的债务。

## 理由与依据

免除部分被执行人债务的效力是否及于其他被执行人，涉及连带债务之效力问题。连带债务人之一人与债权人间所生事项，对于他债务人是否亦生效力，因连带债务为复数债务，且为各自独立之债务，故以不生效力为原则，以生效力为例外。为满足共同的目的（如清偿），或者为避免循环求偿，以简化法律关系（如免除），使得就债务人一人所生事项产生了绝对的效力。[①]《民法典》第520条第2款即是关于仅对某一债务人之债务之免除的涉他效力的规定，根据"部分连带债务人的债务被债权人免除的，在该连带债务人应当承担的份额范围内，其他债务人对债权人的债务消灭"之规定，申请执行人与部分被执行人达成和解免除部分债务的，债务免除之法律效果应当及于其他连带债务人。但该条应解释为对免除意思表示的解释规则。因免除的法律效果应取决于对当事人意思表示的解释，如果债权人对部分债务人的免除必定具有消灭其他债务人之债务的效果，不免戕害其意思自治与处分自由，因此前述第2款是在存疑时推定适用。而推定可以被推翻，在债权人明确仅免除指定债务人的债务时，其他债务人的债务保持不变。如果债权人明知免除的是终局债务人的债务，则可以解释为其有一并免除全体债务人之债务的意思。[②]

《民法典》第520条第2款的规定在执行程序中同样适用，申请执行人有权对其债权进行自由处分。但对于此种涉及严重影响执行债权实现的行为，人民法院应进行一定程度的干预，债权人在执行阶段免除部分被执行人的债务时，人民法院应当向当事人释明，除非作出明确说明，否则其对权利所作处分的效力会及于其他被执行人，人民法院应使其知晓免除对债权实现的影响程度及后果。

## 立法沿革与争议

否定观点则认为，连带债务中，债权人可依据生效的法律文书申请执行任何一个债务人，没有履行的先后顺序。申请执行人与部分被执行人达成执行和解，并不能产生免除其他被执行人责任的效果。原因在于民事执行旨在保障私权实现，执行过程行为并不涉及民事责任的划分。申请执行人和部分被执行人达成执行和解，是对生效法律文书的履行方式，并不是对实体权利的重新处分，因此其他被执行人未履行生效法律文书确定义务的，仍应继续履行。

---

① 参见郑玉波：《民法债权编总论（修订二版）》，中国政法大学出版社2004年版，第393页。

② 参见杨代雄主编：《袖珍民法典评注》，中国民主法制出版社2022年版，第437页。

## 案例索引

最高人民法院（2021）最高法执监 26 号执行监督案

**146** 一生效判决甲欠乙 1000 万元，另一生效判决乙欠丙 300 万元。执行中，丙查封乙在前案债权 300 万元，甲乙达成和解协议，甲以其设备抵欠乙债 600 万元，乙放弃其余。丙以和解协议侵害其债权实现为由提起撤销权之诉，应否予以支持？

答：债务人对已被法院冻结的债权作出的处分不能对抗申请执行人。本案中，甲乙之间关于以物抵债同时放弃其余债权的和解协议处分了已被法院查封的债权，该处分行为不能对抗丙，丙可以请求法院要求甲在查封的债权范围内向乙清偿。若执行法院依据甲乙之间的执行和解协议解除了对该部分债权的查封，丙可向法院提出执行异议。丙选择以和解协议侵害其债权提起撤销权之诉的，人民法院应予支持。

## 理由与依据

被执行人就已经查封、扣押、冻结的财产所作的移转、设定权利负担或者其他有碍执行的行为，不得对抗申请执行人。根据《民法典》第 538 条之规定，债务人无偿处分财产权益影响债权人债权实现的，债权人可以请求人民法院撤销该处分行为。乙在和解协议中放弃 400 万元债权的行为影响丙的债权实现，丙以和解协议侵害其债权实现为由提起撤销权之诉，应予支持。

## 立法沿革与争议

1999 年《合同法》第 74 条规定："因债务人放弃其到期债权或者无偿转让财产，对债权人造成损害的，债权人可以请求人民法院撤销债务人的行为。债务人以明显不合理的低价转让财产，对债权人造成损害，并且受让人知道该情形的，债权人也可以请求人民法院撤销债务人的行为。撤销权的行使范围以债权人的债权为限。债权人行使撤销权的必要费用，由债务人负担。"该条明确了债权人请求人民法院撤销债务人损害其债权行为的权利，《民法典》第538条承继了该规定。《执行和解规定》第16条第1款规定："当事人、利害关系人认为执行和解协议无效或者应予撤销的，可以向执行法院提起诉讼……"因此，执行程序中当事人撤销执行和解协议有法律依据。

《查扣冻规定》第24条规定："被执行人就已经查封、扣押、冻结的财产所作的移转、设定权利负担或者其他有碍执行的行为，不得对抗申请执行人。第三人未经人民法院准许占有查封、扣押、冻结的财产或者实施其他有碍执行的行为的，人民法院可以依据申请执行人的申请或者依职权解除其占有或者排除其妨害。人民法院的查封、扣押、冻结没有公示的，其效力不得对抗善意第三人。"该规定明确被执行人处分已经查封、扣押、冻结财产不得对抗申请执行人的公示对抗原则。《民事强制执行法（草案）》第158条吸纳了该规定，"查封债权后，下列行为不得对抗申请执行人，人民法院可以继续执行该债权：（一）第三人擅自清偿或者以查封后取得的债权主张抵销；（二）被执行人作出的免除、延期等不利于债权实现的处分行为。"

关于查封措施对处分权能的影响，有两种观点：一是剥夺说，即认为查封行为剥夺了被执行人的处分权；二是限制说，即认为查封行为限制了被执行人的处分权，被执行人处分查封财产的行为不得对抗申请执行人。

## 案例索引

最高人民法院（2018）最高法民申151号撤销权纠纷再审审查与审判监督案

最高人民法院（2017）最高法民终626号第三人撤销之诉二审案（指导性案例152号）

## 147　司法拍卖中竞买人包税条款是否有效?

答：现行法律规定各级执行法院禁止在拍卖公告中规定交易税费由买受人概括承担的包税条款，在司法拍卖中采用包税条款应当非常慎重。使用概括性包税条款的司法拍卖应否撤销应当结合具体案情判断。竞买人在参与竞拍前已明确知悉过户税费的承担条件仍参与网上公开竞价并在拍卖成交后支付拍卖尾款的，应当按照该条件接受竞买结果并承担房产过户所包含的买卖双方税费，竞买人在竞买成功后再以税费过高不应由其承担为由申请撤销拍卖，将导致该司法拍卖条件发生重大改变，即在拍卖前和拍卖后分别设定两种不同的拍卖条件，对其他参加竞拍的潜在竞买人而言有失公平，也不利于司法拍卖的稳定。竞买人以此为由请求撤销拍卖的，不予支持。

### 理由与依据

包税条款是指交易双方关于由一方承担交易所产生的全部税费（包括法律规定应当由另一方缴纳部分）的约定。2020年以前，很多执行法院都在司法拍卖中采用包税条款，在拍卖公告中载明"所有涉及的税费及办理权证所需费用均由买受人负担"或者类似内容。随着《关于进一步规范网络司法拍卖房产有关问题的通知》及《网络司法拍卖规定》的出台，最高人民法院明确提出禁止在拍卖公告中规定由买受人概括承担的包税条款，不少法院弃用包税条款转而对司法拍卖中的税费承担采取税费各付模式，但由于被执行人欠缺支付能力，部分执行法院在《拍卖公告》中仍采用概括加列举的方式约定买受人包税。"包税条款"是否有效，买受人能否主张不承担法律规定卖方应缴税费等一系列问题在实践中争议较大。综合来看，司法拍卖中的包税条款应当与商事交易中的包税条款区别开来。尽管概括性包税条款已经为司法解释所禁止，但规范层面与最高人民法院裁判观点之间相左，个案裁判中亦呈现相互矛盾的现状。最高人民法院（2020）最高法执监421号案中，最高人民法院认为因拍卖本身形成的税费，相应主体应分别承担各自部分税费。执行法院在进行网络司法拍卖时应对各自承担税费进行公告公示，执行法院规定由买受人包税违反税收法定原则，应予纠正。而在最高人民法院（2020）最高法执监232号案中，最高人民法院认为拍卖公告设定由买受人包税条款不违反强制性法律规定，也不违背税收法定原则，买受人参与竞拍并成交后对拍卖公告税费设定提出异议应不予支持。

考虑到执行实践中包税条款更有利于推进执行的现实，使用包税条款应当尽可能地将拍卖所产生的税费种类、金额或者计算方式在拍卖公告中写明。同时明确被执行人的历史欠税以及其非因拍卖所生税费不属于买受人承担的税费范畴。对于使用概括性包税条款的司法拍卖应否撤销要结合具体案情进行判断，特别需要注意的是，执行法院不宜直接支持买受人关于由被执行人承担税费的主张，而应重新进行拍卖。避免买受人违反诚信原则反而获益，调整税费承担条件对其他竞买人不公平，危害司法拍卖公正秩序。

## 立法沿革与争议

《网络司法拍卖规定》第30条规定："因网络司法拍卖本身形成的税费，应当依照相关法律、行政法规的规定，由相应主体承担；没有规定或者规定不明的，人民法院可以根据法律原则和案件实际情况确定税费承担的相关主体、数额。"《网络司法拍卖规定》第31条规定："当事人、利害关系人提出异议请求撤销网络司法拍卖，符合下列情形之一的，人民法院应当支持：（一）由于拍卖财产的文字说明、视频或者照片展示以及瑕疵说明严重失实，致使买受人产生重大误解，购买目的无法实现的，但拍卖时的技术水平不能发现或者已经就相关瑕疵以及责任承担予以公示说明的除外；（二）由于系统故障、病毒入侵、黑客攻击、数据错误等原因致使拍卖结果错误，严重损害当事人或者其他竞买人利益的；（三）竞买人之间，竞买人与网络司法拍卖服务提供者之间恶意串通，损害当事人或者其他竞买人利益的；（四）买受人不具备法律、行政法规和司法解释规定的竞买资格的；（五）违法限制竞买人参加竞买或者对享有同等权利的竞买人规定不同竞买条件的；（六）其他严重违反网络司法拍卖程序且损害当事人或者竞买人利益的情形。"为了重点解决"包税条款"提高竞买门槛的问题。2022年最高人民法院在《关于进一步规范网络司法拍卖房产有关问题的通知》中明确"禁止在拍卖公告中载明'当次交易税费由买受人概括承担'或类似内容"，并提出要"争取在拍卖前向竞买人明确交易税费等大致金额，稳定竞买人预期，减少事后争议"。

目前司法实践中对于税费承担方式存在两种做法：一是买受人包税，二是税费各付。买受人包税即人民法院在拍卖公告中规定由买受人承担全部税费，在买受人承担一切税费的情况下，执行法院所得拍卖款在扣除执行费用后均用于清偿被执行人所欠债务，所产生的相关费用支付责任由买受人承担，最大程度保护了债权人的利益，使清偿金额最大化。这一做法实践中争议较大。实践中买受人因承担税费过高而悔拍、申请撤销拍卖的情况比比皆是。关于"包税条款"的效力问题亦存在不同观点。一种观点认为包税条款违反税收法定原则应当认定为无效；另一观点认为基于意思自治原则，且我国税收管理方面的法律法规对于各种税收的征收只明确规定了纳税义务人，并未禁止纳税义务人外的其他人代为缴纳税款，即税法对于税种、税率、税额的规定是强制性的，而对于实际由谁缴纳税款并没有作出强制性或禁止性规定，因此应当认定为有效。"税费各付"是指依据税法规定确定税费实际负担者，由买卖双方各自承担相应的税费。人民法院意识到网络司法拍卖中包税条款引发的巨大争议后，加强与税务机关的沟通协作，在立法中明确规定网络司法拍卖中的交易税费应当依照相关法律、行政法规的规定由相应主体承担，禁止各执行法院在拍卖公告中将税费承担方式规定为由买受人概括承担。在税费各付的情况下，买受人承担的税费内容更清晰，不仅可以消除竞买人对税费负担的顾虑，吸引更多人围观并参与竞拍，符合优惠政策的可以申请减免，从而减少税费支出。但在该情况下，大部分出卖人无力承担其应支付的税费，故在拍卖成交后，执行法院仍须等待买受人先办理核税过户手续，再协助从所得拍卖款中扣除卖方相关税费，该做法将拖延拍卖分配流程，也使得债权受偿金额具有不确定性。

关于包税条款的效力问题。在法律规范层面，概括性的包税条款已经被最高人民法院禁止，原因在于概括性的包税条款违反税收法定原则，并且很可能降低竞买人的竞买意愿，极易事后引发争议，因此应当认定为无效。相反观点认为税法作为公法，其规范的是征税机关与纳税人之间的关系。"包税条款"是当事人之间关于由谁最终承担税费负担的私法约定，本质是合同交易价格的一部分，两者并不冲突。"包税条款"的存在，并不影响征税机关要求法定的纳税义务人交纳税款。

案例索引

最高人民法院（2021）最高法执监440号执行监督案

**148** 一房多卖的情形下，买受人符合哪些条件可以排除其他买受人对所购房屋的强制执行？

答：在一房数卖的情况下，如果数份房屋买卖合同均有效且买受人均要求履行合同的，一般应按照已经办理房屋所有权变更登记、合法占有房屋以及合同履行情况、买卖合同成立先后等顺序确定权利保护顺位。履行顺位在先的买受人享有排除强制执行的权利。

理由与依据

一房多卖是指出卖人就同一房屋订立数个买卖合同，分别出售给数个买受人的行为。出卖人以同一房屋为标的，订立两个以上的买卖合同，形成两个以上具有重叠内容的债权债务关系，导致多个买受人对同一房屋的利益产生冲突。

由于我国物权变动系采债权形式主义物权变动模式，即债权行为加交付或登记的事实行为发生物权变动。根据《民法典》第215条确定的区分原则，未转移标的物的所有权的出卖人就同一房屋订立数个买卖合同的，因出卖人仍享有出卖标的物的所有权，数个买卖合同均应为有效合同。那么，在数个房屋买卖合同均为有效合同的前提下，如何确定房屋所有权的归属？买受人的权益应当如何保护？

在一房数卖情况下，如果数份房屋买卖合同均有效且买受人均要求履行合同的，一般应按照已经办理房屋所有权变更登记、合法占有房屋以及合同履行情况、买卖合同成立先后等顺序确定权利保护顺位。即在有数个受让人要求履行合同时，依据不动产登记的公示效力及外观主义原则，一般应优先保护已经办理房屋所有权变更登记的买受人；受让人均没有办理变更登记的，优先保护已经办理预告登记手续的买受人；既未办理产权登记，又未办理预告登记的，优先保护已经合法占有房屋的买受人；还不能确定谁能优先购买时，应当本着公平、经济原则进一步考察合同履行情况，如购房款的缴纳情况、买卖合同的登记备案情况、办理贷款的情况等，优先保护先行支付房屋价款等积极履行合同的买受人；最后，如果数个合同均未履行，依据公平、诚信原则，可以参考买卖合同成立先后等顺序确定权利保护顺位。[①]

## 立法沿革与争议

《买卖合同司法解释》第6条规定："出卖人就同一普通动产订立多重买卖合同，在买卖合同均有效的情况下，买受人均要求实际履行合同的，应当按照以下情形分别处理：（一）先行受领交付的买受人请求确认所有权已经转移的，人民法院应予支持；（二）均未受领交付，先行支付价款的买受人请求出卖人履行交付标的物等合同义务的，人民法院应予支持；（三）均未受领交付，也未支付价款，依法成立在先合同的买受人请求出卖人履行交付标的物等合同义务的，人民法院应予支持。"但并未对不动产的多重买卖作出规定。

为此，《第八次全国法院民事商事审判工作会议（民事部分）纪要》对于一房多卖的问题提出了相应的指导规则，该纪要第15条规定："审理一房数卖纠纷案件时，如果数份合同均有效且买受人均要求履行合同的，一般应按照已经办理房屋所有权变更登记、合法占有房屋以及合同履行情况、买卖合同成立先后等顺序确定权利保护顺位。"同时，为了防止当事人恶意地规避法律风险，《第八次全国法院民事商事审判工作会议（民事部分）纪要》第15条特意强调：恶意办理登记的买受人，其权利不能优先于已经合法占有该房屋的买受人。意在遏制在有买受人合法占有房屋时，通过滥用法律规定，出卖人与其他买受人恶意串通损害第三人利益的情形。

---

[①] 参见曹凤国主编：《执行异议之诉裁判规则理解与适用》，法律出版社2022年版，第243页。

**案例索引**

最高人民法院（2019）最高法民申6866号案外人执行异议之诉纠纷民事申请再审审查案

**149** 被执行人拒不履行生效法律文书确定义务的，申请执行人可否直接向人民法院提出刑事自诉？

答：申请执行人可以提起刑事自诉。但须满足两项条件：一是负有执行义务的人拒不执行判决、裁定，侵犯了申请执行人的人身、财产权利；二是曾提出过控告，但公安机关或检察院对负有执行义务的人不予追究刑事责任。

**理由与依据**

拒执罪的追诉程序分为公诉程序和自诉程序。2015年最高人民法院发布的《拒执罪司法解释》为拒执罪自诉程序提供了法律依据并规定了自诉程序的适用条件。刑事自诉将启动严厉的刑事追诉程序，法院审查比较严格，只有自诉人提交的证据足以证明被告人有拒不执行判决、裁定的事实才能予以受理，缺乏证据的刑事自诉案件可能面临不予受理或驳回起诉的境遇。实践中，通过自诉程序定罪的概率并不高，原因如下：一是举证难度较大。在自诉程序中，须由申请执行人举证证明义务人存在拒执行为，自诉人是私权主体，在公权力机关未介入的情况下，自行搜集罪证困难极大。即使法院开具调查令由申请执行人自行调查，但由于转移财产、逃避执行行为具有高度隐蔽性且涉及义务人的历史交易情况，实践中开具调查令查找"罪证"具有很大局限性。二是义务人下落不明的情况较为普遍。执行案件中，存在大量被执行人下落不明情况，在此情况下，法院对自诉案件不予受理。三是立案标准审查高。自诉案件采取立案审查制，须经法院审查完毕后，符合受理条件的方可予以立案。另外，各地法院对犯罪证据的证据认定、"执行能力"认定标准不一。上述因素叠加导致实务中拒执罪自诉程序适用率较低。

## 立法沿革与争议

1996年我国制定的《刑事诉讼法》例外规定了特殊情况下的刑事自诉制度，其中第170条规定，被害人有证据证明对被告人侵犯自己人身、财产权利的行为应当依法追究刑事责任，而公安机关或者人民检察院不予追究被告人刑事责任的案件可以提起刑事自诉。2020年《拒执罪司法解释》第3条规定："申请执行人有证据证明同时具有下列情形，人民法院认为符合刑事诉讼法第二百一十条第三项规定的，以自诉案件立案审理：（一）负有执行义务的人拒不执行判决、裁定，侵犯了申请执行人的人身、财产权利，应当依法追究刑事责任的；（二）申请执行人曾经提出控告，而公安机关或者人民检察院对负有执行义务的人不予追究刑事责任的。"第一项条件是实体条件，第二项条件为程序条件，实务中，由于申请执行人在向公安机关提出控告后，公安机关往往不予答复或受理。鉴于此，2018年《最高人民法院关于拒不执行判决、裁定罪自诉案件受理工作有关问题的通知》第1条规定，申请执行人提出控告后，公安机关不予接受控告材料或者在接受控告材料后60日内不予书面答复或法院移送拒执线索后，公安机关决定不予立案或者在接受案件线索后60日内不予书面答复，或者人民检察院决定不起诉的，人民法院可以向申请执行人释明，申请执行人可提起刑事自诉。另外，2021年发布的《刑事诉讼法解释》第320条规定，对于自诉案件采取立案审查制度，且在被告下落不明的情况下，法院不予受理。这也意味着，拒执罪有着严格的立案审查标准且必须是在能够查找到被告人的情况下，才能予以立案审查。

对于拒执罪，《刑法》规定为"有能力执行而拒不执行，情节严重"。被执行人"有能力执行"是拒执罪的适用起点，而何为"有能力执行"实践中存在争议。申请执行人也往往因无法举证义务人"有能力执行"而面临败诉风险。1998年《拒执罪司法解释》第2条规定，"有能力执行"，是指根据查实的证据证明，负有执行人民法院判决、裁定义务的人有可供执行的财产或者具有履行特定行为义务的能力，而此后2015年、2020年的《拒执罪司法解释》第2条规定，在负有执行义务的人有能力执行而实施特定行为的，构成《刑法》第313条的解释中规定的"其他有能力执行而拒不执行，情节严重的情形"。

立法上仅1998年《拒执罪司法解释》对"有能力执行"进行了解释，但由于该解释并不具体、详尽，导致实践中法院对于"有能力执行"和"无能力执行"认定标准不一。自诉程序中，申请执行人不仅面临举证难大的问题，也面临各地法院把握标准不统一的尴尬情形。

另外，拒执行为一般被认为在判决、裁定生效之后，但有的义务人在立案、诉讼、审判之前就已存在恶意转移、藏匿财产的行为，甚至有的义务人恶意提起上诉，拖延时间转移财产，致使案件生效文书无法执行，对于此类行为是否为拒执行为亦存在争议。一种观点认为，从刑法补充性角度来看，诉前逃避执行行为，可以通过民事上的确认无效之诉或债权人撤销权诉讼予以救济，拒执罪不必介入，对拒执罪不应作扩大解释。另一种观点认为，义务人在判决、裁定生效前的逃避债务行为，针对的是判决、裁定，主观上有犯罪故意，客观上有转移财产的拒执行为，最终导致判决、裁定无法执行，应评价为拒执行为。

# 第二节　执行立案

**150** 当事人能否通过约定的方式确定仲裁裁决执行案件的管辖法院？无管辖权的法院能否因当事人的默认或约定获得仲裁裁决执行案件的管辖权？

答：执行案件的管辖规则是法定的，当事人不能通过不提管辖异议、放弃管辖异议等默认方式或通过协议方式自行确定管辖法院，无管辖权的法院不能因此获得仲裁裁决执行案件的管辖权。

## 理由与依据

《民事诉讼法》未明文禁止当事人通过默认或约定方式确定仲裁裁决执行案件的管辖，但管辖权的确定需要以明确的法律规定为依据，无管辖权的法院不能因当事人的默认或约定获得仲裁裁决执行案件的管辖权。《民事诉讼法》第235条第2款及《仲裁执行规定》第2条第2款对仲裁案件执行的级别管辖和地域管辖都作出了明确规定，即仲裁裁决由被执行人住所地或者被执行的财产所在地中级人民法院执行，执行标的额符合基层人民法院一审民商事案件级别管辖受理范围且被执行人住所地或者被执行的财产所在地在被指定的基层人民法院辖区内，经上级人民法院批准，中级人民法院可以参照《民事诉讼法》第39条的规定指定基层人民法院管辖。换言之，申请执行仲裁裁决的管辖连接点只有两个：一是被执行人住所地，二是被执行的财产所在地。当事人只能依法选择向其中一个有管辖权的法院提出执行申请。

## 立法沿革与争议

1991年《民事诉讼法》第207条第2款规定："法律规定由人民法院执行的其他法律文书，由被执行人住所地或者被执行的财产所在地人民法院执行。"

2018年《仲裁执行规定》第2条规定："当事人对仲裁机构作出的仲裁裁决或者仲裁调解书申请执行的，由被执行人住所地或者被执行的财产所在地的中级人民法院管辖。符合下列条件的，经上级人民法院批准，中级人民法院可以参照民事诉讼法第三十八条的规定指定基层人民法院管辖：（一）执行标的额符合基层人民法院一审民商事案件级别管辖受理范围；（二）被执行人住所地或者被执行的财产所在地在被指定的基层人民法院辖区内；被执行人、案外人对仲裁裁决执行案件申请不予执行的，负责执行的中级人民法院应当另行立案审查处理；执行案件已指定基层人民法院管辖的，应当于收到不予执行申请后三日内移送原执行法院另行立案审查处理。"

## 案例索引

最高人民法院（2015）执申字第42号施工合同纠纷案

### 151 债权人和债务人能否通过调解协议确认程序选择执行管辖法院？

答：债权人和债务人可以通过调解协议确认程序选择执行管辖法院。

## 理由与依据

诉讼外调解协议经司法确认程序从合同性质的私文书转换为执行名义从而获得执行力，[1] 一方当事人拒绝履行或者未全部履行的，对方当事人可以向人民法院申请执行。《民事诉讼法解释》第460条规定，发生法律效力的确认调解协议裁定，由作出裁定的人民法院或者与其同级的被执行财产所在地的人民法院执行。执行管辖为法定管辖，禁止当事人合意排除适用。但实务中，债权人出于各种原因，需要选择特定的法院申请执行，在财产所在地法院固定的情况下，作出确认调解协议裁定法院是否有选择空间成为能否将执行管辖链接到目标法院的关键。

《最高人民法院关于人民调解协议司法确认程序的若干规定》所规定的调解组织仅有人民调解委员会，确认调解协议的管辖法院为主持调解的人民调解委员会所在地基层人民法院或者其派出法庭。《民事诉讼程序繁简分流改革试点实施办法》将可以申请司法确认的调解范围扩大至经人民调解委员会、特邀调解组织或者特邀调解员调解达成民事调解协议。委派调解的，由作出委派的人民法院管辖；当事人选择由人民调解委员会或者特邀调解组织调解的，由调解组织所在地基层人民法院管辖；当事人选择由特邀调解员调解的，由调解协议签订地基层人民法院管辖。案件符合级别管辖或者专门管辖标准的，由对应的中级人民法院或者专门人民法院管辖。2021年《民事诉讼法》修正时，根据前述司法确认程序的改革作了较大调整：[2] 一是将司法确认程

---

① 肖建国：《中国民事强制执行法专题研究》，中国法制出版社2020年版，第273页。
② 参见成阳：《管辖与执行：多元解纷体系中商事调解制度疑难问题研究》，载《上海法学研究》2022年第17期。

序的范围从人民调解协议扩展至依法设立的调解组织达成的调解协议；[①] 二是允许中级人民法院和专门法院受理符合级别管辖和专门管辖标准的司法确认案件；三是区分了人民法院邀请调解和调解组织自行开展调解两种情形。[②]人民法院邀请调解组织开展先行调解的，确认调解协议申请向作出邀请的人民法院提出；调解组织自行开展调解的，确认调解协议申请向当事人住所地、标的物所在地、调解组织所在地的基层人民法院提出；调解协议所涉纠纷应当由中级人民法院管辖的，向相应的中级人民法院提出。人民法院邀请调解在登记立案前后都可以进行。登记立案后进行的调解需要符合诉讼管辖的规定。登记立案前委派给特邀调解组织或者特邀调解员进行调解的，调解失败后，人民法院应继续审查是否立案受理，因此法院在登记立案前也会审查管辖问题，若不属于本院管辖范围的，人民法院委派调解的可能性较低。即人民法院邀请调解仍须受到诉讼管辖规则的约束。关于调解组织自行开展的调解，《民事诉讼法》及相关司法解释、《人民调解法》等并未限制当事人合意选择调解组织，也未要求选定的调解组织应与当事人或争议有实际联系，具备更大的灵活性。

此外，因执行管辖属法定管辖，当事人不得在调解协议中约定管辖法院。人民法院在确认调解协议案件中，也无权突破《民事诉讼法》的规定确认当事人关于执行管辖的约定有效，[③] 而是应以调解协议"违反法律、行政法规强制性规定"为由裁定驳回申请。[④] 即使前述约定经过司法确认，亦无法赋予其法律效力。债权人持该确认调解协议裁定向调解协议约定的法院申请执行的，人民法院应以该案不属于受申请的人民法院管辖为由裁定不予受理。

---

① 调解员大多已加入特定调解组织，极少以个人名义主持达成调解协议。因此，正式发布的《民事诉讼法》未将"依法任职的调解员"纳入。

② 特邀调解是指人民法院吸纳符合条件的人民调解、行政调解、商事调解、行业调解等调解组织或者个人成为特邀调解组织或者特邀调解员，接受人民法院立案前委派或者立案后委托依法进行调解，促使当事人在平等协商基础上达成调解协议、解决纠纷的一种调解活动。

③ 但上述禁止并非绝对禁止，如果调解协议当事人约定的执行管辖法院为作出确认裁定的人民法院或其同级的被执行财产所在地的人民法院中的一个，因该约定并未违反法律强制性规定，应当承认该约定有效。

④ 此种情况下，当事人可以通过调解方式变更原调解协议或者达成新的调解协议，也可以向人民法院提起诉讼。

### 立法沿革与争议

关于确认调解协议裁定的执行管辖法院问题，2009年《关于建立健全诉讼与非诉讼相衔接的矛盾纠纷解决机制的若干意见》（法发〔2009〕45号）仅对司法确认的管辖法院作出规定，并未涉及调解协议确认决定的执行管辖法院。2011年《最高人民法院关于人民调解协议司法确认程序的若干规定》第9条规定："人民法院依法作出确认决定后，一方当事人拒绝履行或者未全部履行的，对方当事人可以向作出确认决定的人民法院申请强制执行。"从该条规定来看，司法确认决定仅有一个执行管辖的连接点，即作出确认决定的法院。2012年《民事诉讼法》修正，将确认调解协议案件定性为适用特别程序的案件。根据2012年《民事诉讼法》第224条关于执行管辖的规定，"法律规定由人民法院执行的其他法律文书，由被执行人住所地或者被执行的财产所在地人民法院执行"。但确认调解协议案件与普通审判程序不同，不存在所谓的一审法院，无法直接套用第224条得出管辖法院。其他适用特别程序的案件的执行管辖也存在该问题。基于上述原因，2015年《民事诉讼法解释》第462条（现第460条）对适用特别程序的案件的执行管辖单独作出规定："发生法律效力的实现担保物权裁定、确认调解协议裁定、支付令，由作出裁定、支付令的人民法院或者与其同级的被执行财产所在地的人民法院执行。"

### 152 仲裁保全财产分处不同法院辖区，申请保全人能否要求仲裁机构分别向不同法院转递保全申请，由不同法院分别实施保全？

答：除涉港澳仲裁外，如果财产分处不同的辖区，可以由各地区有管辖权的法院分别出具裁定实施保全，但申请财产保全金额之和不应该超过仲裁请求总金额；也可以由一家法院出具裁定并实施保全，通过事项委托由财产所在地法院协助采取保全措施。

## 理由与依据

国内仲裁与涉外仲裁过程中，当事人申请财产保全，管辖法院分别为被申请人住所地或被申请保全财产所在地的基层人民法院与中级人民法院。对于财产分处不同的地方，应由其中一个法院实施保全，还是可以分别转给不同法院分别出具裁定实施保全，法律规定不明，实践中做法各异。

当被申请保全财产跨辖区时，申请人有权选择向多家法院申请财产保全，由各个法院分别保全各自辖区内的财产，但申请财产保全金额之和不应该超过仲裁请求总金额，否则会造成超标的保全。实践中多数情况由一家法院出具裁定并实施保全，通过事项委托请财产所在地法院协助采取保全措施。

## 立法沿革与争议

1998年《执行工作规定》第12条对涉外仲裁财产保全的执行管辖作出规定："在涉外仲裁过程中，当事人申请财产保全，经仲裁机构提交人民法院的，由被申请人住所地或被申请保全的财产所在地的中级人民法院裁定并执行；申请证据保全的，由证据所在地的中级人民法院裁定并执行。"但对于财产分处不同的地方，应由其中一个法院实施保全，还是可以分别转给不同法院分别出具裁定实施保全，未提供明确规范指引。

对于涉港澳仲裁，《最高人民法院关于内地与香港特别行政区法院就仲裁程序相互协助保全的安排》（法释〔2019〕14号）第3条第1款与《最高人民法院关于内地与澳门特别行政区就仲裁程序相互协助保全的安排》（法释〔2022〕7号）第2条第1款规定，被申请人住所地或财产所在地在不同人民法院辖区的，应当选择向其中一个人民法院提出申请，不得分别向两个或者两个以上人民法院提出申请。

## 案例索引

青海省高级人民法院（2017）青财保20号非诉财产保全审查案

**153** 仲裁裁决的被申请人在内地和香港特别行政区均有住所地或者可供执行财产的，申请人能否向两地法院申请执行？

答：仲裁裁决被申请人在内地和香港特别行政区均有住所地或者可供执行财产的，申请人可以分别向两地法院申请执行。

## 理由与依据

被申请人在内地和香港特别行政区均有住所地或者可供执行财产的，应当赋予申请人分别向两地法院申请执行的权利。此前申请人只有在一地法院执行不足以偿还其债务时，才可就不足部分向另一地法院申请执行，该种做法会造成向两地法院申请执行的时间差，被申请人可以利用该时间差转移、隐匿其在另一地的财产，损害申请人权益。《最高人民法院关于内地与香港特别行政区相互执行仲裁裁决的补充安排》施行后，只要被申请人在内地和香港特别行政区均有住所地或者可供执行财产，申请人即可分别向两地法院申请执行。应对方法院要求，两地法院应当相互提供本方执行仲裁裁决的情况。两地法院执行财产的总额，不得超过裁决确定的数额。

## 立法沿革与争议

《最高人民法院关于内地与香港特别行政区相互执行仲裁裁决的安排》（法释〔2000〕3号）第2条第3款规定："被申请人的住所地或者财产所在地，既在内地又在香港特区的，申请人不得同时分别向两地有关法院提出申请。只有一地法院执行不足以偿还其债务时，才可就不足部分向另一地法院申请执行。两地法院先后执行仲裁裁决的总额，不得超过裁决数额。"该规定在实践过程中出现诸多问题，比如当一地法院执行财产数额不足以偿还债务，申请人再向另一地法院申请执行时，被申请人可能已转移、隐匿其在另一地的财产，导致申请人权益受损。为更好地维护申请人合法权益，《最高人民法院关于内地与香港特别行政区相互执行仲裁裁决的补充安排》（法释〔2020〕13号）第3条将上述规定修改为"被申请人在内地和香港特区均有住所地或者可供执行财产的，申请人可以分别向两地法院申请执行。应对方法院要求，两地法院应当相互提供本方执行仲裁裁决的情况。两地法院执行财产的总额，不得超过裁决确定的数额"。

## 案例索引

最高人民法院（2021）最高法执监499号借款合同纠纷执行监督案

## 154 《民事诉讼法》规定的应诉管辖是否适用于执行程序？

答：《民事诉讼法》有关应诉管辖的规定仅适用于审判程序，不适用于执行程序。

## 理由与依据

管辖权的确定需要以明确的法律规定为依据。应诉管辖须同时满足未提出管辖异议与应诉答辩两个要件，且仅适用于审判程序，在执行程序中适用于法无据。

诉讼管辖和执行管辖虽然都遵循"两便原则"和程序公正原则，但在确定管辖时考虑的主要因素不同。诉讼的任务是在查明事实的基础上准确地适用法律，因此管辖的确定主要应当围绕有利于案件事实的查明和公正公开地适用法律进行。而执行的目的是实现生效法律文书确定的义务，主要是围绕被执行财产和应履行行为进行，因此在管辖的确定上也应当主要围绕被执行财产的所在地和应履行行为即被执行"人"的所在地进行。[①] 执行管辖对"人"和"物"的依赖性高于诉讼管辖。因此，应诉管辖的制度功能与执行程序的目标并不匹配。

关于被执行人未对执行管辖提出异议，已经执行完毕的，是否还要执行回转的问题。最高人民法院（2015）执申字第42号裁定撤销不具有执行管辖

---

① 参见江必新主编：《强制执行法理论与实务》，中国法制出版社2014年版，第215～216页。

权的人民法院所作出的涉及涉案非财产控制措施的相关执行裁定，是为排除执行障碍，方便有执行管辖权法院执行。事实上，执行管辖的变更并不会改变据以执行的法律文书确认的权利义务关系，也不会因执行案件在不同法院管辖使得执行产生的法律效果与生效法律文书确定的法律效果不一致，如果案件已经执行完毕，则不再执行回转。

## 立法沿革与争议

1979年《最高人民法院关于人民法院审判民事案件程序制度的规定（试行）》（已废止）第8条规定："已经发生法律效力的判决和裁定，一般应由第一审人民法院负责执行。"

1982年《民事诉讼法（试行）》（已废止）对表述略有调整，删除了"一般"的限定语，增加了其他生效法律文书的执行管辖规定，规定："发生法律效力的民事判决、裁定和调解协议，以及刑事判决、裁定中的财产部分，由原第一审人民法院执行。法律规定由人民法院执行的其他法律文书，由有管辖权的人民法院执行。"

1991年《民事诉讼法》第207条对前述内容有所调整：一是将"原第一审人民法院"改为"第一审人民法院"，二是将其他生效法律文书的执行管辖法院确定为被执行人住所地或者被执行财产所在地法院，明确："发生法律效力的民事判决、裁定，以及刑事判决、裁定中的财产部分，由第一审人民法院执行。法律规定由人民法院执行的其他法律文书，由被执行人住所地或者被执行的财产所在地人民法院执行。法律规定由人民法院执行的其他法律文书，由被执行人住所地或者被执行的财产所在地人民法院执行。"

2007年《民事诉讼法》第201条规定："发生法律效力的民事判决、裁定，以及刑事判决、裁定中的财产部分，由第一审人民法院或者与第一审人民法院同级的被执行的财产所在地人民法院执行。法律规定由人民法院执行的其他法律文书，由被执行人住所地或者被执行的财产所在地人民法院执行。"相较于1991年《民事诉讼法》，将生效判决裁定等的执行法院，在第一审人民法院之外增加了"与第一审人民法院同级的被执行的财产所在地人民法院"。

最高人民法院（2015）执申字第42号施工合同纠纷案

**155** 公证债权文书执行程序中，人民法院能否依职权主动审查
当事人之间约定的利率是否超过法律规定的上限？

答：法院在审查公证债权文书执行申请时，实行依职权全面审查的
原则，即使债务人未提出不予执行申请，人民法院也应审查认定执行
内容的合法性。对于约定的利率超过司法保护利率上限的，不纳入强
制执行范围。

**理由与依据**

公证债权文书经公证赋予了执行力，可不经诉讼、仲裁程序而直接申请
执行，对于不予执行公证债权文书的申请，执行程序中应当对实体和程序问
题一并进行审查，公证程序是否违法，公证债权文书内容是否与事实不符，
均属于依法审查的内容。因公证债权文书作为执行依据，人民法院全面审查
属于对执行依据的司法监督。公证程序对债权请求金额的审查不充分。公证
债权文书可能会出现约定利率高于司法保护利率的情况。因为公证机构对债
权文书审核标准相对宽松，在决定是否出具执行证书前，也仅对债务履行情
况进行形式审查，一般不对借款合同约定的利率进行实质审查。执行程序中，
即使当事人未申请不予执行，法官也不能仅凭公证证词及当事人申请确定利
息金额，应当对公证债权文书中约定的利率是否符合法律规定进行审核，避
免债权人借助公证债权文书实现不法利益。

**立法沿革与争议**

因民间借贷形成的公证债权文书，文书中载明的利率超过人民法院依照
法律、司法解释规定应予支持的上限的，对超过的利息部分不纳入执行范围；

载明的利率未超过人民法院依照法律、司法解释规定应予支持的上限，被执行人主张实际超过的，可以依照《公证执行规定》第22条第1款规定提起诉讼。对于是否纳入执行范围需要人民法院依职权进行审查。

另外，执行机构在依职权审核利率是否超过利率上限后，应当以执行通知书、执行裁定书告知双方当事人。当事人对执行法院纳入执行范围的利息金额有异议的，可以提出执行异议。被执行人可以依据《公证执行规定》第11条提起不予执行公证债权文书之诉。被执行人对公证债权文书记载的利率等内容持有异议的，也可以向公证机构提出申请，公证机构可撤销、更正相关内容。①

## 案例索引

北京市高级人民法院（2021）京执复131号非诉执行审查案

---

## 156 撤销权胜诉判决生效后，受让人未自动履行返还义务，债权人能否以债务人、受让人为被执行人申请强制执行？

答：撤销权诉讼的生效判决撤销了债务人与受让人的财产转让合同，并判令受让人向债务人返还财产，受让人未履行返还义务的，债权人可以债务人、受让人为被执行人申请强制执行。

## 理由与依据

债权人经撤销权诉讼程序使无偿或者低价转让的财产回归债务人的责任

---

① 曹凤国主编：《公证债权文书执行司法解释理解与适用》，法律出版社2021年版，第172～175页。

财产范围，但即使作出撤销权判决，并不意味着债权就能得到保障，[①] 相对人未必自动向债务人返还财产，债务人也可能怠于向法院申请强制执行，即虽然转移财产自撤销权判决生效时自动失去法律效力，但由于责任财产不会自动回复，撤销权判决仍需要借助一定程序付诸实现。

撤销权判决的给付内容一般是相对人向债务人返还财产，但返还财产判决结果不是基于债务人与财产受让人之间的争议，而是基于债权人的诉讼请求。受让人向债务人返还财产，不仅是对债务人的义务，而且是对胜诉债权人的义务，胜诉债权人有权向人民法院申请强制义务人履行该判决确定的义务。考虑多数被撤销的行为都有债务人和相对人串通的情况，相对人主动履行的概率较小，债务人亦缺乏申请执行的动力，撤销权判决有可能因超过申请执行时效而丧失执行力。赋予债权人对撤销权判决的强制执行请求权，作为申请主体请求法院强制执行，可以有效避免撤销权判决沦为一纸空文。受让人未通知债权人，自行向债务人返还财产，债务人将返还的财产立即转移，致使债权人丧失申请法院采取查封、冻结等措施的机会，撤销权诉讼目的无法实现的，不能认定生效判决已经得到有效履行。债权人申请对受让人执行生效判决确定的财产返还义务的，人民法院应予支持。《合同编通则解释》第46条第3款明确了撤销权判决的执行路径，债权人依据其与债务人的诉讼、撤销权诉讼产生的生效法律文书申请强制执行的，人民法院可以就债务人对相对人享有的权利采取强制执行措施以实现债权人的债权。

## 立法沿革与争议

撤销权判决如何实现，法律和司法解释都未作出有针对性的规定，实践中，关于同时取得了主债权和撤销权胜诉判决的债权人，能否一并执行、一体实现存在不同做法。江西省上饶市中级人民法院（2019）赣11执复50号执

---

① 民诉法学界对于撤销权属于形成权还是形成权和请求权的复合存在不同的观点，故对于撤销权判决能否有执行力亦存有争议，实践中肯定裁判与否定裁判几乎各占一半。否定其执行力的最常见理由是撤销权判决的主文并未规定给付义务，或判决对给付内容表述不明确。肯定其执行力的主要理由是原判决书已经明确规定了相对人的返还义务，有可执行内容。还有个别裁判认为，返还是撤销判决的当然效果，即使判决主文未明确表达返还内容，亦不可否认其执行力。参见宋史超：《论债权人撤销权判决的实现路径——以指导性案例118号为中心》，载《政治与法律》2021年第1期。

行裁定认为撤销权判决有自动回复物权的效力，被转移的财产因判决生效而重归债务人所有，执行法院可直接执行该财产，即无须再执行撤销权判决。否定的观点则认为，撤销权判决产生的是债权请求权，在动产交付、不动产变更登记后，债务人的责任财产才得以回复。因此，人民法院直接执行撤销权判决所涉财产应是在撤销权判决已经得到自动履行或经法院强制执行后方能实现。最高人民法院第118号指导性案例未采取一体执行的思路，但其关于"受让人未通知债权人，自行向债务人返还财产，债务人将返还的财产立即转移，致使债权人丧失申请法院采取查封、冻结等措施的机会，撤销权诉讼目的无法实现的，不能认定生效判决已经得到有效履行。债权人申请对受让人执行生效判决确定的财产返还义务的，人民法院应予支持"的观点被认为是吸收了直接执行的精神，即受让人虽然不向债权人直接履行，但其向债务人返还财产的行为应以确保债权人能够就其得到受偿为前提。①2023年召开的全国法院金融审判工作会议上，刘贵祥专委提出要打破撤销权诉讼的"入库规则"，执行债权人可以依据胜诉生效法律文书申请对相对人仍然占有的财产采取强执行措施。2023年《合同编通则解释》第46条第3款则明确了一体执行的规则。基于此，债权人在撤销权诉讼中申请对相对人的财产采取保全措施的，人民法院依法予以准许。

撤销权胜诉判决能否回复物权以及撤销是否具有返还财产效力，存在不同认识。有观点认为，撤销权是形成权，撤销权判决生效时，债务人与相对人之间的转让财产的行为将自始没有法律约束力，但转让行为无效，是否意味着被移转的物权权属将直接回复至债务人。如果撤销权判决有自动回复物权的效力，被转移的财产就会因判决生效而重归债务人所有，属于执行责任财产，执行法院可以直接执行该财产。但有观点则认为，撤销权判决产生的是债权请求权。只有相对人履行或被强制执行，才发生物权变动效力。具体来说，动产交付、不动产变更登记后，债务人的责任财产才得以回复。②

撤销权胜诉后，相对人向债务人自行返还财产导致债权人利益不能实现

---

① 参见宋史超：《论债权人撤销权判决的实现路径——以指导性案例118号为中心》，载《政治与法律》2021年第1期。
② 参见宋史超：《论债权人撤销权判决的实现路径——以指导性案例118号为中心》，载《政治与法律》2021年1期。

的，自行返还财产行为的效力是否有效，实践中存在不同认识。

有观点认为，相对人根据撤销权判决，自行向被执行人返还，被执行人将财产转移的，不影响返还效力。债权人未按照撤销权诉讼及时行使权利，应当承担不利后果。如被执行人受领相对人返还的财产后，向其他债权人清偿。或者撤销权胜诉后，其他执行法院基于其他执行债权人的申请对相对人返还的权益进行查封的，都会影响到债权人债权的实现。对此应当认定生效判决已经得到有效履行。

有观点则认为，相对人自行向被执行人返还财产，被执行人将返还的财产立即转移，致使债权人丧失查封机会，撤销权诉讼目的无法实现的，债权人可以申请对相对人执行生效判决确定的财产返还义务。

还有观点认为，债权人在取得撤销权胜诉判决后，应当及时将撤销权判决作为债务人责任财产的线索提供给执行法院，直接执行登记在相对人名下但实际权属归债务人所有的财产。但若转移的是金钱或者转移的财产又被相对人对外转让，相对人仅负有折价补偿义务时，受制于"金钱占有即所有"规则，无法从相对人财产中特定化出债务人的财产，因此也无法直接执行相对人财产。[1]

## 案例索引

最高人民法院（2017）最高法执复27号借款合同纠纷执行复议案
最高人民法院（2017）最高法民终885号第三人撤销之诉案

## 157 债务人在债权人申请执行前自动履行生效判决确定的给付义务的，如再审程序撤销原判决的，被执行人能否直接向法院申请强制执行？

答：被执行人可以持原审、再审判决、履行凭证和身份证明等材料，

---

[1] 王和刚：《债权人撤销权诉讼目的如何实现》，载 https://law.wkinfo.com.cn/professional-articles/detail/NjAwMDAxNjk4Dg%3D，最后访问时间：2022年9月23日。

向有管辖权的法院直接申请立案执行，无须另行提起不当得利之诉获得新的执行依据。执行法院可以参照执行回转程序将被执行人自动向申请执行人履行的内容，再从申请执行人处执行回来返还给被执行人。

## 理由与依据

执行回转是指在执行程序进行中或结束后，据以执行的生效法律文书被依法撤销或者变更，执行法院根据原债务人的申请或依职权依法采取执行措施，强制原债权人将所获得财产及孳息的一部或全部退还给原债务人，使财产权利回复到执行程序开始时的状态的一种法律制度。由于原被告在判决生效后自动履行债务，没有经过执行程序，不存在"原执行行为"，也不存在"原执行机构"和"执行回转主体"，不属于严格意义上的执行回转程序，但与执行回转并没有本质区别。

执行回转程序的启动源于执行依据错误，而非原执行裁定和执行行为错误，故不需要经由当事人提出异议予以撤销。法院需要作出新的执行行为对"原申请执行人已取得的财产"进行回转，故"回转"的不是原执行行为，而是错误交付的财产。因此，自动履行情况下的回转和执行回转类似，尤其是在原执行依据被撤销时需要解决"返还财产"的问题上相同，至于是否存在"原执行行为"和"原执行机构"并不重要。既然法律明文规定执行回转不需要权利人另诉不当得利取得执行依据，那么自动履行下的回转也没有必要增加当事人诉累。执行回转在是否存在"原执行行为"和"原执行机构"上的细微差别，不足以导致两者出现是否需要另诉这一巨大差别。参照执行回转程序处理既不违背法律规定，也能节约司法成本，减少当事人诉累。这是基于诚信原则，从当事人权利救济的角度对执行回转的法律规定所作的"扩大解释"，没有违背法律条文的原义，也并没有超出公民预测可能性范围。

实务中另须注意，权利人据以申请立案执行的"新的再审生效法律文书"，必须是解决原纠纷实体问题的终局性法律文书，而非解决程序问题的撤销原判、发回重审之类的裁定书；如果原告在执行程序中对被告是否自动履行以及履行金额等实体问题提出异议并经协调不成的，执行机构不宜以执代审，而应考虑引导双方当事人通过另诉或其他途径解决。

## 立法沿革与争议

对于被告未经执行程序已经自动履行的内容，在原判决被再审撤销后，被告是另行提起不当得利之诉，还是参照执行回转程序实现其权利？现行法律对此缺乏明确的规定。一种观点认为，由于被告在判决生效后自动履行，没有经过执行程序，虽然原执行依据已经再审改判，但由于未经人民法院强制执行，故不属于执行回转，不能适用执行回转程序予以救济。另一种观点认为，原债务人主动履行义务系诚实守信的表现，原执行依据被再审改判，原债权人的受领财物的权利基础已丧失，理应返还取得的财物。可以参照执行回转制度。

## 案例索引

北京市高级人民法院（2016）京执复28号申请执行异议案

## 158 生效法律文书确认双方当事人互负履行义务，一方申请执行的，另一方能否行使同时履行抗辩权？

答：双方当事人互负履行义务执行依据的执行，涉及同时履行抗辩权在执行程序中适用问题，如果履行义务存在先后顺序，应由后履行一方先申请执行；如果履行义务没有先后顺序，且义务性质相同，双方当事人都有权申请执行；如义务性质不同，应视为同时履行，双方当事人均有申请执行的权利。

## 理由与依据

同时履行抗辩权在执行中适用，根据执行依据记载的履行义务有无先后顺序以及履行义务性质的不同，可以分三种情况处理。

第一，如果履行义务有先后顺序，则申请执行的权限在后履行一方。先履行义务一方只有在履行完毕自己的义务后，才能申请执行。先履行义务一方未履行义务而对后履行义务一方申请执行的，法院应以申请执行的条件不成就为由，裁定不予受理，已经受理的驳回执行申请。

第二，如果履行义务没有先后顺序，且履行义务性质相同，则应视为同时履行。此时，双方当事人均有权申请执行，均有权在执行程序中直接行使法定抵销权，任何一方均不得以行使同时履行抗辩权为由对抗另一方法定抵销权的行使。

第三，如果履行义务没有先后顺序，且履行义务性质不同（如解除买卖合同后判决双方互相返还的案件中，双方一手交钱，一手交货），应视为同时履行，双方当事人均可申请执行。一方申请执行，对方提出抗辩的，法院可将该抗辩视为提出执行申请，然后要求双方各自履行。法院对双方的财产均可以采取执行措施，等两方财产均执行到位后，同时发还双方当事人。

同时履行抗辩在执行程序中的效力体现在执行到位后的同时交付上，而不是体现在对抗执行法院采取的强制执行措施上，避免陷入执行僵局和逻辑上的悖论。反之，如果允许双方当事人以行使同时履行抗辩权为由禁止法院对其采取强制执行措施，由于双方履行义务没有先后顺序且因履行义务性质不同而无法抵销，那么法院将无法对双方财产采取强制执行措施，案件终将无法推进。

## 立法沿革与争议

实践中，在存在反诉的案件中，法院判决双方互负对待给付义务的情形并不鲜见。如果未明确先后履行顺序，是否允许一方当事人单独申请强制执行，存在争议。一种观点认为，由于生效法律文书未明确履行顺位，应视为同时履行，故一方当事人不能单独申请强制执行。另一种观点认为，一方当事人履行判决义务应当是开始强制执行的条件，权利人在未履行判决义务前，虽享有申请执行的权利，但在其没有履行自己承担的给付义务的情况下，人民法院不能对对方所负的对待给付义务予以强制执行。

## 案例索引

最高人民法院（2018）最高法执监839号执行审查案

## 159 当事人能否就公证债权文书的债权债务签订重组协议并直接向人民法院申请强制执行?

答:重新签订的协议未经赋强公证不得作为申请强制执行的依据,债权人只能依据公证债权文书及执行证书申请执行。被执行人以重新签订的协议抗辩公证债权文书与事实不符的,应通过另行起诉解决。

### 理由与依据

债务重组,是指债权人按照其与债务人达成的协议或法院的裁决同意债务人修改债务条件的事项。当事人申请执行前就公证债权文书签订重组协议的,属于双方当事人重新达成合意,变更公证债权文书所载明的内容,按照民事法律关系中当事人意思自治的原则,当事人对已经确认的内容另行达成协议变更其中全部或部分内容的,构成执行和解。但依据《民事诉讼法》第249条的规定,① 对公证机关依法赋予强制执行效力的债权文书人民法院可以作为强制执行的法律依据,一方当事人针对公证债权文书中所确定的内容不履行的,另一方当事人可以向有管辖权的人民法院申请执行。但双方当事人就公证债权文书中的内容重新达成协议的,因该协议尚未经赋强公证,不具有强制执行的效力。如权利人依据该协议申请执行的,人民法院应不予受理。因此,如权利人向人民法院申请执行,必须依据原公证债权文书以及执行证书向人民法院申请,或对重新签署的协议再赋强公证或另行提起诉讼,取得相应的生效法律文书后。债权人依据原公证债权文书及执行依据申请执行立案后,如被执行人以在申请执行之前双方当事人已经重新签订还款协议进行抗辩的,可以在执行程序终结前提出,通过执行异议程序或向执行法院另行

---

① 《民事诉讼法》第249条规定:"对公证机关依法赋予强制执行效力的债权文书,一方当事人不履行的,对方当事人可以向有管辖权的人民法院申请执行,受申请的人民法院应当执行。"

提起诉讼的方式，请求不予执行公证债权文书。[①]

## 立法沿革与争议

《公证执行规定》赋予债权人、利害关系人与债务人在符合不同的条件时可以向人民法院提起诉讼，对公证债权文书通过直接诉讼的方式主张权利。在此之前，相关法律法规仅赋予被执行人在符合一定条件时可以向人民法院主张不予执行公证债权文书。但被执行人所申请的不予执行公证债权文书仅限于在执行程序中对一些程序性瑕疵所主张的权利，往往并不涉及双方实体权利义务问题，而对于不予执行公证债权文书的申请仅限于在执行程序中，一旦执行法院作出结论性意见后，不允许当事人对不予执行公证债权文书提出执行异议或者复议，只能通过另行提起诉讼的方式重新确定双方当事人之间的权利义务关系。而随着《公证执行规定》的出台，在原有法律规则的基础上，在符合一定条件的情况下，赋予债权人、利害关系人以及被执行人可以针对公证债权文书本身另行提起诉讼，将公证债权文书中所确定的民事权利义务关系与事实不符等情况直接通过诉讼程序进行救济，进一步扩大了被执行人主张权利的途径。同时，也将公证债权文书纳入司法实体审查范围，而不仅仅是在执行程序中的形式审查，可以进一步保护各方当事人的利益。因此，当事人申请执行前就公证债权文书重新签订的还款协议，又向法院申请执行的，被执行人可以通过向执行法院提出不予执行该公证债权文书诉讼的方式进行抗辩，但其提起该诉讼期间不停止执行。

## 案例索引

最高人民法院（2014）民二终字第199号金融不良债权追偿权纠纷案

---

① 《公证执行规定》第22条规定："有下列情形之一的，债务人可以在执行程序终结前，以债权人为被告，向执行法院提起诉讼，请求不予执行公证债权文书（一）公证债权文书载明的民事权利义务关系与事实不符（二）经公证的债权文书具有法律规定的无效、可撤销等情形（三）公证债权文书载明的债权因清偿、提存、抵销、免除等原因全部或者部分消灭。债务人提起诉讼，不影响人民法院对公证债权文书的执行。债务人提供充分、有效的担保，请求停止相应处分措施的，人民法院可以准许；债权人提供充分、有效的担保，请求继续执行的，应当继续执行。"

## 160　当事人可否约定执行管辖法院？

答：执行管辖属于法律和司法解释强制性规定，不允许当事人通过意思自治排除或者任意选择。即使通过赋强公证约定执行管辖法院，也会因其违反法律的强制性规定而无效。[①]

### 理由与依据

申请执行人的债权能否实现与被执行人及其财产状况密切相关，从实践来看，被执行人能否到案、被执行人有无可供执行的财产直接决定着执行结果。因为执行结果与被执行人财产情况有着密切的联系，包括我国在内的世界各国强制执行法，大多按照被执行人住所地或者被执行财产所在地作为连接点来确定执行地域管辖法院。

确定执行管辖的程序法属于公法范畴，法律未明确规定当事人可通过协议自行选择执行的管辖法院，执行管辖不同于诉讼管辖。诉讼管辖是基于双方当事人主体地位平等，尊重双方当事人在交易过程中在合同中对管辖的约定。而执行管辖系针对已经发生法律效力的法律文书由不同法院的权限划分问题，是要高效、快捷地采取强制措施保护权利人的利益得以实现，而非定分止争，不能再赋予当事人约定管辖的权利。发生法律效力的民事判决、裁定，以及刑事判决、裁定中的财产部分，由第一审人民法院或者与第一审人民法院同级的被执行的财产所在地人民法院执行。法律规定由人民法院执行的其他法律文书，由被执行人住所地或者被执行的财产所在地人民法院执行，应当按照法律规定在"被执行人住所地"和"被执行的财产所在地"两个连接点当中进行选择。从法律规定看，公证债权文书执行管辖法院不得由双方当事人进行约定，债权人只能向"被执行人住所地"和"被执行的财产所在地"的法院申请执行。

最高人民法院执行局于2017年组织编写的《人民法院办理执行案件规范》第3条中，明确了四类特定被执行的财产所在地的确定：（1）被执行的财产

---

①　参见曹凤国主编：《公证债权文书执行司法解释理解与适用》，法律出版社2021年版，第66页。

为不动产的，该不动产的所在地为被执行的财产所在地；（2）被执行的财产为股权或者股份的，该股权或者股份的发行公司住所地为被执行的财产所在地；（3）被执行的财产为商标权、专利权、著作权等知识产权的，该知识产权权利人的住所地为被执行的财产所在地；（4）被执行的财产为到期债权的，被执行人的住所地为被执行的财产所在地。以上规定，可以作为确定被执行人的财产所在地的参考。

## 立法沿革与争议

1991年《民事诉讼法》第207条对于执行案件的地域管辖仅规定了由第一审人民法院执行，2007年《民事诉讼法》第201条修改了这一规定，除规定由第一审法院执行外，还增加了"与第一审人民法院同级的被执行的财产所在地人民法院执行"这一新规定，并一直延续至今。关于"被执行的财产"所在地，一般是指特定物，而不是泛指金钱等种类物。实务中常见的是不动产，一般不包括存款和车辆等特定动产。比如，案件在 A 地法院一审，被执行人在 B 地银行开户并有存款若干，考虑到查控网的异地扣划功能，以及执行的便利和异地执行的必要性等因素，此时不能简单认定 B 地为被执行的财产所在地。如何确定被执行人的财产所在地，相关法律未有明确规定，上海市高级人民法院曾于2012年在《关于选择财产所在地法院作为执行管辖法院有关问题的解答》中对此作出规定。2000年最高人民法院对河南省高级人民法院作出《最高人民法院关于湖北安陆市政府反映河南焦作中院"错误裁定""错误执行"案及河南高院反映焦作中院在执行安陆市政府时遭到暴力抗法案的复函》（〔2002〕执监字第262号），明确了"当事人无权约定执行管辖，公证机关也无权确认当事人约定执行管辖"。该复函认为，关于执行管辖问题，法律已有明确规定，即公证机关依法赋予强制执行效力的公证债权文书，由被执行人住所地或被执行人的财产所在地人民法院执行。据此，当事人无权约定执行管辖，公证机关也无权确认当事人约定执行管辖，人民法院更不能依据当事人的约定予以立案执行。立案执行后，应依法撤销案件及相关法律文书，并告知申请人依法向有管辖权的人民法院申请执行。《民事诉讼法》第35条所规定的约定管辖，仅限于合同或其他财产权益纠纷，并不包括执行程序。而执行程序中的管辖选择权一般赋予债权人，也体现执行程序的单向性。

最高人民法院（2017）最高法执复6号执行审查案

最高人民法院（2017）最高法执监453号股权转让纠纷案

# 第三节　执行调查

**161** 土地使用权与地上建筑物未同时办理抵押登记，执行程序中如何确定"地上建筑物使用范围的土地使用权面积"？

答：当事人仅抵押建筑物，而未一并抵押建筑物"占用范围"内的建设用地使用权的，未抵押的建设用地使用权视为一并抵押。"占用范围"面积的认定，须综合《城乡规划法》《不动产登记暂行条例》及其配套规则，结合规划条件和不动产登记规则等加以认定。

**理由与依据**

实践中应当根据每个案件的具体情况，区分三种情形处理[1]：

第一，如果该宗地上仅规划并建成了一栋建筑物，且不存在区分所有的情形，权利人以其建筑物抵押的，抵押权的效力自应及于整宗地的建设用地使用权。在规划用途上，该建筑物坐落范围之外的其他土地如用作绿化、停车场等配套设施，并不具有独立的经济效用，应使该一栋建筑物与整宗地的建设用地使用权一起作为抵押财产。

第二，一宗地上规划建造多栋建筑物，已经建成并抵押了其中1栋建筑物，且不存在区分所有的情形，权利人以该建筑物抵押的，抵押权的效力不及于其他剩余几栋建筑物的建设用地使用权。在实现抵押权时，可就该栋建筑物

---

[1] 高圣平：《〈民法典〉房地一体抵押规则的解释与适用》，载《法律适用》2021年第5期。

与整宗地的建设用地使用权一体变价，但抵押权人仅能就该栋建筑物及其规划占比的建设用地使用权的变价款部分优先受偿。在实践中，也有仅就抵押建筑物与其建筑面积规划占比的建设用地使用权一起变价的情形，但此模式涉及对建设用地使用权进行分割。

第三，如果宗地上有一栋或数栋建筑物，但存在区分所有的情形，某权利人以其建筑物设定抵押的，该抵押建筑物所占该宗地的应有份额一并抵押。在区分所有法理上，该宗地的建设用地使用权当属业主准共有的部分，在性质上，业主对建设用地使用权的准共有属于在按份共有和共同共有之外的第三种共有，业主并不对该宗地范围的某个具体地块享有建设用地使用权。

## 立法沿革与争议

《民法典》第397条继续沿用了房地一体抵押原则。但是就"占用范围"的理解，存在多种学说。"登记说"认为对于仅抵押建筑物，未抵押建设用地使用权的，该建筑物产权登记的四至面积占用范围内的建设用地使用权一并抵押。"宗地说"认为抵押权的效力应及于全部建设用地使用权，抵押权人有权就该建筑及所占的整宗土地享有优先受偿权。"比例说"认为应当以抵押建筑物面积占规划建设总面积的比例作为分摊案涉土地权益的基本依据。"投影面积说"认为"建筑物占用范围"仅仅指办理抵押登记的建筑物的实际物理状态，指客观形态上建筑物占用、坐落的那部分建设用地使用权，超出部分不属于抵押物的范围。实际上，"占用范围"没有绝对的标准，应当根据案件的具体情况确定。

## 案例索引

最高人民法院（2020）最高法民申2308号再审审查案
最高人民法院（2020）最高法民申4903号再审审查案

### 162 民政部门作为遗产管理人被追加为被执行人后，与法院的职责分工问题？

答：民政部门作为遗产管理人被追加为被执行人后，一方面应当履行《民法典》第1147条规定的遗产管理人的职责，包括清理遗产、分割遗产、处理遗留债权债务等，另一方面作为被执行人也应积极配合法院执行工作，如根据报告财产令的要求书面报告财产、履行生效判决确定的义务等。执行法院则应依据《民事诉讼法》《财产调查规定》等法律和司法解释的规定，对申请执行人提供的财产线索、被执行人报告的财产情况，及时进行调查核实，并可以通过网络执行查控系统进行调查，必要时采取实地调查、审计调查、委托调查等其他调查方式。

## 理由与依据

《民法典》确立了遗产管理人制度，其第1145条规定："继承开始后，遗嘱执行人为遗产管理人；没有遗嘱执行人的，继承人应当及时推选遗产管理人；继承人未推选的，由继承人共同担任遗产管理人；没有继承人或者继承人均放弃继承的，由被继承人生前住所地的民政部门或者村民委员会担任遗产管理人。"作为被执行人的自然人死亡或被宣告死亡，申请执行人申请变更、追加该自然人的遗产管理人、继承人、受遗赠人或其他因该自然人死亡或被宣告死亡取得遗产的主体为被执行人，在遗产范围内承担责任的，人民法院应予支持。因此，在被执行人死亡，遗产分割前，即使继承人放弃继承或者受遗赠人放弃受遗赠，法院也应变更遗产管理人为被执行人，而不得直接执行遗产。民政部门担任遗产管理人的，人民法院变更遗产管理人为被执行人后，民政部门与法院存在职责分工问题。

民政部门被追加为被执行人后具有双重身份和职责，一方面，其作为遗产管理人，应当履行前述《民法典》第1147条规定的管理遗产职责，包括清理遗产、分割遗产、处理遗留债权债务等，其中当然涵盖对遗产范围、遗产所在、占有等情况的调查。另一方面，民政部门作为执行案件的被执行人，也应当配合法院执行，包括报告财产、积极推进遗产清理、分割并履行生效判决确定的义务等。执行法院则应依据《民事诉讼法》《财产调查规定》等法律和司法解释的规定，对申请执行人提供的财产线索、被执行人报告的财产情况，及时进行调查核实，并可以通过网络执行查控系统进行调查，必要时采取实地调查、审计调查、委托调查等其他调查方式。

## 立法沿革与争议

按照2016年《变更追加规定》第10条第1款的规定："作为被执行人的公民死亡或被宣告死亡，申请执行人申请变更、追加该公民的遗嘱执行人、继承人、受遗赠人或其他因该公民死亡或被宣告死亡取得遗产的主体为被执行人，在遗产范围内承担责任的，人民法院应予支持。继承人放弃继承或受遗赠人放弃受遗赠，又无遗嘱执行人的，人民法院可以直接执行遗产。"《民法典》施行后，第1145条确立了遗产管理人制度。为贯彻实施《民法典》，《变更追加规定》第10条第1款修改为"作为被执行人的自然人死亡或被宣告死亡，申请执行人申请变更、追加该自然人的遗产管理人、继承人、受遗赠人或其他因该自然人死亡或被宣告死亡取得遗产的主体为被执行人，在遗产范围内承担责任的，人民法院应予支持"，删除了原来司法解释中"继承人放弃继承或受遗赠人放弃受遗赠，又无遗嘱执行人的，人民法院可以直接执行遗产"的规定。

## 案例索引

北京市大兴区人民法院（2021）京0115执异112号公证债权文书执行异议案

## 163 申请执行人是否有权请求人民法院确认被执行人和第三人之间的租金结算协议无效？

答：申请执行人作为原告，以恶意串通规避执行为由，诉请确认被执行人和第三人之间的租金结算协议无效的，须对其与该租金结算协议之间是否存在直接利害关系进行判断，确认该申请执行人是否为原告的适格主体，然后才能对该租金结算协议的法律效力进行审查。在申请执行人与该结算协议纠纷案存在直接利害关系情形下，如果被执行人与相对人（第三人）存在恶意串通、逃避债务履行，或者对法院分配、处置被执行人财产设置障碍妨碍、规避执行的，可以依法确认该结算协议无效。

### 理由与依据

《民法典》创制的确认合同无效请求权和撤销权是对债权的保全制度，功能侧重点各有不同。通常情况下，合同受益的双方当事人不会提起确认合同无效的诉讼。如以合同相对性为由禁止与该合同约定事项有利害关系的第三人（如另案申请执行人）提起确认合同无效的诉讼，那么与合同约定事项有利害关系的合同外第三人的合法权益将得不到保障。合同以外的第三人以诉讼的方式请求人民法院确认合同无效，必须以原告的身份起诉，应符合《民事诉讼法》第122条关于原告资格及其他案件受理条件的规定。因此，原告是与本案有直接利害关系的公民、法人和其他组织。从法律规定及司法实践来看，"直接利害关系"已经被扩大解释为包括请求法院保护的是自己的民事权益，以及请求法院保护的民事权益是受自己保护或管理的。也就是说，诉讼担当的情况已经包含在"直接利害关系"的范围内。另案申请执行人如果认为被执行人与第三人签订的租金结算协议侵害其民事权益或者与该结算协议具有直接的法律上的利害关系，则有权作为原告向有管辖权的人民法院提起合同无效确认之诉。

### 立法沿革与争议

对于确认合同无效请求权和债权人撤销权的创设，1986年《民法通则》第58条第1款第4项规定："恶意串通，损害国家、集体或者第三人利益的民事行为无效。"《合同法》第52条第2项规定："恶意串通，损害国家、集体或者第三人利益的，合同无效。"第73条规定："因债务人怠于行使其到期债权，对债权人造成损害的，债权人可以向人民法院请求以自己的名义代位行使债

务人的债权，但该债权专属于债务人自身的除外。代位权的行使范围以债权
人的债权为限。债权人行使代位权的必要费用，由债务人负担。"第74条规定：
"因债务人放弃其到期债权或者无偿转让财产，对债权人造成损害的，债权人
可以请求人民法院撤销债务人的行为。债务人以明显不合理的低价转让财产，
对债权人造成损害，并且受让人知道该情形的，债权人也可以请求人民法院
撤销债务人的行为。撤销权的行使范围以债权人的债权为限。债权人行使撤
销权的必要费用，由债务人负担。"《民法典》第154条、第538条、第539条
分别沿用了上述相同的规定，除了个别用语更加规范之外，未作修正。

对于另案申请执行人能否做原告请求确认被执行人和第三人之间的租金
结算协议无效的问题，实践中存在争议。

持否定观点者认为，一旦允许另案申请执行人单纯为自己的利益而对被
执行人和第三人之间的租金结算协议提起确认合同无效之诉，既可能为个别
申请执行人干扰案件正常执行提供便利，也无法避免在第三人履行租金结算
协议过程中为规避市场风险，借助确认无效诉讼达到恶意毁约的目标，不利
于维护市场正常交易活动的安全和效率。除确认合同无效途径外，在被执行
人和第三人之间已按照租金结算协议履行的情况下，另案申请人作为被执行
人的债权人，可依据《民法典》的规定提起债权人撤销之诉予以救济。

**案例索引**

最高人民法院（2021）最高法民申1723号确认合同无效纠纷案

# 第四节　执行措施

## 164　人民法院如何执行已经设定居住权的房屋？

答：设有居住权的房屋成为执行标的，人民法院应详实调查居住权
设立的情况，视居住权设立的具体情况作出"去居拍卖"或者"带居拍

卖"的决定，实现债权、抵押权与居住权之间的平衡。

## 理由与依据

居住权可通过合同或遗嘱方式设立。居住权的设立应当采取书面形式，且应进行居住权登记，权利自登记时设立。执行中处置被执行人名下设有居住权的房产时，可能发生抵押权与居住权的冲突、普通债权与居住权的冲突。

处置设定了居住权的房屋，应当区分以下两种情况：

1. 采取"带居拍卖"的方式处置。若居住权人在法院查封或者抵押之前已经通过登记设定了居住权，房屋所有权转移不影响居住权人享有居住权。此时法院应该"带居拍卖"，债权人对"带居拍卖"所得进行受偿。"带居拍卖"时，应当在拍卖公告中如实披露居住权的相关信息，同时应当明示竞拍成功后到居住权期限届满前无法向买受人交付房产，待居住权期限届满或者居住权人放弃居住后才可交付。另外，虽然法律没有规定居住权人对设定居住权的房屋是否享有优先购买权，但是法院在处置房产时可征求居住权人的意见，如居住权人主张优先购买权的，应当予以保障。[①]

2. 严重损害权利人利益的，对拍卖财产应采取"去居拍卖"的方式处置。查封和抵押登记行为都具有的公示效力，理应产生公信力。一是查封之后设立的居住权，根据《查扣冻规定》第24条第1款规定，被执行人就已经查封、扣押、冻结的财产所作出的移转、设定权利负担或者其他有碍执行的行为，不得对抗申请执行人。居住权属于在查封的房产上设定的权利负担，无法对抗申请执行人，申请人可以申请法院涤除居住权后处置。二是抵押后设立的居住权，可以参照抵押物上有租赁的处理，根据《异议复议规定》第31条第1款，承租人请求在租赁期内阻止向受让人移交占有被执行的不动产，在人民法院查封之前已签订合法有效的书面租赁合同并占有使用该不动产的，人民法院应予支持。抵押之后设定居住权不得对抗债权人的执行，应当涤除居住权后处置。另外，因为居住权是对房屋所有权的极大限制，可能被债务人利用成为逃避执行工具，如经法院审查债务人有恶意利用居住权、虚构居住权

---

① 吴军良、张蕾：《居住权对不动产执行工作的影响及应对》，载《人民法院报》2022年4月27日第7版。

逃避执行的情形，应对相关人员采取强制措施。

执行法院认定居住权存在的，对于申请执行人提出的"涤除居住权拍卖"的异议，通过异议复议程序处理；执行法院否认居住权存在的，对于居住权人提出的"带居住权拍卖"的异议，由于居住权是一项实体权利，通过异议和异议之诉程序处理。

## 立法沿革与争议

《民法典》第366条规定："居住权人有权按照合同约定，对他人的住宅享有占有、使用的用益物权，以满足生活居住的需要。"此条规定明确了居住权是一项用益物权，是一项实体权利，居住权人可基于实体权利提出异议。第368条规定："居住权无偿设立，但是当事人另有约定的除外。设立居住权的，应当向登记机构申请居住权登记。居住权自登记时设立。"此条规定明确未经登记的居住权不受法律保护。虽然登记的居住权也不能排除对不动产的处置，但是可基于登记的居住权占有、使用他人的住宅，以满足生活的需要。

《民事强制执行法（草案）》在第130条第1款中明确："人民法院裁定拍卖、变卖成交或者抵债的，应当将不动产交付买受人或者承受人。承租人、居住权人等有权继续占有的，应当通知承租人、居住权人在其权利期限届满后向买受人或者承受人交付。"此条规定明确了"买卖不破居住权"的规则，如果居住权已经登记，应当受到法律保护，居住权人的权利应在执行程序中得保障。

## 案例索引

上海市第二中级人民法院（2021）沪02执复184号执行复议案
四川省成都市中级人民法院（2021）川01执复446号执行复议案
贵州省贵阳市中级人民法院（2021）黔01执异39号执行审查案

## 165 人民法院能否对抵押人抵押物以外的其他财产采取执行措施？

答：抵押人对债权人的责任范围仅限于抵押财产，如果抵押人没有消极履行、规避执行或者抗拒执行抵押财产等行为的，除抵押财产外，原则上不能对抵押人采取限制消费、纳入失信被执行人名单等其他强制措施。

## 理由与依据

如果抵押人非主债务人，仅因提供抵押担保被列为被执行人的，抵押人的责任财产范围应限于抵押财产。人民法院不得对抵押人抵押财产之外的其他财产采取执行措施。若抵押人没有消极履行、规避执行或者抗拒执行抵押财产等行为的，人民法院不得对抵押人采取限制消费、纳入失信被执行人等措施。理由如下：

《限制高消费规定》第1条规定，被执行人未按执行通知书指定的期间履行生效法律文书确定的给付义务的，人民法院可以采取限制消费措施。第2条规定，人民法院决定采取限制消费措施时，应当考虑被执行人是否有消极履行、规避执行或者抗拒执行的行为以及被执行人的履行能力等因素。据此规定，采取限制消费的人员应当是案件被执行人或者对被执行人公司经营管理有重大、直接影响从而对债务履行产生直接影响的人员。限制消费措施的主要目的是通过威慑、惩戒被执行人或被执行人单位的主要负责人，监督、促使被执行人主动履行生效裁判确定的义务。《失信规定》第1条规定，被执行人以伪造证据、暴力、威胁等方法妨碍、抗拒执行的，或以虚假诉讼、虚假仲裁或者以隐匿、转移财产等方法规避执行的，应当纳入失信被执行人名单。抵押人以抵押财产为限承担抵押责任，不负有其他给付义务。且人民法院可基于抵押权直接对抵押财产进行评估拍卖，如抵押人不存在前述消极履行、规避执行或者抗拒执行抵押财产的行为，不应对抵押人采取限制高消费措施或纳入失信被执行人名单。

### 立法沿革与争议

肯定观点认为，抵押人作为被执行人，因未按执行通知书指定的期间履行生效法律文书确定的给付义务，故将其限制高消费、纳入失信被执行人名单。该观点未充分考虑到抵押人承担责任的方式，即以抵押财产变现价值为限，抵押人不负有其他给付义务。因此此种观点与法律规定不符。

否定观点认为，被执行人仅承担物的担保责任的，人民法院原则上不得对其采取限制消费、纳入失信措施。此为目前各地方法院一致做法。

实践中部分高级人民法院对限制消费、纳入失信被执行人名单的条件作出更为详尽细致的规定，如《广东省高级人民法院关于限制消费及纳入失信被执行人名单工作若干问题的解答》规定："1.被执行人仅承担物的担保责任的，人民法院原则上不得对其采取限制消费、纳入失信措施。2.仅承担物的担保责任的被执行人有下列情形之一时，人民法院应当将其纳入失信被执行人名单，并对其采取限制消费措施:(1)因担保物毁损、灭失或者被征收等而取得价金，未按执行通知书指定期间履行给付所得价金义务的;(2)具有《失信规定》第一条第(二)、(三)、(四)、(六)项规定情形的。"

### 案例索引

最高人民法院(2012)执复字第18号债务转移合同纠纷执行复议案

北京市高级人民法院(2018)京执复194号公证债权文书执行复议案

### 166 人民法院能否对当事人在民事调解书中约定解除查封的财产采取查封措施？

答:当事人在民事调解书中关于即行解封的约定，并不意味着该约定本身即发生解除查封的效力。在尚未解除查封之前，当事人可以通过合意变更约定。即便解除查封，也并不妨碍其后因债务人不履行民事调解书，债权人申请执行对已经约定解封的财产再次进行查封。

## 理由与依据

当事人在调解书中约定对财产解封，在约定不违反法律规定的前提下，法院应当尊重当事人的约定。但关于解除查封的约定并不直接发生解除财产查封的效力，仍然依赖于当事人提交解除查封的申请和法院审查后作出的解封行为。如果债务人不履行生效调解书确定的义务，而调解书或调解协议中又没有确定债务人履行义务的前提是解除对被保全财产的冻结，无论财产是否已经解除查封，只要申请执行人申请查封该财产，法院应当采取查封措施。若在调解书生效后，保全措施解封前，当事人又共同申请续封的，属于变更解封的意思表示，性质上为在执行程序中对自身权益行使处分权，执行法院有权根据其申请，采取续封措施。

## 立法沿革与争议

实践中有不同观点认为，当事人既已在调解书中约定要解除对财产的查封，即使该约定仅表明法院认可双方解除查封的合意，并不意味着该约定本身即发生解除查封的效力，解除查封的具体实现仍有待于法院办理解封手续或者到期后不再续封。但申请保全人一直未向法院申请解除查封，表明其在调解书项下的义务未履行完毕，则申请执行调解书的条件始终未成就，在查封到期后其无权再申请续封，也无法在届满后再次申请查封。

## 案例索引

最高人民法院（2014）执复字第20号执行异议审查案

**167** 分期履行的债务，人民法院在采取执行措施时，对未申请但已经到期的债务，能否一并采取执行措施？

答：分期履行的债务，人民法院在采取执行措施时，一般情况下不能对未申请但已经到期的债务一并采取执行措施，但被执行人在执行过程中表示愿意接受一并执行且申请执行人同意的除外。

## 理由与依据

　　义务人在生效法律文书确定的期限内未履行义务，是执行法院受理执行案件的必要条件之一。如生效法律文书约定分期履行的，对于未到期的债务，申请执行人无法申请执行。生效法律文书确定的给付内容为分期履行的，各期债务履行期间届满，被执行人未自动履行，申请执行人可分期申请执行，也可以对几期或全部到期债权一并申请执行。是否一并申请执行或是分期申请执行，是执行当事人的选择权。债权人仅就部分到期债权申请执行的，人民法院应尊重当事人对自身享有的实体权利的处分，不得一并对全部到期债权执行，进而采取执行措施。但若被执行人主动表示愿意一并执行的，在征得申请执行人同意后，人民法院亦应尊重被执行人对其权利的处分，一并执行。

　　2021年《民事诉讼法》修正时，根据《民法典》的规定，调整了分期债务申请执行时效的起算时间，从原来的"每次履行期间的最后一日起计算"修改为"从最后一期履行期限届满之日起计算"，实质上是延长了最后一期之前所有分期债权的申请执行期限，对申请执行人的权利保障更为充分。

## 立法沿革与争议

　　《执行立结案意见》第7条第1项规定："除下列情形外，人民法院不得人为拆分执行实施案件：（一）生效法律文书确定的给付内容为分期履行的，各期债务履行期间届满，被执行人未自动履行，申请执行人可分期申请执行，也可以对几期或全部到期债权一并申请执行。"给付内容为分期履行的生效法律文书的执行案件，当事人分期申请执行的，人民法院可拆分实施。有观点认为，在2021年《民事诉讼法》修改了分期债务的申请执行时效起算时间后，以分期履行为给付内容的生效法律文书应在最后一期履行期限届满后再申请。

## 案例索引

　　安徽省合肥市中级人民法院（2019）皖01执复22号追偿权执行异议审查案

## 168 公司作为被执行人的案件执行过程中，人民法院能否对原法定代表人、主要负责人采取限制消费措施？

答：法定代表人、主要负责人以其不再担任公司法定代表人为由请求解除限制消费措施的，法院无须审查对单位采取的措施是否合法，只须审查异议人所述是否属实。如查证确实已不再担任公司法定代表人的，应解除对其的限制消费措施。

### 理由与依据

被执行人为单位的，被采取限制消费措施后，被执行人及其法定代表人、主要负责人、影响债务履行的直接责任人员、实际控制人不得实施前款规定的行为。在单位的法定代表人、主要负责人、实际控制人等并未被纳入失信名单的情况下，其被采取限制消费措施是源于单位被限制消费。而单位被限制消费源于两种情况：一是单位因未履行生效法律文书确定的义务而直接被采取限制消费措施，二是单位被纳入失信被执行人名单的同时对法定代表人采取限制消费措施。

法定代表人、主要负责人被采取限制消费措施。一般通过变更法定代表人、主要负责人向法院申请解除限高。法定代表人、主要负责人实际经营和管理被执行人，应对被执行人未履行生效法律文书确定的义务承担责任，如果允许因变更法定代表人就解除对原法定代表人的限制消费措施的，将助长被执行人逃避执行的恶劣行径。原法定代表人、主要负责人在身份变更后可申请解除对其本人的限制消费措施，申请时应提交《解除限制消费措施申请书》，原法定代表人、主要负责人应举证证明其并非单位的实际控制人、影响债务履行的直接责任人员。对此，举证的材料应是登记单位出具的变更材料、离职证明、股权转让合同、变更的原因是经营管理需要。人民法院经审查属实的，应予准许。

### 立法沿革与争议

最高人民法院《善意文明执行意见》提出，单位被执行人被限制消费后，从严格理解《限制高消费规定》的条文规定来看，被执行人不可能同时存在两个或以上的法定代表人，如果不解除对原法定代表人的限制消费措施，如何对新的法定代表人采取限制消费措施？ 上述规避执行、逃避法律责任的问题，应依靠执行联动机制，从源头上解决法定代表人的更换问题。法院可通过向市场监督管理部门出具暂停被执行人办理法定代表人工商信息变更业务的协助执行通知，达到杜绝法定代表人等通过办理变更规避执行措施的目的。其法定代表人、主要负责人确因经营管理需要发生变更，原法定代表人、主要负责人申请解除对其本人的限制消费措施的，应举证证明其并非单位的实际控制人、影响债务履行的直接责任人员。人民法院经审查属实的，应予准许，并对变更后的法定代表人、主要负责人依法采取限制消费措施。

## 案例索引

最高人民法院（2020）最高法执监督320号执行监督案

## 169 人民法院扣划裁定是否具有控制财产的法律效力，能否对抗其他法院后续的执行措施？

答：人民法院在执行程序中作出的扣划裁定具有控制财产的效力，可以对抗其他法院后续的执行措施，不因协助义务人的不予协助执行行为而失去对扣划财产的查封、冻结效力。

## 理由与依据

对被执行的财产，人民法院非经查封、扣押、冻结不得处分。对银行存款等各类可以直接扣划的财产，人民法院的扣划裁定同时具有冻结的法律效力。最高人民法院在批复中曾明确肯定人民法院在执行程序中的扣划裁定具有控制财产的效力，可以对抗其他法院后续的执行措施。

## 立法沿革与争议

《最高人民法院执行工作办公室关于安徽省宿州市埇桥区人民法院与山东省青岛市平度市人民法院执行青岛平度市进出口公司协调一案的答复》明确：人民法院在执行程序中的扣划裁定具有控制财产的效力，可以对抗其他法院后续的执行措施，不因协助义务人的不予协助执行行为而失去其对拟扣划财产的执行力。最高人民法院在2007年《关于协助执行义务人未按法院裁定划款，可裁定其承担责任的答复》（〔2006〕执监字第115-1号）中持相同观点。《民事诉讼法解释》第484条规定，对被执行的财产，人民法院非经查封、扣押、冻结不得处分。对银行存款等各类可以直接扣划的财产，人民法院的扣划裁定同时具有冻结的法律效力。《民事强制执行法（草案）》并未对此作出明确规定，而是在第148条重申了"人民法院可以不经查封，直接划拨存款"。其在本质上与《民事诉讼法解释》一脉相承。

## 案例索引

黑龙江省高级人民法院（2021）黑执异858号执行异议案

## 170 对农村集体土地使用权如何执行？

答：农村集体土地使用权按用途可分为农用地使用权、宅基地使用权、非农经营用地使用权和非农公益用地使用权。如何执行要根据土地使用权的性质而定。

## 理由与依据

根据农村集体土地使用权的种类，其能否执行、如何执行，分以下几种情况：

1.关于土地承包经营权，一般认为可以执行，但应符合以下条件：第一，不能改变土地的农业用途。第二，应当保留维持被执行人及其所扶养家属基本生活所需要的土地承包经营权。第三，不能超过承包期的剩余期限。第四，保障同等条件下，本集体经济组织成员享有优先权。第五，承包地被征收的，在保障被执行人及其所扶养家属基本生活的前提下，可依法执行承包土地征收补偿款。

2.关于宅基地使用权，可以作为执行标的，但受到法律规定的限制，在被执行人有其他房屋可以居住，或迁往外地的情况下，或被执行人死亡时，可以一并处置宅基地使用权和地上房屋。同时购买人一般应为尚未安排宅基地或者宅基地面地不足的本村村民。

3.关于非农经营用地使用权，随着2020年《土地管理法》的实施，在符合土地和城乡规划以及用途管制的条件下，集体经营性建设用地可以出租出让，其与国有建设用地同权同价、同等入市，非农经营用地使用权可以作为执行标的，但应符合土地和城乡规划以及用途管制的条件。根据2018年发布的《最高人民法院、国土资源部、建设部关于依法规范人民法院执行和国土资源房地产管理部门协助执行若干问题的通知》第24条第1款的规定，人民法院执行集体土地使用权时，应与国土资源管理部门取得一致意见后，裁定予以处理，但应当告知权利受让人到国土资源管理部门办理土地征用和国有土地使用权出让手续，缴纳土地使用权出让金及有关税费。

4.关于非农公益用地使用权，一般因其公益性质不作为强制执行的标的。

## 立法沿革与争议

《民法典》第334条规定了土地承包经营权的互换、转让，第342条规定了其他方式承包的土地经营权流转，《农村土地承包法》更是详细规定了土地承包经营权的流转。

《土地管理法》第62条规定了农村村民一户只能拥有一处宅基地，其宅基地的面积不得超过省、自治区、直辖市规定的标准。国家允许进城落户的农村村民依法自愿有偿退出宅基地，鼓励农村集体经济组织及其成员盘活利用闲置宅基地和闲置住宅。

根据2004年《土地管理法》第63条，《担保法》第36条第3款，《民法典》第398条、第418条等法律规定，非农经营用地使用权在符合规定的条件下是可以流转的，但应受相应的限制。农民集体所有土地的使用权不得出让、转让或者出租用于非农业建设。但是，符合土地利用总体规划并依法取得建设用地的企业，因破产、兼并等情形致使土地使用权依法发生转移的除外。以乡镇、村企业的厂房等建筑物占用范围内的建设用地使用权一并抵押的，实现抵押权后，未经法定程序，不得改变土地所有权的性质和土地用途。2020年实施的《土地管理法》第63条第1款规定：土地利用总体规划、城乡规划确定为工业、商业等经营性用途，并经依法登记的集体经营性建设用地，土地所有权人可以通过出让、出租等方式交由单位或者个人使用。

有观点认为宅基地使用权是满足农村村民基本生产和生活的必需财产，不能被执行，只能通过拍卖地上物或者强制出租的方式推进执行。

## 案例索引

河北省高级人民法院（2021）冀执复588号执行复议案

## 171 人民法院查封被执行人名下承兑汇票保证金账户，银行以其具有优先受偿权向法院提出异议的，人民法院应按照利害关系人行为异议、案款分配程序还是案外人异议程序处理？

答：实践中对于银行提出的异议，上述三种做法都有法院采取。但审查银行是否对保证金享有优先受偿权会涉及诸多实体问题，按照案外人异议程序处理更为合适。

## 理由与依据

银行是否对保证金享有优先受偿权会涉及实体争议，通过执行异议和复议程序审查，对当事人权益保障不利。案款分配程序涉及多个案件的衔接，且要将所有已知债权人牵涉其中，可能导致执行效率极其低下、诉讼周期非常漫长。[1] 银行对承兑汇票保证金享有的金钱质权是足以阻止执行标的转让、交付的实体权利，因此对银行提出的异议，应按照案外人异议进行审查。具体理由如下：

理论上，动产质权和留置权均以占有动产为权利存在的要件，如果因执行而侵害标的物占有的，质权和留置权即因丧失占有而消灭，故质权人和留置权人可以提起案外人异议之诉，以排除强制执行。[2] 但即便银行的异议成立，在法院仅对保证金采取冻结措施时，银行对保证金并未丧失占有，无法解释《最高人民法院、中国人民银行关于依法规范人民法院执行和金融机构协助执行的通知》（法发〔2000〕21号）规定法院应解除对保证金相应部分的冻结措施。考虑当金钱作为质物时的特殊性，金钱不同于一般动产，无须经过拍卖、变卖等程序变价，一旦认定银行对承兑汇票保证金的动产质押权成立，银行就对保证金直接享有优先权。[3] 即承兑汇票保证金账户内与银行债权等额的资金已经属于银行所有。因此，一旦银行提出的异议成立或在异议之诉中得到支持，就意味着承兑汇票保证金账户内与银行债权等额的资金的所有权归银行所有，所有权是足以排除法院执行的实体权利，法院应当解除对保证金相应部分的冻结。

最高人民法院在"对十三届全国人大三次会议第1068号建议的答复"中明确了该申请应通过案外人异议程序进行审查，"金融机构以案外人身份提出异议，主张法院冻结账户内资金的性质为保证金的，执行法院一般将停止扣划；如果在异议或异议之诉程序中终局性认定金钱质押成立、账户确属保证金账户、金融机构的兑付符合法定或约定条件的，金融机构即对保证金享有合法的优先受偿权，人民法院应当解除对保证金的冻结"。

## 立法沿革与争议

主张按照利害关系人异议处理的主要依据是《最高人民法院关于人民法

---

① 参见刘旭峰：《金钱质押执行异议的处理》，载《人民司法》2019年第11期。

② 参见陈荣宗：《强制执行法》，中国台湾地区三民书局2000年版，第219页；杨与龄：《强制执行法论》，中国政法大学出版社2002年版，第208页。

③ 参见最高人民法院（2017）最高法执监32号执行裁定书；最高人民法院（2017）最高法执监39号执行裁定书。

院能否对信用证开证保证金采取冻结和扣划措施问题的规定》，其规定："人民法院在审理或执行案件时，依法可以对信用证开证保证金采取冻结措施，但不得扣划。如果当事人认为人民法院冻结和扣划的某项资金属于信用证开证保证金的，应当提供有关证据予以证明。人民法院审查后，可按以下原则处理：对于确系信用证开证保证金的，不得采取扣划措施；如果开证银行履行了对外支付义务，根据该银行的申请，人民法院应当立即解除对信用证开证保证金相应部分的冻结措施；如果申请开证人提供的开证保证金是外汇，当事人又举证证明信用证的受益人提供的单据与信用证条款相符时，人民法院应当立即解除冻结措施。"

主张按照案款分配程序处理的主要依据是中国人民银行在2000年作出的《中国人民银行关于银行承兑汇票保证金冻结、扣划问题的复函》（银条法〔2000〕9号），该复函规定，银行承兑汇票保证金的性质与信用证开证保证金类似，可以参照最高人民法院对信用证开证保证金的有关规定。即可以依法冻结，但不应扣划。如果承兑银行已兑付且出票人未能履行最后付款责任，承兑银行有权以该银行承兑汇票的保证金优先受偿，若人民法院已冻结此保证金，承兑银行可申请参加参与分配程序，主张优先受偿权。

**案例索引**

北京市高级人民法院（2018）京执复62号公证债权文书执行复议

**172　不动产经拍卖变卖流拍后申请人拒绝以物抵债，法院能否再次采取强制执行措施？**

答：多次流拍申请人拒绝以物抵债，退回给被执行人的财产，法院可以再次采取强制执行措施。

## 理由与依据

限制拍卖的次数，以及多次流拍后申请人拒绝接受以物抵债而将解除查封、扣押、冻结的财产退回被执行人，其本意是避免过分贱卖损害被执行人的利益。不意味着被执行人的债务予以免除，申请人的合法债权仍须得到保护。如果剥夺申请人申请再次启动评估、拍卖的权利，有帮助被执行人逃避债务的嫌疑，对申请人而言有违公平正义原则。

司法拍卖旨在变现被执行人的财产，兑现胜诉当事人的合法权益。但并非所有的司法拍卖都能成交，但这不代表该财产没有价值，更不意味着该财产因此具有了不可执行性。在财产流拍退还给被执行人后，只是关于该财产的"拍卖程序"就告一段落，整个执行程序仍在进行中，执行标的不能处置并不意味着不能采取其他强制执行措施，只要申请执行人的债权未得到全部受偿，人民法院可依法对被执行人包括已解封、退还财产在内的可执行财产采取执行措施。如果将来该项财产升值，可以考虑重新启动拍卖程序进行拍卖。但是申请人重新申请启动拍卖程序的时间不宜过快，原则上应距上次变卖流拍6个月以上。

## 立法沿革与争议

《拍卖变卖规定》第25条第2款规定："第三次拍卖流拍且申请执行人或者其他执行债权人拒绝接受或者依法不能接受该不动产或者其他财产权抵债的，人民法院应当于第三次拍卖终结之日起七日内发出变卖公告。自公告之日起六十日内没有买受人愿意以第三次拍卖的保留价买受该财产，且申请执行人、其他执行债权人仍不表示接受该财产抵债的，应当解除查封、冻结，将该财产退还被执行人，但对该财产可以采取其他执行措施的除外。"该规定中的其他执行措施，包括执行法院可以根据市场的具体情况，在不存在过分拖延程序，损害被执行人合法权益的前提下，及时重新启动评估、拍卖程序。[①]

---

① 最高人民法院（2019）最高法执复37号执行裁定书。

## 案例索引

最高人民法院（2019）最高法执复37号执行审查案

## 173 人民法院能否对未竣工验收的建设工程采取强制执行措施？

答：未竣工验收的建设工程可能表现为两种形态，即处于建设过程中的工程及已完工尚未进行竣工验收的建设工程，均属于暂无法取得合法不动产权登记的在建工程。原则上，未经登记的不动产无法直接强制执行，若未经验收合格，更不能强制交付，但依据有关证据可以确定权属的，可以"现状处置"。

## 理由与依据

在建工程是指正处于房地产开发过程中尚未办理产权初始登记的房地产项目，只有通过竣工验收、备案，方可形成法律上的完整的物权。在建工程具有的实际经济价值足以使其成为法院民事执行的标的。① 执行法院不仅可以查封在建工程，还可以采取多种灵活的方式等对在建工程进行执行。②

1. 在建工程项目转让。《城市房地产管理法》第39条对房屋建设工程的转让作出规定："以出让方式取得土地使用权的，转让房地产时，应当符合下列条件：（一）按照出让合同约定已经支付全部土地使用权出让金，并取得土地使用权证书；（二）按照出让合同约定进行投资开发，属于房屋建设工程的，完成开发投资总额的百分之二十五以上，属于成片开发土地的，形成工业用地或者其他建设用地条件。转让房地产时房屋已经建成的，还应当持有房屋

---

① 江必新主编：《强制执行法理论与实务》，中国法制出版社2014年版，第123～124页。
② 参见梁伟：《在建工程及其项目的执行模式初探》，载山东法院网，最后访问时间：2006年11月7日。

所有权证书。"

2. 股权转让。此种方式仅适用于被执行人持有专门为特定房地产开发项目设立的房地产开发公司的股权。严格来说，此种属于对被执行人股权的执行而非在建工程的执行。

3. 资产转让。与在建工程项目转让不同的是，资产转让的内容仅包括在建工程项目中的土地使用权及地上建筑物，不包括工程的建筑工程规划许可、建设工程施工许可等审批手续。

4. 合作开发。此种方式主要是通过执行和解的形式实现，申请执行人通过将债权转为投资权益，或者引入其他第三方，盘活资产续建，最终实现债务清偿。

## 立法沿革与争议

1. 对未竣工验收建设工程的查封。

《查扣冻规定》第2条第1款、第2款规定："人民法院可以查封、扣押、冻结被执行人占有的动产、登记在被执行人名下的不动产、特定动产及其他财产权。未登记的建筑物和土地使用权，依据土地使用权的审批文件和其他相关证据确定权属。"该条规定意味着无论是已建成并取得不动产权登记的房屋，还是未取得不动产权登记的在建工程或土地，只要有证据证明权属，均可以成为强制执行的对象。

但在建工程毕竟尚未取得不动产权登记，法院无法向登记机关发出《协助执行通知书》，并在登记机关采取查封等措施。在例如承包人等提起的建设工程施工合同纠纷中，依据其申请，法院可以采取以下方式进行查封：

（1）查封该建设工程相应范围内的土地使用权。根据上述规定第21条："查封地上建筑物的效力及于该地上建筑物使用范围内的土地使用权，查封土地使用权的效力及于地上建筑物，但土地使用权与地上建筑物的所有权分属被执行人与他人的除外。"对于非商品房或虽然系商品房但尚未办理商品房预售许可证的，可以查封该建设工程相应范围内的土地使用权，查封该土地使用权的效力及于地上建筑物，只是在变现处置时，应当分别就土地及在建工程进行询价或评估，再整体拍卖转让，有关权利人仅在建设工程相应范围内受偿。

（2）被执行人为房地产开发企业的，可以对已办理了商品房预售许可证且尚未出售的房屋进行预查封。根据《国土房管部门协助执行通知》第15条："下列房屋虽未进行房屋所有权登记，人民法院也可以进行预查封：（一）作为被执行人的房地产开发企业，已办理了商品房预售许可证且尚未出售的房屋……（三）被执行人购买的办理了商品房预售合同登记备案手续或者商品房预告登记的房屋。"在商品房预售阶段，房屋一般尚未建成，在满足上述条件下，法院可以对相应的在建工程，依据预售许可证载明的房产信息进行预查封，在预查封期间取得不动产权登记的，预查封自动转为正式查封。

（3）在不动产的显著位置喷涂标识或者张贴公告、封条等适当方式进行查封。2022年6月24日，全国人民代表大会常务委员会公布《民事强制执行法（草案）》，并面向社会征求意见。该草案第104条规定："查封不动产，应当通知不动产登记机构办理查封登记；不动产未登记的，应当采用在不动产的显著位置喷涂标识或者张贴公告、封条等适当方式。人民法院应当通过网络等方式将查封情况对外公示。"参照该条规定，对未登记的不动产，可以采取较为灵活、适当、公开的查封方式，较大程度上可以解决该查封难题。实际上，在实践中已有法院在采取这种方式，但该查封方式还有待未来正式通过的法律确认。

2. 对未竣工验收建设工程的变价。

法院在对未竣工验收的建设工程采取查封措施后，除非该建设工程"不宜折价、拍卖"，否则可以进一步采取拍卖、变卖、以物抵债等强制执行措施。

根据《最高人民法院关于转发住房和城乡建设部〈关于无证房产依据协助执行文书办理产权登记有关问题的函〉的通知》（法〔2012〕151号）规定："一、各级人民法院在执行程序中……既要保证执行工作的顺利开展，也要防止'违法建筑'等不符合法律、行政法规规定的房屋通过协助执行行为合法化。二、执行程序中处置未办理初始登记的房屋时……不具备初始登记条件的，原则上进行'现状处置'。即处置前披露房屋不具备初始登记条件的现状，买受人或承受人按照房屋的权利现状取得房屋，后续的产权登记事项由买受人或承受人自行负责。"在河南、山东、江苏等高级人民法院有关的执行解答中均有类似规定，同时基本明确：国有建设用地上建造的无证房屋不属于法律及司法解释规定的法院不得查封、扣押、冻结的财产，对于国有建设用地上建造的无证房屋，法院可以执行。此处的无证房屋，可以大致理解为未竣工验收的建设工程。

同时，参照上述及《民法典》第807条关于建设工程价款优先受偿权实现条件的规定，若建设工程属于"违法建筑"或存在"不宜折价、拍卖"情形的，则不宜采取进一步强制执行措施。当然，"违法建筑"也可以理解为是"不宜折价、拍卖"的一种情形。

关于如何理解"不宜折价、拍卖"的建设工程，立法上没有明文规定。在理论界，最具代表性的为梁慧星教授的观点，即"不宜折价、拍卖的建设工程，应当解释为法律禁止流通物。包括：公有物，如国家机关办公的房屋建筑物及军事设施；公用物，如公共道路、桥梁、机场、港口，及公共图书馆、公共博物馆等"。[①]需要指出的是，公有物中国家机关的工程，不宜作扩大解释，仅有办公场所工程不宜折价、拍卖。另外，关于公用物，该类工程是为公共需求兴建的，其性质决定了不能成为私有财产，但目前也存在图书馆、博物馆、学校、医院等民营主体的，该类工程存在转让的可能性，也是可以折价、拍卖的。

在《最高人民法院关于审理建设工程施工合同纠纷案件适用法律问题的解释（二）》（征求意见稿）中，曾列举了五类"不宜折价、拍卖"的工程类型，分别是：（1）未取得建设工程规划许可证或未按照规划许可证的要求进行建设的；（2）建设工程经验收不合格，且无法修复的；（3）建设工程属于事业单位、社会团体以公益目的建设的教育设施、医疗设施及其他社会公益设施；（4）建设工程属于国家机关的办公用房或军事建筑；（5）无法独立存在或分割后影响主建筑使用功能的附属工程。但后来正式颁布的司法解释并未采用征求意见稿中的列举式规定。[②]即便如此，该征求意见稿对"不宜折价、拍卖"的工程的列举仍具有很强的实际参考意义。

需要指出的是，《建筑法》第61条第2款规定："建筑工程竣工经验收合格后，方可交付使用；未经验收或者验收不合格的，不得交付使用。"故，对于

---

① 梁慧星：《合同法第二百八十六条的权利性质及其适用》，载《山西大学学报》2001年第3期。

② 孙辉：《配电工程是否享有工程价款优先受偿权——基于司法裁判的实证分析》，载阳光时代法律观察微信公众号，最后访问时间：2022年4月13日。

未经竣工验收或验收不合格的建设工程，是不得进行强制交付使用的，即当事人提出的请求系交付涉案在建工程，则不应得到支持；但若非要求交付使用，仅要求转移占有的应当除外。

## 案例索引

山东省高级人民法院（2021）鲁执监142号执行监督案

## 174 人民法院能否对房地产开发企业预售资金监管账户采取查封、扣划措施？

答：商品房预售资金属于房地产开发商所有，因此当房地产开发商为被告或被执行人时，人民法院可以依申请或依职权查封开发商名下的预售资金监管账户。但在商品房完成初始登记前，不得扣划。因建设该商品房项目需支付工程建设进度款、材料款、设备款等，以及购房人解除购房合同需退还购房款的，由房地产开发项目所在地住房和城乡建设主管部门审批通过后，监管银行即可支付，支付后将付款情况向人民法院报告。

## 理由与依据

预售资金监管账户内的资金因具有保障购房交易安全、防范资金被挪用导致建设停滞无法竣工交付的功能，当房地产开发企业作为被告或被执行人时，预售资金监管账户能否被冻结或扣划，不仅关系到房地产开发企业，还关系到建设工程承包方、设备材料供应商以及购房人的切身利益。结合最新规定，人民法院在执行预售资金监管账户时，应当注意以下几个方面：

1.关于能否采取冻结措施。开设监管账户的商业银行接到人民法院冻结预售资金监管账户指令时，应当立即办理冻结手续。但人民法院采取冻结措施的，及时通知当地住房和城乡建设主管部门。

2.关于冻结额度。要强化善意文明执行理念，坚持比例原则，防止账户内可用余额不能支付工程进度款。具体可以就工程竣工所需资金额度向有关住建部门核实，但在操作层面的确存在难以判断的问题，可能需要通过由当事人举证、解除相应额度冻结的方式解决。

3.关于能否采取扣划措施。在时间上，完成房屋所有权首次登记前，不得扣划；在金额上，在监管额度内，不得扣划。但存在两种资金用途上的例外情形，即商品房预售资金监管账户被人民法院冻结后，房地产开发企业、商品房建设工程款债权人、材料款债权人、租赁设备款债权人等请求以预售资金监管账户资金支付工程建设进度款、材料款、设备款等项目建设所需资金，或者购房人因购房合同解除申请退还购房款，经项目所在地住房和城乡建设主管部门审核同意的，商业银行应当及时支付，并将付款情况及时向人民法院报告，不受房屋所有权首次登记、监管额度的限制。

上述规定新增了预售资金监管账户内资金可用于退还购房人房款这一用途；同时，在支付程序上，符合用途的付款申请，经项目所在地住建部门审核同意，商业银行可直接支付，该规定突破了法院执行冻结措施的法律效力，具体执行中应如何操作还有待观察。

4.关于申请解除冻结措施。预售资金监管账户被人民法院冻结，房地产开发企业直接向人民法院申请解除冻结并提供担保的，人民法院应当根据《民事诉讼法》第107条、《民事诉讼法解释》第167条的规定审查处理。

## 立法沿革与争议

1.1994年《城市房地产管理法》第44条第3款规定："商品房预售所得款项，必须用于有关的工程建设。"在该法历次修正中，该条款均未发生变化。

2.1994年《城市商品房预售管理办法》第11条规定："开发经营企业进行商品房预售所得的款项必须用于有关的工程建设。"后于2001年修订中增加了授权性规定，在2004年修法过程中，将该条中的"必须"改为了"应当"，文字表述上略有不同。

3.2013年2月26日，国务院办公厅发布《国务院办公厅关于继续做好房地产市场调控工作的通知》（国办发〔2013〕17号），强调各地区要切实强化预售资金管理，完善监管制度。

4.2016年11月22日，《最高人民法院办公厅关于商品房预售款项目可否用于偿还公司股东个人债务有关问题意见的函》（法办函〔2016〕712号）提出，商品房预售资金属房地产开发企业所有，但不能用于偿还房地产开发企业股东个人债务。对商品房预售资金施行监管是商品房预售制度的重要组成部分，应当确保预售资金用于商品房工程建设。对于商品房预售资金能否以及如何查封、扣押和冻结等，涉及商品房预售资金的监管方式、监管效果，法院审判权、执行权行使，当事人诉权保护等诸多方面，比较复杂，需进一步加强调研，甄别不同情况后妥善处理。

5.2018年12月26日，住建部发布的《关于进一步规范和加强房屋网签备案工作的指导意见》（建房〔2018〕128号）第13条规定，加强交易资金监管。严格落实商品房预售资金监管制度，预售资金全部纳入监管账户，保证建设工程竣工交付。加强存量房交易资金监管，除交易当事人提出明确要求外，当事人办理房屋网签备案应签订交易资金监管协议。交易资金不得挪作他用，房屋完成转移登记后应立即划转。纳税人自愿委托房地产开发企业代缴契税而预付的款项应纳入资金监管范围。由房地产中介撮合成交的存量房买卖，佣金也应纳入资金监管范围。

6.2022年1月11日，最高人民法院、住房和城乡建设部、中国人民银行联合发布《关于规范人民法院保全执行措施确保商品房预售资金用于项目建设的通知》（法〔2022〕12号），对预售资金监管账户如何进行保全、执行进行了规范，要求要强化善意文明执行理念，坚持比例原则，切实避免因人民法院保全、执行预售资金监管账户内的款项导致施工单位工程进度款无法拨付到位，商品房项目建设停止，影响项目竣工交付，损害广大购房人合法权益。

7.2022年1月13日，最高人民法院发布《关于充分发挥司法职能作用助力中小微企业发展的指导意见》（法发〔2022〕2号），其中第14条规定，冻结商品房预售资金监管账户的，应当及时通知当地住房和城乡建设主管部门；除当事人申请执行因建设该商品房项目而产生的工程建设进度款、材料款、设备款等债权案件外，在商品房项目完成房屋所有权首次登记前，对于监管账户中监管额度内的款项，不得采取扣划措施，不得影响账户内资金依法依规使用。

8.2022年1月29日，住房和城乡建设部、中国人民银行和银保监会三部委联合印发的《关于规范商品房预售资金监管的意见》（建房〔2022〕16号），对预售资金监管额度、监管额度内及超出监管额度的资金使用、扣划等进行了进一步明确。

关于能否执行被执行人名下预售资金监管账户内的资金，实践中有不同观点：

支持观点认为，商品房预售资金监管账户内款项作为开发商所有的款项，人民法院当然可以对账户进行查封、冻结手续。[1]根据物权法的相关规定，货币作为一种特殊的动产，实行占有即所有原则。购房者将购房款存入开发商指定的账户后，该账户内的资金即属于开发商所有。虽然《城市房地产管理法》规定，商品房预售所得款项必须用于有关的工程建设，但该条款立法本意是为了规范开发商使用预售资金的行为，并不是对人民法院强制执行的禁止性规定，商品房预售资金监管账户亦不是法定的不允许冻结、扣划的账户。[2]

反对观点认为，商品房预售资金监管账户中的资金应当用于工程施工建设，不得冻结、划扣，甚至认为已经划扣的应予返还。主要理由为，由于开发商预售的商品房属于期房，对于购房者而言，具有比较大的风险。《城市房地产管理法》明确规定商品房预售所得款项，必须用于有关的工程建设。因此，商品房预售资金监管账户中的资金应当用于工程施工建设。如果不及时支付，将无法保证工程建设正常进行。故法院作出执行裁定，冻结、扣划商品房预售资金，没有法律依据。[3]

折中观点认为，目前法律、司法解释等并未作出禁止性规定，可在保证建设工程施工正常进行的情况下冻结监管账户的相应款项。[4]但不得影响该监管账户所涉建设工程施工的正常进行，不得影响涉案工程建设资金的及时发放，账户资金应优先用于保障工程建设的目的，在确保工程建设资金充足的前提下，或者待工程竣工后，依债权性质依法执行，否则不得用于除有关工

---

[1] 天津市高级人民法院（2016）津执复54号。

[2] 河北省高级人民法院（2020）冀执复334号。

[3] 最高人民法院（2019）最高法执复12号。

[4] 《保障农民工工资支付条例》第33条规定："农民工工资专用账户资金和工资保证金不得因支付为本项目提供劳动的农民工工资之外的原因被查封、冻结或者划拨。"除此之外，尚无类似规定限制对预售资金监管账户采取冻结措施。

程建设以外的其他用途。[①]

**案例索引**

北京市高级人民法院（2022）京执复18号非诉执行审查案

**175** BOT 项目使用权人为被执行人的，人民法院能否对该经营使用权采取执行措施？

答：BOT 项目使用权人作为被执行人，经营使用权作为其享有的财产权益，可以成为执行标的，人民法院可以查封、评估及拍卖被执行人对 BOT 项目享有的经营使用权（包括特许经营权）。

**理由与依据**

BOT 包括 Build-own-Transfer（建设—拥有—转让）和 Build-Operate-Transfer（建设—经营—转让），目前主要指代的是后者。BOT 项目主要应用于基础设施和公共事业领域，典型的运作模式是政府部门就某个基础设施项目与私营企业订立协议，将由政府建设实施的项目交由该私人企业投资、建设，由该企业负责融资、建设、运营、维护、还贷，政府授予该私营企业一定期限的经营使用权帮助其回收成本和偿还贷款。期限届满后，项目公司将设施无偿地移交给政府部门。政府部门是 BOT 项目的发起方和最终权属方，企业是 BOT 项目一定期限内的经营使用权人。

当 BOT 项目的经营使用权人作为被执行人时，被执行人依据 BOT 合同或特许经营协议对 BOT 项目享有的经营使用权，通常被认为具有财产性价值，属于被执行人的无形资产，可以作为被执行人的财产权利予以查控。人民法

---

① 最高人民法院（2016）最高法执复42号、江苏省高级人民法院（2020）苏执异440号。以上观点参考了魏朦璐、王正川：《人民法院能否冻结、划扣商品房预售资金监管账户内款项》，载北京卓纬律师事务所微信公众号，最后访问时间：2021年12月24日。

院可在合同约定范围内对经营使用权进行查封，如 BOT 合同约定被执行人对项目享有30年经营使用权和有偿转让、出租、抵押的权利，人民法院的查封范围及内容为被执行人的经营使用权在查封期间不得进行转让、出售或抵押的，未超出合同约定范围，并无不当。实践中，人民法院对被执行人是否享有特许经营权仅进行形式审查，第三人提出被执行人不享有特许经营权的异议要求解除查封的，人民法院可能以查封措施系控制性措施、未侵害异议人合法权益为由对其解封申请不予支持。

因 BOT 形式的项目大多集中在基础设施和公共事业领域，其经营使用权人很可能是特许经营权人，能否拍卖特许经营权成为此类执行案件的焦点。一般情况下，特许经营权可以作为被执行人的财产权益被拍卖变卖，主要理由如下：首先，特许经营权具备财产权属性。尽管目前学界对特许经营权的属性未形成统一认识，但特许经营的模式归根究底是经营权人通过政府机关的授权获得提供一定产品或服务获得收益。其次，虽然通过拍卖特许经营权会改变特许经营合同的履行义务主体，但因司法拍卖行为是公法行为，此时并不适用所谓合同自愿原则。最后，特许经营权的授予对象并不具备专属性，《市政公用事业特许经营管理办法》及《基础设施和公用事业特许经营管理办法》均明确规定，特许经营应采用竞争方式，法院可以通过对竞买人设置资格或能力条件满足特许经营合同的要求。这就要求人民法院在拍卖前，应查清拟拍卖的特许经营权是否应由政府机构授权，买受人是否需要具有特许经营资质，能否对外进行拍卖等问题。

## 立法沿革与争议

特许经营权能否拍卖，实践中有不同做法。有观点认为强制拍卖特许经营权并无法律依据，特许经营权是由政府机关授权，针对特定主体授予的经营权利，与单纯的财产权益不同，要求具备特许经营资质等身份资格属性。还有观点认为，特许经营权并非权利人（被执行人）享有的一项可自由处置的独立权利，强制执行特许经营权违反了合同自愿原则，在能够执行特许经营权收益权的情况下，不宜直接通过拍卖、变卖的方式转让特许经营权。

最高人民法院（2022）最高法执复15号执行复议案

**176** 对被执行人在公司的股息红利，人民法院能否强制提取？

答：执行程序中，法院查明被执行人所投资企业有尚未向被执行人支付的股息红利，未到支付期限的，人民法院可以冻结，支付期限届满的，人民法院可以强制提取；被执行人所投资的企业有未分配的利润，但尚未作出利润分配决议的，人民法院不得直接提取。

**理由与依据**

审议批准利润分配方案是股东会职权，即利润分配既需要公司有可供分配的利润，又须由股东会作出利润分配的决议。相关利益方共同让渡部分权利所形成的组织秉性决定了自治是公司治理的本质属性，但由于公司利益各方地位和立场不同，必然存在着不同的角色利益和功能诉求，纯粹私法自治层面上的公司自治不能解决问题时，就需要司法介入对公司治理纠偏从而体现利益平衡。公司连续五年盈利，并且符合分配利润的条件但连续五年不向股东分配利润，股东可以请求公司按照合理价格收购其股份，若不能达成股权收购协议的，股东可以向人民法院提起诉讼。在执行程序中，被执行人所投资的公司有可供分配利润但长期不分配的，被执行人为逃避执行必然不会向法院起诉要求公司回购其股权。由此涉及生效法律文书确定的债权实现与公司自治之间的利益冲突问题。从平衡各方利益的角度出发，若对被执行人潜在的收益不予执行，将导致申请执行人的债权长期得不到实现。而强制企业分配利润，并未严重其他股东的利益。因此，如法院查明被执行人所投资企业确实有长期未分配的利润，可以要求公司进行利润分配并提取被执行人应分得的部分。

## 立法沿革与争议

对人民法院强制企业分配利润并提取的做法，持反对意见的观点认为，对于公司利润分配的决策权，是法律赋予投资人的权利，更是法律保护投资人合法权利的具体表现。在公司未作出利润分配决议的情况下，为保障债权人利益的实现，人民法院强制公司进行利润分配并提取被执行人所有的利润，是对公司自治、股东自治原则的突破，在现行立法并未赋予人民法院强制公司向股东分红的权力的情况下，采取此种执行措施应予慎重。

## 案例索引

广东省高级人民法院（2020）粤执复442号执行复议案

## 177 上市公司限售股符合解禁条件的，公司不提交解禁申请，人民法院能否强制执行？

答：限售流通股可以作为强制执行的标的，但无论是通过以物抵债还是拍卖、变卖，不改变其限售股的性质。限售股符合解禁条件，上市公司不予提交解禁申请的，人民法院可作出执行裁定，强制上市公司解除限售。

## 理由与依据

虽然限售股可以被强制执行已无争议，但人民法院或受让人也要受限售期约束，仍须面对限售期满解除限售的问题。投资者申请限售股票及其衍生品种解除限售的，应当委托上市公司办理相关手续，由上市公司董事会递交申请材料。对于限售股份解除限售锁定，只受理上市公司的申请，而不直接受理股东的解除锁定申请。即提交解除限售申请的主体只能是上市公司，由此就会导致即便限售股已经满足解除限售的条件，但若上市公司不提交解除限售申请，则人民法院或限售股的受让人也无法将其流通变现，严重影响限售股作为执行标的的可执行性。此时，应当允许人民法院作出裁定，要求上市公司解除限售，以确保债权人或受让人的合法权益得到实现和保障。

## 立法沿革与争议

在2000年《最高人民法院执行办公室关于执行股份有限公司发起人股份问题的复函》以批复的形式解决了发起人限售股强制执行的问题后，司法实践层面将更多目光聚焦于如何执行限售股。《江苏省高级人民法院关于执行疑难问题的解答》提出可以先将限售流通股强制扣划至申请执行人账户，待限售股办理解禁手续转为流通股后再行处置。《广东省深圳市中级人民法院关于强制执行上市公司股票的工作指引（试行）》及《上海金融法院关于执行程序中处置上市公司股票的规定（试行）》进一步明确了限售股的执行方法。

被执行人作出以其持有的股票作为对上市公司业绩补偿的承诺的情况下，人民法院通过司法拍卖处置该股权的，上市公司以被执行人未完成业绩补偿为由不予解除限售，人民法院能否强制要求上市公司解除限售，实践中存在争议。有观点认为，被执行人作出的业绩承诺，是依附于个人特殊身份的承诺，不是股票持有人的责任，受让人是股票的继受人，无须受被执行人作出的业绩承诺的限制。上市公司依据业绩承诺对被执行人名下股票所享有的是债权请求权，上市公司应自行向被执行人主张债权，以被执行人名下财产进行补偿。有相反观点认为，如果以司法拍卖形式即可完全涤除股票上承载的公开承诺业绩补偿义务，则会导致原设定的业绩补偿机制以及股票限售制度目标落空，成为原限售股股东恶意以合法形式逃废相关债务，并损害上市公司及中小投资者的合法权益的方式，不利于建立健康的证券市场秩序环境。

## 案例索引

广东省广州市天河区人民法院（2019）粤0106执异1003号执行异议案

## 178 对碳排放权如何采取执行措施？

答：被执行人方便执行的财产被执行完毕后，债务仍未完全清偿的，执行法院应当向碳排放权、核证自愿减排注册登记机构、交易机构送达执行裁定书和协助执行通知书，依法查封、扣押、冻结被执行人的碳排放配额、核证自愿减排量。查封、扣押、冻结的财产不得超出被执行人应当履行义务部分的范围。

### 理由与依据

碳排放配额可通过市场交易，且能够用金钱衡量价值，具有财产权利属性。对被执行人的存款、现金、有价证券、机动车等可以执行的动产和其他方便执行的财产执行完毕后，债务仍未能得到清偿的，可依法查封、扣押、冻结被执行人的碳排放配额、核证自愿减排量。

### 立法沿革与争议

最高人民法院于2023年2月16日发布《关于完整准确全面贯彻新发展理念为积极稳妥推进碳达峰碳中和提供司法服务的意见》，第20条规定："依法办理涉碳排放配额、核证自愿减排量金钱债权执行案件。对被执行人的存款、现金、有价证券、机动车等可以执行的动产和其他方便执行的财产执行完毕后，债务仍未能得到清偿的，可依法查封、扣押、冻结被执行人的碳排放配额、核证自愿减排量。查封、扣押、冻结的财产不得超出被执行人应当履行义务部分的范围。应当向碳排放权、核证自愿减排注册登记机构、交易机构送达执行裁定书和协助执行通知书。"该意见明确碳排放权能够作为被执行人的责任财产予以强制执行，但须受执行顺位的限制。

执行实践中，能否对碳排放配额采取强制措施存在争议。有观点认为不能对碳排放配额采取强制措施，强制执行碳排放配额可能导致企业无法履行清缴义务，不利于碳达峰碳中和目标的实现。也有观点认为能够对碳排放配额采取强制措施，碳排放配额能够在市场上自由交易且能够用金钱衡量其价值，具有财产权属性，属于被执行人的责任财产，被执行人的碳排放配额被强制执行后，企业可以通过碳市场购买配额履行清缴义务。《关于完整准确全面贯彻新发展理念为积极稳妥推进碳达峰碳中和提供司法服务的意见》的出台彰显第二种观点成为主流观点。

## 案例索引

福建省顺昌县人民法院（2021）闽0721执293号之三碳排放配额执行案

### 179 被执行人出卖的保留所有权的财产如何执行？

答：被执行人出卖的保留所有权的财产作为强制执行财产的关键在于出卖人和买受人之间的债权债务是否到期，以及取回条件是否成就。保留所有权买卖合同中，为保证被执行人对第三人金钱债权的实现，人民法院可以查封、扣押、冻结被执行人保留所有权的财产，第三人在保留所有权买卖合同履行期间有权继续占有、使用该财产。如果第三人要求继续履行合同的，只要按照合同约定支付价款、履行义务，被执行人的金钱债权得到实现，人民法院无权要求第三人在合理期间内支付全部价款，但人民法院可以对被执行人依照合同约定享有的金钱债权采取执行措施。

## 理由与依据

所有权保留是指在买卖合同中，买受人虽先占有使用标的物，但在双方当事人约定的特定条件成就以前，出卖人对标的物保留所有权，条件成就后，标的物的所有权转移于买受人。

当被执行人出卖的财产保留所有权，第三人不主张继续履行合同，放弃继续交易的，法院可以查封财产并强制执行。第三人可以请求解除买卖合同，并主张被执行人返还价款，构成违约的还可以主张要求其承担违约责任。第三人主张继续履行合同的，法院可以查封财产，待第三人向法院交付全部剩余价款后，法院应解除查封。如果第三人没有依照合同约定继续履行合同的，即可能涉及对被执行人享有的到期债权的执行，第三人没有对到期履行通知依法提出异议的情况下，对第三人强制执行。

## 立法沿革与争议

《买卖合同司法解释》第34条明确了所有权保留不适用不动产。但《民法典》对于不动产是否适用于所有权保留规定未予明确，《民法典》没有采纳《买卖合同司法解释》明确排除不动产适用于所有权保留的立法模式，就是为了给不动产适用于所有权保留预留空间。

2020年《查扣冻规定》修改以前，对于涉及所有权保留买卖财产的执行中，出卖人对财产享有所有权，人民法院可以要求第三人在"合理期限内"向人民法院交付全部余款，即人民法院可以让第三人未到期的债务加速到期，即使第三人依照合同支付价款，也可能要承受所买财产被强制执行的后果，更侧重于对被执行人债权的保护。考虑到法院强制措施旨在保障被执行人要求第三人给付金钱债权的实现，应当有利于执行并最小限度内影响各方当事人的利益，2020年《查扣冻规定》删除了"应当由第三人在合理期限内"的内容，第三人要求继续履行合同的，只要按合同约定支付价款、履行义务，被执行人的金钱债权就得到了实现，人民法院无权要求第三人在合理期间内支付全部余款，以保障第三人的合法权益。

## 案例索引

山东省东营市中级人民法院（2022）鲁05民终1394号案外人执行异议之诉案

## 180 对被执行人购买的保留所有权财产应如何执行？

答：人民法院可以查封、扣押、冻结被执行人购买的保留所有权财产。保留所有权已办理登记的，第三人的剩余价款从该财产变价款中优先支付；第三人主张取回该财产的，可以提出案外人异议。

## 理由与依据

被执行人购买第三人的财产，已经支付部分价款并实际占有该财产，第三人依合同约定保留所有权的，人民法院可以查封、扣押、冻结。保留所有权已办理登记的，第三人的剩余价款从该财产变价款中优先支付；第三人主张取回该财产的，可以提出案外人异议。

在所有权保留买卖合同中，出卖人的所有权未经登记的，不得对抗人民法院的执行，出卖人行使取回权可以参照适用担保物权的实现程序，所得价款扣除买受人未支付的价款以及必要费用后仍有剩余的，应当返还买受人。

## 立法沿革与争议

2008年《查扣冻规定》第18条第1款规定："被执行人购买第三人的财产，已经支付部分价款并实际占有该财产，但第三人依合同约定保留所有权，申请执行人已向第三人支付剩余价款或者第三人书面同意剩余价款从该财产变价款中优先支付的，人民法院可以查封、扣押、冻结。"与2020年《查扣冻规定》第16条一样，该条规定更加突出保护所有权保留人对财产享有的所有权。而根据民法典精神，对于被执行人购买第三人的财产，第三人保留所有权的主要目的系为担保其债权的实现，因此，只要保障第三人依法享有的优先受偿权，该财产原则上可以作为被执行人的责任财产执行，不以"申请执行人已向第三人支付剩余价款或者第三人书面同意剩余价款从该财产变价款中优先支付"为条件。

## 案例索引

最高人民法院（2018）最高法民申4307号再审审查与审判监督案

## 第五节　制裁措施

**181** 公司被吊销营业执照的，能否对其法定代表人采取纳入失信名单、限制高消费等强制措施？

答：企业法人即使被吊销营业执照，主体资格仍然存在，如作为被执行人企业法人被纳入失信被执行人名单和限制高消费法定情形的，不能对其法定代表人采取纳入失信被执行人名单措施，但可以对法人的法定代表人采取限制高消费措施。

### 理由与依据

单位是失信被执行人的，人民法院不得将其法定代表人、主要负责人、影响债务履行的直接责任人员、实际控制人等纳入失信名单。不论单位是否被吊销营业执照，对其法定代表人均不能采取纳入失信被执行人名单措施。

关于能否对其法定代表人采取限制高消费措施，要看单位是否已被采取纳入失信名单措施和限制高消费措施。如果单位作为被执行人，不论人民法院对该单位采取的是纳入失信名单措施，还是限制高消费措施，对单位的法定代表人均应一并采取限制高消费措施。当然，法定代表人因私以个人财产进行高消费的，可以向执行法院提出申请，经审查属实的，应予准许。

### 立法沿革与争议

1. 关于纳入失信被执行人名单措施。2013年《失信规定》第1条规定了对被执行人纳入失信名单措施的六种具体情形。2017年该司法解释第1条经修正规定："被执行人未履行生效法律文书确定的义务，并具有下列情形之一的，人民法院应当将其纳入失信被执行人名单，依法对其进行信用惩戒：（一）有履行能力而拒不履行生效法律文书确定义务的；（二）以伪造证据、暴力、威胁等方法妨碍、抗拒执行的；（三）以虚假诉讼、虚假仲裁或者以隐匿、转移财产等方法规避执行的；（四）违反财产报告制度的；（五）违反限制消费令的；（六）无正当理由拒不履行执行和解协议的。"对单位的法定代表人，该司法解释未规定可以一并纳入失信名单，2019年《善意文明执行意见》第16条规定进一步明确，单位是失信被执行人的，人民法院不得将其法定代表人、主要负责人、影响债务履行的直接责任人员、实际控制人等纳入失信名单。

2. 关于限制消费措施。2010年《限制高消费规定》第1条规定了对被执行人采取限制高消费措施的适用条件；第3条规定了禁止被执行人消费的9种具体情形，以及单位作为被执行人时应当一并采取限制高消费的人员范围。2015年该司法解释经修正后第1条规定："被执行人未按执行通知书指定的期间履行生效法律文书确定的给付义务的，人民法院可以采取限制消费措施，限制其高消费及非生活或者经营必需的有关消费。纳入失信被执行人名单的被执行人，人民法院应当对其采取限制消费措施。"第3条第2款规定："被执行人为单位的，被采取限制消费措施后，被执行人及其法定代表人、主要负责人、影响债务履行的直接责任人员、实际控制人不得实施前款规定的行为。因私消费以个人财产实施前款规定行为的，可以向执行法院提出申请。执行法院审查属实的，应予准许。"因此，对被执行人采取纳入失信名单措施的，一并对其采取限制高消费措施；单位被采取限制高消费措施的，包括法定代表人在内的上述四类人员一并被采取限制消费措施。

## 案例索引

最高人民法院（2021）最高法执监101号执行申诉审查案

## 182 人民法院能否对非财产权益采取执行措施？

答：人民法院可以执行非财产权益，但须注意一定的规制，比如坚持比例原则、须有上位法依据等，适度把握执行范围和尺度，防止过度执行。

## 理由与依据

"一切足以供人需要或满足欲望之有形或无形的权益，都会给被执行人带来收益，某些非财产权益比财产权益更具有价值性，对其执行符合执行程序的效率价值和成本节约的司法需求。"[①] 被执行人在参与市场经济活动，或在日常"吃、穿、住、用、行"等方面，享有大量的非财产性权益。当债务人已将财产转移，名下无财产可供执行时，对其享有的非财产权益执行，采取限制或转让等措施，可在一定程度上实现执行目的。对非财产权益执行具有必要性。

非财产权益可分为以下几类：首先，具有人身依附性的利益，比如资质、资格等，包括房地产企业资质、建筑业企业资质、基金从业资格、证券从业资格、教师资格、律师资格、驾驶资格等。其次，具有人身和经济复合性质的利益。比如特殊通讯号码等，这类权益一般可以通过转让的方式转化为经济利益。最后，机会利益。比如市场准入、招投标活动、房地产交易、发行债券、银行授信、评先表彰、职务晋升等，甚至有的地方还出现限制上高速、限制驾驶小汽车等措施。

总结其特征如下：第一，非财产利益表面上没有财产内容，但其使用和让渡可为被执行人带来经济上或精神上收益。第二，非财产利益一般不可转让，但可在特定情形下变现。第三，非财产利益具有主体专有性，就是说该种利益一般只能由特定的主体所享有，具有利益的稀缺性。

因该类执行措施相对赋予了执行法院较大的自由裁量权，故在非财产权益执行中，需遵循一定的条件和原则，进行合理的规制，营造良好营商环境，防止侵犯被执行人人权和基本生存权益。综合起来，应把握以下原则：（1）坚持财产性权益执行在先原则。在被执行人有财产可供执行的情况下，应当先执行被执行人的财产。（2）坚持比例原则。执行的尺度需要平衡各方利益，防止过度执行。（3）坚持上位法依据原则。对非财产权益采取执行措施，应

---

[①] 曹凤国、田强：《对非财产权益执行的正当性研究》，载《全国法院第25届学术讨论会获奖论文集：公正司法与行政法实施问题研究》，人民法院出版社2014年版。

当有相应的上位法律依据。

## 立法沿革与争议

2010年《限制高消费规定》第1条规定："被执行人未按执行通知书指定的期间履行生效法律文书确定的给付义务的，人民法院可以采取限制消费措施，限制其高消费及非生活或者经营必需的有关消费。纳入失信被执行人名单的被执行人，人民法院应当对其采取限制消费措施。"该司法解释中规定了诸多被执行人不得采取的高消费及其他非生活和工作必需的消费行为，其中便涉及诸多非财产权益，如消费自由、出境自由和信用等，取得了较好的执行效果，也为后来的不断完善和发展提供了宝贵经验。

2013年《失信规定》第6条第1款规定："人民法院应当将失信被执行人名单信息，向政府相关部门、金融监管机构、金融机构、承担行政职能的事业单位及行业协会等通报，供相关单位依照法律、法规和有关规定，在政府采购、招标投标、行政审批、政府扶持、融资信贷、市场准入、资质认定等方面，对失信被执行人予以信用惩戒。"对失信被执行人进行联合信用惩戒，扩大了法院执行非财产权益的范围。

2016年44家单位联合签署了《关于对失信被执行人实施联合惩戒的合作备忘录》提出八大类55项措施，对失信被执行人设立金融类机构、从事民商事行为、享受优惠政策、担任重要职务等方面进行限制。

2019年《善意执行意见》第1条规定：强化善意文明执行理念，在依法保障胜诉当事人合法权益的同时，最大限度减少对被执行人权益影响，坚持比例原则，找准双方利益平衡点，避免过度执行。

有观点认为，人民法院有权依据判决书对异议人的财产权益实施强制执行，但不得超出判决内容转而针对被执行人的其他非财产权益实施强制措施，以防止法院过度滥用执行措施，侵害当事人合法权益。

## 案例索引

山东省临沂市中级人民法院（2021）鲁13执复157号借款合同纠纷执行复议案

# 第六节　协助执行

**183** 人民法院冻结被执行人接收贷款的账户，银行为被执行人重新开立账户发放贷款，被执行人转出贷款的，能否认定银行构成擅自支付？

答：银行明知法院冻结账户的目的是冻结银行向被执行人发放的贷款，仍然通过重新开设账户使法院冻结措施目的落空，主观上存有故意。虽然不能认定其构成擅自支付，但应当追究其拒绝协助执行的责任。

## 理由与依据

金融机构擅自解冻被人民法院冻结的款项，致冻结款项被转移的，人民法院有权责令其限期追回已转移的款项。在限期内未能追回的，应当裁定该金融机构在转移的款项范围内以自己的财产向申请执行人承担责任。

虽然银行并未擅自将人民法院冻结的款项予以解冻致使款项被转移，但从保障债权人利益的角度，对银行等协助义务机关的协助执行义务不应作过于狭隘的理解。法院冻结账户的目的是控制账户内现有的及未来进入账户资金的转出，结合银行在法院冻结账户同时为被执行人开设新账户的行为，银行明知法院冻结该账户目的是冻结银行向被执行人发放的贷款。从表现形式上看，银行的行为虽然不属于明示的拒不履行协助执行义务，但确实是利用了协助执行的规则漏洞使法院的冻结措施目的落空，具有主观故意。如果不对此类利用规则漏洞帮助被执行人逃避执行的行为进行惩戒，可能引发违反协助义务的蝴蝶效应。

## 立法沿革与争议

关于银行等金融机构的协助执行义务，《民事诉讼法》第253条有明确规定："被执行人未按执行通知履行法律文书确定的义务，人民法院有权向有关单位查询被执行人的存款、债券、股票、基金份额等财产情况。人民法院有权根据不同情形扣押、冻结、划拨、变价被执行人的财产。人民法院查询、扣押、冻结、划拨、变价的财产不得超出被执行人应当履行义务的范围。人民法院决定扣押、冻结、划拨、变价财产，应当作出裁定，并发出协助执行通知书，有关单位必须办理。"《民事诉讼法》第117条则规定了拒绝协助执行的表现形式及其法律责任，包括罚款、拘留、提出纪律处分的司法建议。[①]

金融机构擅自划拨冻结款项直接影响债权实现，对债权人利益影响巨大。最高人民法院先后于1988年和1989年出台《最高人民法院经济审判庭关于银行不根据法院通知私自提取人民法院冻结在银行的存款应如何处理问题的电话答复》和《最高人民法院关于银行擅自划拨法院已冻结的款项如何处理问题的函》（法经函〔1989〕10号）两个复函，明确了金融机构擅自划拨冻结款项应承担赔偿责任。1998年《执行工作规定》以司法解释的形式明确了金融机构擅自解除冻结款项的，人民法院有权责令其限期追回已转移的款项。在限期内未能追回的，该金融机构在转移的款项范围内以自己的财产向申请执行人承担责任。

## 案例索引

最高人民法院（2018）最高法执监481号合同纠纷执行监督案

---

[①]　《民事诉讼法》第117条规定："有义务协助调查、执行的单位有下列行为之一的，人民法院除责令其履行协助义务外，并可以予以罚款：（一）有关单位拒绝或者妨碍人民法院调查取证的；（二）有关单位接到人民法院协助执行通知书后，拒不协助查询、扣押、冻结、划拨、变价财产的；（三）有关单位接到人民法院协助执行通知书后，拒不协助扣留被执行人的收入、办理有关财产权证照转移手续、转交有关票证、证照或者其他财产的；（四）其他拒绝协助执行的。人民法院对有前款规定的行为之一的单位，可以对其主要负责人或者直接责任人员予以罚款；对仍不履行协助义务的，可以予以拘留；并可以向监察机关或者有关机关提出予以纪律处分的司法建议。"

## 184 人民法院执行程序中可否要求税务机关直接划拨退税款？

答：人民法院执行程序中不能要求税务机关直接划拨退税款，但可依照《民事诉讼法》的有关规定，要求税务机关提供被执行人在银行的退税账户、退税数额及退税时间等信息。

### 理由与依据

根据国家税务总局《出口货物退（免）税管理办法》的有关规定，企业出口退税款，在国家税务机关审查批准后，须经特定程序通过银行（国库）办理退库手续退给出口企业。国家税务机关只是企业出口退税的审核、审批机关，并不持有退税款项，故人民法院不能依据《民事诉讼法》第253条的规定，要求税务机关直接划拨被执行人应得退税款项，但可依照《民事诉讼法》的有关规定，要求税务机关提供被执行人在银行的退税账户、退税数额及退税时间等信息，并依据税务机关提供的被执行人的退税账户，依法通知有关银行对须执行的款项予以冻结或划拨。

### 立法沿革与争议

《最高人民法院关于税务机关是否有义务协助人民法院直接划拨退税款问题的批复》（法复〔1996〕11号）已经明确规定人民法院执行程序中不能要求税务机关直接划拨退税款。但是，退税款是被执行人的责任财产可以执行。虽然人民法院不能要求税务机关直接划拨退税款，但是税务机关有协助提供被执行人退税银行账户、退税数额及退税时间等信息的义务，否则人民法院可以依照《民事诉讼法》第117条的规定，追究税务机关拒绝履行协助义务的法律责任。

### 案例索引

湖北省高级人民法院（2017）鄂执监6号执行审查案

## 185　执行中法院可否向电信、移动通讯公司调取被执行人的通话记录？要求邮电部门停止通信服务？

答：执行程序中，法院有权向电信、移动通讯公司调取被执行人的通话记录，但不能要求邮电部门停止通信服务。

### 理由与依据

通话记录是通信信息的一种，通过被执行人的通话记录找到当事人、与被执行人有密切联系的人或者查找到被执行人的财产线索。执行作为以国家强制力保障生效法律文书确定权益实现的程序，从解决执行难、实现债权人权益、惩戒被执行人逃避执行等角度出发，执行法院有权向电信、移动通讯公司调查被执行人的通话记录，但应注意保护被执行人的隐私权。

关于是否可以要求邮电部门停止通信服务，《邮电部关于人民法院要求邮电部门协助执行若干问题的批复》（邮部〔1992〕788号）第2条明确规定：对人民法院以督促当事人履行义务为由，要求邮电部门停止提供通信服务的做法，与我国《宪法》第40条的规定相抵触，邮电部门可不予协助执行。

### 立法沿革与争议

关于通话记录是否属于宪法保护的通信秘密范畴，进而人民法院可调取被执行人的通话记录，实践中存在不同认识。

肯定观点认为，通话记录属于宪法保护的通信秘密范畴，除《宪法》有明确规定的情形外，不受公权力的侵犯。湖南省人大常委会法工委曾向全国人大常委会法工委提出请示意见（湘人法工函〔2003〕23号），认为：公民通信自由和通信秘密是《宪法》赋予公民的一项基本权利，该项权利的限制仅限于《宪法》明文规定的特殊情形，即因国家安全或者追查刑事犯罪的需要，由公安机关或检察机关依照法律规定的程序对通信进行检查；移动用户的通信资料中的通话详单清楚地反映了一个人的通话对象、通话时间、通话规律等大量个人隐私和秘密，是通信内容的重要组成部分，应属于《宪法》保护的通信秘密范畴；人民法院依照《民事诉讼法》调查取证，应符合《宪法》的上述规定，不得侵犯公民的基本权利。

否定观点认为，通话记录并非属于《宪法》第40条规定的公民通信的自由和秘密之保护范围，而只是隐私权的保护对象。《宪法》第40条属于加重法律保留条款，《宪法》预定了通信检查的具体条件；而隐私权属于《宪法》未列举的权利，公权力对它的限制只需要符合单纯法律保留的要求即可。法院在民事、行政诉讼中依据诉讼法的规定调取通话记录，与通信自由和通信秘密无涉，符合单纯法律保留的基本要求，不存在违反《宪法》的疑虑。[①]

## 案例索引

最高人民法院（2018）最高法行申5895号再审审查与审判监督案

河南省郑州市中级人民法院（2017）豫01执复190号执行审查案

## 186 轮候法院因协助执行义务机关查封登记错误而处置执行财产行为的效力如何？

答：轮候法院因协助执行义务机关查封登记错误而处置执行财产的行为效力以及是否需要撤销的问题，需要审查人民法院的执行行为有无错误。若人民法院的执行行为并无不当，执行裁定一经作出即发生法律效力，不因执行义务机关登记错误而撤销执行裁定。

## 理由与依据

银行或不动产登记机关因电脑系统问题，将首封和轮候查封标记错误，致使轮候查封法院误以为是首封法院，进而划扣款项或对财产进行拍卖。首封债权人往往会要求银行或金融机构赔偿其错误登记给债权人造成的损失。银行或金融机构也可向执行法院提出异议，要求撤销执行裁定。

---

① 参见杜强强：《法院调取通话记录不属于宪法上的通信检查》，载《法学》2019年第12期。

　　因银行或不动产登记部门的故意或过失导致查封错误损害了首封当事人债权的，如执行法院不存在错误，应由协助义务机关自行承担因系统差错或操作失误导致的不利后果。法律赋予银行、不动产登记部门协助执行的法定义务，其亦应注重协助执行中的法律风险。银行作为专业金融机构，不动产登记部门作为专业的职能机构，其经办人员应该熟悉协助执行相关程序，了解法院的冻结扣划、查封登记关系当事人重大经济利益，在经办过程中尽到较高的注意义务，尤其是在扣划款项、办理查封登记之前不应完全依赖系统记录，必要时需对查封的所有协助执行通知进行核对，确保查封顺序无误后再行办理。

## 立法沿革与争议

　　实践中有相反观点认为，因银行或不动产登记部门电脑系统原因导致的查封错误，不属于可归责于银行或不动产登记部门的过错。银行或不动产登记部门在执行程序中是基于法律的规定以及其承担的社会职能为法院提供协助，未曾因协助执行而获利，却要因失误承担赔偿责任，显失公平。类似电子系统等意外或不可抗力因素造成的查封错误，人民法院应配合银行或不动产登记部门，纠正原有的错误查封行为以及后续实施的执行行为，而非放任错误发生并将全部责任推卸给协助执行义务机关。

## 案例索引

　　河北省高级人民法院（2019）冀执复574号民间借贷纠纷执行审查案

# 第七节　执行停止和终结

**187** 终结本次执行程序后，执行债权转让的，受让人能否申请变更其为申请执行人？

答：执行案件终本后，债权发生转让的，债权受让人可以申请变更其为申请执行人。满足恢复执行条件的，可以申请恢复执行。

## 理由与依据

申请执行人将生效法律文书确定的债权依法转让给第三人，且书面认可第三人取得该债权，该第三人申请变更、追加其为申请执行人的，人民法院应予支持。终结本次执行程序后，当事人、利害关系人申请变更、追加执行当事人，符合法定情形的，人民法院应予支持。变更、追加被执行人后，申请执行人申请恢复执行的，人民法院应予支持。人民法院以被执行人无财产可供执行裁定终本后，执行债权的受让人可申请变更其为申请执行人，人民法院审查该变更申请符合《变更追加规定》第9条的，应裁定变更。当债权人受让人变更为申请执行人后，申请恢复执行的，法院并非一定裁定恢复执行，还需审查案件是否符合恢复执行的条件，是否发现被执行人有可供执行的财产，若不符合该条件，法院可以不予恢复执行。"变更申请执行人"与"变更、追加被执行人"，在申请恢复执行的结果存在差异，因变更、追加被执行人后相当于有了新的可供执行财产，也就符合了前述《终本规定》第9条规定的恢复执行的条件。①

## 立法沿革与争议

2004年《变更追加规定（征求意见稿）》第1条规定："除执行依据中指明

---

① 参见刘贵祥等：《〈关于严格规范终结本次执行程序的规定（试行）〉的理解与适用》，载《人民司法》2017年第16期。

的债权人以外，下列人可以申请执行或者申请继续已经开始的执行程序……（八）执行依据中确定的债权转让的，其受让人……"2016年《变更追加规定》并未采取征求意见稿的内容，第1条规定："执行过程中，申请执行人或其继承人、权利承受人可以向人民法院申请变更、追加当事人。申请符合法定条件的，人民法院应予支持。"第9条规定："申请执行人将生效法律文书确定的债权依法转让给第三人，且书面认可第三人取得该债权，该第三人申请变更、追加其为申请执行人的，人民法院应予支持。"

《终本规定》第9条第1款规定："终结本次执行程序后，申请执行人发现被执行人有可供执行财产的，可以向执行法院申请恢复执行。申请恢复执行不受申请执行时效期间的限制。执行法院核查属实的，应当恢复执行。"第16条第2款规定："终结本次执行程序后，当事人、利害关系人申请变更、追加执行当事人，符合法定情形的，人民法院应予支持。变更、追加被执行人后，申请执行人申请恢复执行的，人民法院应予支持。"

## 案例索引

最高人民法院（2012）执复字第26号执行复议案

最高人民法院（2020）最高法执监425号执行监督案

广东省高级人民法院（2018）粤执异4号执行审查案

贵州省高级人民法院（2020）黔执复223号执行审查案

## 188 执行中发现生效仲裁裁决确定的执行标的存在法律和事实上不能强制执行的障碍，能否中止执行或终结执行？

答：仲裁裁决执行过程中，中止执行是指当出现某种法律或事实上不能继续执行的障碍，而使执行程序暂停，待此种障碍消失后可以继续执行的情况；终结执行是指在出现某种法律或者事实上的障碍，执行工作无法进行或者没有必要进行时，停止执行程序，以后也不再恢复的情况。仲裁裁决确定的执行标的存在法律和事实上不能强制执行的障碍，人民法院可以视具体情况决定中止或终结执行。

## 理由与依据

根据《民事诉讼法》第267条，以下情形人民法院可以裁定中止执行：

1. 申请人表示可以延期执行。在执行过程中，申请人表示可以延期执行是申请人对自己权利的处分。如果申请人愿意延期执行，而延期执行又不损害社会公共利益，人民法院应当尊重申请人的意愿，裁定中止执行。应当注意的是，已经查封财产案件中止执行的，对中止执行期间产生的利息问题应当予以明确，既肯定申请人对自己权利的处分，也不因此加大被执行人的负担或损害被执行人和其他债权人的合法利益。

2. 案外人对执行标的提出确有理由的异议。没有参加仲裁案件的案外人在执行程序中，对执行标的提出确有理由的异议，经执行裁判部门审查确认后，执行实施部门应当对执行标的中止执行。

3. 作为一方当事人的公民死亡或法人终止，尚未确定权利义务承受人。执行过程中，作为申请人的公民死亡，就要等待其继承人承受其权利；被申请人死亡则要待其继承人承受其义务，在各自的继承人确定之前，执行案件没有适格主体，应当中止执行。法人终止也是同理。

4. 人民法院认为应当中止执行的其他情形。根据执行实践和最高人民法院的司法解释，主要有以下几项：（1）人民法院已受理以被执行人为债务人的破产申请的；（2）执行标的物是其他法院或者仲裁机构正在审理的案件争议标的物，需要等待该案件审理完结确定权属的；（3）仲裁裁决的被申请人依据《民事诉讼法》第248条第2款的规定或者第291条的规定向人民法院提出不予执行请求，并提供适当担保的。

值得注意的是，被执行人确无财产可供执行的，人民法院一般不会中止执行，而是终结本次执行程序。

根据《民事诉讼法》第268条，终结执行包括以下情形：

1. 人民法院裁定撤销裁决。人民法院经审查核实决定撤销仲裁裁决的，那么仲裁裁决的执行程序因该裁决被撤销而失去执行根据，因此，人民法院应裁定终结的执行。

2. 申请人撤销执行申请。申请人出于自愿申请撤销执行，即意味着他对自己权利的一种放弃，只要这种处分权利的行为不违反国家法律，不损害社会公共利益及他人的合法权益，人民法院应准许，从而裁定终结执行。

3.作为被执行人的公民死亡，无遗产可供执行，也无义务承担人的。被执行人是负有义务的一方当事人，应当完成法律文书所确定的义务，如果该义务人在执行程序中死亡，如有遗产的，人民法院可以执行他的遗产，以偿还所欠债务，如有义务承担人的，可责令义务承担人完成法律文书所确定的义务。如果被执行人死亡，既无遗产可供执行，又无义务承担人的，执行工作就无法进行，因此，人民法院应裁定终结执行。

4.作为被执行人的公民因生活困难无力偿还借款，又丧失劳动能力。在这种情况下，被执行人不仅当时无法偿还借款，而且将来也因丧失劳动能力致使偿还借款成为不可能，因此，人民法院只能裁定终结执行。

5.人民法院认为应当终结执行的其他情形。这是为适应执行工作的具体情况而对执行终结作出的灵活规定。根据《执行工作规定》，人民法院在下列情形之下应裁定终结执行：(1)被执行人被人民法院裁定宣告破产的，未得到清偿的债权不再清偿。依照破产程序，破产企业应以现有的财产清偿全部债务，无力偿还部分，在破产程序终结时则实行免责制度，即免除债务人的清偿责任，不再清偿。(2)当事人自愿达成和解协议并依据和解协议履行完毕的。在执行程序中，当事人进行和解是他们的诉讼权利，应受法律保护。如果当事人达成了和解协议，已按和解协议的内容履行了义务，或者债权人同意不再履行义务的，执行程序应当终结。

## 立法沿革与争议

《民事诉讼法》第267条与第268条分别规定了人民法院应当裁定中止执行和终结执行的情形，上述规定并不限于法院作出的判决、调解书、部分裁定作为执行依据的执行实施案件，对于仲裁委作出的生效仲裁裁决同样适用。

针对特定物毁损灭失的情形，为贯彻审执分离原则，依据《民事诉讼法解释》第492条规定，若原物确已毁损或者灭失的，经双方当事人同意，可以折价赔偿。双方当事人对折价赔偿不能协商一致的，人民法院应当终结执行程序，申请执行人可以另行起诉，该规定对于生效仲裁裁决确定的特定物同样适用。对此，北京市高级人民法院于2017年12月7日公布的《北京市法院执行局局长座谈会（第八次会议）纪要——关于仲裁裁决执行与不予执行申请审查若干问题的意见》予以明确，即仲裁裁决确定交付的指定物确已毁损或者灭失的，依照2015年《民事诉讼法解释》第494条的规定处理。

## 案例索引

福建省龙岩市中级人民法院（2014）岩执行字第31号房屋拆迁安置补偿合同纠纷执行实施案

## 189 终结本次执行程序期间，被执行人违反限制消费令的，申请执行人是否有权恢复执行？

答：终结本次执行程序期间，被执行人违反限制消费令的，推定被执行人有可供执行的财产，应当恢复执行。

## 理由与依据

一方面，根据《民事诉讼法解释》第517条和《终本规定》第9条，发现被执行人有财产可供执行的，申请执行人可以随时申请恢复执行。如终结本次执行程序期间被执行人违反限制消费令，推定被执行人有财产可供执行，法院应当恢复执行。

另一方面，依据《限制高消费规定》第11条关于被执行人违反限制消费令的法律后果的规定，对被执行人违反限制消费令的行为可以处拘留、罚款，情节严重的，还可能被追究刑事责任。举重以明轻，被执行人违反限制消费令的，应承担行政、刑事责任，但承担责任并非执行的最终目的，执行法院首先应恢复执行，对被执行人可供执行的财产继续执行，实现申请执行人的财产利益。

## 立法沿革与争议

《终本规定》第9条第1款规定:"终结本次执行程序后,申请执行人发现被执行人有可供执行财产的,可以向执行法院申请恢复执行。申请恢复执行不受申请执行时效期间的限制。执行法院核查属实的,应当恢复执行。"根据该规定,申请恢复执行的前提为被执行人有可供执行的财产。被执行人违反限制高消费令,可以证实其有财产可供执行,故符合恢复执行的条件。

《限制高消费规定》第11条规定:"被执行人违反限制消费令进行消费的行为属于拒不履行人民法院已经发生法律效力的判决、裁定的行为,经查证属实的,依照《中华人民共和国民事诉讼法》第一百一十一条的规定,予以拘留、罚款;情节严重,构成犯罪的,追究其刑事责任。"此法条规定了违反限制消费令行为的后果及应当承担的责任,但未规定是否应恢复执行。

否定说认为,被执行人在终结本次执行程序期间违反限制消费令的,因《限制高消费规定》《执行立结案意见》《终本规定》对是否应当恢复执行无明确规定,故恢复执行应以是否发现新的财产线索为标准。肯定说认为,执行人员应当考虑立法的目的,为充分保护申请执行人合法权益,终结本次执行程序期间被执行人违反限制消费令的,推定有可供执行财产,法院应当依职权或依申请恢复执行。

## 案例索引

上海市虹口区人民法院(2021)沪0109执恢433号执行异议案

## 190 申请执行人未在破产重整程序申报债权,能否再次通过执行程序获得清偿?

答:进入破产重整程序的被执行人未通知此前已经进入执行程序的债权人申报债权,导致其失去在破产重整程序中主张债权的机会;重整计划执行完毕后,该债权人有权按照破产重整计划规定的同类债权的清偿条件行使权利，申请恢复执行。

## 理由与依据

首先，通过执行程序处理未经通知导致没有申报的破产债权，不违反《破产法》第92条第2款"债权人未依照本法规定申报债权的，在重整计划执行期间不得行使权利；在重整计划执行完毕后，可以按照重整计划规定的同类债权的清偿条件行使权利"的规定。该法律规定文义并未排除执行程序直接适用的情况。在重整计划执行完毕后，未申报债权但是已经进入执行程序的债权人，可以直接按照重整计划确定的同类债权清偿比例，请求执行法院通过执行程序保护其未获得清偿的债权。

其次，通过执行程序解决本案进入执行程序的债权人利益保护问题，有利于提高债权实现效率，避免债权人利益保护缺乏救济途径而影响其利益保护。针对终结本次执行程序的债权人，由于其未被通知申报债权而导致未在破产重整程序中行使债权的情形，《企业破产法》未规定其债权保护和救济方式，但是根据该法第4条关于"破产案件审理程序，本法没有规定的，适用民事诉讼法的有关规定"，可以补充适用《民事诉讼法》有关规定、原则处理。《民事诉讼法》第8条规定，人民法院审理民事案件应当保障和便利当事人行使诉讼权利，故对于进入执行程序的债权人权利保护而言，执行工作在确定债权人行使权利的方式上亦应当注意保障和便利其依法行使权利。由于破产重整计划执行完毕，已经完成破产重整任务，往往以该破产案件结案处理。未清偿的债权在重整计划执行完毕后由执行法院通过恢复执行程序，按照《重整计划》所规定的债权清偿方式和比例予以保护，可使得债权人的权利尽快实现，提高保护债权人利益的效率。

最后，由执行法院通过恢复执行程序处理，可以延续执行法院已开展的强制执行程序工作，节约司法资源，提高司法工作效率。未清偿的债权属于已经法院生效判决确定并具有既判力的债权，已经不再具有再次审理和裁判的争议本质和法理基础。因此，对于该已经生效判决确定且已经进入执行程序的债权，其已经基于强制执行程序具有强制执行效力，对于该已启动强制执行程序的债权，执行法院对相关债权已经基于强制执行而获得清偿的债权数额及未获清偿的债权数额，已经基于执行案件而建立案件账目，故由该执行法院恢复执行，有利于其及时高效计算债权人未获清偿债权的具体数额，在体现保护债权人利益工作延续性基础上，提高执行案件的执行效率；通过在执行程序中直接按照破产重整计划确定的条件清偿未获得清偿部分的债权，可以避免让已经完成破产重整程序任务的破产审判合议庭和破产管理人重新启动工作，增加不必要的工作负担，有利于节约司法资源。

## 立法沿革与争议

1986年《企业破产法（试行）》第19条规定："企业和债权人会议达成和解协议，经人民法院认可后，由人民法院发布公告，中止破产程序。和解协议自公告之日起具有法律效力。"第22条规定："经过整顿，企业能够按照和解协议清偿债务的，人民法院应当终结对该企业的破产程序并且予以公告。"

2007年《企业破产法》第92条规定："经人民法院裁定批准的重整计划，对债务人和全体债权人均有约束力。债权人未依照本法规定申报债权的，在重整计划执行期间不得行使权利；在重整计划执行完毕后，可以按照重整计划规定的同类债权的清偿条件行使权利。债权人对债务人的保证人和其他连带债务人所享有的权利，不受重整计划的影响。"2007年《最高人民法院执行工作办公室关于破产和解后以破产债务人为被执行人的案件能否继续执行的请示答复》明确，破产和解是债务人破产再生程序，和解协议执行完毕后，其法人资格仍存续，但不再承担和解协议规定以外的债务的清偿责任。对此，当时法律虽无明文规定，但参照《企业破产法》，应作此理解。

未经通知申报债权的债权人在重整计划执行完毕后是否有权申请恢复执行在实践中备受争议。一方面，有观点从债权保护的角度，认为可以通过执行程序处理。另一方面，基于破产重整程序统一处理一般清偿排除执行程序个别清偿的考量，另有观点认为应当由破产程序处理，执行案件应当裁定终结执行，不应恢复执行。实务中，由于破产重整计划执行完毕，其管理人任务已经完成，破产管理人已不再具有相应职权。向破产法院审判合议庭或者破产管理人请求行使权利，已无救济路径。在此情况下，强行要求债权人向原破产合议庭或破产管理人主张行使权利，无异于徒然增加当事人行使权利的程序成本，通过执行程序实现债权更符合法定的便利诉权原则。

最高人民法院（2022）最高法执监121号执行监督案

**191** 被申请执行的财产涉及非法集资案件中止执行的，申请人能否以享有抵押权、建设工程价款优先受偿权为由要求恢复执行？

答：执行财产因系非法集资刑事案件涉案财物而中止执行后，即使申请执行人对涉案财产享有优先受偿权，也不能要求执行法院恢复执行。

## 理由与依据

根据《最高人民法院、最高人民检察院、公安部关于办理非法集资刑事案件适用法律若干问题的意见》第7条规定，执行过程中发现有非法集资犯罪嫌疑的，或者执行标的物属于公安机关、人民检察院、人民法院侦查、起诉、审理非法集资刑事案件的涉案财物的，应当中止执行。从《刑事涉财执行规定》第13条第2款的规定来看，债权人虽然对执行标的享有优先受偿权，但其受偿顺位在"人身损害赔偿中的医疗费用"之后，并非第一顺位受偿，而且在非法集资刑事案件审理过程中还可能会出现其他优先受偿权人，因此，在刑事案件审理完毕前就恢复执行，可能会损害其他优先权人的合法权益。另外，非法集资犯罪案件涉及人数众多，影响面广，又往往与民商事纠纷存在交叉，待非法集资刑事案件审理完毕后再恢复执行，统一处置涉案财产，一并依法分配涉案财产，有利于最大限度兼顾保护各方当事人的合法权益。

## 立法沿革与争议

关于刑民交叉案件的处理，1985年《最高人民法院、最高人民检察院、公安部关于及时查处在经济纠纷案件中发现的经济犯罪的通知》（已废止）确立了先刑后民的处理原则。1998年《最高人民法院关于在审理经济纠纷案件中涉及经济犯罪嫌疑若干问题的规定》(已废止)明确了以"同一法律事实""同一法律关系"作为区分刑民交叉案件处理方式的标准，即刑事案件、民商事案件分属不同法律事实的，刑事、民商事案件并行审理；刑事、民商事案件属于同一法律事实的，先刑后民。2014年《最高人民法院、最高人民检察院、公安部关于办理非法集资刑事案件适用法律若干问题的意见》、2015年《民间借贷规定》及2019年《九民纪要》，均采用了"同一事实"的表述，即涉及同一事实时，应当先刑后民；涉及不同事实时，刑事、民商事案件分别审理。

关于刑事与民事执行程序。根据《最高人民法院、最高人民检察院、公安部关于办理非法集资刑事案件适用法律若干问题的意见》第7条的规定，执行程序是否应当中止执行，判断标准为"执行财产是否属于刑事案件涉案财物"，如正在执行的财产系刑事案件涉案财物，应当中止执行。

关于刑事案件涉财产执行的分配顺位。《刑事涉财执行规定》第13条规定："被执行人在执行中同时承担刑事责任、民事责任，其财产不足以支付的，按照下列顺序执行：(一)人身损害赔偿中的医疗费用；(二)退赔被害人的损失；(三)其他民事债务；(四)罚金；(五)没收财产。债权人对执行标的依法享有优先受偿权，其主张优先受偿的，人民法院应当在前款第(一)项规定的医疗费用受偿后，予以支持。"

## 案例索引

最高人民法院(2020)最高法执复1号复议审查案

## 192 破产和解后，以破产债务人为被执行人案件是否应当继续执行？

答：破产和解协议对债务人及全体债权人均有约束力。按照和解协议减免的债务，自和解协议执行完毕时起，债务人不再承担清偿责任。

因此，破产和解协议执行完毕后，被执行人不再承担和解协议规定以外的债务的清偿责任，以破产债务人为被执行人的案件应终结执行。

## 理由与依据

破产程序是一种概括的债务清偿程序。对债务人全部财产的管理、变价和分配等事务，应当通过破产程序处理。所有债权人应当统一按照《企业破产法》规定的程序行使权利。破产和解不同于破产清算，通过债务人和债权人的谅解让步而了结债务关系。和解协议执行完毕后，破产程序终结，原则上应当不再可能根据个别债权人的申请启动或恢复个别执行程序。

如在破产终结后发现破产人有应当供分配的其他财产，也应依照《企业破产法》第123条的规定，自破产程序终结之日起2年内，债权人可以请求人民法院按照破产财产分配方案进行追加分配。而不是通过恢复已经终结的执行程序行使权利，否则，有违通过破产程序公平保护全体债权人的立法本意。

## 立法沿革与争议

《企业破产法》及其司法解释并未对破产和解协议执行完毕后执行程序应如何处理以及能否继续执行作出规定。

2006年《企业破产法》第100条规定："经人民法院裁定认可的和解协议，对债务人和全体和解债权人均有约束力。债权人是指人民法院受理破产申请时对债务人享有无财产担保债权的人。和解债权人未依照本法规定申报债权的，在和解协议执行期间不得行使权利；在和解协议执行完毕后，可以按照和解协议规定的清偿条件行使权利。"第106条规定："按照和解协议减免的债务，自和解协议执行完毕时起，债务人不再承担清偿责任。"破产和解作为整体债务清偿程序，一旦破产和解协议履行完毕，债务人不再承担清偿责任，执行程序终结。

2007年《最高人民法院执行工作办公室关于破产和解后以破产债务人为被执行人的案件能否继续执行的答复》[法（执）明传〔2007〕10号]首次以批复的形式对破产和解协议执行完毕后能否再对债务人继续执行作出了明确规

定："破产案件终结，是因为债权人会议通过了和解协议并执行完毕，债务人圣方科技公司按照和解协议规定的条件清偿了债务，破产原因消除。经破产法院裁定认可的和解协议，对债务人和全体债权人均有约束力。债权人参加了破产程序，依法应当受该和解协议的约束。破产和解是债务人破产再生程序，和解协议执行完毕后，其法人资格仍存续，但不再承担和解协议规定以外的债务的清偿责任。对此，当时法律虽无明文规定，但参照新《企业破产法》，应作此理解。此种情况下债务人未被宣告破产，并保留主体资格，这一点不能成为你院恢复执行的理由。在裁定终结破产程序后，应当裁定对债务人的执行终结。"

《人民法院执行办理指引》《人民法院办理执行案件规范》明确将"被执行人在破产程序中与全体债权人达成破产和解协议经破产法院确认并已履行完毕的"作为人民法院应当裁定终结执行的情形之一。[①]

## 案例索引

江苏省苏州市吴中区人民法院（2021）苏0506执恢212号买卖合同纠纷执行案

广东省东莞市第三人民法院（2017）粤1973执异85号执行异议案

## 193　破产法院驳回债权人破产申请后，执行法院应再次移送破产审查还是应对普通债权按照查封先后顺序清偿？

答：破产法院驳回债权人破产申请后，执行法院可以自行决定是否移送破产审查，若决定不移送破产审查的，对普通债权按照查封先后顺序清偿。

---

① 参见最高人民法院执行局编：《人民法院执行办案指引（二）》，人民法院出版社2018年版，第165页；最高人民法院执行局编：《人民法院办理执行案件规范（二）》，人民法院出版社2017年版，第55页。

## 理由与依据

执行转破产程序指对于符合破产条件的案件，由执行法院告知并征询申请执行人或被执行人意见，在申请执行人或被执行人同意后，将案件移送破产法院进行处理，以推动解决企业破产启动难的问题。对于申请执行人自行申请破产被驳回后，执行法院是否还需要再次移送，目前并无明确法律规定。执行法院在执行转破产程序中主要行使移送职责，最终能否立案受理、是否进行破产清算的决定权在破产法院，从这个意义上来看，申请执行人自行申请破产与执行法院移送破产，并无本质差别。执行过程中，债权人申请对债务人公司申请破产被驳回，表明法院认为债务人尚不具备破产条件，并不因由执行法院移送破产审查而有所不同。

执行法院认为被执行人已具备破产条件的有权决定是否移送破产审查，即使债权人对债务人公司破产申请被驳回，执行法院仍可依据《民事诉讼法解释》第511条的规定，经申请执行人之一或被执行人同意后，移送破产审查。若执行法院认为没有再次移送破产审查的必要的，依据《民事诉讼法解释》第514条，按照被执行人住所地人民法院不受理破产案件的情形进行处理，即执行法院就执行变价所得财产，在扣除执行费用及清偿优先受偿的债权后，对于普通债权按照财产保全和执行中查封、扣押、冻结财产的先后顺序清偿。

## 立法沿革与争议

法院驳回债权人自行提起的破产申请后，执行法院应移送破产审查还是直接按照查封顺序清偿，法律和司法解释对此并未作出规定。1998年《执行工作规定》第96条规定："被执行人为企业法人，未经清理或清算而撤销、注销或歇业，其财产不足清偿全部债务的，应当参照本规定90条至95条的规定，对各债权人的债权按比例清偿。"该条在2020年修正时已经删除，因《民事诉讼法解释》对不同性质的债务人采取了不同的清偿程序。其在第511条规定："在执行中，作为被执行人的企业法人符合企业破产法第二条第一款规定情形的，执行法院经申请执行人之一或者被执行人同意，应当裁定中止对该被执行人的执行，将执行案件相关材料移送被执行人住所地人民法院。"即债务人是企业法人的，要么适用《企业破产法》的规定进行债务清理，要么在执行程序中按查封顺序先后受偿。而移送破产的条件除执行法院认为应当符合《企业破产法》规定外，还应当至少经申请执行人或被执行人的同意。依据《民事诉讼法解释》第514条规定："当事人不同意移送破产或者被执行人住所地人民法院不受理破产案件的，执行法院就执行变价所得财产，在扣除执行费用及清偿优先受偿的债权后，对于普通债权，按照财产保全和执行中查封、扣押、冻结财产的先后顺序清偿。"

## 案例索引

最高人民法院（2019）最高法执监59号股权转让纠纷执行案

## 194 执行转破产后，执行异议审查程序应当如何处理？

答：对法院执行行为提出的异议，执行案件移送破产后，如果异议的审查结果与破产清算程序直接相关，应当裁定中止审查；驳回破产申请后，恢复审查；裁定受理破产申请后，异议人同意撤回异议申请的，予以准许；异议人坚持异议的，裁定驳回异议申请。其他执行行为异议则不受移送破产的影响，可以继续审查。依据《民事诉讼法》第238条对执行标的提出的异议，在执行案件移送破产后，应当中止审查。裁定驳回破产申请后，恢复审查；裁定受理破产申请后，案外人同意撤回异议申请的，予以准许；案外人坚持异议的，裁定驳回异议申请。

## 理由与依据

1. 执行行为异议。一般情况下，由于执行行为异议审查具有相对独立性，移送破产后，执行实施程序虽然应当中止，但并不影响异议程序中对执行行为合法性的审查判断。但是，由于执行行为异议所涉范围广泛，有的执行行为异议的审查结果将直接影响破产程序进行。如被执行人以债权消灭、丧失强制执行效力等执行依据生效之后的实体事由提出异议，直接涉及破产债权的确认。对于此类执行行为异议，应中止审查，等待破产法院的审查结果。若裁定驳回破产申请的，则执行程序继续，执行异议的审查亦应恢复；若裁定受理破产申请的，则根据《企业破产法》的规定，执行程序应当中止，由于该执行行为异议涉及破产债权，被执行人的所有财产已转为破产财产，申请执行人的债权亦应通过破产程序受偿，故关于该异议的审查程序应终止。异议人同意撤回异议申请的，予以准许；异议人坚持异议的，裁定驳回异议申请。避免执行异议程序与破产程序发生矛盾冲突。当然，与破产债务无关的执行行为异议审查程序不受移送破产或受理破产申请的影响。

2. 案外人异议。根据《民事诉讼法》第238条针对执行标的提出的异议，法院审查的焦点是案外人是否对执行标的享有足以排除执行的实体权利。转入破产程序后，被执行人的财产转化为破产财产，执行异议所指向的对象也不例外。执行法院移送破产的，因破产法院是否受理破产申请尚处于不确定状态，因此异议审查程序应当中止，等待破产法院的审查结果。裁定驳回破产申请后，恢复审查；裁定受理破产申请后，案外人同意撤回异议申请的，予以准许；案外人坚持异议的，裁定驳回异议申请。

## 立法沿革与争议

法律及司法解释对于执行案件移送破产及破产申请受理后，正在进行的执行异议审查程序应当如何处理没有作出明确规定。《江苏省高级人民法院关于执行异议及执行异议之诉案件办理工作指引（一）》规定："被执行人进入破产程序后，执行案件应当中止执行，对进入破产程序的被执行人的执行行为应当解除。由此引发的执行异议案件应当裁定不予受理，已经受理的应当驳回异议申请；在复议程序审查发现被执行人进入破产程序的，执行复议案件应当裁定终结审查。"

## 案例索引

江苏省无锡市中级人民法院（2021）苏02执监28号借款合同纠纷执行监督案

## 195 执行转破产程序与普通破产程序中止执行的时间点有何不同？

答：执行移送破产审查程序中止执行的时间点早于普通破产程序中止执行的时间点。

### 理由与依据

根据《企业破产法》第19条规定，对于普通破产程序的中止执行时间点为"人民法院受理破产申请后"，即破产法院作出受理债务人破产裁定生效后。根据《执转破意见》第8条规定中止执行的时间点提前为执行法院收到移送破产法院作出的移送破产决定书之后。

### 立法沿革与争议

一般认为，《企业破产法》的中止执行时间节点是客观时间节点，系不论执行法院是否收到破产法院作出的受理破产裁定，均应停止执行，表现为破产法院已作出受理破产裁定，但执行法院尚未收到该裁定的空档期，执行法院作出的执行行为应予执行回转。《执转破意见》对移送破产法院规定了先行义务，即"作出移送决定后，应当书面通知所有已知执行法院"，《执转破意见》中止执行时间节点应当为客观时间节点还是主观时间节点尚未明确。本书采主观时间节点说，即执行法院在移送破产法院已作出执转破决定书，但尚未通知执行法院的空档期作出的执行行为无须予以纠正。

### 案例索引

最高人民法院（2020）最高法执监44号执行监督案

### 196 当事人不服破产管理人依照企业破产程序对破产企业财产处置变价向法院提出执行异议的，法院应否受理？

答：当事人不服破产管理人依照企业破产程序对破产企业财产处置变价的行为向法院提出执行异议的，法院应当裁定不予受理；立案后发现不符合受理条件的，裁定驳回申请。当事人认为管理人在财产处置变价过程中未勤勉尽责、忠实执行职务，给债权人造成损失，可以另行起诉管理人主张赔偿。

## 理由与依据

《民事诉讼法》第236条、《异议复议规定》第2条是我国执行异议程序的制度基础。换言之，法院立案受理执行异议案件的根本前提是，当事人或者利害关系人在执行程序中对人民法院的执行行为提出异议。破产管理人依照企业破产程序对破产企业财产处置变价的行为不属于执行程序中的执行行为，当事人对此不服提出的异议，法院应当裁定不予受理；立案后发现不符合受理条件的，裁定驳回申请。

管理人处置资产的行为与管理人实施的其他执行职务的行为并无区别，《企业破产法》赋予债权人对管理人重大财产处分行为的监督权和赔偿请求权，但债权人仅享有有限的监督权，且只能通过债权人会议和债权人委员会行使。而赋予债权人在财产处置后的赔偿请求权，则可以在不影响破产程序的情况下，追究管理人在财产处分过程中的故意或过失行为责任，实现公正的价值目标。[①]

## 立法沿革与争议

《企业破产法》第25条规定："管理人履行下列职责：（一）接管债务人的财产、印章和账簿、文书等资料；（二）调查债务人财产状况，制作财产状况报告；（三）决定债务人的内部管理事务；（四）决定债务人的日常开支和其他必要开支；（五）在第一次债权人会议召开之前，决定继续或者停止债务人的

---

[①] 参见最高人民法院（2019）最高法民再198号民事裁定书。

营业;(六)管理和处分债务人的财产;(七)代表债务人参加诉讼、仲裁或者其他法律程序;(八)提议召开债权人会议;(九)人民法院认为管理人应当履行的其他职责。本法对管理人的职责另有规定的,适用其规定。"管理人对破产企业财产处置变价的行为应当属于该条第6项内容。《企业破产法》第130条规定:"管理人未依照本法规定勤勉尽责,忠实执行职务的,人民法院可以依法处以罚款;给债权人、债务人或者第三人造成损失的,依法承担赔偿责任。"当事人如对管理人的行为不服,认为给其造成损失的,可以另诉解决。

破产程序中的财产处置目前并无法律法规或司法解释予以规制,北京市高级人民法院和上海市高级人民法院分别出台了《北京市高级人民法院关于破产程序中财产网络拍卖的实施办法(试行)》《上海市高级人民法院关于破产程序中财产网络拍卖的实施办法(试行)》。根据上述办法的规定,管理人在网络拍卖中扮演的角色跟司法拍卖中的法院大致相同,但需要接受债权人会议和人民法院的监督,关系拍卖财产范围、平台、起拍价、降价幅度等重要内容的网络拍卖方案须由债权人会议表决通过,债权人无法作出决议的,由人民法院裁定。

## 案例索引

最高人民法院(2019)最高法民再198号管理人责任纠纷再审案

## 197 破产预重整程序能否中止执行?

答:执行中止需要有明确的法定情形,由于缺乏上位法的依据,预重整程序并不能产生人民法院裁定受理破产申请的效力,故执行程序因预重整程序中止没有法律依据。

## 理由与依据

《企业破产法》第19条规定破产申请被受理后即应中止执行程序,但目前

《企业破产法》明确规定的破产程序只有重整、和解及清算，预重整能否中止执行，仍无明确规定。

综合上述内容可知，预重整程序是在重整程序启动前的预备程序，是当事人间的庭外重组。无论是政府还是法院主导下的预重整程序，作为当事人之间的庭外重组，都不具备法庭内重整程序才具有的中止执行的法律效力。最高人民法院出台的相关规范性文件中也将预重整定性为利害关系人的"庭外重组、庭外商业谈判"。以预重整为由要求中止执行违反《企业破产法》规定，只有《企业破产法》明确规定的正式破产程序才具备中止执行的法律效力。最高人民法院的裁判观点认为，预重整属于启动正式破产程序前的庭外债务重组机制，并不能产生人民法院裁定受理破产申请的效力。①

### 立法沿革与争议

《全国法院破产审判工作会议纪要》第22条指出："探索推行庭外重组与庭内重整制度的衔接。在企业进入重整程序之前，可以先由债权人与债务人、出资人等利害关系人通过庭外商业谈判，拟定重组方案。重整程序启动后，可以重组方案为依据拟定重整计划草案提交人民法院依法审查批准。"其中的"庭内重整制度"指的是《企业破产法》中的破产重整制度，而"庭外重组制度"指的是传统商业性质的企业兼并重组，二者的衔接即破产预重整制度。《九民纪要》沿用了上述概念。2019年发改委等十三部门联合颁布的《加快完善市场主体退出制度改革方案》再次提出研究建立预重整和庭外重组制度。2021年11月25日发布的《国务院关于开展营商环境创新试点工作的意见》（国发〔2021〕24号），在国务院层面提出"推行破产预重整制度，建立健全企业破产重整机制，允许债权人等推荐选任破产管理人"。

预重整程序是否与重整程序一样可以引起中止执行的效果，从各地法院出台的涉及预重整程序的指引或审理规程来看，实践中尚未形成统一认识：

1. 预重整程序可以中止执行。《深圳市中级人民法院审理企业重整案件的工作指引（试行）》第33条第2款规定："在预重整期间，合议庭应当及时通

---

① 参见曹凤国、张阳主编：《最高人民法院执行批复理解与适用》，法律出版社2022年版，第762页。

知执行部门中止对债务人财产的执行。已经采取保全措施的执行部门应当中止对债务人财产的执行。"《北京破产法庭破产重整案件办理规范（试行）》第36条规定："预重整期间，执行案件移送破产重整审查的，临时管理人应当及时通知所有已知执行法院中止对债务人财产的执行程序。"《北海市人民法院破产重整案件审理操作指引（试行）》持同样立场。《成都市中级人民法院破产案件预重整操作指引（试行）》第5条规定："作出预重整决定的，本市辖区内法院应中止对债务人为被执行人的相关执行、保全措施。"

2. 预重整不能中止执行。《陕西省高级人民法院破产案件审理规程（试行）》第169条对预重整程序的效力进行了明确规定："预重整程序不具有重整程序所具有的中止执行、解除保全、冻结担保债权的行使等法定程序效力。但在预重整期间，受理预重整案件的人民法院可以根据预重整的需要，通过采取和相关执行法院（执行部门）协调、沟通等方式，取得有关执行法院（执行部门）的配合，解除有关保全措施和中止有关执行程序，以便保障预重整程序顺利进行。"《重庆市第五中级人民法院预重整工作指引（试行）》第9条第1款规定："预重整期间，债务人应当与债权人积极协商，争取债权人在预重整期间暂缓对债务人财产的执行。"

## 案例索引

最高人民法院（2021）最高法民申1488号合同纠纷再审案

## 198 能否以主债务人进入破产程序为由，中止对保证人的执行？

答：主债务人破产后，针对主债务人的保全措施和执行程序应当中止，但保证人未破产的，不得中止对保证人的执行。

## 理由与依据

人民法院受理破产申请后，有关债务人的执行程序应当中止，并非指有关债务人的执行案件中止。被执行人既包括债务人又包括保证人的，仅中止对债务人的执行，而不能中止对保证人执行。债务人的保证人或者其他连带债务人已经代替债务人清偿债务的，以其对债务人的求偿权申报债权。债务人的保证人或者其他连带债务人尚未代替债务人清偿债务的，以其对债务人的将来求偿权申报债权。但是，债权人已经向管理人申报全部债权的除外。

## 立法沿革与争议

有观点认为，债务人进入破产程序后，应当中止对担保人的执行行为。相反观点认为，根据《企业破产法》第124条规定："破产人的保证人和其他连带债务人，在破产程序终结后，对债权人依照破产清算程序未受清偿的债权，依法继续承担清偿责任。"在破产过程中，债权人不能请求担保人承担清偿责任，债权人必须在主债务人的破产程序终结后才能向保证人和其他连带债务人主张权利。本书认为债务人进入破产程序不影响对担保人执行。《企业破产法》第19条、第51条从正反两方面规定了债务人进入破产程序后，可以对担保人继续执行。而《企业破产法》第124条规定破产清算后，保证人和其他连带债务人对破产债权未能清偿的部分仍具有清偿义务，但并非限定债权人必须在主债务人的破产程序终结后才能向保证人主张权利。

## 案例索引

最高人民法院（2020）最高法执监460号执行监督案

### 199 执行终结后，被执行人或第三人又将已执行标的物恢复到执行前的状况，申请执行人能否请求人民法院直接排除妨害？

答：在执行终结6个月内，被执行人或者其他人对已执行的标的有妨害行为的，人民法院可以依申请排除妨害，并可以依照《民事诉讼法》

第114条规定进行处罚。因妨害行为给执行债权人或者其他人造成损失的，受害人可以另行起诉。在执行终结6个月之后，被执行人或者其他人对已执行的标的有妨害行为的，申请执行人应另行起诉。

## 理由与依据

在执行终结6个月内，被执行人或者其他人对已执行的标的有妨害行为的，人民法院可以依申请排除妨害，并可以依照《民事诉讼法》第114条规定进行处罚。因妨害行为给执行债权人或者其他人造成损失的，受害人可以另行起诉。现行司法解释以执行终结6个月为界，在执行终结6个月内，因时间上与原执行行为联系密切，故对被执行人或者其他人妨害已执行标的物的行为，人民法院可以依申请排除妨害，被执行人或者第三人对人民法院已经执行的标的又恢复到执行前的状况，虽属新发生的侵权事实，但是与已经生效的法律文书认定的侵权事实并无区别，如果申请执行人另行起诉，人民法院将会作出与已生效的法律文书完全相同的裁判。这样，不仅增加了申请人的诉累，同时也增加了人民法院审判的负担。因此，被执行人或者其他人在人民法院执行完毕后，对已执行的标的又恢复到执行前状况的，应当认定为是对已执行标的物的妨害行为，对其作出拘留、罚款，直至追究刑事责任的处理。对申请执行人要求排除妨害的，人民法院应当继续按照原生效法律文书执行。

## 立法沿革与争议

《最高人民法院执行办公室关于已执行完毕的案件被执行人又恢复到执行前的状态应如何处理问题的复函》（〔2000〕执他第34号）规定："被执行人或者其他人实施同样妨害行为的次数，只能作为认定妨害行为情节轻重的依据，并不涉及诉讼时效问题，不能据此要求申请执行人另行起诉；如果妨害行为给申请执行人或者其他人造成新的损失，受害人可以另行起诉。"

《民事诉讼法解释》起草过程中，最高人民法院认为，如果被执行人或者其他人对已执行标的的妨害行为发生在执行终结很长时间后，该行为与原执行程序的联系不再密切。妨害行为成为了新的侵权行为，也就失去了再次直接排除的合理性和必要性，因此《民事诉讼法解释》增加了执行终结后6个月的限制。[①]

## 案例索引

广东省高级人民法院（2017）粤民再408号财产损害赔偿纠纷再审案

---

**200** **申请执行人死亡的，生效法律文书认定的继续医疗费、继续护理费是否可以不再执行？**

答：如果生效判决认定损害赔偿金一次性给付，即使立案执行后申请执行人死亡，该部分费用仍要依据生效判决执行。如生效判决中未以"一揽子式"的赔偿方式予以处理，仅是对已经产生损失作出判决（对其中的长期护理费暂以一定期限界定），则因医疗费护理费未实际产生应终结执行。

## 理由与依据

申请执行人死亡的，生效判决主文内容并未改变，具有给付内容的判决还具有强制执行的效力，无法定事由，法院应当执行。

生效裁判判决继续医疗费、继续护理费一般有两种方式，金额确定的"一揽子式"及以实际发生为原则的。因申请执行人死亡不影响生效法律文书的强制执行效力，对于"一揽子式"的判决仍应继续执行；对于"分期式"判决，此时继续医疗费、继续护理费判项以实际发生为原则，对于未实际产生的部分应终结执行。

---

[①] 傅松苗、丁灵敏：《民事执行实务难题梳理与解析》，人民法院出版社2017年版，第16页。

## 立法沿革与争议

实践中对这一问题存在争议：第一种观点认为，法院作出判决时，涵盖了赔偿权利人在后续治疗过程中所发生的一切费用，其中也隐含了对其病情治愈、病情恶化及死亡等可能结果的认识。无论赔偿权利人经治疗后效果怎样，赔偿义务人都应当以原判决确定的数额赔付，生效的判决具有既定力，该部分费用应继续执行。[①] 第二种观点认为，应先中止本案的执行，待继承权利人主张权利后，对可继承部分予以执行，护理费等损失不可能再实际发生，且具有人身依附性，应对该部分裁定终结执行。第三种观点认为基于后续治疗及护理的事实已不复存在，原判决所依据的事实也不存在，应当通过审判监督程序进行再审撤销该部分费用。第四种观点认为，申请执行人死亡的事实是在判决生效后发生的，不符合再审的情形，所以申请执行人死亡并不属于"新的证据"范畴，不影响原判决的效力，应当继续执行原判决。

## 案例索引

山东省青岛市中级人民法院（2021）鲁02执复184号执行复议案

## 201 申请执行人申请不处分已查控的财产，人民法院应如何处理？

答：申请执行人申请不处分已查控的财产的案件，不属于被执行人无可供执行财产的情形，执行法院不能随意终结本次执行程序。如果法院已约谈申请执行人，已穷尽所有执行措施，除申请不处分已查控的财产以外，未发现被执行人可供执行的财产，经申请执行人同意，可以终结本次执行程序。如果不能同时满足上述条件，则不能"终本"。

---

① 孔晶晶：《申请执行人死亡，判决赔付的护理费应否继续执行？》，载河南省罗山县人民法院网 http://xylsfy.hncourt.gov.cn/public/detail.php?id=2308，最后访问时间：2022年7月16日。

申请执行人撤回执行申请的，执行法院可以依照《民事诉讼法解释》第464条的规定，裁定终结执行；申请执行人申请暂缓处分被执行人财产，可以依照《民事诉讼法》第267条第1款第1项的规定，裁定中止执行。

## 理由与依据

首先，终结本次执行程序须严格按照法律程序步骤，是严格规范现有制度适用，增强司法公信力的需要。《终本规定》第1条至第4条对终结本次执行的程序标准和实质标准予以明确，这是《终本规定》中最重要的核心条款。第1条概括性地对终结本次执行程序的条件作出了规定，第2条到第4条是对第1条中的有关内容作具体细化的规定。第1条中的第1项至第5项的条件应当同时满足，缺一不可，比如法院已完成发出执行通知（程序标准）等相关工作，已穷尽了财产调查措施，未发现被执行人有可供执行的财产（实质标准）等。

其次，厘清划清法院执行职责与当事人自负风险的界限。尊重当事人的意思自治，申请执行人申请不予处置已查控的财产是对自己权利的处分和放弃，符合法律规定。但申请执行人申请不处分已查控的财产不属于因被执行人无财产可供执行而导致的执行不能案件，案件处理结果不以权利人的主观意愿为转移，因此，不宜作为可以终结本次执行程序的情形，否则《终本规定》设定的严格的标准及条件很可能被架空，法院的职责可能履行不到位，无法达到规范该项制度的目的，另外还可能会引发社会质疑。

最后，根据司法资源合理配置的需要来看，鉴于中国现有司法资源相对于社会诉求而言明显不足，因此在其配置管理上更应谨慎精细。如果有财产的案件大量进入终本管理系统，会加大终本管理的难度。而且，有财产的案件进入了"终本库"，面临着随时要求恢复执行的现实，也增加了终本专门管理人员的工作负担，一定程度上会干扰执行的工作节奏，分散有限的执行资源。更重要的是，有可供处置财产的案件也可进入"终本库"，可能会在根本上与《终本规定》严格终本要件、净化终本库的规范目的相悖。

## 立法沿革与争议

终结本次执行程序的制度设计，早在2009年已被中央政法委下发的清理积案活动通知正式确认，此后各地法院逐渐广泛适用此项制度。在实践中，各地法院存在适用标准过宽、程序过于简化等不规范问题，一些本不该进入该程序的执行案件被当作无财产可供执行案件处理，加之缺乏相应规范，案件管理缺位，严重损害了债权人的合法权益，破坏了司法公信力。

2014年《执行立结案意见》第16条第1款明确了可以以"终结本次执行程序"方式结案的情形。2015年2月，最高人民法院在制定《民事诉讼法解释》时，对终结本次执行程序制度予以正式规定。因篇幅限制，《民事诉讼法解释》对终结本次执行程序的具体标准、程序及其后续管理等系列问题都没有规定。为更好地解决上述问题，严格规范终结本次执行程序，有效防止为片面追求结案率而滥用终结本次执行程序，严把进口，草拟关于终结本次执行程序规范性文件的工作提上日程。经过反复调研、酝酿，向部分高级人民法院、专家学者、最高人民法院其他审判部门等广泛征求意见，几经修改，《终本规定》于2016年12月1日起正式施行。

制定《终本规定》的法律依据主要是2012年《民事诉讼法》第257条第6项，即"有下列情形之一的，人民法院裁定终结执行：（六）人民法院认为应当终结执行的其他情形"。该项授权人民法院可以在前5项情形之外，根据法律的原则精神及司法实践的需要，决定可以终结执行的其他情形。终结本次执行程序即是被执行人无可供执行财产情形下，人民法院依法对本次执行程序终结执行的一种特殊形式。此外，2015年《民事诉讼法解释》第519条对终结本次执行的程序和标准亦作了规定，《终本规定》是对终结本次执行程序的具体条件、标准、程序等问题的进一步细化和完善。

申请执行人要求不处置被执行人财产，也不撤回执行申请的，在《终本规定》施行之前，执行实践中，通常是不予处置，以"终本"结案。而《终本规定》严格了"终本"要件，于此情形能否"终本"，存在争议。

第一，如果认为，于此情形可以认定为《终本规定》第1条"发现的财产不能处置"，依然可以"终本"，那就"终本"结案。既然申请人要求不要处置被执行人财产，就没有继续处置的必要，毕竟"多一事不如少一事"，特别是办案压力巨大的当下。

　　第二，如果认为，于此情形不可以"终本"，只有将被执行人能处置的财产处置完毕，才能"终本"，那继续处置的必要性就十分突出。

## 案例索引

最高人民法院（2022）最高法执监51号执行监督案

## 202　执行案款进入法院账户后未发还给申请执行人，破产法院受理关于被执行人破产申请的，该案款是否纳入破产财产？

　　答：破产申请受理时已经扣划至执行法院账户尚未支付给申请执行人的款项归属于破产财产，不得发还申请执行人。

## 理由与依据

　　人民法院受理破产申请是判断执行中财产归属的主要时间节点。该条中的执行程序中止，既包括查封、扣划、拍卖等执行行为，也包括发放执行案款的行为。已经扣划到执行法院账户的银行存款等执行款，但未完成向申请执行人转账、汇款、现金交付的，财产权利归属未发生变动，仍属于被执行人的财产，执行法院收到受移送法院受理裁定后，不应再支付给申请执行人。

　　法院作出受理破产裁定到执行法院收到该裁定之间存在的时间差，导致实践中执行法院在受理破产裁定作出前或收到该裁定前将款项发还给债权人，由此引发是否应将已发还款项执行回转的争论。根据《执转破意见》，执行法院在收到执转破决定后即应中止执行，作出受理破产裁定的时间必然在作出执转破决定后，故在破产法院作出受理破产裁定后至执行法院收到破产受理裁定期间，执行法院执行行为应受到约束。执行法院收到受移送法院受理裁定时，不再移交财产所有权已经发生变动的财产。

## 立法沿革与争议

2004年12月22日，最高人民法院在（〔2004〕最高法民他72号）复函中认为："人民法院受理破产案件前，针对债务人的财产，已经启动了执行程序，但该执行程序在人民法院受理破产案件后仅作出了执行裁定，尚未将财产交付给申请人的，不属于司法解释指的执行完毕的情形，该财产在债务人被宣告破产后应列入破产财产。但应注意以下情况：一、正在进行的执行程序不仅作出了生效的执行裁定，而且就被执行财产的处理履行了必要的评估拍卖程序，相关人已支付了对价，此时虽未办理变更登记手续，且非该相关人的过错，应视为执行财产已向申请人交付，该执行已完毕，该财产不应列入破产财产；二、人民法院针对被执行财产采取了相应执行措施，该财产已脱离债务人实际控制，视为已向权利人交付，该执行已完毕，该财产不应列入破产财产。"根据复函第二点意见，破产申请受理前已经扣划至执行法院账户尚未支付给申请执行人的款项应属于执行案件的申请执行人。

2017年12月12日，最高人民法院观点发生转变，在《最高人民法院关于对重庆高院〈关于破产申请受理前已经划扣到执行法院账户尚未支付给申请执行人的款项是否属于债务人财产及执行法院收到破产管理人中止执行告知函后应否中止执行问题的请示〉的答复函》（〔2017〕最高法民他72号）认为："人民法院裁定受理破产申请时已经扣划到执行法院账户但尚未支付给申请人执行的款项，仍属于债务人财产，人民法院裁定受理破产申请后，执行法院应当中止对该财产的执行。执行法院收到破产管理人发送的中止执行告知函后仍继续执行的，应当根据《最高人民法院关于适用〈中华人民共和国破产法〉若干问题的规定（二）》第五条依法予以纠正，故同意你院审判委员会的倾向性意见，由于法律、司法解释和司法政策的变化，我院2004年12月22日作出的《关于如何理解〈最高人民法院关于破产司法解释〉第六十八条的请示的答复》（〔2003〕民二他字第52号）相应废止。"

## 案例索引

最高人民法院（2019）最高法执监249号民间借贷纠纷执行审查案

最高人民法院（2019）最高法执复106号金融借款合同纠纷执行审查案

## 203 抵押权人在主债权诉讼期间内未主张抵押权，能否在破产程序中主张别除权？

答：债权人就主债权取得生效判决后在申请执行期间对债务人申请执行，视为抵押权人在主债权受到法律保护的期间行使权利。虽然债务人被申请破产，债权人在法律规定的申报债权期间向破产管理人申报有财产担保的债权，抵押权应受到保护。

### 理由与依据

抵押权人应当在主债权诉讼时效期间行使抵押权，未行使的，人民法院不予保护。但是当主债权已被生效判决确定时，基于"一事不再理"原则，不需要再次提起诉讼对主债权进行保护，因而也就不存在诉讼时效期间重新计算的问题。在债权人仅起诉债务人而未一并起诉抵押人的情况下，诉讼时效期间已经不再适用，但抵押权仍有进行保护之必要。参照适用《民法典》第419条规定之精神，应当将该条扩张解释为，抵押权人应当在主债权受到法律保护的期间内行使抵押权。该受到法律保护的期间通常为主债权诉讼时效期间；当主债权经诉讼程序被生效裁判确定后，抵押权的保护期间为申请执行期间；在债务人破产时，抵押权的保护期间为法律规定的申报债权期间。只要当事人在前述的保护期间内依法行使权利，抵押权就应受到保护。[①]

### 立法沿革与争议

《企业破产法》第109条规定："对破产人的特定财产享有担保权的权利人，对该特定财产享有优先受偿的权利。"《破产法解释（二）》第3条规定："债务人已依法设定担保物权的特定财产，人民法院应当认定为债务人财产。对债务人的特定财产在担保物权消灭或者实现担保物权后的剩余部分，在破产程序中可用以清偿破产费用、共益债务和其他破产债权。"以上条文明确了破产案件中抵押权人就债务人的特定财产优先受偿的权利，同时也规定了担保财产首先应当用于清偿对应的担保债权，其次才是破产费用、共益债务和其

---

① 最高人民法院第二巡回法庭2021年第20次会议纪要。

他破产债权。

《全国法院破产审判工作会议纪要》第25条规定，在破产清算和破产和解程序中，抵押权人可以随时向管理人主张实现抵押权，但因单独处置担保财产会降低其他破产财产的价值而应整体处置的除外，处置抵押财产无须经债权人会议决议。《九民纪要》第112条规定，破产重整程序中如不是重整必要的担保物，可以先行处置行使优先受偿权，可以不必暂停行使担保物权。根据上述规定，一般情况下破产程序中抵押权人均可主张抵押权，法律并未禁止、限制抵押权人权利的行使。

即使抵押权人未在主债权诉讼时效期间内主张抵押权，但抵押权人取得生效法律文书后，在申报债权期间主张抵押权，其优先受偿权应得到保护。

## 案例索引

最高人民法院（2021）最高法民再154号别除权纠纷民事再审审查案

最高人民法院（2020）最高法民申1676号保证合同纠纷案

## 204 申请执行人主动向法院申请终结执行，可否认定其自愿放弃剩余债权？

答：申请执行人直接申请终结执行，人民法院可以依法予以支持，申请执行人未明确表示放弃剩余债权的，不认定为放弃剩余债权。终结执行后，申请执行人申请再次执行或者恢复执行没有法律依据，人民法院不予支持。剩余债权成为自然之债。

## 理由与依据

申请执行人基于裁判确定的执行债权依法享有申请强制执行的程序权利，包括申请程序的启动、中止和终结。申请终结执行是申请执行人行使程序权利处分权的体现，人民法院应当依法予以支持。执行实务中争议的焦点主要在于申请终结执行后能否再次申请执行，或者申请恢复执行。从法律和司法解释规定来看，除了申请执行人撤销强制执行申请而终结执行的情形，以及达成执行和解终结执行后一方不履行和解协议的情形，现行法律并没有规定其他终结执行的情形下可以再次申请执行，或者申请恢复执行。相反，《最高人民法院关于对人民法院终结执行行为提出执行异议期限问题的批复》赋予了当事人、利害关系人收到终结执行法律文书之日起60日内、未收到法律文书的自知道或者应当知道人民法院终结执行之日起60日内对终结执行行为提出异议的权利。与终结执行裁定无利害关系人或者超出该期限提出执行异议的，人民法院不予受理。强制执行程序因申请执行人主动申请的意思自治而终结，对其再次申请或者恢复执行的申请不予受理，符合"一事不再理"原则。当然，由于申请执行人并没有作出放弃剩余债权的明确意思表示，剩余债权未能申请强制执行，处于自然之债的状态。债务人自愿履行的，债权消灭，不构成不当得利。

## 立法沿革与争议

在强制执行程序中，发生了法定或者人民法院认定的情形，虽然执行债权尚未全部清偿完毕，但强制执行程序无法或者没有必要继续进行，由人民法院以裁定的形式结束强制执行程序。1982年的《民事诉讼法》第183条即规定了人民法院裁定终结执行的情形，包括（1）申请人撤销申请的；（2）据以执行的法律文书被撤销的；（3）作为被执行人的公民死亡，无遗产可供执行，又无义务承担人的；（4）追索赡养费、扶养费、抚养费案件的权利人死亡的；（5）人民法院认为应当终结执行的其他情形。对比1982年的《民事诉讼法》，现行的《民事诉讼法》只增加了作为被执行人的公民因生活困难无力偿还借款，无收入来源又丧失劳动能力这一种终结执行的情形。2015年《民事诉讼法解释》第520条规定了申请人撤销申请后在申请执行时效期间内再次申请执行的人民法院应当受理的规定，沿用至今。

## 案例索引

最高人民法院（2016）执复32号执行复议案

# 第五章 执行救济

## 第一节 执行异议和复议

**205** 被执行人与他人在诉讼中达成以物抵债协议并出具民事调解书的，能否排除另案债权人对抵债标的物的强制执行？

答：因以物抵债调解书的执行系基于债权请求权的物之交付请求权执行，基于债权的平等性，并不优先于其他债权请求权的执行，不能排除申请执行人对抵债标的物的强制执行。

**理由与依据**

以物抵债，在法律行为层面，是指当事人双方达成以他种给付替代原定给付的协议。以物抵债合同的成立仅要求具有以他种给付替代原定给付的合意，无债权人受领他种给付的事实，为诺成合同；合同的成立不但要求达成合意，而且债权人受领了债务人的他种给付，为实践性合同，属传统民法上的代物清偿。[①] 我国并未规定代物清偿制度，因此以物抵债协议在我国现行法上仍为诺成合同。抵债物已经交付给债权人的，债权人直接取得抵债物的所有权；抵债物尚未交付给债权人的，债权人有权请求债务人交付抵债物，但不得直接请求确认对该抵债物享有所有权。[②]

人民法院出具以物抵债调解书后，抵债物被查封的，抵债物受让人申请排除执行的，不予支持。以物抵债调解书，债权人据此仅享有请求债务人履行调解书确定的交付抵债物的权利。债务人不履行的，债权人可以申请强制

---

[①] 参见崔建远：《以物抵债的理论与实践》，载《河北法学》2012年第3期。

[②] 参见最高人民法院民事审判第二庭编著：《〈全国法院民商事审判工作会议纪要〉理解与适用》，人民法院出版社2020年版，第303～304页。

执行，该执行系物之交付请求权的执行。物之交付请求权的执行能否排除本案对抵债物的强制执行，涉及执行竞合问题。无论本案的执行依据是金钱债权还是交付特定物，均与交付抵债物的目的相互排斥，无法并存，只能择其一执行。理论上处理方案有三种：一是执行法院无判断之权限，依申请之先后处理；二是应视执行名义所载非金钱请求权是否基于物权而定；三是原则上依申请先后办理，但申请在后者系基于物权而生之请求权，应优先于申请在先之金钱债权而执行。[①] 依据2020年《执行工作规定》第55条，我国对此类竞合采取的原则是，先申请执行者优先，但执行依据基于物权者更优先。[②] 基于以物抵债合意请求债务人交付特定物的请求权，其基础权利源于契约而非物权，以物抵债调解书的执行属于基于债权请求权的物之交付请求权。根据债权平等原则，基于一般债权的交付请求权自然不能对抗本案的强制执行，应当按照采取查封措施的先后顺序清偿，[③] 故另案债权人无法依据以物抵债调解书排除本案对抵债物的执行。

债务人财产被法院查封后，债务人在另案诉讼中与其债权人达成的将查封财产以物抵债的协议，基于查封的效力，债务人处分查封财产的行为不能对抗本案的申请执行人，即使以物抵债协议经人民法院确认并出具调解书，也不能排除本案对抵债物的执行。

## 立法沿革与争议

关于案外人持另案法律文书能否排除执行问题，要区分情况对待：另案

---

① 参见杨与龄编著：《强制执行法论（最新修正）》，中国政法大学出版社2002年版，第270页。

② 2020年《执行工作规定》第55条规定："多份生效法律文书确定金钱给付内容的多个债权人分别对同一被执行人申请执行，各债权人对执行标的物均无担保物权的，按照执行法院采取执行措施的先后顺序受偿。多个债权人的债权种类不同的，基于所有权和担保物权而享有的债权，优先于金钱债权受偿。有多个担保物权的，按照各担保物权成立的先后顺序清偿。一份生效法律文书确定金钱给付内容的多个债权人对同一被执行人申请执行，执行的财产不足清偿全部债务的，各债权人对执行标的物均无担保物权的，按照各债权比例受偿。"参见王娣：《论强制执行竞合及其解决》，载《北京科技大学学报（社会科学版）》2005年第1期。

③ 参见江必新、刘贵祥主编：《最高人民法院关于人民法院办理执行异议和复议案件若干问题规定理解与适用》，人民法院出版社2015年版，第381页。

生效法律文书作出的时间在执行标的物被查封之后，无论案外人持有的生效法律文书的基础权利是什么，人民法院都不予支持，《最高人民法院关于执行权合理配置和科学运行的若干意见》赋予执行法院对执行程序中案外人对执行标的物的实体异议事项专属管辖权，案外人应通过异议之诉主张权利，而不是另行诉讼。另案生效法律文书作出时间在查封之前的，要区分法律文书是否将标的物所有权确权给案外人或者标的物所有权本就属于案外人。① 为此，《异议复议规定》第26条规定："金钱债权执行中，案外人依据执行标的被查封、扣押、冻结前作出的另案生效法律文书提出排除执行异议，人民法院应当按照下列情形、分别处理：（一）该法律文书系就案外人与被执行人之间的权属纠纷以及租赁、借用、保管等不以转移财产权属为目的的合同纠纷，判决、裁决执行标的归属于案外人或者向其返还执行标的且其权利能够排除执行的，应予支持；（二）该法律文书系就案外人与被执行人之间除前项所列合同之外的债权纠纷，判决、裁决执行标的归属于案外人或者向其交付、返还执行标的的，不予支持。（三）该法律文书系案外人受让执行标的的拍卖、变卖成交裁定或者以房抵债裁定且其权利能够排除执行的，应予支持。金钱债权执行中，案外人依据执行标的被查封、扣押、冻结后作出的另案生效法律文书提出排除执行异议的，人民法院不予支持。非金钱债权执行中，案外人依据另案生效法律文书提出排除执行异议，该法律文书对执行标的的权属作出不同认定的，人民法院应当告知案外人依法申请再审或者通过其他程序解决。申请执行人或者案外人不服人民法院依照本条第一、二款规定作出的裁定，可以依照民事诉讼第二百二十七条规定提起执行异议之诉。"以物抵债调解书系给付裁判而非确权裁判，执行标的物仍属于被执行人，依据《异议复议规定》第26条第2款的规定，即使以物抵债调解书是在抵债物被查封之前作出的，也无法排除执行。

抵债物是不动产的，能否将体现为不动产买卖形式的以物抵债纳入《异议复议规定》第28条、第29条的范围，实践中有不同认识。有观点认为，以物抵债问题比较复杂，尤其是对于案外人与被执行人恶意串通倒签抵债时间以排除其他债权人、使受让人偏颇受偿的问题突出，尚无鉴定合同确切签订

---

① 参见江必新、刘贵祥主编：《最高人民法院关于人民法院办理执行异议和复议案件若干问题规定理解与适用》，人民法院出版社2015年版，第378～380页。

时间的有效技术手段，抵债又不需要支付具体价款，无法通过其他证据来判断抵债合意的真伪。同时，对买受人物权期待权进行保护的理念是，物之交付债权优先于金钱债权，而抵债协议的目的是消灭金钱债权，不应优先于另外一个金钱债权的实现。① 还有观点认为，对于已届清偿期的债权而言，以物抵债协议属于《异议复议规定》第28条规定的书面买卖合同。案外人对被执行人享有的到期债权转化为购房款，即购房款的支付方式是以其对被执行人享有的债权冲抵。因此，在满足《异议复议规定》第28条规定的条件时，以物抵债的债权人能够排除强制执行。但因案外人无实际支付购房款的行为，故应当对被抵偿的债权的真实性进行严格审查，以排除逃避执行的情况。另外，还应要求执行标的价值与所抵偿的债权价值相当，防止偏颇受偿，损害申请执行人的权益。②

《异议复议规定》起草时，原本拟将抵债受让人也纳入物权期待权人的保护对象，但不少法院反映，实践中以物抵债的问题比较复杂，最终未达成一致意见，未将抵债受让人纳入物权期待权保护范围。③

## 案例索引

最高人民法院（2020）最高法民终844号案外人执行异议之诉案

## 206 被执行人能否作为案外人对执行标的提出案外人异议？

答：被执行人为多人的情况下，法院根据财产权属的外观主义原则，推定该标的物系其中之一被执行人的责任财产并对该标的物采取执行

---

① 参见江必新、刘贵祥主编：《最高人民法院关于人民法院办理执行异议和复议案件若干问题规定理解与适用》，人民法院出版社2015年版，第428～429页。

② 参见司伟主编：《执行异议之诉裁判思路与裁判规则》，法律出版社2020年版，第164页。

③ 参见江必新、刘贵祥主编：《最高人民法院关于人民法院办理执行异议和复议案件若干问题规定理解与适用》，人民法院出版社2015年版，第429页。

措施时，其他被执行人基于其对该标的物的实体权利，在具备诉的利益前提下可以提起案外人异议，以排除法院对该标的物的执行。被执行人不能作为案外人提起案外人异议。

## 理由与依据

当事人、利害关系人在其合法权益因强制执行受到侵害后可采取两种救济途径：执行行为异议和案外人异议。通常来看，执行行为异议提出主体可以是执行案件当事人即申请执行人和被执行人，也可以是受到执行行为侵害的案外第三人；案外人异议提出主体是执行案件当事人以外的对执行标的物享有实体权利的第三人，并不包括被执行人，但在执行程序中正确区分所提异议类型是执行行为异议还是案外人异议，不应仅从异议主体身份来判断，而应结合两者的制度目的和制度功能加以区分。执行以效率为价值取向，同时基于审执分离的要求，执行程序中对于财产权属判断以权利外观主义为原则，即只要某项财产具有属于被执行人所有的外观，执行法院即可对该项财产采取强制措施，但由于财产类别的林林总总、表现形态各异，难免会导致执行法院在对某项财产权属判断上与实际权利不一致的情况发生，由此，立法上赋予了执行标的物的实体权利人通过案外人异议程序予以救济的途径。

案外人异议制度功能在于保障实体权利人的权益，目的在于将法院通过权利外观判断的标的物排除在特定被执行人责任财产范围之外。"被执行人"不得提起案外人异议，对该"被执行人"的定义应当解释为法院依据权利外观原则判断的责任财产的"权利人"，并不包括"权利人"以外的其他被执行人。如甲、乙为被执行人，乙承担的是补充责任，法院查封了登记在甲名下的A、B两处房产，因乙享有执行在后的顺位利益，在乙为A房产的实际权利人的情况下，可通过案外人异议程序予以救济，以达到暂时排除法院对A房产执行的目的。又如执行依据内容为乙在继承甲财产范围内承担清偿责任。进入执行程序后，乙被列为被执行人，甲名下登记一处房产，乙主张其系该房产实际所有权人并要求排除法院对该房产的执行，此异议应通过案外人异议进行审查。另外，被执行人能否提起案外人异议，还需要结合其所提异议是否具有诉的利益。诉的利益是指纠纷解决的实效性和必要性，其涉及原告是否适格的问题。在被执行人所提案外人异议不具备诉的利益情况下，则不应通过案外人异议制度予以救济，如被执行人甲、乙承担连带责任，法院查封了登记在甲名下的房产，即使乙为该房产的实际权利人，乙也无权提起案外人异议程序予以救济，因为即使乙异议理由成立亦不能排除法院对该房产的执行。

## 立法沿革与争议

1991年《民事诉讼法》第208条规定，执行过程中，案外人对执行标的提出异议的，由执行员进行审查。当时我国尚未确定审执分离原则，对执行救济的立法规定仅限于程序性的救济即执行异议，没有实体性的执行救济规定，因此也就不存在异议之诉的概念和具体程序设置。2007年修正的《民事诉讼法》和2008年最高人民法院下发的《执行程序解释》在完善执行异议制度的基础上，初步建立了执行异议之诉制度。《民事诉讼法》第208条规定，执行过程中，案外人对执行标的提出书面异议的，人民法院应当自收到书面异议之日起15日之内审查，理由成立的，裁定中止对该标的的执行；理由不成立的，裁定驳回。案外人、当事人对裁定不服，认为原判决、裁定错误的，依照审判监督程序办理；与原判决、裁定无关的，可以自裁定送达之日起15日内向人民法院提起诉讼。此条是我国关于异议之诉的具体规定，也是案外人提起异议之诉的法律依据。我国《民事诉讼法》只是在具体制度上规定设立了执行异议之诉，但对异议之诉的具体操作程序未作规定。2008年《执行程序解释》就诉的提起事由、管辖法院、当事人、诉讼与执行程序之间的衔接等作出了具体详细的规定，从而使《民事诉讼法》规定的案外人执行异议之诉具有实际的可操作性。2015年《民事诉讼法解释》进一步明确了案外人执行异议之诉的管辖法院、起诉条件、当事人、审理程序、举证责任分配和裁判方式等内容，完善了案外人执行异议之诉制度。之后的《民事诉讼法》及《民事诉讼法解释》均延续了之前立法规则。

案外人异议是执行异议的前置程序，在案外人异议中，如被执行人不服裁定，能否提起执行异议之诉，实践中存在争议。根据《民事诉讼法》规定，案外人和当事人有权提起执行异议之诉。但对于该条中"当事人"的范围是否包括被执行人则存在争议。一种观点认为，被执行人具备当事人身份，应给予其权利救济途径，被执行人可参照《民事诉讼法》第238条之规定，提起执行异议之诉。另一种观点认为，被执行人并非执行异议之诉的适格主体。执行程序依申请执行人申请而启动，案外人就执行标的物提出异议时，法院对于异议的审查处理结果仅与申请执行人和案外人相关，即是否应予强制执行特定标的的争议存在于申请执行人和案外人之间，与被执行人利益并无直接法律上的利害关系。即法院对案外人异议的处理结果仅存在两种情形：一是法院裁定驳回案外人的异议，此时，执行程序仍正常进行，被执行人的权利不发生任何变动；二是法院裁定中止执行，在裁定中止执行的情况下，被执行人若不服该裁定，应依据《民事诉讼法解释》第309条"申请执行人对中止执行裁定未提起执行异议之诉，被执行人提起执行异议之诉的，人民法院告知其另行起诉"的规定，另行起诉。

## 案例索引

最高人民法院（2022）最高法执监161号执行监督案

## 207　另案判决支持债权人行使撤销权的，能否排除对已登记于被执行人名下不动产的强制执行？

答：另案判决支持债权人行使撤销权的，即使被执行人未返还不动产，该不动产仍属于债务人的财产，能够排除对已登记于被执行人名下不动产的强制执行。债务人怠于主张返还的，债权人可以代位债务人持撤销权胜诉判决向执行法院提出案外人异议，申请执行法院解除对登记于被执行人名下不动产的查封，继而要求被执行人返还其已受领的财产。

## 理由与依据

撤销权为形成权，债权人撤销权的成立，产生如下法律效果：第一，对债权人而言，其行使撤销权的目的在于保全债务人的一般财产。撤销权一旦成立，债权人行使撤销权对诈害行为损及的债务人责任财产的保全效力就变为既定效力，即其债权对因撤销权取得的债务人财产产生保全效力。若债务人怠于行使权利追回相应财产的，债权人可以行使代位权。第二，对债务人而言，诈害行为被撤销，其与相对人之间的法律关系自始没有约束力，责任财产应恢复原状，债务人应当要求相对人返还相应财产。第三，对相对人而言，撤销权成立对其产生双重效力：一是仅成立债权关系尚未发生物权转移的，债权关系因原因行为被撤销而消灭；二是因诈害行为而就相应财产已发生物权转移的，相对人得依债权人请求，返还其已受领的财产。第四，对其他利害关系人而言，亦要受到撤销权判决既判力的影响：一方面，因债权人撤销权的行使对债务人和相对人的权利处分都有限制，撤销权判决后该限制发生既判力效果，故其他利害关系人在债权人提起撤销权之诉后从债务人或相对人处取得的财产或权利，显非善意，亦应返还；另一方面，因诈害行为被撤销导致债务人与相对人之间的法律关系自始没有约束力，对其他利害关系人在债权人撤销权诉讼前从债务人或相对人处取得的财产或权利，须按照《民法典》第311条关于善意取得的规定处理：如为恶意，自应负返还义务；如系善意的，不负返还义务，而由相对人负赔偿责任。[1]

债务人的财产处分一旦被撤销，即自始失去法律效力。即使撤销后受益人未返还财产，该财产权属亦未发生变动，仍属于债务人的责任财产。[2] 即另案生效法律文书产生标的物所有权归属债务人的效果。被执行人自始不享有执行标的物所有权，法院查封失去法律依据，故撤销权胜诉判决可以排除人民法院的强制执行。

## 立法沿革与争议

债权人对债务人不当处分财产、影响债权实现的诈害行为，可以行使撤销权。通过行使撤销权，债权人撤销债务人与相对人之间的行为，使流失的财产回归债务人的责任财产，从而增加自己债权受偿的可能。债权人撤销权

---

[1] 最高人民法院法典贯彻实施工作领导小组主编：《中华人民共和国民法典合同编理解与适用》，人民法院出版社2020年版，第552页。

[2] 参见杨代雄主编：《民法典评注》，中国民主法制出版社2022年版，第476页。

作为债的重要保全方式之一，首次在法律层面规定于《合同法》（已失效）后，《民法典》对债权人撤销权作了全面修正。[1]《民法典》第538条规定："债务人以放弃其债权、放弃债权担保、无偿转让财产等方式无偿处分财产权益，或者恶意延长其到期债权的履行期限，影响债权人的债权实现的，债权人可以请求人民法院撤销债务人的行为。"第539条规定："债务人以明显不合理的低价转让财产、以明显不合理的高价受让他人财产或者为他人的债务提供担保，影响债权人的债权实现，债务人的相对人知道或者应当知道该情形的，债权人可以请求人民法院撤销债务人的行为。"第542条规定："债务人影响债权人的债权实现的行为被撤销的，自始没有法律约束力。"

实践中，法院作出撤销权胜诉判决，不意味着债权能得到保障。在债务人的财产已实际转移的情况下，原则上相对人向债务人返还财产，才能恢复债务人的责任财产和偿债资力。与此同时，多数被撤销的行为都有债务人和相对人串通的情况，相对人未必会自觉地向债务人返还财产，债务人也可能怠于主张返还，债务人的责任财产能否实际恢复，还不可知。因此，尽管根据《民法典》第542条，撤销权判决生效时，转移财产行为自始失去法律约束力，但撤销权判决仍需要借助一定程序实现，才能发挥保全债权的功能。

对此，最高人民法院指导性案例118号明确：受让人未履行返还义务的，债权人可以债务人、受让人为被执行人申请强制执行。受让人未通知债权人，自行向债务人返还财产，债务人将返还的财产立即转移，致使债权人丧失申请法院采取查封、冻结等措施的机会，撤销权诉讼目的无法实现的，不能认定生效判决已经得到有效履行。债权人申请对受让人执行生效判决确定的财产返还义务的，人民法院应予支持。行使撤销权的债权人在符合强制执行条件的情况下，可以申请对该财产强制执行，占有该财产的受益人有容忍执行或协助执行的义务。[2]

## 案例索引

最高人民法院（2017）最高法执复27号执行复议案（指导性案例118号）

---

[1] 参见宋史超：《论债权人撤销权判决的实现路径——以指导性案例118号为中心》，载《政治与法律》2021年1期。

[2] 参见杨代雄主编：《民法典评注》，中国民主法制出版社2022年版，第476页。

**208** 在执行异议和复议审查期间，是否计算该期间产生的加倍利息与一般债务利息？

答：启动执行异议、复议程序并不意味着执行依据的法律效力被否定或履行义务被免除。此期间内，被执行人仍有义务按期履行生效判决书确定的义务，不履行的，应承担相应责任。因此，执行异议、复议程序期间原则上应计入迟延履行期间，加倍计算迟延履行债务利息，并根据生效法律文书确定的内容履行一般债务利息。

## 理由与依据

被执行人未按判决、裁定和其他法律文书指定的期间履行给付金钱义务的，应当加倍支付迟延履行期间的债务利息。执行异议审查和复议期间，不停止执行。被执行人承担迟延履行期间的债务利息具有法定性、强制性、惩罚性和补偿性，其目的在于以法律强制力督促被执行人及时自觉主动履行生效法律文书确定的债务。一旦被执行人在指定期间内不主动履行，就要承担迟延履行债务利息。即使因当事人或案外人提出执行异议、复议而暂缓执行，也是法院暂时停止进行中的强制执行程序，不是对执行依据的法律效力的否定，更不是履行义务豁免。

只有非因被执行人的申请，对生效法律文书审查而中止或者暂缓执行的期间及再审中止执行的期间，不计算加倍部分债务利息。此处所指的中止或暂缓执行期间，是指对作为执行依据的生效法律文书审查而中止或暂缓执行的期间，[1] 而不包括对执行标的物提起案外人异议之诉而中止或暂缓执行的期间。[2]

对于一般债务利息的计算，应当按照《迟延履行利息解释》第1条第2款规定：根据生效法律文书确定的方法计算；生效法律文书未确定给付该利息的，不予计算。计算期间也不因执行异议、复议程序的提起而中止、中断。

---

[1] 参见江必新、刘贵祥主编：《最高人民法院关于执行程序中计算迟延履行期间债务利息司法解释理解与适用》，人民法院出版社2014年版，第88页。

[2] 参见最高人民法院（2016）最高法执监353号执行裁定书。

## 立法沿革与争议

关于异议复议期间是否计算迟延履行利息的问题,《民事诉讼法》及相关司法解释并未涉及,最高人民法院〔2005〕执监字第59-1号答复认为,暂缓执行并未改变被执行人未按判决履行的状态,暂缓执行是因被执行人申诉引起的,申诉审查期间暂缓执行已经保护了被执行人的利益,申诉被驳回的,被执行人应当承担未按判决履行的不利后果。部分高级人民法院也出台了规范性文件指导实践,如2012年《广东省高级人民法院关于规范执行迟延履行期间的债务利息和迟延履行金的会议纪要》第3条规定:"暂缓执行、中止执行或者终结本次执行期间应当计算迟延履行期间的债务利息。申请执行人无正当理由申请暂缓执行或者中止执行的,暂缓执行、中止执行期间停止计算迟延履行期间的债务利息。"2014年《北京市高、中级人民法院执行局(庭)长座谈会(第四次会议)纪要 —— 关于计付迟延履行利息、迟延履行金若干问题的意见》对迟延履行利息、迟延履行金计付期间的扣除作出了详尽的规定,基本原则是,暂缓执行或中止执行期间不停止计算,但若暂缓执行或中止执行可归因于被执行人的除外。2014年《迟延履行利息解释》吸收了上述实践做法,规定"非因被执行人的申请,对生效法律文书审查而中止或者暂缓执行的期间及再审中止执行的期间,不计算加倍部分债务利息"。2009年《执行程序解释》明确规定,执行异议审查和复议期间,不停止执行。依据上述迟延履行利息计付期间的扣除原则,执行异议、复议并不产生中止执行或暂缓执行的效果,因此仍应计付迟延履行期间利息。

否定观点认为,执行异议、复议期间,执行行为合法性处于待定状态,被执行人的履行陷入不确定状态,在此期间,不应当计算迟延履行利息和一般债务利息。肯定观点认为,执行异议和复议指向违法和不当的执行行为,不影响生效法律文书的效力,债务人应该严格按照生效法律文书确定的权利义务执行,不继续履行的,计算该期间产生的加倍利息与一般债务利息。

本书认可肯定观点。被执行人履行义务的依据在于生效法律文书,在执行依据的法律效力没有受到相关诉讼程序审查的情况下,不能仅仅因为法院裁定中止执行、决定暂缓执行而免除被执行人的迟延履行责任。但在执行依据的法律效力受到质疑,确定金钱给付义务的法律文书效力处于不确定的状态，存在被撤销或改变的可能时，为了避免给当事人造成更大的损失，例外地允许在部分情况下，中止执行或暂缓执行期间不再计算加倍部分债务利息。执行异议和复议程序解决的是参与执行程序的各方当事人和利害关系人受到违法执行行为侵害时如何救济的问题，并不涉及执行依据的法律效力，当事人或利害关系人提出执行异议、复议纠正违法执行行为，并不影响被执行人履行生效法律文书确定的义务。

### 案例索引

广东省高级人民法院（2017）粤执复101号执行审查案

最高人民法院（2021）最高法执监8号执行监督案

### 209 案外人能否在执行异议审查程序中请求确认人民法院变更申请执行人的行为违法？

答：案外人异议的目的是排除法院对执行标的物的执行，案外人异议程序功能是对法院应不应当停止对特定标的物的执行作出裁断。案外人并非案件当事人，不具有主张人民法院变更申请执行人行为违法的请求权基础，不能在执行异议程序中直接请求确认人民法院变更申请执行人的行为违法。

### 理由与依据

案外人异议是指人民法院在案件执行过程中，案外人对执行标的主张实体权利，认为人民法院的执行行为对自己享有的标的物造成侵害。案外人异议针对的是人民法院具体执行行为所面向的特定标的物，就执行程序应当继续还是应该停止作出判断。案外人执行异议中，执行法院需要审查的是案外人对执行标的是否享有正当性权利、异议能否成立、执行行为是否应该停止，并就此作出裁定。请求确认人民法院变更申请执行人行为违法，属纠正违法执行的执行行为异议，应通过执行异议程序审查，不能在案外人异议程序中审查。

只有被申请人、申请人或其他执行当事人有权对执行法院作出的变更、追加裁定或驳回申请裁定申请复议，执行当事人包括立案时确定的申请人和被执行人，也包括在执行过程中被人民法院依法变更、追加为申请人、被执行人的公民、法人或其他组织。人民法院变更申请执行人一般不会影响案外人权利，案外人不具有主张变更申请执行人行为违法的请求权基础。因此案外人对人民法院变更申请执行人的裁定提出执行行为异议的，人民法院应不予受理或驳回其异议申请。

## 立法沿革与争议

《变更追加规定》第30条规定："被申请人、申请人或其他执行当事人对执行法院作出的变更、追加裁定或驳回申请裁定不服的，可以自裁定书送达之日起十日内向上一级人民法院申请复议，但依据本规定第三十二条的规定应当提起诉讼的除外。"该条明确有权对变更、追加裁定申请复议的主体限于被申请人、申请人或其他执行当事人。《异议复议规定》第5条规定："有下列情形之一的，当事人以外的自然人、法人和非法人组织，可以作为利害关系人提出执行行为异议：（一）认为人民法院的执行行为违法，妨碍其轮候查封、扣押、冻结的债权受偿的；（二）认为人民法院的拍卖措施违法，妨碍其参与公平竞价的；（三）认为人民法院的拍卖、变卖或者以物抵债措施违法，侵害其对执行标的的优先购买权的；（四）认为人民法院要求协助执行的事项超出其协助范围或者违反法律规定的；（五）认为其他合法权益受到人民法院违法执行行为侵害的。"该条以列举加概括的方式明确案外人能够提出执行行为异议的情形。《变更追加规定》相对于《异议复议规定》属于特别规定，设置了不同的救济途径，对变更追加裁定申请复议不以提出异议为前提，对赋予救济权的主体准确界定范围，执行当事人以外的主体受变更追加裁定影响有限，立法层面未给予其提出异议的权利。

有观点认为，案外人如果认为人民法院的执行行为或者对执行标的处分侵害了自己权利，就可以提出异议，并在异议程序中同时请求确认人民法院变更申请执行人的行为违法，以减轻当事人诉累，避免程序的二次提起。另有观点认为，同一程序中不能对两种异议同时审查，案外人在执行异议程序中仅能对与自己有利害关系的执行标的提出异议，要求审查，不能同时请求确认执行申请人变更行为违法，以防止案外人恶意滥用异议权，为被执行人逃避和拖延执行提供便利条件。

## 案例索引

最高人民法院（2015）执复字第18号申请承认与执行法院判决、仲裁裁决案

## 210 第三人能否通过案外人异议对仲裁裁决所载交付标的主张权利？

答：案外人的执行异议系针对执行依据指定交付的特定物提出，因其异议指向仲裁裁决内容，一般被认定为"与作为执行依据的仲裁裁决相关"。由于审判监督程序不适用于仲裁裁决，如果执行异议被驳回，无法通过启动审判监督程序保障其权利的实现，会导致不必要的程序空转和因贻误时机所导致的申请失权。因此，案外人无法通过提出案外人异议对作为执行依据的仲裁裁决所指向的特定物主张权利。应由法院主动释明，引导其通过不予执行仲裁裁决程序保障权益。

## 理由与依据

《民事诉讼法》第238条规定了案外人执行异议与执行异议之诉制度，是实务中最为常见的案外人救济路径。仲裁裁决内容是直接交付标的物时，案外人对标的物主张权利有可能动摇仲裁裁决认定的事实及适用法律之基础，因此，不允许案外人绕开仲裁裁决而径直提起执行异议。尽管《民事诉讼法》第238条在执行异议之后另开辟了审判监督程序，用以解决案外人权利与执行依据之间正面冲突的问题，但审判监督程序所适用的法律文书仅为法院作

出的判决、调解书、部分裁定，不包括仲裁裁决，对仲裁案外人权利的救济仍存在真空地带。

根据《仲裁执行规定》第9条与第18条规定，在仲裁案件当事人之间存在虚构法律关系，捏造案件事实的情形，导致仲裁裁决主文处理当事人民事权利义务的结果部分或者全部错误，损害案外人合法权益时，对案外人申请不予执行仲裁裁决的主张，法院应予以支持。因此，案外人针对仲裁裁决涉及执行标的主张权利的，人民法院应引导案外人通过不予执行仲裁裁决程序进行救济。

## 立法沿革与争议

《仲裁执行规定》出台前，若案外人对仲裁裁决关于交付标的物之主文有争议，只能向法院申诉或反映，并由法院从是否违背社会公共利益之角度依职权进行审查。尽管1991年《民事诉讼法》第217条第2款、第3款分别规定了在被执行人申请以及法院依职权情形下裁定不予执行仲裁裁决的条件，该规定在之后《民事诉讼法》的历次修正中略有调整，但除"认定执行该裁决违背社会公共利益的"情形下法院可以依职权主动审查外，其余均须由被执行人提出不予执行的请求。因案外人不具有被执行人的地位，不能据此申请不予执行，只能向法院申诉或反映，由法院依职权审查是否违背社会公共利益，但其申诉或反映不当然启动法院审查，案外人的权利救济渠道并不畅通。为打破部分当事人以恶意申请仲裁或以虚假仲裁方式损害案外人合法权益时案外人救济的真空地带，2018年《仲裁执行规定》设置了案外人申请不予执行仲裁裁决制度，第9条与第18条分别规定了案外人申请不予执行仲裁裁决的受理条件及成立条件。案外人申请不予执行的条件明显较被执行人申请条件更为宽松，基于案外人并非仲裁案件当事人的考虑，对仲裁过程中是否存在伪造证据、隐瞒证据的情形了解有限，过于苛刻的申请条件会导致案外人以此对抗虚假仲裁的适用范围过窄。[1]

---

[1] 参见刘贵祥：《〈关于人民法院办理仲裁裁决执行案件若干问题的规定〉的理解与适用》，载《人民司法》2018年第13期。

**211** 仲裁裁决的被执行人提出时效抗辩，人民法院审查后拟裁定不予执行的，是否需要向上级法院报核？当事人能否对裁定提出复议？

答：被执行人认为申请执行人已超过法定的申请执行时效申请不予执行，并非对仲裁裁决本身持有异议，该异议应属执行行为异议，人民法院经审查异议成立，裁定不予执行的，并非否定仲裁裁决的合法性，与《民事诉讼法》第248条所列不予执行仲裁裁决情形不同，不属于仲裁司法审查范畴，无须按仲裁司法审查案件报核。申请执行人对人民法院不予执行裁定不服的，可以根据《民事诉讼法》第236条之规定向上一级法院申请复议。

## 理由与依据

各类执行依据在强制执行中均适用执行时效，仲裁裁决作为执行依据之一，对仲裁裁决在执行时效上给予与其他执行依据不同的特殊保护欠缺合理性基础。因此，当仲裁裁决的被执行人提出时效抗辩，人民法院经审查异议成立的，裁定不予执行。

《民事诉讼法解释》第476条规定，人民法院依照《民事诉讼法》第248条第2款、第3款规定裁定不予执行仲裁裁决的，当事人提出复议的不予受理。人民法院因执行时效期间经过不予执行的案件，不予执行的事由并非针对裁决本身的合法性，不属于《民事诉讼法》第248条规定的情形，当事人对此的异议属于执行行为异议，当事人对执行行为异议裁定不服的，有权依据《民事诉讼法》第236条向上一级人民法院申请复议。

仲裁之所以受到司法制约，是源于司法自身的局限性与法律公正性之间的冲突。[①] 仲裁司法审查制度是这一制约的具体体现。因执行时效抗辩成立被裁定不予执行与因仲裁程序违法被裁定不予执行有本质差别，前者并未否定仲裁裁决的合法性，而是对躺在权利上睡觉的债权人的惩戒，不属于仲裁司法审查案件的范围，无须履行报核程序。而且，如果将其纳入报核范围，会出现救济程序重复叠加的问题。

## 立法沿革与争议

我国在1986年正式加入《承认和执行外国仲裁裁决公约》（即《纽约公约》），并随着1995年《仲裁法》的实施初步建立了国内的商事仲裁制度，但由于当时司法机关对仲裁裁决的执行秉持审慎的态度，对于仲裁协议和仲裁裁决仍进行较为严格的审查，对仲裁裁决的终局效力产生影响。随着大量仲裁裁决被法院裁定不予执行并由此引发社会对仲裁裁决效力的质疑，最高人民法院通过一系列的内部通知的形式建立了"内部报告制度"，以避免各地法院随意撤销或对仲裁裁决不予执行，如《关于处理与涉外仲裁及外国仲裁事项有关问题的通知》（法发〔1995〕18号）规定了受理具有仲裁协议的涉外经济纠纷案、不予执行涉外仲裁裁决以及拒绝承认和执行外国仲裁裁决等问题的报告制度，《关于人民法院撤销涉外仲裁裁决有关事项的通知》（法〔1998〕40号）规定了对人民负压管撤销我国涉外仲裁裁决的报告制度，《关于正确审理仲裁司法审查案件有关问题的通知》（法〔2013〕194号）也规定了逐级上报制度。在此期间"内部报告制度"并不是通过司法解释的方式确立的，而是通过一系列的内部通知，由此使得内部报告制度的透明度和规范性受到影响。为解决上述问题，2017年12月26日最高人民法院发布了《仲裁审查规定》，对报核案件的范围和程序作出了规定，2021年12月24日最高人民法院对2017年《仲裁审查规定》进行了部分修改后，2021年《仲裁审查规定》沿用至今。

---

① 参见江伟、肖建国主编：《仲裁法》，中国人民大学出版社2016年版，第25页。

有观点认为，因执行时效经过被裁定不予执行的仲裁裁决属于司法审查案件范围，应履行报核程序。《民事诉讼法》第248条所列不予执行仲裁囊括了因仲裁程序本身存在瑕疵的6种情形，该条并不排斥存在其他情形导致对仲裁裁决的不予执行。《民事诉讼法》第250条规定的执行时效在适用上并无例外情形，给予仲裁裁决在执行时效上的豁免，使其具有超过其他执行依据的特殊性，并不具有合理性。《仲裁审查规定》第2条规定经审查拟认定不予执行仲裁裁决的，应当依法履行报核程序，该条文并未规定豁免情形，即在以执行时效期间经过为由裁定不予执行仲裁裁决时，应当按照规定报核。

### 案例索引

山东省高级人民法院（2018）鲁执复34号债权转让合同纠纷执行案

### 212 被执行人购买的预售商品房被查封后，开发商、被执行人解除合同的，法院能否对预售商品房继续执行？

答：开发商、被执行人自行解除合同或者以诉讼、仲裁方式解除合同后，只有在开发商将应退还被执行人的款项交付法院，才可排除执行，解除预查封措施；如开发商在收到法院预查封法律文书后，仍擅自将应返还部分的购房款退还被执行人的，法院可继续执行预售商品房，开发商擅自退还给被执行人的款项，由开发商自行追索。

### 理由与依据

被执行人按揭购房时，开发商在被执行人取得房屋所有权证和办理抵押登记前为其银行借款提供阶段性担保。房屋作为被执行人的责任财产被法院预查封的，[①]如开发商通过仲裁、诉讼解除合同，并持法院、仲裁机构等判令

---

① 预查封是指对尚未在登记机关进行物权登记但又履行了一定的批准或者备案等预登记手续、被执行人享有物权期待权的不动产所采取的控制性措施。

解除商品房买卖合同的法律文书提出执行异议和异议之诉排除执行，因预查封的效力不及于限制被执行人与开发商行使合同解除权，当事人基于真实意思表示解除合同的权利不应因交易标的被预查封而被剥夺。根据《异议复议规定》第26条规定，如果另案判决是在执行标的被查封、扣押、冻结后作出的，不能对抗执行，即在后的生效法律文书，对在先设立的查封并无拘束力。但预查封并不完全等同于查封，房屋预查封的执行效果取决于房屋预登记能否符合本登记的条件。商品房买卖合同解除后，预登记失效，被执行人不再享有相应的物权期待权。而开发商作为诉争房屋开发企业有权向人民法院申请解除查封，排除执行。但是如果被执行人因解除合同而对开发商享有债权的，法院应当执行该债权后再解除预查封措施。

依据《九民纪要》第124条第2款规定，在金钱债权执行中，如果案外人提出执行异议之诉依据的生效裁判认定以转移所有权为目的的合同（如买卖合同）无效或应当解除，进而判令向案外人返还执行标的物的，此时案外人享有的是物权性质的返还请求权，本可排除金钱债权的执行，但在双务合同无效的情况下，双方互负返还义务，在案外人未返还价款的情况下，如果允许其排除金钱债权的执行，将会使申请执行人既执行不到被执行人名下的财产，又执行不到本应返还给被执行人的价款，显然有失公允。为平衡各方当事人的利益，只有在案外人已经返还价款的情况下，才能排除普通债权人的执行。反之，案外人未返还价款的，不能排除执行。

## 立法沿革与争议

《异议复议规定》第25条确立了案外人执行异议形式审查的原则，第26条作为例外规定适用的前提条件是存在案外人依据另案生效法律文书提出的排除执行异议，该法律文书认定的执行标的权利人与依照前款规定得出的判断不一致的，目的在于防止在人民法院作出查封等执行措施后，当事人再通过另案裁判确认新的物权归属，架空人民法院查封措施；同时敦促案外人向作出查封措施的人民法院提出执行异议之诉时进行物权确认，而不是另寻其他法院或者路径解决，以避免生效裁判之间既判力的相互矛盾。[1]查封前作

---

① 最高人民法院（2019）最高法民再299号民事判决书。

出的生效法律文书，仅明确了将执行标的物确权给案外人的，可以排除执行；未将执行标的物确权给案外人，而是基于不以转移所有权为目的的有效合同判令向案外人返还的，可以排除执行；但基于以转移所有权为目的的有效合同（如买卖合同），判令向案外人交付的，不能排除执行。

2005年《查扣冻规定》第18条第2款中规定了第三人合同解除的问题，2008年修正时保留了这一规定，但是2020年修正的《查扣冻规定》中删除了相关内容。

2019年《九民纪要》第124条在《异议复议规定》第26条的基础上，进一步明确了已转移所有权为目的的合同（如买卖合同）无效或应当解除，判令向案外人返还的，可以排除执行，但在双务合同无效的情况下，双方互负返还义务，在案外人未返还价款的情况下，如果允许其排除金钱债权的执行，将会使申请执行人既执行不到被执行人名下的财产，又执行不到本应返还给被执行人的价款。为平衡各方当事人的利益，只有在案外人已经返还价款的情况下，才能排除对普通债权人的执行。反之，案外人未返还价款的，不能排除执行。

关于被执行人购买的预售商品房被查封后，开发商、被执行人解除合同的，法院能否对预售商品房继续执行的问题，实践中曾有以下几种观点和做法：

1. 解除合同后不能对抗执行，法院可以继续执行预售房产。2018年《江苏省高级人民法院关于执行疑难问题的解答》认为被执行人已将房款全部支付给开发商（被执行人自付一部分，银行贷款一部分），银行办理了抵押预告登记（预抵押登记），开发商在预售房产办理抵押权登记之前对银行贷款承担阶段性连带担保责任的情形下，预售的商品房被法院预查封后，开发商或被执行人以仲裁或诉讼方式解除合同的，不得对抗人民法院的执行，人民法院可以继续执行预售房产。

2. 解除合同后应当解除预查封措施，不再继续执行预售房产。2019年最高人民法院第二巡回法庭法官会议认为，房屋买卖合同解除后，房屋买受人不再享有相应的物权期待权，预告登记的效力消灭。房屋出卖人有权向人民法院申请解除预查封，排除执行。① 最高人民法院（2019）最高法民再299号民事判决书中也明确："房屋预查封的执行效果取决于房屋预告登记能否符合本登记的条件。案涉《商品房买卖合同》及补充协议解除后，预告登记失效，孙某丹不再享有相应的物权期待权。而领运公司作为诉争房屋开发企业有权向人民法院申请解除查封，排除执行。"但同时也明确："上述认定并不剥夺因案涉《商品房买卖合同》及补充协议解除后，孙某丹享有的已付购房款项返还请求权，孙某丹可另寻其他途径解决。"即合同解除后，房地产开发企业可以排除执行，并不以返款购房款项为排除执行的前提。

3. 解除合同后只有开发商返还购房款才能够排除执行。2020《山东高院执行疑难法律问题解答（三）》第11条规定："法院预查封被执行人购买的预售商品房后，开发商、被执行人自行解除合同或者以仲裁或诉讼方式解除合同的，按照下列情形处理：（1）如开发商将全部购房款交付法院执行的，法院可不再执行预售商品房；（2）如开发商在收到法院预查封法律文书后，仍擅自将全部购房款退还被执行人，法院可继续执行预售商品房，开发商擅自退还给被执行人的款项，由开发商自行追索；（3）被执行人通过部分自付、部分贷款方式支付购房款，银行办理了预抵押登记，开发商对银行贷款承担阶段性连带担保责任的，如开发商将应退还被执行人的款项交付法院执行的，法院可不再执行预售商品房；（4）被执行人通过部分自付、部分贷款方式支付购房款，银行办理了预抵押登记，开发商对银行贷款承担阶段性连带担保责任的，如开发商未将应退还被执行人的款项交付法院，法院可继续执行预售房产，在变价款中预先支付银行贷款相应款项，并通知开发商。"2019年《九民纪要》第124条认可此种观点。

**案例索引**

最高人民法院（2020）最高法民申4211号执行异议之诉案
最高人民法院（2020）最高法民申2441号执行异议之诉案
最高人民法院（2019）最高法民再299号案外人执行异议之诉案
河南省高级人民法院（2021）豫民申1021号执行异议之诉案

---

① 参见《最高人民法院第二巡回法庭2019年第15次法官会议纪要》。

**213** 执行附担保合同的公证债权文书过程中，抵押人起诉确认担保合同无效后，公证债权文书的执行应如何处理？

答：如果抵押人为债务人以外的第三人，在担保合同确认无效之后，法院应当终止对担保合同公证债权文书的执行，并解除对抵押权人财产的限制措施；如果抵押人为债务人本人，在担保合同确认无效以后，法院应当继续执行主债务公证债权文书，对债务人财产的查封不应当解除，但债权人对该财产不享有优先受偿权。

## 理由与依据

只要抵押合同权利义务关系明确，债权人和债务人或第三人对抵押合同有关的抵押担保给付内容无疑义，且各方在抵押合同中载明债务人不履行义务或不完全履行义务时，债务人或第三人愿意对抵押物接受依法强制执行的承诺，抵押合同可通过赋强公证获得强制执行的效力。债务人不履行义务或不完全履行义务时，债权人可持经公证的抵押合同及执行证书向人民法院申请强制执行，此时法院应当予以受理。如抵押合同已经被确认无效，赋强抵押合同自始不发生强制执行效力，抵押人提出执行行为异议后，法院应当解除对抵押财产的查封措施，并终结案件的执行；如抵押人为债务人，该查封不予解除，该财产作为被执行人的责任财产应当继续被执行，但是债权人对此不享有优先受偿权。

## 立法沿革与争议

《公证执行规定》第6条规定："公证债权文书赋予强制执行效力的范围同时包含主债务和担保债务的，人民法院应当依法予以执行；仅包含主债务的，对担保债务部分的执行申请不予受理；仅包含担保债务的，对主债务部分的执行申请不予受理。"该条规定延续了《异议复议规定》第22条的内容，赋予担保债务和主债务同样的强制执行效力。法院在执行过程中应当注意区分主债务和担保债务各自的强制执行力，主债务的强制执行力不当然及于担保财产。

主合同和担保合同均经赋强公证的，如果主合同有效、担保合同无效，主合同可以继续执行，担保合同无法取得执行效力；如果担保合同有效，而主合同存在无效或者可撤销的情形，则需要当事人重新提起诉讼，担保合同也不能执行。

## 案例索引

河北省晋州市人民法院（2021）冀0183执异15号借款合同纠纷执行审查案

## 214 案外人能否以对执行标的享有担保物权为由排除对标的物的变价措施？

答：一般情况下，案外人不能以对执行标的享有担保物权为由排除对标的物的处置。但案外人主张对特定金钱享有质权，要求实现质权的，可以请求排除执行。

## 理由与依据

依据执行异议之诉理论，能够排除执行的实体权利主要包括所有权、物权期待权、特殊担保物权、用益物权及租赁权，因此一般担保物权人不能排除执行，只能主张对拍卖、变卖价款享有优先受偿权，当担保财产被金钱债权人申请执行时，案外人对该财产主张担保物权时，执行法院需要保障担保物权人的优先受偿顺位，但该权利本身不能阻碍人民法院对担保财产的处分。

如案外人对被执行财产享有特殊担保物权，如保证金（信用证开证保证金、银行承兑汇票保证金），因属于金钱质押，不同于普通担保物权，金钱质押权的实现不需要经过拍卖、变卖等变价程序，质权人对账户内款项享有优先受偿权，执行法院不能对该账户内的款项执行。也就是说，如果有关保证金的异议成立，就产生了足以排除对执行标的采取执行措施的效力。因此，案外人提出对特定金钱享有优先受偿权的异议，实际上是主张该金钱应当归属于案外人，案外人对金钱主张所有权的异议可以排除执行。

## 立法沿革与争议

2020年《执行工作规定》第31条规定："人民法院对被执行人所有的其他人享有抵押权、质押权或留置权的财产，可以采取查封、扣押措施。财产拍卖、变卖后所得价款，应当在抵押权人、质押权人或留置权人优先受偿后，其余额部分用于清偿申请执行人的债权。"《民事诉讼法解释》第157条规定："人民法院对抵押物、质押物、留置物可以采取财产保全措施，但不影响抵押权人、质权人、留置权人的优先受偿权。"担保物权的性质为优先受偿权，一般不具有排除法院强制执行的效力。

《异议复议规定》第24条规定："对案外人提出的排除执行异议，人民法院应当审查下列内容：（一）案外人是否系权利人；（二）该权利的合法性与真实性；（三）该权利能否排除执行。"从实践看，能够排除执行的实体权利主要包括四类：（1）所有权；（2）物权期待权；（3）特殊担保物权；（4）租赁权和用益物权。[1] 通常情况下，能够排除执行的权利并不包括抵押权、质权、留置权等普通担保物权。

另外，金钱以特户、封金、保证金等形式特定化后可以作为债权的担保，即金钱可以设定质权，债权人作为质权人可对该金钱优先受偿。《民法典担保制度解释》第70条规定："债务人或者第三人为担保债务的履行，设立专门的保证金账户并由债权人实际控制，或者将其资金存入债权人设立的保证金账户，债权人主张就账户内的款项优先受偿的，人民法院应予支持。当事人以保证金账户内的款项浮动为由，主张实际控制该账户的债权人对账户内的款项不享有优先受偿权的，人民法院不予支持。在银行账户下设立的保证金分户，参照前款规定处理。当事人约定的保证金并非为担保债务的履行设立，或者不符合前两款规定的情形，债权人主张就保证金优先受偿的，人民法院不予支持，但是不影响当事人依照法律的规定或者按照当事人的约定主张权利。"该条进一步强调金钱存入保证金账户作为质押的，

---

[1] 袁楠：《对执行标的享有担保物权的案外人异议途径选择——中车资阳机车有限公司案外人异议之诉评析》，载最高人民法院执行局编：《执行工作指导》2017年第3辑（总第63辑），中国民主法制出版社2018年版。

质权人具有优先受偿权。

关于质权、留置权的担保物权人能否提出排除强制执行的问题。肯定说认为，质权、留置权本身以物的占有为构成要件，法院对质押财产、留置财产作出拍卖、变卖等处分性措施时，会改变财产的占有情况，导致其丧失质权和留置权，质押权人、留置权人可以提出排除强制执行。否定说认为质权人、留置权的担保物权人不能排除强制执行。2022年《民事强制执行法（草案）》第140条第3款规定："查封质物或者留置物的，一般应当指定质权人或者留置权人为保管人；人民法院自行保管或者委托他人、申请执行人保管的，质权、留置权不因转移占有而消灭。"

地方法院对该问题的规定亦有不同：

江苏省高级人民法院在《执行异议之诉案件审理指南》认为担保物权的目的是以担保财产的交换价值担保债权的履行，并不享有排除强制执行的效力，因此，担保物权人不能提起执行异议之诉。即使执行法院的强制执行行为影响到担保物权人的权利行使，亦属于《民事诉讼法》第236条规定的执行行为异议，应当通过执行复议程序解决，担保物权人提起执行异议之诉的，应当不予受理；已经受理的，应当裁定驳回起诉。如果执行法院以案外人不享有担保物权为由对其主张不予支持的，由于担保物权属于主债权的从权利，需要在主债权确定且享有担保物权的前提下方可行使，故案外人可以另行提起诉讼主张实现担保物权。案外人提起诉讼的，执行法院应当中止执行。

2022年江苏省高级人民法院在《执行异议及执行异议之诉案件办理工作指引（一）》中认为部分可以阻却执行的留置权、质押权、价差担保物、行权担保物、履约担保物等特殊担保物权权利人可以提起案外人异议和异议之诉。

山东省高级人民法院《执行疑难法律问题审查参考（案外人执行异议专题）》认为案外人基于担保物权形成的优先受偿权提出执行异议，请求排除对执行标的处分行为的，除法律以及司法解释另有规定外，适用《民事诉讼法》第236条规定进行审查，原则上裁定驳回异议，告知其直接就抵押或质押等担保物的变价款主张优先受偿权。但该处分行为会导致案外人享有的质权、留置权丧失或案外人优先受偿权的实现受到实质性损害的，应适用《民事诉讼法》第238条规定审查。但案外人优先受偿权受到实质性损害界定仍不明确。

## 案例索引

### 215 特户、封金、保证金的质权人是否有权要求人民法院解除对涉案款项、账户的查封、冻结措施？

答：案外人以其对特户、封金、保证金享有质权为由提出执行异议，请求解除对案涉账户或款项的查封、冻结措施的，适用《民事诉讼法》第236条规定进行审查，并裁定不予支持。但案外人以其对特户、封金、保证金享有质权为由，请求实现质权并要求解除查封或冻结措施或请求不得扣划的，应依照《民事诉讼法》第238条规定进行审查。

### 理由与依据

人民法院可以查封设定质押的财产，对质押物采取保全措施，但不影响质权人的优先受偿权。通常情况下，质权人请求解除对质押财产查封的，人民法院不予支持。

"特户是指金融机构为特定目的开设的特别账户，区别于一般存款账户。封金为封存的货币，譬如将其封装在保险柜中。都是将货币特定化的形式。如果以实现金钱特定化为目的而将某笔资金设置为保证金，赋予其'保证金'的名称是无法做到特定化的，所以其外观上必然也是以特户或者封金的形式存在，保证金只是凸显该笔资金的专项用途而已。故从逻辑上来讲，保证金只不过是特户或者封金的具体表现形式。"① 特户、封金、保证金账户中的金钱作为质押标的物,与一般动产质押不同,不需要经过拍卖、变卖等强制变价程序。质权人主张对特户、封金、保证金享有优先受偿权的异议,实际上属于主张对执行标的排除执行的实体权利,质权的异议如果成立,就产生足以排除执行的效力,因此,在特户、封金、保证金的质权人请求实现质权的情况下,有权要求解除对涉案款项、账户的查封。

## 立法沿革与争议

《执行工作规定》第31条规定:"人民法院对被执行人所有的其他人享有抵押权、质押权或留置权的财产,可以采取查封、扣押措施。财产拍卖、变卖后所得价款,应当在抵押权人、质押权人或留置权人优先受偿后,其余额部分用于清偿申请执行人的债权。"《民事诉讼法解释》第157条规定:"人民法院对抵押物、质押物、留置物可以采取财产保全措施,但不影响抵押权人、质权人、留置权人的优先受偿权。"根据上述规定,执行法院可以对质押权财产采取查封、冻结措施。

2000年《最高人民法院、中国人民银行关于依法规范人民法院执行和金融机构协助执行的通知》(法发〔2000〕21号)第9条规定:"人民法院依法可以对银行承兑汇票保证金采取冻结措施,但不得扣划。如果金融机构已对汇票承兑或者已对外付款,根据金融机构的申请,人民法院应当解除对银行承兑汇票保证金相应部分的冻结措施。银行承兑汇票保证金已丧失保证金功能时,人民法院可以依法采取扣划措施。"人民法院可以对银行承兑汇票保证金采取冻结措施,但不得扣划。执行法院对保证金账户采取冻结措施的,质权人有权提出异议,对该种主张究竟是按照《民事诉讼法》第236条规定的异议、复议程序处理,还是按照第238条规定的异议和异议之诉程序处理,实务中存有一定争议。审查案外人对特户、封金、保证金是否享有优先受偿权会涉及诸多实体问题,仅通过执行异议复议程序,难以确保不会对各方当事人的实体权益造成损害,且有以执代审之嫌。随着案外人异议之诉制度的产生,

---

① 徐化耿:《保证金账户担保的法律性质再认识——以〈担保法司法解释〉第85条为切入点》,载《北京社会科学》2015年第11期。

近年来已经逐渐明确对该主张应适用第238条规定的程序处理。最高人民法院在十三届全国人大三次会议第1068号建议的答复中明确此类异议应通过案外人异议之诉程序审查。当事人对处理结果不服的，可以提出执行异议之诉。

《担保法解释》第85条规定："债务人或者第三人将其金钱以特户、封金、保证金等形式特定化后，移交债权人占有作为债权的担保，债务人不履行债务时，债权人可以以该金钱优先受偿。"根据上述规定，法律并未禁止金钱质押。金钱以特户、封金、保证金等形式特定化后可以作为债权的担保，即金钱可以设定质权，债权人作为质权人可对该金钱优先受偿。

《民法典担保制度解释》第70条规定："债务人或者第三人为担保债务的履行，设立专门的保证金账户并由债权人实际控制，或者将其资金存入债权人设立的保证金账户，债权人主张就账户内的款项优先受偿的，人民法院应予支持。当事人以保证金账户内的款项浮动为由，主张实际控制该账户的债权人对账户内的款项不享有优先受偿权的，人民法院不予支持。在银行账户下设立的保证金分户，参照前款规定处理。当事人约定的保证金并非为担保债务的履行设立，或者不符合前两款规定的情形，债权人主张就保证金优先受偿的，人民法院不予支持，但是不影响当事人依照法律的规定或者按照当事人的约定主张权利。"《民法典担保制度解释》第70条在"非典型担保"一章，区分了能否优先受偿的两种情况。只有在符合特定条件下，债权人才能对保证金优先受偿。解除保证金账户查封、冻结后方可对保证金款项优先受偿，故质权人可以请求解除对保证金账户的查封、冻结。

质权人能否要求解除对特户、封金、保证金账户的查封冻结措施，司法实践中存在不同观点。否定说认为，以特户、封金、保证金形式质押的，应当遵循质押标的物的一般规则，即法院可以查封、冻结，质权人无权请求解除对涉案款项、账户的查封、冻结措施。肯定说认为，否定说忽略了金钱质押与一般动产质押的不同。一般动产质押的效力是质押权人对质押标的物拍卖变卖价款优先受偿，而金钱质押无需经过拍卖变卖程序，如质押权成立并符合实现质权的条件，最终结果为质押权人对金钱享有所有权，即具有排除执行的效力，法院应当解除查封，故以特户、封金、保证金形式质押的，质押权人有权申请解除对款项、账户的查封、冻结措施。目前此观点为审判实务界通说。部分高级人民法院就该问题已作出明确规定。①

## 案例索引

最高人民法院54号指导性案例（2013）皖民二终字第00261号执行异议之诉纠纷案

最高人民法院（2015）民提字第175号案外人执行异议之诉案

最高人民法院（2017）最高法执复32号、39号执行审查案

### 216 预告登记权利人能否排除抵押权人对标的物的强制执行？

答：预告登记保障债权实现的主要途径是限制预告登记义务人在预告登记后针对不动产实施处分行为，因此需要区分预告登记与抵押登记的时间先后。如预告登记先于抵押登记，预告登记权利人可以对抗

---

① 山东省高级人民法院执行局发布的《执行疑难法律问题审查参考（案外人执行异议专题）》第11问："案外人以其对特户、封金、保证金享有质权为由提出执行异议，请求解除对案涉账户或款项的查封、冻结措施的，法院应适用何种程序予以审查？ 参考意见：案外人以其对特户、封金、保证金享有质权为由提出执行异议，请求解除对案涉账户或款项的查封、冻结措施的，适用民事诉讼法第二百二十五条规定进行审查，并裁定不予支持。但案外人以其对特户、封金、保证金享有质权为由，请求实现质权并要求解除查封或冻结措施或请求不得扣划的，应依照民事诉讼法第二百二十七条规定进行审查。同时具备下列情形的，应予支持：（1）具备质押合意，案外人与出质人订立了书面质押合同；（2）账户特定化，即争议账户名称与担保协议约定的账号名称一致，并且该账户仅为担保所用，未作其他结算；（3）该账户内的资金已经移交给案外人实际控制或者占有；（4）担保协议约定质权人在特定情形下有权止付、扣收，且该特定情形已实际发生。"江苏省高级人民法院发布的《执行异议及执行异议之诉案件办理工作指引（三）》亦明确规定："6. 异议人以其对特户、封金、保证金享有质权为由提出执行异议，请求解除对案涉账户或款项的查封、冻结措施的，适用《民事诉讼法》第二百三十二条规定进行审查，并裁定不予支持。案外人以其对特户、封金、保证金享有质权为由，请求实现质权并要求解除查封或冻结措施或者请求不得扣划的，应依照《民事诉讼法》第二百三十四条规定进行审查。同时具有下列情形的，应予以支持：（1）案外人与出质人订立了书面质押合同；（2）出质人已经开设专门的保证金账户；（3）该账户内资金已经移交给案外人实际控制或者占有；（4）该账户有别于出质人非保证金业务的日常结算账户；（5）案外人请求实现质权的，其实现质权的条件已经满足。"

执行标的物的抵押权人。如抵押登记先于预告登记，预告登记权利人不得对抗执行标的物的抵押权人。

## 理由与依据

一方面，抵押登记先于预告登记的情况下，预告登记权利人不得对抗执行标的物的抵押权人。预告登记虽具有一定的"物权效力"，但它始终保持着债权性，即预告登记权利人对标的物并不具有事实上和法律上的支配性，预告登记权利人及其权利本身仍完全处于债务关系之中。设定了抵押权等担保物权或其他依法具有优先受偿效力的金钱债权，在性质上已经属于物权。因此，后者显然应优先于预告登记权利，从而不应被预告登记阻却其权利的实现。[①] 另一方面，预告登记权利人的身份同时为买受人。《民法典》第406条第1款规定了抵押权的追及效力，即买卖合同履行完毕后买受人取得标的物所有权，亦不得对抗在先的抵押权。举重以明轻，预告登记不是现实的不动产物权，而是将来发生不动产物权变动请求权，故预告登记更不得对抗抵押权。综上，预告登记本身尚不足以产生物权效力，其系为保障将来实现物权，预告登记权利人不能仅以办理了执行标的物预告登记而主张排除基于担保物权等优先受偿权的执行。

## 立法沿革与争议

《物权法》第20条规定："当事人签订买卖房屋或者其他不动产物权的协议，为保障将来实现物权，按照约定可以向登记机构申请预告登记。预告登记后，未经预告登记的权利人同意，处分该不动产的，不发生物权效力。预告登记后，债权消灭或者自能够进行不动产登记之日起三个月内未申请登记的，预告登记失效。"《民法典》第221条沿用了原《物权法》第20条的规定，预告登记本身尚不足以产生物权效力，其系为保障将来实现物权，在预告登记之后未经预告登记权利人同意而处分该不动产的，不发生物权效力。

《物权法解释（一）》第4条规定："未经预告登记的权利人同意，转移不动

---

[①] 司伟：《预告登记排除金钱债权执行中的几个问题 —— 以房屋所有权预告登记为例》，载《法律适用》2017年第21期。

产所有权，或者设定建设用地使用权、地役权、抵押权等其他物权的，应当依照物权法第二十条第一款的规定，认定其不发生物权效力。"《民法典物权编解释（一）》第4条规定："未经预告登记的权利人同意，转让不动产所有权等物权，或者设立建设用地使用权、居住权、地役权、抵押权等其他物权的，应当依照民法典第二百二十一条第一款的规定，认定其不发生物权效力。"《民法典物权编解释（一）》第4条在《物权法解释（一）》第4条规定的基础上增加"居住权"，其余未发生变化。根据上述规定，先办理预告登记，后办理抵押登记，如未经预告登记权利人同意设定抵押权，不发生物权效力，该抵押权人不得对抗预告登记权利人。

《异议复议规定》第27条规定："申请执行人对执行标的依法享有对抗案外人的担保物权等优先受偿权，人民法院对案外人提出的排除执行异议不予支持，但法律、司法解释另有规定的除外。"《异议复议规定》第30条规定："金钱债权执行中，对被查封的办理了受让物权预告登记的不动产，受让人提出停止处分异议的，人民法院应予支持；符合物权登记条件，受让人提出排除执行异议的，应予支持。"根据上述规定，如仅办理抵押登记未办理预告登记，案外人排除执行的请求不能被支持，案外人不能对抗抵押权人。如仅办理预告登记未办理抵押登记，预告登记权利人作为案外人请求排除执行的应予以支持。要充分考虑二者登记的先后顺序，顺序差异决定预告登记人能否对抗抵押权人。

预告登记权利人的权益能否排除抵押权人的执行，司法实践中存在不同观点，但两种观点均有其局限性。否定说认为，预告登记之后设定的抵押权具有抵押权效力，预告登记人不能对抗抵押权人。此观点忽略了《民法典》第221条及《民法典物权编解释（一）》第4条规定，该观点不可取。肯定说认为，预告登记权利人能够对抗抵押权人。预告登记的实质作用在于限制现实登记的权利人行使处分权，保障预告登记权利人的权益，赋予其预告登记的请求权以物权效力。因此预告登记权利人能够对抗执行标的物的抵押权人。此观点将"预告登记对现实登记权利人的权利限制权"错误认定为"预告登记具有物权效力"，认定预告登记的性质错误。

上述两种观点未区分抵押登记与预告登记的先后顺序，片面得出预告登记权利人能够对抗抵押权人或不能对抗抵押权人的结论，有失偏颇。实务中

413

应当仔细甄别，结合抵押登记与预告登记的登记时间综合判断。

## 案例索引

最高人民法院（2022）最高法民终79号执行异议之诉纠纷案

**217** 被执行人的银行存款被强制扣划并发还给申请执行人后，执行案件被裁定终结本次执行程序，案外人能否基于对该款项的质押权提出排除执行的异议？

答：执行法院扣划被执行人的银行存款并支付给申请执行人后，执行案件被裁定终结本次执行程序，案外人可以基于对该款项的质押权提出排除执行的异议。

## 理由与依据

根据《异议复议规定》第6条规定，案外人依照《民事诉讼法》第238条规定提出异议的，应当在异议指向的执行标的执行终结之前提出；执行标的由当事人受让的，应当在执行程序终结之前提出。据此，执行法院扣划被执行人的银行存款并支付给申请执行人属于"执行标的由当事人受让"的情形，故应当在执行程序终结之前提出。"执行程序终结"是指申请执行人请求强制执行的权利已得到全部实现，执行程序已经完全终结。而"终结本次执行程序"是指人民法院已穷尽一切执行措施，未发现被执行人有可供执行的财产或者发现的财产不能处置的，暂时中止执行程序并作结案处理，待发现可供执行财产后继续恢复执行。终结本次执行程序中，申请执行人权利尚未全部实现，被执行人有财产的，法院可以依申请执行人的申请或依职权恢复执行。故终结本次执行程序不属于执行程序终结的情形。案外人基于对款项的质押权提出排除执行的异议，不应认定超出法定期限，执行法院应当受理。

## 立法沿革与争议

关于终结本次执行程序是否属于执行程序终结的问题，实践中有两种观点：

肯定说认为，执行程序终结，根据《执行立结案意见》第14条规定，执行程序可以执行完毕、终止本次执行程序等6种方式结案，因此只要法院作出相应裁定结案，则执行程序终结。执行程序终结的时间以执行法院作出执行裁定的时间为准。该观点将"执行程序终结"泛化为所有以裁定方式结案，剥夺当事人提出异议的期限权利，有失偏颇。

否定说认为，"执行程序终结"包括被执行人自动履行完毕、人民法院强制执行完毕、当事人达成执行和解协议并履行完毕等实体性结案，不包括终结本次执行程序等程序性结案。此为最高人民法院及各地方法院采取的通说。

山东省高级人民法院2020年《执行疑难法律问题解答（一）》认为执行程序终结包括执行完毕、终结执行、销案、不予执行和驳回申请5种情形。终结本次执行程序是指人民法院已穷尽一切执行措施，未发现被执行人有可供执行的财产或者发现的财产不能处置的，将暂时中止执行程序并作结案处理，待发现可供执行财产后继续恢复执行的一项制度。对执行行为提出异议的，应当在执行程序终结前提出，执行程序终结不包含终结本次执行程序。

山东省高级人民法院随后又在《执行疑难法律问题解答（二）》中认为案外人依照《民事诉讼法》第238条规定提出异议的，应当在异议指向的执行标的执行终结之前提出；执行标的由当事人受让的，应当在执行程序终结之前提出。执行标的执行终结之前是指人民法院处分执行标的的所需履行的法定手续全部完成之前。对于不动产、法律规定需要登记的动产或者其他财产权，是指协助办理过户登记的通知书送达之前。如后续需要腾退房屋的，可以放宽至房屋腾退交付之前；对于其他动产或者银行存款类财产，是指交付或者拨付给申请执行人之前。执行程序终结之前是指申请执行人请求强制执行的权利已得到全部实现，执行程序已经完全终结，即相关执行案件符合《民事诉讼法》第268条以及《执行立结案意见》第14条、第17条规定的结案条件，但终结本次执行程序的除外。

北京市高级人民法院2020年发布的《北京市法院执行局局长座谈会（第

十一次会议）纪要 —— 关于执行工作中涉案外人异议若干问题的意见》认为执行标的为货币类财产的，"执行终结"是指案款已经发放给申请执行人；执行标的为非货币类财产，需对该财产予以拍卖、变卖或其他方式变价的，"执行终结"是指拍卖、变卖成交裁定或以物抵债裁定已经送达买受人或承受人。"执行程序终结"包括被执行人自动履行完毕、人民法院强制执行完毕、当事人达成执行和解协议并履行完毕等实体性结案，不包括终结本次执行程序等程序性结案。

## 案例索引

广东省高级人民法院（2020）粤执复770号执行复议案

## 218 案外人能否以案涉房屋办理了抵押权预告登记为由要求排除人民法院的强制执行？

答：抵押权预告登记不具有排除法院强制执行的效力。

## 理由与依据

根据《异议复议规定》第30条之规定，不动产买卖关系中已对标的物办理预告登记的买受人可以排除人民法院的执行处分行为，但抵押权预告登记权利人不能排除人民法院的强制执行。

根据《民法典担保制度解释》第52条的规定，抵押权预告登记后存在两种情形：

一是如建筑物已经办理所有权首次登记，且不存在抵押权预告登记失效等情形的，抵押权自预告登记之日起设立，预告登记人对房屋有优先受偿权。根据2020年《执行工作规定》第31条规定，人民法院在保障抵押权人对变价款优先受偿的前提下可以处置抵押财产，举重以明轻，即使抵押预告登记转为正式抵押登记，抵押权尚不足以排除法院的强制执行，遑论抵押预告登记，即被执行财产上的抵押权预告登记并不具有阻却人民法院强制执行的效力。

二是如房屋尚未办理建筑物所有权首次登记、预告登记的财产与办理建筑物所有权首次登记时的财产不一致、抵押预告登记已经失效等情形，导致抵押权不成立，预告登记人不享有优先受偿权，更无法排除人民法院的强制执行。

## 立法沿革与争议

2020年《执行工作规定》第31条规定："人民法院对被执行人所有的其他人享有抵押权、质押权或留置权的财产，可以采取查封、扣押措施。财产拍卖、变卖后所得价款，应当在抵押权人、质押权人或留置权人优先受偿后，其余额部分用于清偿申请执行人的债权。"对于抵押财产，人民法院可以采取强制措施，抵押权人享有优先受偿权，但不具有排除人民法院强制执行的效力。

《民事诉讼法解释》第506条第2款规定："对人民法院查封、扣押、冻结的财产有优先权、担保物权的债权人，可以直接申请参与分配，主张优先受偿权。"对于抵押财产，抵押权人可以通过参与拍卖变卖的价款分配，主张优先受偿权，但不能排除执行。

《异议复议规定》第30条规定："金钱债权执行中，对被查封的办理了受让物权预告登记的不动产，受让人提出停止处分异议的，人民法院应予支持；符合物权登记条件，受让人提出排除执行异议的，应予支持。"该司法解释中可以排除人民法院执行处分行为的，系不动产买卖关系中已对标的物办理预告登记的买受人，并非抵押权预告登记的权利人。

《民法典担保制度解释》第52条第1款："当事人办理抵押预告登记后，预告登记权利人请求就抵押财产优先受偿，经审查存在尚未办理建筑物所有权首次登记、预告登记的财产与办理建筑物所有权首次登记时的财产不一致、抵押预告登记已经失效等情形，导致不具备办理抵押登记条件的，人民法院不予支持；经审查已经办理建筑物所有权首次登记，且不存在预告登记失效等情形的，人民法院应予支持，并应当认定抵押权自预告登记之日起设立。"

《民法典担保制度解释》出台前，抵押权预告登记权利人对不动产是否享有优先受偿权，实务界与理论界争议很大。肯定说认为，根据《异议复议规定》第30条规定，办理预告登记的不动产，符合物权登记条件的，权利人可以请求排除执行。抵押权预告登记具有排除法院强制执行的效力。否定说认为，抵押权预告登记不同于不动产买受人办理的预告登记，不具有排除法院强制执行的效力。

上述肯定说的观点系对《异议复议规定》第30条的误解，该司法解释中的预告登记指的是"受让物权预告登记"，即转移所有权的预告登记，并非"抵押权预告登记"。另外，抵押权登记尚不能排除人民法院的强制执行，抵押权预告登记更不具有对抗强制执行的效力。

## 案例索引

最高人民法院（2019）最高法民申1049号案外人执行异议之诉纠纷民事申请再审审查案

## 219 承租人能否对涤除租赁权的拍卖裁定提出案外人执行异议？

答：承租人对执行法院除去租赁权后对租赁物予以变价的裁定有异议的，可以依据《民事诉讼法》第238条提出排除执行异议。

## 理由与依据

拍卖财产上原有的租赁权及其他用益物权，不因拍卖而消灭，但该权利继续存在于拍卖财产上，对在先的担保物权或者其他优先受偿权的实现有影响的，人民法院应当依法将其除去后进行拍卖。承租人对法院作出的除去租赁权的拍卖裁定有异议的，应通过何种程序救济，实践中有争议。承租人主张对法院拍卖的不动产享有租赁权，实质是主张享有占有、使用和收益的权利，承租人主张租赁权并非阻止对租赁物的执行，而是要求法院在保障其租赁权的情形下执行。从制度功能角度来看，执行行为异议和案外人异议都并非十分契合，考虑到租赁权实质上属于实体权益，执行程序中对租赁权的审查认定不应具有终局的效力，且租赁权具有阻止法院不负担租赁权变价的效力。因此，承租人对法院不负担租赁权的拍卖裁定有异议的，这种权利应当属于实体法上的权利，可以依据《民事诉讼法》第238条提出案外人异议，在符合《异议复议规定》第31条规定的要件的情况下，应予以支持。

承租人在拍卖前未对法院去租拍卖裁定提出异议，在拍卖变卖后对法院拍卖的涉案不动产主张"买卖不破租赁"，请求法院在租赁期内停止向受让人移交涉案不动产，买受人竞得不动产后在租赁期内继续承受租赁权。符合《异议复议规定》第31条规定的四个要件时承租人的异议请求能够得到支持：第一，承租人与被执行人之间的租赁合同合法有效；第二，租赁合同的签订时间发生在法院查封之前；第三，承租人在法院查封之前就已经占有使用涉案不动产；第四，承租人与被执行人之间不存在恶意串通，承租价格真实合理。

## 立法沿革与争议

2004年《拍卖变卖规定》第31条第2款规定："拍卖财产上原有的租赁权及其他用益物权，不因拍卖而消灭，但该权利继续存在于拍卖财产上，对在先的担保物权或者其他优先受偿权的实现有影响的，人民法院应当依法将其除去后进行拍卖。"2020年修正后的《拍卖变卖规定》第28条第2款沿袭了这一规定。该条未区分动产、不动产、其他财产权，对承租人提出执行异议的审查标准亦不够明确，《异议复议规定》第31条明确了法院针对承租人不动产租赁权异议进行审查的具体标准。

## 案例索引

最高人民法院（2019）最高法民申1903号再审审查案

### 220 被执行人与案外人达成"以租抵债"协议，能否排除对房屋的执行？

答：承租人与被执行人之间的债权债务关系发生在租赁法律关系之后，租赁期间以租金抵顶债务，且租赁关系成立于法院查封之前的，符合《异议复议规定》第31条规定要件的情况下，虽不能排除法院对房屋的拍卖，但能够在租赁期内阻却法院强制交付。

### 理由与依据

以租抵债的承租人能否以租赁权排除执行，应根据租赁法律关系与其他债权债务法律关系成立的先后区分不同情形分析：

租赁法律关系发生在前，其他债权债务法律关系在后，租赁期间承租人以应付租金抵顶被执行人欠付的债务，实际为履行租赁合同约定的租金，此种情况下，承租人可以以案外人身份向执行法院提出异议，符合《异议复议规定》第31条规定的四个要件的，则能够在租赁期内阻却强制交付，但不能阻却法院拍卖变卖房屋。

其他债权债务法律关系发生在前，双方签订租赁合同的目的是抵顶被执行人欠付承租人的债务。《民法典》第703条规定，租赁合同是出租人将租赁物交付承租人使用、收益，承租人支付租金的合同。而被执行人作为出租人通过与其债权人签订所谓"租赁合同"的形式，用租金抵偿债务虽然从形式上具有租赁的性质，但无论从其合同成立时双方的合意，还是合同履行过程中的权利义务关系，均不符合租赁合同的形式与内容，本质上是被执行人与其债权人就双方之间存在的另外债权债务关系通过以租抵债的方式变更履行而已，因此不应认定此种情况为民法典中所规定的租赁合同关系，不适用"买卖不破租赁"，该以租抵债合同既不能阻却法院拍卖也不能阻却法院强制交付。

### 立法沿革与争议

对于以租抵债的性质问题，多数的法院认为"以租抵债"的房屋租赁关系不同于一般情形下的房屋租赁关系，其目的是以房屋使用权抵偿欠款，此时租赁权本质上为债权，通过占有、使用、收益案涉房产以实现债权，双方系债权债务关系，不适用买卖不破租赁，在执行程序中其权利不能阻止向受让人移交占有被执行房屋。

实践中有的法院认为以租抵债的租赁权与一般的租赁关系在本质上并没有差别，应平等对待。上海市第二中级人民法院（2017）沪02民终11326号案中认定，仅因为租金的支付方式是以租抵债即认为租赁合同在本质上不属于租赁合同，不能适用"买卖不破租赁"的规则，显然缺乏依据；"买卖不破租赁"的规则本身就是对合同相对性原则的修正，是合同相对性原则能够被突破的特例，以权利属性的差别来论证买受人之物权应当优先于承租人之债权的主张，显然不能成立。

### 案例索引

最高人民法院（2021）最高法民申26号执行异议之诉案
最高人民法院（2020）最高法民申3044号再审审查与审判监督案

### 221 房屋拍卖成交后，案外人以享有租赁权为由申请排除案涉房屋强制交付的，是否超出异议期限？

答：房屋拍卖变卖成交后，案外人以其享有租赁权为由提出异议申请阻却交付的，若涉案房屋由第三人受让，如执行法院尚未向不动产登记部门送达协助变更登记手续，则未超过异议期限；涉案房屋由申请执行人或被执行人受让的，如生效法律文书确定的债权尚未全部实现，执行程序尚未完全终结，则未超过异议期限。

### 理由与依据

根据《异议复议规定》第6条第2款的规定，案外人提出执行异议的期限，区分两种情形：执行标的由当事人以外的第三人受让的，案外人应当在执行标的执行程序终结之前提出异议；执行标的由申请执行人或者被执行人受让的，案外人应当在执行程序终结之前，即生效法律文书确定的债权实现、执行程序完全终结前提出异议。关于"执行标的执行程序终结"的认定，一般是指人民法院处分执行标的所需履行的法定手续全部完成。司法实践中，不动产和有登记的动产或者其他财产权，是指协助办理登记的通知书送达之前；动产或银行存款类财产，是指交付或过付申请执行人之前。

按照上述规定，涉案房屋经司法拍卖由第三人受让的，承租人在执行法院通知其迁出涉案房屋时提出异议，关键看此时执行法院是否已向不动产登记部门送达协助变更登记手续，如尚未送达，则不超过异议期限。涉案房屋经司法拍卖由申请执行人或被执行人受让的，承租人在执行法院通知其迁出涉案房屋时提出异议，关键看此时生效法律文书确定的债权是否全部实现、执行程序是否完全终结，如执行程序尚未完全终结，则不超过异议期限。

## 立法沿革与争议

2023年《民事诉讼法》第238条沿袭了2017年《民事诉讼法》第227条、2021年《民事诉讼法》第234条的规定，案外人对执行标的提出书面异议的期限为"执行过程中"。2022年《民事诉讼法解释》第462条沿袭了2015年《民事诉讼法解释》第464条的规定，案外人对执行标的提出异议的期限为"该执行标的的执行程序终结前"。《异议复议规定》第6条第2款进一步区分执行标的由第三人受让和当事人受让两种情形，执行标的由第三人受让的，案外人异议应当在异议指向的执行标的的执行终结前提出；执行标的由当事人受让的，应当在执行程序终结之前提出。关于"执行标的的执行程序终结"的认定标准，一般是指人民法院处分执行标的所需履行的法定手续全部完成。

有观点认为，承租人作为案外人，不同于一般意义上的案外人，因涉及执行程序中"买卖不破租赁"异议请求是否成立的审查，有其特殊性。承租人主张"买卖不破租赁"异议请求的审查结论，直接关系到司法拍卖公告"带租拍卖"还是"不带租拍卖"，司法拍卖公告发布时，承租人未向法院提出异议的，自然不会进入审查程序，当然也无审查结论，执行法院不会也不能"带租拍卖"，如允许承租人在司法拍卖成交后仍可提出异议，假设经审查异议请求成立，承租人的租赁权能够阻却法院强制交付，将会导致出现司法拍卖标的物现实状态与拍卖公告严重不符，增加竞买人权利负担，从而损害竞买人权益的问题，竞买人很有可能要求撤销司法拍卖并主张损失赔偿。因此，承租人以享有租赁权为由提出异议，请求排除案涉房屋强制交付的，应当在司法拍卖公告发布前向执行法院提出。

上述观点有其合理性，但在法律、司法解释未对承租人异议期限作出特殊规定的情况下，不能进行限缩解释。现行规定有利于保障承租人的程序性救济权利，2019年11月29日最高人民法院（2019）最高法执他2号复函规定："…… 本案中，法院将涉案房屋交给申请执行人抵债后，要求被执行人及相关人员限期腾退房屋，实质上否认了被执行人及相关人员继续占有涉案房屋的权利。案外人以其在人民法院查封之前已签订合法有效的书面租赁合同并占有使用该房屋为由提出异议，阻止在租赁期内强制交付涉案房屋，属于法律规定的案外人异议情形，人民法院应当依照民事诉讼法第227条进行审查处理。"[1]

## 案例索引

山西省高级人民法院（2020）晋民终761号执行异议之诉案

## 222 实际施工人能否对工程款的执行提出异议？

答：执行法院在执行承包人对发包人到期工程款债权时，实际施工人能够以案外人身份向执行法院提起执行异议，以其对案涉工程款享有实际权益为由，请求排除执行。

---

[1] 说明：该批复所涉案件系山东省高级人民法院向最高人民法院请示的案件，涉案房屋经司法拍卖流拍后抵债给申请执行人，执行法院向承租人发出限期腾退房屋通知时，尚未向不动产登记部门送达协助办理变更登记手续通知书。

## 理由与依据

根据《建设工程合同解释（一）》第43条第2款的规定，实际施工人可以突破合同相对性，要求发包人在欠付转包人或者违法分包人工程款范围内直接对其承担付款责任。依据国务院《建设工程质量管理条例》和住房和城乡建设部《建筑工程施工发包与承包违法行为认定查处管理办法》的规定，转包，是指承包单位承包工程后，不履行合同约定的责任和义务，将其承包的全部工程或者将其承包的全部工程支解后以分包的名义分别转给其他单位或个人施工的行为。违法分包，是指承包单位承包工程后违反法律法规规定，把单位工程或分部分项工程分包给其他单位或个人施工的行为。依照上述规定，实施转包或违法分包行为的承包人即属于转包人或违法分包人。[①]

根据《民事诉讼法解释》第499条第2款规定，案外人对到期债权有异议的，人民法院应当按照《民事诉讼法》第238条规定处理。承包人作为被执行人时，执行法院有权对发包人欠付承包人的到期工程款予以执行，也就是执行承包人对发包人享有的到期债权。而作为实际施工人，有权要求发包人在欠付承包人工程款范围内直接对其承担付款责任。此时，执行行为指向的标的与实际施工人主张权利指向的标的相同，均为发包人欠付承包人的工程款。依据上述司法解释的规定，在执行法院执行承包人对发包人到期工程款债权的程序中，实际施工人能够以案外人身份向执行法院提起执行异议，以其对案涉工程款享有实际权益为由，请求排除执行。

## 立法沿革与争议

实际施工人可以直接向发包人主张权利，最早在2004年《最高人民法院关于审理建设工程施工合同纠纷案件适用法律问题的解释》（法释〔2004〕14号，已失效）第26条中予以规定，对追加转包人或者违法分包人为当事人，当时规定"可以"，并非"应当"。《建设工程合同解释（一）》第43条沿袭了《最高人民法院关于审理建设工程施工合同纠纷案件适用法律问题的解释（二）》（法释〔2018〕20号，已失效）第24条的规定，实际施工人以发包人为被告主

---

[①] 参见最高人民法院民事审判第一庭编著：《最高人民法院新建设工程施工合同司法解释（一）理解与适用》，人民法院出版社2021年版，第446页。

张权利的，人民法院应当追加转包人或者违法分包人为本案第三人，在查明发包人欠付转包人或者违法分包人建设工程价款的数额后，判决发包人在欠付建设工程价款范围内对实际施工人承担责任。

关于对执行到期债权提出异议，2015年《民事诉讼法解释》修正前，《执行工作规定》和《民事诉讼法解释》仅对第三人提出异议作出规定。2015年《民事诉讼法解释》第501条第2款首次确立了利害关系人对到期债权提出异议的审查制度，2022年《民事诉讼法解释》第499条第2款沿袭了这一规定，利害关系人对到期债权有异议的，人民法院应当按照《民事诉讼法》第238条规定处理。实践中部分高院对实际施工人案外人异议、异议之诉程序的具体审查标准进行了细化，如《江苏省高级人民法院执行异议及执行异议之诉案件办理工作指引（三）》第29条规定："建设工程承包人为被执行人的，执行法院对案涉到期工程款债权采取强制执行措施，案外人以其系实际施工人为由提出执行异议，请求排除执行的，适用《民事诉讼法》第二百三十四条规定进行审查。因此引发的执行异议之诉案件，同时符合下列情形的，对案外人的主张应予以支持：（1）案外人符合最高人民法院关于审理建设工程施工合同纠纷案件适用法律问题的相关解释中实际施工人身份；（2）案外人提供的证据能够支持其所主张的债权数额，包括但不限于发包人欠付建设工程价款的数额以及承包人欠付其工程款数额等；（3）案外人主张的工程价款数额覆盖案涉债权的，对其超过案涉债权部分的主张不予支持。"

## 案例索引

江苏省高级人民法院（2019）苏民终745号案外人执行异议之诉案

## 223 对人民法院委托审计机构经审计确认的执行标的金额不服能否提出执行异议？

答：确定执行标的金额属于执行法院的法定职责，委托审计机构审计确认执行标的额属于法院作出的行为，因执行标的额的确定对当事人、利害关系人具有直接利害关系，当事人、利害关系人认为审计确认的标的额有误，侵犯其合法权益的，有权提出执行异议，执行法院应当受理审查。

## 理由与依据

执行标的额的确定对当事人、利害关系人有直接利害关系，当事人、利害关系人不仅可以对执行措施、执行程序提出异议，也有权对其他侵害其合法权益的行为提出异议。因此，当事人、利害关系人认为执行法院确定的执行标的额有误，侵害其合法权益的，有权提出执行异议，执行法院应当审查并作出明确结论。

法院委托审计机构审计确认执行标的金额，不违反法律和司法解释的禁止性规定，但确定执行标的金额属于执行法院的法定职责，执行法院应当对审计报告的依据资料、计算方法、计算结果、适用法律是否正确等问题进行审查，并对委托审计结果负责，在确定审计结果准确无误后才能作为执行依据。因此，当事人、利害关系人对委托审计确定的执行标的额提出异议的，法院应当受理审查，并作出裁决结论，当事人对异议审查结果不服的，可以向上一级法院申请复议。

## 立法沿革与争议

2015年《异议复议规定》第7条第1款的规定："当事人、利害关系人认为执行过程中或者执行保全、先予执行裁定过程中的下列行为违法提出异议的，人民法院应当依照民事诉讼法第二百二十五条规定进行审查：（一）查封、扣押、冻结、拍卖、变卖、以物抵债、暂缓执行、中止执行、终结执行等执行措施；（二）执行的期间、顺序等应当遵守的法定程序；（三）人民法院作出的侵害当事人、利害关系人合法权益的其他行为。"第2款规定："被执行人以债权消灭、丧失强制执行效力等执行依据生效之后的实体事由提出排除执行异议的，人民法院应当参照民事诉讼法第二百二十五条规定进行审查。"2020年该司法解释经修正，沿袭了该条规定。上述规定第1款对当事人、利害关系人依据《民事诉讼法》第236条提出执行异议的范围作了界定，不仅包括具体执行行为、应当遵循的法定程序，也包括其他侵害当事人、利害关系人的行为;第2款规定了参照《民事诉讼法》第236条提出执行异议的情形。

有观点认为,如果对审计机构、审计人员是否具备相应的资质、审计程序是否严重违法等提出异议,应属于执行异议的审查范围;若属于对审计报告的内容提出异议,因涉及实体性异议,则不属于异议审查范围。对其救济应当参照《财产处置价规定》第23条,由人民法院交审计机构予以书面说明,[①]对审计机构未作说明或申请人仍有异议的,人民法院交由相关行业协会在指定期限内组织专业技术评审,根据专业技术评审出具的结论认定审计结果或者责令原审计机构予以补正。

另有观点认为,委托审计行为与《财产处置价规定》规定评估行为不同,审计报告属于对被执行人应履行债务数额的直接确认,不允许存在差错,否则将损害当事人合法利益。执行余款的计算确认是执行法院的职责,因此,人民法院应当以更加严格的标准对审计报告进行审查并依法决定是否予以采信,[②]只要对审计报告存有异议,法院均应对异议内容进行审查。

### 案例索引

福建省高级人民法院(2017)闽执复58号执行异议案

### 224 当事人、利害关系人能否对执行裁定书认定的事实提出执行异议?

答:当事人、利害关系人对执行裁定审查结论认可,仅对执行裁定认定事实不服的,能否提出执行异议或复议,法律、司法解释未作明确规定。执行裁定认定的事实对当事人、利害关系人具有法律上的利害关系,应当认定其具有提出异议的利益,因此可以提出执行异议予以救济。

---

① 参见广东省肇庆市中级人民法院(2016)粤12执异10号执行裁书。
② 参见广东省高级人民法院(2016)粤执复203号执行裁定书。

## 理由与依据

当事人、利害关系人认为执行行为违反法律规定的，可以向执行法院提出书面异议。《异议复议规定》第7条进一步对执行行为异议的范围进行界定。法律、司法解释对于能否仅对执行裁定认定的事实提出异议或复议未作明确规定。在司法实践中，当事人、利害关系人提出执行异议或复议，绝大多数情况下是针对执行裁定结论，事实一般作为具体理由，由于事实认定与裁定结论的不可分割性，《异议复议规定》第23条规定执行复议程序的审查范围，既包括事实认定是否清楚，也包括适用法律是否正确，在异议裁定认定事实错误或基本事实不清的情况下，复议程序应当查清事实后裁定撤销或变更异议裁定，或撤销后发回重新审查。如当事人、利害关系人认为执行裁定认定的相关事实对其不利，如生效法律文书认定的事实在另案中作为证据使用会对其产生不利影响，这种情况下，裁定认定的事实对当事人、利害关系人也有法律上的利害关系，应当认定其具有提出异议的利益，准许提出执行异议。

## 立法沿革与争议

《民事诉讼法》第236条规定："当事人、利害关系人认为执行行为违反法律规定的，可以向负责执行的人民法院提出书面异议。"《异议复议规定》第7条规定："当事人、利害关系人认为执行过程中或者执行保全、先予执行裁定过程中的下列行为违法提出异议的，人民法院应当依照民事诉讼法第二百二十五条规定进行审查：（一）查封、扣押、冻结、拍卖、变卖、以物抵债、暂缓执行、中止执行、终结执行等执行措施；（二）执行的期间、顺序等应当遵守的法定程序；（三）人民法院作出的侵害当事人、利害关系人合法权益的其他行为。"法律、司法解释虽未明确能否仅对执行裁定认定的事实提出异议，但基于立法目的，赋予当事人异议权系因其合法权益被执行行为侵害，只要执行裁定中认定的事实侵害当事人合法权益，即使当事人对执行裁定审查结论不持异议，亦应认定当事人享有异议权。

**案例索引**

最高人民法院（2020）最高法民终934号执行异议之诉案

225 **当事人、利害关系人能否参照终结执行行为异议的规定对执行完毕、终结本次执行程序和销案提出异议？**

答：对执行完毕和销案不服的，可以参照终结执行行为异议的规定提出异议；对终结本次执行程序不服的，应当在执行程序终结前提出异议。

**理由与依据**

终结执行、执行完毕、终结本次执行程序、销案、不予执行、驳回申请是执行结案的六种方式。执行案件是否应当结案、以何种方式结案，对当事人、利害关系人合法利益的实现具有直接影响，因此，当事人、利害关系人认为执行法院的结案方式侵害其合法权益的，有权提出执行异议。

终结执行，具有终局性结束执行程序的法律后果，当事人、利害关系人对终结执行行为不服的，依据《最高人民法院关于对人民法院终结执行行为提出执行异议期限问题的批复》（法释〔2016〕3号）的规定，应当自收到终结执行法律文书之日起60日内提出；未收到法律文书的，应当自知道或者应当知道终结执行之日起60日内提出；批复发布前终结执行的，自该批复发布之日起60日内提出。

关于终结本次执行程序，是因执行案件无财产可供执行或虽有财产但不具备处置条件，暂时程序性结案，有恢复执行的可能。当事人、利害关系人对终结本次执行程序提出执行异议的，应当依照执行行为异议的规定审查。在执行程序终结前，当事人、利害关系人有权对终结本次执行程序提出异议。

关于执行完毕和销案，与终结执行同样具有终局性结束执行程序的法律后果，当事人、利害关系人对执行完毕和销案不服提出执行异议的期限，虽然目前法律、司法解释未作明确规定，但可以参照《最高人民法院关于对人民法院终结执行行为提出执行异议期限问题的批复》的规定处理。

## 立法沿革与争议

1998年《执行工作规定》明确的结案方式包括执行完毕、裁定终结执行、裁定不予执行以及当事人之间达成执行和解协议并已履行完毕。2014年《执行立结案意见》第14条规定执行实施类案件的结案方式包括执行完毕、终结本次执行程序、终结执行、销案、不予执行、驳回申请。该意见对结案方式的规定更全面。2020年《执行工作规定》吸收了《执行立结案意见》第14条的规定，第64条规定的执行结案的方式为六种。

对终结执行行为不服的救济程序。2015年《异议复议规定》第6条规定："当事人、利害关系人依照民事诉讼法第二百二十五条规定提出异议的，应当在执行程序终结之前提出，但对终结执行措施提出异议的除外。"2016年《最高人民法院关于对人民法院终结执行行为提出执行异议期限问题的批复》进一步明确了对终结执行行为不服提出异议的期限，当事人、利害关系人依照《民事诉讼法》第232条规定对终结执行行为提出异议的，应当自收到终结执行法律文书之日起60日内提出；未收到法律文书的，应当自知道或者应当知道人民法院终结执行之日起60日内提出。批复发布前终结执行的，自批复发布之日起60日内提出。超出该期限提出执行异议的，人民法院不予受理。

2016年《终本规定》第7条规定："当事人、利害关系人认为终结本次执行程序违反法律规定的，可以提出执行异议。人民法院应当依照民事诉讼法第二百二十五条的规定进行审查。"

## 案例索引

黑龙江省高级人民法院（2020）黑执复74号复议审查案

226 被执行人预售资金监管账户内资金被法院扣划并发还给申请执行人后，应由被执行人提出执行行为异议还是由监管账户款项权利人提出案外人异议？

答：人民法院对预售资金监管账户内资金采取扣划措施的，被执行人作为涉案资金的所有权人，有权提出行为异议；对涉案资金享有专款专用的权利人有权以利害关系人的身份提出行为异议，专款专用权利人有权要求以预售资金监管账户中的资金支付工程进度款等，但其对预售资金监管账户内资金不享有实体权利，无权提起案外人异议。

## 理由与依据

预售资金监管账户内资金属于种类物，归属于被执行人名下，原则上可以强制执行。由于预售资金监管账户内资金具有专款专用、优先保障特殊用途的性质，法律、司法解释对强制执行设置了前提条件。商品房预售资金监管账户内资金，负有保障建设工程施工进度，保障购房者合法权益的功能，人民法院可以冻结预售资金监管账户资金，但要坚持比例原则，不得因保全、执行行为影响施工进度，除当事人申请执行因建设该商品房项目而产生的工程建设进度款、材料款、设备款等债权案件之外，在商品房项目完成房屋所有权首次登记前，对于预售资金监管账户中监管额度内的款项，人民法院不得扣划。

被执行人预售资金监管账户内资金被法院扣划并发还给申请执行人后，被执行人作为监管账户资金所有人，有权向法院提出执行行为异议；对监管账户内资金享有专款专用的权利人，也可以作为利害关系人向法院提出执行行为异议。不论哪一方提出执行异议，均应提交足以证实预售资金监管账户内资金专款专用的相关证据。但专款专用不同于优先受偿，优先受偿权必须有法律明确规定，而预售资金监管账户内资金属于专款专用资金，在没有法定优先权的情况下，不能主张优先受偿。被执行人以及作为利害关系人的专款专用权利人，只需证明执行法院的扣划行为违反法律、司法解释及司法政策的规定。

## 立法沿革与争议

《城市房地产管理法》第45条第3款规定："商品房预售所得款项，必须用于有关的工程建设。"2013年《国务院办公厅关于继续做好房地产市场调控工作的通知》（国办发〔2013〕17号）要求各地制定本地区商品房预售资金的监管办法，确保商品房预售资金能够用于施工建设，以保障购房者的利益不受侵害。2022年《最高人民法院住房和城乡建设部中国人民银行关于规范人民法院保全执行措施确保商品房预售资金用于项目建设的通知》（法〔2022〕12号）对人民法院保全、执行商品房预售资金监管账户资金，作出了更加详尽具体的规定。

## 案例索引

最高人民法院（2016）最高法执复33号执行复议案

新疆维吾尔自治区高级人民法院（2022）新执复27号执行复议案

## 227 同一被执行人有多个执行案件的，另案申请执行人能否以利害关系人的身份对本案的执行行为提出执行异议？

答：当本案被执行人与另案被执行人为同一主体时，另案申请执行人认为本案执行行为侵犯其合法权益的，有权以利害关系人身份对本案的执行行为提出异议。

## 理由与依据

当事人可以以利害关系人身份提出执行行为异议。比如，本案执行法院（首查封法院）长期查封标的物而不采取变价处分措施，导致另案轮候查封案件的申请执行人长期未得到受偿，或者首查封法院执行措施不当，侵害轮候查封案件申请执行人的合法权益，导致其受偿金额减少甚至无法受偿的，有权向本案执行法院提出执行异议。再如，另案债权人对本案执行标的享有担保物权等优先受偿权的，如认为涉案执行标的的网络询价报告或者评估报告具有《财产处置价规定》第22条规定情形的，可以向本案执行法院提出异议，由本案执行法院参照执行行为异议进行处理。只要本案执行法院的执行行为侵犯了另案申请执行人的合法权益，均有权以利害关系人身份提出执行异议。需要注意的是，另案申请执行人以利害关系人身份提出执行异议，依据的基础权利为程序权利，如依据的权利基础为实体权利，请求排除和阻却本案执行的，则应当以案外人身份提出执行异议。

## 立法沿革与争议

关于利害关系人提出执行行为异议，首见于2007年《民事诉讼法》。《异议复议规定》第5条规定："有下列情形之一的，当事人以外的自然人、法人和非法人组织，可以作为利害关系人提出执行行为异议：（一）认为人民法院的执行行为违法，妨碍其轮候查封、扣押、冻结的债权受偿的；（二）认为人民法院的拍卖措施违法，妨碍其参与公平竞价的；（三）认为人民法院的拍卖、变卖或者以物抵债措施违法，侵害其对执行标的的优先购买权的；（四）认为人民法院要求协助执行的事项超出其协助范围或者违反法律规定的；（五）认为其他合法权益受到人民法院违法执行行为侵害的。"

## 案例索引

最高人民法院（2021）最高法执监316号申请复议审查案

### 228 执行异议被驳回后，以不同于提出异议时的事由申请复议，上级法院如何处理？

答：当事人、利害关系人提出的执行异议被驳回后，能否以不同于异议时的事由申请复议，目前法律、司法解释未作明确规定。从最大限度防止出现执行错误的角度考虑，应当允许当事人、利害关系人以不同于异议时的事由申请复议。

## 理由与依据

为防止当事人、利害关系人针对同一执行行为反复提出执行异议，造成拖延执行的不利后果，《异议复议规定》第15条规定，当事人、利害关系人提出的异议被驳回或撤回异议后，不能再以不同的事由对同一执行行为再次申请异议。但关于能否以不同的事由向上一级法院申请复议的问题，目前法律、司法解释未作明确规定。

从程序价值角度来看，执行工作有其特殊性。首先，执行行为具有单项性或不可逆转性。执行行为指向的是具体财产的控制或处分，对当事人利益影响甚大，执行行为一旦出现错误，执行财产客观上都无法还原到采取执行行为之前的状态，极有可能引发司法赔偿。因此，在复议程序中全面审查当事人、利害关系人提出的具体事由，有利于最大限度防止出现执行错误。其次，执行行为的推进具有主动性。执行法院可以依当事人申请，也可以依职权采取执行行为，而且依职权主动采取执行行为是主要方面，那么相应地，对执行行为的法定监督也应当具有主动性，才能保证执行行为依法规范有序推进，复议程序中对当事人、利害关系人新增加的事由依法进行审查，符合执行权主动推进的特点。再次，有些事由在申请执行异议时并未出现，或客观上无法掌握，允许当事人、利害关系人在复议程序中提出，并在复议程序中进行审查，有利于查清案件事实，作出正确的裁决结论。最后，如不允许当事人、利害关系人在复议程序中提出，异议申请人只能再次就同一执行行为提出异议，但因其对同一执行行为有多个异议事由未一并提出，根据《异议复议规定》第15条规定，该异议不应受理，将导致申请人陷入救济缺失的困境。综上，本书认为，当事人、利害关系人的异议被驳回后，就同一执行行为可以以不同异议理由申请复议，但应当在法定复议期限内及时向上一级人民法院提出。

## 立法沿革与争议

《异议复议规定》第15条第1款规定："当事人、利害关系人对同一执行行为有多个异议事由，但未在异议审查过程中一并提出，撤回异议或者被裁定驳回异议后，再次就该执行行为提出异议的，人民法院不予受理。"

在复议程序中，当事人、利害关系人往往会在原异议事由的基础上增加一些新的事由，对新增加的事由或另行提出的完全不同的新事由，复议程序是否应当进行审查，存在不同观点，裁判倾向亦有不同。有观点认为，执行复议程序对不同于异议时的事由或新增加的事由不应进行审查，主要理由大致有三个方面：第一，违反审级制度。执行复议程序的启动，以执行异议程序受理审查并作出裁决结论为前提，而执行异议程序的裁决结论很大程度上取决于对异议事由的审查，执行异议和复议程序之间是层级递进关系，复议程序的审查范围不能扩展到执行异议程序审查范围之外。否则，将违反执行异议和复议程序审级制度。第二，损害对方当事人的诉权。如复议程序对新的事由进行审查，并作出了否定异议结论的裁决结果，对方当事人将失去法定的程序性救济渠道。虽然可以继续申请执行监督，但由于目前我国执行监督程序很不完善，即便申请执行监督，也未必能进入监督审查程序。第三，严重降低制度价值。复议程序对新的事由进行审查，可能会作出异议程序审查事实不清、发回重新审查的裁决结论，这将很大程度上降低《异议复议规定》第15条第1款规定的制度价值，影响执行效率。

## 案例索引

山东省高级人民法院（2022）鲁执复351号申请复议审查案

229 **申请执行人能否对不予恢复执行通知提出执行异议？**

答：不予恢复执行行为对申请执行人权益有重大影响，申请执行人对不予恢复执行通知提出异议的，执行法院应当作为执行异议案件受理，并对是否符合恢复执行的条件进行审查后作出结论。

## 理由与依据

终结本次执行程序是在被执行人无财产可供执行或有财产不能处置的情况下程序性结案的一种方式。因终结本次执行程序对申请执行人实现债权具有直接影响，《民事诉讼法解释》第517条和《终本规定》对以终结本次执行程序方式结案的条件规定严格，并赋予申请执行人发现被执行人有可供执行财产时随时申请恢复执行的权利。根据《异议复议规定》第7条第1款的规定，对法院作出的侵害当事人、利害关系人合法权益的行为不服的，当事人、利害关系人有权提出执行异议，执行法院亦应当受理审查。执行法院是否恢复执行，直接关系当事人合法权益能否及时实现，如果执行实施程序不予恢复，执行审查程序又不予受理审查，将导致申请执行人实现合法权益救济无门，不符合上述司法解释的规定。当事人对终结本次执行程序不服的，有权提出执行异议。当事人对不予恢复执行通知不服，实质上仍然是对案件处于终结本次执行程序状态不服，而且不予恢复执行通知一般是由执行实施程序作出，通过执行异议、复议程序进一步审查，并对是否符合恢复执行的条件作出裁决结论，是执行裁决程序对执行实施程序的监督，有利于最大限度防止应当恢复而不予恢复、损害当事人合法权益问题出现。因此，申请执行人对不予恢复执行通知提出异议的，法院应当作为执行异议案件受理，并对是否符合恢复执行的条件进行审查后作出裁决结论，以体现对不予恢复执行的监督。

## 立法沿革与争议

2007年修正的《民事诉讼法》确立了"执行行为异议"制度，之后历次修正均沿袭了这一制度。《民事诉讼法》第236条规定："当事人、利害关系人认为执行行为违反法律规定的，可以向负责执行的人民法院提出书面异议。当事人、利害关系人提出书面异议的，人民法院应当自收到书面异议之日起十五日内审查，理由成立的，裁定撤销或者改正；理由不成立的，裁定驳回。当事人、利害关系人对裁定不服的，可以自裁定送达之日起十日内向上一级人民法院申请复议。"该条款中的"执行行为"并未明示是否包括消极执行行为，但基于立法原理，应当认为无论是积极执行行为还是消极执行行为都可能侵害当事人、利害关系人权利，应当赋予其对于违反法律规定的消极执行行为的异议权。2015年《异议复议规定》第7条第1款规定："当事人、利害关系人认为执行过程中或者执行保全、先予执行裁定过程中的下列行为违法提出异议的，人民法院应当依照民事诉讼法第二百二十五条规定进行审查：（一）查封、扣押、冻结、拍卖、变卖、以物抵债、暂缓执行、中止执行、终结执行等执行措施；（二）执行的期间、顺序等应当遵守的法定程序；（三）人民法院作出的侵害当事人、利害关系人合法权益的其他行为。"2020年该司法解释经修正，沿袭了这一规定。2016年《终本规定》第7条规定："当事人、利害关系人认为终结本次执行程序违反法律规定的，可以提出执行异议。人民法院应当依照民事诉讼法第二百二十五条的规定进行审查。"根据上述规定，当事人对不予恢复执行通知提出异议的，执行法院应当作为执行异议案件受理审查，并作出裁决结论。《民事强制执行法（草案）》第32条规定："当事人、利害关系人认为人民法院应当实施执行行为而未实施的，可以在执行程序终结前，向执行法院提出书面申请，请求实施该执行行为。申请人对人民法院逾期未审查处理或者依据本条第二款规定作出的通知不服的，可以依据本法第八十四条规定提出书面异议。"

## 案例索引

河南省高级人民法院（2019）豫执复111号执行复议案

**230** 甲作为申请执行人与债务人乙达成和解，自愿放弃部分本金、利息和迟延履行利息，另案执行程序中甲为被执行人，该案的申请执行人对甲乙和解放弃部分债权的行为能否提出异议？人民法院如何处理？

答：甲乙达成和解协议放弃部分债权，另案申请执行人提出异议的目的在于撤销甲乙之间放弃部分债权的行为。另案债权人能否提出异议以及法院应否支持需要区分具体情形：（1）申请执行人已冻结甲（被执行人）对乙的债权的，甲对债权的处分受到限制，甲与乙达成的自愿放弃部分本金、利息和迟延履行利息的执行和解协议，不得对抗申请执行人。申请执行人仍可请求法院，要求乙向申请执行人在冻结的债权额度内清偿。若执行法院依据甲乙之间的执行和解协议，解除对部分债权的查封或是撤销对乙采取的执行措施的，申请执行人可向法院提出执行异议。（2）法院未冻结甲对乙的债权的，则甲处分债权的权能未受到限制，申请执行人若认为甲放弃债权的行为损害其权益主张撤销执行和解协议的，应通过提起撤销之诉寻求救济。

## 理由与依据

《民法典》第538条、第539条对债务人影响债权人的债权实现的财产处分行为，赋予债权人在规定期限内向法院申请撤销债务人行为的权利；《查扣冻规定》第24条规定，被执行人就已经查封、扣押、冻结的财产所作的移转、设定权利负担或者其他有碍执行的行为，不得对抗申请执行人。

执行阶段处分已被查封的财产，既损害司法权威，也损害申请执行人的利益。基于司法的公权属性，查封的实施限制了被执行人的处分权能，虽然不影响处分合同的效力，但对于申请执行人而言，查封直接阻断私权行为的效力。法院未对被执行人的财产采取查控措施，被执行人处分财产的行为在不存在其他无效事由的情形下，发生私法上的效果。债权人要否定此私法上的效果，只能通过法定的程序和方式实现，通过诉讼行使撤销权。

因此，对被执行人在另案执行中放弃债权的行为能否提出异议，要分情况讨论：（1）债权已被冻结的，被执行人在收到履行通知后放弃债权的行为无效，也不能对抗申请执行人。（2）被执行人放弃的债权不属于已被法院采取冻结或限制处分的债权范围的，申请执行人应通过诉讼途径撤销和解协议。

执行和解是执行过程中当事人对自己实体权利的处分，人民法院应当尊重当事人的权利处分。而且，被执行人放弃债权并非当然发生侵害申请执行人债权实现的效果，如申请执行人的债权数额远远小于被执行人和解后可回收的债权额，或者被执行人放弃债权并不影响其向申请执行人履行，再或是执行和解有利于被执行人清偿债务，因涉及实体争议，根据审执分离原则，申请执行人若主张被执行人放弃债权的行为损害其合法权益，主张撤销执行和解协议的，应通过诉讼程序寻求救济，并不属于执行异议和复议的审查范畴。①

无论被执行人对其债务人的债权是否被冻结，被执行人放弃债权的行为，或是无法对抗申请执行人，或是申请执行人应通过诉讼途径撤销。但若执行法院依据执行和解协议，解除对部分债权的查封或是撤销对债务人采取的执行措施的，申请执行人可向法院提出执行异议。

## 立法沿革与争议

对于申请执行人能否对被执行人在另案达成的放弃债权的执行和解协议提出异议的问题，法律法规和司法解释没有正面作出规定。1998年《执行工作规定》第66条规定被执行人在收到履行通知后放弃其对第三人的债权的行为无效。否定对已冻结债权进行处分的效力，但当事人能否对此向执行法院提出异议，并不明确。2011年《制裁规避执行行为意见》第14条规定"引导申请执行人依法诉讼"，明确了被执行人放弃债权、无偿转让财产或者以明显不合理的低价转让财产，对申请执行人造成损害的，执行法院告知申请执行人提起撤销权诉讼。为未被法院采取查封措施的债权处置行为提供了救济指引，即该问题并非执行程序能解决的问题，交由当事人通过诉讼程序解决更为适宜。2018年《执行和解规定》也体现了此种解决思路，其在第16条规定，当事人、利害关系人认为执行和解协议无效或者应予撤销的，可以向执行法院提起诉讼。而根据《民法典》第538条，和解协议应予撤销的情形就包括"债务人以放弃其债权、放弃债权担保、无偿转让财产等方式无偿处分财产权益，或者恶意延长其到期债权的履行期限，影响债权人的债权实现的"。而根据《民事诉讼法》第236条和第238条的规定，执行异议针对的是法院违法错误的执行行为，案外人异议针对的是执行标的。在被执行人与第三人达成放弃债权的执行和解协议的场合，无法适用执行异议进行救济。但若执行法院依据执行和解协议，解除对部分债权的查封或是撤销对次债务人采取的执行措施的，申请执行人可向法院提出执行异议。

但实践中有其他观点认为申请执行人可提出异议，原因在于，执行和解协议的内容不得违反国家法律、法规和政策的强制性规定，不得损害国家、

---

① 参见辽宁省高级人民法院（2016）辽执复251号执行裁定书。

集体和其他人的合法权益。申请执行人在其他案件作为被执行人没有履行其义务的情况下，与本案的被执行人达成和解协议，放弃部分执行债权的行为，损害了申请执行人的其他债权人的合法权益。因此，申请执行人的债权人有权提出异议，法院亦应对执行和解协议内容进行审查。①

对2020年《执行工作规定》第50条"被执行人收到履行通知"的理解分歧，导致对债权是否已冻结、被执行人放弃债权的行为是否有效存在偏差。第一种观点认为，2020年《执行工作规定》第50条是规定在"被执行人到期债权的执行"一节，根据该节第45条的规定，执行被执行人的到期债权，应向第三人发送履行债务的通知（简称履行通知），事实上，法院同时还应当向被执行人送达上述履行通知，告知被执行人债权已被冻结，由此，被执行人放弃债权或延长履行期限的行为才会因不能对抗申请执行人而对申请执行人不产生效力。因此第50条中"被执行人收到人民法院履行通知"的"履行通知"应理解为是对第三人发出的履行通知，而非一般意义上执行立案向被执行人发送的履行通知。因此，如被执行人与次债务人达成放弃债权或延长履行期限的协议是在执行法院向被执行人及次债务人发出履行到期债权的通知前，则该协议有效，申请执行人若认为被执行人放弃债权或延长履行期限的行为损害其权益的，可依据《民法典》第538条或《执行和解规定》第16条另行起诉。第二种观点认为，从《执行工作规定》第45条至第50条的规定来看，并未对被执行人收到的"履行通知"作限定解释，该履行通知指的是执行法院向债务人发出的履行通知，如执行法院立案后向债务人发出的执行通知书，并非特指到期债权执行中的履行债务通知书。只要法院向被执行人发出了履行通知，被执行人放弃债权或延长履行期限的行为就无效，无论被执行人对第三人的债权是否已经被法院冻结。其原因在于被执行人放弃债权或延长履行期限的行为将对被执行人的其他债权人造成影响，尤其是在被执行人财产不足以清偿所有执行债权的情况下，前述行为与个别清偿无异。我们同意第一种观点。案件进入执行程序后，法院发出的履行通知的主要作用是告知被执行人主动履行义务，而真正限制被执行人财产处分权的是法院采取的查控措施。

① 参见辽宁省沈阳市中级人民法院（2016）辽01执异570号执行裁定书。

## 案例索引

最高人民法院（2017）最高法民终626号第三人撤销之诉案

**231** 执行中，申请执行人不履行协助义务导致债权本金、利息和违约金金额增加的，被执行人是否有权对该部分增加内容提出异议，要求不予执行？

答：被执行人有权对该部分执行内容提出异议，要求不予执行。

## 理由与依据

执行中，申请执行人不履行协助执行义务导致债权本金、利息和违约金金额增加的，被执行人提出执行异议要求对该部分执行内容不予执行的，人民法院应予支持。如因申请执行人未预留账户信息、住所地无人办公、未在判决确定的期限内与债务人联系等因素，导致被执行人不能履行债务的，申请执行人应当对被执行人未能顺利履行判决确定的债务负有一定的责任，迟延履行期间，被执行人不承担该期间内的迟延履行利息、违约金。

## 立法沿革与争议

依据《民法典》第570条规定："有下列情形之一，难以履行债务的，债务人可以将标的物提存：（一）债权人无正当理由拒绝受领；（二）债权人下落不明；（三）债权人死亡未确定继承人、遗产管理人，或者丧失民事行为能力未确定监护人；（四）法律规定的其他情形。标的物不适于提存或者提存费用过高的，债务人依法可以拍卖或者变卖标的物，提存所得的价款。"

通常情况下，生效判决确定的债权未得到实现，执行程序启动，可以推定系被执行人迟延履行的结果，相应增加的利息和违约金等应当计算。但是，在个案中查明债务人有积极履行债务的具体行为，而债权人对债务未履行负有一定责任的情况下，如果对此具体情况完全不予考量，一律无条件要求被执行人加倍支付迟延履行期间的债务利息以及违约金、利息等，将打击诚信履行债务的被执行人积极性，违背了诚信、公平原则。因此，不能将请求支付特定期间的违约金、利息等作为申请执行人无条件的权利，应当允许执行法院在特定案件中结合双方在履行债务过程中的表现及过错等相关因素酌情减轻或免除，在个案中具体问题具体分析。

## 案例索引

最高人民法院（2017）最高法执复16号执行审查案

## 232 债权转让未通知债务人的，受让人是否可以对抗另案对该债权的执行？

答：债权转让未通知债务人不影响债权转让效力，其后该债权作为转让人的责任财产被另案冻结的，债权受让人可以签署债权转让协议为由对抗另案债权人的强制执行。

## 理由与依据

《民法典》第546条第1款规定，债权人转让债权，未通知债务人的，该转让对债务人不发生效力。该条规定主要是为了保护债务人合法权益，避免其在不知情的情况下向原债权人作出的清偿行为被认定为无效。债权转让未通知债务人，并不影响债权转让的效力，也不能成为否定债权在债权人和受让人之间发生转让的理由。债权转让后，该债权作为转让方的责任财产被冻结的，受让人可以申请排除执行。

依照《查扣冻规定》，被执行人就已经查封、扣押、冻结的财产所作的移转、设定权利负担或者其他有碍执行的行为，不得对抗申请执行人，包括另案申请执行人。因此，如果转让债权系被查封债权，该转让在转让方与受让方之间仍然有效，但不得对抗转让方的债权人。

## 立法沿革与争议

所谓债权转让，是指当事人一方依法将债权全部或者部分转让给第三人。根据学界通说，债权转让是一种处分行为，只要让与人和受让人达成有效的让与合意，即发生债权让与之效力。少数观点认为我国债权让与应采取与有体物物权变动相同的让与模式，债权转让属于事实行为，债权转让合同属于法律行为。让与通知犹如有体物转让中的登记或交付，是债权让与的形式要件。我国典型的司法实务判决采学界通说观点。[1] 债权转让一旦成立，原债权债务人的权利义务关系解除，而受让人作为新债权人与原债务人形成权利义务关系，原债务人向新债权人履行债务。根据现行法律规定，债权人转让债权，不必征得债务人的同意，但应就债权的转让及时通知债务人，未经通知，其转让行为对债务人不发生效力。

## 案例索引

最高人民法院（2021）最高法民申7876号执行异议之诉案

## 233 被执行人可否以其名下客户备付金账户内的资金系案外人财产为由，请求解除对该账户的冻结措施？

答：根据2020年《执行工作规定》第27条规定，被执行人为金融机构的，对其交存在人民银行的存款准备金和备付金不得冻结和扣划。金融机构名下的客户备付金账户能够排除执行。被执行人为非金融机构的，其名下客户备付金能否排除执行，尚未有明确法律规定，实践中可以结合备付金性质进行判断。非银行支付机构的客户备付金不属于该支付机构的自有财产，在非银行支付机构作为被执行人的案件中，开立在该支付机构名下的客户备付金专用账户内的资金不属于被执行

---

[1]　参见杨代雄主编：《袖珍民法典评注》，中国民主法制出版社2022年版，第481～482页。

人的责任财产，应当排除强制执行。

## 理由与依据

金融机构的存款准备金和备付金是法定的执行豁免财产，被执行人为金融机构的，对其交存在人民银行的存款准备金和备付金不得冻结和扣划。被冻结账户的性质是存款准备金账户、备付金账户，该账户内的存款准备金和备付金可以排除执行。被执行人为非金融机构的，其名下客户备付金能否排除执行，因法律司法解释并无明确规定，实践中可以结合备付金性质进行判断。

客户备付金是指非银行支付机构为办理客户委托的支付业务而实际收到的预收待付货币资金。客户备付金账户是备付金集中存管账户及预付卡备付金专用存款账户的统称。备付金集中存管账户，是指非银行支付机构在中国人民银行开立的专门存放客户备付金的账户。预付卡备付金专用存款账户，是指非银行支付机构因开展预付卡发行与受理业务，在备付金银行开立的专门存放客户备付金的账户。

从账户性质来说，备付金账户与一般账户不同，其具有专门用途，仅能用于收取客户的备付金、办理客户委托的支付业务、向备付金集中存管账户转账，资金来源和用途具有特定性，属于有特殊用途的专用账户，能够与其他一般账户相区分。从备付金用途来说，属于支付机构受客户委托而暂时保管的货币资金，目的是办理支付业务，因此该货币资金的所有权应归属于委托办理支付业务的客户，而不属于非银行支付机构。[①]

## 立法沿革与争议

根据权利外观主义原则，被执行人名下的银行存款往往被认定为其所有财产，执行法院依法可以对该银行账户采取执行措施。但是以下两类账户可以排除执行：一是特定专款专用账户，例如对于存款准备金账户、备付金账户、企业工会账户等特定账户，出于该类账户的专款专用性质，可以排除法院执

---

① 参见连强、张楠：《非银行支付机构名下客户备付金专用账户的性质》，载《人民司法》2021年第35期。

行；二是账户内资金实质属于案外人，且案外人享有的权利足以排除执行。

实践中对于该问题的争议主要集中在应当适用何种程序排除执行，即异议属于执行行为异议还是案外人异议。被执行人可否以其名下客户备付金账户内的资金系案外人财产为由，请求解除对该账户的冻结措施，被执行人是提起异议的主体，异议内容是要求执行法院解除对客户备付金银行账户的冻结措施，从外观上看，应当属于对执行法院的执行行为提出的异议。但是排除执行的核心理由是客户备付金的所有权归属于客户所有，并非被执行人的自有财产，是基于实体权益提起的异议，更符合案外人执行异议的性质。

## 案例索引

北京市第二中级人民法院（2020）京02执异178号执行异议案

## 234 执行标的由申请执行人或被执行人受让，案外人能否在关于执行标的的执行程序终结后提出异议？

答：执行法院对执行标的的已经执行终结后，如果整个执行案件的执行程序尚未执行终结，此时案外人可以提出案外人异议，但如果对执行标的的执行终结的同时，整个执行案件也已经全部执行完毕，则案外人在执行案件终结执行后提出的标的异议，不符合提起异议的时间条件要求，应不予受理。

## 理由与依据

根据《异议复议规定》第6条规定："当事人、利害关系人依照民事诉讼法第二百二十五条规定提出异议的，应当在执行程序终结之前提出，但对终结执行措施提出异议的除外。案外人依照民事诉讼法第二百二十七条规定提出异议的，应当在异议指向的执行标的的执行终结之前提出；执行标的由当事人受让的，应当在执行程序终结之前提出。"根据该规定，执行标的由申请执行人或被执行人受让时，案外人对该标的主张权利提出异议的，应当在执行程序终结之前提出。据此，对于该问题，执行法院对执行标的已经执行终结后，如果整个执行案件的执行程序尚未执行终结，此时案外人可以提出案外人异议，但如果对执行标的的执行终结的同时，整个执行案件也已经全部执行完毕，则案外人在执行案件终结执行后提出的标的异议，不符合提起异议的时间条件要求，应不予受理。

## 立法沿革与争议

我国法律、司法解释对提出执行异议期限规定的表述稍有不同。《民事诉讼法》第238条规定，执行过程中，案外人对执行标的提出书面异议的，人民法院应当自收到书面异议之日起15日内审查，理由成立的，裁定中止对该标的的执行；理由不成立的，裁定驳回。《民事诉讼法解释》第462条规定，根据《民事诉讼法》第238条规定，案外人对执行标的提出异议的，应当在该执行标的的执行程序终结前提出。

由此可见，《民事诉讼法》对提出异议的时间要求是"执行过程中"，如何理解执行过程中这一时间要求呢，《民事诉讼法解释》第462条作了进一步的解释，即规定了"执行标的的执行终结前"。《异议复议规定》第6条又进一步以执行标的的是否由当事人受让为区分标准，规定了由当事人受让的，应当在整个执行程序终结前提出异议，由执行当事人之外的第三人受让该标的时，应在该执行标的的执行终结前提出。值得注意的是，此处的执行程序终结是指执行程序的实体终结，终结本次执行程序、当事人因长期履行达成执行和解协议而终结执行等程序性结案并非属于此处的执行程序终结的情形。

## 案例索引

最高人民法院（2018）最高法民申1299号执行异议之诉申请再审审查案

**235** 人民法院查封登记在第三人名下但没有经第三人书面确认的财产，该第三人能否提出案外人异议？

答：第三人对人民法院对登记在其名下但没有经其书面确认的财产采取的查封措施提出异议的，应根据《民事诉讼法》第236条规定进行审查，属于执行行为异议，不能作为案外人异议处理。

## 理由与依据

人民法院可以查封、扣押、冻结被执行人占有的动产、登记在被执行人名下的不动产、特定动产及其他财产权。对于第三人占有的动产或者登记在第三人名下的不动产、特定动产及其他财产权，第三人书面确认该财产属于被执行人的，人民法院可以查封、扣押、冻结。执行程序中财产的查控遵循外观主义原则，查封登记在第三人名下但没有经第三人书面确认的财产，属违法查封行为。但案外人异议中，并不以查封行为违法或错误为前提。因此，虽然第三人提出异议的最终目的是主张对执行标的享有实体权益、解除查封，但其路径是通过纠正执行法院违法错误的查封行为实现。案外人异议旨在通过确认案外人对执行标的享有足以排除执行的权益实现，无须对法院此前的查封行为是否违法作出判断。该情形下第三人所提的异议为执行行为异议而非案外人执行异议，应根据《民事诉讼法》第236条进行审查。

## 立法沿革与争议

司法理论界与实务界对该问题争议较大，一种观点认为应当根据《民事诉讼法》第236条规定通过执行异议、复议程序救济。如《北京市法院执行局局长座谈会（第九次会议）纪要》、吉林省高级人民法院（2021）吉民再360号案件、新疆维吾尔自治区高级人民法院（2020）新民终312号案件均持该观点。

另一种观点认为此时的异议实质上是一种实体异议，应当通过《民事诉讼法》第238条规定的案外人异议、异议之诉的程序救济。如《江苏省高级人民法院执行异议及执行异议之诉案件办理工作指引（一）》规定："执行法院对登记在案外人名下财产采取执行措施，该案外人提出执行异议的，应根据《民事诉讼法》第234条规定审查处理。"《吉林省高级人民法院关于审理执行异议之诉案件若干问题的解答（二）》与江苏省高级人民法院持相同观点。

## 案例索引

最高人民法院（2014）执申字第243号执行申诉案

### 236 案外人能否向轮候查封、扣押、冻结的法院提出执行异议？

答：案外人原则上不能向轮候查封的执行法院提出案外人异议，除非该轮候查封法院获得了对标的物的处置权。

## 理由与依据

案外人异议的目的在于排除对执行标的的执行，案外人针对某一查封债权人提起的执行异议之诉胜诉后，其他债权人的查封并不当然解除。从实体法上，不同申请执行人的债权并不相同，案外人享有的权利可以排除一个债权人的执行，但不代表可以排除其他债权人的执行。例如依据《异议复议规定》第28条规定，案外人可以排除一般金钱债权的执行，但不能排除抵押权的执行。程序法上，生效判决的效力不得拘束未参加诉讼的人。[①] 这就意味着，案外人需要对所有查封提起案外人异议或异议之诉，才能达到完全排除执行的目的。但目前主流裁判观点并不支持案外人针对轮候查封提出异议。一般而言，执行标的原则上由首先查封法院处置，但移交处置权的情形除外。因此，案外人如对执行标的主张排除执行，应当向首先查封法院或者有处置权的法院提出案外人异议。轮候查封属于效力待定的查封，不产生正式查封的法律效力，故案外人原则上不能向轮候查封的执行法院提出案外人异议，除

---

① 参见邵长茂：《多手查封情况下案外人一次性排除执行的路径探析》，载《人民法院报》2022年12月22日第8版。

非该轮候查封法院获得了处置权。

基于上述情况，目前案外人只能向首封法院提异议，异议成立首封法院解除查封后，再向从轮候转为首封的法院提异议，如此循环往复，对案外人而言，时间和经济成本巨大。为此，有观点提出通过扩大适用无独立请求权第三人一次性排除执行，还有观点提出将所有债权人列为必要共同诉讼的被告，但上述做法在法理和逻辑上均有不周延之处，将其他查封债权人作为普通诉讼的被告更为现实可行，案外人同时提出多个针对查封债权人的异议之诉，多个查封法院为同一法院的，可合并审理；并非同一法院的，由首封法院进行集中管辖处理。[①]

## 立法沿革与争议

法律、司法解释对于该问题没有作出明确规定，司法实践中对此也存在争议。普遍观点认为，因轮候查封不发生正式查封的效力，不直接侵害案外人对财产享有的实体权利，因此案外人不能基于实体权利对轮候查封行为提出异议，案外人提出异议的，轮候查封法院应不予受理。《山东省高级人民法院执行局关于执行疑难法律问题审查参考（一）—— 案外人执行异议专题》第2条、《广东省高级人民法院执行局关于执行程序法律适用若干问题的参考意见》第2问、《江苏省高级人民法院执行异议及执行异议之诉案件办理工作指引（二）》第1条、《北京市高级人民法院关于审理执行异议之诉案件适用法律若干问题的指导意见（试行）》第12条、《江西省高级人民法院关于执行异议之诉案件的审理指南》第10条均持此种观点。

少数观点则认为，轮候查封虽然不属于正式查封，但案外人基于对标的物主张实体权利而提出异议，符合《民事诉讼法》第238条规定，应当作为案外人异议进行审查。[②]最高人民法院在（2021）最高法执复9号案中持该观点。

---

① 参见邵长茂：《多手查封情况下案外人一次性排除执行的路径探析》，载《人民法院报》2022年12月22日第8版。

② 参见姚宝华：《轮候查封疏议》，载《法律适用》2022年第8期。

**案例索引**

最高人民法院（2021）最高法民申4537号案外人执行异议之诉纠纷申请再审审查案

**237** 未登记为建设用地使用权人及项目开发建设主体的合作开发一方，或者房地产开发企业的挂靠人能否持挂靠协议主张对登记在房地产开发企业（被执行人）名下的不动产排除执行？

答：房地产开发企业的挂靠人或者未登记的项目开发建设主体的合作开发方，持挂靠协议主张排除执行的，一般不予支持。

**理由与依据**

我国不动产物权变动采"登记生效"主义，未经登记不发生物权效力，无论是未登记为建设用地使用权人的项目合作开发一方还是房地产开发企业的挂靠人均不具有执行标的的所有权，不享有足以排除强制执行的实体权利。另，开发建设合同及挂靠开发协议均属于内部协议，在效力上并不优先于其他普通债权，其享有的权利不能对抗一般债权人的强制执行申请。合伙开发一方及挂靠方可基于合作开发协议及挂靠协议另行主张权利。

**立法沿革与争议**

挂靠开发在房地产开发领域较为常见，一般表现形式为挂靠方借用被挂靠方相应资质进行房地产开发，被挂靠方仅收取管理费而不进行实际投资及参与开发经营活动。由此引发的执行异议之诉案件中，挂靠人能否排除对执行标的的执行。该问题的本质是权利人与名义权利人分离时，一般债权人与实际权利人之间权利保护及利益平衡问题，比较常见的有借名买房、隐名股东、账户借用、让与担保等问题。

一种观点认为，基于物权变动登记生效和公示公信原则，挂靠方所享有的权利不能对抗一般债权人的申请执行，如最高人民法院（2021）最高法民申1618号案件认为，现行法律及司法解释虽未明确借用资质开发房地产合同无效，但探究房地产开发相关法律及行政法规，国家对借用房地产开发资质明显采用禁止、限制至少是不鼓励的态度。挂靠人借用资质开发房地产存在过错不享有排除执行的民事权利。最高人民法院（2019）最高法民申294号案件、《江苏省高级人民法院执行异议及执行异议之诉案件办理工作指引（二）》第16条第3项、《江西省高级人民法院关于执行异议之诉案件的审理指南》第27条第2项、《吉林省高级人民法院关于审理执行异议之诉案件若干疑难问题的解答》《广东省高级人民法院关于审查处理执行裁决类纠纷案件若干重点问题的解答》均持此观点。

另一种观点认为，人民法院应当按照一定的标准审查挂靠人是否是实际出资开发人。《民法典》第231条规定，因合法建造、拆除房屋等事实行为设立或者消灭物权的，自事实行为成就时发生效力，也就是说，对于尚未进行所有权初始登记的房屋，建造人因合法建造的事实行为可以直接取得房屋的所有权，建造是物权取得的事实行为，并不必须以不动产登记作为取得所有权的生效要件，因此，在符合一定条件下可以排除强制执行，如最高人民法院（2020）最高法民申2204号案件认为，虽然案涉项目的各种许可证均登记在被执行人名下，但综合全案证据可以认定案涉土地使用权及案涉项目的实体投资开发人是案外人，判决不得执行案涉房屋。

本书认为我国不动产物权变动是以法定登记为原则，以事实行为成就等为例外，《民法典》第231条规定的能够取得物权的建造必须符合"合法"的要求。合作开发不等同于共同建造，建造行为必须在依法办理建设用地使用权登记和取得相关规划、建设等证书的情况下，才能在建造事实行为完成时产生设立物权的法律效力。没有进行上述登记的合作开发合同当事人，并不当然因合作开发合同约定而享有物权。①

---

① 参见杜万华主编：《民事审判指导与参考》（总第72辑），人民法院出版社2017年版，第151页。

最高人民法院（2021）最高法民申1618号案外人执行异议之诉申请再审审查案

**238** 通过产权调换方式签订拆迁补偿安置协议后，被拆迁人（案外人）请求对登记在拆迁人（被执行人）名下的用于拆迁安置的房屋排除执行，人民法院应否支持？

答：当被拆迁人（案外人）与房屋征收部门签订了合法有效的征收补偿协议，协议约定以产权置换补偿的形式取得案涉房屋，并明确约定了安置房屋的位置、房号等具备房屋特定化的情形时，可以排除执行。

### 理由与依据

安置房屋是对被拆迁人以产权调换方式给予的补偿，补偿的对象为被拆除房屋的所有权人，补偿方式为产权调换，补偿标的为执行法院将要执行或者正在执行的房屋。被拆迁人对所安置房屋享有的权利来源于其对原有房屋即被拆迁房屋的所有权，其所付出的代价是失去了对原有房屋的所有权。在用于补偿安置被拆迁人的房屋已经明确了具体位置及房号的情况下，被拆迁人对安置房享有的权利性质至少是一种物权期待权，更甚于是一种以"原有物权"换取"未来物权"的"准物权"性质。在申请执行人对被执行人享有的仅是普通金钱债权的情形下，申请执行人对被执行人名下涉案房屋享有的权利性质是普通的债权请求权，而被拆迁人对涉案房屋享有的则是基于物权期待权产生的物权请求权。基于物权优先于债权的原理，被拆迁人对拆迁安置房屋享有的准物权性权利应优先于申请执行人的债权请求权，被拆迁人得以排除执行法院对安置房屋的强制执行。

## 立法沿革与争议

对拆迁安置房屋的物权期待权与申请执行人享有的金钱债权之间的权利孰优孰劣，现行法律、司法解释对没有直接作出规定。2003年《商品房买卖合同解释》第7条对征收安置房与房屋买受人享有权利的优先顺位予以了明确规定："拆迁人与被征收人按照所有权调换形式订立征收安置补偿协议，明确约定拆迁人以位置、用途特定的房屋对被征收人予以补偿安置，如果拆迁人将该补偿安置房屋另行出卖给第三人，被征收人请求优先取得补偿安置房屋的，应予支持。"2020年12月31日最高人民法院对该司法解释修正时，删除了该条规定。虽然该条款现已被最高人民法院废止，但并不意味着被征收人丧失其对安置房屋享有的权利，只不过考虑到征收安置房屋在满足特点的条件之前无法上市正常流通，故对此类纠纷不宜在商品房买卖合同司法解释中予以规定。

类似问题还包括对拆迁安置房屋的物权期待权与抵押权冲突时如何处理。被执行人名下的拆迁安置房屋上设立抵押权的，案外人的补偿安置权益是否应优先于抵押权准许排除执行问题？部分法院认为抵押权人基于物权公示原则在案涉房屋上设立抵押权，属于善意第三人。其与被拆迁人的权益都应依法予以保护，被拆迁人不享有优先取得权；相反观点则认为在查清案件事实，用于拆迁安置房屋已能明确具体位置与用途的情况下，被拆迁人较被执行人的其他债权人可予优先保护。这一争论在最高人民法院第五巡回法庭2019年第92次、第96次法官会议纪要中有了定论，经审理确认拆迁人与被执行人在人民法院查封之前已经签订合法有效的拆迁补偿安置协议，并且在拆迁补偿安置协议中明确约定了拆迁用房的具体位置、用途，能够明确指向执行标的的，因其已享有足以对抗第三人的特殊债权，对被拆迁人停止执行的诉讼请求应当予以支持。[①] 在这一倾向性观点的指导下，最高人民法院大量相关案例均对被拆迁人的权利予以保护，支持了被拆迁人对安置房屋享有权利的优先性，但在说理部分却有所不同：一是从居住权等基本生存权利的角度出发，论证该权利优先于普通债权及抵押权。如最高人民法院（2019）最高法民申

---

[①] 王毓莹：《执行异议之诉案件的裁判思路》，载最高人民法院民事审判第一庭编：《民事审判指导与参考》（总第67辑），人民法院出版社2017年版，第49页。

6875号民事裁定认为，作为拆迁安置户其以牺牲对原房屋的居住权为代价来满足城市建设等社会公共利益的需要，其对作为安置房的商铺享有的拆迁利益关系到基本的生存权利，故原审法院认定该权利优先于抵押权人对涉案房屋的抵押权并无不当。二是直接参照《商品房买卖合同解释》第7条规定并结合《异议复议规定》第28条规定进行裁判，如最高人民法院（2018）最高法民申723号民事裁定、最高人民法院（2018）最高法民终692号民事判决。三是参照《最高人民法院关于建设工程价款优先受偿权问题的批复》（法释〔2002〕16号，现已废止）第1条、第2条规定，将被拆迁人所享有的权利类比消费者物权期待权，得出被拆迁人对安置房屋享有的权利优于抵押权等担保物权的结论，如最高人民法院（2017）最高法民申2302号民事裁定、最高人民法院（2018）最高法民终1299号民事判决。

在地方法院方面，如《江苏省高级人民法院执行异议及执行异议之诉案件办理工作指引（二）》第17条、《吉林省高级人民法院关于审理执行异议之诉案件若干疑难问题的解答》问题11、《广东省高级人民法院关于审查处理执行裁决类纠纷案件若干重点问题的解答》第14条、《海南省高级人民法院关于审理执行异议之诉纠纷案件的裁判指引（试行）》第12条等，均以指导性文件的方式认可了拆迁安置房屋符合特定条件下可以排除法院的强制执行。

## 案例索引

最高人民法院（2019）最高法民申6875号执行异议之诉纠纷申请再审审查案

**239** 融资租赁合同的出租人对登记在承租人（被执行人）名下的租赁物请求排除执行的，是否应予支持？

答：出租人对租赁物享有的所有权未经登记的，出租人对租赁物享有的权利不能排除执行；如出租人对租赁物享有的所有权已经登记的，出租人对租赁物享有所有权，足以排除执行。

## 理由与依据

《民法典》实施后，在融资租赁法律关系中，出租人对租赁物享有的所有权，实质上是一种具有担保物权属性的合同性权益，遵循"登记对抗"主义。即出租人对租赁物享有的所有权已经登记的，则具备了担保物权的担保功能，并且出租人取得租赁物的所有权；未经登记的，出租人的所有权不得对抗《民法典担保制度解释》第54条规定的第三人。据此可以得出，当出租人对租赁物享有的所有权未经登记的，出租人对租赁物享有的权利不能排除执行；当出租人对租赁物享有的所有权已经登记的，出租人对租赁物享有所有权，足以排除执行。

## 立法沿革与争议

《民法典》第745条规定："出租人对租赁物享有的所有权，未经登记，不得对抗善意第三人。"通过登记所有权的形式赋予了融资租赁法律关系中出租人对租赁物的合同性担保权益，类似于动产抵押权，[①] 该项权利融合了合同性债权、担保物权、所有权的部分功能，属于多项权利的复合体。出租人对租赁物享有的所有权如未经登记，不得对抗善意第三人。《民法典担保制度解释》第54条对未办理登记的动产抵押权的效力作出规定："（一）抵押人转让抵押财产，受让人占有抵押财产后，抵押权人向受让人请求行使抵押权的，人民法院不予支持，但是抵押权人能够举证证明受让人知道或者应当知道已经订立抵押合同的除外；（二）抵押人将抵押财产出租给他人并移转占有，抵押权人行使抵押权的，租赁关系不受影响，但是抵押权人能够举证证明承租人知道或者应当知道已经订立抵押合同的除外；（三）抵押人的其他债权人向人民法院申请保全或者执行抵押财产，人民法院已经作出财产保全裁定或者采取执行措施，抵押权人主张对抵押财产优先受偿的，人民法院不予支持；（四）抵押人破产，抵押权人主张对抵押财产优先受偿的，人民法院不予支持。"参照该规定，未经登记的出租人所有权，除不得对抗租赁物受让人之外，还包括善意承租人，查封或扣押债权人，参与分配债权人、破产债权人。

当出租人对租赁物享有的所有权已经登记，则出租人取得了该登记租赁

---

① 参见杨代雄主编：《袖珍民法典评注》，中国民主法制出版社2022年版，第707页。

物的所有权，足以排除人民法院对该标的物的执行。

## 案例索引

最高人民法院（2018）最高法民申6146号执行异议之诉纠纷申请再审审查案

### 240 案外人能否以将款项错误汇入被执行人账户为由，请求排除对该账户资金的执行？

答：货币属于特殊种类物，权属认定适用"占有即所有"，案外人以其所有的款项系错误汇入被执行人账户为由主张排除执行的，一般不能得到支持。但是，案外人确系错误汇款且其所汇款项能够特定化的，可以排除执行。

## 理由与依据

货币是特殊动产，属于种类物，遵循"占有即所有"的规则认定资金的权属，汇款在到达被执行人账户时发生权属转移，该行为并不因欠缺真实意思表示而不能产生转移款项实体权益的法律效果，案外人将其所有款项错误汇至被执行人账户的行为，在案外人与被执行人之间构成了典型的不当得利之债。从性质上，不当得利之债属于普通债权，并不具有优先受偿性，故不能排除执行。[1]

错误汇款系通过银行转账实现，并非物理意义上将货币作为"物"的实际交付，当案外人提出充分证据证明存在错误汇款事实且其所汇入款项能够特定化时，可以根据真实的权利归属关系，确定货币资金的实际权利人。在一些特殊情况下，如错误汇款的账户已被法院冻结或错误汇款的账户系具有特

---

[1]　参见最高人民法院民事审判第一庭编：《民事审判实务问答》，法律出版社2021年版，第394页。

殊用途的专项账户等，被执行人并不实际控制、占有、使用该账户的，不适用"占有即所有"的规则。在同时满足存在错误汇款事实、所汇入款项能够特定化等条件时，案外人关于排除执行的主张能够予以支持。

### 立法沿革与争议

案外人以"错误汇款"为由请求排除执行，执行异议之诉裁判规则争议很大。

肯定观点以最高人民法院2018年第2期公报案例——最高人民法院（2017）最高法民申322号案件为代表，认为案外人如具备误转事实、金钱特定化等条件时可以排除执行。主要理由是错误汇款并非法律行为，属于事实行为，被执行人取得款项没有合法根据应予返还，且因法院已冻结导致被执行人并未实际占有或控制该款项，不宜认定被执行人为实际权利人。持该观点的案例还包括最高人民法院（2020）最高法民申4522号、最高人民法院（2018）最高法民再331号、最高人民法院（2015）民提字第189号案件等；地方高级法院指导文件中，《江西省高级人民法院关于执行异议之诉案件的审理指南》第16条、《山东省高法人民法院民一庭关于审理执行异议之诉案件若干问题的解答》第11条等亦赞同该观点。

否定观点认为不能排除执行。"错误汇款"又称"非债清偿"，构成不当得利之债，不当得利系普通债权，如果赋予其优先于其他一般金钱债权执行，则违背了普通债权平等原则。最高人民法院民一庭编著的《民事审判实务问答》[1]《民事审判指导与参考》[2]中"民事审判信箱"的解答、最高人民法院（2018）最高法民申31号、最高人民法院（2018）最高法民申1742号、最高人民法院（2017）最高法民申2088号、最高人民法院（2021）最高法民申2526号等案件均持该观点。

---

[1] 最高人民法院民事审判第一庭编：《民事审判实务问答》，法律出版社2021年版，第394页。

[2] 最高人民法院民事审判第一庭编：《民事审判指导与参考》（总第75辑），人民法院出版社2019年版，第243页。

最高人民法院（2021）最高法民申2526号案外人执行异议之诉纠纷申请再审审查案

最高人民法院（2017）最高法民申322号案外人执行异议之诉案

**241** 案外人在保全裁定作出后提出实体异议未被支持，在进入执行程序后，是否仍可基于实体权利提出异议？

答：在保全阶段，案外人对保全标的提出实体异议被驳回的，进入执行程序后，不应再赋予该案外人针对同一标的提起实体异议的权利。

## 理由与依据

当事人就已经提起诉讼的事项在诉讼过程中或者裁判生效后再次起诉，同时符合下列条件的，构成重复起诉：（1）后诉与前诉的当事人相同；（2）后诉与前诉的诉讼标的相同；（3）后诉与前诉的诉讼请求相同，或者后诉的诉讼请求实质上否定前诉裁判结果。当事人重复起诉的，裁定不予受理；已经受理的，裁定驳回起诉，但法律、司法解释另有规定的除外。从执行异议视角，案外人撤回异议或者被裁定驳回异议后，再次就同一执行标的提出异议的，人民法院不予受理。同理可论，案外人于保全程序或执行程序基于实体权利提出排除执行异议，性质上均属于《民事诉讼法》第238条规定的案外人异议，适用法律与程序具有一致性。为避免滥用诉讼权利，《异议复议规定》第15条第2款规定未区分案外人所提异议是否在保全及执行程序，只要案外人已提出过异议，无论该次异议是在保全阶段还是在执行阶段，其后对同一标的如再次提出异议，人民法院均不应受理。

## 立法沿革与争议

司法实践中，对案外人能否在诉讼保全阶段提出案外人异议及异议之诉，存在不同认识。《民事诉讼法》第238条及《异议复议规定》等法律法规、司法解释仅规定在执行阶段，案外人可以提执行异议，至于是否可以在诉讼阶段对诉讼保全标的提出异议没有明确。

《财产保全规定》第27条规定："人民法院对诉讼争议标的以外的财产进行保全，案外人对保全裁定或者保全裁定实施过程中的执行行为不服，基于实体权利对被保全财产提出书面异议的，人民法院应当依照民事诉讼法第二百三十四条规定审查处理并作出裁定。案外人、申请保全人对该裁定不服的，可以自裁定送达之日起十五日内向人民法院提起执行异议之诉。人民法院裁定案外人异议成立后，申请保全人在法律规定的期间内未提起执行异议之诉的，人民法院应当自起诉期限届满之日起七日内对该被保全财产解除保全。"该条明确了保全程序中对被保全财产主张实体权利的案外人可以提起案外人异议和执行异议之诉。需要说明的是，若案外人对保全的争议标的不能提出异议，应作为有独立请求权的第三人参加诉讼。

**案例索引**

最高人民法院（2015）执复字第46号执行复议案

**242** 资管产品收益权的受让人能否排除债权人对资管产品的强制执行？

答：人民法院在执行被执行人持有的资管产品收益权时，案外人以其为该收益权的受让人为由请求排除执行的，如其在人民法院查封资管产品之前已签订合法有效的收益权转让合同并已支付合理对价，且在查封前已办理收益权转让登记的，可以排除执行。

**理由与依据**

资管产品收益权是指交易主体以基础权利或资产为基础，通过合同约定创设的一项财产性权利。实践中，收益权包括资产收益权、金融票据收益权、股权收益权等类型。在金融领域，通过特定资产收益权转让进行资产证券化已经成为企业、金融机构等融资的重要渠道。在案外人以其系该收益权的受让人为由请求排除执行案件的审查中，人民法院应围绕收益权转让合同效力、受让人是否已支付合理对价、是否通知债务人（资管产品管理人）、是否办理收益权转让登记等要素进行综合认定。当收益权受让人在人民法院查封资管产品之前已签订合法有效的收益权转让合同并已支付合理对价，且在查封前已办理收益权转让登记的，一般可以排除执行，否则不能排除执行。

## 立法沿革与争议

对资管产品收益权的权利性质辨析由来已久。我们认为，资管产品收益权不属于物权，认定为债权更具合理性。第一，根据物权法定原则，物权的种类和内容应由法律规定，不得由当事人随意创设，在我国法律及相关司法解释没有规定的情形下，不能将其认定为一种物权。第二，资管产品收益权的客体不仅包括房屋等不动产，还包括债权、股权等各种无体权利，无法归类于物权。[①] 江西省高级人民法院在（2015）赣民二初字第31号民事判决中认为，资管产品收益权作为约定权利，不宜作为物权的权利客体，应定性为债权性质。对于资管产品收益权的转让也应按照债权转让进行审查。《民法典》第545条规定："债权人可以将债权的全部或者部分转让给第三人，但是有下列情形之一的除外：（一）根据债权性质不得转让；（二）按照当事人约定不得转让；（三）依照法律规定不得转让。当事人约定非金钱债权不得转让的，不得对抗善意第三人。当事人约定金钱债权不得转让的，不得对抗第三人。"第546条规定："债权人转让债权，未通知债务人的，该转让对债务人不发生效力。债权转让的通知不得撤销，但是经受让人同意的除外。"人民法院在审理此类案件中，应结合《民法典》关于债权转让的相关规定，围绕收益权转让合同效力、受让人是否已支付合理对价、是否通知债务人（资管产品管理人）、是否办理收益权转让登记等要素进行综合审查。

---

① 高长久、符望、吴峻雪：《信托法律关系的司法认定——以资产收益权信托的纠纷与困境为例》，载《证券法苑》2014年第2期。

就资管产品收益权转让登记的机构而言，我国目前并无统一资管产品收益权转让的登记机构，实践中较为常见的办理应收账款转让的登记机构为中国人民银行；对于确无法定登记机构的资管产品，可以以通知债务人（资管产品管理人）并要求债务人作相应登记的方式进行登记，以最大程度达到收益权转让公示的法律效果。

## 案例索引

江西省高级人民法院（2015）赣民二初字第31号合同纠纷案

## 243 借款人与出借人以签订《商品房屋买卖合同》担保出借人债权实现，出借人能否以其对房屋享有物权期待权为由主张排除对该房屋的强制执行？

答：当事人以签订房屋买卖合同作为借款担保，双方实为借贷法律关系而非房屋买卖法律关系，此情形下出借人不享有足以排除强制执行的实体权利。

## 理由与依据

"名为买卖，实为非典型担保"的情形下，买卖双方并未建立真实的房屋买卖合同关系，其真实意思表示是建立借贷关系，双方签订的商品房买卖合同只是作为债务履行的一种非典型担保，因此不适用《异议复议规定》第28条、第29条及《查扣冻规定》第15条规定，出借人不享有物权期待权，不能排除执行。

## 立法沿革与争议

不动产是保障人民群众基本生活的财产，在执行程序中对不动产买受人予以优先保护有特殊的社会环境和制度基础。始于《最高人民法院关于建设工程价款优先受偿权问题的批复》，物权期待权的保护对象逐渐明确。2015年《异议复议规定》第28条、第29条对一般买受人物权期待权及消费者物权期待权排除执行的情形作出规定，以充分保障不动产买受人的合法权益。2020年《民间借贷规定》第23条第1款规定："当事人以订立买卖合同作为民间借贷合同的担保，借款到期后借款人不能还款，出借人请求履行买卖合同的，人民法院应当按照民间借贷法律关系审理。当事人根据法庭审理情况变更诉讼请求的，人民法院应当准许。"根据该司法解释精神，该类情形双方当事人的真实意思并非以转移房屋所有权为目的，而是为借款提供担保，出借人并非真实的房屋买受人，不享有足以排除执行的实体权益。

## 案例索引

最高人民法院（2020）最高法民申5847号案外人执行异议之诉纠纷申请再审审查案

最高人民法院（2016）最高法民再113号执行异议之诉纠纷民事再审案

## 244 案外人主张其与被执行人通过以房抵债取得案涉房屋，是否可以排除执行？

答：案外人以房抵债请求排除执行的，应根据不同情况区别对待：以房抵债发生在债务履行期届满之前的，一般认定为让与担保或后让与担保，不能排除执行；以房抵债发生在债务履行期届满之后的，且同时符合《异议复议规定》第28条规定的案外人与被执行人在查封房屋前存在合法有效的债权债务关系、抵债债权金额与抵债房屋价值相当、查封房屋前已签订抵债或买卖协议并实际占有房屋、抵债行为不存在规避执行等情形且非因案外人自身原因未办理过户登记的，可以排除执行。

## 理由与依据

"以房抵债"协议属于诺成性合同，在房屋未办理过户登记之前，债权人仅享有要求债务人交付房屋并办理过户登记的债权请求权。案外人以房抵债请求排除执行的，应根据不同情况区别对待，详情如表1-2所示：

表 1-2 涉"以房（物）抵债"法律关系分析表

| 时点 | 交付情况 | 性质 | 抵债实质 | 抵债效力 | 能否排除执行 |
|---|---|---|---|---|---|
| 债务履行期届满之前的抵债 | 已交付（已公示） | 让与担保 | 流质条款转化为担保条款 | 流质条款无效（不能转移所有权），担保合同有效（可以优先受偿） | 不能 |
| | 未交付（未公示） | 后让与担保或买卖型担保 | 买卖合同转化为借贷的担保（名为买卖实为借贷） | 参照《民间借贷规定》第24条按原法律关系审理，可以变价受偿，但不能优先受偿 | 不能 |
| 债务履行期届满之后的抵债 | —— | 债的更改 | 成立新债消灭旧债 | 法律未规定，此种情形须有当事人明确意思表示（实践中较少） | 如符合一定要件，可以排除执行 |
| | 已交付 | 新债清偿 | 新旧债务并存 | 即"代物清偿"，行为有效 | |
| | 未交付 | | | 合同有效，有权请求交付抵债标的物 | |

## 立法沿革与争议

"以房抵债"概念与代物清偿、新债清偿、债的更改、让与担保等概念的含义存在一定程度交叉，我国现行法律、司法解释也未对其明确作出规定，导致过去很长时间对以房抵债的性质、效力、能否排除执行等方面存在争议。一种观点认为，"以房抵债"系诺成性合同，只要双方当事人的意思表示真实，合同内容不违反强制性规定即为有效。如最高人民法院（2015）民一终字第308号、最高人民法院（2017）最高法民申128号、最高人民法院（2016）最高法民终484号案件均持该观点。另一种观点认为"以房抵债"属实践性合同，当事人在债务已届清偿期后约定以物抵债，本质为代物清偿，必须有受领他种给付的要件，故应坚持以物抵债的要物性。① 2019年《九民纪要》确定了以物抵债协议的诺成性，最高人民法院第五巡回法庭法官会议纪要亦认为，以物抵债协议应为诺成合同。②

对于以房抵债是否可以排除执行的问题，一种观点认为，债务履行期届满之后的以房抵债协议应视为合法有效书面合同，所抵债务视为支付全部房屋价款，③ 可以参照《异议复议规定》第28条、第29条规定审查，符合条件的，可以排除执行。如最高人民法院第二巡回法庭2019年第12次法官会议纪要、《江苏省高级人民法院执行异议及执行异议之诉案件办理工作指引（二）》第8条第3版、《山东高院民一庭关于审理执行异议之诉案件若干问题的解答》第7条、《吉林省高级人民法院关于审理执行异议之诉案件若干疑难问题的解答（二）》问题3、《江西省高级人民法院关于执行异议之诉案件的审理指南》第25条、《海南省高级人民法院关于审理执行异议之诉纠纷案件的裁判指引（试行）》第8条、最高人民法院（2021）最高法民终345号案件、最高人民法院（2020）最高法民再352号案件等均持该观点。另一种观点认为，以房抵债的本质是以一种金钱之债务消灭另一金钱债务，该债权并不优先于申请执行人的普通金钱债权，且通过房屋买卖的方式进行抵债，该行为的真实目的并非房屋买卖，不适用《异议复议规定》第28条、第29条规定，不能排除执行。

---

① 参见夏正芳、潘军锋、仲伟珩：《债务清偿期届满后当事人达成以物抵债协议但未履行物权转移手续，该协议效力如何确定》，载《民事审判指导与参考》（总第58辑），人民法院出版社2014年版。

② 参见最高人民法院民事审判第二庭编著：《〈全国法院民商事审判工作会议纪要〉理解与适用》，人民法院出版社2019年版，第302页；李少平主编：《最高人民法院第五巡回法庭法官会议纪要》，人民法院出版社2021年版。

③ 参见最高人民法院民事审判第二庭编著：《〈全国法院民商事审判工作会议纪要〉理解与适用》，人民法院出版社2019年版，第643页。

该观点认为《异议复议规定》第28条、第29条是对无过错买受人、消费者购房人进行特别保护，而设立以物抵债的目的在于消灭旧的金钱之债，其本质上仍然是金钱之债，不应优先于另一个金钱之债。[1]最高人民法院在（2019）最高法民终286号、最高人民法院（2018）最高法民终275号、最高人民法院（2022）最高法民申104号案件中即持该观点。《异议复议规定》起草时，原本拟将抵债受让人也纳入物权期待权的保护对象，但不少法院反映实践中以物抵债问题比较复杂，最终未达成一致意见。[2]

本书认为，从交易类型看，以房抵债在支付对价、意图获取房屋所有权等方面，与房屋买卖并无二致，故以物抵债权利人应与房屋买受人同样受到物权期待权的保护；从法律原则看，"法无禁止即可为"是私法领域基本法律原则，以物抵债协议对双方当事人均具有法律约束力，就现有法律框架而言，以房抵债买受人也应获得与房屋买受人同等的法律保护。

**案例索引**

最高人民法院（2022）最高法民终16号申请执行人执行异议之诉纠纷民事二审案

最高人民法院（2018）最高法民终560号案外人执行异议之诉纠纷案

最高人民法院（2017）最高法民终第354号案外人执行异议之诉纠纷案

**245** **《异议复议规定》第28条第4项"非因买受人自身原因未办理过户登记"，应如何理解？**

答：对"非因买受人自身原因"的理解应从是否存在过错的角度理解和把握，如因被执行人下落不明，长期无法找到导致未能办理过户

---

[1] 参见最高人民法院民事审判第二庭编著：《〈全国法院民商事审判工作会议纪要〉理解与适用》，人民法院出版社2019年版，第304页。

[2] 参见江必新、刘贵祥主编：《最高人民法院关于人民法院办理执行异议和复议案件若干问题规定理解与适用》，人民法院出版社2015年版，第429页。

手续等情形，不能认定买受人存在过错。执行法院不能仅以案外人未通过提起诉讼或者仲裁行使物权登记请求权为由，认定案外人因自身原因未办理过户登记手续。

## 理由与依据

"非因买受人自身原因未办理过户登记"是一般不动产买受人以享有物权期待权排除执行的要件之一，实际上是要求买受人（案外人）对未办理过户不存在主观过错。能够归责于买受人的原因可以分为三个层面：一是对他人权利障碍的忽略，如买受人未尽到合理注意义务，未发现房屋已设有抵押登记，导致因存在他人抵押权而无法登记；二是对政策限制的忽略，如明知不符合购房条件仍然购买；三是消极行使登记权利。[①] 一般而言，应综合主客观两方面因素认定。主观方面重点考察买受人是否存在怠于或故意不办理权属登记的情形，或由于自身没有尽到注意义务。客观方面重点考察是否存在诸如登记机关、出卖人因其他不属于买受人所能控制的原因而办理不能。当然，更主要在于主观状态的认定，并结合个案事实综合考量。

符合下列情形之一的，可以认定非因案外人自身原因未办理过户登记手续：（1）案外人因办理过户登记与出卖人发生纠纷并已提起诉讼或申请仲裁；（2）案外人作为被征收人所购房屋因政府征收安置调换适用房等原因未能办理过户登记手续；（3）案外人已向房屋登记机构提交了过户登记材料，或者已向出卖人提出了办理过户登记请求；（4）新建商品房虽不符合首次登记条件，但已办理买卖合同网签备案；（5）案外人通过其他方式积极主张过物权登记请求权，或有其他合理客观理由未办理过户登记。如确实因被执行人下落不明，长期无法找到被执行人导致未能办理过户手续，可以认定有客观理由未能办理过户登记手续。

执行法院不能仅以案外人未提起诉讼或者仲裁行使物权登记请求权为由，认定案外人因自身原因未办理过户登记手续。

---

① 参见江必新、刘贵祥主编：《最高人民法院关于人民法院办理执行异议和复议案件若干问题规定理解与适用》，人民法院出版社2015年版，第425页。

## 立法沿革与争议

《异议复议规定》第28条虽将"非因买受人自身原因未办理过户登"作为买受人物权期待权排除执行的要件，但对于哪些情形属于因其自身原因、哪些情形不属自身原因的情形未列举说明，导致司法实践中因认识差异而裁判不一。

《九民纪要》第127条第2款从正面明确买受人只要有向房屋登记机构递交户登记材料，或向出卖人提出办理过户登记的请求等积极行为的，就可以认为符合该条件。买受人无上述积极行为，其未办理过户登记有合理的客观理由的，亦可认定符合该条件。对是否属案外人自身原因未办理过户登记，主要是对于买受人主观状态的认定，是否归于买受人自身原因，应当结合个案，结合合同约定情况、履行情况以及买受人自身情况，比如受教育程度，综合进行考量。[1] 在地方高级法院指导意见中，《江苏省高级人民法院执行异议及执行异议之诉案件办理工作指引（二）》第8条第4项即采用上述判断标准。

## 案例索引

最高人民法院（2019）最高法民申2416号案外人执行异议之诉纠纷申请再审审查案

## 246 被执行人将房产卖给他人（先买受人）的，该他人又将案涉房产卖给次买受人，房产两次转让均未办理权属变更手续，如先买受人不符合排除执行的条件，次买受人能否排除执行？

答：在房屋连环买卖的情况下，次买受人对房屋享有的实体权益如符合《异议复议规定》第28条规定的情形，可以排除执行。先买受人对房屋享有的实体权益能否排除执行，不影响次买受人排除执行与否的判断。

---

[1] 最高人民法院民事审判第二庭编著：《〈全国法院民商事审判工作会议纪要〉理解与适用》，人民法院出版社2019年版，第643页。

## 理由与依据

司法解释规定了对于无过错不动产买受人物权期待权的保护条件，不动产买受人如同时符合《异议复议规定》第28条规定的四项条件可以排除执行，并未限制不动产买受人为"第一手"买受人还是次买受人。房地产连环买卖的情形下，次买受人在查封前购置占有不动产但未办理过户的，其所享有的物权期待利益与一般买受人并无实质不同，将次买受人纳入《异议复议规定》第28条保护范围之内合乎逻辑，次买受人能否排除执行不受前手买受人的影响。

## 立法沿革与争议

在司法实践中，房屋连环买卖引发的纠纷，次买受人以对房屋享有物权期待权为由请求排除执行的，能否支持，并无法律、司法解释明确规定。是否可以依照《异议复议规定》第28条审查争议较大。北京市高级人民法院在（2021）京民终269号判决中认为次买受人在查封前购置占有不动产但未办理过户的，其所享有的物权期待利益，或者承担的风险，与一般买受人并无二致。故将次买受人纳入《异议复议规定》第28条保护范围之内合乎意旨。

根据合同相对性原则，两份房屋买卖合同的签订主体、价款及付款时间、交付时间等合同基本要素均不相同，在执行异议之诉审理中，应当对次买受人所依据的买卖合同及相关法律关系进行审查作出认定。先买受人对案涉房屋所享有的权益是否能够排除执行，不能适用于对次买受人能否排除执行法律关系的评判。[①] 最高人民法院在（2020）最高法民申3442号案件中认为，在未办理权属登记的情况下，因其公示性的缺失，法律对物权人处分不动产的效力进行了减损性的规定。举重以明轻，尚未完成法律规定要件而成为物权的买受人的合同权利在进行处分的过程中，也必然无法将其具有类物权属性的效力传递给次买受人。次买受人在受让案涉房屋时，该房屋上的权利状态与先买受人接收该房屋时并不相同。因此，先买受人对案涉房屋享有的权益是否能够排除申请执行人的强制执行，对于次买受人的权益是否能够排除申请执行人的强制执行，并不具有可参考性。

---

① 司伟：《房屋次买受人权益排除出卖人的债权人强制执行的审查规则》，载《人民法院报》2021年2月4日第7版。

值得注意的是，在先买受人将其与出卖人之间的房屋买卖合同的权利整体转让给次买受人时，与上述存在先后两份不同的买卖合同情形不同，此时事实上仅存在一份房屋买卖合同。在最高人民法院（2020）最高法民再119号案中，次买受人作为小区业主继承了同为该小区业主先买受人购买案涉车位的相关合同权利。出卖人对这一合同转让进行确认的行为，并非在形式上重新设立新的买卖合同关系。此时，如果被执行人（原出卖人）系房地产开发企业，合同权利继受人（次买受人）对房屋尚未交付、未支付全部价款不存在过错的，可以参照《异议复议规定》第29条规定审查，符合该条规定情形的，可以排除执行。

**案例索引**

最高人民法院（2020）最高法民申3442号案外人执行异议之诉纠纷申请再审审查案

最高人民法院（2020）最高法民再119号申请执行人执行异议之诉纠纷申请再审审查案

---

**247** 隐名股东能否排除名义股东的债权人的强制执行？名义股东能否排除隐名股东债权人的强制执行？

答：案外人以其系隐名股东主张排除执行的，法院不予支持。但如果案外人能够提供证据证明申请执行人明知或应当知道其系隐名股东或实际出资人的，应当予以支持。如果隐名股东属于实际出资人，且符合《公司法》及相关司法解释规定的显名条件的，可以排除执行。有限合伙隐名权利人请求排除执行问题可以参照该精神处理。

基于商事登记外观主义，当隐名股东作为被执行人时，人民法院不得查封登记于名义股东名下的股权，除非名义股东书面确认该股权归隐名股东所有。法院查封名义股东名下的股权，系查封错误，名义股东可以通过提出执行异议进行救济。

## 理由与依据

　　商事外观主义是为保护交易安全，适用于因合理信赖权利外观或意思表示外观的交易行为。对于实际权利人与名义权利人的关系，应注重财产的实质归属，而不单纯地取决于公示外观。商事外观主义保护的第三人是"善意第三人"，申请执行人明知或应当知道其系隐名股东或实际出资人的，其不存在合理信赖，不宜纳入保护的范畴。从《九民纪要》规定的实际出资人显名的条件看，实际出资人能够提供证据证明有限责任公司过半数的其他股东知道其实际出资的事实，且对其实际行使股东权利未曾提出异议的，对实际出资人提出的登记为公司股东的请求，人民法院依法予以支持。公司以实际出资人的请求不符合《公司法司法解释（三）》第24条的规定为由抗辩的，人民法院不予支持。在执行异议之诉案件审理中，如果隐名股东确属案涉股权的实际出资人，且其他过半数股东知晓其出资事实，并对其实际行使股东权利未提出不同意见的，可以排除执行。合伙企业虽属于非法人组织，但有关出资义务、份额的转让等制度设计与公司法人类似，在有关合伙企业隐名合伙人能否排除显名合伙人的债权人的强制执行的问题上，可参考上述有关隐名股东强制执行的规则。

## 立法沿革与争议

　　隐名股东以其是实际出资人为由请求排除法院对作为被执行人的显名股东名下股权的强制执行的核心在于正确把握"商事外观主义"与"实际权利人保护"之间的利益平衡。《民法典》第65条规定："法人的实际情况与登记的事项不一致的，不得对抗善意相对人。"《公司法》第32条第3款规定："公司应当将股东的姓名或者名称向公司登记机关登记；登记事项发生变更的，应当办理变更登记。未经登记或者变更登记的，不得对抗第三人。"上述法条是商事外观主义与信赖利益保护的法源。实践中对于第三人与隐名股东间的利益保护有三种不同的观点。

　　否定说认为，股权登记具有公示效力，根据商事外观主义原则，第三人对公示的权利外观具有信赖利益，隐名股东不能以其是实际出资人请求排除执行。该观点坚持"内外关系说"，即认为隐名股东与显名股东之间的约定在双方之间发生效力，如一方违反约定应承担相应违约责任，但这属于内部约定，无论隐名股东是否属实际出资人，均不能对抗外部第三人。如最高人民法院（2019）最高法民申6275号案件认为："联鑫公司作为债权人基于公示登记对芳绿公司名下的股权进行保全并通过执行程序变价受偿具有信赖利益，故联鑫公司与芳绿公司之间虽无股权交易关系，但无论众成公司对芳绿公司名下股权是否拥有实体权利，均不能依据其与芳绿公司之间的内部约定对抗联鑫公司。"该观点还认为，此时对第三人基于外观主义的"信赖利益"保护，不应区分其与被执行人债权债务发生时间与股权外观登记的时间先后，在强制执行阶段仍存在信赖利益保护的问题。此时，申请执行人虽然并非实体法意义上的"善意第三人"，但其基于执行标的的权利外观同样产生程序法上的"信赖利益保护"。如最高人民法院（2019）最高法民再46号案件认为："即使执行债权形成于股份登记信息公示之前，债权人不是基于股份登记信息与债务人进行交易，在执行阶段，仍存在债权人的信赖利益保护问题。由于法律规定明确否定了超标的查封，申请执行人为实现对某项财产的查封，必须放弃对其他财产的查封申请，如果对该查封信赖利益不予保护，不仅对申请执行人有失公允，同时也损害了司法执行机构的信赖利益。"最高人民法院（2018）最高法民再325号案件、最高人民法院（2019）最高法民申4710号案件、《山东省高级人民法院民一庭关于审理执行异议之诉案件若干问题的解答》《吉林省高级人民法院关于审理执行异议之诉案件若干疑难问题的解答》《江苏省高级人民法院执行异议及执行异议之诉案件办理工作指引（三）》均持该观点。

肯定说认为，虽然第三人享有权利外观的信赖利益，但外观主义不适用于非交易的第三人，故隐名股东可以排除对非基于股权交易第三人的强制执行。该观点认为，适用外观主义原则的目的在于维护交易安全及稳定，而不能将实际权利人的权益置于不恰当的风险之下，因此股权善意取得制度的适用主体仅限于与名义股东存在股权交易的第三人。[①] 最高人民法院（2019）最高法民申2978号案件认为："申请执行人不是基于对登记外观信任而作出交易决定的第三人，隐名股东可以排除执行。"最高人民法院（2015）民申字第2381号案件、河南省高级人民法院（2016）豫民终396号案件及《山东省高级

---

① 王毓莹：《隐名股东的身份认定及其显名路径 —— 基于最高人民法院76份裁判文书的实证分析》，载《国家检察官学院学报》2021年第2期。

人民法院民二庭关于审理公司纠纷案件若干问题的解答》亦持该观点。

折中说以隐名股东是否符合显名条件为处理思路，认为如果隐名股东为实际出资人，且符合《公司法》及《九民纪要》第28条规定的显名条件的，可以排除执行。《九民纪要》认为："从现行法律规则看，外观主义是为保护交易安全设置的例外规定，一般适用于因合理信赖权利外观或意思表示外观的交易行为。实际权利人与名义权利人的关系，应注重财产的实质归属，而不单纯地取决于公示外观。总之，审判实务中要准确把握外观主义的适用边界，避免泛化和滥用。"在执行异议之诉案件中，如果隐名股东确属案涉股权的实际出资人，且其他过半数股东知晓其出资事实，并对其实际行使股东权利未提出不同意见的，可以排除执行。

否定说仅以股权的权利外观为由否认隐名股东排除执行的权利过于武断，也不符合异议之诉实质审理与相关立法精神。肯定说虽然兼顾了权利外观与信赖利益保护，一定程度上平衡了第三人与实际权利人的利益，但忽略了股权本身兼具财产与人身的双重属性。对公司股权的执行，不仅关系到股东的财产性权益，还涉及隐名股东或显名股东股东权利的行使，更关系到公司自治制度与公司组织结构管理与构建。折中说试图在外观主义和实质主义的冲突之间寻找出一个平衡点，以"能否显名化"作为认定是否具有优先保护之必要的判断标准，具有合理性。

## 案例索引

最高人民法院（2019）最高法民再46号案外人执行异议之诉纠纷民事再审案

### 248 金钱债权执行中，案外人依据查封后作出的另案生效裁判文书请求排除执行，能否得到支持？

答：根据《异议复议规定》第26条第2款规定，在案外人异议程序中，案外人依据执行标的被查封后作出的另案生效法律文书请求排除执行的，不应支持。

在执行异议之诉案件审理中，应根据另案法律文书的性质作出相应认定。以下4类另案生效裁判可以排除执行：(1)将标的物确权给案外人的确权判决；(2)案外人受让标的物的拍卖、变卖成交裁定或者以物抵债裁定等形成裁判；(3)基于不以转移所有权为目的的有效合同(如租赁、借用、保管合同)，判令向案外人返还标的物的给付判决；(4)基于以转移所有权为目的的合同(如买卖合同)无效或解除，仅判令向案外人返还标的物的给付判决。以下3类另案生效裁判不能排除执行：(1)判令案外人对标的物享有优先受偿权的生效裁判；(2)基于以转移所有权为目的的有效合同(如买卖合同)，判令向案外人交付标的物的给付判决；(3)基于以转移所有权为目的的合同(如买卖合同)无效或解除，判令合同双方互负返还义务，如案外人一方未返还合同价款的。

## 理由与依据

案外人异议程序作为执行异议之诉的前置程序，遵循书面审查、形式审查原则。因此，在案外人异议程序中，人民法院审查发现如案外人取得的另案生效文书系在执行标的被查封后作出的，则不能排除执行，这也是案外人异议程序形式审查、执行效率原则的内在要求。

但是，在执行异议之诉案件审理中，人民法院不应仅局限于形式审查的要求，还应当对另案生效法律文书与执行依据两者之间的法律关系进行实质审理。在处理依另案裁判提起的执行异议之诉中，首先需要明晰的是另案生效裁判的既判力的问题。[①] 根据大陆法系传统民事诉讼法理论，民事诉讼类型可以分为确认之诉、给付之诉和形成之诉。与之不完全对应，民事裁判可能表现为确认裁判、给付裁判和形成裁判。[②] 不同类型的裁判在既判力辐射范围方面映射不同区间范围。

---

[①] 王毓莹：《案外人执行异议之诉的裁判要点》，载《人民司法》2020年第14期。

[②] 曹志勋：《论我国法上确认之诉的认定》，载《法学》2018年第11期。该文认为，确认之诉与确认判决并非简单对应关系，确认之诉对应的只是更广义上确认判决的一部分，确认判决包括了确认之诉的终局判决与形成之诉中驳回诉讼请求的判决。

如果另案裁判是确权裁判（确认物权裁判），该裁判系对物权支配形态的确认，基于物权的绝对性与排他性，确权性质的生效裁判具有对世效力，其既判力的主观范围应排除其他任何民事主体对标的物享有物权，当然可以排除一般金钱债权中普通债权人的执行。形成裁判则指变动现存某一法律关系的裁判，一般不需要强制执行便自动产生法律关系变动的法律效果，其既判力在实际效果上已映射到了形成裁判案件之外的任意第三人，如拍卖成交裁定、以物抵债裁定等，该裁判文书所具有的形成力亦应扩张至形成裁判之外的第三人，自然也可以排除一般金钱债权中普通债权人的执行。给付裁判本身并无优先于其他生效裁判的效力，其是否可以排除执行需要借助其裁判理由部分进一步明确该给付裁判的既判力范畴，基于物权优于债权的民法基本理论，如果另案裁判系基于物权请求权而作出的一方向另一方返还执行标的物的给付裁判，则可以排除法院对标的物的执行，如基于租赁、借用、保管等不以转移财产权属为目的的交付请求权、基于合同无效或解除合同之效果下产生的返还请求权。

如果另案生效裁判是基于债权请求权的给付裁判，因债权具有平等性、相对性，债权人只能以该裁判中的相对人为义务人，要求其履行一定给付义务，如基于转移所有权的合同产生交付特定物请求权、无因管理产生的请求权、不当得利返还请求权、因侵权行为产生的请求权、基于缔约过失产生的请求权等。如果案外人基于上述债权请求权的给付裁判请求排除执行的，人民法院不应支持。另案生效裁判如果系基于对执行标的物享有优先受偿权的裁判，根据《民事诉讼法解释》第506条第2款"对人民法院查封、扣押、冻结的财产有优先权、担保物权的债权人，可以直接申请参与分配，主张优先受偿权"的规定，优先权人仅享有对标的物优先受偿的权利，人民法院对标的物强制执行不必然妨害其优先权的实现，优先权人不能以其享有优先权为由要求停止执行，故基于对执行标的享有优先受偿权的另案裁判不能排除法院的强制执行。如果另案是基于以转移所有权为目的的合同（如买卖合同）无效或解除，判令合同双方互负返还义务，在案外人一方尚未返还合同价款之前，亦不能排除执行。

## 立法沿革与争议

《异议复议规定》第26条首次对另案生效裁判能否排除执行作出了规定，该条规定："金钱债权执行中，案外人依据执行标的被查封、扣押、冻结前作出的另案生效法律文书提出排除执行异议，人民法院应当按照下列情形，分别处理：（一）该法律文书系就案外人与被执行人之间的权属纠纷以及租赁、借用、保管等不以转移财产权属为目的的合同纠纷，判决、裁决执行标的归属于案外人或者向其返还执行标的且其权利能够排除执行的，应予支持；（二）该法律文书系就案外人与被执行人之间除前项所列合同之外的债权纠纷，判决、裁决执行标的归属于案外人或者向其交付、返还执行标的的，不予支持。（三）该法律文书系案外人受让执行标的的拍卖、变卖成交裁定或者以物抵债裁定且其权利能够排除执行的，应予支持。金钱债权执行中，案外人依据执行标的被查封、扣押、冻结后作出的另案生效法律文书提出排除执行异议的，人民法院不予支持。非金钱债权执行中，案外人依据另案生效法律文书提出排除执行异议，该法律文书对执行标的的权属作出不同认定的，人民法院应当告知案外人依法申请再审或者通过其他程序解决。"根据该条规定，案外人依据执行标的被查封后作出的另案生效法律文书，不能排除执行。

然而，执行异议程序属于执行审查程序，《异议复议规定》确定了对于案外人异议程序"形式审查"的原则，意在强调异议程序注重效率的价值趋向；而异议之诉属于实体审判程序，应当坚持实质审理的原则，其裁判标准应当本着实质化审理的原则进行。若执行异议之诉保持与案外人异议程序完全一致的裁判标准，案外人提起执行异议之诉就没有了救济的意义，实际上架空了执行异议之诉的制度功能与价值，有违执行异议之诉的立法初衷。[①] 鉴于此，最高人民法院于2019年11月发布的《九民纪要》第123条、第124条分

---

① 刘月：《基于债权请求权作出的另案生效判决不能阻却执行》，载《人民司法》2020年第14期。

别对案外人依据另案生效裁判提起执行异议之诉作出了具体裁判规则。①《九民纪要》对另案生效裁判排除执行类案件强化了实质性审查原则，比如依据生效裁判针对金钱债权申请执行人提起的执行异议之诉，不再区分另案生效裁判作出的时间点是在执行标的物被查封之前还是被查封之后，一概进行实质性审查。②

在同一标的物上既存在物权又存在债权时，无论其成立次序先后，应坚持"物权优于债权、债权平等受偿"原则。据此，对于上述能够排除执行的四种情形，均属于对物权归属的确认或基于物权产生的物权请求权，此类法律文书可以请求排除对标的物的强制执行。结合《异议复议规定》第26条及《九民纪要》第124条，以下3类法律文书不能排除执行：第一类对标的物享有优先权的裁判，根据《民事诉讼法解释》第506条第2款规定，对人民法院查封、扣押、冻结的财产有优先权、担保物权的债权人，可以直接申请参与分配，主张优先受偿权。对执行标的的强制执行并不必然妨害优先权人优先权的实现，优先权人不能以其享有优先权为由要求停止执行，而应当在执行程序中向执行法院提出优先受偿的主张，其基于对执行标的享有优先受偿权的另案生效裁判主张排除执行，提出执行异议的，应不予支持。第二类因该给付裁判是基于债权请求权法律关系而判令向案外人交付标的物，基于债权平等民

---

① 《九民纪要》第124条规定："作为执行依据的生效裁判并未涉及执行标的物，只是执行中为实现金钱债权对特定标的物采取了执行措施。对此种情形，《最高人民法院关于人民法院办理执行异议和复议案件若干问题的规定》第26条规定了解决案外人执行异议的规则，在审理执行异议之诉时可以参考适用。依据该条规定，作为案外人提起执行异议之诉依据的裁判将执行标的物确权给案外人，可以排除执行；作为案外人提起执行异议之诉依据的裁判，未将执行标的物确权给案外人，而是基于不以转移所有权为目的的有效合同（如租赁、借用、保管合同），判令向案外人返还执行标的物的，其性质属于物权请求权，亦可以排除执行；基于以转移所有权为目的有效合同（如买卖合同），判令向案外人交付标的物的，其性质属于债权请求权，不能排除执行。应予注意的是，在金钱债权执行中，如果案外人提出执行异议之诉依据的生效裁判认定以转移所有权为目的的合同（如买卖合同）无效或应当解除，进而判令向案外人返还执行标的物的，此时案外人享有的是物权性质的返还请求权，本可排除金钱债权的执行，但在双务合同无效的情况下，双方互负返还义务，在案外人未返还价款的情况下，如果允许其排除金钱债权的执行，将会使申请执行人既执行不到被执行人名下的财产，又执行不到本应返还给被执行人的价款，显然有失公允。为平衡各方当事人的利益，只有在案外人已经返还价款的情况下，才能排除普通债权人的执行。反之，案外人未返还价款的，不能排除执行。"

② 王毓莹：《案外人执行异议之诉的裁判要点》，载《人民司法》2020年第14期。

法原理，不能排除执行。第三类情形虽然案外人享有的是物权性质的返还请求权，但因该另案裁判系双务给付义务，考虑到平衡各方当事人的利益，只有在案外人已经返还价款时才能排除执行，否则将使申请执行人既得不到执行标的物，又执行不到本应向被执行人返还的价款，显失公平。故此时如案外人一方未返还合同价款，则不能排除执行。

## 案例索引

江苏省高级人民法院（2021）苏民申 3227 号案外人执行异议之诉纠纷申请再审审查案

## 249 案外人是否必须待其提出的执行异议被驳回后才能申请再审？

答：案外人申请再审应区分不同情形而适用不同程序：如果该案外人属于《民事诉讼法》第 211 条第 8 项的再审情形，且生效判决、裁定、调解书尚未进入执行程序的，该案外人可以依据《民事诉讼法解释》第420 条第 1 款规定直接申请再审；如果生效判决、裁定、调解书已进入执行程序，案外人应根据《民事诉讼法》第 238 条、《民事诉讼法解释》第 421 条规定，先提出执行异议，执行异议被裁定驳回后，方可申请再审。

## 理由与依据

案外人申请再审制度同执行异议及异议之诉具有内在的关联性，执行过程中，案外人对执行标的提出书面异议的，人民法院应当自收到书面异议之日起 15 日内审查，理由成立的，裁定中止对该标的的执行；理由不成立的，裁定驳回。案外人、当事人对裁定不服，认为原判决、裁定错误的，依照审判监督程序办理；与原判决、裁定无关的，可以自裁定送达之日起 15 日内向人民法院提起诉讼。《民事诉讼法解释》第421条规定："根据民事诉讼法第二百三十四条规定，案外人对驳回其执行异议的裁定不服，认为原判决、裁定、调解书内容错误损害其民事权益的，可以自执行异议裁定送达之日起六个月内，向作出原判决、裁定、调解书的人民法院申请再审。"当生效判决、裁定、调解书已进入执行程序时，案外人申请再审应以案外人提出执行异议为前置条件。

生效判决、裁定、调解书尚未进入执行程序时案外人如何申请再审？案外人系被遗漏的必要共同诉讼人，因不能归责于本人或者其诉讼代理人的事由未参加诉讼的，自知道或者应当知道之日起6个月内申请再审。案件进入执行程序后，被遗漏的必要共同诉讼人应当通过提出执行异议主张权利，执行异议被裁定驳回的，依据《民事诉讼法解释》第421条申请再审。[①] 案外人系有独立请求权或无独立请求权的第三人，因不能归责于本人的事由未参加诉讼，可以自知道或应当知道生效判决、裁定、调解书损害其民事权益之日起6个月内，提起第三人撤销之诉。若在进入执行程序后又提出执行异议，第三人撤销之诉继续进行，当事人不能再按《民事诉讼法》第238条规定申请再审。

## 立法沿革与争议

2008年《审判监督程序解释》第5条第1款规定："案外人对原判决、裁定、调解书确定的执行标的物主张权利，且无法提起新的诉讼解决争议的，可以在判决、裁定、调解书发生法律效力后二年内，或者自知道或应当知道利益被损害之日起三个月内，向作出原判决、裁定、调解书的人民法院的上一级人民法院申请再审。"后最高人民法院于2020年12月23日对《审判监督程序解释》进行了修正，修正后的司法解释删除了该条。

对于案外人申请再审程序是否必须以案外人在执行程序中提出异议为前提，实践中争议比较大。肯定观点认为，案外人申请再审以案外人提出执行异议为前置条件。案外人行使申请再审权利的，需要对人民法院的执行行为

---

① 最高人民法院民法典贯彻实施工作领导小组办公室编著：《最高人民法院新民事诉讼法司法解释理解与适用》，人民法院出版社2022年版，第939页。

提出异议。只有在人民法院裁定驳回其执行异议后，案外人才可提出再审申请。[①] 如天津市高级人民法院（2017）津民申1951号案持此观点。否定观点认为，案外人可以不提出执行异议而直接申请再审，其申请再审不以案外人异议程序为前置程序。[②]

本书认为，从法律规范的内在逻辑体系看，《民事诉讼法》第211条及《民事诉讼法解释》第420条在规定案外人原则上可以直接申请再审的同时，又规定了"但书"条款，"但书"条款适用的情形及法律依据是《民事诉讼法解释》第421条及《民事诉讼法》第238条规定，即此时已经进入执行程序，案外人应当在其提出的执行异议被驳回后申请再审。从案外人申请再审与执行异议之诉两者程序之间的关系与衔接看，进入执行程序后，案外人的权利受到侵害有两种可能：一是案外人仅对执行法院执行的标的物提出实体权益，认为执行法院的执行行为侵害了其对标的物的实体权益；二是案外人认为原判决、裁定本身侵害了其合法权益。此时，执行异议程序前置可以为案外人下一步选择何种程序进行救济起到一定的过滤与引导作用，避免程序空转。当案件未进入执行程序时，不存在案外人执行异议之诉与案外人申请再审的程序选择问题，则无需执行异议前置的程序，案外人可以直接申请再审。

## 案例索引

天津市高级人民法院（2017）津民申1951号申请再审审查案

---

[①] 参见最高人民法院民法典贯彻实施工作领导小组办公室编著：《最高人民法院民事诉讼法司法解释理解与适用》，人民法院出版社2015年版，第1123页。

[②] 参见范向阳主编：《执行异议之诉的规则与裁判》，人民法院出版社2019年版，第55～56页；参见司伟主编：《执行异议之诉裁判思路与裁判规则》，法律出版社2020年版，第52页。

**250** 对被执行人购买的第三人保留所有权的财产执行中，第三人主张取回该财产的，是否作为案外人异议进行审查？

答：对被执行人购买的第三人保留所有权的财产执行中，第三人主张取回该财产实质上是主张其享有足以排除强制执行的民事权益，应当作为案外人异议进行审查。

## 理由与依据

在所有权保留买卖中，存在（1）未按照约定支付价款，经催告后在合理期限内仍未支付；（2）未按照约定完成特定条件；（3）将标的物出卖、出质或者作出其他不当处分三种情形造成出卖人损害的，出卖人有权取回标的物。出卖人行使取回权将导致执行法院无法对该标的物强制执行。因此，出卖人主张取回权实质上系主张对标的物排除执行，应依据《民事诉讼法》第238条规定提出案外人异议。关于取回权的性质，有观点认为属于物上请求权，还有观点认为是一种法定请求权，类似于查封。依据《民法典》第462条，取回权的实现程序包括协商取回或参照抵押权的实现程序。在所有权保留的情况下，可以类推适用《民法所》第416条之规定，在动产交付10日内办理登记的，出卖人对标的物保留的所有权优先于标的物上其他担保物权人，留置权除外。所有权保留旨在实现担保的功能构造，买受人的取回权具有优先的受偿效力，但不能排除执行。①

## 立法沿革与争议

所有权保留制度经历了《合同法》背景下强调出卖人的"所有权"属性到《民法典》背景下更侧重于出卖人享有的"担保"属性的变化。《合同法》第134条规定："当事人可以在买卖合同中约定买受人未履行支付价款或者其他义务的，标的物的所有权属于出卖人。"《民法典》第641条第2款规定："出卖人对标的物保留的所有权，未经登记，不得对抗善意第三人。"且《民法典担保

---

① 参见杨代雄主编：《袖珍民法典评注》，中国民主法制出版社2022年版，第607～614页。

《制度解释》也将所有权保留制度规定于"非典型担保"的部分中。

2020年《查扣冻规定》第16条规定："被执行人购买第三人的财产，已经支付部分价款并实际占有该财产，第三人依合同约定保留所有权的，人民法院可以查封、扣押、冻结。保留所有权已办理登记的，第三人的剩余价款从该财产变价款中优先支付；第三人主张取回该财产的，可以依据民事诉讼法第二百二十七条规定提出异议。"根据《民法典》规定精神，第三人按照合同约定支付全部价款后，取得完整的所有权，且《民法典》第642条规定了出卖人有权取回标的物的三种情形，此时第三人（出卖人）提出异议的，人民法院应按照2023年《民事诉讼法》第238条规定的程序审查。

### 案例索引

最高人民法院（2018）最高法民申4307号申请再审审查案

### 251 案外人在查封前购买被执行人名下的房产并向被执行人支付了部分购房款，剩余购房款以被执行人的名义按揭还贷，案外人能否排除执行？

答：案外人与被执行人在查封之前已约定剩余房款通过按揭还款的方式支付，有证据证明其确系通过被执行人名下还贷账户进行按揭还款，且符合《异议复议规定》第28条规定的其他条件的，可以排除一般债权的执行。

### 理由与依据

买受人在向出卖人支付部分购房款后，剩余购房款由买受人按期汇入出卖人按揭贷款账户，仍以出卖人（被执行人）的名义向银行按揭还贷的，如买受人已根据约定按期还贷，该交易方式符合实践中购房主体的交易习惯，可以认定案外人支付了全部购房款。买受人不因明知案涉房产存在按揭抵押而具有过错。

案外人在购买案涉房屋时知晓该房屋设有银行按揭贷款但未重新办理抵押，该交易安排不具有违法性，因而案外人并不因此而具有法律上的可责难性。购买人对案涉房屋的风险预期，应当限于如未按时、足额偿还按揭贷款而产生的抵押权人主张权利的风险，不应扩大至抵押贷款未还清前房屋仍登记在原权利人名下、因原权利人的行为而产生的风险。

## 立法沿革与争议

该问题的本质属于对"物权期待权"中支付价款情形的认定。《查扣冻规定》第15条规定："被执行人将其所有的需要办理过户登记的财产出卖给第三人，第三人已经支付部分或者全部价款并实际占有该财产，但尚未办理产权过户登记手续的，人民法院可以查封、扣押、冻结；第三人已经支付全部价款并实际占有，但未办理过户登记手续的，如果第三人对此没有过错，人民法院不得查封、扣押、冻结。"该条中规定案外人物权期待权成立的要件之一是"第三人已经支付全部价款"，但实践中房屋买卖价款一般以按揭贷款方式支付，为与实际情况相适应，《异议复议规定》第28条作出不同规定："金钱债权执行中，买受人对登记在被执行人名下的不动产提出异议，符合下列情形且其权利能够排除执行的，人民法院应予支持：（一）在人民法院查封之前已签订合法有效的书面买卖合同；（二）在人民法院查封之前已合法占有该不动产；（三）已支付全部价款，或者已按照合同约定支付部分价款且将剩余价款按照人民法院的要求交付执行；（四）非因买受人自身原因未办理过户登记。"该解释对案外人物权期待权证成的要件之一规定为"已支付全部价款，或者已按照合同约定支付部分价款且将剩余价款按照人民法院的要求交付执行"。

相比《查扣冻规定》，《异议复议规定》第28条在"支付房款"方面对物权期待权保护的范围更广，将买受人按照约定已支付部分价款且在法院指定期限内将剩余价款交付执行也纳入保护范围。当案外人在案涉房产查封之前已约定剩余购房款通过被执行人的名义按揭还贷的方式支付时，该约定未损害贷款银行的利益，案外人支付房款的对象是银行，非被执行人。在案外人按约履行还款义务的情况下，被执行人对执行标的不再享有购房款的请求权，剩余应付按揭贷款当然不能用于交付执行。可以认定符合《异议复议规定》第28条第3项关于"支付房款"的规定。

## 案例索引

最高人民法院（2020）最高法民再233号申请执行人执行异议之诉纠纷民事再审案

江苏省高级人民法院（2021）苏民申6004号案外人执行异议之诉纠纷申请再审审查案

**252** 被执行人配偶以离婚协议约定请求排除对被执行人名下不动产执行的，人民法院应否予以支持？

答：被执行人配偶以离婚协议约定主张排除申请执行人基于生效法律文书确定的与原配偶之间的金钱债权执行的，同时满足以下三个条件的，可以排除执行：（1）离婚协议真实；（2）离婚协议订立于债务形成之前；（3）非因自身原因不能办理过户。

## 理由与依据

夫妻对婚姻关系存续期间所得的财产以及婚前财产的约定，对双方具有法律约束力。夫妻之间的财产分割协议原则上仅在夫妻之间发生法律效力。案涉房产仍登记在被执行人名下，尚未进行权属变更登记的，被执行人原配偶以离婚协议约定房产归其所有为由，提起案外人执行异议，请求排除执行的，一般不予支持；但如果有证据证明该离婚协议真实且所涉财产分割的约定发生在执行依据所涉债务形成之前的，应视为该离婚协议中财产分割行为不具有逃避债务、规避执行的可责性，可以排除执行。

## 立法沿革与争议

对于被执行人配偶以离婚协议约定财产分割为由请求排除执行案件的处理，有观点认为该情形可参照适用《异议复议规定》第28条、第29条规定的法定要件进行审查。本书认为，配偶持离婚协议主张排除执行与买受人依据不动产买卖合同主张排除执行存在本质区别，离婚协议的作用在于分割共有财产，产生的权利具有针对特定物的准物权属性，而买卖合同仅为债权。且配偶以离婚协议约定财产分割为由请求排除执行，缺少《异议复议规定》第28条、第29条规定的书面买卖合同、支付购房价款两要件。该种情形不适用《异议复议规定》第28条、第29条规定审查。

根据《民法典》第1065条规定，男女双方可以约定婚姻关系存续期间所得的财产以及婚前财产归各自所有、共同所有或者部分各自所有、部分共同所有。夫妻对婚姻关系存续期间所得的财产以及婚前财产的约定，对双方具有法律约束力。虽然法律规定离婚协议财产分割行为仅对双方具有法律约束力，但是该财产分割行为具有一定人身依附关系，依附于解除婚姻关系。当婚姻关系解除时，该财产分割的行为视为一种附条件的赠与行为之条件已满足，赠与行为已经全部完成，如果该财产分割行为发生在执行依据所涉债务形成之前，则该财产已不再属于被执行人责任财产，此时也不宜再对是否办理过户登记予以苛责，能够排除执行。《江苏省高级人民法院执行异议及执行异议之诉案件办理工作指引（二）》《江西省高级人民法院关于执行异议之诉案件的审理指南》等亦持类似观点。

如果申请执行人有证据证明被执行人系与案外人虚假离婚放弃财产或无偿转让财产，属于通过离婚转移财产以规避执行，则该财产分割行为因意思表示虚假而无效，不能排除执行。

## 案例索引

最高人民法院（2017）最高法民终42号执行异议之诉纠纷民事二审案

最高人民法院（2019）最高法民申5165号案外人执行异议之诉纠纷申请再审审查案

最高人民法院（2015）民一终字第150号案外人执行异议之诉民事二审案

## 253 案外人基于相邻关系享有的通行权能否排除执行？

答：案外人以其系邻地通行权人为由主张排除执行的，因其不具有诉的利益，不属于案外人执行异议之诉审理范围，人民法院不应受理，已受理的，应当裁定驳回起诉。

### 理由与依据

案外人提起异议之诉以其享有足以排除强制执行的民事权益为基础，案外人负有证明其是适格主体的举证责任。相邻关系通行权，是相邻不动产权利人行使其权利的一种延伸或限制，其依附于不动产所有权，并非独立物权。权利人享有的邻地通行权权源基础是相邻关系，与不动产所有权权属主体并无直接关系，邻地通行权人享有的通行权不因毗邻方不动产转移受到影响，因其不具有诉的利益，不属于案外人执行异议之诉审理范围，不应予以受理，已受理的，应当裁定驳回起诉。

### 立法沿革与争议

《民法典》第291条规定："不动产权利人对相邻权利人因通行等必须利用其土地的，应当提供必要的便利。"根据该条规定，邻地通行权有三个特点：第一，邻地通行权属于路过性质，而对途经之处不发生固定、全面的占有；第二，邻地通行权一般不用订立合同，权利来源于相邻关系，而非不动产买卖及所有权的变更；第三，行使邻地通行权一般是无偿的，相邻权利人无须付费。《民事诉讼法》第238条规定："执行过程中，案外人对执行标的提出书面异议的，人民法院应当自收到书面异议之日起十五日内审查，理由成立的，裁定中止对该标的的执行；理由不成立的，裁定驳回。案外人、当事人对裁定不服，认为原判决、裁定错误的，依照审判监督程序办理；与原判决、裁定无关的，可以自裁定送达之日起十五日内向人民法院提起诉讼。"基于上述规定，邻地通行权并非能够排除执行的民事实体权利，不能排除执行。

**案例索引**

浙江省绍兴市中级人民法院（2017）浙06民终4285号案外人执行异议之诉案

**254** 购房人能否以商品房已办理网签登记为由排除对该房屋的强制执行？

答：已办理网签登记的商品房如满足以下三个要件可以排除执行：（1）购房人在人民法院查封之前已签订合法有效的书面买卖合同；（2）所购商品房系用于居住且购房人名下无其他用于居住的房屋；（3）购房人已支付的价款超过合同约定总价款的50%。

**理由与依据**

金钱债权执行中，如查封办理了物权预告登记的不动产，符合物权登记条件的，可以排除执行。商品房网签登记、预售合同备案登记属于对商品房预售的行政管理，不同于物权预告登记，其不具有物权效力，案外人所购房屋仅办理网签登记或合同备案登记的，不能排除执行。如案外人与被执行人在房屋被查封前办理了网签登记，同时具备《异议复议规定》第28条或者第29条其他要件，对标的物享有物权期待权的，可以排除执行。

**立法沿革与争议**

预售合同备案登记始创于1994年《城市商品房管理法》，2016年住建部要求商品房网签全覆盖。《城市商品房预售管理办法》第10条规定："商品房预售，开发企业应当与承购人签订商品房预售合同。开发企业应当自签约之日起30日内，向房地产管理部门和市、县人民政府土地管理部门办理商品房预售合同登记备案手续。"预售登记及网签备案制度是房地产管理部门对商品房预售合同进行的备案登记，作为一种行政管理的手段，不具有物权的公示公信效力，不能直接适用《异议复议规定》第30条规定排除执行。但如果已办理网签登记或预售合同备案登记的同时，又具备了《异议复议规定》第28条或者第29条其他要件的，可以适用该规定排除执行。

## 案例索引

最高人民法院（2018）最高法民申350号案外人执行异议之诉纠纷申请再审审查案

## 255 采矿权的实际权利人能否排除名义采矿权人的债权人的强制执行？

答：案外人以其是采矿权的实际权利人为由排除执行的，原则上不予支持。第三人知晓采矿权实际权利人与登记权利人不一致的，为非善意第三人，该实际权利人可以排除非善意第三人的强制执行。

## 理由与依据

采矿权属于用益物权，应遵循物权公示公信原则，当采矿权的名义权利人与实际权利人不一致时，应以办理登记手续并取得采矿权权属证书的主体为权利人，案外人主张其对采矿权享有实际权利为由主张排除执行的，原则上不予支持。实践中，采矿权实际权利人与登记权利人不一致的情形非常常见，人民法院审查时应从案外人是否是采矿权实际权利人及其对案涉采矿权享有的民事权益是否足以排除强制执行两方面考虑。物权登记制度旨在保护因登记内容产生信赖利益并进行交易的第三人，如第三人知悉权属不一致情况的不能认定为善意第三人，无法就采矿权登记享受信赖利益保护，应认定实际权利人享有的民事权益足以排除非善意第三人的强制执行。

## 立法沿革与争议

采矿权是一种依据行政许可产生的对矿产品进行开采利用的用益物权。实践中，如采矿权名义持证人之外的人享有采矿权的实际权利，而名义权利人并无实际权利，在用益物权名实不符的情况下，采矿权的实际权利人能否排除一般金钱债权的执行，争议较大。

一种观点认为采矿权应以采矿权权属证书为权利证明，作为实际权利人的案外人未办理登记手续并取得采矿权权属证书的，不能排除执行。《民法典》第209条规定，不动产物权的设立、变更、转让和消灭，经依法登记发生效力，未经登记不发生效力，但是法律另有规定的除外。采矿权属于不动产物权，应遵循物权公示公信原则。如最高人民法院在（2021）最高法民终686号案件中认为：采矿权具有公示公信效力。合作协议中关于煤矿采矿权权属的约定，仅对协议双方具有约束力，不能对抗名义权利人经依法批准、登记取得的采矿权公示公信效力。

另一种观点认为，虽然采矿权的行政许可登记具有公信效力，但是登记的权利人和案外人之间不适用公信的推定效力，如案外人确属采矿权的实际权利人，在不损害申请执行人信赖利益的情况下，可以排除一般金钱债权的执行。如最高人民法院（2021）最高法民再142号案件及最高人民法院（2019）最高法民终287号案件均认为，对采矿权享有实际权利是排除执行的必要条件，不是充分条件。实际权利人如需排除强制执行，则执行标的不能存在需要让位的优先权利和需要保护的信赖利益，才可以达到足以排除强制执行的权利保护程度。在案外人是案涉采矿权的实际权利人，且申请执行人并不存在优先受偿权利和信赖利益保护的情况下，排除强制执行更符合实际情况。

本书认为，物权公示公信作为物权的帝王原则，除涉及自然人的生存利益等特殊情形外，一般不应突破适用，否则不仅助长隐名权利人通过规避法律、行政法规取得不法利益的气焰，还有损物权公示公信之基石。

## 案例索引

最高人民法院（2021）最高法民再142号案外人执行异议之诉再审案
最高人民法院（2021）最高法民终686号案外人执行异议之诉纠纷民事二审案

**256** 执行证书载明申请执行人有权对被执行人提供质押的股票变价款优先受偿。利害关系人以其系质押股票按份共有人、质押未经其同意无效为由，针对法院执行质押股票的行为提出异议，人民法院应如何处理？

答：利害关系人以其系质押股票按份共有人、质押未经其同意应无效为由，对执行法院冻结被执行人名下质押股票的执行行为提出异议的，其实质系对公证债权文书确定的民事权利义务关系有异议，应向有管辖权的法院提起诉讼，执行法院应驳回其异议申请。

## 理由与依据

当事人、利害关系人执行行为异议和案外人异议提起异议依据的基础权利和目的不同。执行行为异议依据是程序权利受到了侵害，目的是纠正违法的执行行为；案外人所提异议依据的是所有权或者其他足以阻止执行标的物转让、交付的实体权利。

公证机关赋予强制执行效力的公证债权文书作为执行依据，执行依据已经确定申请执行人作为涉案股票的质押权人，有权就处置涉案质押股票所得价款优先受偿。利害关系人以其系质押股票按份共有人、质押未经其同意应无效提出的异议，明显与生效执行依据的内容存在冲突，该主张实质是对执行依据的异议，应向有管辖权的法院提起诉讼或由公证机关撤销执行证书。

## 立法沿革与争议

《公证执行规定》第24条规定："有下列情形之一的，债权人、利害关系人可以就公证债权文书涉及的民事权利义务争议直接向有管辖权的人民法院提起诉讼：（一）公证债权文书载明的民事权利义务关系与事实不符；（二）经公证的债权文书具有法律规定的无效、可撤销等情形。债权人提起诉讼，诉讼案件受理后又申请执行公证债权文书的，人民法院不予受理。进入执行程序后债权人又提起诉讼的，诉讼案件受理后，人民法院可以裁定终结公证债权文书的执行；债权人又请求继续执行其未提出争议部分的，人民法院可以准许。利害关系人提起诉讼，不影响人民法院对公证债权文书的执行。利害关系人提供充分、有效的担保，请求停止相应处分措施的，人民法院可以准许；债权人提供充分、有效的担保，请求继续执行的，应当继续执行。"

利害关系人以其是涉案质押股票的按份共有人及质押未经其同意应无效为由，对执行法院冻结被执行人名下质押股票的执行行为提出异议，按上述法律规定，对公证债权文书确定的民事权利义务关系有异议的，应向有管辖权的法院提起诉讼，不应通过异议程序处理。

## 案例索引

最高人民法院（2018）最高法执监192号执行审查案

最高人民法院（2021）最高法民申3045号申请再审审查案

广东省高级人民法院（2020）粤执复1039号执行复议案

## 257 人民法院能否针对共有财产份额采取执行措施？

答：共有权人请求解除查封，应区分不同情形予以处理。共有权人对执行标的进行分割且为债权人认可的，共有权人提出异议要求解除查封的，应支持其异议请求。对于未区分份额的共同共有或者虽为按份共有但份额不明确的共有财产，人民法院只能查封不能执行，案外人提出异议要求解除查封的，不予支持。异议之诉程序中提出析产或分割共有财产的，应一并审查。

## 理由与依据

对被执行人与他人共有的财产，人民法院可以查封、扣押、冻结，并及时通知共有人。共有人协议分割共有财产，并经债权人认可的，人民法院可以认定为有效。查封、扣押、冻结的效力及于协议分割后被执行人享有份额内的财产；对其他共有人享有份额内的财产的查封、扣押、冻结，人民法院应当裁定予以解除。共有人提起析产诉讼或者申请执行人代位提起析产诉讼的，人民法院应当准许。诉讼期间中止对该财产的执行。

共有份额的确定，有当事人协议确定、提起析产诉讼或代位诉讼等方式。基于对共有财产部分份额被处分后原权利人与受让人对财产利用产生纠纷的担忧，共有权人有逃避执行的立场，通过协议或提起析产诉讼分割共有财产的情况并不常见。① 代位析产需要债权人承担时间和金钱成本，共有财产被多轮查封的，债权人代位析产的结果由所有查封债权人受益，债权人缺少代位析产的动力。共有份额被确定后，共有财产可分割的，法院应解除对其他共有权人部分的查封，启动变价程序；共有财产不可分割的，应整体变价后执行被执行人份额对应的价款。

既然通过协议或诉讼确定共有份额可行性低，由执行机构在执行程序中先行确定份额，其他共有人提出异议的，通过案外人异议以至提起案外人异议之诉以资救济，不失为行之有效的执行路径。如对被执行人的夫妻共同财产，按照一半份额予以执行。配偶一方提出异议的，按照案外人异议进行处理。② 对按份共有财产，按份共有人对共有的不动产或者动产享有的份额，没有约定或者约定不明确的，按照出资额确定；不能确定出资额的，视为等额享有从而确定被执行人的份额。③

## 立法沿革与争议

《查扣冻规定》第12条并未对协商不成又无人提起析产诉讼时是否能够继续查封作出规定。有观点认为，在法律及司法解释未明确规定的情况下，从执行谦抑性的角度考虑，应解除对共有物的查封措施。共有人份额的确定涉及实体权利义务关系，直接由执行机构确定，有违审执分离原则。直接执行被执行人在夫妻共同财产中的一半份额背离了共同共有的本质。更重要的是，

---

① 参见金殿军：《被执行人共有财产的执行路径——以申请执行人代位分割之诉为中心》，载《法律适用》2023年第1期。
② 参见《浙江省高级人民法院关于执行生效法律文书确定夫妻一方为债务人案件的相关问题解答》（浙高法〔2014〕38号）。
③ 参见《浙江省高级人民法院执行局关于执行共有财产若干疑难问题的解答》（浙高法执〔2016〕7号）。

若仅有部分共有权人提出案外人异议之诉，法院对共有份额作出认定也是不合适的。而且，申请执行人或被执行人对执行法院确定的份额有异议的，只能通过执行异议救济，但执行异议复议程序无法对份额确定等实体问题作出裁判，引发权利救济不对等。[①]

但实践中另有观点认为，协商不成又无人提起析产诉讼时，人民法院对共有财产继续采取查封措施并无不当。《查扣冻规定》第12条第1款规定执行法院可以对被执行人与其他人共有的财产进行查封、扣押、冻结，第2款和第3款分别规定了在各方当事人协商一致分割共有财产以及提起析产诉讼情况下的执行方式，在不存在第2款和第3款规定的情形时，应适用第1款的规定。最高人民法院在（2017）最高法民申2083号民事裁定书中亦持上述观点。因此，共有人未提起析产诉讼或者申请执行人亦不代位提起析产诉讼时，人民法院可继续对共有财产采取查封措施。

### 案例索引

最高人民法院（2017）最高法民申2083号再审审查与审判监督案

最高人民法院（2021）最高法民申2470号再审审查与审判监督案

最高人民法院（2019）最高法民终1868号案外人执行异议之诉案

### 258 商品房消费者的物权期待权不符合《异议复议规定》第29条规定的要件但符合第28条规定情形的，能否排除执行？

答：如果被执行人为房地产开发企业，买受人对被执行人名下商品房执行提出异议，同时符合登记在被执行人名下不动产与登记在被执行的房地产开发企业名下商品房两种情形，《异议复议规定》第28条、第29条适用产生竞合，并非能够适用第29条就自然排除第28条适用，

---

[①] 参见金殿军：《被执行人共有财产的执行路径——以申请执行人代位分割之诉为中心》，载《法律适用》2023年第1期。

如买受人不符合第29条排除执行情形但符合第28条规定的排除执行要件的，应当予以支持。

## 理由与依据

《异议复议规定》两个条文并非以被执行人为房地产开发企业为区分标准，第28条系普适性规定，对所有类型被执行人均可适用，而第29条专门针对房地产开发企业作为被执行人，房地产开发企业作为被执行人案件中，买受人以享有物权期待权为由请求排除执行的，可以适用特别条款也可以适用普适性条款。

## 立法沿革与争议

2002年《最高人民法院关于建设工程价款优先受偿权问题的批复》（法释〔2002〕16号）中，对具有消费者身份的房屋买受人予以优先于金钱债权人的特殊保护。尔后，2004年《国土房管部门协助执行通知》第15条将物权期待权保护的对象扩大至自开发商处受让房屋的所有买受人。2004年《查扣冻规定》第17条规定"第三人已经支付全部价款并实际占有，但未办理过户登记手续的，如果第三人对此没有过错，人民法院不得查封、扣押、冻结"。基于坚持《查扣冻规定》第17条的基本精神，《异议复议规定》第28条规定了一般买受人的物权期待权排除执行的条件，第29条规定了商品房消费者的物权期待权排除执行的条件。

2023年4月20日，《最高人民法院关于商品房消费者权利保护问题的批复》施行，规定"商品房消费者以居住为目的购买房屋并已支付全部价款，主张其房屋交付请求权优先于建设工程价款优先受偿权、抵押权以及其他债权的，人民法院应当予以支持。只支付了部分价款的商品房消费者，在一审法庭辩论终结前已实际支付剩余价款的，可以适用前款规定"。

## 案例索引

最高人民法院（2021）最高法民终604号执行异议之诉纠纷案

**259** 不动产买受人的物权期待权能否对抗抵押权和建设工程价款优先受偿权？

答：不动产买受人包括一般买受人和商品房消费者。商品房消费者以居住为目的购买房屋并已支付全部价款，其房屋交付请求权优先于建设工程价款优先受偿权、抵押权以及其他债权；商品房消费者之外的一般买受人符合《异议复议规定》第28条规定情形的，可以排除普通金钱债权执行，但不能排除申请执行人的优先受偿权。

## 理由与依据

为保护商品房消费者生存权，针对实践中存在的商品房预售不规范现象，基于生存权优先原则，应认定商品房消费者物权期待权优先于建设工程价款优先受偿权、抵押权以及其他债权。《最高人民法院关于商品房消费者权利保护问题的批复》赋予商品房消费者"超级优先权"，将商品房消费者烂尾楼的价款返还请求权纳入优先保护的范畴，形成"商品房消费者房屋交付请求权或购房款返还请求权 > 建设工程价款优先权 > 抵押权 > 普通债权"的效力顺位格局。

一般买受人"物权期待权"虽被赋予"物权"名义，本质上仍属于债权请求权，基于物权优先于债权原则，一般买受人的物权期待权不能排除享有抵押权等优先权的申请执行人的执行。例外情形下，一般买受人物权期待权可以排除抵押权执行，如抵押权设立在不动产买卖合同订立后不能认定为善意。申请执行人对执行标的依法享有对抗案外人的担保物权等优先受偿权，人民法院对案外人提出的排除执行异议不予支持，但法律、司法解释另有规定的除外。一般买受人以对执行标的享有物权期待权为由提出的排除执行异议，不属于法律、司法解释另有规定的除外情形，不能排除申请执行人的优先受偿权。

## 立法沿革与争议

《异议复议规定》第27条规定，申请执行人对执行标的依法享有对抗案外人的担保物权等优先受偿权，人民法院对案外人提出的排除执行异议不予支持，但法律、司法解释另有规定的除外。确立了享有担保物权的申请执行人的优先受偿地位，同时基于对一些特定权益优先保护的必要，通过"但书"予以排除。关于本条"除外"规定的适用情形，有观点认为该司法解释的第28条至第30条均适用。2019年《九民纪要》第126条明确一般的房屋买卖合同的买受人不能排除申请执行人的抵押权。

2002年《最高人民法院关于建设工程价款优先受偿权问题的批复》（已失效）规定消费者交付购买商品房的全部或者大部分款项后，能够对抗承包人就该商品房的享有的工程价款优先受偿权，最早确立了对具有消费者身份的房屋买受人予以特殊保护的制度。《异议复议规定》第29条在前述规定的基础上，进一步明确"已经交付全部或者大部分所购商品房价款"的条件为"已支付的价款超过合同约定总价款的百分之五十"。2019年《九民纪要》第126条再次确认了商品房消费者物权期待权的优先顺位。2023年《最高人民法院关于商品房消费者权利保护问题的批复》第2条规定："商品房消费者以居住为目的购买房屋并已支付全部价款，主张其房屋交付请求权优先于建设工程价款优先受偿权、抵押权以及其他债权的，人民法院应当予以支持。只支付了部分价款的商品房消费者，在一审法庭辩论终结前已实际支付剩余价款的，可以适用前款规定。"形成"商品房消费者房屋交付请求权或购房款返还请求权＞建设工程价款优先权＞抵押权＞普通债权"的效力顺位格局。

## 案例索引

最高人民法院（2019）最高法民终227号执行异议之诉二审案

最高人民法院（2021）最高法民申3574号再审审查与审判监督案

最高人民法院（2021）最高法民终606号执行异议之诉案

## 260 借名买房的借名人能否对登记在出名人名下的房屋主张排除执行？

答：原则上，借名买房的出资人不能排除对出名人名下房屋的强制执行，如存在案涉房产系赃款购买或基于特殊生存利益考量情形时，可以排除执行。

### 理由与依据

基于物权法定与不动产登记生效原则，同时考虑外观主义下交易方的信赖利益保护，出资人在经法定变更登记程序完成物权公示之前，不享有房屋所有权，其享有的债权请求权不足以排除执行。借名买房人借用他人名义签订商品房买卖合同、办理相关手续，故意将案涉房屋登记在他人名下，不属于登记错误情形，借名人与出名人有意造成名义买房人与实际买房人不一致的情况，此时出资人应承担相应风险，不享有足以排除执行的权益。另，出资人借名买房多出于规避限购限贷政策监管的目的，借名买房合同可能被认定为违反公序良俗进而被认定为无效，出资人借名买房规避监管的行为不具有利益保护正当性。

### 立法沿革与争议

在借名买房合同有效的情况下，借名人能否以自己是实际权利人主张排除一般金钱债权人对标的房屋的执行问题，目前法律尚无明确规定，司法实践中也存在两种不同裁判观点。

否定观点认为，借名人与出名人之间的约定，只在双方内部产生债权债务关系，不发生物权变动的效果，根据物权变动登记生效和公示公信原则，案外人与被执行人之间的借名登记约定不能对抗善意的申请执行人，且借名人对房屋登记在他人名下本身具有过错，因此，对案外人停止执行的请求应当不予支持。[1]《北京市高级人民法院关于审理执行异议之诉案件适用法律若

---

[1] 参见王毓莹：《执行异议之诉案件的裁判理念与思路》，载《人民法院报》2017年9月27日第7版。

干问题的指导意见（试行）》第19条、《江苏省高级人民法院执行异议及执行异议之诉案件办理工作指引（二）》第14条均持此观点。

肯定观点认为，在名义权利人与实际权利人不一致的情况下，如果进行实质审查能够确定真正的权利人，在不损害他人利益的情况下，应当保护真正权利人的权利。在金钱债权执行中，借名人主张存在借名买房关系提出执行异议，有证据证实确实被执行人是名义产权人、案外人是真正产权人，如无损害国家利益、社会公共利益的情形，人民法院可以判决排除执行。[①]《广东省高级人民法院关于审查处理执行裁决类纠纷案件若干重点问题的解答》《江西省高级人民法院关于执行异议之诉案件的审理指南》持此观点。

### 案例索引

最高人民法院（2020）最高法民再328号案外人执行异议之诉再审案

最高人民法院（2021）最高法民申3543号案外人执行异议之诉纠纷案

### 261 基于商品房消费者物权期待权的异议之诉中，对"买受人名下无其他用于居住的房屋"应如何认定？

答："买受人名下无其他用于居住的房屋"包含以下几方面含义：一是买受人名下无其他用于居住的房屋包括商品房消费者及其配偶、未成年子女名下房屋，二是案涉房屋同一设区的市或者县级市范围内消费者名下没有用于居住的房屋，三是没有其他用于居住的房屋或虽有一套房屋但不足以满足买受人及其家庭成员的基本居住需要。

### 理由与依据

对商品房消费者物权期待权的保护，实为对消费者生存权的特殊保护，在认定其要件时，也应从这一根本价值追求出发。一是，"有无其他用于居

---

① 张勇健法官在第一巡回法庭民商事审判工作座谈会上的讲话。

住的房屋"应理解为"有无能够满足家庭日常基本居住需求的房屋"。即使买受人还有其他房产，但该房屋的面积、功能、环境、生活设施未达到当地平均居住水平，视为无法满足购房人及其家庭成员现有居住需求，或名下房屋为期房且无证据证明其在该房屋居住生活，可以认为其无"其他用于居住的房屋"。二是，应以案外人经常居住地为判断标准，在案外人的经常居住所在地和被执行房屋所在地一致的基础上，进而延伸判断在案涉房屋同一设区的市或者县级市范围内消费者名下没有用于居住的房屋。三是，"无房"的主体应扩展至买受人的家庭成员。如果"无房"的主体不包含买受人配偶及未成年子女，在其配偶或未成年子女名下有房产且用于共同居住的情况下，其所购买的案涉房屋就明显超出了居住需求，与立法本意相悖。

另外，关于判断有无房屋的确定时点也多有争议，有"买房时"[①]"法院采取查封措施时"[②]"案外人提出执行异议时"[③]等多种观点，还有待继续探讨。

## 立法沿革与争议

《九民纪要》第125条认为"买受人名下无其他用于居住的房屋"可以理解为在案涉房屋同一设区的市或者县级市范围内商品房消费者名下没有用于居住的房屋。商品房消费者名下虽然已有1套房屋，但购买的房屋在面积上仍然属于满足基本居住需要的，可以理解为符合该规定的精神。

---

① 最高人民法院在（2019）最高法民申1476号案中认为，《异议复议规定》第29条第2项并没有限定"买受人名下无其他用于居住的房屋"条件的时间节点，该条件应包括买受人购买争议房屋时无其他用于居住的房屋的情形。

② 北京市第四中级人民法院在（2021）京民终676号案中认为，对"买受人名下无其他用于居住的房屋"判断时间节点的认定，应综合优先保护购房人的生存利益、保护抵押权人的合法权益、保护公众的信赖利益以及维护社会秩序的稳定性等考量因素，原则上以房屋买受人、其配偶及未成年子女在争议房屋查封时起至本案一审法庭辩论终结时名下无可用于居住的房屋。

《江苏省高级人民法院执行异议及执行异议之诉案件办理工作指引（二）》第9条规定，案外人主张其名下无其他用于居住的房屋，同时具有下列情形的，应支持其该主张：（1）案外人及其配偶、未成年子女名下在执行标的查封时至执行异议之诉案件判决作出时均无用于居住的房屋……

③ 最高人民法院在（2020）最高法民终735号案中认为，异议人提出执行异议时，其名下并无其他可用于居住的房屋。故异议人符合《异议复议规定》第29条关于所购商品房系用于居住且买受人名下无其他用于居住的房屋的情形。

实践中，如何判断"买受人名下无其他用于居住的房屋"，案外人除案涉房屋外名下是否不能另有房产、判断是否满足该条件的时间节点、何为用于居住的房屋、案外人的举证证明责任等问题存有争议。究其根本，《异议复议规定》第29条系为保护消费者生存权的特殊规定，判断买受人享有的权益能否排除执行应从该立法目的出发，执行案涉房屋侵害买受人生存权的，应认定符合"买受人名下无其他用于居住的房屋"之规定。

## 案例索引

最高人民法院（2021）最高法民申7744号执行异议之诉案

## 262 享有物权期待权的商品房消费者转让商品房后，受让人是否继续享有前手的足以排除执行的民事权益？

答：在商品房消费者转让商品房时，相关当事人未明确约定排除受让人足以排除执行的民事权益的，不能否定受让人同时承继该权利，即受让人继续享有原商品房消费者的足以排除执行的物权期待权。

## 理由与依据

商品房消费者作为原购房人，具有排除执行的权利，其再次转让购买的房屋，实为转让商品房预售合同，即商品房消费者通过预售商品房协议，从预售人那里得到了债权。基于预售合同，商品房消费者支付对价对应的是预售人未来向其转让房屋所有权的期待利益，由于商品房尚不存在，所以消费者取得的是请求预售人依约履行的权利。所以，商品房消费者转让商品房在法律上实质为债权转让，即受让人受让的是原购房人的债权，而排除执行的权利是购房人原有债权当然包含的内容。在相关当事人未明确约定排除受让人的此项权利时，不能否定其同时承继该权利。

## 立法沿革与争议

《异议复议规定》第29条规定："金钱债权执行中，买受人对登记在被执行的房地产开发企业名下的商品房提出异议，符合下列情形且其权利能够排除执行的，人民法院应予支持：（一）在人民法院查封之前已签订合法有效的书面买卖合同；（二）所购商品房系用于居住且买受人名下无其他用于居住的房屋；（三）已支付的价款超过合同约定总价款的百分之五十。"

有观点认为，商品房消费者享有的物权期待权具有身份属性，不能通过合同转让，次买受人仅享有债权请求权，不能排除执行。

## 案例索引

最高人民法院（2021）最高法民终998号案外人执行异议之诉案

## 263 不符合限购政策的房屋买受人，能否享有物权期待权？

答：买受人明知其不符合限购政策规定仍购买房屋，应认定其不能预期通过办理不动产登记将该物权期待权转化为所有权，即不存在对不动产所有权登记至其名下的期待，从而不享有物权期待权。

## 理由与依据

物权期待权是指案外人对案涉房屋虽尚不享有《民法典》意义上的物权（所有权），但因具备了物权的实质性要素，依法可以合理预期通过办理不动产登记将该物权期待权转化为《民法典》意义上的物权（所有权），即对不动产所有权登记至其名下的期待。从物权期待权的概念上看，没有取得物权可能性的主体不享有物权期待权。房地产限购政策虽然不是法律、行政法规，但属于行政命令。该行政命令直接限制了不符合购房条件的房屋买受人取得房屋所有权的可能，所以不符合限购政策的房屋买受人不可能办理所有权登记取得不动产物权，自然不享有物权期待权，也不享有排除强制执行的民事权益。

我国对于物权期待权的保护首见于2002年施行的《最高人民法院关于建设工程价款优先受偿权问题的批复》(已失效),该批复对具有消费者身份的房屋买受人赋予了"优先于金钱债权人"的特殊保护。2015年施行的《异议复议规定》第28条、第29条(2020年修正时未修改)分别规定了一般房屋买受人的物权期待权和商品房消费者的物权期待权,赋予了包括商品房消费者和商品房消费者之外的一般买受人在内的无过错不动产买受人足以排除强制执行的物权期待权。但是,物权期待权是否作为一种权利类型以及该权利的具体内涵还没有立法明确规定。

最高人民法院(2020)最高法民申1860号执行异议之诉再审审查与审判监督案

最高人民法院(2021)最高法民终1298号案外人执行异议之诉纠纷案

**264** 如何判断案外人对船舶是否享有足以排除执行的民事权益?

答:根据《民法典物权编解释(一)》的规定,转让人转让船舶、航空器和机动车等所有权,受让人已经支付合理价款并取得占有,虽未经登记,但转让人的债权人主张其为《民法典》第225条所称的"善意第三人"的,不予支持,法律另有规定的除外。

船舶等特殊动产物权的变动采登记对抗主义,物权变动虽不是在登记时发生效力,但法律规定对船舶等特殊动产物权的变动如果未在登记部门登记,不产生社会公信力。

法律规定船舶等物权未经登记的物权变动不得对抗善意第三人，目的在于保护善意第三人的利益。而善意第三人完全可以根据意思自治原则对物权变动的效力予以否认或者承认。如果善意第三人自愿放弃自己的利益，在不违反公序良俗的前提下，应允许善意第三人承认这种未经登记的物权变动的效力。

## 立法沿革与争议

原《物权法》第23条规定："动产物权的设立和转让，自交付时发生效力，但是法律另有规定的除外。"第24条规定："船舶、航空器和机动车等的物权的设立、变更、转让和消灭，未经登记，不得对抗善意第三人。"这里的"未经登记不得对抗"，是指特定动产物权变动没有办理登记的，不得对抗他人经过登记取得的权利。《民法典》第224条、第225条沿用了上述规定。

原《物权法解释（一）》第6条规定，转让人转移船舶、航空器和机动车等所有权，受让人已经支付对价并取得占有，虽未经登记，但转让人的债权人主张其为《物权法》第24条所称的"善意第三人"的，不予支持，法律另有规定的除外。《民法典物权编解释（一）》第6条沿用了该规定，实践中不存在较大争议。

## 案例索引

广西省高级人民法院（2015）桂民四终字第22号案外人执行异议之诉案
海南省高级人民法院（2018）琼民终461号案外人执行异议之诉案

## 265 被执行人能否以网络司法拍卖起拍价过低为由提出执行异议？

答：被执行人以网络司法拍卖起拍价过低提出异议的，应区分不同情形决定是否受理：仅认为评估价过低提出的异议，交由评估机构回复；

对人民法院确定起拍价的自由裁量权行使提出的异议，应按照《民事诉讼法》第236条审查。

## 理由与依据

　　评估价、保留价与起拍价并不完全相同。保留价是由委托人确定的，并可以要求拍卖人保密。确定保留价的意义在于，若竞买人的最高应价未达到保留价时，该应价不发生效力，应当停止拍卖。起拍价可以高于、等于或低于保留价。《拍卖变卖规定》将保留价等于评估价，但并未对保留价与起拍价之间的关系作出规定。《网络司法拍卖规定》则是规定保留价即起拍价，但起拍价不得低于评估价的百分之七十。根据新法优于旧法、特别法优于一般法的原则，网络司法拍卖中，人民法院在确定起拍价时在评估价的基础上有一定的自由裁量权。根据《财产处置价规定》，人民法院确定财产处置参考价，可以采取当事人议价、定向询价、网络询价、委托评估等方式，避免了人民法院自行根据市价确定起拍价引发的问题。因此，被执行人对网络司法拍卖起拍价过低提出异议应分三种情况分析：第一种是认为参考价过低导致的起拍价过低提出的异议；第二种情况是并未对参考价提出异议，而是认为人民法院不应按照参考价的百分之七十起拍；第三种是既认为参考价过低，同时也认为起拍价不应为参考价的百分之七十。被执行人仅认为参考价过低提出的异议，属于对参照标准、计算方法或者评估结果等提出的异议，不属于执行行为异议，应适用《财产处置价规定》交由评估机构作出说明，以及交由相关行业协会组织专业技术评审等方式进行救济。对人民法院确定起拍价的自由裁量权行使提出的异议，包括第二种、第三种情形的，应按照《异议复议规定》予以受理。

## 立法沿革与争议

　　2004年出台的《拍卖变卖规定》第8条规定："拍卖应当确定保留价。拍卖保留价由人民法院参照评估价确定；未作评估的，参照市价确定，并应当征询有关当事人的意见。人民法院确定的保留价，第一次拍卖时，不得低于评估价或者市价的百分之八十；如果出现流拍，再行拍卖时，可以酌情降低保留价，但每次降低的数额不得超过前次保留价的百分之二十。"

2020年修正的《拍卖变卖规定》第5条规定："拍卖应当确定保留价。拍卖财产经过评估的，评估价即为第一次拍卖的保留价；未作评估的，保留价由人民法院参照市价确定，并应当征询有关当事人的意见。如果出现流拍，再行拍卖时，可以酌情降低保留价，但每次降低的数额不得超过前次保留价的百分之二十。"

与《拍卖变卖规定》不同，《网络司法拍卖规定》第10条则规定："网络司法拍卖应当确定保留价，拍卖保留价即为起拍价。起拍价由人民法院参照评估价确定；未作评估的，参照市价确定，并征询当事人意见。起拍价不得低于评估价或者市价的百分之七十。"

横向比较网络司法拍卖和非网络司法拍卖中财产的保留价，可以发现两者在起拍价的确定标准上有明显差异，网络司法拍卖的起拍价参照评估价确定，起拍价不得低于评估价的百分之七十；而非网络司法拍卖的起拍价则不一样，以评估价作为第一次拍卖的保留价。

### 案例索引

海南省第二中级人民法院（2020）琼97执复5号借款合同纠纷执行复议案
最高人民法院（2022）最高法执复55号借款合同纠纷执行复议案

### 266 优先债权执行法院未经首封法院移送处置权即裁定以物抵债，另案轮候查封债权人提出抵债违法异议，能否得到支持？

答：执行过程中，应当由首封法院负责处分财产，未商请移送取得财产处置权的轮候查封法院不得对执行标的进行处置。优先债权执行法院在明知存在其他在先查封债权人的情况下直接裁定以物抵债处置财产系对其他债权人合法权益的损害。另案轮候查封债权人提出抵债违法异议的，人民法院应当予以支持。

## 理由与依据

首封法院对查封财产享有处置权，轮候查封在性质上不属于正式查封，首封解除时，在先的轮候查封自动生效，轮候法院取得财产处置权。由首封法院负责处分查封财产系执行财产处置的基本原则。但已进入其他法院执行程序的债权对查封财产有顺位在先的担保物权、优先债权（该债权以下简称优先债权），自首先查封之日起已超过60日，且首封法院就该查封财产尚未发布拍卖公告或者进入变卖程序的，优先债权执行法院可以要求将该查封财产移送执行。即符合首封法院怠于行使处置权情形时，有优先债权的轮候查封法院才可以要求首封法院移送执行，获得财产处置权。在首封法院与轮候法院之间财产处置权协调问题上，应当依法移送，被执行人明显涉及债权债务较多尤其是案涉财产上存在多个查封时，执行法院不得未经评估、拍卖，通过以物抵债的方式对个别债权进行清偿，轮候法院不得以其有优先受偿权为由通过以物抵债方式对查封财产进行处置。执行过程中处置被执行人财产，应当遵循拍卖优先的原则，不经拍卖、变卖而直接作价抵债的，以申请执行人和被执行人同意且不损害其他债权人合法权益和社会公共利益为前提条件。

## 立法沿革与争议

关于轮候查封的效力问题，《最高人民法院关于查封法院全部处分标的物后轮候查封的效力问题的批复》第28条中明确，轮候查封、扣押、冻结自在先的查封、扣押、冻结解除时自动生效，人民法院对已查封、扣押、冻结的全部财产进行处分后，该财产上的轮候查封自始未产生查封、扣押、冻结的效力。因此在首封未解封之前以及首封债权人足额受偿后无剩余变价款的，轮候查封系非正式查封，自始无效。对于首封债权人受偿后的剩余变价款，轮候查封效力是否优先并无规定。2022年《轮候查封效力通知》首次明确首封债权人足额受偿后仍有剩余变价款的，轮候查封的效力及于剩余变价款。

## 案例索引

最高人民法院（2021）最高法执监427号执行监督审查案

**267** 执行程序中，债权人申请参与分配应向哪个法院提交书面申请？以哪个法院审查为主？

答：已经进入执行程序的债权，参与分配申请既可以向原执行法院提交也可以向主持分配法院提交。尚未进入执行程序的债权（包括担保物权等优先债权）应向主持分配的法院提交。对于申请参与分配的债权人及其债权，应当由主持分配法院负责审查。其他法院转交参与分配申请书时应当向主持分配的法院说明执行情况，一般包括：执行依据及其执行案号、当事人基本情况、应予执行标的额、已执行标的额、未受偿标的额、对被执行人的财产调查情况以及已控制但未处置完毕的被执行人财产及其价值等。

## 理由与依据

《民事诉讼法解释》第506条规定被执行人为公民或者其他组织，取得执行依据的债权人发现被执行人财产不能清偿所有债权的，可以向人民法院申请参与分配，对人民法院查封、扣押、冻结的财产有优先权、担保物权的债权人，可以直接申请参与分配，主张优先受偿权，但并未明确是向执行法院还是主持分配法院提交申请。因《执行工作规定》第92条在2020年修正时被删除，目前法律和司法解释并无关于参与分配申请应向哪个法院提交的明确规定。实践中，各地法院出台指导意见确定本地区参与分配申请应提交的法院。如《北京市高、中级人民法院执行局（庭）长座谈会（第五次会议）纪要》认为应向原执行法院提交。《上海市高级人民法院执行局、执行裁判庭联席会议纪要（二）》认为参与分配申请向应主持分配法院提交，通过原执行法院转交的，也应再向主持分配法院提交申请。最高人民法院认为原则上应当向主持分配的法院提交，已进入执行程序的债权也可以向原执行法院提交，再由原执行法院转交。[①]

对于申请参与分配的债权人及其债权的审查，因涉及后续分配异议、分

---

① 参见最高人民法院执行局编著：《人民法院执行办案指引》，人民法院出版社2018年版，第98页。

配方案异议之诉的救济，且因审查事项范围导致权利人相应权利救济途径存在差别，应由制定参与分配方案的法院审查较为适宜。根据《民事诉讼法解释》第510条第2款之规定，分配方案异议之诉由执行法院专属管辖，分配程序性异议依法应由主持分配的执行机构受理审查，故对于申请参与分配的债权人及其债权的审查均应由主持分配法院负责。

## 立法沿革与争议

1998年《执行工作规定》第92条规定："债权人申请参与分配的，应当向其原申请执行法院提交参与分配申请书，写明参与分配的理由，并附有执行依据。该执行法院应将参与分配申请书转交给主持分配的法院，并说明执行情况。"按照该规定，参与分配应向执行法院申请。2020年修正的《执行工作规定》将原第92条规定删除。《民事诉讼法解释》2022年修正时未修正有关参与分配的法条，导致关于债权人应向哪个法院提出参与分配申请的问题，仍无明确规定。

从实践操作看，已进入执行程序的债权人应向原执行法院提交参与分配的申请，北京市高级人民法院[1]、佛山市中级人民法院[2]、福州市中级人民法院[3]、包头市中级人民法院[4]均按此操作。这样做的好处如下：首先，原执行法院对债权的履行情况更了解，当被执行人财产被多个法院查封时，由执行法院转交参与分配申请，可以有效避免债权人向多个法院同时申请参与分配导致的重复受偿。其次，无论债权是否进入执行程序均向分配法院申请，导致分配法院的审核压力过大。最后，由原执行法院转交可以有效避免分配法院拒收当事人直接提交的参与分配申请问题，确保所有取得执行依据的债权人受到参与分配程序的公平保护，但是参与分配申请一律要求债权人先交执行法院，再经由执行法院转交，如果个别执行法院转交不及时或者出现数额和权利性质认定上的错误也会妨碍债权人及时行使参与分配权利，影响受偿比例。

---

① 参见《北京市高、中级人民法院执行局（庭）长座谈会（第五次会议）纪要——关于案款分配及参与分配若干问题的意见》。

② 参见《佛山市中级人民法院关于规范执行程序中权利主体参与分配会议纪要》。

③ 参见《福州市中级人民法院关于参与分配具体适用的指导意见》。

④ 参见《包头市中级人民法院关于印发〈关于执行程序中参与分配的实施细则〉的通知》。

最高人民法院（2017）最高法执监325号民间借贷纠纷执行监督审查案

**268** 被执行财产流拍后以物抵债给申请人但未办理过户登记，执行法院经另案债权人申请对该财产采取了查封措施，接受抵债的债权人提出异议后，执行异议审查程序能否撤销抵债裁定？

答：流拍后以物抵债财产虽未办理过户，但以物抵债财产的所有权在以物抵债裁定送达申请人时即已转移至申请人，执行法院依另案债权人申请查封该抵债财产的，属查封案外人财产，接受抵债的债权人提出异议后，人民法院应审查接受抵债债权人是否对查封财产享有所有权以及执行法院是否违法查封了案外人财产，不能对异议请求以外的事项进行审查，更无权撤销生效法律文书即以物抵债裁定。

## 理由与依据

《查扣冻规定》明确禁止对第三人名下财产采取执行措施，除非第三人认可该财产属被执行人的财产。当财产的外观权属与实际权属不一致时，极有可能发生违法查封第三人财产的情况。此时，案外人有可能对法院的违法查封行为提出执行行为异议，也可能以对查封财产享有所有权为由提出案外人异议。执行异议与案外人异议在依据的基础权利、异议指向的对象和目的以及程序功能等方面均存在差别。执行异议的功能在于纠正违法的执行行为，因此执行异议审查的内容是对执行行为的合法性进行判断。案外人异议的功能在于确权及裁断法院是否应停止对特定标的物的执行。接受抵债债权人依据实体权利，提出异议的目的在于请求人民法院停止对抵债财产的执行，并解除对抵债财产的查封，形式上既对执行标的又对执行行为提出异议，属基础权利及目的的竞合。此时案外人异议的审查程序吸收了执行异议的审查程序，按照《异议复议规定》第8条第1款应直接按照案外人异议程序及审查规则进行审查。[①]

案外人异议不能超越职权对异议请求以外的事项进行审查，应针对异议是否成立，即确定接受抵债的债权人是否享有对抵债财产的所有权进行审查。需要明确的是，法院对权属依据的审查是有限度的，案外人实体异议程序对公法关系的判断，仅限于在判断实体权属的基础上，对应不应该停止执行发表意见，该意见从属于对实体权属的判断，不能对公法关系的合法性问题发表意见。[②] 即行政机关出具的权属证明或生效法律文书的合法性并不属于案外人异议审查的内容。流拍场合下的以物抵债，在适用条件、内容以及后果上都具有较强的法定性，在性质上更加强调执行机关的职责色彩。[③] 人民法院的拍卖变卖及依法作出以物抵债裁定的行为属公法关系，与法院判决在引起物权变动的效果上并无差别。因此，案外人异议审查程序无权对抵债的生效法律文书的合法性和有效性进行审查，更无权撤销生效法律文书。

即使在异议审查程序中法官认为以物抵债裁定存在错误的，也应通过法院内部执行监督程序处理，或在被执行人、利害关系人提出以物抵债裁定错误的抗辩后，向其释明通过执行异议复议等执行监督程序解决，不能超越审查权限，在案外人异议审查程序中直接对以物抵债裁定的合法性作出判断并裁定撤销以物抵债裁定。

## 立法沿革与争议

关于错误以物抵债的救济程序，实践争议较大。有观点提出，以物抵债裁定作出后引发物权变动，被执行人对抵债财产不再享有权利，案外人对特定标的物也不享有所有权，不符合异议之诉的启动条件，应通过执行异议复议程序进行救济；另有观点认为，异议复议等执行监督程序对案外人的保护并不周延，以物抵债裁定必须以异议之诉的方式予以撤销才能保障其合法权益。最

———————

① 参见江必新、刘贵祥主编：《最高人民法院关于人民法院办理执行异议和复议案件若干问题的规定理解与适用》，人民法院出版社2015年版，第111～112页。

② 参见江必新、刘贵祥主编：《最高人民法院关于人民法院办理执行异议和复议案件若干问题的规定理解与适用》，人民法院出版社2015年版，第111～112页。

③ 贺小荣主编：《最高人民法院第二巡回法庭法官会议纪要》（第三辑），人民法院出版社2022年版，第38页。

高人民法院第二巡回法庭法官会议纪要对此认为应采折中做法，即原则上应当通过执行监督程序救济，但在一定情况下也可以通过提起执行异议之诉进行救济。此外，通过法院内部的沟通协调，促成执行法院自行撤销以物抵债裁定。[①]

**案例索引**

山西省高级人民法院（2023）晋执复76号借款合同纠纷执行复议案

# 第二节　异议之诉

## 269　金钱债权执行中，案外人以其享有金钱质权为由，请求排除执行，能否予以支持？

答：金钱质押成立需将金钱以特户、封金、保证金等形式特定化，并将该特定化的金钱交由质权人实际占有。执行程序中，执行标的若为质权人占有的特定化金钱，案外人以其享有金钱质权为由请求排除执行的，人民法院应当予以支持；若执行标的并非质权人占有的特定化金钱，人民法院应不予支持案外人排除执行的请求。

**理由与依据**

基于金钱质权提出的异议系基于实体权利提出的排除对特定标的执行的异议，应通过案外人异议及执行异议之诉处理。

金钱作为一种特殊的动产，设定质押必须符合下列条件：一是双方之间的质押合同依法成立。二是将金钱以特户、封金、保证金等形式特定化。三是该金钱已经移交质权人实际占有。质权人对金钱的占有具有排他性，已脱

---

① 贺小荣主编：《最高人民法院第二巡回法庭法官会议纪要》（第三辑），人民法院出版社2022年版，第36页。

离被执行人的控制。

金钱质押与一般动产质押不同，无须通过拍卖、变卖等变价程序，质押权成立且符合质权实现条件，质权人直接就金钱受偿，实质上等同于质权人对金钱主张所有权，事实上产生了足以排除对执行标的采取相应执行措施的效力。

## 立法沿革与争议

《担保法解释》第85条规定："债务人或者第三人将其金钱以特户、封金、保证金等形式特定化后，移交债权人占有作为债权的担保，债务人不履行债务时，债权人可以以该金钱优先受偿。"首次在司法解释中确认金钱质押的担保性质，明确金钱质押移交占有的特性，肯定债权人对该金钱享有优先受偿权。

《民法典担保制度解释》第70条规定："债务人或者第三人为担保债务的履行，设立专门的保证金账户并由债权人实际控制，或者将其资金存入债权人设立的保证金账户，债权人主张就账户内的款项优先受偿的，人民法院应予支持。当事人以保证金账户内的款项浮动为由，主张实际控制该账户的债权人对账户内的款项不享有优先受偿权的，人民法院不予支持。在银行账户下设立的保证金分户，参照前款规定处理。当事人约定的保证金并非为担保债务的履行设立，或者不符合前两款规定的情形，债权人主张就保证金优先受偿的，人民法院不予支持，但是不影响当事人依照法律的规定或者按照当事人的约定主张权利。"该条规定了保证金质押设立及债权人优先受偿的条件。

关于质权人提出异议后，按照利害关系人异议审查还是案外人异议审查的问题，实践中，有以下三种观点和做法：

否定说认为，对金钱质押提出的异议通过利害关系人异议程序处理，不是通过案外人异议程序处理。理由如下：执行标的负担的担保物权不能阻止法院对该标的采取执行措施。《民事诉讼法解释》第506条第2款规定："对人民法院查封、扣押、冻结的财产有优先权、担保物权的债权人，可以直接申请参与分配，主张优先受偿权。"2020年《执行工作规定》第31条规定："人民法院对被执行人所有的其他人享有抵押权、质押权或留置权的财产，可以采取查封、扣押措施。财产拍卖、变卖后所得价款，应当在抵押权人、质押权人或留置权人优先受偿后，其余额部分用于清偿申请执行人的债权。"也就是说，执行标的上负担的担保物权不能阻止法院采取执行措施，法院只需将财产变现后，保障担保物权人对变价款优先受偿的顺位即可。根据《异议复议规定》第7条第1款规定，执行顺位问题属于程序问题，可以提出利害关系人异议。

肯定说认为金钱质押的质权人提出异议的，按照案外人异议审查。《黑龙江省高级人民法院关于审理执行异议之诉案件若干问题的解答》《山东省高级人民法院执行疑难法律问题解答（二）》规定银行以法院冻结的被执行人银行账户系保证金账户为由，主张其享有质权，提出案外人异议的，在符合条件时，银行基于对账户资金享有的质权可以排除一般债权人对该账户的强制执行。

折中说认为，质权人请求解除对金钱质押账户或款项的查封、冻结措施的，应依照利害关系人异议审查；质权人请求实现质权并要求解除查封或冻结措施或者请求不得扣划的，按照案外人异议审查。

## 案例索引

安徽省高级人民法院（2013）皖民二终字第00261号执行异议之诉再审案（指导性案例54号）

最高人民法院（2015）民提字第175号案外人执行异议之诉再审案

最高人民法院（2017）最高法执复32号借款合同纠纷执行复议案

## 270 土储中心为解决"三旧"改造项目被征收人居住问题购买的房屋，能否排除执行？

答：土储中心购房作为其征收项目中的安置用房，该用房用于解决"三旧"改造项目中被征收人的居住权问题，具有公共利益属性。与《异议复议规定》第29条第2款中规定的保障民生的精神一致，享有排除强制执行的民事权益。

## 理由与依据

"三旧"改造是指对"旧城镇、旧厂房、旧村庄"进行用地改造，拓展建设空间、破解用地瓶颈，落实公共配套以改善人民群众生活环境，推动社会经济发展。在目前实施的"三旧"改造的几种模式中，以政府主导改造模式为主。政府将改造地块收储并完成前期的地块拆迁、编制规划、方案报批以及征地手续办理等一系列工作。一般来说，地块拆迁安置的组织协调和验收管理工作由国土局的下设机构土地储备中心负责。原因在于，实践中不动产征收领域，其决定主体与执行组织相分离。征收决定由区、县、市政府作出，往往还须经省级人民政府批准，土地储备中心负责征收补偿的具体实施。

土地储备中心购买搬迁安置用房后，所购房屋被执行的，土地储备中心对该房屋享有的权利能否排除强制执行根本在于土地储备中心是否符合《异议复议规定》第29条规定的物权期待权人构成要件。《异议复议规定》第29条基于对生存权益保护的考量，赋予商品房消费者物权期待权，符合该规定的购房人可以排除建设工程价款优先受偿权、担保物权及一般债权的强制执行。该条出于保障人民群众基本生活和维护社会稳定的角度考虑，为了避免实践中的商品房预售不规范现象而将支付大部分房款的消费者作为第一顺位予以优先保护，因此其适用条件也非常严格。首先该规则仅适用于商品房买卖，买受人仅限于《九民纪要》第125条规定的商品房消费者；房屋性质应当限定为居住用房，即购房人购买房屋旨在居住而非出租或投资等非居住目的。写字楼、商铺、厂房等经营性用房属于商业用房则不在保护之列。从购房主体性质来看，尽管土地储备中心作为行政机关并不具有自然人的居住目的，貌似并无生存权益保障可言，但实际上，引起房屋拆迁事实的首要法律因素就是行政征收决定，房屋征收部门在征收房屋等不动产时，应当依法给予拆迁补偿，征收个人住宅的还应当保障被征收人的居住条件，被征收人丧失原住宅的物权，征收管理部门应当妥善解决其居住问题。因此土地储备中心负责征地拆迁安置工作时，应当从实际居住人的角度出发，充分考虑到土储中心所购房屋是为被征收人提供住房，保障其生存权，符合《异议复议规定》第29条的立法宗旨。

## 立法沿革与争议

《异议复议规定》第29条脱胎于《合同法》第286条的批复——2002年《建设工程价款优先受偿权的批复》第2条。该条规定："消费者交付商品房的全部或者大部分款项后，承包人就该商品房享有的工程价款优先受偿权不得对抗买受人。"该条设置的初衷是对消费者的生存利益和居住权给予优先保护，在适用该条款时应对主体范围予以严格限制，不宜作扩大解释。而后2015年《异议复议规定》第29条规定："金钱债权执行中，买受人对登记在被执行的房地产开发企业名下的商品房提出异议，符合下列情形且其权利能够排除执行的，人民法院应予支持：（一）在人民法院查封之前已签订合法有效的书面买卖合同；（二）所购商品房系用于居住且买受人名下无其他用于居住的房屋；（三）已支付的价款超过合同约定总价款的百分之五十。"进一步明确规定了金钱债权执行中消费者购房人的物权期待权排除另案强制执行应满足的法定条件。2019年《九民纪要》第125条规定符合下列情形的可以支持商品房消费者的诉讼请求："一是在人民法院查封之前已签订合法有效的书面买卖合同；二是所购商品房系用于居住且买受人名下无其他用于居住的房屋；三是已支付的价款超过合同约定总价款的百分之五十。"该规定从统一裁判尺度的视角出发，强调了消费者购房人物权期待权优先保护的精神实质，并廓清了《建设工程价款优先受偿权的批复》及《异议复议规定》第29条的适用边界。

对于被拆迁人权益保障是否具有优先性，司法实践中存在争议。有观点认为被拆迁人的权益只是一种普通债权，其法律效力和实现顺序不享有任何特殊性和优先性。但多数观点认为被拆迁人的安置补偿是基于公共利益需要而丧失其对原房屋的所有权，因此在利益保障上应当具有优先性。在异议之诉案件审理中，应当正确认识依法保护被拆迁人拆迁安置补偿权利的重要性，准确适用法律和司法解释的规定，确认被拆迁人安置补偿权益优先于其他购房人及其他权利人的权利，土地储备管理中心购房作为其征收项目中的安置用房，以解决"三旧"改造项目中被征收人的居住权，具有公共利益属性，符合《异议复议规定》第29条情形，依法可以排除执行。

**案例索引**

最高人民法院（2022）最高法民终281号执行异议之诉二审案

**271** 案外人执行异议之诉审理范围是否受案外人异议申请及审查程序的限制？

答：案外人异议与案外人执行异议之诉具有一定的关联性和共通性，但两者分属不同程序，两者救济功能不同，审查方式和判断标准也不同。案外人执行异议之诉以案外人异议审查程序作为前置程序，但其审理范围和审理结果不受案外人异议审查范围和审查结果的限制。案外人执行异议之诉是独立的民事诉讼程序，审判部门应通过实质审查的方式对案外人享有的民事权益是否足以排除强制执行作出裁判，即使案外人在案外人异议程序中未提出相关请求，案外人在执行异议之诉中也应予以受理。

**理由与依据**

案外人异议系对执行行为的非诉审查程序，重在对执行标的的权利形式要件进行审查，以程序效率为价值取向，同时兼顾实体公平性。而案外人执行异议之诉是独立、完整的民事诉讼程序，重在对案外人享有的民事权益是否足以排除强制执行进行实体审查后作出判断。

审理案外人执行异议之诉的审判部门不受案外人异议裁定结论拘束，应根据查明的案件事实和相关法律规定作出裁判，不能直接将案外人异议审查裁定作为案外人执行异议之诉的审理依据。[①]一方面，案外人异议法律适用以《异议复议规定》《民事诉讼法》等程序性规范为主，案外人执行异议之诉以实体法律规范为主。另一方面，案外人执行异议之诉需对与执行标的相关

---

① 最高人民法院执行局编著：《最高人民法院关于人民法院办理执行异议和复议案件若干问题规定理解与适用》，人民法院出版社2015年版，第364页。

的基础法律关系涉及的民事法律行为的效力、执行标的的权利性质及其归属等展开进行实体审查，以对比权衡申请执行人和案外人的权利，因此在案外人执行异议之诉中有可能作出与案外人异议审查结果不同的裁判。案外人执行异议之诉作为独立的民事诉讼程序，仅受案外人异议审查前置程序的限制，不受案外人异议申请内容和裁定结论的影响。

## 立法沿革与争议

案外人执行异议程序具有现实必要性。案外人异议属于执行程序形式审查，案外人执行异议之诉属于实体权利的审判程序，也已为各界公认。但其在设立之初，案外人异议与案外人执行异议之诉有何区别，理论界和实务界都有较大争论。有观点认为案外人执行异议程序与审判程序之间存在一定冲突。一是案外人执行异议程序的审查方式与审判程序存在重复。案外人异议的审查法官在审理过程中，为避免出现后续程序与异议裁定相反的结果，也会在查明事实后作出判断，使案外人执行异议与案外人执行异议之诉在审查标准上呈现出同质化的趋势。二是案外人执行异议程序中存在例外的实体审查规定，如《异议复议规定》第28条、第29条的规定属于实体审查标准，如《查扣冻规定》第17条属于异议审查标准，但仍有条件地在审理程序中予以适用。

## 案例索引

最高人民法院（2019）最高法民再49号案外人执行异议之诉再审案

## 272 申请人提起的许可执行之诉中，案外人是否应承担举证责任？

答：申请执行人提起执行异议之诉的，应当由案外人就其对执行标的享有足以排除强制执行的民事权益承担举证证明责任。

### 理由与依据

案外人或者申请执行人提起执行异议之诉的，案外人应当就其对执行标的享有足以排除强制执行的民事权益承担举证证明责任。按照"谁主张、谁举证"的举证分配原则，申请执行人提起的执行异议之诉，似乎应当由申请执行人承担举证证明责任，但《民事诉讼法解释》规定由案外人承担举证证明责任，其原理在于申请执行人提起的执行异议诉讼，系因案外人提起的执行异议而产生，执行异议和执行异议之诉均是由案外人中止执行的主张所引起的，符合"谁主张、谁举证"的原则。可以说，案外人在申请执行人执行异议之诉中的举证责任系其在执行异议中举证责任的延伸。[1] 并且，申请执行人提起异议之诉的目的在于否定案外人异议的主张以继续执行，其主张案外人对执行标的不享有足以排除强制执行的民事权益是对消极事实的主张。根据《民事诉讼法》的规定，主张消极事实的当事人一般不承担举证责任，即使其能够提供相反证据，也是为对抗案外人进行的抗辩。

### 立法沿革与争议

2015年《民事诉讼法解释》第311条规定："案外人或者申请执行人提起执行异议之诉的，案外人应当就其对执行标的享有足以排除强制执行的民事权益承担举证证明责任。"2020年及2022年两次修正均保留该条款。

### 案例索引

最高人民法院（2017）最高法民申821号执行异议之诉再审案
辽宁省高级人民法院（2016）辽民终349号执行异议之诉二审案

---

[1]　最高人民法院修改后民事诉讼法贯彻实施工作领导小组编著：《最高人民法院民事诉讼法司法解释理解与适用》，人民法院出版社2015年版，第836页。

### 273 案外人在异议之诉中要求确权或提出排除执行之外的给付请求的，能否一并审理？

答：依据《九民纪要》第119条规定，案外人在异议之诉中要求确权或提出排除执行之外的给付请求的，人民法院应当在具体判项中明确是否排除执行及是否支持该请求。

## 理由与依据

案外人异议之诉中，案外人能否排除执行取决于其是否享有足以排除执行的实体权益，人民法院审查案外人异议能否排除时亦须对案外人权益作相关判断，即案外人异议之诉与确权之诉具有密切联系，案外人在异议之诉中提出确权请求的，人民法院应当一并审理。如案外人未提出确权请求，人民法院应仅就标的物的权属等基本法律关系在裁判说理中进行分析即可，不得作出是否确权的判项。

通常来说，给付请求及确权请求基于同一法律关系，给付请求依存于确权请求，案外人确权的最终目的仍需对待给付予以实现，人民法院在异议之诉中一并审理当事人给付请求符合效率和经济原则。当事人在请求排除执行的同时，又提出了给付性质的诉讼请求的，人民法院应当对该请求进行审理，并在判项中予以明确，如果该给付请求所涉法律关系较为简单，可以就该诉请与能否排除执行之诉请一并判决；但如果该给付诉请的审理较为复杂，人民法院可以先就是否排除执行作出先行判决。①

## 立法沿革与争议

《民事诉讼法解释》第310条明确了在案外人异议之诉中，案外人可以提出确权及排除执行的诉讼请求，但并未就案外人能否提起对标的物主张给付的诉讼请求。"对案外人提起的执行异议之诉，人民法院经审理，按照下列情形分别处理：（一）案外人就执行标的享有足以排除强制执行的民事权益的，

---

① 参见最高人民法院民事审判第二庭编著：《〈全国法院民商事审判工作会议纪要〉理解与适用》，人民法院出版社2019年版，第604页。

判决不得执行该执行标的;(二)案外人就执行标的不享有足以排除强制执行的民事权益的,判决驳回诉讼请求。案外人同时提出确认其权利的诉讼请求的,人民法院可以在判决中一并作出裁判。"实践中,大多数法院不允许案外人在异议之诉中对标的物提出具有给付性质的诉讼请求。如《吉林省高级人民法院关于审理执行异议之诉案件若干疑难问题的解答》《江西省高级人民法院关于执行异议之诉案件的审理指南》《广东省高级人民法院关于审查处理执行裁决类纠纷案件若干重点问题的解答》认为案外人提出继续履行合同或者具有给付性质的其他请求,不属于执行异议之诉的审理范围,应当不予受理。最高人民法院(2019)最高法民终537号案件亦持此观点。

2019年11月8日印发的《九民纪要》第119条规定,案外人既提出确权、给付请求,又提出排除执行请求的,人民法院对该请求是否支持、是否排除执行,均应当在具体判项中予以明确。《山东省高级人民法院民一庭关于审理执行异议之诉案件若干问题的解答》第1条亦持有该观点。

**案例索引**

最高人民法院(2016)最高法民申2660号案外人执行异议之诉纠纷再审审查案

**274** 首封法院依案外人基于实体权利排除执行的生效裁判解除查封后,其他轮候查封法院应否直接解除查封?

答:现行立法未赋予异议之诉判决既判力的情况下,不同执行案件的申请执行人对执行标的享有的权利性质不同,轮候查封法院不能当然依据另案生效的执行异议裁定或异议之诉裁判文书解除对标的物的查封。如相关法律司法解释赋予异议之诉判决既判力,案外人取得异议之诉胜诉判决的前提下,其他轮候查封法院应当解除查封,申请执行人持有优先债权的除外。

## 理由与依据

案外人异议及异议之诉程序，本质上属于对案外人、执行案件的申请执行人两主体就执行标的享有的权利孰优孰劣的审查。因不同执行案件的申请执行人不同，申请执行人根据执行依据对该被执行人享有的债权性质不同，因此不同执行案件的申请执行人对执行标的的享有的权利性质亦不同。案外人在首封案件中对标的物享有优先于该案申请执行人的权利，但不意味着其权利必然也优先于另案申请执行人对该标的物享有的权利。因此，轮候查封法院不能当然依据另案生效的执行异议裁定或异议之诉裁判文书解除对标的物的查封。

## 立法沿革与争议

在明确了轮候查封的效力的情形下，轮候查封法院是否可以依据另案生效的执行异议或异议之诉裁判文书而解除对标的物的查封？ 实践中观点不一。否定观点认为，在该情形下，案外人仍须通过执行异议的方式排除在后查封法院对该标的的执行。[①] 如《山东省高级人民法院执行局关于执行疑难法律问题审查参考（一）—— 案外人执行异议专题》持此观点。肯定观点则认为，案外人就执行标的的实体权利已经经过执行异议及异议之诉的审理，在无相反证据足以推翻的情况下，案外人持该法律文书请求轮候查封法院解除查封的，相关法院可以在收到申请后进行审查，比照在先查封法院解除查封。如上海市高级人民法院（2018）沪执监18号案件认可执行异议之诉判决对轮候查封具有既判力。

本书认为，在金钱债权的执行中，同一执行标的因不同案件被多家法院查封时，案外人通过执行异议和异议之诉的方式排除了首封法院的强制执行，仍须通过执行异议的方式排除在后查封法院对该标的的执行，轮候查封法院原则上不宜直接解除查封。

## 案例索引

海南省海口海事法院（2019）琼72执异13号借款合同纠纷执行异议案

---

① 参见吴永林、李炳录：《轮候查封情形下案外人的救济》，载《人民司法》2020年第14期。

### 275 案外人异议之诉审理期间，申请执行人提供担保，致使执行标的被执行完毕的，案外人应如何救济？

答：案外人异议之诉审理期间，不得处分执行标的，但在申请执行人请求继续执行并提供担保的情况下，可以准许执行。案件尚未审结但执行标的已被处分完毕的，正在进行的案外人异议之诉程序如何处理，我国法律并无明确规定，司法实践中存在三种不同的处理思路：终结审理<sup>①</sup>、继续审理<sup>②</sup>和转案审理<sup>③</sup>。由执行法院向申请人释明变更诉讼请求，进行转案审理，是标的执行完毕后案外人异议之诉处理的"最优解"。

因申请执行人请求继续执行有错误，给案外人造成损失的，应当予以赔偿。

## 理由与依据

案外人提起异议之诉的目的是排除对标的物的执行，决定了异议之诉制度原则上应以对标的物尚未执行完毕为前提条件。当所争议的执行标的已经执行完毕或者被执行人以其他责任财产清偿完毕时，即无论是执行标的已执行完毕还是无须执行，案外人已没有起诉要求排除对标的物执行之必要，不具有案外人异议之诉的利益。但当事人启动执行救济的权利并未因此而灭失，人民法院对处分执行标的的正当性的审查并未完结，仍有继续的必要。此时，

---

① 《江苏省高级人民法院执行异议及执行异议之诉案件办理工作指引（一）》第2条第1款第5项规定："案外人在执行标的的执行完毕或执行程序终结前已提出异议，且法定期限内提起执行异议之诉，但因执行法院在此期间未停止处分执行标的的，或因申请执行人提供相应担保导致执行标的的在此期间被执行完毕或者执行程序终结的，应不予受理或者驳回起诉，告知其通过执行监督程序救济或者依职权立执行监督案件办理。"

② 《最高人民法院关于审理执行异议之诉案件适用法律问题的解释（一）》（向社会公开征求意见稿）第2条规定："案外人执行异议之诉案件审理或者再审申请审查期间，针对案外人异议指向的执行标的的执行完毕的，不影响人民法院对案件继续审理或者审查。人民法院经审理，判决不得执行该执行标的的的，案外人可依法另行主张权利。"

③ 2019年9月《民事强制执行法（草案）》（征求意见稿）第85条规定："被执行人异议之诉、案外人异议之诉审理期间，执行程序终结或者案外人异议指向的执行标的的执行程序终结的，人民法院可以向被执行人、案外人释明变更诉讼请求；拒绝变更的，裁定终结诉讼。"

受理法院一般应向案外人释明变更诉讼请求为返还该执行标的、损害赔偿、不当得利等，如案外人变更诉讼请求的，人民法院可就变更后的诉讼请求进行审理；如案外人拒绝变更诉请的，人民法院不应对案外人的起诉进行审查，应当驳回起诉。

申请执行人请求继续执行有错误，给案外人造成损失的，应当予以赔偿。此时案外人可以另行提起诉讼，要求申请执行人承担赔偿责任。

## 立法沿革与争议

在关于执行标的的实体争议尚未通过诉讼程序得出结论之前，执行标的因申请执行人提供担保等原因已被执行完毕，此时案外人执行异议之诉程序应如何处理，是困扰司法实践的难题。产生该问题的制度根源在于在案外人异议及异议之诉审理期间，执行法院是否应对标的物继续执行。2008年《执行程序解释》第20条规定："案外人依照民事诉讼法第二百零四条规定提起诉讼的，诉讼期间，不停止执行。"当时是考虑到案外人异议审查期间，已经通过停止处分给予了案外人一定的救济，异议之诉期间也停止执行，有过度救济之嫌。而且漫长的诉讼程序导致执行程序过度拖延。案外人提供充分有效担保，可以裁定停止执行。2015年《民事诉讼法解释》完全改变原来的"以不停止执行为原则，停止为例外"的做法，第315条（2022年《民事诉讼法解释》第311条）规定，案外人执行异议之诉审理期间，人民法院不得对执行标的进行处分。申请执行人请求人民法院继续执行并提供担保的，人民法院可以准许。该种转变有以下几方面因素：一是实践中多数法院会停止执行，避免后续引发执行回转；二是既已受理诉讼，能否排除执行须待审理结果而定，停止执行更为适宜；三是在社会诚信体系尚未健全的情况下停止执行更有利于案外人合法权益。《执行程序解释》在2020年修正时依据《民事诉讼法解释》进行了修改，《执行程序解释》第15条第1款规定："案外人异议审查期间，人民法院不得对执行标的进行处分。案外人向人民法院提供充分、有效的担保请求解除对异议标的的查封、扣押、冻结的，人民法院可以准许；申请执行人提供充分、有效的担保请求继续执行的，应当继续执行。"第16条第1款规定："案外人执行异议之诉审理期间，人民法院不得对执行标的进行处分。申请执行人请求人民法院继续执行并提供相应担保的，人民法院可以准许。"《民事诉讼法解释》第313条第1款规定："案外人执行异议之诉审理期间，人民法院不得对执行标的进行处分。申请执行人请求人民法院继续执行并提供相应担保的，人民法院可以准许。"

第一种观点认为执行异议之诉应驳回起诉。主要理由包括：其一，就诉讼标的理论而言，通说认为，案外人执行异议之诉的诉讼标的是案外人对执行标的的异议权。在标的物被执行法院处分完毕后，案外人的异议权已丧失，执行异议之诉已不存在诉讼标的这一基础。

第二种观点认为标的执行完毕不影响人民法院继续审理或者审查，虽然执行标的物已被执行完毕，但当事人之间对该标的物的异议依然没有解决，人民法院受理的异议之诉程序存在继续审理的必要。从诉讼利益的角度考量，执行标的已被执行完毕的，当事人之间的实体争议依然存在，难言没有诉的利益，对此应当考察受让人是当事人还是善意第三人、案外人享有何种实体权益、执行标的实际状况等情况区别处理，不能一律驳回起诉。[1] 争议标的执行完毕后，其依据的法律文书被依法撤销的，可通过执行回转程序，要求返还执行标的或相应价金。

第三种观点认为执行法院可向申请人释明变更诉讼请求。如案外人同意变更为返还该执行标的、损害赔偿、不当得利等，则就变更后的诉讼请求进行审理，并作出判决。案外人拒绝变更的，裁定驳回起诉。裁定驳回起诉不影响案外人依法另行主张权利。[2]

本书认为第三种观点更具合理性。执行异议之诉作为决定能否继续执行标的物的诉讼，审理对象是案外人所主张的异议权，该诉讼有着其特殊价值和功能。当执行标的已执行完毕时，从诉的利益看，案外人执行异议之诉的目的没有得到实质性实现，仍有继续的必要；从效率上看，无论是终结审理告知当事人另行提起一个新的诉讼，还是继续审理在当事人取得支持判决后启动执行回转程序，都会增加当事人诉累，不符合一次性解决纠纷的理念。

---

[1] 万挺：《执行异议之诉审判新思维——以三大基础关系为中心》，载《法律适用》2022年第9期。

[2] 邵长茂：《标的执行完毕后案外人执行异议之诉的处理》，载《人民法院报》2021年4月21日第7版。

案例索引

最高人民法院（2019）最高法民再219号案外人执行异议之诉纠纷民事再审案

辽宁省高级人民法院（2018）辽民终211号案外人执行异议之诉案

## 276 异议之诉中，案外人不享有足以排除强制执行的民事权益，也未有证据证实案涉财产归被执行人所有，应当如何裁判？

答：异议之诉审理中，虽能查实案外人不享有足以排除强制执行的民事权益，但无法证实案涉财产实质归属于被执行人，关键在于判断人民法院的查封是否符合《查扣冻规定》第2条规定[①]的情形。如查封符合相关规定，可以继续执行；如查封不符合相关规定，不得继续执行。

## 理由与依据

案外人排除执行异议之诉与申请执行人许可执行异议之诉的审查逻辑是：先判断案外人对执行标的是否享有合法权益及享有何种性质的权利，再判断案外人享有的权利能否排除执行。从执行实施的角度考虑，执行法院对标的物采取执行措施的前提是该标的物属于被执行人的责任财产，即符合《查扣冻规定》第2条规定的情形时，执行法院才能对标的物继续执行。异议之诉制度设计中存在一定的空白地带，案外人对标的物不享有排除执行的权益，也没有证据证明标的物属于被执行人所有时应如何处理，法律及司法解释没有相关规定。执行异议之诉制度作为由执行程序衍生而来的诉讼程序，虽然有其解决涉实体争议的独立价值，但该类诉讼归根结底要服务于执行程序，要有利于执

---

① 《查扣冻规定》第2条规定："人民法院可以查封、扣押、冻结被执行人占有的动产、登记在被执行人名下的不动产、特定动产及其他财产权。未登记的建筑物和土地使用权，依据土地使用权的审批文件和其他相关证据确定权属。对于第三人占有的动产或者登记在第三人名下的不动产、特定动产及其他财产权，第三人书面确认该财产属于被执行人的，人民法院可以查封、扣押、冻结。"

行法院判断能否对标的物继续执行的实践需要。因此，异议之诉程序在作出能否排除执行或者是否许可执行的判断时，应当以该标的能否执行为出发点。

如果案外人不享有排除执行权益，且人民法院的查封符合《查扣冻规定》第2条规定情形，人民法院对标的物执行没有法律障碍，此时应驳回案外人排除执行的诉讼请求；如果人民法院的查封不符合《查扣冻规定》第2条规定的情形，则不应对标的物采取执行措施，此时即便案外人不享有排除执行的实体权益，也应判决不得执行该执行标的。

申请执行人许可执行之诉，提起该诉的主体为申请执行人，诉讼请求为许可对该标的物的执行。如果案外人不享有排除执行权益的，但执行法院的查封行为符合《查扣冻规定》第2条规定，应当判决准许执行该执行标的；如果虽然案外人不享有排除执行权益，但人民法院的查封不符合《查扣冻规定》第2条规定的情形，没有证据证明该标的属于被执行人所有，此时人民法院不应执行标的物，即使案外人对标的物不享有排除执行的合法权益，人民法院也应判决驳回申请执行人许可执行的诉讼请求。

## 立法沿革与争议

《民事诉讼法解释》对执行异议之诉判项如何表述作出了明确规定，第310条规定："对案外人提起的执行异议之诉，人民法院经审理，按照下列情形分别处理：（一）案外人就执行标的享有足以排除强制执行的民事权益的，判决不得执行该执行标的；（二）案外人就执行标的不享有足以排除强制执行的民事权益的，判决驳回诉讼请求。案外人同时提出确认其权利的诉讼请求的，人民法院可以在判决中一并作出裁判。"第311条规定："对申请执行人提起的执行异议之诉，人民法院经审理，按照下列情形分别处理：（一）案外人就执行标的不享有足以排除强制执行的民事权益的，判决准许执行该执行标的；（二）案外人就执行标的享有足以排除强制执行的民事权益的，判决驳回诉讼请求。"实践中存在案外人虽然不享有排除执行的民事权益，但也没有证据证明该标的属于被执行人所有时，应如何裁判，司法解释并未明确。

根据《民事诉讼法解释》第308条至第311条规定，执行异议之诉的审查客体是案外人是否享有排除执行的民事权益，判项内容也是围绕是否应对标的物执行。虽然该诉讼类型在本质上属于对民事实体法律关系进行审理的诉讼程序，但启动该诉讼的前提为人民法院对该标的物进行查封的执行行为，如执行法院的查封行为明显不符合法律规定，则不得对该标的物执行。因此，对于执行异议之诉案件的审理，人民法院在对案外人是否享有排除执行的合法权益进行审查的同时，应附带对执行标的是否属被执行人所有进行审查。该审查虽然一定程度上包含对执行实施行为进行合法性审查的内容，但一方面因审执分离原则不代表审判权对执行权的绝对隔离，另一方面对违法查封行为进行纠正不仅符合公平正义的程序要求，更契合人民群众对司法案件的心理预期，故在执行异议之诉案件审理中，人民法院有必要对执行行为是否合法进行适当审查。最高人民法院（2018）最高法民再400号案认为，申请执行人提起的许可执行异议之诉，案外人应当就其对执行标的享有足以排除强制执行的民事权益承担举证责任。同时，申请执行人亦应对其诉讼主张承担相应的举证证明责任。申请执行人申请对登记在案外人名下或案外人已经具备权利外观的财产采取执行措施的，应当对该财产属于被执行人的责任财产承担举证责任。在案外人异议审查程序中，对不符合执行程序中权属判断标准的错误查封执行行为应当予以纠正并中止执行。

## 案例索引

　　最高人民法院（2018）最高法民再400号申请执行人执行异议之诉纠纷民事再审案

## 277　案外人如何正确选择执行异议之诉、申请再审和第三人撤销之诉作为救济路径？

　　答：案外人应根据案件所处阶段选择适宜的救济路径。如案件尚未进入执行程序，案外人有证据证明生效法律文书部分或者全部内容错误损害其民事权益，可以自知道或者应当知道其民事权益受到损害之日起6个月内，提起第三人撤销之诉；案外人为必要共同诉讼当事人的，可在知道或者应当知道之日起6个月内申请再审。如案件已进入执行程序，案外人排除执行异议被驳回的，案外人认为原生效法律文书错误，应通过申请再审予以救济；案外人认为与原生效法律文书无关，应提起异议之诉作为救济路径。

## 理由与依据

1. 第三人撤销之诉与执行异议之诉的关系。

第三人撤销之诉是《民事诉讼法》第59条规定的诉讼类型，该条第3款规定，第三人因不能归责于本人的事由未参加诉讼，但有证据证明发生法律效力的判决、裁定、调解书的部分或者全部内容错误，损害其民事权益的，可以自知道或者应当知道其民事权益受到损害之日起6个月内，向作出该判决、裁定、调解书的人民法院提起诉讼。人民法院经审理，诉讼请求成立的，应当改变或者撤销原判决、裁定、调解书；诉讼请求不成立的，驳回诉讼请求。执行异议之诉与第三人撤销之诉的区别在于：第一，诉讼主体不同。虽然提起主体均为原生效判决当事人之外的第三人，但提起第三人撤销之诉的主体是《民事诉讼法》第59条规定的有独立请求权、无独立请求权的第三人及《九民纪要》第120条规定的债权人，而异议之诉的主体是认为其对执行标的享有足以排除执行的实体性权益的案外人。第二，诉讼利益不同。第三人撤销之诉中第三人的诉的利益是对原生效裁判的否认，而执行异议之诉中案外人的诉的利益并不否认原生效裁判，而是对执行标的物主张实体权益以排除执行。第三，适用阶段不同。第三人撤销之诉发生在第三人知道或者应当知道其民事权益受到损害之日起6个月内，与案件是否进入执行程序无关；而执行异议之诉则发生在保全与执行程序中。第四，诉讼后果不同。第三人提起的撤销之诉如果成立，则应当改变原生效裁判确定的权利义务关系；执行异议之诉的裁判结论不改变原生效裁判，案外人如对执行标的确实享有排除执行的实体权益，则作出不得对该标的物执行的判决。

两种诉讼类型均属于第三人救济程序，均系为维护原生效裁判之外的第三人的合法权益确立的诉讼类型；执行异议之诉与第三人撤销之诉有各自的适用范围，可以并用。① 两者均属普通诉讼程序，不服一审判决可以向上一级人民法院提起上诉。

2. 案外人申请再审与执行异议之诉的关系。

案外人申请再审与执行异议之诉均属案外人救济程序。执行过程中，案外人对执行标的提出书面异议的，人民法院应当自收到书面异议之日起15日内审查，理由成立的，裁定中止对该标的的执行；理由不成立的，裁定驳回。案外人、当事人对裁定不服，认为原判决、裁定错误的，依照审判监督程序办理；与原判决、裁定无关的，可以自裁定送达之日起15日内向人民法院提起诉讼。两者的区别在于：第一，诉讼标的不同。案外人申请再审的诉讼标的同第三人撤销之诉相同，针对的是已发生法律效力的裁判，而执行异议之诉则针对执行行为所指向的执行标的物。第二，管辖法院不同。前者是由作出生效裁判的人民法院管辖，后者由执行法院管辖。第三，程序适用不同。案外人申请再审属于审判监督程序，执行异议之诉系普通诉讼程序。第四，裁判结果不同。案外人申请再审的裁判结果包括维持、撤销或者改判原生效裁判，执行异议之诉则为不得执行或者许可执行标的物、驳回诉讼请求等。

如果案外人提起诉讼针对的标的物与执行依据中确定的标的物具有同一性或相关性，则应通过案外人申请再审程序救济，反之应通过执行异议之诉。

3. 第三人撤销之诉与案外人申请再审的关系。

第三人撤销之诉与案外人申请再审不得兼容，当事人只能就两种诉讼选择其一行使权利，案外人先提起第三人撤销之诉的，虽然仍可以提起案外人异议，但案外人异议被驳回后不能申请再审，只能继续通过第三人撤销之诉程序救济；案外人先启动案外人异议程序进而申请再审的，不能再通过第三人撤销之诉主张权利。

## 立法沿革与争议

1991年，我国《民事诉讼法》颁布之初致力于解决案件双方当事人之间的矛盾，未涉及案外人权利救济。

---

① 参见夏群佩、王新平：《执行异议之诉被驳回后仍可提起第三人撤销之诉》，载《人民司法》2015年第10期。

2007年，《民事诉讼法》第一次修改时在第204条增设了案外人异议之诉及案外人申请再审的规定："执行过程中，案外人对执行标的提出书面异议的，人民法院应当自收到书面异议之日起十五日内审查，理由成立的，裁定中止对该标的的执行；理由不成立的，裁定驳回。案外人、当事人对裁定不服，认为原判决、裁定错误的，依照审判监督程序办理；与原判决、裁定无关的，可以自裁定送达之日起十五日内向人民法院提起诉讼。"这一条文成了生效裁判进入执行程序后案外人维护其合法权利的法源。但该条文过于笼统且存在"执行程序中"这一时间限制，使得案外人救济制度在司法实践中对案外人权利保护的作用有限。

2008年《审判监督程序解释》第5条第1款规定："案外人对原判决、裁定、调解书确定的执行标的物主张权利，且无法提起新的诉讼解决争议的，可以在判决、裁定、调解书发生法律效力后二年内，或者自知道或应当知道利益被损害之日起三个月内，向作出原判决、裁定、调解书的人民法院的上一级人民法院申请再审。"该规定不仅为案外人申请再审制度提供了法律依据，也将调解书纳入了案外人申请再审审理的对象。

2012年《民事诉讼法》增设第三人撤销之诉制度。

现行《民事诉讼法》第59条第3款规定："前两款规定的第三人，因不能归责于本人的事由未参加诉讼，但有证据证明发生法律效力的判决、裁定、调解书的部分或者全部内容错误，损害其民事权益的，可以自知道或者应当知道其民事权益受到损害之日起六个月内，向作出该判决、裁定、调解书的人民法院提起诉讼。人民法院经审理，诉讼请求成立的，应当改变或者撤销原判决、裁定、调解书；诉讼请求不成立的，驳回诉讼请求。"

第三人撤销之诉与案外人申请再审虽然均属于案外人对已经发生法律效力的裁判不服提起的诉讼程序，但两者在程序制度的设计方面还是存在很大的差别。从我国《民事诉讼法》发展历程上而言，2007年修正的《民事诉讼法》规定了案外人申请再审制度，后2012年修正后产生了第三人撤销之诉，第三人撤销制度的设立是为了解决实践中案外人申请再审渠道不通畅的问题，为案外人维护自身实体权益增加了一道救济途径。两种制度之间的区别与关联集中体现在《民事诉讼法解释》第301条及《九民纪要》第122条的规定上。《民事诉讼法解释》第301条规定，第三人提起撤销之诉后，未中止生效判决、裁定、调解书执行的，执行法院对第三人依照《民事诉讼法》第238条规定提出的执行异议，应予审查。第三人不服驳回执行异议裁定，申请对原判决、裁定、调解书再审的，人民法院不予受理。案外人对人民法院驳回其执行异议裁定不服，认为原判决、裁定、调解书内容错误损害其合法权益的，应当根据《民事诉讼法》第238条规定申请再审，提起第三人撤销之诉的，人民法院不予受理。《九民纪要》对《民事诉讼法解释》第301条相对限制案外人程序选择权作了进一步细化规定，第122条规定："案外人申请再审与第三人撤销之诉功能上近似，如果案外人既有申请再审的权利，又符合第三人撤销之诉的条件，对于案外人是否可以行使选择权，民事诉讼法司法解释采取了限制的司法态度，即依据民事诉讼法司法解释第303条的规定，按照启动程序的先后，案外人只能选择相应的救济程序：案外人先启动执行异议程序的，对执行异议裁定不服，认为原裁判内容错误损害其合法权益的，只能向作出原裁判的人民法院申请再审，而不能提起第三人撤销之诉；案外人先启动了第三人撤销之诉，即便在执行程序中又提出执行异议，也只能继续进行第三人撤销之诉，而不能依《民事诉讼法》第227条申请再审。"

如《江苏省高级人民法院执行异议及执行异议之诉案件办理工作指引（一）》规定提起执行异议之诉的条件之一为"诉讼请求与作为执行依据无关，即执行标的与执行依据中确定的标的不具有同一性、相关性或诉讼请求并不主张执行依据错误"。那么，实践中如何准确把握这一标准，最高人民法院公布的第154号和第155号指导性案例可供参考。

第154号指导性案例裁判要旨：在建设工程价款强制执行过程中，房屋买受人对强制执行的房屋提起案外人执行异议之诉，请求确认其对案涉房屋享有可以排除强制执行的民事权益，但不否定原生效判决确认的债权人所享有的建设工程价款优先受偿权的，属于《民事诉讼法》第238条规定的"与原判决、裁定无关"的情形，人民法院应予依法受理。

第155号指导性案例裁判要旨：在抵押权强制执行中，案外人以其在抵押登记之前购买了抵押房产，享有优先于抵押权的权利为由提起执行异议之诉，主张依据《异议复议规定》排除强制执行，但不否认抵押权人对抵押房产的优先受偿权的，属于《民事诉讼法》第238条规定的"与原判决、裁定无关"的情形，人民法院应予依法受理。

上述两指导性案例均系对"与原判决、裁定无关"情形的认定标准。最高人民法院（2017）最高法民申2665号案件、最高人民法院（2017）最高法民终374号等案件则是属于对"案外人对标的物的诉讼请求与原判决、裁定有关"的情形进行说理，认定案外人的诉讼请求与原执行依据判决内容有关，不符合执行异议之诉的起诉条件，从而应当驳回起诉，依照审判监督程序主张相应的权利。最高人民法院（2016）最高法民终字第193号案件、最高人民法院（2020）最高法民终333号案件较好地呈现出了两种诉讼程序之间的关系。这种程序设计在扩大案外人程序救济的权利范围的同时，又防止了案外人滥用诉求带来司法资源浪费的不良后果。

**案例索引**

最高人民法院第154号指导性案例：（2019）最高法民再39号案外人执行异议之诉案

最高人民法院第155号指导性案例：（2019）最高法民终603号案外人执行异议之诉案

最高人民法院（2022）最高法民申353号债权人撤销权纠纷申请再审审查案

## 278 案外人执行异议之诉审理期间被执行人破产，执行异议之诉如何处理？

答：案外人执行异议之诉审理或者再审申请审查期间，人民法院裁定受理被执行人破产案件，案外人执行异议之诉案件可以继续审理或审查；被执行人被宣告破产，执行法院裁定终结对该被执行人的执行的，案外人未撤回起诉或再审申请的，人民法院应裁定驳回起诉或终结审查。

## 理由与依据

案外人异议之诉解决的是人民法院能否继续执行的问题。案外人异议之诉审理或再审申请审查期间，被执行人进入破产程序的，案外人异议之诉应根据破产程序的进展和走向作出不同处理，而非一概终止审理或者继续审理。主要分以下两种情况：

第一种情况，人民法院裁定受理被执行人破产案件，案外人异议之诉应继续审理。首先，根据《企业破产法》第19条的规定，人民法院受理破产申请后，有关债务人财产的保全措施应当解除，执行程序应当中止。也就是说，人民法院受理破产申请后，执行程序并未终结，仅处于暂时中止的状态，是否会恢复执行或是终结执行有不确定性，此时案外人异议之诉的裁判结果仍有解决问题的价值。其次，通过异议之诉的审理判断，使得该执行标的在执行法律关系中从争议状态转为确定状态，具有独立的程序及实体价值。虽然案外人异议之诉裁判的效力范围限于是否得以排除特定案外人对执行标的的执行，在被执行人进入破产程序之后，对执行标的的权利归属进行认定则需通过《企业破产法》规定的其他程序予以完成，但无论被执行人最终是破产重整或者清算，通过执行异议之诉案件的审理对案外人针对执行标的享有何种民事权益加以认定，对于债务人财产范围的确认，均具有一定的参考价值。

根据《企业破产法》第20条关于"人民法院受理破产申请后，已经开始而尚未终结的有关债务人的民事诉讼或者仲裁应当中止；在管理人接管债务人的财产后，该诉讼或者仲裁继续进行"的规定，在管理人接管债务人财产后，案外人执行异议之诉案件可以继续审理或审查。案外人异议之诉判决支持继续执行的，执行标的纳入被执行人的破产财产范畴，不得个别清偿；判决不得执行的，按《企业破产法》相关规定处理。如判决确定案外人对执行标的享有所有权的，案外人可通过管理人取回。

第二种情况，法院宣告被执行人破产，执行法院裁定终结对该被执行人的执行的，因不再有恢复执行的可能，案外人排除执行的基础和前提已不存在，此时可参照申请执行人的债权已经通过其他方式得到清偿或者申请执行人撤销申请、据以执行的法律文书被撤销等事由而终结的情形进行处理，要求案外人撤回起诉或者再审申请；案外人不撤回起诉或再审申请的，应裁定驳回起诉或终结审查。

## 立法沿革与争议

关于被执行人破产，执行异议之诉如何处理的问题，目前法律及司法解释并无规定，2019年最高人民法院向社会公开征求意见的《关于审理执行异议之诉案件适用法律问题的解释（一）》中也未涉及该问题。

有不同观点认为，被执行人进入破产程序的，执行异议之诉已无继续审理的必要，主要理由是，根据《企业破产法》第19条的规定，人民法院受理破产申请后，有关债务人财产的保全措施应当解除，执行程序应当中止，如已不存在对执行标的恢复执行的可能，则执行异议之诉的前提与基础已不存在。以重整为例，根据《企业破产法》第92条、第93条的规定，经人民法院裁定批准的重整计划，对债务人和全体债权人均有约束力，债务人不能执行或者不执行重整计划的，人民法院经管理人或者利害关系人请求，应当裁定终止重整计划的执行，并宣告债务人破产。即如果重整计划执行成功，包括申请执行人在内的各债权人的利益通过重整计划得以实现，如果重整计划执行不成功，则被执行人进行破产清算程序，各债权人的债权通过破产财产分配方案得以实现。可见，在被执行人进行重整计划执行期后，不再存在人民法院对被执行人名下的财产强制执行的可能，故案外人提起执行异议之诉请求对案涉房产排除强制执行的基础和前提已不复存在。

## 案例索引

最高人民法院（2019）最高法民终333号申请执行人执行异议之诉案
最高人民法院（2017）最高法民申3105号再审审查与审判监督案

**279** 确定债权人享有优先受偿权的前案判决生效后，案外人从房屋登记所有人处购买案涉房屋并办理了产权过户登记。在前案债权人依据抵押权申请强制执行时，房屋买受人可否以善意取得为由提起案外人执行异议之诉排除执行？

答：上述情形中，案外人对人民法院执行其名下房产所提异议，不属于案外人异议，而是执行行为异议。《民法典》施行后，"抵押可售"的案外人一般不能排除执行，但案外人代替债务人清偿债务而导致抵押权消灭的除外。

## 理由与依据

《物权法》确立了"抵押权人同意转让的，遵循抵押权物上代位效力；未经抵押权人同意转让的，抵押权具有追及效力"的规则。此时的"抵押可售"能否排除执行的具体情形包括：

（1）抵押权人同意转让抵押财产，则阻断了抵押权的物上追及效力，已办理过户登记的房屋买受人对抵押财产享有无任何负担的物权，可以排除人民法院对抵押物的执行；

（2）当抵押人未经抵押权人同意转让抵押财产的，抵押财产无法办理过户登记，不存在所谓的"善意第三人"，抵押权具有物上追及效力，抵押权人有权申请对抵押财产变现以实现其优先受偿权，买受人不能排除执行，但受让人代为清偿债务消灭抵押权的除外。

《民法典》确立了"抵押财产可以转让，当事人可约定排除适用"的规则，构建了完整意义上的"抵押权物上追及效力"规则。抵押权人对抵押财产享有绝对的"物上追及"，"抵押可售"的抵押财产买受人一般不能排除执行，但受让人代替债务人清偿债务而导致抵押权消灭的除外。

从异议性质看，在案涉房屋已经登记过户至买受人名下的情况下，买受人所提排除执行的异议并非案外人异议，而是执行行为异议。

## 立法沿革与争议

1.《物权法》立法语境下"抵押可售"排除执行分析。

《物权法》第191条规定:"抵押期间,抵押人经抵押权人同意转让抵押财产的,应当将转让所得的价款向抵押权人提前清偿债务或者提存。转让的价款超过债权数额的部分归抵押人所有,不足部分由债务人清偿。抵押期间,抵押人未经抵押权人同意,不得转让抵押财产,但受让人代为清偿债务消灭抵押权的除外。"该规定确立了抵押财产原则上不能转让,但经抵押权人同意或者受让人代为清偿债务的除外。

当抵押权人同意转让时,确立了抵押权物上代位制度,即抵押权人通过将其享有抵押权的客体从"物"转移到了"变价款",在抵押财产的交换价值实现之日即丧失了物上追及效力,受让人可据此排除抵押权追及效力的影响,在其已经办理过户登记时,其取得了抵押财产的完整物权,据此得以排除对抵押财产的执行;买受人虽未办理过户登记,但符合《异议复议规定》第28条或者第29条规定的,也得以排除执行。

当抵押权人未同意抵押财产转让的,抵押权人对抵押财产享有绝对的物上追及效力,一般不能排除对抵押财产的执行。但此时受让人可以根据《民法典》第524条规定代替债务人清偿对抵押权人的债务而涤除抵押权,从而得以排除对抵押财产的执行的同时,取得对债务人的债权。

2.《民法典》时代"抵押可售"排除执行分析。

《民法典》第406条规定:"抵押期间,抵押人可以转让抵押财产。当事人另有约定的,按照其约定。抵押财产转让的,抵押权不受影响。抵押人转让抵押财产的,应当及时通知抵押权人。抵押权人能够证明抵押财产转让可能损害抵押权的,可以请求抵押人将转让所得的价款向抵押权人提前清偿债务或者提存。转让的价款超过债权数额的部分归抵押人所有,不足部分由债务人清偿。"[1]该条在明确了"原则上抵押财产可以自由转让,当事人可以约定排

---

[1] 该条第2款与原《物权法》第191条虽然均有关于"将抵押财产的转让款提前清偿债务或者提存"的规定,但两者存在本质的区别。原《物权法》是将其作为抵押权的"物上代位效力"进行规定,并阻断了抵押权对物的追及效力;而《民法典》该条则是将"抵押财产转让损害抵押权的"作为适用"抵押财产的转让款提前清偿债务或者提存"的前提条件,实质上该款与《民法典》第408条一并构成了"抵押权的保全规则",而非对抵押权物上代位效力的规定。

除适用"的基础上，确立了完整意义的"抵押权物上追及效力"。

当事人约定排除适用抵押财产转让时，对抵押权追及效力的影响，《民法典担保制度解释》第43条规定："当事人约定禁止或者限制转让抵押财产但是未将约定登记，抵押人违反约定转让抵押财产，抵押权人请求确认转让合同无效的，人民法院不予支持；抵押财产已经交付或者登记，抵押权人请求确认转让不发生物权效力的，人民法院不予支持，但是抵押权人有证据证明受让人知道的除外；抵押权人请求抵押人承担违约责任的，人民法院依法予以支持。当事人约定禁止或者限制转让抵押财产且已经将约定登记，抵押人违反约定转让抵押财产，抵押权人请求确认转让合同无效的，人民法院不予支持；抵押财产已经交付或者登记，抵押权人主张转让不发生物权效力的，人民法院应予支持，但是因受让人代替债务人清偿债务导致抵押权消灭的除外。"此时的"抵押可售"能否排除执行包括的情形有：

（1）当抵押权人与抵押人约定抵押期间禁止转让抵押财产，如果该约定已经登记公示的，则该抵押财产转让行为不发生物权效力，应按照"未经抵押权人同意转让财产"的思路处理，此时抵押权具有物上追及效力，买受人不能排除执行。

（2）当抵押权人与抵押人之间关于"抵押期间禁止转让抵押财产"的约定未经登记公示的，抵押财产已经交付或者登记的，善意的买受人能够取得抵押财产所有权，但该所有权是负担物上抵押权的所有权，此时应遵循《民法典》中"抵押权物上追及效力"规定，抵押权人有权对转让后的抵押财产实现抵押权，买受人不能排除对该抵押权的执行。

（3）当事人之间没有禁止转让抵押物的约定的，根据《民法典》第406条规定，抵押财产可以转让，抵押权人对转让后的抵押财产享有追及效力，买受人对抵押财产享有的是负担物上抵押权的所有权，不能排除对抵押权的执行，此类情形是处理与上述第2种情形一致。

（4）当受让人代替债务人清偿债务导致抵押权消灭的，根据《民法典》第524条关于"第三人代为清偿"的规定，买受人取得了对债务人的债权，此时抵押权因抵押人对抵押权人所负债务已清偿而消灭，此时买受人当然可以排除基于抵押权对抵押财产的执行。

**案例索引**

**280**　配偶作为案外人主张对案涉房产享有全部或部分份额，在异议之诉审理过程中是否作析产处理，还是指引案外人另行启动析产诉讼？

答：配偶作为案外人在异议之诉中提起确权诉请的，人民法院应当一并审理。

**理由与依据**

案外人执行异议之诉以排除对特定标的物的执行为目的，从程序上而言，案外人依据《民事诉讼法》第238条提出执行异议被驳回的，即可向执行人民法院提起执行异议之诉。人民法院对执行异议之诉的审理，一般应当就案外人对执行标的物是否享有权利、享有什么样的权利、权利是否足以排除强制执行进行判断。至于是否作出具体的确权判项，视案外人的诉讼请求而定。案外人未提出确权请求的，不作出确权判项，仅在裁判理由中进行分析判断并作出是否排除执行的判项即可。但案外人既提出确权请求，又提出排除执行请求的，人民法院对该请求是否支持、是否排除执行，均应当在具体判项中予以明确。

配偶一方在异议之诉程序中一并提出确权主张请求确认实体权益的，可在执行异议之诉中对案外人享有的份额进行认定，判决不得执行案外人享有的份额，无须指引配偶另行提起分家析产诉讼。若配偶在异议程序中，未提出确权或者析产请求，不能作出确权析产判项，在裁判理由中进行分析判断并作出是否排除执行的判项。

## 立法沿革与争议

《民事诉讼法解释》第310条规定:"对案外人提起的执行异议之诉,人民法院经审理,按照下列情形分别处理:(一)案外人就执行标的享有足以排除强制执行的民事权益的,判决不得执行该执行标的;(二)案外人就执行标的不享有足以排除强制执行的民事权益的,判决驳回诉讼请求。案外人同时提出确认其权利的诉讼请求的,人民法院可以在判决中一并作出裁判。"现行司法解释明确了案外人在异议程序中提出确权请求的,可在判决中一并作出裁判,配偶一方在案外人异议之诉中主张对案涉房产享有全部或部分份额,其请求权实质与分家析产诉讼并无本质区别,为减轻当事人诉累,可一并处理。

执行中,配偶一方以对案涉房产享有全部或部分份额为由提起案外人执行异议。人民法院审查的重点在于配偶一方对案涉房产是否享有足以排除强制执行的民事权益。配偶提出确权请求的,是否应一并审查并作出判决,实践中有争议。

第一种意见认为,案外人执行异议之诉的根本目的是对案外人享有的权利能否排除执行作出判断,而非确权,判决中只须写明是否排除执行,确权判项画蛇添足。对于案外人的确权主张可另行启动析产诉讼处理。

第二种意见认为,案外人权利的确认与否是判断其能否排除执行的基础,若案外人既提出明确的确权请求,又提出排除执行请求的,均应在具体判项中予以明确。

本书认为第二种处理意见更具合理性。江苏省高级人民法院在《执行异议及执行异议之诉案件办理工作指引(二)》中亦持类似观点,案外人基于执行标的的共有权人身份提出执行异议,请求排除执行的,若执行标的是否为共有财产或者共有份额存在争议,应依照《民事诉讼法》第238条规定审查处理,并在执行异议之诉中对案外人享有的份额进行认定,判决不得执行案外人享有的变现份额。

## 案例索引

最高人民法院(2021)最高法民申7339号案外人执行异议之诉民事申请再审审查案

最高人民法院（2021）最高法民申6934号案外人执行异议之诉民事申请再审审查案

最高人民法院（2020）最高法民申4940号再审审查与审判监督案

## 281 案外人对登记在被执行人名下机动车提起执行异议之诉的，如何判断其是否享有足以排除执行的民事权益？

答：案外人在法院查封前已支付合理价款且取得占有的情况下，案外人对未办理过户不存在过错的，可以排除法院对机动车的强制执行。

### 理由与依据

《异议复议规定》确定的机动车等特定动产的权属判断标准为，按照相关管理部门的登记判断，未登记的按照实际占有情况判断。据此，法院会根据机动车的登记情况采取执行措施。实践中机动车的实际权利人与登记权利人不一致的情况大量存在，由此引发对机动车享有实际权利的案外人请求排除执行的问题。

第一种情况，转让人 A 将机动车出售并现实交付给 B，但未办理过户登记，法院查封了 A 名下的机动车，此时 B 申请排除执行的判断标准较为简单。依据《民法典》第225条及《民法典物权编解释（一）》第6条，买受人未办理变更登记，不能对抗善意第三人，但该第三人不包括转让人的债权人。主要理由是，在机动车已经交付，买受人已经取得合法占有的情况下，不论是否经过变更登记，受让人作为物权人应优先于转让人的债权人（包括强制执行债权人）。买受人不能对抗的"善意第三人"应当为对标的物具有正当物权利益的第三人。据此，买受人 B 对机动车的所有权可以排除执行。

第二种情况，转让人 A 将机动车出售并现实交付给 B，之后又将机动车过户至 C 名下，法院将机动车作为 C 的责任财产予以查封。此种情况与第一种情况并无本质差别，C 虽然获得了过户登记，但尚未受领，没有取得所有权，不会引发《民法典》第224条的对抗问题，买受人 B 对机动车的所有权可以排除执行。

第三种情况，转让人 A 将机动车出售并以占有改定的方式交付给 B，后又现实交付给 C 且办理了过户登记，法院将机动车作为 C 的责任财产予以查封。依据《民法典》第255条，两个均具有物权利益的主体发生对抗时，物权排序登记者优先，此时 B 无法排除执行。

第四种情况，转让人 A 将机动车出售并以占有改定的方式交付给 B，又现实交付给 C，均未办理过户登记，法院将机动车作为 C 的责任财产予以查封，此时 B 无法排除执行。B 和 C 取得物权时间有先后，导致 B 代表了个体利益，而 C 代表了所有不特定的第三人，从保护交易安全和交易秩序的角度考虑，应优先保护 C。从善意取得也可以解释该问题，在 A 通过占有改定将机动车交付给 B 时，B 取得了所有权，此时 A 再处分属于物权处分，C 符合善意取得条件的，则 C 确定地取得了机动车的所有权，B 丧失了所有权。

在上述案外人可排除执行的情形中，还需要关注以下问题：（1）案外人达成机动车买卖合同、支付交易价款及机动车的交付时间均应在法院查封机动车之前；（2）转让价格具有合理性，排除恶意串通、损害申请执行人利益的可能；（3）案外人对机动车的占有须达到实际控制的程度；（4）案外人已支付了全部价款；（5）案外人对未办理过户登记不存在过错。

## 立法沿革与争议

2005年《查扣冻规定》第17条规定："被执行人将其所有的需要办理过户登记的财产出卖给第三人，第三人已经支付部分或者全部价款并实际占有该财产，但尚未办理产权过户登记手续的，人民法院可以查封、扣押、冻结；第三人已经支付全部价款并实际占有，但未办理过户登记手续的，如果第三人对此没有过错，人民法院不得查封、扣押、冻结。"该规定为司法实践中实施对机动车的查封及处理针对机动车执行的案外人提供了参考，契合《物权法解释（一）》（现《民法典物权编解释（一）》）第6条规定的精神，与该司法解释相比，《查扣冻规定》还提出了案外人对未办理登记不存在过错的要求，适用规则更为严苛。《查扣冻规定》2020年修正时仅变更了条文序号，内容未作改动。

## 案例索引

**282** 被执行人与案外人合作开发房地产，约定双方对开发的商品房各占50%份额，且已经生效判决确认，但被执行人未协助办理房产过户，而是将已经判归案外人所有的房屋用于办理抵押贷款。现抵押权人申请执行，案外人能否排除抵押权人的执行？

答：抵押权人善意取得抵押权的，被执行人属无权处分，案外人也不能排除执行；抵押权人不符合善意取得要件的，则案外人对抵押物的所有权能够排除法院的强制执行。

## 理由与依据

被执行人与案外人合作开发的商品房权属已经生效判决确认，根据《民法典》第229条"因人民法院、仲裁机构的法律文书或者人民政府的征收决定等，导致物权设立、变更、转让或者消灭的，自法律文书或者征收决定等生效时发生效力"之规定，抵押房产已归案外人所有。但因被执行人未协助办理过户，而是将权利外观仍属被执行人的房产用于办理抵押贷款，即被执行人将案涉房屋用于抵押的行为属无权处分。根据《民法典》第311条关于善意取得物权的规定，被执行人虽无权处分案涉房屋，若抵押权人接受案涉房屋为抵押物时是善意，以合理的价格交易，抵押权依照法律规定应当登记的已经登记，不需要登记的已经交付，此时，因取得抵押权为善意，案外人享有对案涉房屋的所有权也不能排除抵押权人对案涉房屋的执行。案外人由此遭受的损失，应向被执行人请求损害赔偿。反之，如果抵押权人明知案涉抵押物已确权给案外人，则不能认定抵押权人为善意，抵押权人行使抵押权的基础已经不存在，案外人的所有权可以排除执行。

善意的判断以抵押权人是否知道或应当知道抵押物已判归案外人所有，需要考虑交易主体的客观差异、主观心态。通常情况下，银行等金融机构在交易过程中应承担较高的注意义务。政府出于对金融风险管控的目的，制定了大量规范性文件对金融机构的内控和风险管理提出诸多监管要求，对可能引起负债的交易和业务均要求从严审核，银行在办理抵押贷款业务过程中，应当对抵押物的权属以及贷款人的负债、诉讼等情况进行调查核实。判决一经作出或公开，应认为抵押权人知道或者应当知道该判决的存在。另外，在抵押贷款交易中合理的交易价主要体现在贷款金额与抵押物价值之间的平衡。若贷款数额与抵押物价值相差悬殊，以高额抵押物担保小额债权，则不能认定为合理对价的交易。

## 立法沿革与争议

司法实践中有相反观点认为，案涉房屋权属已经生效判决确认的情况下，抵押权人无法构成善意取得，案外人可以排除执行。《民法典物权编解释（一）》第14条规定："受让人受让不动产或者动产时，不知道转让人无处分权，且无重大过失的，应当认定受让人为善意。"而抵押权人作为商事交易主体，其理应对交易对手和用于担保债权实现的抵押物尽到更高的注意义务。抵押物在办理抵押登记前已经生效判决确认归案外人所有，判决内容既可以通过公开途径查询，也可以通过第三方尽职调查获取。抵押权人若仅以不知该判决为由主张其善意取得，对案外人而言显失公平。

## 案例索引

云南省高级人民法院（2021）云民再29号金融借款合同纠纷再审案

**283** 执行异议之诉判决不得执行后，案外人依其与被执行人的买卖合同将解封后的财产过户到自己名下后又转让，申请执行人申请再审理由成立，进入再审后查明原审错判，案外人不享有排除执行的权益。再审应如何作出裁判？

答：房屋已被第三人善意取得的，再审裁判应在说理部分对案外人不享有排除执行的权益进行论述，裁定或判决驳回申请执行人的再审申请，并表明申请执行人有权另行起诉向案外人主张赔偿。

### 理由与依据

再审查明案外人不享有排除强制执行的民事权益、原审案外人异议之诉判决不得执行错误的，若直接改判案外人不享有排除强制执行的民事权益，因执行标的已被第三人善意取得，再审判决将面临无法执行的问题，但若不改判也意味着申请执行人丧失了通过执行回转恢复对执行标的处分的可能，申请执行人的权利救济应纳入再审考量之中。在无法执行回转的前提下，申请执行人的损失由谁承担，应向谁主张赔偿？请求权基础为何？再审在不能直接改判的情况下是否要对案外人不享有排除强制执行的权益进行说明论证？在申请执行人、被执行人、案外人、善意第三人构成的法律关系中，与申请执行人权益受损有直接关联的主体是案外人，申请执行人确系因原审的错误判决丧失对执行标的的处置进而通过其变价款受偿，而案外人也因法院解除查封得以办理过户进而转让房产获得价款。若案外人享有的权益实际无法排除执行，案外人仅能通过解除房屋买卖合同要求被执行人退还已支付的购房款，以普通债权参与到对房屋变价款的分配之中。若被执行人为法人的，还可能直接丧失对房屋变价款的分配权。因此，从平衡各方主体利益，对利益受损方提供充足救济的角度，由再审法院裁定或判决驳回申请执行人的再审申请更为适宜，同时指明申请执行人有权向案外人另行起诉主张赔偿。此外，再审法院应在本院认为部分对案外人不享有足以排除强制执行的民事权益进行论述，避免在申请执行人提出的赔偿之诉中法院再审查案外人是否享有足以排除执行的权益，为申请执行人提供更为顺畅的救济。

### 立法沿革与争议

申请执行人向案外人主张赔偿的请求权基础，实践中有争议。有观点认为，该请求权基础是不当得利。案外人并不享有排除强制执行的权益，因原审判决错误导致法院解除查封，案外人取得案涉房屋的所有权无法律根据。在排除执行的情况下，案外人通过转让房屋获得全部价款，也即案外人取得了不当利益。因案外人异议之诉解除查封受损失的主体是申请执行人。因此，申请执行人向案外人主张返还不当利益（转让房屋所得价款），符合不当得利的构成要件。有不同观点认为，法院解除查封后被执行人有权自由处置房屋，案外人依其与被执行人签订的合法有效的买卖合同请求办理过户登记，并无不当。而将案外人转让房屋的价款认定为不当利益并无法律依据。若案外人并未通过转让房屋获得超出从被执行人购买房屋支付对价的款项，案外人是否仍需承担赔偿责任，如需承担，案外人的损失应由何者承担等一系列问题并无妥善回应。

**284** 人民法院查封经过预告登记的被执行人房屋，执行中出卖人以另案仲裁裁决解除买卖合同为由提出案外人异议，应否予以支持？

答：预告登记是不动产登记的特殊类型，其所登记的并非不动产物权，而是将来发生不动产物权变动的请求权，即物权期待权。查封效力限制的是被执行人处分房屋的行为，并不当然等同于限制出卖人与被执行人关于诉争房屋买卖的合同权利。执行中出卖人以另案仲裁裁决解除买卖合同，且出卖人已经返还价款的情况下，对经过预告登记的房屋的查封提起执行异议，人民法院应当予以支持。

### 理由与依据

预告登记是当事人签订买卖房屋的协议或者签订其他不动产物权的协议，

为保障将来实现物权，按照约定向登记机构申请的登记。预告登记的目的在于在约定继续履行合同的前提下确保将来可以发生不动产物权变动。这一制度能够限制房地产开发商等"一房多卖"，因此法律规定预告登记后，未经预告登记的权利人同意，处分该不动产的，不发生物权效力。首先，人民法院查封了被执行人办理了预告登记的房屋，对于查封预告登记房屋的执行效果取决于房屋预告登记是否满足本登记的条件，只有当诉争房屋完成本登记后，申请执行人才能通过对该房屋进行拍卖、变价等执行措施实现债权。其次，人民法院查封的效力是禁止被执行人处分财产，与被执行人发生交易关系的合同相对人的合同权利并不因交易标的的物被查封而不得行使。在另外仲裁裁决已经确认解除买卖合同的情形下，被执行人享有的物权变动请求权因合同解除而消灭，对诉争房屋的预告登记亦归于失效，出卖人可以以此为由提出案外人异议，被执行人享有的已付购房款返还请求权可以通过其他途径另行解决。

一言以概之，人民法院的查封措施固定的是房屋预告登记本身以及本登记完成之后对房屋的查封，房屋预告登记查封的执行效果取决于房屋预告登记能否符合本登记的条件。在此过程中，房屋买卖合同解除的，预告登记失效，被执行人不再享有相应的物权期待权，房屋所有权人有权向人民法院申请解除查封，排除执行。

## 立法沿革与争议

预告登记制度最早发端于普鲁士法上的"异议登记"制度，德国中世纪民法确立了该制度，后来为奥地利、瑞士民法所采纳，并为日本民法及我国台湾地区民事相关规定所继受。我国预告登记制度先在地方试点，而后在2007年被《物权法》确认，自此成为一项颇具我国本土化特色的制度。预告登记的设立主要是为与商品房预售制度相配套，尤其是在房地产发展迅猛，房屋价格不断上涨的情形下，解决开发商或出卖人"一房二卖"的纠纷，保护房屋买卖合同中买受人的权益，确保在将来顺利办理房屋过户手续，取得房屋所有权，维护正常交易秩序。《民法典》第221条来源于《物权法》第20条，是我国关于预告登记在《民法典》中的规定。《九民纪要》第124条规定："在金钱债权执行中，如果案外人提出执行异议之诉依据的生效裁判认定以转移所有权为目的的合同（如买卖合同）无效或应当解除，进而判令向案外人返还执行标的物的，此时案外人享有的是物权性质的返还请求权，本可排除金钱债权的执行，但在双务合同无效的情况下，双方互负返还义务，在案外人未返还价款的情况下，如果允许其排除金钱债权的执行，将会使申请执行人既执行不到被执行人名下的财产，又执行不到本应返还给被执行人的价款，显然有失公允。为平衡各方当事人的利益，只有在案外人已经返还价款的情况下，才能排除普通债权人的执行。反之，案外人未返还价款的，不能排除执行。"

## 案例索引

最高人民法院（2019）最高法民再299号案外人执行异议之诉再审案

## 285 执行异议之诉审理期间，当事人提出超越变更追加裁定范围的新理由的，法院能否一并审理？

答：执行异议之诉审理期间，当事人提出超越变更追加裁定范围的新理由的，法院不应一并审理，应告知当事人可以就该新理由另行提起执行异议。

## 理由与依据

从变更、追加当事人的程序衔接视角分析，《变更追加规定》第32条第1款规定：被申请人或申请人对执行法院依据本规定第14条第2款、第17条至第21条规定作出的变更、追加裁定或驳回申请裁定不服的，可以自裁定书送达之日起15日内，向执行法院提起执行异议之诉。因此，当事人依法可以提起变更、追加当事人异议之诉的前提是对执行法院依据《变更追加规定》第14条第2款、第17条至第21条规定作出的变更、追加裁定或驳回申请裁定不服。当事人在执行异议之诉审理期间提出超越变更追加裁定范围的新理由的，该异议理由已经明显超出了原执行裁定的范围，不应在异议之诉中审理，而应由当事人另行提起执行异议予以救济。

从变更、追加当事人不同程序救济路径设计视角分析，《变更追加规定》第30条、第32条的规定，对于当事人不服法院作出的变更、追加裁定或驳回申请裁定提供了两种救济途径，即向上一级人民法院申请复议和向执行法院提起执行异议之诉。上述两种救济途径的程序设计基于执行效率及程序的公平性考虑，对于通过提起执行异议之诉获得救济的情形进行了严格的限制。因此，在执行异议之诉过程中，若当事人提出超越变更追加裁定范围的新理由，该新理由可能并非《变更追加规定》第14条第2款、第17条至第21条规定的情形。上述情形之外，申请人或其他执行当事人对执行法院作出的变更、追加裁定或驳回申请裁定不服的救济途径是向上一级人民法院申请复议而非提起执行异议之诉。在这种情况下执行异议之诉直接审理当事人提出超越变更追加裁定范围的新理由不符合变更、追加当事人程序路径设计。

从涉及的法律事实及法律关系视角分析。《变更追加规定》规定的不同的变更、追加当事人的理由涉及不同的法律事实及法律关系。因此，在执行异议之诉审理期间，当事人提出超越变更追加裁定范围的新理由，会涉及全新的法律事实及法律关系，且该全新的法律事实及法律关系没有经过变更、追加当事人执行异议程序的审查，这显然已经超出了执行异议之诉程序的设计初衷，诉讼所涉及的法律事实及法律关系已经发生了新的变化，法院不应一并审理，而应告知当事人通过另行提起执行异议的方式获得救济。

## 立法沿革与争议

执行异议之诉审理期间，当事人提出超越变更追加裁定范围的新理由的，法院能否一并审理。实践中存在较大的争议。

肯定说认为，执行程序通过执行异议变更、追加当事人是我国基于国情的考量而设计的救济制度，其旨在通过执行异议的审查，快速地对一些事实清楚、法律关系简单和争议不大的案件进行裁决，从而提高执行效率，减轻当事人的诉累；而对于执行异议程序未能解决的争议，通过导入异议之诉解决。而异议之诉本身就是二审终审的制度设计，与其他民事诉讼程序并无差别，能充分保障各方当事人的程序权利和实体权利。因此，对于执行异议之诉审理期间，当事人提出超越变更追加裁定范围的新理由的，法院应当考虑该追加的理由（或是追加的这些理由）是构成变更诉讼请求还是诉的合并的问题，并依照相关法律规定处理，而不受是否超出了原执行裁定范围的约束。

否定说认为，《变更追加规定》第32~34条首次在变更、追加执行当事人（实际是被执行人）程序中规定了执行异议之诉。这一司法解释在变更、追加执行当事人领域，打开了民事执行中债务人异议之诉、债权人许可执行之诉的缺口。同时该司法解释第32条第1款也明确了对变更、追加裁定或驳回申请裁定不服的（仅该司法解释第14条第2款、第17条至第21条规定之情形），提起执行异议之诉应当以变更、追加当事人异议程序为前置条件。在债务人异议之诉、债权人许可执行之诉制度探索的初期，相关制度还不够成熟和完善，不宜随意突破程序的规定。而如果执行异议之诉审理期间，当事人提出超越变更追加裁定范围的新理由的，法院一并审理的话，就明显超出了原执行裁定的范围，与司法解释程序设计不符。应由当事人通过另行提起执行异议予以救济更为妥当。

### 286 案外人的债权人能否代位提起案外人异议和异议之诉？

答：案外人的债权人能否代位提起案外人异议和异议之诉，在我国并没有明确的法律规定，但根据我国目前的主流观点和实践，法院应对案外人的债权人提起的异议进行审查。

### 理由与依据

从平等保护原则角度出发，强制执行是国家公权力介入私人财产领域，将个人财产处分权"涤除"从而维护申请执行人的权益的活动。但是在涉案外人的执行案件中，应当避免不当执行损害案外人的权益，因此我国《民事诉讼法》第238条规定："执行过程中，案外人对执行标的提出书面异议的，人民法院应当自收到书面异议之日起十五日内审查，理由成立的，裁定中止对该标的的执行；理由不成立的，裁定驳回。案外人、当事人对裁定不服，认为原判决、裁定错误的，依照审判监督程序办理；与原判决、裁定无关的，可以自裁定送达之日起十五日内向人民法院提起诉讼。此款是案外人提起执行异议和执行异议之诉的法律规定。案外人的债权人虽然对执行标的不具有直接的财产权益，但若案外人对该执行标的具有财产权益，案外人的债权人即对该执行标的具备财产期待利益。"此时若案外人怠于行使异议权利，则案外人的债权今后将有无法实现之虞，由此案外人的债权人对该执行标的有足够的利害关系，故应当保障案外人的债权人提起异议的救济途径，平等保护各方利益。从代位权理论出发，《民法典》第535条第1款将债权人代位权的客体从原《合同法》规定的"到期债权"扩张至"债权或者与该债权有关的从权利"，学理上认为，《民法典》第535条规定的代位权客体在解释上仍有适当扩张的余地，诉讼法上的权利也应纳入其中。[①] 也为案外人的债权人代位提起案外人异议或异议之诉提供了正当的法理依据，且在该异议和异议之诉中申请执行人和被执行人均系案件当事人，可兼顾保护上述各方的合法权益，维护司法公正。

从效率最优原则角度出发，在执行过程中申请执行人可在未经诉讼程序情形下将案外人的财产纳入执行范围，此时允许案外人的债权人提起异议或异议之诉，可及时地将异议标的暂时排除在执行范围外，效率最优。

从权利制约原则角度出发，在执行过程中，充分保障当事人的诉权，既是保护当事人的合法权益，又能制约执行权的任意行使。执行异议之诉将执行中的实体性争议交由诉讼判定，利用诉权将执行行为纳入审判的监督范围。若案外人怠于行使异议权利，允许案外人的债权人提起异议和异议之诉，亦能实现对执行这一公权的制约和监督。

## 立法沿革与争议

案外人的债权人能否代位提起案外人异议和异议之诉，目前尚无明确的法律规定，故不论是学说还是实践均有不同观点。

肯定观点认为案外人债权人提起异议正当性的法理同《民法典》第535条，因债务人怠于行使其债权或者与该债权有关的从权利，影响债权人的到

---

① 参见韩世远：《债权人代位权的解释论问题》，载《法律适用》2021年第1期。

期债权实现的，债权人可以向人民法院请求以自己的名义代位行使债务人对相对人的权利，但是该权利专属于债务人自身的除外。即从保全案外人的财产，继而保护案外人债权人债权实现的实体角度出发，允许案外人的债权人提起异议或异议之诉。

最高人民法院（2014）执申字第243号裁定书中认为：在案外人对执行标的享有排除执行的实体权利而怠于提出异议，导致其债权人的债权有不能实现之虞时，案外人的债权人代位提起案外人异议的，人民法院应当参照《民事诉讼法》第238条的规定审查处理。该裁判认为案外人的债权人对执行标的享有的是实体权利，应根据案外人异议进行审查。在此后很长一段时间，对于案外人的债权人提起的执行异议和异议之诉，各法院均予以受理。

否定观点认为案外人债权人可代为提起异议的方案系从日本和我国台湾地区引进而来，法理基础均系债权人代位权诉讼，但是我国大陆债权人代位权制度与日本及我国台湾地区有异，在我国大陆案外人债权人提起异议不具备正当性。根据《执行程序解释》第14条规定，案外人对执行标的主张所有权或者有其他足以阻止执行标的转让、交付的实体权利的，可以依照《民事诉讼法》第238条的规定，向执行法院提出异议。一般而言，如案外人对执行标的享有物权，或对具体执行标的享有债权请求权情况下，案外人可以提起案外人异议之诉。但案外人的债权人对案外人享有的是债权，其对执行标的享有的仅仅是财产期待权益，若认可其具备异议资格，其提起异议的条件更宽泛，与该司法解释案外人可提异议的标准不符。

广东省广州市海珠区人民法院（2016）粤0105执异166号裁定书认定案外人未提出异议，案外人的债权人提起的异议，在法律对案外人代位异议权未作明确规定的情况下，应认为异议人不具有提出异议的主体资格，故而裁定驳回其异议。

## 案例索引

最高人民法院（2014）执申字第243号执行案

**287** 非消费者购房人能否排除抵押权人的强制执行?

答:非消费者购房人能否排除抵押权人的申请执行,应基于双方取得权利时间的先后、权利取得有无过错以及如何降低或者预防风险再次发生等因素,结合具体案情,作出相应判断。

## 理由与依据

非消费者购房人提起案外人异议之诉请求排除执行的理论基础在于对物权期待权的保护。物权期待权的概念源于德国,被视为一种高于债权、接近但效力不及物权的过渡性权利。我国民法体系虽未明确规定物权期待权的概念、构成要件或法律效力,但对其予以承认并特殊保护。《异议复议规定》第28条、第29条规定了不动产物权期待权的成立要件及排除执行的规则。在权利属性方面,德国对不动产期待权采取登记生效模式,借此赋予其强烈的物权属性;我国通说则是将不动产期待权视为一种特殊债权,其效力虽不比物权登记,但给予其优先于一般债权的保护。

《民法典》确立的抵押权系担保物权,属于法定优先受偿权。《异议复议规定》第27条亦规定:"申请执行人对执行标的依法享有对抗案外人的担保物权等优先受偿权,人民法院对案外人提出的排除执行异议不予支持,但法律、司法解释另有规定的除外。"抵押权制度的根基不可动摇,因此案外人的权利原则上不能排除享有抵押权等优先受偿权的申请人的执行,除非法律、司法解释另有规定。

当物权期待权和抵押权发生冲突时,需要结合具体案情,对两者权利进行实体审查比较后作出判断。如在最高人民法院(2022)最高法民终34号案中,申请执行人华融湖南分公司对案涉房产享有抵押权、案外人建行怀化市分行对案涉房产享有物权期待权,二者均优先于一般债权。建行怀化市分行的签约行为在先,但其取得案涉房产物权期待权的时间晚于华融湖南分公司取得抵押权的时间,现有证据不能证明华融湖南分公司在设定抵押权过程中存在过错,而建行怀化市分行对于被执行人(出卖人)英泰公司的违约行为未积极采取相应措施,对于案涉权利冲突和纠纷诉讼的发生,负有一定的过失,由其承担不利后果有利于降低或者防范此类纠纷的再次发生。而在最高人民法院（2021）最高法民终534号案中，案外人购买并占有所涉房产在先，申请执行人设定抵押权在后。最高人民法院认为在案外人购买并已实际占有的房产上设定抵押，未尽应有的审慎注意义务，具有过错，进而认定案外人对所涉房产享有的物权期待权应予优先保护。最高人民法院并未直接对非消费者购房人物权期待权与抵押权的效力孰更优先给出结论，而是采取了个案判决的方式进行论证，从权利取得的时间先后、有无过错和降低风险、预防风险再次发生等多角度出发进行综合判断。

## 立法沿革与争议

对非消费者购房人物权期待权的保护，我国立法呈现出一个渐进的历程。2002年《最高人民法院关于建设工程价款优先受偿权问题的批复》中，首先确定了对具有消费者身份的房屋买受人予以特殊保护的制度，消费者交付购买商品房的全部或者大部分款项后，承包人就该商品房享有的工程价款优先受偿权不得对抗买受人。此后，2004年《国土房管部门协助执行通知》第15条将物权期待权保护的对象扩大至自开发商处受让房屋的所有买受人。《查扣冻规定》第15条将物权期待权保护的对象再次扩大到所有需要办理过户登记财产的买受人。《物权法》施行之后，对于不动产物权变动采取了登记生效主义，未经登记不发生物权变动的效力，此时是否还要坚持《查扣冻规定》第15条所确定的原则，存在一定的争议。最高人民法院经过研究认为，《查扣冻规定》第15条适用的基本社会环境和制度基础没有得到根本改变，对该条的基本精神仍然应当予以坚持，同时根据适用中出现的问题进行了补充和修改。[①]在上述规定沿革的基础上，《异议复议规定》第28条作出规定："金钱债权执行中，买受人对登记在被执行人名下的不动产提出异议，符合下列情形且其权利能够排除执行的，人民法院应予支持：（一）在人民法院查封之前已签订合法有效的书面买卖合同；（二）在人民法院查封之前已合法占有该不动产；（三）已支付全部价款，或者已按照合同约定支付部分价款且将剩余价款按照

---

[①] 参见江必新、刘贵祥主编：《最高人民法院关于人民法院办理执行异议和复议案件若干问题规定理解与适用》，人民法院出版社2015年版，第422页。

人民法院的要求交付执行；（四）非因买受人自身原因未办理过户登记。"

根据《异议复议规定》第27条关于"申请执行人对执行标的依法享有对抗案外人的担保物权等优先受偿权，人民法院对案外人提出的排除执行异议不予支持，但法律、司法解释另有规定的除外"的规定，在抵押权人与购房人发生权利冲突时，一般情况下应给予抵押权优先保护，除非法律、司法解释另有规定。

实践争议主要集中在《异议复议规定》第27条"但书"是否包括该司法解释第28条关于一般不动产买受人物权期待权可排除执行的规定。现行法律、司法解释对此尚无明确规定，《九民纪要》第126条指出，根据《最高人民法院关于建设工程价款优先受偿权问题的批复》第1条、第2条的规定，交付全部或者大部分款项的商品房消费者的权利优先于抵押权人的抵押权，故抵押权人申请执行登记在房地产开发企业名下但已销售给消费者的商品房，消费者提出执行异议的，人民法院依法予以支持。但应当特别注意的是，此情况是针对实践中存在的商品房预售不规范现象为保护消费者生存权而作出的例外规定，必须严格把握条件，避免扩大范围，以免动摇抵押权具有优先性的基本原则。因此，这里的商品房消费者应当仅限于符合该纪要第125条规定的商品房消费者，买受人不是该纪要第125条规定的商品房消费者，而是一般的房屋买卖合同的买受人，不适用上述处理规则。也即根据《九民纪要》，《异议复议规定》第28条并不属于第27条规定的"司法解释另有规定"的情形。

除上述《异议复议规定》法条适用空间的争议外，关于担保物权人优先权的保护，还有观点认为，《异议复议规定》第27条的适用在保障优先权的同时应当区分担保物权人的优先权能否得到实现，进而兼顾保护非消费者购房人的物权期待权。当优先权人的债权能够得到实现时，对执行标的所享有的优先受偿权与非消费者购房人的物权期待权相比已无优先保护之必要，当不动产买受人向预售资金监管账户交付的价款足以清偿优先债权或者达到一定比例，抵押权人的债权能够通过预售资金监管账户得到受偿，或者优先债权在执行程序中已经通过其他财产得到清偿的，抵押权人的优先权不因排除对标的房屋的执行而减损，此时非消费者购房人提起的执行异议之诉，应当予以支持。

**案例索引**

最高人民法院（2022）最高法民终34号案外人执行异议之诉案

最高人民法院（2021）最高法民终534号案外人执行异议之诉案

288　被执行公司的原股东甲出资未到位就转让股权给乙，申请执行人申请追加甲和乙为被执行人，裁定第一项支持追加现股东乙，第二项驳回对原股东甲的追加申请。申请人不服裁决第二项即驳回对原股东甲的追加申请并提起异议之诉，申请人仅就裁定第二项提起异议之诉，裁定第一项追加受让股东乙是否可以先发生法律效力？异议之诉审理是否应将股东乙列为被告或第三人？

答：因申请人对驳回的裁项提起执行异议之诉，执行裁定并未发生法律效力，执行裁定整体未生效的情况下，部分裁项内容先发生法律效力没有法律依据。如执行异议之诉中原股东的抗辩为已履行出资义务或者已经在出资责任范围内对公司债权人承担责任等与出资责任是否已履行有关的理由，则原股东的责任与受让后股东的责任有牵连性，可能损害其民事权益，应当将被追加的受让股东列为第三人一并进行审理。

**理由与依据**

对于执行异议中作出的是否追加被执行人的裁定，申请人和被申请人均有权提起执行异议之诉，因申请人提起异议之诉，执行异议程序作出的裁定没有发生法律效力，执行裁定整体未生效的情况下，部分裁项内容无法先发生法律效力。

如执行异议之诉中原股东的抗辩理由为已履行出资义务或者已经在出资责任范围内对公司债权人承担责任，该事实同样属于追加受让股权的股东为被执行人应当审查的事实，原股东的责任与受让股东的责任有牵连性，可能损害其民事权益。依据《民事诉讼法》第59条，对当事人双方的诉讼标的，第三人认为有独立请求权的，有权提起诉讼。因不能归责于第三人本人的事由未参加诉讼，但有证据证明发生法律效力的判决、裁定、调解书的部分或者全部内容错误，损害其民事权益的，可以自知道或者应当知道其民事权益受到损害之日起6个月内，向作出该判决、裁定、调解书的人民法院提起诉讼。人民法院经审理，诉讼请求成立的，应当改变或者撤销原判决、裁定、调解书；诉讼请求不成立的，驳回诉讼请求。被追加的受让后股东属于有独立请求权的第三人，应当将被追加的受让后股东列为第三人一并进行审理。

## 立法沿革与争议

1998年《执行工作规定》第80条规定，被执行人无财产清偿债务，如果其开办单位对其开办时投入的注册资金不实或抽逃注册资金，可以裁定变更或追加其开办单位为被执行人，在注册资金不实或抽逃注册资金的范围内，对申请执行人承担责任。2016年《变更追加规定》将执行程序中追加企业法人出资不到位的责任从开办单位扩展到股东，其中第17条规定，作为被执行人的企业法人，财产不足以清偿生效法律文书确定的债务，申请执行人申请变更、追加未缴纳或未足额缴纳出资的股东、出资人或依公司法规定对该出资承担连带责任的发起人为被执行人，在尚未缴纳出资的范围内依法承担责任的，人民法院应予支持。2020年《变更追加规定》修正时，将第17条的企业法人修改为营利法人。

有观点认为被追加的被执行人没有提起执行异议之诉，追加裁定的其他当事人提起执行异议之诉的，针对被追加当事人的内容可以先发生法律效力。理由是参照《民事诉讼法》第175条的规定，第二审人民法院应当围绕当事人的上诉请求进行审理。当事人没有提出请求的，不予审理，但一审判决违反法律禁止性规定，或者损害国家利益、社会公共利益、他人合法权益的除外。被追加的被执行人没有提起执行异议之诉，其他当事人提起的执行异议之诉中对其责任不再审查，追加内容先发生法律效力。另有观点认为，由于其他当事人提出执行异议之诉，追加裁定整体没有发生法律效力，虽然被追加的当事人没有起诉，但执行异议之诉的审理可能损害其合法权益，相应的追加裁定内容同样没有生效。

案例索引

最高人民法院（2021）最高法民再218号执行异议之诉案

# 第三节　执行回转

**289** 撤销权人取得撤销权诉讼胜诉判决后，案涉标的物已被另
案执行程序处置完毕的，撤销权人应如何救济？

答：案涉标的物被人民法院依法采取拍卖、变卖措施处置完毕的，
因拍卖、变卖是基于国家公权力的行为具有公信力，买受人竞买利益
不受撤销权诉讼影响，债权人可以通过要求相对人损害赔偿予以救济。

**理由与依据**

撤销权作为形成权，撤销权成立对相对人产生双重效力：一是仅成立债
权关系尚未发生物权转移的，其债权关系因原因行为被撤销而消灭；二是因
诈害行为而就相应财产已发生物权转移的，相对人得依债权人之请求，返还
其已受领的财产。对其他利害关系人而言，亦要受到撤销权判决既判力的影
响：一方面，因债权人撤销权的行使对债务人和相对人的权利处分都有限制，
撤销权判决后该限制发生既判力效果，故其他利害关系人在债权人提起撤销
权之诉后从债务人或相对人处取得的财产或权利，显非善意，亦应返还；另
一方面，因诈害行为被撤销导致债务人与相对人之间的法律关系自始没有约
束力，对其他利害关系人在债权人撤销权诉讼前从债务人或相对人处取得的
财产或权利，须按照《民法典》第311条关于善意取得的规定处理：如为恶意，
自应负返还义务；如系善意，不负返还义务，而由相对人负赔偿责任。[①]

---

① 最高人民法院法典贯彻实施工作领导小组主编：《中华人民共和国民法典合同编理
解与适用》，人民法院出版社2020年版，第552页。

案涉标的物被人民法院依法采取拍卖、变卖措施处置完毕的，因拍卖、变卖是基于国家公权力的行为，具有公信力，买受人通过拍卖、变卖程序取得财产的行为，不同于一般的民事交易，对其受让取得的权益应当予以保护。此时无须讨论受让人是否为善意。对于非经拍卖变卖程序，相对人与受让人自行达成的以物抵债，若受让人明知相对人为无权处分的，则因受让人非善意应返还案涉标的物。

## 立法沿革与争议

撤销权与代位权共同构成了债权保全制度，撤销权针对债务人无偿转让财产或者放弃到期债权等损害债权的行为。从撤销权性质上看，有形成权说、请求权说和折中说等三种观点。撤销权行使的主要目的是撤销已实施的民事行为，而返还财产只是因民事行为被撤销所产生的后果。[①] 对于撤销权行使的法律效果，《最高人民法院关于适用〈中华人民共和国合同法〉若干问题的解释（一）》第25条第1款规定："债权人依照合同法第七十四条的规定提起撤销权诉讼，请求人民法院撤销债务人放弃债权或转让财产的行为，人民法院应当就债权人主张的部分进行审理，依法撤销的，该行为自始无效。"《民法典》第542条规定："债务人影响债权人的债权实现的行为被撤销的，自始没有法律约束力。"

在权利救济方面，根据《最高人民法院执行工作办公室关于原执行裁定被撤销后能否对第三人从债权人处买受的财产进行回转的请示的答复》（〔2007〕执他字第2号），如果涉案执行财产已经被第三人合法取得，执行回转时应当由原申请执行人折价抵偿。至于涉案执行财产的原所有人是否申请国家赔偿，可告知其自行按照国家有关法律规定办理。

## 案例索引

江西省上饶市中级人民法院（2019）赣11执复50号债权人撤销权纠纷执行审查案

江苏省南京市中级人民法院（2016）苏01执异424号民间借贷纠纷执行案

---

① 王利明：《合同法新问题研究》，北京大学出版社2009年版，第79页。

290 在到期债权执行中，因被执行人与次债务人之间的债权已经生效法律文书确认，法院扣划次债务人的银行存款并发还给申请执行人后，被执行人与次债务人之间生效法律文书被再审撤销并驳回被执行人的诉讼请求，次债务人能否申请执行回转？

答：由于再审撤销的是被执行人与次债务人之间的生效法律文书，并非执行依据，不符合执行回转的条件，次债务人无法启动执行回转程序，但其可以通过对被执行人提起不当得利之诉寻求救济。

## 理由与依据

申请执行人通过强制执行程序自次债务人处直接受偿后，被执行人与次债务人之间的生效法律文书被再审纠正，已经实施的执行行为似乎也应当通过执行程序纠正，并由此进入执行回转程序。但从我国民事诉讼法确立的执行回转制度以及《执行工作规定》关于执行回转的规定来看，适用执行回转程序应当具备三个条件且缺一不可：第一，执行程序已经进行完毕或部分完毕；第二，执行依据被依法撤销或变更且有新的生效法律文书；第三，取得财产的人拒绝返还财产。由于再审撤销的并不是作为执行依据的申请执行人与被执行人之间的生效法律文书，而是被执行人与次债务人之间确认债权债务关系的生效法律文书，不符合适用执行回转程序的要件，申请执行回转无法可依。除此之外，次债务人并非执行案件中的被执行人，也不是申请执行回转的适格主体。有鉴于此，次债务人无法启动执行回转程序，也无法通过执行回转制度进行救济。

在民事执行法上，执行到期债权的正当性来源于债务人的全部财产是债权的总担保的理论，债务人享有的到期债权属于其责任财产范畴，因此可以予以执行。虽然执行到期债权的性质在理论界颇具争议，"协助执行说""债权保全说""督促程序说"等各执一词，但从实体法上寻根溯源，申请执行人突破债权的相对性直接向与其无直接法律关系的第三人（也即次债务人）主张权利，其实体法基础为债权人代位权制度却是不谋同辞。基于《民法典》确立的"简易债权回收 + 限定入库规则",[①] 即便申请执行人在事实上直接受偿,但从代位权行使后的法律效果来看,债权人接受履行后,债权人与债务人、债务人与相对人之间相应的权利义务终止,也即对次债务人的到期债权执行后的法律效果归于债务人。

就题设情形,在次债务人与被执行人之间的生效法律文书被撤销的情况下,由于在被执行人与申请执行人之间的执行程序中,法院扣划了次债务人银行存款并发还给申请执行人用以清偿被执行人对申请执行人的债务,该执行的结果是被执行人与申请执行人就被执行的财产对应的债务关系消灭,被执行人所获利益并不存在法律根据,次债务人有权就其所遭受的损失向被执行人提起不当得利之诉。

## 立法沿革与争议

有观点认为,次债务人应当向申请执行人提起不当得利之诉,而向非被执行人。这是因为,到期债权执行的正当性来源于实体法上的代位权制度,是基于司法效率、节约资源等价值考量,通过一定的法律程序但无须经过完整的普通诉讼程序的一种略式执行程序,该程序简化了申请执行人向次债务人提起代位权诉讼并申请强制执行的过程。实际上,题涉情形在未经略式执行程序的情况下,本应是申请执行人在代位权诉讼中获得胜诉并进入强制执行程序,执行完毕后,因次债务人与被执行人之间确认债权债务关系的生效法律文书被撤销,次债务人本可以通过对代位权诉讼提起再审并依再审结果申请执行回转,最终得以从申请执行人处恢复对扣划的银行存款所有的状态。该种考量具有其合理性,与起诉没有财产可供执行的被执行人相比,起诉实际取得银行存款的申请执行人更有利于次债务人权利的实现,债权执行程序不能剥夺次债务人自申请执行人处获得救济的权利,否则有违实质正义。

---

① 申卫星、傅雪婷:《论债权人代位权的构成要件与法律效果》,载《吉林大学社会科学学报》2022 年第 4 期。

291 执行法院将执行款拨付申请人时，不知破产法院已就对被执行人的破产申请作出受理裁定，是否应当执行回转？

答：破产法院作出受理破产申请裁定时，即便执行法院因不知情已将执行案款向申请执行人发还，已经拨付的执行案款仍应视为被执行人的财产，应予执行回转。

## 理由与依据

法院受理破产申请后，有关债务人的财产的保全措施应当解除，执行程序应当中止，有关债务人财产的执行程序未依照《企业破产法》第19条的规定中止的，采取执行措施的相关单位应当依法予以纠正，依法执行回转的财产，人民法院应当认定为债务人财产。从破产法院作出受理破产申请裁定之日起至执行法院收到受理裁定之日之间存在时间差，实践中，确实存在执行法院因不知破产法院已作出受理破产裁定，将到账案款向申请执行人拨付的情形。执行程序应当中止的时间点为"破产申请受理后"，该时间点系客观节点，不因执行法院是否知悉而区别对待，认为应根据执行法院是否知悉法院受理破产申请，进而认为应当区别对待没有法律依据，也违背司法解释原意，亦不符合破产程序作为概括执行程序这一制度设计基本原理。

因此破产法院作出受理破产申请裁定后，即使执行法院因不知情已将执行案款向申请执行人进行了拨付，该执行案款仍应视为被执行人的财产，应予执行回转。

## 立法沿革与争议

法院作出受理破产的裁定后，能否将案款发还申请执行人，实际涉及已经扣划到法院账户的案款是否仍属于债务人财产的问题，对此不同期间的司法解释和政策变化很大。2004年《关于如何理解〈最高人民法院关于破产法司法解释〉第六十八条的请示》（已失效）认为："人民法院受理破产案件前，针对债务人的财产，已经启动了执行程序，但该执行程序在人民法院受理破产案件后仅作出了执行裁定，尚未将财产交付给申请人的，不属于司法解释指的执行完毕的情形，该财产在债务人被宣告破产后应列入破产财产。但应注意以下情况：一、正在进行的执行程序不仅作出了生效的执行裁定，而且就被执行财产的处理履行了必要的评估拍卖程序，相关人已支付了对价，此时虽未办理变更登记手续，且非该相关人的过错，应视为执行财产已向申请人交付，该执行已完毕，该财产不应列入破产财产；二、人民法院针对被执行财产采取了相应执行措施，该财产已脱离债务人实际控制，视为已向权利人交付，该执行已完毕，该财产不应列入破产财产。"根据上述答复意见，已经扣划到执行法院账户的款项已经脱离了债务人的实际控制，该款项应视为已向权利人交付，不属于债务人的财产，不应被列入破产财产。

2017年《最高人民法院关于破产申请受理前已经划扣到执行法院账户尚未支付给申请执行人的款项是否属于债务人财产及执行法院收到破产管理人中止执行告知函后应否中止执行问题的请示的复函》（〔2017〕最高法民他72号）认为："人民法院裁定受理破产申请时已经扣划到执行法院账户但尚未支付给申请人执行的款项，仍属于债务人财产，人民法院裁定受理破产申请后，执行法院应当中止对该财产的执行。执行法院收到破产管理人发送的中止执行告知函后仍继续执行的，应当根据《最高人民法院关于适用〈中华人民共和国破产法〉若干问题的规定（二）》第五条依法予以纠正，故同意你院审判委员会的倾向性意见，由于法律、司法解释和司法政策的变化，我院2004年12月22日作出的《关于如何理解〈最高人民法院关于破产司法解释〉第六十八条的请示的答复》（〔2003〕民二他字第52号）相应废止。"根据上述答复意见，裁定受理破产申请时已经扣划到执行法院账户但尚未支付给申请人执行的款项，仍属于债务人财产；执行法院收到中止执行告知函后仍向申请执行人拨付到账案款的，应当依法予以纠正。

实践中，有观点认为，破产法院作出破产申请受理裁定时，执行法院因不知该事实已将到账案款拨付给申请执行人的，不应当再执行回转，2017年《执转破意见》第17条规定："执行法院收到受移送法院受理裁定时，已通过拍卖程序处置且成交裁定已送达买受人的拍卖财产，通过以物抵债偿还债务且抵债裁定已送达债权人的抵债财产，已完成转账、汇款、现金交付的执行款，因财产所有权已经发生变动，不属于被执行人的财产，不再移交。"

最高人民法院（2019）最高法执复106号执行裁定认为，《执转破意见》主要规范的是"执行案件移送破产审查工作"中的程序性问题，该指导意见属于规范性文件而非法律或司法解释，当事人申请破产的，应当适用《企业破产法》的规定。

## 案例索引

最高人民法院（2019）最高法执复106号申请复议审查案

辽宁省高级人民法院（2021）辽执复653号执行复议案

北京市高级人民法院（2021）京执复70号执行复议案

## 292 执行回转是否适用申请执行时效的规定？

答：执行回转案件是独立的新的执行案件，当事人申请执行回转的，适用申请执行时效的法律规定。

## 理由与依据

申请执行时效即当债务人不履行清偿义务时，生效法律文书确定的债权人一方应当在申请执行时效期间内向人民法院申请强制执行，申请执行的期间为2年。申请执行时效制度设立目的在于督促债权人及时行使权利，维护法律生活秩序的安定，同时也便于人民法院及时掌握被执行人的行踪及财产线索，保障执行程序的顺利开展。执行回转是指在部分执行或者全部执行完毕后，因据以执行的生效法律文书被撤销或变更，人民法院依新的生效法律文书将原债权人因执行所得利益强制执行给原债务人，以恢复到执行开始前状态的一种法律制度。[①] 2020年《执行工作规定》第65条第2款规定："执行回转应重新立案，适用执行程序的有关规定。"执行回转并非原执行案件的延续，是一个新的独立的执行案件。从执行时效制度目的出发，执行回转案件理应

---

① 参见江必新主编：《强制执行法理论与实务》，中国法制出版社2014年版，第467页。

适用申请执行实现的规定，以此督促执行回转权利人尽快行使权利，维护自身合法权益，保持法律生活秩序的安定。

## 立法沿革与争议

关于申请执行的期限，我国《民事诉讼法》经历了从不变期间到适用诉讼时效制度的转变。1991年《民事诉讼法》第219条规定："申请执行的期限，双方或者一方当事人是公民的为一年，双方是法人或者其他组织的为六个月。前款规定的期限，从法律文书规定履行期间的最后一日起计算，法律文书规定分期履行的，从规定的每次履行期间的最后一日起计算。"根据上述规定，申请执行的期限系不变期间，不能适用法律有关诉讼时效中止、中断的规定。

2007年《民事诉讼法》对申请执行期限的规定进行了修改，第215条规定："申请执行的期间为二年。申请执行时效的中止、中断，适用法律有关诉讼时效中止、中断的规定。前款规定的期间，从法律文书规定履行期间的最后一日起计算；法律文书规定分期履行的，从规定的每次履行期间的最后一日起计算；法律文书未规定履行期间的，从法律文书生效之日起计算。"2012年《民事诉讼法》第239条、2017年《民事诉讼法》第239条均沿袭了该条规定。2021年《民事诉讼法》修正时，依据《民法典》作了细微调整，将法律规定分期履行的申请执行起算时间改为"从最后一期履行期限届满之日起算"，2023年《民事诉讼法》修正时沿袭了该条规定。

## 案例索引

山东省高级人民法院（2016）鲁执复16号执行复议案

广东省高级人民法院（2017）粤执监60号执行监督案

**293** 执行回转程序中，作为义务主体的原申请执行人的公司注销，能否追加清算义务人为被执行人？

答：执行回转程序适用执行程序的有关规定，符合《变更追加规定》第21条规定情形时，执行法院有权依申请追加清算义务人为被执行人。

## 理由与依据

执行回转适用执行程序的有关规定。执行回转程序中追加被执行人亦应当遵循"追加法定"原则。根据《公司法》第183条的规定，无论解散的原因是属于任意解散还是强制解散，适用普通清算的情形下，有限公司的清算组由股东组成，股份公司的清算组由董事会或股东大会确定的人员组成。《公司法解释（二）》第18条、第19条、第20条分别对有限责任公司的股东、股份有限公司董事和控股股东未依法履行清算义务应承担的法律责任作出明确规定，基于此，《变更追加规定》第21条对变更追加清算义务人作出规定。公司未经清算即办理注销登记，导致公司无法清算的，申请执行人有权向法院申请追加有限责任公司的股东、股份有限公司的董事和控股股东为被执行人。此外，《变更追加规定》第23条规定，法人或非法人组织未经依法清算即办理注销登记，在登记机关办理注销登记时，第三人书面承诺对被执行人的债务承担清偿责任的，申请执行人有权申请追加该第三人在承诺范围内承担清偿责任。依据该规定，承诺偿债的第三人系清算义务人时，申请执行人有权申请追加清算义务人为被执行人。因此，在执行回转程序中，符合上述法定情形的，执行法院有权依申请追加清算义务人为被执行人。

## 立法沿革与争议

2020年《变更追加规定》第21条规定："作为被执行人的公司，未经清算即办理注销登记，导致公司无法进行清算，申请执行人申请变更、追加有限责任公司的股东、股份有限公司的董事和控股股东为被执行人，对公司债务承担连带清偿责任的，人民法院应予支持。"2016年《变更追加规定》第23条规定："作为被执行人的法人或其他组织，未经依法清算即办理注销登记，在登记机关办理注销登记时，第三人书面承诺对被执行人的债务承担清偿责任，申请执行人申请变更、追加该第三人为被执行人，在承诺范围内承担清偿责任的，人民法院应予支持。"2020年《变更追加规定》第23条经修正后作了进一步完善，将"其他组织"修改为"非法人组织"。

## 案例索引

最高人民法院（2013）执监字第30号申诉执行监督案

## 294 执行债权转让后发生执行回转的，如何确定执行回转的义务人？

答：执行回转义务人是原执行程序中取得财产的申请执行人。执行债权发生转让时，债权受让人变更为申请执行人且实际取得财产的，债权受让人为执行回转义务人；债权受让人未变更为申请执行人，仍由原申请执行人实际取得财产的，原申请执行人为执行回转义务人。

## 理由与依据

《民事诉讼法》将执行回转的义务人确定为"取得财产的人"；《执行工作规定》则将执行回转的义务人定位成原申请执行人。特定民事主体必须满足两个要件才负有财产返还义务：一是该主体是原执行案件中的申请执行人，二是该主体经由原执行程序取得了财产。一般情况下，"取得财产的人"和"原申请执行人"是同一主体，但执行实践中也会出现不一致的情形，如发生债权转让或者财产被拍卖变卖等。发生前述情形下，应当将"原申请执行人"确定为执行回转的义务主体。这是因为：第一，"取得财产的人"并非原执行案件的当事人，将其直接确定为执行回转的义务主体，没有法律依据；第二，当"取得财产的人"为善意第三人时，直接责令第三人返还其合法取得的财产严重违背保护善意第三人信赖利益原则，亦有违维护司法公信力及保护交易安全的司法原则。

执行债权转让后，如债权受让人向法院申请变更了申请执行人，且已经实际取得执行财产，则债权受让人为执行回转的义务人；如债权受让人未向法院申请变更申请执行人，仍由原申请执行人实际取得执行财产的，则执行回转的义务人为原申请执行人。

## 立法沿革与争议

1991年《民事诉讼法》第214条规定："执行完毕后，据以执行的判决、裁定和其他法律文书确有错误，被人民法院撤销的，对已被执行的财产，人民法院应当作出裁定，责令取得财产的人返还；拒不返还的，强制执行。"2007年《民事诉讼法》第210条、2012年《民事诉讼法》第233条、2017年《民事诉讼法》第233条、2021年《民事诉讼法》第240条、2023年《民事诉讼法》第244条均沿袭了上述规定。1998年《执行工作规定》第109条规定："在执行中或执行完毕后，据以执行的法律文书被人民法院或其他有关机关撤销或变更的，原执行机构应当依照民事诉讼法第二百一十四条的规定，依当事人申请或依职权，按照新的生效法律文书，作出执行回转的裁定，责令原申请执行人返还已取得的财产及其孳息。拒不返还的，强制执行。"2020年《执行工作规定》第65条沿袭了上述规定。根据上述规定，执行回转的义务主体为"原执行程序中取得财产的申请执行人"。

从最高人民法院的相关批复看，执行回转确定的义务主体应仅限于原申请执行人，而不应扩至取得财产的人。《最高人民法院执行工作办公室关于石油工业出版社申请执行回转一案的复函》（〔2002〕执监字第103-1号）指出："原申请执行人，是指原执行案件中的申请执行人，才能作为执行回转案中的被执行人。"《最高人民法院执行工作办公室关于原执行裁定被撤销后能否对第三人从债权人处买受的财产进行回转的请示的答复》（〔2007〕执他字第2号函）亦指出："如果涉案执行财产已经被第三人合法取得，执行回转时应当由原申请执行人折价抵偿。"根据上述批复，发生执行回转时应适用《执行工作规定》的相关规定，即回转的效力仅及于原申请执行人，不包括取得财产的案外人。

最高人民法院（2021）最高法执监74号执行申诉审查案

最高人民法院（2020）最高法执监506号执行监督案

## 295 原生效法律文书执行过程中因司法拍卖产生的评估费、拍卖辅助费等必要费用是否应纳入执行回转的范围？

答：执行回转案件的执行标的限于原申请执行人取得的财产及孳息，在原生效法律文书执行程序中因司法拍卖产生的评估费、拍卖辅助费等费用，并非由原申请执行人取得，不应纳入执行回转案件范围。

### 理由与依据

执行回转制度为利益补回机制，回转返还财产范围为"原申请执行人取得的财产及孳息"，申请执行人对多取得的财产没有过错，承担既得利益返还责任。在原执行依据执行程序中，因司法拍卖产生的评估费、拍卖辅助费，并非由原申请执行人取得，因此，不能将原执行依据执行程序中因司法拍卖产生的评估费、拍卖辅助费等纳入执行回转案件的执行标的。

### 立法沿革与争议

有观点认为，评估费、拍卖辅助费等因原案执行产生的费用，属于原被执行人实际支出和损失的一部分，应当纳入执行回转案件的执行标的。主要理由为，评估费、拍卖辅助费等原被执行人实际支出的费用，虽然并非由原申请执行人取得，但系因原执行依据的执行程序产生，当原执行依据被撤销后，评估费、拍卖辅助费等相关费用已经不具备合法性基础，一并纳入执行回转案件的执行标的有利于保护执行回转权利人的利益。从挽回执行回转权利人实际损失的角度考虑，有其合理性。但该观点忽视了执行程序的相对独立性。原执行依据因被撤销或变更而发生执行回转，并不能因此否定原执行程序的合法性，在执行原生效法律文书程序中作出的拍卖成交裁定并不因执行回转而应当撤销，竞买人通过司法拍卖程序取得的财产不属于执行回转案件的执行标的，而评估费、拍卖辅助费系依托于司法拍卖而产生，当然也不应列入执行回转案件的执行标的。

## 案例索引

最高人民法院（2016）最高法执监218号执行申诉审查案

## 296 执行依据被撤销后，执行中作出的执行裁定、执行措施是否需要一并撤销？

答："债务人仍被判决承担给付义务"既可能是原债务人被判决承担的给付义务多于或与原执行依据一致，也可能少于原执行依据确定的标的额。新执行依据确定的给付义务大于或等同于原执行依据的，并不发生执行回转，执行法院应当继续执行，自然无须撤销已经作出的执行裁定或采取的执行措施。新执行依据确定的给付义务小于原执行依据的，并且原执行案件已执行到位的，则需要执行回转，但原执行裁定、执行措施也无须撤销，而是对原执行案件作结案处理，已采取的执行措施因终结执行而解除。对已从原债务人处执行到的款项以执行回转为由重新立案，法院作执行回转裁定，责令原申请执行人返还已取得的财产及孳息。

## 理由与依据

生效判决作为执行案件的执行依据，执行裁定依据原生效判决的内容作出，不可超出原判决确定的债权范围；而执行案件又具有相对独立性，即执行裁定一经作出即发生法律效力，被执行人应当根据执行通知书和执行裁定书确定的内容履行义务，否则将根据执行裁定采取强制措施。执行案件经依法立案，作出执行裁定后，与原审判程序相分离从而形成一个独立的案件。原生效法律文书即使经过再审程序被撤销或者变更，也不会影响执行裁定的效力，可另行通过其他程序对新作出的再审判决确定的内容予以实现。[①] 基于维护法律稳定性及司法权威的考虑，执行裁定一经作出即具有确定性，不得随意撤销。另，基于审执分离原则，即使原生效法律文书被撤销，执行程序作为独立的程序，原生效法律文书被撤销不能导致依法作出的执行裁定被认定为错误，撤销依据不足。

## 立法沿革与争议

1991年《民事诉讼法》第214条确立了执行回转制度："执行完毕后，据以执行的判决、裁定和其他法律文书确有错误，被人民法院撤销的，对已被执行的财产，人民法院应当作出裁定，责令取得财产的人返还；拒不返还的，强制执行。"

1998年《执行工作规定》第109条对执行回转的程序作出规定："在执行中或执行完毕后，据以执行的法律文书被人民法院或其他有关机关撤销或变更的，原执行机构应当依照民事诉讼法第二百一十条的规定，依当事人申请或依职权，按照新的生效法律文书，作出执行回转的裁定，责令原申请执行人返还已取得的财产及其孳息。拒不返还的，强制执行。"2020年该规定修正时，增加了一款"执行回转应重新立案，适用执行程序的有关规定"。第110条对执行回转标的物系特定物作出了规定："执行回转时，已执行的标的物系特定物的，应当退还原物。不能退还原物的，可以折价抵偿。"2020年该规定修正时，对不能退还原物可以折价赔偿增加了"要经双方当事人同意"的条件，不能达成一致的，不再通过执行回转程序解决，申请执行人可以另行起诉。

但原判决被撤销的，并非一定需要执行回转，如新执行依据确定原债务人承担的给付义务超过原执行依据的，不仅无须执行回转，还需要执行法院继续执行。为此，《最高人民法院执行工作室关于再审判决作出后如何处理原执行裁定的答复函》（〔2005〕执他字第25号）明确："执行裁定发生法律效力

---

① 参见曹凤国、张阳主编：《最高人民法院执行批复理解与适用》，法律出版社2022年版，第407页。

后，并不因据以执行的法律文书的撤销而撤销。如果新的执行依据改变了原执行内容，需要执行回转的，则人民法院作出执行回转的裁定；如已执行的标的额没有超出新的执行依据所确定的标的额，则人民法院应继续执行。"

实践中与原执行依据被撤销引发的执行回转的争议主要集中在以下两个方面：

1. 执行回转程序中，申请执行人（原被执行人）对原执行案件中的执行行为提出异议，申请撤销，如何处理？

一种观点认为，依据原生效判决作出的执行裁定作为执行回转的对象，其结果是恢复至执行前状态，因此执行裁定存在的问题可以在执行回转程序中予以解决。而且，如果是对原生效判决执行程序中的执行行为提出异议的，被执行人应在原生效判决执行程序终结前提出，在执行回转程序中提出不符合法律及司法解释的规定，故不应得到支持。另一种观点认为，执行回转程序中应审查当事人提出的原执行案件的执行行为错误的异议。①

2. 原执行依据被撤销但无须执行回转的，原执行案件是否应作终结执行处理，再根据新执行依据重新立案？

一种观点认为，原执行依据被撤销是对原执行依据缺乏法律效力的终局性评价。即便发回重审后作出的判决结果与原判决一致，但二者也是基于不同的事实认定或者审判程序而作出，二者的合法性基础截然不同。因此，在原判决被撤销、丧失法律效力的情况下，以该原判决为执行依据的执行程序应当终结执行。②另一种观点则认为，即便执行依据被撤销，但已执行的标的额远小于新的执行标的额，执行裁定就不因原判决撤销而撤销，执行法院可以继续执行，无须重新立案。

## 案例索引

广东省高级人民法院（2018）粤执监2号执行监督案

---

① 参见四川省高级人民法院（2019）川执监54号执行裁定书。
② 参见最高人民法院（2018）最高法执监242号执行裁定书。

### 297 第三人经由法院拍卖、变卖程序取得的财产能否执行回转？

答：基于维护司法拍卖公信力及保护交易安全的原则，第三人通过拍卖、变卖程序取得的财产，不宜适用执行回转。

## 理由与依据

人民法院在执行中依法采取的拍卖、变卖措施是基于国家公权力的行为，具有公信力，买受人通过法院拍卖、变卖程序取得财产的行为，不同于一般的民间交易行为，对其受让所得的权益应当予以保护。此时，若对第三人（竞买人）通过法院拍卖、变卖程序取得的财产适用执行回转程序，将对第三人权益和司法拍卖公信力产生重大影响。故在执行过程中，因第三人通过法院拍卖、变卖程序取得的财产，不宜适用执行回转。

第三人通过拍卖、变卖程序合法取得的财产可以参照适用善意取得制度，在执行回转程序中保护善意第三人的信赖利益，不宜再执行回转该特定财产。无法回转执行原物的，经双方当事人同意，可以折价赔偿，对折价赔偿不能协商一致的，申请执行人可以另行起诉。实践中，对于折价赔偿数额应如何确定争议较大。因其属于实体问题，如果法院在执行程序中直接对赔偿数额予以认定，各方当事人将难以获得充分的程序保障，不符合程序正当性的基本原则，需要当事人另诉解决。

## 立法沿革与争议

2003年《最高人民法院关于对第三人通过法院变卖程序取得的财产能否执行回转及相关法律问题的请示复函》（〔2001〕执他字第22号）规定，人民法院在执行中依法采取拍卖、变卖措施，是基于国家公权力的行为，具有公信力，买受人通过法院的拍卖、变卖程序取得财产的行为，不同于一般的民间交易行为，对其受让所得的权益应当予以保护。2007年《关于原执行裁定被撤销后能否对第三人从债权人处买受的财产进行回转的请示的答复》（〔2007〕执他字第2号）明确："依据我院《关于人民法院执行工作若干问题的规定（试行）》第109条、第110条的规定，如果涉案执行财产已经被第三人合法取得,执行回转时应当由原申请执行人折价抵偿……"上述规定明确对第三人通过法院拍卖、变卖程序取得的财产,不宜执行回转,符合善意取得的制度精神。

2020年《执行工作规定》修正时,对折价赔偿作了进一步规定,双方当事人不能对折价赔偿达成一致的,应终结执行回转程序,申请执行人可以另行起诉。

## 案例索引

最高人民法院(2016)最高法执监218号执行申诉审查案

最高人民法院(2016)最高法执监266号执行异议审查案

广东省高级人民法院(2020)粤执监92号执行审查案

## 298 被执行人破产后,执行回转案件的申请执行人能否就应当执行回转部分的财产优先受偿?

答:在执行回转案件被执行人破产的情况下,可以参照取回权制度,对执行回转案件申请执行人的权利予以优先保护,认定应当执行回转部分的财产数额,不属于破产财产。因此,审理破产案件的法院应当将该部分财产交由执行法院继续执行,具体能否优先受偿,需要视执行情况综合判定。

## 理由与依据

《最高人民法院关于审理企业破产案件若干问题的规定》第71条列举的不属于破产财产的财产,不应理解为是对该类财产全部范围的限定,不排斥实践中依法认定其他不属于破产财产范围的财产。从取回权的角度看,破产取回权中涉及的财产一般都是有物的形态或者来源于有体物(如因原物毁损灭失而形成的代偿性取回权),但也承认以金钱形态存在的取回权,如信托财产、股民保证金等。理论上说，破产债务人持有这类财产构成一种推定的信托占有（借鉴英美法上的概念），其实质上的权利应属于执行回转债权人。据此，可将应当执行回转的财产（即使是金钱）认定为不属于破产财产，申请执行回转的权利人有取回权。

从执行回转债权人利益角度考量，企业法人破产的前提条件为其资产不足以清偿全部债务或者明显缺乏清偿能力，破产财产在优先清偿破产费用、共益债务及欠付职工工资医疗费用后，对于普通破产债权按比例清偿，若将应当执行回转部分的财产视为普通债权清偿，执行回转案件申请执行人的债权通常不能完全实现，获得清偿的比例较低，严重侵害执行回转债权人利益，赋予执行回转债权人取回权具有合理性。

## 立法沿革与争议

《企业破产法》第38条规定："人民法院受理破产申请后，债务人占有的不属于债务人的财产，该财产的权利人可以通过管理人取回。但是，本法另有规定的除外。"第39条规定："人民法院受理破产申请时，出卖人已将买卖标的物向作为买受人的债务人发运，债务人尚未收到且未付清全部价款的，出卖人可以取回在运途中的标的物。但是，管理人可以支付全部价款，请求出卖人交付标的物。"但未对破产债务人通过执行程序取得且应返还的财产是否属于债务人财产作出规定，实践中如何处理存在立法空白。

《最高人民法院执行工作办公室关于执行回转案件的申请执行人在被执行人破产案件中能否得到优先受偿保护的请示的答复》（〔2005〕执他字第27号）规定："人民法院因原错误判决被撤销而进行执行回转，申请执行人在被执行人破产案件中能否得到优先受偿保护的问题，目前我国法律尚无明确规定。我们认为，因原错误判决而被执行的财产，并非因当事人的自主交易而转移。为此，不应当将当事人请求执行回转的权利作为普通债权对待。在执行回转案件被执行人破产的情况下，可以比照取回权制度，对执行回转案件申请执行人的权利予以优先保护，认定应当执行回转部分的财产数额，不属于破产财产。"因此，审理破产案件的法院应当将该部分财产交由执行法院继续执行。

**案例索引**

天津市高级人民法院（2015）津高民一初字第0020号执行分配方案异议之诉纠纷案

**299** 公证债权文书因公证处工作人员参与伪造被撤销，能否申请执行回转？能否要求公证机关赔偿？

答：错误公证文书被撤销是执行回转的前提，题涉情形应适用执行回转程序。但是，该种情形下，执行回转申请人不能申请国家赔偿，公证机构及其公证员因过错给当事人、公证事项的利害关系人造成损失，应当由公证机构承担相应的赔偿责任。公证机构赔偿后，可以向有故意或者重大过失的公证员追偿。

**理由与依据**

当事人通过伪造证据、虚构事实申请办理赋强公证，公证处工作人员参与伪造，帮助当事人骗取公证债权文书的，属于公证债权文书无效或可撤销的情形。根据《公证法》《公证程序规则》的规定，当事人、公证事项利害关系人可以向出具公证书的公证机构提出复查以撤销公证书，公证书一经撤销自始无效。申请复查应在自知道或应当知道该公证书之日起1年内提出，最长不得超过公证书出具之日起20年。经公证的债权文书具有法律规定的无效、可撤销等情形，债务人可以在执行程序终结前，向法院提起诉讼，请求不予执行公证债权文书。人民检察院对仲裁裁决、公证债权文书等非诉执行活动负有法律监督职责。当事人可申请人民检察院向公证机构发出检察建议，撤销公证债权文书。

公证债权文书被撤销能否执行回转取决于公证债权文书的履行是否系通过法院执行程序。

民事执行中的国家赔偿，是指人民法院及其执行人员在执行过程中违法行使职权，给公民、法人或者其他组织的合法权益造成损害，国家依法承担的一种赔偿责任。[①]承担国家赔偿责任的原因主要在于法院执行错误，也即职权行为的违法性是人民法院承担国家赔偿责任的前提。人民法院依法执行赋强公证债权书，是合法的执行行为，不具有违法归责性，因此不符合国家赔偿责任的构成要件。

根据《公证法》第43条，公证机构及其公证员因过错给当事人、公证事项的利害关系人造成损失的，由公证机构承担相应的赔偿责任；公证机构赔偿后，可以向有故意或者重大过失的公证员追偿。

## 立法沿革与争议

《公证法》第28条规定，公证机构应当对证明材料是否真实、合法、充分进行审查。第39条规定："当事人、公证事项的利害关系人认为公证书有错误的，可以向出具该公证书的公证机构提出复查。公证书的内容违法或者与事实不符的，公证机构应当撤销该公证书并予以公告，该公证书自始无效；公证书有其他错误的，公证机构应当予以更正。"公证机构复查后，根据不同情况，可以作出维持公证书、撤销公证书、收回公证书更正后重发或补发等处理方法。利害关系人对上述处理决定有异议的，可以向地方公证协会投诉。第43条规定："公证机构及其公证员因过错给当事人、公证事项的利害关系人造成损失的，由公证机构承担相应的赔偿责任；公证机构赔偿后，可以向有故意或者重大过失的公证员追偿。当事人、公证事项的利害关系人与公证机构因赔偿发生争议的，可以向人民法院提起民事诉讼。"《最高人民法院关于审理涉及公证活动相关民事案件的若干规定》第1条规定："当事人、公证事项的利害关系人依照公证法第四十三条规定向人民法院起诉请求民事赔偿的，应当以公证机构为被告，人民法院应作为侵权责任纠纷案件受理。"

关于当事人是否可以申请国家赔偿的问题。肯定观点认为利益受损的当事人可以向执行法院主张国家赔偿，也可以选择通过诉讼向公证机关主张民事赔偿。否定观点认为公证债权文书被撤销主要责任在公证机关，应当由公证机关及其公证员承担民事赔偿。本书认为，当事人的损失，是由于公证处

---

[①] 俞朝凤：《民事执行中的国家赔偿》，载《人民司法》2006年第9期。

工作人员参与伪造合同和公证文书所致，并非由于法院违法或错误执行行为导致。因此，当事人不应申请国家赔偿，可按照《公证法》第43条第1款规定，要求公证机构承担相应的赔偿责任；公证机构赔偿后，可以向有故意或者重大过失的公证员追偿。

## 案例索引

江苏省高级人民法院（2019）苏执监470号执行监督案

# 第六章 执行监督

**300** 案外人对异议裁定未提起异议之诉，能否申请执行监督？

答：法律赋予案外人异议被裁定驳回后的救济途径是向执行法院提起案外人异议之诉，其逾期未在指定期间内提起诉讼，视为放弃自身权利，不能对生效异议裁定申请执行监督。

## 理由与依据

案外人对执行标的提出异议，人民法院经审查，裁定驳回异议后，案外人对执行裁定不服，可自裁定送达之日起15日内，向人民法院另行提起执行异议之诉。不提起异议之诉应视为放弃自身权利，不能再对生效异议裁定提起执行监督，避免法律程序被反复提起，浪费司法资源，防止权力滥用。

不服执行异议裁定，因不能归责于案外人的事由而未在法定期限内申请执行复议或者提起执行异议诉讼的，允许向上级法院申请执行监督；案外人未在法定期限内提出异议、申请复议、提起异议诉讼又无正当理由的，告知案外人不予立案。

## 立法沿革与争议

放弃异议之诉诉权能否启动执行监督程序，实践中有两种不同观点。否定观点认为，案外人异议被驳回后的救济途径应是向执行法院提起案外人异议之诉，其逾期未提起异议之诉，驳回异议裁定已经发生法律效力，为了避免司法资源浪费，以及案外人恶意反复启动执行程序，不能再对驳回裁定申请执行监督。肯定观点认为，执行监督作为法院内部监督执行行为和当事人权利救济的一种手段，执行法院驳回案外人异议后，无论何种情形，申请人均可以申请再次启动执行监督程序立案审查裁定是否合法。

本书认为，案外人逾期未提起异议之诉的，不能再通过启动执行监督程序救济。《民事诉讼法》第238条规定："执行过程中，案外人对执行标的提出书面异议的，人民法院应当自收到书面异议之日起十五日内审查，理由成立的，裁定中止对该标的的执行。理由不成立的，裁定驳回。案外人、当事人对裁定不服，认为原判决、裁定错误的，依照审判监督程序办理；与原判决、裁定无关的，可以自裁定送达之日起十五日内向人民法院提起诉讼。"根据上述法律规定，案外人对法院作出的异议裁定不服，应当在法定期间通过诉讼程序寻求救济，而不是通过执行监督程序处理。在执行异议被驳回后，案外人没有按照法律规定在法定期限内提起执行异议之诉，应当承担由此引起的不利法律后果，不能再提起执行监督。

## 案例索引

北京市高级人民法院（2022）京执复24号执行审查案
北京市高级人民法院（2020）京执监97号执行申诉案

## 301 检察机关是否有权对执行裁定进行抗诉？

答：从检察监督的方式看，有抗诉、检察建议和调查核实多种，但抗诉并不适用于执行检察监督，人民检察院监督执行活动应采用检察建议形式。

## 理由与依据

2011年，最高人民法院、最高人民检察院在部分地区进行民事执行活动法律监督的试点，将检察建议作为执行检察监督的确定方式，实践中，监督的方式包括抗诉、检察建议、监督建议、纠正违法通知书、暂缓执行建议、现场调查、要求法院书面说明执行情况等。[1]其中关于抗诉能否作为执行检察

---

① 参见谷佳杰：《民事执行检察监督的当下境遇》，载《当代法学》2015年第2期。

监督方式的争论最为激烈。在纠错的意义上，执行检察监督因受到民事执行效率价值的制约以及检察监督作用范围的限制，应奉行克制、谦抑的原则。[①]即使是人民检察院向人民法院提出民事执行监督检察建议，也应当经检察长批准或者检察委员会决定，制作检察建议书，在决定之日起15日内将检察建议书连同案件卷宗移送同级人民法院。《监督规则》明确人民检察院对执行活动提出检察建议的，应当经检察长或者检察委员会决定，制作《检察建议书》，在决定之日起15日内将《检察建议书》连同案件卷宗移送同级人民法院，并制作决定提出检察建议的《通知书》，发送当事人。《监督规定》和《监督规则》均未将抗诉纳入法定的执行监督方式之中，且现行有效的《最高人民法院关于对执行程序中的裁定的抗诉不予受理的批复》也体现了最高人民法院在这一问题上的态度。

## 立法沿革与争议

检察权对执行权的监督，不同时期的司法解释和司法政策变化较大。1991年《民事诉讼法》规定了检察机关对民事审判的监督，并未规定对民事执行的监督。最高人民法院认为检察机关对执行裁定无权提起抗诉。1995年《最高人民法院关于对执行程序中的裁定的抗诉不予受理的批复》（法复〔1995〕5号）规定："根据《中华人民共和国民事诉讼法》的有关规定，人民法院为了保证已发生法律效力的判决、裁定或者其他法律文书的执行而在执行程序中做出的裁定，不属于抗诉的范围。检察机关的法律监督权可以通过检察建议书等形式予以实现。"1998年《最高人民法院关于人民法院发现本院作出的诉前保全裁定和在执行程序中作出的裁定确有错误以及人民检察院对人民法院作的诉前保全裁定提出抗诉人民法院应当如何处理的批复》（法释〔1998〕17号）第2条规定："人民检察对人民法院作出的诉前保全裁定提出抗诉，没有法律依据，人民法院应当通知其不予受理。"1999年《最高人民检察院关于对已生效的中止诉讼的裁定能否提出抗诉》（高检发研字〔1999〕13号）："人民法院作出的中止诉讼的裁定并不是对案件最终处理，也不是诉讼程序的终结，人

---

[①] 参见肖建国：《民事执行中的检法关系问题——民事执行检察监督法理基础的另一种视角》，载《法学》2009年第3期。

民法院无法进行再审。人民检察院对人民法院已经生效的中止诉讼的裁定，不宜提出抗诉。但是，人民法院已经生效的中止诉讼的裁定确属不当的，可采用检察意见的方式向人民法院提出。"

2011年《最高人民法院、最高人民检察院关于在部分地方开展民事执行活动法律监督试点工作的通知》（高检会〔2011〕2号）第3条规定："人民检察院对符合本通知第二条规定情形的民事执行活动，应当经检察委员会决定并通过提出书面检察建议的方式对同级或者下级人民法院的民事执行活动实施法律监督。"2012年执行检察监督被作为一项法律制度在《民事诉讼法》中确立。2017年《监督规定》第1条规定："人民检察院依法对民事执行活动实行法律监督。人民法院依法接受人民检察院的法律监督。"监督方式为："人民检察院向人民法院提出民事执行监督检察建议，应当经检察长批准或者检察委员会决定，制作检察建议书，在决定之日起十五日内将检察建议书连同案件卷宗移送同级人民法院。"2021年《监督规则》第108条规定："人民检察院对执行活动提出检察建议的，应当经检察长或者检察委员会决定，制作《检察建议书》，在决定之日起十五日内将《检察建议书》连同案件卷宗移送同级人民法院，并制作决定提出检察建议的《通知书》，发送当事人。"两项规定均强调以检察建议的方式对人民法院执行活动进行监督。

关于检察机关能否对执行程序裁定提出抗诉的问题，有两种不同意见：肯定说认为，抗诉作为法律监督的一种手段，也应适用于执行过程中所作出的裁定。否定说认为，执行程序不同于审判程序。对于检察机关提出的抗诉，人民法院需要启动再审程序进行重新处理，抗诉的裁判必须满足能够被事后监督的要求。执行裁定只是为了保证生效裁判得以顺利执行的一种手段，属于程序性行为，没有再审内容，抗诉不适合作为执行裁定检察监督的方式。

## 案例索引

湖北省襄阳市樊城区人民法院检例第79号执行监督案（最高人民检察院检例第79号）

## 302 当事人、利害关系人能否对执行监督裁定提出异议、复议或再次申请执行监督？

答：执行监督与当事人、利害关系人提出执行异议等执行救济是两种不同的纠错机制，同时存在。异议复议针对的是人民法院违法或错误的执行行为，执行监督裁定是对执行救济进行监督的审查结果，因此，对执行监督裁定不能再提起异议、复议，但可以通过执行监督程序再进行救济。

### 理由与依据

执行监督属于广义的执行救济范畴，执行监督和狭义的执行救济都是纠正和制止违法执行行为的制度安排，因执行权兼具行政权和司法权性质，民事程序法侧重于执行权的不同性质，分别设计了依申请的救济和依职权的救济制度。以执行权的行政权属性为理论基础，可以建构以权力制约权力的执行权内部监督模式；以执行权的司法权属性为理论基础，可以通过赋予当事人异议权和诉权，实现权利救济的目的。[1] 执行监督作为一种法院内部的纠错机制，由《执行工作规定》首次确立，明确了最高人民法院对地方各级人民法院和专门法院执行案件进行监督，高级人民法院、中级人民法院对本辖区人民法院执行案件进行监督，构建自上而下的监督体系。[2] 由此可见，执行监督与执行异议复议是同时存在的两种纠错机制。

执行监督既可以由上级法院依职权启动，也可以依当事人、利害关系人申请启动，执行监督裁定是对执行实施或执行审查的监督结果，即使执行监督裁定直接变更了原执行行为，若允许对执行监督裁定再提出执行异议、复议，将造成救济程序循环往复。而且，执行监督裁定作为对监督的审查结果，也不符合对其提起执行异议复议的法定条件。如果当事人、利害关系人对执行监督裁定不服的，仍可以通过执行监督程序，对执行监督裁定再进行监督。

---

① 参见曹凤国、张阳主编：《最高人民法院执行批复理解与适用》，法律出版社2022年版，第458～459页。

② 参见江必新主编：《强制执行法理论与实务》，中国法制出版社2014年版，第473页。

需要澄清的是，执行法院发现本院作出的执行实施或执行审查案件存在违法或错误，撤销或者变更原执行裁定的，并不属于严格意义上的执行监督，相当于执行法院作出了一个新的执行行为，当事人、利害关系人对其提起执行异议、复议的，应当予以受理。

## 立法沿革与争议

1998年《执行工作规定》第129条规定："上级人民法院依法监督下级人民法院的执行工作。最高人民法院依法监督地方各级人民法院和专门法院的执行工作。"第130条第1款规定："上级法院发现下级法院在执行中作出的裁定、决定、通知或具体执行行为不当或有错误的，应当及时指令下级法院纠正，并可以通知有关法院暂缓执行。"此时期的规定较为原则。2006年《最高人民法院关于执行案件督办工作的规定（试行）》针对执行法院消极执行或者案件长期不能执结进行监督，作出较为系统的规制。2016年《最高人民法院关于人民法院办理执行信访案件若干问题的意见》结合相关法律及司法解释的规定，在总结实践经验的基础上，对执行审查类、执行实施类案的申诉信访处理作了较为系统的规定，其中第16条规定，当事人、利害关系人不服执行监督裁定，向上一级继续申诉信访，上一级人民法院应当作为执行监督案件立案审查，以裁定方式作出结论。2018年《最高人民法院执行局关于办理涉执申诉信访案件办理流程规范》将操作流程进一步细化。

有观点认为，执行监督从外延上看，不仅指向上级法院监督下级法院的执行裁定和执行行为，执行法院自己也可以启动执行监督程序。[1]广东省高级人民法院在相关案例中体现的观点认为，对于执行监督的后续救济，应分3种情形作出不同处理：（1）如果执行法院的执行监督裁定维持原执行行为的，由于执行监督行为未改变原执行行为，未导致执行状态或执行结果变化，视为新的执行行为未发生，当事人或利害关系人如对执行监督裁定不服，应通过执行申诉寻求救济。（2）如果执行法院的执行监督裁定撤销或改变原执行行为的，必然导致执行状态发生变化，该执行监督行为应视为新的执行行为，

---

[1] 《广东省高级人民法院关于办理执行监督案件的指引》第1条规定："本指引所称的执行监督，是指对执行实施、执行审查等各类执行案件进行监督审查的执行救济制度，包括上级法院对下级法院进行执行监督和本院自行启动执行监督。"

如当事人或利害关系人不服，可向执行法院提出执行异议。执行法院应予受理，并依《民事诉讼法》的规定进行审查处理。异议人不服执行法院的异议裁定，还可以向上级人民法院申请复议。（3）如果执行监督裁定是执行法院的上级法院作出的，无论是否撤销或改变执行法院的原执行行为，均应继续遵循执行监督途径予以解决。

## 案例索引

最高人民法院（2015）执复字第31号执行复议案

最高人民法院（2019）最高法执监374号执行监督案

## 303 执行监督案件中，人民法院是否可以超越当事人申诉请求进行全面审查？

答：执行监督是全面监督、上级监督、纠错监督、合法性监督，是对执行权、执行行为的监督，即使是依当事人申诉启动的执行监督程序，人民法院也可以不受当事人申诉请求的约束，对执行行为进行全面审查。

## 理由与依据

执行监督与审判监督同属于补救机制，再审程序模式分为监督型再审和救济型再审。救济型再审强调为当事人提供一种保障、恢复权利的特别途径，该种程序观尊重当事人的主体地位和处分权利，限制国家职权干涉。我国的审判监督模式属于典型的监督型再审，设置了若干监督者，以便保证裁判的正确性。如人民法院基于审判监督权启动再审程序，人民检察院抗诉启动审判监督程序，以及当事人申请再审。而《民事诉讼法》只是赋予了当事人申请再审的诉讼权利，未确立当事人申请再审行为具有启动再审程序的法律效力。

审判监督程序强调审判权对审判权的监督、保障审判的合法性，[①] 以"实事求是、有错必纠"为立法指导思想，在一定程度上干涉了当事人对其民事权利和诉讼权利的处分权。[②] 执行监督同样具备我国审判监督的制度特征，以纠正执行中的执行不当或执行错误，维护当事人的合法权益，确保执行活动依法、规范、文明进行为原则。执行监督相较于审判监督，其职权性色彩更为浓烈，当事人处分权的行使更多地表现为寻求执行救济。即使是依当事人申诉启动的执行监督程序，人民法院发现执行法院在当事人申诉请求以外存在其他违法或不当执行行为的，也应一并审查并作出裁定，不受当事人申诉请求的限制。此外，对全案进行审查，体现了执行监督程序对权利保障的准确性和全面性，否则点对点的审查模式会造成程序反复和司法资源的浪费。

## 立法沿革与争议

实践中，针对当事人提起的申诉，是否需要全案审查存在不同观点。否定说认为，民事诉讼应遵守"不告不理"和"当事人主义"原则，民事执行监督作为司法行为的专门监督程序，申诉启动的执行监督是一种有限监督。当事人提起的执行监督，是对执行法院办理执行案件过程中的某一执行行为提起的异议，并非对法院全部执行行为的否定，故在启动执行监督程序时，应主要考量和审查当事人、利害关系人提出的申诉要求是否符合法律规定，有针对性地对某一执行行为的合法性进行审查。因此，执行监督案件应围绕申诉人申诉的内容审查判定该执行行为是否合法、适用法律是否正确、是否损害了申诉人合法权利等，不能随意超越申诉范围。

## 案例索引

最高人民法院（2016）最高法执监41号执行监督案

最高人民法院（2015）执申字第57号执行监督案

---

[①] 参见江伟、肖建国主编：《民事诉讼法（第八版）》，中国人民大学出版社2018年版，第351页。

[②] 参加杨秀清、谢凡：《再审制度与审级制度衔接研究》，法律出版社2021年版，第44页。

**304** 人民检察院能否向法院提出暂缓执行建议？

答：人民检察院对生效法律文书提出暂缓执行建议没有法律依据，生效法律文书不因此中止或暂缓执行。

## 理由与依据

检察机关向法院提出暂缓执行检察建议主要出现在两种情形下，一是对执行行为或者执行措施建议暂缓；二是对人民法院据以执行的民事判决、裁定已经提出抗诉，进而建议暂缓执行。前者是实质意义上的对民事执行活动的监督。依据《监督规则》《监督规定》明确了通过检察建议的方式对民事执行活动进行监督，既包括对执行审查行为和执行实施行为的监督，也包含对积极行为和消极行为的监督，涵盖对事的监督和对人的监督。对执行依据提出抗诉进而建议暂缓执行，实际上是对民事诉讼活动进行监督的延伸，严格来说，不属于执行监督范畴。根据《民事诉讼法》的规定，检察院抗诉，人民法院应当作出再审的裁定。再审案件，应裁定中止原判决、裁定、调解书的执行。因此，检察院抗诉后，再提出暂缓执行建议无甚必要，而且人民检察院对人民法院生效民事判决提出暂缓执行的建议没有法律依据。

## 立法沿革与争议

在此之前的司法实践中，地方检察院及法院采用过多种执行监督手段，包括抗诉、检察建议、监督建议、纠正违法通知书、暂缓执行建议、现场调查、要求法院书面说明执行情况等。①

实践中关于执行检察监督方式的争议也从未停止。有观点认为，执行检察监督方式不应过于单一，可以采取抗诉、检察建议相结合，并辅之暂缓执行建议的方式。2016年《监督规定》和2021年《监督规则》强调了通过检察建议方式对执行活动进行监督，表明最高人民法院、最高人民检察院目前未将抗诉或暂缓执行纳入法定监督方式中，且现行有效的《最高人民法院关于对

---

① 谷佳杰：《民事执行检察监督的当下境遇》，载《当代法学》2015年第2期。

执行程序中的裁定的抗诉不予受理的批复》及《最高人民法院关于如何处理人民检察院提出的暂缓执行建议问题的批复》也体现了这一态度。实践中，有些地区将人民检察院暂缓执行的建议纳入检察建议的范围，人民检察院已经在执行程序中针对执行依据提出抗诉后向执行机构作出的暂缓执行建议，人民法院应予以采纳。① 如前述分析，检察院抗诉后作出暂缓执行的建议，有画蛇添足之嫌，且并无法律依据。

### 案例索引

辽宁省高级人民法院（2021）辽执复604号执行复议案

广东省高级人民法院（2018）粤执复21号执行审查案

### 305 当事人不服不予执行仲裁裁决的裁定，可否通过再审和执行监督程序予以救济？

答：当事人不服不予执行仲裁裁决的裁定，不能申请再审，但上级法院可以对其进行执行监督。

### 理由与依据

人民法院对仲裁裁决依法裁定不予执行后，就该裁定能否进行再审，并无相关法律规定此种裁定可以进入再审程序，当事人对不予执行仲裁裁决的裁定书不能通过再审救济。但因此类裁定系执行程序中所作出的执行行为，因此上级法院可以对该不予执行仲裁裁决的裁定依法进行监督。

不予执行仲裁裁决是人民法院对仲裁裁决行使司法监督权的体现，当执行依据为仲裁裁决时，在出现法定事由的情况下，人民法院在执行程序中，可以依法对该裁决进行审查。被申请人提出证据证明仲裁裁决有下列情形之

---

① 《江苏省高级人民法院关于加强和规范民事执行检察监督案件办理工作的指导意见》第11条。

一的，经人民法院组成合议庭审查核实，裁定不予执行：（1）当事人在合同中没有订有仲裁条款或者事后没有达成书面仲裁协议的；（2）裁决的事项不属于仲裁协议的范围或者仲裁机构无权仲裁的；（3）仲裁庭的组成或者仲裁的程序违反法定程序的；（4）裁决所根据的证据是伪造的；（5）对方当事人向仲裁机构隐瞒了足以影响公正裁决的证据的；（6）仲裁员在仲裁该案时有贪污受贿，徇私舞弊，枉法裁决行为的。人民法院认定执行该裁决违背社会公共利益的，裁定不予执行。裁定书应当送达双方当事人和仲裁机构。仲裁裁决被人民法院裁定不予执行的，当事人可以根据双方达成的书面仲裁协议重新申请仲裁，也可以向人民法院起诉。

当事人对不予执行仲裁裁决的裁定不能提出执行异议或者复议，但法律及司法解释并未禁止上级法院对此类裁定依法启动执行监督程序。执行监督是人民法院执行机构内部的一种纠正制度。上级人民法院发现下级人民法院所实施的执行行为，或者作出的执行裁定确有错误，依照一定的程序依法予以纠正。因此，不予执行仲裁裁决的裁定虽然不能通过复议或再审程序进行救济，但其毕竟是执行程序中所作出的执行裁决行为，应属于执行监督的范畴，故上级人民法院如果发现下级人民法院所作出的不予执行仲裁裁决确有错误的话，依法可以进行纠正。

执行法院办理不予执行内地仲裁机构的仲裁裁决案件的，应当向本辖区所属高级人民法院报核；高级人民法院经审核拟同意的，应当向最高人民法院报核。待最高人民法院审核后，方可依最高人民法院的审核意见作出裁定。因此，人民法院所作出的不予执行仲裁裁决裁定书，已经经由辖区内的高级人民法院和最高人民法院审核同意，当事人即使申请就该裁定进行执行监督，获得支持的可能性也不大。

## 立法沿革与争议

《最高人民法院关于当事人因对不予执行仲裁裁决的裁定不服而申请再审人民法院不予受理的批复》（已废止）规定，人民法院对仲裁裁决依法裁定不予执行，当事人不服而申请再审的，没有法律依据，人民法院不予受理。本书认为，仲裁裁决被人民法院裁定不予执行，并不影响双方当事人之间的实体权利义务关系，当事人仍可以通过另行达成仲裁协议重新进行仲裁或向人民法院提起诉讼的方式进行救济，相反通过另行达成仲裁协议重新仲裁或诉讼更为便捷。

## 案例索引

最高人民法院（2021）最高法执监12号执行监督案

# 第 二 编

# 实现金钱债权的终局执行

# 第七章　执行财产的范围

**306** 实现担保物权案件中，在执行程序未完毕但担保物价值小于债权金额时，执行法院能否执行担保人的非担保财产？

答：实现担保物权案件执行程序中，无论提供担保的系主债务人还是第三人，执行法院均不能执行担保人的非担保财产。

**理由与依据**

实现担保物权案件进入执行程序后，执行法院仅能依据实现担保物权裁定书针对被裁定拍卖、变卖的抵押物进行处置。执行程序未完毕时，案涉抵押物价值即便小于金钱债权，执行法院也不能直接执行担保人的非担保财产。

如提供担保物的是第三人，其仅在担保物本身的范围内承担担保责任。实现担保物权类执行案件将物上保证人列为被执行人仅是执行立案程序需要，执行程序仅能针对实现担保物权裁定书载明的担保财产采取执行变价措施。

如提供担保物的系主债务人，执行法院也不能直接执行主债务人的非担保财产。"实现担保物权案件的特别程序"属于非讼程序，而《民事诉讼法》和《民事诉讼法解释》中"裁定拍卖、变卖担保财产"的表述已经将可以裁定执行的财产范围限定为"担保财产"，故此，执行法院不应超越担保财产范围作出裁定并据以执行，如果在此类特别程序中裁定对债务人的非担保财产予以执行，实属"债权实现"，明显超出了"实现担保物权"的范围，也游离了该项程序设计的本旨。[①]

---

① 参见刘保玉：《附物权担保债权人的执行选择权问题探讨》，载《法学家》2017年第4期。

## 立法沿革与争议

《民事诉讼法》第207条规定:"申请实现担保物权,由担保物权人以及其他有权请求实现担保物权的人依照民法典等法律,向担保财产所在地或者担保物权登记地基层人民法院提出。"第208条规定:"人民法院受理申请后,经审查,符合法律规定的,裁定拍卖、变卖担保财产,当事人依据该裁定可以向人民法院申请执行;不符合法律规定的,裁定驳回申请,当事人可以向人民法院提起诉讼。"《民法典担保制度解释》第45条分情形对法院审查实现担保物权案件进行了规定。

《四川省高级人民法院关于审理实现担保物权案件若干问题的意见》第23条规定:"担保人与主债务人为一人时,在执行过程中,担保物被人民法院拍卖、变卖后,仍不足以清偿主债权的,人民法院不能对被申请人的其他财产继续执行。人民法院应当告知申请人可就未清偿部分的债权另行起诉。"《浙江省高级人民法院关于审理实现担保物权案件若干问题的解答(修订)》第11条规定:"担保财产价值不足以清偿债务的,债权人对债务人仍有求偿权,故可再起诉。"根据上述规定,实现担保物权类案执行中,担保物经变价仍不足以清偿主债权的,法院不得径行执行担保人的其他财产,债权人可通过另诉主张权利。

实践中有观点认为提供担保物的系主债务人时,可以在执行程序中直接裁定执行担保财产以外财产。因实现担保物权案件双方对主债务数额、实现方式等并不存在争议,法院出具的裁定书已经完成了查明法律事实的作用,且主债务人以其全部财产作为债务偿还来源,包括抵押物在内的全部主债务人财产均属于其责任财产范围,因此,在担保物价值不足以偿还全部债务时,可以直接裁定执行主债务人其他财产。

## 307 人民法院对国有划拨土地使用权能否采取执行措施?

答:强制执行被执行人名下的划拨土地使用权,具备正当性和合理性。但是执行法院在处置前应与相关部门充分沟通，同当地政府、土地管理部门、规划部门等形成一致意见。同时要全面调查土地情况，并在拍卖公告中披露相关信息。划拨土地使用权变价款应优先缴纳土地出让金及其他税费。

## 理由与依据

目前没有关于执行划拨土地使用权的明确规定，实践中的主流做法认可划拨土地使用权具备可执行性。

国有划拨土地使用权属于被执行人的财产性利益，若划拨土地使用权不能强制执行可能损害债权人的信赖利益。划拨土地使用权人对划拨土地享有占有、使用、收益、处分的权能，不能以没有支付对价为由否认使用权人对划拨标的物的财产权利。强制执行划拨土地使用权不会造成国家利益受损。

处置划拨土地使用权时，应当按照国务院规定报有批准权的人民政府审批，有批准权的人民政府准予转让的，应当由受让方办理土地使用权出让手续，并依照国家有关规定缴纳土地使用权出让金。划拨土地使用权办理抵押的情况下，依法拍卖该房地产后，应当从拍卖所得的价款中优先缴纳应缴纳的土地使用权出让金款额后，抵押权人方可优先受偿。出让金优先权制度保证了国家在土地上的经济收益，在拍卖、变卖划拨土地使用权或者裁定以物抵债时，应当优先缴纳土地出让金及相关的必要款项。

## 立法沿革与争议

1997年，原国家土地管理局《对最高人民法院法经（1997）18号函的复函》（〔1997〕国土函字第96号）明确了划拨土地使用权的处置规则："对通过划拨方式取得的土地使用权，由于不属于当事人的自有财产，不能作为当事人财产进行裁定。但在裁定转移地上建筑物、附着物涉及有关土地使用权时，在与当地土地管理部门取得一致意见后，可裁定随地上物同时转移。凡属于裁定中改变土地用途及使用条件的，需征得土地管理部门同意；补交出让金的，应在裁定中明确，经办理出让手续，方可取得土地使用权。"2019年《自然资源部关于公布继续有效的规范性文件目录的公告》中，上述规定没有在继续有效之列。2006年，《最高人民法院关于人民法院执行以划拨方式取得的土地使用权的请示的答复》（〔2005〕执他字第15号）中载明："……裁定书所处置的财产虽然涉及国有划拨土地使用权，但事先已经双方当事人同意，事后砀山县土地主管部门又予以认可，符合《中华人民共和国城市房地产管理法》和《中华人民共和国城镇国有土地使用权出让和转让暂行条例》的相关规定及国家土地局〔1997〕国土函字第96号精神。因此，宿州市中级人民法院上述民事裁定并无不当。但是在具体工作中应严格程序，注意及时同相关部门沟通协商。"该答复在肯定了划拨土地使用权可执行性的同时，认可了〔1997〕国土函字第96号中处置划拨土地使用权要与土地管理部门取得一致意见的做法。有观点认为，划拨土地使用权不属于被执行人的财产，不能被强制执行。《最高人民法院关于破产企业国有划拨土地使用权应否列入破产财产等问题的批复》（2020修正）第1条明确："根据《土地管理法》第五十八条第一款第（三）项及《城镇国有土地使用权出让和转让暂行条例》第四十七条的规定，破产企业以划拨方式取得的国有土地使用权不属于破产财产，在企业破产时，有关人民政府可以予以收回，并依法处置。"既然企业破产时划拨土地使用权不能作为破产财产，划拨土地使用权人作为被执行人时，其划拨土地使用权当然不能作为被执行人的财产。而实际上，前述批复是基于《土地管理法》和《城镇国有土地使用权出让和转让暂行条例》的明确规定，[①]而并无明确规定禁止对划拨土地使用权进行司法拍卖。

另外，自行转让划拨土地使用权须经过相关部门审批，那么法院处置划拨土地使用权时是否需要审批？一种观点认为，根据《国家土地管理局关于人民法院裁定转移土地使用权问题对最高人民法院经（1997）18号函的复函》及《最高人民法院关于人民法院执行以划拨方式取得的土地使用权的请示的答复》中的相关精神，处置前应当经相关部门同意。另有观点认为，现有法律法规虽对国有划拨土地使用权的转让予以限制，但其规制的是平等主体间的

---

① 《土地管理法》第58条规定："有下列情形之一的，由有关人民政府自然资源主管部门报经原批准用地的人民政府或者有批准权的人民政府批准，可以收回国有土地使用权：（三）因单位撤销、迁移等原因，停止使用原划拨的国有土地的。"

《城镇国有土地使用权出让和转让暂行条例》第47条规定："无偿取得划拨土地使用权的土地使用者，因迁移、解散、撤销、破产或者其他原因而停止使用土地的，市、县人民政府应当无偿收回其划拨土地使用权，并可依照本条例的规定予以出让。"

土地使用权流转，法院的强制执行不受此限。最高人民法院在（2011）执复字第1号裁定书中认为："……关于国有划拨土地使用权的转让需经有批准权的人民政府审批的规定，是对企业自主转让划拨土地使用权的限制，并未限制人民法院依法强制执行……故轻骑集团认为处置划拨土地使用权必须事先经政府审批同意的复议理由不能成立。"

本书认为，为避免引发争议，执行机构在处置前应当与政府、土地管理部门进行充分沟通，取得一致意见。

处置之前应当对划拨土地进行全面调查。调查内容至少包括以下内容：一是土地使用权情况，包括土地使用权的登记情况，是否存在权属争议，抵押及查封情况，是否有欠缴补偿款或者税费等相关费用；二是地上建筑物情况，包括建筑物所有权人是否与土地使用权人一致，是否两证合一，地面建筑物的占有、使用情况，是否出租及承租人、租赁期限、租金支付情况等。

## 案例索引

最高人民法院（2018）最高法执监92号执行监督案

最高人民法院（2021）最高法执监398号执行裁定案

## 308 人民法院能否执行银行直销和代销的理财产品，对不同理财产品的执行措施有何不同？

答：可以强制执行。银行直销理财产品为商业银行自行设计并发行的相关金融产品，法院可以在冻结被执行人购买理财产品的清算账户后，对理财产品对应的资金予以直接扣划。而对于银行代销的理财产品，实践中常见的有信托产品、基金产品、保险产品、资产管理计划产品等，在此类财产执行中因涉及第三人即发行方的协助配合，法院须向发行方发出执行裁定和协助执行通知书，将案涉金融产品变现后方可扣划相应变价款。

## 理由与依据

根据《商业银行法》第3条第1款第14项"商业银行可以开展经国务院银行业监督管理机构批准的其他业务",以及2005年银监会发布的《商业银行个人理财业务管理暂行办法》第10条"商业银行在综合理财服务活动中,可以向特定目标客户群销售理财计划"之规定,银行直销的理财产品是指由商业银行自行设计并发行,根据产品合同的约定将其募集到资金投入相关金融市场或者购买相关金融产品,获取投资收益后,再根据合同的约定分派给投资人的一种金融产品。[①] 银行理财产品的销售本质上属委托投资的合同关系,属私法领域,一方是作为投资者的客户,另一方则为商业银行,即销售理财产品一方。因此,在涉银行直销的理财产品执行中,法院的强制执行不受民事合同的约束,可直接予以执行。而对于银行代销的理财产品,银行仅系以代销产品发行人的名义与金融消费者签订金融产品销售合同,银行提供推介等金融服务,其与发行方之间构成委托代理关系,与金融消费者之间,尽管其负有金融监管规定的适当推介或金融消费者适当性审查等义务,但就理财产品来说,银行与金融消费者之间并不存在直接的合同关系。在强制执行该类理财产品时,仍须第三方协助执行,根据不同类型金融产品的基础法律关系,法院的执行方式受到《证券投资基金法》《信托法》等相应法律规范的约束。

## 立法沿革与争议

2015年11月,最高人民法院、中国银行业监督管理委员会联合下发的《人民法院、银行业金融机构网络执行查控工作规范》第1条规定,人民法院可以通过网络执行查控系统对被执行人的银行账户、银行卡、存款及其他金融资产采取查询、冻结、扣划等执行措施。2020年修正的《最高人民法院关于人民法院民事执行中查封、扣押、冻结财产的规定》第2条,人民法院可以查封、扣押、冻结被执行人占有的动产、登记在被执行人名下的不动产、特定动产及其他财产权。该规定中,人民法院可以查封、扣押、冻结的范围除

---

① 胡云祥:《商业银行理财产品性质与理财行为矛盾分析》,载《上海金融》2006年第9期。

了不动产、动产之外，还包括其他财产权，无论银行代销或直销的理财产品均属于被执行人的财产权。《民事诉讼法》第252条规定，被执行人未按执行通知履行法律文书确定的义务，人民法院有权向有关单位查询被执行人的存款、债券、股票、基金份额等财产情况。人民法院有权根据不同情形扣押、冻结、划拨、变价被执行人的财产。人民法院查询、扣押、冻结、划拨、变价的财产不得超出被执行人应当履行义务的范围。人民法院决定扣押、冻结、划拨、变价财产，应当作出裁定，并发出协助执行通知书，有关单位必须办理。

基于被执行人在购买理财产品时与发行方签订的理财合同中通常约定不得提前赎回的条款，法院是否可以强制要求发行方采取提前赎回的方式对理财产品予以变现并扣划，实践中存在争议。一种观点认为，强制执行固然应当保障申请执行人的权益，但同时也要尽量避免给被执行人造成额外损失，因此应在理财产品到期后再予以强制扣划；另一种观点认为，由于理财产品种类繁多，周期长短不一，一律要求到期后才可予以扣划，不利于维护申请执行人的权益，亦违背执行效率原则，因此，在法律规范对理财产品的回赎期限没有强制规定的情况下，理财产品合同约定的赎回期限不得约束强制执行行为，法院应当立即采取强制措施，不必等待理财产品到期。另外，实务中存在资金回款账户与理财产品并非被同一法院冻结的情形，理财产品的赎回或变现存在两种资金流转方式，一种是由发行方将变价款直接支付至冻结理财产品的法院，另一种是变价款回归至资金回款账户中，如果资金款项回至冻结该资金账户的其他法院，还会涉及理财产品冻结法院与资金账户冻结法院之间对该理财产品回款归属的争议。

### 309 人民法院能否执行违章建筑及不具备初始登记条件的在建房屋？

答：人民法院可以对违章建筑进行现状处置。处置过程中应当进行充分的信息披露及风险提示。

## 理由与依据

违法建筑及不具备初始登记条件的房屋可以成为强制执行的对象。一是违法建筑及不具备初始登记条件的房屋具有使用价值,可帮助实现债权人债权。依据《民法典》,因合法建造、拆除房屋等事实行为设立或者消灭物权的,自事实行为成就时发生效力,虽然被执行人不能享有所有权,但基于占有仍然享有使用、收益的部分权能,无绝对排他性,不得对抗司法机关。二是司法拍卖属公法性质拍卖,不受《拍卖法》及《拍卖法实施细则》禁止流通物不得拍卖的限制。[①]违法建筑物本身违法或者不具备初始登记条件并不等于处置违法建筑物的行为违法,司法拍卖合法与否的判断标准是且只能是"是否损害他人利益或社会公共利益",而对违法建筑及不具备初始登记条件的房屋的拍卖,并不会新增或扩大其对他人或社会的"负面影响"。原则上违法建筑因违反了禁止性法律规定,不能进行产权登记,但在被拆除前,仍具有一定的使用价值,被执行人因长期占有、使用、租赁等方式取得收益。因此,违法建筑及不具备初始登记条件的房屋应视为被执行人可供执行的财产。

处置此类财产时,法院应在拍卖公告中披露房屋不具备登记条件的现状及土地性质,后续的产权登记事项及将来可能面临的拆除、拆迁及补偿不能等风险。另外,不可将权属转移登记作为前置条件,避免通过协助执行行为将违法建筑合法化,造成民事执行权对行政权的僭越。

## 立法沿革与争议

《最高人民法院关于转发住房与城乡建设部〈关于无证房产依据协助执行文书办理产权登记有关问题的函〉的通知》(法〔2012〕151号)规定:"各级人民法院在执行程序中,既要依法履行强制执行职责,又要尊重房屋登记机构依法享有的行政权力;既要保证执行工作的顺利开展,也要防止'违法建筑'等不符合法律、行政法规规定的房屋通过协助执行行为合法化……不具备初始登记条件的,原则上进行'现状处置',即处置前披露房屋不具备初始登记条件的现状,买受人或承受人按照房屋的权利现状取得房屋,后续的产权登

---

[①] 朱昕昱:《违章建筑强制执行的体系化构建——基于法院裁判文书的分析》,载《中国不动产法研究》2018年第2期。

记事项由买受人或承受人自行负责。"该通知明确了执行不具备初始登记条件的房屋应以"现状处置"为原则。

有观点认为，建造违法建筑本身即为破坏正常秩序的行为，损害有关国家行政机关行使行政管理职能的权威性，其后果为拆除或没收，而且违法建筑执行后不能办理过户登记手续，不具有可执行性。实践中，存在拒绝执行违法建筑的情形。如前所述，如果违章建筑具有一定的使用价值，可被视为"可供执行的财产"。

还有观点认为，违法建筑转化为合法建筑后才具有可执行性。法院执行时须与行政机关联系、协商，待被执行人限期改正、补办手续，将违法建筑转化为合法建筑后，可采取进一步的执行措施。实际上，行政法律规范之所以规制违法建筑，是因为建造违法建筑触犯了国家城市规划、土地利用、不动产权属、建筑活动管理等法律制度。如果要求在执行前将违法建筑转化为合法建筑，将减损执行效率，且有些违法建筑根本无法转化为合法建筑。反之，在拍卖时告知竞买人违法建筑的权利瑕疵，由竞买人自行承担拍卖标的不能转化为合法建筑、被拆除或没收等风险，并不影响行政行为目的的实现。[①]

**案例索引**

最高人民法院（2016）最高法执监161号执行监督案

**310** 对被执行人的唯一住房能否执行？

答：在保障被执行人及其所抚养家属必需的居住房屋的情况下，人民法院可以对被执行人的唯一住房采取执行措施。

---

① 肖建国、庄诗岳：《论民事执行权与行政权的冲突与协调》，载《东岳论丛》2020年第6期。

## 理由与依据

关于对被执行人"唯一住房"能否执行的问题源于《查扣冻规定》，其第4条规定："对被执行人及其所扶养家属生活所必需的居住房屋，人民法院可以查封，但不得拍卖、变卖或者抵债。"该条规定成了被执行人"唯一住房"不得执行的主要法律依据。但"唯一住房"并不完全等同于"必要住房"，将《查扣冻规定》对"必要住房"的保障等同于对"唯一住房"的豁免执行，混淆了二者的概念。

"唯一住房"并非"必要住房"，可以如下标准判断"唯一住房"是否为"必需住房"：一是房屋的基本状况。房屋的面积大小、房间数量等是否超出了社会一般民众生活必需的水平，如住房建筑面积达到当地住房和城乡建设部门公布的廉租住房保障面积的150％的，可以判断为面积过大；住房建筑面积达到当地住房和城乡建设部门公布的廉租住房保障面积且房屋单价达到当地（县级市、县、区范围）住房均价的150％的，可以判断为市场价值过高。二是被执行人是否实际使用该房屋，以及房屋的主要用途是否为家庭自住，若房屋长期处于空置状态，或者被用于出租经营使用，说明被执行人可能存在其他住处，对其名下唯一住房的执行影响不大。三是被执行人的收入状况及劳动能力。鉴于被执行人的学历、工作、收入、年龄等，不同的被执行人的收入水平和劳动能力也不一样，假如被执行人已无劳动能力、无固定收入来源，唯一住房可能是其必要住房。

执行法院已经实现从保障被执行人及其所抚养家属居住房屋的所有权向保障被执行人及其所抚养家属居住权的转变。被执行人名下虽然只有唯一住房，但对被执行人有扶养义务的人名下有其他能够维持生活必需的居住房屋的；执行依据生效后，被执行人为逃避债务转让其名下其他房屋的；申请执行人按照当地廉租住房保障面积标准为被执行人及所扶养家属提供居住房屋，或者同意参照当地房屋租赁市场平均租金标准从该房屋的变价款中扣除5年至8年租金的。在已经充分保障了被执行人及其所抚养的家属必要的居住房屋的情况下，无论是通过提供租金还是设立居住权或是更换房屋，人民法院即可执行被执行人的房屋，以执行标的系被执行人及其扶养家属维持生活必需的居住房屋为由提出异议的，人民法院不予支持。法律要保护的是当事人的基本生存权而非房屋所有权，不能让本应由政府承担的社会保障义务全部转嫁给债权人承担。只要保障生活必需居住房屋的，执行唯一住房不损害被执行人的生存权。

## 立法沿革与争议

《民事诉讼法》第254条第1款规定："被执行人未按执行通知履行法律文书确定的义务，人民法院有权查封、扣押、冻结、拍卖、变卖被执行人应当履行义务部分的财产。但应当保留被执行人及其所扶养家属的生活必需品。"

《查扣冻规定》第4条规定："对被执行人及其所扶养家属生活所必需的居住房屋，人民法院可以查封，但不得拍卖、变卖或者抵债。"第5条规定："对于超过被执行人及其所扶养家属生活所必需的房屋和生活用品，人民法院根据申请执行人的申请，在保障被执行人及其所扶养家属最低生活标准所必需的居住房屋和普通生活必需品后，可予以执行。"该条并未直接规定"唯一住房不得执行"，但部分法院出于维护社会稳定等考虑，在被执行人名下只有一套住房时采取了"查封后待处置"的做法，造成了查封房产久拖不决的局面，债权人的利益难以实现。

《异议复议规定》第20条是对《查扣冻规定》的修改和完善，其第1款规定："金钱债权执行中，符合下列情形之一，被执行人以执行标的系本人及所扶养家属维持生活必需的居住房屋为由提出异议的，人民法院不予支持：（一）对被执行人有扶养义务的人名下有其他能够维持生活必需的居住房屋的；（二）执行依据生效后，被执行人为逃避债务转让其名下其他房屋的；（三）申请执行人按照当地廉租住房保障面积标准为被执行人及所扶养家属提供居住房屋，或者同意参照当地房屋租赁市场平均租金标准从该房屋的变价款中扣除五至八年租金的。"

《最高人民法院关于依法妥善审理涉及夫妻债务案件有关问题的通知》第6条规定："…… 执行夫妻名下住房时，应保障生活所必需的居住房屋，一般不得拍卖、变卖或抵债被执行人及其所扶养家属生活所必需的居住房屋。"有观点认为此规定与《异议复议规定》第20条冲突，但《异议复议规定》也是在明确保障被执行人基本居住权益的前提下，才能例外执行被执行人及所扶养家属的居住房屋，如果涉案房产满足规定条件，依然可以被强制执行。

**案例索引**

甘肃省高级人民法院（2020）甘民终647号案外人执行异议之诉案

**311** 人民法院能否执行被执行人未成年子女名下的住房？

答：房屋虽登记在未成年子女名下，但法院在综合分析房屋的购买时间、产权登记时间、购房款支付和购买后的使用情况等因素的基础上，认定房屋实为被执行人的家庭共有财产，未成年子女不享有该房屋所有权的，可以强制执行。

**理由与依据**

父母将房屋登记在未成年子女名下的原因可能是基于赠与的真实意思表示，但也存在部分被执行人为规避执行，以未成年子女名义购买房屋并登记在子女名下的情形。不应当仅根据父母为未成年子女出资购买、房屋实际登记在未成年子女名下等行为就直接认定案涉房屋系未成年人通过赠与所得的个人财产，也不能仅根据未成年人家庭成员的特殊身份就直接否定赠与关系认定案涉房屋系被执行人的财产，从申请执行人、被执行人、被执行人未成年子女等各方当事人权利保护角度出发，应在考虑登记公示公信效力的基础上，综合考虑被执行人是否存在规避执行的情形，从而确定涉案房屋能否作为被执行人的责任财产。

**立法沿革与争议**

认为人民法院可以执行被执行人的未成年子女名下住房的，理由有二：一是未成年子女虽然无能力出资购买案涉房屋，但从父母将其出资购买的房屋以未成年子女的名义签约并登记在其名下等行为来看，应认定存在对未成年子女赠与的意思表示，认定赠与关系成立，案涉房屋为未成年子女的个人财产而非家庭共同财产，能够排除对案涉房屋的执行。[1] 二是因物权登记具有公示公信效力，主张被执行人以未成年子女名义购买并登记为子女名下的房屋不能被执行。[2]

认为不能排除被执行人的未成年子女名下住房执行的，有两种观点：一种观点认为，未成年子女作为家庭成员之一，其名下的财产不存在因接受赠与、继承、投资等途径获得的情况下，案涉房屋应认定为家庭共同财产，不能排除对案涉房屋的执行[3]。另一种观点认为，应当综合分析购房签约及产权登记时间、房屋实际占有使用情况、是否存在恶意规避债务履行等方面来判断是否构成赠与，否则认定为家庭共同财产。[4]

## 案例索引

最高人民法院（2020）最高法民申6800号执行异议之诉再审审查与审判监督案

最高人民法院（2020）最高法民申5648号执行异议之诉再审审查与审判监督案

## 312 人民法院能否对船舶期租人租赁的船舶采取扣押、拍卖措施？

答：对船舶期租人租赁的船舶不得采取扣押、拍卖措施。

## 理由与依据

海事诉讼有其特殊性，具有与一般民事诉讼程序明显不同的适用标准。船舶的光船承租人对海事请求负有责任，并且在实施扣押时是该船的光船承

---

[1] 浙江省高级人民法院（2017）浙民再140号民事判决书。
[2] 广东省广州市中级人民法院（2018）粤01执复178号民事裁定书。
[3] 最高人民法院（2021）最高法民申1583号民事裁定书。
[4] 最高人民法院（2020）最高法民申6800号再审民事裁定书。

租人或者所有人时，海事法院可以扣押非船舶所有人的当事船舶。但该规则适用有一定限制，即只有在光船租赁情况下，可以扣押非船舶所有人的当事船舶。因光船租赁由承租人配备船员进行营运，并对营运中的债务承担责任，俗称"二船东"。为了维护国际航运安全秩序，国际海事法律规定了严格的船舶登记制度，国际海事组织对参与国际运输的船舶航线和进出港进行跟踪记录，强调船舶航运的主体地位和责任。因此一旦发生事故，找船容易，找人则如大海捞针。实践中逐渐形成了扣押"当事船舶"的制度。普通法系国家和地区，包括新加坡以及我国香港特别行政区，有对物诉讼制度，可以把当事船舶视为责任人进行扣押，而不论债务人是不是船舶所有人，如果无人应诉则可拍卖船舶。1952年《统一海船扣押某些规定的国际公约》与1999年《国际船舶扣押公约》都规定可以因光船承租人负责的海事请求扣押当事船舶，以保全海事请求。但是，期租是船舶出租人向承租人提供约定的由出租人配备船员的船舶，由承租人在约定的期间内按照约定的用途使用并支付租金，期租人与光船租赁人明显不同，并不能适用特殊的规定，应当按照一般的民事规则予以执行，即不得扣押、拍卖期租人租赁的船舶。

## 立法沿革与争议

1994年《最高人民法院关于海事法院诉讼前扣押船舶的规定》允许因经营人、承租人（包括光租、期租、航次租船三种承租人）的债务扣押当事船舶，但同时制定的《最高人民法院关于海事法院拍卖被扣押船舶清偿债务的规定》只允许拍卖被告所有的船舶，由此产生了"能扣不能卖"的矛盾情形。这导致海事法院陷入"卖不得又放不得"的窘境，海事请求人申请扣押了船舶却无法拍卖受偿，船舶所有人也无法请求解除扣押或主张扣押错误索赔，广受社会各界诟病。1999年制定《海事诉讼特别程序法》时，删去了《关于海事法院诉讼前扣押船舶的规定》中的船舶经营人、期租承租人、航次承租人，缩小到只有因光船承租人的债务才能扣押当事船舶，同时也不再要求只能拍卖被告所有的船舶。《海事诉讼特别程序法》立法本意就是"能扣就能卖"，否则就无法实现保全的目的。此外，如果不允许货主等海事请求人拍卖光租的当事船舶，会鼓励一些船东将船舶登记在单船公司名下，再通过光租形式经营船舶，以此逃避责任。因此，《最高人民法院关于扣押与拍卖船舶适用法律若干问题的规定》第3条采纳了"能扣就能卖"的观点，明确规定："船舶因光船承租人对海事请求负有责任而被扣押的，海事请求人依据海事诉讼特别程序法第二十九条的规定，申请拍卖船舶用于清偿光船承租人经营该船舶产生的相关债务的，海事法院应予准许。"从主体上看，可以申请拍卖船舶的须为依法申请扣押光租船舶的海事请求人；从申请事由上看，该拍卖申请仍要符合《海呈诉讼特别程序法》第29条规定的4个条件；只有因当事船舶在光租期间引起的债务才能在拍卖款中获得清偿。

### 案例索引

宁波海事法院（2002）甬海温执字第26号执行案（全国海事法院扣船与拍卖十大典型案例）

### 313 同一执行案件中，既有保证担保又有财产担保，如何确定执行顺位？

答：混合担保对实现债权有约定应从其约定，没有约定或约定不明的，应当优先执行债务人提供的物的担保，债务人未提供物保或其担保不足以实现债权或其担保物财产严重不方便执行时，申请执行人才可以选择任一被执行人的财产执行。

### 理由与依据

债务人提供的物保优先于保证担保。第一，在债权债务民事法律关系中，债务责任的最终承担者是债务人，保证人仅在债务人无力承担债务时代为承担债务。如果保证人先承担担保责任，保证人还需向债务人追偿，将使得市场交易更为复杂，造成司法资源的浪费。第二，按照公平原则，债务人提供物保的情况下，其他保证人对先以债务人提供的物保实现债权存在顺位信赖利益，<sup>①</sup>先执行保证人的财产，对保证人显失公平。因此，只有在没有债务人自己的物的担保的情况下或其担保不足以实现债权或担保物财产严重不方便执行时，<sup>②</sup>申请执行人才可以选择任一被执行人的财产进行执行。

## 立法沿革与争议

关于混合担保责任的顺位问题，我国立法的理念经历了如下的变迁。1995年《担保法》及2000年《担保法解释》（已失效）中规定了混合担保责任，但《担保法》与《担保法解释》持不同观点。学术观点的冲突和《担保法》及其司法解释理念的差异，导致裁判理念的分歧和司法实践的困惑，为此，我国原《物权法》对混合担保中物保与人保的关系进行了明确，并规定《担保法》与《物权法》不一致的，适用《物权法》。此后，《民法典》施行后，《物权法》已经废止，但原《物权法》第176条的规定为《民法典》第392条所沿用。

关于物保与人保并存时履行顺位如何确定的问题，实践中有不同观点。物保优先说认为应优先执行担保财产。物保与人保责任平等说认为应充分尊重债权人的意思自治，在物保和人保间保障债权人的自由选择权。

## 案例索引

最高人民法院（2017）最高法执复38号执行复议案

最高人民法院（2020）最高法执监41号执行监督案

## 314 人民法院能否执行基金托管账户中的资金？

答：基金管理人开立的基金托管账户中的资金属于基金的独立财产，而非基金管理人的固有财产，故而在基金管理人被强制执行时，其开立的基金托管账户中的资金不能被强制执行。但当基金自身

---

① 最高人民法院（2017）最高法民终964号民事判决书。

② 最高人民法院（2017）最高法执复38号民事裁定书。

作为被执行人时，人民法院可以强制执行基金托管账户中的资金。

## 理由与依据

　　基金财产是独立于基金管理人、基金托管人的固有财产。基金管理人、基金托管人不得将基金财产归入其固有财产。非因基金财产本身承担的债务，不得对基金财产强制执行。基金设立目的是由基金管理人管理，基金托管人托管，为基金份额持有人的利益，进行证券投资活动。基金份额持有人与基金管理人构成信托关系。信托财产具有独立性，只有基于受托人处理信托事务或信托财产本身产生的债务等法定情形，如信托管理人报酬的管理费与托管费，信托管理人管理运用信托财产所支出费用或对第三人所负债务，信托财产本身应负担的税款，人民法院才可以对信托财产强制执行。因此，当基金管理人或基金托管人作为被申请人或被执行人时，非因基金财产本身承担的债务人民法院不得对基金账户内的资金采取保全或执行措施。但当基金本身作为被执行人或被申请人时，人民法院可以依法保全或查封基金账户。

## 立法沿革与争议

　　《证券投资基金法》第7条规定："非因基金财产本身承担的债务，不得对基金财产强制执行。"历经两次修改，条文内容并无变化。

## 案例索引

　　最高人民法院（2021）最高法执监485号执行监督案
　　江苏省高级人民法院（2020）苏执复203号财产保全案

**315** 被执行人死亡的，如何确定履行执行义务的主体？继承人放弃继承或者受遗赠人放弃遗赠，人民法院能否直接执行遗产？

答：作为被执行人的公民死亡，申请执行人申请变更遗产管理人、继承人、受遗赠人或其他因该自然人死亡或被宣告死亡取得遗产的主体为被执行人，在遗产范围内承担责任的，人民法院应予准许。

被执行人死亡的，如申请执行人提供继承人放弃继承或者受遗赠人放弃遗赠的证据申请人民法院直接执行遗产，人民法院可以依据《民事诉讼法解释》第473条之规定直接执行遗产。

## 理由与依据

执行程序中，被执行人死亡，并不意味着生效法律文书确定的内容或债权债务关系消灭。为了保障债权人的权益，《民事诉讼法》第243条对被执行人死亡或者终止时的执行作出了规定。作为被执行人的公民死亡后，不论其遗产是否有人继承，也不论继承人是否承认被执行人生前的债务，人民法院均可从其遗产中划出被执行人应当履行义务的债款，此种执行，仅限于遗产。[①] 即作为被执行人的公民死亡的，取得遗产的主体在取得遗产范围内承担清偿责任。

诚然，《民法典》遗产管理人制度的设立有利于妥善管理、分割遗产，平衡继承人间的权益，解决遗产纠纷中的诉讼担当问题，但在债权人债权已经生效法律文书确认进入执行程序的前提下，有观点认为在继承人放弃继承或者受遗赠人放弃遗赠时，依据《民法典》及《变更追加规定》第10条之规定不得直接执行遗产，申请执行人必须通过确认遗产管理人、申请追加遗产管理人为被执行人、进而在遗产范围内执行的路径实现债权，该观点是对相关法律司法解释的误读误用，违反了《民事诉讼法解释》第473条之规定，亦有违执行效率原则。基于被执行人死亡时以其遗产偿还债务之规定，无论是否追加取得遗产的主体为被执行人，执行范围均限于取得遗产范围内，质言之，被执行人死亡时，

---

① 参见全国人大常委会法制工作委员会民法室编著：《〈中华人民共和国民事诉讼法〉释解与适用》，人民法院出版社2012年版，第375页。

遗产是清偿其债务的唯一财产来源。因此，在继承人放弃继承或者受遗赠人放弃遗赠时，人民法院直接执行遗产并无不当。

作为一方当事人的公民死亡，需要等待继承人继承权利或者承担义务的，人民法院应当裁定中止执行。此时如申请执行人持继承人放弃继承或者受遗赠人放弃遗赠的证据申请人民法院恢复执行同时直接执行遗产的，人民法院依据《民事诉讼法解释》第473条之规定直接执行遗产符合执行效率原则，有利于债权人迅速实现债权。如申请执行人申请追加遗产管理人为被执行人，在遗产范围内承担责任，人民法院应当予以准许。对遗产管理人的确定有争议，利害关系人申请指定遗产管理人，可以向被继承人死亡时住所地或者主要遗产所在地基层人民法院提出，人民法院受理申请后，应当审查核实，并按照有利于遗产管理的原则，判决指定遗产管理人。

## 立法沿革与争议

2016年《变更追加规定》第10条第1款规定："作为被执行人的公民死亡或被宣告死亡，申请执行人申请变更、追加该公民的遗嘱执行人、继承人、受遗赠人或其他因该公民死亡或被宣告死亡取得遗产的主体为被执行人，在遗产范围内承担责任的，人民法院应予支持。继承人放弃继承或受遗赠人放弃受遗赠，又无遗嘱执行人的，人民法院可以直接执行遗产。"即被执行人死亡时，法院应当根据具体情况，追加相应的主体为被执行人，或直接执行遗产。2020年《变更追加规定》修正时虽然删除了"继承人放弃继承或受遗赠人放弃受遗赠，又无遗嘱执行人的，人民法院可以直接执行遗产"的规定，但2022年《民事诉讼法解释》修正时保留了第473条"作为被执行人的公民死亡，其遗产继承人没有放弃继承的，人民法院可以裁定变更被执行人，由该继承人在遗产的范围内偿还债务。继承人放弃继承的，人民法院可以直接执行被执行人的遗产"的规定。基于此，应当认定继承人放弃继承或受遗赠人放弃受遗赠的，人民法院可以直接执行遗产。

《民法典》第1145条至第1148条新增遗产管理人制度。根据《民法典》第1145条之规定："继承开始后，遗嘱执行人为遗产管理人；没有遗嘱执行人的，继承人应当及时推选遗产管理人；继承人未推选的，由继承人共同担任遗产管理人；没有继承人或者继承人均放弃继承的，由被继承人生前住所地的民政部门或者村民委员会担任遗产管理人。"为此，2023年《民事诉讼法》修正新增指定遗产管理人案件一节，规定："对遗产管理人的确定有争议，利害关系人申请指定遗产管理人的，向被继承人死亡时住所地或者主要遗产所在地基层人民法院提出。人民法院受理申请后，应当审查核实，并按照有利于遗产管理的原则，判决指定遗产管理人。被指定的遗产管理人死亡、终止、丧失民事行为能力或者存在其他无法继续履行遗产管理职责情形的，人民法院可以根据利害关系人或者本人的申请另行指定遗产管理人。"至此，指定遗产管理人案件有了明确的实体法和程序法依据。

有观点认为，依据《民法典》遗产管理人制度的相关规定，只要继承开始后，无论如何都会存在遗产管理人。全部继承人放弃继承或者受遗赠人放弃受遗赠，又无遗嘱执行人的，将由被继承人生前住所地的民政部门或者村民委员会担任遗产管理人，应将遗产管理人变更为被执行人，且《变更追加规定》第10条第1款删除了原可以直接执行遗产的规定，因此，执行法院未经变更、追加被执行人程序的，不得直接执行遗产。

### 案例索引

北京市大兴区人民法院（2021）京0115执异112号公证债权文书纠纷执行案

### 316 对被执行人保留所有权的财产冻结后，是否应同时对被执行人依照合同约定享有的金钱债权采取冻结措施？

答：人民法院冻结被执行人保留所有权的财产的，应同时对被执行人依照合同约定享有的金钱债权采取查封措施，以保障顺利执行。

### 理由与依据

《民法典》规定的所有权保留制度旨在突出所有权保留的担保功能，保障出卖人的金钱债权得以实现。查封所有权保留的财产，实际上是查封担保财产，为确保执行效果，须同时对被执行人依照合同约定享有的金钱债权采取查封措施。如果第三人没有依照合同约定继续履行合同，可能波及对被执行人享有的金钱债权的执行。

从完成强制执行程序来看，将被执行人依照合同约定享有的金钱债权一并查封，有利于人民法院更好地对被执行人财产予以完整的形式审查，使得执行程序可以顺利进行。同时，将依照合同约定享有的金钱债权一并查封，可以有效规避执行风险。

## 立法沿革与争议

2008年《查扣冻规定》第16条规定："被执行人将其财产出卖给第三人，第三人已经支付部分价款并实际占有该财产，但根据合同约定被执行人保留所有权的，人民法院可以查封、扣押、冻结；第三人要求继续履行合同的，应当由第三人在合理期限内向人民法院交付全部余款后，裁定解除查封、扣押、冻结。"在2020年修正过程中，删除了"应当由第三人在合理期限内"的规定，旨在保障第三人的合法权益，最高人民法院认为，第三人要求继续履行合同的，只要按照合同的约定履行支付价款等义务即可，人民法院无权要求第三人在"合理期间"支付。

实践中，各级法院在处理该类问题时，通常都将被执行人依照合同约定享有的金钱债权一并查封，但是对于查封之后的做法各有不同。首先是在附所有权保留负担财产的执行异议案件之中，对标的物权属判断的争议可以分为：认定附所有权保留负担财产属于出卖人的，认定属于买受人的，认定属于其他权属的。各级法院的判断各有不同，但是出于对买受人的保护，目前较多情况下认定权属归于买受人。其次是执行程序中的取回权裁判不一。目前较多的是推定消灭说和不当然消灭说，目前较多情况采用不当然消灭说。

## 案例索引

湖南省长沙市中级人民法院（2021）湘01执复452号执行复议案

**317** 证券经营机构作为被执行人时，如何执行其清算资金？

答：证券经营机构开展自营业务时未开设自营账户，执行法院执行证券经营机构为被执行人的案件时应当遵循劣后执行的原则，尽量采用对其影响较小的方式执行。执行证券经营机构代理清算账户内的清算资金时必须十分慎重，不能即时扣划，不能超额冻结，并充分保障证券机构的举证、异议权利。

## 理由与依据

证券机构开展自营业务操作资金必须是其自有资金，并且以自己的名义在银行开设独立的自营账户买卖证券从而获取利润。证券经纪业务，是指证券机构为投资者提供代理买卖证券的服务，并从中收取佣金的证券业务。

人民法院办理涉及证券交易结算资金的案件，应当根据资金的不同性质区别对待。证券机构自营资金属于证券机构，当证券机构为被执行人时，人民法院当然可以冻结、划拨其自营账户内的资金。而客户交易结算资金则由证券机构全额存放于客户交易结算专用存款专户和结算备付金专户，以每个客户的名字在商业银行单独立户管理，属于客户所有，当证券机构为被执行人时，不能对其进行执行。

执行证券结算资金应遵循"劣后执行"原则。对证券经营机构、期货经纪机构作为债务人的案件，在保全或执行其财产时，首先要保全或执行该债务人的动产、不动产等其他财产，只有确无其他财产可供执行时，才考虑执行证券经营机构或期货经纪机构的清算资金。直接执行证券经营机构或期货经纪机构的清算资金，可能会对其业务开展造成一定的影响，进而影响股民等投资者的权益。在有其他财产可供执行的前提下，应符合比例原则，坚持"谦抑执行"，尽量采用对其影响较小的方式进行执行。此外，在未发现证券经营机构或期货经纪机构有其他财产可供执行，需要执行其清算资金时，应首先冻结、划拨其自营账户的资金，然后才冻结其在证券或期货交易所、证券登记结算机构或异地清算代理清算账户内的清算资金。

**立法沿革与争议**

关于在开展自营业务时未开设自营账户的证券经营机构为被执行人时的执行问题，1997年《最高人民法院关于冻结、划拨证券或期货交易所证券登记结算机构、证券经营或期货经纪机构清算账户资金等问题的通知》（法发〔1997〕27号）规定："证券交易所、证券登记结算机构及其异地清算代理机构开设的清算账户上的资金，是证券经营机构缴存的自营及其所代理的投资者的证券交易清算资金。当证券经营机构为债务人，人民法院确需冻结、划拨其交易清算资金时，应冻结、划拨其自营账户中的资金；如证券经营机构未开设自营账户而进行自营业务的，依法可以冻结其在证券交易所、证券登记结算机构及其异地清算代理机构清算账户上的清算资金，但暂时不得划拨。如果证券经营机构在法院规定的合理期限内举证证明被冻结的上述清算账户中的资金是其他投资者的，应当对投资者的资金解除冻结。否则，人民法院可以划拨已冻结的资金。"

《最高人民法院执行工作办公室关于股民保证金不宜作为证券公司财产执行的函》（法经〔1997〕300号）认为人民法院在执行以证券经营机构为被执行人的案件时，可以通过冻结证券商自营账户上的资金、股票、国库券以及其自由财产的办法解决，不宜冻结、扣划证券经营机构在其证券经营资金结算账户上的存款。

最高人民法院下发法发〔1997〕27号通知后，实践中有少数法院错把属于股民所有的客户交易结算资金当作证券机构的责任财产予以执行。《最高人民法院关于贯彻最高人民法院法发〔1997〕27号通知应注意的几个问题的紧急通知》（法明传〔1998〕213号），再次对证券机构清算资金的执行问题予以强调。对冻结未开设自营账户的证券经营机构的清算资金作出进一步规定："对未开设自营账户而进行自营业务的证券经营机构、期货经纪机构，需采取冻结其在证券或期货交易所、证券登记结算机构或异地清算代理清算账户内的清算资金措施时，必须十分慎重。只能依法在债务人承担的债务数额范围内予以冻结。同时，依据27号通知第一条的有关规定，必须保障证券经营机构、期货经纪机构的举证权利，如有证据证明上述账户中的资金是其他投资者的，必须对其他投资者的资金及时解除冻结。"

## 318 人民法院能否执行涉棚户区改造专用资金？

答：虽然当前没有明确法律规定棚改资金属于不可执行的财产，但棚改资金属于财政性资金，在执行地方行政性单位财产时，只执行其自有资金，不执行其财政性资金。

### 理由与依据

目前法律及司法解释并未明确涉棚户区改造专用资金属于人民法院不得查封、扣押、冻结的财产类型。但从棚改资金的性质来看，棚改资金的来源主要有政策性银行信贷资金、专项债券以及政府财政专项资金，目前主要以银行信贷资金为主。棚改资金属于财政性资金，财政性资金包括预算内资金和预算外资金。因此，棚改资金既有预算内资金，也有预算外资金。最高人民法院明确人民法院不得执行预算内资金。但最高人民法院对预算外资金执行的态度经历了从可以执行到部分可以执行再到不得执行的转变。[1]

### 立法沿革与争议

对于预算外资金的执行，《国务院关于在清理整顿公司中被撤并公司债权债务清理问题的通知》（国发〔1990〕68号）第7条规定："党政机关及其所属编制序列的事业单位，对所属被撤销公司的债务，按本通知要求必须承担责任的，只能用预算外资金承担责任。"为此，最高人民法院于1991年3月16日出台了《关于在经济审判中适用国务院国发〔1990〕68号文件有关问题的通知》，其第3条规定："该《通知》公布前，各级人民法院已经生效的法律文书尚未执行或者未执行完毕的部分，应当依照该《通知》第七条的规定执行。"当时最高人民法院认为可以执行预算外的资金。

1993年3月9日，在《最高人民法院关于河南省西华县艾岗粮管所申请执行河南省西平县人民政府、西平县城乡建设环境保护局一案如何执行问题的复函》中，最高人民法院认为不能划拨地方财政的预算外资金，只能划拨县政府机关的预算外资金。在这一时期，最高人民法院对预算外资金的态度是部分可

---

[1] 相关规定见下文"立法沿革与争议"部分。

以执行。

2001年4月19日，最高人民法院执行工作办公室在《〈关于能否强制执行金昌市东区管委会有关财产的请示〉的复函》（〔2001〕执他字第10号）中强调："预算内资金和预算外资金均属国家财政性资金，其用途国家有严格规定，不能用来承担连带经济责任……属行政性单位，人民法院在执行涉及行政性单位承担连带责任的生效法律文书时，只能用该行政单位财政资金以外的自有资金清偿债务。"

从2010年起，财政部依次出台了《关于将按预算外资金管理的收入纳入预算管理的通知》《关于进一步做好将预算外资金纳入预算管理工作的通知》，决定从2011年1月1日起，将按预算外资金管理的收入（不含教育收费）全部纳入预算管理。在收入科目中，将预算外专户收入科目全部调整为一般预算科目，在支出科目中，删除"预算外资金"的内容。

肯定说认为，行政性单位是享有独立的民事权利能力和民事行为能力的法人，对其应负的连带责任，应由其全部自有财产承担，自有财产包括自有的资金和财产，既包括预算内资金，也包括预算外资金。棚改资金属于行政性单位自由财产的一部分，执行中人民法院可依法予以执行。

否定说认为，国家机关预算内资金是国家财政拨给其进行正常公务活动的必要经费。如果被执行机关无预算外资金，人民法院对其预算内资金采取强制执行措施，必然影响该机关正常开展工作，实践中也存在较大困难。且对预算外资金的界定较为困难，因此不应执行棚改资金。

## 案例索引

最高人民法院（2021）最高法执监292号执行监督案

山东省济宁市中级人民法院（2019）鲁08执复141号执行复议案

### 319 人民法院能否执行被执行人开办的全民所有制企业的财产？

答：被执行人属于全民所有制企业，该被执行人开办的作为本案案外人的企业亦为全民所有制企业、两者属于主管与被主管关系的，执行中不能直接查封、冻结案外人的财产，能否拍卖被执行人在案外人处的投资权益取决于被执行人对案外人是否实际出资以及出资的份额。

## 理由与依据

全民所有制企业为营利法人，依法独立享有民事权利和承担民事义务，以其全部财产独立承担民事责任。全民所有制企业依法取得法人资格，应当以国家授予其经营管理的财产承担法律责任，全民所有制企业的出资人应以其出资为限承担有限责任，全民所有制企业清偿债务应以其经营管理的全部财产承担责任。[①] 所以不能直接查封、冻结被执行人开办的作为案外人的全民所有制企业的财产。

对被执行人在其他法人企业中的投资权益或股权，人民法院可以采取冻结措施；被执行人在其独资开办的法人企业中拥有的投资权益被冻结后，人民法院可以直接裁定予以转让，以转让所得清偿其对申请执行人的债务；人民法院也可允许并监督被执行人自行转让其投资权益，将转让所得收益用于清偿对申请执行人的债务。所以能否拍卖被执行人在作为案外人的全民所有制企业的投资权益，要结合工商登记、财务账目、企业实际运行管理等情况综合审查被执行人是否实际投资，以及投资的份额。没有投资就没有收益，也就不存在拍卖投资权益。

同时，也不能因为被执行人与作为案外人的全民所有制企业系主管与被主管的关系，直接认定不存在投资权益。即便两个企业均为全民所有制企业，也不能当然否定一方可以在另一方存在投资权益。

---

① 参见《国务院国有资产监督管理委员会办公厅转发全国人大常委会法制工作委员会关于全民所有制企业承担民事责任和刑事责任有关问题复函的通知》（国资厅发法规〔2004〕14号）。

1998年《执行工作规定》第53条第1款规定："对被执行人在有限责任公司、其他法人企业中的投资权益或股权，人民法院可以采取冻结措施。"第54条第1款规定""被执行人在其独资开办的法人企业中拥有的投资权益被冻结后，人民法院可以直接裁定予以转让，以转让所得清偿其对申请执行人的债务。"此后在历次修改中，除序号发生变化外，均未作实质性修改。

**案例索引**

最高人民法院（2018）最高法执监617号执行监督案

## 320 人民法院能否执行债务人的成品油零售资质许可？

答：我国目前对成品油零售经营实行许可管理，由设区的市级人民政府指定部门向达到经营条件的申请主体颁发成品油零售经营批准证书，成品油零售经营许可或成品油零售经营批准证书不得买卖、出租、转借或者以其他任何形式非法转让。人民法院不宜单独执行成品油零售资质许可，可以通过整体处置加油站经营权或协调通过股权转让等方式保障申请执行人受偿。

**理由与依据**

目前我国限制成品油零售经营许可自由流转。成品油零售经营许可属于行政许可，成品油零售经营许可或成品油零售经营批准证书不得买卖、出租、转借或者以其他任何形式非法转让。人民法院强制拍卖被执行人的财产，由不特定的竞买人参与竞买，本质上属于财产自由流转的一种方式，对被执行人的成品油零售经营许可或成品油零售经营批准证书一并采取司法拍卖措施，不符合《行政许可法》及省级政府商务部门关于限制自由流转的规定。

成品油零售经营许可并不具有独立的财产性价值。成品油零售经营只有符合自然资源、规划、建设、质量计量、环保、安全生产、消防、治安反恐、商务、税务、交通运输、气象等方面法律法规和标准要求时，经营主体才能获得审批许可，并取得成品油零售经营批准证书。因此，成品油零售经营许可依附于加油站整体财产及经营条件，其市场价值完全体现在加油站整体财产及经营条件上，经营许可自身并不具有独立的财产性价值。人民法院在整体拍卖加油站时，并无一并拍卖成品油零售经营许可的必要。参与司法拍卖的竞买人取得加油站的整体产权后，只要仍然符合规定的经营条件和标准，向政府主管部门申请换发新的成品油零售经营批准证书即可。

对成品油零售经营许可一并进行司法处分僭越执行权边界。成品油零售经营主体变更，本质上属于新的经营主体资格是否符合法定条件行政审批范围，应由政府审批管理部门根据成品油零售经营管理的相关规定作出判断。而从司法拍卖的法律效果来看，竞买人只要通过司法拍卖程序竞价成交并取得拍卖成交确认书，即为拍卖标的物的权利人，那么对成品油零售经营许可一并拍卖并竞价成交，竞买人即当然取得经营资质，这实际上取代了政府部门在经营主体发生变更时，新的经营主体是否仍然符合经营标准的审核权，显然超越执行权行使边界。即便对成品油零售经营许可一并处分的一些法院，实际上也都注意到了这一问题，有的拍卖公告载明"买受人自行办理过户登记手续"，有的拍卖公告载明"不对加油站的成品油零售经营批准证书、危险化学品经营许可证等资质做变更承诺，相关手续办理必须符合国家法律、法规、规章"的要求，竞买者应提前向相关部门咨询资质变更注册的相关政策事宜。

## 立法沿革与争议

2003年《行政许可法》第9条规定："依法取得的行政许可，除法律、法规规定依照法定条件和程序可以转让的外，不得转让。"2019年《行政许可法》经修正，沿袭了该条规定。商务部原《成品油市场管理办法》第36条第1款规定："成品油经营批准证书不得伪造、涂改，不得买卖、出租、转借或者以其他任何形式转让。"从地方规定来看，《山东省成品油零售经营资格管理暂行办法》（鲁商字〔2021〕81号）第25条规定："成品油经营单位投资主体发生变化的（通过收购、法院拍卖等方式取得经营设施产权或使用权的），由原经营单位或新经营单位申请注销原《成品油零售经营批准证书》；新经营单位应同时申请换发《成品油零售经营批准证书》，提交《成品油零售经营企业经营资格注销申请表》，市级政府审批部门同时为新经营主体换发新的《成品油零售经营批准证书》。"第27条规定："《成品油零售经营批准证书》不得伪造、涂改，不得买卖、出租、转借、质押或者以其他任何形式非法转让。已变更、注销或到期的《成品油零售经营批准证书》应交回发证机关，任何企业和个人不得私自收存。"《江苏省成品油流通管理办法》（省政府令第151号）第24条第2款规定："零售网点转让经营权的，受让经营网点拟继续从事成品油零售经营的，应当按照规定向市商务部门申领零售许可证，出让零售网点的经营者应当将零售许可证交回发证机关。"第25条规定："任何单位和个人不得伪造、涂改、倒卖、出租、出借零售许可证或者以其他形式非法转让成品油零售经营许可。"因此，目前我国限制成品油零售经营许可自由流转，土地、厂房、油罐等加油站经营设施产权或使用权，因收购、法院拍卖等方式导致实际经营主体发生变更的，应当注销原经营许可证，申请换发新的经营许可证。

司法实践中，法院对加油站进行司法拍卖时，能否对被执行人的成品油零售经营许可一并处分，认识存在分歧，各地法院做法不一，认为能够一并处分的理由主要有两点：第一，成品油零售经营许可代表了被执行人对加油站的经营权，具有财产性价值，既然属于被执行人的财产，法院能够一并进行司法处分；第二，对被执行人的加油站和经营权一并处分，有利于实现财产价值最大化，进而有利于最大限度保护申请执行人和被执行人的合法权益。

上述观点主要问题在于未厘清成品油零售经营权的权利来源。经营主体取得成品油零售经营权，以达到规定的经营标准为前提，经政府有关部门审核通过后予以准许。根据政府部门关于成品油零售经营条件和标准的规定，达到经营条件和标准是一个动态连续的过程，经营主体变更后，新的经营主体是否仍然符合规定的经营条件和标准，须经政府有关部门进行行政审查，故政府相关规定明确要求，加油站经营主体发生变更后，需要注销原经营许可证，申请换发新的经营许可证。最高人民法院指导性案例第123号涉及"办理矿权转让手续"的强制执行，最高人民法院在该案执行监督裁定中认为，于某岩主张以其所成立的锡林郭勒盟辉澜萤石销售有限公司名义办理矿业权转让手续问题，本质上仍属于矿业权受让人主体资格是否符合法定条件的行政审批范围，应由审批管理机关根据矿权管理的相关规定作出判断。本书认为，成品油零售经营权与矿业探矿权、采矿权均涉及行政机关的审批和许可问题，如果对成品油零售经营权一并采取司法处分措施，则竞买人当然取得经营权，显然规避了对竞买人是否符合经营条件和标准的行政审批程序。另外，成品油零售经营权不具有独立的财产性价值，并无一并处分的必要，与实现加油站价值最大化本质上没有关联。

## 案例索引

最高人民法院（2017）最高法执监136号执行监督案（指导性案例第123号）
湖北省高级人民法院（2021）鄂执复175号执行复议案

## 321 人民法院能否执行药品批准文号？

答：不能执行药品批准文号。

## 理由与依据

药品批准文号是国务院药品监督管理部门对药品生产企业生产某一类药品所作出的行政许可，是一种资格的授予，其依附于该特定企业，本身不具有独立性，也不具有单独的财产价值，且不能转让，[①] 不具有交换价值，也无助于当事人实现债权的目的。

《最高人民法院关于人民法院在执行中能否查封药品批准文号的答复》（〔2010〕执他字第2号）明确药品批准文号系国家药品监督管理部门准许企业生产的合法标志，和药品生产价值不同，无法直接对应价值，不属于知识产权范畴。

---

① 《行政许可法》第9条规定："依法取得的行政许可，除法律、法规规定依照法定条件和程序可以转让的外，不得转让。"
《药品管理法》第122条规定：伪造、变造、买卖、出租、出借许可证或者药品批准证明文件的，没收违法所得，并处违法所得1倍以上5倍以下的罚款。

## 立法沿革与争议

实践中，对于能否执行药品批准文号存在不同观点。

肯定说认为该药品批准文号能够冻结执行。由于药品销售经营资格是特种经营，当然具有较高财产价值，且这种经营资格本身就是公司营利的主要方式，构成该公司的无形资产，法院可以采取查扣冻等措施。药品批准文号属于人民法院有权裁定对被执行人的采取查封、扣押措施的"其他财产"。法院可以向有关部门发出执行裁定书和协助执行通知书，相关部门应当协助执行。并且，冻结该经营资格，实质上是对被执行人盈利能力的一种限制，并不构成对该公司自主经营的限制，反而可以促使被执行人迫于执行压力而主动履行义务。[①]

否定说认为执行标的是被执行人占有的动产、不动产及其他财产权，标的本身要具有财产价值，能够自由转让及流通，以便变现以实现债权。不宜认定药品批准文号具有财产价值，因其无法像其他财产一样自由转让，强制执行会对债务人生产经营产生不必要的负面影响。司法实践中，药品批准文号行政审批部门对于人民法院要求查封被执行人药品批准文号的协助执行请求，均引用最高人民法院上述答复，不予办理。[②]

## 案例索引

安徽省高级人民法院（2009）皖执复字第0022号执行案

### 322 人民法院能否执行被执行人的经营权？

答：在被执行人无其他财产可供执行的情况下，可以将经营权拍卖

---

① 丁津翠、杨元亨：《药品经营资格能否被冻结执行》，载《人民法院报》2018年9月26日第7版。

② 例如《国家药监局综合司关于协助执行通知书有关事宜的复函》（药监综药注函〔2018〕333号）、《国家药监局综合司关于协助执行通知书有关事宜的复函》（药监综药注函〔2021〕601号）。

或抵债。考虑到经营权复杂的权利属性，经营权的以物抵债大多是以当事人之间达成执行和解协议的形式实现。而表现为土地、房屋、设施设备等资产占有、使用、收益权能合集的经营权主要以拍卖变卖的形式变现。经营权可以作为执行标的，但在执行过程中应根据具体情况选择适当的执行方式。

## 理由与依据

经营权并不是一个严格意义上的法律概念，它是随着技术、经济和历史等原因从所有权职能中分离出的一个相对独立的经济学概念。经营企业的过程，就是运用企业的人、财、物及各种无形资产来创造财产的过程。经营权本质是一种决策权与控制权，它通过决策与控制在事实上占有资产并享有经营权收入。[①] 具有收益的经营权，其收益是被执行人财产的组成部分，执行被执行人的预期利益并无不当，而且经营权本质是通过对资金、设备、土地、房屋、技术等有形或无形的物的支配实现收益的一种技术性权利，就性质上而言经营权也是一种用益物权；[②] 再就经营权的特征而言，其包含占用、使用、收益和处分权能。综合来看，经营权的支配内容和其权利行使的派生结果都体现了经营权的财产性，这就决定了经营权作为执行标的的正当性。

在经营权的执行方式上，应根据经营权具体指向的内容选择适当的执行方式，方能实现债权清偿的效果。首先，企业的经营权因涉及被转让期间产生的债权债务的控制与处理以及与公司原有治理结构及机制的衔接等问题，需要被执行人高度配合，不宜通过拍卖、变卖等形式变现。在被执行人同意的情况下，由经营权的受让主体与被执行人签署承包经营合同，有效控制经营权被转让期间可能存在的风险，更为妥当。其次，项目经营权不涉及复杂的治理机制的衔接，更多地表现为土地、房屋、设施设备等资产占有、使用、收益权益的集合体（如加油站、水电站、酒店、景区、幼儿园、KTV 等经营权），法院可依职权拍卖、变卖。此外，作为一种可以创造收益的财产性权利，经营权同样具备适用强制管理的条件。一方面，经营权本身具备脱离所有权

---

[①] 参见肖毅敏：《论企业经营权的性质、转让与收入》，载《求索》1991 年第 3 期。

[②] 参见王中：《论企业经营权抵押》，载《求索》2005 年第 6 期。

的独立价值属性，与强制管理利用查封财产使用价值受偿的机制适配。另一方面，强制管理相对温和的处置方式适于对经营权的执行。

## 立法沿革与争议

2004年《最高人民法院执行工作办公室关于人民法院在执行过程中裁定将被执行人的经营权归申请执行人所有是否合法的请示的答复》提出："经营权不属于物权的范畴，执行经营权既涉及主体资格的问题，也涉及原经营权人是否同意的问题。因此，在目前法律没有明确规定的情况下，人民法院不能依职权执行经营权。"但该答复仅能作为个案指导，并不具有普遍的参考价值。实践中关于经营权能否作为执行标的的争论一直存在，立法层面尚未作出回应。

围绕经营权能否作为执行标的的争议根源于对经营权是否具备物权属性存在不同认知。有观点认为，经营权并不属于物权的范畴，不能作为抵押财产，[①]也不能作为执行标的。相反观点则认为，经营权是能够给权利人带来收益的财产性权利，系用益物权，[②]经营权具有独立的交换价值，能够依法转让，具备物之属性。[③]

## 案例索引

最高人民法院（2019）最高法执监384号执行监督案

---

[①] 最高人民法院（2018）最高法民申1321号民事判决书认为，当事人以其在某项目的经营权作为抵押担保的抵押条款无效。

[②] 在《最高人民法院公报》1998年第2期刊登的汇通支行诉富利达公司用益物权抵押合同纠纷案中，黑龙江省高级人民法院认为，本案当事人约定的担保合同，其标的是富利达公司对富利达地下商贸城享有的长期管理权、出租权，系用益物权。

[③] 参见王中：《论企业经营权抵押》，载《求索》2005年第6期。

### 323 执行法院是否有权解除被执行人投保的人寿保险合同并扣划保单现金价值？

答：被执行人的其他财产不足以清偿执行债务的，人民法院有权通知保险公司解除被执行人投保的人身保险合同并扣划保单现金价值用于清偿债权。但被执行人与被保险人或受益人不一致的，应告知被保险人、受益人在指定时间内可以通过替代被执行人交纳相当于保单现金价值款项的方式变更自己为投保人。

## 理由与依据

人民法院在执行程序中有权处置被执行人的责任财产，因涉及案外人的利益，现行法律并未授权人民法院可以强制解除被执行人履行中的合同，仅规定可以在合同终止后处置被执行人因合同取得的利益。但无论是从司法实践还是立法趋势来看，[①]法院可以强制解除被执行人投保的人身保险合同扣划保单现金价值已经成为共识，主要依据有以下几方面：

第一，从人身保险性质的角度。首先，人身保险产品具有一定的人身保障功能，但其根本目的和功能是经济补偿，其本质上是一项财产性权益，具有一定的储蓄性和有价性，属于《查扣冻规定》"其他财产权利"的范围，可以对其采取强制执行措施。其次，人身保险的保单现金价值系投保人交纳的，与保险事项发生后，保险公司应当支付的保险金不同，并不具有人身专属性，也不是被执行人及其所抚养家属所必需的生活物品和生活费用。

第二，从保障债权人利益的角度。依据《限制高消费规定》第3条第1款第8项关于被执行人为自然人的，不得支付高额保费购买保险理财产品的规定精神，如被执行人拒不执行生效法律文书确定的义务，在其可以单方面行使保险合同解除权而未行使，致使债权人的债权得不到清偿的情况下，人民法院可以强制被执行人予以行使，代替投保人解除所购保险合同。在最高人

---

① 《民事强制执行法（草案）》第159条第1款规定："被执行人的其他财产不足以清偿执行债务的，人民法院可以依法通知保险公司解除被执行人作为投保人的人身保险合同，依据本节规定执行其享有的现金价值债权。"

民法院（2021）最高法执监35号执行裁定中，最高人民法院从诚信角度解释了法院强制解除被执行人所购保险合同的正当性，即在被执行人负有采取积极措施履行生效裁判的义务，在其无其他财产的情况下，理应主动依法提取保险单的现金价值履行债务。不主动提取保险单现金价值，明显违背诚信原则，损害申请执行人的权利。

第三，从法院执行力的角度。根据保险法的规定，投保人享有保险合同的任意解除权，并且无论是从投保人的意思自由、实证法考察还是规范目的出发，该解除权都不具有人身专属性。而解除权等形成权也可由债权人代位行使。因此，法院强制解除人身保险合同的正当性来源于债权人依法可代位投保人解除保险合同以对保单现金价值为强制执行。[1]我国台湾地区有学者从债权执行的视角解释该问题，被执行人对保险公司有附条件请求返还保单现金价值的请求权，而根据我国台湾地区关于执行债务人对第三人债权的规定，附条件或附期限的债权均可以作为执行标的，因此，执行法院可以向被执行人及保险公司发扣押命令，禁止被执行人就扣押标的进行收取或为其他处分。为使保险合同的保单现金价值具化为现实可用于清偿的金钱债权，保险契约终止权的行使应属执行法院为实现换价目的之必要执行方法。与为换价目的行使被执行人基于消费寄托契约之终止权并无不同。[2]因查封系执行法院剥夺债务人对其特定财产之处分权，改由国家取得处分权之执行行为，所以执行法院发扣押命令后债务人就丧失其处分权，处分权由法律规定强制转移至执行法院。而终止保险合同并非专属于被执行人之权利，如投保人破产的，破产管理人可终止保险合同。执行法院有权利及义务代被执行人行使其形成权的换价命令，代被执行人行使终止权，以利债权人之受偿。[3]

## 立法沿革与争议

目前在法律法规和司法解释层面尚无明确关于人民法院可以强制解除被执行人投保的人身保险合同扣划保单现金价值的规定，但部分地方法院已作

---

[1] 参见武亦文：《保单现金价值强制执行的利益衡平路径》，载《法学》2018年第9期。

[2] 储户与金融机构之间的活期存款契约即为消费寄托契约。

[3] 参见沈建兴：《强制执行法逐条释义》（下），我国台湾地区元照出版有限公司2020年版，第429～449页。

出尝试和探索，《浙江省高级人民法院关于加强和规范对被执行人拥有的人身保险产品财产利益执行的通知》（浙高法执〔2015〕8号）第5条规定，人民法院要求保险机构协助扣划保险产品退保后可得财产利益时，一般应提供投保人签署的退保申请书，但被执行人下落不明，或者拒绝签署退保申请书的，执行法院可以向保险机构发出执行裁定书、协助执行通知书要求协助扣划保险产品退保后可得财产利益，保险机构负有协助义务。该规定第一次明确人民法院可以在投保人未签署退保申请书的情况下裁定保险公司解除保险合同，并扣划退保后的可得财产利益。2019年4月的《民事强制执行法（草案）》（征求意见稿）第190条对人身保险合同现金价值的执行进行了规定："人民法院执行被执行人作为投保人享有的现金价值请求权的，应当通知保险公司解除人身保险合同。投保人与被保险人、受益人不一致的，人民法院应当告知被保险人、受益人可以在指定期限内向人民法院支付相当于保单现金价值的价款，变更自己为投保人。被保险人、受益人拒绝支付或者逾期未支付的，人民法院通知保险公司解除人身保险合同。"2022年公布的《民事强制执行法（草案）》第159条完全采纳了2019年征求意见稿的规定。

虽然保单现金价值可以执行已经成为司法实务主流，但实践中仍不乏反对意见。我国法律仅为投保人设定了合同任意解除权，保险人除有法定或约定情形外不得解除合同。执行法院要求保险公司协助解除合同或者直接解除保险合同，并无实体法律依据。[①] 除此之外，人身保险合同关涉投保人、保险人、被保险人、受益人等多方利益。正如《广东省高级人民法院关于执行案件法律适用疑难问题的解答意见》所提出的，虽然人身保险产品的现金价值是被执行人的，但关系人的生命价值，如果被执行人同意退保，法院可以执行保单的现金价值，如果不同意退保，法院不能强制被执行人退保。再者，投保人购买保险的时间先于法院有关借款纠纷的裁判作出的时间，便不能以投保人购买保险的行为违反《限制高消费规定》予以强制解除。[②]

关于保险公司协执义务的问题。实践中，保险公司在收到法院通知后，

---

① 参见吴永辉：《对保单现金价值强制执行冲突的调和》，载《法律科学》2020年第3期。

② 参见四川省乐山市中区人民法院（2016）川1102执异36号裁定书、吉林省四平市铁东区人民法院（2017）吉0303执异8号执行裁定书。

解除被执行人作为投保人的人身保险合同的，法院有权执行被执行人享有的现金价值债权。但是，如果保险公司不履行协助执行义务，法院不能强制解除该人身保险合同，只能追究保险公司不履行协助义务的责任，不能强行扣划保险单的现金价值。这是因为合同解除权为形成权，是当事人之间的实体权利，人民法院不能强制解除保险合同。法院通知保险公司解除合同，实际上是代替被执行人解除所购的保险合同，强制被执行人行使合同解除权。提取保险单现金价值的前提是保险合同解除，在执行被执行人投保的人寿保险合同案件中，保险公司并非案件的被执行人，当其不履行解除保险合同的协助义务时，人民法院无法强制解除保险合同，不能强行扣划保险单的现金价值，只能追究保险公司不履行协助义务的责任。

## 案例索引

最高人民法院（2021）最高法执监 34 号借款合同纠纷执行监督案
最高人民法院（2020）最高法执复 71 号财产份额转让纠纷执行案

324 **融资租赁的出租人能否基于租金债权申请法院处置租赁物？**

答：融资租赁法律关系中，出租人有权基于租金债权申请法院处置租赁物。

## 理由与依据

在融资租赁合同中，承租人未按照约定支付租金，经催告后在合理期限内仍不支付，出租人请求承租人支付全部剩余租金，并以拍卖、变卖租赁物所得的价款受偿的，人民法院应予支持；当事人请求参照《民事诉讼法》"实现担保物权案件"的有关规定，以拍卖、变卖租赁物所得价款支付租金的，人民法院应予准许。融资租赁交易中出租人可以通过实现担保物权案件之特别程序实现债权。

在执行程序中，人民法院可以采取执行措施的客体为具有被执行人权利外观的财产，而租赁物登记在出租人名下，承租人对租赁物不具有权利外观。

如果已经办理了融资租赁登记，该登记就构成"融资租赁租赁物"的外观，执行法院可以执行该融资租赁财产。如果没有办理融资租赁登记，根据执行依据记载的事实足以判断某项财产是否属于融资租赁租赁物的外观，执行法院亦有权予以执行。

即使租赁物在权属外观上属于出租人的财产，但如果承租人书面认可登记在自己名下的财产是融资租赁的租赁物的，法院可以予以执行。

## 立法沿革与争议

《民法典》实施前，融资租赁出租人对于债权的实现只能在租金加速到期或取回租赁物两种方式间选择，如租金未获清偿，很难快速处置租赁物。《民法典》及《民法典担保制度解释》为出租人申请法院处置租赁物提供了实体法依据。

## 案例索引

北京市第二中级人民法院（2020）京02民初610号融资租赁合同纠纷案

## 325 人民法院能否执行工业企业结构调整专项奖补资金？

答：根据《最高人民法院关于对工业企业结构调整专项奖补资金不宜采取财产保全措施和执行措施的通知》，除为实现企业职工权利，审理、执行因企业职工分流安置工作形成的纠纷外，人民法院在审理、执行涉及有关国有和非国有钢铁、煤炭企业的其他纠纷时，原则上不得对工业企业结构调整专项奖补资金采取保全和执行措施。但是在工业企业结构调整专项奖补资金实现企业职工分流安置工作后仍有剩余的，可以执行。

## 理由与依据

关于工业企业结构调整专项奖补资金的性质。根据《最高人民法院关于对工业企业结构调整专项奖补资金不宜采取财产保全措施和执行措施的通知》，工业企业结构调整专项奖补资金系中央财政为支持地方政府和中央企业推动钢铁、煤炭等行业化解过剩产能工作而设立的专项资金。该资金专项用于相关国有企业职工以及符合条件的非国有企业职工的分流安置工作，目的在于去除钢铁、煤炭等行业的过剩产能，推进供给侧结构性改革。从来源上看，中央财政拨付的工业企业结构调整的专项资金，是为贯彻落实国发〔2016〕7号《国务院关于煤炭行业化解过剩产能实现脱困发展的意见》设立的用于化解过剩产能的配套资金，其来源于国家财政补贴。从用途上看，根据《财政部关于印发〈工业企业结构调整专项奖补资金管理办法〉的通知》（财建〔2018〕462号），专项奖补资金的用途是"专项用于国有企业职工以及符合条件的非国有职工的分流安置工作"。专项奖补资金有固定的用途——用于职工安置相关支出，不得挪作他用。非国有企业的奖补资金在妥善分流安置职工后，剩余部分还可用于企业转产、化解债务等相关支出。

鉴于专项资金具有前述用途特定的属性，不属于单位和企业用于自主支配的自有资金和财产，《最高人民法院关于对工业企业结构调整专项奖补资金不宜采取财产保全措施和执行措施的通知》作出规定，除为实现企业职工权利，审理、执行因企业职工分流安置工作形成的纠纷外，不得保全和执行奖补资金。

由于《财政部关于印发〈工业企业结构调整专项奖补资金管理办法〉的通知》允许安置职工后的剩余款用于化解债务，有观点认为，只要能证明被执行人账户中的奖补资金是在支付职工安置费用后的剩余款项，或证明奖补资金已远远超过职工安置要求金额，就可以对奖补资金进行保全和执行。实践中有法院认可扣除工人工资、职工安置等支出的剩余款项属于煤矿企业去产能补偿收益，可作为被执行人的责任财产进行扣划执行。[①]

---

① 云南省曲靖市中级人民法院（2018）云03执异166号执行裁定书。

### 立法沿革与争议

2016年，国务院发布《关于煤炭行业化解过剩产能实现脱困发展的意见》（国发〔2016〕7号），7号文提出主要任务之一是要严格控制新增产能，实行减量置换，并予以政府奖补支持，其中所指的减量置换就是产能指标流转的政策本源。围绕7号文的部署，财政部发布《工业企业结构调整专项奖补资金管理办法》（财建〔2016〕253号），对工业企业结构调整专项奖补资金的管理和使用予以规范，规定专项资金主要用途用于国有企业员工分流安置，也可统筹用于符合条件的非国有企业员工安置，各地区相应制定资金管理细则，明确资金的申请、分配、使用、监督考核等内容。2018年，按照国务院决策部署，为进一步规范和加强工业企业结构调整专项奖补资金的管理和使用，财政部对《工业企业结构调整专项奖补资金管理办法》进行了修订。

关于工业企业结构调整专项奖补资金面临司法保全和执行问题，最高人民法院在2017年7月发布《最高人民法院关于对工业企业结构调整专项奖补资金不宜采取财产保全措施和执行措施的通知》（法〔2017〕220号），该通知明确除为实现职工权利，审理、执行职工安置工作引发的纠纷外，不宜对奖补资金采取保全和执行措施，已经采取保全措施的，立即解除冻结。

### 案例索引

云南省高级人民法院（2017）云民终1111号案外人执行异议之诉案
四川省高级人民法院（2019）川执复296号执行复议案

### 326 如何执行设立抵押预告登记房屋？

答：在金钱债权执行中，抵押权预告登记的效力并不及于人民法院的查封和处分措施，抵押权预告登记权利人并不能因为查封或处分的标的物已经办理抵押预告登记而要求排除相应的执行措施。不具备办理抵押登记条件的，抵押预告登记不具有优先受偿的效力，但符合《民法典担保制度解释》第52条之情形的，抵押预告登记人就涉案房屋拍卖款享有优先受偿权。

## 理由与依据

预告登记，是指不动产物权变动中的债权人为确保能实现自己期望的不动产物权变动，在与债务人约定后，向不动产登记机构申请办理的一类不动产物权变动登记。通过该种登记，债权人以实现不动产物权变动为内容的请求权之效力被增强。[①] 预告登记的主要功能在于担保预告登记权利人将来物权变动的实现。最高人民法院认为，抵押预告登记是在抵押登记暂时无法办理时当事人为确保将来取得抵押权而办理的一种特殊登记，其目的并不在于防止抵押人再次处分标的物，而是当能够办理抵押登记时，预告登记权利人能够获得较其他担保物权人或者债务人更加优先的顺位。也就是说，抵押预告登记的效力不是限制抵押人处分标的物的物权效力而是一种顺位效力。

需要注意的是，《异议复议规定》第30条赋予预告登记在符合物权登记的情况下排除强制执行的效力。但是，该条款针对的是物权预告登记权利人，而非抵押权预告登记权利人。《异议复议规定》通过特殊的制度设计保护的是预告登记受让人的物权期待权，抵押权预告登记不具有适用空间。更何况，现实的抵押权都不具有阻却强制执行的效果，举重以明轻，作为尚未取得抵押权的抵押权预告登记人更加不能阻却法院强制执行。

但这并不意味着执行程序中可以忽视抵押权预告登记的存在。抵押权预告登记人在满足《民法典担保制度解释》第52条的情况下，享有优先受偿权。抵押权人不能排除执行，而是可以申请参与分配程序，主张优先受偿权。对于抵押权预告登记人是否享有优先受偿权，一般认为，因抵押权未登记，预告登记人享有请求办理抵押权登记的请求权，不宜认定享有优先受偿权，但《民法典担保制度解释》第52条以房屋完成首次登记作为抵押权预告登记获得优先权的条件等，在兼顾主流观点的同时，就预告登记具有的顺位效力，对预告登记人的期待利益给予一定的保护。同时，根据该条，在房地产企业破产的情况下，经审查抵押财产属于破产财产，预告登记权利人主张就抵押财

① 参见程啸：《论抵押权的预告登记》，载《中外法学》2017年第2期。

产优先受偿的，抵押预告登记权利人可享有优先受偿权。

## 立法沿革与争议

预告登记制度首次以立法形式呈现是在《物权法》（已失效）第20条，该条规定："当事人签订买卖房屋或者其他不动产物权的协议，为保障将来实现物权，按照约定可以向登记机构申请预告登记。预告登记后，未经预告登记的权利人同意，处分该不动产的，不发生物权效力。预告登记后，债权消灭或者自能够进行不动产登记之日起三个月内未申请登记的，预告登记失效。"其最初设立的目的在于规制预售商品房"一房数卖"的情形，通过限制让与人对不动产的处分权能，保障预告登记权利人的权益，赋予预告登记请求权以物权效力。

2021年1月1日起施行的《民法典担保制度解释》第52条规定："当事人办理抵押预告登记后，预告登记权利人请求就抵押财产优先受偿，经审查存在尚未办理建筑物所有权首次登记、预告登记的财产与办理建筑物所有权首次登记时的财产不一致、抵押预告登记已经失效等情形，导致不具备办理抵押登记条件的，人民法院不予支持；经审查已经办理建筑物所有权首次登记，且不存在预告登记失效等情形的，人民法院应予支持，并应当认定抵押权自预告登记之日起设立。当事人办理了抵押预告登记，抵押人破产，经审查抵押财产属于破产财产，预告登记权利人主张就抵押财产优先受偿的，人民法院应当在受理破产申请时抵押财产的价值范围内予以支持，但是在人民法院受理破产申请前一年内，债务人对没有财产担保的债务设立抵押预告登记的除外。"明确承认了抵押权预告登记在特定情形下具备正式抵押登记的效力。

关于抵押权预告登记能否对抗保全性执行措施的问题。保全性执行措施是指以防止被执行人转移、隐藏、变卖、毁损财产为目的的执行措施，如查封、扣押、冻结等。有观点认为，由于抵押权预告登记在满足登记的条件后可以转为抵押权登记，当不动产具备办理正式登记的条件时，却因为法院查封措施导致其无法办理本登记，故应当赋予其排除强制执行查封措施的效力；如果不具备办理本登记的条件，受让人客观上无法办理正式登记，法院查封措施在此种情况下也并未妨碍受让人行使相关请求权，则无须赋予其对抗效力。

我们认为，抵押权预告登记不能对抗保全性执行措施。办理抵押权预告登记的房屋被人民法院查封或预查封的，不妨碍抵押权预告登记转为本登记。[1]况且，法院采取保全性执行措施的房屋的所有权人仍是被执行人，被执行人并不会因查封等措施丧失其对房屋的所有权，抵押权预告登记权利人也不会因此遭受损失。

## 案例索引

最高人民法院（2019）最高法民申1049号案外人执行异议之诉纠纷再审审查与审判监督案

### 327 对期货会员资格费、会员交易席位及期货保证金能否采取执行措施？

答：人民法院可以对期货会员资格费、会员交易席位及期货保证金采取执行措施。

## 理由与依据

1.期货会员资格费、会员交易席位。期货会员资格费是期货交易所会员依据期货交易所管理办法向期货交易所缴纳的费用，会员终止的，交易所退回实缴会员资格费。资格费的主要作用在于保持会员资格以及保障会员资格终止或被取消后未结清债务的处理，例如会员未结清与交易所的债务的，交易所可以在清退会员资格费前从会员资格费中扣除。

期货会员交易席位是会员机构向期货交易所申购的用以参加交易的权利，交易席位是交易的通道，停止交易席位使用的后果是停止会员的交易活动。

---

① 参见赵培元、程洁：《抵押预告登记与法院预查封登记在正式登记条件具备时的司法处理》，载《人民司法》2014年第4期。

交易席位的所有权属于期货交易所，会员因支付交易席位使用费而获得交易席位的使用权。交易席位作为一种无形财产，其价值体现于使用权上。拥有会员资格是取得交易席位的前提，交易席位依附于会员资格，与会员资格同属于无形财产，可随会员资格转让而转让，亦可以在会员之间进行转让。因此，期货交易席位的财产性和可转让性决定了其在一定范围内具有可执行性。人民法院对期货交易机构的交易席位进行财产保全或执行时，应依法裁定其不得自行转让该交易席位，但不能停止该交易席位的使用。人民法院认为需要转让该交易席位时，按交易所的有关规定应转让给有资格受让席位的法人。

《最高人民法院关于审理期货纠纷案件若干问题的规定》明确规定人民法院可以保全与会员资格相应的会员资格费或者交易席位。

2.期货保证金。期货保证金是期货公司缴存的自营及其所代理的投资者的期货交易清算资金。期货市场采取杠杆交易的方式，其核心在于参与者只需缴纳一定数量的保证金便可以进行超过保证金数额数十倍的交易。保证金承担着保证交易顺利进行的作用，在保证金不足时要求参与者进行追加，不及时追加的可以强行平仓。保证金又分为交易保证金和结算准备金。

（1）交易保证金。交易保证金是投资者存在期货公司保证金账户和交易所会员（包括期货公司会员）存在期货交易所结算账户确保合约履行的资金，是已被合约占用的保证金。期货合约的价格是不断变化的，为防范风险，期货交易所实行逐日盯市、当日无负债结算。在每个交易日结束后，交易所会对期货公司保证金账户的盈亏状况进行结算。当日盈利划入结算准备金，当日亏损从结算准备金中扣划。具体为：当日结算时计算出的交易保证金（当日结算价 × 当日交易结束后的持仓总量 × 交易保证金比例）多于昨日结算时的交易保证金的，多出的部分则从结算准备金中扣划。当日结算时的交易保证金低于昨日结算时的交易保证金的，则释放出的资金划入结算准备金。如果亏损严重导致被扣划后的结算准备金低于交易所规定的最低额度（一般设置为0）时，交易所会通知期货公司追加保证金。与上述操作类似，期货公司也是在每个交易日结束后，对每个客户的保证金账户进行结算。期货公司或客户未在规定期限（一般是下一交易日开市前）追加保证金或者在开市后自行平仓的，期货交易所或期货公司有权强行平仓，以使结算准备金高于或等于最低额度。经结算后账户内还有结算准备金余额的，客户可提取。

根据上述分析可知，在期货公司或客户所持合约未全部平仓（针对持仓方向做相反方向的对冲买卖，买入持仓的就是卖出，卖出持仓的就是买入）或交割（持有合约进行实际交割，买入持仓的就是交付全部合约价金，卖出持仓的就是交付全部货物）之前，保证金账户内的资金将始终处于被交易影响的状态。因此，《最高人民法院关于审理期货纠纷案件若干问题的规定》继承《最高人民法院关于冻结、划拨证券或期货交易所、证券登记结算机构、证券经营或期货经纪机构清算账户资金等问题的通知》关于人民法院不得冻结、划拨交易保证金的规定，明确了"期货交易所、期货公司为债务人的，人民法院不得冻结、划拨期货公司在期货交易所或者客户在期货公司保证金账户中的资金"。对于保证金账户中有超出期货公司、客户权益资金的部分，即不承担保证金作用的资金，人民法院可以依法冻结、划拨。

（2）结算准备金。结算准备金是期货交易所会员为了交易结算向期货交易所专用结算账户内预先准备的资金，是未被期货合约占用的保证金。当会员的结算准备金低于交易所设定的最低余额时，交易所系统将不再接受会员的开仓申报。期货公司从事代理业务时，结算账户中一般含有投资人的交易保证金。在无法准确区分的情况下，冻结、划拨结算准备金可能危及投资人的合法权益，还可能造成期货公司透支，使得交易链条中断，造成市场风险。基于此，最高人民法院对结算准备金的冻结、扣划持慎重态度，《最高人民法院关于冻结、划拨证券或期货交易所、证券登记结算机构、证券经营或期货经纪机构清算账户资金等问题的通知》第60条明确规定："期货公司为债务人的，人民法院不得冻结、划拨专用结算账户中未被期货合约占用的用于担保期货合约履行的最低限额的结算准备金；期货公司已经结清所有持仓并清偿客户资金的，人民法院可以对结算准备金依法予以冻结、划拨。"

在考虑对保证金账户冻结前，需要分析冻结保证金账户的后果。首先，保证金账户无法再出金（提取结算准备金）。其次，是否禁止交易需要具体分析。新建持仓无疑会新增占用的交易保证金，并且盈利或亏损无法预期，因此原则上也不应允许新建持仓。对于已持仓的，如果不允许进行平仓操作，要么是合约到期需要进行交割，但无论是交付货物还是支付合约价款，都意味着产生了新的债务。要么是因价格变动朝持仓不利方向变化，被强制平仓，此时不仅保证金账户可用资金为0，甚至还需要承担向交易所或期货公司支付垫付资金的赔偿责任，亦产生新的债务。即仅在价格朝持仓有利方向变动时允许平仓才有意义。可以看出，在客户所持合约未全部平仓或交割之前，保证金账户内是否有可用资金、能否作为被执行人的资金被冻结或扣划仍然是一个未知数。因此，在未平仓或交割结算前，对其进行冻结的意义非常有限，甚至无法达到财产控制的目的。

通过上述分析可以看出，期货交易围绕着保证金开展，是对期货保证金账户的执行，更确切地说是对持仓期货合约的执行。有观点指出，在保证金账户内资金失去了保证金作用后，人民法院可对其依法冻结、划拨，主要包括以下几种情形：（1）债务人所有期货合约都已经平仓，没有开口头寸；（2）满足交易保证金、维持保证金、追加保证金及期货交易所章程要求的其他费用后的剩余保证金；（3）开口头寸全部平仓后的保证金余额。[①]实际上，上述第二种情形在实际操作中很难把握，维持保证金和追加保证金会根据市场情况随时变动，并无客观标准。那么上述三种情形都可以归结为一点，即要将所持合约全部平仓或交割，在结算后方能确定保证金账户内可冻结扣划的金额。因此要冻结、扣划期货保证金账户的资金，首先应先冻结被执行人开设的用于期货交易出入金的银行结算账户，其次是将全部持仓期货合约做平仓处理，经结算后有剩余资金的，剩余资金全部划入期货结算账户，最后是扣划期货结算账户内的资金。

## 立法沿革与争议

关于期货保证金法律性质和权属，学术上有多种观点：（1）财产所有权说认为，保证金是投资者和期货公司的财产所有权。保证金形式上是由期货公司或投资者交付至期货交易所或期货公司进行保管，实质上其所有权并未转移。（2）金钱质押说认为，保证金制度目的在于担保合约履行，并在发生违约时优先以保证金承担违约责任，其法律性质属于金钱质押，该种情形下保证金的所有权自然属于投资者。（3）信托担保说认为，保证金与期货公司的

---

① 参见江必新主编、最高人民法院民事审判第二庭编著：《最高人民法院〈关于审理期货纠纷案件若干问题的规定〉的理解与适用》，人民法院出版社2015年版，第248页。

自有资金相互独立、专户存放、分别管理，保期货公司系为投资者的利益对保证金进行管理和处分，符合信托法律关系的构成要件，[1] 因此保证金的法律性质属于信托财产，其所有权应当归属于受托人。[2]

本书认为，根据《期货交易管理条例》，期货保证金所有权属于期货公司或投资者，[3] 由于期货交易严格分层结算，期货交易所对期货公司结算，期货公司对客户结算，而期货公司不允许以自有资金自营，所以实际上会员保证金和客户保证金的最终所有权都是投资者所有。期货保证金主要用于结算和履约保障，其用途特定，不能用于从事与期货公司或投资者无关的交易。投资人虽然将保证金占有转移给期货公司保管，但仍有使用和处分的权能，可以进行自行平仓等交易进行处分。

## 案例索引

陕西省西安市中级人民法院（2017）陕01执异430号执行异议案

### 328 如何对钢铁产能采取执行措施？

答：被执行人其他财产不足以清偿执行依据确定的债务的，人民法院可以对钢铁产能指标采取查封、评估和拍卖等执行措施。

---

[1] 《信托法》第2条规定："本法所称信托，是指委托人基于对受托人的信任，将其财产权委托给受托人，由受托人按委托人的意愿以自己的名义，为受益人的利益或者特定目的，进行管理或者处分的行为。"

[2] 《信托法》对信托财产所有权的归属没有作出明确规定，实践中存在不同观点，主要观点包括：（1）信托财产所有权归属于受托人；（2）信托财产所有权归属于受益人；（3）信托财产不需要推定其归属等。主流观点认为信托财产所有权应当归属于受托人。

[3] 《期货管理条例》第28条第2款规定："期货交易所向会员收取的保证金，属于会员所有，除用于会员的交易结算外，严禁挪作他用。"第3款规定："期货公司向客户收取的保证金，属于客户所有，除下列可划转的情形外，严禁挪作他用：（一）依据客户的要求支付可用资金；（二）为客户交存保证金，支付手续费、税款；（三）国务院期货监督管理机构规定的其他情形。"

## 理由与依据

钢铁产能可以通过市场交易，能够用金钱衡量价值，具有财产属性，属于被执行人的无形财产。根据债务人以自身全部财产担保债务清偿原则，钢铁产能作为被执行人的责任财产，无豁免执行之理。但基于去产能的政策号召，强制执行钢铁产能应满足《钢铁行业产能置换实施办法》的要求，即强制执行钢铁产能应符合钢铁产能置换的规则，不宜因强制执行钢铁产能行为增加大气污染防治重点区域钢铁产能总量。人民法院强制执行钢铁产能应当向被执行钢铁企业所属省级工业和信息化主管部门核实钢铁产能的真实性及合规性，省级工业和信息化主管部门应当依规核实并及时出具是否属于可置换范围的书面意见。

钢铁产能只有通过相关产能设备才能转化为产品，产能置换规定中也明确产能置换须先拆除产能设备，因此有观点认为人民法院执行钢铁产能时应一并处置产能设备，但一并处置可能影响产能指标处置效率，如产能和设备分属不同主体，则不具有一并处置的条件。焦化产能的执行与钢铁产能类似，最高人民法院（2022）最高法执监23号一案中，最高人民法院认可单独拍卖焦化产能的行为，《拍卖变卖规定》第15条规定，拍卖的多项财产在使用上不可分，或者分别拍卖可能严重减损其价值的，应当合并拍卖。焦化产能与相关的焦炉分别为不同的财产类型，不存在使用上不可分的情形。虽然山西省人民政府办公厅印发的《关于山西省焦化产业打好污染防治攻坚战推动转型升级实施方案》从节约社会资源的角度出发，鼓励将焦化产能及配套资产整体处置，但该地方政府的管理性规定尚不足以否定司法拍卖的效力，因此，单独拍卖焦化产能不符合撤销拍卖的情形。钢铁和产能设备并非不可分财产，人民法院强制执行系为实现执行债权，不宜苛以设备拆除的责任，确保退出设备拆除到位的责任应由省级工业和信息化主管部门负责。执行钢铁产能手续烦琐，持续时间较长，基于执行效率原则，被执行钢铁企业其他财产足以清偿执行依据确定的债务的，人民法院不宜径行执行其钢铁产能。

另，因《最高人民法院关于暂缓对钢铁产能进行变价处置的通知》的下发，目前人民法院已暂缓对钢铁产能变价处置。

## 立法沿革与争议

2013年，《国务院关于化解产能严重过剩矛盾的指导意见》首次提出鼓励各地积极探索政府引导、企业自愿、市场化运作的产能置换指标交易，形成淘汰落后与发展先进的良性互动机制。根据该指导意见，各地也纷纷出台钢铁产能使用权交易管理办法。2015年，工信部出台的《部分产能严重过剩行业产能置换实施办法》第6条规定，在特定情形下，产能指标通过市场化运作，可以进行交易。2021年工信部最新出台的《钢铁行业产能置换实施办法》明确大气污染防治重点区域严禁增加钢铁产能总量，同时详细规定了钢铁产能置换的规则和办法。人民法院强制执行钢铁产能应符合钢铁产能置换的规则和办法。《部分产能严重过剩行业产能置换实施办法》第12条规定："建设项目投产前产能出让方须拆除用于置换的退出设备，使其不具备恢复生产条件。对同一台冶炼设备的产能拆分出让的情形，建设项目投产时间以第一个实际建成投产项目的时间为准，相关设备须按要求拆除到位。按照公告的产能置换方案，省级工业和信息化主管部门负责监督落实，确保退出设备拆除到位。涉及跨省（区、市）产能置换，产能出让方所在地省级工业和信息化主管部门（所属中央企业）；负责监督退出设备拆除到位。对于确需保留冶炼设备的特殊情形，如用于工业遗址公园等，须由产能出让方所在地省级工业和信息化主管部门（所属中央企业）'一事一议'上报工业和信息化部，工业和信息化部会同有关部门统筹研究提出处理意见。"

## 案例索引

江苏省高级人民法院（2019）苏执复152号执行复议案
最高人民法院（2019）最高法执复109号执行复议案

### 329 人民法院能否执行农村宅基地房屋？

答：在限制买受主体资格为本集体经济组织成员且符合办理本村宅

基地条件的前提下，人民法院可以通过拍卖、变卖、以物抵债、强制管理等程序处置农村宅基地房屋。

## 理由与依据

从法律规定的角度，现行法律、司法解释并未禁止对农村宅基地房屋的执行。虽宅基地使用权有"一户一宅"、取得身份限制的相关规定，又有居住保障之属性，但并无宅基地房屋禁止流转的相关规定，人民法院不宜在被执行人仅有宅基地房屋一项财产时径行裁定终结本次执行程序。此前，在农村房地一体确权登记工作开展前，宅基地房屋查找难、宅基地房屋系被执行人财产证明难等是农村宅基地房屋执行的重大障碍。目前，农村房地一体确权登记工作基本完成，基于人民法院可以查封、扣押、冻结登记在被执行人名下的不动产之规定，对于登记在被执行人名下的宅基地房屋，人民法院可以采取查封措施。人民法院通过拍卖、变卖等程序处置宅基地房屋时，可以限制买受人为本集体经济组织尚无宅基地使用权的成员，以不违反"一户一宅"、取得宅基地使用权的身份限制等相关规定。但该种限制也会导致宅基地房屋成交率偏低、成交价畸低等问题。

从执行债权实现的角度，最大限度促进执行债权实现是保障申请执行人权益、维护法律权威的应有之义。在被执行人无其他财产可供执行时，执行法院应当在法律规定射程之内强制执行宅基地房屋。

## 立法沿革与争议

2004年《最高人民法院、国土资源部、建设部关于依法规范人民法院执行和国土资源房地产管理部门协助执行若干问题的通知》第24条规定："人民法院执行集体土地使用权时，经与国土资源管理部门取得一致意见后，可以裁定予以处理，但应当告知权利受让人到国土资源管理部门办理土地征用和国有土地使用权出让手续，缴纳土地使用权出让金及有关税费。"2019年《土地管理法》第62条规定："农村村民一户只能拥有一处宅基地，其宅基地的面积不得超过省、自治区、直辖市规定的标准……农村村民出卖、出租、赠与住宅后，再申请宅基地的，不予批准。国家允许进城落户的农村村民依法自愿有偿退出宅基地，鼓励农村集体经济组织及其成员盘活利用闲置宅基地和闲置住宅。"该条款确立了"一户一宅"的限制，并明确一定条件下农村村民可以自愿有偿退出宅基地，一定程度上放宽了宅基地使用权流转条件。2021年《国民经济和社会发展第十四个五年规划和2035年远景目标纲要》规定："深化农村宅基地制度改革试点，加快房地一体的宅基地确权颁证，探索宅基地所有权、资格权、使用权分置实现形式。积极探索实施农村集体经营性建设用地入市制度。允许农村集体在农民自愿前提下，依法把有偿收回的闲置宅基地、废弃的集体公益性建设用地转变为集体经营性建设用地入市。"

实践中有法院以未有明确法律规定宅基地使用权可以执行为由不对宅基地房屋采取执行措施，在被执行人除宅基地房屋外无其他财产可供执行时，径行裁定终结本次执行程序。

在设置买受人资格限制时，有部分法院仅设置条件为本村集体经济组织成员，并未对是否满足宅基地安置条件作出限制。按照"一户一宅"原则，竞买人原则上应符合分配宅基地条件，同时实际上未获得宅基地使用权，否则其将通过强制执行程序获得另一处房屋及宅基地使用权，有违宅基地使用权的基本原则。

## 案例索引

河北省张家口市中级人民法院（2019）冀07执行异议案

重庆市第四中级人民法院（2021）渝04民终1319号执行异议之诉案

## 330 对地方政府专项债券资金能否采取查封、扣押和冻结措施？

答：申请执行人向人民法院申请对被执行人持有的地方政府专项债券资金采取查封、扣押和冻结措施，人民法院一般不予支持。

## 理由与依据

人民法院在采取强制措施的时候，应秉持善意文明执行理念，尤其执行行为涉及不特定多数投资者权益且涉及公共利益时，更应审慎处理。一方面，对于资金不宜简单适用"占有即所有"的原则，应当根据账户当事人对该资金的特殊约定来判断资金权属。可以从资金的来源、性质、流转、实际用途及实际控制人等综合判断。从性质上来看，地方政府专项债券是指省级政府为有一定收益的公益性项目发行的、以公益性项目对应的政府性基金收入或专项收入作为还本付息资金来源的政府债券，包括新增专项债券和再融资专项债券等。[①] 地方政府专项债券有两重基本属性：一是为有一定收益的公益性项目发行（公益性），二是以公益性项目对应的政府性基金收入或专项收入作为还本付息资金来源（自求平衡性）。地方政府专项债券的发行和偿还主体均为地方政府，专项债券的收益主体是债券投资者，具有一定的公益性。从流转来看，该资金由地方政府部门汇入到某一指定账户，与其他资金能够独立区分不存在混同，客观上该资金已经特定化。按照相关规定，地方政府专项债券资金必须依法用于公益性资本支出，用于对应项目的建设和设备购置。要符合投向领域的有关规定，并严格落实负面清单管理。专项债券资金必须专款专用，严禁截留、挤占、挪用，严禁擅自改变用途，严禁违规出借，严禁"以拨作支""一拨了之"。从实际控制权来看，资金一般进入的是共管账户，该账户资金的拨付与释放受到政府部门监管。所以不能仅以被执行人持有资金账户的外观就判断其属于被执行人的财产。另一方面，专项债券资金具有专属性，收益主体是债券投资者，而非资金持有人，需要以该账户内的资金及后期项目的收益对债券投资者还本付息。人民法院对地方政府专项债券资金采取强制措施，应当审慎处理。

## 立法沿革与争议

在人民法院强制执行过程中，某些类型的账户因其具备特殊性质不得被冻结。《查扣冻规定》第3条规定了8类人民法院不得查封、扣押、冻结的财产，另外还有一些不得查封的财产散落在法律或者司法解释规定中。主要包括企业党费，工会经费，下岗职工生活保障金，社保基金，粮棉油政策性收购资金，党政军警相关资产，人民银行特有资产，金融机构的存款准备金和营业场所，信托财产，旅行社质量保证金，证券和证券交易结算资金，基金销售结算资金、

---

① 《地方政府专项债券项目资金绩效管理办法》（财预〔2021〕61号）第2条。

基金份额，期货交易保证金，期货资金和有价证券，药品批准文号，空难死亡赔偿金，银行贷款账户等。从上述列举的可知，都是针对不特定人群，且资金用途基本都为专款专用。

《善意文明执行意见》第3条规定："合理选择执行财产……要严格按照中央有关产权保护的精神，严格区分企业法人财产与股东个人财产，严禁违法查封案外人财产，严禁对不得查封的财产采取执行措施，切实保护民营企业等企业法人、企业家和各类市场主体合法权益……"

关于能否执行财政部门财政性资金的问题，《最高人民法院关于能否强制执行金昌市东区管委会有关财产请示的复函》（〔2001〕执他字第10号）明确："预算内资金和预算外资金均属国家财政性资金，其用途国家有严格规定，不能用来承担连带经济责任。"

《财政部关于试点发展项目收益与融资自求平衡的地方政府专项债券品种的通知》也规定，"严禁将专项债券对应的资产用于为融资平台公司等企业融资提供任何形式的担保"。具体"实施方案"也通常会明确"专项债券对应项目形成的国有资产，严格按照专项债券发行时约定的用途使用，不得用于抵押、质押"。举轻以明重，专项债券对应的资产既然不能设置任何他项权利负担，更遑论是对该财产采取强制措施。

案件进入执行程序后，申请执行人向人民法院申请对被执行人持有的地方政府专项债券资金采取强制措施，这类财产是否属于被执行人持有的财产，人民法院是否可以对该类财产采取强制措施，实践中争议较大。

有观点认为，人民法院在采取强制措施时，仅进行形式上的审查，只要是被执行人名下持有的资金账户，人民法院就可以采取强制措施，而不需要进行实质审查，不需要考虑资金的来源、用途等。货币属于种类物，货币的"占有即所有"，被执行人占有该资金，理应就属于被执行人的财产，资金账户登记在被执行人名下，人民法院就可以对其采取强制措施。

## 案例索引

广东省广州市南沙区人民法院（2023）粤执复24号建设用地使用权合同纠纷执行复议案

## 331 对医疗机构的医保结算款能否采取执行措施？

答：医保结算款性质上是医疗机构在医疗保障部门的应收款项。对于根据医疗机构与医疗保障部门《医保服务协议》约定已经到期符合支付条件的款项，人民法院可以采取执行措施，要求医疗保障部门将医保结算款支付至法院案款账户。

### 理由与依据

执行中应区分医保基金与医保结算款。对于由参保人员和参保单位缴纳的，纳入国家专项医疗保障基金，人民法院不得采取冻结、扣划措施。医保结算款并非医保基金，它虽由医疗保障部门根据医保服务协议由医保基金划拨，但本质上是医疗机构具有期待利益和支配权的财产利益，是医疗机构在医疗保障部门的应收款项，人民法院可以采取执行措施。

人民法院对医保结算款的执行应秉持合理性与必要性原则。医保结算款是医疗机构收入的重要来源，用于支付职工工资、采购医疗设备、提升医疗水平、改善就医环境等各方面，与医疗机构职工与患者利益密切关联。基于医疗机构的公益性，如执行医保结算款将造成职工工资无法发放、患者无法报销、医疗设备无法使用等导致医疗机构无法继续经营、侵害职工与患者利益的不良后果，那么在医疗机构有其他财产可供执行的情况下，应优先执行医疗机构的其他财产，并尽可能减少执行措施对医疗机构正常经营产生的不当影响。

### 立法沿革与争议

《中共中央、国务院关于深化医疗保障制度改革的意见》提出，坚持和完善覆盖全民、依法参加的基本医疗保险医疗保障基金是人民群众的"保命钱"，必须始终把维护基金安全作为首要任务。因此，对于由参保人员和参保单位缴纳的，纳入国家专项医疗保障基金的部分，人民法院不得采取冻结、扣划措施。医保结算款并非医保基金，它虽由医疗保障部门根据医保服务协议由医保基金划拨，但本质上是医疗机构具有期待利益和支配权的财产利益。《社会保险法》第29条规定："参保人员医疗费用中应当由基本医疗保险基金支付的部分，由社会保险经办机构与医疗机构、药品经营单位直接结算。社会保险行政部门和卫生行政部门应当建立异地就医医疗费用结算制度，方便参保人员享受基本医疗保险待遇。"符合条件的定点医疗机构与医疗保障行政部门签订医保服务协议，参保人员在医疗机构接受诊疗服务后，由医疗保障部门根据医保服务协议，将应由国家基本医疗保险基金负担的部分支付给医疗机构。支付金额、支付时间均取决于医疗机构与医疗保障部门签订的医保服务协议。因此，医保结算款性质上是医疗机构在医疗保障部门的应收款项。《民事诉讼法解释》第158条规定："人民法院对债务人到期应得的收益，可以采取财产保全措施，限制其支取，通知有关单位协助执行。"对于已经达到支付条件的医保结算款，人民法院可以向医疗保障部门送达协助执行通知书，要求其直接将结算款支付至法院案款账户。

**案例索引**

福建省厦门市中级人民法院（2021）闽02执复110号执行复议案

# 第八章 对不动产的执行

## 第一节 查封

**332** 被执行人擅自处分查封标的物后，取得标的物的第三人能否适用善意取得？

答：被执行人擅自处分查封标的物的，申请执行人仍然可以请求执行法院执行该财产，不受被执行人处分行为的限制，也无须考虑保护相对人的利益。但如果查封没有公示的，其效力不得对抗善意第三人。

### 理由与依据

查封的实质在于禁止或者限制被执行人处分其特定财产，直接影响其对该财产的占有、使用和收益。根据《最高人民法院关于人民法院查封的财产被转卖是否保护善意取得人利益问题的复函》（〔1999〕执他字第21号），人民法院依法查封的财产被转卖的，对买受人原则上不适用善意取得制度。

《查扣冻规定》第24条1款规定："被执行人就已经查封的财产所作的移转、设定权利负担或者其他有碍执行的行为，不得对抗申请执行人。"该规定有两层含义：第一，被执行人对查封的财产进行转让、设定抵押、质押、出租等处分的，申请执行人仍可根据执行依据所载债权，请求对该财产进行执行，不受上述处分行为的限制，也无须考虑保护处分行为相对人的利益。第二，在不妨害查封目的、保护申请执行人利益的前提下，为了保护交易安全，维护交易秩序，促进交易的进行，被执行人对查封物所为的移转、设定负担或者其他有碍查封效果的行为，仍然有效。[①]

根据《执行工作规定》，"查封"并不会使被执行人完全"丧失"处分权，主流观点认为，"查封"是"限制"被执行人的处分权，被执行人处分相对无效。被执行人擅自处分被保全的财产行为不能对抗申请执行人，人民法院可以责令被执行人限期追回财产。如无法追回，可以要求被执行人承担相应的赔偿责任。

## 立法沿革与争议

绝对无效说认为，查封禁止处分，进而导致处分无效，不仅对申请执行人无效，对相对人亦无效。相对无效说认为，被执行人就查封物所为的处分行为只是相对无效，即处分行为不得对抗申请执行人，在被执行人与处分行为的相对人之间仍属有效。一旦债权获得清偿或撤回执行申请，相对人即可取得标的物权利。《查扣冻规定》采查封效力相对无效说。

查封财产被转卖问题，实际体现的是申请执行人与相对人之间的权利冲突。相对人利益是否一概不能保护，应视相对人是否善意而定。此处的善意取得与一般民事交易中的善意取得制度有所区别。善意取得制度主要是针对所有权人以外的人非法处分所有人财产的情况。善意取得一般指让与人合法占有所有人财产，但无权处分财产的情况，而非让与人即是所有权人，只不过是处分权利受到限制而已。善意取得制度重点在于所有人和善意相对人之间的利益平衡，而查封标的物被处分问题涉及的是申请执行人与善意相对人之间的权衡。保护善意第三人（受让人）的利益在于维护社会交易安全，但在执行程序中保护债权人的利益应当高于对一般交易安全的维护。实践中，被执行人与案外人串通转移财产的情况屡见不鲜，相对人是否善意很难查明。从解决执行难角度考虑，如果保护善意占有人，则会纵容被执行人的非法处分行为，容易使被执行人钻空子，与第三人勾结，损害债权人的利益，有必要赋予查封绝对性，以加强法院执行的权威。

---

[①] 参见人民法院出版社编：《司法解释理解与适用全集·执行卷》，人民法院出版社2019版，第1344页。

## 案例索引

**333** **优先债权执行法院向首封法院商请移送处置权时，哪些情
形下可不予移送处置权？**

答：执行过程中，应当由首先查封、扣押、冻结（以下简称查封）
法院负责处分查封财产。但已进入其他法院执行程序的债权对查封财
产有顺位在先的担保物权、优先权（该债权以下简称优先债权），自首
先查封之日起已超过60日，且首先查封法院就该查封财产尚未发布拍
卖公告或者进入变卖程序的，优先债权执行法院可以要求将该查封财
产移送执行。但在特定情形下，首封普通债权执行法院可以自行处置
查封财产，无须移送处置权。

将查封财产移送优先受偿债权的执行法院处分不受在先查封执行
当事人之间达成执行和解协议、在先查封法院依法裁定暂缓执行或者
依法裁定中止执行等情形的影响。

## 理由与依据

首先查封法院负责处分查封财产是执行制度中的程序性规则，解决应由
哪个法院处分财产的问题；优先债权制度是实体性制度，规定的是哪个债权
应当就处分财产所得优先受偿的问题，两者在逻辑上并无冲突。但首先查封
法院负责处分查封财产规则的刚性适用，可能会导致优先债权制度目的落空。
权衡两种制度的价值及各自保护的利益，优先债权的实现应当处于更优越的
地位。[①] 执行中，由首先查封法院处分财产，符合执行程序"先到先得"的基

---

① 刘贵祥、赵晋山、葛洪涛：《〈关于首先查封法院与优先债权执行法院处分查封财
产有关问题的批复〉的理解与适用》，载《人民司法》2016年第19期。

本理念，对于调动申请执行人的积极性、及时控制财产、快速推进执行进程具有积极作用。司法实践中，首先查封法院因涉及无益拍卖、当事人和解或申请执行人申请暂缓处置等特殊原因而不宜处置查封不动产，满足（1）优先债权为生效法律文书所确认；（2）优先债权在其他法院进入了执行程序；（3）自首先查封之日起已经超过了60日；（4）首先查封法院尚未就该查封财产发布拍卖公告或者进入变卖程序这四个条件的情况下，优先债权执行的法院可以要求首封法院对该查封财产移送执行。在先查封的债权进入执行程序且执行当事人达成执行和解协议等情形，实质上并未改变首封法院尚未就该查封财产发布拍卖公告或者进入变卖程序的事实，并不构成不移送的例外。

但出现包括但不限于以下几种情形的，首封法院可以不向优先债权执行法院移送查封财产的处置权[①]：（1）查封标的物存在争议，尚在执行异议审查或异议之诉审理过程中的；（2）查封不动产涉及刑事案件执行，尚在协调处理中的；（3）优先债权仅及于查封标的物部分份额，首封法院拟就该财产进行整体处分；（4）房、地分开登记的，抵押财产仅为地上建筑物或者土地使用权，首封法院拟将地上建筑物及土地使用权合并处分的；（5）同一不动产存在两个以上优先权，且首封案件为在先顺位优先权的；（6）首先查封法院认为有其他不宜移送处分的情形，如首先查封法院债权涉及当地大量劳动债权、优先债权占查封财产的比例极低等。首先查封法院与优先债权执行法院之间就移送执行产生争议的，可以提请共同的上级法院予以协调处理。

## 立法沿革与争议

《最高人民法院关于首先查封法院与优先债权执行法院处分查封财产有关问题的批复》（法释〔2016〕6号）第1条规定了首先查封法院将查封财产向优先债权执行法院移送执行的条件。该规定突破了"首先查封法院负责处分查封财产"的规定。除了"首先查封法院就该查封财产尚未发布拍卖公告或者进入变卖程序的"外，批复并未明确不予移送的具体情况。

《最高人民法院关于首先查封法院与优先债权执行法院处分查封财产有关

---

[①] 参照《上海市高级人民法院关于首先查封不动产移送执行有关问题的解答》《深圳市中级人民法院关于我市法院间首先查封案件与优先债权执行案件处分查封财产有关问题的意见（试行）》。

问题的批复》第2条规定："优先债权执行法院要求首先查封法院将查封财产移送执行的，应当出具商请移送执行函，并附确认优先债权的生效法律文书及案件情况说明。首先查封法院应当在收到优先债权执行法院商请移送执行函之日起15日内出具移送执行函，将查封财产移送优先债权执行法院执行，并告知当事人。移送执行函应当载明将查封财产移送执行及首先查封债权的相关情况等内容。"该条规定针对"优先债权法院商请"和"首先法院移送"两个环节，明确了查封财产移送执行的程序性事项，同时明确通过"告知当事人"以保障其知情权。

在先查封执行当事人之间达成执行和解协议、在先查封法院裁定暂缓执行或者中止执行等情形是否影响查封财产的移送目前法律及司法解释并无明确规定，部分高级人民法院对此有所回应，如上海市高级人民法院在2014年《关于在先查封法院与优先受偿债权执行法院处分查封财产有关问题的解答》中率先明确："应当将查封财产移送优先受偿债权的执行法院处分的，不受在先查封执行当事人之间达成执行和解协议、在先查封法院依法裁定暂缓执行或者依法裁定中止执行等情形的影响。"

## 案例索引

天津市第二中级人民法院（2019）津02执复150号执行异议案

## 334 最高额抵押财产被查封时抵押权人的执行债权如何确定？

答：参照《民法典》第423条规定，人民法院查封、扣押被执行人设定抵押权的抵押物的，自抵押权人知道或者应当知道抵押财产被查封、扣押时，债权数额确定。"知道或者应当知道"以收到法院查封抵押物通知或者有关证据证明抵押权人知道查封的事实为判断标准。

## 理由与依据

查封自送达时生效。人民法院查封最高额抵押财产时，对于抵押权人而言，查封裁定未向其送达的，不能限制最高额抵押权的债权数额。只有抵押权人知道或者有其他证据证明其知道之日起查封裁定才对抵押权人生效。

虽然法院查封抵押财产时向财产登记部门送达裁定和协助执行通知书，但设定最高额抵押权的主要目的是为连续性融资交易提供担保，提高交易效率，若在贷款还款没有异常的情况下，要求最高额抵押权人每次发放贷款时对借款人或抵押财产的状态进行重复实质审查，有违最高额抵押权设立的立法目的。[①] 根据《查扣冻规定》第25条规定，人民法院查封最高额抵押物时具有通知抵押权人的法定职责。因此最高额抵押权人的债权自抵押权人收到查封通知或知道抵押财产被查封时确定。最高额抵押权人收到查封通知或知道抵押财产被查封后，再行发放的贷款，不属于最高额抵押担保的债权范围。人民法院虽然向登记机关送达查封手续，但未通知最高额抵押权人，且最高额抵押权人不知道的，债权人在最高额限度内发放的贷款，仍属于最高额抵押权担保的债权范围。[②]

## 立法沿革与争议

《担保法解释》第81条规定："最高额抵押权所担保的债权范围，不包括抵押物因财产保全或者执行程序被查封后或债务人、抵押人破产后发生的债权。"采用的是客观标准，以查封这一事实发生的时间作为抵押权担保债权数额固定的时间，未考虑抵押权人主观上是否知道查封这一行为是否发生。

2004年《查扣冻规定》第27条规定："人民法院查封、扣押被执行人设定最高额抵押权的抵押物的，应当通知抵押权人。抵押权人受抵押担保的债权数额自收到人民法院通知时起不再增加。人民法院虽然没有通知抵押权人，但有证据证明抵押权人知道查封、扣押事实的，受抵押担保的债权数额从其知道该事实时起不再增加。"2008年未对该条作实质性修正。2020年修正时，将第2款"从其知道该事实时"改为"从其知道或者应当知道该事实时"。

---

① 最高人民法院（2018）最高法民终787号民事判决书。
② 河南省高级人民法院（2021）豫民申1851号民事裁定书。

2007年《物权法》第206条规定:"有下列情形之一的,抵押权人的债权确定:(一)约定的债权确定期间届满;(二)没有约定债权确定期间或者约定不明确,抵押权人或者抵押人自最高额抵押权设立之日起满二年后请求确定债权;(三)新的债权不可能发生;(四)抵押财产被查封、扣押;(五)债务人、抵押人被宣告破产或者被撤销;(六)法律规定债权确定的其他情形。"该条是对最高额抵押债权的确定"事由"或"情形"的规定,非债权确定的"时点"的规定。"抵押财产被查封、扣押"涉及作出裁定、送达文书、实施行为、通知抵押权人多个时间节点,该条款未对时间节点作出具体规定。

《民法典》第423条规定:"有下列情形之一的,抵押权人的债权确定:(一)约定的债权确定期间届满;(二)没有约定债权确定期间或者约定不明确,抵押权人或者抵押人自最高额抵押权设立之日起满二年后请求确定债权;(三)新的债权不可能发生;(四)抵押权人知道或者应当知道抵押财产被查封、扣押;(五)债务人、抵押人被宣告破产或者解散;(六)法律规定债权确定的其他情形。"《民法典》将"抵押财产被查封、扣押"修改为"抵押权人知道或者应当知道抵押财产被查封、扣押"。将《查扣冻规定》第27条与原《物权法》第206条规定相结合,确定抵押权人债权数额的截止日期为抵押权人知道或者应当知道抵押财产被查封、扣押,人民法院应当通知抵押权人,向抵押权人送达查封裁定。

最高额抵押财产被查封时,何时确定抵押权的债权有客观说和主观说两种观点。

客观说认为,最高额抵押权人的债权自人民法院向登记机关送达查封手续时确定,不以最高额抵押权人"知道或应当知道"法院查封之日确定。最高额抵押属于法定要件的担保方式,由登记机关登记,具有公示效力,只要人民法院向登记机关送达查封裁定、协助执行通知书,法律文书发生效力,此即产生债权扩大的阻却效力。至于抵押权人,应对抵押权担保的债权负有审慎审查的义务,在每次发放贷款时,均应审查抵押物状态。在人民法院查封、扣押发生效力后,抵押权人疏于审查,造成己方其后发放贷款部分不能被抵押权保护,应自行承担疏忽后果。

主观说认为,抵押权人抵押担保的债权数额应当自抵押权人知道或者应当知道抵押财产被查封、扣押时确定。人民法院在向登记机关送达查封裁定、协助执行通知书时，不意味着马上发生全部对世效力。特别是对于抵押权人，在其未收到人民法院通知，不知晓抵押物被查封、扣押时，如果直接认定对其发生查封效力或债权确定效力，则有违程序原则，可能造成其权利受损。如要求最高额抵押权人每次发放贷款时对借款人或抵押财产的状态进行重复实质审查，有违最高额抵押权设立的立法目的。如抵押权人对抵押财产被查封、扣押的事实不知情，在最高额抵押权存续期间和最高债权限额内发生的债权，仍然属于受担保的债权。此观点为最高人民法院裁判通说观点。

## 案例索引

最高人民法院（2016）最高法民再54号再审审查案

最高人民法院（2018）最高法民终787号执行分配方案异议之诉纠纷案

## 335 被执行人以法院已经查封的房产与第三人签订租赁合同，其效力是否受查封行为的影响？

答：查封具有相对效力，被执行人对法院已经查封的房产所签订的租赁合同，其效力并不因查封行为的存在而当然无效，但不得对抗申请执行人。

## 理由与依据

《查扣冻规定》第24条规定，被执行人就已经查封、扣押、冻结的财产所作的移转、设定权利负担或者其他有碍执行的行为，不得对抗申请执行人。《最高人民法院关于人民法院能否在执行程序中以被执行人擅自出租查封房产为由认定该租赁合同无效或解除该租赁合同的答复》明确："……被执行人擅自处分查封物，与第三人签订的租赁合同，并不当然无效，只是不得对抗申请执行人。第三人依据租赁合同占有查封物的，人民法院可以解除其占有，但不应当在裁定中直接宣布租赁合同无效或解除租赁合同，而仅应指出租赁合同不能对抗申请执行人。"上述规定确定了查封的相对效力，被执行人将法院已经查封的房产出租给第三人，租赁合同的效力并不因查封行为的存在而当然无效，申请执行人可以申请法院解除第三人对涉案房产的占有或者排除妨害。

## 立法沿革与争议

关于查封的效力范围，我国立法经历了从绝对效力到相对效力的转变。1997年4月7日《最高人民法院关于转卖人民法院查封房屋行为无效问题的复函》（〔1997〕经他字第8号）认为，北京亚运特需供应公司在此后擅自将其已被查封的房产转卖给北京沃克曼贸易开发有限责任公司的行为是违法的，所订立的房屋买卖合同系无效合同。1999年11月7日《最高人民法院关于人民法院查封的财产被转卖是否保护善意取得人利益问题的复函》（〔1999〕执他字第21号）认为，人民法院依法查封的财产被转卖的，对买受人原则上不适用善意取得制度。2004年2月10日《国土房管部门协助执行通知》第21条规定，对被执行人隐瞒真实情况对查封财产办理抵押、转让手续的，法院可以确认处分行为无效，并可撤销登记。上述复函及联合通知均确定法院查封具有绝对效力。

2004年《查扣冻规定》第26条规定，被执行人就已经查封、扣押、冻结的财产所作的移转、设定权利负担或者其他有碍执行的行为，不得对抗申请执行人。第三人未经人民法院准许占有查封、扣押、冻结的财产或者实施其他有碍执行的行为的，人民法院可以依据申请执行人的申请或者依职权解除其占有或者排除其妨害。人民法院的查封、扣押、冻结没有公示的，其效力不得对抗善意第三人。该条确立了查封相对效规则。2009年12月22日《最高人民法院关于人民法院能否在执行程序中以被执行人擅自出租查封房产为由认定该租赁合同无效或解除该租赁合同的答复》将查封的相对效力规则再次予以明确。《民法典》允许抵押财产自由转让。根据《民法典担保制度解释》，债务人可以对查封财产设定抵押，债务人与相对人间的抵押合同亦为有效。

我国民事执行理念也开始在真正意义上从"死封"向"活封"转变。①

另外，关于"买卖不破租赁"原则的适用，根据《民法典》第725条的规定：租赁物在承租人按照租赁合同占有期限内发生所有权变动的，不影响租赁合同的效力。但应同时满足以下条件：（1）买卖合同和租赁合同系针对同一标的物；（2）合同均有效成立；（3）租赁合同履约在先，即出租人将租赁物出租后又将租赁物所有权转予他人；（4）承租人在同等条件下未主张优先购买权。其中，若出租人在租赁物出租之前就已经将所有权转移给他人，则不适用"买卖不破租赁"原则。而被法院查封的房屋属于限制流通物，被执行人对被查封房屋的处分权能受限，被查封后的房屋再出租，亦不适用"买卖不破租赁"原则。

## 案例索引

陕西省高级人民法院（2020）陕执复18号执行复议案

湖北省高级人民法院（2017）鄂执复13号执行复议案

### 336 两个人民法院对同一被执行人名下房产先后采取保全措施，甲法院到拆迁办送达裁定和协助执行通知，要求冻结拆迁款，乙法院到不动产登记中心查封了房产，哪个法院为首封法院？

答：向拆迁办送达裁定书和协助执行通知书及前往不动产登记中心查封房产均具有法律效力，时间在先的为首封。

## 理由与依据

在已经签订房屋拆迁协议但房屋尚未被实际拆除的情况下，房屋处于从

---

① 毋爱斌：《民事执行查封相对效的体系展开》，载《法律科学（西北政法大学学报）》2022年第6期。

物理实体转化为拆迁款的过渡阶段。该阶段无论是对被执行人名下的房屋进行查封还是对拆迁款进行冻结，都可视为对拆迁款的查封。对房屋的查封效力及于原查封财产的替代物或者赔偿款，即对被拆迁房屋的查封及于对拆迁款的查封。执行法院未及时冻结拆迁款，导致拆迁款被其他法院查封的，不影响查封顺位。如果对案涉房产采取的查封控制措施为首先查封，对相应案涉房产征收补偿款的执行措施亦应为第一顺位，即便轮候查封法院先于首先查封法院作出扣留、提取拆迁款的裁定书，该裁定书在首先查封法院未解除查封前，该执行裁定尚未生效。在不同案件同时对拆迁款进行查封的情况下，应按照查封的先后顺序确定查封顺位。时间在先的为首封，在后的为轮候。

但需要注意的是，在未签订房屋拆迁补偿协议，房屋拆迁未形成事实的情况下，冻结房屋拆迁补偿款属于预查封、冻结，不属于有效冻结，不得对抗在房产登记部门办理了查封登记手续的效力。

## 立法沿革与争议

《查扣冻规定》第22条规定："查封、扣押、冻结的财产灭失或者毁损的，查封、扣押、冻结的效力及于该财产的替代物、赔偿款。人民法院应当及时作出查封、扣押、冻结该替代物、赔偿款的裁定。"此规定对查封效力是否具有追及效力采纳了肯定说，即法院查封财产的效力及于该标的物的替代物或者赔偿金。应当注意的是，条文规定的"赔偿款"，一般包括依法取得和依合同约定取得两种情形。房产拆迁补偿款通常是房屋所有者将拥有的房产所有权转让给征用单位，并同意由征用单位拆除，而征用单位相应支付的补偿或赔偿款项。因此法院查封房产的效力及于该查封房产的拆迁补偿款。

## 案例索引

江苏省高级人民法院（2019）苏执监287号执行审查案

江苏省无锡市中级人民法院（2021）苏02执复21号执行复议案

**337** 轮候查封法院要求协助义务机关处置标的物造成首封债权人损失的，协助义务机关是否应承担赔偿责任？

答：判断协助义务机关是否应承担赔偿责任要根据其是否有过错分情况讨论。如果因协助义务机关过错，致使轮候查封法院误以为自己是首封法院，要求处置标的物造成首封债权人损失的，协助义务机关应承担赔偿责任。如果协助义务机关不存在过错，轮候查封法院要求协助义务机关处置标的物造成首封债权人损失的，应当由轮候查封法院承担违法执行给当事人造成的损失。

## 理由与依据

根据《优先债权执行批复》规定，轮候查封法院在未履行法定程序得到首封法院移送执行的情况下无权处置查封标的物。否则依照2020年《执行工作规定》第26条的规定精神，首封法院有权要求轮候法院限期追回或承担转移款项的责任。《执行司法赔偿解释》第2条第5项将"对其他人民法院已经依法采取保全或者执行措施的财产违法执行的"列入法院错误执行行为，公民、法人和其他组织有权就该错误执行行为造成的损害申请国家赔偿。

因协助执行义务机关过错，如银行或不动产登记部门系统错误，导致本应轮候的查封显示为首封，致使轮候查封法院要求协助义务机关处置标的物造成首封债权人损失的，因轮候查封法院的执行行为并无不当，应由协助义务机关承担因系统差错或操作失误导致的不利后果。法律赋予银行、不动产登记部门等机构协助执行的法定义务，其亦应注重协助执行中的法律风险，经办人员应该熟悉协助执行相关程序，了解法院的冻结扣划关系当事人重大经济利益，在经办过程中尽到较高的注意义务，尤其是在扣划款项之前不应完全依赖系统记录，确保查封顺序无误后再行扣划。防止出现诸如因查封顺序错误导致承担赔偿责任的情况。①

---

① 参见曹凤国、张阳主编：《最高人民法院执行批复理解与适用》，法律出版社2022年版，第594页。

## 立法沿革与争议

依据《执行工作规定》第44条，只有在"被执行人或者其他人擅自处分已被查封、扣押、冻结财产的"情况下，人民法院才能裁定处分人承担实体赔偿责任。该条明确了协助义务机关对债权人承担实体赔偿责任必须具备两个要件：一是被法院查封的财产已经被处分。只有已经被人民法院查封的财产，才能对包括协助义务人在内的所有相对人产生禁止处分的效力。二是协助义务人主观上是擅自。擅自应当是协助义务人在主观心理态度上存在故意或者重大过失。如果是由于协助义务人无法控制的外力因素而导致查封财产流失，则不能让协助义务人承担赔偿责任。

在具体的执行实践中，比较难以区分的是两个法院对同一执行标的物同时强制执行，义务机关协助轮候查封法院而导致查封标的物被处分的情形。此种情形下，应当查明协助义务部门是否尽到了告知义务。如果在告知后，有关法院没有寻求协调程序仍然强行处分的，协助义务机关不属于擅自处分，不能要求协助义务机关承担财产流失的责任。反之，则协助义务机关存在重大过失，仍要承担相应的赔偿责任。

## 案例索引

北京市高级人民法院（2005）京民初字第00100号、第00101号借款纠纷案

河北省高级人民法院（2019）冀执复574号执行复议案

## 338 人民法院如何认定超标的查封的时点？

答：人民法院在执行程序中查封的财产价值明显超过案件执行标的，则构成超标的查封。对超标的查封的判断时点原则上应以采取查封措施时为准。

## 理由与依据

财产保全制度的设立目的在于保障未来生效裁判的顺利执行，避免胜诉债权人权利遭受损失。实践中，除货币外，查封财产还包括不动产、股权、知识产权、货物、机械设备等，由于财产的市场价值不断变化，判断是否超标的应以确定时间点的价值为准。本书认为，对超标的查封的判断时点原则上应以查封行为作出时为准。因为判断是否超标的查封，是对查封行为的评判，不应以未来某个时间点评判现时的查封行为，且标的物处置变现可能受多种因素影响而具有不确定性。

对于查封财产价值的认定：冻结银行存款类财产的，因冻结的金额直接体现财产价值，冻结金额必须明确且不得超过案件执行标的；冻结上市公司股票的，应当以冻结前一交易日收盘价为基准，结合股票市场行情，一般在不超过20%的幅度内合理确定；查封其他类财产的，考虑到债权的实现距离查封有一定的时间，债权数额还会发生变化，查封的不动产等财产的价值还会出现波动等不确定因素，对于明显超标的额的限制，应当适当从宽掌握，但一般不得超过执行标的额的30%。

认定查封标的物价值需考虑特殊情况。（1）查封标的物的权利负担。如果查封标的物已设定抵押权等担保物权或存在其他优先权，计算财产价值时应扣除相应的优先债权数额。（2）标的物的查封情况。首先，轮候查封的标的不应计算在当事人申请查封标的金额之中；其次，如查封的标的物存在其他案件轮候查封的，则要考虑实现债权时可能出现的参与分配进而预估本案可能实际取得的债权数额。（3）标的物变现时的市场行情、价格波动、在确定拍卖保留价时依法下浮的比例等。（4）标的物是否可分割。对于登记在同一产权证书的不动产，虽整体价值明显超过执行标的，但若无法分割查封，则对标的物的整体查封也不属于超标的查封。

## 立法沿革与争议

实践中，对超标的查封的判断以查封行为作出时为准，还是以异议审查时为准存在争议。最高人民法院（2017）最高法执复55号执行裁定书认为："涉案不动产的查封与异议审查阶段有一定的时间间隔，在不动产价格可能波动的情况下，距离执行程序更近的异议审查时的评估价格应比查封时的评估价格更接近最终执行时标的物的实际变价金额。"而最高人民法院（2020）最高法执复66号执行裁定书则认为，判断是否构成超标的查封，系对查封行为的评判，就法律逻辑而言，应以财产被查封时的客观价值作为判断基准，而不应以财产在未来被处置时的可能价格作为判断基准。

2019年《善意文明执行意见》第7条关于超标的冻结上市公司股票方面，明确股票价值应当以冻结前一交易日收盘价为基准。结合这一规定，更加说明对超标的查封的判断时点原则上应以查封行为作出时为准。

## 案例索引

最高人民法院（2022）最高法执监221号执行监督案

最高人民法院（2020）最高法执复66号执行审查案

最高人民法院（2017）最高法执复55号执行复议案

**339** 被执行财产为动产、不动产或股票等需要变现的财产的，首封债权人受偿后有剩余款项的，该财产的轮候查封法院在对剩余款项的账户采取冻结措施前，被另案执行法院查封的，如何确定查封顺位？

答：剩余款项被另案执行法院通过向首封执行法院发出冻结、提取协助执行通知书等形式查封的，应根据采取执行措施的先后顺序确定查封顺位。对被执行财产采取轮候查封的措施早于对剩余款项采取查封措施的，在剩余款项处置时，在先轮候查封法院的查封顺位优先于对剩余款项采取查封措施的法院。

## 理由与依据

多份生效法律文书确定金钱给付内容的多个债权人分别对同一被执行人申请执行，各债权人对执行标的物均无担保物权的，按照执行法院采取执行措施的先后顺序受偿。①

轮候查封债权人对轮候查封财产具有期待利益，首封法院变现受偿后剩余价款属于轮候查封财产的替代物，轮候查封的效力及于该财产的替代物。首封执行法院对执行标的物处置变现并全部受偿后，剩余款项属于轮候查封财产的替代物，已采取的轮候查封措施转化为对剩余款项的查封措施，具有正式查封的法律效力。

轮候查封被执行财产和对被执行财产处置后的剩余款项采取查封、冻结措施，在性质上均属于对执行标的物采取的执行措施，具有同等效力，其查封顺位应按照采取措施的先后顺序予以确定。首封法院有义务将查封财产处置情况告知轮候查封法院，并将剩余变价款交轮候查封法院处置。

## 立法沿革与争议

司法实践中，部分法院对轮候查封效力问题存在错误认识，认为轮候查封不发生法律效力，部分首封执行法院处置完成并就本案全部受偿后，对于剩余款项仅根据另案执行法院冻结、提取剩余款项的协助执行通知书分配案款，甚至在没有此类协助执行通知的前提忽视轮候查封情况，直接将剩余款项发放给被执行人，严重损害轮候查封债权人合法权益。

我国法律法规和司法解释此前对轮候查封的效力并没有明确具体的规定，基于上述实践中出现的错误认识和做法，最高人民法院于2022年4月14日作出《关于正确处理轮候查封效力相关问题的通知》（法〔2022〕107号），并在第1条对轮候查封的效力予以明确：轮候查封具有确保轮候查封债权人能够取得首封债权人从查封物变价款受偿后剩余部分的效力。首封法院对查封物处置变现后，首封债权人受偿后变价款有剩余的，该剩余价款属于轮候查封物的替代物，轮候查封的效力应当及于该替代物，即对于查封物变价款中多于首封债权人应得数额部分有正式查封的效力。轮候查封债权人对该剩余价款有权主张相应权利。

---

① 《最高人民法院关于人民法院执行工作若干问题的规定（试行）》（2020年修正）第1条。

最高人民法院（2022）最高法执复19号执行审查案

最高人民法院（2012）执复字第19号执行审查案

## 340 土地使用权被法院查封的，政府能否收回？

答：若土地使用权被法院查封的，政府不能收回。但被执行人系部分缴纳土地出让金的，法院可以预查封土地，在规定的期限内被执行人仍未全部缴纳土地出让金的，人民政府可以函告法院将回收土地使用权，并在收回使用权的同时将被执行人已缴纳的按照有关规定应当退还的土地出让金交由人民法院处理，预查封自动解除。

### 理由与依据

从查封土地的权属外观来看，法院作出查封裁定时，该土地的权利外观应属被执行人，政府不能径直利用自己的行政权损害被执行人个人的使用权利，亦不能通过行政权直接否定申请执行人对被执行人财产的期待权益。被执行人或其他人擅自处分已被查封、扣押、冻结财产的，人民法院有权责令责任人限期追回财产或承担相应的赔偿责任。故而被法院查封的财产，具有相对的排他性，政府不得擅自对查封土地径直作出收回决定。

从司法权与行政权的关系来看，司法权和行政权相互独立，相互尊重。同为国家权力的执行者，行政与司法相互配合合作，共同预防和化解行政争议，提升法治效果。因此行政权必须尊重并服从法院的裁判，法院在裁判过程中也要提高裁判的可接受性，行政与司法的互动应是良性的，均须受到法律规制。法院作出查封裁定，属于法院生效法律文书，行政机关应当服从，维护司法权威，才能真正实现司法为民的社会效果。若行政机关都在法院查封时，径直作出收回决定，对申请执行人来说其司法效果极差，反而将个人之间的纠纷上升为司法机关和行政机关之间的博弈。国土资源、房地产管理部门对被人民法院依法查封、预查封的土地使用权、房屋，在查封、预查封期间不得办理抵押、转让等权属变更、转移登记手续。故而，在查封状态下土地，政府有关部门不得对该土地权属进行变更。

从提高闲置土地使用率角度出发，在执行程序中申请执行人已经对被执行人的土地使用权有期待，若此时土地使用权由政府收回，申请执行人的利益会被损害，势必引发诉讼和信访问题。但在实践中确会出现，使用权人仅支付了部分土地出让金或者两年内未进行开发可由政府收回的情形，此时若一直处于查封状态会造成土地资源浪费，从这个角度出发可允许政府对土地收回，但是在收回之前应函告法院，并在收回使用权的同时将被执行人已缴纳的按照有关规定应当退还的土地出让金交由人民法院处理，法院可解除查封。这样既不损害申请执行人的利益，也能实际解决土地闲置问题。

## 立法沿革与争议

1998年《最高人民法院关于人民法院执行工作若干问题的规定（试行）》第44条规定，被执行人或其他人擅自处分已被查封、扣押、冻结财产的，人民法院有权责令责任人限期追回财产或承担相应的赔偿责任。这是对法院查封财产排他性的方向性规定。

1998年《国土资源部对收回被司法机关查封国有土地使用权问题的批复》规定："司法机关因债权债务纠纷而查封国有土地使用权，应当依法进行，被查封的土地也必须是诉讼当事人拥有合法使用权的土地。对于司法机关依法进行的查封，在查封期限内，人民政府不能收回国有土地使用权；查封期限结束后，则可以依法收回国有土地使用权。"这是行政机关对法院查封土地是否可以收回作出的直接回复，其立场亦是认为查封土地政府不能收回。

2004年《国土房管部门协助执行通知》第22条第1款规定，国土资源、房地产管理部门对被人民法院依法查封、预查封的土地使用权、房屋，在查封、预查封期间不得办理抵押、转让等权属变更、转移登记手续。这是法院与行政机关联合出台的通知中，首次对法院查封、预查封土地使用权相关事项作出的规定，此后法院有关此类案件的判决多以该通知的规定作为裁判说理理由。

有观点认为，《国土房管部门协助执行通知》第22条第1款规定，国土资源、房地产管理部门对被人民法院依法查封、预查封的土地使用权、房屋，在查封、预查封期间不得办理抵押、转让等权属变更、转移登记手续。故对于人民法院依法进行的查封，在查封期限内，任何单位不得进行处分，同理，行政机关亦不可擅自变更国有土地使用权。

另有观点认为，查封土地系司法机关为保证案件的执行而作出的保全措施，收地决定是行政机关依据相应事实和法律作出的行政决定，两者分别是司法权与行政权的运用，两种权力的行使应当互相配合和尊重，司法权不能干预行政权的行使，土地被查封并不当然致使政府收回无效。且根据《土地管理法》第55条第1款规定，以出让等有偿使用方式取得国有土地使用权的建设单位，按照国务院规定的标准和办法，缴纳土地使用权出让金等土地有偿使用费和其他费用后，方可使用土地。故未缴清土地出让金的被执行人尚未取得国有土地使用权，法院仅能对该类宗地进行预查封。据此，预查封是人民法院对被执行人尚未进行权属登记，将来可能会进行登记的不动产进行的一种限制性措施，只有登记机关核准登记产权时，才转为正式查封。基于预查封的上述特性，对于尚未登记的土地使用权被预查封后，在未来执行的方向上就存在两种可能：一种是土地使用权出让合同履行完毕，被执行人对土地使用权拥有完全的权利，即属于被执行财产；另一种则是土地使用权出让合同因无效、被撤销、被解除，或在规定的期限内被执行人仍未全部缴纳出让金，被执行人不能获得土地使用权，则土地使用权不属于可执行财产。因此，土地使用权不再是预查封的对象，被执行人缴纳的按照有关规定应当退还的土地出让金成为预查封的对象。故而政府可将查封土地收回，但须将已收取应退回的土地出让金交由法院冻结。

## 案例索引

吉林省高级人民法院（2019）吉行终407号收回划拨土地决定案
广东省高级人民法院（2014）粤高法行终字第903号行政复议纠纷案

**341** 执行法院就首封案件向不动产登记机关送达续封手续，登记机关未及时办理查封登记，案外人与被执行人对该不动产设立了抵押登记，后抵押权人也申请拍卖该不动产，流拍后以物抵债给抵押权人，首封债权人能否以优于抵押权人受偿为由，请求撤销该抵债裁定？

答：须登记查封的财产因登记机关未办理查封进行对外公示，案外人取得的查封财产抵押权系善意取得，可以对抗查封债权人，抵押财产流拍后申请以物抵债程序合法，抵押权人依法取得抵押物所有权。首封债权人以抵押权人不能对抗首封债权人，以物抵债程序违法为由请求撤销以物抵债裁定的，应不予支持。

## 理由与依据

物权公示的方法是由公示的目的决定，而公示的目的在于使他人能够方便地知晓物权享有和变动的事实。公示的方法既要满足针对一切不特定人的要求，又要简便易行、低成本。不动产具有位置上的固定性，使得登记作为物权公示手段成为可能。[①] 基于此，《民法典》确立了不动产登记生效的物权变动规则。《查扣冻规定》也以此基础设定了查封方式，该司法解释第7条第2款规定，不动产已登记的，应当通知有关登记机关办理登记手续。未办理登记的，应当张贴封条或者公告。查封未经公示，被保全人或被执行人擅自处分财产，如转让或设定抵押，该行为的效力以及能否对抗申请执行人的执行，涉及瑕疵查封行为的效力问题。

首先，要明确的是，未办理登记或者未张贴封条或公告，并不意味着查封未生效。查封裁定是人民法院作出的法律文书，《查扣冻规定》第1条第2款已明确，采取查封、扣押、冻结措施需要有关单位或者个人协助的，人民法院应当制作协助执行通知书，连同裁定书副本一并送达协助执行人。查封、扣押、冻结裁定书和协助执行通知书送达时发生法律效力。即未经公示的查封仍具有查封效力。

---

① 参见刘家安：《物权法论》，中国政法大学出版社2015年版，第58页。

其次，被执行人就已经查封、扣押、冻结的财产所作的移转、设定权利负担或者其他有碍执行的行为，不得对抗申请执行人，但该处分行为在被执行人与相对人之间仍然有效。原因在于，查封的目的在于使执行法院取得查封财产的处分权，以便变价后清偿申请执行人的债权，只要被执行人所为的处分对申请执行人不生效力已经足够，并没有使该处分在被执行人与相对人之间无效的必要。[①] 这在理论上称为查封相对效。查封相对效溯源于德国的让与禁止。借鉴我国台湾地区"强制执行法"，《查扣冻规定》确立了查封相对效规则，[②] 但由于该规定与《民事诉讼法》、原《物权法》《担保法》等程序及实体法龃龉良久，未得到广泛认可，实践中一直存在争议。随着《民法典》《民法典担保制度解释》放开了债务人对查封财产处分自由的限制（集中体现在允许抵押财产自由转让上），《股权执行规定》再次坚持了查封相对效。[③]

最后，该抵押行为能否对抗善意第三人，即债权人能否排除抵押权人的优先受偿权，涉及未经公示的查封效力是否减损的问题。从《查扣冻规定》第7条第1款关于"未办理登记手续的，不得对抗其他已经办理了登记手续的查封、扣押、冻结行为"的规定来看，完成公示的查封优先于未经公示的查封。在查封已公示的情况下，依据查封相对效规则，抵押权人虽取得抵押权，但因其知道或应当知道该抵押物已被法院查封，自然不能主张在查封债权人之前优先受偿。否则，有违查封的制度目的。但查封对抗效力须通过公示实现，在查封未公示的情况下，抵押权人无从了解该抵押物是否已被法院查封，主张优先受偿具有正当性及合理性。保护其信赖利益是维护社会交易秩序和社会公共利益的应有之义。为此，《查扣冻规定》第24条第3款规定，人民法院的查封、扣押、冻结没有公示的，其效力不得对抗善意第三人。

综上所述，法院的查封并不影响被执行人处分查封财产行为的效力，但处分行为不能对抗申请执行人，除非查封未经公示，为保障善意第三人的信赖利益，善意第三人能够取得对抗申请执行人的权利。

---

[①] 参见赵晋山、王赫：《不动产登记样态对强制执行的影响与塑造》，载《法律适用》2018年第15期。

[②] 《查扣冻规定》第24条第1款规定："被执行人就已经查封、扣押、冻结的财产所作的移转、设定权利负担或者其他有碍执行的行为，不得对抗申请执行人。"

[③] 参见毋爱斌：《民事执行查封相对效的体系展开》，载《法律科学（西北政法大学学报）》2022年第6期。

## 立法沿革与争议

关于处分查封财产行为的效力，我国司法实践经历了从绝对无效向相对无效的转变。

1997年《最高人民法院关于转卖人民法院查封房屋行为无效问题的复函》（〔1997〕经他字第8号）规定："北京亚运特需供应公司在此后擅自将其已被查封的房产转卖给北京沃克曼贸易开发有限责任公司的行为是违法的，所订立的房屋买卖合同系无效合同。"2004年《最高人民法院、国土资源部、建设部关于依法规范人民法院执行和国土资源房地产管理部门协助执行若干问题的通知》（法发〔2004〕5号）也提出："已被人民法院查封、预查封并在国土资源、房地产管理部门办理了查封、预查封登记手续的土地使用权、房屋，被执行人隐瞒真实情况，到国土资源、房地产管理部门办理抵押、转让等手续的，人民法院应当依法确认其行为无效，并可视情节轻重，依法追究有关人员的法律责任。"

2004年《查扣冻规定》首次在司法解释层面确立了查封相对效规则，但由于该规定未得到广泛认可，实践中一直存在争议。2009年《最高人民法院关于人民法院能否在执行程序中以被执行人擅自出租查封房产为由认定该租赁合同无效或解除该租赁合同的答复》（〔2009〕执他字第7号）在具体案例中释明了《查扣冻规定》第26条的适用规则："第三人依据租赁合同占有查封物的，人民法院可以解除其占有，但不应当在裁定中直接宣布租赁合同无效或解除租赁合同，而仅应指出租赁合同不能对抗申请执行人。"《民法典》允许抵押财产自由转让，《民法典担保制度解释》则更为直接地规定，抵押人以抵押权设立时财产被查封或者扣押为由主张抵押合同无效的，人民法院不予支持。该规定的设立依据正是《查扣冻规定》确立的查封相对效规则。2021年《股权执行规定》重申了查封相对效规则。

## 案例索引

北京市第二中级人民法院（2022）京02执异438号执行案

342 担保物被另案查封后，担保物权人依照 "实现担保物权案件" 的规定申请拍卖、变卖担保财产的，人民法院应否准许？实现担保物权特别程序是否适用管辖异议制度？

答：实现担保物权特别程序的适用前提是当事人对担保物权无实质性争议且实现担保物权条件已经成就，担保物被另案查封不属于排除实现担保物权程序适用的法定条件，不影响实现担保物权特别程序的适用。又因实现担保物权特别程序属于非诉程序，故而不适用管辖异议制度。

## 理由与依据

实现担保物权特别程序设立目的在于提高担保物权实现效率，只要满足当事人对担保物权无实质性争议且实现担保物权条件已经成就的要求，人民法院即应裁定准许拍卖、变卖担保财产，担保物被另案查封不属于排除实现担保物权程序适用的法定条件。担保物被另案查封后，在实现担保物权案件执行程序中，人民法院可以依据《优先债权执行批复》的相关规定处理。

实现担保物权案件为准专属管辖案件，《民事诉讼法》及其司法解释明确实现担保物权案件由担保财产所在地或者担保物权登记地法院管辖，不适用于约定管辖。抵押合同有关管辖地约定与法律不一致的，适用法律规定确定管辖法院。管辖权异议程序作为诉讼程序中的一项基础异议制度，不适用于作为非诉实现担保物权的特别程序，当事人就管辖提出异议的，受理法院可以自行决定管辖正确与否，并通过口头方式告知，无须以裁定方式予以回应。

## 立法沿革与争议

2012年《民事诉讼法》首次在 "特别程序" 中规定了实现担保物权制度，明确了实现担保物权案件的非诉程序性质。《民法典担保制度解释》第45条分情形对法院审查实现担保物权案件进行了规定："当事人约定当债务人不履行到期债务或者发生当事人约定的实现担保物权的情形，担保物权人有权将担保财产自行拍卖、变卖并就所得的价款优先受偿的，该约定有效。因担保人的原因导致担保物权人无法自行对担保财产进行拍卖、变卖，担保物权人请求担保人承担因此增加的费用的，人民法院应予支持。当事人依照民事诉讼法有关'实现担保物权案件'的规定，申请拍卖、变卖担保财产，被申请人以担保合同约定仲裁条款为由主张驳回申请的，人民法院经审查后，应当按照以下情形分别处理：（一）当事人对担保物权无实质性争议且实现担保物权条件已经成就的，应当裁定准许拍卖、变卖担保财产；（二）当事人对实现担保物权有部分实质性争议的，可以就无争议的部分裁定准许拍卖、变卖担保财产，并告知可以就有争议的部分申请仲裁；（三）当事人对实现担保物权有实质性争议的，裁定驳回申请，并告知可以向仲裁机构申请仲裁。债权人以诉讼方式行使担保物权的，应当以债务人和担保人作为共同被告。"

# 第二节　变价

## 一、拍卖变卖

### 343 执行法院能否在拍卖公告中载明不负责腾退交付？

答：拍卖财产为不动产且被执行人或者他人无权占用的，人民法院应当依法负责腾退，不得在公示信息中载明"不负责腾退交付"等信息。

**理由与依据**

执行法院作为有公权强制力的机构，负有交付拍卖不动产的法定义务。所有权人对自己的不动产或者动产，依法享有占有、使用、收益和处分的权利，买受人对通过司法拍卖购得的财产应享有完整的所有权利，如此方能激发买受人参加司法拍卖的主动性、积极性，吸引更多主体参与司法拍卖，最大限度保障执行债权清偿及被执行人权益。如执行法院不负责腾退交付，买受人可能通过私力救济腾退，易引发新的纠纷，或通过另诉主张权利浪费司法资源，应尽量避免因执行行为引发新的纠纷。

在特殊情况下，如在拍卖房产上存在合法有效的租赁关系，拍卖、变卖房产的共有份额，且共有物不可以分割使用等情况下，可不负责腾退交付。不负责腾退交付的，应在拍卖公告中特别提示并说明原因。

## 立法沿革与争议

《拍卖变卖规定》第27条对拍卖标的物的移交进行了规定："人民法院裁定拍卖成交或者以流拍的财产抵债后，除有依法不能移交的情形外，应当于裁定送达后十五日内，将拍卖的财产移交买受人或者承受人。被执行人或者第三人占有拍卖财产应当移交而拒不移交的，强制执行。"

2020年《善意文明执行意见》第10条、2021年《最高人民法院关于进一步完善执行权制约机制加强执行监督的意见》第18条明确规定："拍卖财产为不动产且被执行人或者他人无权占用的，人民法院应当依法负责腾退，不得在公示信息中载明'不负责腾退交付'等信息。"

大多数观点认为，交付不动产是执行法院的法定义务，作为强制拍卖的一个环节，无须独立的执行依据；另有观点认为，出于对域外经验的借鉴，执行法院只有基于买受人针对占有人的执行依据才能强制交付，可将拍卖成交裁定作为执行依据。法国、德国、日本、韩国将拍卖不动产的强制交付与司法拍卖分离，与执行组织的多元制息息相关。在我国一元制的执行体系中，拍卖成交后，被执行人或第三人非法定事由拒不交付时，法院应当负责交付拍卖不动产。

## 案例索引

北京市第三中级人民法院（2021）京03民终17425号返还原物纠纷案

## 344 竞买人竞得带租拍卖的房产后，以租赁虚假为由请求判令租赁合同无效，腾房清退的，人民法院应否支持？

答：带租拍卖通常会影响房产的起拍价，即使法院在确定起拍价时未考虑租赁，法院在拍卖公告中载明房产上存在租赁并对相关租赁情况进行披露后，成交价也势必受到带租拍卖的影响，竞买人以带租价格竞得房产，即使租赁虚假，竞买人的利益也难谓受损，因竞买人并无诉的利益，故对其判令租赁合同无效、腾房清退的诉请，人民法院应不予受理或驳回起诉。

### 理由与依据

民事诉讼理论中，诉讼的必要性和实效性称之为诉的利益，原告的利益体现在原告可以通过诉讼获得司法判决以维护自己的实体权利或权益。这种利益是基于原告的权利或权益实际处于危险或不安的状态。[①]对于同一不动产，"带租拍卖"的成交价格无疑会低于"不带租拍卖"的成交价格，竞买人以"带租拍卖"的较低价竞得房产后，对该拍卖房产的预期就是租赁权存在，承租人会在租赁期限内占有使用该房屋。即使该租赁合同虚假，也并未损害竞买人的期待利益，难言竞买人的利益受损。

从诉的利益角度分析，即使是虚假租赁，也并未侵害竞买人的合法权益，竞买人要求承租人腾房清退返还房产的诉请没有诉的利益。我国民事诉讼制度将诉的利益作为诉权行使的要件，而非实体判决的诉讼要件，[②]即对于缺乏诉的利益的诉请，应不予受理或驳回起诉。

从相同竞买条件角度分析，竞得人请求人民法院判令租赁合同无效腾房清退的，若法院支持其诉请，实质上是竞买人以"带租拍卖"的较低价格购得"不带租拍卖"的房产，对受"带租拍卖"影响的潜在竞买人不公，类似于对享有同等权利的竞买人规定不同竞买条件。

从诚信原则角度分析，依据《网络司法拍卖规定》第13条、第14条的规

---

① 张卫平：《诉的利益：内涵、功能与制度设计》，载《法学评论》2017年第4期。
② 张卫平：《诉的利益：内涵、功能与制度设计》，载《法学评论》2017年第4期。

定，实施网络司法拍卖的，人民法院应当在拍卖公告发布当日通过网络司法拍卖平台公示拍卖财产权属、占有使用、附随义务等现状的文字说明、视频或者照片等，并在拍卖公告中特别提示："竞买人决定参与竞买的，视为对拍卖财产完全了解，并接受拍卖财产一切已知和未知瑕疵"。人民法院在拍卖公告中披露租赁情况"带租拍卖"时，竞买人参与竞价视为对租赁关系的默认及接受，竞买人在竞买后应当继受原租赁合同所约定的权利义务，其在竞买后主张租赁合同无效有违诚信原则。

从权利救济的角度分析，竞得人在法院作出的拍卖成交裁定送达后即成为拍卖房屋的所有权人，依法继受租赁合同项下出租人的权利义务，如承租人未按租赁合同约定向竞得人支付租金，或有其他严重违约行为（如变更用途、合同到期不返还房屋）的，此时竞得人可诉请解除租赁合同，要求承租人腾房清退，竞得人的权益能够得到有效保障。此外，拍卖物是否带租无疑会影响成交价格，租赁虚假实质损害的是申请执行人利益，申请执行人起诉请求撤销虚假租赁合同，人民法院审查属实的，应予支持。

## 立法沿革与争议

有观点认为，法院拍卖公告仅为信息披露，竞买人在竞买成功后有权利向法院申请对案涉房产进行腾退交付，法院也有义务负责腾退和交付。若竞买人发现原租赁关系虚假，承租人拒不腾房导致其物权损害时，实质上是执行法院未尽到审查义务，未按规定腾退标的房屋的不作为的执行行为引发的后果，竞买人可以作为利害关系人，依据《异议复议规定》第5条，以执行法院未尽审查义务、未按照规定将已成交的房屋清空、腾退交付给竞买人的不作为的执行行为侵害了其合法权益为由，提出执行行为异议予以救济。

## 案例索引

江苏省高级人民法院（2020）苏民申4683号排除妨害纠纷民事申请再审审查案

## 345 人民法院以低于抵押债权数额的保留价进行二拍，是否属于无益拍卖？

答：如果申请执行人申请继续拍卖，在优先权人同意的情况下，可不按照《拍卖变卖规定》第6条规定的"重新确定的保留价应当大于该优先债权及强制执行费用的总额"确定保留价二拍，即法院可以以低于抵押债权数额的保留价二拍。

### 理由与依据

"禁止无益拍卖"规则源自《普鲁士执行法》第22条。该条的立法目的在于不动产之上的不动产权利，不因后顺位的担保物权或者普通债权人申请强制执行而受到损害。"禁止无益拍卖"规则的规范目的为：在不影响申请执行人利益的情况下，减少对优先权人、被执行人乃至司法程序的不利影响。

《民事强制执行法（草案）》第116条规定："保留价不超过优先债权和该执行费用总额的，人民法院应当停止拍卖，并通知申请执行人。申请执行人收到通知之日起五日内申请继续拍卖的，人民法院重新确定保留价后拍卖。重新确定的保留价应当超过优先债权和该财产执行费用的总额；经优先债权人同意的，不受总额限制，但是不得低于原保留价。继续拍卖变价不成的，拍卖费用由申请执行人负担。申请执行人逾期未申请继续拍卖或者继续拍卖变价不成的，人民法院应当解除查封，但是申请执行人愿意承担相关费用或者可以采取强制管理等执行措施的除外。"申请人申请继续拍卖的，如保留价低于优先债权数额的，将是否按照保留价进行拍卖的选择权交由优先权人，充分兼顾各方利益。

对于优先权人而言，其目的为获得标的物拍卖款的优先受偿权。因拍卖价最终由市场决定，将是否按照保留价拍卖的选择权交由优先权人，充分保证优先权人对财产变价时机的选择权。如优先权人同意，说明其愿意承担拍卖款低于优先权数额的市场风险，即使最终拍卖价低于优先债权数额，也实现了抵押物的价值，对优先权人并无不益。

对于申请执行人而言，以低于优先债权数额作为保留价进行拍卖，如拍卖价款高于优先债权数额，申请执行人可获得剩余价款；如拍卖价款低于优先债权数额，申请执行人亦无任何损失。因此对申请执行人而言没有不利益。

对于被执行人而言，即使拍卖价款低于优先债权数额，虽然拍卖价款未偿还本案债务，但其对优先权人相应的债务消灭，对其亦不存在法律上的不公平。

对于司法程序而言，即使申请执行人未获清偿，但优先权人已获偿，其未来不再需要启动对抵押财产的执行程序，司法程序同样不存在无端消耗。综上，即使以低于优先债权数额确定保留价，也不损害各方当事人利益。

## 立法沿革与争议

《拍卖变卖规定》第6条规定："保留价确定后，依据本次拍卖保留价计算，拍卖所得价款在清偿优先债权和强制执行费用后无剩余可能的，应当在实施拍卖前将有关情况通知申请执行人。申请执行人于收到通知后五日内申请继续拍卖的，人民法院应当准许，但应当重新确定保留价；重新确定的保留价应当大于该优先债权及强制执行费用的总额。依照前款规定流拍的，拍卖费用由申请执行人负担。"存在"无益拍卖"情形时，《拍卖变卖规定》只规定了一种继续拍卖的事由，即申请执行人以承担流拍产生的费用风险为代价，申请继续拍卖。并且，此时需要重新确定保留价，保留价应当大于优先债权及强制执行费用的总额。

《网络司法拍卖规定》第26条规定："网络司法拍卖竞价期间无人出价的，本次拍卖流拍。流拍后应当在三十日内在同一网络司法拍卖平台再次拍卖，拍卖动产的应当在拍卖七日前公告；拍卖不动产或者其他财产权的应当在拍卖十五日前公告。再次拍卖的起拍价降价幅度不得超过前次起拍价的百分之二十。再次拍卖流拍的，可以依法在同一网络司法拍卖平台变卖。"虽然《网络司法拍卖规定》未规定一拍流拍后二拍是否能够低于优先债权费用进行拍卖，但应参照适用《拍卖变卖规定》有关规定。

2022年《民事强制执行法（草案）》第116条规定："保留价不超过优先债权和该执行费用总额的，人民法院应当停止拍卖，并通知申请执行人。申请执行人收到通知之日起五日内申请继续拍卖的，人民法院重新确定保留价后拍卖。重新确定的保留价应当超过优先债权和该财产执行费用的总额；经优先债权人同意的，不受总额限制，但是不得低于原保留价。继续拍卖变价不成的，拍卖费用由申请执行人负担。申请执行人逾期未申请继续拍卖或者继续拍卖变价不成的，人民法院应当解除查封，但是申请执行人愿意承担相关费用或者可以采取强制管理等执行措施的除外。"此条新增了在优先债权人同意的情况下，保留价可以低于优先债权数额及执行费用总额的规定。

否定说认为，二拍不能以低于优先债权数额确定保留价。2020年12月山东省高级人民法院发布的《执行疑难问题解答（三）》，对此问题进行回应。山东省高级人民法院认为：如二拍保留价低于抵押债权数额，应当在实施拍卖前将有关情况通知申请执行人。申请执行人于收到通知后5日内申请继续拍卖的，人民法院应当准许，但应当重新确定保留价。重新确定的保留价应当大于该优先债权及强制执行费用的总额。流拍的，拍卖费用由申请执行人负担。因此，一般情况下二拍亦应当禁止"无益拍卖"。此种做法为目前各法院执行实施过程中的通常做法。

肯定说认为，《民事强制执行法（草案）》为处理此类问题提供了新的思路，即在申请执行人申请继续拍卖，且优先权人同意的情况下，以低于优先债权数额确定保留价。此种方案既不损害各方当事人利益，也能防止执行"僵局"的出现。

## 案例索引

湖北省高级人民法院（2019）鄂执复10号执行复议案

## 346 承租人能否以享有优先购买权为由请求撤销司法拍卖裁定？

答：《民法典》第726条规定了承租人的优先购买权，在民事强制执行程序中，对承租人优先购买权的保障体现在执行法院对涉案房产进行司法拍卖时，应当在拍卖前以书面或者其他能够确认收悉的适当方式，通知已知的优先购买权人于拍卖日到场，承租人在同等条件下享有优先购买权。但是承租人不能以享有优先购买权为由请求撤销司法拍卖裁定。

## 理由与依据

首先，从承租人优先购买权的性质角度分析，一般法理认为，优先购买权分物权性质的优先购买权和债权性质的优先购买权，共有人的优先购买权属于物权性质的优先购买权，房屋承租人的优先购买权属于债权性质的优先购买权，实际上是一种优先缔约请求权，该权利保障应有合理限度，不宜因此撤销拍卖。根据《民法典》第728条之规定，当房屋所有人与第三人签订房屋买卖合同，侵害承租人的优先购买权时，承租人不能主张买卖合同无效，但可以主张相应的损害赔偿。同理，在执行程序中，承租人以没有收到执行法院司法拍卖通知致使其未行使优先购买权为由，请求撤销司法拍卖的，不应予以支持。

其次，从撤销司法拍卖的法定情形来看，《异议复议规定》第21条和《网络司法拍卖规定》第31条规定了撤销司法拍卖的具体情形和认定标准，应为严重违反拍卖程序且损害当事人或者竞买人利益。撤销司法拍卖的法定情形，针对的是限制潜在的竞买人或不特定的竞买人参与竞价，导致竞价不充分，并且最终影响拍卖价格的违法行为。[1] 承租人的优先购买权，是在同等条件下享有优先购买的权利，承租人未参与竞价与因竞价不充分影响拍卖价格之间并不存在因果关系，故承租人的优先购买权不属于撤销司法拍卖的法定情形。

## 立法沿革与争议

司法实践中有观点认为，执行法院未尽通知义务，致使承租人未能行使优先购买权，承租人以程序违法为由申请撤销司法拍卖的，应当予以支持。理由在于通知已知的优先购买权人参与竞拍，是执行法院的法定义务，应当通知而未予通知，严重违反拍卖程序且损害承租人利益。

但是，执行法院未根据《拍卖变卖规定》第11条的规定，在拍卖5日前

---

[1] 江必新、刘贵祥主编：《最高人民法院关于人民法院办理执行异议和复议案件若干问题规定理解与适用》，人民法院出版社2015年版，第273～274页。

以书面通知承租人参与竞买的，存在程序上的瑕疵，但不属于《异议复议规定》第21条规定依法撤销司法拍卖的法定情形，承租人以此提出的执行异议无法得到支持。

## 案例索引

最高人民法院（2022）最高法执监229号执行监督案

最高人民法院（2021）最高法执监91号执行监督审查案

### 347 申请执行人能否以无益拍卖为由申请人民法院撤销拍卖变卖裁定？

答：要结合个案情况具体判断，如首封申请执行人是优先受偿权人，拍卖涉案财产可以实现或部分实现其债权，此时执行法院的拍卖行为不适用无益拍卖的相关规定；如首封申请执行人是普通债权人，则可能涉及无益拍卖的情形，但即使存在无益拍卖的情形，也并非必须撤销拍卖裁定。

## 理由与依据

首先，从立法本意看，拍卖作为一种成本较高的执行措施，其实施与否，既要考虑执行当事人的利益，也要考虑社会成本和社会效益，尽量避免无益执行。在普通债权人或受偿顺位在后的优先债权人申请拍卖时，如果依据本次拍卖保留价计算，拍卖所得价款在清偿顺位在先的债权和强制执行的费用后，没有剩余可能的，就意味着申请执行人的债权很可能无法通过拍卖价款得到实现。这种情况下的拍卖就可能成为无益拍卖，如果再依照正常程序进行拍卖，其结果不仅对申请执行人和顺位在先的债权人无益，还会造成司法资源的浪费。因此，在出现无益拍卖的情况下，有必要设置专门的法律制度予以限制或禁止。基于此种考量，《拍卖变卖规定》第9条确立了无益拍卖禁止原则。

其次，从司法实践看，禁止无益拍卖并不意味着所有的拍卖均可撤销。禁止无益拍卖的前提是执行法院认为拍卖所得价款不足以清偿优先债权及执行费用，但这毕竟只是拍卖前的大致估计，加之市场行情千变万化，拍卖价款的高低受许多不确定因素影响，因此，拍卖卖得的价款与执行法院所核定的拍卖最低价额可能会有一定的差距。在可能出现无益拍卖的情况下，《拍卖变卖规定》并未赋予法院依职权直接停止拍卖的权力，而是把选择权交给申请执行人：如果申请执行人认为拍卖价款有剩余可能而在一定期间内申请继续拍卖的，法院应当准许。但该种情形下的拍卖有两个附加条件：其一，必须重新确定拍卖保留价，而且重新确定的保留价应当大于顺位在先的债权及执行费用的总额。这主要是为了防止出现拍卖所得价款在清偿顺位在先的债权和执行费用后无任何剩余的情形。其二，依照新的保留价拍卖出现流拍的，由申请执行人负担拍卖的费用。因为此时出现流拍，足以证明法院关于无益拍卖的判断是正确的，而申请执行人仍然坚持继续拍卖，当然应当由其负担相关的费用。此时，当事人以无益拍卖为由要求撤销拍卖，并不符合《异议复议规定》第21条第5款"其他严重违反拍卖程序且损害当事人或者竞买人利益的情形"，应不予支持。

最后，从撤销主体来看，拍卖是否有益所针对的主体是申请执行人，具体而言应当是享有处置权的申请执行人。这是因为，实践中享有处置权的申请执行人既可能是优先权人，也有可能是普通债权人。如申请执行人是优先受偿权人，拍卖涉案财产可以实现或部分实现其债权，此时执行法院的拍卖并不属于无益拍卖的情形，显然不能适用关于无益拍卖中重新确定保留价的规定。但是，如首封债权人是普通债权人，则其处置行为可能无益，此时若申请执行人选择继续拍卖，流拍后要承担支付拍卖费用的后果。

## 立法沿革与争议

拍卖标的上存有多个优先债权，排名靠后的优先权人申请拍卖是否适用限制无益拍卖条款？肯定观点认为，应当将其他享有优先受偿权的债权人也列入评价范畴，否定观点认为，应当以对财产进行处置的申请执行人进行评价。本书认为，应当以启动拍卖程序的申请执行人作为识别标准，只要该申请执行人不因法院的拍卖行为受益，那么就应适用限制无益拍卖条款。反之，如启动拍卖程序的申请执行人会通过法院拍卖行为受益，则不存在适用无益拍卖原则的条件。

## 案例索引

广东省高级人民法院（2018）粤执监8号执行监督案

## 348 当事人、利害关系人能否在拍卖公告发布后对评估机构作出的说明提出异议，要求交由相关行业协会进行专业技术评审？

答：目前法律、司法解释未对当事人、利害关系人对评估机构作出的说明提出异议的时间作出规定。如果执行法院未指定异议提出期间，拍卖公告发布后，当事人、利害关系人仍可以对评估机构作出的说明提出异议，应交由相关行业协会进行专业技术评审。

## 理由与依据

《财产处置价规定》对涉及确定财产处置参考价过程中对审计、评估报告等提出异议的救济路径予以明确。该规定第22条、第23条对财产处置程序中当事人的救济程序区别不同类别予以明确，其中，当事人、利害关系人认为评估报告财产基本信息错误、超出财产范围或者遗漏财产、评估机构或者评估人员不具备相应评估资质、评估程序严重违法，提出异议的，人民法院参照《民事诉讼法》第236条的规定处理；当事人、利害关系人在规定的期限内对评估报告的参照标准、计算方法或者评估结果等提出书面异议，评估机构未按期作出说明或者当事人、利害关系人对作出的说明仍有异议的，则明确交由相关行业协会进行专业技术评审。但当事人、利害关系人应当在何时对评估机构作出的说明提出异议，目前法律、司法解释并未作出规定。在民法领域，"法不禁止即自由"，在法律、司法解释并未作出限制性规定的情况下，当事人、利害关系人在任何时间均可以提出异议。

## 立法沿革与争议

《财产处置价规定》在2004年《拍卖变卖规定》的基础上完善了对评估报告等异议的救济路径。2004年《拍卖变卖规定》第6条规定："人民法院收到评估机构作出的评估报告后，应当在五日内将评估报告发送当事人及其他利害关系人。当事人或者其他利害关系人对评估报告有异议的，可以在收到评估报告后十日内以书面形式向人民法院提出。当事人或者其他利害关系人有证据证明评估机构、评估人员不具备相应的评估资质或者评估程序严重违法而申请重新评估的，人民法院应当准许。"该规定明确赋予当事人和其他利害关系人一定的救济权利，其对评估报告有异议的，可以在收到评估报告后10日内以书面形式向人民法院提出；还可以申请重新评估。考虑到评估结果仅仅是确定拍卖保留价的一个参考因素，在评估阶段如果花费过多的时间、精力和费用，不仅增加当事人的负担，而且影响执行的效率，因此，该规定对申请重新评估的条件作出了严格的限制，即当事人或者其他利害关系人只有在有证据证明评估机构、评估人员不具备相应的评估资质或者评估程序严重违法的情况下，才可以申请重新评估。2018年公布的《财产处置价规定》进行了详细规定，从启动确定财产处置参考价程序到询价、评估，从异议的提出到拍卖、变卖程序的启动，涵盖了确定财产处置参考价的各个环节，将财产查控与财产变价紧紧衔接在一起。与之前的司法解释相比较，《财产处置价规定》对网络询价的期限、委托评估的期限、救济程序等均进行调整，不仅从期限上进行修改，也进一步明确不同程序之间的选择适用与救济，即根据当事人对评估报告中不同的异议内容对应不同的救济路径。《拍卖变卖规定》经过2020年的修正，已删除原2004年《拍卖变卖规定》第6条之规定。但关于当事人、利害关系人应当在何时对评估机构作出的说明提出异议的问题，法律、司法解释从未作出规定。

实践中，存在被执行人在评估机构作出说明后长时间内未提异议，直到拍卖公告发布后才提出异议，将执行工作陷入两难境地的情况。一方面，如果人民法院不准许当事人提出异议，并无法律依据，但另一方面，如果人民法院准许，可能存在当事人故意等到拍卖公告作出后才提出异议、恶意拖延执行的情况，严重影响执行效率。如此看来，当事人、利害关系人对评估机构所作出的说明提出异议应否限定在合理期限内，有规定之必要。

## 案例索引

最高人民法院（2019）最高法执监401号执行监督案

四川省高级人民法院（2019）川执监108号执行监督案

## 349 评估瑕疵对司法拍卖、变卖行为效力有何影响？

答：评估瑕疵并不必然导致相应的处置行为无效或被撤销，要综合个案情况予以判定。

## 理由与依据

依据《财产处置价规定》第23条第2款的规定，评估机构或评估人员缺乏相应评估资质、评估程序严重违法的，法院应另行委托下一顺位的评估机构重新评估。这意味着建立在原评估报告基础上的拍卖变卖或以物抵债会被撤销，对当事人、买受人的利益产生重大影响。相较于评估机构或评估人员是否具备相应评估资质，评估程序严重违法缺乏统一的判断标准和尺度，使评估程序是否违法成为影响评估报告效力最不确定的因素，需要结合个案予以综合判断。

首先，违反财产处置价方式的适用条件或顺序导致的评估程序违法。江苏省高级人民法院（2019）苏执复262号执行裁定中，执行法院定向询价的对象为评估公司而非政府相关职能部门。评估公司给出的询价结果并非计税基准价、政府定价或者政府指导价。最高人民法院认为，该案中定向询价的本质并非定向询价而是委托评估，但执行法院亦未遵循委托评估的法定程序，属于程序违法，定价通知应撤销。

其次，对评估异议的处理不当也可能引发程序违法。在最高人民法院（2020）最高法执监486号执行裁定中，被执行人对评估报告结果提出异议，评估机构回复后被执行人再次提出异议，执行法院未予处理并以评估报告确定的价格作为保留价进行司法拍卖，流拍后以物抵债给申请执行人。最高人民法院认为，被执行人在评估机构作出说明后仍提出异议，执行法院未按照规定将评估报告交由行业协会组织专业技术评审，即以该报告确定的参考价启动拍卖存在明显的程序违法，撤销以物抵债裁定。

最后，评估报告的时效问题。最高人民法院在（2001）执监字第232号复函中一方面认为在评估报告已经失效的情况下委托评估拍卖违反法定程序，另一方面又认为拍卖行为并不当然无效，关键在于评估报告确定的价格与拍品的市场价格是否大致相符，这与《江苏省高级人民法院关于执行疑难问题的解答》所持的"评估报告已超过有效期的，除超期时间过长或市场行情发生重大变化外，原则上可以依该评估报告确定保留价"观点类似。[①] 从司法实践上看，评估报告时效瑕疵对于司法处置行为可能造成的影响需要个案判断。如最高人民法院在（2014）执监字第23号案件中认为，虽然评估报告过期，但如果申请执行人和被执行人均对按照过期的评估报告确定拍卖保留价无异议，执行法院在评估报告过期后委托拍卖即属合法。实践中常见情形是首拍流拍后，再次拍卖期间评估报告有效期届满。此时不宜直接以评估报告过期为由撤销拍卖，原因在于评估的功能在于辅助确定财产处置参考价，而拍卖保留价的功能在于避免因价格过低损害被执行人的利益，再次拍卖是在首次拍卖的基础上进行的调整，此时首次拍卖已经流拍，表明在首次拍卖的时间节点，拍卖标的物的市场价格应低于保留价，此时除非再次拍卖距离前一次拍卖时间节点过长，或者有证据证明市场行情发生了重大变化，否则无须再次进行评估。从司法实践上看，评估报告的有效期往往在1年左右，抛开评估公司正常的评估作业期限，实际上执行法院收到评估报告时已经过了2~3个月。此时，评估报告还可能因为当事人异议等程序需要进行不断的修正，等到正式启动第一次拍卖程序时，评估报告的有效期可能已经所剩无几。在一拍完毕后，标的物参考价已经明显达不到评估价时，仍要求之后每一次

---

① 参见曹凤国、张阳主编：《最高人民法院执行批复理解与适用》，法律出版社2022年版，第935页。

拍卖都在评估报告有效期内，除了增添当事人负担以外，并不具有实操性。

## 立法沿革与争议

关于评估瑕疵对司法处置行为效力的影响问题，2004年《拍卖变卖规定》第6条第2款规定："当事人或者其他利害关系人有证据证明评估机构、评估人员不具备相应的评估资质或者评估程序严重违法而申请重新评估的，人民法院应当准许。"该规定为防止评估价格过高或过低而影响拍卖保留价的确定，给当事人的利益造成损害，明确赋予当事人和其他利害关系人一定的救济权利。但考虑到评估结果仅仅是确定拍卖保留价的参考因素之一，在评估阶段如果花费过多的时间、精力和费用，不仅增加当事人的负担，也会影响执行的效率，因此，《拍卖变卖规定》对申请重新评估的条件作出了严格的限制，即当事人或者其他利害关系人只有在有证据证明评估机构、评估人员不具备相应的评估资质或者评估程序严重违法的情况下，才能申请重新评估。

《财产处置价规定》出台后，对评估的救济程序作出进一步的规范，第22条规定："当事人、利害关系人认为网络询价报告或者评估报告具有下列情形之一的，可以在收到报告后五日内提出书面异议：（一）财产基本信息错误；（二）超出财产范围或者遗漏财产；（三）评估机构或者评估人员不具备相应评估资质；（四）评估程序严重违法。对当事人、利害关系人依据前款规定提出的书面异议，人民法院应当参照民事诉讼法第二百二十五条的规定处理。"明确了程序严重违法的可以按照异议程序进行，但是对于异议请求，严格限制异议提出时间，坚持效率原则。因此，仅是评估瑕疵，并不必然对司法处置行为的效力产生影响。

## 案例索引

最高人民法院（2014）执监字第23号执行监督案

最高人民法院（2015）执申字第36号执行监督案

最高人民法院（2016）执复20号执行复议案

### 350 拍卖公告瑕疵能否导致拍卖裁定被依法撤销？

答：拍卖公告瑕疵不必然导致拍卖裁定撤销，要结合个案予以综合判断，仅一般瑕疵并不能达到撤销拍卖条件。

## 理由与依据

根据《网络司法拍卖规定》第31条之规定，当事人主张因拍卖公告瑕疵要求撤销网络司法拍卖应当符合四个条件：第一，必须达到严重失实的程度，仅仅是描述不够准确，不构成严重失实。第二，仅仅是文字说明、视频或照片展示以及瑕疵说明严重失实，并不必然导致撤销拍卖，还需要信息严重失实导致买受人产生重大误解。如果信息严重失实与买受人产生重大误解之间没有因果关系，则不构成撤销事由。如买受人没有看拍卖财产文字说明、瑕疵说明，仅仅看了照片就竞买，而后又主张瑕疵说明、文字说明严重失实而要求撤销拍卖的，就不应当支持。第三，必须要达到购买目的无法实现的程度。信息展示失实须致使买受人产生的"重大"误解，达到购买目的无法实现的程度才能被撤销。购买目的取决于拍卖财产本身的使用价值及其他经济价值，如果信息披露时未披露的瑕疵并不严重影响拍卖财产自身的价值，则不影响购买目的的实现，不能撤销拍卖。是否影响购买目的，需要法院在司法实践中根据信息瑕疵对拍卖物品价格的影响、财产本身功能的发挥等综合判断。第四，拍卖时的技术水平不能发现或者已经就相关瑕疵及责任承担予以公示说明的除外。如，多数法院在拍卖公告中明确告知："标的物以实物现状为准……法院不承担本标的瑕疵保证责任。特别提醒：有意竞买者请实地勘察，参加竞拍的竞买人视为对标的现状充分了解和确认，责任自负。"

## 立法沿革与争议

《异议复议规定》第21条明确了司法拍卖应当撤销的五种情形，后《网络司法拍卖规定》吸收了《异议复议规定》有关司法拍卖撤销的有关内容，同时，为维护实体法秩序的公平性，根据网络司法拍卖在拍卖途径和方法上的特殊性，又规定了其特有的可撤销的情况。其中，针对拍卖公告瑕疵的规则，主要规定于第31条第1项。

## 案例索引

最高人民法院（2017）最高法执监438号执行监督案

### 351 人民法院能否依职权撤销司法拍卖或认定司法拍卖无效？

答：人民法院不宜依职权撤销司法拍卖程序，确需依职权撤销司法拍卖的，应当通过执行监督程序处理。

## 理由与依据

根据违法或瑕疵程度的不同，瑕疵司法拍卖可以分为无效的司法拍卖与可撤销的司法拍卖。司法拍卖应予撤销的情形主要规定于《网络司法拍卖规定》第31条及《异议复议规定》第21条，包括：（1）竞买人之间、竞买人与拍卖机构之间恶意串通，损害当事人或者其他竞买人利益的；（2）买受人不具备法律规定的竞买资格的；（3）违法限制竞买人参加竞买或者对不同的竞买人规定不同竞买条件的；（4）未按照法律、司法解释的规定对拍卖标的物进行公告的；（5）由于拍卖财产的文字说明、视频或者照片展示以及瑕疵说明严重失实，致使买受人产生重大误解，购买目的无法实现的，但拍卖时的技术水平不能发现或者已经就相关瑕疵以及责任承担予以公示说明的除外；（6）由于系统故障、病毒入侵、黑客攻击、数据错误等原因致使拍卖结果错误，严重损害当事人或者其他竞买人利益的；（7）其他严重违反拍卖程序且损害当事人或者竞买人利益的情形。拍卖无效的情形限于重大程序瑕疵的范畴，根据《拍卖法》第65条的规定，竞买人之间、竞买人与拍卖机构之间恶意串通，损害当事人或者其他竞买人利益的拍卖无效，应当承担赔偿责任。但无论是《网络司法拍卖规定》还是《异议复议规定》，均规定的是人民法院依当事人、利害关系人申请撤销，并无人民法院能否依职权撤销司法拍卖或直接认定司法拍卖无效的规定，由此引发实践争议。

司法拍卖具有公法效力，一经作出不宜轻易启动撤拍程序，否则有损司法执行拍卖自身所蕴含的安定性，也会动摇拍卖成交裁定引起物权变动的基础。根据《网络司法拍卖规定》和《异议复议规定》，如果仅仅损害竞拍人的利益，竞拍人未选择申请撤销拍卖的，法院不宜依职权或者根据申请执行人、被执行人申请予以撤销。如果严重失实损害了申请执行人、被执行人利益，一般情况下也不宜撤销拍卖，而应视具体情况确定责任承担者，以维护司法拍卖的公信力。但买受人明知信息明显失实仍竞买的，则不宜保护买受人利益，根据执行当事人申请，依法可以予以撤销。对于有重大瑕疵的情形，如买受人不具备购房资格，应赋予人民法院依职权认定的权利，避免后续执行陷入僵局。

## 立法沿革与争议

最高人民法院2014年发布的指导性案例35号，确认人民法院对其委托的司法拍卖具有监督权，经审查拍卖存在宣布无效或可撤销情形的，人民法院有权直接宣布拍卖无效或裁定撤销拍卖结果。[①]但是此后最高人民法院在《异议复议规定》中并未明确执行法院能否依职权撤销司法拍卖的问题，仅规定在司法拍卖存在重大程序瑕疵的情形下，当事人、利害关系人提出异议的，法院在查明拍卖存在明确恶意串通等情形下可撤销原拍卖成交裁定。对于为什么要确立司法拍卖撤销程序，最高人民法院的解释是，司法拍卖与私法上的拍卖显著不同，具有公法性，应当保护司法拍卖程序中受让人的财产权益，但"确有一些司法拍卖严重违反法定程序，损害了当事人和其他竞买人的合法权益，应当予以撤销"。[②]此后，《网络司法拍卖规定》沿用了《异议复议规定》的做法，也未以司法解释的形式明确赋予执行法院依职权撤销司法拍卖的权力。

---

① 最高人民法院执行局、案例指导工作办公室:《〈广东龙正投资发展有限公司与广东景茂拍卖行有限公司委托拍卖执行复议案〉的理解与参照 —— 恶意串通的拍卖无效》，载《人民司法》2015年第18期。

② 《最高人民法院通报〈关于人民法院办理执行异议和复议案件若干问题的规定〉的有关情况》，载 http://www.court.gov.cn/zixun-xiangqing-14404.html，最后访问时间:2022年12月11日。

浙江省台州市中级人民法院（2020）浙10执复96号执行复议案

**352** 若执行法院未核查拍卖标的是否存在瑕疵，以"声明不保证"为由免除瑕疵公示责任，买受人购买目的无法实现的，申请撤销该司法拍卖，能否予以支持？

答：执行法院对于标的物应当尽到一定的查明拍卖财产现状、权利负担等义务，若执行法院明知拍卖标的存在瑕疵而未如实进行公示，导致买受人购买目的无法实现的，可以支持买受人撤拍请求。

**理由与依据**

"声明不保证"是指，将无法确知拍卖标的是否存在瑕疵的状况，在拍卖前作出声明，而将判断、决定权留给竞买人；一旦竞买人决定竞买并最后买下拍卖标的，则即使存在未告知的瑕疵，执行法院亦不负瑕疵担保责任。

《网络司法拍卖规定》第31条在内容上与《网络司法拍卖规定》第3条、第5条、第7条、第12条相互呼应，是对网络司法拍卖公示原则的维护。根据上述规定，执行法院在网络司法拍卖程序中，要充分公开拍卖财产信息，保护竞买人的知情权，只有信息披露客观、充分，才能使受众得以全面、准确了解拍卖财产的实际情况，充分保障其知情权，受众才能据此准确衡量利弊，综合考虑各方面的情况，决定是否参与司法拍卖以及如何出价。

在执行实践中，人民法院在进行拍卖信息公示和特别提示后，应在拍卖公告中事先声明不能保证拍卖财产真伪或者品质。竞买人应自行承担瑕疵风险参与拍卖。否则，网络司法拍卖如果始终处于随时可能受到瑕疵担保责任威胁的情况下，将不利于法院强制拍卖工作的进行。需要强调的是，在网络司法拍卖程序中，通过"声明不保证"免除责任有一定的前提，即执行法院对于标的物已知瑕疵要按照法律、司法解释的要求予以公示要求和特别提示，使买受人知晓并在参加竞买时考虑前述瑕疵因素，不能以"声明不保证"为由免除瑕疵工作披露责任。如果执行法院明知拍卖标的存在瑕疵而未如实进行公示，致使买受人产生重大误解且购买目的无法实现，应撤销该司法拍卖。

## 立法沿革与争议

"声明不保证"是否可以免除瑕疵公示责任，涉及强制执行的法律、司法解释并未作明确规定。《拍卖变卖规定》仅在第7条规定："执行人员应当对拍卖财产的权属状况、占有使用情况等进行必要的调查，制作拍卖财产现状的调查笔录或者收集其他有关资料。"肯定观点认为，法院完成"声明不保证"即可免除瑕疵公示责任；否定观点认为，"声明不保证"免除责任的前提是对已知瑕疵要按照法律、司法解释的要求予以公示要求和特别提示。从通说来看，否定观点更为合理。事实上，《拍卖法》第18条第2款规定："拍卖人应当向竞买人说明拍卖标的的瑕疵。"第61条第2款规定："拍卖人、委托人在拍卖前声明不能保证拍卖标的的真伪或者品质的，不承担瑕疵担保责任。"《网络司法拍卖规定》第15条第2款规定："人民法院已按本规定第十三条、第十四条的要求予以公示和特别提示，且在拍卖公告中声明不能保证拍卖财产真伪或者品质的，不承担瑕疵担保责任。"上述规定均明确，无论是公法的司法拍卖还是私法的任意拍卖，说明拍卖标的瑕疵都是"声明不保证"的前提。

## 案例索引

广东省高级人民法院（2020）粤执监65号执行监督案

**353** 不动产两次流拍后，案外人申请以第二次流拍价格直接变卖的，人民法院是否应予支持？

答：第二次拍卖仍然流拍的不动产，人民法院可以支持以第二次流拍价格直接变卖。

## 理由与依据

《网络司法拍卖变卖衔接通知》第4条规定："关于变卖价确定的问题。网络司法变卖的变卖价为网络司法拍卖二拍流拍价。各级人民法院应当认真领会《网拍规定》关于确定一拍、二拍起拍价的精神，在评估价（或市场价）基础上按《网拍规定》进行降价拍卖。"第9条规定："关于未经拍卖直接变卖财产如何处置的问题。未经拍卖直接变卖的财产，按照《最高人民法院关于人民法院民事执行中拍卖、变卖财产的规定》进行变卖。"上述规定明确了通过网络拍卖和未经过拍卖程序中如何确定变卖价格。

根据《善意文明执行意见》第9条第1款第4项，财产经拍卖后流拍且执行债权人不接受抵债，第三人申请以流拍价购买的，可以准许。

## 立法沿革与争议

关于变卖程序的起拍价问题，《拍卖变卖规定》关于变卖价格的规定如下："当事人双方及有关权利人对变卖财产的价格有约定的，按照其约定价格变卖；无约定价格但有市价的，变卖价格不得低于市价；无市价但价值较大、价格不易确定的，应当委托评估机构进行评估，并按照评估价格进行变卖。按照评估价格变卖不成的，可以降低价格变卖，但最低的变卖价不得低于评估价的二分之一。变卖的财产无人应买的，适用本规定第十六条的规定将该财产交申请执行人或者其他执行债权人抵债；申请执行人或者其他执行债权人拒绝接受或者依法不能交付其抵债的，人民法院应当解除查封、扣押，并将该财产退还被执行人。"

《网络司法拍卖规定》第37条规定："人民法院通过互联网平台以变卖方式处置财产的，参照本规定执行。"但《网络司法拍卖规定》并未明确变卖价格的起拍价应当如何设定的问题，造成一定时间内网络司法拍卖二拍流拍以后进行网络司法变卖的，各地法院操作不统一。为此，最高人民法院出台了《网络司法拍卖变卖衔接通知》，其中第4条、第9条对变卖价的起拍价予以规范和明确，网络拍卖系统也已经予以强制性设定，相应规则已经明确。

对不动产的拍卖次数，《拍卖变卖规定》规定最多拍卖次数与《网络司法拍卖规定》最多拍卖两次的规定存在冲突。有观点认为，《拍卖变卖规定》与

《网络司法拍卖规定》是一般规定与特别规定之间的关系，特别规定应当优先一般规定适用，即不动产网拍二拍流拍后不能进行三拍，可以在同一网络平台变卖，这也是实践中的通说观点。另有观点认为，《拍卖变卖规定》与《网络司法拍卖规定》均是关于拍卖的司法解释，属同一位阶，网拍只是拍卖的一种方式，不存在特别优先一般适用的问题，而修正后的《拍卖变卖规定》作为新法优先于旧法适用，即不动产网拍二拍流拍后应当进行第三次拍卖。

### 案例索引

山西省高级人民法院（2020）晋执复64号执行复议案

### 354 在房地产的公告、拍卖（变卖）期间，执行双方当事人以拍卖标的物的权状性质、用途、容积率等情况发生变化为由，请求重新评估拍卖的，如何处理？

答：执行法院应当重新评估拍卖标的。

### 理由与依据

执行标的拍卖变卖期间，拍卖标的物的权状性质、用途、容积率等情况发生变化的，当事人请求重新评估拍卖，应予以支持，理由如下：

首先，从拍卖目的上看，司法拍卖的主要目的是通过拍卖，公平确定拍卖物价值，以便及时有效实现债权，以及不使债务人因拍卖价值过低遭受利益损害。在拍卖过程中，如拍卖标的物的权状性质、用途、容积率等情况发生变化，均可能对标的物的价值产生重大影响，如商业转住宅，容积率从低升高等。这些基础信息的变化，往往会对执行标的物产生重大影响，可能影响拍卖目的的实现。

其次，从善意文明角度上看，在确定财产处置参考价过程中，人民法院应当依法履行监督职责，发现当事人、竞拍人与相关机构、人员恶意串通压低参考价的，应当及时查处和纠正。在房地产的公告、拍卖（变卖）期间，拍卖标的物的权状性质、用途、容积率等情况发生变化，显然原评估价格将可能严重背离市场价格，不仅给当事人双方造成影响，更可能致使竞买人产生重大误解，影响买受人的合法权益，此时重新评估拍卖显然更符合善意文明的工作理念。

最后，从法律规则上看，根据《网络司法拍卖规定》第31条第1款规定，双方当事人均反映标的物信息发生重大变化，意味着执行法院在拍卖时已经发现存在重大瑕疵，此时如不及时纠正，将可能致使买受人产生重大误解，也给债权人、债务人造成重大影响，更可能被撤销拍卖，造成执行工作被动。

## 立法沿革与争议

对于拍卖标的物信息发生变化应当如何处理，一直以来整体立法思路是较为明确的。

《拍卖变卖规定》第7条规定："执行人员应当对拍卖财产的权属状况、占有使用情况等进行必要的调查，制作拍卖财产现状的调查笔录或者收集其他有关资料。"

《网络司法拍卖规定》第13条规定："实施网络司法拍卖的，人民法院应当在拍卖公告发布当日通过网络司法拍卖平台公示下列信息：（一）拍卖公告……（三）评估报告副本，或者未经评估的定价依据……（五）拍卖财产权属、占有使用、附随义务等现状的文字说明、视频或者照片等……" 第14条规定："实施网络司法拍卖的，人民法院应当在拍卖公告发布当日通过网络司法拍卖平台对下列事项予以特别提示：……（三）拍卖财产已知瑕疵和权利负担……"

《善意文明执行意见》第8条进一步规定，执行过程中，人民法院应当按照《财产处置价规定》合理确定财产处置参考价……定向询价结果严重偏离市场价格的，可以进行适当修正。经委托评估确定参考价，被执行人认为评估价严重背离市场价格并提起异议的，为提高工作效率，人民法院可以以评估价为基准，先促成双方当事人就参考价达成一致意见。无法快速达成一致意见的，依法提交评估机构予以书面说明。评估机构逾期未作说明或者被执行人仍有异议的，应及时提交相关行业协会组织专业技术评审。

**案例索引**

广东省高级人民法院（2021）粤执监1号执行监督案

### 355 人民法院能否对预查封的不动产采取变价措施？

答：应当允许人民法院对预查封房屋进行司法拍卖处置。

**理由与依据**

预查封是指对尚未在登记机关进行物权登记但又履行了一定的批准或者备案等预登记手续、被执行人享有未公示或者物权期待权的房地产所采取的控制性措施，即由人民法院制发预查封裁定书和协助执行通知书，由国土资源、房地产管理部门办理预查封登记手续；待该房地产权属登记完结时转为正式查封。预查封措施的对象主要针对的是债务人所有的但尚未进行权属登记的不动产以及债务人具有期待可能性的不动产所有权及土地使用权。

我国不动产采取登记生效主义。在执行程序中，被执行人对预查封的不动产并未实质享有完整的所有权，其权利是以《国土房管部门协助执行通知》第15条第2项的房屋权属初始登记手续和第3项中商品房预告登记手续或登记备案手续为表现形式。在这种情形下，预查封的不动产的权利外观依然属于房地产开发企业，执行法院对该不动产的预查封实质上属于对被执行人所享有的不动产物权期待的查封。从法理上看，被执行人对不动产仅享有期待利益，尚未取得真正的物权，其能否成为真正的权利主体尚处于不确定的状态，只有完成过户登记取得不动产物权，预查封转为正式查封后，才能进行拍卖、变卖和折价。[①]

能否执行预查封的不动产的实际障碍在于被执行人对标的不动产权属的确认。从原因上来看，一种情形是作为执行标的的不动产尚未建设完毕，并

---

① 最高人民法院（2022）最高法民申373号民事裁定书。

不具备独立成"物"的要件，其客体概念上应当属于"在建工程"，与具有一定功能价值的不动产相比，更类似于钢筋水泥等建筑材料，应按照动产执行。[1] 而根据《最高人民法院关于转发住房和城乡建设部〈关于无证房产依据协助执行文书办理产权登记有关问题的函〉的通知》，未办理初始登记的房屋可以"现状处置"。另一种情形是被执行人已经履行其主要义务，但尚未进行不动产权属变动登记。如果仅是因为登记障碍导致无法进行物权变动登记的（甚至该障碍可能是因为被执行人一方原因导致的），考虑我国目前立法对物权期待权的特殊保护，既然《异议复议规定》第28条、第29条给予物权期待权以物权优先性，[2] 将其作为物权期待权人的积极财产加以保护，那么在执行过程中，应当给予其相同的法律评价，即以其具有物权性予以执行。司法实践中，亦有地方法院出具指导意见，允许人民法院对预查封房屋进行司法拍卖处置。[3]

## 立法沿革与争议

2004年最高人民法院、国土资源部、建设部三部门联合发布了《国土房管部门协助执行通知》，该通知为我国法律体系中关于预查封制度的最早规定。根据该通知，不动产预查封主要适用于以下几种情形：(1)被执行人已全部缴纳出让金但尚未办理登记的土地使用权；(2)被执行人部分缴纳出让金但尚未办理登记，经国土资源管理部门确认后的土地使用权或不能分割的土地使用权；(3)作为被执行人的房地产开发企业已办理商品房预售许可证但尚未出售的房屋；(4)被执行人购买由房地产开发企业已办理房屋权属初始登记的房屋；(5)被执行人购买已办理商品房预售合同登记备案手续或者商品房预告登记的房屋。

---

① 参见陈荣宗：《强制执行法》，我国台湾地区三民书局有限公司1998年版，第383页。

② 根据《异议复议规定》第28条和第29条的规定，对于已经签订买卖合同的不动产买受人、商品房消费者，在满足一定条件下，赋予其类似于所有权人的地位，能够排除不动产登记权利人的债权人对执行标的房屋的强制执行。

③ 《北京市法院执行局局长座谈会（第十次会议）纪要——关于强制执行中财产处置若干问题的意见》提出：对预查封的财产，其权利转移至被执行人名下之前，不得处置。但权利人对执行法院处置该财产不持异议的，应当及时、高效、依法推进处置工作。

法院预查封了被执行人的土地、房屋，能否直接进入拍卖程序，在司法实践中存在不同的认识：

支持观点认为，预查封的效力等同于正式查封，既然人民法院能对查封的不动产直接拍卖，那么对预查封的不动产也可以直接进行变价处置。

反对观点认为，预查封的对象并非不动产本身，而是为了保全债权请求权的实现，只有当被执行人取得了物权后方可进行变价处置。而且人民法院直接拍卖预查封的不动产，会严重影响交易秩序，还会与不动产登记部门行政权力的行使发生冲突。

折中观点则认为，在执行实践中，如果预查封的不动产迟迟不能办理物权登记，而被执行人又无其他财产可供执行，如果预查封的不动产具有交换价值，应该作为例外准予执行。

## 案例索引

最高人民法院（2018）最高法民申5670号执行异议之诉案

最高人民法院（2022）最高法民申373号案外人异议之诉案

## 356 竞买人迟延支付拍卖款，是否影响拍卖的效力？

答：竞买人逾期付款是否要重新拍卖，应以未按约定期限付款是否导致拍卖的目的无法实现为判断标准，而不能机械地认定只要逾期付款即导致重新拍卖。

## 理由与依据

竞买人迟延支付拍卖款，是否影响拍卖的效力，应当结合全案情况综合判定：一方面，从拍卖目的上看，司法拍卖的主要目的是通过拍卖，公平确定拍卖物价值，以便及时有效实现债权，同时不使债务人因拍卖价值过低遭受利益损害。买受人迟延支付拍卖款，确有可能影响申请执行人及时受偿，但仅仅延迟，并不直接导致拍卖目的无法实现，特别是买受人通过补交价款等方式支付了全部价款，债权人的债权亦得到了清偿，实际上拍卖目的的较好地得到实现，在申请执行人对此并无异议的情况下，以此为由撤拍，反而影响了拍卖目的的实现，弊大于利。另一方面，从维护交易稳定性上看，司法拍卖成交后，不仅涉及物的交付、权属的变动，还涉及案款分配等诸多事宜，如轻易否定拍卖效力将不利于维护交易稳定，更无端增添矛盾冲突，不利于纠纷的实质性化解。

## 立法沿革与争议

根据《最高人民法院关于竞买人逾期支付价款是否应当重新拍卖的复函》（〔2006〕执监字第94-1号），竞买人逾期支付价款，如不影响拍卖目的的实现，可维持拍卖效力，不重新拍卖。但竞买人未按照约定支付价款，应承担相应的违约责任。

关于竞买人迟延支付拍卖款是否影响拍卖的效力问题，《拍卖变卖规定》第21条规定："拍卖成交后，买受人应当在拍卖公告确定的期限或者人民法院指定的期限内将价款交付到人民法院或者汇入人民法院指定的账户。"第22条第1款规定："拍卖成交或者以流拍的财产抵债后，买受人逾期未支付价款或者承受人逾期未补交差价而使拍卖、抵债的目的难以实现的，人民法院可以裁定重新拍卖。重新拍卖时，原买受人不得参加竞买。"当前司法解释和实践中多通过个案援引该条司法解释方式予以处理。

关于迟延支付拍卖款是否影响拍卖效力的问题，存在两种观点：肯定观点认为买受人应按照公告确定的期限支付拍卖款，在无法定理由的情况下，即使是人民法院也不应随意以指定方式变更付款期限。其根本原因在于支付拍卖款的期限对于申请执行人债权实现影响重大，直接关系到司法拍卖目的之实现，同时，支付拍卖款的期限是参与竞买的一个竞争条件，如果允许竞得人延期支付拍卖款，将在事实上形成对其他竞买人的不公平竞争，因此，延期付款可以撤拍。否定观点认为买受人逾期支付价款而使拍卖、抵债目的难以实现的情况下才可以撤拍，仅仅迟延支付拍卖款并不符合法定重新拍卖的条件。这是因为竞买人迟延付款，虽然存在一定过错，但该行为影响的是申请执行人是否及时受偿的权利，如申请人未对延期行为提出异议并主张撤拍，可以认为延期拍卖款的支付并未损害申请执行人权益。而债务人方面，如未能举证证明因延期付款导致拍卖物变现价值过低或其他损害其合法权益的情形的情况下也不能简单认为延期拍卖行为必然给债务人造成影响。综上，应当结合个案情况判断买受人延期付款行为是否影响拍卖目的的实现，予以综合考量。

## 案例索引

最高人民法院（2015）执复字第41号执行复议案

最高人民法院（2019）最高法执监443号执行监督案

## 357 竞买人迟延支付竞买保证金，其他竞买人以买受人不具有参拍资格为由要求撤销拍卖的，如何认定拍卖的效力？

答：执行程序中竞买人迟延交付部分保证金的，不能当然否定拍卖效力。法院应当围绕竞买人迟延缴纳部分竞买保证金是否损害当事人、其他竞买人利益，是否明显影响公平竞价及充分竞价等因素综合判断拍卖效力。

## 理由与依据

撤销司法拍卖，将会面临重新评估、重新公告拍卖等环节，造成时间成本、司法工作成本、被执行人负担的迟延履行利息等成本增加，冲击司法拍卖制度、动摇交易的稳定性。因此，撤销司法拍卖应当限定于拍卖活动严重违反有关程序规定并损害了当事人或者相关利害关系人利益的情形。竞买人迟延支付竞买保证金，其他竞买人以其不具有参拍资格为由要求撤销拍卖的主张于法无据，应不予支持。

竞买人资格问题，一般涉及法律法规对于特殊资产的竞买人有特定的资格限制的拍卖活动，如拍卖商业银行股权时，拍卖股权的数额超过了规定比例则应审查竞买人是否经过国务院银行业监督管理机构批准，未经批准则该竞买人不具备竞买资格。通常来说，只要是具备完全民事行为能力，能够独立承担民事责任的民事主体都可以成为竞买人参与竞买。①

竞买保证金是竞买人参与竞买并遵守各种竞买规则而向拍卖人提供的担保，是拍卖人为保证拍卖合同的全面履行而施行的保护措施，目的是防止竞买人恶意竞买或者竞买成功后违约。竞买人迟延支付保证金，并不必然造成违约情形的出现，如及时补缴了保证金，应当视为其具有参与竞买的意识表示，不能仅因迟延缴纳即认定丧失竞买资格。

## 立法沿革与争议

《异议复议规定》《网络司法拍卖规定》规定了撤销拍卖的法定情形，但是能否以未及时支付保证金为由认定买受人不具有法律规定的竞买资格，法律、司法解释并未明确。2020年《最高人民法院关于竞买人迟延交付部分保证金是否影响拍卖效力的答复》明确：关于竞买人迟延交付部分保证金后又悔拍的，拍卖的效力如何确定的问题。执行程序中竞买人迟延交付部分保证金的，并不能当然否定竞拍资格及拍卖效力。应当围绕竞买人迟延缴纳部分竞买保证金是否损害当事人、其他竞买人合法权益，是否明显影响公平竞价及充分竞价等因素综合判断本案第一次拍卖效力。

## 案例索引

贵州省黔南布依族苗族自治州中级人民法院（2020）黔27委赔11号错误执行赔偿案

---

① 最高人民法院执行局：《竞买人迟延交付部分保证金后又悔拍的，拍卖效力如何认定》，载《执行工作指导》2020年第2辑。

**358** 执行程序中，评估拍卖国有企业资产，是否应受行政法规中关于资产评估申请立项和审核确认程序的约束？

答：人民法院在执行程序中对国有企业的资产进行评估拍卖，不受行政法规中关于资产评估申请立项和审核确认程序的约束。

## 理由与依据

国务院《国有资产评估管理办法》虽然规定了国有资产占有单位评估财产应当进行立项，但该办法约束的是国有资产占有单位执行处置相关财产的情形，不能当然约束法院的强制执行行为。执行中对国有资产的评估虽然无须按照《国有资产评估管理办法》规定的程序进行，但有的需要将评估结果报送财政部门备案。如国有股拍卖，当事人应当委托具有证券从业资格的评估机构对拟拍卖的国有股进行评估，并按评估结果确定保留价。评估结果确定后，评估机构应当在股权拍卖前将评估结果报财政部备案。国有股东授权代表单位属地方管理的，同时抄报省级财政机关。

## 立法沿革与争议

人民法院对国有企业资产评估拍卖是否应受行政法规中关于资产评估申请立项和审核确认程序的约束实践中并不明确。

《国有资产评估管理办法》规定，进行资产评估的占有单位，经其主管部门审查同意后，应当向同级国有资产管理行政主管部门提交资产评估立项申请书，并附财产目录和有关会计报表等资料。经国有资产管理行政主管部门授权或者委托，占有单位的主管部门可以审批资产评估立项申请。因此，作为被执行人的国有资产占有单位往往认为法院评估拍卖也应当受到限制。实际未能区分国有资产管理部门对内管理和法院强制执行的不同性质。

2001年《最高人民法院关于人民法院在强制执行程序中处分被执行人国有资产适用法律问题的请示报告的复函》（〔2001〕执他字第13号）认为国务院发布的《国有资产评估管理办法》（国务院91号令）关于国有资产评估中申请立项及审核确认的规定，确定了对国有资产占用单位在自主交易中进行评估的程序，其委托评估的主体是国有资产的占有企业，在特殊情况下可由国有资产管理部门委托评估。该办法对人民法院在执行程序中委托评估作为被执行人的国有企业的资产，并无相应的规定。人民法院在执行中委托评估也无须参照适用该办法，由人民法院自行委托依法成立的资产评估机构进行评估；对评估机构的评估结论，应由执行法院独立审核确认并据以确定拍卖、变卖的底价。因此，只要执行法院委托了依法成立的评估机构进行评估，并据以判断认为评估结论不存在重大错误，该评估程序和结果就合法有效。《网络司法拍卖规定》和《财产处置价规定》施行后，有关财产的评估仅仅是财产处置的参考因素，是否成交应当交由市场检验。

## 案例索引

甘肃省高级人民法院（2020）甘执复80号执行复议案

## 359 买受人不具备变卖公告要求的资质条件，变卖是否应予撤销？

答：买受人不具备变卖公告中明确的竞买人资格条件时，应当撤销变卖。

## 理由与依据

首先，买受人不具备法律、行政法规和司法解释规定的竞买资格的，违法限制竞买人参加竞买或者对享有同等权利的竞买人规定不同竞买条件的，均属于撤销拍卖的法定事由。不具备变卖公告中明确的竞买人资格即参与竞买，在客观上对不同的竞买人设置了不同的竞买条件，侵害了潜在竞买人的利益，会导致变卖财产得不到充分竞价，从而损害被执行人的财产权益，应当予以撤销拍卖。

其次，从诚信角度上看，竞买人作为完全民事行为能力人，参与人民法院竞买行为视为遵守竞买规则，尊重竞买条件，不具有竞买资格，本质上是一种失信行为，应当给予负面评价。

最后，从交易安全角度上看，之所以设定买受人应当符合相应的竞买条件，是出于国家管理秩序、经济安全等需要。如国家对特定财产权属的变动规定了特殊的资格要求，这属于国家对公共秩序进行管控的一部分，人民法院的强制执行活动亦应当遵守。买受人具备法律规定的竞买资格是参与拍卖的基本条件，无论是《异议复议规定》《网络司法拍卖规定》还是《房产竞买人资格规定》均有明确的规定。

## 立法沿革与争议

关于竞买人的资格问题，立法整体精神是明确、具体的，即买受人应当具有竞买资格，确定竞买资格所对应的"法律"究竟包括哪一类实践中存有争议。有观点认为应进行限缩解释，认为只有不符合全国人大或全国人大常委会通过的法律规定的资格才可以撤销拍卖。还有观点认为，司法拍卖也应当维护国家公共秩序的本意。因此，对"法律"应当作宽泛的解释，包括"法律、行政法规和司法解释"。《网络司法拍卖规定》采纳了宽泛解释的标准。

《股权执行规定》第15条规定："股权变更应当由相关部门批准的，人民法院应当在拍卖公告中载明法律、行政法规或者国务院决定规定的竞买人应当具备的资格或者条件。必要时，人民法院可以就竞买资格或者条件征询相关部门意见。拍卖成交后，人民法院应当通知买受人持成交确认书向相关部门申请办理股权变更批准手续。买受人取得批准手续的，人民法院作出拍卖成交裁定书；买受人未在合理期限内取得批准手续的，应当重新对股权进行拍卖。重新拍卖的，原买受人不得参加竞买。买受人明知不符合竞买资格或者条件依然参加竞买，且在成交后未能在合理期限内取得相关部门股权变更批准手续的，交纳的保证金不予退还。保证金不足以支付拍卖产生的费用损失、弥补重新拍卖价款低于原拍卖价款差价的，人民法院可以裁定原买受人补交；拒不补交的，强制执行。"上述司法解释的规定，明确要求买受人遵守属地地方政策的要求，买受人不具有竞买资格，应当重新拍卖。

最高人民法院（2019）最高法执监403号执行监督案

**360** **不具备房屋所在地设定的购房资格，买受人竞买成功后请求出具拍卖成交裁定书的，人民法院应否准许？**

答：买受人不具备购房资格，请求法院出具拍卖成交裁定的，人民法院应不予准许。

理由与依据

人民法院组织房产司法拍卖时，应在发布的拍卖公告中载明竞买人必须具备购房资格及其相应法律后果，不具备房屋所在地购房资格的不能参加房产竞拍，竞买人参加房产竞拍须承诺其具备购房资格及自愿承担法律后果。买受人虚构购房资格参与司法拍卖竞拍成功的，人民法院出具成交裁定前，须进一步审查买受人是否具备购房资格，只有符合条件的，才能出具成交裁定。

对于实际上不具备购房资格的竞买人却参加司法拍卖并成交的情况，司法解释给予了两种解决途径：一是不予出具拍卖成交裁定书，此种情形下，竞买人将无法办理登记过户。对于不予出具拍卖成交裁定的情况，后续如何处理，司法解释并未作出明确规定，实践中部分法院按照"悔拍"处理的做法颇具参考价值，买受人未能在规定期限内提交购房资格证明材料的，无论其是否已经缴纳成交价款，均视为悔拍，执行法院有权裁定重新拍卖并要求买受人承担悔拍的法律责任，一方面给予不诚信的买受人以否定性评价维护司法拍卖的严肃性，另一方面又能对执行标的灵活处置便于后续执行。二是允许当事人、利害关系人提出执行异议，主张拍卖无效，否定之前的司法拍卖行为，需要注意的是，在法院不出具成交裁定的情况下，不视为法院的执行行为，当事人、利害关系人无法提出执行异议。因此，当事人、利害关系人提出异议主张拍卖无效实践中对应的是执行法院已经出具拍卖成交裁定书的情况。

## 立法沿革与争议

对于地方政策限制竞买人资格是否纳入竞买人资格条件限制，曾存在重大争议。北京等地高级人民法院规定，对于本辖区法院处置财产，竞买人须受地方政策的限制，江苏省高级人民法院则认为司法拍卖不受地方限购政策影响。有关法律、司法解释并无统一规定。2021年《房产竞买人资格规定》明确当前竞买人应当受到地方政策限制，第1条和第3条分别规定："人民法院组织的司法拍卖房产活动，受房产所在地限购政策约束的竞买人申请参与竞拍的，人民法院不予准许。人民法院在司法拍卖房产成交后、向买受人出具成交裁定书前，应当审核买受人提交的自其申请参与竞拍到成交裁定书出具时具备购房资格的证明材料；经审核买受人不符合持续具备购房资格条件，买受人请求出具拍卖成交裁定书的，人民法院不予准许。"上述司法解释出台后，明确要求买受人遵守属地地方政策的要求，买受人不具有竞买资格，不予出具拍卖成交裁定书。

## 案例索引

最高人民法院（2019）最高法院执监403号执行监督案

## 361 金融资产管理公司未对地上新增建筑物办理抵押登记，执行中能否只接受土地使用权以物抵债？

答：土地上的新增建筑物不属于抵押财产，无论人民法院采取拍卖、变卖还是以物抵债的方式处分建设用地使用权以实现抵押权，都应将其与建设用地使用权一并处分。申请执行人主张仅就土地使用权以物抵债的，人民法院不予支持。此外，抵押权人对处分新增建筑物所得的价款不享有优先受偿权，仅在处分建设用地使用权所得价款范围内优先受偿。

## 理由与依据

建设用地使用权抵押后，抵押人仍然有权依法对该土地进行开发，建造建筑物。原则上，不动产抵押遵循"房地一体"原则，即房随地走，地随房走。以建设用地使用权抵押的该土地上建筑物一并抵押。土地抵押时尚未建造房屋的，则需要抵押权人后续自己及时办理在建工程抵押，在建工程完工时再及时办理房屋抵押。

对建设用地使用权依法设立抵押权，抵押期间该土地新增建筑物的，实现抵押权时应当一并处分土地使用权与该新增建筑物，抵押权人对新增地上建筑物变价所得款不享有优先受偿权。申请执行人申请就土地使用权以物抵债的，应当就地上建筑物一并抵债，同时缴纳相应建筑物价款。根据《民法典》的规定，以建设用地使用权抵押的，该土地上现有的建筑物一并抵押；抵押人未一并抵押的，未抵押的建筑物视为一并抵押。对于该土地上新增的建筑物，由于其不在抵押合同约定的抵押财产的范围内，因此不属于抵押财产。为了实现抵押权，需要处分抵押的建设用地使用权时，土地上已存在建筑物的应当将建筑物与建设用地使用权一并处分，如此才能实现建设用地使用权的使用价值和交换价值。

## 立法沿革与争议

从立法渊源来看，1990年《城镇国有土地使用权出让和转让暂行条例》首次在行政法规层面明确了"房地一体"原则，1994年《城市房地产管理法》首次在法律层面规定了"房地一体"原则，1995年《担保法》第36条、第55条在抵押交易领域明确规定了"房地一体"原则，2007年《物权法》更是从基本法律角度对该原则予以强调。2021年《民法典》对于《物权法》的相关规定全面吸收，反映了立法者对"房地一体"原则以及"房地一体抵押"原则的确认与肯定。此外，《民法典担保制度解释》第51条还进一步对房地一体抵押原则予以细化，当事人仅以建设用地使用权抵押，债权人主张抵押权的效力及于土地上已有的建筑物以及正在建造的建筑物已完成部分的，人民法院应予支持。《民法典》第417条规定："建设用地使用权抵押后，该土地上新增的建筑物不属于抵押财产。该建设用地使用权实现抵押权时，应当将该土地上新增的建筑物与建设用地使用权一并处分。但是，新增建筑物所得的价款，抵押权人无权优先受偿。"该条明确土地上新增的建筑物不属于抵押财产范围，即抵押权人仅就土地使用权享有抵押权时，仍应一并处分新增建筑物与建设用地使用权，以避免因法院强制执行导致"房地分离"。

## 案例索引

广东省高级人民法院（2019）粤执复298号执行复议案

## 362 在确定财产处置价过程中，当事人、利害关系人能否对定向询价和当事人议价提出异议？

答：当事人、利害关系人对定向询价和当事人议价提出异议的，应当不予受理。

## 理由与依据

从制度规则设计目的来看，司法解释确定了定向询价、当事人议价、网络询价、评估四种确认财产处置参考价的方式，其目的是辅助法院在执行程序中确定执行标的价值以推进财产处置。与网络询价、评估不同，定向询价代表的是地方价格认证有关部门对财产处置参考价的确定，基于司法权和行政权相分离原则，在行政部门已经对执行标的有相应价格认证的基础上，执行法院对同一标的物再行启动评估程序并无实质意义。而当事人议价则代表的是当事人双方对财产处置价格的合意确定，作为财产处置涉及影响最大的当事人双方，同意以协定的价格在公开的平台进行挂网拍卖，在价格确定后再提出异议，有违诚信原则。

由于定性询价和当事人议价只是用于确定拍卖价格的参考价，拍卖标的的最终价值须通过拍卖竞价，经得起市场的检验。从司法实践看，网络司法拍卖模式下，当事人试图暗箱操作的可能性微乎其微，评估价和起拍价往往并不能真实地反映市场交易价值，执行标的的最终价值是以市场竞价作为衡量标准，如再赋予当事人、利害关系人对定向询价和当事人议价提出异议的权利，实际上是滥用救济权利。

## 立法沿革与争议

2018年《财产处置价规定》第2条规定："人民法院确定财产处置参考价，可以采取当事人议价、定向询价、网络询价、委托评估等方式。"首次以司法解释的形式确立定向询价和当事人议价两种确定财产处置参考价的方式。《财产处置价规定》第24条第2款规定："当事人、利害关系人对议价或者定向询价提出异议的，人民法院不予受理。"该条明确对于当事人议价、定向询价的结果提出的异议，人民法院应不予受理。

## 案例索引

最高人民法院（2022）最高法执监63号执行监督案

## 363 不动产、动产经司法拍卖、变卖程序处分后，如何确定所有权转移时点？

答：不动产、动产或者其他财产权拍卖成交或者抵债后，该不动产、动产的所有权、其他财产权自拍卖成交或者抵债裁定送达买受人或者承受人时起转移。

## 理由与依据

物权变动大致可以分为基于法律行为引起的物权变动和基于法律规定、

法院判决、仲裁裁决、政府征收决定、继承以及事实行为等非依法律行为引起的物权变动。经司法拍卖、变卖的不动产、动产的所有权的发生转移属于《民法典》第229条规定的可以不经登记或交付直接引起物权变动的情形。不动产、动产的所有权、其他财产权自拍卖成交或者抵债裁定送达买受人或者承受人时起转移。

## 立法沿革与争议

2004年《拍卖变卖规定》第29条规定："动产拍卖成交或者抵债后，其所有权自该动产交付时起转移给买受人或者承受人。不动产、有登记的特定动产或者其他财产权拍卖成交或者抵债后，该不动产、特定动产的所有权、其他财产权自拍卖成交或者抵债裁定送达买受人或者承受人时起转移。"2020年《拍卖变卖规定》第26条经修正后将动产的物权变动时间，从"该动产交付时"调整为"自拍卖成交裁定送达买受人时"。《民法典》规定人民法院、仲裁机构作出的法律文书生效时间作为当事人的物权设立、变动的时间。拍卖、变卖裁定送达买受人时生效。

## 案例索引

最高人民法院（2021）最高法民申1060号合同纠纷再审案

## 364 土地出让合同上与不动产登记簿上均注明开发的房地产须自持且不得转让的，执行中是否可以予以处分？

答：执行法院可以进行司法拍卖，但在个案执行过程中，应当提前与各地有关部门沟通协调，取得支持，结合各地政策综合判定。

## 理由与依据

从自持房设定目的来看，自持房一般是房地产开发企业通过公开交易方式获取国有建设用地使用权后，并与地方政府部门签订《土地出让合同》中约定期限内只租不售的企业自持房屋。自持房一般不得销售、转让，只能对外租赁，目的是贯彻落实党中央"房住不炒"的政策，限制企业投机牟利，损害人民群众合法权益，故一般情况下自持房产不允许企业销售。如果企业负债，执行法院为保护债权人利益采取强制拍卖措施，该措施并不受企业控制，也不必然会影响"房住不炒"政策目的的实现。

从社会效果来看，企业进入负债状态，在仅剩自持房产的情况下，往往企业经营已经陷入严重危机，如不采取措施，一方面可能造成企业现有资产流失，另一方面也不利于企业后续生产经营，特别是自持房产还涉及大量租房户的运营管理，如完全不处理，反而可能给社会造成更大的负面影响。

从实践操作看，允许自持房产整体抵押、整体处置。自持房产如允许整体性处分，买受人承继在先企业的义务，既有利于资源的合理利用，又不违背国家的政策，还能解决自身债务危机，更能有效防止开发商通过拆分单套处分获益，有利于实现政治、法律和社会效果的有机统一。

## 立法沿革与争议

各地不是必然限制自持房产的处置。如《佛山市企业自持商品房屋租赁管理实施有关问题的通知（试行）》第10条规定："企业自持商品房屋原则上按照一次性申请整体登记办理不动产权证书，允许整体抵押。"第15条规定："有下列情形之一，企业自持商品房屋需要整体转让的，企业应及时向所在区政府报备，转让后受让人在自持期限内不得改变自持商品房屋规划用途，并应当按照本《通知》的规定，继续用于出租：（一）企业破产清算，其自持商品房屋按相关法律法规规定处理的；（二）企业进行合并、重组、分立涉及自持商品房屋产权转让的；（三）企业涉诉，其自持商品房屋被法院强制拍卖的。"

关于自持房产能否处置，实践中存在一定争议，有观点认为不能处置，主要依据在于出让合同已经明确约定，地方政策也受到限制。另有观点认为可以处置，但处置过程应当结合地方政策综合考虑。本书倾向于认同后一种观点，自持房虽然一般约定不得转让、销售，如北京市、天津市规定，均要求企业自持租赁住房应当以租赁方式自持经营，不得销售，不得分割转让、分割抵押。但对于能否拍卖，地方并没有明确肯定或者否定的指导性政策。考虑到不同的自持房产项目涉及的政策极为复杂，在当前"一城一策"的房地产政策背景下，应当允许各地结合本地实际予以探索，不宜一刀切予以否定。

## 案例索引

海南省三亚市中级人民法院（2019）琼02执326号合同、无因管理、不当得利执行案

## 365 买受人悔拍后，再次拍卖成交价高于前次拍卖，且能全额清偿债务的情况下，悔拍人交纳的保证金应否退还？

答：如系网络司法拍卖，即使再次拍卖价超过了前次拍卖价，也能足额清偿被执行人债务及费用，保证金也不予退还，但非网络司法拍卖情形下，保证金应退还悔拍买受人。

## 理由与依据

《网络司法拍卖规定》背后的法理依据就是将拍卖竞价理解为是一个预约合同行为。[1] 要求竞买人在司法拍卖前提前交纳竞拍保证金的目的，是保证将来竞价成功的竞买人能够按期交纳剩余拍卖款。竞拍保证金在竞拍人按期交纳剩余拍卖款后自动转为拍卖款，具有定金的功能。如出现竞拍人悔拍的情况，竞拍保证金就作为"定金"，不再退还竞买人。对悔拍保证金的处理，除用于支付由于悔拍导致的拍卖产生的直接费用损失，其余则是将悔拍保证金视为被执行人的责任财产，用于清偿被执行人的债务。

---

[1] 范春忠、张明杰：《司法拍卖中悔拍保证金的权利归属》，载《人民法院报》2023年2月22日。

竞买人故意出高价后又悔拍，除对当事人带来损失外，还对司法权威造成破坏，扰乱拍卖秩序，根据《网络司法拍卖规定》，保证金不应退还。但对于传统的司法拍卖，由于《拍卖变卖规定》明确规定扣除后保证金有剩余的应当退还原买受人，因此在非网络司法拍卖情形下，保证金须退还悔拍买受人。

## 立法沿革与争议

《拍卖变卖规定》第22条规定："重新拍卖的价款低于原拍卖价款造成的差价、费用损失及原拍卖中的佣金，由原买受人承担。人民法院可以直接从其预交的保证金中扣除。扣除后保证金有剩余的，应当退还原买受人；保证金数额不足的，可以责令原买受人补交；拒不补交的，强制执行。"《网络司法拍卖规定》第24条规定："拍卖成交后买受人悔拍的，交纳的保证金不予退还，依次用于支付拍卖产生的费用损失、弥补重新拍卖价款低于原拍卖价款的差价、冲抵本案被执行人的债务以及与拍卖财产相关的被执行人的债务。"

究竟是不退不补还是不退要补，是在传统拍卖中适用还是在网络司法拍卖领域有特殊的要求，最高人民法院在《最高人民法院关于人民法院网络司法拍卖若干问题的规定理解与适用和《最高人民法院执行司法解释条文适用编注》两本书中作出了截然相反的观点。2021年，《最高人民法院对十三届全国人大四次会议第2777号〈关于明确网络拍卖悔拍规则的建议〉的答复》中明确《拍卖变卖规定》第25条"保证金数额不足的，可以责令原买受人补交；拒不补交的，强制执行"的规定，继续适用于网络拍卖。为保证竞买人充分了解竞买规则和法律风险，减少执行争议，执行法院在拍卖公告和竞买须知中对此应予以特别提醒。

针对网络司法拍卖悔拍的问题，《网络司法拍卖规定》第24条对悔拍人预交的保证金明确了"不退"的原则，但对保证金数额不足以支付拍卖产生的费用损失、弥补重新拍卖价款低于原拍卖价款的差价时是否可以责令原买受人补交的问题未作明确规定，由此导致执行实务中对原买受人悔拍后保证金的处理原则问题产生了分歧。

第一种观点认为，对网络司法拍卖悔拍的，《网络司法拍卖规定》第24条对原买受人交纳的保证金确定的处理原则为"多不退少不补"，即对于因原买受人悔拍而重新拍卖造成的费用损失、差价等，原买受人仅以其交纳的保证金为限承担责任，即使保证金数额不足，也不能责令原买受人补交。且在未经过诉讼程序确认的情况下，直接通过执行程序确认裁定执行原买受人，缺乏程序公正，在实践中可能出现极端不公平的情况。第二种观点认为，对原买受人交纳的保证金不足以弥补两次拍卖之间的差价时是否还需补交这一问题，《网络司法拍卖规定》并未明确规定，应根据该规定第37条第3款"本规定对网络司法拍卖行为没有规定的，适用其他有关司法拍卖的规定"之规定，对该问题适用《拍卖变卖规定》规定，采用"多不退少补"的处理原则。悔拍人应容忍法院的直接强制执行。

### 案例索引

北京市高级人民法院（2020）京执监89号执行监督案
山东省高级人民法院（2020）鲁执复194号执行复议案

### 366 拍卖标的物已签订长期租赁协议且已支付全部租金，经人民法院审查属实，是否应从评估价中扣除相应租金确定起拍价？

答：人民法院应当将原有租赁权的情况告知评估机构，由评估机构在评估报告中注明有关情况，确定评估价，根据评估价确定起拍价。

### 理由与依据

一般情况下买受人购买不动产，主要目的是占有、使用、收益和处分不动产，如拍卖标的物已签订长期租赁协议，势必会影响财产交付后买受人的使用价值和再次转让价值。同时，现行规定本身就明确法院应当将租赁情况作为人民法院委托评估提供的材料。因此，在查实存在租赁的情况下，人民法院应当将原有租赁权的情况告知评估机构，由评估机构在评估报告中注明有关情况，确定评估价。人民法院以评估价为基础，再进一步确定起拍价。

### 立法沿革与争议

关于是否扣除租金确定起拍价，之前法律、司法解释等并无规定。2021年8月18日，中国房地产估价师与房地产经纪人学会印发的《涉执房地产处置司法评估指导意见（试行）》第14条规定：涉执房地产处置司法评估应当关注评估对象是否存在租赁权、用益物权及占有使用情况。人民法院未明确存在租赁权、用益物权及占有使用情况，房地产估价机构经过尽职调查后也未发现、掌握相关情况的，可以假定评估对象不存在租赁权、用益物权及占有使用情况，并在评估报告"估价假设和限制条件"的"一般假设"中予以说明。评估对象存在租赁权、用益物权及占用使用情况的，应当结合委托评估材料和实地查勘等情况，对人民法院查明的租赁权、用益物权及占有使用情况进行核查验证。人民法院书面说明依法将租赁权、用益物权及占有使用情况除去后拍卖或者变卖的，应当不考虑原有的租赁权、用益物权及占有使用情况对评估结果的影响，并在评估报告"估价假设和限制条件"的"背离事实假设"中予以说明；人民法院未书面说明除去原有的租赁权、用益物权及占有使用情况后拍卖或者变卖的，评估结果应当考虑原有的租赁权、用益物权及占有使用情况的影响，并在评估报告中予以说明。

关于是否扣除租金后再确定财产处置参考价的问题，实践中存在一定争议，有观点认为应当扣除，理由在于符合财产的实际情况；还有观点认为该问题实际是对估价原则和估价方法的争议，即对评估公司确定财产评估价值的争议，应当由评估公司予以明确，并寻求相应的救济。本书倾向于后一种观点，《财产处置价规定》第3条规定："人民法院确定参考价前，应当查明财产的权属、权利负担、占有使用、欠缴税费、质量瑕疵等事项。"《涉执房地产处置司法评估指导意见（试行）》明确涉执房地产处置司法评估应当关注评估对象是否存在租赁权、用益物权及占有使用情况，并根据法院的查明情况予以判断。在租赁情况查明属实的情况下，执行法院书面通知评估公司后，评估公司在估价程序中即应当关注租赁情况，并以此确定评估价。人民法院在评估公司确定的评估价基础上再行确定起拍价。

最高人民法院（2021）最高法执复34号执行复议案

# 二、以物抵债

**367** 首封法院在涉案财产流拍且债权人拒绝接受抵债的情况下解除查封，轮候查封法院对涉案财产的查封发生效力后，能否不经评估拍卖程序，直接裁定将该财产以流拍价抵偿给轮候查封债权人？

答：轮候查封法院可以在合理期间内，不经评估拍卖程序，裁定将该财产以首封法院对涉案财产的流拍价抵偿给轮候查封债权人。但是如果流拍日与裁定抵债日之间间隔较长或者涉案财产市场价值发生重大变化的，不宜直接以流拍价抵债。

**理由与依据**

执行中，涉案财产流拍或者变卖不成，申请执行人和其他执行债权人又不同意接受抵债，且对该财产又无法采取其他执行措施的，执行法院应当解除查封，将财产退还被执行人。首封法院解除查封后，轮候查封发生法律效力。因法律与司法解释并未要求启动评估拍卖程序的法院与裁定以物抵债的法院必须是同一法院。在合理期间内，流拍财产市场价值如未发生较大幅度变动，为提高财产处置效率，轮候查封法院无需再次启动评估拍卖程序，可以直接以首封法院流拍价裁定抵债给轮候查封债权人。

**立法沿革与争议**

实践中，多个法院查封同一财产的情况时有发生，首封法院解除查封后，轮候查封发生效力，即轮候查封法院可以继续处置涉案财产，包括但不限于采取以物抵债、强制管理等措施。对于轮候查封法院不经评估拍卖程序，直接裁定抵债给轮候查封债权人，实践中有不同认识。有观点认为轮候查封债权人在涉案财产流拍后，可以向首封法院申请以流拍价抵债，但因其并非首封债权人，其债权受偿顺序应当排在首封债权之后，故其可以向首封法院主张扣除执行费用、首封债权后其债权实现比例，并按照该比例计算出其受偿债权数额，将流拍价与其首封债权数额之间的差额补足，而无须等待首封法院解除查封后申请其执行法院交由其抵债。轮候查封法院在首封法院解除查封后，不经评估拍卖程序，直接裁定将该财产以流拍价抵给轮候查封债权人，将架空首封法院的首封权力以及会损害首封债权人的债权实现机会，是对《拍卖变卖规定》第24条、第25条规定精神的滥用。该条隐含的意思是对该财产的所有查封、扣押措施予以解除，将财产退还被执行人，而非交轮候查封法院。

### 案例索引

最高人民法院（2019）最高法执监298号执行监督案

最高人民法院（2019）最高法执复37号股权转让纠纷执行复议案

### 368 当事人在执行中达成以物抵债执行和解协议，可否要求人民法院依据该协议作出以物抵债裁定？

答：当事人达成以物抵债执行和解协议的，人民法院不得依据该协议出具以物抵债裁定。

### 理由与依据

执行法院不能通过裁定对执行和解协议的内容予以确认。执行和解协议虽可以中止后生效法律文书的执行，但不具有强制执行力，不能作为执行依据。如果人民法院将和解协议的内容通过以物抵债裁定形式予以固定，实际上赋予执行和解协议强制执行效力，与执行和解制度相悖。当事人通过执行和解形式以物抵债，可能存在损害第三人或案外人的权益问题。如被执行人存在多个债权人，当事人协议抵债既未通过市场竞争行为发现该财产的最大化的价值，也可能使其他符合参与分配条件的债权人无法参与分配，可能损害案外人权益。

## 立法沿革与争议

执行过程中，能否根据当事人自行达成的以物抵债和解协议作出以物抵债裁定，在实践中存在争议。有的法院根据当事人达成的以物抵债协议作出以物抵债裁定，并向有关部门送达，以不动产为例，当事人根据以物抵债裁定以及协助执行通知书，要求有关部门为其办理变更登记。有的当事人以该裁定作为其所有权依据向拆迁部门主张权利或者与其他市场主体进行交易。有的法院认为，以物抵债和解协议仅是当事人对债务履行方式的变更，是否履行、能否履行以及如何履行取决于当事人，执行法院不应也不能介入。为解决实践中长期存在的争议，《执行和解规定》第6条规定："当事人达成以物抵债执行和解协议的，人民法院不得依据该协议作出以物抵债裁定。"对依据执行和解协议作出抵债裁定持否定态度。因此，如果当事人或者案外人对执行法院在上述规定实施后作出的以物抵债裁定提出异议的，应当依法予以纠正。

## 案例索引

最高人民法院（2016）最高法执监85号执行监督案

最高人民法院（2018）最高法民再445号案外人执行异议之诉纠纷案

最高人民法院（2015）执监字第38号执行监督案

## 369 人民法院能否依申请将流拍财产抵债给申请执行人的债权人？

答：有权申请以物抵债的主体仅包括申请执行人或其他执行债权人，不包括申请执行人的债权人。

### 理由与依据

司法拍卖中接受抵债主体具有法定性，不能由当事人、利害关系人和案外人协商确定。能享受以物抵债权利的债权应当是经过实体程序或法定程序认定的债权，如已经取得执行依据的债权以及未取得执行依据但对执行标的物有优先受偿权的债权。对于未经实体程序或法定程序确认的普通债权，不能在执行程序中申请以流拍价抵债。申请执行人的债权人，其并非被执行人的债权人，无权在执行程序中申请以流拍价抵债。允许申请执行人在拍卖结束后对流拍财产申请裁定以物抵债给他的债权人会使"两次过户"规避为"一次过户"，规避税款征缴等问题。

### 立法沿革与争议

实践中，有的法院根据申请执行人的申请，将流拍财产裁定抵债给申请执行人的债权人。尽管当时的法律或司法解释未明确禁止将流拍财产抵债给申请执行人的债权人，但以物抵债属于执行行为。人民法院作出以物抵债裁定执行行为，必须于法有据，而不能自由裁量，否则可能损害第三人或案外人的权益。《拍卖变卖规定》第16条规定，拍卖结束后对流拍财产申请以物抵债的债权人包括申请执行人、其他执行债权人。其他执行债权人包括取得执行依据的执行债权人以及未取得执行依据但对拍卖标的物有优先受偿权的债权人，不包括申请执行人的债权人。

### 案例索引

最高人民法院（2019）最高法执监298号执行审查案

最高人民法院（2016）最高法执监85号金融合同纠纷案

江苏省高级人民法院（2017）苏执监644号公证债权文书执行监督案

### 370 不动产整体拍卖流拍后，能否分割以物抵债？

答：人民法院在拍卖物整体拍卖流拍后，如被执行财产可以分割，须经由重新评估后确定该部分财产处置参考价并重新拍卖，不宜在整体拍卖流拍后直接将其中部分财产抵债给债权人。

### 理由与依据

司法拍卖流拍后能否将部分财产抵债，应当结合部分财产抵债是否会影响司法拍卖的公信力、是否会对拍卖前的潜在竞买人构成实质不公平、是否会限制竞买人参与竞买或者是否构成对享有同等权利的竞买人限定不同竞买条件、是否会对拍卖标的物整体价值及使用造成显著影响等因素予以综合确定。对于当事人之间达成合意、抵债部分有独立的评估价且分开抵债对拍卖物整体价值及使用并无显著影响的，可以允许以部分财产抵债。执行中，如果对整体拍卖物的评估是分开评估，各部分均有明确的评估价，这种情形下，可以比照整体拍卖相关规定的精神，如果以部分标的物抵债对拍卖物整体上的价值和使用并无显著影响，应当允许以部分拍卖物进行抵债。

实践中，有的执行人员对于分割拍卖更有利于实现拍卖财产价值的标的物选择整体拍卖方式，人为拔高竞买资格、竞买实力要求，将部分潜在竞买人排除在外，导致无法实现拍卖财产的真实价值。有的执行人员对于通过整体拍卖更有利于实现拍卖财产价值的标的物选择分割拍卖方式，人为切割拍卖财产，提高竞买成本，将原本有意整体竞买的群体排除在外，导致无法实现拍卖财产的真实价值。在对拍卖财产整体司法拍卖流拍后，随意裁定分割拍卖财产抵债，导致产权分散，分割抵债的财产难以有效整合，提高拍卖财产整体招租成本等。因此，在司法拍卖之前，即应对拍卖财产整体拍卖还是分割拍卖事宜予以确定，以免引发争议。从衡平保护执行当事人利益的角度，在财产查控时，亦应对该问题予以处理。如果对能分割查封的财产进行整体查封，不仅容易造成超标的额查封，还容易损害被执行人的合法权益。《善意文明执行意见》明确对体量较大的整栋整层楼盘、连片商铺或别墅等不动产，已经分割登记或事后可以分割登记的，被执行人认为分批次变价能够实现不动产最大价值的，一般应当准许。多项财产分别变价时，其中部分财产变价款足以清偿债务的，应当停止变价剩余财产，但被执行人同意全部变价的除外。

## 立法沿革与争议

整体拍卖流拍后能否以部分财产抵债或者对部分财产变卖问题，存在不同认识。有观点认为，抵债财产应当与拍卖财产一致，否则会造成对其他竞买人的隐形限制，即以整体拍卖为由排除潜在竞买人对部分财产的购买，在流拍后以部分财产抵债给申请执行人或执行债权人，造成实质上的不公平，同时拍卖财产不能在司法拍卖平台上实现其真实价值，损害被执行人的利益。

## 案例索引

最高人民法院（2018）最高法执监848、847、845号执行监督案

最高人民法院（2010）执复字第12号执行复议案

## 371 网络司法拍卖的申请执行人能否在财产首次流拍后申请以物抵债？

答：网络司法拍卖中，首次拍卖流拍后，申请执行人申请以物抵债的，人民法院可以予以准许。

## 理由与依据

从实现执行标的拍卖价值上看，申请执行人申请在网络拍卖一拍流拍后

以保留价以物抵债，并未降低被执行人财产价值或侵害被执行人的财产权益和其他债权人的合法利益。二拍的拍卖成交价格一般也会低于一拍成交价格，甚至流拍。二拍流拍后再以二拍起拍价抵债给申请执行人，较一拍流拍后以一拍起拍价抵债给申请执行人更不利于保护被执行人的利益。

从执行效率上看，在一拍流拍的情形下允许申请执行人申请以物抵债，对拍卖标的物的执行程序即告终结，申请执行人的债权能够尽早得到受偿。

从法律适用上看，《网络司法拍卖规定》第26条虽然明确了网络司法拍卖一拍流拍后应当再次拍卖，但并未对一拍流拍后能否以起拍价进行以物抵债作出明确规定。此种情形可以适用《拍卖变卖规定》第16条规定，拍卖时无人竞买或者竞买人的最高应价低于保留价，到场的申请执行人或者其他执行债权人申请或者同意以该次拍卖所定的保留价接受拍卖财产的，应当将该财产交其抵债。

## 立法沿革与争议

《拍卖变卖规定》第16条第1款规定："拍卖时无人竞买或者竞买人的最高应价低于保留价，到场的申请执行人或者其他执行债权人申请或者同意以该次拍卖所定的保留价接受拍卖财产的，应当将该财产交其抵债。"

《网络司法拍卖规定》第26条规定，"网络司法拍卖竞价期间无人出价的，本次拍卖流拍。流拍后应当在三十日内在同一网络司法拍卖平台再次拍卖，拍卖动产的应当在拍卖七日前公告；拍卖不动产或者其他财产权的应当在拍卖十五日前公告。再次拍卖的起拍价降价幅度不得超过前次起拍价的百分之二十。再次拍卖流拍的，可以依法在同一网络司法拍卖平台变卖。"同时《最高人民法院关于认真做好网络司法拍卖与网络司法变卖衔接工作的通知》第2条规定："网拍二拍流拍后，人民法院应当于10日内询问申请执行人或其他执行债权人是否接受以物抵债，不接受以物抵债的，人民法院应当于网拍二拍流拍之日15日内发布网络司法变卖公告。"根据上述规定，在网络司法拍卖二拍流拍后可以以物抵债，但一拍流拍后能否以物抵债未作具体规定，引发了观点分歧。

《民事强制执行法（草案）》第125条规定："不动产流拍之日起五日内，申请执行人申请以保留价承受不动产抵偿债务，或者他人申请以保留价购买不动产并支付全部价款的，人民法院可以准许。"第126条规定："不动产流拍后没有申请执行人申请承受或者无人购买的，人民法院应当在流拍之日起十五日内通过网络平台发布第二次拍卖公告。公告期不得少于十五日。"《民事强制执行法（草案）》也采取第一次流拍后可以以物抵债的观点。

实践中除第一次司法拍卖流拍后即允许申请执行人抵债的观点外，有的法院要求必须经过两次拍卖流拍才可以进行抵债。网络司法拍卖第一次流拍后，不能交由申请执行人以物抵债，而应当在30日内在同一网络司法拍卖平台再次启动拍卖。再次流拍的，才可进入变卖或抵债阶段。该种观点认为，对拍品流拍设置两次拍卖、变卖，是对实现拍品价值最大化与执行程序高效化价值之间的衡平。第一次拍卖流拍的原因是多方面的，可能是拍品拍卖底价设置过高，可能是拍卖信息未全面公开，也可能是潜在竞买人未及时关注到拍卖信息。因此，网络司法拍卖设置多次公开拍卖环节，是为了避免上述因素，进而使拍品真实价值在市场中得以实现。同时，为了避免人为拉长执行周期或者避免多次降价而使拍品被贱卖，现行法律对拍卖次数进行了限制。因此，网络司法拍卖第一次拍卖流拍后，应当及时启动第二次拍卖程序，而不能仅依据第一次流拍价格交由申请执行人以物抵债。

**案例索引**

最高人民法院（2019）最高法执监96号执行监督案
上海市高级人民法院（2018）沪执监52号执行监督案
广东省高级法院（2019）粤执复299号执行复议案

**372** 人民法院能否以当事人双方在以物抵债裁定作出后的行为推定债权人事前同意以物抵债的意思表示？

答：当事人同意是人民法院不经拍卖、变卖程序直接裁定以物抵债的法定要件之一，故法院在作出以房抵债裁定时，应当有当事人同意的法律事实存在，而不能以当事人事后行为推定"当事人同意抵债"的意思表示。

## 理由与依据

当事人具有抵债合意且不损害其他债权人的合法权益和社会公共利益是不经拍卖变卖程序直接以物抵债的必要前提。不能以当事人"事后认可"推定当事人"事先同意"。判断司法行为合法性标准只能是法律，司法行为的界限完全来源于法律规定。执行法院作出以房抵债裁定前，必须"经申请人和被执行人同意"，否则该裁定必然违法。"经申请人和被执行人同意"必须是既存的法律事实，而不是通过证据规则或法官的自由心证来推定的"客观事实"，因为它是司法行为合法性的判断标准，不是民事交往中私法行为上优势证据的认定。

## 立法沿革与争议

执行程序中对执行标的物的变价方式以司法拍卖为原则，以合意抵债为例外。以司法拍卖方式处置执行标的物，能够在信息公开的基础上吸引不特定市场主体参与竞买，通过市场竞争体现执行标的物的真实价值。但司法拍卖也具有效率不高等缺点，难以满足所有执行标的物的变价需求，比如鲜活物品以及市场价格比较透明的物品等。在《民事诉讼法解释》出台前，实践中对不经拍卖而裁定抵债问题持谨慎态度，执行法院依职权裁定抵债不仅难以体现执行标的物真实价值，容易损害执行当事人合法权益，还容易诱发执行人员廉政风险。考虑到执行程序的迅捷性以及依职权抵债可能侵犯第三人及社会公共利益等问题，《民事诉讼法解释》将执行当事人合意作为裁定以物抵债的前提条件之一，同时要求执行法院对是否侵犯第三人及社会公共利益进行审查。另外，从司法拍卖流拍后的以物抵债来看，现行法律规定亦须经过申请执行人或执行债权人申请，才可以作出以物抵债裁定，而非依职权裁定以物抵债。

## 案例索引

最高人民法院（2016）最高法执监172号执行监督案

### 373 首封债权人、轮候查封债权人、优先权人均主张以物抵债，如何确定执行财产的抵债顺序？

答：抵押权人对拍卖标的物享有优先受偿权，可以在以物抵债中优先承受。如抵押权人不接受以物抵债，其他债权人可以申请以物抵债，但应当补交其应受清偿债权额①与抵债财产价额之间存在的价差。

## 理由与依据

以物抵债是在特定财产流拍后，申请执行人或其他执行债权人实现债权的方式之一，而无论优先权人是否取得了执行依据，均有权就该特定财产流拍后申请以物抵债，以全部或部分实现债权。允许未取得执行依据的优先权人申请以物抵债既能提高执行效率，也为申请执行人或其他执行债权人实现债权增加了可能和路径。优先权人接受以物抵债，其优先债权小于执行标的物价值的，应补足差额，于申请执行人或其他执行债权人更加有利。优先权人不同意接受以物抵债的，不代表其放弃优先受偿的意思表示，优先权人仍有从标的物上获得清偿的权利。

## 立法沿革与争议

《拍卖变卖规定》第16条规定："拍卖时无人竞买或者竞买人的最高应价低于保留价，到场的申请执行人或者其他执行债权人申请或者同意以该次拍卖所定的保留价接受拍卖财产的，应当将该财产交其抵债。有两个以上执行债权人申请以拍卖财产抵债的，由法定受偿顺位在先的债权人优先承受；受偿顺位相同的，以抽签方式决定承受人。承受人应受清偿的债权额低于抵债财产的价额的，人民法院应当责令其在指定的期间内补交差额。"此条规定标的物流拍的，普通债权人和优先权人均可申请以物抵债，且优先权人可优先承受。

《拍卖变卖规定》第28条第1款规定："拍卖财产上原有的担保物权及其他

---

① "应受清偿债权额"指的是在多个申请执行人情况下依法可受清偿的债权金额，并非只裁判确定的债权额或其本身的执行债权额。

优先受偿权，因拍卖而消灭，拍卖所得价款，应当优先清偿担保物权人及其他优先受偿权人的债权，但当事人另有约定的除外。"

《民事诉讼法解释》第490条规定："被执行人的财产无法拍卖或者变卖的，经申请执行人同意，且不损害其他债权人合法权益和社会公共利益的，人民法院可以将该项财产作价后交付申请执行人抵偿债务，或者交付申请执行人管理；申请执行人拒绝接收或者管理的，退回被执行人。"

2019年《善意文明执行意见》第9条第1款第4项规定："财产经拍卖后流拍且执行债权人不接受抵债，第三人申请以流拍价购买的，可以准许。"该意见对执行标的物的处分突破了申请执行人和其他执行债权人的范畴，扩大到并非债权人的案外第三人。

2022年《民事强制执行法（草案）》第125条规定："不动产流拍之日起五日内，申请执行人申请以保留价承受不动产抵偿债务，或者他人申请以保留价购买不动产并支付全部价款的，人民法院可以准许……"第127条规定："第二次拍卖流拍后六十日内，申请执行人可以申请以第二次拍卖的保留价承受不动产，他人也可以申请以该保留价购买不动产。"

实践中有观点认为，拍卖标的物流拍，其他执行债权人申请以该次拍卖所定的保留价接受拍卖财产以抵偿其债权的，须经优先权人同意。如优先权人不同意以物抵债且未放弃优先受偿权，普通债权人申请以物抵债的，势必损害其他债权人合法权益，故不予准许。[1]

另有观点认为，在抵押权人不接受以物抵债的情况下，首封债权人接受以物抵债的权利不应被剥夺，且无须经过抵押权人同意，但仍应保证抵押权人优先于普通债权人获得清偿。

## 案例索引

最高人民法院（2018）最高法执监837号执行监督案

---

[1] 江西省高级人民法院（2015）赣执复字第47号民事裁定书。

# 三、其他

**374** 税务机关能否以标的物变价形成的应纳税款申请参与分配？

　　答：对于变价形成的应纳税款，本质上属于变价费用，在分配前优先扣除，无须税务机关申请参与分配。[1]

## 理由与依据

　　拍卖、变卖被执行人财产所发生的实际费用，从所得价款中优先扣除。此类税款应解释为执行费用或共益债务，[2] 在变价款中优先扣除税款并不会损害民事债权人的合法权益。[3]

　　税务机关不能以执行标的物变价形成的应纳税款申请参与分配。因为参与分配的主体在法院拍卖已经确定，执行标的物变价形成的应纳税款在后，因此税务机关并非债权人，不属于参与分配中享有债权的民事主体。[4]

## 立法沿革与争议

　　2022年财政部、税务总局联合发布《关于银行业金融机构、金融资产管理公司不良债权以物抵债有关税收政策的公告》（财政部、税务总局公告2022年第31号），对银行业金融机构、金融资产管理公司通过以物抵债进行不良债权处置给予了税收政策的支持，可以概括为以下两方面：首先，解决了抵债不动产无法取得增值税专用发票抵扣，还需要全额开具销售收入的增值税

---

　　① 参见金殿军：《税收优先权在民事执行中的实现路径》，载《人民法院报》2021年9月8日第7版。

　　② 参见郭昌盛：《执行程序中税收优先权的法律适用困境及其化解》，载《税务与经济》2019年第6期。

　　③ 金殿军：《税收优先权在民事执行中的实现路径》，载《人民法院报》2021年9月8日第7版。

　　④ 参见北京市第四中级人民法院（2017）京04执异160号执行裁定书。

专用发票的难题。公告第1条规定："银行业金融机构、金融资产管理公司中的增值税一般纳税人处置抵债不动产，可选择以取得的全部价款和价外费用扣除取得该抵债不动产时的作价为销售额，适用9%税率计算缴纳增值税。按照上述规定从全部价款和价外费用中扣除抵债不动产的作价，应当取得人民法院、仲裁机构生效的法律文书。选择上述办法计算销售额的银行业金融机构、金融资产管理公司处置抵债不动产时，抵债不动产作价的部分不得向购买方开具增值税专用发票。"其次，银行业金融机构、金融资产管理公司接收、处置抵债资产免征契税、印花税，持有抵债资产期间可免征房产税、城镇土地使用税。公告第2条规定："对银行业金融机构、金融资产管理公司接收、处置抵债资产过程中涉及的合同、产权转移书据和营业账簿免征印花税，对合同或产权转移书据其他各方当事人应缴纳的印花税照章征收。"第3条规定："对银行业金融机构、金融资产管理公司接收抵债资产免征契税。"第4条规定："各地可根据《中华人民共和国房产税暂行条例》《中华人民共和国城镇土地使用税暂行条例》授权和本地实际，对银行业金融机构、金融资产管理公司持有的抵债不动产减免房产税、城镇土地使用税。"

《网络司法拍卖规定》第30条规定："因网络司法拍卖本身形成的税费，应当依照相关法律、行政法规的规定，由相应主体承担；没有规定或者规定不明的，人民法院可以根据法律原则和案件实际情况确定税费承担的相关主体、数额。"该条仅是原则性规定了税费的承担主体以及人民法院在税费承担中的自由裁量权问题，并未对网络司法拍卖中的权属变更税费种类以及受偿顺序进行更进一步的规定。有意见认为，根据税法等规定，不动产权属变更税费包括印花税、契税、营业税、土地增值税、个人所得税等。常见"费用"包括有线电视、电话、水、电、煤、暖、物业管理等费用，既包括上述项目户名变更的手续费，也包括欠缴费用的补缴。动产权属变更税费包括增值税、所得税、过户费等。对此，有关税收法律法规对不动产买卖时过户税费负担有明确的规定，法院在拍卖成交后过户税费应依税法相关规定分别由出售人和买受人承担。

也有意见认为，虽然税法有规定，但在不影响国家税收入库的情况下，对税收负担作出约定不违反法律规定，只要在拍卖公告中明确过户税费的负担，竞买人拍得该不动产后就应承担所有过户税费。[①]

上述讨论的是司法拍卖本身形成的税费如何分担问题，对于拍卖标的物上欠缴的税费由谁承担，实践中一般是由买受人先行垫付后，持相关垫付凭证赴人民法院报销，人民法院在拍卖成交款中优先扣除上述费用。人民法院执行部门在报销垫付税费时，应审查税费支付凭证的真实性、合理性。审查合格的，予以实报实销。[②]

## 案例索引

最高人民法院（2022）最高法民再59号民事再审案

## 375 土地使用权与地上房屋分属于不同主体或同属一个主体但被不同法院采取查封措施的，应如何处理？

答：房屋与土地使用权分属于不同权利人时，法院可以根据具体情况分别处置，受让人继受原权利人的合法权利。

在处置房地分离的财产时，应当在拍卖公告中对具体情况予以披露。房屋与土地使用权属同一主体被不同法院查封时，查封其中一项权利的效力及于另一项权利，按照时间确定查封顺序。

## 理由与依据

地上建筑物和土地使用权分属被执行人与他人时，仅可查封被执行人名下的土地使用权或者房屋，变价处理土地使用权、房屋时，土地使用权与房屋所有权归属不一致的，受让人继受原权利人的合法权利。如果拍卖前土地使用权与地上房屋等附着物已经分属不同主体，为分离状态，对土地使用权

---

① 参见江必新、刘贵祥主编：《最高人民法院关于人民法院网络司法拍卖若干问题的规定理解与适用》，中国法制出版社2017年版，第386页。

② 参见江必新、刘贵祥主编：《最高人民法院关于人民法院网络司法拍卖若干问题的规定理解与适用》，中国法制出版社2017年版，第400页。

和房屋所有权归属不一致的不动产，应当处置被执行人享有的土地使用权或房屋所有权，不能处置他人享有的房屋所有权或土地使用权，但经他人同意的除外。处置时，对土地使用权和房屋所有权归属不一致的情况要予以特别披露。

对地上建筑物和土地使用权分别办理查封登记，是为了充分公示，但是即便未分别查封，也不影响查封效力。我国禁止重复查封，再加上房地一体规范的公开性，房屋所有权和土地使用权属于同一主体，但被不同法院查封的，由于对房屋的查封效力及于土地使用权，对土地使用权的查封效力亦及于房屋，应按照查封登记的时间确定查封顺位。

## 立法沿革与争议

《物权法》明确了"房地一体"的原则，其中第146条规定："建设用地使用权转让、互换、出资或者赠与的，附着于该土地上的建筑物、构筑物及其附属设施一并处分。"第147条规定："建筑物、构筑物及其附属设施转让、互换、出资或者赠与的，该建筑物、构筑物及其附属设施占用范围内的建设用地使用权一并处分。"《民法典》第356条、第357条完全保留了《物权法》的规定。由于一些历史原因，目前仍然存在房地分离的不动产，即土地使用权与地上房屋等附着物分别登记于被执行人和他人名下。《国土房管部门协助执行通知》第6条房地分属于不同主体的处置规则予以明确，规定："土地使用权和房屋所有权归属同一权利人的，人民法院应当同时查封；土地使用权和房屋所有权归属不一致的，查封被执行人名下的土地使用权或者房屋。"第23条规定："在变价处理土地使用权、房屋时，土地使用权、房屋所有权同时转移；土地使用权与房屋所有权归属不一致的，受让人继受原权利人的合法权利。"《查扣冻规定》第23条第1款对不动产查封的范围与效力予以明确，规定："查封地上建筑物的效力及于该地上建筑物使用范围内的土地使用权，查封土地使用权的效力及于地上建筑物，但土地使用权与地上建筑物的所有权分属被执行人与他人的除外。"

针对土地使用权和房屋所有权分属于不同权利主体的情形，我国法律规定"房地一体"原则，房和地必须一并处分。因此，土地使用权和房屋所有权应一并拍卖，可分别评估土地使用权和房屋所有权的价值，确定总体价格及两者的价格比，对属于案外人的财产，将拍卖成交款按比例返还。法院处置后，两项权利最终归属同一主体。但是，只有属于被执行人名下的财产可以被查封扣押冻结，通常也只有被执行人名下的财产可以被拍卖变卖处置，在"房地分离"的状态下，如果坚持"房地一体处置"，可能损害案外人的合法权益。

《最高人民法院执行局关于房屋与占用范围内的土地使用权欠缺一并处分条件的应否单独处分房屋问题的复函》（〔2010〕执他字第8号）和《最高人民法院关于土地使用权与房产所有权应当一并处置的复函》（〔2014〕执他字第7号）明确执行被执行人所有的不动产时，遵循"地随房走，房随地走"的原则。但是其事实基础并非房地分开所有，〔2014〕执他字第7号复函认为房屋占用土地使用权未查明时单独拍卖房屋的行为应被撤销，〔2010〕执他字第8号复函认为土地使用权属不明且与土地管理部门协调不成时应房地一体处置。

## 案例索引

最高人民法院（2019）最高法执监253号执行审查案

最高人民法院（2016）最高法执监204号执行案

## 376 被执行人出租已经查封的房屋并向债权人设立了抵押权，人民法院在拍卖标的物时，应否涤除承租人租赁权？

答：抵押权设立之前，抵押财产已经出租并转移占有的，租赁关系不受该抵押权的影响。如果查封行为发生在租赁物出租前，法院在拍卖变卖抵押物程序中，可以依据申请执行人的申请或者依职权解除承租人对抵押物的占有。

## 理由与依据

财产查封系为保障执行债权清偿，抵押行为亦为保障抵押权人优先受偿，在依法被查封的财产上设立抵押会导致权利冲突，因被执行人就已经查封、扣押、冻结的财产所作的移转、设定权利负担或者其他有碍执行的行为不得对抗申请执行人，即抵押权人的抵押目的无法实现。第三人未经人民法院准许占有查封、扣押、冻结的财产或者实施其他有碍执行的行为的，人民法院可以依据申请执行人的申请或者依职权解除其占有或者排除其妨害。虽然抵押权设立于租赁权之后，但因法院查封行为发生在租赁之前，在执行抵押物、变现抵押财产价值程序中法院有权解除承租人对抵押物的占有或者排除妨害。如果查封行为未公示，承租人对查封行为亦不知情的，则不能解除承租人对抵押物的占有。

## 立法沿革与争议

《查扣冻规定》第24条规定，承租人未经人民法院准许占有已被法院查封的不动产的，法院可以依据申请执行人的申请或者依职权解除其占有或者排除其妨害。《拍卖变卖规定》第28条规定，拍卖财产上原有的租赁权不因拍卖而消灭，但租赁权继续存在对在先的担保物权的实现有影响的，人民法院应当依法将其除去后进行拍卖。《最高人民法院关于审理城镇房屋租赁合同纠纷具体应用法律若干问题的解释》第14条规定："租赁房屋在承租人按照租赁合同占有期限内发生所有权变动，承租人请求房屋受让人继续履行原租赁合同的，人民法院应予支持。但租赁房屋具有下列情形或者当事人另有约定的除外：（一）房屋在出租前已设立抵押权，因抵押权人实现抵押权发生所有权变动的；（二）房屋在出租前已被人民法院依法查封的。"根据上述司法解释的规定，抵押权设立时间和法院查封时间，只要有一个发生在出租之前，在执行抵押物的程序中，法院就有权将租赁权涤除后再拍卖抵押物。

## 案例索引

最高人民法院（2019）最高法民申1796号申请再审审查案

### 377 被执行人对已查封财产申请自行变卖或通过融资清偿债务，人民法院应否准许？

答：被执行人申请自行变卖查封财产清偿债务的，当事人双方及有关权利人同意变卖的，在确保能够控制相应价款的前提下，可以监督其在一定期限内按照合理价格变卖。经执行债权人同意或者融资款足以清偿所有执行债务的，可以准许被执行人申请用查封财产融资清偿债务。

## 理由与依据

从查封目的角度，法院查封行为系为保障执行债权实现，被执行人自行变卖或以查封财产融资有利于债务清偿且不侵害债权人、第三人合法权益的，不损害社会公共利益的，人民法院应予准许。法院审核批准被执行人自行变卖被查封财产，一般需要考虑是否符合以下情况：被执行查封的财产不适于拍卖或当事人双方同意不进行拍卖，被执行人自行变卖不会侵害其他债权人合法权益，被执行人自行变卖不会侵害他人合法权益和社会公共利益。

从所有权角度看，被执行人自行变卖财产也是为了清偿债权，对申请执行人并无不利，应准许被执行人作为财产所有权人自行变卖其财产。

从善意文明执行的角度出发，综合考虑被执行人自行变卖方式处置对执行债权人、第三人和社会公共利益等方面的影响，监督被执行人在一定期限内进行变卖，并将所得款项用于清偿对申请执行人的债务不仅节约了司法资源，还兼顾了各方合法权益，同时最大限度实现财产真实价值，维护了各方权益，实现了社会效果和法律效果的统一。

## 立法沿革与争议

否定说认为，被执行人申请对人民法院查封的财产自行变卖的，人民法院不应该准许，被执行人自行变卖财产可能会损害申请执行人的财产利益，也可能使得被执行人趁机贱卖财产，损害其他债权人利益，"有关单位"和"法院"相对于被执行人而言，更具有中立性，其财产处置行为更具有可靠性，应交由有关单位变卖或法院自行组织变卖。

肯定说认为，被执行人申请对人民法院查封的财产自行变卖的，人民法院可以准许，但应当监督其按照合理价格在指定的期限内进行，并控制变卖的价款。该观点目前为最高人民法院裁判通说。

## 案例索引

广东省高级人民法院（2017）粤执监54号执行案

### 378 承租人与被执行人在租赁合同中约定以租金抵债，能否对抗抵押权人不带租强制执行的申请？

答："以租抵债"的房屋租赁不同于一般情形下的房屋租赁，不适用买卖不破租赁，也不能对抗抵押权人去除租赁权的拍卖申请。

## 理由与依据

买卖不破租赁规则源于合同法，设立该规则的目的在于维护租赁的稳定性，保护相对弱势的承租人的生存利益，我国承认该原则并在《民法典》中明确规定，租赁物在承租人租赁期间内发生所有权变动的，不影响租赁合同的效力。《民法典》并未使用"买卖"，而是使用了一种更为广义的表述，该规则还拓展到在出租物上设定抵押的情形。被执行人作为出租人与债权人签订"租赁合同"，用租金抵偿债务，虽然具有租赁的外观，但本质上是被执行人与其债权人就双方之间存在的另外债权债务关系通过以租抵债的方式变更履行方式，不应认定为《民法典》中的租赁合同关系，自然不能适用"买卖不破租赁"规则。

以租抵债本质上抵偿的仍系金钱之债，通常系普通债权，并无优先性，以租抵债的承租人也并非真实的弱势承租人，不符合"买卖不破租赁"的立法本意。即使所谓的"租赁合同"成立于抵押权设立之前，也不能产生对抗或阻碍抵押权人通过强制执行实现优先受偿的效力。

## 立法沿革与争议

关于租赁权能否对抗抵押权人的担保物权的唯一可能性在于其租赁权成立的时间是否早于抵押合同成立或抵押权设立的时间。《物权法》第90条规定，订立抵押合同前抵押财产已出租的，原租赁关系不受该抵押权的影响。抵押权设立后抵押财产出租的，该租赁关系不得对抗已登记的抵押权。《民法典》第405条规定，抵押权设立前，抵押财产已经出租并转移占有的，原租赁关系不受该抵押权的影响。

最高人民法院（2014）民申字第215号案中认定："英联视公司与豪力投资公司之间签订的《房屋使用权抵债合同》为房屋使用权抵偿欠款的合同之债而非房屋租赁合同，故本案不适用合同法规定的'买卖不破租赁'的原则。"广东省高级人民法院（2021）粤执复244号案中认定："复议申请人所主张的，实际是通过占有、使用、收益案涉房产以实现债权，双方的法律关系属于原债权、债务关系的延续，并不符合租赁合同内涵。该行为属于以租抵债，实际是债的一种履行方式，不属于租赁合同关系。本案申请执行人是案涉房产的抵押权人，案涉房产对抵押权人的债权实现起到物的担保作用。基于物权优先于债权的法理，以租抵债也不能对抗抵押权人的担保物权。"

在实践中也有例外判决，个别法院认为以租抵债的租赁权与一般的租赁关系在本质上并没有差别，应平等对待。如上海市第二中级人民法院（2017）沪02民终11326号案中认定，仅因为租金的支付方式是以租抵债即认为租赁合同在本质上不属于租赁合同，不能适用"买卖不破租赁"规则，显然缺乏依据；"买卖不破租赁"规则本身就是对合同相对性原则的修正，是合同相对性原则能够被突破的特例，故债务人、买受人欲以权利属性的差别来论证买受人之物权应当优先于承租人之债权的主张，是不能成立的。

## 案例索引

最高人民法院（2020）最高法民申3044号再审案

### 379 网络司法拍卖公告期少于司法解释规定的期限，当事人、利害关系人能否申请人民法院撤销拍卖？

答：网络司法拍卖公告期少于法定公告期的，当事人、利害关系人申请撤销拍卖、变卖的，人民法院通常予以支持。若网络司法拍卖公告期不足但与法定公告期相差很小时，该程序瑕疵不会实质影响公告的受众范围，不足以实际影响公告的有效性的，不属于司法解释规定的情形，应驳回撤销涉案司法拍卖的申请。

## 理由与依据

网络司法拍卖公告期少于司法解释规定的期限显然违反网络司法拍卖程序，但撤销拍卖还应符合损害当事人或其他竞买人利益之情形。网络司法拍卖公告对于扩大潜在竞买人数量、保障充分竞价至关重要，网络司法拍卖公告期少于司法解释规定的期限可能造成知晓的竞买人数量较少进而导致竞价不充分，损害被执行人权益，属于严重违反网络司法拍卖程序且损害当事人或其他竞买人利益的情形，应予撤销。

## 立法沿革与争议

2016年《网络司法拍卖规定》第31条第6款规定："其他严重违反网络司法拍卖程序且损害当事人或者竞买人利益的，当事人、利害关系人提出异议请求撤销网络司法拍卖的，人民法院应当支持。"该条并未明确网络司法拍卖公告期少于法定公告期是否属于严重违反网络司法拍卖之情形，是否损害当事人或者竞买人利益。2020年《异议复议规定》第21条第4款明确当事人、利害关系人以未按照法律、司法解释规定对拍卖标的物进行公告为由请求撤销拍卖的，人民法院应予支持。

## 案例索引

最高人民法院（2021）最高法执监231号执行监督案

最高人民法院（2018）最高法执复87号执行审查案

### 380 执行中，担保物权人对因悔拍不予返还的保证金能否优先受偿？

答：拍卖标的物系担保财产的，担保物权人的优先受偿权应当以原拍卖价款为限，在原拍卖价款高于重新拍卖价款时，应当由保证金补足至原拍卖价款，保证金不足以弥补差价时，其他债权人主张就保证金申请参与分配的，依法不予支持。在原拍卖价款低于重新拍卖价款时，重新拍卖价款即是担保财产的变价款，担保物权人的优先受偿权应当以重新拍卖价款为限，其他债权人主张就支付费用损失后的剩余保证金申请参与分配的，依法应予支持。

### 理由与依据

拍卖成交后买受人悔拍的，交纳的保证金不予退还，依次用于支付拍卖产生的费用损失、弥补重新拍卖价款低于原拍卖价款的差价、冲抵本案被执行人的债务以及与拍卖财产相关的被执行人的债务。竞拍保证金在竞拍人按期交纳剩余拍卖款后自动转为拍卖款，如出现竞拍人悔拍的情况就作为订约保证金不再退还竞买人。

司法拍卖既有公法性质的处分行为，又有私法性质的合同行为。悔拍时不予退还的保证金一部分是私法上的违约性赔偿，以支付拍卖费用损失和弥补重新拍卖差价为限，确保拍卖标的物的所得价款不低于原拍卖价款；另一部分是公法上的惩罚性赔偿，视为拍卖标的物所得价款以外的被执行人财产用于清偿债务。

在买受人悔拍的情况下，担保财产有两个变现价款，即原拍卖价款和重新拍卖价款。在原拍卖价款高于重新拍卖价款时，由保证金补足至原拍卖价款，原拍卖价款即是担保财产变现价款，担保物权人的优先受偿权应当以原拍卖价款为限；在原拍卖价款低于重新拍卖价款时，重新拍卖价款即是担保财产变现价款，担保物权人的优先受偿权应当以重新拍卖价款为限。对于不予退还的保证金，在支付拍卖费用损失、弥补重新拍卖差价（重新拍卖价款高于原拍卖价款的，无须弥补差价）之后剩余的惩罚性赔偿，因担保物权人并没有在其上设定担保物权，依法不享有优先受偿的权利。担保物权人在担保财产之外的未受偿债权可以与其他普通债权一并申请对惩罚性赔偿参与分配。

## 立法沿革与争议

《网络司法拍卖规定》第24条第1款的规定与2004年的《拍卖变卖规定》所确定的"保证金多退少补"规则有明显区别：该条文没有规定保证金不足时需要责令原买受人补交差价；取消了退还保证金的内容；改变了竞买保证金的用途，增加了冲抵本案被执行人的债务以及与拍卖财产相关的被执行人的债务的内容。

有观点认为，《网络司法拍卖规定》第24条第1款规定明确保证金可以用于"冲抵本案被执行人的债务"，保证金作为被执行人的责任财产，担保物权人有权优先受偿。还有观点认为，在本案债权与被执行人的其他债权同为普通债权的情况下，基于债权的平等性应当按比例受偿，因此，担保物权人对不予退还的保证金不享有优先受偿权。

## 案例索引

浙江省丽水市中级人民法院（2019）浙11民终1589号金融借款确认案

### 381 司法拍卖中，漏拍不可分财产，应否撤销拍卖？

答：司法拍卖漏拍不可分财产时，应否撤销拍卖须分情况讨论。若漏拍不可分财产为土地使用权与房产所有权时，根据房地一体原则，应当撤销拍卖；若漏拍财产为其他不可分财产时，如拍卖房屋所有权时因评估机构漏评装饰装修价值导致漏拍，此时应根据漏评、漏拍的财产价格占拍定的财产价格比例决定是否撤销拍卖，漏评、漏拍财产占比较高的，应当撤销拍卖；漏评、漏拍财产占比较低的，可以对漏评部分重新评估，由买受人补缴漏拍部分差价，买受人拒绝补缴的，可以撤销拍卖，买受人同意补缴的，无须撤销拍卖。

若漏拍原因系被执行人造成，人民法院依职权调查仍无法发现的，如漏拍隐蔽的内网工程，此时不应撤销拍卖，只需买受人按照评估价格补缴差价即可。[1]

## 理由与依据

根据《拍卖变卖规定》第15条之规定，不可分财产应当合并拍卖。虽法律法规对于漏拍不可分财产应否撤销拍卖并无明确规定，但《民法典》第356条、第357条及《城市房地产管理法》第32条均明文规定了房地一体的处分原则，《最高人民法院关于土地使用权与房产所有权应当一并处置的复函》（〔2014〕执他字第7号函）中亦明确规定"执行被执行人所有的不动产时，应当遵循'房随地走、地随房走'的原则，土地使用权与房产所有权应当一并处置。在未查明案涉房屋占用范围内土地使用权的情况下，裁定将房屋单独拍卖，不符合上述法律规定，故相关拍卖成交裁定依法应予撤销"。据此，不动产拍卖时漏拍土地使用权或房产所有权时，应当撤销拍卖之规则已基本统一。

司法拍卖的目的系实现申请执行人债权，若漏拍不可分财产之行为导致拍卖目的不能实现的，应予撤销拍卖。漏拍土地使用权与房产所有权之外的其他不可分财产的，应根据漏拍财产占拍定的价格比例决定是否撤销拍卖。如漏拍财产占拍定财产价格比例超过30％的，应当撤销拍卖后重新拍卖；如果没有超过30％，应当由买受人补缴差价款，买受人拒不补缴的，可以撤销拍卖。[2]

## 立法沿革与争议

2004年《拍卖变卖规定》第18条规定："拍卖的多项财产在使用上不可分，或者分别拍卖可能严重减损其价值的，应当合并拍卖。"该条款明确了不可分

---

[1] 参见江必新、刘贵祥主编：《最高人民法院办理执行异议和复议案件若干问题规定理解与适用》，人民法院出版社2015年版，第287页。

[2] 参见江必新、刘贵祥主编：《最高人民法院办理执行异议和复议案件若干问题规定理解与适用》，人民法院出版社2015年版，第286～287页。

财产合并拍卖的处分原则，2020年《拍卖变卖规定》第15条沿用了该规定。

2007年《物权法》第146条规定："建设用地使用权转让、互换、出资或者赠与的，附着于该土地上的建筑物、构筑物及其附属设施一并处分。"2007年《物权法》第147条规定："建筑物、构筑物及其附属设施转让、互换、出资或者赠与的，该建筑物、构筑物及其附属设施占用范围内的建设用地使用权一并处分。"上述条款明确了房地一体处分原则，《民法典》第356条、第357条沿用了该规定。

对于漏拍土地使用权与房产所有权之外的其他不可分财产的，例如树木、装饰装修等，应否撤销拍卖观点并不一致。有观点主张漏拍不可分财产违反不可分财产合并拍卖之规定，应当撤销后重新拍卖。也有观点主张司法拍卖具有公法性质，保障司法拍卖结果稳定性有利于维护司法权威，漏拍不可分财产不应撤销拍卖，可以由买受人补缴相应差价。

## 案例索引

最高人民法院（2016）最高法执复58号执行复议案

江苏省连云港市中级人民法院（2019）苏07执复154号执行复议案

## 382 执行法院对存在多个权属证书的不动产分割处置，当事人能否请求撤销拍卖？

答：拍卖的多项财产在使用上不可分或者分别拍卖可能严重减损其价值的，应当合并拍卖。执行法院对于存在多个权属证书但各部分在使用上不可分或分开处置会严重减损财产价值的不动产分割处置的，当事人可以评估拍卖行为违法为由申请撤销拍卖。

## 理由与依据

善意文明执行原则要求民事执行中，在最大限度实现申请执行人债权的同时最大限度地降低对被执行人的损害。《拍卖变卖规定》所确定的以分别拍卖为原则，合并拍卖为例外的做法也成为司法拍卖中的实践操作。执行实践中，执行法院应当根据执行标的物的具体情况综合考量进行判断。根据《拍卖变卖规定》第15条，拍卖被执行人的多项财产时，各财产在使用上不可分或者分别拍卖可能严重减损价值的，应当合并拍卖。该条目的在于尽可能地将使用上有密切联系的财产整体处置，以避免降低财产使用价值、影响拍卖价款总额。处置存在多个权属证书的不动产，应当考虑到各部分不动产以及与附属设施之间的特殊关系，综合考虑何种方式拍卖更有利于保障整体不动产的完整性，以实现财产价值最大化。

## 立法沿革与争议

2004年《拍卖变卖规定》第17条规定："拍卖多项财产时，其中部分财产卖得的价款足以清偿债务和支付被执行人应当负担的费用的，对剩余的财产应当停止拍卖，但被执行人同意全部拍卖的除外。"第18条规定："拍卖的多项财产在使用上不可分，或者分别拍卖可能严重减损其价值的，应当合并拍卖。"上述规定确立了司法拍卖中以分别拍卖为原则，合并拍卖为例外的拍卖方法。2020年修改中，对于上述条文内容未作修改，仅把条文序号调整为第14条、第15条。

执行实践中，经常出现执行法院对一栋楼或一个建设项目的拍卖采取分开拍卖或整体拍卖的不同做法，各地法院之间对于整体拍卖是否违法存在不同认识。肯定意见认为法律并未禁止整体拍卖，整体拍卖有利于缩短执行周期，提高执行效率；否定意见则认为执行拍卖属于公法行为，不能适用"法无禁止即可为"的私法原则。根据《拍卖变卖规定》第15条以及《善意文明执行意见》之精神，对拟拍卖的多项财产究竟是否应当合并拍卖，由人民法院根据标的物的具体情况进行判断。多项不动产虽有独立的权属证书，但已经改变了现状，多项房产已经连通，在使用上不可分或无法区隔，原则上应当合并拍卖。一般来说，只要两项或两项以上的财产分开后可能影响其有效使用，或者合并在一起拍卖可以增加价额的，则应当尽可能地合并在一起进行拍卖。

最高人民法院（2021）最高法执监384号执行监督案

**383** 当事人通过议价协商确定拍卖财产的处置价，如果侵害其他债权人合法权益，应当如何予以救济？

　　答：因根据现行司法解释的规定，利害关系人对当事人的议价不能提出执行异议，因此，当事人通过议价协商确定拍卖财产的处置价，如果偏离市场，人民法院应当进行审查，以确保当事人的议价大致符合市场价。议价中存在欺诈、胁迫、恶意串通损害第三人利益的，按照执行监督程序予以审查处理。

**理由与依据**

　　法院确定财产处置参考价，可以采取当事人议价、定向询价、网络询价、委托评估四种方式。依据《财产处置价规定》，四种确定财产处置参考价方式的适用顺序原则上依次为：当事人议价、定向询价、网络询价、委托评估。当事人议价相较于其他方式具有更高效便捷的优势而被优先适用。

　　当事人议价是除一方当事人拒绝议价或者下落不明外，法院通知或组织各方当事人通过协商确定处置财产的参考价方式。通过当事人议价的方式确定处置参考价，充分体现了尊重当事人意思自治的原则，而且该方式灵活度高，并不需要经过其他程序，能够在短时间内确定财产处置参考价，提高执行质效，有利于充分保障各方主体合法权益。纵有上述优势，但不可忽视的是，该种方式确定处置参考价不得损害他人合法权益。根据《财产处置价规定》第25条的规定，当事人、利害关系人有证据证明议价中存在欺诈、胁迫情形，恶意串通损害第三人利益等情形的，在发布一拍拍卖公告或者直接进入变卖程序之前提出异议的，人民法院应当按照执行监督程序进行审查处理。

　　确定参考价是为拍卖做准备。《拍卖变卖规定》第8条规定，拍卖应当确定保留价。经过前述议价、询价、评估等方式，都只是为确定拍卖价格的参考价，最终仍应通过一定的标准来确定拍卖保留价。确定保留价的意义在于通过这种权利制衡机制，有效地避免利益向一方当事人过分倾斜，防止因拍卖价格过低对被执行人的合法权益造成损害。[1] 司法拍卖前，人民法院首先要确定财产处置参考价，然后在参照评估价的基础上，综合考虑当事人的心理预期、市场行情以及案件执行情况等因素，依公平原则确定拍卖保留价。保留价确定过低，可能损害被执行人的利益；而保留价过高，可能会导致标的物不能顺利卖出，影响债权的实现。《拍卖变卖规定》以及《网络司法拍卖规定》规定的确定保留价的方式有两种：一是参照评估价，二是对未作评估的财产参照市价确定保留价。基于此，对于不经评估的拍卖物，当事人协商议价的价格，也应当在市场价的合理区间，不能明显偏离市场。

此外，如果任由当事人随意定价，可能还会滋生其他法律风险，如当事人之间恶意串通，将具有一定价值的拍卖物低价处置，损害其他债权人利益等；或当事人之间恶意串通，申请执行人通过以高价抵债或买入低价值的执行标的物，借以转移申请执行人的财产、规避申请人的其他债权人的执行等。

因此，为避免当事人之间随意定价，损害他人合法权益，执行法院应当有权利对当事人议价协商确定拍卖财产的处置价进行审查。

## 立法沿革与争议

执行实践中，有人认为，《财产处置价规定》第4条规定：，"采取当事人议价方式确定参考价的，除一方当事人拒绝议价或者下落不明外，人民法院应当以适当的方式通知或者组织当事人进行协商，当事人应当在指定期限内提交议价结果。双方当事人提交的议价结果一致，且不损害他人合法权益的，议价结果为参考价。"故只要当事人协商确定并提交了议价结果，无论该价格是否偏离市场价，人民法院均应予以确认，否则有违自愿原则。

---

[1] 参见赵晋山：《〈关于人民法院民事执行中拍卖、变卖财产的规定〉的理解与适用》，载《人民司法》2005年第2期。

湖南省长沙市天心区人民法院（2021）湘0103执异170号执行异议案

## 384 执行过程中评估报告超出有效期，该评估结果能否作为确定财产处置参考价的依据？

答：评估报告超出有效期，除超期时间过长或市场行情发生重大变化外，原则上可以依该评估报告确定处置参考价。

### 理由与依据

《财产处置价规定》明确将评估报告的有效期设定为最长不得超过一年。但超过有效期的评估结果还能否作为确定财产处置价的依据，争议较大。本书认为，除超期时间过长或市场行情发生重大变化外，已超期的评估报告原则上可以依该评估报告确定保留价。具体分析如下：

1. 评估价、起拍价与成交价的关系。评估是由专业机构和人员，依照国家有关规定，根据特定的目的，遵循适用原则，按照法定程序，选取适当的价值类型，对拟拍卖财产的价值进行评定和估算的行为。[①] 选取的评估方式、方法不同，评估结果也可能会有差异。甚至不同评估机构、同一评估机构不同的评估师对同一拟处置资产的评估结果也不尽相同。评估的目的是将拟处置资产以客观合理的市场价值进行拍卖，过高影响成交效率，对债权实现不利；过低违反比例原则，侵害债务人的合法权益。法院虽以评估价为处置参考价的依据，但评估价与起拍价并非完全一致，大多数情况下不一致。为提升处置效率，人民法院往往将评估价的70%作为起拍价。若经历流拍，起拍价会更低。而最终的成交价与起拍价之间没有必然联系，取决于市场对处置资产的兴趣及购买能力。概言之，对拍卖财产评估，只是辅助执行法院确定

---

① 参见张旭：《评估结果超过有效期对国有资产拍卖效力之影响》，载《人民司法》2012年第6期。

拍卖保留价的手段，评估价格并不是最终的交易价格，最终成交价格仍须经由市场检验。

2. 处置资产市场价值出现巨大变动的概率较低。需要评估确定价值的资产，如不动产、特殊动产，若非受整体经济环境或行业形势影响，在短时间内发生巨大价值波动的可能性较低，如果存在影响价值的宏观因素，法官依常理和经验即可作出判断，要求重新作出评估报告。

3. 评估有效期过短与司法实践的龃龉。目前司法解释设定的1年有效期遭遇来自被执行人或利害关系人滥用救济权利的挑战。《财产处置价规定》赋予了执行当事人、利害关系人充分有效的救济路径，虽然司法解释明确规定了各个环节的办理期限以提高效率，但仍存在规则漏洞。例如第23条规定，当事人、利害关系人收到评估报告后5日内对评估报告的参照标准、计算方法或者评估结果等提出书面异议的，人民法院应当在3日内交评估机构予以书面说明。评估机构在5日内未作说明或者当事人、利害关系人对作出的说明仍有异议的，人民法院应当交由相关行业协会在指定期限内组织专业技术评审。但该条并未明确当事人、利害关系人对评估机构作出的说明提出异议的期限，实践中出现被执行人在评估机构作出说明后6个月再提出异议的情形，因司法解释对此没有明确规定，执行法院慎重起见仍交由行业评审的情况。

## 立法沿革与争议

关于已过有效期的评估报告能否作为确认拍卖财产处置价的依据问题，2001年《最高人民法院关于深圳市华旅汽车运输公司出租车牌照持有人对深圳市中级人民法院执行异议案的复函》（〔2001〕执监字第232号）的态度较为模糊，一方面认为在评估报告已经失效的情况下委托评估拍卖违反法定程序，另一方面又认为拍卖行为并不当然无效，关键在于评估报告确定的价格与拍品的市场价格是否大致相符，但又提出，为维护程序公正和保证拍卖物的价格真实，应由深圳市中级人民法院另行指定评估机构按拍卖时的市场行情再行评估一次。2018年《财产处置价规定》第27条将评估报告的有效期设定为最长不得超过1年，人民法院在一年内发布一拍拍卖公告或者直接进入变卖程序，拍卖、变卖时未超过有效期6个月的，无须重新确定参考价。从该条规定来看，超过有效期未进入拍卖或直接进入变卖程序的，理应重新评估确定参考价。但司法实践往往采取更为灵活的操作，例如《江苏省高级人民法院关于执行疑难问题的解答》就提出，评估报告已超过有效期的，除超期时间过长或市场行情发生重大变化外，原则上可以依该评估报告确定保留价。当事人不同意以该评估报告确定保留价的，应当提供证据证明市场行情发生了重大变化导致评估价值明显偏离市场价值。不能提供证据证明的，仍以该评估报告确定保留价，已提供证据证明的，应当重新定价。

实践中有不同观点认为，《财产处置价规定》在法定优先的基础上，确立了四种财产处置参考价方式的顺序和适用条件，但是法律、行政法规规定必须进行委托评估的，则只能采取委托评估的方式；否则，委托评估次序最后。[①]这说明，评估财产的价值是难以通过常识和经验进行判断的。过期失效的评估报告是否能反映拍卖变卖时财产的真实市场价值，法官也是无法进行准确判断的，因此所谓根据市场行情发生重大变化决定是否重新评估的处理方式并不具备实际可行性，最切实有效的方法仍然是确定一个客观标准，将拍卖变卖时间距评估基准日的期限作为判断依据。

### 案例索引

最高人民法院（2020）最高法执监484号执行监督案

最高人民法院（2020）最高法民终462号房地产开发经营合同纠纷案

## 第三节　强制管理

**385** 轮候查封法院能否对难以变现的不动产实行强制管理？

答：轮候查封法院不能对难以变现的不动产实行强制管理。轮候查封在性质上不属于正式查封，并不产生正式查封的效力。轮候查封产

---

① 参见孙建国：《〈最高人民法院关于人民法院确定财产处置参考价若干问题的规定〉的几个亮点问题》，载《人民法院报》2018年9月19日第8版。

生的仅是预期效力，只有转为正式查封或预查封时，才能发生查封的法律效力，故不能实行强制管理。

## 理由与依据

轮候查封是指对于已办理过查封登记的不动产，其他法院向不动产登记机构送达执行文书要求对该不动产进行查封，不动产登记机构告知其该不动产已被查封的事实及相关情况，并为其在不动产登记簿上记载排队等候查封的相关情况。

从不动产轮候查封的效力上看，轮候查封制度的设立是国家禁止重复查封原则的体现，赋予了法院对查封财产的单独处分权，确保了法院执行权的唯一性，对规范法院民事强制执行措施具有重要意义。轮候查封的核心在于"轮候"，而其"轮候"的含义是指依序等待，故不动产轮候查封实质上是一种虚拟行为，并没有法律上的现实意义，只有待轮候查封未来有机会（并不确定）转为正式查封或预查封时才有实际操作的意义。

强制管理是指对于已被查封、扣押的财产，选任管理人实施管理，并以管理所得的收益以清偿债务。[1] 强制管理的适用必须具备以下基本条件：一是执行法院应依法对被执行人的财产先行采取拍卖、变卖措施或该财产本身无法拍卖或者变卖，二是经申请执行人同意，三是不能损害其他债权人合法权益和社会公共利益。强制管理相对于拍卖、变卖属于辅助性的执行措施，是对拍卖措施的一种补充，轮候查封因其不具有正式查封的效力，对"已查封"执行标的实行强制管理的规定，并无适用空间。

## 立法沿革与争议

在2004年2月10日最高人民法院、国土资源部、建设部联合发布《国土房管部门协助执行通知》里，首次提出了轮候查封制度的概念，其第20条规定：轮候查封登记的顺序按照人民法院送达协助执行通知书的时间先后进行排列。查封法院依法解除查封的，排列在先的轮候查封自动转为查封；查封法院对查封的土地使用权、房屋全部处理的，排列在后的轮候查封自动失效；

---

[1]　江必新主编：《强制执行法理论与实务》，中国法制出版社2014年版，第609页。

查封法院对查封的土地使用权、房屋部分处理的，对剩余部分，排列在后的轮候查封自动转为查封。在《国土房管部门协助执行通知》颁布以前，我国有关查封房地产的法律规定，若相关房地产已被足额全部查封，则后来准备查封的司法机关不得重复查封。这样的规定在客观上使得有些债务人可以通过形式上"合法"的手段逃避债务，损害真正债权人的合法权益。例如债务人可以和第三人订立虚假合同建立虚假债务关系，让第三人请求法院查封其财产，抢先对于全部财产进行保全，这就使得真实债权人无法控制相关财产，使得债权难以真正得到国家司法保护。轮候查封制度的出台，在一定程度上改善了被执行人的财产被长期查封却得不到及时处分的问题，有利于多个债权的实现，提高了执行效率，同时也在一定程度上对于解决"执行难"产生了积极的作用。

《查扣冻规定》第28条首次以司法解释的形式规定了"轮候查封制度"：对已被人民法院查封、扣押、冻结的财产，其他人民法院可以进行轮候查封、扣押、冻结。查封、扣押、冻结解除的，登记在先的轮候查封、扣押、冻结即自动生效。这一规定将轮候查封的财产范围从不动产扩展到被执行人的所有财产。轮候查封制度避免了对同一标的物同时实施查封措施，也就避免了重复查封。

## 案例索引

最高人民法院（2021）最高法执复9号执行复议案

# 第九章　对动产的执行

### 386　司法拍卖程序中，申请执行人参与竞拍，能否以债权抵付拍卖款？

答：申请执行人参与被执行人的财产拍卖，在不损害其他债权人权益的前提下，可以以其应受偿的债权抵付拍卖款。

## 理由与依据

竞买人应当在参加拍卖前以实名交纳保证金，未交纳的，不得参加竞买。申请执行人参加竞买的，可以不交保证金；但债权数额小于保证金数额的按差额部分交纳。将差额交纳的保证金和部分债权共同作为保证金可以解释为申请执行人的债权可以充当保证金。申请执行人的债权可以充抵保证金，而拍卖成交后保证金可充抵拍卖款，所以申请执行人以应受偿的债权充抵拍卖价款，具有一定的合理性。

在申请执行人应受清偿债权金额高于拍卖物的成交金额时，以其应受清偿的执行债权抵付应当交付的拍卖余款，实质上是执行债权人以其应受清偿的金钱债权履行了交付拍卖余款的义务。此种交付拍卖余款的方式，与申请执行人向执行法院交付拍卖余款后再由该院向其支付应受偿债权金额的方式，均能实现债权得以受偿、债务相应消灭的法律效果。申请执行人以其债权抵付拍卖款时，不得损害其他债权人的权益。比如，申请执行人为普通债权人且存在其他优先债权人时，不得直接抵付；如有多个债权人申请参与分配，法院应当制作分配方案，申请执行人在其应受偿范围内抵付。

## 立法沿革与争议

《拍卖变卖规定》第10条规定："……申请执行人参加竞买的，可以不预

交保证金 ……"

《网络司法拍卖规定》第17条第2款规定："…… 申请执行人参加竞买的，可以不交保证金；但债权数额小于保证金数额的按差额部分交纳。"对于申请执行人能否以其债权充抵拍卖价款，法律未作出明确规定。

实践中，也有法院不同意申请执行人以其债权抵付拍卖款，认为未作出财产分配方案即同意买受人的抵扣申请程序违法，损害了其他债权人的权益。

## 案例索引

广东省高级人民法院（2020）粤执复629号执行审查案

广西壮族自治区高级人民法院（2019）桂执复31号执行审查案

## 387 由第三人保管，但申请执行人认为所有权属于被执行人的动产，人民法院能否查封？

答：执行程序中判断被执行人的财产归属，遵循外观主义和形式审查原则，即不动产以登记、动产以占有为判断标准。对第三人占有的动产，其未书面认可属于被执行人所有的，不得采取查封措施。但根据生效法律文书、征收决定或通过继承取得所有权等情形除外。

## 理由与依据

第三人占有的动产，第三人书面确认该财产属于被执行人的，法院可以查封、扣押、冻结。实践中，申请执行人要求查封第三人保管的动产，法院一般先找第三人调查核实财产权属情况，第三人书面认可属于被执行人所有的，执行法院予以查封；第三人不认可的，根据《民法典》第224条的规定，动产交付即发生物权设立和转让的效力，第三人保管占有动产的，原则上即为所有权人，而第三人并非执行依据确定的被执行人，所以在第三人不认可其占有的动产属于被执行人所有的情况下，原则上不得进行查封。根据《民法典》第229条、第230条、第231条以及《民法典物权编解释（一）》第7条的规定，人民法院、仲裁机构的法律文书、人民政府的征收决定生效时，以及继承开始时、事实行为成就时，即发生物权设立、变更、转让或者消灭的效力。根据上述规定判断被执行人的财产权属，相关动产虽然由第三人保管占有，但动产物权已经实际归属于被执行人的，即便第三人不予书面认可，执行法院也有权查封。

## 立法沿革与争议

《查扣冻规定》第2条规定："人民法院可以查封、扣押、冻结被执行人占有的动产、登记在被执行人名下的不动产、特定动产及其他财产权。未登记的建筑物和土地使用权，依据土地使用权的审批文件和其他相关证据确定权属。对于第三人占有的动产或者登记在第三人名下的不动产、特定动产及其他财产权，第三人书面确认该财产属于被执行人的，人民法院可以查封、扣押、冻结。"《异议复议规定》第25条第1款规定："对案外人的异议，人民法院应当按照下列标准判断其是否系权利人：（一）已登记的不动产，按照不动产登记簿判断；未登记的建筑物、构筑物及其附属设施，按照土地使用权登记簿、建设工程规划许可、施工许可等相关证据判断；（二）已登记的机动车、船舶、航空器等特定动产，按照相关管理部门的登记判断；未登记的特定动产和其他动产，按照实际占有情况判断；（三）银行存款和存管在金融机构的有价证券，按照金融机构和登记结算机构登记的账户名称判断；有价证券由具备合法经营资质的托管机构名义持有的，按照该机构登记的实际投资人账户名称判断；（四）股权按照工商行政管理机关的登记和企业信用信息公示系统公示的信息判断；（五）其他财产和权利，有登记的，按照登记机构的登记判断；无登记的，按照合同等证明财产权属或者权利人的证据判断。"上述司法解释确立了执行程序判断财产权属，应当遵循外观权利主义和形式审查原则。

《民法典》第229条规定："因人民法院、仲裁机构的法律文书或者人民政府的征收决定等，导致物权设立、变更、转让或者消灭的，自法律文书或者征收决定等生效时发生效力。"《民法典》第230条规定："因继承取得物权的，自继承开始时发生效力。"《民法典》第231条规定："因合法建造、拆除房屋等事实行为设立或者消灭物权的，自事实行为成就时发生效力。"《民法典物权编解释（一）》第7条规定："人民法院、仲裁机构在分割共有不动产或者动产等案件中作出并依法生效的改变原有物权关系的判决书、裁决书、调解书，以及人民法院在执行程序中作出的拍卖成交裁定书、变卖成交裁定书、以物抵债裁定书，应当认定为民法典第二百二十九条所称导致物权设立、变更、转让或者消灭的人民法院、仲裁机构的法律文书。"上述法律、司法解释是不动产以登记、动产以占有作为权属判断标准的例外，即使不动产尚未登记在被执行人名下，动产尚未由被执行人占有，但实际归属被执行人所有的，人民法院有权查封。

## 案例索引

吉林省高级人民法院（2021）吉民再360号案外人执行异议之诉再审审查案

**388** 针对被执行人名下机动车，甲法院在车管所办理了查封手续，乙法院采取了扣押措施，如何确定该机动车的首封法院？

答：一般认为查封登记法院为首封法院，扣押法院如需进行处置可商请查封法院移送处置权。但如果车辆尚未进行权属登记的，实际扣押车辆的法院享有首封处置权。

## 理由与依据

查封、扣押、冻结已登记的特定动产，应当通知有关登记机关办理登记手续，未办理登记手续的，不得对抗其他已经办理了登记手续的查封、扣押、冻结行为。对于有登记的特殊动产，办理查封登记手续具有公示效力，即使执行法院并未实际扣押，也能起到限制第三人善意取得的效果。不同法院分别在车管所办理查封登记和对车辆实际采取扣押措施，一般应认定查封登记法院为首封法院。

## 立法沿革与争议

《查扣冻规定》第9条规定:"扣押尚未进行权属登记的机动车辆时,人民法院应当在扣押清单上记载该机动车辆的发动机编号。该车辆在扣押期间权利人要求办理权属登记手续的,人民法院应当准许并及时办理相应的扣押登记手续。"上述司法解释,明确了未登记车辆的查封标准。

《财产调查规定》第16条规定:"人民法院对已经办理查封登记手续的被执行人机动车未能实际扣押的,可以责令被执行人或实际占有人限期交出车辆,也可以依照相关规定通知有关单位协助查找。该规定明确办理查封登记的法院可以要求有关部门协助查找,实质上进一步确认了应当认定查封法院为首先查封法院,享有首封处置权。

2022年《民事强制执行法(草案)》第141条规定:"同一动产存在多个查封的,在先实施占有的为在先查封;均未实施占有的,在先办理查封登记的为在先查封。"

## 案例索引

济南铁路运输法院(2019)鲁7101执异2号执行异议案

### 389 《拍卖公告》《拍卖须知》载明"本拍卖财产为罚没品,法院不保证拍卖财产的真伪、质量,不承担瑕疵担保责任",竞买人以拍品系赝品为由请求撤销拍卖的,能否得到支持?

答:人民法院如已按照法律、司法解释规定予以公示和特别提示,且在拍卖公告中声明不能保证拍卖财产真伪或者品质的,不承担瑕疵担保责任,买受人请求撤拍的,不予支持。

## 理由与依据

关于强制拍卖的性质,主要有三种学说:(1)私法说。强制拍卖乃私法上买卖契约之一种。拍卖之公告，为要约邀请，应买之表示为要约，拍定之表示为承诺。二者合致而成立买卖契约。拍定人系继受债务人对于拍卖物之所有权。（2）公法说。强制拍卖乃依公法所实施，为公法上行为。拍定人取得拍卖物之所有权，为原始取得性质。（3）折中说。强制拍卖，就程序法而言，为公法上之强制处分，同时具有私法上买卖之性质及效果。当前，强制执行法理论界和实务界的主流观点认为，法院强制拍卖在性质上属公法行为，在法律效果上有别于私法拍卖。基于司法拍卖公法说的基础，司法拍卖的瑕疵担保责任与任意拍卖瑕疵担保责任的承担规则也有不同。在任意拍卖中，买受人有瑕疵担保请求权。而在司法拍卖为公法拍卖的制度下，买受人取得拍卖物非依民事法律行为，而是依据执行机构的国家公权力，其取得拍卖物的所有权属于原始取得，而非继受取得。人民法院对司法拍卖不承担物的瑕疵担保责任。司法拍卖系为实现申请执行人债权而对被执行人财产实施的强制措施，与任意拍卖不同，应保持司法拍卖结果的安定性。

为维护强制拍卖的程序安定性和公信力，法律、司法解释对司法拍卖应当遵循的程序作了详细规定和要求，人民法院按照规定，对拍卖财产相关财产信息进行了充分公示，不允许竞拍人在竞买后以存在瑕疵为由申请撤拍。

人民法院按照相关规定予以公示和特别提示，且在拍卖公告中声明不能保证拍卖财产真伪或者品质的，不承担瑕疵担保责任。

## 立法沿革与争议

司法拍卖成交后，买受人对于标的物上所存在的物的瑕疵和权利瑕疵，能否向出卖人主张物的瑕疵担保责任和权利瑕疵担保责任，各个国家和地区因对强制执行中拍卖行为的性质认定不同。我国法律、司法解释对这一问题长期以来未作明确规定，《网络司法拍卖规定》第15条明确规定人民法院按照本司法解释第13条、第14条的要求进行信息公示和特别提示，且在拍卖公告中声明不能保证拍卖财产真伪或者品质的，对拍卖标的不承担瑕疵担保责任。

## 案例索引

广东省高级人民法院（2020）粤执复744号执行案

### 390 被执行人以船舶为唯一住所，人民法院能否参照处置债务人及其所扶养亲属生活所需居住房屋的规定采取拍卖措施？

答：被执行人以船舶为唯一住所的，人民法院可以参照处置债务人及其所扶养亲属生活所需居住房屋的规定采取拍卖措施。

## 理由与依据

无论被执行人的唯一住所是房屋、汽车抑或是船舶，人民法院执行被执行人唯一住所均应秉持平衡债权人利益保护及被执行人生存权的原则，《异议复议规定》中关于执行被执行人本人及所扶养家属维持生活必需的居住房屋的规定充分体现了这一原则。当被执行人以船舶为唯一住所时，人民法院能够参照处置债务人及其所扶养亲属生活所需居住房屋的规定采取拍卖措施。

## 立法沿革与争议

2004年《查扣冻规定》第6条规定："对被执行人及其所扶养家属生活所必需的居住房屋，人民法院可以查封，但不得拍卖、变卖或者抵债。"经过两次修正，2020年《查扣冻规定》保留了该条款。该规定未明确生活所必需的居住房屋的定义，实践中多将其混淆为被执行人名下唯一住房。2020年《异议复议规定》沿用了2015年《异议复议规定》第20条的规定："金钱债权执行中，符合下列情形之一，被执行人以执行标的系本人及所扶养家属维持生活必需的居住房屋为由提出异议的，人民法院不予支持：（一）对被执行人有扶养义务的人名下有其他能够维持生活必需的居住房屋的；（二）执行依据生效后，被执行人为逃避债务转让其名下其他房屋的；（三）申请执行人按照当地廉租住房保障面积标准为被执行人及所扶养家属提供居住房屋，或者同意参照当地房屋租赁市场平均租金标准从该房屋的变价款中扣除五至八年租金的。执行依据确定被执行人交付居住的房屋，自执行通知送达之日起，已经给予三个月的宽限期，被执行人以该房屋系本人及所扶养家属维持生活的必需品为由提出异议的，人民法院不予支持。"至此明确存在上述3种情形时，被执行人名下唯一住房不属于被执行人及其所扶养家属生活所必需的居住房屋。

最高人民法院（2022）最高法执监51号执行监督案

## 391  如何对船舶、航空器采取执行措施？

答：对船舶、航空器采取控制性措施，法院需向船舶、航空器产权注册登记的主管机关送达查封手续，船舶、航空器的查封协助机关分别为船籍港所在地①的船舶海事管理机构和国家民航总局，但仅起到权利限制之目的，如欲对该项财产进行司法处置，仍要实际扣押。法院可通知相关主管部门对船舶、航空器进行协助查找，以实现现实扣押的目的。

需要注意的是，对于船舶的扣押、拍卖有专门规定，即海事请求权纠纷的执行由海事法院专属管辖；普通债权的执行，对于船舶的扣押、拍卖由地方法院委托船籍港所在地或船舶所在地的海事法院执行。另外，对于20总吨以上船艇的拍卖程序由拍卖船舶委员会实施，20总吨以下的则以一般动产原则拍卖。对于航空器的拍卖立法上并无专门规定，但鉴于航空器的特殊性，对其价值评估一般采取当事人议价或委托评估两种方式。

**理由与依据**

船舶、航空器作为特殊动产和交通运输工具，具有体积大、价值高、维保专业性强、停放区域特定化等特征，作为执行标的物在实践执行中与其他一般动产相比处置难度更大、操作更为复杂。首先，从财产查询情况来看，目前法院的网络执行查控系统尚未建立起对此类财产的线上查询手段，仍需

---

① 船籍港所在地指船舶所有权人办理船舶所有权登记的港口所在地。

依靠传统的线下查询方式，即向相关主管部门进行点对点查询。因此，实务中要特别关注被执行人所属行业特征，以便对该类财产进行专项查询。其次，从财产的控制角度来看，船舶、航空器实践中执行的难点主要体现在查找控制环节，仅对其产权登记进行限制尚不足以达到变价的目的，由于船舶、民用航空器流动性较强，在被执行人不配合的情况下，法院很难查询到其实际停放位置。实务中，法院一般采取向船舶、航空器所在地主管机构发出协助执行通知，限制其离港，予以就地扣押并张贴封条等措施。最后，在对船舶、航空器进行司法处置时，为避免财产贬值、折损等风险，需要法院协调专业机构对其进行存放、维保、运营等，产生的相关费用由申请人垫付，最终从变价款里优先扣除或由被执行人承担。

## 立法沿革与争议

在涉船舶、航空器执行中，实物扣押是执行的核心问题也是该项财产变现的前提条件。在涉船舶具体扣押程序方面，1992年《海商法》第3条规定，本法所称船舶，是指海船和其他海上移动式装置，但是用于军事的、政府公务的船舶和20总吨以下的小型船艇除外。2003年《最高人民法院关于适用〈中华人民共和国海事诉讼特别程序法〉若干问题的解释》第39条规定，20总吨以下小型船艇的扣押和拍卖，可以依照《民事诉讼法》规定的扣押和拍卖程序进行。上述法律及司法解释对适用《海商法》的船舶范围进行了界定，在涉船舶执行中，20总吨以下的小型船艇不受《海商法》以及海事诉讼特别程序的约束，按照一般执行规则执行即可，在20总吨以上的船舶执行中，要适用《海商法》及其相关特殊程序的规定。1999年《海事诉讼特别程序法》第22条规定，非因本法第21条规定的海事请求不得申请扣押船舶，但为执行判决、仲裁裁决以及其他法律文书的除外。该法条明确，对于普通债权的执行，亦可对船舶采取扣押措施。2003年《最高人民法院关于适用〈中华人民共和国海事诉讼特别程序法〉若干问题的解释》第15条规定，除海事法院及其上级人民法院外，地方人民法院对当事人提出的船舶保全申请应不予受理；地方人民法院为执行生效法律文书需要扣押和拍卖船舶的，应当委托船籍港所在地或者船舶所在地的海事法院执行。立法上将船舶①的扣押、拍卖程序交由海事法院专属处理。实践中，在海事法院对船舶拍卖完成后，海事法院将海事请求权优先债权予以扣留后将剩余变价款发还至委托法院。在拍卖程序上，《海事诉讼特别程序法》第34条规定，拍卖船舶由拍卖船舶委员会实施，对船舶鉴定、估价并组织和主持拍卖等事项。

在涉民用航空器执行中，根据《民用航空法》规定，航空器的权利不仅限于航空器机身，同时也包括航空器的构架、发动机、螺旋桨等，故航空器发动机、构架等可以单独作为航空器的客体从航空器上拆离作为独立物存在。在涉航空器的执行中，如航空器的部分组件登记在第三人名下的情况下，法院能否整体查封还是只能查封登记在被执行人名下的部件，实践中存有争议。有观点认为，根据物尽其用原则，应当进行整体处置，否则将导致价值急剧贬损，但应对属案外人的财产部分单独评估，该部分变价款归案外人所有。另有观点认为，应严格按照物权登记原则，仅能对登记在被执行人名下的航空器部分组件进行司法处置，不得侵犯第三人利益。实务中，法院会征求第三人意见，可采取对航空器暂不予拆分的措施，并在拍卖公告中予以释明，待买受人与第三人重新签订租赁协议，以实现价值最大化、减少处置成本。

## 案例索引

湖北省武汉市江汉区人民法院（2019）鄂0103执异10号执行异议案

湖北省武汉市江汉区人民法院（2019）鄂0103民初4768号执行异议之诉案

---

① 该船舶是指《海商法》第3条所定义的船舶。

# 第十章  对债权的执行

## 第一节  对存款等资金的执行

### 392  人民法院如何对外汇存款采取执行措施？

答：基层人民法院执行中有扣划（押）被执行人外汇资金需要的，可以开立外汇账户。执行法院发现被执行人名下的外汇存款后，可持必要的法律文书和证件到外汇指定银行办理外汇账户资金结汇和扣划外汇存款，可以要求银行按当日结算价结汇并将相应金额的人民币划至法院执行账户，遇有问题或人民法院与协助执行的银行意见不一致时，提请双方的上级部门协商解决。

**理由与依据**

我国实行严格的外汇管理制度，禁止境内外币流通和以外币计价结算，因而外汇存款支取或划出往往需要先行办理结汇手续。根据《最高人民法院关于转发国家外汇管理局〈关于人民法院在涉外司法活动中开立外汇账户及办理外汇收支有关问题的函〉的通知》（法〔2003〕73号），全国中级以上人民法院经核准后可以在银行开立外汇账户。基层法院能否根据执行需要开设外汇账户，虽然现行法律并未明确规定，但为满足实践需要，各地基层人民法院都在积极探索，为保障申请执行人的合法权益，已有部分基层法院开立了外汇账户。同时，在查到被执行人名下的外汇存款后，除扣划至执行法院外汇账户外，还可在办理完毕结汇手续后再予以扣划。《中国人民银行、最高人民法院、最高人民检察院、公安部关于查询、冻结、扣划企业事业单位、机关、团体银行存款的通知》（银发〔1993〕356号）第8条规定人民法院和协助银行之间关于双方意见不一致时，应由双方的上级部门协商解决。

## 立法沿革与争议

《最高人民法院关于转发国家外汇管理局〈关于人民法院在涉外司法活动中开立外汇账户及办理外汇收支有关问题的函〉的通知》（法〔2003〕73号）第1条规定，全国中级以上人民法院均可根据本院审判工作的实际需要，报经所在地国家外汇管理局分支局核准后，在银行开立经常项目外汇账户。该条规定中，明确规定了中级以上人民法院可以开立经常项目外汇账户。多地基层法院以该通知的规定为依据，认为基层法院不能设立外汇账户。

随着经济社会发展，基层法院执行扣划被执行人外汇账户的需求不断增加，面对现实需要，各地法院都在进行积极的探索。2013年，浙江省高级人民法院出台了《关于依法执行被执行人外汇资金有关问题的通知》（浙高法〔2013〕55号），第1条规定："人民法院执行中有扣划（押）被执行人外汇资金需要的，可以开立外汇账户……"该条文中并未将基层法院排除在可以开立外汇账户的"人民法院"之外。实践中已有不少基层法院在政府审批后开立了外汇账户。

## 案例索引

最高人民法院（2015）执申字第76执行案

# 第二节　对一般债权的执行

## 393 申请执行人申请以次债务人财产抵债，法院应否支持？

答：次债务人在履行到期债务通知书指定的期限内没有提出异议，又不履行的，执行法院有权裁定对次债务人强制执行。在执行过程中，次债务人的财产流拍或符合合意抵债的要件，申请执行人可以以次债务人财产抵债。

## 理由与依据

被执行人以其所有财产作为承担债务的总担保，到期债权属于被执行人的责任财产，无法豁免执行。申请执行人申请执行被执行人对他人的到期债权，法理上与代位诉讼类似，即申请执行人代位被执行人对次债务人强制执行。但对未决债权债务纠纷予以执行，省略了对被执行人及次债务人之间债权纠纷的实体审理，仅通过程序处理认定实体权利义务，对次债务人等主体影响较大，因此《民事诉讼法》及其司法解释赋予次债务人充分的救济权利。第三人对到期债权提出异议的，人民法院即不得对第三人强制执行，对提出的异议不进行审查。因此，以次债务人财产抵债的前提在于，债权债务无争议、已到期，且对其财产经过财产处置程序或经过《民事诉讼法解释》第490条规定的合意抵债程序。

## 立法沿革与争议

对次债务人提出的异议，应以不予审查为原则，以审查为例外。[①]（1）第三人在法定期限内提出异议，执行法院应当进行形式审查，即审查该异议是否构成法律规定的有效异议。经审查，异议系第三人认为其与被执行人无债权债务关系，而非主张其无履行能力或其与申请执行人无直接法律关系，且非为生效法律文书确定的债权的，应当停止对到期债权异议部分的执行。[②]（2）对第三人异议的适度审查。具有以下情形的，执行法院应当对第三人异议进行适度审查：①申请执行人有足够证据证明第三人对被执行人负有到期债务；②申请执行人提供的初步证据能够证明第三人在债权保全期间直接或间接向被执行人履行了债务；③第三人因被执行人以该债务已成为自然债务为由提出异议的。[③]

---

① 陈明、季昱辰：《到期债权异议应以不予审查为原则，以立案审查为例外》，载《执行工作指导》2019年第3辑。

② 参见《江西省高级人民法院执行局关于民事执行实务疑难问题解答（到期债权执行专刊）》。

③ 参见陈荃：《被执行人到期债权执行程序的完善——以到期债权执行的现实困境为出发点》，载《执行工作指导》2015年第1辑；周继业主编：《强制执行新实践》，法律出版社2018年版，第332～333页。

最高人民法院（2010）执复字第2号执行复议案

最高人民法院（2018）最高法执监46号执行审查案

### 394 人民法院冻结到期债权后，次债务人以履行另案法律文书为由对履行到期债权通知书提出的异议是否可以阻却执行？

答：另案法律文书在冻结债权的法律文书送达之后生效，如另案不涉及优先债权等情况，不能对抗申请冻结债权的申请执行人，次债务人以履行另案法律文书为由对履行到期债权通知书提出的异议不能当然阻却执行。

### 理由与依据

第三人履行另案法律文书的异议并非否认债权债务关系的异议，不能产生当然阻却执行的法律效力。冻结债权的法律文书能够固定债务人与次债务人间的债权债务关系，在冻结债权的法律文书生效后，应认定变更、解除债务人及次债务人间债权债务关系的行为不能对抗申请执行人。从实体上而言，另案法律文书包含两种情况：一种情况是另案法律文书同样是到期债权的执行，该问题即等同于两个执行行为同时指向同一笔到期债权时的履行顺序问题。此时，已冻结的债权优先于未冻结的债权，第三人应当向已冻结债权的债权人履行。另一种情况是另案法律文书即是确定第三人与被执行人间债权债务关系的生效判决，此时，第三人是应该向其作为被执行人程序清偿，还是向其作为次债务人的到期债权执行程序清偿？基于查封优先性原理，即对于同一财产，已查封的债权优先于未查封的债权清偿，首封的债权优先于轮候查封的债权清偿。此种情形下，第三人应当向作为次债务人的到期债权执行程序清偿。

第三人按照人民法院履行通知向申请执行人履行了债务或已被强制执行后，人民法院应当出具有关证明。因此，第三人清偿后向另案执行法院出具该证明，另案法院不得再执行同一笔到期债权。

## 立法沿革与争议

有观点认为，在另案法律文书是确定第三人与被执行人间债权债务关系的生效判决情况下，第三人可以以履行该法律文书为由提出异议阻却执行。但本书认为，冻结债权的法律文书具有固定债务人与次债务人之间债权债务关系的法律效力，在冻结债权的法律文书生效后，债务人与次债务人之间有关债权债务关系发生的变化对申请执行人而言不发生法律效力。对债务人及次债务人之间债权债务关系进行的变更、解除、债权转让或者其他有碍执行的行为均不能对抗申请执行人。由于冻结债权的法律文书在前，基于查封优先性原理，债权冻结后债权主体变化不能产生对抗申请执行人的效力，第三人应当向作为次债务人的到期债权执行程序清偿。

## 案例索引

最高人民法院（2019）最高法执监328号执行案

## 395 次债务人在保全阶段未对冻结债权的裁定提出异议，进入执行程序后，人民法院能否直接对次债务人采取执行措施？

答：即使次债务人在保全阶段未对冻结债权的裁定提出异议，进入执行程序后，人民法院也不能直接对次债务人采取执行措施。

## 理由与依据

对到期债权的保全与对到期债权的执行属于两个不同程序，人民法院对被执行人对次债务人享有的到期债权采取保全措施，冻结到期债权的实质是冻结抽象的债权债务关系，而不是直接冻结第三人所拥有或支配的财产，该冻结对次债务人没有实质财产的损害。[①] 对次债务人而言，承担的是一种消极不作为的协助义务，即其在保全期间不得向债务人清偿，因在此阶段其财产并不会被实际处分，因而次债务人可能不会提出复议，但其不提出复议并不表明其认可到期债权的真实存在，更不表明其在案件转入执行阶段后，认可执行法院对到期债权的执行，更不意味着执行法院可以剥夺其在执行阶段的法定程序权利。次债务人在保全阶段没有对是否存在到期债权进行回应的义务，无论次债务人有无在保全阶段对冻结到期债权的裁定提出异议，执行法院均应向次债务人送达履行到期债务通知书，次债务人在执行程序中仍可提出异议，故不得直接对次债务人采取执行措施。

需要注意的是，如果是诉讼阶段对到期债权进行保全，由于诉讼保全的效果仅是要求他人不得向债务人作出清偿行为，并不涉及对债权债务关系的实体认定，也不会对他人财产权利等造成限制。因此，即便债权未到期，或者他人对债权数额存有争议，也不影响人民法院对相关债权依法采取保全措施。[②]

## 立法沿革与争议

相反意见认为，被执行人对次债务人是否存在债权信息完全由债务人和次债务人掌握，执行法院、债权人与次债务人之间信息不对称，在法院送达协助执行通知书后，次债务人必须及时提出异议，以便债权人寻找债务人其他的财产进行保全，因此，自有关冻结裁定和协助义务通知书送达次债务人时起，就对次债务人产生法律上的约束力，从法律上应当视为债务人在次债务人处确实有财产，因而可以直接对次债务人采取执行措施。

## 案例索引

最高人民法院（2015）执复字第15号申请承认与执行法院判决、仲裁裁决案件执行案

---

① 最高人民法院（2015）执复字第15号民事裁定书。
② 最高人民法院（2015）执复字第36号民事裁定书。

江苏省高级人民法院（2018）苏执监19号执行案

### 396 人民法院冻结被执行人对次债务人的到期债权，案外人能否以其在冻结前已从被执行人处受让该到期债权为由请求排除执行？

答：人民法院依法冻结被执行人对次债务人的到期债权，案外人作为到期债权的受让人有权以其在冻结前已从被执行人处受让该到期债权为由请求排除执行。案外人与被执行人于案涉债权被查封、冻结或被采取强制执行措施之前订立了合法有效的书面债权转让合同，且案外人主张其受让的债权应明显区别于被执行人未转让的其他债权的，原则上可以排除执行。

### 理由与依据

人民法院执行被执行人对他人的到期债权，可以作出冻结债权的裁定，并通知该他人向申请执行人履行，如果利害关系人对到期债权有异议的，人民法院应当按照案外人异议进行审查。如案外人在冻结前受让了被执行人对次债务人的债权，该案外人对债权享有的实体权益足以排除执行。

### 立法沿革与争议

《民事诉讼法解释》关于到期债权执行制度设计对次债务人和利害关系人的救济路径作出了不同规定，该处利害关系人与《民事诉讼法》第236条利害关系人不同，实质上是案外人，即主张到期债权存在但其为权利人的主体。

有观点认为，在无另案生效法律文书的情形下，案外人依据债权转让协议不足以认定其具有真实权利。该观点认为，案外人对被执行人享有的是债权性质的请求权，而非到期债权的所有权，因此债权受让人无法排除对标的到期债权的执行。

## 案例索引

## 397 次债务人对执行到期债权提出异议后，人民法院是否应当撤销冻结裁定和到期债务履行通知书？

答：次债务人对到期债权提出异议后，人民法院不得执行到期债权，应当裁定中止对到期债权执行且不必撤销冻结债权裁定和履行债务通知，以继续维持到期债权的冻结效力。

## 理由与依据

从保障债权实现的角度考量，债务人与次债务之间权利义务关系尚未确定时，法院执行部门发出冻结到期债权的裁定、协助执行通知书，仅是对被执行人与次债务人之间债权的固定。第三人异议即能够产生停止执行的法律效力，但该效力并非终局性。执行机构对第三人异议不作审查，将实体争议交由诉讼程序裁判。代位权诉讼判决生效后，如申请执行人胜诉，应当继续执行到期债权。因此，在申请执行人提起代位权诉讼的情形下，应当继续冻结到期债权，将到期债权执行程序中的保全转为代位权诉讼中的保全。

为防止第三人利用代位权诉讼规避执行，即通过第三人提出异议阻止法院执行，待法院停止执行后，第三人再向被执行人清偿债权，为避免此种情形发生，次债务人对执行到期债权提出异议的，人民法院无须撤销冻结债权裁定。冻结到期债权裁定本身并不具有违法性，不能因第三人否认债权债务关系的存在而认定冻结到期债权的裁定违法。如果第三人与被执行人之间确已不存在债权债务关系，冻结到期债权的裁定对第三人的权利义务亦无实质性影响，亦无撤销的必要。对于到期债务履行通知书，只要次债务人提出符合形式要件的异议，该通知书立即失效。

## 立法沿革与争议

有观点认为，第三人提出异议后，执行法院即不得执行到期债权，冻结裁定与履行债务通知书不再履行，执行实施部门继续冻结到期债权的依据已不存在，故应当予以撤销。但该观点未被实践接受。

不必撤销冻结债权裁定和履行债务通知为主流观点。如江西省高级人民法院执行局印发的民事执行实务疑难问题解答持此观点。我国台湾地区"强制执行法"亦规定债权人对于第三人声明异议认为不实的，可以提起收取诉讼，债权人未在10日内提起诉讼的，执行法院应当依照第三人申请，撤销所发执行命令。对于冻结裁定而言，如果债权人在法定期限提起诉讼则并不予以撤销。

## 案例索引

江苏省常州市中级人民法院（2019）苏04民再71号执行异议之诉纠纷案

## 398 第三人在履行通知指定的期间内提出异议后，又向被执行人清偿的，法院是否可以裁定对到期债权强制执行？

答：第三人在履行通知指定的期间内提出异议的，无论第三人是否向被执行人清偿，法院均不得裁定对到期债权强制执行。

## 理由与依据

到期债权执行中，第三人收到人民法院要求其履行到期债务的通知后，第三人在履行通知指定的期间内对到期债权提出异议的，人民法院不得对第三人强制执行，对提出的异议不进行审查。第三人提出异议后又擅自向被执行人履行，造成已向被执行人履行的财产不能追回的，除在已履行的财产范围内与被执行人承担连带清偿责任外，还可以追究其妨害执行的责任。但人民法院不得直接要求次债务人向申请执行人承担清偿责任，可以根据情节轻重予以罚款、拘留，构成犯罪的，依法追究刑事责任。

## 立法沿革与争议

2020年《执行工作规定》第47条规定："第三人在履行通知指定的期间内提出异议的，人民法院不得对第三人强制执行，对提出的异议不进行审查。"第51条规定："第三人收到人民法院要求其履行到期债务的通知后，擅自向被执行人履行，造成已向被执行人履行的财产不能追回的，除在已履行的财产范围内与被执行人承担连带清偿责任外，可以追究其妨害执行的责任。"第三人提出异议后又向被执行人履行导致已向被执行人履行的财产不能追回的，第三人承担的妨害执行的责任不能等同于强制执行到期债权，第三人对到期债权执行提出异议的，人民法院即不得对第三人强制执行。

## 案例索引

最高人民法院（2020）最高法执监83号执行监督案
最高人民法院（2016）最高法执监240号执行监督案

## 399 对到期债权执行过程中，次债务人提出异议的，人民法院是否有权予以审查？

答：在执行被执行人对第三人的到期债权时，第三人提出异议的，人民法院应当区分不同情况进行审查，而非一概停止执行。

## 理由与依据

第三人在履行通知指定的期间内提出异议的，人民法院不得对第三人强制执行，对提出的异议不进行审查。但第三人提出自己无履行能力或其与申请执行人无直接法律关系，不属于有效异议。对生效法律文书确定的到期债权，该第三人予以否认的，人民法院不予支持。因此，认为一旦次债务人提出异议，法院即不得对其采取强制执行措施，或法院对异议一概不进行审查，系对相关规定的误解。只有次债务人在执行阶段提出实质否认债权债务关系的有效异议，人民法院才不得对次债务人强制执行或仅能执行无异议的部分，并且对异议不进行审查。到期债权执行的根本症结在于如何认定次债务人提出的异议属于司法解释规定的有效实体异议，以及法院对于异议是否应当先行审查。有效异议的本质是次债务人对债权的实质否认，为"债权不存在、已消灭或者存在其他妨碍被执行人请求事由"。从逻辑上看，只有执行法院对次债务人所提异议进行形式审查后才能知晓异议是否有效，因此，对次债务人提出的异议，人民法院并非不审查，而是不进行实质性审查。

## 立法沿革与争议

次债务人提出有效异议后，人民法院不得对次债务人强制执行，债权人可以通过代位诉讼的方式主张权利。但此种设计使得到期债权执行制度有名存实亡之诟病。2022年《民事强制执行法（草案）》增加了次债务人作虚假陈述的惩罚机制，以期有效遏制次债务人滥用异议权的现象，规定："第三人认为被执行人的债权不存在、已消灭或者存在其他妨碍被执行人请求事由的，应当在收到履行令之日起十五日内，向人民法院提出书面异议，并说明事实和理由。第三人提出异议时作虚假陈述的，人民法院可以依据本法第六十二条规定予以处罚；给申请执行人造成损害的，应当承担赔偿责任。"同时，不因实质异议的提出而直接停止执行，而是将选择权交由债权人，规定："第三人依据前条规定提出异议的，人民法院应当通知申请执行人。申请执行人认为异议不成立的，可以在收到通知之日起十五日内以第三人为被告向执行法院提起诉讼。起诉经人民法院受理的，申请执行人应当向执行机构提交已受理的证明文件，并将受理的事实告知被执行人。申请执行人未在规定期间内提起诉讼的，人民法院应当依据第三人的申请，在异议范围内解除履行令。"

## 案例索引

最高人民法院（2020）最高法执监52号执行审查案

**400** **多个法院对到期债权采取冻结措施的，如何确定冻结顺位？**

答：到期债权属于被执行人的责任财产，可以轮候冻结，根据法院向第三人送达到期债权查封裁定时，第三人签收的送达回证时间确定冻结顺位。

## 理由与依据

对已被人民法院查封、扣押、冻结的财产，其他人民法院可以进行轮候查封、扣押、冻结。查封、扣押、冻结解除的，登记在先的轮候查封、扣押、冻结即自动生效。其他人民法院对已登记的财产进行轮候查封、扣押、冻结的，应当通知有关登记机关协助进行轮候登记，实施查封、扣押、冻结的人民法院应当允许其他人民法院查阅有关文书和记录。其他人民法院对没有登记的财产进行轮候查封、扣押、冻结的，应当制作笔录，并经实施查封、扣押、冻结的人民法院执行人员及被执行人签字，或者书面通知实施查封、扣押、冻结的人民法院。同理，到期债权属于被执行人的责任财产，符合轮候查封的适用条件，可以轮候查封。

到期债权不属于司法解释规定的已登记的财产，没有对应的登记机关，无须有关单位协助执行，应当按照没有登记的财产进行轮候查封。因司法解释规定对到期债权执行经现场送达相关司法文书，故现场送达先于邮寄或其他送达方式。不同法院对查封到期债权顺位有争议的，应当根据法院向第三人送达到期债权查封裁定时，第三人签收的送达回证时间确定查封顺位。如有的法院仅送达到期债务履行通知书，未作出冻结裁定的，不视为有效查封。

## 立法沿革与争议

《民事诉讼法解释》第499条第1款规定:"人民法院执行被执行人对他人的到期债权,可以作出冻结债权的裁定,并通知该他人向申请执行人履行。"2020年《执行工作规定》第45条第1款规定:"被执行人不能清偿债务,但对本案以外的第三人享有到期债权的,人民法院可以依申请执行人或被执行人的申请,向第三人发出履行到期债务的通知。履行通知必须直接送达第三人。"《查扣冻规定》第1条规定:"查封、扣押、冻结裁定书和协助执行通知书送达时发生法律效力。"根据上述规定,应当依据履行通知直接送达第三人的时间确定到期债权查封顺位。

## 案例索引

最高人民法院(2020)最高法委赔监236号违法保全赔偿案

### 401 对到期债权的执行是否适用参与分配制度?

答:到期债权作为被执行人的财产权,在多个债权人对被执行人到期债权申请执行,被执行人到期债权不足以清偿全部债务情形下,应当认为可以对到期债权执行适用参与分配程序。

## 理由与依据

被执行人为公民或者其他组织,在执行程序开始后,被执行人的其他已经取得执行依据的债权人发现被执行人的财产不能清偿所有债权的,可以向人民法院申请参与分配。对人民法院查封、扣押、冻结的财产有优先权、担保物权的债权人,可以直接申请参与分配,主张优先受偿权。到期债权作为被执行人的财产权适用参与分配制度并无法理上的障碍,但到期债权不同于被执行人其他可供执行财产,根据相关司法解释的规定,人民法院冻结到期债权后,应通知次债务人向申请执行人直接履行,并非扣划到法院,有可能规避参与分配制度的适用，如果被执行人为自然人或其他组织，可能损害其他债权人参与分配权利。

## 立法沿革与争议

2020年《执行工作规定》第45条规定："被执行人不能清偿债务，但对本案以外的第三人享有到期债权的，人民法院可以依申请执行人或被执行人的申请，向第三人发出履行到期债务的通知（以下简称履行通知）。履行通知必须直接送达第三人。履行通知应当包含下列内容：（1）第三人直接向申请执行人履行其对被执行人所负的债务，不得向被执行人清偿；（2）第三人应当在收到履行通知后的十五日内向申请执行人履行债务；（3）第三人对履行到期债权有异议的，应当在收到履行通知后的十五日内向执行法院提出；（4）第三人违背上述义务的法律后果。"《民事诉讼法解释》第499条第1款规定："人民法院执行被执行人对他人的到期债权，可以作出冻结债权的裁定，并通知该他人向申请执行人履行。"上述条款均规定次债务人直接向申请执行人履行，而非扣划到法院，按照目前法律规定，难以适用参与分配制度。

## 案例索引

最高人民法院（2021）最高法执监42号执行监督案

### 402 被执行人对次债务人的到期债权进入执行程序后，执行法院如何采取执行措施？

答：如被执行人对次债务人的到期债权已足额执行完毕的，执行法院不得执行该到期债权；尚未足额执行完毕的，可以根据申请执行人的意愿移送案件合并执行。

## 理由与依据

被执行人对次债务人的到期债权进入执行程序后，执行法院又向次债务人发出履行到期债务通知书和协助执行通知书的，即两个执行案件指向同一执行标的，即已决到期债权时，人民法院可以根据申请执行人的意愿互相移送案件合并执行。两个或两个以上人民法院在执行相关案件中发生争议的，应当协商解决，协商不成的，逐级报请上级法院，直至报请共同的上级法院协调处理。执行争议经高级人民法院协商不成的，由有关的高级人民法院书面报请最高人民法院协调处理。此种情形下，如两案申请执行人意见不一致，可以报请共同的上级法院协调指定其中一家法院执行。

## 立法沿革与争议

《民事诉讼法解释》第499条第3款规定："对生效法律文书确定的到期债权，该他人予以否认的，人民法院不予支持。"从该规定推知，可以对进入执行程序的债权进行执行，但目前法律及司法解释层面并无明确的操作规则可依循。执行已进入执行程序的债权可能引发执行冲突。2021年，山东省高级人民法院发布《执行疑难法律问题审查参考（二）—— 执行到期债权专题》，就该问题作出如下参考意见：法院冻结被执行人对第三人的已决到期债权后，被执行人依照生效法律文书申请执行其对第三人的债权时，如第三人以生效法律文书确定的到期债权已被其他法院冻结为由提出抗辩的，生效法律文书执行法院应当与到期债权执行法院协商处理，协商不成的，逐级报请上级法院协调处理。第三人收到履行到期债务通知且已履行的，第三人可以依据《异议复议规定》第7条第2款提出异议。经审查确已依照履行到期债务通知履行部分债务的，对已履行部分应裁定不予执行。

## 案例索引

湖南省高级人民法院（2022）湘执复92号执行复议案

最高人民法院（2020）最高法委赔监294号执行赔偿案

## 403 对被执行人的"收入"和到期债权采取的执行措施有何不同?

答:对被执行人收入的执行,可以直接"提取"或要求收益支付方向申请执行人"支付"。对到期债权的执行,须向第三人发出履行到期债务的通知,第三人对于到期债权提出书面异议的,执行法院就不得对次债务人强制执行,申请执行人如果认为次债务人的异议不成立,可通过代位权诉讼进行救济。

### 理由与依据

"收入"与"到期债权"的概念与范围不同。在我国现行法律将两者相并列,赋予被执行人收入特定的含义。收入是指自然人的金钱收入,包括工资、奖金、劳务报酬、报酬、咨询费、存款利息、房屋租金等。收入和到期债权存在如下区别:(1)收入的权利主体仅限于自然人。到期债权的权利主体立法未作限制。(2)收入一般具有经常性、连续性,而到期债权大多表现为单次性。(3)收入的给付人与被执行人之间一般为劳动、储蓄、投资、租赁等合同关系。到期债权可能是基于合同、侵权、不当得利、无因管理等产生。(4)收入的给付人负有单向、确定、稳定的给付义务,给付的时间、地点、金额及给付的方式确定。而到期债权人一般附有对待给付义务,给付的时间、地点、内容、给付金额、给付方式只能依具体的法律关系确定。(5)收入的给付人一般为单位,通常有健全的会计账目,容易查询。而到期债权的债务人包括一切民事义务主体。①

被执行人在有关单位的收入尚未支取的,人民法院应当作出裁定,向该单位发出协助执行通知书,由其协助扣留或提取。

对于收入的执行,执行法院直接作出强制执行裁定及协助执行通知书,送达协助执行单位,通知其扣留或提取。对于到期债权的执行,需要向第三人发出履行到期债务的通知。第三人未提出异议的,裁定对该第三人强制执行。

---

① 参见《江西省高级人民法院民事执行实务疑难问题解答(第14期)》。

当事人、利害关系人对收入执行中协助义务人提出异议不影响人民法院继续执行。对于到期债权的执行，第三人在履行通知指定的期间内提出异议的，人民法院不得对第三人强制执行，对提出的异议不进行审查。

## 立法沿革与争议

1991年《民事诉讼法》第222条规定了直接提取被执行人收入的执行方式："被执行人未按执行通知履行法律文书确定的义务，人民法院有权扣留、提取被执行人应当履行义务部分的收入。但应当保留被执行人及其所扶养家属的生活必需费用。人民法院扣留、提取收入时，应当作出裁定，并发出协助执行通知书，被执行人所在单位、银行、信用合作社和其他有储蓄业务的单位必须办理。"1998年《执行工作规定》第36条规定："被执行人在有关单位的收入尚未支取的，人民法院应当作出裁定，向该单位发出协助执行通知书，由其协助扣留或提取。"《民事诉讼法》对于提取被执行人收入规定沿用了1991年《民事诉讼法》的规定。

## 案例索引

最高人民法院（2015）执申字第46号民间借贷纠纷案
最高人民法院（2019）最高法执监262号执行审查案

## 404 次债务人进入破产程序的，执行法院能否对该到期债权继续采取执行措施？

答：次债务人进入破产程序的，执行法院对到期债权的执行程序应当中止。

## 理由与依据

到期债权执行本质上是代位执行，即由申请执行人代位债务人向次债务人要求清偿债务，次债务人认可其与债务人间的债权债务关系后，在执行程序中的法律地位基本等同于被执行人。人民法院受理破产申请后，有关债务人财产的保全措施应当解除，执行程序应当中止。次债务人如进入破产程序，对次债务人的执行程序也应当中止，次债务人的债权人应向管理人申报债权，通过破产程序实现债权清偿。若债务人未申报债权，债权人的债权到期前，债务人的债权或者与该债权有关的从权利存在诉讼时效期间即将届满或者未及时申报破产债权等情形，影响债权人的债权实现的，债权人可以代位向债务人的相对人请求其向债务人履行、向破产管理人申报或者作出其他必要的行为。债权尚未到期前债权人能代位申请债权，举重以明轻，已经生效法律文书确认债权的债权人，自然可以代位申报债权。[1]需要注意的是，债权人申报的债权虽归属于债务人，但管理人应直接向债权人清偿。

## 立法沿革与争议

关于破产债权能否代位申报的问题，《民法典》出台前，实践中有争议。因原《合同法》第73条规定的代位权行使应通过诉讼或仲裁的方式，"因债务人怠于行使其到期债权，对债权人造成损害的，债权人可以向人民法院请求以自己的名义代位行使债务人的债权，但该债权专属于债务人自身的除外"。当次债务人进入破产程序，根据《九民纪要》第110条第3款"人民法院受理破产申请后，债权人新提起的要求债务人清偿的民事诉讼，人民法院不予受理，同时告知债权人应当向管理人申报债权。债权人申报债权后，对管理人编制的债权表记载有异议的，可以根据《企业破产法》第58条的规定提起债权确认之诉"之规定，债权人已无法通过代位权诉讼主张权利。债务人怠于申报债权时，若不允许债权人代位申报，将导致债权人丧失法律层面的救济途径。因此，实践中，已有支持债权人代位申报破产债权的案例。[2]《民法典》第536条首次将代位权行使从"请求履行"等实体行为扩大至保存行为。

---

① 参见杨代雄主编：《袖珍民法典评注》，中国民主法制出版社2022年版，第470页。
② 参见江苏省高级人民法院（2019）苏民终44号民事判决书、广西壮族自治区贺州市中级人民法院（2020）桂11民初113号民事判决书。

案例索引

江苏省高级人民法院（2019）苏民终44号普通破产债权确认纠纷案

安徽省高级人民法院（2020）皖执复15号执行审查案

## 405 人民法院能否对执行担保人享有的到期债权采取执行措施？

答：在执行担保的法律关系中，分为提供物保的执行担保人和提供保证的执行担保人。对于提供物保的执行担保人而言，仅能执行其担保物，不得执行其对他人享有的到期债权；对于提供保证的担保人，可以执行保证人的到期债权。

### 理由与依据

执行担保可以由被执行人提供财产担保，也可以由他人提供财产担保或者保证。被执行人在人民法院决定暂缓执行的期限届满后仍不履行义务的，人民法院可以直接执行担保财产，或者裁定执行担保人的财产。担保人的到期债权属于担保人财产范畴，故直接执行担保人到期债权并无疑问。此外，虽司法解释规定不得将担保人变更、追加为被执行人，但执行担保保证人在执行程序中的法律地位基本等同被执行人，《民事诉讼法》及相关司法解释明确规定了可以执行被执行人的到期债权，对执行担保人可参照适用。对于提供物保的执行担保人，其承担责任范围以其提供的担保物为限。

### 立法沿革与争议

有观点认为，不得执行保证人的到期债权。现行法律体系下对到期债权的执行集中规定在《民事诉讼法解释》和《执行工作规定》，对到期债权的执行均限制为"被执行人到期债权"，即到期债权的主体必须为被执行人，而《执行担保规定》第11条第1款明确规定"不得将担保人变更、追加为被执行人"，因执行担保人不属于被执行人，因而不得执行其到期债权。

## 案例索引

黑龙江省高级人民法院（2019）黑执复120号执行审查案

**406** 甲法院在执行申请执行人 A 与被执行人 B 一案时，A 发现 B 对 C 有到期债权且已在乙法院执行，此时甲法院能否直接执行 B 对 C 的债权？

答：甲法院不能直接执行 B 对 C 的债权。

## 理由与依据

被执行人的债权作为其财产的重要组成部分，是其债务的一般担保，不能豁免执行。但执行到期债权涉及次债务人的权利保护，法律关系较为复杂，在执行到期债权时应兼顾次债务人的权利保护。该案中，B 对 C 的债权已在乙法院执行，如果甲法院再直接执行 B 对 C 的债权，则会造成甲乙司法权的冲突，C 到底是按照乙法院的执行通知或裁定履行义务，还是按照甲法院的第三人履行到期债务通知或裁定履行义务？为解决这个问题，《最高人民法院关于依法制裁规避执行行为的若干意见》第12条规定提供了解决途径。该意见第12条规定："依法执行已经生效法律文书确认的债权。对于被执行人已经生效法律文书确认的债权，执行法院可以书面通知被执行人在限期内向有管辖权的人民法院申请执行该生效法律文书。期限届满被执行人仍怠于申请执行的，执行法院可依法强制执行该到期债权。被执行人已经申请执行的，执行法院可以请求执行该债权的人民法院协助扣留相应的执行款物。"就题涉问题而言，B 对 C 的债权已进入执行程序，对于已经进入执行程序的债权，甲法院可以向乙法院发出协助执行通知书请求协助扣留 B 对 C 债权的执行款项。

## 立法沿革与争议

　　针对生效法律文书确定到期债权执行，从法律沿革的角度讲，存在两种不同意见，但最终确定的是可以执行到期债权，现行的法律规范对如何执行到期债权、是否可以提异议、异议的法律效果等方面作出了明确的法律规定，具体法律规范如下：

　　《民事诉讼法解释》第499条规定："人民法院执行被执行人对他人的到期债权，可以作出冻结债权的裁定，并通知该他人向申请执行人履行。该他人对到期债权有异议，申请执行人请求对异议部分强制执行的，人民法院不予支持。利害关系人对到期债权有异议的，人民法院应当按照民事诉讼法第二百三十四条规定处理。对生效法律文书确定的到期债权，该他人予以否认的，人民法院不予支持。"

　　2020年《执行工作规定》第45条第1款规定："被执行人不能清偿债务，但对本案以外的第三人享有到期债权的，人民法院可以依申请执行人或被执行人的申请，向第三人发出履行到期债务的通知。履行通知必须直接送达第三人。"第47条规定："第三人在履行通知指定的期间内提出异议的，人民法院不得对第三人强制执行，对提出的异议不进行审查。"第49条规定："第三人在履行通知指定的期限内没有提出异议，而又不履行的，执行法院有权裁定对其强制执行。此裁定同时送达第三人和被执行人。"第51条规定："第三人收到人民法院要求其履行到期债务的通知后，擅自向被执行人履行，造成已向被执行人履行的财产不能追回的，除在已履行的财产范围内与被执行人承担连带清偿责任外，可以追究其妨害执行的责任。"

## 案例索引

　　最高人民法院（2010）执复字第2号执行复议案
　　江苏省高级人民法院（2017）苏民再91号债权人代位权纠纷案

### 407 金融不良债权首次转让时未通知优先购买权人，是否影响后手转让债权的效力？

答：金融不良债权被多次转让的，虽然首次转让时未按规定履行对优先购买权人的通知义务，但在后续转让时优先购买权人的权利得到充分保障的，并不当然否定该债权转让的效力。

## 理由与依据

国有金融不良债权的剥离与处置，不仅是商事主体之间的私权处分，更是国有资产的流动与利益再分配。这种流动能否在公开公平公正的程序下进行，事关全体国民和国家的利益。为最大程度地减少国有资产流失，实现私权处分与公共利益、金融债权与职工债权、市场竞争与国家干预、历史问题与现行法则等诸多价值的权衡目的，赋予相关地方人民政府或者代表本级人民政府履行出资人职责的机构、部门或者持有国有企业债务人国有资本的集团公司对不良债权的优先购买权。对此，《海南会议纪要》及《金融资产管理公司资产处置管理办法（修订）》第20条有明确的规定。尽管《金融资产管理公司资产处置管理办法（修订）》性质为行政规章，《海南会议纪要》亦非司法解释，但如果未按规定的要求和程序履行通知义务，司法机关在审理案件时会将该涉及金融安全、市场秩序或者国家宏观政策的行为归属于为违反公序良俗，从而认定转让行为无效。

根据《金融资产管理公司资产处置管理办法（修订）》第20条的规定，资产公司对持有国有企业的债权资产进行出售时，应提前15天书面告知国有企业及其出资人或国有资产管理部门。不良债权在第一次债权转让时未按规定要求告知国有企业及其出资人或国有资产管理部门，侵犯其知情权和优先购买权。但是，债权经过多次转让的，在后续债权转让时，债权人向优先购买权人履行告知义务，告知其可行使优先购买权，不良债权的告知义务在后手转让时予以实现，在没有造成国有资产流失的情况下，不良债权转让行为不宜因第一次转让时存在程序瑕疵而直接否定，债权转让行为仍然有效。

### 立法沿革与争议

《金融资产管理公司资产处置管理办法（修订）》《海南会议纪要》等对不良资产的处置设定了诸多条件和程序，如明确金融不良债权转让时须通知优先购买权人，以防止在处置不良债权过程中发生国有资产流失。《金融资产管理公司资产处置管理办法（修订）》第20条规定："资产公司对持有国有企业的债权资产进行出售时，应提前15天书面告知国有企业及其出资人或国有资产管理部门。"根据《海南会议纪要》的规定，金融资产管理公司向非国有金融机构法人转让不良债权的处置方案、交易条件以及处置程序、方式确定后，应当通知国有企业债务人注册登记地的优先购买权人。

目前实践的难点在于如何理解优先购买权的内涵并对相关债权转让行为是否侵犯了优先购买权的行使作出准确判断。少数法院在这一问题上的理解过于僵化，认为只要是在处置不良债权时未按规定尽到通知义务，存在程序瑕疵且该瑕疵造成优先购买权丧失行权基础就以资产处置可能造成国有资产流失、影响社会稳定等为由认定债权转让无效。实践中多数法院对于向优先购买权人通知作出更为灵活的理解与适用，首次转让时虽然存在瑕疵，但在后续转让过程中依法通知优先购买权人，即可认定为首次债权转让时的程序瑕疵在后续转让过程中得到了补正，对于不良资产处置并未造成实质性影响，优先购买权人的利益已经得到了充分的保障，故不宜否定债权转让行为的效力。

### 案例索引

贵州省高级人民法院（2020）黔民终430号确认合同效力纠纷案

# 第十一章 对股权等其他财产权的执行

## 一、对股权的执行

**408** 对被执行人股权的执行是否需要遵循财产除尽原则？

答：人民法院对被执行人的股权可以直接执行，但当被执行人持有的股权为上市公司国有股和社会法人股时，如果被执行人在一定限期内提供了方便执行的其他财产，应当优先执行其他财产。

**理由与依据**

财产除尽原则，是指在执行程序中要首先执行顺位在先的财产，只有顺位在先的财产执行穷尽后，才能执行顺位在后的财产。[①] 按照执行难易程度排序，股权一般为顺位较为靠后的财产。

财产除尽原则的规定仅存在于对上市国有股和法人股执行中，除此之外，并无法律、司法解释等规定股权执行须遵循财产除尽原则。

司法解释之所以规定对上市公司国有股和社会法人股的执行需要优先执行其他财产，是由于上市公司大股东的相对稳定是上市公司经营和发展的前提条件，也是对中小投资人利益的最大保护。上市公司的大股东和国有大中型企业，一般情况下具有一定的偿债能力，不宜轻易采取冻结其股权的措施。对于有限责任公司股权的执行，有限责任公司的"人合性"能够通过其他股东的优先购买权制度予以保障。

从司法实践上看，股权、股票已经成为执行程序中较为常见的财产类型，

---

① 曹凤国、张阳主编：《最高人民法院执行批复理解与适用》，法律出版社2022年版，第1009页。

对股权的执行较之被执行人其他资产，反而更加便利，不宜"一刀切"地要求股权处置遵循财产除尽原则。

## 立法沿革与争议

1998年《执行工作规定》第52条至第55条规定了人民法院可以对被执行人在其他股份有限公司中持有的股份凭证（股票）和在有限责任公司、其他法人等企业中的投资权益或股权采取控制性措施和处分性措施。第52条规定："对被执行人在其他股份有限公司中持有的股份凭证（股票），人民法院可以扣押，并强制被执行人按照公司法的有关规定转让，也可以直接采取拍卖、变卖的方式进行处分，或直接将股票抵偿给债权人，用于清偿被执行人的债务。"第54条第1款规定："被执行人在其独资开办的法人企业中拥有的投资权益被冻结后，人民法院可以直接裁定予以转让，以转让所得清偿其对申请执行人的债务。"第55条第1款规定："对被执行人在中外合资、合作经营企业中的投资权益或股权，在征得合资或合作他方的同意和对外经济贸易主管机关的批准后，可以对冻结的投资权益或股权予以转让。"第55条第2款规定："如果被执行人除在中外合资、合作企业中的股权以外别无其他财产可供执行，其他股东又不同意转让的，可以直接强制转让被执行人的股权，但应当保护合资他方的优先购买权。"从以上规定来看，除了对被执行人在中外合资、合作企业中的股权执行需要以其无其他财产为前提，对被执行人持有的其他企业的股权和股份有限公司中持有的股份凭证（股票）的执行，与其他财产相比，并无先后顺序要求。2020年，修正后的《执行工作规定》删除了原第55条的规定。

《最高人民法院关于冻结、拍卖上市公司国有股和社会法人股若干问题的规定》第8条第1款规定："人民法院采取强制执行措施时，如果股权持有人或者所有权人在限期内提供了方便执行的其他财产，应当首先执行其他财产。其他财产不足以清偿债务的，方可执行股权。"

有观点认为，股权执行一律应当遵循财产除尽原则。按照这一观点，执行顺序一般为：（1）现金存款；（2）动产；（3）不动产；（4）债权；（5）股权。该观点认为，虽然现有规定并没有要求执行被执行人在有限责任公司持有的股权要遵循财产除尽原则，但按照财产除尽原则进行执行，更有利于维护有限责任公司的"人合性"，保障公司的稳定发展。

## 案例索引

四川省高级人民法院（2018）川执复336号执行复议案

## 409 被执行财产为股票的，如何根据财产所在地确定执行管辖法院？

答：执行股票的财产所在地为股票发行公司住所地，而非存管股权凭证的证券登记结算机构所在地，因此，与一审人民法院同级的股票发行公司住所地法院具有执行管辖权。

## 理由与依据

当事人选择向第一审法院以外的人民法院申请执行的，确定管辖的连接点是被执行的财产所在地，而非该财产的权利主体即被执行人的住所地。证券登记结算机构是为证券交易提供集中登记、存管与结算服务的机构，但证券登记结算机构存管的仅是股权凭证，不能将股权凭证所在地视为股权所在地。股权与其发行公司具有最密切的联系，应当将股权的发行公司住所地认定为财产所在地从而确定执行管辖法院。

## 立法沿革与争议

1982年《民事诉讼法（试行）》第161条规定："发生法律效力的民事判决、裁定和调解协议，以及刑事判决、裁定中的财产部分，由原第一审人民法院执行。法律规定由人民法院执行的其他法律文书，由有管辖权的人民法院执行。"1998年《执行工作规定》第10条规定："仲裁机构作出的国内仲裁裁决、公证机关依法赋予强制执行效力的公证债权文书，由被执行人住所地或被执行的财产所在地人民法院执行。前款案件的级别管辖，参照各地法院受理诉讼案件的级别管辖的规定确定。"(《执行工作规定》在2020年修正时，删除了这条规定。)1991年《民事诉讼法》第207条对上述规定进行了整合，规定："发生法律效力的民事判决、裁定，以及刑事判决、裁定中的财产部分，由第一审人民法院执行。法律规定由人民法院执行的其他法律文书，由被执行人住所地或者被执行的财产所在地人民法院执行。"

《仲裁法解释》第29条规定："当事人申请执行仲裁裁决案件，由被执行人住所地或者被执行的财产所在地的中级人民法院管辖。"《仲裁执行规定》第2条规定："当事人对仲裁机构作出的仲裁裁决或者仲裁调解书申请执行的，由被执行人住所地或者被执行的财产所在地的中级人民法院管辖。符合下列条件的，经上级人民法院批准，中级人民法院可以参照民事诉讼法第三十八条的规定指定基层人民法院管辖：(一)执行标的额符合基层人民法院一审民商事案件级别管辖受理范围；(二)被执行人住所地或者被执行的财产所在地在被指定的基层人民法院辖区内。被执行人、案外人对仲裁裁决执行案件申请不予执行的，负责执行的中级人民法院应当另行立案审查处理；执行案件已指定基层人民法院管辖的，应当于收到不予执行申请后三日内移送原执行法院另行立案审查处理。"《公证执行规定》第2条规定："公证债权文书执行案件，由被执行人住所地或者被执行的财产所在地人民法院管辖。前款规定案件的级别管辖，参照人民法院受理第一审民商事案件级别管辖的规定确定。"

《民事诉讼法》在2007年、2012年、2017年、2021年、2023年修正时均保留了1991年第207条的内容，2007年修正后为第201条，2012年、2017年修正后均为第224条，2021年修正后为第231条，2023年修正后为第235条。

关于股票作为财产时的财产所在地管辖法院在《最高人民法院执行局关于法院能否以公司证券登记结算地为财产所在地获得管辖权问题的复函》(〔2010〕执监字第16号)进一步明确，该复函主要内容为："经核查，唐山钢铁集团有限责任公司作为上市公司，其持有的证券在上市交易前存管于中国证券登记结算有限责任公司深圳分公司，深圳市中级人民法院(以下简称深圳中院)以此认定深圳市为被执行人的财产所在地受理了当事人一方的执行申请。本院认为，证券登记结算机构是为证券交易提供集中登记、存管与结算服务的机构，但证券登记结算机构存管的仅是股权凭证，不能将股权凭证所在地视为股权所在地。由于股权与其发行公司具有最密切的联系，因此，应当将股权的发行公司住所地认定为该类财产所在地。深圳中院将证券登记结算机构所在地认定为上市公司的财产所在地予以立案执行不当。"

关于股票财产所在地的问题，仅有最高人民法院的一个批复，目前并无法律或司法解释明文规定。有不同观点认为，将登记结算机构所在地认定为股票所在地具有合理性。鉴于股票已有上市公司发行在外，应主要从证券交易的维度进行考虑，重视证券持有的重要意义。证券无纸化的核心是以证券账户取代纸质证券，作为证券权利的表现形式。投资者证券账户是记录证券持有及变动情况的载体，投资者是直接的权利人，并且股票存管于登记结算机构。因此，投资者持有的股票由登记结算机构存管，宜将登记结算机构所在地认定为执行标的所在地。而且，认定证券登记结算机构所在地为执行标的所在地具有一定优势，股票执行需要证券登记结算机构协助配合，由其所在地人民法院管辖股票执行案件，便于查询、冻结等执行行为的展开。集中由登记结算机构所在地法院管辖，有助于统一执行尺度、提升专业化程度和节约司法资源。

### 案例索引

最高人民法院（2017）最高法执监453号执行监督案

### 410　人民法院执行上市公司董事、监事、高级管理人员持有的股份是否受到有关股份减持规则的约束？

答：人民法院对上市公司股票的执行可以采取网络司法拍卖的方式，也可以考虑执行便利采取二级市场集中竞价、大宗交易、司法扣划的处置方式。采取网络司法拍卖方式处置的，不受公司法关于董事、监事、高级管理人员减持规则的约束。

## 理由与依据

人民法院处置被执行人持有的股份有限公司股票的方式有二级市场集中竞价、大宗股票司法协助平台执行、司法扣划、网络司法拍卖等方式。《执行工作规定》第37条规定的"按照公司法的有关规定转让"和"直接采取拍卖、变卖的方式进行处分"属于并列关系，按照前者处置，应当遵守《公司法》对董事、监事、高级管理人员减持股份的规定，而采取拍卖的方式并不在其约束范围之内。另外，尽管《上市公司股东、董监高减持股份的若干规定》第4条规定了因司法强制执行应当遵守该规定，但是在《〈上海证券交易所上市公司股东及董事、监事、高级管理人员减持股份实施细则〉问题解答（一）》第8条和《关于就〈深圳证券交易所上市公司股东及董事、监事、高级管理人员减持股份实施细则〉有关事项答投资者问（二）》列举司法强制处置方式中并未有网络司法拍卖。因此，人民法院采取网络司法拍卖方式处置董事、监事、高级管理人员股份的，不受有关减持股份规则的约束。

人民法院的强制执行行为属于公法行为，通常不受法律关于民商事主体经济活动行为的限制，如《最高人民法院执行办公室关于执行股份有限制发起人股份问题的复函》（〔2000〕执他字第1号）规定，人民法院强制执行不受《公司法》对发起人转让股份的限制规定。考虑到金融市场秩序，司法解释也兼顾了《公司法》中一部分的股份处分规则。但没有明文规定在网络司法拍卖中，对董事、监事、高级管理人员股份的处分，要受到减持规则的约束。

从社会稳定角度上看，法院强制执行并不等同于上市公司大股东的自行交易行为，如司法拍卖要受减持规则约束，无异于对外公示该上市公司将长期、稳定地抛售股票，对于上市公司稳定性影响极大。特别是如果被执行人是上市公司的控股股东，涉及股份份额较大，往往需要3年至5年乃至更长时间的减持，将给上市公司的后续经营、投资造成不利影响。因此，采用司法拍卖不受减持规则约束，对公司及公众股东影响最小，更有利于保护相关当事人的利益。

## 立法沿革与争议

1998年《证券法》第32条规定："经依法核准的上市交易的股票、公司债券及其他证券，应当在证券交易所挂牌交易。"1998年《执行工作规定》第52条规定："对被执行人在其他股份有限公司中持有的股份凭证（股票），人民法院可以扣押，并强制被执行人按照公司法的有关规定转让，也可以直接采取拍卖、变卖的方式进行处分，或直接将股票抵偿给债权人，用于清偿被执行人的债务。"可以看出，对股票执行变现的方式并不限于商事行为中的证券交易方式。《执行工作规定》2020年修正时对该规则进行了保留（修正后为第37条）。

《股权执行规定》针对的是有限责任公司股权和非上市的股份有限公司股份的执行，该规定第13条第1款规定："人民法院拍卖被执行人的股权，应当采取网络司法拍卖方式。"按照该规定，人民法院对非上市的股份有限公司股份的司法强制处置只有网络司法拍卖这一种方式。

1993年《公司法》第147条第2款规定："公司董事、监事、经理应当向公司申报所持有的本公司的股份，并在任职期间内不得转让。"到2005年修正时，第142条改变了上述规则，该条第2款规定："公司董事、监事、高级管理人员应当向公司申报所持有的本公司的股份及其变动情况，在任职期间每年转让的股份不得超过其所持有本公司股份总数的百分之二十五；所持本公司股份自公司股票上市交易之日起一年内不得转让。上述人员离职后半年内，不得转让其所持有的本公司股份。公司章程可以对公司董事、监事、高级管理人员转让其所持有的本公司股份作出其他限制性规定。"2018年修正时保留了该内容（修正后为第141条）。

证监会2015年发布了〔2015〕18号公告（已失效），对上市公司大股东及董事、监事、高级管理人员减持股份作了规定，2016年公布《上市公司大股东、董监高减持股份的若干规定》（〔2016〕1号，已废止），规定了对大股东及董事、监事、高级管理人员详细的减持规则，2017年再次公布《上市公司股东、董监高减持股份的若干规定》（〔2017〕9号）进一步完善对大股东及董事、监事、高级管理人员详细的减持规则，该规定第4条第2款规定："因司法强制执行、执行股权质押协议、赠与、可交换债换股、股票权益互换等减持股份的，应当按照本规定办理。"《〈上海证券交易所上市公司股东及董事、监事、高级管理人员减持股份实施细则〉问题解答（一）》第8条和《关于就〈深圳证券交易所上市公司股东及董事、监事、高级管理人员减持股份实施细则〉有关事项答投资者问（二）》第9条中列举了以下几种司法强制处置方式：集中竞价、大宗交易、司法扣划。

关于强制执行股票是否受减持规则的约束，实践中有不同认识。肯定的观点认为，对股份有限公司董事、监事、高级管理人员持有的股份的执行应当受到有关股份减持规则的约束，无论是公司法还是中国证监会都对股份有限公司董事、监事、高级管理人员减持股份作了限定性规定，这主要是考虑金融市场的稳定。执行程序中，如果不考虑这一规则，可能会给证券交易秩序造成冲击。

否定的观点认为，强制执行属于公法行为，与民商事主体的自主经济行为不同，《公司法》对股份有限公司董事、监事、高级管理人员减持股份的限制是对其自主处分行为的限制。在强制执行程序中，人民法院对股份的强制处置行为不以董事、监事、高级管理人员的意志为转移，不受调整民商事行为的减持股份规则的约束。

折中观点认为，对股份有限公司董事、监事、高级管理人员持有的股份的执行一般应当受到有关股份减持规则的约束，但采取网络司法拍卖方式处置的除外。

## 案例索引

广东省深圳市福田区人民法院（2018）粤0304执异1号执行异议案
上海市徐汇区人民法院（2022）沪0104执异47号执行异议案

### 411 人民法院能否将被执行人名下股权作为夫妻共同财产采取执行措施？

答：股权是《公司法》规定股东依法享有的权利，并不属于夫妻共同财产，不能按照夫妻共同财产执行，但股权所代表的财产利益或股权变价款应属于夫妻共同财产，人民法院在执行股权收益和分配变价款时应当保障被执行人配偶应有的权益。

## 理由与依据

股权的本质属性可归纳为社员权说、股东地位说、债权说等学说。股权的取得与一般意义上财产权的取得相比，有其特殊性。股权，系基于认缴出资而取得，是一种基于股东身份而享有的具有财产权、经营管理权等多种权利在内的综合性权利集合形态，虽然具有财产权属性，但也包括管理权、身份权。股权的持有与股东身份的存在不可分离，股权的转让意味着股东身份的丧失，股权的受让意味着股东身份的取得。股权的特殊性决定了夫妻一方持有的股权不属于夫妻共同财产。

《民法典》及司法解释均未将股权纳入夫妻共同财产的范围，但夫妻关系存续期间，取得股权的投资款属于夫妻共同财产，股权所代表的财产利益即股权收益或变价款才属于夫妻共同财产，股东配偶一方对股权收益和股权变价款享有应有份额。

被执行人名下的股权属于被执行人个人财产，人民法院可以直接冻结并进行变价处置。但是，人民法院在股权变价后以及向被执行人股权所在公司执行股权收益时，应当保留其配偶应有的份额。

## 立法沿革与争议

2001年《婚姻法》修正时才对哪些属于夫妻共同财产予以明确规定，第17条第1款规定："夫妻在婚姻关系存续期间所得的下列财产，归夫妻共同所有：（一）工资、奖金；（二）生产、经营的收益；（三）知识产权的收益；（四）继承或赠与所得的财产，但本法第十八条第三项规定的除外；（五）其他应当归共同所有的财产。"《民法典》第1062条第1款规定："夫妻在婚姻关系存续期间所得的下列财产，为夫妻的共同财产，归夫妻共同所有：（一）工资、奖金、劳务报酬；（二）生产、经营、投资的收益；（三）知识产权的收益；（四）继承或者受赠的财产，但是本法第一千零六十三条第三项规定的除外；（五）其他应当归共同所有的财产。"从以上规定看，股权并未被列入夫妻共同财产的内容。《公司法》第4条规定："公司股东依法享有资产收益、参与重大决策和选择管理者等权利。"该规定将股权定义为股东特有的财产权和管理权。《最高人民法院关于适用〈中华人民共和国婚姻法〉若干问题的解释（二）》第16条和

《最高人民法院关于适用〈中华人民共和国婚姻法〉若干问题的解释（二）的补充规定》第16条明确规定夫妻离婚分割的是"出资额"而非"股权"，《最高人民法院关于适用〈中华人民共和国民法典〉婚姻家庭编的解释（一）》第73条第1款在吸收前述规定的情况下明确："人民法院审理离婚案件，涉及分割夫妻共同财产中以一方名义在有限责任公司的出资额，另一方不是该公司股东的，按以下情形分别处理：（一）夫妻双方协商一致将出资额部分或者全部转让给该股东的配偶，其他股东过半数同意，并且其他股东均明确表示放弃优先购买权的，该股东的配偶可以成为该公司股东；（二）夫妻双方就出资额转让份额和转让价格等事项协商一致后，其他股东半数以上不同意转让，但愿意以同等条件购买该出资额的，人民法院可以对转让出资所得财产进行分割。其他股东半数以上不同意转让，也不愿意以同等条件购买该出资额的，视为其同意转让，该股东的配偶可以成为该公司股东。"从立法沿革上看，夫妻关系存续期间，一方持有的股权从未被列入夫妻共同财产中，但从2001年《婚姻法》到《民法典》的规定上看，股权所产生的收益应属于夫妻共同财产。

对于以夫妻共同财产认缴有限责任公司出资但登记在夫或妻一方名下的股权，是否属于夫妻共同财产，存在一定争议，但对于该股权转让后所得价款为夫妻共同财产是无争议的。

肯定说认为，婚姻关系存续期间，以夫妻共同财产出资而取得的有限责任公司股权，即使登记在夫或者妻一方名下，亦为夫妻共同共有，夫妻对共同所有的财产，有平等的处理权，最高人民法院在（2021）最高法民申4323号民事裁定书中认为："许某旗取得夜光达公司股权时处于与郑某爱的婚姻关系存续期间，该股权应认定为夫妻共同财产。原审认定案涉夜光达公司股份属于夫妻共同财产，并无不当。"

否定说认为，股权是股东基于其股东资格而享有的复合性权利，属于公司法上的财产性权益。在婚姻关系存续期间以夫妻共同财产出资取得但登记在夫或者妻一方名下的有限责任公司股权，仅得由登记方行使，而非夫妻共同共有，故登记方对于该股权的处分系有权处分。如无与第三人恶意串通损害另一方利益等导致合同无效的情形，登记方应按合同约定协助办理股权变动手续，但基于该股权而取得的收益属于夫妻共同财产。

本书认为否定说意见更能体现股权的性质。股权本身是一种复合权利，最高人民法院（2019）最高法民终424号民事判决书中认为：公司股权属于公司法上的财产性权益，对其处分应由登记的股东本人或其授权的人行使。即使是夫妻关系，在没有得到股东授权之前，配偶转让公司股权仍属于无权处分，认为涉案股权属于夫妻共有财产，没有法律依据。

最高人民法院（2021）最高法民申7141号民事裁定书中亦持上述观点，认为在婚姻关系存续期间因共同出资而共同享有股权的财产性权益，在离婚时有权要求对股权对应的财产性权利进行分割。最高人民法院（2021）最高法民申3045号民事裁定书认为，股权不单纯是财产权，而是具有财产性权利和人身性权利的复合体，股东身份权应当由持股一方单独行使，其中的财产性权利只有当股权变现时才属于夫妻共同财产。在夫妻关系存续期间，登记方单独进行的股权转让、质押系有权处分，在没有恶意串通损害第三人利益导致合同无效等事由时，相关股权转让、质押合同应为有效。

**案例索引**

最高人民法院（2021）最高法民申7141号再审审查案

最高人民法院（2021）最高法民申4323号再审审查与审判监督案

最高人民法院（2021）最高法民申3045号再审审查案

最高人民法院（2018）最高法民申6275号再审审查与审判监督案

最高人民法院（2019）最高法民终424号股权转让纠纷案

## 412 人民法院拍卖被执行人名下股权，该公司隐名股东是否具有优先购买权？

答：人民法院拍卖被执行人名下股权，无论是拍卖股权的隐名股东，还是与该公司其他股东签订代持股协议的隐名股东，其以隐名股东的身份参与竞买，不具有优先购买权。

## 理由与依据

隐名股东不具有股东身份，不享有股东权利，仅基于代持协议享有投资收益，因此在有限责任公司股东对外转让股权时，隐名股东不享有优先购买权。人民法院依照法律规定的强制执行程序转让股东的股权时，应当通知公司及全体股东，其他股东在同等条件下有优先购买权。基于权利外观主义及执行效率原则，该条款规定的应通知的股东系按照工商行政管理机关的登记和企业信用信息公示系统公示的股东，不包括隐名股东。从审判实践上看，多数案例亦不支持股权转让中隐名股东具有优先购买权。

## 立法沿革与争议

有不同观点认为，为减少执行矛盾，隐名股东可以在全体股东认可下显名化，在执行被执行人股权时赋予隐名股东优先购买权。由于不完全的隐名股东事实上是被全体股东所接纳的，因此确认隐名股东优先购买权有利于促进拍卖成交，维护有限公司人合性。

## 案例索引

黑龙江省高级人民法院（2014）黑高商终字第54号股权转让纠纷案

### 413 股权拍卖中，人民法院未及时将拍卖事项通知已知优先购买权人，是否导致拍卖无效或撤销？

答：在拍卖程序中应保护其他股东的优先购买权，未将相关拍卖信息通知已知优先购买权人，导致其丧失优先购买权的，应认定为程序严重违法，其请求撤销拍卖或者认定拍卖无效的，应予支持。

## 理由与依据

股权拍卖时，无论是采用传统拍卖方式还是网络司法拍卖，人民法院均应保障优先购买权人的知情权和拍卖参与权。传统拍卖中，人民法院应当在拍卖5日前以书面或者其他能够确认收悉的适当方式，通知优先购买权人或者其他优先权人于拍卖日到场。网络司法拍卖中，人民法院应当在拍卖公告发布3日前以书面或者其他能够确认收悉的合理方式，通知已知优先购买权人。相较其他财产，股权有其特殊性，作为综合性的权利，股权不仅有财产属性，还涵盖管理权等人身属性，持有股权比例的大小将直接影响股东对公司的控制权。相较外部人员，公司其他股东对于公司的经营发展情况及股权实际价值更为了解，因此股东间对于股权的竞价极有可能高于外部竞价，人民法院未将拍卖事项通知优先购买权人不仅严重违反网络司法拍卖程序，还可能导致股权得不到充分竞价，损害当事人利益。

优先购买权制度系为保障有限责任公司人合性设置，其他股东优先购买权被侵害时，其他股东主张按照同等条件购买该转让股权的，人民法院应当予以支持，其他股东仅提出确认股权转让合同及股权变动效力等请求，未同时主张按照同等条件购买转让股权的，人民法院不予支持。股权司法拍卖同理，享有优先购买权的股东以其优先购买权受侵害为由主张拍卖程序无效或请求撤销拍卖的，其目的应出于行使优先购买权，即其应主张按照同等条件购买该转让股权，如此方能实现保障公司人合性之制度目的。

## 立法沿革与争议

实践中有不同观点认为，其他股东仅以未通知为由要求撤拍，不应支持。理由如下：

从公司交易角度分析，股权转让赋予股东优先购买权的目的是在于通过保障其他股东优先获得拟转让股份而维护公司内部信赖关系，因此，法律所要否定的是非股东第三人优先于公司其他股东取得公司股份的行为，而不是转让股东与第三人之间成立转让协议的行为。并不是只有撤销股权转让合同或否定股权转让合同的效力才能保护其他股东的优先购买权。因此，如果公司其他股东要求行使优先权，应当一并提出按照同等条件受让股权，仅仅要求确认拍卖无效，其请求不宜支持。

从网络司法拍卖角度分析，《网络方法司法拍卖规定》第31条规定了6种撤拍的情形，其中兜底的"其他严重违反网络司法拍卖程序且损害当事人或者竞买人利益的情形"一般要求至少达到两个条件：一是必须是严重违反司法拍卖程序的情形，一般的司法拍卖程序瑕疵，不能因此撤销拍卖。二是对当事人或者竞买人的利益造成损害，即因违反拍卖程序导致拍卖价格明显低于市场价格，造成申请执行人受偿数额减少或者被执行人履行债务的数额减少。在网络司法拍卖的视角下，拍卖公告系公开信息且不限制竞买人数量，未通知优先购买权人，一般不会造成拍卖的股权明显低于市场价值，此时的"未通知优先购买权人"，一般情况下应理解为一种程序瑕疵，并不符合该条规定撤拍的条件。

## 案例索引

最高人民法院（2020）最高法执监183号执行监督案

河北省高级人民法院（2018）冀执复515号执行复议案

## 414 人民法院冻结股权后，股权所在公司能否向登记机关办理增减资合并、分立变更登记？

答：股权被冻结的情况下，法律及司法解释并未禁止公司登记机关为公司或其他股东办理增减资合并、分立变更登记，申请执行人认为增减资合并、分立造成股权价值贬损的，可另行起诉予以救济。

## 理由与依据

公司登记机关可以在股权冻结后为其他股东办理增减资及合并、分立变更登记，公司增减资与股权被稀释之间不存在必然相关性，股权比例的降低并不等于股权对应净资产的减少。公司净资产为负值时，为其他股东增资扩股净资产增加，被冻结股权的价值有可能上升。从维护申请执行人合法权益角度，如果人民法院认为公司进行的增减资等行为可能会损害冻结股权价值的，可以在冻结股权时，向股权所在公司送达协助执行通知书，要求其在实施增资、减资、合并、分立等对被冻结股权所占比例、股权价值产生重大影响的行为前向人民法院书面报告有关情况。人民法院收到报告后及时通知申请执行人，由申请执行人判断公司的行为是否导致被冻结股权价值严重贬损。影响申请执行人债权实现的，申请执行人可以依法提起诉讼。

## 立法沿革与争议

相关法律规范存在一定冲突。《国家工商行政管理总局关于未被冻结股权的股东能否增加出资额、公司增加注册资本的答复意见》（工商法字〔2011〕188号）中认为："冻结某股东在公司的股权，并不构成对公司和其他股东增资扩股等权利的限制。公司登记法律法规、民事执行相关法律法规对部分冻结股权的公司，其他股东增加出资额、公司增加注册资本没有禁止性规定。因此，在法无禁止规定的前提下，公司登记机关应当依申请受理并核准未被冻结股权的股东增加出资额、公司增加注册资本的变更登记。"《最高人民法院研究室关于"未被冻结股权的股东能否增加出资额、公司增加注册资本"意见的复函》（法研〔2011〕121号）称，冻结某股东在公司的股权，指向的是股权代表的财产权益，并不构成对公司和其他股东增资扩股等权利的限制。

2013年最高人民法院在《关于济南讯华传媒广告有限公司与威海海澄水务有限公司股权确认纠纷一案中涉及法律问题的请示答复》（〔2013〕执他字第12号）中提出了相反意见："在人民法院对股权予以冻结的情况下，公司登记机关不得为公司或其他股东办理增资扩股变更登记。"但2016年最高人民法院在《最高人民法院关于"最高人民法院公开各类司法依据文件"的答复》中明确表示："该12号答复属于具体个案的请示答复，其法律拘束力仅限于个案本身，而不具有普遍的法律效力，在其他案件中法官不能将上述答复直接作为裁判依据。"

在《最高人民法院、国家工商总局关于加强信息合作规范执行与协助执行的通知》（法〔2014〕251号）以及《执行工作规定》中，也只是规定对于被冻结的股权或投资权益，不得转让，不得设定质押或者其他权利负担，而对于能否增资扩股，并未作出相应规定。

股权冻结后增资行为是否会造成冻结股权的价值贬损，无论是由执行法院还是工商登记管理部门来判断，都可能对当事人权益造成影响，《股权执行规定》交由申请执行人自行判断，并决定是否起诉寻求救济。

最高人民法院（2021）最高法执监166号执行监督案

### 415　法律、行政法规、部门规章或公司章程中限制股权对外转让的，能否约束司法拍卖？

答：人民法院可以采取司法拍卖措施，买受人取得公司股权后，应当继续遵守有关限制股权转让的法律规定或者约定。

### 理由与依据

股份有限公司发起人及董监高持有的股权，在特定的期限或特定的比例范围内应当限制转让。立法目的在于限制发起人和高管投机牟利，损害其他股东利益。如果股东对外负债，执行法院基于保护债权人利益采取强制拍卖措施，不违反《公司法》的立法目的，可以不受相关规定的限制。公司章程、股东协议对股权转让所作的限制，也是公司股东之间的内部约定，该约定仅仅在当事人之间产生约束力，不能对抗法院的强制执行行为。但买受人取得公司股权后，应当继续遵守有关限制股权转让的法律规定或者约定。

股权变更应当经过有关部门批准的情况下，应当进行前置审批，避免因不符合规定条件导致无法审批而重新拍卖的问题。

### 立法沿革与争议

关于法律、行政法规、部门规章或公司章程中有关公司股权对外转让能否约束法院司法拍卖行为的问题，法律、司法解释并无明确规定，《股权执行规定》第14条第1款规定："被执行人、利害关系人以具有下列情形之一为由请求不得强制拍卖股权的，人民法院不予支持：……（三）法律、行政法规、部门规章等对该股权自行转让有限制;(四)公司章程、股东协议等对该股权自行转让有限制。"

在司法解释出台前,实践中存在争议,一种观点认为可以限制,理由在于法院执行被执行人财产系在被执行人可获得的财产范围之内,不宜超范围获益;另一种观点认为强制执行不受限制,《股权执行规定》明确采纳后一种意见。

### 案例索引

最高人民法院(2020)最高法执监18号执行监督案

**416** 股权所在公司或者公司董事、高级管理人员故意通过增资、减资、合并、分立、转让重大资产、对外提供担保等行为导致被冻结股权价值严重贬损,影响申请执行人债权实现的,申请执行人可以提起哪些诉讼类型予以救济?

答:申请执行人可以提出代位权诉讼、撤销权之诉或侵权损害赔偿之诉。

### 理由与依据

《股权执行规定》对恶意贬损股权的行为设定了"事前报告+事后诉讼"的救济路径。该司法解释第8条第3款规定,股权所在公司或者公司董事、高级管理人员故意通过增资、减资、合并、分立、转让重大资产、对外提供担保等行为导致被冻结股权价值严重贬损,影响申请执行人债权实现的,申请执行人可以依法提起诉讼。但司法解释并未明确该诉讼的请求权基础。本书认为,该项诉权并不是一项赋权规定,而是对现有实体法规范和程序法规范的整合。按照现行实体法及程序法的规定,申请执行人在债权利益因公司或关联人员行为受到损害的情况下,有权提起代位权诉讼、撤销权之诉及侵权损害赔偿之诉。

1. 代位权诉讼。

债权人代位权诉讼制度，是指债权人为了保全其到期债权、确保其到期债权的顺利实现，当债务人怠于行使其对次债务人享有的债权或者与该主债权相关的从权利并且实际影响或者严重危及债权人的债权实现时，债权人可以以本人的名义诉请法院代位行使债务人对相对人的权利，使债务人的责任财产得以保全。《民法典》扩大了可代位行使权利的范围，将债务人怠于行使债权的从权利纳入代位权的客体范围（这里的从权利，主要指从属于主债权的担保）。

在域外立法例中，债权人可以代位行使的权利比较广泛，如《法国民法典》第1166条规定，债权人可以行使债务人的一切权利和诉权，日本的民事立法及理论也认为，债权人原则上均可以代位"属于债权人的权利"。相比之下，我国代位权客体比较狭窄，限定于"债务人的债权或与该债权有关的从权利"。学理上，债权人代位权的规范目的在于债务人责任财产的保全，而能够构成债务人责任财产者，不限于债权，物权及物上请求权、形成权、诉讼法上的权利或公法上的权利等均包括在内。因此，在导致股权价值贬损的事由中，被执行人作为股东怠于主张权利的，债权人有权代位主张权利的有以下几种：

（1）代位被执行人向其他股东、董事、高级管理人员提起损害赔偿之诉。

《公司法》第20条规定，公司股东应当遵守法律、行政法规和公司章程，依法行使股东权利，不得滥用股东权利损害公司或者其他股东的利益；不得滥用公司法人独立地位和股东有限责任损害公司债权人的利益。公司股东滥用股东权利给公司或者其他股东造成损失的，应当依法承担赔偿责任。第152条规定，董事、高级管理人员违反法律、行政法规或者公司章程的规定，损害股东利益的，股东可以向人民法院提起诉讼。

如果出现公司或公司其他股东、董事、高管故意通过增资等行为导致股权价值严重贬损的情形，即损害了作为被执行人的股东的财产权利，被执行人有权向上述主体主张赔偿，如果被执行人怠于行使该请求权，债权人有权代位向上述主体提起诉讼。

（2）代位被执行人提起代位权诉讼。

《公司法》第151条第2款、第3款规定了公司权利受损后股东具有代位诉讼权利："监事会、不设监事会的有限责任公司的监事，或者董事会、执行董事收到前款规定的股东书面请求后拒绝提起诉讼，或者自收到请求之日起三十日内未提起诉讼，或者情况紧急、不立即提起诉讼将会使公司利益受到难以弥补的损害的，前款规定的股东有权为了公司的利益以自己的名义直接向人民法院提起诉讼。他人侵犯公司合法权益，给公司造成损失的，本条第一款规定的股东可以依照前两款的规定向人民法院提起诉讼。"执行程序中，如果公司董事、高级管理人员故意实施低价转让重大资产、对外提供担保等导致股权贬损的行为，被执行人有权作为股东代位公司向有关主体提起诉讼。但若被执行人怠于行使自己的代位权利，申请执行人能否代位被执行人提起代位诉讼，即代位权之代位，《民法典》及相关程序法未作出规定，但王泽鉴先生对代位权之代位持支持观点，认为"代位权本身得为代位权之客体"。

（3）代位被执行人提起撤销公司决议的诉讼。

《公司法》第22条规定了股东对公司决议的撤销权利，公司股东会或者股东大会、董事会的决议内容违反法律、行政法规的无效。股东会或者股东大会、董事会的会议召集程序、表决方式违反法律、行政法规或者公司章程，或者决议内容违反公司章程的，股东可以自决议作出之日起60日内，请求人民法院撤销。如果被执行人怠于行使该项撤销权并由此使股权价值遭受贬损，申请执行人能否提起代位诉讼，要看到代位权的客体能否包含撤销权，因撤销权系形成权，而非请求权。王泽鉴先生认为，代位权的客体也包含"债权人对诈害债权之撤销权"。如果撤销权可以纳入代位权客体范围，申请执行人有权对撤销公司决议提起代位诉讼。

综上，根据代位权诉讼法理，从追求扩张代位权客体的角度，结合《股权执行规定》第8条第3款与《民法典》第535条第1款之规定，当被执行人作为股东，怠于行使其股东权利时，申请执行人可以代位作为股权所在公司的股东，行使相应诉权；在符合《公司法》第20条、149条、第151条、第152条规定的股东可以提起诉讼的情形时，申请执行人作为股东的债权人，可以代位提起诉讼，诉请人民法院要求股权所在公司的其他股东、董事、高管承担赔偿责任，撤销增资、减资、合并、分立、转让重大资产、对外提供担保等公司决议。不过，理论界对债权人撤销权的客体范围争议较大，"与该债权有关的从权利"是否能当然地包括合同解除权、撤销权等形成权，目前尚无较为明确的规范予以限定；另外，股东代表诉讼亦有较为严苛的程序及主体限定。从结果而言，与其间接地"代位"向股权所在公司的董事、高管主张赔偿责任或撤销相关决议，债权人直接提起侵权之诉可能更为便捷。

2. 债权人撤销权诉讼。

《民法典》第538条规定："债务人以放弃其债权、放弃债权担保、无偿转让财产等方式无偿处分财产权益，或者恶意延长其到期债权的履行期限，影响债权人的债权实现的，债权人可以请求人民法院撤销债务人的行为。"第539条规定："债务人以明显不合理的低价转让财产、以明显不合理的高价受让他人财产或者为他人的债务提供担保，影响债权人的债权实现，债务人的相对人知道或者应当知道该情形的，债权人可以请求人民法院撤销债务人的行为。"撤销权的客体系债务人对自身财产权益的主动放弃或不合理增加财产负担的行为。对于债务人和相对人之间的不当处分财产从而影响债权人实现债权的法律行为，债权人可以行使撤销权，诉请人民法院撤销。即使债务人和相对人对可撤销法律行为提起诉讼或申请执行均不影响债权人继续行使实体法上的撤销权，即不排除债权人依据实体法提起的债权人撤销权之诉，请求法院通过判决直接撤销债务人和相对人之间的法律行为。债权人可以请求人民法院撤销债务人的行为可以扩大解释为除了债务人以自己名义实施的行为，还应当包括债务人指示他人实施的无偿转移债务人资产的行为。

公司经营中发生的增资、减资、转让公司财产、提供对外担保等公司行为并非被执行人行为，申请执行人直接以影响股权价值为由主张撤销公司行为，似乎超越了撤销权的范围。在现有制度框架内，申请执行人能否申请撤销公司或其董事、高管损害股权利益的表决行为，进而对公司行为再依《公司法》第22条主张权利？我们认为，《股权执行规定》第8条第3款指引的"提起诉讼"可以是"撤销权之诉"。对于被冻结股权所在公司及其董事、高管故意实施增资、减资、合并、分立、转让重大资产、对外提供担保等行为造成股权价值非正常贬损而影响申请执行人债权实现的，申请执行人对该一类诈害行为，可以参照适用《民法典》第538条、第539条的规定行使撤销权。《股权执行规定》第8条第3款在一定程度上承继了已被司法实践证明为妥当的债权人撤销权规则，该条以"影响申请执行人债权实现"为构成要件，充分吸纳了《合同法》第73条的"对债权人造成损害的"与《民法典》第538条、第539

条"影响债权人的债权实现"的规定。

3.侵害债权诉讼。

《民法典》第120条规定,民事权益受到侵害的,被侵权人有权请求侵权人承担侵权责任,改变了原《侵权责任法》具体列举侵权责任保护范围的做法,采取概括方式规定《民法典》总则编第五章规定的民事权益都属于侵权责任的保护范围。对于债权是否为侵权责任的保护客体仍有不同观点。第一种观点认为债权原则上不属于侵权责任的保护客体。第二种观点认为债权作为侵权责任保护客体是各国侵权法的通例,通过对第三人故意侵害债权的行为科以责任的方式来救济债权人,以达到保护债权的目的。我们认为第二种观点更为妥当。

债权作为侵权责任保护对象,需符合以下四个条件:第一,该债权合法有效。债权不存在或者债权违反法律、行政法规的强制性规定而无效,不会发生第三人侵害债权的问题。第二,行为人具有主观故意。行为人对该债权的存在知道或应当知道。从维护行为自由以及交易安全的角度,不可就社会不特定人对其并不能知晓的债权苛以过高注意义务。第三,行为人实施了相应的侵害债权的行为。这一行为通常为妨碍债权的实现,至于其为个人单独行为还是与他人、债务人合谋,在所不问。第四,该行为造成了债权部分或者全部不能实现的后果。该要件既有损害后果的要求,也有因果关系上的要求。

公司、董事、高级管理人员对执行债权人侵权行为成立的要件如下:首先,申请执行人与被执行人间的债权已经生效法律文书确认,合法有效存在。其次,在人民法院向股权所在公司送达了协助执行通知书后,公司及其公司董事、高级管理人员已经知悉了股东作为被执行人所持股权被冻结的情况及其负有协助报告义务。公司或董事、高级管理人员故意实施增资、减资、合并、分立、转让重大资产、对外提供担保等行为导致股权价值非正常贬损,此时公司或董事、高级管理人员这一类第三人的行为难言善意。最后,被冻结股权所在公司或者公司董事、高级管理人员故意实施增资、减资、合并、分立、转让重大资产、对外提供担保等行为导致被冻结股权价值非正常贬损,实际上是直接侵害了申请执行人对被执行人债权的实现。

公司、董事、高级管理人员侵害债权诉讼与《民事诉讼法解释》第313条第2款所规定的诉讼有殊途同归之处。相当于增加了债务主体或被执行人主体，可以有效规制被冻结股权价值遭遇非正常贬损的行为，破解被执行股权价值保护的困境。

## 立法沿革与争议

对于被执行人利用控制的法人企业转移财产，导致该投资权益价值贬损的，影响申请执行人债权实现的行为如何进行有效反制，北京市高级人民法院曾就此问题向最高人民法院请示，最高人民法院在〔2000〕执他字第20号答复中并未提供解决方案："至于如何防范在对被执行人的投资权益执行的过程中，被执行人利用其对投资开办的法人企业的控制转移财产，导致该投资权益价值贬损的问题，现实情况较为复杂，可根据具体情况采取相应的防范措施。"在过去的司法实践中对于被执行人利用其对企业法人的控制地位或与其他股东恶意串通转移公司资产导致股权价值贬损的行为，可依照《民事诉讼法》的规定，责令协助执行单位履行协助义务，可以对其主要负责人或者直接责任人员予以罚款，还可以向监察机关或者有关机关提出予以纪律处分的司法建议。

## 案例索引

吉林省吉林市龙潭区人民法院（2022）吉0203民初1863号公司决议效力确认纠纷案

# 二、其他财产权的执行

### 417 人民法院如何执行商标专用权？

答：被执行人不履行生效法律文书确定的义务，人民法院有权裁定禁止被执行人转让其注册商标专用权，同时向有关部门发出协助执行通知书，要求其不得办理财产权转移手续，必要时可以责令被执行人将产权或使用权证照交人民法院保存。人民法院可以对注册商标专用权采取拍卖、变卖等执行措施。[①]

## 理由与依据

商主体在生产经营活动中，对其商品或服务需要取得商标专用权的，应向商标局申请商标注册，商标注册人享有商标专用权。人民法院查封注册商标专用权时，应当向商标局发出协助执行通知书，载明要求商标局协助保全的注册商标的名称、注册人、注册证号码、保全期限以及协助执行保全的内容，包括禁止转让、注销注册商标、变更注册事项和办理商标权质押登记等事项。[②]

为防止被执行人擅自转让注册商标专用权，可以责令其将产权或使用证照交执行法院保存。被执行人拒不交出的，执行法院可以依法采取搜查措施，并对其法定代表人或直接责任人员进行罚款、拘留。

对于已查封的注册商标专用权，执行法院可以依法对其价值进行评估，裁定拍卖、变卖，将变价款用于清偿债权。

依据《商标法》第42条第2款的规定，转让注册商标的，商标注册人对其在同一种商品上注册的近似的商标或者在类似的商品上注册的相同或近似的商标应当一并转让，人民法院执行注册商标亦应符合上述规定，即人民法院查封、变价注册商标专用权的，应当对被执行人在同一种商品上注册的近似的商标，或者在类似商品上注册的相同或者近似的商标一并查封、变价。[③]

## 立法沿革与争议

2020年《执行工作规定》第35条规定："被执行人不履行生效法律文书确

---

① 《最高人民法院关于人民法院执行工作若干问题的规定（试行）》（2020年修正）第35条。

② 《最高人民法院关于人民法院对注册商标权进行财产保全的解释》（2020年修正）第1条。

③ 《最高人民法院民事审判第三庭关于对注册商标专用权进行财产保全和执行等问题的复函》第4条。

定的义务，人民法院有权裁定禁止被执行人转让其专利权、注册商标专用权、著作权（财产权部分）等知识产权。上述权利有登记主管部门的，应当同时向有关部门发出协助执行通知书，要求其不得办理财产权转移手续，必要时可以责令被执行人将产权或使用权证照交人民法院保存。对前款财产权，可以采取拍卖、变卖等执行措施。"《最高人民法院关于人民法院对注册商标权进行财产保全的解释》（2020年修正）进一步细化规定了对注册商标专用权采取强制措施的具体内容，明确一次对注册商标专用权保全的期限不得超过1年及注册商标权不得重复保全等问题。

## 案例索引

最高人民法院（2020）最高法执监484号执行监督案

### 418 人民法院如何对著作权采取执行措施？

答：人民法院有权裁定禁止被执行人转让著作权（财产权部分），冻结著作财产权的期限不得超过3年。著作权有登记主管部门的，应当同时向有关部门发出协助执行通知书，要求其不得办理财产权转移手续，必要时可以责令被执行人将产权或使用权证照交人民法院保存。对著作财产权，可以采取拍卖、变卖等执行措施。

## 理由与依据

著作权是具有使用价值和交换价值的无形财产，作为被执行人的责任财产，人民法院可以对著作权的财产权部分采取执行措施。依据我国《著作权法》的规定，著作权自作品完成之日自动产生，但出于明确著作权归属、减少纠纷的考量，国家版权局确立作品自愿登记制度，作者可以到省级著作权行政管理机关办理作品的著作权登记手续并获得著作权登记证书。

著作权包括人身权和财产权，署名权等著作人身权具有人身依附性，不能作为执行对象。对于复制权、改编权、信息网络传播权等著作财产权，人民法院可以向著作权行政管理机关送达协助执行通知书查封、冻结著作财产权，以限制著作权人对上述著作财产权转移或设置权利负担，也可以通过拍卖、变卖、以物抵债、强制管理等程序处置著作财产权以实现执行债权。

## 立法沿革与争议

2020年《执行工作规定》第35条规定："被执行人不履行生效法律文书确定的义务，人民法院有权裁定禁止被执行人转让其专利权、注册商标专用权、著作权（财产权部分）等知识产权。上述权利有登记主管部门的，应当同时向有关部门发出协助执行通知书，要求其不得办理财产权转移手续，必要时可以责令被执行人将产权或使用权证照交人民法院保存。对前款财产权，可以采取拍卖、变卖等执行措施。"《人民法院办理执行案件规范》第579条规定："人民法院冻结著作权（财产权部分）、专利权、商标权的期限不得超过三年。申请执行人申请延长期限的，人民法院应当在冻结期限届满前办理续行冻结手续，续行期限不得超过前款规定的期限。人民法院也可以依职权办理续行查封、扣押、冻结手续。"上述规定明确著作财产权能够作为执行对象。

## 案例索引

宁夏回族自治区高级人民法院（2020）宁执复41号执行复议案

## 419 对信托财产受益权如何执行？

答：信托受益权是一项财产权，属于受益人的责任财产，可以强制执行。被执行人为信托法律关系不同主体的，人民法院采取的执行措施不同。

## 理由与依据

对于信托财产的执行应区分被执行人的身份：

1.被执行人为委托人的，信托存续期间，信托财产区别于委托人的固有资产，委托人的债权人无权申请执行信托财产；委托人设立信托前，已对该信托财产设定抵押权等权利负担，享有优先受偿权的债权人可以申请执行对应的信托财产；委托人与受益人为同一人（自益信托）时，委托人的债权人可以申请执行委托人的受益权；信托终止后，委托人的债权人可以申请执行归属于委托人的剩余信托财产。

2.被执行人为受托人的，信托存续期间，信托财产区别于受托人的固有资产，受托人自身债务的债权人无权申请执行信托财产；受托人处理信托事务所产生债务，债权人要求清偿该债务的，可以申请执行信托财产；对于信托财产本身应担负的税款，人民法院可以强制执行信托财产。

3.被执行人为受益人的，信托存续期间，信托财产区别于受益人的固有资产，受益人自身债务的债权人无权申请执行信托财产，但可以申请执行受益人的受益权；信托终止后，受益人的债权人可以申请执行归属于受益人的剩余信托财产。

4.受益权的执行程序如下：（1）向信托公司查询信托计划名称、委托人、受益人、信托利益的计算方式、信托期限、向受益人交付信托利益的时间和方法、信托终止时信托财产的归属及分配方式；（2）向信托公司发出协助执行通知书，冻结受益人可得信托收益；（3）向信托公司或存管银行等发出协助执行通知书，提取受益人已到期的信托收益；（4）向信托公司发出协助执行通知书，禁止受益人在信托存续期间转让、放弃、变更信托受益权；（5）信托终止后，向信托公司或者存管银行等发出协助执行通知书，冻结、提取受益人可分配的剩余信托财产。

人民法院对受益权采取执行措施的，应当将执行裁定送达受托人和受益人。

## 案例索引

最高人民法院（2019）最高法执复88号执行复议案

### 420 被执行人持有的比特币等虚拟货币可否执行? 交付比特币的执行程序有何特殊性?

答: 虚拟货币作为网络虚拟财产, 具有财产属性, 对其执行不存在法律上的障碍。但人民法院执行比特币等虚拟货币面临难以查控和难以变现两大困境, 司法实践多裁定终结本次执行程序。

**理由与依据**

虚拟货币是具有价值的虚拟财产, 对其执行不存在法律上的障碍。如何执行虚拟货币要区分如下情形讨论:

1. 执行依据的内容为交付比特币。

生效法律文书确定的履行义务为交付比特币的, 人民法院应当依职权审查生效法律文书是否属于比特币与法定货币兑付、交易之情形的执行申请, 是否存在变相支持以比特币为产品或服务定价, 买卖比特币, 为比特币进行登记、交易、清算、结算等服务的情况。如存在上述情形, 执行裁决部门应当依照《民事诉讼法》第248条第2款规定, 裁定不予执行。对于不存在上述情况的以交付比特币为标的的执行案件, 应当参照对种类物的执行程序进行执行, 但在执行过程中不能鼓励、引导当事人交易比特币, 也不能对比特币的价值进行评估。具体而言, 应当先要求被执行人交付比特币, 被执行人拒绝交付的, 按照《民事诉讼法》第264条规定支付迟延履行金, 情节严重的, 按照《民事诉讼法》第114条规定予以拘留、罚款, 构成犯罪的, 依法追究刑事责任, 比特币已经处置或灭失的, 经双方当事人同意可以折价赔偿, 双方当事人对折价赔偿不能协商一致的, 人民法院应当终结执行程序, 同时告知申请执行人可以另行起诉。

2. 申请执行人申请执行被执行人持有的比特币变价清偿。

虽然虚拟货币和其他财产一样, 可以转让, 但由于虚拟货币的物理形态为成串复杂数字代码, 持有人掌握虚拟货币特殊的存储地址, 除非其主动告知, 否则他人无法查找到该地址。即使得知存储地址, 接收及支付比特币均需使用特定的网络平台。因此, 法院在执行该类案件时, 无法像处置货币财产一样采取冻结、划扣措施，也无法要求被执行人将虚拟货币交付至法院。

另外，虚拟货币价值评估上也存在障碍，虽然比特币等虚拟货币在国际交易中有价值和价格，但其价值和价格时常出现过山车式的剧烈浮动，确定虚拟货币价值和价格是大难题。因国内没有获得国家认可的交易平台，其价格鉴定、价值评估处于无法确定依据且无法进行官方评估的状况。

综上，生效法律文书的内容为交付虚拟货币的，可向被执行人发送执行通知书，告知其应向申请执行人交付相应的虚拟货币，若被执行人拒绝交付，则根据具体情况考虑采取限制高消费、列入失信名单或进行相关处罚等措施促使其交付处置。若申请执行人申请以被执行人虚拟货币变价受偿，因目前尚不具备虚拟货币执行条件，存在客观执行障碍，应暂不予执行。

## 立法沿革与争议

比特币作为基于区块链技术的虚拟货币，具有没有集中发行方、总量有限、使用不受地域限制和匿名性的特点，其本身不具有货币的法定性，只是以数字形式发行的代币。2013年《关于防范比特币风险的通知》（银发〔2013〕289号）从比特币的属性、相关业务、相关网站的管理、涉及的洗钱风险、投资风险等角度对比特币的使用进行严格的限制。2017年《关于防范代币发行融资风险的公告》进一步对以比特币为代表的代币发行融资行为进行了严格限制。司法实践中，人民法院普遍援引上述规定作为裁判理由，并以"公序良俗原则"认定比特币与法定货币兑付、交易，以比特币为产品或服务定价，买卖比特币，为比特币进行登记、交易、清算、结算等服务的合同无效。

关于比特币的法律性质，实践中存在不同观点：（1）无形财产说。该观点认为将网络虚拟财产界定为物权或者债权客体均面临一定的困难，网络虚拟财产在性质上应当属于无形财产。（2）物权说。该观点认为网络虚拟财产具有可支配性，通过物权请求权对侵害网络虚拟财产的行为进行规制，比债权请求权更有效率。因此，从纠纷解决和法经济学的角度来看，将网络虚拟财产界定为物权比界定为债权更为妥当。（3）债权说。该观点认为网络虚拟财产本质上是一系列以专属性服务为内容的合同权利的集合，其在性质上应当属于债权。（4）民事权利客体说。此种观点认为，网络虚拟财产并非仅为债权的客体，债权的客体是民事主体的行为，而网络虚拟财产无法成为债权的客体，网络虚拟财产可以成为各类民事权利的客体。

比特币返还交付时，首要考虑被执行人是否有可供执行的比特币。实践中对可以采取的执行措施有不同认识：

1. "直接返还交付"说。返还交付比特币时，被执行人拒不履行的，执行法院依法对其采取限制消费、纳入失信人员名单、罚款等强制措施；构成犯罪的，应移送公安机关处理。需注意的是，无证据显示被执行人无可供执行的比特币的和未在规定期限内作出不能返还说明的，均推定被执行人拒不履行。

2. "购买返还交付"说。被执行人已将比特币转移至案外人，无法直接返还申请执行人。此时，法院可参照《民事诉讼法解释》第492条规定处置，但需注意财产特定化的情形。

我国虽不禁止持有比特币，但《关于防范比特币风险的通知》（2013年）、《关于防范代币发行融资风险的公告》（2017年）、《关于防范虚拟货币交易炒作风险的公告》（2021年）等文件明确我国全面禁止关于虚拟货币的相关业务。同时，基于善意文明理念的要求，执行法院应当采取合理、适当且不超出必要限度的强制措施。若要求被执行人购买比特币来返还，会损害社会公共利益，有违善意文明理念。

## 案例索引

广东省深圳市中级人民法院（2018）粤03民特719号申请撤销仲裁裁决特别程序案

### 421 私募基金管理人或基金托管人作为被执行人时，能否执行私募投资基金账户内的资金？

答：私募投资基金账户内资金属于基金本身，独立于基金管理人、基金托管人的财产。私募基金管理人或基金托管人作为被执行人时，不能执行私募投资基金账户内的资金。

## 理由与依据

私募投资基金（以下简称私募基金）是指以非公开方式向投资者募集资金设立的投资基金，以进行投资活动为目，根据组织形式可分为公司型、合伙型及契约型，资产由基金管理人或者普通合伙人管理。

募集机构或相关合同约定的责任主体应当开立私募基金募集结算资金专用账户，用于统一归集私募基金募集结算资金、向投资者分配收益、给付赎回款项以及分配基金清算后的剩余基金财产等，确保资金原路返还。通常所说的私募投资基金账户一般指的就是私募基金募集结算资金专用账户。基金采取第三方托管的，投资者的资金在进入私募基金募集结算资金专用账户后，再划入托管资金账户。

私募基金份额持有人与私募基金管理人构成信托关系。信托财产具有独立性，私募基金管理人开立的私募基金账户内的资金独立于基金管理人、基金托管人的固有财产。只有基于受托人处理信托事务或信托财产本身产生的债务等法定情形，如信托管理人的管理费与托管费，信托管理人管理运用信托财产所支出费用或对第三人所负债务，信托财产本身应负担的税款等，人民法院才可以对信托财产强制执行。当私募基金管理人或基金托管人作为被执行人时，法院不得对私募基金账户内的资金采取保全或执行措施。

## 立法沿革与争议

2001年《信托法》第17条即明确了信托财产的独立性："除因下列情形之一外，对信托财产不得强制执行：（一）设立信托前债权人已对该信托财产享有优先受偿的权利，并依法行使该权利的；（二）受托人处理信托事务所产生债务，债权人要求清偿该债务的；（三）信托财产本身应担负的税款；（四）法律规定的其他情形。对于违反前款规定而强制执行信托财产，委托人、受托人或者受益人有权向人民法院提出异议。"2015年《证券投资基金法》强调了基金财产独立于基金管理人的财产，不得因基金管理人或托管人的债务对基金财产进行执行。第5条第2款规定："基金财产独立于基金管理人、基金托管人的固有财产，基金管理人、基金托管人不得将基金财产归入其固有财产。"第7条规定："非因基金财产本身承担的债务，不得对基金财产强制执行。"

实践中在执行标的为私募股权投资基金账户时，在法律适用方面有所差别。部分法院依据《证券投资基金法》第5条第2款关于"基金财产独立于基金管理人、基金托管人的固有财产。基金管理人、基金托管人不得将基金财产归入其固有财产"之规定作出裁判，《证券投资基金法》中所确定的关于基金财产法律性质的原则在涉及私募股权投资基金时也应适用。[①] 部分法院则认为，《证券投资基金法》的适用对象是公开或者非公开证券投资基金，对于私募股权投资基金，不适用《证券投资基金法》。依据《九民纪要》第88条第2款，"根据《关于规范金融机构资产管理业务的指导意见》的规定，其他金融机构开展的资产管理业务构成信托关系的，当事人之间的纠纷适用信托法及其他有关规定处理"之规定，应适用《信托法》。[②]

**案例索引**

江苏省高级人民法院（2020）苏执复203号财产保全执行案
山东省青岛市中级人民法院（2021）鲁02执复4号执行复议案

### 422 股权竞买人请求排除其他债权人对拍卖成交前未分配的现金红利执行的，人民法院应否支持？

答：对于被执行人持股期间未分配利润未作出分配决议，股权转让后才对未分配利润作出决议的，股权买受人主张股息、红利归其所有，要求排除强制执行的，人民法院应予支持。公司在股权拍卖执行前已经作出分配决议的，股权买受人主张其享有股息、红利而请求排除执行的，人民法院不予支持。

---

[①] 参见广东省高级人民法院（2020）粤执复1131号执行裁定书。
[②] 参见江苏省高级人民法院（2020）苏执复203号执行裁定书。

## 理由与依据

如果拍卖公告中明确股利归属，应依据拍卖公告的内容予以确认。根据《民法典》第321条的规定，如果在股权转让时已经对股息、红利归属作出明确约定，则按约定执行。根据《民法典》第630条规定，除当事人另有约定外，股权交付之前的产生的孳息归属于出卖人，交付后产生的孳息归买受人所有。司法拍卖活动属于特别的交易程序，具有司法公信力，在拍卖裁定作出之日该买受人成为公司新股东，可以认定拍卖裁定作出之日为交付的时间节点。

股息、红利属于股权附属的权利，是法定孳息。股利分配请求权是股东基于其股东身份，按出资或者所持股份取得股利，向公司要求分配公司盈余的权利。该请求权在股东大会决议分配利润前是一种期待权，只有在股东大会作出分配决议后才转化为股利给付请求权。因此股东能否实际取得分配利润要看公司是否盈利以及是否作出分配决议。股东大会没有作出分配决议前，该部分未分配的利润仍然是公司财产，不属于股东个人资产，原股权持有人不能主张未分配利润。在交易前已经作出分配决议的，则原股东取得对公司利润分配的请求权，股利归属于原股东。被执行人股权拍卖前，股东会通过利润分配方案，作出分配决议后，股东的股利分配请求权才能转为股利给付请求权。股息、红利与股权完成分离，股东在分配范围内对公司享有的是债权。该债权可以与股权分离而独立存在，不当然附随股权一并转移。因此，股权被拍卖后，被执行人虽然丧失股东资格，但由于拍卖前已经对未分配的利润作出分配决议，被执行人及其债权人仍然可以要求公司给付。

## 立法沿革与争议

《公司法》第4条规定股东依法享有请求公司分配利润的权利，《公司法》第37条第6项规定了公司的利润分配方案以及弥补亏损方案的审议批准。《公司法》第166条也对公司的利润分配方案以及弥补亏损方案作出了规定。《公司法解释（四）》第13条是对股东请求公司分配利润的案件中当事人的诉讼地位作出的规定，第14条和第15条是就股东请求公司分配利润的实体问题作出的规定。

从地方来看，目前全国范围内有山东、江西两地基于股息红利的归属问题作出了明确规定。一旦股东会或股东大会作出具体的决议和分配方案，股东与公司之间产生了有关利润分配的债权债务关系，原来基于股东身份的抽象利润分配请求权转化为具体利润分配请求权，该权利可以独立于股东身份而单独存在，从性质上相当于普通债权，权利人依据载有具体利润分配方案的股东会或者股东大会决议请求公司分配利润，不受持股数量或者持股时间的限制，也不随股东身份的变动而变化。公司股东会或股东大会就未形成利润分配决议，股东请求分配利润的，人民法院应当不予支持；股权转让前已经形成利润分配决议，转让人要求公司给付转让前相应利润的，人民法院应当予以支持。

**案例索引**

河北省唐山市中级人民法院（2022）冀02民终1213号股东红利分配纠纷二审案

**423** 执行程序中以股权抵债并办理了过户登记，据以执行司法文书被再审撤销后，股权所在公司增资扩股将受让股权稀释，增资扩股协议能否对抗执行回转申请人？

答：执行程序中以股权抵债并过户后，据以执行的法律文书被撤销的，股权所在公司实施的稀释被抵债股权的增资扩股行为能否对抗执行回转的申请人，应区分不同情形判断。

情形一，法院作出的执行回转裁定的内容是要求被执行人（原申请执行人）返还受偿金额的，与金钱债权执行无异，此时股权只是作为被执行人（原申请执行人）的一般责任财产。被执行人（原申请执行人）有其他更便于清偿财产的，并不涉及对股权的执行及稀释股权的增资扩股能否对抗申请执行人（原被执行人）的问题。执行回转的申请执行人（原被执行人）要求执行股权的，法院可按照《股权执行规定》对股权进行冻结并要求公司报告增资扩股等事项，执行回转的申请执行人

（原被执行人）若认为增资扩股贬损该股权价值，可另行提起诉讼。

情形二，法院作出的执行回转裁定的内容是要求被执行人（原申请执行人）返还股权的，此时股权作为特定标的物，法院冻结股权的目的系为了保障将股权交付给执行回转的申请执行人，公司的增资扩股行为若实质损害了原股东（即执行回转的申请执行人）的利益（该利益既包括原股东所持股权的实际价值，也包括原股东对公司的控股权），则不能对抗申请执行人，即该增资扩股行为对执行回转的申请执行人无效。

## 理由与依据

执行回转是指在案件全部或部分执行完毕后，因据以执行的裁判依据被撤销时，对已被执行的财产由人民法院根据新的法律文书，重新采取强制措施，恢复到执行开始前状况的制度。执行回转过程中，回转范围应限制在被新的判决撤销或变更的内容。物之交付请求权的执行依据被撤销的，执行回转的对象是已交付的物；金钱债权的执行依据被撤销的，执行回转的对象理应是原债权人已取得的财产，即多受偿的款项。但原执行程序中存在以物抵债情形时，执行回转的对象究竟是多执行的款项还是抵债的物，存有争议。[①]认为应当执行回转抵债物的观点认为，根据《执行工作规定》第65条第1款，执行回转的裁定内容是责令原申请执行人返还已取得的财产及其孳息。执行回转的被执行人取得的财产是抵债物的，返还的也应当是抵债物。

本书认为，金钱债权执行案件的回转，法院应作出要求原债权人返还多受偿金额的裁定，而非返还抵债物的裁定。首先，原执行依据的内容是金钱债权的清偿，以物抵债中原债权人虽然取得的是抵债物，但结果是债务在该物所抵偿金额范围内得到清偿，消灭的是金钱债权。除非抵债物在执行回转

---

① 参见湖北省襄阳市襄州区人民法院（2011）襄法执字第361-1号、第361-2号执行裁定书。依据湖北省襄阳市襄州区人民法院（2011）襄民督字第01号支付令，河南新美景客车制造有限公司应向襄城金达贸易有限公司支付3000万元，执行过程中，河南新美景客车制造有限公司以其持有的山东沂星电动汽车有限公司100%的股权抵偿。后该支付令被撤销，湖北省襄阳市中级人民法院作出裁定，要求襄城金达贸易有限公司将其根据湖北省襄阳市襄州区人民法院（2011）襄法执字第123-1号执行裁定书所取得的沂星公司100%股权返还并过户给新美景公司。

时其价值与所抵偿债务金额一致，否则无论或高或低，都会对双方当事人利益造成影响。抵债物贬值的，执行回转被执行人是否需要另行支付差额？抵债物增值的，是否只需返还抵债物的一部分或者由执行回转的申请执行人支付差额？进而引发新的争议。其次，执行回转裁定的内容为返还款项，可灵活应对。申请执行人既可以选择与被执行人以物抵债达成和解，也可以在被执行人无其他财产的情况下申请执行抵债物，在抵债物已损毁、灭失或已被第三人善意取得的情况下，申请执行被执行人的其他财产。若执行回转裁定的内容是返还抵债物，在执行回转抵债物已无返还可能的情况下，双方只能协商折价赔偿，不能达成一致的，执行回转程序终结，申请执行人需另诉解决，徒增诉累。

由上述分析可知，执行程序中以股权抵债并过户后，据以执行法律文书被撤销的，执行回转裁定的内容既有可能是返还已受偿的金额，也可能是返还已取得的抵债物，取决于执行法院作出的执行回转裁定。至于股权所在公司增资扩股，能否对抗执行回转申请人，应区分申请冻结的目的分别判断。依申请冻结的目的，冻结可以分为获得金钱赔偿的冻结和向申请人回转股权的冻结。[①]

就第一类冻结而言，主要目的在于限制被执行人转让其持有股权或设立权利负担的处分行为，同时也防止该部分股权价值减损，导致被执行人偿债能力削弱。股权只是作为被执行人（原申请执行人）的一般责任财产，以备采取以股抵债、拍卖或者变卖等措施偿付申请人的金钱债权。

就第二类冻结而言，主要目的在于让申请执行人作为股东的利益回复原状，该利益既包括股权本身的价值，也包括申请执行人对公司的控制权。若增资扩股实质损害了申请执行人作为原股东的利益，会导致冻结目的无法实现，即增资扩股行为有碍执行，不能对抗申请执行人。若申请执行人不是公司原控股股东，其享有的表决权不足以影响公司利益，则增资扩股即使稀释了执行回转的股权，也不妨碍冻结目的的实现，增资扩股行为可以对抗申请执行人。若增资扩股未影响申请执行人的控制权，但造成了股权实际价值减少，或股权价值增加但影响了控制权，也不得对抗申请执行人。

---

① 最高人民法院（2021）最高法民再235号民事裁定书。

增资扩股不得对抗申请人的后果并非导致增资扩股行为无效，对执行回转的被执行人及增资入股的新股东（如有）而言，其需按照执行回转裁定将股权过户给申请执行人。如裁定载明应回转100%股权，增资扩股完成后，被执行人持有10%，新增资股东持有90%，被执行人及新增资股东需将股权全部过户给申请执行人。至于新增资股东所受损失，可向被执行人主张，通过另诉解决。但若股权已被第三人善意取得，执行回转已无法实现的，应通过协商或另诉解决。

## 立法沿革与争议

最高人民法院（2021）最高法民再235号民事裁定书关于依冻结目的区分股权被冻结后公司的增资扩股行为能否对抗申请执行人的观点，与《股权执行规定》有所不同。依据《股权执行规定》第8条的规定，股权被冻结后，对公司或公司董事、高级管理人员实施的可能造成被冻结股权价值严重贬损的增资、减资、合并、分立等行为，可以通过"事前报告＋事后诉讼"予以救济。该条并未区分股东冻结的目的是清偿金钱债权还是交付股权，也并未明确"股权价值严重贬损"是否包括冻结股权丧失对公司的控制权。本书认为，以清偿金钱债权为目的的冻结，增资扩股也存在影响执行目的实现的问题，而股权实际价值及控制权问题涉及实体判断，根据审执分离原则，《股权执行规定》的做法更为适宜。

## 案例索引

最高人民法院（2021）最高法民再235号再审案

# 第十二章　对共有财产的执行

**424** 执行程序中能否对夫妻共同财产采取执行措施？

答：执行程序中，人民法院可以对夫妻共同财产采取执行措施。

## 理由与依据

夫妻共同财产属于被执行人与其他人共有的财产，被执行人以其所有财产作为承担债务的总担保，夫妻共同财产属于被执行人责任财产，无法豁免执行。根据《查扣冻规定》第12条之规定，无论该债务属于个人债务还是夫妻共同债务，人民法院均可以查封、扣押、冻结夫妻共同财产。虽然法条在用语上表述为对于被执行人与其他人共有的财产可以进行查封、扣押、冻结，但在实质上确立了共有财产可以处分的原则，因除法律或者司法解释明确规定可以进行查封但不得处分外，原则上对于查封的财产都可以处分并以变价所得清偿被执行人的债务。[①] 另，《查扣冻规定》系为规范民事执行中查封、扣押、冻结措施所制定，因此《查扣冻规定》第12条没有明文规定人民法院可以拍卖被执行人与其他人共有的财产并不意味着执行程序中只能对夫妻共同财产采取控制措施，不能处置变价。

## 立法沿革与争议

对于夫妻共同财产的执行一直是实务中的难点问题，各地做法不一、争议较大。在夫妻双方均作为被执行人时，因生效法律文书已确认双方均应承担义务，执行程序中对夫妻共同财产及个人财产采取相应执行措施并无争议。实务中争议较大的主要是指在一方作为被执行人时，对于夫妻共同财产如何

---

① 参见金殿军：《被执行人共有财产的执行路径 —— 以申请执行人代位分割之诉为中心》，载《法律适用》2023年第1期。

处置，对于非被执行人配偶一方的权利如何保护救济。

一种观点认为，因夫妻共同财产未作分割，共有人份额未确定，执行中可以采取控制性措施，但不宜处分。另一种观点认为，执行须兼顾公平与效率，夫妻双方在共同财产中享有的份额问题，需要通过法定程序审查认定，若一味地等待析产诉讼的结果再行处置，将会大大拖延执行程序，不利于申请人权利的保护。对被执行人的夫妻共同财产，执行法院按照一半份额予以执行。配偶一方提出异议的，按照案外人异议进行处理。浙江省高级人民法院、江苏高级人民法院均采此种观点，通过发布解答的形式明确："被执行人所有或者其名下的财产不足清偿的，可执行夫妻共同财产中的一半份额。如登记在夫妻另一方名下的财产系夫妻共同财产的，也可执行。执行机构可直接对上述共同财产采取相应的执行措施。夫妻另一方对被执行人个人名下的财产主张权利，或者对登记在其名下的财产是否系共同财产或者财产份额提出异议的，按照《中华人民共和国民事诉讼法》第二百二十七条的规定处理。夫妻另一方就财产份额提出异议，或者对被执行人个人名下的财产主张权利，案外人执行异议之诉审理期间不停止执行。"[①]

共有份额的确定，有当事人协议确定、提起析产诉讼或代位诉讼等方式，但实践中效率极低。基于对共有财产部分份额被处分后原权利人与受让人对财产利用产生纠纷的担忧，共有权人有逃避执行的共同立场，通过协议或提起析产诉讼分割共有财产的情况并不常见。[②]基于执行效率的考量，被执行人所有或者其名下的财产不足清偿的，执行法院径行执行夫妻共同财产中的一半份额不失为兼顾公平与效率的最优解。

## 案例索引

最高人民法院（2020）最高法执监231号执行监督案

最高人民法院（2021）最高法执监63号执行监督案

最高人民法院（2017）最高法民申2083号再审审查与审判监督案

---

① 参见《浙江省高级人民法院关于执行生效法律文书确定夫妻一方为债务人案件的相关问题解答》（浙高法〔2014〕38号）。

② 参见金殿军：《被执行人共有财产的执行路径——以申请执行人代位分割之诉为中心》，载《法律适用》2023年第1期。

## 425 人民法院对共有财产采取执行措施的，共有权人应当如何主张权利？

答：人民法院查封、扣押、冻结共有财产并通知共有人后，共有人可以协议分割共有财产，经债权人认可，人民法院认定有效后，查封效力只及于协议分割后被执行人享有的份额，共有权人享有份额的财产，人民法院应解除查封。如果申请人未提起代位析产诉讼，共有人有权提起析产诉讼，从而中止对该财产的执行行为，共有权人未选择以上救济路径的，执行程序中对共有财产采取变现措施的，共有人可以提起案外人异议之诉，主张排除对其所有份额财产的执行。

### 理由与依据

原则上，人民法院强制执行的财产范围限于被执行人名下的财产，对被执行人与其他人共有的财产，人民法院虽然可以在及时通知共有人的情况下采取查封、扣押、冻结措施，但共有人享有的财产份额不属于执行标的，共有人可以通过协议分割或提起析产诉讼明确份额，析产诉讼期间中止对该财产的执行。共有人也可以通过异议之诉主张其对执行标的享有足以排除强制执行的民事权益，案外人可以在异议之诉中既提出排除执行请求，又提出明确的确权请求，执行异议之诉中应对案外人享有的份额进行认定，判决不得执行案外人享有的变现份额。

案外人执行异议之诉管辖法院为执行法院，共有物的执行涉及立审执协调、统一裁判尺度，由执行法院一并处理更具司法效率。分家析产诉讼适用一般管辖规定（专属管辖除外），实践中容易出现执行法院和分家析产诉讼分属不同的法院的情况，不同法院审理可能产生审执衔接配合、裁判标准统一等问题。因此，共有权人通过执行异议之诉进行救济系更具效率的选择。

### 立法沿革与争议

法律司法解释虽并未禁止案外人同时提起异议之诉和析产诉讼，但若案外人在提起异议之诉后又提起析产诉讼，如果案外人在异议之诉中一并提出确权请求，析产诉讼审理可能违反一事不再理原则，亦可能出现生效判决内容冲突。案外人异议之诉可以解决案外人是否享有足以排除执行的民事权益问题，若案外人既提出明确的确权、给付请求，又提出排除执行请求的，人民法院可以在判决中一并作出裁判。这有利于减轻当事人诉累，节约司法资源，维护裁判的稳定性。析产诉讼只是对共有物权属及其份额作出认定，无法产生排除执行的法律评价，对于共有权益的保护，共有人仍需继续通过执行异议程序解决排除执行的问题，不利于问题的最终解决。故在共有财产的执行中，指引共有人通过案外人执行异议之诉救济更为妥当。

## 案例索引

最高人民法院（2020）最高法民申288号案外人执行异议之诉纠纷案

# 第十三章　清偿和分配

**426** 不动产拍卖流拍后，申请执行人接受以物抵债，如果存在其他参与分配的债权人，应当如何处理？

答：拍卖程序中，申请执行人接受以物抵债，如果存在其他参与分配的债权人，申请执行人应在期限内按照保留价将价款补足交由法院分配，其债权受偿问题需在参与分配程序中实现。

## 理由与依据

在没有其他债权人参与分配的情形下，首封案件的申请执行人接受以流拍价抵债的，可以其享有的债权额折抵标的物变价款，债权额高于变价额的，其应以变价款数额缴纳执行费后以债权抵偿。对于债权额低于变价额的，应当按照前述标准抵偿后向执行法院交足余额。对于有其他债权人参与分配的，涉及抵债数额以及变价款的分配问题，不能简单以债权相抵后由法院出具抵债裁定，而应由申请执行人先在期限内按照保留价将价款补足。申请执行人接受抵债时，其债权受偿比例、数额尚不明确，故应在受偿数额明确后行使抵销权，即在参与分配程序中实现债权受偿。

## 立法沿革与争议

司法拍卖流拍后，申请执行人接受以物抵债的，如何确定差额以及何时补足差额问题，实践中有不同认识。有观点认为，执行法院应当将共益费用、优先债权扣除后按照查封顺序对普通债权进行清偿，根据前述标准，申请执行人的应受清偿债权额高于流拍价的，不需另行交纳；对于低于流拍价的，应将差额补足。对于有参与分配的，亦遵循同理确定申请执行人的应受清偿债权额，如果应受清偿债权额高于流拍价的，不需另行交纳；对于低于流拍价的，应将差额补足。另有观点认为，申请执行人接受以物抵债，存在其他参与分配债权人的，分配方案的确定以及不同意分配方案引发的参与分配异议之诉等问题会拖长执行周期，且优先债权、共益费用等清偿顺序问题也容易引发执行异议，最终导致申请执行人应受清偿债权额难以确定，影响拍卖程序的终结时间。因此，对申请执行人接受以物抵债的，但其应受清偿债权额在短时间无法确定的，申请执行人应在期限内按照保留价将价款补足，关于其债权受偿问题可以在参与分配程序中予以实现。

## 案例索引

最高人民法院（2020）最高法执复47号执行复议案

最高人民法院（2019）最高法执监93号执行监督案

最高人民法院（2018）最高法执监848、847、845号执行监督案

### 427 被执行人为企业法人，被执行人全部已取得执行依据的债权人共同申请以物抵债，人民法院应否准许？

答：如果以物抵债申请没有损害债权人和被执行人的合法权益，且抵债财产没有受让资格方面的限制，执行法院应当尊重各债权人的抵债申请，予以准许。

## 理由与依据：

企业法人作为被执行人案件不适用狭义参与分配程序，执行法院应当将共益费用、优先债权扣除后按照查封顺序清偿普通债权，即前轮查封债权未受清偿之前，后轮查封债权不能得到清偿。但所有债权人共同申请以物抵债实质上改变了前述债权受偿顺位。所有债权人合意达成的共同以物抵债决定，可视为受偿顺位之前的债权人对其权利的自由处分，不损害其他债权人和被执行人合法权益的情形下，人民法院应予准许。

被执行人的所有已取得执行依据的债权人共同申请以物抵债的，意味着所有债权人均同意以物抵债，并且已经确定各债权人对抵债财产享有的份额。虽然此种方式将导致抵债财产未来的权属结构复杂，但法律及司法解释并未限制多个债权人共同申请抵债均成为抵债财产所有人。各债权人共同承受抵债财产的，其难点在于确定各债权人在抵债物变价款中应受清偿额。

## 立法沿革与争议

实践中有不同观点认为，被执行人为企业法人的，应严格按照《民事诉讼法解释》第516条的规定，在当事人不同意移送破产或者被执行人住所地人民法院不受理破产案件的，执行法院就执行变价所得财产，在扣除执行费用及清偿优先受偿的债权后，对于普通债权，按照财产保全和执行中查封、扣押、冻结财产的先后顺序清偿。若允许已经取得执行依据的债权人共同申请以物抵债，即可能出现优先债权与普通债权同时受偿，查封在前的债权与查封在后的债权同时受偿的局面，违反前述司法解释确立的债权清偿顺位，不应予以准许。

## 案例索引

最高人民法院（2019）最高法执监265号执行监督案

## 428 行政罚款与民事债权的清偿顺序如何确定？

答：普通民事债权与行政罚款同时存在时，民事债权优先于行政罚款受偿。

## 理由与依据

民事责任在于填补被害人之损害，担负着恢复私人权利、平复被侵害人损失的救济功能，而行政责任重在惩罚以维护社会公益秩序，两相比较，给弱者私人权利的救济更具紧迫性。①民事责任和行政责任同时存在可分为两种情况，第一种情况是法律主体因同一行为应当同时承担民事责任和行政责任的，承担行政责任不影响承担民事责任，民事主体的财产不足以支付的，优先用于承担民事责任。第二种情况是法律主体非因同一行为承担民事责任及行政责任，但财产不足以清偿的，民事债权亦应优先于行政罚款受偿。从权利保障角度看，相比国家对违法行为的惩罚，受害人损害的填补更具重要性。

## 立法沿革与争议

法律主体因同一行为应当承担民事责任和行政责任，民事赔偿责任优先清偿，在诸多部门法中均有体现。

2009年《侵权责任法》第4条第2款规定："因同一行为应当承担侵权责任和行政责任、刑事责任，侵权人的财产不足以支付的，先承担侵权责任。"相比同是需要以财产来承担的行政责任与刑事责任，侵权责任具有优先性。例如，当罚金、罚款、损害赔偿都因侵权人的同一行为发生时，侵权人的财产应当优先用来支付侵权损害赔偿。《民法典》第187条规定："民事主体因同一行为应当承担民事责任、行政责任和刑事责任的，承担行政责任或者刑事责任不影响承担民事责任；民事主体的财产不足以支付的，优先用于承担民事责任。"

《刑法》第36条规定："由于犯罪行为而使被害人遭受经济损失的，对犯罪分子除依法给予刑事处罚外，并应根据情况判处赔偿经济损失。承担民事赔偿责任的犯罪分子，同时被判处罚金，或者被判处没收财产的，其财产不足以全部支付的，应当先承担对被害人的民事赔偿责任。"根据这一原则，加害人需要承担民事赔偿责任，同时被判处罚金或者没收财产的，应当先承担对被害人的民事赔偿责任。

《公司法》第215条规定："公司违反本法规定，应当承担民事赔偿责任和缴纳罚款、罚金的，其财产不足以支付时，先承担民事赔偿责任。"依据这一原则，在民事责任与行政责任方式之间，应当首先承担民事赔偿责任，其次承担行政责任（行政处罚）。

---

① 张煌辉：《赡养费给付优先于财产刑执行》，载《人民司法》2015年第6期。

因此，当涉及财产或者金钱形式的责任方式时，就会产生几种责任方式的清偿顺序问题。具体而言，当民事责任中的侵权赔偿责任与行政责任方式中的罚款，以及刑事责任方式中的罚金和没收财产并存时，由于加害人的可供执行的财产较少，不足以在赔偿受害人的同时又支付行政罚款和刑罚罚金或者没收财产。在此情形下，应当坚持"私权优先"的原则，优先赔偿受害人的损失。

但对于非因同一行为被执行人应当承担民事责任和行政责任而财产不足以清偿时，如何确定清偿顺序，目前并无明确规定可供参考。

## 案例索引

北京市第一中级人民法院（2016）京01民终1881号执行分配方案异议之诉案

## 429 个人独资企业不能清偿债务时，能否直接对投资者个人采取执行措施？

答：个人独资企业具有独立的诉讼地位，当个人独资企业作为被执行人不能清偿债务时，可以通过变更追加程序将投资人追加为被执行人后对其采取执行措施，不能直接对投资者个人采取执行措施。

## 理由与依据

在实体法层面，个人独资企业财产所有权由投资人享有，个人独资企业财产不足以清偿债务的，投资人应当以其个人的其他财产清偿。个人独资企业虽不具有独立的法律人格不能独立承担法律责任，但具有独立的诉讼地位，当个人独资企业作为被执行人不能清偿债务时，仍不能直接依据实体法径行对投资者个人采取执行措施，基于执行追加法定原则，应通过变更追加程序追加出资人为被执行人进而执行出资人的个人财产。

在债务性质相同的情况下，如投资人个人与其投资的个人独资企业均不能全额清偿各自债务时，各债权人均有权就投资人和个人独资企业的全部财产按比例同等受偿，不存在优先劣后之分。[①]

## 立法沿革与争议

《个人独资企业法》第2条规定："本法所称个人独资企业，是指依照本法在中国境内设立，由一个自然人投资，财产为投资人个人所有，投资人以其个人财产对企业债务承担无限责任的经营实体。"第17条规定："个人独资企业投资人对本企业的财产依法享有所有权，其有关权利可以依法进行转让或继承。"从实践中看，个人独资企业财产与投资人财产是混同的，很难区分出独立的企业财产与投资人财产。执行实务中，有观点认为，可以直接追加投资人为被执行人，对个人独资企业债务承担责任。另有观点则认为，追加被执行人应当有明确的程序法依据，不能仅依据《个人独资企业法》追加被执行人。还有观点认为，基于《个人独资企业法》的规定，可以不经变更追加程序，直接执行投资人的财产。

《变更追加规定》第13条第1款明确："作为被执行人的个人独资企业，不能清偿生效法律文书确定的债务，申请执行人申请变更、追加其出资人为被执行人的，人民法院应予支持。个人独资企业出资人作为被执行人的，人民法院可以直接执行该个人独资企业的财产。"

## 案例索引

最高人民法院（2017）最高法民再265号执行异议之诉再审案

---

[①] 参见傅松苗、丁灵敏编著：《民事执行实务难题梳理与解析》，人民法院出版社2017年版，第104页。

## 430 被执行人在拍卖前的历史欠税和税收滞纳金能否从拍卖款中优先扣除？

答：历史欠税和税收滞纳金一般不能优先扣除。

### 理由与依据

根据应税时间，应纳税款分为执行变价形成的应纳税款和变价前的历史欠税及滞纳金。变价形成的应纳税款，本质上属于变价费用，能够优先扣除，历史欠税和税收滞纳金一般不能优先扣除。对于执行标的物或被执行人的其他历史欠税及税收滞纳金，因执行法院既不是税收的扣缴义务人，也不是扣缴税收的协助执行人，对于执行标的物变现之前产生的税款，税务机关直接向执行法院出具《协助缴纳税款函》要求协助缴纳欠税没有法律依据，亦不能从拍卖款中优先扣除。

税收债权在执行程序中的实现路径，目前法律及司法解释虽并未规定，但应当允许税务机关以公法债权人的身份申请参与分配。参与分配程序是围绕被执行人财产执行所得价款进行的债权清偿，被执行人应纳税款也属于债权的一类，理论上可以申请参与分配。而且，参与分配程序作为个别清偿程序中概括清偿的例外，一定程度上可以参照《企业破产法》的做法。企业破产清算时，税务机关应在公告期内进行债权申报。同理，税务机关也可以申请参与分配。

### 立法沿革与争议

当前，《民法典》《民事诉讼法》《民事诉讼法解释》《税收征收管理法》及其实施条例中关于执行标的物处置前产生的欠税如何在民事执行程序中实现，以及民事优先权与税收优先权的相关规定等问题缺乏衔接机制，当民事执行程序中的税收债权与民事债权并存时，不同性质的债权应当如何受偿缺乏明确的法律规定。《民事诉讼法解释》第507条、第508条关于参与分配的相关规定是仅适用于民事债权，还是可以扩展至具有公法属性的税收债权，亦有待明确。

《税收征收管理法》第45条虽然规定了税收优先权，但并没有明确具体适用的程序和条件，导致税收债权在民事执行程序中能否优先受偿以及优先受偿的条件和限制不够明确。《税收征收管理法》第5条第3款规定，各有关部门和单位应当支持、协助税务机关依法执行职务。然而，现行法律法规并没有进一步规定有关部门和单位协助税务机关的具体方式、内容与程序。

《民事诉讼法》第262条规定："在执行中，需要办理有关财产权证照转移手续的，人民法院可以向有关单位发出协助执行通知书，有关单位必须办理。"因此，税务机关和不动产登记机关负有协助买受人过户的义务，是对法院民事执行效率的保障。然而，现行民事法律缺乏与税法的充分衔接，对于没有缴纳被执行人前期欠税及执行标的物交易环节税费的不动产能否凭借法院的执行裁定直接过户，并没有明确的规定，在两者发生冲突时如果缺乏协调机制，会导致税务机关和法院都产生规避风险的倾向，不利于民事主体的权利保障，如执行法院通常通过"包税条款"将被执行人税负转移给买受人，或者直接在拍卖成交款中优先扣除税款。

对于税务机关能否以标的物变现之前产生的应纳税款请求参与分配，实践中持否定观点者认为，税务机关系行政机关，现行民事法律没有明确规定税务机关如何参与到已经开始的民事执行程序中并主张税收优先权。税务机关作为税款征收管理的行政执法主体而非债权人，仅能依照《税收征收管理法》的规定，以税务主管部门的身份请求执行法院协助完成税款征管职责任务，无权在民事执行参与分配程序中主张税收优先权。

## 案例索引

最高人民法院（2019）最高法执复132号执行复议案

北京市高级人民法院（2017）京执复65号执行复议案

**431** 税务机关能否持税务处理决定书向人民法院申请参与分配？在税务机关作为债权人列入执行分配方案的情况下，部分债权人/税务机关对该分配方案中涉及税务机关的内容提出异议，税务机关/部分债权人对异议提出反对意见后，部分债权人/税务机关是否可以税务机关/部分债权人作为被告，向执行法院提起执行分配方案异议之诉？

答：税务机关可以持税务处理决定书向主持分配的人民法院申请参与分配，其他债权人、税务机关对该分配方案中涉及税收债权参与分配资格提出异议的，通过执行异议复议程序解决。对参与分配方案提出异议的，通过执行分配方案异议之诉程序解决。

## 理由与依据

以应税的时间划分，与执行标的物相关的应纳税款可以分为执行变价形成的应纳税款和变价前的历史欠税。对于执行标的物或被执行人的其他历史欠税，虽然目前法律及司法解释未对税务机关能否以公法债权人的身份参与分配作出规定，但应当允许税务机关以公法债权人的身份申请参与分配。首先，参与分配程序是围绕被执行人财产执行所得价款进行的债权清偿，被执行人应纳税款也属于债权的一类，理论上可以申请参与分配。而且，参与分配程序作为个别清偿程序中概括清偿的例外，一定程度上可以参照《企业破产法》的做法。企业破产清算时，税务机关应在公告期内进行债权申报。同理，税务机关也有权申请参与分配。其次，税务机关要求执行法院协助缴纳欠税没有法律依据。[①] 执行法院既不是税收的扣缴义务人，也不是扣缴税收的协助执行人。虽然《税收征收管理法》第5条第3款有关于"各有关部门和单位应当支持、协助税务机关依法执行职务"的原则性规定，但从《税收征收管理法》和《税收征收管理法实施细则》的具体规定来看，主要是有关单位协助税务机关进行税务检查和金融机构协助对相关账户进行查询、冻结和扣缴，并不包括执行法院协助径行扣缴欠税。因此，对于执行标的物变现之前产生的税款，

---

[①] 参见金殿军：《税收优先权在民事执行中的实现路径》，载《人民法院报》2021年9月8日第7版。

税务机关直接向执行法院出具《协助缴纳税款函》要求协助缴纳欠税没有法律依据。

参与分配制度系为保障被执行人不具备破产资格情形下债权的平等受偿，一定程度上发挥着破产制度的功能，能够衔接我国的有限破产主义。参与分配制度适用以被执行人财产不能清偿全部债权为前提，当被执行人是公民或者其他组织时，税务机关应当提供税务处理决定书等文书在执行程序终结前申请参与分配。主持分配的人民法院应当依法审查税款、民事执行债权的数额、顺位后制作分配方案，以明确各申请分配债权的受偿比例和数额。主持分配的人民法院对包括欠税在内的债权进行分配的，应当制作财产分配方案，债权人或者被执行人有异议的，可以提出书面异议。①

### 立法沿革与争议

现行法律规定了税收优先权，但并未对税收优先权在执行程序中的实现程序作出规定，导致实践中存在不同认识。国家税务总局在《关于人民法院强制执行被执行人财产有关税收问题的复函》（国税函〔2005〕869号）中认为，鉴于人民法院实际控制纳税人因强制执行活动而被拍卖、变卖财产的变价款，根据《税收征收管理法》第5条的规定，人民法院应当协助税务机关依法优先从该收入中征收税款。但是对于协助条件、如何协助等问题未进一步予以明确。

《民事诉讼法解释》第506条规定："被执行人为公民或者其他组织，在执行程序开始后，被执行人的其他已经取得执行依据的债权人发现被执行人的财产不能清偿所有债权的，可以向人民法院申请参与分配。对人民法院查封、扣押、冻结的财产有优先权、担保物权的债权人，可以直接申请参与分配，主张优先受偿权。"税务机关可以持税务处理决定书向主持分配的人民法院申请参与分配。

---

① 金殿军：《税收优先权在民事执行中的实现路径》，载《人民法院报》2021年9月8日第7版。

## 案例索引

北京市高级人民法院（2017）京执复65号执行复议案
江苏省南京市中级人民法院（2020）苏01执异23号执行异议案

**432** 执行程序中，一般债务利息、迟延履行债务利息（加倍利息）、债务本金，三者之间的清偿顺位应如何确定？

答：执行过程中，被执行人财产不足以清偿全部债务的，当事人对本息清偿顺序有约定的，按约定顺序清偿。当事人无约定的，应当按照一般债务利息、债务本金、迟延履行债务利息（加倍利息）的顺序依次履行。

## 理由与依据

当事人有权在法律规定的范围内处分自己的民事权利，当事人对一般债务利息、迟延履行债务利息、债务本金的清偿顺序有约定的，从其约定。当事人对清偿顺序无约定的，应当先清偿生效法律文书确定的金钱债务，再清偿加倍部分债务利息。

给付迟延履行债务利息（加倍利息）作为法律规定的惩罚措施，与生效法律文书判项中直接确定的债权比较，应属于从属项，故加倍部分债务利息的履行相较于直接判决的债权在清偿顺序上相对靠后。司法解释中的"金钱债务"既指本金，也包括一般债务利息，二者的履行顺序应当按照《民法典》第561条的规定，先清偿一般债务利息，再清偿债务本金。

## 立法沿革与争议

在执行过程中，当被执行人的财产不足以清偿生效法律文书确定的全部金钱债务时，关于清偿顺序的规定，通常参照《民法典》第561条的规定："债务人在履行主债务外还应当支付利息和实现债权的有关费用，其给付不足以清偿全部债务的，除当事人另有约定外，应当按照下列顺序履行：（一）实现债权的有关费用；（二）利息；（三）主债务。"即先利息再本金。关于迟延履行期间债务利息，最早规定在1991年《民事诉讼法》第232条："被执行人未按判决、裁定和其他法律文书指定的期间履行给付金钱义务的，应当加倍支付迟延履行期间的债务利息。被执行人未按判决、裁定和其他法律文书指定的期间履行其他义务的，应当支付迟延履行金。"但关于迟延履行利息的清偿顺序，直到2009年《迟延利息批复》才明确了本息并还原则，该批复规定："执行款不足以偿付全部债务的，应当根据并还原则按比例清偿法律文书确定的金钱债务与迟延履行期间的债务利息，但当事人在执行和解中对清偿顺序另有约定的除外。"2014年《迟延履行利息解释》又进行了调整，第4条规定："被执行人的财产不足以清偿全部债务的，应当先清偿生效法律文书确定的金钱债务，再清偿加倍部分债务利息，但当事人对清偿顺序另有约定的除外。"

对于被执行人的财产不足以清偿全部债务时，究竟是先偿还本金还是利息，存在几种不同意见。第一种观点认为：本金作为主债务享有优先清偿权，应按"先本后息"的顺序清偿，这有利于债务人，不致让他们承担过重的还款责任。第二种观点认为：应按"先息后本"的顺序偿还，符合立法精神和交易习惯，能够更好地保护债权人的利益。第三种观点认为：应按"并还"原则偿还，对债权人和债务人都相对公平。

最高人民法院先后出台的相关司法解释中，对债务履行原则从按比例清偿的并还原则到先金钱债务后加倍部分债务利息的变化，也充分体现了这一立法导向。这一观点也在最高人民法院在处理合同债务给付等实体纠纷的相关司法解释中反复体现。执行程序中如果被执行人的财产不足以清偿全部债务，应当参照实体法先一般债务利息后债务本金，最后迟延履行债务利息的顺位清偿。

## 案例索引

最高人民法院（2015）执监字第200号合同纠纷案
江苏省高级人民法院（2018）苏执复23号追偿权纠纷案

**433** 抵押物的法定孳息因另案普通债权被其他法院查封，抵押
权人是否有权收取法定孳息？

答：抵押权人不能从抵押物足额受偿时，对其他法院已经查封的法
定孳息享有优先受偿权。

## 理由与依据

抵押权的本质是以抵押物的交换价值保证抵押债权的实现，在法院查封
该财产后，法定孳息作为抵押物交换价值的一部分，应当纳入抵押权优先受
偿的范围内。债务人不履行到期债务或者发生当事人约定的实现抵押权的情
形，致使抵押财产被人民法院依法扣押的，自扣押之日起，抵押权人有权收
取该抵押财产的天然孳息或者法定孳息。

对于"抵押财产被人民法院依法扣押"这一条件，不应限制为抵押权人只
能在自己申请的扣押中主张收取法定孳息的权利，在其他法院查封抵押物的
情况下，仍然有权收取法定孳息以保障其优先受偿权。"有权收取"系指债权
人对法定孳息享有管理权而非处分权。抵押权人享有孳息收取权，并不影响
孳息所有权的归属，该孳息仍属抵押人所有。抵押权的效力及于孳息，但孳
息所有权仍归抵押人所有，即无论何方债权人取得该孳息，均不能获得直接
受到清偿的法律效力。抵押物不论被哪个债权的执行法院扣押，均不影响抵
押权人对抵押物及法定孳息享有的优先受偿权。[1]

## 立法沿革与争议

《担保法》第33条规定："本法所称抵押，是指债务人或者第三人不转移
对本法第34条所列财产的占有，将该财产作为债权的担保。债务人不履行债
务时，债权人有权依照本法规定以该财产折价或者以拍卖、变卖该财产的价
款优先受偿。前款规定的债务人或者第三人为抵押人，债权人为抵押权人，
提供担保的财产为抵押物。"上述法律仅规定了抵押权人对抵押物变现价款享
有优先受偿权，未规定该优先权的效力是否及于法定孳息。

---

[1] 最高人民法院（2019）最高法执监479号执行裁定书。

《担保法》第47条："债务履行期届满，债务人不履行债务致使抵押物被人民法院依法扣押的，自扣押之日起抵押权人有权收取由抵押物分离的天然孳息以及抵押人就抵押物可以收取的法定孳息。抵押权人未将扣押抵押物的事实通知应当清偿法定孳息的义务人的，抵押权的效力不及于该孳息。前款孳息应当先充抵收取孳息的费用。"该法条将抵押权人是否通知清偿义务人作为抵押权效力是否及于孳息的条件。实际上是否通知义务人与抵押权效力并无关联，仅是不通知义务人对义务人不发生效力。

《担保法解释》第64条："债务履行期届满，债务人不履行债务致使抵押物被人民法院依法扣押的，自扣押之日起抵押权人收取的由抵押物分离的天然孳息和法定孳息，按照下列顺序清偿：（一）收取孳息的费用；（二）主债权的利息；（三）主债权。"该法条规定收取孳息后清偿顺序。

《物权法》第197条吸收了《担保法》第47条的规定："债务人不履行到期债务或者发生当事人约定的实现抵押权的情形，致使抵押财产被人民法院依法扣押的，自扣押之日起抵押权人有权收取该抵押财产的天然孳息或者法定孳息，但抵押权人未通知应当清偿法定孳息的义务人的除外。前款规定的孳息应当先充抵收取孳息的费用。"《民法典》第412条沿用此规定。虽然原《物权法》及《民法典》规定抵押物因抵押权人行使权利被扣押时，抵押权人有权收取抵押物孳息，但对于抵押权人收取抵押物孳息的性质，以及抵押权人对于孳息是否享有优先受偿权，都未明确规定。

《民法典》第321条规定："天然孳息，由所有权人取得；既有所有权人又有用益物权人的，由用益物权人取得。当事人另有约定的，按照其约定。法定孳息，当事人有约定的，按照约定取得；没有约定或者约定不明确的，按照交易习惯取得。"对于法定孳息而言，抵押物的法定孳息由抵押物产生，应当与抵押物功能一致，即作为保证抵押债权实现的财产。当抵押权人不能从抵押物足额受偿时，抵押权人对抵押物的法定孳息亦享有优先受偿权。

抵押权人对抵押物的优先受偿权是否及于法院查封后产生的法定孳息，实践中存在不同认识。

否定说认为，抵押权人的优先权仅是对抵押物变现价款的优先受偿，该优先权并不及于该抵押物未变现时产生的孳息。其他法院收取抵押物法定孳息的，法定孳息归其他法院债权人所有，抵押权人权利并不优先于其他查封法院的债权人。

肯定说认为，虽然其他法院查封了抵押物的法定孳息，但并不影响孳息所有权的归属，该孳息仍属抵押人所有。孳息由抵押物产生，应当与抵押物一并作为担保财产担保债权实现，无论法定孳息被哪个法院查封，抵押权人对法定孳息均有优先受偿权。

## 案例索引

最高人民法院（2019）最高法执监479号执行监督案

最高人民法院（2019）最高法执复79号执行复议案

## 434 抵押权人对超过当事人约定或登记部门要求的抵押登记期限的查封担保物是否仍享有优先受偿权？

答：超过当事人约定或登记部门要求的抵押登记期限，如主债权仍在法律保护期间内，抵押权人对查封担保物仍享有优先受偿权。

## 理由与依据

物权法定是物权法的基本原则，物权法定原则禁止当事人在物权法之外另设物权，同时也禁止当事人在物权法之外另设物权消灭的情形。关于抵押权消灭及抵押权行使期间的问题，《民法典》第393条、第419条，《民法典担保制度解释》第44条并未规定抵押权人应在当事人约定或登记机关要求的期限内行使抵押权，否则抵押权消灭。因此当事人的约定或者登记机关登记确定的抵押权存续期间，对抵押权的存续不具有法律约束力。

抵押权作为从权利，与其所担保的主债权同时存在，其效力状态依附于主债权。在主债权未消灭的情况下，若仅因当事人约定或登记部门要求的抵押登记期限届满而导致抵押权丧失，将导致主债权得不到有效保障，有违立法本意，也与担保制度设立之目的相悖。

抵押权人应当在主债权诉讼时效期间行使抵押权，未行使的，人民法院不予保护。但是当主债权已被生效判决确定时，基于"一事不再理"原则，不存在再次提起诉讼对主债权进行保护的问题，因而也就不存在诉讼时效期间重新计算的问题。在债权人仅起诉债务人而未一并起诉抵押人的情况下，诉讼时效期间制度已经不再适用，但抵押权仍有继续保护之必要。抵押权人应当在主债权受到法律保护的期间内行使抵押权。该受到法律保护的期间通常为主债权诉讼时效期间；当主债权经诉讼程序被生效裁判确定后，抵押权的保护期间为申请执行期间；在债务人破产时，抵押权的保护期间为法律规定的申报债权期间。只要当事人在前述的保护期间内依法行使权利，抵押权就应受到保护。[①]

## 立法沿革与争议

《担保法》第52条规定："抵押权与其担保的债权同时存在，债权消灭的，抵押权也消灭。"抵押权作为从权利，与主债权同时存在，主债权消灭的情况下抵押权才消灭。因此不能以办理抵押物登记部门规定的抵押期限作为抵押权的存续期限，抵押权不因当事人约定或登记部门要求登记的期限经过而消灭。

《担保法解释》第12条规定："当事人约定的或者登记部门要求登记的担保期间，对担保物权的存续不具有法律约束力。担保物权所担保的债权的诉讼时效结束后，担保权人在诉讼时效结束后的二年内行使担保物权的，人民法院应当予以支持。"此条明确规定当事人约定或登记部门要求登记的期间，对担保物权是否存续不具有法律约束力。

2000年《最高人民法院研究室关于抵押权不受抵押登记机关规定的抵押期限影响问题的函》[法（研）明传〔2000〕22号]答复如下："依照《担保法》第52条的规定，抵押权与其担保的债权同时存在，办理抵押物登记的部门规定的抵押期限对抵押权的效力不发生影响。"最高人民法院研究室首次确定抵押登记部门规定的抵押期限不影响抵押权的效力。

2002年《最高人民法院执行办公室关于超过抵押登记期限的房地产被查

---

① 贺小荣主编：《最高人民法院第二巡回法庭法官会议纪要（第三辑）》，人民法院出版社2022年版，第327页。

封处理后原抵押权人是否有权优先受偿的请示的答复》(〔2000〕执他字第10号)答复如下:"依据《担保法》第52条规定:'抵押权与其担保的债权同时存在,债权消灭的,抵押权也消灭'抵押期限不因当事人约定的或者登记部门要求登记的期限经过而消灭。"最高人民法院执行局再次确定抵押权期限不受当事人约定或者登记部门要求登记期限的约束。

《物权法》第202条规定:"抵押权人应当在主债权诉讼时效期间行使抵押权;未行使的,人民法院不予保护。"原《物权法》首次规定抵押权的行使期限,即应当在主债权诉讼时效期间行使。

《九民纪要》第59条第1款规定:"抵押权人应当在主债权的诉讼时效期间内行使抵押权。抵押权人在主债权诉讼时效届满前未行使抵押权,抵押人在主债权诉讼时效届满后请求涂销抵押权登记的,人民法院依法予以支持。"此条首次规定未在主债权诉讼时效期间行使抵押权的后果,抵押人可以主张涂销抵押权登记,即主债权诉讼时效届满导致抵押权消灭。

《民法典》第393条规定:"有下列情形之一的,担保物权消灭:(一)主债权消灭;(二)担保物权实现;(三)债权人放弃担保物权;(四)法律规定担保物权消灭的其他情形。"此条规定担保物权消灭的法定情形,不包括当事人约定或登记部门要求登记期限已过。

《民法典》第419条规定:"抵押权人应当在主债权诉讼时效期间行使抵押权;未行使的,人民法院不予保护。"此法条沿用原《物权法》第202条。

《民法典担保制度解释》第44条第1款规定:"主债权诉讼时效期间届满后,抵押权人主张行使抵押权的,人民法院不予支持;抵押人以主债权诉讼时效期间届满为由,主张不承担担保责任的,人民法院应予支持。主债权诉讼时效期间届满前,债权人仅对债务人提起诉讼,经人民法院判决或者调解后未在民事诉讼法规定的申请执行时效期间内对债务人申请强制执行,其向抵押人主张行使抵押权的,人民法院不予支持。"《民法典担保制度解释》对抵押权行使期间作了更为详尽的规定,抵押人行使抵押权的期限仅与主债权诉讼时效期间与申请执行时效期间有关,与当事人约定或登记部门要求登记期间无关。

关于抵押权期限是否受当事人之间约定或登记部门要求的登记期间影响,实践中有不同观点。肯定说认为,抵押合同系双方真实意思表示,既不违反法律的禁止性规定，也未损害他人利益，故应认定当事人约定及登记机关记载的抵押期限有效，对双方均具有约束力。若登记抵押期限届满，抵押权人对抵押物不再享有优先受偿权。

否定说认为，抵押权作为担保物权，应当遵守物权法定原则，担保物权期限亦应当遵守物权法定原则，而不能依照当事人约定及登记机关记载的抵押期限。只要抵押权仍在法律保护的期间（主债权诉讼时效期间、申请执行时效期间）内，抵押权人对抵押物的优先受偿权就一直存在。此观点为目前最高人民法院裁判通说观点。

## 案例索引

最高人民法院（2019）最高法民申1643号再审审查案

最高人民法院（2019）最高法民申6399号再审审查案

**435** A公司对B公司享有债权并已取得生效法律文书，C公司为B公司的债务提供抵押担保。在申请执行时效内，A公司未对B公司申请执行。后D公司对C公司申请执行，并拍卖了C公司抵押给A公司的抵押物。A公司凭生效法律文书要求参与分配，主张优先受偿权，应否准许？

答：A公司凭生效法律文书要求参与分配主张优先受偿权的，人民法院应予受理，其他债权人或债务人认为A公司债权已过申请执行时效不具备参与分配资格的，可以提出异议，人民法院经审查异议成立的，裁定不予支持。

## 理由与依据

抵押权从属于主债权，抵押权的成立、转移和消灭从属于主债权的发生、转移和消灭。现行法律并未赋予抵押权独立的强制执行申请权，其强制执行效力从属于担保的主债权的强制执行力，受主债权强制执行申请期限的限制。

主债权因超过强制执行申请期限而丧失强制执行力的保护及于抵押权，不能以参加另案执行重新赋予抵押权强制执行力。

当主债权经诉讼程序被生效裁判确定后，抵押权的保护期间为申请执行期间。抵押权人在执行时效内行使抵押权的，抵押权受到保护。超出上述法律规定的保护期间的，抵押权不受法律保护。A公司取得生效法律文书后，应在《民事诉讼法》规定的申请执行时效期间内向人民法院申请强制执行。如果A公司未在法律规定的执行时效期间内申请强制执行，即使该债权已经生效判决确认，但因申请执行时效期间经过而成为自然债务，不受人民法院保护。申请执行时效已从法院依职权审查事项转变为债务人抗辩事项。A公司申请参与分配，主持分配法院应审查其执行依据，但对于是否超过申请执行时效不应主动进行审查。若债务人或其他债权人对此提出异议，应通过执行异议复议程序进行救济。

## 立法沿革与争议

《民法典担保制度解释》第44条第1款规定："主债权诉讼时效期间届满后，抵押权人主张行使抵押权的，人民法院不予支持；抵押人以主债权诉讼时效期间届满为由，主张不承担担保责任的，人民法院应予支持。主债权诉讼时效期间届满前，债权人仅对债务人提起诉讼，经人民法院判决或者调解后未在民事诉讼法规定的申请执行时效期间内对债务人申请强制执行，其向抵押人主张行使抵押权的，人民法院不予支持。"该条将《民法典》第419条规定的"主债权诉讼时效期间"扩大解释到"主债权执行时效期间"，即债权人未在主债权执行时效期间内申请执行的情况下，主债权不再受人民法院的保护，从属于主债权的抵押权亦不受法律保护。

受担保债权申请执行期间已过的抵押权究竟转为自然权利还是消灭，实践中有不同观点。一种观点认为，认定抵押权因受担保债权申请执行期间已过而转为自然权利，无异于承认抵押权适用诉讼时效及执行时效，有违民法学原理，应当认定申请执行期间已过的担保债权抵押权消灭。另一种观点认为，虽然主债权人在诉讼时效期间内主张债权，但并未在申请执行时效期间内申请执行，故主债务因申请执行时效期间届满而成为自然债务，担保债务也成为自然债务，抵押权人无法再通过人民法院保护其抵押权。此种观点为最高人民法院裁判通说观点。

## 案例索引

最高人民法院（2020）最高法民再110号再审审查案

## 436 在建房产项目拍卖后，购房者的购房款能否优先于建设工程价款和土地使用权的抵押债权受偿？

答：在建房产项目拍卖后，购房者的购房款优先于建设工程价款和土地使用权的抵押债权受偿。

## 理由与依据

为充分保障商品房消费者权益，在房屋不能交付且无实际交付可能的情况下，商品房消费者主张价款返还请求权优先于建设工程价款优先受偿权、抵押权及其他债权的，人民法院应予支持。《最高人民法院关于商品房消费者权利保护问题的批复》确立了商品房消费者的"超级优先权"，工程价款优先受偿权人、抵押权人既不得对抗买受人在房屋建成情况下的房屋交付请求权，也不得对抗买受人在房屋未建成等情况下的购房款返还请求权。

## 立法沿革与争议

《最高人民法院关于建设工程价款优先受偿权批复》第1条规定："人民法院在审理房地产纠纷案件和办理执行案件中，应当依照《合同法》第286条的规定，认定建筑工程承包人的优先受偿权优于抵押权和其他债权。"第2条规定："消费者交付购买商品房的全部或者大部分款项后，承包人就该商品房享有的工程价款优先受偿权不得对抗买受人。"依此规定，确立了消费者作为商品房买受人的优先权，既优先于建设工程价款优先受偿权人，亦优先于抵押权人，体现了对商品房消费者生存权优先保护的原则。

2005年12月25日，最高人民法院公布了《〈批复〉中有关消费者权利应优先保护的规定应如何理解的答复》（〔2005〕执他字第16号）："第2条关于已交付购买商品房的全部或者大部分款项的消费者权利应优先保护的规定，是为了保护个人消费者的居住权而设置的，即购房应是直接用于满足其生活居住需要，而不是用于经营"，明确了"消费者"的内涵。

2014年7月18日，《最高人民法院针对山东省高级人民法院就处置济南彩石山庄房屋买卖合同纠纷案请示的答复》（〔2014〕执他字第23、24号）答复如下："…… 二、基于《批复》保护处于弱势地位的房屋买受人的精神，对于《批复》第2条'承包人的工程价款优先受偿权不得对抗买受人'的规定，应当理解为既不得对抗买受人在房屋建成情况下的房屋交付请求权，也不得对抗买受人在房屋未建成等情况下的购房款返还请求权。"此答复明确了消费者购房人享有的优先权不仅包括房屋交付请求权，还包括购房款返还请求权。

《异议复议规定》第27条规定："申请执行人对执行标的依法享有对抗案外人的担保物权等优先受偿权，人民法院对案外人提出的排除执行异议不予支持，但法律、司法解释另有规定的除外。"第29条属于第27条规定的"但书"情形，该条规定："金钱债权执行中，买受人对登记在被执行的房地产开发企业名下的商品房提出异议，符合下列情形且其权利能够排除执行的，人民法院应予支持：（一）在人民法院查封之前已签订合法有效的书面买卖合同；（二）所购商品房系用于居住且买受人名下无其他用于居住的房屋；（三）已支付的价款超过合同约定总价款的百分之五十。"这两条司法解释与2002年《建设工程价款优先受偿权批复》第2条规定在精神和价值取向上一脉相承，是对商品房买受人物权期待权在执行程序中的落实与体现。

2023年《最高人民法院关于商品房消费者权利保护问题的批复》第2条规定："商品房消费者以居住为目的购买房屋并已支付全部价款，主张其房屋交付请求权优先于建设工程价款优先受偿权、抵押权以及其他债权的，人民法院应当予以支持。只支付了部分价款的商品房消费者，在一审法庭辩论终结前已实际支付剩余价款的，可以适用前款规定。"第3条规定："在房屋不能交付且无实际交付可能的情况下，商品房消费者主张价款返还请求权优先于建设工程价款优先受偿权、抵押权以及其他债权的，人民法院应当予以支持。"上述规定明确了"商品房消费者房屋交付请求权或购房款返还请求权 > 建设工程价款优先权〉抵押权〉普通债权"的效力顺位格局。

**案例索引**

湖北省高级人民法院（2021）鄂民终1241号执行分配方案异议之诉案

**437** 作为收费公路施工方的申请执行人，是否有权就公路收费权拍卖价款或收取的费用优先于收费权的质押权人优先受偿？

答：对于被执行人不享有所有权但享有经营权的特殊不动产，承建人享有的建设工程价款优先受偿权及于被执行人的经营权，既可以通过将经营权中的收费权进行变价，也可以从被执行人已经收取的费用中直接提取进行清偿。对收费权等不动产收益权的变价款，建设工程价款优先受偿权优先于质权。

**理由与依据**

建设工程价款优先受偿权，是承包人对其承建工程的折价款或拍卖款优先受偿的权利，建设工程是不动产，而可以设立质权的标的物是动产和权利，因此，一般情况下建设工程价款优先受偿权与质权不会发生执行竞合。但在一些特殊建设工程项目中，比如公路、隧道、桥梁、地铁等，基于其特殊的经营模式，所有权属国家，但一些民事主体在符合法律规定的条件下对其享有经营权。例如，根据《收费公路权益转让办法》第35条的规定，所有权人为国家，按照现行法律规定不得转让、拍卖，但收费公路经营权可以转让。根据《民法典》第807条的规定，承包人对其承建的建设工程项目依法享有建设工程价款优先受偿权。对于上述特殊建设工程项目，承包人无法对工程进行折价或拍卖变卖，其建设工程价款优先受偿的对象转换为发包方享有的经营权较为适宜。收费等收益权是经营权的核心，建设工程价款优先受偿及于收益权乃应有之义。如果发包人已将收益权进行质押，建设工程价款优先受偿权与不动产收益权质权产生冲突。根据《建设工程合同解释（一）》第36条的规定，承包人根据《民法典》第807条享有的建设工程价款优先受偿权优先于抵押权和其他债权。由此可推知，对于上述特殊不动产收益权，工程价款优先受偿优先于不动产收益权质权。

## 立法沿革与争议

　　法律、司法解释亦未对建设工程价款优先受偿权是否优先于质权作出明确规定。2006年《最高人民法院关于公路建设单位对公路收费权是否享有建设工程价款优先受偿权以及建设工程价款优先权是否优先于质权的请示的答复》（〔2005〕执他字31号）明确了建设工程价款优先受偿权及于收费公路这类特殊工程的可转让的经营权，对收费公路经营权所享有的建设工程价款优先受偿权优先于质权。建设工程的折价或者拍卖虽原则上指工程所有权的转让，但对收费公路这类特殊工程的可转让的经营权，也应适用。因此，申请执行人作为公路施工单位，有权通过对被执行人享有的公路工程经营权的执行优先受偿。车辆通行收费权是公路经营权中的主要内容，执行中可以转让收费权或者直接从所收费中提取款项。施工单位的优先受偿权应及于该收费权，可以从提取的款项中优先受偿。工程款优先受偿权应优先于异议人就公路收费设定的质押权。

## 案例索引

　　湖南省长沙市中级人民法院（2020）湘01执复44号执行复议案

## 438 执行程序中，如何确定债权人向人民法院申请参与分配的截止时间？

　　答：从现行法律规定来看，参与分配申请应当在执行程序开始后，被执行人的财产执行终结前提出。债权人向人民法院申请参与分配的截止时间应当区分待分配财产种类分别认定：（1）待分配财产为货币类财产的，分配方案已制作完成且已有效送达任一相关当事人的前一日为申请参与分配截止日，主持分配法院未制作分配方案或者分配方案尚未送达的，以执行案款发放的前一日为申请参与分配的截止日；（2）待分配财产为非货币类财产且通过拍卖或者变卖方式已经处置变现的，债权人申请参与分配的截止时间，按照货币分配原则确定，不受买受人未缴纳尾款或者人民法院撤销拍卖后再次拍卖、变卖的影响；（3）待分配财产为非货币类财产，流拍或者变卖不成后以物抵债的，申请参与分配的截止时间为抵债裁定书送达申请执行人之日的前一日。

截止日前未申请参与分配的债权人，仅就已分配后的剩余款物参与分配受偿。债权人申请参与分配的时间，以主持分配法院收到其参与分配申请书的时间为准。债权人在上述截止日前已寄出参与分配申请，但主持分配法院在该截止日前未收到的，只能就已分配后的剩余款物参与分配受偿。

## 理由与依据

对申请参与分配截止日期的确定体现了人民法院对各方利益衡平保护的价值取向，从参与分配制度设立来看，如果追求绝对的公平，那么申请参与分配截止时间越往后越公平，但司法资源的有限性决定了效率成为评价司法公正的重要价值目标之一，即用最小的成本最大化地实现司法公正。为此，有必要确立既保证司法公正又兼顾司法效率的操作规则。

待分配财产为货币类财产时，对于主持分配法院已制作完成分配方案的，将截止日期限定为分配方案首次送达之日，既相对平衡各方利益，又确保分配方案不至于被反复推翻延后，避免出现"迟到的正义非正义"的现象；主持分配法院未制作分配方案或者分配方案尚未送达的，因货币属于特殊动产占有即所有，物权变动以支付为界限，将执行案款发放前一日作为申请参与分配的截止日更为合理。

待分配财产为非货币类财产但已通过拍卖或者变卖方式处置变现的，申请参与分配的截止日为执行案款发放前一日。从债权人参与分配的目的来看，其是为分得相应价款以实现债权清偿，而非取得特定财产所有权，此时对于"财产执行终结"的理解和把握，应参照《企业破产法》的相关规定和做法，不宜单纯以财产所有权变化认定债权人申请参与分配截止时间。只要财产的最终形态——价款依然在法院账户，执行程序便未终结。拍卖款属于货币，于交付时所有权转移，申请参与分配的截止日应为执行案款发放前一日。

待分配财产为非货币类财产，流拍或者变卖不成以物抵债的，申请参与分配的截止日为抵债裁定书送达申请执行人之日的前一日。主持分配执行法院作出的以物抵债裁定，属于人民法院"导致物权设立、变更、转让或者消灭"的法律文书，拍卖标的物于该执行裁定书送达以物抵债承受人之日起发生物权转移。申请参与分配的截止时间应为所有权转移之日的前一日，即抵债裁定书送达申请执行人之日的前一日。

## 立法沿革与争议

1. 立法沿革。关于参与分配截止时间的规定，1992年《民诉意见》第298条规定："参与分配申请应当在执行程序开始后，被执行人的财产被清偿前提出。"1998年《执行工作规定》第90条将上述规定修改为"在被执行人的财产被执行完毕前，对该被执行人已经取得金钱债权执行依据的其他债权人可以申请对该被执行人的财产参与分配"。2020年修正的《执行工作规定》已经将该条删除。2015年《民事诉讼法解释》第508条则规定"参与分配申请应当在执行程序开始后，被执行人的财产执行终结前提出"。2022年修正的《民事诉讼法解释》第507条沿用了上述规定。

"执行程序开始后"和"财产执行终结前"，究竟是指被执行财产变现或所有权转移，还是被执行财产完成实际分配，抑或是分配比例确定的时间，缺乏明确的法律或司法解释规定，各地法院对此理解不一。本书认为，主持分配的法院应当在制定分配方案前公告相关情况，在公告中公示参与分配截止时间，允许其他符合条件的债权人在截止日期前申请参与分配，以固定参与分配的债权数额、方便制作分配方案。这样做既明确锁定了申请分配的截止时间，又保护了其他缺乏知情权的债权人通过参与分配受偿的权利，从制度上防止法院人为地加快或拖延执行进度，具备较强的可操作性。

2. 实践争议。实践中，对于货币类财产参与分配截止时间的界定，各地法院有不同做法。总体来看，各地法院选择的截止时间主要有：（1）案款到达法院账户日；（2）案款支付日；（3）制定分配方案日；（4）第一次召开债权人会议日；（5）分配方案首次送达日；（6）被分配财产脱离法院账户日；（7）执行财产分配完毕前等。上述观点中，有的在确定参与分配截止时间时，忽略了参与分配制度自身的功能定位和民事执行程序整体构造上所追求的效率优先价值理念，导致对参与分配截止时间的确定要么过分超前，要么过分滞后。过分超前，容易造成参与分配制度未能充分发挥其保障债权平等受偿的功能，损害执行公正；过分滞后，容易造成参与分配程序过分延迟，损害执行效率。

## 案例索引

最高人民法院（2020）最高法执监105号执行监督案

## 439 如何识别参与分配程序中的分配方案异议和执行行为异议？

答：分配方案异议是利害关系人对关乎自身实体权利减损所提出的异议，属实体性异议，争议的基础权利是实体权利而非程序权利。而执行行为异议种类繁杂、理由各异，大多数是当事人对分配方案程序瑕疵提出的不认同。

## 理由与依据

参与分配程序中的异议既有分配方案异议也有执行行为异议，分配方案异议是利害关系人对关乎自身实体权利减损所提出的，属实体性异议，争议的基础权利是实体权利而非程序权利。如分配方案中债权是否存在、是否已获全部或者部分清偿、债权受偿顺序、债权受偿数额、受偿比例等。这些异议指向的是当事人的实体权利存在与否、是否优先、优先顺位排列是否正确等问题，针对的是分配方案本身所涉及的债权审查问题；异议请求也很明确，即应根据异议人的意见修改分配方案，故称之为分配方案异议。而执行行为异议种类繁杂、理由各异，大多数是当事人对法院指定分配方案在程序上的瑕疵提出的不认同。[①] 如是否适用参与分配程序、参与分配资格的认定（包括确定债权是否已过申请执行时效、申请参与分配是否逾期）、可供分配金额的确定、分配方案的送达、异议的通知、权利的告知和送达、被执行人提出的分配方案中的某项债权已经消灭或丧失强制执行效力的异议等。[②] 债权是否已经消灭或丧失强制执行效力，应属于实体争议，本应通过分配方案异议之诉解决。但《异议复议规定》将该类异议参照《民事诉讼法》第236条规定进行审查。因此，有观点认为，执行分配阶段提出的该项异议应与《异议复议规定》的处理方式保持一致，通过异议复议程序审查。将关涉实体权利问题的分配方案异议与执行行为异议分离，是有效构建参与分配救济体系的关键，也是平衡执行公正和执行效率价值的体现。将程序性异议通过"异议＋复议"模式进行救济，既是执行法院享有的裁量权，又在执行权限范围之内。而涉及债权人、债务人权利减损的实体问题，则必须通过更全面周密的程序保障当事人的权益，如审判程序。

需要说明的是，异议复议制度规定于2007年《民事诉讼法》，而参与分配最早出现在1992年《民诉意见》，故自参与分配制度出现至2007年《民事诉讼法》开始施行之间，对执行分配的程序性异议，无论是对实体性异议还是程序性异议，都只能视为申诉信访，通过执行监督程序处理。[③]

## 立法沿革与争议

现行执行规范未对分配方案异议与执行行为异议进行合理界分。导致大量的程序性异议进入分配方案异议之诉。各地高级人民法院出台参与分配的指导意见，划定程序性异议和实体性异议的界限，如江苏省高级人民法院在《执行异议及执行异议之诉案件审理指南（一）》第10条规定："债权人、被执

---

[①] 曹凤国：《分配方案异议的诉讼救济及其限度》，载《法律适用》2014年第7期。

[②] 曹凤国主编：《执行异议之诉裁判规则的理解与适用》，法律出版社2022年版，第709页。

[③] 曹凤国主编：《执行异议之诉裁判规则的理解与适用》，法律出版社2022年版，第706页。

行人依法提起执行分配方案异议之诉的，异议人只能是被执行人以及执行法院已经同意其参与分配的债权人，且异议系对执行法院制定的分配方案提出的，包括参与分配的债权数额、优先受偿权是否成立及其分配顺序、分配份额、分配比例等。"《江苏省高级人民法院关于正确理解和适用参与分配制度的指导意见》第18条规定，主持分配的法院对参与分配申请审查后，不符合参与分配条件的，应当书面通知申请人不准参与分配及理由，并告知其可以按照《民事诉讼法》第236条规定提出异议。《江西高级人民法院关于进一步规范适用执行参与分配制度相关问题的解答》第12条规定，不符合参与分配条件的，应当书面通知申请人不准参与分配及其理由，并告知其可以按照《民事诉讼法》第236条规定提出执行异议。

对于"案款分配方案"是否属于分配方案异议之诉范围，实践中存在争议：肯定说认为，只要不同债权人之间形成"竞争关系"，则对于"案款分配方案"，也可以提起分配方案异议、异议之诉。否定说认为，执行中的"案款分配方案"通常为执行案款发放的程序性事项，除不足以清偿所有债务的情形之外，不属于可以提起分配方案异议之诉的范围，应通过《民事诉讼法》第236条规定的程序处理。

**案例索引**

陕西省高级人民法院（2021）陕民终528号执行分配方案异议之诉

### 440 参与分配前债权人已经受偿的金额是否纳入分配债权总额？

答：执行分配前各债权人已经受偿的金额，原则上不纳入"申请参与分配债权总额"以确定受偿比例。

## 理由与依据

参与分配程序中，对于普通债权，原则上按照其占全部申请参与分配债权数额的比例受偿。对于普通债权数额是否包括分配之前已经受偿的金额，司法解释虽并未作出明确规定，但结合参与分配制度的内涵来看，可分配的债权通常是指未获清偿的债权。因此，在法律或司法解释没有明确规定的情形下，不能随意扩大解释。不宜将该普通债权扩大为已因受偿而消灭的债权。如果允许将已受偿金额纳入分配程序，等同于允许对已经发生并消灭的债权债务关系进行撤销，即在法律及司法解释未作出任何明确规定的情形下，私自设立了参与分配程序中的可撤销权，不利于保护交易的安全与稳定。

## 立法沿革与争议

2015年《民事诉讼法解释》第510条"对于普通债权，原则上按照其占全部申请参与分配债权数额的比例受偿"之规定，已删除"被执行人的财产参照民事诉讼法第204条规定的顺序清偿"的内容。1991年《民事诉讼法》第204条的内容是企业法人的破产还债程序，已经被废除。该条文中的文义将参与分配的财产限制在"不足清偿"的范围之内。《民事诉讼法解释》第508条规定："参与分配执行中，执行所得价款扣除执行费用，并清偿应当优先受偿的债权后，对于普通债权，原则上按照其占全部申请参与分配债权数额的比例受偿。清偿后的剩余债务，被执行人应当继续清偿。债权人发现被执行人有其他财产的，可以随时请求人民法院执行。"从文义解释的角度来考察，上述规定对于纳入参与分配的债权范围与原《民诉意见》第299条的规定基本一致。

对于执行分配前各债权人已经受偿的金额是否纳入分配债权总额，实践中存在争议。肯定说认为，《民事诉讼法解释》第508条明确规定，对未能清偿的债权纳入债权分配程序进行分配。据此，已经受偿的金额不应计算在分配债权总额之内。否定说认为，对于普通债权数额是否包括分配之前已经受偿的金额，《民事诉讼法解释》第508条并未作出明确规定。据此，"原则上"不可以将执行分配前各债权人已经受偿的金额纳入分配债权总额，但是也应存在例外情形。

最高人民法院（2021）最高法民终722号执行分配方案异议之诉

### 441 所有当事人均对分配方案提出异议应如何处理？

答：依据《民事诉讼法解释》的相关规定，分配方案异议之诉的适格被告为未对分配方案提出异议且对其他当事人对分配方案提出的书面异议提出反对意见的当事人，所有当事人均对分配方案提出异议时不能适用分配方案异议之诉程序。所有当事人均对分配方案提出异议，说明此分配方案和所有当事人利益相悖，此时，人民法院可以相应调整分配方案。

## 理由与依据

《民事诉讼法解释》第510条明确了分配方案异议人和未提异议人之间关于分配方案异议的救济途径，但未对各方当事人均提出异议的情形如何处理作出规定。从该条司法解释的立法本意来讲，是为了解决分配方案异议人和未提出异议人之间可能存在的对分配方案内容的冲突或争议。据此，如果未提出异议人在法定期限内对异议提出反对意见，就不能依异议内容进行分配；基于异议人提出分配异议与未提出异议人对异议提出反对意见两者之间的类似性，可得出具有某种程度盖然性和妥当性的一般推论，即如果多方提出内容相互冲突的异议，那么在分配异议阶段，执行机构不能依其中一个异议人的意见进行分配，此争议和纠纷应在分配方案异议之诉程序解决。

## 立法沿革与争议

目前，法律或司法解释并无关于所有人均提出异议如何处理的规定。从分配方案异议和异议之诉的立法沿革来看，2004年最高人民法院公布的《关于执行程序中多个债权人参与分配问题的若干规定（征求意见稿）》用两个条文规定了对分配方案的异议及该异议的审查与裁定，确立了异议 — 裁定 — 复议的处理模式。在此之后，从2008年最高人民法院颁布的《执行程序解释》开始，均采用"异议 — 异议之诉"的处理模式。2011年由最高人民法院主持起草的《民事强制执行法草案（第五稿）》在"分配表"的名目下用4个条文对异议及处理、异议之诉及审理与裁判进行了规定；同年出台的《民事强制执行法草案（第六稿）》用3个条文规定了分配异议及异议之诉、异议之诉的审理与裁判。两稿均未将异议的通知对象及异议之诉的适格被告限定为未提出异议人。2015年《民事诉讼法解释》与《执行程序解释》遥相呼应，明确规定异议的通知对象及异议之诉的适格被告限定为未提出异议人。[①]2022年《民事强制执行法（草案）》第181条、第182条，与《民事诉讼法解释》第509条、第510条的规定基本一致。

执行财产分配程序中，所有债权人均对主持分配法院制作的分配方案提出异议的，应当如何处理做法不一，实践中存在争议：

肯定说认为，所有债权人均对分配方案提出异议，说明该分配方案违背所有债权人利益，应当撤销原分配方案，在吸收部分合理异议的基础之上，重新制作分案方案，并重新向所有债权人送达。

否定说认为，所有债权人均对分配方案提出异议，系指对分配方案的内容不服提出的异议，属于实体性异议，不可直接撤销原分配方案重新制作，但可以先修正部分异议，在送达其他未修正异议债权人提出反对意见后，再导入分配方案异议之诉。

### 案例索引

福建省宁德市中级人民法院（2018）闽09民终1277号执行分配方案异议纠纷案

---

[①] 孙雯：《多方提起分配方案异议和异议之诉的法律适用》，载《人民司法》2020年第8期。

### 442 当事人对分配方案逾期提出反对意见的，主持分配法院应如何处理？

答：当事人对分配方案逾期提出反对意见的，视为放弃依其意见进行分配的权利。

## 理由与依据

根据《执行程序解释》第17条、《民事诉讼法解释》第509条规定，当事人、利害关系人不服分案方案的，应当在收到分配方案之日起15日内提出书面异议。从分配方案规定的期间来看，最高人民法院司法解释明确规定了分配方案的时间节点，如果逾期提出异议，仍与期限内所提出的异议同样处理，就使该项司法解释丧失了规定"期限内"的时效意义，容易导致部分当事人消极行使异议权利或滥用异议权利，不利于全体债权人合法权益的保护。

根据《民事诉讼法解释》关于分配方案异议处理程序及分配之诉的规定，分配方案异议之诉的适格被告为未对分配方案提出异议但对异议人的意见提出反对意见的债权人、被执行人，即分配方案异议及异议之诉以解决异议人与未提出异议人之间的争议为主旨。参与分配法律关系中的当事人提起分配方案异议及异议之诉的处理程序如下：（1）对分配方案有异议的，15日内向执行法院提出书面异议；（2）对分配方案提出书面异议的，执行法院应当通知未提出异议的当事人；（3）未提出异议的当事人15日内未提出反对意见的，执行法院依异议人的意见对分配方案审查修正后进行分配；（4）未提出异议的当事人15日内提出反对意见的，执行法院应当通知异议人；（5）异议人可以在15日内向执行法院提起诉讼；（6）异议人逾期未提起诉讼的，执行法院按照原分配方案进行分配。据此，当事人逾期对分配方案提出异议，应当视为放弃依其意见进行分配的权利。

## 立法沿革与争议

《执行程序解释》第17条规定："多个债权人对同一被执行人申请执行或者对执行财产申请参与分配的，执行法院应当制作财产分配方案，并送达各债权人和被执行人。债权人或者被执行人对分配方案有异议的，应当自收到分配方案之日起十五日内向执行法院提出书面异议。"第18条规定："债权人或者被执行人对分配方案提出书面异议的，执行法院应当通知未提出异议的债权人或被执行人。未提出异议的债权人、被执行人收到通知之日起十五日内未提出反对意见的，执行法院依异议人的意见对分配方案审查修正后进行分配；提出反对意见的，应当通知异议人。异议人可以自收到通知之日起十五日内，以提出反对意见的债权人、被执行人为被告，向执行法院提起诉讼；异议人逾期未提起诉讼的，执行法院依原分配方案进行分配。诉讼期间进行分配的，执行法院应当将与争议债权数额相应的款项予以提存。"《民事诉讼法解释》第509条、第510条对上述分配异议及异议之诉进行了规定，条文内容来自《执行程序解释》，删除了多个债权人"对同一被执行人申请执行"这一条件项，限缩了执行法院应当制作财产分配方案的情形。第509条规定："多个债权人对执行财产申请参与分配的，执行法院应当制作财产分配方案，并送达各债权人和被执行人。债权人或者被执行人对分配方案有异议的，应当自收到分配方案之日起十五日内向执行法院提出书面异议。"第510条规定："债权人或者被执行人对分配方案提出书面异议的，执行法院应当通知未提出异议的债权人、被执行人。未提出异议的债权人、被执行人自收到通知之日起十五日内未提出反对意见的，执行法院依异议人的意见对分配方案审查修正后进行分配；提出反对意见的，应当通知异议人。异议人可以自收到通知之日起十五日内，以提出反对意见的债权人、被执行人为被告，向执行法院提起诉讼；异议人逾期未提起诉讼的，执行法院按照原分配方案进行分配。诉讼期间进行分配的，执行法院应当提存与争议债权数额相应的款项。"

　　对于当事人、债权人对分配方案逾期提出的异议如何处理，实践中存在争议．肯定说认为，对于当事人、债权人自收到分配方案15日后逾期对该分配方案提出的异议，其产生的法律后果和在指定期限内提出异议并无不同，主持分配法院应当按照《民事诉讼法》第236条的规定，对该异议进行实质性审查，再导入分配方案异议之诉。否定说认为，对于当事人、债权人对分配方案逾期提出的异议，已超过15日的异议期限，主持分配法院对该异议申请应当视为对分配方案未提出反对意见，依异议人在期限内提出的反对意见审查修正分配方案后进行分配。

## 案例索引

福建省宁德市中级人民法院（2018）闽09民终1277号执行分配方案异议纠纷案。

### 443 合伙企业财产不足以清偿全部债务，债权人应通过申请破产清算受偿，还是通过参与分配制度受偿？

答：合伙企业财产不足以清偿全部债务的，债权人既可以申请破产清算，也可以申请参与分配。

## 理由与依据

执行法院认为作为被执行人的企业法人符合《企业破产法》第2条第1款规定情形的，经申请执行人之一或被执行人的同意，应移送破产。执行当事人不同意或者破产法院不受理破产案件的，执行普通债权按照查封先后顺序清偿。被执行人为自然人或其他组织的，通过参与分配程序受偿，普通债权按比例清偿。

从主体资格和清偿责任上看，合伙企业属于"其他组织"，不属于企业法人的范畴。但《合伙企业法》2006年修订时明确规定合伙企业不能清偿到期债务的，债权人可以依法向人民法院提出破产清算申请，也可以要求普通合伙人清偿。但申请破产清算并不意味着普通合伙人免除责任。即便合伙企业被宣告破产，普通合伙人仍对合伙企业债务承担无限连带责任。

虽然《合伙企业法》并未规定合伙企业破产清算的具体程序，但根据《企业破产法》第135条关于"其他法律规定企业法人以外的组织的清算，属于破产清算的，参照适用本法规定的程序"的规定可知，合伙企业破产清算程序的债权受偿与企业法人破产清算时的债权受偿规则并无本质区别。合伙企业破产与企业法人破产的不同，主要在于合伙人责任承担、合伙企业债权人和合伙人债权人并存时的清偿，可能会引发债权申报和清偿顺序的变动。[1]

## 立法沿革与争议

对于合伙企业的债务清偿，法律规定和司法解释产生了较大变化。1997年《合伙企业法》并未明确合伙企业可以申请破产，直至2006年修订后才予以明确，第92条规定："合伙企业不能清偿到期债务的，债权人可以依法向人民法院提出破产清算申请，也可以要求普通合伙人清偿。合伙企业被依法宣告破产的，普通合伙人对合伙企业债务仍应承担无限连带责任。"《企业破产法》第135条规定："其他法律规定企业法人以外的组织的清算，属于破产清算的，参照适用本法规定的程序。"为合伙企业引入企业破产清算程序提供了法律支撑。

## 案例索引

北京市第一中级人民法院（2022）京01破申422号破产清算案

### 444 如何确定参与分配方案中的债权清偿顺位？

答：关于参与分配方案中的清偿顺位，应作如下安排：（1）执行费用、共益债务等。具体包括：①首查封案件保全费、申请执行费、评估费等应由被执行人承担的必要费用以及相关债权人为处置待分配财产垫付的必要费用；②被执行的涉案财产为国有划拨土地使用权，依法应缴纳的土地使用权出让金（现已改由税务部门征收[2]）；③根据相关法律、行政法规规定，财产处置过程中办理物权变更登记时应由被执行人负

---

[1] 参见王欣新、王斐民：《合伙企业破产的特殊性问题研究》，载《法商研究》2010年第2期。

[2] 《关于将国有土地使用权出让收入、矿产资源专项收入、海域使用金、无居民海岛使用金四项政府非税收入划转税务部门征收有关问题的通知》（财综〔2021〕19号）。

担的税费，但已明确由买受人负担的除外；④其他依法应当扣除的必要费用。（2）法定优先、政策优先的债权。主要指：人身损害赔偿中的医疗费用、伤残补助、抚恤费用，所欠的应当划入职工个人账户的基本养老保险、基本医疗保险费用，以及法律、行政法规规定应当支付给职工的补偿金、农民工工资等劳动债权。（3）对执行标的物折价或拍卖价款依法享有优先受偿权的债权，包括民办学校受教育者学杂费优先权、劳动债权受偿权、建设工程价款优先受偿权、担保物权、船舶、民用航空器优先权等。（4）刑事裁判涉财产部分执行中退赔被害人的损失。（5）一般民事债权。（6）罚款、罚金。（7）没收财产。

## 理由与依据

一是关于执行费用的优先清偿问题。《民事诉讼法解释》第508条规定："…… 执行所得价款扣除执行费用，并清偿应当优先受偿的债权后，对于普通债权，原则上按照其占全部申请参与分配债权数额的比例受偿 ……"参与分配中，债权人是对可分配财产"切蛋糕"，执行所得价款并不等于可分配财产，只有在扣除了执行费用之后才得到可分配财产。

二是关于土地出让金的优先权问题。《最高人民法院关于破产企业国有划拨土地使用权应否列入破产财产等问题的批复》（2020年修正）明确了划拨方式取得的国有土地使用权不属于企业自身财产。因此，如果参与分配的执行标的物为被执行人享有的国有划拨土地使用权的，在相关国土管理部门同意将划拨用地转为出让用地后进行变价的，根据《城镇国有土地使用权出让和转让暂行条例》《城市房地产管理法》，划拨土地使用权转让应补缴土地使用权出让金。即只有在补缴了土地出让金后，建设用地使用权才属被执行人的财产，进而其剩余的变价款才可用于清偿被执行人的债务。需要说明的是，这里所指的土地出让金是执行标的物变价所应承担的税费，严格来说是共益债务，不补缴该部分费用，变价处置便无法完成。不同于被执行人所欠付的国有土地出让金、税费等债权。

三是关于劳动债权优先权的问题。劳动债权的优先受偿顺位一般可以参照《企业破产法》中关于破产债权清偿顺位的相关规定。劳动债权是指基于劳动关系而产生的债权，包括被执行人所欠的职工工资、工资性待遇以及应支付给劳动者的经济补偿金、社会保险等相关费用。劳动债权优先权制度具有保护社会弱势群体，保障其基本生存权益以及保障人权，稳定社会秩序的意义。目前司法实践的普遍做法是将劳动债权与建设工程价款优先受偿权、担保物权等优先债权列入同一清偿顺位。《民事强制执行法（草案）》将"维持债权人基本生活、医疗所必需的工资、劳动报酬"的顺位放在"对执行标的享有优先受偿权的债权"之前，体现了立法者对生存权的重视。

四是关于税收优先权问题。根据《税收征收管理法》第45条的规定，税收债权原则上优先于一般债权，纳税人欠缴的税款发生在纳税人以其财产设定抵押、质押或者纳税人的财产被留置之前的，税收应当先于抵押权、质权、留置权执行。具体而言：（1）在纳税人的财产设有质权或抵押权的情况下，若设定时间在法定纳税期限之前，则有质权或抵押权担保的债权优先于税收债权受偿。（2）在纳税人的财产上设定了留置权的情况下，如对该财产进行滞纳处分，则由留置权作为担保的债权优先于税收债权从该财产的变价款中受偿。（3）在某些特别法（如各类商事法律）规定有先取特权的情况下，这些先取特权（如海商法上的救助者的先取特权、船舶债权人的先取特权、船舶先取特权等）亦优先于税收债权受偿。

五是关于船舶、民用航空器优先权的问题。《海商法》第21条、第22条，以及《航空法》第18条、第19条、第25条分别对船舶优先权、民用航空器及其优先顺位和适用范围作了明确规定。强调船舶优先权是海事请求权人对产生海事请求的船舶所享有的优先受偿的权利。根据《海商法》的规定，具有船舶优先权的海事请求包括以下几项：（1）在船上工作的在编人员根据劳动法律、行政法规或劳动合同所产生的工资、社会保险费用等给付请求；（2）在船舶营运中发生的人身伤亡的赔偿请求；（3）船舶吨税、港口规费的缴付请求；（4）海难救助款项的给付请求；等等。上述各项海事请求，依照顺序受偿，因此，船舶吨税一般劣后于前两项，优先于第4项受偿。但是，若第4项请求后于前三项请求发生，则应优先于前三项请求受偿。另外，民用航空器的优先权是债权人自实施救援工作或者保管维护工作之后就产生的，不需要其他的要件（比如双方协商一致等）而成立。优先权登记是对权利的一种确定和公示。办理民用航空器优先权登记的由民用航空器优先权的债权人提出，应当在自援救或者保管维护工作终了之日起3个月内，向民用航空主管部门提交足以证明其合法身份的文件和有关债权证明。民用航空器优先权自援救或者保管维护工作终了之日起满3个月或该民用航空器被强制拍卖而消灭。民用航空器的优先权主要包括救援费用、保管费用、维护费用，在该三项费用并存的情形之下，清偿顺位为以后发生的先赔偿。比如飞机冲出跑道时，对飞机进行救援，后对损伤的部位进行修理。那么优先权的支付顺序是先支付维修费用，再支付救援费用。

六是关于刑事责任清偿顺位的问题。刑事裁判中"退赔被害人的损失"的依据来自《刑法》第64条的规定。《刑事涉财执行规定》第13条确定"刑事退赔优先"，主要是因为犯罪分子的违法所得财物在刑法上仍然视为被害人财产，不属于犯罪分子（被执行人）在民法上的责任财产，自然不能用于清偿犯罪分子的民事债务，而应将这部分财产"物归原主"，交还财产的合法所有者（即优先被害人）。此时，被害人要求退赔的权利属于物权请求权或者类似于物权请求权性质的权利，故司法解释赋予退赔被害人损失一种"物权化"的效力，优先于其他普通民事债务的清偿。一般情况下，犯罪分子的违法所得均无法足额退赔被害人的损失。只有当犯罪分子的违法所得足额退赔被害人损失后，才存在犯罪分子的其他民事债务（包含刑事附带民事赔偿）参与分配的情况，此时客观上才可能存在"退赔被害人的损失"优先于"其他民事债务"清偿规则的适用。

## 立法沿革与争议

关于参与分配的债权清偿顺位，2015年《民事诉讼法解释》第510条仅有原则性的规定："参与分配执行中，执行所得价款扣除执行费用，并清偿应当优先受偿的债权后，对于普通债权，原则上按照其占全部申请参与分配债权数额的比例受偿。清偿后的剩余债务，被执行人应当继续清偿。债权人发现被执行人有其他财产的，可以随时请求人民法院执行。"现行《民事诉讼法解释》第508条沿用该规定。

司法实践中，《刑事涉财执行规定》第13条确立的规则被广泛用于参与分配的债权清偿，该条规定："被执行人在执行中同时承担刑事责任、民事责任，其财产不足以支付的，按照下列顺序执行：（一）人身损害赔偿中的医疗费用；（二）退赔被害人的损失；（三）其他民事债务；（四）罚金；（五）没收财产。债权人对执行标的依法享有优先受偿权，其主张优先受偿的，人民法院应当在前款第（一）项规定的医疗费用受偿后，予以支持。"2019年《最高人民法院、最高人民检察院、公安部关于办理非法集资刑事案件若干问题的意见》第9条规定"退赔集资参与人的损失一般优先与其他民事债务以及罚金、没收财产的执行"，再次肯定了该清偿顺位。

2022年《民事强制执行法（草案）》第179条对执行款的分配顺序作出规定："执行款在优先清偿执行费用和共益债务后，依照下列顺序进行分配：（一）维持债权人基本生活、医疗所必需的工资、劳动报酬医疗费用等执行债权；（二）对执行标的享有优先受偿权的债权；（三）其他民事债权。前款第三项规定的民事债权，按照查封财产的先后顺序受偿。刑事判决中确定被告承担赔偿责任的，按照民事债权顺位受偿。"

在上述法律及司法解释层面之外，各地法院也出台了相关的指导意见和问答，指导区域内法院的参与分配司法实践。[①]

关于税收债权与担保物权的清偿顺位问题，实践中有观点认为，抵押权、质权、留置权应优先于税收。理由是，抵押权、质权作为担保物权，需要以公示的方式获得，市场主体基于对公示的信赖利益而衡量交易风险，实现交易安全。交易主体为了最大限度地避免交易风险而通过合意设定担保物权，将自身所需要负担的风险限制在可以控制、可以接受的范围内，不仅可以维护市场交易秩序，而且促进了经济的繁荣。而税收优先权以欠税发生的时间作为其产生时间，在现行税收法律体制中欠税公告制度不完善的情形下，抵押权人、质权人在交易前难以获知欠税情况。因此，仅以发生在先的税收优先权优先于抵押权人、质权人，无疑会增大抵押权人、质权人在交易中所负担的不合理的风险。因此，有公示的抵押权、质权应优先于无公示的税收优先权。[②]

---

[①] 如《江苏省高级人民法院关于正确理解和适用参与分配制度的指导意见》《浙江省高级人民法院执行局关于多个债权人对同一被执行人申请执行和执行异议处理中若干疑难问题的解答》《重庆市高级人民法院关于执行工作适用法律若干问题的解答（一）》《上海市高级人民法院执行局、执行裁判庭联席会议纪要（二）》《北京市高、中级人民法院执行局（庭）长座谈会（第五次会议）纪要——关于案款分配及参与分配若干问题的意见》等。

[②] 参见金殿军：《税收优先权在民事执行中的实现路径》，载《人民法院报》2021年9月8日第7版。

案例索引

福建省高级人民法院（2017）闽民终73号执行分配方案异议之诉案

浙江省高级人民法院（2022）浙民终763号执行分配方案异议之诉案

### 445 对于已知但未提交参与分配申请书的债权人，主持分配的法院是否应当通知其申请参与分配？

答：对于已知但未提交参与分配申请书的债权人，主持分配的法院通常无须通知其申请参与分配，但下列情形除外：（1）已知对执行财产处置价款享有优先权受偿权的债权人；（2）主持分配法院财产处置权系通过商请移送取得，移送处置权法院所受理案件的债权人；（3）已向主持分配执行法院送达协助冻结、扣留或提取该执行财产处置价款法律文书的其他法院受理执行案件债权人；（4）主持分配法院受理的以该财产所有人为同一被执行人的其他未申请参与分配的债权人。（5）已经通过口头、电子信息形式或在主持分配法院制作的记录中明确表示申请参与分配，但因出现障碍不能提交参与分配申请书的普通债权人。

**理由与依据**

从参与分配程序启动来看，申请参与分配，申请人应提交申请书，写明申请参与分配和被执行人不能清偿所有债权的事实和理由，并附有执行依据。一般情况下，参与分配由债权人主动向法院申请。已知债权人不申请参与分配的，主持分配法院原则上不通知其申请参与分配，尊重债权人对自己权利的处分，但特殊情形，或基于法律规定，或债权人已经通过其他形式表明了参与分配的意愿，主持分配法院应通知其申请参与分配：

1. 对执行财产处置价款享有优先权受偿权的债权人。《民事诉讼法解释》第506条第2款规定，对于查封、扣押或者冻结的财产上存在优先权和担保物权的债权，应予以优先保护。《拍卖变卖规定》第28条第1款规定，拍卖财产上原有的担保物权及其他优先受偿权因拍卖而消灭，在参与分配程序中，主持分配法院应通知已知对执行财产处置价款享有优先权受偿权的债权人申请参与分配。

2.处置权移送法院受理案件涉及的债权人。《优先债权执行批复》第3条第2款规定，优先债权执行法院对移送财产变价后，应当按照法律规定的清偿顺序分配，并将有关情况告知首先查封法院。据此，通过商请移送取得财产处置权的主持分配执行法院，应当通知首封法院的债权人参与分配。

3.已经通过其他形式表明了参与分配意愿的债权人。例如已向主持分配执行法院送达协助冻结、扣留或提取该执行财产处置价款法律文书的其他法院受理执行案件的债权人，已经通过口头、电子信息形式或在主持分配法院制作的笔录中明确表示申请参与分配的债权人等。

4.主持分配法院受理的以该财产所有人为同一被执行人的其他未申请参与分配的债权人，如主持分配法院与轮候查封法院为同一法院时，轮候查封的债权人即使未提交参与分配申请，主持分配的法院也应通知其参与分配。通知此类债权人一并参与分配，能够节约司法资源，提高执行效率。

另外，从案件管理角度上看，对"已知"的理解应作限缩解释。除上述4种特定情形外，只有债权人通过口头、电子信息或在主持分配执行法院制作的笔录中明确表示申请参与分配，后因出现障碍（参照《民法典》第194条第1款的5项规定）不能提交参与分配申请书的情况才能视为"已知"。

## 立法沿革与争议

目前法律及司法解释仅规定了债权人申请参与分配的程序，并未对主持分配法院是否应通知已知债权人申请参与分配作出规定。

部分地方法院出台的指导意见或通知，对主持分配法院是否应通知已知债权人作出了规定。如《江苏省高级人民法院关于正确理解和适用参与分配制度的指导意见》规定："参与分配程序原则上经债权人申请启动，但考虑到债权平等以及债权救济等问题，执行法院对其已经受理的涉及同一被执行人的多起执行案件的债权人、已知的未申请参与分配的优先受偿债权人以及已通知主持分配法院且已取得执行依据的轮候查封债权人，应当依职权启动参与分配程序。"《上海市高级人民法院执行局、执行裁判庭联席会议纪要（二）》

规定："普通债权人未提交参与分配申请书的,主持分配的法院无需通知其申请参与分配。对被执行的财产享有优先权、担保物权的债权人未提交参与分配申请书的,主持分配的法院应当通知已知的优先权、担保物权人,如果债权尚未清偿的,可以提交参与分配申请书申请参与分配。"

主持分配的法院是否应当依职权通知已知却未提交参与分配申请书的债权人申请参与分配以及通知的范围,实践中存在争议。肯定说认为,债权人提交参与分配申请书的目的在于让主持分配的法院知悉该笔债权存在,主持分配法院如果明知有其他债权人,即使其他债权人没有提出参与分配申请,仍应当通知其参与分配。否定说认为,除法律规定的特定情形外,参与分配申请人依法应当主动向主持分配法院提交参与分配申请书,提供执行依据。主持分配法院没有通知参与分配申请人的职责和义务。债权人有权申请参与分配,也有权放弃债权。

## 案例索引

江苏省高级人民法院(2016)苏执监398号执行监督案
北京市高级人民法院(2022)京执监19号执行案

## 446 首封普通债权人以在执行过程中作出了较大贡献为由主张在参与分配中增加分配比例,人民法院应否支持?

答:首封普通债权人在执行过程中为推动执行所支出的费用可以作为执行费用另行受偿,但其以在执行过程中作出较大贡献为由主张增加分配比例,没有法律依据,人民法院可不予支持。

## 理由与依据

如可执行的财产并非法院依职权获取,而是首封普通债权人通过申请追加被执行人、行使撤销权、悬赏执行、申请司法审计等途径所获得的,首封普通债权人为发现和推进被执行人财产处置而支付的费用具有共益性质。根据2020年《执行工作规定》第24条第2款"委托拍卖、组织变卖被执行人财产所发生的实际费用，从所得价款中优先扣除"以及《民事诉讼法解释》第508条"参与分配执行中，执行所得价款扣除执行费用，并清偿应当优先受偿的债权后，对于普通债权，原则上按照其占全部申请参与分配债权数额的比例受偿"的规定，首封普通债权人为发现和推进被执行人财产处置而支付的费用可以作为执行费用优先清偿。首封的普通债权人虽不享有优先受偿权，但可以将相关普通债权人为发现或处置分配财产所支付的费用，视为"执行费用"优先扣除。

从平等受偿的角度，首封普通债权人和其他普通债权人债权性质并无区别，对其多分缺乏法理依据。部分地方高级人民法院从激发债权人积极性角度出发，出台相应规定支持在参与分配程序中对首封债权适当多分。[①] 但该做法并未被现行法律、司法解释所采，人民法院在参与分配程序中驳回首封债权人多分申请并无不当。

## 立法沿革与争议

2004年《最高人民法院关于执行程序中多个债权人参与分配问题的若干规定》（征求意见稿）第10条第1款第3项规定："首先采取查封、扣押或冻结措施的，在其债权总额的范围内，优先分配该措施所控制的资产的变价款的20%。"2015年《民事诉讼法解释》第510条整合了1998年《执行工作规定》第94条、第95条内容并规定："参与分配执行中，执行所得价款扣除执行费用，并清偿应当优先受偿的债权后，对于普通债权，原则上按照其占全部申请参与分配债权数额的比例受偿。清偿后的剩余债务，被执行人应当继续清偿。债权人发现被执行人有其他财产的，可以随时请求人民法院执行。"其中"原

---

① 参见《江苏省高级人民法院关于正确理解和适用参与分配制度的指导意见》（苏高法〔2020〕33号）第10条第1款第2项、《浙江省高级人民法院关于在立案和审判中兼顾案件执行问题座谈会纪要》（浙高法〔2009〕116号）第4条、《重庆市高级人民法院关于执行工作适用法律若干问题的解答（一）》（渝高法〔2016〕63号）第7条、《北京市高、中级人民法院执行局（庭）长座谈会——第五次会议纪要》《江西省高级人民法院执行局关于进一步规范适用执行参与分配制度相关问题的解答》。

则上"的表述被认为是给普通债权可以适当多分留有解释空间。《民事诉讼法解释》第508条沿用了上述规定。2022年《民事强制执行法（草案）》第179条执行款的分配顺序，普通债权按照查封财产的先后顺序受偿，被认为是废除了参与分配制度。

## 案例索引

　　最高人民法院（2022）最高法民终129号执行分配方案异议之诉案

　　江苏省高级人民法院（2018）苏民监496号分配方案异议之诉申诉案

　　湖北省高级人民法院（2015）鄂民申字第00727号再审审查案

### 447　抵押财产未变价的情况下，抵押权人是否有权根据已经取得的执行依据对被执行人名下其他财产的变价款申请参与分配？

　　答：已经取得执行依据的抵押权人，抵押财产尚未处分的，被执行人的财产不能清偿所有债权时，抵押权人申请对被执行人名下其他财产的变价款参与分配的，人民法院应当准许其作为普通债权人参与分配。

## 理由与依据

　　抵押权人在债务人不履行到期债务或者发生当事人约定的实现抵押权的情形时，依法对抵押财产享有优先受偿的权利。即抵押权优先受偿仅指向抵押物，而不及于抵押人的其他财产。如果抵押由第三人提供，债权人仅对该抵押物的变价款享有优先受偿的权利，不能对第三人的其他财产主张权利，既不能主张优先受偿，也不能主张普通受偿。如果抵押由债务人提供，抵押权的设立并不意味着债务人仅在抵押财产范围内对债权人负清偿义务，债权人既可以申请执行已抵押财产，也有权申请执行被执行人的其他财产。抵押权人对抵押物的变价款可主张优先受偿，但对于抵押物之外被执行人的其他财产的变价款，仅能以普通债权人的身份申请参与分配。

对于被执行人名下多项财产分别被不同法院查封的，在不涉及财产处置权移送的情况下，具体财产分配一般由首先采取控制措施的执行法院主持进行，特殊情形下可通过执行法院协商、上级法院提级执行、指定执行以及移送优先债权执行法院处置等途径改变主持分配法院。因此，对于已经取得执行依据的抵押权人，在抵押财产处置变现后，被执行人其他未足额受偿的普通债权人可在扣除抵押权人优先受偿部分后参与分配。即允许已经取得执行依据的抵押权人对被执行人名下其他非抵押财产以普通债权人身份申请参与分配，并不会对各债权人、被执行人合法权益造成损害。[①]

由于抵押物尚未处置，确定抵押权人参与分配的金额，应当为超出抵押金额以外的债权，不能全额分配。对于抵押金额不能确定的，可以将抵押权人的份额作为预留的份额，待抵押物处置完毕后，再次进行分配。上海市第一中级人民法院（2020）沪01民终3627号判决书认为抵押权人对非抵押财产有参与分配资格。福建省莆田市城厢区人民法院（2019）闽0302民初3164号判决书认为如允许抵押权人对非抵押财产分配，则对普通债权人不公平，有悖于参与分配制度初衷。

## 立法沿革与争议

人民法院应否允许抵押权人对被执行人名下其他非抵押财产的变价款参与分配，实践中存在争议。

肯定说认为，只要抵押权人依法取得执行依据，对于抵押财产是否已经处分在所不问，抵押权人均有权依法对被执行人名下其他财产的变价款申请参与分配。在肯定其申请参与分配资格的前提下，对于其最终能否分配的实际数额属于实体争议范畴，可以通过分配方案异议及分配方案异议之诉予以救济。

否定说认为，虽然抵押权人依法取得执行依据，但抵押财产未处分的，其抵押债权是否能够实现、债权实现额度尚不确定，也即抵押债权能否获得清偿以及清偿额度均不确定，且其在债权已经有相应保障的前提下仍参与分

---

[①] 参见《广东省高级人民法院执行局关于执行程序法律适用若干问题的解答（五）》问题七。

配被执行人其他财产，对普通债权人债权实现不公平，对于被执行人其他财产的变价款项，应不予准许其参与分配申请。

## 案例索引

最高人民法院（2020）最高法执监270号执行监督案

448 **债权人既有抵押担保又有保证担保，担保物尚未处分情况下，债权人是否有权根据已经取得的执行依据对保证人名下财产的变价款申请参与分配？**

答：对于责任承担顺序，当事人有约定的从其约定，没有约定或约定不明的，债务人自己提供物的担保的，债权人应当先就该物的担保实现债权，不能根据已经取得的执行依据径行对保证人名下财产的变价款申请参与分配；第三人提供物的担保的，债权人可以就物的担保实现债权，也可以根据已经取得的执行依据请求保证人承担保证责任，对保证人名下财产的变价款申请参与分配。

## 理由与依据

被担保的债权既有物的担保又有人的担保的，债务人不履行到期债务或者发生当事人约定的实现担保物权的情形，债权人应当按照约定实现债权；没有约定或者约定不明确，债务人自己提供物的担保的，债权人应当先就该物的担保实现债权；第三人提供物的担保的，债权人可以就物的担保实现债权，也可以请求保证人承担保证责任。提供担保的第三人承担担保责任后，有权向债务人追偿。承担了担保责任或者赔偿责任的担保人，在其承担责任的范围内向债务人追偿的，人民法院应予支持。同一债权既有债务人自己提供的物的担保，又有第三人提供的担保，承担了担保责任或者赔偿责任的第三人，主张行使债权人对债务人享有的担保物权的，人民法院应予支持。对于混合担保中人的担保与物的担保责任的顺序问题，当事人有约定的，约定优先，即首先要看当事人之间对此有无明确约定，如果有明确约定，债权人按照约定实现债权；没有约定或者约定不明的，区分抵押担保是债务人的物的担保还是第三人的物的担保不同情况。

债务人自己提供物的担保的，债权人应当先就该物的担保实现债权，不能根据已经取得的执行依据对保证人名下财产的变价款申请参与分配；第三人提供物的担保的，债权人可以就物的担保实现债权，也可以根据已经取得的执行依据请求保证人承担保证责任，对保证人名下财产的变价款申请参与分配。

## 立法沿革与争议

《担保法》第28条规定："同一债权既有保证又有物的担保的，保证人对物的担保以外的债权承担保证责任。"该条对混合担保的履行顺序问题，规定了物保优于人保的原则。《担保法解释》第38条第1款规定："同一债权既有保证又有第三人提供物的担保的，债权人可以请求保证人或者物的担保人承担担保责任。"明确第三人物的担保与保证人的担保责任顺序可由债权人选择，将"物的担保责任优先"的适用范围限定为债务人提供的物的担保与人的担保并存的情形。《物权法》则进一步明确了当事人有约定的，约定优先，第176条规定："被担保的债权既有物的担保又有人的担保的，债务人不履行到期债务或者发生当事人约定的实现担保物权的情形，债权人应当按照约定实现债权；没有约定或者约定不明确，债务人自己提供物的担保的，债权人应当先就该物的担保实现债权；第三人提供物的担保的，债权人可以就物的担保实现债权，也可以请求保证人承担保证责任。提供担保的第三人承担担保责任后，有权向债务人追偿。"《民法典》第392条关于混合担保的规定，沿用了《物权法》第176条的规定。

## 案例索引

最高人民法院（2019）最高法执监442号执行案

最高人民法院（2019）最高法民终138号合同纠纷案

**449** 未取得执行依据的担保债权人是否有权申请参与分配？

答：参与分配程序中，对执行财产享有担保物权但未取得执行依据的债权人，有权直接申请参与分配，主张优先受偿权。

## 理由与依据

从权利依据上来看，法定优先权基于法律的明确规定，约定优先权如已经登记成立的抵押权或特殊动产质权，均具有对世性和公示公信效力，且可以申请人民法院通过特别程序实现。因此，对执行标的物享有优先权、担保物权但未取得执行依据的债权人，直接申请参与分配的基础事实具有可行性。

从执行标的物来看，参与分配所处置财产已经明确指向担保物，对于已设立担保物权的财产，担保债权人依法可以直接通过非诉方式实现债权。担保债权人虽未取得执行依据，但其申请参与分配，与担保物权的非诉实现方式具有共同的法理基础。担保债权人向主持分配法院申请参与分配仍须提交相关证明材料，由法院进行形式审查。对于优先权是否成立等实体争议，可以依法通过分配方案异议及异议之诉予以救济。

允许对执行标的物享有优先权、担保物权但未取得执行依据的债权人直接申请参与分配来主张优先受偿权，与《企业破产法》确立的别除权具有异曲同工的效果。

## 立法沿革与争议

对于被执行人享有担保债权但未取得执行依据的债权人是否有权申请参与分配，最早的规定出现在1998年《执行工作规定》，第93条规定："对人民法院查封、扣押或冻结的财产有优先权、担保物权的债权人，可以申请参加参与分配程序，主张优先受偿权。"第94条规定："参与分配案件中可供执行的财产，在对享有优先权、担保权的债权人依照法律规定的顺序优先受偿后，按照各个案件债权额的比例进行分配。"2007年《企业破产法》第109条规定："对破产人的特定财产享有担保权的权利人，对该特定财产享有优先受偿的权利。"此后，《最高人民法院关于如何确定生效法律文书确定的抵押权优先受偿权范围的请示答复》（〔2013〕执他字第26号）明确了优先受偿权主体申请参与分配的相应程序。2015年《民事诉讼法解释》第508条对1998年《执行工作规定》第93条第2款作出修改后规定："对人民法院查封、扣押、冻结的财产有优先权、担保物权的债权人，可以直接申请参与分配，主张优先受偿权。"2020年《民事诉讼法解释》第506条沿用该规定。2022年提交全国人大常委会审议的《民事强制执行法（草案）》，亦作出了同样的规定。

我国关于抵押权实现经历了从诉讼到非诉的转变过程，1995年《担保法》第53条规定："抵押权人与抵押人就抵押物的处置协议不成，抵押权人可向法院提起诉讼。"有观点认为此处的"可向法院提起诉讼"可看作是"不经诉讼直接向法院申请拍卖、变卖抵押财产"。2000年出台的《担保法解释》否定了这种观点。1999年《合同法》第286条"承包人可以申请法院拍卖、变卖建设工程（法定抵押物）并优先受偿"之规定为最早的直接关于（法定）抵押权非诉实现的规定。2007年《物权法》第195条、第220条、第237条规定，在法定条件下，权利人可以直接请求法院拍卖、变卖抵押、质押或留置财产清偿债务，但并无与之对应的执行程序。2012年《民事诉讼法》第196条、第197条专门规定了实现担保物权案件特别程序，抵押权非诉实现有了落地规则。后续2017年、2021年、2023年修正的《民事诉讼法》沿用了上述规定。

肯定说认为，对被执行人享有担保债权但未取得执行依据的债权人，应当准许其直接申请参与分配，并按照参与分配程序依法制作参与分配方案等，对于债权人享有的优先权、担保物权是否成立等实体性异议通过分配方案异议及分配方案异议之诉解决。

否定说认为，对被执行人享有担保债权但未取得执行依据的债权人，对该优先权的实现路径是否适用参与分配程序仍有争议，主持分配法院可以告知该类债权人另行诉讼，在诉讼中申请财产保全应预留份额。

## 案例索引

最高人民法院（2020）最高法执监175号公证债权文书执行监督案

**450** 分配方案作出后，当事人提起分配方案异议之诉，并获得胜诉判决，执行机构再次制作分配方案期间，又有获得执行依据的债权人以及其他优先权人申请参与分配，原债权人能否提出分配方案异议之诉？

　　答：主持分配法院应当根据执行分配方案异议之诉判决主文内容分别处理。（1）对于判决认定原分配方案存在瑕疵或者部分违法，并判令按照该判决所认定的分配主体、金额、顺位重新制作分配方案的，执行机构再次制作执行分配方案期间，又有获得执行依据的债权人以及其他优先权出现并申请参与分配的应当裁定不予准许，原债权人、参与分配申请人不服该裁定的，可以就该执行行为通过异议复议程序予以救济。（2）对于胜诉判决认定原分配方案违法，判令撤销原分配方案，责令执行机构重新制作分配方案的，执行机构再次制作执行分配方案期间，又有获得执行依据的债权人以及其他优先权出现并申请参与分配的，应当予以准许。后续参与分配申请的债权人对重新制作的分配方案提出异议的，原债权人可以提出执行分配方案异议之诉。

## 理由与依据

　　如果分配方案异议之诉判决认定原分配方案存在瑕疵或部分违法，并且该判决主文判令按照该判决所认定的分配主体、金额、顺位等具体事项重新制作分配方案的，因该判决所修正的权利义务主体和给付内容属于生效民事判决确定的内容，具有既判力、确定力和执行力。执行机构再次制作执行分配方案，属于履行生效裁判确定的修正具体分配方案的义务，分配权限受到该生效裁判拘束。修正原分配方案期间，如果又有获得执行依据的债权人以及其他优先权出现并申请参与分配，执行法院应裁定不予准许，并告知其不服该裁定可以向上一级人民法院申请复议。如果对分配方案异议之诉生效裁判不服，则可以按审判监督程序主张权利。如果执行法院准许其参与分配，原债权人可以该申请人不具备参与分配资格为由提出执行异议。

　　如果判决撤销原执行分配方案，责令执行机构重新制作分配方案的，因该分配方案参与分配申请的主体处于开放状态，债权清偿分配方案内容及主体具有不确定性。因此，执行机构重新制作执行分配方案，属于根据该分配异议之诉判决所认定的原分配方案违法事项，重新依法作出新的执行分配方案的执行行为，如果此间又有获得执行依据的债权人以及其他优先权出现并申请参与分配，执行机构可以依据新的事实和理由对该参与分配申请人的请求依法审查后，一并作出新的执行分配方案，可视为一个新的参与分配程序。对重新制作的分配方案，无论是原债权人还是后续申请参与分配的债权人，均可对重新制作的分配方案提出异议，以及通过后续的（如有）分配方案异议之诉进行救济。

## 立法沿革与争议

执行分配方案异议之诉主要裁判结果如下：第一种是在判决书中径行制定新的分配方案，如《广东省高级人民法院为关于执行异议诉讼案件受理与审理的指导意见（试行）》第8条第4款和第12条第2款规定，债权人或被执行人提起分配方案异议诉讼，应当明确提出自己赞成的分配方案并按该方案进行分配的请求。执行分配方案异议诉讼请求成立的，应当在判决主文中写明人民法院支持的分配方案……第二种是在判决书中确认参与分配债权的真实性、金额大小和优先性，并责成执行机构重新制定方案。判令执行机构按照该判决确定的具体分配主体、金额、顺位等具体条件重新制作分配方案的，主要是基于效率考虑，防止债权人和被执行人滥用异议权利，以减少讼累。第三种是撤销原执行机构制作的分配方案，指出原分配方案存在违法和不当情形，责令执行机构重新作出分配方案。一方面，制定分配方案属于执行机构的职权范围，审判部门制定新的执行分配方案不符合审执分离原则；另一方面，参与分配程序中，可能还有新的债权人加入，审判部门不宜通过判决修正原分配方案。因此，应当区分分配方案异议之诉的具体判项，分情形处理是否准许该判决生效后的参与分配申请。

对于分配方案异议之诉的审理范围，实践中存在争议。肯定说认为，对于债权的真实性、参与分配债权的金额和优先性，均属于执行分配方案异议纠纷的审理范围。但是，分配方案异议之诉不解决执行依据错误的问题。[1]否定说认为，对于参与分配债权的金额和优先性属于分配方案异议之诉的审理范围已经形成了共识，但是对于债权的真实性是否属于分配方案异议纠纷的审理范围尚无定论。

### 案例索引

最高人民法院（2018）最高法民申1478号再审审查与审判监督案

甘肃省高级人民法院（2019）甘民终205号执行分配异议之诉案

### 451 在主债务人尚有财产可供执行的情况下，债权人先申请对连带保证人的财产参与分配，导致该保证人为主债务人的案件的债权人受偿比例降低，该债权人如何救济？

答：对于该保证人为主债务人的案件的申请执行人受偿比例降低的问题，可以继续执行该连带保证人向该案主债务人追偿所得，在未足额受偿的债权人中再次分配。如果该连带保证人怠于行使追偿权，该保证人为主债务人的案件执行法院可按已为生效法律文书确定的到期债权的执行方法，在该保证人可追偿的数额范围内强制执行其为之担保的主债务人，对于执行所得在未足额受偿的债权人中再次分配。[2]

### 理由与依据

连带责任保证的债务人不履行到期债务或者发生当事人约定的情形时，

---

[1] 目前主流观点认为，针对执行依据本身的异议，不属于分配方案异议之诉审理范围，应当通过案外人申请再审或第三人撤销之诉来解决。参见最高人民法院（2021）最高法民再295号、最高人民法院（2021）最高法民申3244号案件、浙江省高级人民法院（2021）浙民申4769号案件。

[2] 参见《浙江省高级人民法院关于多个债权人对同一被执行人申请执行和执行异议处理中若干疑难问题的解答》（浙高法执〔2012〕5号）第十一问答。

债权人可以请求债务人履行债务，也可以请求保证人在其保证范围内承担保证责任。债权人在主债务人尚有财产可供执行的情况下，先申请对连带保证人的财产在其保证范围内参与分配，符合法律规定。申请对连带保证人的财产参与分配不以必须执行主债务人或主债务人财产不足以清偿为前提。债权人申请对连带保证人的财产参与分配，可能会使得保证人的其他债权人受偿比例降低。但保证人并非债务的最终承担者，根据《民法典》第700条的规定，保证人承担保证责任后，除当事人另有约定外，有权在其承担保证责任的范围内向债务人追偿，享有债权人对债务人的权利，但是不得损害债权人的利益。因此，对于该保证人为主债务人的案件的申请执行人受偿比例降低的问题，可以通过连带保证人对该案主债务人的追偿予以弥补。

## 立法沿革与争议

《民法典》第700条规定保证人承担保证责任后在其承担保证责任的范围享有向债务人追偿的权利。有观点认为连带担保人承担担保责任后可以直接申请法院执行，无须另行起诉，此时可视为连带保证人对债务人享有经法律文书确认的到期债权；相反观点认为连带担保人承担担保责任后，须另行起诉实现其追偿权。

## 案例索引

最高人民法院（2020）最高法民申322号再审审查与审判监督案

## 452 主持分配法院执行财产分配方案时，迟延履行金、迟延履行利息是否应当纳入财产分配方案范围？

答：主持分配法院首先应以执行依据确定的尚未受偿的债权本金数额为基数进行分配；分配后有剩余的，再以债权本金所产生的利息为基数进行分配；仍有剩余的，以迟延履行利息、迟延履行金为基数进行分

配。各债权人达成财产分配协议的，按照该协议进行分配。<sup>①</sup>

### 理由与依据

被执行人的财产不足以清偿全部债务的，应当先清偿生效法律文书确定的金钱债务，再清偿加倍部分债务利息。参与分配程序的启动即意味着被执行人的财产不足以清偿全部债务，主持分配法院首先应以执行依据确定的尚未受偿的债权本金数额为基数进行分配，分配后有剩余的，再对迟延履行金、迟延履行利息部分作后续分配。

### 立法沿革与争议

执行过程中参与分配环节对迟延履行期间债务利息的计算截止日期，实践中存有争议。有观点认为，应当以被执行人财产拍卖、变卖成交之日或者法院通知债权人申报的日期作为计息截止日。另有观点认为，应当以执行款到账日期作为计息截止日，各债权人申报债权时可将债权本息及迟延履行期间的加倍部分债务利息依照法律规定和裁判文书指定的方式计算至该截止日。

### 案例索引

最高人民法院（2016）最高法执监242号执行监督案

---

**453** 债权人申请参与分配是否承担证明被执行人财产不能清偿所有债权的义务？

答：债权人向主持分配的法院申请参与分配，不负有证明被执行人财产不能清偿所有债权的证明责任。

---

① 《江西省高级人民法院执行局关于进一步规范适用执行参与分配制度相关问题的解答》第10条。

## 理由与依据

参与分配制度是人民法院一次性公平解决财产不足以清偿全部债务的执行案件的重要手段，为推动个人破产制度、企业破产制度的最终建立完善提供了前置保障。申请人申请参与分配，只需提交申请书，写明参与分配和被执行人不能清偿所有债权的相关事实、理由，并附有执行依据，《民事诉讼法解释》第507条并未要求申请人承担被执行人不能清偿所有债权的举证责任。

从实际情况来看，法院要求债权人必须证明"被执行人的财产不能清偿所有债权"并不现实，也不符合参与分配制度"债权平等受偿"的立法目的。实践中，只要申请人一方提供相关材料说明，主观上能够确定现有财产已经不能清偿所有债权的，执行法院经形式审查后即应准许其参与分配。

从操作层面来看，为了提高执行效率，法院应当从宽把握"被执行人的财产不能清偿所有债权"的证明标准，只需对参与分配申请人提供的被执行人不能清偿债务的书面申请及其写明的事实和理由等材料进行形式审查，如执行案件已终本（终本裁定书），控制的财产为难以变现的财产，控制的财产已经流拍等证据材料即可认定。

## 立法沿革与争议

1992年《民诉意见》第298条第1款规定："申请参与分配，申请人应提交申请书，申请书应写明参与分配和被执行人不能清偿所有债权的事实和理由，并附有执行依据。"2015年《民事诉讼法解释》第508条规定："在执行程序开始后，被执行人的其他已经取得执行依据的债权人发现被执行人的财产不能清偿所有债权的，可以向人民法院申请参与分配。对人民法院查封、扣押、冻结的财产有优先权、担保物权的债权人，可以直接申请参与分配，主张优先受偿权。"该司法解释第509条第1款对1992年《民诉意见》第298条第1款规定作了一处文字修改，即将第1款两个"应"改为"应当"，条文基本内容未作修改。最初该条文第1款被设计为："申请参与分配，应当提交申请书，并附有执行依据。"但是基于执行程序中的一般原则是"先主张者先受偿"，参与分配只是在债务人财产不能清偿全部债务时的补充制度，因此要求申请书写明不能清偿所有债权的事实与理由是妥当的，但并未规定证明责任。因此本条最终保留了原条文第1款的内容。①2022年修正的《民事诉讼法解释》第507条第1款沿用上述条文。

对参与分配申请人是否应当承担证明被执行人财产不能清偿所有债权的证明责任，实践中存有争议。

有观点认为参与分配申请人不承担该证明责任，应由执行法院查明确认。参与分配申请人主观上认为被执行人的财产不足，欠缺偿付能力，不能清偿全部债务的，只要在申请书中予以说明，无须提供债务人财产不足以清偿所有债务的证明材料，执行法院即应受理该申请。法院不能以申请人未提供证明材料为由否定其参与分配的资格。法院审查认定被执行人财产确实不足以清偿债务的，即应准许参与分配。该观点目前已为裁判通说。

有观点认为应由参与分配申请人举证证明被执行人的全部财产总额事实上少于其全部债务总额，才能启动参与分配程序。如果将该查明义务转嫁给执行法院，将加重执行法院的负担，易导致参与分配制度滥用。

## 案例索引

最高人民法院（2021）最高法执监502号执行监督案

最高人民法院（2017）最高法执监325号执行监督案

## 454 执行分配方案异议之诉审查范围是什么？在分配方案异议之诉中被告能否提起反诉？

答：执行分配方案异议之诉的审查范围一般包括以下五个方面的异议：（1）对分配方案确定债权的申请执行时效的异议；（2）对执行财产享有担保物权等优先权的债权人资格的异议；（3）对分配方案确定的债权清偿顺序的异议；（4）对分配方案确定的债权清偿比例和数额的异

---

① 最高人民法院修改后民事诉讼法贯彻实施工作领导小组编著：《民事诉讼法司法解释理解与适用》，人民法院出版社2016年版，第1343页。

议；[①]（5）对迟延履行金、债务利息的计算和受偿异议。[②]

在分配方案异议之诉中，被告只能提出抗辩，不能提起反诉。

## 理由与依据

分配方案异议之诉的审理范围仅限于债权人或者被执行人对分配方案提出的实体性异议。对于债权人或债务人认为执行法院在分配程序中存在诸如是否应适用参与分配程序、是否准予参与分配等程序性异议不予审理，对程序性异议，当事人、利害关系人可以依据《民事诉讼法》第236条规定向主持分配法院提出异议，对异议裁定不服的，申请复议。如债权人或债务人就程序性异议提起分配方案异议之诉的，法院应裁定不予受理；已经受理的，驳回起诉。

对于债权人提出的其他债权人申请参与分配的执行依据确定的债权因清偿、抵销、免除等事由而消灭的异议，不同于债务人提出该异议应通过异议复议程序处理，[③]债权人具有诉的利益且现行法律和司法解释并未规定应通过异议复议程序处理，故理论上可通过分配方案异议之诉程序予以救济。[④]

人民法院应仅就分配方案中当事人对债权人享有的优先权、担保物权的异议，对分配顺位的异议，对清偿比例和数额的异议，以及未受偿或未足额受偿中有争议的债权部分等实体性异议，根据案件的实际情况依法审理，并对当事人就原分配方案主张的诉讼请求作出判决。分配方案异议之诉审理的是对分配方案中的异议，该异议范围属于固定内容，不能在诉讼过程中进行变更和扩大，否则将会因分配主张的变化，影响在分配异议过程中提出调整

---

[①] 阮国平、雷名星：《分配方案执行异议之诉案件的审理思路和裁判要点》，载全国法院切实解决执行难信息网 http://jszx.court，最后访问时间：2022年5月13日。

[②] 该类债权属于公法债权，一般最后受偿。参见《北京市高级人民法院关于案款分配及参与分配若干问题的意见》（2013年）第21条。

[③] 《异议复议规定》第7条第2款规定："被执行人以债权消灭、丧失强制执行效力等执行依据生效之后的实体事由提出排除执行异议的，人民法院应当参照民事诉讼法第二百二十五条规定进行审查。"

[④] 曹凤国主编：《执行异议之诉裁判规则的理解与适用》，法律出版社2022年版，第710页。

方案和未提出反对意见的其他债权人的异议权利，使得分配方案异议内容处于不确定状态，而无法进行合法性审查。故对于异议人在诉讼阶段新增或变更异议请求的，应当不予审理。

执行分配方案异议之诉的被告，本身就是对异议人的异议持反对意见的一方当事人，其在诉讼中只需要提出抗辩即可，无须反诉，也不允许提出反诉。

## 立法沿革与争议

关于执行分配方案异议之诉的审理范围，目前尚无法律或司法解释规定。2008年《执行程序解释》颁布后，最高人民法院执行局负责人在答记者问中明确，债权人、被执行人可以提出异议的范围包括分配方案所确定的债权及其数额多少、受偿顺序。从各地法院作出的执行分配方案异议之诉的生效裁判文书来看，对于参与分配债权的受偿范围、享有优先受偿权的权利资格、清偿顺位和比例等，属于执行分配方案异议之诉的审理范围。

另外，对异议人没有提出反对意见的债权人或被执行人，是否应当列为或追加为第三人，争议较大。最高人民法院认为无须统一规定，由审判庭根据争议事项是否会影响到其他主体的权利灵活掌握。[1] 参照2015年《民事诉讼法解释》第307条规定："案外人提起执行异议之诉的，以申请执行人为被告。被执行人反对案外人异议的，被执行人为共同被告；被执行人不反对案外人异议的，可以列被执行人为第三人。"第308条规定："申请执行人提起执行异议之诉的，以案外人为被告。被执行人反对申请执行人主张的，以案外人和被执行人为共同被告；被执行人不反对申请执行人主张的，可以列被执行人为第三人。"可以将未提出反对意见的债权人或被执行人列为第三人。[2]

分配方案异议之诉中有关税费、担保物权、建设工程价款优先受偿权等

---

① 最高人民法院修改后民事诉讼法贯彻实施工作领导小组编著：《民事诉讼法司法解释理解与适用》，人民法院出版社2015年版，1349页。

② 《重庆市高级人民法院关于执行分配方案异议之诉若干问题的解答》提出，其他未提出反对意见的债权人、被执行人，可以不作为第三人参加诉讼。人民法院经审查认为，异议人提出的异议可能改变财产分配方案，并进而影响到未提出反对意见的债权人或者被执行人权利的，人民法院应当通知其作为第三人参加诉讼。

的受偿范围如何确定、债权的真实性，是否属于分配方案异议之诉的审查范围，争议较大。

有观点认为，执行依据确定的债权经履行、抵销、免除等事由而消灭的异议，属于对参与分配主体资格的认定，不能列入分配方案异议之诉的审理范围。另外，对于债的清偿中涉及的有关税费、担保物权、建设工程价款优先受偿权等债的受偿范围的认定，属于据以申请参与分配的执行依据审理的范围，对上述内容持异议实际上是对生效法律文书持有异议，应通过审判监督程序或第三人撤销之诉予以纠正，不能列入分配方案异议之诉审理范围。

## 案例索引

最高人民法院（2021）最高法民终722号分配方案异议之诉案

## 455 当事人对执行法院应否启动分配程序以及分配方案确定的债权人资格提出异议，是否应当通过分配方案异议之诉予以救济？

答：对应否启动参与分配程序，以及分配方案确定的债权人资格提出的异议，应当作为程序异议依照《民事诉讼法》第236条的规定适用异议复议程序审查。

## 理由与依据

当事人针对分配方案提出的异议，根据异议指向内容的不同，可分为程序性异议与实体性异议。程序性异议主要包括应否适用参与分配程序、参与分配的债权人是否符合参与分配资格（包括债权是否已过执行时效[①]、是否逾

---

[①] 《北京市高、中级人民法院执行局（庭）长座谈会（第五次会议）纪要——关于案款分配及参与分配若干问题的意见》认为该异议应通过分配方案异议和异议之诉程序处理。

期提出参与分配申请）、分配金额计算错误、分配方案是否送达当事人等；实体性异议主要包括债权人提出的其他申请参与分配的债权是否存在[①]、债权受偿数额及范围、优先受偿权是否真实合法、债权受偿顺位等。对于指向实体权利义务的异议，应当通过诉讼程序解决。

对于应否启动分配程序和参与分配主体资格异议，属于分配程序性异议，现行法律和司法解释对此并没有创设新的救济途径，仍应依照《民事诉讼法》第236条规定的执行行为异议程序予以救济，由执行法院对异议进行审查并作出裁定。当事人、利害关系人对异议裁定不服的，可以向上一级人民法院申请复议。

## 立法沿革与争议

现行法律和司法解释并未对异议的性质及对应的救济程序作出明确规定。但部分地方高级人民法院出台意见或通知对此问题予以明确。如《江苏省高级人民法院关于正确理解和适用参与分配制度的指导意见》第22条规定，对"不适用参与分配程序的行为"和"不准债权人参与分配的行为"的异议，适用《民事诉讼法》第236条进行审查。《浙江省高级人民法院关于多个债权人对同一被执行人申请执行和执行异议处理中若干疑难问题的解答》认为，对于债权人提出的"分配法院未将其列入分配方案"的异议，应作为执行行为异议处理。《北京市高、中级人民法院执行局（庭）长座谈会（第五次会议）纪要——关于案款分配及参与分配若干问题的意见》第26条规定，对人民法院作出的"是否适用案款分配程序或参与分配程序的决定""申请参与分配的债权人是否适格的认定"，适用《民事诉讼法》第236条的规定进行处理。

对于申请参与分配债权已过申请执行时效的异议，是否应归入申请参与分配的债权人资格的异议，并通过执行行为异议复议程序进行审查，存有较大争议。

肯定观点认为，取得执行依据的债权人未在申请执行时效内申请执行，径直申请参与分配的，其他债权人提出的异议，实际属于对该债权人是否具

---

[①] 如果是被执行人提出的参与分配的债权已消灭的异议，根据《异议复议规定》第7条第2款，应通过异议复议程序处理，为保持处理程序的一致性，参与分配中对此类异议也应通过异议复议程序处理。

有申请参与分配资格的异议。而关于申请参与分配资格的异议应通过《民事诉讼法》第236条的规定处理。此外，根据《民事诉讼法解释》第481条，被执行人对申请执行人超过申请执行时效向人民法院申请执行的抗辩，按照执行行为异议进行处理。同理，参与分配程序中关于申请执行时效的异议也应作同样处理。

否定观点则认为，申请参与分配的债权是否已过申请执行时效，关系到该债权人及其他参与分配债权人、被执行人的实体权益，其纠纷应当通过诉讼程序予以解决，才能更好地保障各方当事人的权益。如《北京市高、中级人民法院执行局（庭）长座谈会（第五次会议）纪要——关于案款分配及参与分配若干问题的意见》第25条规定，对"债权是否已经超过申请执行时效"的异议，适用《执行程序解释》第17条、第18条关于分配方案异议和异议之诉的规定进行处理。

## 案例索引

北京市高级人民法院（2022）京执复8号执行复议案

## 456 被执行人房产被甲法院查封，车辆被乙法院查封，在车辆尚未被处置的情况下，乙案的申请执行人向甲法院申请对该房产变价款参与分配，甲法院是否应予准许？

答：如果当事人有参与分配主体资格，即使被执行人在另案中仍有财产可供执行，对其参与分配申请应予准许。

## 理由与依据

确定参与分配申请主体资格的条件如下：（1）多个债权人对同一被执行人申请强制执行；（2）参与分配申请应当在执行程序开始后且在分配财产执行终结之前提出；（3）被执行人已有财产不能清偿所有债权；（4）申请参与分配的

债权必须已经生效法律文书确认或虽未取得执行依据但系优先受偿债权。因此，只要当事人说明新发现的财产以及另案中的其他被执行人可供执行财产不足以清偿其全部债权的事实和理由并附有执行依据即可申请参与分配，并不需要对此承担证明责任。至于分配债权的具体数额及受偿范围等事由，属于分配方案异议之诉实体审理的范围，并不当然影响该债权人申请参与案涉财产的分配主体资格。如果另案参与分配申请的债权人发现同一被执行人名下还有其他财产可供执行，可以一并纳入分配方案参与分配，该当事人申请对同一被执行人名下原分配财产和新发现财产分配的，只要符合参与分配的截止时间和"申请人应提交申请书，申请书应写明参与分配和被执行人不能清偿所有债权的事实和理由，并附有执行依据"的条件，就应予以支持。

综上，在被执行人尚有其他财产可供执行的情况下，除非可以明显确定该被执行人名下财产足以清偿全部债务，否则债权人可以对其中一项财产申请参与分配。

## 立法沿革与争议

当事人在执行法院制定分配方案并送达相关当事人后提出参与分配申请，但该当事人在另案中仍有财产可供执行时，对其参与分配申请应否支持，实践中存在争议。否定说认为参与分配申请应当在执行程序开始后被执行人的财产执行终结前提出。当事人在执行法院制定分配方案并送达相关当事人后提出分配申请，同时，该当事人在另案中的被执行人仍有财产可供执行时，其债权兑现比例尚不确定，根据公平原则，对其参与分配申请应不予支持。

## 案例索引

广东省高级人民法院（2020）粤执复805号执行复议案

### 457 资管计划管理人申请将财产抵债至资管计划名下，是否予以准许？人民法院应当如何审查？

答：资管计划管理人申请将财产抵债至资管计划名下的前提是满足资管计划财产的独立性要求。执行中的以物抵债应依法抵债给申请执行人，但资管计划可以在中国证券登记结算有限责任公司登记持有上市公司股票，因此人民法院强制执行程序中，资管计划管理人申请以股票抵债的，应当将股票过户至资管计划名下。

## 理由与依据

执行程序中，当事人之间可以通过合意抵债或在财产拍卖、变卖、流拍后以物抵债，资管计划管理人作为申请执行人时，不能排除其以物抵债的权利，但将财产抵债至资管计划名下应当符合金融监管条例的相关要求。

即执行程序中，人民法院应主动维持资管计划财产独立性。人民法院在执行抵债程序时，应当在审查资管计划相关合同、银行对账单、实际出资人确认函等材料的基础上，查明资金的真实来源和独立性后，将案涉财产过户至资管计划名下，确保资管计划后续运行过程中计划财产的独立性。

## 立法沿革与争议

《信托法》第29条规定，受托人必须将信托财产与其固有财产分别管理、分别记账，并将不同委托人的信托财产分别管理、分别记账。《证券期货经营机构私募资产管理业务管理办法》第6条规定："资产管理计划财产独立于证券期货经营机构和托管人的固有财产，并独立于证券期货经营机构管理的和托管人托管的其他财产。证券期货经营机构、托管人不得将资产管理计划财产归入其固有财产。"司法实践中对于资管计划管理人作为申请执行人提出抵债申请，将财产抵债至资管计划名下其实并无争议，人民法院的审查要点集中在查明资金的真实来源和独立性问题上，对于金融类案件的执行，涉及资管计划的须在确保资管计划后续运行过程中计划财产的独立性后，将财产过户至资管计划名下。

上海金融法院（2021）沪74执49号执行案

**458** 债权人在法院以执行完毕方式结案后，申请参与分配未实际发还案款的，是否应予支持？

答：参与分配申请应当在执行程序开始后，被执行人的财产执行终结前提出。一般情况下，执行案款扣划至法院账户但未向申请执行人发放时，不能认为该财产已执行终结，但法院以执行完毕方式结案应当认定财产执行已终结，此时基于执行法院未发放执行案款申请参与分配的，法院不予支持。

**理由与依据**

依据《民事诉讼法解释》的相关规定，参与分配申请应当在执行程序开始后，被执行人的财产执行终结前提出。参与分配作为兼顾公平与效率以及各债权人之间利益平衡的制度，申请截止时间不宜过于提前也不能过于滞后。如何理解"被执行人的财产执行终结前"系各债权人利益冲突的关键点，现有司法解释未对此作出进一步明确，导致当前司法实务中各地法院对此理解不一。

一般情况下，执行案款扣划至执行法院账户但未向申请执行人发放时，不能认为该财产已执行完毕，在此期间债权人可以申请参与分配。法院以执行完毕方式结案的，应当认定财产执行已终结。因另案财产保全和执行的衔接协调导致案款未实际发还和法院以执行完毕方式结案同时存在时，因执行完毕结案是更为清晰、根本的判断标准，此时应以执行完毕结案为最终判断标准，即利害关系人在执行法院出具结案通知书后提出参与分配申请的，属于逾期申请，人民法院应不予支持。

### 立法沿革与争议

关于债权人申请参与分配的截止时间，前后有3种不同表述。最早见于1992年《民诉意见》第298条"被执行人的财产执行终结前提出"，其次是1998年《执行工作规定（试行）》第90条"被执行人的财产被执行完毕前"，2015年《民事诉讼法解释》则表述为"执行终结前"。根据现行《民事诉讼法解释》第507条第2款，参与分配申请应当在执行程序开始后，被执行人的财产执行终结前提出。现有司法解释未对此作出进一步解释，实务中因此产生纠纷也比较多。

参考各地法院的指导意见，对于执行标的物为货币类财产的，北京、福州等地以案款到达主持分配法院的账户之日作为债权人申请参与分配的截止日；重庆、广东等地则以执行案款全部发放给申请执行人作为申请参与分配的截止时间；江苏省高级人民法院认为以分配方案送达任一相关当事人之前作为申请参与分配的截止时间。

### 案例索引

最高人民法院（2021）最高法执监187号执行监督审查案

### 459 建设工程合同纠纷生效法律文书未确认债权人的优先受偿权，人民法院能否在执行程序中对该优先权予以认定？

答：如对建设工程款的数额和性质均无争议，人民法院可以在执行程序中确认建设工程款优先受偿权，即使建设工程价款优先受偿权未经生效法律文书确认，优先受偿权人仍有权申请参与分配。

### 理由与依据

建设工程款优先受偿权是法定权利，承包人主张建设工程价款优先受偿权不局限于诉讼。承包人主张建设工程价款优先受偿权有如下方式：（1）承包人通过提起诉讼、申请仲裁主张工程价款优先受偿权;(2)自行与发包人协商以该工程折价抵偿欠付工程价款;(3)申请法院将该工程拍卖以实现工程价款债权;(4)在建设工程拍卖款参与分配程序中主张优先受偿权;(5)以书面形式向发包人明确表示主张优先受偿权。即使建设工程合同纠纷生效法律文书未确认债权人的优先受偿权,承包人仍可以在执行程序中申请人民法院将该工程依法拍卖就拍卖价款优先受偿。

## 立法沿革与争议

建设工程款优先受偿权能否在执行程序中直接确认,有肯定说和否定说两种观点。肯定说认为,根据《民法典》第807条之规定,建设工程款优先受偿权是法定权利,既可以在诉讼程序中确认,也可以在执行程序中确认。否定说认为,建设工程款优先受偿权属于实体问题,基于审执分离原则,不得在执行程序中直接确认。最高人民法院在(2020)最高法执监547号案执行裁定书中亦明确执行程序中人民法院可以确认建设工程款优先受偿权。

## 案例索引

最高人民法院(2020)最高法执监547号执行监督案

## 460 未取得执行依据的普通债权人在哪些情形下可以申请参与分配?

答:普通债权人虽未取得执行依据,但系本案在先查封申请人的,人民法院应当按照首先查封债权的清偿顺位,预留相应份额。职工作为债权人请求支付其被拖欠的工资、医疗及伤残补助、抚恤费用、基本养老保险金、基本医疗保险费用,以及按照法律、行政法规规定应当支付给职工的补偿金的,受害人基于人身损害赔偿请求权主张赔偿的,债权人主张抚养费、扶养费、赡养费的,以及人民调解协议的债权人已申请司法确认几种情形下，未取得执行依据的普通债权人可以申请参与分配。

## 理由与依据

一般情况下，普通债权取得执行依据是参与分配的前置条件，但出于生存权保障、激发债权人查找被执行人财产积极性等因素，应当赋予未取得执行依据的首封债权人，请求支付其被拖欠的工资、医疗及伤残补助、抚恤费用、基本养老保险金、基本医疗保险费用的职工，基于人身损害赔偿请求权主张赔偿的受害人参与分配的权利。赋予未取得执行依据的首封债权人参与分配的权利系基于对实践因素的考量，对于确有实质贡献的首封债权人，应综合衡量财产本身的隐蔽性、查控财产难度、专业性、复杂性及其所支出成本等多重因素，赋予其在未取得执行依据时参与分配的权利。基于权利位阶原则应当保障生存权，工资、伤残补助、人身损害赔偿等均是保障生存权的依凭，即使债权人尚未取得执行依据，仍有赋予其申请参与分配权利的必要性。

以预留份额的方式准许特定情形下未取得执行依据的普通债权人申请参与分配，能够提高参与分配程序效率，同时并未对其他债权人权益造成影响。若最终生效裁判未支持预留份额债权人的诉请，预留份额将在其他参与分配债权人之间再次分配。

## 立法沿革与争议

1992年《民诉意见》第297条规定："被执行人为公民或者其他组织，在执行程序开始后，被执行人的其他已经取得执行依据的或者已经起诉的债权人发现被执行人的财产不能清偿所有债权，可以向人民法院申请参与分配。"按照该规定，已经起诉未取得执行依据的普通债权人可以申请参与分配。2015年《民事诉讼法解释》第508条规定："被执行人为公民或者其他组织，在执行程序开始后，被执行人的其他已经取得执行依据的债权人发现被执行人的财产不能清偿所有债权的，可以向人民法院申请参与分配。对人民法院查封、扣押、冻结的财产有优先权、担保物权的债权人，可以直接申请参与分配，主张优先受偿权。"排除了已经起诉尚未取得执行依据的普通债权人申请参与分配的权利。2016年《优先债权执行批复》第3条第3款规定："首先查封债权尚未经生效法律文书确认的，应当按照首先查封债权的清偿顺位，预留相应份额。"按照该规定，未取得执行依据的普通债权人是在先查封申请人的，可以申请参与分配。

地方司法机关发布的关于参与分配制度适用意见中对参与分配适用主体范围的规定并不相同。如2012年《浙江省高级人民法院执行局关于印发〈关于多个债权人对同一被执行人申请执行和执行异议处理中若干疑难问题的解答〉的通知》第6条规定，已经起诉或申请仲裁但尚未取得执行依据的债权人申请参与分配的，法院一般不予准许。但有以下情形之一的，主持分配的法院应当按照相关债权人诉讼或申请仲裁请求给付的债权数额确定其可分得的款项予以留存，待该债权人取得执行依据后支付：（1）在先查封为财产保全，所涉案件尚未审结，经协调由首先进入终局执行的法院处置财产并主持分配，在先查封的申请人要求参与分配的；（2）被执行人的职工主张支付被拖欠的工资和医疗、伤残补助、抚恤费用，应当划入职工个人账户的基本养老保险、基本医疗保险费用，以及法律、行政法规规定应当支付给职工的补偿金的；（3）人身损害赔偿纠纷案件的受害人向被执行人主张赔偿金，不能实现将严重影响受害人生活的。2013年《北京市高、中级人民法院执行局（庭）长座谈会（第五次会议）纪要——关于案款分配及参与分配若干问题的意见》第14条规定，按照1998年《执行工作规定》第93条的规定，对法院查封、扣押或冻结的财产享有担保物权和法律规定的其他优先受偿权的债权人，可以申请参加参与分配程序，主张优先受偿权。该债权人未取得执行依据，主持参与分配的法院告知其依照相关法律规定取得执行依据，但在分配案款时为其预留相应款项。对被欠缴基本医疗保险费、失业保险费、基本养老保险费的职工，劳动行政主管部门作出要求被执行人补缴上述保险费的文书的，在分配案款时也应为其预留相应款项。2016年《重庆市高级人民法院关于执行工作适用法律若干问题的解答（一）》规定，已经起诉或申请仲裁但尚未取得执行依据的普通债权人申请参与分配的，人民法院不予准许。但有以下情形之一的，主持分配的法院应当按照相关债权人诉讼或申请仲裁请求给付的债权数额确定其分得的款项予以提存，待该债权人取得执行依据后支付：（1）在先查封为财产保全，所涉案件尚未审结，经协调由进入执行程序的人民法院处置财产并主持分配，在先查封的债权人要求参与分配的；（2）被执行人的职工主张支付被拖欠的工资和医疗、伤残补助、抚恤费用，应当划入职工个人账户的基本养老保险、基本医疗保险费用，以及法律、行政法规规定应当支付给职工的补偿金的；（3）不能实现将严重影响受害人生活的人身损害赔偿纠纷案件赔偿金。2017年《福州市中级人民法院关于参与分配具体适用的指导意见（试行）》第8条规定，已经起诉且在先保全但尚未取得执行依据的债权人，应当以其诉讼保全的债权额为限参与分配。执行法院在分配时，应当将该债权人所主张的债权应受偿分配的数额予以提存，待该债权确定后再交付给该债权人。前款债权人在分配终结后经生效法律文书确定其败诉，而其他参与分配债权人未受足额清偿的，所提存的款项应当追加分配给其他参与分配债权人。其他参与分配债权人已受足额清偿的，所提存的款项或者余额部分应当分配给申请参与分配的截止日期之后提出参与分配申请的债权人。对剩余款项无债权人主张权利的，应当将该款返还被执行人。担保的债权未届清偿期的，在分配时应当优先预留其相应的份额。对被欠缴基本医疗保险费、失业保险费、基本养老保险费的职工，劳动行政主管部门作出要求被执行人补缴上述保险费的文书的，在分配时应为其预留相应款项。2020年《江苏省高级人民法院关于正确理解和适用参与分配制度的指导意见》第6条规定，未取得执行依据的普通债权人具有下列情形之一，提出参与分配申请的，应根据其在诉讼、仲裁或者公证程序中请求给付的债权数额预留相应的财产份额：（1）债权人对执行财产首先申请采取查封、扣押、冻结措施的；（2）债权人为职工，请求支付其被拖欠工资、医疗及伤残补助、抚恤费用、基本养老保险金、基本医疗保险费用，以及按照法律、行政法规规定应当支付给职工的补偿金的；（3）受害人基于人身损害赔偿请求权主张赔偿的；（4）债权人主张抚养费、扶养费、赡养费的；（5）人民调解协议的债权人已申请司法确认的；（6）符合法律或司法解释规定的其他情形。职工作为债权人以被执行人拖欠其工资为由申请参与分配的，按照债务人的普通职工正常应当支付的平均工资计算为其预留款项，但工资债权超过12个月的除外。上述债权人请求给付的债权数额未获执行依据支持或者执行依据支持的债权数额低于预留财产份额的，预留的财产份额或者超出部分应再次进行分配。预留财产份额低于或者等于债权人按其执行依据载明的债权数额计算后应当获得的财产份额的，按照预留财产份额予以发放。

## 案例索引

江苏省苏州市吴江区人民法院（2019）苏0509执异46号执行异议案

云南省高级人民法院（2018）云执复37号申请复议案

**461** 参与分配程序中执行依据被裁定再审的，如何确认被裁定再审的申请执行人的分配数额？

答：参与分配程序中，债权人原执行依据被裁定再审的，主持分配法院应当预留该债权人根据原执行依据确定的债权应获清偿的财产份额。若原执行依据经再审维持原判或者再审后改判数额大于原执行依据载明数额的，应向该债权人支付已经预留的财产份额；若再审后改判数额小于原判决数额的，超过根据再审结果计算其应分配部分的预留财产份额，应当再次进行分配；再审后驳回该债权人诉讼请求，其他债权人尚未足额受偿的，应当对预留的财产份额再次进行分配；仍有剩余的，退还被执行人。

## 理由与依据

基于兼顾公平与效率的考量，参与分配程序中执行依据被裁定再审的，此时该债权数额虽尚未确定，但若不为其预留相应份额，可能引发执行回转等衍生程序，不仅浪费司法资源，亦有违执行效率原则，根据原执行依据确定的债权数额为该债权人预留相应份额系兼顾各方当事人利益的最佳选择，亦符合参与分配制度兼顾公平与效率的价值选择。2020年《江苏省高级人民法院关于正确理解和适用参与分配制度的指导意见》第7条规定："人民法院作出的执行依据被提起再审的，不影响该债权人申请参与分配，已经启动的分配程序继续进行，但应当预留该债权人根据被提起再审的执行依据确定的债权计算后应当获得的财产份额。执行依据经再审维持原判或者再审后改判数额大于原执行依据载明数额的，应向该债权人支付已经预留的财产份额。再审后改判数额小于原判决数额的，超过根据再审结果计算其应分配部分的预留财产份额，应当再次进行分配。再审后驳回该债权人诉讼请求，其他债权人尚未足额受偿的，预留的财产份额应当再次进行分配；仍有剩余的，发还被执行人。人民调解协议确认裁定被撤销、仲裁裁决被撤销或者不予执行以及具有强制执行效力的公证债权文书被裁定不予执行，债权人已依照法定途径寻求权利救济的，参照上述原则处理。"

## 立法沿革与争议

有观点认为执行法院应为该债权人预留与争议债权数额相应的款项。《上海市高级人民法院执行程序中涉及参与分配类案办案要件指南》中认为："作为执行依据的法院裁判被提起再审或第三人撤销之诉的，债权人仍然可以申请参与分配，分配程序继续进行，但应当预留与争议债权数额相应的款项。再审或第三人撤销之诉后执行依据所确定的债权数额少于预留的款项，其他债权人尚未足额受偿的，预留的款项应当再次进行分配；仍有剩余的，发还被执行人。作为执行依据的确认人民调解协议的裁定、仲裁裁决以及具有强制执行效力的公证债权文书等被撤销、不予执行审查的，参照上述原则处理。"

## 462 被执行人通过低价收购金融不良债权抵销所欠申请执行人工程款，人民法院是否准许？

答：被执行人收购债权后与申请执行人之间虽然互负到期债务，但在执行程序中并不必然可以直接抵销。执行法院除审查抵销权条件是否成立之外，还应当审查被执行人受让债权的合法性，如果该抵销损害对方当事人、第三人的合法权益或者社会公共利益，应当不予准许。

## 理由与依据

当事人互负到期债务，被执行人请求抵销，请求抵销的债务在满足已经生效法律文书确定或者经申请执行人认可；与被执行人所负债务的标的物种类、品质相同的情况下，人民法院应予支持，但依照法律规定或者按照债务性质不得抵销的除外。

从抵销条件来看，已经相关生效判决予以确定的金融债权与工程款均系金钱债务，种类、品质相同，属于法律规定抵销的债务类型。但是，抵销应具有正当性。对于被执行人受让债权后主张抵销的，执行法院除审查抵销条件是否成立之外，还应当审查被执行人受让债权的合法性，防止损害对方当事人、第三人的合法权益或者社会公共利益。

## 立法沿革与争议

1986年《企业破产法》第33条规定，债权人对破产企业负有债务的，可以在破产清算前抵销。1997年《合伙企业法》规定，合伙企业中某一合伙人的债权人，不得以该债权抵销其对合伙企业的债务。但上述法条只是特别法对抵销的特别规定，《合同法》确立了当事人的抵销权。但执行程序中债务人能否行使抵销权，法律规定不明确。《异议复议规定》第19条规定，当事人互负到期债务，被执行人请求抵销，请求抵销的债务符合下列情形的，除依照法律规定或者按照债务性质不得抵销的以外，人民法院应予支持：（1）已经生效法律文书确定或者经申请执行人认可；（2）与被执行人所负债务的标的物种类、品质相同。自此，执行程序中抵销权的行使和限制有了明确法律依据。

理论上，执行中可否允许被执行人主张行使抵销权有三种学说：一是禁止说，即完全禁止抵销权行使；二是允许说，即在执行程序中全面允许抵销，不在法定抵销实体要件之外附加任何程序条件；三是限制说，即限制抵销权行使，要求抵销权行使除满足法定抵销实体要件之外，还必须满足特定程序条件。《异议复议规定》采限制说，规定了执行中抵销权行使的程序条件。

## 案例索引

最高人民法院（2021）最高法执监13号执行监督案

### 463 分配方案异议之诉的审理法院发现财产分配方案错误，能否在判决中直接对分配方案进行调整？

答：执行分配方案异议之诉中审理法院发现财产分配方案错误，仅能判决撤销原分配方案，不能在判决中直接对分配方案进行调整，执行分配方案须由执行法院重新作出。

## 理由与依据

从执行分配方案异议之诉的目的出发，原告是以实体法上的法律关系为基础，请求法院确认自己对分配方案提出异议的正当性，其根本目的为确认自己的分配额度或是分配顺位。法院须在判决中就双方当事人所争执的事项，在何种程度或范围内是正确的抑或是错误的予以阐明，进而使执行机关更正分配方案或是重新制作分配方案。

从平衡保护各方利益角度出发，执行分配方案异议之诉的原被告可能不包含所有执行案件当事人，对执行分配方案异议方的异议没有意见的当事人并未参与到诉讼中来。此时，若允许审理执行分配方案异议之诉时直接对分配方案进行调整，在具体操作过程中，有时判决无法仅将原被告之间的分配额进行调整而不牵动整体分配，其重新所作的分配计划书在表面上已与原分配计划书有所不同。这无疑已经牵涉到未参与到诉讼中的执行当事人利益，但他们却不是该异议之诉的当事人，若他们对新的分配方案有异议，却因不是该案件当事人而无法在该案中主张权利，而要通过提起撤销之诉才能推翻判决内容，这与诉讼的公平与效率理念不契合。

从审判权与执行权分离原则角度出发，执行分配方案异议之诉仅仅是对分配方案中的实体权利进行评判，在发现确有问题时，判决中应当撤销执行分配方案。至于下一步执行分配方案如何制作属于执行程序部门职责范围，不能越俎代庖通过审判程序直接修正或作出新的执行分配方案。

## 立法沿革与争议

2008 年最高人民法院公布的《关于适用〈中华人民共和国民事诉讼法〉执

行程序若干问题的解释》第25条规定，多个债权人对同一被执行人申请执行或者对执行财产申请参与分配的，执行法院应当制作财产分配方案，并送达各债权人和被执行人。债权人或者被执行人对分配方案有异议的，应当自收到分配方案之日起15日内向执行法院提出书面异议。第26条规定，债权人或者被执行人对分配方案提出书面异议的，执行法院应当通知未提出异议的债权人或被执行人。未提出异议的债权人、被执行人收到通知之日起15日内未提出反对意见的，执行法院依异议人的意见对分配方案审查修正后进行分配；提出反对意见的，应当通知异议人。异议人可以自收到通知之日起15日内，以提出反对意见的债权人、被执行人为被告，向执行法院提起诉讼；异议人逾期未提起诉讼的，执行法院依原分配方案进行分配。诉讼期间进行分配的，执行法院应当将与争议债权数额相应的款项予以提存。该法条首次确立了分配方案异议之诉制度，使得参与分配程序中的债权人以及被执行人拥有了诉讼形式的救济方式。

2015年《民事诉讼法解释》通过司法解释的形式对分配方案异议以及分配方案异议之诉进行了相应的确认。

另有观点认为执行分配方案异议之诉作为执行程序的下位程序，其程序的运行不可与民事执行价值取向背道而驰，执行程序的价值导向即效率为重。执行分配方案异议之诉的审判部门对执行分配的基础事实和依据更为了解，审判部门直接变更分配方案系在审理异议之诉时发现执行分配有错的纠错行为，且该纠错并非从根本上颠覆原来的分配方案，而以已经确定的、不存在争议的实体法律关系为基础，对分配方案进行更改。有观点认为，在执行分配方案异议之诉中，债权人、被执行人的诉讼请求成立或者部分成立的，应当判决撤销原分配方案中的错误部分，并按照下列情形分别处理：（1）如原分配方案对债权性质认定错误，应当根据诉讼请求就争议债权性质作出判决；（2）如原分配方案对债权数额认定错误，可以在查清事实后根据诉讼请求就争议债权的数额作出判决，也可以责令执行机构查清事实，重新确定争议债权的数额后纠正分配方案中的错误部分；（3）如原分配方案对债权人是否给予分配的认定存在错误，应当根据诉讼请求对相关主体是否给予分配作出判决。

## 案例索引

最高人民法院（2022）最高法民再123号分配方案异议之诉案

**464** 被执行人违反执行顺位个别清偿执行顺序在后的债权以及未进入执行程序的债权，该清偿行为是否因违反法律效力性强制规定无效？

答：当被执行人财产足以清偿全部债务时，被执行人违反清偿顺位进行的个别清偿行为有效，但可能构成拒不执行判决、裁定罪；当被执行人财产不足以清偿全部债务时，被执行人违反清偿顺位的个别清偿行为可撤销。

## 理由与依据

债权平等是民事实体法上的一项基本原则，其实质在于赋予各债权人平等实现债权的机会，数个债权不论成立的先后，均处于同一地位，受偿机会相同。但债务人的财产状况、资信状况、合作程度、社会政策以及债权人实现债权采取的方式等因素导致债权实现的状态并不平等。例如，某债权人先为强制执行而受清偿时，其他债权人，纵其债权发生在前，亦仅能就剩余财产受偿。[①] 在我国法律体系内，法定担保制度和企业破产法共同担负破除债权平等的功能。[②] 也就是说，在普通债权之间，并无清偿顺位先后的规定。被执行人在未清偿已进入执行程序的债权之前，清偿申请执行时间在后的债权或尚未进入执行程序的债权，该清偿行为是否无效，取决于法律及行政法规是否有关于此种情况下清偿顺位的效力性强制规定。具体分析如下：

1. 被执行人的财产足以清偿所有债务。

---

① 王泽鉴：《债法原理》，北京大学出版社2021年版，第60页。
② 参见曹宇：《债权的平等与优先——兼对债权平等理论的反思》，载《河北法学》2012年第10期。

债务人的财产足以清偿债务时，此时清偿的先后主要依靠债权人实现债权的积极性，所谓"勤受益，懒招损"，按照先来后到的规则，先进入执行程序的债权的清偿顺位先于未进入执行程序的债权；均进入执行程序的债权，先采取执行措施的清偿顺位优于后采取执行措施的。如此制度设计符合常识和社会一般认知，无损（形式）公平，又能督促债权人积极行动。[①]但债务人的财产足以清偿全部债务的，债务人任意清偿，不会侵害债权人的利益，我们认为，此种情形下确定债权清偿的先后顺位意义不大，债权人无论是选择向未进入执行程序的债权清偿，还是向申请执行在后的债权清偿，均不会影响到申请在先的债权人利益。

结合《民事诉讼法解释》的相关规定，2020年《执行工作规定》第55条关于"多份生效法律文书确定金钱给付内容的多个债权人分别对同一被执行人申请执行，各债权人对执行标的物均无担保物权的，按照执行法院采取执行措施的先后顺序受偿"的规定，应限于被执行人财产足以清偿全部债权的情况。如前所述，无论是债务人任意履行还是遵循"先来后到"的原则，都不会对债权人的利益造成实质影响。即使相关司法解释已经设定了清偿顺位，若被执行人先向查封在后的债权人清偿的，该清偿行为依然有效。

但值得注意的是，被执行人有选择性的清偿可能构成拒不执行判决、裁定罪。被执行人不清偿已进入执行程序的债权，转而清偿执行顺序在后的或者未进入执行程序的债权，有理由认定其有履行能力但拒不执行，该行为既侵害了司法权威，也对判决、裁定所确定的权利人权利造成了侵害，符合拒不执行判决、裁定罪的构成要件。

2. 被执行人的财产不足以清偿全部债权。

《执行工作规定》及《民事诉讼法解释》根据被执行人不同的类型设定了各自的突破债权平等的制度。被执行人为公民、其他组织的，适用参与分配程序解决债权平等受偿问题；被执行人为企业的，则转入破产程序解决。参与分配程序中，债权清偿的顺位分别是：执行费用，共益债务，人身损害赔偿中的医疗、伤残、抚恤费，对执行标的享有优先受偿权的债权，退赔被害人的损失，其他民事债权；罚款、罚金；没收财产。在理论及实务操作上，

---

① 参见许德风：《破产法基本原则再认识》，载《法学》2009年第8期。

对债权清偿顺位的异议属实体异议，通过分配异议和分配异议之诉解决。在参与分配之外，被执行人若自行向个别债权人清偿的，可以参照《企业破产法》关于禁止个别清偿的原则处理，人民法院可依申请撤销该个别清偿行为。

## 立法沿革与争议

关于查封的效力，域外主要有优先主义和平等主义两种立法模式。英美法和德国采优先主义，注重执行效率，贯彻完全的先到先得。日本采平等主义，在个别执行中引入债权人，为其提供搭便车的机会，也因此没有重复查封的概念。我国在1998年《执行工作规定》第88条（现第55条）即明确了查封的优先效力，按照法院采取执行措施的先后顺序受偿。结合《民事诉讼法解释》第506～508条，查封优先效力仅在被执行人财产足以清偿全部债务的情况下适用。《民事强制执行法（草案）》第179条规定，普通民事债权按照查封财产的先后顺序受偿。该条被认为是对2020年《执行工作规定》第55条政策的延续。[①]

## 案例索引

最高人民法院（2018）最高法执监845、847、848号执行异议案

安徽省桐城市人民法院（2016）皖0881刑初71号拒不执行判决、裁定案

---

① 参见李潇洋:《债权平等与查封的优先效力》，载《清华法学》2023年第3期。

## 第 三 编

# 实现非金钱债权的终局执行

# 第十四章　物之交付请求权的执行

**465** 物之交付请求权与金钱债权竞合时，执行程序中应如何处理？

答：交付标的物的债权请求权与普通金钱债权在同一标的物上竞合时，按照执行法院采取执行措施的先后顺序受偿，但交付标的物的债权请求权是基于物权的，优先于普通金钱债权。[①]

## 理由与依据

物之交付请求权的执行属于非金钱债权执行，是指执行机关为了实现债权人请求债务人交付一定动产或者不动产的请求权，而转移该物的占有的执行。物之交付请求权既可能是基于债权，也可能是基于物权。

1. 基于物权的物之交付请求权优先于金钱债权的执行。

基于所有权的返还原物请求权优先于金钱债权受偿。如果判决仅确认当事人对特定物享有所有权，该确认之诉判决因无给付内容无法申请执行，不会与金钱债权产生执行竞合的问题。只有所有权人基于返还原物请求权诉请被告交付特定物的给付之诉判决，才可能与金钱债权发生竞合。此时，基于所有权的原物返还请求权优先于金钱债权，即便金钱债权已在先查封特定物。

生效法律文书基于不以转移所有权为目的的有效合同（如租赁、借用、保管合同），判令向案外人返还执行标的物的，虽然基于租赁、借用、保管合同请求物之交付仍属债权性质，但被"物化"，亦可以排除执行。即认可了基于物权或准物权的物之交付请求权的执行优先于金钱债权的执行。

2. 基于债权的物之交付请求权并不优先于金钱债权的执行。

根据《九民纪要》第124条，基于买卖合同等转移所有权为目的的物之交

---

[①] 参见王娣：《论强制执行竞合及其解决》，载《北京科技大学学报》2005年第1期。

付请求权，其性质属于债权请求权，不能对抗采取执行措施在先的金钱债权的申请执行人。

## 立法沿革与争议

2020年《执行工作规定》第55条第1款规定："多份生效法律文书确定金钱给付内容的多个债权人分别对同一被执行人申请执行，各债权人对执行标的均无担保物权的，按照执行法院采取执行措施的先后顺序受偿。多个债权人的债权种类不同的，基于所有权和担保物权而享有的债权，优先于金钱债权受偿。有多个担保物权的，按照各担保物权成立的先后顺序清偿。一份生效法律文书确定金钱给付内容的多个债权人对同一被执行人申请执行，执行的财产不足清偿全部债务的，各债权人对执行标的物均无担保物权的，按照各债权比例受偿。"该条文明确金钱债权执行竞合时按照执行法院采取执行措施的先后顺序受偿。非金钱债权与金钱债权执行竞合时应依据物权优先于债权的原则。

《异议复议规定》第26条规定："金钱债权执行中，案外人依据执行标的被查封、扣押、冻结前作出的另案生效法律文书提出排除执行异议，人民法院应当按照下列情形，分别处理：（一）该法律文书系就案外人与被执行人之间的权属纠纷以及租赁、借用、保管等不以转移财产权属为目的的合同纠纷，判决、裁决执行标的归属于案外人或者向其返还执行标的且其权利能够排除执行的，应予支持；（二）该法律文书系就案外人与被执行人之间除前项所列合同之外的债权纠纷，判决、裁决执行标的归属于案外人或者向其交付、返还执行标的的，不予支持；（三）该法律文书系案外人受让执行标的的拍卖、变卖成交裁定或者以物抵债裁定且其权利能够排除执行的，应予支持。金钱债权执行中，案外人依据执行标的被查封、扣押、冻结后作出的另案生效法律文书提出排除执行异议的，人民法院不予支持。非金钱债权执行中，案外人依据另案生效法律文书提出排除执行异议，该法律文书对执行标的的权属作出不同认定的，人民法院应当告知案外人依法申请再审或者通过其他程序解决。申请执行人或者案外人不服人民法院依照本条第一、二款规定作出的裁定，可以依照民事诉讼法第二百二十七条规定提起执行异议之诉。"

《九民纪要》第124条第1款规定："作为执行依据的生效裁判并未涉及执

行标的物，只是执行中为实现金钱债权对特定标的物采取了执行措施。对此种情形，《最高人民法院关于人民法院办理执行异议和复议案件若干问题的规定》第26条规定了解决案外人执行异议的规则，在审理执行异议之诉时可以参考适用。依据该条规定，作为案外人提起执行异议之诉依据的裁判将执行标的物确权给案外人，可以排除执行；作为案外人提起执行异议之诉依据的裁判，未将执行标的物确权给案外人，而是基于不以转移所有权为目的的有效合同（如租赁、借用、保管合同），判令向案外人返还执行标的物的，其性质属于物权请求权，亦可以排除执行；基于以转移所有权为目的有效合同（如买卖合同），判令向案外人交付标的物的，其性质属于债权请求权，不能排除执行。"

《异议复议规定》第26条第2款的法理在于，在法院查封执行标的之后，如果案外人主张对执行标的享有实体权利，应当通过案外人执行异议之诉制度实现，而不是通过另行提起诉讼来确定对执行标的是否享有实体权利。但当案外人已经取得另案生效判决，并且依据该另案生效判决针对查封标的提起执行异议之诉，则不能再简单以《异议复议规定》第26条第2款作为裁判依据，而是要根据《九民纪要》第124条确定的裁判规则，审查案外人是否具有足以排除执行的实体权利，否则将有悖《异议复议规定》第26条第4款案外人对异议裁定不服另行提起异议之诉的立法本意。

题述情形属于金钱债权与非金钱债权之间的竞合，在学理上，有三种不同的意见：第一种意见认为，应当依申请执行的先后办理，因为执行法院无权就实体权利孰优孰劣的问题作出判断。第二种意见认为应根据权利的性质决定处理或者受偿的先后顺序，非金钱债权是基于物权而发生的，该非金钱债权的执行应当优先处理。第三种意见认为，原则上应依申请先后处理，但申请在后的请求是基于物权而生的，应当优先于在先执行申请办理。《执行工作规定》第55条第2款规定："多个债权人的债权种类不同的，基于所有权和担保物权而享有的债权，优先于金钱债权受偿。有多个担保物权的，按照各担保物权成立的先后顺序清偿。"该规定被视为我国采物权优先于债权原则的依据。

**案例索引**

最高人民法院（2018）最高法民申6030号申请再审审查案

**466** 被执行人A既欠申请执行人B建设工程价款（判决确认B对建设工程享有优先受偿权），同时A又被法院判决向C交付建设工程，执行中应如何处理？

答：建设工程发包人A既负有交付标的物给C的义务，又负有向B支付建设工程价款的义务，在执行中发生冲突，对建设工程享有优先受偿权的B有权申请将建设工程进行变价，变价款首先由B优先受偿，剩余价款及未变价处理的工程交付C。

**理由与依据**

承包人享有的建设工程价款优先受偿权优于抵押权和其他债权。对建设工程价款优先受偿权的性质有法定抵押权和法定优先权两种说法，但其效力在于担保工程价款债权的优先受偿，且权利客体直接指向建设工程，对其可以适用担保物权的一般规则。① 法院判决发包人A向C交付建设工程，C对A享有交付请求权，请求债务人A为一定的行为即交付建设工程，在债务人A交付之前，物权并未发生变动，C不享有建设工程所有权，建设工程所有权人仍为A，该物之交付请求权实质基于债权。《执行工作规定》第55条第2款规定："多个债权人的债权种类不同的，基于所有权和担保物权而享有的债权，优先于金钱债权受偿。"B对A享有的建设工程价款优先受偿权优于C对A享有的物之交付请求权债权。因此，B有权申请对建设工程进行拍卖、变卖，变价款首先由B优先受偿，剩余价款及未变价处理的工程交付C。需要说明的是，实践中也存在发包人并非建设工程所有权人的情况，如委托代

---

① 参见周吉高：《建设工程转项法律实务》，法律出版社2021年版，第322页。

建、BT 模式等，此时承包人无权就建设工程价款主张优先受偿权。①

## 立法沿革与争议

2008年11月5日《最高人民法院执行局关于如何处理建设工程款债权与请求交付房产的债权冲突问题的复函》（〔2008〕执他字第8号）答复如下："浙江省东阳第三建筑公司（以下简称东阳三建）请求青海华峰房地产有限公司（以下简称华峰公司）支付建筑工程款的权利以及青海量具刃具有限责任公司（以下简称量具公司）请求华峰公司交付房产的权利均为债权。依据《物权法》第9条、第30条之规定，争议房产仍然属于华峰公司所有，应当作为华峰公司的责任财产由有关债权人按照法定的顺序受偿。依据《合同法》第286条以及本院《关于建设工程价款优先受偿权问题的批复》第1条之规定，应当对相应的争议房产进行变价，变价款由东阳三建优先受偿。东阳三建受偿后，剩余价款及未变价处理的房产应当交付量具公司。如无法按照执行依据确定的数量和质量执行实物，对量具公司非金钱债权的差额部分，应当依照本院《执行工作规定》第57条之规定，折价后执行华峰公司的其他财产。"此答复明确了请求支付工程款的权利与请求交付房产的权利均为债权请求权。

《建设工程合同解释（一）》第35条规定："与发包人订立建设工程施工合同的承包人，依据民法典第八百零七条的规定请求其承建工程的价款就工程折价或者拍卖的价款优先受偿的，人民法院应予支持。"第36条规定："承包人根据民法典第八百零七条规定享有的建设工程价款优先受偿权优于抵押权和其他债权。"据此规定，建设工程价款优先受偿权优于抵押权和其他债权，故建设工程价款优先受偿权优于交付建设工程的债权。

## 案例索引

最高人民法院（2021）最高法民申3449号申请再审审查案

---

① 参见最高人民法院（2019）最高法民终1800号民事判决书。

**467** 生效法律文书确认买卖合同无效或解除的,出卖人(案外人)要求买受人(被执行人)返还标的物的请求权,是否能排除金钱债权对标的物的强制执行?

答:该请求权是物权性质的返还请求权,在案外人已经返还标的物价款的情况下,可以排除执行。

## 理由与依据

买卖合同为有效合同时,买受人请求出卖人交付标的物请求权的性质是债权请求权,不能排除执行。买卖合同无效或解除时,出卖人(案外人)要求买受人(被执行人)返还买卖合同标的物,因标的物的权属原就属于出卖人,此时出卖人享有的是物权性质的返还请求权,可以排除金钱债权的执行。但是在双方互负返还义务的情况下,案外人未返还价款时,如果允许其排除金钱债权的执行,将会使申请执行人既执行不到被执行人名下的财产,又执行不到本应返还给被执行人的价款,显然有失公允,因此只有当案外人已经返还价款的,才能排除执行。

## 立法沿革与争议

《民法典》第157条规定:"民事法律行为无效、被撤销或者确定不发生效力后,行为人因该行为取得的财产,应当予以返还;不能返还或者没有必要返还的,应当折价补偿。"第566条第1款规定:"合同解除后,尚未履行的,终止履行;已经履行的,根据履行情况和合同性质,当事人可以请求恢复原状或者采取其他补救措施,并有权请求赔偿损失。"根据上述条文,合同解除或被确认无效后,一般应当返还或者恢复原状。此处的"返还""恢复原状"请求权的性质如何认定,能否排除执行,实践中有不同认识。

有观点认为该"返还"是基于债权请求权,其权利基础为债权,不能排除执行。如最高人民法院(2018)最高法民终654号裁判认为,另案判决关于"创益能源公司在彩虹晶体公司的案涉28%股权归温某所有"的判项,只能解读为系针对合同解除产生的股权返还请求权这一债权所作出的确认,并非对案涉股权的确权，不能排除执行。四川省高级人民法院（2019）川民终498号案件等也持该观点。

另一种观点认为其性质为物权性质的返还请求权，可以排除执行。《九民纪要》的起草者认为："这里讲的'物权性质'，并不是物权请求权，因为标的物权属已经转移，而是具有物权请求权性质。"[①] 最高人民法院在（2020）最高法民申2441号案件中认为，被执行人签订商品房预售合同并登记备案的，法院采取预查封措施，保全的仅仅是被执行人对房屋出卖人的债权请求权。预售合同依法解除的，该债权请求权消灭，被执行人未取得房屋所有权，申请执行人不得要求执行该房屋。类似的案例还有黑龙江省高级人民法院（2019）黑民终506号、江苏省高级人民法院（2015）苏商终字第00079号等。

根据《异议复议规定》第26条，在金钱债权执行中，案外人依据执行标的被查封、扣押、冻结前作出的另案生效法律文书提出排除执行异议请求，如果该法律文书系其与被执行人之间除权属、租赁、借用、保管等不以转移财产权属为目的的合同之外的其他债权纠纷，判决、裁决执行标的归属于案外人或者向其交付、返还执行标的的，不予支持。仅对"以转移所有权为目的的其他债权纠纷（如买卖合同）不能排除执行"作出了原则性规定，鉴于该司法解释系对执行异议程序形式审查所作出的初步判断标准，并未进一步区分该买卖合同"有效交付标的物"及"无效返还标的物"时的审查标准。而执行异议之诉案件的审理应坚持实质判断标准，人民法院在审理此类案件时应在参照《异议复议规定》的基础上，进一步对不同合同效力所产生的法律责任性质及能否排除执行作出判断。《九民纪要》第124条对此作出了回应，分别对买卖合同的效力在有效和无效（解除）的情形下，案外人所享有的请求权性质及能否排除执行的裁判规则作了进一步的细化。

## 案例索引

最高人民法院（2020）最高法民申2441号申请再审审查案

---

[①] 最高人民法院民事审判第二庭编著：《〈全国法院民商事审判工作会议纪要〉理解与适用》，人民法院出版社2019年版，第626页。

# 第十五章 行为请求权的执行

**468** 股东知情权纠纷案件执行中，如公司会计报告和凭证不完
备，如何确定执行义务履行完毕的标准？

答：如公司会计报告和凭证不完备，首先应当责令被执行人穷尽
方法寻找，对于无法找到且不可弥补的材料，人民法院在调查属实后，
确实不属于被执行人逃避执行的，属于执行不能的案件，可以终结
执行。

## 理由与依据

股东知情权是股东行使股东权利的一项重要内容，生效法律文书判决支
持股东查阅公司特定文件材料的，应当在判决中明确查阅或者复制公司特定
文件材料的时间、地点和特定文件材料的名录。如生效判决载明的会计报告
和凭证名录不完备，因会计报告为特定物，如该会计报告和凭证属于不可弥
补的材料，人民法院应当终结执行。

## 立法沿革与争议

《公司法》第33条规定："股东有权查阅、复制公司章程、股东会会议记
录、董事会会议决议、监事会会议决议和财务会计报告。股东可以要求查阅
公司会计账簿。股东要求查阅公司会计账簿的，应当向公司提出书面请求，
说明目的。公司有合理根据认为股东查阅会计账簿有不正当目的，可能损害
公司合法利益的，可以拒绝提供查阅，并应当自股东提出书面请求之日起
十五日内书面答复股东并说明理由。公司拒绝提供查阅的，股东可以请求人
民法院要求公司提供查阅。"上述法律规定股东有权查阅公司会计账簿。《公
司法解释（四）》第10条第1款规定："人民法院审理股东请求查阅或者复制公

903

司特定文件材料的案件，对原告诉讼请求予以支持的，应当在判决中明确查阅或者复制公司特定文件材料的时间、地点和特定文件材料的名录。"首次明确股东知情权纠纷中判项应包含的内容。

## 案例索引

广东省高级人民法院（2020）粤执监160号执行监督案
广东省高级人民法院（2021）粤执监104号执行监督案

## 469 人身安全保护令应当如何执行？

答：法院作出人身保护令裁定后，应当将裁定送达申请人、被申请人、当地公安机关以及村委会、居委会等有关组织。人身安全保护令由人民法院负责强制执行，公安机关、村委会以及居委会等协助执行。

## 理由与依据

人身安全保护令，是一种民事强制措施，即法院为了保护家庭暴力受害人及其子女和特定亲属的人身安全、确保婚姻案件诉讼程序的正常进行而作出的民事裁定。当事人因遭受家庭暴力或者面临家庭暴力的现实危险，向人民法院申请人身安全保护令的，人民法院应当受理。当事人因受到强制、威吓等原因无法申请人身安全保护令的，其近亲属、公安机关、妇女联合会、居民委员会、村民委员会、救助管理机构可以代为申请。

《反家庭暴力法》第32条规定："人民法院作出人身安全保护令后，应当送达申请人、被申请人、公安机关以及居民委员会、村民委员会等有关组织。人身安全保护令由人民法院执行，公安机关以及居民委员会、村民委员会等应当协助执行。"第34条规定："被申请人违反人身安全保护令，构成犯罪的，依法追究刑事责任；尚不构成犯罪的，人民法院应当给予训诫，可以根据情节轻重处以一千元以下罚款、十五日以下拘留。"上述规定构建起以法院为主体，公安机关、居民委员会、村民委员会协助的执行主体体系以及兼具民事制裁和刑事处罚的追责体系。[①] 家庭暴力的私密性、隐蔽性和突发性的特点决定了实践中人身保护令的执行非常依赖于多部门的联动协作，尤其是公安机关在制止家庭暴力方面所发挥的不可替代的作用。但目前无论是《反家庭暴力法》还是民事执行规范，对人身安全保护令的执行主体之间的权责分工均缺乏明确的规定，实践中多依靠法院结合具体情况探索执行路径。如有些法院通过加强与申请人属地公安机关的合作，协调妇联、街道、社区及施暴人所在单位等多部门力量，全方面、多渠道地保护申请人，开设权益保护专线、进行定期回访等，全力保障人身安全保护令执行。

## 立法沿革与争议

《反家庭暴力法》是最早关于"人身安全保护令"的专门定性法律。在此之前，关于"人身安全保护令"是各地基于自身法律实践的自行探索。

2008年8月6日，我国第一份"人身保护令"由江苏省无锡市崇安区人民法院签发。根据这份民事裁定，被保护人的人身安全将受到法律保护，未来3个月内，其丈夫不能继续对她实施暴力："禁止刘某殴打、威胁王某芬"，"本裁定有效期3个月，本裁定送达后立即执行"。

2008年10月，重庆市渝中区人民法院签发了首批"保护令"。

2009年6月，浙江省温州市龙湾区人民法院向申请人季女士发出了一纸"人身安全保护裁定"，禁止季女士的丈夫对其殴打、威胁、骚扰。

《反家庭暴力法》于2015年12月27日第十二届全国人民代表大会常务委员会第十八次会议通过，2016年3月1日起施行。这标志着我国首次建立人身安全保护令制度。

2022年3月5日，最高人民法院会同全国妇联、教育部、公安部、民政部、司法部、卫生健康委共同发布《关于加强人身安全保护令制度贯彻实施的意见》，提高对家庭暴力受害人保护力度和水平。

实践中有观点认为，法院没有足够的司法资源作为人身安全保护令的主

---

[①] 参见李瀚琰：《论人身安全保护令执行体系与中国立法的完善》，载《妇女研究论丛》2017年第6期。

要执行机构，由公安机关作为执行主体更为适宜。公安机关具有保护公民人身安全，预防、制止和惩治违法犯罪的法定职能，与反家庭暴力的宗旨更为吻合。更重要的是，相比于人民法院，公安机关在执行和落实人身安全保护令方面更具效率。因公安机关承担复杂多样的社会职能，其与社区居委会等沟通更为密切，便于对具有长期性、隐蔽性和反复性的家庭暴力进行监督。①

## 案例索引

北京市第三中级人民法院（2022）京03民辖8号申请人身安全保护令案

## 470 设立、变更、转让、消灭不动产权利的生效法律文书能否作为向人民法院申请执行的执行依据？

答：权利人可以持相关司法文书直接向行政部门申请变更登记，无须另行申请法院立案执行。

## 理由与依据

人民法院、仲裁委员会生效的法律文书或者人民政府生效的决定等设立、变更、转让、消灭不动产权利的，自法律文书或者征收决定等生效时发生效力。这是物权的设定方式之一，属于非依法律行为的物权变动，行政部门据此进行的不动产登记，本身并不直接设定物权，仅仅是对权利归属的确认和记载。故权利人可以持此类生效法律文书②单方请求行政部门变更登记，无

---

① 参见陈亦可：《论人身安全保护令执行主体的现实困境及其出路》，载《沈阳大学学报》2022年第5期。

② 需注意的是，行政部门应受理的仅限于导致物权变动的法律文书，不包括给付之诉中仅确定当事人负有协助办理不动产变更登记义务的法律文书，也不包括审判阶段作出的以物抵债调解书。

须另行向人民法院申请强制执行。行政部门有义务受理此类申请，不得要求权利人提供法院的裁定书和协助执行通知书，也不得要求权利人向人民法院申请强制执行。

但是，在实践中，权利人持确权判决单方向行政部门申请变更登记，可能会存在一定的障碍。此前登记制度不健全，部分地方的房地产部门只认可法院的协助执行通知书和执行裁定书，权利人无奈之下只好选择向法院申请强制执行。

随着《不动产登记暂行条例》的颁布实施以及全国各地不动产登记制度的逐步完善，依法受理权利人的单方变更登记申请最终回到法律规定的正确轨道上来。如果行政部门拒不受理或者不予登记的，申请人可以依法提出行政复议或者行政诉讼。

### 立法沿革与争议

2008年建设部出台的《房屋登记办法》第80条规定："人民法院、仲裁委员会的生效法律文书确定的房屋权利归属或者权利内容与房屋登记簿记载的权利状况不一致的，房屋登记机构应当按照当事人的申请或者有关法律文书，办理相应的登记。"该条中的"当事人的申请"是指双方还是单方，指代不明。以这个效力较低的文件作为依据，并不充分。2015年《不动产登记暂行条例》第14条规定："因买卖、设定抵押权等申请不动产登记的，应当由当事人双方共同申请。属于下列情形之一的，可以由当事人单方申请：……（三）人民法院、仲裁委员会生效的法律文书或者人民政府生效的决定等设立、变更、转让、消灭不动产权利的。"这是国务院颁布的行政法规，效力较高。原国土资源部2016年《不动产登记暂行条例实施细则》第19条第1款规定："当事人可以持人民法院、仲裁委员会的生效法律文书或者人民政府的生效决定单方申请不动产登记"。

此外，《股权执行规定》第17条第2款规定："生效法律文书仅确认股权属于当事人所有，当事人可以持该生效法律文书自行向股权所在公司、公司登记机关申请办理股权变更手续；向人民法院申请强制执行的，不予受理。"

最高人民法院（2021）最高法民申2770号案外人执行异议之诉案

### 471 抚养权及探视权案件，当事人拒不履行，人民法院应当如何采取执行措施？

答：抚养权及探视权案件，当事人不主动履行的，执行法院应从有利于被抚养人或被探望人的角度出发，坚持和解为主，多做沟通、疏导工作，同时根据执行中遇到的障碍和被执行人拒不执行情节的严重程度，审慎采取罚款、拘留等强制措施。

**理由与依据**

抚养权和探望权是不可替代的特定行为，案件的执行难度较大，同时执行效果可能对未成年子女的身心健康产生重要的影响。执行措施的进度和力度把握不当，极易引发家庭社会矛盾，对未成年子女造成伤害。所以，抚养权和探望权纠纷案件的执行首先要以和解为主，充分发挥执行法官及社区、学校、亲属等各方面、各角度的沟通、协调作用，充分尊重未成年子女的个人意愿，合理安排抚养权交付的时间和方式，以及探望的时间、地点和方式等细节。

不履行抚养权和探望权的情形主要包括：有协助义务的一方或其家属不配合将未成年子女交付有抚养权的一方；有协助义务的一方或其家属不配合另一方探望未成年子女。对于这种行为应逐步采取如下执行措施：

（1）充分调查了解涉案家庭情况，包括夫妻矛盾、未成年子女成长经历、学习情况等；必要时，要听取未成年子女个人意愿，尤其是已满8周岁未成年人的个人意愿。

（2）组织双方当事人及其家属、所在社区、民政部门、未成年子女就读学校及老师等进行调解，尽最大可能以执行和解的方式实现抚养权的交付，或者确定合理的探望时间、地点和方式等。

（3）通过沟通协调仍拒不履行的，可以对被执行人采取限制消费、纳入失信被执行人名单的强制执行措施。

（4）对于情节严重的被执行人，或妨碍执行的被执行人家属等，可以采取罚款、拘留等强制执行措施；同时根据被执行人或其家属的悔改情况，适时适当决定罚款的金额、拘留的时间，以及罚款的减免、提前解除拘留等事项。

（5）采取上述措施后，当事人仍拒不履行，且采取过激行为或造成恶劣影响的，可以追究拒不执行生效判决、裁定的刑事责任。

另外，还可以对被执行人处以迟延履行金。迟延履行金的具体标准根据个案情况酌情考虑，同时可以在申请人应支付的抚养费中予以抵扣。

## 立法沿革与争议

1980年《婚姻法》第35条规定："对拒不执行有关扶养费、抚养费、赡养费、财产分割、遗产继承、探望子女等判决或裁定的，由人民法院依法强制执行。有关个人和单位应负协助执行的责任。"明确了抚养权、探望权案件可以强制执行。2001年《婚姻法》修正时保留该条款，2020年《民法典》婚姻家庭编未保留上述内容。

《最高人民法院关于适用〈中华人民共和国婚姻法〉若干问题的解释（一）》第32条规定："婚姻法第四十八条关于对拒不执行有关探望子女等判决和裁定的，由人民法院依法强制执行的规定，是指对拒不履行协助另一方行使探望权的有关个人和单位采取拘留、罚款等强制措施，不能对子女的人身、探望行为进行强制执行。"该规定明确抚养权、探望权案件的强制执行措施，同时明确禁止对子女的人身、探望行为进行强制执行。《婚姻家庭编解释一》第68条保留了上述内容，调整措辞为："对于拒不协助另一方行使探望权的有关个人或者组织，可以由人民法院依法采取拘留、罚款等强制措施，但是不能对子女的人身、探望行为进行强制执行。"

关于抚养权和探望权的执行，主要争议在于能否强制执行未成年子女自身。绝大多数学界观点和司法实践做法均持反对态度，这也导致申请人胜诉权益迟迟无法兑现，执行案件长期无法结案，并由此引发当事人信访投诉。

所以，《民事强制执行法（草案）》第194条提出："执行依据确定未成年子女由一方当事人抚养，另一方当事人或者他人拒不交出的，除依据前条规定的方法执行外，人民法院也可以将该子女领交抚养人。但是，满八周岁的子女明确表示反对的，不得领交。"但是，领交的具体时间、条件均未明确，领交的社会效果及对未成年子女的影响，都有待考量。

## 案例索引

上海市第一中级人民法院（2014）沪一中执复议字第43号执行审查案

# 第四编

# 保全执行

# 第十六章　保全执行

**472** 仲裁裁决驳回当事人的仲裁请求，当事人一方申请撤销仲裁裁决的，仲裁程序中采取的保全措施是否应解除？

答：仲裁裁决驳回当事人的仲裁请求，当事人一方申请撤销仲裁裁决且人民法院撤销裁决的，仲裁程序中采取的保全措施应当解除。

## 理由与依据

如仲裁裁决驳回当事人的仲裁请求，即申请人的仲裁请求未得到仲裁委的支持，申请保全人应当及时申请解除保全，由于仲裁实行一裁终局的制度，此时仲裁裁决已经生效，采取保全的基础（可能使裁决不能执行或者难以执行）已经不存在，仲裁程序中采取的保全措施应当解除。

如果申请人认为仲裁庭驳回仲裁请求的裁决错误，向人民法院申请撤销仲裁裁决且人民法院受理该申请的，意味着仲裁裁决的效力有可能会被否定。人民法院审查撤销仲裁裁决申请后有两种结果：一是裁定撤销仲裁裁决，意味着仲裁裁决无效，当事人可以重新通过诉讼或仲裁解决纠纷；二是驳回撤销申请，意味着仲裁裁决有效，即申请人的仲裁请求未得到支持的结果被司法审查维持。无论是哪种结果，另一方当事人申请解除保全措施的，人民法院经审查认为符合法律规定的，应当在规定期限内予以解除。

## 立法沿革与争议

《财产保全规定》第23条第1款第3项规定，仲裁申请或者请求被仲裁裁决驳回，申请保全人应当及时申请解除保全。2022年《民事诉讼法解释》第165条规定："人民法院裁定采取保全措施后，除作出保全裁定的人民法院自行解除或者其上级人民法院决定解除外，在保全期限内，任何单位不得解除保全措施。"

法院是否应依职权解除保全措施，有不同观点。肯定说认为，由于仲裁请求被仲裁裁决驳回，申请财产保全的基本前提和基础已经丧失，即使当事人未申请解除保全，法院也应根据实际情况依法解除保全。否定说认为，当事人通过仲裁程序解决纠纷，法院在未收到相关材料的情况下，无法获知解除保全事由的出现和条件的成就，以及时启动解除保全的程序，若法院应依职权解除保全措施意味着在应解除而未解除保全的情形下法院面临承担司法赔偿的风险，不宜施加法院依职权解除保全的责任。

关于当事人一方申请撤销仲裁裁决的，仲裁程序中采取的保全措施是否应解除这一问题，法律无明确规定。对于该问题，2004年10月22日《最高人民法院〈关于洪胜有限公司申请解除仲裁财产保全一案的请示〉的复函》（民四他字〔2004〕第25号）明确，如仲裁裁决发生法律效力后，一方当事人申请撤销仲裁裁决，另一方当事人则申请解除在仲裁程序中采取的财产保全，在人民法院审查是否撤销仲裁裁决的阶段，不应解除财产保全。如果人民法院裁定撤销仲裁裁决，则该仲裁案件不再存在，且终结执行，仲裁程序中采取财产保全的目的亦已消失，故人民法院在作出撤销仲裁裁决裁定的同时，亦应解除财产保全。

**案例索引**

湖南省长沙市芙蓉区人民法院（2019）湘0102执保1917号执行案

新疆维吾尔自治区石河子市人民法院（2019）兵9001财保114号非诉保全案

**473** 香港仲裁机构案件的当事人，能否直接向内地人民法院申请仲裁前和仲裁中的财产保全？内地仲裁案件的当事人如何向香港法院申请仲裁前或仲裁中财产保全？

答：在香港仲裁机构或澳门仲裁机构提起民商事仲裁程序的当事

人，可以向内地人民法院申请仲裁前和仲裁中的财产保全。当事人申请财产保全的，应当通过仲裁机构向人民法院提交申请。

内地仲裁机构管理的仲裁程序的当事人，可以依据香港特别行政区《仲裁条例》《高等法院条例》向香港特别行政区高等法院申请保全。依据《仲裁法》向内地仲裁机构提起民商事仲裁程序的当事人，在仲裁裁决作出前，可以根据澳门特别行政区法律规定，向澳门特别行政区初级法院申请保全。

## 理由与依据

1.向香港法院申请仲裁保全。当事人向香港法院申请保全的程序和条件，《最高人民法院关于内地与香港特别行政区法院就仲裁程序相互协助保全的安排》（法释〔2019〕14号）第6条、第7条作出了规定。内地仲裁当事人，在仲裁裁决作出前，可以依据香港特别行政区《仲裁条例》《高等法院条例》，向香港特别行政区高等法院申请保全。根据香港特别行政区《仲裁条例》第6部"临时措施和初步命令"、《高等法院条例》第21L、21M、21N及《高等法院规则》的相关规定，对向香港法院申请仲裁保全的程序及条件进行简要说明：

（1）受理法院为香港高等法院。《最高人民法院关于内地与香港特别行政区法院就仲裁程序相互协助保全的安排》明确了当事人可直接向香港高等法院申请保全。香港特别行政区《仲裁条例》第45条第2款规定，原讼法庭可应任何一方的申请，就已在或将会在香港或香港以外地方开展的任何仲裁程序，批给临时措施。第5款明确了批给临时措施的条件："（a）该仲裁程序能引起一项可根据本条例或任何其他条例在香港强制执行的仲裁裁决（不论是临时裁决或最终裁决）；及（b）所寻求的临时措施，属原讼法庭可就仲裁程序而在香港批给的临时措施的类型或种类。"

《最高人民法院关于内地与香港特别行政区法院就仲裁程序相互协助保全的安排》出台前，已有内地仲裁委颁布的紧急措施在香港获得执行的成功经验。北京仲裁委员会于2017年末受理了中国内地首例适用紧急仲裁员程序的仲裁案件（简称GKML案）。该案申请人通过申请北京仲裁委员会紧急仲裁员颁布的临时措施，在香港特别行政区顺利获得了香港高等法院原讼法庭的执行命令。[1] 主要依据的是香港特别行政区《仲裁条例》第22B条"紧急仲裁员根据有关仲裁规则批给的任何紧急济助，不论是在香港或香港以外地方批给的，均可犹如具有同等效力的原讼法庭命令或指示般，以同样方式强制执行，但只有在原讼法庭许可下，方可如此强制执行"以及第61条"仲裁庭就仲裁程序而作出的命令或指示，不论是在香港或香港以外地方作出的，均可犹如具有同等效力的原讼法庭命令或指示般，以同样方式强制执行，但只有在原讼法庭许可下，方可如此强制执行。本条所提述的命令或指示，包括临时措施"之规定。

《最高人民法院关于内地与香港特别行政区法院就仲裁程序相互协助保全的安排》不减损两地相关权利人根据对方法律已经享有的权利。[2] 也就是说，安排并不排除上述由内地仲裁委颁布临时措施而在香港特别行政区获得执行的做法。

（2）保全类型。保全在香港称特别行政区为"临时措施"，即由香港法院就在香港特别行政区或者香港特别行政区以外开展或者即将开展的仲裁程序作出临时措施，以便利仲裁程序进行、防止发生不可逆转的损害等。根据香港特别行政区《仲裁条例》第35条的规定，临时措施主要包括：要求当事人维持现状或恢复原状；采取行动防止目前或即将对仲裁程序发生的危害或损害，或不采取可能造成这种危害或损害的行动；提供保全资产；保全对解决争议具有相关性和重要性的证据。此外，颁发强制令以禁制当事人移走或以其他方式处理资产、防止损坏或侵入行为；颁布命令指定财产接管人，也属于临时措施。[3]

（3）应提交的材料。《最高人民法院关于内地与香港特别行政区法院就仲裁程序相互协助保全的安排》第7条规定，向香港特别行政区法院申请保全的，应当依据香港特别行政区相关法律规定，提交申请、支持申请的誓章、附同的证物、论点纲要以及法庭命令的草拟本，并应当载明当事人的基本情况、

---

① 许捷：《紧急仲裁员仲裁程序及临时措施在内地的实践》，载《商法》2018年第9期。

② 参见姜启波、周加海等：《〈最高人民法院关于内地与香港特别行政区法院就仲裁程序相互协助保全的安排〉的理解与适用》，载《中国法律》2019年第5期。

③ 参见姜启波、周加海等：《〈最高人民法院关于内地与香港特别行政区法院就仲裁程序相互协助保全的安排〉的理解与适用》，载《中国法律》2019年第5期。

申请的事项和理由、申请标的所在地以及情况、被申请人就申请作出或者可能作出的回应以及说法等事项。需要注意的是，与内地不同，按照香港特别行政区相关法律规定，本条应当载明的内容写于不同材料中，并非只体现在申请书中。[①] 根据《高等法院规则》第73号命令，依《仲裁条例》向香港特别行政区高等法院提出申请需采用原诉传票并附誓章，《高等法院规则》第41号命令详细规定了誓章的内容和形式。与誓章一起使用的文件，必须附于誓章作为证物。根据《实务指示》11.1誓章的内容应限于提供必要的证据，不应载有陈词及论据。论点纲要应简洁确切地列明申请人为何认为该案符合所寻求的命令的要求。法庭命令草拟本没有固定格式，须按个别案件和申请的具体情况、要求法庭颁发的命令等因素而定。具体内容和注意事项可参考《实务指示》11.1和11.2。

（4）提供保证。申请人应当根据香港特别行政区法律作出承诺及保证，包括对损害赔偿作出承诺，就被申请人的讼费及其他合理支出提供保证，申请仲裁前保全时承诺立刻申请仲裁等。

（5）审查期限。对于审查期限，目前并无明确规定，通常情况下非常迅速。

（6）临时措施的救济。以资产冻结令为例，根据《实务指示》11.2，被告（或任何得知有此命令的人士）可随时向法庭申请更改或撤销禁令。但因禁令是依据申请人单方申请作出的，因此被告在申请人向其送达相关禁令文书之前几乎无法得知有此命令。法院在决定颁发禁令的同时会确定提讯日，申请人需在向被告送达禁令的同时送达提讯日传票。被告可在提讯日提出抗辩，由法院决定是撤销禁令还是继续禁令。

2. 向澳门法院申请仲裁保全。《最高人民法院关于内地与澳门特别行政区就仲裁程序相互协助保全的安排》（法释〔2022〕7号）第5条、第6条对向澳门法院申请仲裁保全作出了规定。

（1）受理法院。澳门特别行政区受理保全申请的法院为澳门特别行政区初级法院。需要特别说明的是，根据《最高人民法院关于内地与澳门特别行政区相互认可和执行仲裁裁决的安排》的规定，澳门特别行政区有权受理认可仲裁裁决申请的法院为中级法院，有权执行的为初级法院。

---

① 参见姜启波、周加海等：《〈最高人民法院关于内地与香港特别行政区法院就仲裁程序相互协助保全的安排〉的理解与适用》，载《中国法律》2019年第5期。

（2）保全的类型。根据澳门特别行政区《民事诉讼法典》第三编保全程序的规定，保全分为普通保全和特定保全。特定保全包括"占有之临时返还""法人决议之中止执行""临时扶养""裁定给予临时弥补""假扣押""新工程之禁制"以及"制作清单"。普通保全是指任何人有理由恐防他人对其权利造成严重且难以弥补之侵害，而特定保全均不适用的情况下，得申请采取具体适当之保存或预行措施，以确保受威胁之权利得以实现。

（3）程序。法院须于命令采取保全措施前听取声请所针对之人陈述，但听取其陈述可能严重妨碍该措施达致其目的或产生其效力者除外。如命令采取保全措施前须听取申请所针对之人陈述，则对其作出传唤，以便其提出申辩。如命令采取措施前并无听取申请所针对之人陈述，则该人得于接获通知后，可提起上诉。

## 立法沿革与争议

《最高人民法院关于内地与香港特别行政区法院就仲裁程序相互协助保全的安排》（法释〔2019〕14号）第3条与《最高人民法院关于内地与澳门特别行政区就仲裁程序相互协助保全的安排》（法释〔2022〕7号）第2条规定，仲裁程序的当事人在仲裁裁决作出前，可以向被申请人住所地或财产所在地的内地中级人民法院申请保全。"在仲裁裁决作出前"既包括申请仲裁前也包括仲裁中。根据上述规范，在香港或澳门仲裁机构提起民商事仲裁程序的当事人，可以向内地人民法院申请仲裁前和仲裁中的财产保全。

《最高人民法院关于内地与香港特别行政区法院就仲裁程序相互协助保全的安排》第3条第2款规定，当事人在有关机构或者常设办事处受理仲裁申请后提出保全申请的，应当由该机构或者常设办事处转递其申请。但值得关注的是，司法部于2021年7月30日发布的《仲裁法（修订）（征求意见稿）》第43条第1款赋予了当事人在仲裁程序进行前或者进行期间自主选择法院或是仲裁庭采取保全措施的权利。

## 案例索引

上海市第一中级人民法院（2021）沪01财保4号财产保全案

上海金融法院（2020）沪74财保7号财产保全纠纷案

北京市第三中级人民法院（2020）京03财保11号财产保全案

## 474 首封法院与轮候法院均为普通债权的，在先轮候法院是否有权要求首封法院移送处置权？

答：首封法院与轮候法院均为普通债权时，在先轮候法院是否有权要求首封法院移送处置权，法律、司法解释未有相关规定。首封法院怠于处置查封财产时，轮候查封法院有权商请首封法院移送处置权。

## 理由与依据

执行程序中，原则上应由首封法院处置被执行人的财产，如首封法院怠于处置查封财产，会导致多个案件陷入执行僵局，影响其他债权人利益，因此实践中不宜僵化执行该原则。为保障优先债权人的利益，《优先债权执行批复》规定，首封法院自首先查封之日起超过60日未就该查封财产发布拍卖公告或者进入变卖程序的，优先债权执行法院可以要求将该财产移送执行，但该批复未涉及普通债权间处置权移送问题。

究其根本，首封法院移送处置权系为有效推进执行程序，提高执行效率，不论在先轮候法院债权是优先债权还是普通债权，移送处置权均能够实现打破执行僵局、推进执行程序的目的。同时，普通债权间移送处置权并不会影响首封债权人利益，目前，仅有江苏和福建两地高级人民法院发布了关于首先查封与轮候查封均为普通债权的法院之间协调移送处置权的处理意见，意见明确移送处置的财产变价后，首先查封债权受偿顺位不因财产移送执行而改变，符合参与分配条件的，可以依法参与分配。如首先查封债权数额尚未经生效法律文书确认，应当按照首先查封债权的清偿顺位，依法预留相应份额。故而即使法律和司法解释对于首先查封与轮候查封均为普通债权的法院之间协调移送处置权尚无明确规定，但综合考虑处置权移送目的，债权人利益衡平保护等因素，在首封法院怠于处置查封财产时，应当允许在先轮候查封法院商请首封法院移送处置权。

## 立法沿革与争议

目前，法律和司法解释关于首先查封与轮候查封均为普通债权的法院之间协调移送处置权问题尚无规定，江苏和福建两地高级人民法院对此出台了相关意见。2017年《江苏省高级人民法院关于首查封与轮后查封均为普通债权的法院之间协调转移处置权相关事项的通知》第1条规定："省内首查封法院自执行立案之日起90日内未发布拍卖公告或进入变价程序的，轮后查封法院可以商请移送处置权。首查封法院应当自收到商请移送处置函之日起5日内予以回函，除有正当理由外，应当出具同意移送执行函，并告知当事人。移送执行函应当载明查封有效的起止日期，并应附最后一次查封或续封手续的复印件。首查封法院的双方当事人达成和解协议或申请执行人不同意移送处置权的，不影响处置权的移送。"2018年《福建省高级人民法院关于首先查封与轮候查封均为普通债权的法院之间协调移送处置权处理意见》第1条规定："执行过程中，被执行人的财产原则上应当由首先查封法院负责处置，首先查封法院自查封之日起超过60日未发布拍卖公告的，轮候查封法院可以商请移送处置权。首先查封法院应当自收到商请移送处置函之日起10日内予以回函，除有查封财产正在司法审查等正当理由外，应当出具同意移送执行函，并告知当事人。首先查封法院的双方当事人达成和解协议或申请执行人不同意移送处置权的，不影响处置权的移送。"

对于保全法院和执行法院之间移送执行的问题，《财产保全规定》第21条第1款规定："保全法院在首先采取查封、扣押、冻结措施后超过一年未对被保全财产进行处分的，除被保全财产系争议标的外，在先轮候查封、扣押、冻结的执行法院可以商请保全法院将被保全财产移送执行。但司法解释另有特别规定的，适用其规定。"

## 案例索引

江苏省丹阳市人民法院（2020）苏1181执恢607号之一追偿权纠纷执行案
最高人民法院（2017）最高法执协34号执行案

## 475 公证债权文书的债权人能否在向人民法院申请执行前申请财产保全？

答：债权人取得执行证书后，向法院申请执行前，可以参照《财产保全规定》关于执行前保全的规定申请法院采取保全措施。

### 理由与依据

如果债权人已经取得执行证书，可向法院申请财产保全，法院可参照执行前保全的相关规定受理。但公证债权文书被赋予强制执行效力后，债务人履行期限届满未履行清偿义务至债权人取得执行证书之前的保全问题，现行法律及司法解释尚未明确规定。

从财产保全的制度价值来看，财产保全是当事人为保障其寻求裁判保护的财产权利能够得到执行而申请法院限制债务人处分相关财产的强制性司法措施，对保护当事人、利害关系人的合法权益，维护裁判秩序、执行秩序和财产秩序，具有十分重要的意义。保全措施可以将公证程序和执行程序较好地衔接，最大程度保障公证债权文书债权的实现。

从公证债权文书的制度价值来看，债权人通过公证债权文书申请强制执行的原因在于该制度能够保障债权人快速实现财产利益。如果否认债权人能够申请财产保全，可能导致债权人在追求债权清偿效率的同时，因不能提前采取保全措施导致可执行财产流失和丧失首封处置权。如果实现了公证债权文书与财产保全的衔接，"必然刺激市场交易主体对使用公证债权文书作为债权回收工具的积极性，重拾债权人将公证债权文书作为执行依据的信心，提高公证债权文书的利用率，使风雨飘摇中的公证债权文书执行效力恢复更加稳固的状态"。[①]

虽然立法层面没有对履行期限届满未履行清偿义务至债权人取得执行证书之前可否申请财产保全问题予以明确规定，但从价值角度分析，允许债权人申请财产保全有一定的合理性。

---

① 曹凤国主编：《公证债权文书执行司法解释理解与适用》，法律出版社2021年版，第10页。

## 立法沿革与争议

法律及司法解释层面并未对公证债权文书执行前尤其是未取得执行证书前申请保全作出明确规定。

支持赋强公证债权文书在取得执行证书前可以财产保全的观点认为，根据《公证程序规则》第44条的规定，公证书自出具之日起生效。只是尚不具备申请执行的条件。因此符合《财产保全规定》第1条对于执行前保全设定的"法律文书生效后，进入执行程序前"的条件。但反对的观点认为，赋强公证债权文书与判决、仲裁裁决等生效法律文书不同，发生法律效力的判决、仲裁裁决对当事人之间的权利义务关系已经进行了确认，义务人未在规定期限内履行即触发强制执行申请的条件，因此《财产保全规定》第9条规定，进入执行程序前，债权人申请财产保全的，人民法院可以不要求提供担保。但赋强公证债权文书的出具基于当事人的意思自治，而申请强制执行必须要有公证机构出具的执行证书，是因为当事人之间的权利义务关系仍处于不确定的状态，需要有公证机构按照规定或约定进行确认。在尚未确认之前若允许债权人申请执行前保全，风险较大。即便允许债权人申请保全，也应要求其提供担保。

## 案例索引

陕西省西安市中级人民法院（2018）陕01执异703号执行异议案

## 476 财产保全损害赔偿纠纷中如何认定申请保全错误？

答：财产保全申请错误应从申请人是否存在主观过错、申请保全行为是否违法、是否存在与申请行为有因果关系的损害事实等方面加以判断。

## 理由与依据

申请财产保全错误损害赔偿责任性质上是侵权责任，在责任构成上是一般侵权，适用过错归责原则。申请保全是否错误，不能简单地以申请人的诉讼请求是否得到人民法院支持为判断依据，应以申请人对出现保全错误是否存在故意或重大过失作为认定过错的标准。关于申请人过错的认定，应从当事人的主观过错、行为客观不法性等方面，同时结合其诉讼请求所依据的事实及理由，来判断其诉讼是否具有合理性。或者结合保全的对象、方式以及标的额等综合判断其申请保全行为是否适当。从主观因素来看，申请人一般应尽到合理、谨慎的注意义务，无故意或重大过失。从客观方面看，申请人的财产保全应有基本事实依据和法律依据，对其诉讼请求有相应的证据支持，不能有显而易见的不法性。

由于当事人的法律知识、对案件事实的举证证明能力、对法律关系的分析判断能力各不相同，对诉争事实和权利义务的判断未必与法院的裁判结果一致。若苛求当事人申请保全时对诉争法律关系的判断与法院最终裁判结果一致，简单以诉讼请求最终未获得法院支持而认定其"申请有错误"，很可能会造成对善意当事人依法申请财产保全权利的不当遏制。因此不能只依据申请人的诉讼请求最终是否得到法院支持来判断其保全行为是否存在过错。

实务中，案件具体情况复杂多样，对于申请保全是否错误的认定，难以得出唯一结论，人民法院通常认定以下情形保全错误：申请保全人明知诉讼条件未成就，起诉被告缺乏事实依据仍提起诉讼并采取保全措施；申请保全人明知或应当预见败诉的情形下仍提起诉讼并采取保全措施；申请保全人在证据存在明显瑕疵且能够核实的情形下，未经核实贸然起诉并采取保全措施；申请保全财产价值明显大于请求数额、申请人对被保全财产的价值应当预见到或有能力预见到、经对方申请和法院释明仍不申请解封。保全对象和方式是否适当、无正当理由阻挠置换保全对象、未及时申请解除保全措施均可作为认定过错的考量标准。但诉讼请求未得到支持并非认定保全错误的充分条件，裁判支持金额与保全金额存在偏差时案件裁判结果仅应当作为考察过错情形的参考因素而非唯一因素。

## 立法沿革与争议

《最高人民法院关于在经济审判工作中严格执行〈中华人民共和国民事诉讼法〉的若干规定》（法发〔1994〕29号，已废止）第19条规定："受诉人民法院院长或者上级人民法院发现采取财产保全或者先予执行措施确有错误的，应当按照审判监督程序立即纠正。因申请错误造成被申请人损失的，由申请人予以赔偿；因人民法院依职权采取保全措施造成损失的，由人民法院依法予以赔偿。"该司法解释首次规定因保全错误造成损失的，申请人应予以赔偿。

《查扣冻规定》第19条第1款规定："查封、扣押、冻结被执行人的财产，以其价额足以清偿法律文书确定的债权额及执行费用为限，不得明显超标的额查封、扣押、冻结。"一般情况下，申请保全人申请保全金额可以大于诉讼标的金额，但不能明显超出合理限度。

《最高人民法院关于当事人申请财产保全错误造成案外人损失应否承担赔偿责任的解释》（法释〔2005〕11号）规定："当事人申请财产保全错误造成案外人损失，应当依法承担赔偿责任。"明确申请人申请保全错误赔偿的对象不仅包括被申请人，还包括案外人。

2007年《民事诉讼法》第96条规定："申请有错误的，申请人应当赔偿被申请人因财产保全所遭受的损失。"《民事诉讼法》第108条沿用此条。

《财产保全规定》第13条第1款规定："被保全人有多项财产可供保全的，在能够实现保全目的的情况下，人民法院应当选择对其生产经营活动影响较小的财产进行保全。"保全对象或保全方式不当可作为认定申请人过错的理由。

《民法典》第1165条规定："行为人因过错侵害他人民事权益造成损害的，应当承担侵权责任。"财产保全申请错误造成的损害赔偿属于一般侵权行为，适用过错责任原则。

2022年《民事诉讼法解释》第167条规定："财产保全的被保全人提供其他等值担保财产且有利于执行的，人民法院可以裁定变更保全标的物为被保全人提供的担保财产。"无适当理由阻挠被申请人置换保全对象作为被认定存在过错的理由之一。

实践中，一种观点认为，保全错误侵权行为的归责原则是无过错原则。

当出现申请人诉讼请求被驳回、申请人提起的诉讼被驳回起诉、共同被申请人之一不承担责任、裁判结果与诉讼请求之间存在差异等情形时，此时保全行为客观上是错误的，如导致被申请人财产损失的结果，无论申请人主观上是否存在过错，均应当赔偿由此给被申请人造成的损失。此种观点过于严苛，未充分考虑申请人主观过错与客观案件情况，亦未考虑到实际情况的复杂性，扩大申请人承担赔偿责任的范围，故此种观点并非目前最高人民法院及各级人民法院采取的观点。

## 案例索引

最高人民法院（2018）最高法民申2027号申请再审审查案

最高人民法院（2017）最高法民终118号财产保全损害责任纠纷案

## 477 再审审查程序中，当事人能否申请财产保全？

答：再审审查程序中，债务人申请保全生效法律文书确定给付的财产的，人民法院不予受理。

## 理由与依据

再审程序分为"再审审查"和"再审审理"两个阶段。再审审查期间，法院按照《民事诉讼法》第211条的规定对再审申请进行审查，认为符合再审条件的，依法裁定再审，案件进入"再审审理"阶段；认为不符合的，裁定驳回再审申请。在法院裁定再审前，生效法律文书的效力尚未遭遇"威胁"。只有进入再审审理阶段，生效法律文书才有可能被推翻，此时财产保全才有其必要性。而且，"再审申请人作为执行案件的被执行人，其保全根本目的是中止其履行判决确定的义务，而再审审查阶段并不中止原生效法律文书的执行，如果允许债务人在再审审查阶段申请财产保全，必然事实上中止了原裁判文书的执行，影响债权人权利实现，损害生效法律文书的既判力、执行力，干扰执行程序的正常开展，因此，在再审审查阶段不应准许债务人的保全申请"。①

## 立法沿革与争议

《财产保全规定》第19条规定："再审审查期间，债务人申请保全生效法律文书确定给付的财产的，人民法院不予受理。再审审理期间，原生效法律文书中止执行，当事人申请财产保全的，人民法院应当受理。"该条款明确再审审查期间，人民法院不予受理债务人的财产保全申请。

## 案例索引

浙江省高级人民法院（2019）浙民终446号财产保全损害责任纠纷案

北京市高级人民法院（2021）京民申1868号申请再审案

## 478 财产保全申请错误但当事人没有损失的，申请人是否承担赔偿责任？

答：财产保全申请错误赔偿责任属侵权责任，即申请人承担赔偿责任的前提是被保全人因申请人的错误保全行为产生了损失，若被申请人没有损失的，申请人不应承担赔偿责任。

## 理由与依据

财产保全制度是为了债权人在民事裁判中所确认的权利能够获得实现而依法设立的救济制度。申请保全是当事人的诉讼权利，如果权利行使不当，造成他人财产损失的，应当予以赔偿。错误申请保全的损害赔偿责任应以两大因素为前提，即保全申请人具有故意或者重大过失的主观过错与损害结果已发生，缺一不可。申请保全错误作为侵权行为，申请人承担侵权责任需要

---

① 曹凤国：《最高人民法院关于人民法院办理财产保全案件若干问题的规定理解与适用》，法律出版社2020年版，第220页。

满足侵权责任构成要件，即要有损害事实的存在。因此，若被申请人未因申请保全错误遭受损害，即便申请人存在主观上的过错，申请人也不需要承担赔偿责任。

## 立法沿革与争议

无论是《最高人民法院关于在经济审判工作中严格执行〈中华人民共和国民事诉讼法〉的若干规定》（法发〔1994〕29号，已废止）第19条、《最高人民法院关于当事人申请财产保全错误造成案外人损失应否承担赔偿责任的解释》（法释〔2005〕11号），还是《民事诉讼法》第108条，均规定申请人因保全错误承担赔偿责任的前提是被申请人因保全错误遭受了损失。《民事诉讼法》第108条规定："申请有错误的，申请人应当赔偿被申请人因保全所遭受的损失。"《民法典》第1165条第1款规定："行为人因过错侵害他人民事权益造成损害的，应当承担侵权责任。"

## 案例索引

山东省高级人民法院（2017）鲁民终594号买卖合同纠纷案

## 479 人民法院是否有权保全另案被执行人在法院账户的财产变价款？

答：如果以另案被执行人为被告，只需要对变价财产采取轮候查封，轮候查封效力及于变价款剩余部分。如果另案申请执行人为本案被告，被执行人财产变现款虽未发还申请执行人，但仍为可供保全的财产，人民法院可以通过送达协助执行通知书的方式保全尚未发还的款项。

## 理由与依据

诉讼保全制度的设立是为了防止债务人在诉讼期间恶意转移或处分财产，

导致日后判决难以或无法执行。已被法院控制的执行款或者已在法院账户的财产变价款属于受执行法院控制的待兑付分配款项，已处于法院控制之下，如果被执行人为另案被告，被执行人已无转移或处分该款项的可能，没有必要再通过诉讼保全予以冻结。理由在于，通过诉讼保全冻结已被法院控制的执行款，会导致已生效的判决、裁定无法执行，损害已胜诉当事人的合法权益，影响对被执行人财产处置的效率。如果允许冻结被执行人已经被法院控制的执行款，会导致每一笔执行到法院的案款都有可能被另案冻结，债权人的债权和法院的执行工作将长期处于不确定状态，债权人就有可能怠于主张处置债务人的财产，消极等待其他案件处置完毕后申请冻结已到位的执行款。轮候查封具有确保轮候查封债权人能够取得首封债权人从查封物变价款受偿后剩余部分的作用。首封法院对查封物处置变现后，首封债权人受偿后变价款有剩余的，该剩余价款属于轮候查封物的替代物，轮候查封的效力应当及于该替代物，即对于查封物变价款中多于首封债权人应得数额部分有正式查封的效力。轮候查封债权人对该剩余价款有权主张相应权利。轮候查封对于首封处置法院有约束力。首封法院在所处置的查封物有轮候查封的情况下，对于查封物变价款清偿首封债权人后的剩余部分，不能径行返还被执行人，首封债权人和被执行人也无权自行或协商处理。首封法院有义务将相关处置情况告知变价款处置前已知的轮候查封法院，并将剩余变价款移交给轮候查封法院，由轮候查封法院依法处理;轮候查封法院案件尚在诉讼程序中的，应由首封处置法院予以留存，待审判确定后依法处理。

对于同一被执行人已经被法院控制的财产变价款等，虽然不能通过诉讼保全申请冻结，已经取得执行依据的其他债权人发现被执行人的财产不能清偿所有债权的，可以通过参与分配等方式主张权利，从而实现利益平衡。若被执行人在法院账户的财产变价款扣除执行费用、优先顺序债权和首封债权后仍有剩余，应退还给被执行人的，其他债权人可以申请法院通过诉讼保全的方式予以冻结。常见于在协助执行通知书载明冻结、提取被执行人的拍卖剩余款项。

但如果申请执行人为另案被告，另案审理法院可以向执行法院送达协助执行通知书，要求冻结即将发还给申请执行人的款项。

## 立法沿革与争议

根据《最高人民法院关于对重庆高院〈关于破产申请受理前已经划扣到执行法院账户尚未支付给申请执行人的款项是否属于债务人财产及执行法院收到破产管理人中止执行告知函后应否中止执行问题的请示〉的答复函》（〔2017〕最高法民他72号）规定，人民法院裁定受理破产申请时已经扣划到执行法院账户但尚未支付给申请执行人的款项，仍属于债务人财产。即被告（或被执行人）被扣划到法院账户内的执行款，仍属于被告（或被执行人）的财产，原告依法有权申请对其进行财产保全，以保障债权实现。《最高人民法院关于正确处理轮候查封效力相关问题的通知》规定法院不需要对同一被执行人变价款采取冻结措施，轮候查封效力自然及于查封标的物变价款部分。

## 案例索引

陕西省高级人民法院（2020）陕执复46号执行审查案

## 480 案外人认为保全错误，应对保全裁定提出复议还是对保全裁定提异议？

答：案外人认为保全错误，要根据保全裁定的内容以及案外人主张的基础权利及目的的不同区分应当对保全裁定提出复议还是通过异议来解决。

## 理由与依据

1. 案外人对保全裁定不服，可以对保全裁定申请复议。《民事诉讼法解释》第172条规定："利害关系人对保全或者先予执行的裁定不服申请复议的，由作出裁定的人民法院依照民事诉讼法第一百一十一条规定处理。"

2. 人民法院对诉讼争议标的以外的财产进行保全，案外人对保全裁定或者保全裁定实施过程中的执行行为不服，基于实体权利对被保全财产提出排除执行的异议，应根据《民事诉讼法》第238条的规定按照案外人异议程序进行审查。①

3.案外人既基于实体权利对执行标的提出排除执行异议又作为利害关系人提出与实体权利无关的执行行为异议的，人民法院应当分别根据《民事诉讼法》第236条规定的执行行为异议程序、第238条规定的案外人异议程序进行审查。

4.案外人未对被保全财产主张排除执行的实体权利，仅对财产保全过程中的执行行为提出异议的，应根据《民事诉讼法》第236条规定的执行行为异议程序进行审查。

### 立法沿革与争议

对保全裁定或保全裁定实施过程中的执行行为异议救济的规定，散见于《民事诉讼法》《民事诉讼法解释》《异议复议规定》。2016年《财产保全规定》第25条至第27条，对此进行了全面的梳理：第25条是关于对财产保全裁定或驳回申请裁定的救济，该条规定："申请保全人、被保全人对保全裁定或者驳回申请裁定不服的，可以自裁定书送达之日起五日内向作出裁定的人民法院申请复议一次。人民法院应当自收到复议申请后十日内审查。对保全裁定不服申请复议的，人民法院经审查，理由成立的，裁定撤销或变更；理由不成立的，裁定驳回。对驳回申请裁定不服申请复议的，人民法院经审查，理由成立的，裁定撤销，并采取保全措施；理由不成立的，裁定驳回。"第26条是关于对保全裁定实施过程中人民法院执行行为的救济："申请保全人、被保全人、利害关系人认为保全裁定实施过程中的执行行为违反法律规定提出书面异议的，人民法院应当依照民事诉讼法第二百二十五条规定审查处理。"第27条是对案外人基于实体权利提出异议的处理："人民法院对诉讼争议标的以外的财产进行保全，案外人对保全裁定或者保全裁定实施过程中的执行行为不服，基于实体权利对被保全财产提出书面异议的，人民法院应当依照民事诉讼法第二百二十七条规定审查处理并作出裁定。案外人、申请保全人对该

---

① 参见《最高人民法院关于人民法院办理财产保全案件若干问题的规定》（2020年修正）第27条。

裁定不服的，可以自裁定送达之日起十五日内向人民法院提起执行异议之诉。人民法院裁定案外人异议成立后，申请保全人在法律规定的期间内未提起执行异议之诉的，人民法院应当自起诉期限届满之日起七日内对该被保全财产解除保全。"

## 案例索引

最高人民法院（2021）最高法执复9号建设工程施工合同纠纷执行审查案

### 481　以保证担保或者解除财产保全保证保险提供担保解除保全后，执行中债务人不履行义务，申请执行人如何救济？

答：判后执行中，债务人不能履行生效法律文书义务，或其财产不足以清偿债务的，人民法院可以在保证范围内径直裁定执行保证担保人或提供解除保全保证保险的保险机构的财产。

## 理由与依据

被申请人以保证担保或者解除保全保证保险提供担保解除保全的，其所提供的担保均应认定为连带责任保证。被申请人申请解除保全时，以解除保全保证保险作为担保的，保险机构同样应向法院提供单独的担保书，该担保书同样也应认定为保证担保，即为连带责任保证（或根据实际情况直接认定为不可撤销的见索即付的保函）。

在解除保全的情境下，保证担保人、保险机构实际成为债务人的连带保证人，对其是否应承担保证责任，无须再经过法院审理认定。在依据该保函解除特定财产的保全后，若被申请人转移财产、不能履行生效法律文书义务或其财产不足以清偿债务的，应由该保险机构在保证范围内直接向申请执行人承担赔偿责任，申请执行人无须另行经过诉讼程序，也无须申请人民法院追加保证担保人或保险机构为被执行人，执行法院可直接裁定执行担保人的财产，以弥补解除保全给申请人造成的损失。倘若要求申请执行人另行提起诉讼，或申请追加为被执行人，要求保证担保人、保险机构承担责任，将大大降低执行效率，不符合解除保全的制度设计初衷。

## 立法沿革与争议

《财产保全规定》第22条规定："财产纠纷案件，被保全人或第三人提供充分有效担保请求解除保全，人民法院应当裁定准许。被保全人请求对作为争议标的的财产解除保全的，须经申请保全人同意。"2022年《民事诉讼法解释》第167条规定："财产保全的被保全人提供其他等值担保财产且有利于执行的，人民法院可以裁定变更保全标的物为被保全人提供的担保财产。"依据上述规定，财产纠纷中被保全人或第三人提供其他更有利于执行的担保财产的，人民法院可以解除保全。

1998年《执行工作规定》第85条（已于2020修正，现为第54条）规定："人民法院在审理案件期间，保证人为被执行人提供保证，人民法院据此未对被执行人的财产采取保全措施或解除保全措施的，案件审结后如果被执行人无财产可供执行或其财产不足清偿债务时，即使生效法律文书中未确定保证人承担责任，人民法院有权裁定执行保证人在保证责任范围内的财产。"依据该条规定，即使生效法律文书中未明确保证人承担责任，人民法院也有权裁定执行保证人在保证责任范围内的财产。此后该条款未有过修改、变更，但该条亦未明确是否需将担保人追加为被执行人。

## 案例索引

湖南省郴州市中级人民法院（2020）湘10执复144号执行复议案

**482** 原告在诉讼中申请保全被告股票，双方达成调解后，原告未申请执行。另案申请执行人对被告股票享有质押权且已进入执行程序，执行法院要求移送，审判法院认为案件已经审结，不能移送，如何处理？

答：根据《优先债权执行批复》，无论案件是否已经审结，首封法院自首封之日起超过60日未发布拍卖公告或进入变卖程序的，优先债权执行法院商请移送处置权的，首先查封法院应当将查封财产移送优先债权执行法院。

## 理由与依据

将保全阶段的查封财产移送优先债权执行法院不会影响到正在进行的审理程序，无论审理结果如何，对保全财产查封劣后于优先债权，因查封所及于财产的价值是优先债权实现之后的财产剩余价值，保全阶段的查封并不优先于优先债权，因此将查封财产移送优先债权法院处分并不会损害查封债权人的利益。案件审结后，其法理逻辑与审理过程中并无二致，更不会对已结案件产生其他实质性影响，因而从避免因首先查封法院迟延处分财产，损害优先债权人利益的角度而言，保全案件未进入执行程序的，首先查封法院应当将查封财产移送优先债权执行法院。

## 立法沿革与争议

为解决实践中普遍存在的"首先查封法院与优先债权执行法院查封财产处分权冲突"的问题，2016年4月12日，最高人民法院审判委员会针对福建省高级人民法院的请示，作出了《优先债权执行批复》，对优先债权执行法院要求首先查封法院将查封财产移送执行的条件、移送执行的程序、对移送执行财产的处分与分配、移送执行的争议协调机制作出了规定。

批复并未对题设问题作出明确规定，而实践中部分地区法院在参照适用批复的过程中，结合当地工作实际，作出了更为细化的规定。如青岛市中级人民法院2018年9月27日发布的《关于明确首先查封债权与优先债权执行法院处分查封财产部门职责的规定》第1条明确规定："首先查封法院与优先债权执行法院属于不同地区法院，首先查封法院的案件（包括审结和未审结案件）未进入执行程序，优先债权执行法院出具商请移送执行函，要求首先查封法院将查封财产移送优先债权执行法院的，首先查封法院的原审判业务部门在收到商请移送执行函之日起15日内负责将查封财产移送优先债权执行法院，并告知当事人。"深圳市中级人民法院亦有相似规定，其在2019年3月26日发布《关于我市法院间首先查封案件与优先债权执行案件处分查封财产有关问题的意见（试行）》第5条明确规定："首封案件如尚未进入执行程序，负责审理该案件的法院（不论案件审理中或已审结）应当按照本意见第三条的规定，在收到抵押权案件执行法院《商请移送执行函》后五个工作日内出具《移送执行函》，将不动产抵押物的处分权移送抵押权案件执行法院，并将移送情况告知当事人。"

有观点认为，《优先债权执行批复》中"首封法院"应限定在执行阶段，该批复第1条明确"执行过程中"，其后均系在"执行过程中"的语境下展开论述，"首封法院"应认定为首封执行法院。并认为保全法院优先于执行程序中的首封法院，优先于优先债权执行法院。如果保全法院查封财产系非争议标的，在1年内未处理的，执行程序中的首封法院可以商请移送，移送后首封法院60日内未处分的，优先债权执行法院可以要求首封法院移送查封财产并进行处分。

但根据最高人民法院相关负责人接受记者采访时的答复，将保全阶段查封的财产移送执行不会影响到审理程序，《优先债权执行批复》并没有区分首先查封是保全程序中的查封还是执行程序中的查封。

**483** 申请保全人在采取诉前保全措施后未提起诉讼，也未向法院申请解除保全措施，被保全财产的轮候查封债权人能否请求法院认定其为首封权利人？

答：申请保全人在采取诉前保全措施后未提起诉讼，也未及时向法院申请解除保全措施的，应当承担赔偿被保全人因财产保全所遭受损害的责任，但不会因此导致诉前保全自动失效，轮候查封债权人请求确认其为首封权利人，没有法律依据。

## 理由与依据

诉前保全措施的解除应依当事人申请而非依职权。利害关系人是否提起诉讼或者申请仲裁不告知保全法院，保全法院无从知晓，难以确定是否应当解除保全。通过施予诉前保全利害关系人保全解除通知义务，才能更好地平衡保全双方当事人的利益。因此，人民法院采取的诉前保全措施在申请保全人或被保全人未申请解除的情况下，在查封期限届满前不会自动失效，被保全财产的轮候查封债权人请求确认其为首封债权人的，于法无据。

## 立法沿革与争议

《民事诉讼法》《民事诉讼法解释》及《财产保全规定》确立了以当事人申请解除为主，法院依职权解除为辅的解除财产保全的制度设计。

依职权解除主要有以下几种情形：（1）提供担保解除。《民事诉讼法》第107条规定："财产纠纷案件，被申请人提供担保的，人民法院应当裁定解除保全。"（2）基于保全错误的解除，规定于《民事诉讼法解释》第166条。保全错误并非指申请保全错误，而是指人民法院因自身原因造成保全对象、保全范围或金额错误，如保全了与诉讼无关的、根本不可能承担实体责任的案外人财产，或超保全申请范围，或重复采取保全措施等。（3）申请人撤回保全申请，规定于《民事诉讼法解释》第166条。当事人申请撤回保全申请或者申请解除财产保全，是在诉讼程序中行使处分权的表现，可推定采取保全措施的目的和必要性已经不复存在，法院应尊重当事人的理性选择，解除保全措施。（4）申请人的起诉或者诉讼请求被生效裁判驳回的，规定于《民事诉讼法解释》第166条。（5）被保全人对保全裁定申请复议成立的，人民法院作出新的裁定撤销原保全裁定，人民法院也应依职权解除保全措施。（6）法院受理作为被保全人的企业的破产案件，保全措施应当解除。《破产法解释（二）》第7条规定："对债务人财产已采取保全措施的相关单位，在知悉人民法院已裁定受理有关债务人的破产申请后，应当依照企业破产法第十九条的规定及时解除对债务人财产的保全措施。"

依申请解除的情形主要规定在《财产保全规定》第23条。该条规定："人民法院采取财产保全措施后，有下列情形之一的，申请保全人应当及时申请解除保全：（一）采取诉前财产保全措施后三十日内不依法提起诉讼或者申请仲裁的；（二）仲裁机构不予受理仲裁申请、准许撤回仲裁申请或者按撤回仲裁申请处理的；（三）仲裁申请或者请求被仲裁裁决驳回的；（四）其他人民法院对起诉不予受理、准许撤诉或者按撤诉处理的；（五）起诉或者诉讼请求被其他人民法院生效裁判驳回的；（六）申请保全人应当申请解除保全的其他情形。人民法院收到解除保全申请后，应当在五日内裁定解除保全；对情况紧急的，必须在四十八小时内裁定解除保全。申请保全人未及时申请人民法院解除保全，应当赔偿被保全人因财产保全所遭受的损失。被保全人申请解除保全，人民法院经审查认为符合法律规定的，应当在本条第二款规定的期间内裁定解除保全。"

## 案例索引

最高人民法院（2019）最高法执监326号执行监督案

## 484 被保全人以另案对申请保全人债权为担保申请解除对保全财产的查封，人民法院应否准许？

答：如另案被保全人对申请保全人的债权已经生效判决确认，且该债权金额大于或等于保全财产价值，解除该查封不影响申请保全人保全目的实现的，基于财产保全的比例原则与衡平原则，人民法院应予准许。

## 理由与依据

能否解除被保全财产查封的判断标准应为解除行为是否影响保全申请人

实现保全目的。被保全人向法院提供其他有足额价值的担保物或由担保公司出具的"不可撤销见索即付保函"申请解除对保全财产查封的，因上述替换物具有担保价值，即该种替换不会影响保全申请人保全目的的实现，人民法院应予准许。另案对申请保全人的债权能否作为担保替换关键在于该债权是否具有担保价值，因此能够作为保全替代的债权应具备确定性和可执行性，即该债权应为生效法律文书确定，不存在其他权利负担。基于善意保全理念，在能够实现保全目的的情况下，人民法院应选择对被保全人生产经营活动影响较小的财产进行保全，被保全人以另案债权申请解除保全不影响申请保全人保全目的的实现的，应予支持。

## 立法沿革与争议

《民事诉讼法》第107条规定："财产纠纷案件，被申请人提供担保的，人民法院应当裁定解除保全。"《财产保全规定》第22条规定："财产纠纷案件，被保全人或第三人提供充分有效担保请求解除保全，人民法院应当裁定准许……"由此可知人民法院判断能否解除保全的关键在于被保全人或第三人提供的担保是否充分有效。

有观点认为不能以另案对申请保全人的债权作为担保解除保全，因债权具有不确定性，可能因清偿等原因消灭，以此解除保全可能影响申请保全人保全目的的实现。

## 案例索引

上海市松江区人民法院（2021）沪0117民初11408号建设工程施工合同纠纷案

## 485 首封债权人先受偿范围能否超越保全请求金额？

答：债务人的财产被数个债权人轮候查封的情形下，首先申请财产保全的债权人对查封财产不享有优先受偿权的，为保障轮候查封债权人的顺位利益，首封债权人先受偿效力应限于其冻结的范围，不能超越保全请求金额。

## 理由与依据

财产保全是为保障生效裁判的顺利执行、避免胜诉债权人权利遭受损失，而对当事人处分相关财产予以限制的一种诉讼保障制度。[①]当事人申请财产保全时应当明确保全金额，如最终生效法律文书判定的金额大于保全金额，即当事人仅在100万元的范围内申请财产保全，最终生效法律文书确定债权为120万元，人民法院采取保全措施的房产变价款为150万元，此时当事人能否依据保全顺位在120万元内先受偿，抑或是只能依据保全请求金额在100万元内先受偿？人民法院在案款分配时必须综合考虑保全顺位和保全金额，保全顺位决定普通债权清偿顺序，保全金额决定首封债权人的受偿范围。如无视保全金额，仅考虑保全顺位，将损害轮候查封债权人的期待利益和公平受偿权利，轮候查封制度将失去意义。同时，财产保全效力仅及于申请保全金额范围之内，即使被保全物同一，对于超越保全金额范围外的财产，保全人也不具有先受偿权。

## 立法沿革与争议

关于财产保全范围的规定，我国立法中首见于1982年《民事诉讼法》（试行）第93条，该条规定"诉讼保全限于诉讼请求的范围，或者与本案有关的财物"。后考虑到诉讼并非争议解决的唯一途径，又在1991年《民事诉讼法》中将表述修改为更为准确的"财产保全限于请求的范围，或者与本案有关的财物"。此后在《民事诉讼法》的历次修改中，本条内容未再有变化，现为2023年《民事诉讼法》第105条。《财产保全规定》第1条明确了财产保全申请书应当载明请求保全数额或争议标的。《财产保全规定》第15条规定："人民法院应当依据财产保全裁定采取相应的查封、扣押、冻结措施。可供保全的

---

[①] 参见曹凤国：《最高人民法院关于人民法院办理财产保全案件若干问题的规定》，法律出版社2020年版，前言第1页。

土地、房屋等不动产的整体价值明显高于保全裁定载明金额的，人民法院应当对该不动产的相应价值部分采取查封、扣押、冻结措施，但该不动产在使用上不可分或者分割会严重减损其价值的除外。对银行账户内资金采取冻结措施的，人民法院应当明确具体的冻结数额。"

结合上述规定，当事人申请保全应当限于请求的范围，或者与本案有关的财物，对保全金额或范围应当予以明确具体，保全法院在查封、扣押、冻结被保全人的财产时亦应以申请人申请的保全金额或范围保全相应价值的财产。

诉讼、仲裁过程中，利害关系人、当事人为确保将来裁判得以执行，有权申请人民法院对被保全人的财产采取查封、扣押、冻结等保全措施。保全措施在进入执行程序后就作为执行措施予以对待，从而避免执行程序启动时原财产保全裁定效力终止的程序漏洞。相当部分债权人在诉前或诉中申请保全系为防止债务人为避免承担责任而滥用财产处置权，损害债权人的合法权益。有多个债权人的情况下，首封债权人的优先受偿金额是仅限于保全申请的金额还是因房产首封而及于房产的全部拍卖款？实践中存在不同观点：一种观点认为首封债权人的优先受偿范围应当以被查封的房产拍卖款为限，债权人在全部拍卖款范围内优先受偿；另一观点则认为，对于多个债权人的普通债权，应根据查封、扣押、冻结财产的先后顺序清偿。在具体执行分配案款时，财产保全的顺位与保全的金额应一并考虑。

## 案例索引

最高人民法院（2022）最高法执监240号执行监督案

### 486 财产保全中被申请人能否以其对申请人的债权与本案债务预抵销的方式主张解除财产保全？

答：我国现行法律并不禁止诉讼中的预抵销，在财产保全案件中，如果被申请人提供的用以抵销的债权具备担保价值，应当准许被申请人申请解除保全并变更保全标的物。[①]

## 理由与依据

民法上的抵销是指互负给付义务的当事人，将两项债务冲抵，双方的债权债务在同等数额内消灭。抵销人的债权称为主动债权，被抵销的债权称为被动债权。财产保全中被申请人以其对申请人的债权与本案债务预抵销的方式主张解除财产保全，其实质在于主动债权是否具有财产价值和担保价值。

根据2022年《民事诉讼法解释》第167条规定，被保全人请求解除保全，需要：（1）财产保全的被保全人提供其他等值担保财产；（2）有利于执行。关于价值确定，如果该主动债权已经生效法律文书确定，其债权内容必然是确定的。若是尚未确定的主动债权，由于财产保全程序并不对案件实体审理，则该主动债权的价值须以申请人同意为要件，该种同意是申请人对自身权利的处分，人民法院也应当认可当事人的意思自治。关于有利于执行的问题，首先，该主动债权不得为禁止抵销的债权。其次，该主动债权应当具有可执行性，具体表现为该主动债权上不能有其他权利负担且不存在权利实现的障碍。最后，为避免破坏破产程序平等受偿原则，申请人不得为被宣告破产的企业。

根据《执行工作规定》，被保全人请求解除担保应当提供充分有效担保。抵销本身就有债权担保的功能，该种机能一方面体现在互负债务情况下清偿的便利；另一方面，当一方无力清偿时，另一方得以通过冲抵的方式用于债的清偿，可以有效避免陷入债权无法实现的困境。

综上，主动债权具有财产价值且有利于后续案件执行的，在财产保全案件中，被申请人提供对申请人主动债权申请解除保全并更换保全标的物的，应当予以准许。

## 立法沿革与争议

实体法上，对于抵销的明确规定最早见于1987年《企业破产法》第33条。

---

[①] 参见方美玲、钱茜：《财产保全案件中被申请人主动债权的担保价值研究》，载《人民司法》2022年第25期。

1999年《合同法》第99条和第100条分别规定了法定抵销和意定抵销。《民法典》第569条关于意定抵销的规定完全继承了原《合同法》的规定，第568条对法定抵销制度进行了一定的修改，法定抵销的范围在一定程度上进行了扩大。

程序法上，关于抵销的规定，2015年《异议复议规定》首次确立了执行抵销制度。2015年《异议复议规定》第19条规定："当事人互负到期债务，被执行人请求抵销，请求抵销的债务符合下列情形的，除依照法律规定或者按照债务性质不得抵销的以外，人民法院应予支持：（一）已经生效法律文书确定或者经申请执行人认可；（二）与被执行人所负债务的标的物种类、品质相同。"执行程序中的抵销相较于诉讼程序更为严格。

《民事诉讼法》第107条规定："财产纠纷案件，被申请人提供担保的，人民法院应当裁定解除保全。"该条规定了解除保全的条件。《民事诉讼法解释》第167条规定："财产保全的被保全人提供其他等值担保财产且有利于执行的，人民法院可以裁定变更保全标的物为被保全人提供的担保财产。"《财产保全规定》第22条规定："财产纠纷案件，被保全人或第三人提供充分有效担保请求解除保全，人民法院应当裁定准许。被保全人请求对作为争议标的的财产解除保全的，须经申请保全人同意。"但"等值担保财产""充分有效担保"是否包括对申请人的债权，并不明晰。目前法律体系中，关于保全程序中能否行使抵销权的问题，尚无明确规定。

### 487　诉讼中申请财产保全，在案件作出裁判前，被申请人能否以保全错误为由起诉赔偿？

答：案件是否作出裁判，申请人的诉讼请求是否获得法院支持，不影响被申请人以保全错误为由提起损害赔偿之诉的诉权。在被申请人的起诉符合《民事诉讼法》规定的起诉条件的情形下，案件尚未作出裁判，不妨碍人民法院对财产保全申请人承担损害赔偿责任的认定。

## 理由与依据

　　案件作出裁判前，被申请人能否以诉讼中财产保全错误为由提起损害赔偿之诉，应当区分起诉要件与侵权要件。对于被申请人提出的保全错误损害赔偿之诉，人民法院应当首先适用《民事诉讼法》第122条之规定，判断被申请人的诉请是否符合起诉条件，案件是否作出裁判不影响被申请人的诉权。再者，案件是否作出裁判亦不妨碍人民法院对财产保全申请人应否承担损害赔偿责任的认定。最高人民法院在（2021）最高法民终503号中提炼出认定财产保全申请人是否应当承担损害赔偿责任的四个判断要件：一是申请人申请财产保全有错误；二是确有实际损失的存在；三是损失的出现与财产保全错误申请有因果关系；四是申请人对错误财产保全具有过错。财产保全申请人的诉讼请求是否得到支持不是判断申请人是否对财产保全有过错的条件，财产保全损害赔偿责任的认定，也不以双方实体纠纷的审理结果为前提。如人民法院以双方是否存在债务、债务数额的确定、财产保全申请人对纠纷主张实体权利进行保全是否存在过错等要件事实须等待另案查明，财产保全损害赔偿之诉尚不具备《民事诉讼法》规定的起诉条件为由，驳回被申请人的起诉，属适用法律不当。

## 立法沿革与争议

　　《民事诉讼法》第122条规定，起诉必须符合下列条件：（1）原告是与本案有直接利害关系的公民、法人和其他组织；（2）有明确的被告；（3）有具体的诉讼请求和事实、理由；（4）属于人民法院受理民事诉讼的范围和受诉人民法院管辖。被申请人以保全错误为由起诉赔偿，也应当围绕以上几点提交起诉材料。

　　《民事诉讼法》第103条、第104条规定的财产保全是为了保证生效判决能够顺利执行、避免申请人遭受不可弥补的损害、在一定条件下采取的一项临时强制性措施，其设立的初衷和目的系保障将来生效裁判文书的顺利执行，法律在赋予申请人该项权利的同时，也注重对被申请人合法权益的保护，对于滥用申请保全权利给被申请人造成损害的，依法亦应当承担相应侵权赔偿责任。《民事诉讼法》第108条规定了财产保全错误应承担损害赔偿责任。《民法典》第132条规定，民事主体不得滥用民事权利损害国家利益、社会公共利益或者他人合法权益。《民法典》第1165条规定，行为人因过错侵害他人民事权益造成损害的，应当承担侵权责任。财产保全错误损害赔偿之诉的审理中，有观点认为，申请人的诉讼请求未获得法院支持、裁判支持标的与保全标的之间存在偏差是认定"财产保全申请有错误"的充分条件，因此案件裁决作出前，对被申请人主张保全错误提起的损害赔偿之诉一律驳回，这一观点被最高人民法院的相关裁判观点所否认。以双方实体纠纷的审理结果判定保全错误，容易导致忽视对申请人主观因素的考察，趋向以最终裁判结果来判断保全申请人是否构成侵权的结果归责，也会导致部分法院在法律适用上混淆起诉要件与诉讼要件，扩大裁定驳回起诉的适用范围，不利于被申请人的权益保护。

## 案例索引

最高人民法院（2023）最高法民终114号财产保险合同纠纷民事二审案

## 488　被保全人在人民法院采取保全措施后，申请更换保全标的物，保全法院不予受理，能否提出执行异议？

答：人民法院采取保全措施后，被申请人申请更换保全标的物，保全法院不予受理的，被申请人认为保全法院以不作为的方式侵害其合法权益的，可以提出执行异议。

## 理由与依据

《民事诉讼法解释》第167条规定，财产保全的被保全人提供其他等值担保财产且有利于执行的，人民法院可以裁定变更保全标的物为被保全人提供的担保财产。根据该条规定，人民法院应当审查被保全人变更保全标的物的申请，并根据实际情况裁定变更或不予变更。实践中被保全人提出变更保全标的物的形式不一，有的是通过提起执行异议，有的是递交申请书。人民法院不予受理或未及时处理上述变更申请的，被保全人能否提出执行异议，实际涉及的是对法院消极执行行为的救济方式问题。

《民事诉讼法》及相关司法解释一直没有明确提出消极执行的概念，消极执行的内涵与外延始终面目模糊。《民事诉讼法》第237条被普遍认为是对消极执行行为的规制，该条所指向的消极执行是指"人民法院自收到申请执行书之日起超过六个月未执行"，即人民法院未在规定期限内执行。《执行程序解释》第10条对此作了进一步的解释，但未突破拖延执行的范畴。从财产保全到执行，立案、财产查控、变价、分配等各个环节都可能存在消极执行。再从执行权能划分的角度，除执行实施权，执行审查权的消极行使也会导致在规定期限内未能执结。《山东省高级人民法院关于规制消极执行行为若干问题的规定（试行）》扩充了消极执行行为的类型，其中就包括对当事人、利害关系人或者案外人提出的异议依法应当予以受理而拒不受理。现行执行规范中，消极执行的救济路径有执行救济、执行监督、执行检察监督。[①] 关于能否通过对消极执行行为提出异议进行救济的争论最为激烈。《最高人民法院关于人民法院办理执行异议和复议案件若干问题规定理解与适用》一书中对该问题原则上持否定态度。从长远来看，由于不作为行为具有不同于作为行为的特点，救济程序应当单列，将来拟建立"申请"制度予以规范。[②]

最高人民法院对此问题也出现过截然相反的裁判结果。最高人民法院在（2015）执申字第50号裁定中认为，《民事诉讼法》第225条（现第236条）与

---

[①] 执行救济包括《民事诉讼法》第233条规定的向上一级人民法院申请执行、轮候查封债权人对首封法院不予移送处置权提出异议。执行监督主要体现在2020年《执行工作规定》第74条，2019年《最高人民法院关于对执行工作实行"一案双查"的规定》将消极执行作为整治重点。2020年7月10日，最高人民法院、最高人民检察院联合发布的《关于建立全国执行与法律监督工作平台进一步完善协作配合工作机制的意见》第9条明确规定，对涉嫌消极执行行为提出的检察监督意见，以回复意见函的形式回复人民检察院。2021年《监督规则》第106条则明确将人民法院消极执行、拖延执行作为检察监督的对象，人民检察院认为人民法院存在消极执行的，应当向人民法院提出检察建议。参见江必新、刘贵祥主编：《最高人民法院关于人民法院办理执行异议和复议案件若干问题规定理解与适用》，人民法院出版社2015年版，第108～109页。

[②] 参见江必新、刘贵祥主编：《最高人民法院关于人民法院办理执行异议和复议案件若干问题规定理解与适用》，人民法院出版社2015年版，第108～109页。

第226条（现第237条）赋予了当事人不同的救济途径，其制度功能及分工不同，消极执行应适用督促程序进行救济，即消极执行不构成执行行为异议事由。而在最高人民法院（2017）最高法执复58号执行裁定中，最高人民法院认为，《民事诉讼法》第236条规定的"执行行为"并未限定为执行法院在执行程序中的积极作为。执行法院的不作为侵害执行当事人合法权益的，其提出执行异议，符合《民事诉讼法》和《异议复议规定》第7条规定的精神。

本书认为，现有的对消极执行的救济体系运行实效不佳，应当寻求新的突破，允许对消极执行行为提出异议有以下几点优势：首先，消极执行也存在积极作为的形态。执行异议的审查结果是"裁定撤销或者改正"，并不能解读出《民事诉讼法》第236条的"执行行为"即限定为积极作为，对消极执行行为同样可以予以"改正"，其次，执行异议复议是对违法或错误执行行为侵害执行当事人合法权益设置的救济程序，消极执行同样会侵害当事人合法权益，将消极执行排除在该救济程序之外不具有合理性。再次，对消极执行提出异议与其他救济途径是并存而非排斥的关系。"对违法执行行为提出异议是一种一般的执行救济，其目的是促使执行法院及时纠正违法的执行行为，以保护当事人和利害关系人程序上的利益；而申请更换执行法院则是在消极执行相对严重的情况下，为当事人提供更强有力的救济。这两种救济所针对的情形并不完全相同，救济途径也不一样，在出现法定事由的情况下，当事人既可以任选其一，也可以分别通过不同的救济途径维护自己的合法权益。实践中，人民法院既不能以申请人已提出异议为由限制其申请更换执行法院的权利，也不能以其已经申请更换执行法院为由限制其就消极执行提出异议的权利。"[①] 总的来说，从《民事诉讼法》第236条对违法、错误执行行为进行规制的立场出发，对消极执行行为提出异议合乎法理，同时也具备实践优势。

申请变更保全标的物是法律及司法解释赋予被保全人的权利，人民法院不予受理或未及时处理，系以不作为的方式侵害了被保全人的合法权益，根据上述分析，被保全人对此提出执行异议，符合《民事诉讼法》第236条、《异议复议规定》第7条的规定精神。

---

① 张卫平主编：《新民事诉讼法条文精要与适用》，人民法院出版社2012年版，第580页。

## 立法沿革与争议

在应对消极执行的问题上,《民事强制执行法(草案)》在延续现行的执行监督救济与将其纳入执行异议救济体系之间选择了后者。考虑到消极执行主要表现出的不作为特性,在将其引入以作为行为为规制对象的执行救济体系时,通过一定的制度设计进行转换。《民事强制执行法(草案)》第32条第1款、第2款及第4款规定,当事人、利害关系人认为人民法院应当实施执行行为而未实施的,可以在执行程序终结前,向执行法院提出书面申请,请求实施该执行行为。人民法院收到实施执行行为申请后,应当在7日内审查处理。理由成立的,开始执行;理由不成立的,书面通知申请人。申请人对人民法院逾期未审查处理或者依据本条第2款规定作出的通知不服的,可以提出执行行为异议。在单列消极执行行为救济路径的同时将其纳入执行救济整体框架,兼顾了消极执行的特殊性及其作为错误、违法执行行为的共性。同时,通过执行异议对消极执行进行救济并不排斥执行监督和执行检察监督,并且满足了法院自我纠正优先的执行检察监督原则。由此,构建起以执行救济为核心,以执行监督和检察监督为补充的消极执行监督体系。

## 案例索引

广东省高级人民法院(2020)粤执复603号执行审查案

第五编

# 行政案件的执行及刑事裁判涉财产部分的执行

# 第十七章　刑事裁判涉财产部分的执行

**489**　刑事裁判涉财产执行案件，违法所得无法找到、价值灭失的情形下，能否执行被执行人合法财产？

　　答：刑事裁判涉财产部分的执行，违法所得应收归国有上缴国库的，在无法找到或价值灭失的情形下，不能强制执行被执行人的等值合法财产；违法所得应退还给被害人的，在无法找到或者价值灭失的情况下，可以强制执行被执行人的等值合法财产。

### 理由与依据

　　违法所得是指犯罪分子通过违法犯罪行为直接或间接取得的财物。直接违法所得又可细分为犯罪所生之物、犯罪获取物、犯罪报酬、赃款赃物处分后的所得。间接的违法所得是指通过犯罪所得所产生的收益（主要是孳息）。[1]根据《刑法》第64条[2]之规定，对于违法所得的处理最终可以归结为两条路径：一是属于被害人的合法财产的，予以返还被害人或者责令退赔；二是犯罪没有被害人或者虽有被害人但未认领等情况下，应上缴国库。[3]在刑事裁判涉财产部分执行过程中，如果违法所得无法找到或价值灭失的情形下，应当视不同情况判断能否强制执行被执行人的等值合法财产，具体分析如下：

　　追缴的违法所得应收归国有上缴国库的，在无法找到或者价值灭失的情况下，不应强制执行被执行人的等值合法财产。对犯罪所生之物，如走私、贩卖、运输、制造毒品罪中的毒品，非法制造、销售非法制造的注册商标标

---

　　① 孙国祥：《刑事诉讼涉案财物处理若干问题的研究》，载《人民检察》2015年第9期。
　　② 《刑法》第64条规定："犯罪分子违法所得的一切财物，应当予以追缴或者责令退赔，对被害人的合法财产，应当及时返还；违禁品和供犯罪所用的本人财物，应当予以没收。没收的财物和罚金，一律上缴国库，不得挪用和自行处理。"
　　③ 乔宇：《刑事涉案财物处置程序》，中国法制出版社2018年版，第32页。

识罪中的商标标识，犯罪报酬等违法所得的没收，既是使得财产秩序回复合法状态，也是一定程度上堵截再次犯罪的经济来源，产生有限度的预防效果。[1]剥夺犯罪人违法所得的财产，仅仅使财产状态恢复到犯罪行为之前，并未触及犯罪人合法财产权利，其原先享有的财产权利并未受到影响。[2]即对此类违法所得的追缴，应以原物为追缴对象。在原物已经灭失的情形下，刑事被告人已经因其犯罪行为受到相应的刑罚惩罚，如再执行其等值等额的合法财产，实质是对被告人刑事和经济的双重惩罚。

违法所得系应退还给被害人的，在无法找到或价值灭失的情况下，可以强制执行被执行人的等值合法财产赔偿给被害人。《刑法》第64条既规定了对被害人合法财产应当返还，又规定了违法所得的责令退赔，但二者并无实质区别。责令退赔包含了两层含义：有原物的，返还给被害人；原物灭失的，应当折价赔偿。[3]责令退赔多发生在侵犯财产类犯罪中，被执行人非法占有、处置被害人的财产，本质上是侵害被害人财产所有权、占有权等民事权利的行为。根据民法相关原理，侵权损害赔偿不限于原物，可以用侵权人的其他等值财产清偿。此外，根据《刑事涉财执行规定》第10条第4款的规定，"对于被害人的损失，应当按照刑事裁判认定的实际损失予以发还或者赔偿"，在违法所得财产因被挥霍或者其他原因无法完成追回的情形下，为弥补被害人的损失而责令被告人对被害人原有财产等价赔偿，即依据刑事裁判认定的被害人实际损失予以返还或赔偿，此时执行标的是被执行人的个人财产，而不限于赃款赃物本身。[4]若限于赃款赃物，则"按照实际损失予以发还或者赔偿"的裁判结果，在违法所得无法找到或者价值灭失的情况下，将难以实现。

## 立法沿革与争议

对于刑事涉财执行案件，如果判令追缴的违法所得无法找到或价值灭失，能否执行被执行人的等值合法财产，并无明确的法律、司法解释的规定。

---

[1]　陈思桐：《刑事没收违法所得的法律属性与实践效果》，载《中国刑警学院学报》2022年第2期。

[2]　乔宇：《刑事涉案财物处置程序》，中国法制出版社2018年版，第34页。

[3]　乔宇：《刑事涉案财物处置程序》，中国法制出版社2018年版，第39页。

[4]　参见广东省高级人民法院（2021）粤执复56执行裁定书。

2018年全国扫黑除恶专项斗争开展期间，最高人民法院、最高人民检察院、公安部、司法部联合发布的《关于办理黑恶势力犯罪案件若干问题的指导意见》（法发〔2018〕1号）第29条规定："依法应当追缴、没收的财产无法找到、被他人善意取得、价值灭失或者与其他合法财产混合且不可分割的，可以追缴、没收其他等值财产。"2019年最高人民法院、最高人民检察院、公安部、司法部联合发布的《关于办理黑恶势力刑事案件中财产处置若干问题的意见》第19条规定："有证据证明依法应当追缴、没收的涉案财产无法找到、被他人善意取得、价值灭失或者与其他合法财产混合且不可分割的，可以追缴、没收其他等值财产。"尽管上述规定是针对黑恶势力犯罪案件所发布，但所体现的是罪犯不能因违法犯罪行为获利的法律原理，其他刑事案件生效裁判涉财产部分的执行亦可参照适用。但上述规定并未对追缴、没收涉案财产的情况进行细分，如前述分析，并非所有应当追缴、没收的涉案财产在无法找到、价值灭失的情况下，都可以追缴、没收其他等值财产。

## 案例索引

广东省高级人民法院（2021）粤执复56执行复议案

广东省高级人民法院（2019）粤执监170号执行异议案

浙江省高级人民法院（2020）浙执复49号执行异议案

## 490 刑事追缴退赔款能否在民事案件中进行抵扣？

答：刑事追缴违法所得或责令退赔所得款项抵扣的金额是民事赔偿金额中的本金部分还是利息等损失部分，应以民事法律、司法解释或者合同约定确定。

## 理由与依据

刑事诉讼中的追赃和责令退赔程序仅解决受害人与被告人之间的财产返

还和赔偿问题，并不影响受害人通过民事诉讼程序向被告人之外的其他民事主体主张民事权利。为了防止被害人获得双重赔偿，在相关民事判决执行程序中应当查明刑事判决所确定的退赔义务是否已执行到位，并抵扣相应金额。而关于追缴和退赔抵扣的金额是民事赔偿金额中的本金部分还是利息等损失部分，应以民事法律、司法解释或者合同约定确定清偿顺序。在认定刑事生效裁判确立的追缴或责令退赔属于执行程序的具体实现方式的前提下，追缴或责令退赔的款项已不具有特定性质，换言之，该笔款项已经脱离了刑事诉讼意义的"本金"属性。对于在刑事裁判涉财产部分执行过程中追缴、退赔的款项，在相应的民事案件执行中，应当尊重当事人意思自治，依照民事法律规定或合同约定确定债务的清偿顺序。

## 立法沿革与争议

《刑事涉财执行规定》涉及被害人损失的相关规定是第10条第4款，即"对于被害人的损失，应当按照刑事裁判认定实际损失予以发还或者赔偿"。该规定并没有将被害人从刑事案件执行中获得的赔偿作为相关民事案件执行中的本金看待。

刑事涉财执行过程中发还或者退赔的款项在民事执行中予以扣减时，抵扣的金额究竟是民事赔偿金额中的本金部分还是附利息债权中的利息等损失部分，对此实践中存在两种意见：一种意见认为，基于刑事诉讼所认定实际损失均为本金，依据同一性原则，应当认定经过追缴或责令退赔所消灭的债务均为本金；另一种意见认为，民事诉讼应当尊重当事人意思自治，并依照民事法律规定或合同约定确定债务的清偿顺序。前者倾向于将被害人的损失限定于本金的范围内，而后者则更可能将本金、利息、违约金以及其他费用均认定为损失，刑事退赔部分可用于先行冲抵这一部分损失。由此，若被害人已经从刑事涉财执行案件中受偿部分退赔款项，但并不足以清偿民事判决所确定全部给付义务，对于已退赔款项所消灭具体债务的对象范围容易产生争议。

## 案例索引

**491** 案外人对生效刑事裁判认定的赃款赃物以外财物的执行提出异议如何处理？

答：案外人对生效刑事裁判认定的赃款赃物以外财物的执行提出异议的，人民法院应当按照执行异议进行审查，并且要进行公开听证。

## 理由与依据

刑事裁判涉财产部分执行案件中的案外人异议，不同于民事执行案件的处理程序，人民法院审查案外人对赃款赃物以外财物执行提出的异议、复议案件，应当公开听证。相较于民事执行，刑事涉财执行通常情形更为复杂，人民法院仅通过书面审查难以查清案件事实，且案外人多为受害人，公开听证更有利于当事人程序保障。执行过程中，如案外人或被害人认为刑事裁判中对涉案财物是否属于赃款赃物认定错误或者应予认定而未认定，向执行法院提出书面异议，可以通过裁定补正的，执行机构应当将异议材料移送刑事审判部门处理；无法通过裁定补正的，应当告知异议人通过审判监督程序处理。

## 立法沿革与争议

《刑事涉财执行规定》第14条规定："执行过程中，当事人、利害关系人认为执行行为违反法律规定，或者案外人对执行标的主张足以阻止执行的实体权利，向执行法院提出书面异议的，执行法院应当依照民事诉讼法第二百二十五条的规定处理。人民法院审查案外人异议、复议，应当公开听证。"

人民法院审查案外人提出的对生效刑事裁判认定的赃款赃物以外财物的执行异议，是否必须经公开听证程序，实践中存有争议。有观点认为，听证并非必经程序。《刑事涉财执行规定》第16条规定："人民法院办理刑事裁判涉财产部分执行案件，刑法、刑事诉讼法及有关司法解释没有相应规定的，参照适用民事执行的有关规定。"《异议复议规定》第12条规定："人民法院对执行异议和复议案件实行书面审查。案情复杂、争议较大的，应当进行听证。"此规定要求对案情复杂、争议较大的执行异议案件需要进行听证，基于对执行效率原则的考量，并非所有案件都必须听证。

## 案例索引

最高人民法院（2019）最高法执监468号执行案

---

### 492 案外人对刑事判决确定应当追缴的财产主张善意取得的，是否属于执行异议审查范围？

答：案外人对于生效刑事判决项中明确认定为应予追缴的涉案财物，主张其善意取得，实质上是对执行标的主张足以排除执行的实体权利，属于执行异议审查范围。

## 理由与依据

案外人对作为执行依据的生效刑事裁判认定属应当追缴的款物主张系其善意取得不应追缴的，表明案外人对执行依据并无异议，但其因善意取得赃物，根据《刑事涉财执行规定》，第三人善意取得涉案财物的，执行程序中不予追缴。案外人提出的异议应按照《民事诉讼法》第236条的规定进行审查，并应当进行公开听证。

## 立法沿革与争议

《刑事涉财执行规定》第11条规定："被执行人将刑事裁判认定为赃款赃物的涉案财物用于清偿债务、转让或者设置其他权利负担，具有下列情形之一的，人民法院应予追缴：（一）第三人明知是涉案财物而接受的；（二）第三人无偿或者以明显低于市场的价格取得涉案财物的；（三）第三人通过非法债务清偿或者违法犯罪活动取得涉案财物的；（四）第三人通过其他恶意方式取得涉案财物的。第三人善意取得涉案财物的，执行程序中不予追缴。作为原所有人的被害人对该涉案财物主张权利的，人民法院应当告知其通过诉讼程序处理。"《刑事涉财执行规定》第14条和第15条根据案外人所提异议的对象区分了不同的处理规则。第14条案外人对执行依据无异议，但对执行标的主张实体权利，不同于《民事诉讼法》对案外人异议的处理，此时应适用异议复议程序进行审查，并公开听证。第14条规定："执行过程中，当事人、利害关系人认为执行行为违反法律规定，或者案外人对执行标的主张足以阻止执行的实体权利，向执行法院提出书面异议的，执行法院应当依照民事诉讼法第二百二十五条的规定处理。人民法院审查案外人异议、复议，应当公开听证。"第15条是关于对执行依据异议的处理，该条规定："执行程序中案外人认为刑事裁判对涉案财物是否属于赃款赃物认定错误提出异议，应通过审判监督程序处理或者由执行机构将异议材料移送刑事审判部门裁定补正。"

## 案例索引

最高人民法院（2017）最高法执监108号执行异议审查案

## 493 刑事被害人能否作为追缴违法所得执行案件的申请执行人？

答：刑事被害人不能作为追缴违法所得执行案件的申请执行人。

## 理由与依据

《刑法》第64条规定了对犯罪分子违法所得予以追缴或者责令退赔的特殊没收制度。但因我国刑事立法对追缴的含义界定不清，导致理论上对于追缴的含义存在分歧，司法实践中也在多重意义上使用追缴的概念。[①]有观点认为，从狭义上理解，追缴是一种程序性控制措施，不涉及实体处分，追回后的犯罪所得是返还给被害人还是予以没收，并非追缴所能涵摄。[②]从广义上理解，追缴兼具有程序性处理措施和实体性处理措施双重性质，既包括对于财物的强制追回，也包括了对于财物的最终处理。[③]至于对追回犯罪所得的处理，有观点认为，应按照不同情况处理，属于被害人合法财产的，应发还给被害人；不需要发还的，应予以没收，上缴国库。另有观点认为，追缴是将犯罪分子违法所得的赃款赃物追回并强制收归国有。[④]

无论是从狭义还是广义上理解追缴，进入执行后的追缴行为都是侦查、起诉阶段对犯罪分子违法所得进行追回的继续，因对追回财物如何处置尚不确定，由司法机关进行追缴更为合适。《刑事涉财执行规定》第7条规定，追缴违法所得的刑事裁判由刑事审判庭移送执行机构执行。即此类执行案件不存在申请执行主体，主要原因在于"我国现阶段刑事裁判涉财产部分执行程序构造不同于普通民事执行案件和行政执行案件"。民事执行中，执行权行使的结果是帮助实体请求权人实现其权益，而权益本身具有可处分性。权益是否请求国家保护需尊重权利人的意愿，因而执行程序的启动原则上需要由权利人申请启动。[⑤]2020年《执行工作规定》第17条对该原则予以明确。[⑥]与实现私权的民事执行程序不同，刑事执行是为确保和实现公权的法律程序，公权是为了保护国家利益和社会公共利益而设，具有不可抗拒性。[⑦]因此，刑事裁判涉财产部分的执行由人民法院通过移送执行依职权启动，而非因当事

---

① 参见乔宇：《刑事涉案财物处置程序》，中国法制出版社2018年版，第36页。

② 参见曲升霞、袁江华：《论我国〈刑法〉第64条的理解与适用——兼议我国〈刑法〉第64条的完善》，载《法律适用》2007年第4期。

③ 参见张磊：《〈刑法〉第64条财物处理措施的反思与完善》，载《现代法学》2016年第6期。

④ 最高人民法院执行局：《最高人民法院关于刑事裁判涉财产部分执行的若干规定理解与适用》，中国法制出版社2017年版，第15页。

⑤ 江必新主编：《强制执行理论与实务》，中国法制出版社2014年版，第6页。

⑥ 根据2020年《执行工作规定》第17条，移送执行适用于以下三类生效法律文书：(1)具有给付赡养费、扶养费、抚育费内容的法律文书；(2)民事制裁决定书；(3)刑事附带民事判决、裁定、调解书。

⑦ 谭秋桂：《民事执行原理研究》，中国法制出版社2000年版，第9页。

人申请。随着强制执行程序的启动，人民法院不再是刑事审判程序中的中立裁判者，而成为代表国家惩罚、制裁犯罪分子的追究者，这一程序角色的转变由人民法院自行完成，与其他主体是否提出执行申请无关。即我国现阶段刑事涉财执行省略了申请执行环节，不存在申请执行主体。[①] 刑事被害人自然也无法成为申请执行人。

与追缴含义模糊不清不同，责令退赔作为被害人财产权利保护措施的法律性质较为明确。责令退赔既有"退"也有"赔"，相关司法机关责令犯罪分子将其犯罪所得原物退还给被害人，在犯罪分子已经将赃款赃物用掉、毁坏或挥霍的情况下，责令其按照赃款赃物的等额价款或者相同种类物赔偿被害人。[②] 关于被害人能否作为责令退赔执行案件的申请执行人，理论上有较大争议。肯定观点认为，责令退赔与追缴存在本质不同，其实质是对被害人合法财产损失的赔偿，是一种民事责任的承担方式。[③] 被害人作为责令退赔的权利主体，申请法院启动执行，既有刑事裁判作为执行依据，又有相应的法理支撑。否定观点认为，责令退赔与追缴是刑事涉案财物处置程序的不同方式或措施，从被害人的角度看是民事权利的救济，但由于犯罪行为是刑法的调整对象，行为人承担的仍是刑事责任，不因被害人的放弃而免除。[④] 因此，责令退赔执行案件与追缴违法所得执行案件均由人民法院通过移送执行依职权启动，不存在申请主体，被害人不能成为申请执行人。

## 立法沿革与争议

《刑事涉财执行规定》第2条规定，刑事裁判涉财产部分，由第一审人民法院执行。第7条规定，由人民法院执行机构负责执行的刑事裁判涉财产部分，应由刑事审判部门移送执行部门强制执行。据此，刑事裁判追缴违法所得的执行案件应当由一审法院依职权移送立案，无须被害人申请，亦不应将被害

---

[①] 最高人民法院执行局：《最高人民法院关于刑事裁判涉财产部分执行的若干规定理解与适用》，中国法制出版社2017年版，第98～99页。

[②] 最高人民法院执行局：《最高人民法院关于刑事裁判涉财产部分执行的若干规定理解与适用》，中国法制出版社2017年版，第15～16页。

[③] 参见胡成胜：《我国刑法第64条"没收"规定的理解与适用》，载《河北法学》2012年第3期。

[④] 参见乔宇：《刑事涉案财物处置程序》，中国法制出版社2018年版，第39页。

人列为申请执行人。

但现有法律及司法解释对刑事判决涉财产部分的程序性设置并不完善，不利于维护刑事被害人的合法财产权益。首先，被害人基本被排除于追缴案涉财产权益的实体审判之外。根据《刑事诉讼法解释》第175条规定，被害人就追缴、退赔财产提起附带民事诉讼的，人民法院不予受理。即除少量自诉案件外，被害人被非法占有、处置财产的数量、价值等均取决于侦查、公诉机关的审查和刑事判决的认定，被害人无权对此提出异议或另行举证，亦不得就此单独提起民事诉讼主张权利。其次，如前文所述，被害人如不能作为申请人参与执行，其亦基本被排除于执行程序之外。最后，案外人就执行标的提出异议，被害人不服异议裁定的救济程序明显不足。《刑事涉财执行规定》第14条第1款规定，案外人认为执行程序违法或对执行标的提出异议，当事人、利害关系人不服异议裁定，均只能向上级法院申请复议，而不能另行提起异议之诉。

对于刑事被害人能否被列为追缴违法所得执行案件的申请执行人参与执行程序，有意见认为，被害人可以作为申请执行人，主要理由有两点：

一是《刑事涉财执行规定》关于刑事审判部门移送执行的规定并不排斥被害人作为申请执行人参与执行程序。与赡养费、抚养费、抚育费等涉弱势群体基本生活需求的法律文书由审判庭移送执行相似，该司法解释第7条关于刑事裁判涉财产部分由刑事审判部门移送执行的相关规定，目的在于保障刑事审判程序与执行程序有效衔接，促进判决顺畅、快速执行，从而使当事人生效判决权益尽快兑现，获得及时的赔偿或救济。从本质上看，其根本目的仍在于最大限度地维护被抚养人、被赡养人、被害人等的合法权益。故此，对这一规定的理解仍须以此为立足点，不能机械地反面推论，拒绝被害人作为申请执行人参与执行程序。

二是被害人作为申请执行人参与执行程序，有利于与异议人形成有效对抗，防止执行程序设计失衡。如果说《刑事涉财执行规定》第7条第1款旨在帮助被害人尽快获得退赔，侧重执行程序的效率价值，那么在本案异议人已就执行标的提出异议的情况下，被害人若不能作为当事人参与执行，就无法针对异议请求及理由提出有效抗辩，不利于执行法院查清事实，保障裁判结果公平。况且，根据《刑事涉财执行规定》第14条的内容，被害人对异议裁定不服的，只能向上级法院申请复议，而不能另行提起异议之诉。此时，被害人作为追缴财产的直接利害方，却被排除在诉讼或执行救济程序之外，既无法行使申诉、抗辩等程序性权利，亦不能经实质审理维护实体性权利，无法体现执行程序的公正性，不利于保护刑事被害人权利。

## 案例索引

广东省广州市南沙区人民法院（2015）穗南法执字第1552号职务侵占执行案

## 494 民事调解书权利义务主体、给付内容与刑事判决书责令退赔一致时，民事执行程序应否终结，据以执行的民事调解书应否撤销？

答：民事调解书权利义务主体、给付内容与刑事判决书责令退赔一致，即民事调解书确认的该款项属于违法所得，应责令退赔被害人，民事调解书符合终结执行条件的，应终结执行。该民事调解书终结执行后，对刑事案件的执行已无实质影响，执行责令退赔即可保护被害人财产权利。民事调解书无须撤销。

## 理由与依据

1. 刑事涉财执行程序优先，民事调解书应当终结执行。当事人的行为构成犯罪，就脱离了一般部门法的调整范围，应由刑法调整。刑事退赔和民事调解书确定的内容、主体一致，民事调解书指向的债务包含在了刑事判决的财产部分，两者不可能同时执行，否则被执行人将因同一行为重复承担法律责任，根据《最高人民法院、最高人民检察院、公安部关于办理非法集资刑事案件适用法律若干问题的意见》第7条的规定，与刑事犯罪所涉同一事实相关的民事诉讼、民事执行程序应当让位于刑事诉讼程序，由刑事诉讼程序解决被害人财产返还或者责令退赔问题。民事调解书的执行已无继续进行的必要，符合终结执行的条件，可以终结执行。

2.民事调解书是否应予撤销。首先，裁定终结执行并不意味着必须要撤销执行依据。《民事诉讼法》第268关于终结执行的条款，并没有规定裁定终结执行的同时要撤销执行依据。对民事调解书裁定终结执行后，法院只需执行责令退赔即可保障刑事被害人（民事申请执行人）的财产权利，即使该民事调解书不撤销，也不影响刑事退赔的执行。其次，在刑事诉讼有确定结论前，民事调解书已经对被执行人应支付申请执行人的款项数额作出处理，而且刑事判决责令退赔的内容也是责令被执行人向申请执行人退还该数额的款项。《最高人民法院、最高人民检察院、公安部关于办理非法集资刑事案件适用法律若干问题的意见》《民间借贷规定》并没有对已经生效的民事执行依据如何处理作出明确规定，因此撤销民事调解书并没有明确的法律依据。况且，《民间借贷规定》第12条第1款规定："借款人或者出借人的借贷行为涉嫌犯罪，或者已经生效的判决认定构成犯罪，当事人提起民事诉讼的，民间借贷合同并不当然无效。人民法院应当根据民法典第一百四十四条、第一百四十六条、第一百五十三条、第一百五十四条以及本规定第十三条之规定，认定民间借贷合同的效力。"最后，民事调解书是否撤销，不属于执行程序的处理范围，应通过审判监督程序解决，适用审判监督的法律规定。执行程序不能对执行依据本身是否正确进行评判，评判乃至撤销作为执行依据的民事调解书超出执行权范围。裁定终结执行即可使民事调解书丧失执行力。至于民事调解书本身是否正确合法，应当根据《民事诉讼法》有关调解书再审的规定处理，行为构成犯罪并不当然成为启动审判监督程序撤销民事调解书的依据。

## 立法沿革与争议

如果民事调解书权利义务主体、给付内容与刑事判决书责令退赔一致，若该款项属于违法所得，实践中对是否应终结民事执行程序有不同意见。责令退赔的本质仍是民事救济，其本身并不具有排除其他民事救济的优先性，与刑事犯罪相关联的民事主体如何承担民事责任，仍须根据民事法律关系进行判定，特别是在存在其他民事责任承担主体的情形下，若根据刑事犯罪认定和责令退赔判决直接终止民事执行，显然对被害人的保护不利，此时，应当根据具体情况进行分析，若民事调解书并无撤销原因，应当赋予被害人程序选择权。[①]

关于题述民事调解书是否应撤销的问题，有观点认为，民事调解书应当撤销。两个生效的法律文书对同一事实认定发生冲突，仅终结民事调解书的执行不能解决问题，可以新的事实认定原民事调解书内容不合法，依照人民法院院长发现调解书确有错误的规定启动再审，撤销民事调解书。刑事裁判的涉财产部分如何执行，是公法调整的范畴，不能由当事人选择。如果民事调解书不撤销，犯罪人的集资诈骗数额就该减掉该部分，影响定罪量刑。

## 案例索引

山东省莱芜市中级人民法院（2014）莱中刑二初字第1号刑事判决涉财产部分执行案

### 495 刑事案件被害人对刑事裁判涉财产部分执行中的退赔分配方案能否提起分配方案异议之诉？

答：在刑事裁判涉财产部分执行过程中，当事人、利害关系人向执行法院提出执行异议被驳回后，其救济途径为向上一级法院申请复议，不能提起执行异议之诉。因此，作为刑事案件的被害人，其并不具有对退赔分配方案提起执行分配方案异议之诉的权利，可采取提出复议的方式予以救济。

## 理由与依据

刑事涉财产执行案件缺乏申请执行人一方，无法按照《民事诉讼法》第238条的案外人异议程序处理，按照《民事诉讼法》第236条处理，无须区分是否有被害人，程序简便统一，可以有效解决实践中异议审查主体不明

---

[①] 邢会丽：《论刑民交叉案件中刑事退赔程序与民事执行程序的竞合》，载《法律适用》2019年第21期。

的问题。[①]

刑事裁判涉财产部分的执行，依据的是生效刑事裁判，执行部门按照生效刑事裁判文书认定的造成受害人的实际经济损失确定分配方案，是对该生效刑事裁判确定责令退赔事项的执行。作为刑事案件的受害人，对于执行部门因刑事审判部门依职权移送而启动并作出的执行行为，认为违反法律规定的，应当向执行法院提出书面异议，异议被驳回后，应向上一级法院申请复议，而不能提出执行异议之诉。从上述规定可以看出，刑事涉财执行中，无论是当事人、利害关系人，还是对执行标的主张实体权利的案外人，对退赔方案有异议的，均只能通过执行行为异议进行救济。

## 立法沿革与争议

2014年《刑事涉财执行规定》第14条第1款规定："执行过程中，当事人、利害关系人认为执行行为违反法律规定，或者案外人对执行标的主张足以阻止执行的实体权利，向执行法院提出书面异议的，执行法院应当依照民事诉讼法第二百二十五条的规定处理。"依据该条规定，刑事涉财执行中的救济与民事执行程序并不完全一致，只能通过执行行为异议进行救济。

就刑事案件被害人对刑事裁判涉财产部分执行中的退赔分配方案能否提起执行分配方案异议之诉，实践中存在不种意见，有观点认为根据《执行程序解释》的第17条、第18条的规定，对分配方案的异议可通过提起执行异议之诉的方式予以救济，由于《刑事涉财执行规定》对退赔分配方案的异议救济途径没有规定，因此对刑涉财执行案件的分配方案的异议也应当参照适用《执行程序解释》的相关规定，采取执行异议之诉的途径救济。

## 案例索引

最高人民法院（2020）最高法民申2476号民事裁定分配方案异议之诉纠纷案

---

[①] 参见最高人民法院执行局编著：《最高人民法院关于刑事裁判涉财产部分执行的若干规定理解与适用》，中国法制出版社2017年版，第188～189页。

### 496 案外人恶意取得赃款赃物的，法院能否追加其为被执行人？

答：对恶意取得赃款赃物的第三人，如生效裁判已认定属赃款赃物的，执行法院在执行过程中可以直接裁定予以追缴，无须将取得赃款赃物的第三人追加为被执行人。

## 理由与依据

受执行追加法定原则的约束，法院对恶意取得赃款赃物的，应直接裁定予以追缴，而非将其追加为被执行人。根据《刑事涉财执行规定》第11条的规定，第三人涉赃款赃物追缴有4种情形（概括为恶意取得），法院应直接裁定予以追缴，而非按照民事强制执行规定追加其为被执行人。法院在执行中并不能对第三人（案外人）取得的财物是否属于赃款赃物直接作出认定并裁定追缴。执行中直接追缴赃款赃物的，应以生效裁判认定其属赃款赃物为前提。案外人认为刑事裁判误判或被害人认为刑事裁判漏列的，可提出异议并由刑事审判部门裁定补正，否则应通过审判监督程序处理。

## 立法沿革与争议

对于第三人取得的赃款赃物是否予以追缴本质是能否适用善意取得规则的问题。对此最高人民法院前后经历了从倾向否定到基本肯定的立场转变：1965年《最高人民法院、最高人民检察院、公安部、财政部关于没收和处理赃款赃物若干问题的暂行规定》（已废止）持有条件适用、酌情追缴的态度，1992年《最高人民法院研究室关于对诈骗后抵债的赃物能否判决追缴问题的电话答复》（已废止）则持不予适用、一律追缴的立场，再到1996年《最高人民法院关于审理诈骗案件具体应用法律的若干问题的解释》、2011年《最高人民法院、最高人民检察院关于办理诈骗刑事案件具体应用法律若干问题的解释》持不予追缴的立场。[①] 2014年《刑事涉财执行规定》已明确了对在追赃过程中适用善意取得的情形，并设置了排除适用善意取得的例外规则，第11条

---

① 参见曹凤国、张阳主编：《最高人民法院执行批复理解与适用》，法律出版社2022年版，第1573页。

规定："被执行人将刑事裁判认定为赃款赃物的涉案财物用于清偿债务、转让或者设置其他权利负担，具有下列情形之一的，人民法院应予追缴：（一）第三人明知是涉案财物而接受的；（二）第三人无偿或者以明显低于市场的价格取得涉案财物的；（三）第三人通过非法债务清偿或者违法犯罪活动取得涉案财物的；（四）第三人通过其他恶意方式取得涉案财物的。第三人善意取得涉案财物的，执行程序中不予追缴。作为原所有人的被害人对该涉案财物主张权利的，人民法院应当告知其通过诉讼程序处理。"

对于第三人取得生效刑事裁判认定的赃款赃物的处理，实践中存在两种意见：一种意见认为，将案外人追加为被执行人，再执行相应的款物。另一种意见认为，《变更追加规定》所列应当追加为被执行人的情形，适用民事强制执行，不适用于刑事涉财执行。《刑事涉财执行规定》对于案外人恶意取得生效裁判认定的赃款赃物，已经明确规定直接追缴。因此，执行法院应裁定直接追缴，不应追加第三人为被执行人。当然如生效裁判未确认第三人取得的财产是否属于赃款赃物，依据《刑事涉财执行规定》第15条的规定，执行机构在执行中不应直接认定，即不得直接裁定进行追缴。

## 案例索引

甘肃省高级人民法院（2018）甘执复79号追缴违法所得执行异议案

## 497 退赔被害人损失优先于其他民事债务需要具备何种条件？

答：被执行人在执行中同时承担刑事责任和民事责任，其财产不足以支付的，退赔被害人损失优先于其他民事债务。

## 理由与依据

根据《刑事涉财执行规定》第13条第1款的规定，退赔被害人损失优先于其他民事债务应同时满足两个前提条件：一是被执行人同时承担刑事责任和民事责任;二是被执行人财产不足以支付其承担的生效裁判确定的法律责任。《刑事涉财执行规定》第11条第1款规定,被执行人将刑事裁判认定为赃款赃物的涉案财物用于清偿债务、转让或者设置其他权利负担,具有下列情形之一的,人民法院应予追缴。从相反的角度理解,如不具备下列情形之一,如已经用于清偿合法债务的赃款赃物,则在刑事裁判涉财产部分执行过程中,不能予以追缴并退赔刑事被害人损失。这一推论,可从该条第2款的规定得出,即第三人善意取得涉案财物的,执行程序中不予追缴。作为原所有人的被害人对该涉案财物主张权利的,人民法院应当告知其通过诉讼程序处理。

生效刑事判决确定应当退赔的被害人经济损失,与民事判决确定的民事债权人对刑事涉财执行案件的被执行人的民事债权,在案涉标的分配中的执行顺序,应综合《刑事涉财执行规定》的相关条文进行理解。《刑事涉财执行规定》第10条第2款规定,被执行人将赃款赃物投资或者置业,对因此形成的财产及其收益,人民法院应予追缴。查封在案的不动产即使有部分资金并非属于违法所得,综合《刑事涉财执行规定》第10条第4款和第13条的规定,对于刑事被害人的实际损失,除已追缴所得退还外,不足部分还应从被执行人的其他财产中予以赔偿。如购买查封的不动产的资金既包括违法所得,也包括被执行人的其他财产,在追缴的违法所得部分不足以赔偿的情况下,也要从被执行人的其他财产中偿付。因此,依照《刑事涉财执行规定》第13条规定,执行的不动产中购买资金有部分不属于违法所得,不影响先退赔刑事被害人的经济损失,再清偿其他普通民事债务。当然,如前文所述,还应当以具备两个条件为前提,即被执行人同时承担刑事责任和民事责任,以及被执行人财产不足以支付其承担的生效裁判确定的法律责任。

## 立法沿革与争议

《刑事涉财执行规定》第11条第1款规定:“被执行人将刑事裁判认定为赃款赃物的涉案财物用于清偿债务、转让或者设置其他权利负担,具有下列情形之一的,人民法院应予追缴:(一)第三人明知是涉案财物而接受的;(二)第三人无偿或者以明显低于市场的价格取得涉案财物的;(三)第三人通过非法债务清偿或者违法犯罪活动取得涉案财物的;(四)第三人通过其他恶意方式取得涉案财物的。”第13条第1款规定:“被执行人在执行中同时承担刑事责任、民事责任，其财产不足以支付的，按照下列顺序执行：（一）人身损害赔偿中的医疗费用；（二）退赔被害人的损失；（三）其他民事债务；（四）罚金；（五）没收财产。"

对于退赔被害人经济损失优先于其他普通民事债务的清偿需要具备的条件，实践中存在争议，有观点认为，依照"先刑后民"原则，刑事裁判涉财产部分执行案件，退赔被害人经济损失应当优先于不具有优先受偿权的民事债权的执行，只要在相关民事执行案款尚未发放，都应当将该部分款项纳入刑事涉财案件执行中，用于退赔刑事被害人，有剩余则用于清偿其他民事债务。另有观点认为，"先刑后民"的原则只在部分情形下适用，并非普遍原则，对于刑事案件退赔经济损失与普通民事执行案件的顺位问题，《刑事涉财执行规定》第13条第1款有明确规定，应当依照规定处理。此外，对于在刑事判决生效前，相关民事执行案件已经扣划到案的款项如不具有《刑事涉财执行规定》第11条第1款的规定的情形，则不应追缴用于退赔，应用于民事案件的执行。

## 案例索引

江苏省高级人民法院（2015）苏执复字第00089号执行异议案

## 498 一方当事人在未穷尽刑事追赃和执行程序的情形下，能否对另一方当事人径行提起民事诉讼？

答：一方当事人在未穷尽刑事追赃和执行程序的情形下，不得对另一方当事人径行提起民事诉讼。

## 理由与依据

因同一法律事实刑事审判已经对被告行为作出评价，并对涉案财产作出处理，应先通过执行程序进行救济。具体分析如下：

基于"一事不再理"原则，刑事判决书中已经明确了相关的犯罪数额及对应的受害人范围和数额，其责令退赔、追缴违法所得的内容就具有可执行性，被害人可以通过执行责令退赔判决等公力救济途径挽回财产损失，实现自身权益。在执行过程中，按照《民事诉讼法》的规定，如果有可被追加为被执行人的配偶、合伙人、抽逃资金的股东等，应将他们追加为共同被执行人，刑事判决责令退赔，未穷尽刑事追赃和执行程序的，不应再就同一事实提起民事诉讼，否则可能造成对被害人财产权益的重复保护，形成两份事实与数额不同的生效判决，对被告人的同一行为进行两次处罚性评价有违公平原则。而且刑事判决尚未终结执行，最后返还金额尚未明确，最终是否遭受财产损失难以考量。

基于避免冲突判决的考量，在未穷尽刑事追赃和执行程序的情形下，司法机关正在依法追缴或者强制执行，为被害人挽回损失，此时若法院受理被害人另行提起的民事诉讼，会造成刑事判决和民事判决的重复、冲突，严重影响执行工作的开展，不利于尽快追赃，对司法资源也会产生极大的浪费。

## 立法沿革与争议

从现有法律规范来看，最高人民法院对被害人就同一事项向同一主体提起民事诉讼持否定态度。

《刑法》第64条规定："犯罪分子违法所得的一切财物，应当予以追缴或者责令退赔。"《刑事诉讼法》第101条第1款规定："被害人由于被告人的犯罪行为而遭受物质损失的，在刑事诉讼过程中，有权提起附带民事诉讼。"第104条规定："附带民事诉讼应当同刑事案件一并审判，只有为了防止刑事案件审判的过分迟延，才可以在刑事案件审判后，由同一审判组织继续审理附带民事诉讼。"《刑事诉讼法解释》第175条规定："被害人因人身权利受到犯罪侵犯或者财物被犯罪分子毁坏而遭受物质损失的，有权在刑事诉讼过程中提起附带民事诉讼；被害人死亡或者丧失行为能力的，其法定代理人、近亲属有权提起附带民事诉讼。因受到犯罪侵犯，提起附带民事诉讼或者单独提起民事诉讼要求赔偿精神损失的，人民法院一般不予受理。"第176条规定："被告人非法占有、处置被害人财产的，应当依法予以追缴或者责令退赔。被害人提起附带民事诉讼的，人民法院不予受理。追缴、退赔的情况，可以作为量刑情节考虑。"第178条规定："人民法院受理刑事案件后，对符合刑事诉讼法第一百零一条和本解释第一百七十五条第一款规定的，可以告知被害人或者其法定代理人、近亲属有权提起附带民事诉讼。有权提起附带民事诉讼的人放弃诉讼权利的，应当准许，并记录在案。"

2014年《最高人民法院、最高人民检察院、公安部关于办理非法集资刑事案件适用法律若干问题的基本意见》，对涉嫌非法集资犯罪的刑民交叉案件处理程序予以规定："对于公安机关、人民检察院、人民法院正在侦查、起诉、审理的非法集资刑事案件，有关单位或者个人就同一事实向人民法院提起民事诉讼或者申请执行涉案财物的，人民法院应当不予受理，并将有关材料移送公安机关或者检察机关。人民法院在审理民事案件或者执行过程中，发现有非法集资犯罪嫌疑的，应当裁定驳回起诉或者中止执行，并及时将有关材料移送公安机关或检察机关。公安机关、人民检察院、人民法院在侦查、起诉、审理非法集资刑事案件中，发现与人民法院正在审理的民事案件属同一事实，或者被申请执行的财物属于涉案财物的，应当及时通报相关人民法院。人民法院经审查认为确属涉嫌犯罪的，依照前款规定处理。"

《最高人民法院关于适用刑法第六十四条有关问题的批复》（法〔2013〕229号）对此问题明确地规定："被害人提起附带民事诉讼，或者另行提起民事诉讼请求返还被非法占有、处置的财产的，人民法院不予受理。"

对于被害人就刑事判决未覆盖的财产损失诉同一责任主体，目前争议较大。在这种案件中，刑事责任承担主体与民事责任承担主体虽然竞合，但刑事判决对涉及的财产部分或其他权益未作处理，或只作部分处理，对于责令退赔不足以弥补的财产损失部分，被害人提起民事诉讼要求承担赔偿责任。最为常见的情形是财产犯罪的被害人因利息等不属于刑法保护的利益，请求刑事案件被告人进行赔偿。还有一部分案件系因刑事案件中法院对被害人的部分财产损失以证据不足等为由未予认定，被害人就未作处理的部分起诉同一责任主体。

2000年《最高人民法院关于刑事附带民事诉讼范围问题的规定》第5条规定："……经过追缴或者退赔仍不能弥补损失，被害人向人民法院民事审判庭另行提起民事诉讼的，人民法院可以受理。"该规定于2015年被最高人民法院以"已被《刑事诉讼法解释》及相关规定修改"为由废止。

有观点认为，刑事案件责令退赔的生效判决，将直接阻却被害人提起民事诉讼，当且仅当刑事诉讼判决移送执行，且经过执行程序无法追缴到被告人的财产时，被害人方可提起民事诉讼。还有观点认为，现行法律对于财产的折旧、利息等问题并未涉及，因法律无明确禁止，故从保护被害人利益的角度出发，法院应当受理被害人另行提起的民事诉讼。即只要案件中刑事判决对涉及的财产部分或其他权益未作处理，被害人即使未经过执行程序，也可以通过民事诉讼获得救济。

对于被害人就同一财产损失诉不同责任主体，也存在争议。刑事判决对财产部分虽作出责令退赔处理，但因同一损害后果由多个责任主体造成，刑事责任主体与民事责任主体不相竞合，被害人对未构成犯罪但应当承担民事责任的单位和个人提起诉讼，要求赔偿。该类案件涉及多种法律关系，在司法实践中最常见的情形是刑事案件被告人假借单位名义实施诈骗行为，被害人认为刑事被告人的行为应当属于表见代理，请求单位承担赔偿责任。再如套路贷案件的被害人诉公证处未尽到对公证事项监督审核义务而请求赔偿，合同诈骗案件被害人请求被冒名单位或个人继续履行合同或确认所有权，非法吸收公众存款案件中的投资人起诉担保人或债务加入人履行担保合同或清偿债务等。

有观点认为只有通过另行提起民事诉讼，才能要求共同侵权人承担连带侵权责任，不至于因刑事案件被告人处于刑事程序而将同一起事件中的民事责任人割裂为被告人和其他不构成犯罪的民事责任人。只有将刑事案件被告人和其他共同侵权人都置于同一种诉讼程序之中，才能确保刑事案件被告人和其他共同侵权人的权利义务与相关证据的证明标准相同，才能平等处理刑事案件被告人和其他民事责任人。同时还可以按照民事法律的相关规定对相关抵押物进行处置，最大限度地保护被害人的权益。因此此类案件应根据民事法律规则作出裁判。还有观点认为被害人系基于同一事实重复诉讼，不属于民事诉讼受案范围。

## 案例索引

广东省高级人民法院（2014）粤高法审监民提字第76号审判监督案

浙江省高级人民法院（2017）浙民申2547号再审审查与审判监督案

最高人民法院（2018）最高法民终100号合同纠纷案

# 第十八章 行政案件的执行

**499** 对人民法院作出的准许或者不予准许执行行政机关决定的裁定，当事人是否可以申请再审？

答：人民法院作出的准许或者不准许执行行政机关的行政决定的裁定，不属于可以申请再审的裁定。

## 理由与依据

人民法院作出的准许或者不准许执行行政机关的行政决定的裁定，属于非诉执行裁定，是人民法院对已经审判终结案件再行审理的审判程序，而非诉执行裁定并不经过审判程序。对于未经审判的非诉执行裁定，不能按照审判监督程序进行再审。

非诉执行程序不同于诉讼程序，根据《行政诉讼法解释》规定，行政机关对不准予执行裁定不服的，有权向上一级人民法院申请复议，未规定行政机关对复议裁定不服的可以申请再审，对不准予执行裁定作出的复议结果应为终局性结果。

该司法解释并未对公民、法人和其他组织对非诉执行裁定不服如何救济作出特殊规定，但参照《最高人民法院对〈当事人对人民法院强制执行生效具体行政行为的案件提出申诉人民法院应如何受理和处理的请示〉的答复》（法行〔1995〕12号）"公民、法人和其他组织认为人民法院强制执行生效的具体行政行为违法，侵犯其合法权益，向人民法院提出申诉，人民法院可以作为申诉进行审查。人民法院的全部执行活动合法，而生效具体行政行为违法的，应转送作出具体行政行为的行政机关依法处理，并通知申诉人同该行政机关联系；人民法院采取的强制措施等违法，造成损害的，应依照国家赔偿法的有关规定办理"之规定，即公民、法人和其他组织对非诉执行裁定不服的，可以向人民法院提出申诉。若本质是对具体行政行为不服的，应通过行政复议或诉讼进行救济。

## 立法沿革与争议

对于题述问题，2022年4月19日，最高人民法院在《关于对人民法院作出的准许或者不准许执行行政机关的行政决定的裁定是否可以申请再审的答复》（〔2022〕最高法行他1号）中首次就该问题予以明确："人民法院作出的准许或者不准许执行行政机关的行政决定的裁定，不属于可以申请再审的裁定。"

## 案例索引

最高人民法院（2018）最高法行申3417号再审审查与审判监督纠纷案

新疆维吾尔自治区高级人民法院（2020）新行申70号再审审查与审判监督纠纷案

**500** **行政非诉执行程序中，被执行人与政府机关达成执行和解，能否向法院起诉撤销该和解协议？是否属于行政诉讼案件受案范围？**

答：行政非诉执行程序中，虽然需要实现的债权系公法上的债权，行政机关不具有民事案件当事人对自身权益的自由处分权，原则上不能与被执行人达成执行和解协议。若基于案件的特殊性，被执行人与政府机关达成执行和解协议，也不应允许被执行人向法院起诉撤销该执行和解协议，被执行人认为该协议无效或可撤销的，可以通过不履行和解协议的方式，恢复原行政决定的执行。

## 理由与依据

目前理论界与实务界对非诉行政执行案件是否适用执行和解制度存有很大分歧，但主流观点普遍持否定态度，因为无论是《行政强制法》还是《民事诉讼法》，均未对行政非诉执行案件可以适用执行和解制度作出明确规定。在传统行政法理论观念中，行政机关采取相应措施，责令相对人履行义务，是行政机关所应承担的责任，允许相对人不履行其法定义务，就意味着失职，为法律所不允许，也有悖于行政管理的宗旨。[①] 行政非诉执行程序实现的是公权力债权，而行政机关并不具备可自由处分公权力债权的权利，即行政非诉执行案件不具备执行和解的基础。

但随着传统行政法理念的转变，以及解决执行难的现实需求，实践中亦有在行政非诉执行案件中适用执行和解的先例，如对一次性的行政罚款达成分期履行的执行和解协议。由此带来的问题是，民事执行和解的规范和救济手段是否也适用于行政非诉执行的执行和解协议。答案是否定的，虽然行政非诉执行案件在一定条件下可以突破适用执行和解制度，但其与民事执行案件的和解协议仍有本质区别。行政非诉执行的存在是因为有些行政机关不具备强制执行权限，必须借助于司法机关的强制执行权，因此是一种"补充的行政行为"，是行政管理行为在司法中的延伸。[②] 申请执行人（行政机关）与被执行人（行政相对人）之间地位的不平等性并未因进入司法执行程序而改变。不履行和解协议的，行政机关只能申请恢复行政决定的执行，而不能另诉。被执行人认为和解协议无效或可撤销的，不能起诉确认无效或撤销，可以通过不履行执行和解协议的方式，恢复原行政决定的执行。

## 立法沿革与争议

《行政强制法》第42条规定："实施行政强制执行，行政机关可以在不损害公共利益和他人合法权益的情况下，与当事人达成执行协议。执行协议可

---

① 陈明、王建：《行政非诉执行案件中执行和解的适用及其边界》，载《山东法官培训学院学报》2022年第1期。

② 参见《行政非诉执行案件中执行和解的适用》，载汉盛律师微信公众号，最后访问时间：2018年1月2日。

以约定分阶段履行;当事人采取补救措施的,可以减免加处的罚款或者滞纳金。执行协议应当履行。当事人不履行执行协议的,行政机关应当恢复强制执行。"有学者提出这是人民法院实施行政强制执行可适用行政强制和解的依据。[1]持相反意见者认为,该条规定于《行政强制法》第四章"行政机关强制执行程序"而非总则,并不适用于第五章"申请人民法院强制执行"。[2]

## 案例索引

最高人民法院(2020)最高法行申10437号再审审查与审判监督案

---

[1] 参见丁伟峰:《行政强制执行和解的实现机制 —— 评〈行政强制法〉第42条》,载《河北法学》2018年第3期。

[2] 参见陈明、王建:《行政非诉执行案件中执行和解的适用及其边界》,载《山东法官培训学院学报》2022年第1期。